중국의 최치원 연구

중국의 최치원 연구

초판 1쇄 인쇄 2009년 11월 20일
초판 1쇄 발행 2009년 11월 25일

지은이 | 하진화 외
편 역 | 조성환
펴낸이 | 최원필
편 집 | 윤태욱, 김미량
펴낸곳 | 심산출판사
주 소 | 서울시 은평구 불광동 219-7 예은 101
전 화 | 02-357-0633
팩시밀리 | 02-357-0631
E-mail | simsan@korea.com
등 록 | 제1-2114호(1996년 11월 28일)
ISBN | 978-89-89721-89-5 93150
※ 책값은 뒤표지에 표시되어 있습니다.

중국의 최치원 연구

하진화 외 지음 / 조성환 편역

심산

머리말

신라 말의 대석학 고운 최치원은 당대를 대표하는 최고 지성인의 한 사람이었다. 또 나말여초라는 역사적 전환기의 정치적 사상적 변화를 대변한 시대정신의 산 증인이었다. 열두 살 때 당나라로 유학을 떠나 16년 동안 그곳에 머물면서 국제 감각을 익혔던 대표적 중국통이기도 하였다. 근자에 중국에서 최치원에 대한 연구가 활발하게 이루어지고 있어 한국과 중국의 친선, 우의를 다지는 데 많은 도움이 되고 있다. 최치원이 벼슬살이를 한 적이 있는 중국 강소성(江蘇省) 양주시(揚州市)에서는 최치원기념관을 세우고 10월 15일을 '최치원의 날'이라 하여 성대하게 기념한다고 한다. 한국에서도 최근에 들어 최치원에 대한 관심이 날로 높아지고 연구가 열기를 띠는 등 고무적인 현상이 나타나고 있다.

그 이유는 무엇일까. 최치원의 철학과 사상이 역사상의 정신적 유산으로 남아 있는 것이 아니라 오늘날까지도 연면히 살아 생동하기 때문이다. 즉, 오늘의 시대적 요구에 부합되기 때문이다. 최치원 사상의 핵심인 '인간 주체'의 문제와 그로부터 파생되는 문화적 보편성, 독자성의 문제는 천여 년이 지난 오늘날에도 여전히 추구(推究)해야 할 화두로 남아 있다. 최치원 사상에서 두 축을 이루는 문명 의식과 주체 의식은 보편성과 특수성 차원에서 이해할 수 있는데, '뿌리 있는 국제인'을 추구했던 최치원의 사고와 자세, 도전과 좌절은 현대인에게 바람직한 국제화, 세계화의 모습이 무엇인지 일깨우는 바 크다고 할 것이다. 그런 점에서 최치원은 한갓 과거의 인물로서 그 의미를 다하는 것이 아니라 오늘날에도 우리 곁에서 함께 시대를 고민하는 지성인으로 살아 있다 할 것이다.

이 책의 역자 조성환(趙誠煥) 교수는 중국 문학을 전공한 분이다. 나와는 연상사(年相似)할 뿐 아니라 최치원에 대한 관심이 높아 2000년 무렵부터 친히 지냈다. 그는 평소 중국에서의 최치원 연구에 관심이 많았는데, 강의하고 연구하는 여가에 관계 논문들을 차근차근 수집, 번역하여 최치원 연구자들에게 편의를 제공하였다. 나는 그를 만날 때마다 책으로 묶어 펴낼 것을 권하곤 하였다. 이러구러 몇 해가 지났는데, 올해 1학기가 시작된 뒤 그가 번역된 원고를 기습적(?)으로 보내와 출판을 주선해 줄 것을 청하였다. 또 나의 글로 서문을 얹어 주면 고맙겠다고 하였다. 논문 편수가 무려 36편에 이르러 놀라웠다. 수집과 번역을 훌륭하게 해낸 조 교수가 고맙고 든든하다.

이 책이 나옴으로써 이제 최치원 연구는 새로운 전기를 맞았다고 본다. 사실 그동안 국내의 최치원 연구자들은 중국・일본 등 외국의 연구 성과를 중요하게 인정하지 않는 분위기였다. 대개 연구 수준이 높지 않다는 것이 주된 이유였지만, 그것이 우리의 오만에서 비롯되었다는 점을 이 책은 증명하고 있다. 여기에 실린 논문들의 주제가 일부에 국한된 것은 사실이다. 그러나 최치원의 재당(在唐) 시절 생애와 발자취라든지 최치원을 통해 본 한・중 문화 교류 등에 관한 것은 중국 학자들이 선편(先鞭)을 쳤을 뿐만 아니라 그 연구의 깊이도 상당하다. 앞으로 국내의 연구자들에게 많은 참고가 될 것이라 생각한다.

천 년 전 최치원이 중국에 뿌린 씨앗이 오늘까지 이어져 한중우의(韓中友誼)의 꽃을 피우게 된 것은 우연이 아니다. 민족주체성과 국제화, 세계화의 문제를 별개로 보지 않고 하나로 꿰어보려 했던 최치원의 선구적인 안목에서 비롯된 것이라 하겠다. 이 책이 한・중 간의 문화 교류에 한몫 단단히 해낼 것으로 확신하면서, 연구 논문의 수집, 번역에 혼신의 힘을 다하신 조 교수의 노고를 오래 기억하고자 한다. 가까운 시일에 만나 술잔을 기울이며 회포를 풀려 한다. 끝으로 이 책을 흔쾌히 내주신 심산 출판사 최원필 사장님, 그리고 교정을 보아준 윤태욱 선생에게 역자를 대신하여 감사의 말씀 올린다.

2009년 9월 추석을 앞두고
부여 창주정사(滄州精舍)에서
최영성 씀.

차 례

Ⅳ. 최치원의 서사 문학

Ⅴ. 최치원과 빈공 진사

Ⅵ. 최치원을 통해 본 한·중 문화 교류

Ⅶ. 최치원의 발자취를 찾아서

Ⅰ. 한국 최초의 조기 유학생 최치원

신라 시기 시인 최치원과 그의 작품

하진화(何振華)

1. 최치원의 시대

최치원이 살았던 시대는 바로 신라가 점차 붕괴하다가 반세기 후 끝내 고려 왕조로 바뀐 시기였다. 당시 신라의 사회 특징은 다음과 같다. 봉건 지주의 토지 겸병이 가속적으로 진행되어 농민의 토지를 미친 듯이 약탈했으며 상업과 고리대가 한층 심해져 농민의 착취를 심화시켰고, 이에 봉건 중앙집권 제도가 점차 약화되었다. 급작스럽게 빈곤해지고 기아선상에서 허덕이게 된 수많은 농민이 분분히 봉기를 일으켰다. 891년 궁예(弓裔, 857~918)는 북원(北原) 양길(梁吉)의 봉기군과 연합하여 철원(鐵原) 일대를 중심으로 봉건 신라 정부에 반항했고, 904년에는 마진국[摩震國, 이후의 태봉국(泰封國)]을 세우고 철원을 수도로 삼았다. 이 밖에 892년에 견훤(甄萱, 867~936)은 완산(完山)에서 봉기하여 900년에 후백제를 세웠다.

이러한 상황에서도 신라 통치 계급은 도탄에 빠진 백성을 돌보지 않고 여전히 주색에 빠져 있어 사회 질서는 극도로 문란했고, 신라 봉건 통치도 이미 흔들거려 곧 무너질 지경에 이르렀다. 918년 왕건(王建, 877~943)은 궁예가 세운 태봉국을 무너트리고 고려 왕조를 건립했다. 이때부터 신라 왕조는 유명무실해져서 17년을 간신히 부지하다가 935년에 곧 왕건에 의해 고려로 완전히 통일되었다.

신라의 문화는 찬란한 삼국의 문화유산을 토대로, 중국 문화사에서 크게 이채를 띤 당조(唐朝) 문화와 빈번하게 교류하면서 한층 발전했다. 이때 농업이 발전함에 따라 천문학도 한층 발전했으며, 천문학의 발전은 또한 수학의 발전에 영향을 끼쳤다. 예술 방면에서는 불교의 성행과 관련된 예술 작품이 신라 인민의 우수한 예술적 재능을 보여주었다. 문학 방면에서는 향가(鄕歌)가 고도로 발전하여 월명(月明)・충담(忠談) 등 유명한 시인을 배출했고, 9세기 말 승려 대구(大矩)와 각간(角干) 위홍(魏泓)이 향가를 집대성한 《삼대목(三代目)》을 편찬했다.

한시도 크게 발전했다. 그 이유는 첫째가 당시(唐詩)의 영향을 받았기 때문이고, 둘째로 788년 원성왕(元聖王)이 독서삼품과(讀書三品科)라는 과거 제도를 설립하여 원래 무예를 기준으로 인재를 선발하던 제도를 폐지하고 수많은 학생을 당에 유학시켜 이로써 봉건 중앙집권 제도를 강화하고자 했기 때문이다. 한시의 칠언(七言) 형식은 이때 비로소 점차 성숙했다. 산문도 이 시기에 한층 발전하여 장편 기행문, 즉 혜초(慧超, 704~787)의 《왕오천축국전(往五天竺國傳)》이 나왔다.

이데올로기 방면에서 신라 통치 계급은 봉건 정권을 옹호하는 불교를 적극적으로 장려했으니, 구법승을 당나라에 파견하여 공부하게 한 경우가 그 예이다. 다른 방면에서 중앙집권화 과정에서 통치 계급은 또한 유교를 장려하여 군(君)・신(臣)・민(民)의 봉건 신분 제도를 크게 선전했으며, 아울러 이러한 관계를 이상화시키려고 도모했다.

최치원이 일찍이 869년과 885년 사이(당 의종・희종 연간)에 당나라에 유학했는데, 이 시기는 그의 사상・창작과 모두 밀접한 관계가 있기 때문에 만당(晩唐)의 사회 상황을 거론할 필요가 있다. 목종(穆宗)이 즉위한 뒤 당 제국은 줄곧 위급한 상황에 있었고, 의종・희종 때 이르러 이미 서산에 지는 해처럼 곧 멸망할 판국이었다. 이때 토지 겸병은 날로 심해지고 부역은 번다해지고, 환관 집단과 관료 집단 간에 정권 쟁탈 싸움이 전개되었으며, 관료 내부에서도 붕당의 다툼이 갈수록 격렬해졌다. 그리고 지방 군벌의 할거와 반란도 지극히 혼란한 국면을 가져왔다.

당시 사회의 가장 선명한 대비는 다음과 같다. 착취 계급의 농토는 끊임없이 이어지고 곡식은 창고에 가득하여 사치스럽고 황음무도한 생활을 즐기는 반면에, 광범한 노동 인민은 가난해져서 파산하여 도처로 유랑했다. 그래서 노동 인민과 통치 계급 간의 모순이 극히 첨예한 정도에 이르렀다. 인민은 참으려야 참을 수 없어 끝내 반기를 들었고 당조의 봉건 통치를 반대하는 투쟁이 폭풍처럼 거세게 일어나, 874년 말에는 황소(黃巢, ?~884)가 이끄는 전국적인 농민 봉기가 폭발했다.

당조는 중국 문화사에서 크게 이채를 띤 시대로, 음악·무도·건축·조각·회화 등이 모두 고도로 번영했다. 당시 문학 방면에서는 중국 고전 시가의 우량한 전통을 계승하여 발전시켰고, 시단에서는 수많은 천재적인 시인이 출현했는데, 이백(李白, 701~762), 두보(杜甫, 712~770), 백거이(白居易, 772~846)가 그 대표자이다. 즉, 수많은 예술 유파와 무수한 시인의 각기 독특한 예술 풍격이 서로 아름다움을 견주어, 온갖 꽃이 만발하여 눈부신 국면을 형성했다. 이러한 것은 의심할 나위 없이 최치원에게 강렬한 훈도 작용을 했다.

이데올로기 방면에서 만당 시기는 사회 동란으로 불안하고 통치 계급이 불교 사상으로 인민을 마비시켰기 때문에 불교가 더욱 흥성했다. 마찬가지로 도교도 상당히 성행했는데, 불교와 도교의 성행은 당대 정신생활과 문학예술의 발전에 직접적으로 영향을 끼쳤다.

2. 최치원의 생애, 사상과 창작

최치원의 생애, 사상과 창작은 세 시기로 나눌 수 있다.

1) 당조 유학 시기(869~884)

최치원(857~?)의 자는 고운(孤雲) 혹은 해생(海生)이며, 857년에 출생했고 졸년은 알 수 없으며, 신라 경주의 사량부(沙梁部) 사람이다. 《삼국사기》에 의하면, "역사서가 없어져 그의 가문 내력을 알 수가 없다(史傳泯滅, 不知其世系)." 따라서 최치원이 어떤 집안에서 태어났는지 분명히 알 수 없으나, 그가 "빈공으로 중국 조정에 들어와 과거에 급제하였다(以賓貢入中朝擢第)"[1]고 한 것으로 보아 귀족이었음을 대체로 알 수 있다. 그는 어려서부터 "비할 데 없이 빼어나며 슬기롭고(穎慧絶倫)"[2], 열두 살 때(869) 그는 남이 백 번 공부하면 천 번 공부하겠다는 포부를 품고서 당나라에 유학하여 이후 자신의 조국을 위해서 재능을 바치고자 했다.

그가 신라를 떠날 때, 아버지는 일찍이 그에게 "네가 10년 공부하여 진사에 급제하지 못하면 나의 아들이라 하지 말라. 나도 아들을 두었다 하지 않을 터이니. 가거라(十年不第進士, 則勿謂吾兒, 吾亦不謂有兒, 往矣)"라고 말했다. 그가 당나라에 유학한 것은 바로 아버지의 훈계를 좇아 공명을 얻기 위해서였는데, 젊은 최치원은 벼슬길로 나아가려는 강렬한 마음을 가지고 있었다. 그래서 그는 장안(長安)에서 6년 동안 부지런히 쉬지 않고 공부했다.

그는 〈계원필경서(桂苑筆耕序)〉에 "유람한 지 6년 만에 이름을 방(과거 합격자 명단) 끄트머리에 걸게 되었습니다. 이때 마음속의 심정을 읊

1) 《파한집(破閑集)》 권중(卷中).
2) 서유구, 〈교인계원필경집서(校印桂苑筆耕集序)〉.

조리고 사물에 기탁하여 편을 이름 지어 '부' 또는 '시'라고 이른 것이 거의 상자에 가득했습니다(觀光六年, 金名榜尾, 此時諷詠情性, 寓物名篇, 曰賦曰詩, 幾溢箱篋)"라고 썼다. 이는 최치원이 일찍이 각고하여 공부했던 노력을 보여주는 것이며, 또한 이때 수많은 시를 썼음을 말하는 것이다. 그러나 자신이 그때 쓴 시는 "어린아이가 꾸민 것으로 장부가 부끄러워하는 바라서 …… 모두 폐기해 버렸습니다(童子篆刻, 壯夫所慚 …… 皆爲棄物)"[3]라고 했기에 전해내려 오지 않는다.

《동문선》 권19에 실린 오언 절구 〈가을밤에 비가 내리고(秋夜雨中)〉는 그 내용으로 보아 대체로 그가 급제하기 이전의 작품이다.

秋風惟苦吟, 가을바람에 애달프게 읊조리니
世路少知音. 세상에는 나를 알아주는 이 없네.
窗外三更雨, 깊은 밤 창밖에 비가 내리는데
燈前萬里心. 등불 앞에 아득히 외로운 마음.

이 〈가을밤에 비가 내리고〉에서는 조국과 가족에 대한 그리움을 표현했다. 그는 "세상에는 나를 알아주는 이가 없었(世路少知音)"기에 고독감을 느꼈고, 가을바람이 불고 밤에 비가 내리던 때이므로 자연스럽게 나그네가 고향을 그리는 마음이 일어, 마음은 이미 멀리 만 리 밖에 있는 고국을 향해 날아갔다. 이러한 감정은 진실한 것이다. 또한 묘사가 매우 평이하고 소박하여 조탁(彫琢)한 느낌이 전혀 없으니, 최치원이 어려서부터 창작의 재능을 가지고 있었음을 보여준다.

최치원은 17세에 갑과(甲科)에 급제하고 진사에 합격했다. 급제 후에 그는 동도(東都, 지금의 낙양)로 옮겨 살았는데, 거기서 2년 동안 지내면

---

3) 〈계원필경서(桂苑筆耕序)〉.

서 일찍이 책을 3권 지었다. 그 가운데 《사시금체부(私試今體賦)》 5수 1권, 《오언·칠언금체시(五言七言今體詩)》 100수 1권, 《잡시부(雜詩賦)》 30수 1권이 포함되어 있다. 애석한 것은 이것이 모두 전해지지 않는 점이다. 장안과 동도에서 앞뒤로 8년의 유학 생활 동안 그는 현실과 접촉할 기회가 많았는데, 몸은 타국에 있고 나이는 어린지라 당시의 현실 상황을 이해하기는 어느 정도 곤란했을 것이다.

877년(당 희종 건부 4) 그는 율수(溧水, 지금의 강소성 율양현)의 현위(縣尉)로 임명되었는데, 율수에서 지낸 4년은 최치원이 당조에서 보낸 가장 귀중한 시기였고, 또 그의 창작이 더 발전한 시기였다. 이렇게 말하는 까닭은 장안과 동도 등 대도시에서의 유학 생활과 비교할 때, 이때는 그가 공적이든 사적이든 현실 생활 속에서 인민과 접촉할 기회가 있었기 때문이다. 또한 이는 그로 하여금 일정 정도 당시 중국의 사회 현실과 인민의 생활을 숙지하고 이해하게 했다. 이러한 토대에서 그는 〈강남의 여인(江南女)〉, 〈쌍녀분(雙女墳)〉, 〈산양에서 고향 친구와 이별하며(山陽與鄕友話別)〉, 〈윤주 자화사 절간에 올라(登潤州慈和寺上房)〉, 〈요주 파양정(饒州鄱陽亭)〉 등 수많은 우수한 시를 창작했다. 이 밖에 《중산복궤집(中山覆簣集)》 5권이 있었지만 애석하게도 실전되었다. 이 문집이 남아 있었다면 이 시기의 그의 창작 상황을 이해하는 데 도움을 주었을 것이다.

〈산양에서 고향 친구와 이별하며〉에서 시인은 타향에서 친구를 만난 무한한 희열의 격정과 상봉하자마자 다시 헤어져야 하는 아쉬운 심정을 서술했다. 〈요주 파양정〉에서 시인은 인민의 질고에 관심을 가진 요주(지금의 강서성 파양) 태수에 대한 존경을 빌려 인민 생활에 대한 관심을 보였다. 이 시 가운데 〈강남의 여인〉과 〈쌍녀분〉이 가장 두드러지는데, 가작 중 대표작이다. 아래서 〈강남의 여인〉과 〈쌍녀분〉을 분석해 보자.

〈강남의 여인(江南女)〉

江南蕩風俗, 강남의 풍속은 방탕하여
養女嬌且憐. 기르는 딸이 교태 있고 가냘팠네.
性冶恥針線, 천성은 바느질하는 것을 부끄러워하니
粧成調管弦. 분단장 마치고는 악기 조율하네.
所學非雅音, 배운 것은 고상한 노래가 아니요
多被春心牽. 춘정에 많이 이끌린 것이라네.
自謂芳華色, 스스로 일컫기를 꽃다운 얼굴이요
長占艶陽年. 청춘 시절 길이 이어진다 하네.
却笑隣家女, 도리어 이웃 여자 비웃나니
終朝弄機杼. 하루 종일 북을 놀리며
機杼縱勞身, 베 짜느라 몸을 수고롭게 하지만,
羅衣不到汝. 비단옷은 네게 돌아가지 않으리라.

〈강남의 여인〉은 관리와 귀족 여인의 사치스럽고 부패한 기생(寄生) 생활과 거만하고 횡포하며 공허한 정신세계를 폭로하고 있다. 동시에 노동하는 여성의 부지런함과 고통스런 생활 처지를 묘사했는데, 이러한 현실 생활에 대한 시인의 태도가 비교적 명확하다. 노동 인민의 곤경을 동정하여 관심을 기울이고, 기생하는 통치 계급에 대해서는 풍자하고 비판했다. 시인이 풍자와 대비의 수법을 운용한 것은 교묘하고도 힘이 있다. 교묘함은 '이웃 여자(隣家女)'에 대한 '강남의 여인(江南女)'의 조소를 빌려 강남 여인의 호화롭고 교만한 외모와 비할 데 없이 공허한 속마음을 풍자한 데 있다.

이 시의 마지막 네 구는 진솔하고 자연스럽게 묘사했는데, 웃을 '소(笑)' 한 글자를 적절한 곳에 써서 온종일 포식하고 가무에 탐닉하는 여인의 경박함, 교만함과 파렴치함을 형상적으로 그려냈다. 강남 여인의 형상은 매우 분명하게 두드러지나, 이웃 여자의 형상은 그다지 충분하지 못하다. 이는 최치원 사상의 한계, 즉 노동 인민의 생활과 내심에 대한 깊은 이해가 부족한 것과 관계가 있는데, 이는 그 이후의 작품에서도 마찬가지로 표현되었다. 그러나 이를 비난할 근거가 없는 것은 〈강남의 여인〉이 최치원 사상의 진보와 창작의 발전을 나타낸다는 점이다.

다음으로 〈쌍녀분〉을 분석하기 전에 먼저 관련 문제를 이야기해야 한다. 〈쌍녀분〉은 원래 《신라수이전(新羅殊異傳)》의 일부분이다. 《신라수이전》은 원래 모습대로 전해지지 않고, 그 단편이 《해동고승전(海東高僧傳)》, 《삼국유사(三國遺事)》, 《필원잡기(筆苑雜記)》, 《태평통재(太平通載)》, 《대동운부군옥(大東韻府群玉)》 등에 보인다. 그런데 《대동운부군옥》의 작자 권문해(權文海, 1534~1591)는 《신라수이전》을 최치원이 지었다고 여겼고, 《해동고승전》의 작자 각훈(覺訓)은 박인량(朴寅亮, ?~1096)이 지었다고 간주했다. 확실한 자료가 없기 때문에 《신라수이전》을 결국 누가 지은 것인지 단정할 수는 없고, 앞으로 더욱 깊이 연구해야 할 과제이다. 그러나 수많은 학자들이 〈쌍녀묘〉을 최치원의 작품으로 인정하고 있다.

필자는 몇 가지 방면에서 〈쌍녀묘〉을 최치원의 작품으로 간주한다. 먼저 중국 송대 장돈이(張敦頤)가 지은 《육조사적편류(六朝事迹編類)》권13에서 〈분릉문(墳陵門)〉 가운데 「쌍녀묘(雙女墓)」에 아래와 같은 기록이 있다.

> 〈쌍녀분기〉에서 말했다. 계림 사람 최치원이 당 건부 연간에 율수현위에 임명되었다. 어느 날 초현관에서 쉬고 있었는데, 앞 언덕에 쌍녀분이라는 무덤이 있었다. 이 사적에 대해 물어 보았지만 아무도 알지 못하여 이에 시를 지어 조문하였다. 그날 밤 감동한 두 여인은 감사를 표시하면서 다음과 같이 말하였다. "우리는 본래 선성군 개화현 마양향 장씨의 두 딸입니다. 어려서 글씨와 친숙

했고 자라서는 재능을 가지고 있었는데, 뜻하지 않게 부모가 소금 장수에게 시집가라 하였습니다. 이 때문에 울분이 나서 죽게 되어, 천보 6년에 함께 이곳에 묻히게 되었습니다." 잔치를 베풀고 이야기하다가 새벽이 되어서야 헤어졌다. 율수현에서 남쪽으로 110리 되는 곳에 있다(雙女墳記曰 : 有鷄林人崔致遠者, 唐建符中補溧水尉, 嘗憩於招賢館, 前岡有冢, 號曰雙女墳, 詢其事迹, 莫有知者, 因爲詩以弔之. 是夜, 感二女至, 稱辭曰 : 「兒本宣城郡開花縣馬陽鄕張氏二女, 少親筆硯, 長負才情, 不意父母匹於鹽商小竪, 以此憤卄而終. 天寶六年同葬於此」. 宴語至曉而別. 在溧水縣南一百一十里).

이 간략한 기록은《대동운부군옥》,《태평통재》에 옮겨 실은 것과 거의 같다. 즉 주인공은 모두 최치원과 쌍녀이며, 고사의 전말 또한 차이가 없고, 단지 복잡하고 소략한 차이가 있을 뿐이다. 또 두 여성의 본적에 대해서는 기록이 다르다.《육조사적편류》에서는 두 여성이 "선성군(宣城郡, 지금의 안휘 선성) 개화현(開化縣) 마양향(馬陽鄕)" 사람이라 했고,《대동운부군옥》과《태평통재》에서는 두 여성이 "율수현 초성향(楚城鄕)" 사람이라 했는데, 이는 결코 〈쌍녀분〉이 최치원의 작품이라는 결론을 번복할 수 없다. 여기저기 옮겨 싣는 과정에서 출생지의 차이가 생겼기 때문이며, 또《육조사적편류》에 분명하게 썼듯이 "천보 6년에 이곳에 함께 묻히게 되었다(天寶六年同葬于此)"고 했는데, 여기서 '차(此)'는 마땅히 율수현을 가리키기 때문이다. 그것은 바로 최치원이 율수현에서 쌍녀분을 방문한 뒤 이 작품을 쓴 시점과 완전히 부합한다.《대동운부군옥》과《태평통재》모두 두 여성 중 한 사람은 소금 장수와 정혼했고 한 사람은 차 장수에 팔려갔다고 했으나,《육조사적편류》에서는 "뜻하지 않게 부모가 소금 장수 놈에게 배필로 정해주었다(不意父母匹於鹽商小竪)"고 했다. 이러한 차이는 대체적인 상황과 무관하다고 할 수 있다.

다음으로 〈쌍녀분〉은 최치원의 경력과 불가분의 관계가 있다.《삼국사기》, 〈교인계원필경집서(校印桂苑筆耕集序)〉, 〈계원필경서(桂苑筆耕序)〉, 《육조사적편류》, 《대동운부군옥》, 《태평통재》는 모두 최치원이 일찍이 율수현위를 맡은 사실을 기록했으나, 〈쌍녀분〉에서 박인량이 율수현에 왔다는 일을 언급한 적이 없다. 박인량이 비록 송대(10세기 말) 중국에 사신으로 온 적은 있으나, 〈송나라에 사신으로 가다가 사주 귀산사를 지나며(使宋過泗州龜山寺)〉, 〈오자서묘(伍子胥廟)〉, 〈밤배에서 시를 읊으며(舟中夜吟)〉 등 그의 작품을 보면 단지 안휘・절강과 호남에 간 적이 있을 뿐 결코 율수에는 간 적이 없음을 볼 수 있다. 그러므로 〈쌍녀분〉은 박인량의 작품이 아니라 최치원의 작품이다.

그 다음으로 작품 자체를 살펴보면, 인물 형상이 생동적으로 묘사되었고 인물 감정도 세밀하게 표현하였는데 율수현위와 같은 경력이 없었다면 쓸 수 없었을 것이다. 기왕 최치원의 작품으로 확정한 이상, 〈쌍녀분〉을 분석하기로 한다(시문은 생략).

〈쌍녀분〉의 일관된 기본 사상은 봉건 예교의 속박에서 벗어나 혼인의 자유를 추구할 것을 주장하는 것이다. 매우 진솔하고도 자유분방한 감정을 묘사했다. 최치원이 〈쌍녀분〉의 작품을 창작했던 이유는 한편으로 봉건 예교의 속박을 반대하는 사상과 관련이 있고, 다른 한편으로는 당대 전기(傳奇)의 영향을 받았기 때문이다. 전기를 출현하게 한 중요한 기초는 도시의 번영과 시민 계층의 흥기이다. 일반적으로 전기는 시민 계층이 봉건 속박에서 벗어나기를 요구하는 사상 감정을 반영하는데, 이러한 반봉건의 사상 감정은 기본적으로 노동 인민의 이익 요구와 일치한다. 따라서 〈쌍녀분〉은 묘사 대상이 비록 부유한 상인의 두 딸이기는 하지만 적극적인 사회적 의의를 가지고 있다. 다음으로 작품은 비록 봉건 가장제를 직접적으로 해부하지는 않았지만 그 죄악을 간접적으로 폭로했다.

이 작품에도 약간의 단점이 있다. 예를 들면, 작가가 시의 결말에서 "대장부여, 대장부여, 장대한 기백으로 아녀자의 한 반드시 없애 여우 같은 요괴를 심사에 두지 않으리라(大丈夫, 大丈夫, 壯氣須除兒女恨, 莫將心事戀妖狐)"라고 써서 마치 작품의 기본 사상과 모순되는 듯하나, 사실 최치원은 당시 여전히 공명 추구를 중시했고, 사상이 국한되어 예교의 속박을 철저하게 벗어날 수 없었음을 잘 보여준다는 것을 이해하기 어렵지 않다. 어떤 사람은 이를 최치원이 당시 유학자의 비난을 회피하기 위한 일종의 위장이라 여기나, 이러한 견해에는 동의할 수 없다. 필자는 최치원의 사상 발전 과정에서 그 원인을 찾을 수 있다고 생각한다.

또한 작품은 소극적이고 낙후한 사상, 즉 "인간사 대단한 것은 수심이라 출세길 달리자 미망(迷妄)에 빠졌네(人間事, 愁殺人, 始聞達路又迷逕津)", "동작대 덮은 풀은 천고의 한이라 금곡에 핀 꽃은 하루의 봄일세(草沒銅臺千古恨, 花開金谷一朝春)"와 같은 감상적인 정서, "유유히 왔다가 홀연히 가니 운우가 무상주임을 알겠네. 이곳에 와 두 여자를 만남은 멀리 양왕의 운우의 꿈과 흡사하네(悠然來, 忽然去, 是知風雨無常主, 我來此地逢雙女, 遙似襄王夢雲雨)"와 같이 인생은 꿈같다는 허무 사상 등을 담고 있다.

〈쌍녀분〉의 예술 특색은 아래의 몇 가지 방면에서 분석할 수 있다.

① 최치원은 스스로 〈쌍녀분〉을 '장가(長歌)'라고 했다. 그가 말한 장가는 사실 장편 배율(排律)의 형식인데, 이것이 매우 주목된다. 시는 전체 63구(句), 모두 431자인데 한국 한시의 발전에서 보면, 이는 전에 없었던 장편 거작이며 한국 한시의 한 걸음 나아간 발전과 성숙을 나타낸다. 더군다나 최치원이 외국인으로서 이처럼 칠언 형식을 숙련되게 구사하여 대구법을 운용한 것은 시인의 탁월한 시재(詩才)를 나타낼 뿐 아니라, 또한 매우 귀중하다고 할 수 있다.

② 서사, 사경(寫景), 서정 세 가지가 교묘하게 결합하여 혼연일체를 이루고 있다. 시인이 두 여인과 이별할 때의 정서를 "몇 마디 나머지 노래에 외로운 혼 끊는 듯, 가물거리는 등잔불이 두 눈의 눈물을 비추었다

(數聲餘歌斷孤魂, 一點殘燈照雙淚)"라고 묘사했다. 노랫소리에는 단지 여운이 감돌고 등잔 기름이 다해 가는, 이때 이 정경은 얼마나 쉽게 근심스런 생각을 불러오겠는가? 그래서 "외로운 혼 끊는 듯, 두 눈의 눈물을 비춘다(斷孤魂, 照雙淚)"는 시구는 매우 자연스럽게 보인다. 시인이 다시 무덤을 찾아갔을 때, 그는 또 "떨어진 꽃 밟았던 비단 버선 만날 수 없고, 꽃가지만 아침 이슬에 울고 있을 뿐이네(不逢羅襪步芳塵, 但見花枝泣朝露)"라고 썼다. 시인은 결코 애수를 직접 쓰지 않고, 길옆의 꽃가지가 아침 이슬을 머금은 모습을 묘사했는데, 감정을 정경에 기탁하여 함축적이고 생동적이다. 여기서는 하나하나 예를 들지 않겠다.

③ 인물 형상 묘사 면에서 두드러진 성취를 이루었다. 한편으로 "붉은 소매의 비단옷, 자줏빛 치마, 앉으니 난향과 사향이 코를 찌르네. 파란 눈썹 붉은 뺨은 속세를 뛰어넘고, 술 마시는 태도와 시정 역시 출중하네(紅錦袖, 紫羅裙, 坐來蘭麝逼人薰, 翠眉丹頰皆超俗, 飮態詩情又出群)"처럼 인물 외형이 묘사에서 나타나고, 다른 한편으로 인물의 속마음에 대한 묘사가 매우 세밀하여 두 여성의 수줍음, 살뜰한 마음씨, 슬픔과 걱정, 대담하고 분방한 감정 기복과 변화 모두를 감동적으로 묘사하여 사람으로 하여금 두 여성이 결코 억울하게 죽은 원귀가 아니라, 살아 있는 듯 생동하는 인물임을 느끼게 한다.

④ 시의 언어가 정련되고 생동하고 또 정확하여, 시인이 비교적 높은 한문 수양을 쌓았고, 자구 선택에 공을 들였음을 증명한다.

⑤ 〈쌍녀분〉의 창작 수법은 비교적 뚜렷하게 낭만주의 색채를 띠고 있다. 비록 환상적인 세계에서 문제의 해결을 얻긴 하지만 기본 정신은 적극적이다. 동시에 또 뚜렷한 현실주의가 결핍되었기에 다소 비관적 소극적이고 꿈같은 인생의 허무 사상을 드러냄을 부인할 수 없다. 게다가 〈쌍녀분〉은 지나치게 섬세한 곳이 있음을 느낄 수 있다.

위에서 말했듯이 율수 시기에 최치원의 사상과 창작은 모두 한 걸음

진보했는데, 이는 귀국 후 은거하기 전 창작 발전의 기초와 전주(前奏)가 되었다. 그러나 주의해야 할 것은, 적극적으로 벼슬길에 나아가고자 한 최치원의 바람은 결코 바뀌지 않았다는 점이다. 이러한 바람은 물론 그의 행동을 지배했으며, 또 그는 당조에서 더욱 높은 지위를 얻어서 기초를 잘 다져놓아 귀국 후 자신의 정치적 포부를 펼치기 쉽도록 했다. 그는 당시 중국 사회 현실과 인민 생활에 대하여 일정 정도 이해했을 뿐, 결코 사회생활의 본질을 파악할 수 없었다.

그가 율수현위를 맡은 지 4년이 되던 해(884)에 중국 사회의 계급 모순이 이미 첨예한 정도까지 치달아 황소가 이끄는 농민이 당 제국의 수도 장안을 점령했다. 당조 통치자들은 각지의 번진(藩鎭) 세력과 외족(外族) 병력을 규합하여 농민 봉기를 진압하여 붕괴되는 통치 체제를 유지시키려고 했다. 바로 이때 최치원은 '박학홍사과(博學鴻詞科)' 시험에 응시하기 위하여 회남(淮南)에 와서 마지막 중국 생활을 시작했다.

회남에 온 지 오래지 않아 그는 고병(高駢)에 의해 종사(從事)[4]로 초빙되었고, 얼마 뒤 고병이 황소 봉기군을 진압하기 위한 제도행영병마도통(諸道行營兵馬都統)[5]으로 임명되자 그는 도통순관(都統巡官)[6]이 되어 고병의 총본영(總本營)[7]에서 복무했다. 이러한 생활이 최치원에게는 그다지 영광스러운 것이 아니었는데, 그의 세계관의 한계를 분명히 드러내는 것이다.

이 시기에 최치원은 자신의 작품을 《계원필경집》(전20권)으로 정리했다. 그중 제1권에서 제19권까지는 모두 산문으로 표(表)·별지(別紙)·격서(檄書)·거첩(擧牒)·재사(齋詞)·제문(祭文)·서(書)·소(疏)·계

4) 문서를 관장하는 관직.
5) 지금의 총사령관에 해당하는 관직.
6) 군중(軍中) 서기관.
7) 대본영(大本營).

(啓)·장(狀) 등을 포함하는데, 이들 태반이 공무로 쓴 것이기에 그다지 큰 문학적 가치는 없다. 이 밖에 《계원필경집》 제20권에 시 30수를 수록했는데, 전부가 칠언 율시 아니면 칠언 절구이다. 제17권의 뒤에 부록으로 칠언 기덕시(紀德詩) 30수가 실렸는데, 이는 사도 상공(司徒相公)에게 바친 시이다. 이 시기에 남긴 시는 적지 않지만 그중 〈강남의 여인〉처럼 걸작으로 일컬을 만한 작품을 찾기란 어렵다. 지금은 단지 《계원필경집》 제20권에 수록된 30수를 가지고 분석하기로 한다.

이 시들은 대체로 세 종류로 나눌 수 있다. 첫 번째는 조국에 대한 자신의 그리움과 귀국의 바람을 표현한 시인데, 대략 6분의 1을 차지한다. 그중 비교적 좋은 작품이며 사람들의 애국 열정을 불러일으킬 수 있는 시로 〈바닷가에서 한가롭게 거닐며(海邊閑步)〉를 들 수 있다. 시인은 귀로에 오르기 전날 밤에 해변을 산보할 때, 대해의 경치를 조망하며 오랫동안 이별한 조국의 산천을 회상하다가 자연스럽게 "머지않아 고향의 꽃향기에 취할 테니(看看即醉故園花)"라는 시구를 썼는데, 깊고도 감동적이다. 두 번째는 화답시로, 대략 2분의 1을 차지한다. 이러한 시의 내용은 다룰 만한 곳이 없는데, 어떤 것은 상사에 대한 감사와 찬송이며 어떤 것은 학우 간에 오가며 응수한 작품이다. 세 번째는 사물을 읊고 경치를 묘사한 시인데, 모두 10수로 최치원은 이를 "달을 읊고 바람을 노래한(嘯月吟風)" 작품으로 불렀다.

회남 시기에 최치원은 귀국의 바람을 실현하기 위해 적극적으로 활동을 펼쳐 일찍이 여러 번 희종(僖宗)과 상사에게 〈심정을 토로하며 태위께 올립니다(陳情上太尉)〉 등의 상서를 올렸다. 그렇다면 그의 귀국 동기는 무엇일까? 이를 분석하고 연구할 필요가 있다. 이는 최치원의 귀국 후 사상과 창작을 정확하게 이해하는 것과 매우 밀접한 관계가 있기 때문이다. 어떤 사람은 최치원이 귀국한 이유가 당조 사회 모순의 첨예화와 정계의 부패 때문에 더 이상 머물 수 없었던 때문이라고 하며, 또 조국에서

10여 년이나 떠나 있어 고향을 그리는 마음이 귀국하려는 생각을 촉진했다고 보기도 했다. 필자가 보기에, 전자의 관점에 완전히 동의할 수 없다. 후자에 대해서는 인정할 수 있으나, 이는 단지 부차적인 문제일 뿐이다. 최치원의 귀국 동기는 결국 무엇일까? 아래서 분석하기로 한다.

① 앞에서 이야기했듯이 그가 당나라에 유학한 목적은 지식을 습득하고 공명을 얻어서 그 뒤 조국을 위해 자신의 역량을 발휘하기 위해서였다. 이러한 생각은 시종 바뀌지 않아 그의 재당 시기(장안・율수・회남 세 시기) 동안 일관되었다.

② 만일 최치원의 귀국 이유가 당조 사회 모순의 첨예화와 정계의 부패라고 본다면, 그는 당대의 사회 모순을 분명히 알고 있었고 당조의 정계가 그를 배척하여 몸을 둘 곳이 없었을 것이다. 그러나 그는 여전히 순조롭게 급제한 뒤 현위가 되었으며, 나중에는 또 고병의 종사와 도통순관으로 승급했다. 당 희종은 아울러 그에게 승무랑(承務郎)・시어사(侍御史)・내공봉(內供奉)이란 직책을 내리고 또 자금어대(紫金魚袋)[8]를 하사했는데, 당조 정계의 부패가 최치원 귀국의 이유라고 할 수 있는가?

③ 최치원은 귀국할 때 다음과 같이 쓴 바 있다. "열두 살에 중국에 들어와 스물여덟에 금의환향했다(巫峽重峰之歲, 絲入中華, 銀河列宿之年, 錦還故國)."[9] 이는 최치원의 당시 심정을 잘 설명한다. 그는 스스로 금의환향한 것으로 생각했는데, 이는 그의 귀국이 결코 '당조 사회 모순의 첨예화와 정계의 부패' 때문이 아님을 보여준다.

---

8) 주머니 안에 넣는 물고기 모양의 금패로, 황제는 이를 가지고 공이 있는 신하에게 포상했다.

9) 《파한집》 권중, "열두 살에 중국에 들어와 스물여덟에 금의환향하였다(巫峽重峰之歲, 絲入中華, 銀河列宿之年, 錦還故國)." "무협중봉지세(巫峽重峰之歲)"라고 했는데, 무산(巫山)에는 12봉우리가 있으므로 이를 12세에 비유했다. "은하열수지년(銀河列宿之年)"이라고 한 것은 중국 고대 철학에 28개의 별자리가 있기에 역시 이를 28세에 비유했다.

④ 조국을 멀리 떠난 지 10여 년이나 되고 고향을 그리는 마음이 그가 귀국할 생각을 촉진했는데, 이는 공평하고 합리적이다. 그러나 문제는 이것이 주요한 원인이 될 수 없다는 데 있다.

이상의 분석을 근거로 최치원의 귀국 동기에 대하여 결론을 내릴 수 있다. 최치원이 귀국을 결심한 까닭은 당나라에 있는 동안 이미 학습의 기초를 다져 놓았고 공명도 성취했으니, 귀국하여 자신의 포부를 펼칠 시기라고 간주했기 때문이다. 조국은 그의 마음속의 왕국이었고, 그의 정치적 포부와 문학 이상을 실현할 무대였다. 그는 당시 신라의 현실 상황에 대하여 아직 알지 못했다. 조국 통치 계급에 대한 환상만 가지고 있어서, 귀국한 뒤 자신의 재능에 의거해 입신출세하여 조국을 부강하게 만드리라 생각했기에 고향을 그리는 마음이 귀국의 생각을 촉진시켰다. 그는 '양원이 비록 좋다지만 오래 머물 곳이 아니더라(梁園雖好, 終非久戀之家)'는 생각을 공유했다. 885년 그는 마침내 결심을 하고 16년 동안이나 생활했던 이국 타향을 떠나 귀로에 올랐다.

2) 귀국 후 은거 이전 시기(885~898)

최치원이 조국으로 돌아왔을 때, 신라의 현실은 그의 바람과 완전히 상반되었다. 귀국 후 비록 헌강왕(憲康王)이 그를 "시독 겸 학림학사 수병부시랑 지서서감(侍讀兼翰林學士守兵部侍郎知瑞書監)"으로 임명했으나, 신라 통치 계급의 극에 이른 부패와 극렬한 정권 쟁탈은 그로 하여금 정치적 포부를 실현할 수 없음을 느끼게 했다. 그러나 그는 곧바로 희망을 버리지 않고 894년, 즉 진성여왕(眞聖女王) 8년에 일찍이 왕에게 〈시무책(時務策)〉 10여 조를 올려 국가의 위기를 만회하고자 힘써 노력했다. 하지만 향락 생활에 탐닉하던 통치 계급은 이에 조금도 동요하지 않았다.

이에 최치원은 절망을 느꼈다. 자기의 포부를 실현할 수 없는 데 대한 불만, 조국의 운명에 대한 우려, 통치 계급에 대한 증오가 함께 엇섞여 이 시기의 창작은 비교적 크게 발전했다. 그는 시에서 통치 계급의 죄악을 폭로했고, 통치 계급의 탐욕과 허위를 풍자했다. 그의 이러한 폭로와 풍자는 한편으로 애국 열정에서 나왔다고 하나, 다른 한편으로 개인의 불만에서 나온 것이기도 하다. 그러나 객관적으로 보면 인민에 대해서는 여전히 유익한 것으로, 지금까지 전해오는 이 시기의 작품 수는 당조 시기보다 적지만 우수한 작품이 절대 다수를 차지한다. 당조 시기의 시와 비교해 보면, 아주 큰 발전이 있었다. 아래서 이 시기의 대표 작품을 분석하기로 한다.

〈옛 생각(古意)〉

狐能化美女, 여우는 능히 미인으로 변할 수 있고
狸亦作書生. 살쾡이 또한 선비가 되네.
誰知異物類, 그 누가 알리, 다른 무리가
幻惑同人形. 사람 모습과 같이 되어 홀리는 것을
變化尙非艱, 변화하기는 오히려 어렵지 않으나
操心良獨難. 마음 고르기는 참으로 어렵구나.
欲辨眞與僞, 참과 거짓을 분별하려거든
願磨心鏡看. 원건대 마음의 거울을 닦고 보소.

〈옛 생각〉에서 시인은 봉건 통치자를 여우에 비유하여 그들의 가면을 벗긴다. 그들이 겉으로는 온통 인의도덕을 말하나, 실제로는 인민을 속이는 잔학무도한 거짓 군자임을 풍자했다. 이뿐만 아니라 시인은 또 통치자를 "다른 무리(異物類)"로 여겨, 단지 정직한 사람만 그들에게 미혹되지 않고 진위를 변별할 수 있다고 여겼다.

〈홍을 기탁하며(寓興)〉

願言扃利門, 원컨대 이욕의 문을 막아
不使損遺體. 부모께 받은 몸 상하게 말라.
爭奈探珠者, 어찌하여 이익 좇는 사람들
輕生入海底. 목숨 가벼이 바다 밑에 들어가나.
身榮塵易染, 몸의 영화는 티끌에 끌리기 쉽고
心垢正難洗. 마음의 때는 잘못을 씻기 어렵다네.
澹泊與誰論, 담박한 맛을 누구와 의논하리.
世路嗜甘醴. 세상 사람들 단술만 즐긴다네.

시인은 명리를 위해서는 생명도 돌보지 않는 봉건 관료를 조소했다. "바다 밑(海底)"은 바로 사람을 매장시킬 수 있는 정권 쟁탈의 장이다. 따라서 시인이 경고하기를, 부귀영화를 추구하는 것은 바로 '마음[心]'에 티끌이 묻는 것을 뜻하고 일단 티끌이 묻으면 씻기 어렵다고 했다. 그러나 그 대인(大人) 선생들은 여전히 부귀영화만 추구했기에 시인은 단지 길게 탄식하며 "담박한 맛을 누구와 의논하리"라고 말할 뿐이다.

〈접시꽃(蜀葵花)〉

寂寞荒田側, 적막하고 황폐한 밭둑에서
繁花壓柔枝. 무성한 꽃이 가냘픈 가지를 누른다.
香輕梅雨歇, 소나기가 그치니 향기도 가볍고
影帶麥風欹. 보리 바람에 그림자 흔들리네.
車馬誰見賞? 수레 탄 사람을 누가 와서 보아 주리오
蜂蝶徒相窺. 벌 나비만 부질없이 서로 엿본다.
自慙生地賤, 스스로 타고난 처지가 천함을 부끄러워하여
堪恨人棄遺. 남들에게 버림받아도 참고 견딘다.

〈접시꽃〉은 마치 시인이 이것을 빌려 자신의 처지를 탄식하는 것 같다. 다시 말하면, 시인은 탁월한 재주와 지혜를 가졌으나 배척당해 중용되지 못했다. 여기서는 당시의 봉건 왕조와 파벌 싸움하는 관료에 대한 불만을 표현했다.

최치원이 왕에게 바친 〈시무책〉은 봉건 왕조에 받아들여지지 않고, 봉건 왕조 및 관료에 대한 풍자와 폭로가 통치자에게 용납되지 않아 공격받고 배제당했다. 따라서 그는 봉건 중앙 정계에 오랫동안 머물 수 없어 지방관으로 좌천되어 일찍이 태산군(太山郡)과 부성군(富城郡)의 태수를 역임했다. 지방관으로 있던 시기에 그는 좋은 작품을 창작했다. 예를 들면 〈향악잡영(鄕樂雜詠)〉 5수[10]는 모두 《삼국사기》 권32, 〈잡지(雜志) 제1〉, 「악(樂)」 항목에 수록되어 있다. 이 〈금방울 놀이(金丸)〉, 〈다리꼭지춤(月顚)〉, 〈황금탈춤(大面)〉, 〈꼭두각시춤(束毒)〉, 〈사자춤(狻猊)〉 5수는 최치원이 민간의 다섯 가지 가면극을 본 뒤에 이를 형상화한 작품이다. 여기서는 〈금방울 놀이〉, 〈다리꼭지춤〉을 예로 들겠다.

〈금방울 놀이〉

廻身掉臂弄金丸, 몸 돌리고 팔 휘둘러 금방울 놀리니
月轉星浮滿眼看. 달이 구르고 별이 뜬 듯 눈이 어지럽네.
縱有宜僚那勝此, 의료[11] 같은 재주인들 이보다 나으랴
定知鯨海息波瀾. 동해 바다 파도 소리 잠잠하겠네.

〈금방울 놀이〉는 별이 총총한 하늘을 배경으로 삼아 노천 무대에서 연출한 금환무(金丸舞)를 묘사했다. 얼마나 관중을 사로잡았으면 "달이 구르고 별이 뜬(月轉星浮)" 것같이 매우 빠른 춤의 율동을 묘사하여 바다

10) 다른 이름은 오기시(五技詩)이다.
11) 춘추 시대의 무용가.

의 고래가 물을 뿜는 모습에 비유한 것은 깊은 인상을 줄 뿐 아니라, 시인의 풍부한 연상력을 보여준다. 의료(宜僚)의 춤도 이런 평가를 넘을 수 없으니, 이는 시인의 민족 자긍심을 표현한 것이다.

〈다리꼭지춤〉

肩高項縮髮崔嵬, 어깨는 높고 목은 움츠리고 머리는 우뚝한데
攘臂群儒鬪酒杯. 팔을 비비며 뭇 유생들이 술잔을 다투네.
聽得歌聲人盡笑, 노랫소리 듣고서 사람들은 마음껏 웃으며
夜頭旗幟曉頭摧. 저녁의 깃발이 새벽까지 붐비네.

〈다리꼭지춤〉은 "어깨는 높고 목은 움츠리고(肩高項縮)", 팔을 비비는 뭇 유생(攘臂群儒)"을 야유했다. 그 노랫소리의 구체적인 내용에 대해서 알 수 없으나, 군중의 웃음이 그치지 않고 심지어 밤을 지나 새벽까지 이어지는 것으로 보아 큰 매력을 가진 것이었다.

〈향악잡영〉은 인민 생활과 예술에 대한 시인의 관심을 표현하였는데, 신라의 음악 · 무용 · 희극을 연구하는 데 귀중한 자료이다.

그러나 시인은 각 지방을 전전하는 과정 속에서 고독을 느끼고 생활의 고통을 이기지 못하자, 이렇게 생활하는 것은 관직을 버리고 전원에 은거함만 못하다고 생각했다. 그러나 집이 가난했기에 자신의 생각을 실현할 수 없어, 모순에 빠졌다. 이때 시인은 유랑 생활을 하면서 방황하기 시작했는데, 〈도중에 지음(途中作)〉이 이러한 점을 잘 보여준다.

東飄西轉路岐塵, 이리저리 떠돌며 풍진 세상을 헤매면서
獨策羸驂幾苦辛. 야윈 말 몰고 다니며 고생 또 얼마였던가!
不是不知歸去好, 고향에 돌아감이 좋은 줄 모르는 것은 아니지만
只緣歸去又家貧. 돌아간댔자 집이 가난하니 어쩔 것인가?

〈도중에 지음〉이 방황하는 시인의 심정을 묘사한다면, 〈산으로 들어가며 쓰는 시(入山詩)〉는 소극적인 둔세(遁世) 사상을 드러냈다.

僧乎莫道青山好, 스님이시어, 청산이 좋다 말하지 마소.
山好何事更出山? 산이 좋다면서 무슨 일로 다시 산을 나왔소?
試看他日吾踪迹, 시험 삼아 다른 날 나의 자취를 보시오.
一入青山更不還. 한번 청산에 들어가면 다시 돌아오는가!

3) 은거 시기(899~?)

최치원이 지방을 전전할 때 신라의 사회 모순은 더욱 첨예해져 이러한 상황에서 현실은 최치원에게 다음의 문제를 던졌다. 귀국할 때의 바람을 완전히 포기하고 봉건 통치 계급과 결탁하여 나쁜 짓을 할 것인가? 아니면 각지에서 깃발을 높이 든 농민 봉기군과 함께 봉건 통치자에게 반항하는 길로 들어설 것인가? 한편으로 계급과 사상의 한계로 그는 사회 모순의 본질과 인민의 역량을 진정으로 인식할 수 없었기 때문에 농민 봉기군과 함께 봉건 통치자에 반항하는 길로 가지 못했다. 다른 한편으로 그는 봉건 통치자와 결탁하여 나쁜 짓 하기를 원하지 않았다. 그래서 그는 현실을 도피하는 소극적인 길, 즉 은거를 선택했다.

그렇다면 왜 최치원이 선택한 은거의 길이 주로 현실을 도피하는 소극적인 길이라고 하는가? 필자가 생각하기에 여기서 반드시 은거자의 계급 지위, 은거의 원인, 은거 후 사회 현실과 인민에 대한 태도 및 작품 등을 함께 연계해 보아야 한다.

문제를 쉽게 설명하기 위해 중국 봉건 시대에 은거한 적이 있는 시인과 대비하여 최치원의 은거에 대한 필자의 생각을 말하고자 한다. 중국의 봉건 시대에 은거한 시인은 대체로 몇 가지 유형으로 나눌 수 있다.

① 관운이 형통하지 못하여 고의로 잠시 은거했다가 몸값이 높아져서 초빙해 줄 시기를 기다려 나중에 벼락출세하는 경우인데, 남북조의 주옹(周顒, ?~485)이 이 유형에 속한다.

② 은거 생활을 일종의 향락이나 청렴하고 고상한 행위로 간주하기 때문에 은거 생활을 보내는 경우인데, 진대(晋代)의 석숭(石崇, 249~300)이 이러한 유형에 속한다.

③ 관직을 맡은 시기에 정치가 더럽고 정계가 험악하여 정치적 포부를 실현할 수 없고, 또 여러 가지 이유로 곧바로 은퇴하지 못하여 벼슬하면서 산수에 노니는 것으로 현실을 도피하고, 현실을 도피할 생각이 갈수록 간절해져 매우 소침(消沈)한 길을 걷는 경우이다. 당대의 왕유(王維, 701~761)가 이 유형에 속한다.

④ 진보적인 정치 이상을 가지고 있으나, 배척당해 실행할 수 없기 때문에 현실에 순응하지 못하여 은거한다. 은거한 뒤에는 정치의 암흑, 세속의 허위, 정계의 혼탁에 대하여 힘써 공격하는데, 서진(西晋)의 혜강(嵇康, 223~263)이 이 유형에 속한다.

⑤ 정계의 암흑과 정계의 부패를 견딜 수 없어 봉건 통치자와 결렬하여 은거한 뒤 '돌아가 농사짓는 길(歸耕之路)'을 걷는 것인데, 노동과 일정 정도 결합해 그 속에서 농민의 생활과 감정을 체험하고 아울러 작품 속에서 당시의 사회를 부정하고 아름다운 사회의 이상을 설계하는데, 진대(晋代)의 도연명(陶淵明, 365~427)이 이 유형에 속한다.

다시 돌아와 최치원이 한 은거의 성격을 살펴보자. 앞에서 이야기했다시피 최치원은 신라 통치 계급의 배척과 공격을 받아 정치적 포부를 실현할 수 없었고, 또 봉건 통치자와 결탁하여 나쁜 짓을 저지르고 싶지도 않았다. 이것이 바로 진보적 의의를 가지며, 혜강·도연명 등과 유사한 점이다. 그러나 우리는 마땅히 전체적이고 연계된 관점으로 이 문제를 보아야 한다. 최치원이 지방관으로 있을 때 이미 소극적인 둔세의 경향을 나타냈는데, 문제가 여기에 있는 것만은 아니다. 더욱 중요한 것은 그가 은거한 뒤 더욱더 현실과 인민에서 벗어나 산수에 정을 기탁하기 시작했으며, 나중에는 아예 깊은 산속에 숨어 세상과 인연을 끊고 정치 생활에서 물러나 "흰 구름 깊은 곳에 몸 편안히 하는(白雲深處好安身)"[12] 생활로 걸어갔다는 사실이다.

그는 혜강처럼 은거한 뒤에 통치 계급의 부패와 통치의 암흑을 첨예하게 공격하지 않았고, 도연명처럼 벼슬을 그만두고 전원으로 돌아가 농사짓는 길을 걸어 노동 및 농민과 어느 정도 결합하지도 않았다. 뿐만 아니라 아름다운 사회의 이상을 설계하지도 않았으며, 왕유가 은거한 뒤 갈수록 현실과 인민을 이탈하여 조용하고 한적한 뜻을 추구하여 소침한 길로 접어든 것과 큰 차이가 없다.

어떤 사람은 전설에 바탕한 견해, 즉 최치원이 일찍이 왕건(王建)에게 써주었다는 편지 속의 "계림은 낙엽이며, 송악은 푸른 소나무(鷄林黃葉, 鵠嶺靑松)"라는 문구를 근거로 그가 당시 사회 발전의 추세를 상당히 정확하게 판단했고, 옛 사회가 붕괴하고 새로운 사회가 도래하길 희망했다고 말하나 실제적인 예증을 들지 못했다. 또 어떤 사람은 같은 견해를 가지고 있으나, 최치원이 후에 고려 왕조로 나아가지 않은 원인을 찾을 수 없어, 믿을 수 없는 두 가지 이유만 들었을 뿐이다.

첫째, 이미 은거한 사람이 정계의 상황이 그에게 유리할 때 즉각 산을 나와 벼슬한다는 것인데, 이는 그의 생활신조와 어긋난다는 것이다. 둘째, 이때 그는 이미 노쇠했다는 것이다. 사실 최치원의 전체 사상 발전 과정을 보면, 최치원의 은거는 봉건 통치 계급이 〈시무책〉을 받아들이지 않았기 때문이다. 배척당했다는 점에서 보면 고려 왕조의 건립은 마침 그가 나아가 이상을 실현할 좋은 기회인데, 어째서 '그의 생활신조와 어긋

---

12) 〈노상가(路上歌)〉 가운데 한 구.

나는' 것일까? 단지 그의 소극적인 사상이 그를 낙심하게 만들고 의기소침하게 했으며, 그로 하여금 "항상 시비 소리 귀에 들릴까 두렵게(常恐是非聲到耳)"[13] 하고, 깊은 산속 옛 사찰로 들어가 "고요히 눈 감은 채 참됨을 깨우치게(瞑目悟眞如)"[14] 했다.

마지막으로 은거 시기의 작품을 분석해 보자. 최치원의 소극적 도피 은거는 필연적으로 창작에 나쁜 영향을 끼쳤다. 이 시기에 그의 창작은 전보다 현저하게 후퇴했다. 앞 시기를 따라잡을 수 있는 작품은 한 편도 찾아보기 힘들다. 은거하던 시기에 그는 "소요하며 얽매이지 않고 산림이나 강과 바닷가에 누대와 정자를 만들어 솔과 대를 심어 놓고 서적을 베개 삼아 자연을 노래하고 읊었는바(逍遙自放, 山林之下, 江海之濱, 營臺榭植松竹, 枕籍書史, 嘯詠風月)",[15] 풍월을 읊조린 〈임경대(臨鏡臺)〉는 바로 이 시기의 작품이다. 후에 그가 갈수록 현실과 인민을 이탈하여 깊은 산속의 옛 사찰로 숨어들었을 때, 옛 사찰과 승려에게 주는 수많은 시를 썼는데, 거의 모두가 해탈·소극·부진을 추구하는 내용이다. 그 가운데 〈재곡사에 혼자 사는 스님에게(贈梓谷蘭若獨居僧)〉는 세상과 단절하려는 그의 심정을 드러냈다. 〈금천사 주지에게(贈金川寺主)〉는 현실 사회에서 도피한 승려의 생활을 찬미했다.

〈운문사 지광 스님에게(贈雲門寺智光上人)〉를 보도록 하자.

雲畔構精廬, 구름 가에 절 집을 지어 놓고
安禪西紀餘. 고요한 선정에 든 지 거의 반 백 년.
筇無出山步, 지팡이는 산 밖을 나간 적이 없고
筆絶入京書. 붓으로도 서울 가는 편지를 쓰지 않네.

---

13) 〈가야산 독서당에 쓰노라(題伽倻山讀書堂)〉.
14) 〈운문사 지광 스님에게(贈雲門寺智光上人)〉.
15) 《삼국사기(三國史記)》 권46, 〈열전(列傳) 제6〉.

竹架泉聲緊, 대나무 홈통에서는 샘물 소리 들리고
松欞日影疏. 소나무 창가에는 해 그림자 성기네.
境高吟不盡, 경지가 높아 다 읊어 내지 못하고
瞑目悟眞如. 고요히 눈감은 채 참됨을 깨우치네.

그는 깊은 산중에서 사원을 세우고 눈으로 뜬구름을 보고 귀로 흐르는 물소리를 듣는 생활을, 진리를 인식하게 된 삶으로 묘사했다. 최후에 그는 가야산 해인사에 들어가 동복 형[母兄] 현준(賢俊) 및 정현사(定玄師)와 더불어 도우(道友) 관계를 맺었다. 가야산에 들어간 뒤 그는 시 〈가야산 독서당에 쓰노라(題伽倻山讀書堂)〉를 썼다.

狂噴疊石吼重巒, 물은 미친 듯이 바위를 치며 산을 울리어
人語難分咫尺間. 지척에서 하는 말 분간하기 어렵네.
常恐是非聲到耳, 항상 시비 소리 귀에 들릴까 두려워
故教流水盡籠山. 흐르는 물로 산을 감싸게 했네.

그는 산속의 폭포가 암석을 치는 소리가 인간 세상의 시비 소리를 덮을 수 있다고 여겼는데, 이처럼 스스로 흡족해 했다. 이를 보면 당시 최치원의 사상과 심경이 어떠한지를 알 수 있다. 〈가야산 독서당에 쓰노라〉는 그가 남긴 마지막 시인데, 언제 죽었는지는 알 수 없다.

3. 최치원이 한국문학사에서 갖는 지위와 시가에 미친 영향

최치원은 한국문학사에서 최초로 시로써 봉건 통치 계급에 대해 직접 폭로한 시인이다. 그는 봉건 통치 계급을 교활한 이리와 생명을 돌보지

않고 부귀영화를 탐하는 "이익을 좇는 사람들(探珠者)"에 비유했다. 그는 봉건 가장제의 죄악에 분노하며 공격했고, 인민이 자유・행복을 추구하는 바람을 표현했다. 또 가볍고 유머러스한 풍자 수법을 운용하여 온종일 포식하며 하는 일이 없는 귀족 여인의 비할 데 없이 공허한 정신 면모를 풍자했으며, 동시에 인민의 생활에 대하여 동정을 표현했다. 그의 시는 또 애국 열정과 인민 예술을 열애하는 사상을 표현했다.

최치원의 시는 비교적 강렬한 현실주의 요소를 가지고 있으나 한계성이 있다. 그는 자신의 관점에서 통치 계급을 폭로하고 풍자했으며, 자신의 협애한 생활 체험을 통하여 시를 더욱 성숙시켰다. 최치원(10세기) 이전에 신라의 한시는 여전히 사언・오언의 단계에 머물러 있었다. 비록 8세기에 인민 군중이 창작한 〈해가(海歌)〉(칠언 한시), 또 왕거인(王巨人)과 박인범(朴仁範)의 칠언 한시가 있으나, 수적으로 얼마 되지도 않을 뿐 아니라 시의 내용과 기교에서도 최치원에게 크게 미치지 못한다. (필자가 아는 바에 따르면) 최치원이 남긴 90여 편의 시 가운데 3분의 2가 칠언시(칠언 율시와 칠언 절구 포함)인데, 장편 배율로 쓴 〈쌍녀분〉이 가장 두드러진다. 최치원의 한시는 내용 및 형상 묘사와 언어 운용 면에서 모두 매우 높은 성취를 했다. 한국 한시의 발전에서 최치원은 지울 수 없는 공적을 남겼다.

뿐만 아니라 최치원은 애국 열정으로 인민의 생활과 예술에 관심을 가졌으며, 봉건 통치 계급을 폭로하고 풍자한 그의 시는 후세의 작가와 시인을 훈도했다. 12세기 후반의 현실주의 시인 이규보(李奎報, 1168~1241)는 그의 영향을 받았는데, 이규보는 최치원이 한국 최초로 해외에 이름을 날린, 손에 꼽을 수 있는 인물이라고 여겼다. 성현(成俔, 1439~1504)은 《용재총화(慵齋叢話)》에서 "우리나라 문장은 최치원에게서 시작되었다(我國文章, 始發於崔致遠)"라고 썼다. 정지상(鄭知常)의 〈월영대(月影臺)〉, 임억령(林億齡)의 〈쌍계사(雙溪寺)〉, 박지화(朴枝華)의 〈청학동(青鶴洞)〉은 모두 최치원을 찬양한 시인데, 그에 대한 후세 사람의 존경과 추앙을 보여준다. 확실히 최치원은 시가 창작 활동으로 한국문학사에 마멸할 수 없는 공적을 남겨 놓았으니, 9세기 말 10세기 초 신라의 우수한 시인이다.

[해제]

이 글은 하진화(何振華, 1932~)의 〈朝鮮新羅時期詩人崔致遠及其作品〉(《延邊大學學報》 1982년 제1기)을 번역한 것이다. 이 논문의 한글 번역문이 〈조선 신라시기의 시인 최치원과 그의 작품〉(《조선문학연구논문집》, 중국방송통신출판사, 1992)이란 이름으로 재간행되기도 했다.

하진화 교수는 북경대학 외어학원(外語學院) 동어계(東語系) 교수, 한국학연구중심 연구원을 지냈다. 그의 주요 저작으로는 《朝鮮現代文學史》(中央編譯出版社, 2008) 등이 있고, 주요 논문으로 〈朝鮮新羅時期詩人崔致遠及其作品〉, 〈朝鮮文學概況〉(《國外文學》 1983년 제2기), 〈評朝鮮三大古典小說之一《沈清傳》〉(《國外文學》 1983년 제4기), 〈論韓國三大古典小說的藝術特色〉(《國外文學》 1995년 제3기 ; 《韓國傳統文化 · 語言文學卷》, 學苑出版社, 2001), 〈蕭紅和姜敬愛的小說創作比較〉(《韓國學論文集》 第7輯, 新華出版社, 1998), 〈朝鮮詩人李根及其詩作〉(《延邊大學學報》 1999년 제1기), 〈한국 고전명작 《홍부전》을 평함〉(《세계 속의 한국(조선)문학 비교연구》, 민족출판사, 2002), 〈韓國三大古典小說探源〉(《韓國學論文集》 第10輯, 遼寧民族出版社, 2003), 〈李白 · 杜甫對韓國古代詩歌的影響〉(《韓國學論文集》 第11輯, 黑龍江朝鮮民族出版社, 2003) 등이 있다.

최치원과 그의 작품에 대한 시론

하진화(何振華)

1. 최치원의 생애, 사상과 창작

여기서는 최치원의 생애, 사상과 창작을 세 시기로 나누어 서술하려 한다.

1) 당나라에 유학한 시기(869~884)

최치원(857~?)은 자를 고운(孤雲), 해운(海雲)이라 했다. 그는 신라의 수도 경주 사량부(沙梁部) 사람이다.

《삼국사기(三國史記)》에는 "역사서가 없어져 그의 가문 내력을 알 수가 없다(史傳泯滅, 不知其世系)"고 쓰여 있다. 그러므로 그가 어떤 집안 출신인지를 정확하게 단정할 수 없다. 그는 열두 살 때 남이 백을 배우면 나는 천 가지를 배우겠다는 커다란 포부를 품고 자기의 재능으로 조국에 이바지할 결심을 세우고 당나라에 유학 왔다. 젊은 최치원은 강렬한 학구적인 진취심을 가지고 장안(長安)에서 6년 동안 열심히 공부했다. 이 기간에 그는 많은 시를 썼지만 그 것들이 "어린아이가 꾸민 것으로 장부가 부끄러워하는 바라서 …… 모두 폐기해 버렸다(童子篆刻, 壯夫所慚 ……

皆爲棄物)."[1] 그러므로 오늘까지 전해지지 않는다.

《동문선(東文選)》 권19에 오언 절구 〈가을밤에 비가 내리고(秋夜雨中)〉가 실렸는데, 그 내용을 보면 대체로 그가 진사(進士)에 급제하기 이전의 작품인 것 같다.

〈가을밤에 비가 내리고〉

秋風惟苦吟, 가을바람에 애달프게 읊조리니
世路少知音. 세상에 나를 알아주는 이 없네.
窗外三更雨, 깊은 밤 창밖에는 비가 내리는데,
燈前萬里心. 등불 앞에 아득히 외로운 마음.

이 오언 절구에서 저자는 조국과 친혈육에 대한 그리움, 불우한 처지에 대한 정서를 보여준다. 이 시는 보는 바와 같이 평이하고 소박하여 조금도 어설픈 감이 없다. 소년 시기에 벌써 이 같은 창작적 재능을 발휘한 최치원은 17세 때 갑과(甲科)에 급제하고 진사가 되었다.

진사에 급제한 뒤 그는 2년 동안 동도(東都)에 가 있었다. 이 기간에 그는 저서 3권을 내놓았는데 아쉽게도 이 작품이 다 전하지 않는다. 장안에 있을 때 그는 현실과 접촉할 기회가 적은데다 나이가 어려, 당시 중국의 실태를 인식하는 데 어느 정도 어려움이 있었다. 877년에 그는 선주(宣洲) 율수현위(溧水縣尉)로 임명받았다. 이 시기는 그의 창작이 새롭게 발전한 시기였다. 공적 사적 일로 인민과 접촉할 기회가 있었기 때문에, 실생활에서 일정한 정도 당시 중국의 사회 현실과 인민 생활을 알게 되었을 것이다.

이러한 상황에서 그는 적지 않은 우수한 시편을 지을 수 있었다. 예를

1) 〈계원필경서(桂苑筆耕序)〉.

들면 〈강남의 여인(江南女)〉, 〈쌍녀분(雙女墳)〉, 〈산양에서 고향 친구와 이별하며(山陽與鄉友話別)〉 등이다. 이 밖에 《중산복궤집(中山覆簣集)》 5권도 있는데, 아깝게도 이 책은 전질이 사라져 전하지 않는다. 이 작품 가운데서 〈강남의 여인〉과 〈쌍녀분〉이 이 시기의 대표적 작품이다. 이제 〈강남의 여인〉과 〈쌍녀분〉을 보기로 하자.

〈강남의 여인〉

江南蕩風俗, 강남의 풍속은 방탕하여
養女嬌且憐. 기르는 딸이 교태 있고 가냘팠네.
性冶恥針線, 천성은 바느질하는 것을 부끄러워하니
粧成調管弦. 분단장 마치고는 악기 조율하네.
所學非雅音, 배운 것은 고상한 노래가 아니요
多被春心牽. 춘정에 많이 이끌린 것이라네.
自謂芳華色, 스스로 일컫기를 꽃다운 얼굴이요
長占艶陽年. 청춘 시절 길이 이어진다 하네.
却笑隣家女, 도리어 이웃 여자 비웃나니
終朝弄機杼. 하루 종일 북을 놀리며
機杼縱勞身, 베 짜느라 몸을 수고롭게 하지만,
羅衣不到汝. 비단옷은 네게 돌아가지 않으리라.

오언 고시로 된 이 시는 귀족 부인의 호화롭고 사치스럽고 썩어 빠진 기생(寄生) 생활과 교만하고 텅 빈 정신세계를 발가벗겨 놓고 있다. 동시에 부지런히 일하나 가난에 허덕이는 빈한자의 생활 처지를 보여주면서 그녀에 대한 동정을 표시한다. 시인은 이 시에서 풍자적 수법과 대비적 수법을 사용했는데, 대비적 수법은 풍자적 수법에 비교하면 약간 모자라다. 위에서 본 것처럼 '강남의 여인'의 형상은 두드러지게 부각되었으나

'이웃집 여인'의 형상은 그다지 원만하지 못하다.

다음 〈쌍녀분〉을 살펴보자(원시가 길어서 여기서는 생략). 이 작품을 꿰뚫고 있는 기본 사상은 봉건 예교의 속박에서 벗어나자는 주장과 혼인 자주(婚姻自主)의 추구이다. 작품에는 솔직하고 자유분방한 감정이 흘러 넘친다. 〈쌍녀분〉과 같은 작품의 창작은 최치원이 봉건 예교의 속박을 반대한 사상과 관련되며 다른 한편으로 당나라 전기(傳奇) 작품의 영향을 받은 것이기도 하다.

〈쌍녀분〉은 비록 부자 상인의 두 딸을 묘사했으나 적극적인 사회적 의의를 가지고 있다. 또 작품은 비록 봉건적 가부장제를 직접 해부하지는 않으나 간접적으로 봉건적 가부장제의 죄악을 폭로했다.

〈쌍녀분〉의 예술적 특성은 아래와 같다. 첫째로, 최치원은 〈쌍녀분〉을 '장가(長歌)'라고 했다. 이른바 장가라는 것은 사실 장편 배율의 형식이다. 이는 아주 시선을 끄는 장시로 63구에 달하며, 모두 431자이다. 한국 한시의 발전사에서 보면 이것은 미증유의 장편 거작이다. 이는 한국 한시의 진일보와 성숙을 표징하는 것이다. 둘째로, 서사성과 서경・서정성의 세 가지가 묘하게 잘 결합하여 혼연일체를 이루고 있다. 셋째로 간결하고 생동하며 정확한 구사를 통해 시인의 비교적 높이 쌓은 한문 수양을 과시한다. 넷째로, 〈쌍녀분〉의 창작 방법은 비교적 뚜렷한 낭만주의적 색채를 띤다. 비록 환상적 세계에서 해결을 구하고 그 기본 정신은 적극적이나, 동시에 사실주의적인 것이 결핍됨을 부인할 수 없다.

위에서 본 바와 같이 율수 시기에 최치원의 사상과 창작은 한 걸음 더 발전했는데, 이것은 귀국 후 은거 전의 창작 발전의 기초와 전주(前奏)가 되었다. 그런데 주의를 기울여야 할 것은 최치원의 벼슬길에 오르려는 적극적인 바람은 달라지지 않았고 줄곧 이 염원이 그의 행동을 지배했다는 것이다. 그는 더 높은 지위를 얻으려고 당나라에서 그 터전을 닦았다. 그는 당시의 중국 사회 현실과 인민 생활에 대해 어느 정도 이해했으나 사회생활의 본질은 파악하지 못했다. 바로 이때 최치원은 박학홍사과(博學鴻詞科)에 응시하려고 회남(淮南)에 갔다. 그리하여 당나라 시기의 마지막 생활이 시작되었다.

회남에서 보낸 4년은 최치원의 사상과 창작이 내리막길을 걸은 시기이다. 회남에 간 뒤 오래지 않아 그는 회남절도사(淮南節度使) 고병(高駢)의 막부에서 종사관이 되었다. 나중에 고병이 황소 농민 봉기군을 탄압하는 제도행영병마도통(諸道行營兵馬都統)으로 임명되었을 때, 그는 도통순관(都統巡官)이 되어 고병의 총본영에서 일을 보았다. 이 기간에 그는 농민 봉기군을 탄압하는 활동에 참가하여 통치배를 도왔다. 이는 그의 경력에서 씻을 수 없는 오점이며 여기서 그의 세계관의 한계성을 똑똑히 볼 수 있다. 이 시기에 그는 현실에 입각하지 않고 인민 속에 깊이 들어가지 않아 좋은 작품을 쓰지 못했다.

최치원은 이 시기의 작품을 《계원필경집(桂苑筆耕集)》(전20권)에 엮어 정리했다. 이 작품집의 제1권부터 제19권까지는 산문인데, 대개 공적 사무로 쓴 것이어서 그다지 문학적 가치가 없다. 이 밖에 《계원필경집》 제20권에 시 30수를 수록했는데 모두 칠언 율시와 칠언 절구이다. 이 시기에 쓴 시편은 모두 60수인데 양적으로 적지 않다. 그러나 그 가운데 〈강남의 여인〉과 같은 가작은 드물다. 30수의 〈덕을 기리는 칠언시 30수를 사도 상공께 삼가 올립니다(七言紀德詩三十首謹獻司徒相公)〉는 봉선적 통치배를 찬양한 송시에 속한다.

그는 회남에 있는 동안 귀국의 염원을 실현하기 위하여 적극적으로 활동했는데, 여러 번 당 희종과 윗사람에 상주했다. 그러면 최치원의 귀국 동기는 무엇인가? 이를 분석하고 연구할 필요가 있다. 왜냐하면 이 문제는 최치원의 귀국 후 사상과 창작을 명확히 이해하는 것과 아주 밀접한 관계가 있기 때문이다.

첫째로, 위에서 본 바와 같이 그가 당나라에 유학한 목적은 학문을 닦고 고명(高名)을 얻어 앞으로 자기의 지혜와 재능으로 조국에 이바지하는 데 있었다. 이 목적은 시종 변함이 없었고, 그가 당나라에 있던 세 시기에도 일관되었다.

둘째로, 만약 최치원이 귀국한 이유가 당나라 사회의 계급 모순의 첨예화와 정계의 부패 때문이라면 그가 당나라의 사회 모순을 인식해서 당나라의 정계의 배척을 받아 몸 둘 곳이 없었던 것이 된다. 그때 당나라의 정계는 확실히 부패했다. 더욱이 만당(晩唐) 시기 봉건 중앙과 지방 군벌, 환관과 관료, 관료와 관료가 공개적으로 아옹다옹 싸웠고, 암암리에서 암투했고, 사기와 기만이 극도에 달했는데, 최치원은 이 투쟁의 소용돌이 속에 휩쓸리지 않았다. 사실상 최치원은 공격과 배척도 받지 않고 순풍에 돛단 듯 진사로 급제한 뒤 현위(縣尉)가 되었다. 그 뒤 고병의 막부에서 도통순관으로 임명되고, 당 희종이 승무랑(承務郎)・시어사(侍御史)・내공봉(內供奉)의 직위에 봉하고, 또 자금어대(紫金魚帶)까지 주었는데, 당나라 정계의 부패가 귀국의 이유가 되었다고 할 수 있는가?

셋째로, 최치원이 귀국할 때 "열두 살에 중국에 들어와 스물여덟에 금의환향하였다(巫峽重峰之歲, 絲入中華；銀河列宿之年, 錦還故國)"[2]고 했는데 이는 바로 당시의 최치원의 심정을 설명한다. 그는 금의환향한 것이지 '당나라 사회 모순의 첨예화와 정계의 부패' 때문에 귀국한 것이 아니다.

넷째로, 조국을 떠난 10여 년 동안 조국과 고향 생각이 간절했던 것이 귀국의 동기가 되었다는 설은 일리가 있다. 이것은 누구나 쉽게 이해할 수 있으나 귀국의 주요한 이유가 될 수는 없다. 이상의 분석에 근거하여 우리는 최치원의 귀국 동기에 대하여 다음과 같이 결론을 내릴 수 있다.

최치원이 귀국을 결심한 것은 당나라에 있는 기간에 이미 학습의 기초

2) 《파한집(破閑集)》 권중(卷中).

를 닦았고 공명에서도 어느 정도 성과를 거두었다고 보아 조국에 돌아가 자기의 포부를 실현할 때가 되었다고 여겼기 때문이다. 조국은 그의 마음 속에 있었고 정치적 포부와 문학적 이상을 실현하는 활동 무대였다. 그러나 그는 당시 신라의 현실 정황에 대하여 아직 이해가 깊지 못했으며 조국과 통치 계급에 대하여 환상을 품고 있어서, 조국에 돌아가기만 하면 자기의 재능으로 벼슬하여 조국을 부강하게 할 수 있으리라고 여겼다. 그리하여 조국과 고향에 대한 그리움이 귀국의 바람을 촉진시켰다. "낙원이 비록 좋으나 그리운 집보다 못하다." 885년에 그는 결심하고 16년 동안 생활한 이국 타향을 떠나 귀국길에 올랐다.

2) 귀국 후 은거 전 시기(885~898?)

앞에서 서술한 바와 같이 최치원은 귀국한 뒤에 자기의 지식과 공명으로 높은 자리에 올라 조국을 부강하게 하려고 했다. 그런데 그가 조국에 돌아왔을 때 신라의 현실은 그의 염원과 어긋났다. 돌아오자마자 헌강왕은 그를 '병마시랑(兵馬侍郎)', '지서서감(知瑞書監)'으로 봉했다. 그는 신라 통치배의 극도의 부패와 치열한 정권 쟁탈전으로 자기의 정치적 포부를 실현할 수 없다고 느꼈지만, 그래도 신심을 잃지 않고 894년, 즉 진성여왕 8년에 왕에게 〈시무책(時務策)〉 10여 소를 상주하여 나라의 위기를 극복하려고 했다. 향락 생활에 깊이 빠진 통치 계급은 그것을 거들떠보지도 않았다.

정치적 포부를 실현할 수 없는 불만, 조국의 운명에 대한 심려, 통치배에 대한 증오는 이 시기의 창작에 커다란 발전을 가져왔다. 그는 시편에서 통치배의 죄악을 폭로하고 탐욕과 허위를 풍자했다. 최치원의 통치 계급에 대한 폭로와 풍자는 한편으로는 애국적 열정에서 나왔고, 다른 한편으로는 개인적인 불만에서 나왔다. 이러한 시들은 개인적 불만으로 인한 폭로, 풍자였지만 어디까지 진보적인 것이었으므로 이 시기의 작품은 오늘까지 전해 온다. 비록 그 작품이 양적으로는 당나라 시기보다 적지만 우수한 작품이 절대 다수를 차지하는바, 당나라 시기에 비교하면 확실히 크게 발전했다. 아래서 이 시기의 대표작 두 편을 보기로 하자.

〈옛 생각(古意)〉

狐能化美女, 여우는 능히 미인으로 변할 수 있고
狸亦作書生. 살쾡이는 또한 선비가 되네.
誰知異物類, 그 누가 알리, 다른 무리가
幻惑同人形. 사람 모습과 같이 되어 홀리는 것을.
變化尙非艱, 변화하기는 오히려 어렵지 않으나
操心良獨難. 마음 고르기는 참으로 어렵구나.
欲辨眞與僞, 참과 거짓을 분별하려거든
願磨心鏡看. 원컨대 마음의 거울을 닦고 보소.

시인은 위 시에서 봉건 통치배를 여우와 삵에 비유하여 그들의 가면을 벗겼다. 그들이 겉으로는 인의 도덕을 말하나 실상은 인민을 기만하는 거짓 군자임을 풍자했다. 뿐만 아니라 시인은 또 통치배가 '짐승의 무리'이기에 정직한 사람은 그들에게 유혹되지 않고 그 진위를 가려낸다고 썼다.

〈접시꽃(蜀葵花)〉

寂寞荒田側, 적막하고 황폐한 밭둑에서
繁花壓柔枝. 무성한 꽃이 가냘픈 가지를 누른다.
香輕梅雨歇, 소나기가 그치니 향기도 가볍고
影帶麥風攲. 보리 바람에 그림자 흔들리네.
車馬誰見賞? 수레 탄 사람을 누가 와서 보아 주리오?

蜂蝶徒相窺. 벌 나비만 부질없이 서로 엿본다.
自慚生地賤, 스스로 타고난 처지가 천함을 부끄러워하여
堪恨人棄遺. 남들에게 버림받아도 참고 견딘다.

위 시에서 황폐한 밭머리에 쓸쓸히 핀 접시꽃을 묘사했는데, 그 무성한 꽃떨기가 부드럽고 연약한 가지를 짓눌러 꽃이 휘어졌다. 꽃은 비록 유난히 아름답고 맑은 향기를 내뿜으나 천한 땅에 자라났기 때문에 사람들에게 버림받았다. 이것은 마치 시인이 자기의 신세를 한탄하고 있는 것 같다. 다시 말해 시인은 비록 탁월한 재능과 지혜를 가지고 있으나 배척받아 중용되지 못하고 있는 것이다. 여기서 시인은 당시의 봉건 왕조와 관료에 대한 불만을 표현했다.

최치원의 〈시무책〉은 봉건 왕조에 용납되지 못했다. 그는 봉건 왕조와 관료를 풍자하고 부패를 폭로했기에 통치자에게 용납되지 못했고, 그들의 공격과 배척을 받고 지방관으로 강직되어 태산군(太山郡)과 부성군(富城郡)의 태수가 되었다. 지방관으로 있는 기간에 그는 일부 좋은 작품을 창작했다. 〈향악잡영(鄕樂雜詠)〉의 5수가 바로 그것이다.

시인은 여러 지방을 돌아다니는 과정에 고독을 느끼고 생활의 괴로움에 몸부림쳤으며, 이러한 생활은 차라리 벼슬을 팽개치고 농촌에 돌아가느니만 못하다고 느꼈다. 정치적 포부를 실현하지 못하리라는 것을 알게 된 그는 생활의 길에서 방황했다. 〈도중에 지음(途中作)〉이 이 점을 여실히 보여준다. 〈도중에 지음〉이 시인의 방황의 심정을 표현한다면, 〈산으로 들어가며 쓰는 시(入山詩)〉에서는 소극적인 둔세 사상을 드러낸다.

3) 은거 시기(899?~?)

최치원이 지방관으로 돌아다니던 시기에 신라의 사회 모순은 더욱 첨예화되었다. 이러한 정황에서 현실은 최치원에게 귀국할 때의 바람을 완전히 버리고 통치배의 어지러운 생활 속에 휩쓸리든가, 아니면 여러 곳에서 정의의 깃발을 든 농민 봉기군과 함께 통치배에 반항하는 길에 나서는가 하는 문제를 던져 주었다. 그는 은거의 길을 선택했다. 이 길은 주요하게는 현실 도피의 길이였다.

필자는 최치원이 걸었던 은거의 길이 왜 현실 도피의 소극적인 길인지에 대하여 말하려고 한다. 이 문제는 전면적으로 상호 연관의 견지에서 보아야 한다. 최치원이 지방관으로 있을 때 벌써 소극적 둔세의 정서가 드러났다. 문제는 이것만이 아니다. 더 중요하게는 그가 은거 후 더욱더 현실을 벗어나 인민과 떨어져서 산수에 정을 두기 시작했고, 나중에는 아예 심산에 들어가 세상과 담을 쌓은 것이다. 그는 정치 생활에서 물러나 "흰 구름 깊은 곳에 몸 편안히 하는(白雲深處好安身)"[3] 생활을 했다. 그는 혜강(嵇康)처럼 은거 후 통치배의 부패와 정치의 암흑을 첨예하게 배격하지 않았을 뿐 아니라, 도연명(陶淵明)처럼 전원의 길로 나가지 않고 노동이나 농민과도 일정 정도 결합하지 않으며 아름다운 이상적 사회를 그려내지 못했다. 왕유(王維)처럼 은거 후 더욱더 현실과 인민에게서 이탈하여 청렴과 한가함만 추구하고 소침한 정서에 빠진 것과 무슨 차이가 있는가.

마지막으로 그의 은거 시기의 작품을 보기로 하자. 이런 소극적인 현실 도피의 은거 생활이 창작에 좋지 못한 영향을 가져온 것은 물론이다. 이 시기 그의 창작에서 전시기의 작품에 비할 만한 작품을 한 편도 보기 어렵다. "소요하며 얽매이지 않고 산림이나 강과 바닷가에 누대와 정자를 만들어 솔과 대를 심어 놓고 서적을 베개 삼아 자연을 노래하고 읊었다(逍遙自放, 山林之下, 江海之濱, 營臺榭植松竹, 枕籍書史, 嘯詠風月)."[4]

---

3) 〈노상가(路上歌)〉 중 한 구.

4) 《삼국사기(三國史記)》 권46, 〈열전(列傳) 제6〉.

〈임경대(臨鏡臺)〉는 바로 이 시기의 작품이다. 이 시는 말할 것도 없이 음풍농월의 작품이다.

뒤에 더욱더 현실과 인민을 벗어나 깊은 산 절간에서 절 이름을 제목으로 삼은 적지 않은 시 — 승려에게 주는 시를 썼는데, 거의 다 해탈을 탐구하는 소극적인 것이었다. 그 가운데 〈재곡사에 혼자 사는 스님에게(贈梓谷蘭若獨居僧)〉에서는 세상과 담쌓은 심정을 피력했다. 또 시 〈운문사 지광 스님에게(贈雲門蘭若智光上人)〉를 보면, 그는 깊은 산 숲속에 절을 짓고 하늘에서 떠도는 구름을 바라보며 산골짜기에서 시내물이 흐르는 소리를 듣는 생활에서 진리를 깨달은 것처럼 묘사한다. 그는 현준(賢俊) 및 정현사(定玄師)와 불도의 친분을 맺고 가야산 해인사에 은거하면서 〈가야산 독서당에 쓰노라(題伽倻山讀書堂)〉를 지었다.

그는 산골짜기의 폭포가 바위에 부딪치는 소리가 인간 세상의 시비 소리를 삼켜버린다고 여기면서 이것을 당연하게 보았다. 여기서 그때의 그의 사상과 마음이 어떠했는가를 알 수 있다. 〈가야산 독서당에 쓰노라〉는 그가 남긴 마지막 시편이다. 그가 언제 세상을 떴는지는 누구도 모른다.

2. 최치원이 한국문학사에서 갖는 지위와 시가에 미친 영향

최치원은 시를 지어 봉건 통치 계급에 대해 직접 폭로한 첫 시인이다. 그는 봉건적 가부장제의 죄악을 분노에 차 폭로했고, 자유와 행복을 추구하는 인민의 바람을 보여주었다. 뿐만 아니라 유머러스한 수법과 풍자적 수법으로 하루 종일 배불리 먹고 하는 일 없는 귀족 아가씨의 정신적 공허를 풍자하고, 인민 생활에 끝없는 동정을 보였다. 또 그의 시에는 애국적 열정과 인민 예술을 사랑하는 사상도 표현되었다. 최치원의 시는 비교적 사실주의적인 요소가 짙다.

최치원은 한국의 한시를 발전시켰다. 한국의 칠언 한시는 최치원의 시가 창작 활동을 통하여 성숙했다. 최치원은 인민 생활과 예술에 관심을 두었는데 봉건 통치배를 폭로하고 풍자한 그의 시는 후세의 작가와 시인을 훈도했다. 12세기 후반의 사실주의 시인 이규보(李奎報)는 최치원의 영향을 받았다. 이규보는 최치원을 가리켜 한국에서 처음으로 외국에 이름을 날린 굴지의 인물이라고 했다. 성현(成俔)도 《용재총화(慵齋叢話)》에서 다음과 같이 썼다. "우리나라 문장은 최치원에게서 시작되었다(我國文章, 始發於崔致遠)." 정지상(鄭知常)의 〈월영대(月影臺)〉, 임억령(林億齡)의 〈쌍계사(雙溪寺)〉, 박지화(朴枝華)의 〈청학동(靑鶴洞)〉은 다 그의 시를 찬양했다. 여기서 후세 문인들의 그에 대한 추모와 숭배가 보인다.

동시에 전하는 바에 의하면 최치원이 생활했던 지금의 경상도 함양(咸陽) 지방에는 '사운정(思雲亭)'이 있고 그의 업적을 찬양하는 기념비와 유적이 있으며, 그곳 인민은 지금도 여전히 최치원의 고사를 알고 있다. 이것은 그에 대한 인민들의 존경과 사상을 증명한다. 확실히 최치원은 시가 창작 활동으로 한국문학사상 불멸의 공적을 쌓았다. 그는 9세기 말 10세기 초의 우수한 시인이다.

[해제]

이 글은 하진화(何鎭華)의 〈試論崔致遠及其作品〉(《중한인문과학연구》 第7집, 2001)을 현대 한국어 표기법에 맞추고 윤문한 것이다.

만당(晩唐) 시기 저명한 한국 시인 최치원

김동훈(金東勳)

최치원의 이름은 중국 인민에게도 그다지 낯설지 않다. 청 초(淸初)에 펴낸《전당시(全唐詩)》, 청 말(淸末)에 간행한《당송백명가집(唐宋百名家集)》,《당송오십가집(唐宋五十家集)》에 모두 그의 작품이 수록되어 있다. 1934년에 출판된《중국문학가대사전(中國文學家大辭典)》과 현대에 새로 펴낸《사해(辭海)》의 작가 조목에도 그의 이름이 당대의 저명한 문학가의 한 사람으로 올라 있다. 최치원의 시는 분량이나 예술적 조예 면에서 그 이전의 한국 시인들을 모두 뛰어넘었다. 뿐만 아니라 밝고 깨끗하며 간략하고 준엄하며 화려하고 완곡한 예술 풍격이 왕성했던 당시 문단에 이채를 더해주었다. 따라서 그는 중·한 문화 교류사와 한국 시가 발전사에서 높은 명성을 누리고 있다.

1.

최치원의 자는 해부(海夫)이고 호는 고운(孤雲)이며, 857년 신라의 수도 경주(慶州)의 한 중소 귀족 집안에서 태어났다. 부친 최충(崔冲)은 일찍이 신라 문창령(文昌令)을 지낸 바 있다.《삼국사기(三國史記)》에 의하면 "역사서가 없어져 그의 가문 내력을 알 수가 없다(史傳泯滅, 不知其先世)." 그의 가문에 대해서 우리는 지금까지도 거의 알지 못한다.

최치원이 살았던 시대는 신라 왕조가 점차 멸망해 가고 대당 제국도 붕괴하던 때였다. 신라 문화는 당 문화를 흡수하고 당 제도를 모방해 과거제를 실행했고, 귀족의 자제를 늘 중국으로 파견하여 유학시켰다. 당 왕조에서는 유학생이 과거에 참가하는 것을 허락했는데, 신라 학생이 중국 과거에 급제해 진사가 되기도 했다. 최치원이 바로 그중 한 사람이다.

최치원은 어려서부터 "비할 데 없이 빼어나며 슬기롭고(穎慧絶倫)" 정민(精敏)하고 배우길 좋아하여 열두 살 때 신라 상선을 따라 황해(黃海)를 건너 장안(長安)으로 유학했다. 그가 조국을 떠날 때 아버지는 일찍이 그를 격려하며 다음과 같이 말했다. "네가 10년 공부하여 진사에 급제하지 못하면 나의 아들이라 하지 말라. 나도 아들을 두었다 하지 않을 터이니. 가서 부지런히 공부하거라! 게으름 피우지 말고 힘을 다하라(十年不第進士, 則勿謂吾兒, 吾亦不謂有兒. 往矣勤哉! 無惰乃力)."[1]

그가 장안에서 6년 동안 학습하는 기간에 "원대한 자극에 겨를이 없었고 조화를 기하고 뜻을 길러(懸刺無遑, 冀諧養志)" 각고하여 삼사(三史)와 오경(五經)·제자백가를 공부했다. 열여덟 살 되던 해 과거에 응시하여 우수한 성적으로 예부시랑(禮部侍郎) 배찬(裴瓚)의 문하에서 일거에 급제함으로써 중국에 이름을 날리게 되었다. 최치원은 〈계원필경서〉에서 "유람한 지 6년 만에 이름을 방 끄트머리에 걸게 되었습니다. 이때 마음속의 심정을 읊조리고 사물에 기탁하여 편을 이름 지어 '부' 또는 '시'라 한 것이 거의 상자에 가득했습니다(觀光六年, 金名榜尾, 此時諷詠情性, 寓物名篇, 曰賦曰詩, 幾溢箱筐)"라고 말했는데, 이때 힘들게 공부하면서 많은 시를 썼음을 보여준다.

---

1) 〈계원필경서(桂苑筆耕序)〉.

급제 후 그는 “동도(낙양)를 유랑하며 글 짓는 것으로 업을 삼아(浪迹東都, 筆作飯囊)” 동도에서 2년간의 독서 생활에서 일찍이 저서 세 권을 저술했는데, 그 가운데 《사시금체부(私試今體賦)》 5수 1권, 《오언·칠언금체시(五言七言今體詩)》 100수 1권, 《잡시부(雜詩賦)》 30수 1권이 포함되어 있으나 애석하게도 모두 전하지 않는다.

건부(乾符) 4년(877)에 그는 강남(江南)으로 부임하여 선주(宣州) 율수현위(溧水縣尉)라는 관직을 받았다. 이 직위에 있는 동안 그는 하층 사회의 인민을 접하고 그들 생활의 질고를 보고서 〈강남의 여인(江南女)〉, 〈쌍녀분(雙女墳)〉, 〈산양에서 고향 친구와 이별하며(山陽與鄉友話別)〉, 〈윤주 자화사 절간에 올라(登潤州慈和寺上房)〉, 〈요주 파양정(饒州鄱陽亭)〉 등 우수한 시를 지었다. 이 밖에 《중산복궤집(中山覆簣集)》 1권을 썼으나 애석하게도 이 역시 전하지 않는다.

880년에 최치원은 ‘박학굉사과(博學宏詞科)’에 응시하기 위하여 회남(淮南)으로 왔다. 오래지 않아 제도행영병마도통(諸道行營兵馬都統) 고병(高駢)의 인정을 받아 도통순관(都統巡官)을 맡았고, 이때부터 고병의 대본영에서 직접 근무하면서 황소(黃巢, ?~884)의 농민 봉기 진압에 참여하여 승무랑(承務郎)·시어사(侍御史)·내공봉(內供奉)이란 관직을 받았다. 이러한 생활은 그에게서 하나의 오점이라고 말하지 않을 수 없다.

몇 년 동안의 장서기(掌書記) 생활에서 그는 수많은 표(表)·별지(別紙)·격서(檄書)·서(書)·거첩(擧牒)·재사(齋詞)·제문(祭文)·소(疏)·계(啓)·장(狀) 등을 썼고, 또 60여 수의 시를 썼으며 아울러 이 시문을 《계원필경집(桂苑筆耕集)》 20권으로 정리했다. 이 대작은 이후 간행되어 지금까지 전해진다. 그 가운데 고병을 대신하여 쓴 〈황소에게 보내는 격문(檄黃巢書)〉과 같은 작품도 있으나, 전체적으로 그것은 많은 사실(史實)을 보존하고 있다. 따라서 《계원필경집》은 우수한 문집이 틀림없다.

회남에 있는 동안 최치원은 귀국의 바람을 실현하기 위해 여러 번 당 희종(僖宗)과 상사에게 상서를 올려 '금의환향(錦衣還鄕)'의 뜻을 명확히 표시했다. 당 희종 광계(光啓) 원년(885)에 그의 귀국 요청은 황제에 의해 허락되었다. 이해 3월에 그는 당 제국의 사절 신분으로 신라에 귀국했는데, 이때부터 본국에 머무르면서 같은 해에 시독 겸 한림학사(侍讀兼翰林學士)·수병부시랑(守兵部侍郎)·지서서감(知瑞書監)이란 관직을 받았다. 이때 그는 웅대한 이상과 포부가 넘쳐 일심으로 당 제국의 진보적인 제도를 운용하여 자신의 정치적 포부를 펼치고자 신라 중소 지주 계층의 이익에서 출발하여 약간의 진보적인 개혁 조치를 내놓았다. 그러나 일부 문벌 사족(士族)이 독점하던 신라 대지주 보수 세력의 공격과 배척을 받아 오래지 않아 태산군(太山郡) 태수(太守)로 폄적되었다.

진성여왕 7년(893) 최치원은 국사를 진행하기 위해 당에 방문하는 하정사(賀正使)로 소환되었으나, 당시 농민 봉기군이 신라 각지에서 봉기하여 길이 막히는 바람에 성사되지 못했다. 《삼국사기》의 기록에 의하면, 그 이후 최치원은 신라의 사절 신분으로 당 왕조를 방문하여 중·한 양국의 문화 교류에 적극적인 공헌을 했다고 한다.

890년대는 신라의 정치가 가장 어둡고 혼란한 시대였고, 간신이 정권을 잡고 통치 집단 내부에서 알력이 발생하여 서로 각자의 이익을 쟁탈하기 위해 수단을 부려 재물을 탈취하고 농민에 대한 압박과 착취를 강화했다. 소수의 왕공, 귀족이 사치하고 탐욕스러워 오로지 향락에 빠졌다. 최치원은 이러한 현실에 대하여 한없는 상심과 분노를 느꼈다. 이에 894년에 진성여왕에게 〈시무책(時務策)〉 10여 조를 제출했다. 그의 의견은 즉각 받아들여졌고 동시에 그는 아찬(阿湌)[2]으로 승진했으나, 당시의 집권자가 그를 시기했다. 각간(角干) 위홍(魏弘) 등이 헐뜯고 저지하는 바람에 그의 진보적인 정치 주장과 이상은 끝내 실현될 수 없었다.

2) 신라 17등급 중 6등에 속하는 벼슬로 국왕의 직계 친족이 아니면 받을 수 없는 최고 관직이었다.

이러한 일련의 좌절을 겪은 뒤 최치원은 신라 왕조의 통치가 우매하고 부패하여 만회할 수 없음을 분명히 알고 자신의 처지를 슬퍼하며 다시는 옛 왕조의 관리가 되고 싶지 않아 의연히 관직을 떠났다. 마흔두 살 이후에는 산림과 강가를 소요하면서 "뜬세상의 영화는 꿈속의 꿈이니, 흰 구름 깊은 곳에 몸 편안히 하리라(浮世榮華夢中夢, 白雲深處好安身)"는 속세를 떠나는 노래를 읊고는 산으로 은거했다. 그러나 그는 세상을 완전히 등진 것이 아니었다. 그는 여전히 조국의 앞날을 생각하고 인민의 운명을 걱정했다. 예를 들면, 은둔한 뒤 그는 또 비밀리에 고려 태조 왕건(王建)에게 편지를 써서 "계림은 낙엽이며, 송악은 푸른 소나무(鷄林黃葉, 鵠嶺青松)"[3]라는 시구를 바쳐 신라의 멸망과 고려의 탄생을 예고했다. 따라서 고려 왕조가 세워진 뒤 최치원을 '문창후(文昌侯)'로 추봉(追封)하고 아울러 문묘(文廟)에 배향했다.

그의 죽음에 관한 전설이 매우 분분하다. 이인로(李仁老, 1152~1220)의 《파한집(破閑集)》의 기록에 의하면, 최치원은 만년에 가족을 이끌고 가야산(伽倻山) 해인사(海印寺)로 숨었는데, 어느 날 새벽에 갑자기 실종되어 그의 제자들이 각처를 찾아다니다가 최후에 깊은 산속에서 그의 신발과 모자를 발견했다고 한다. 이 때문에 그가 "승천하여 신선이 되었다(昇天當神仙)"고 여겼다. 이는 물론 미신적인 견해인데, 아마 그는 어떤 정치적인 이유로 자살했을지도 모른다. 또 다른 전설에 의하면, 그는 신라 경순왕(敬順王) 2년(928)에 일찍이 고려 태조 왕건을 대신하여 〈견훤에게 보내는 격문(檄甄萱書)〉을 지었다고 한다. 이에 따르면 그가 적어도 일흔두 살까지 살았다고 추정할 수 있다.

이를 보면 그의 일생은 대체로 두 시기로 나눌 수 있다. 첫째는 입당하여 학문을 추구하고 관직에 종사하던 청년 시기이다. 이때 그는 정치적으

---

3) '계림'은 신라의 수도 경주(慶州)를 가리키고 '황엽'은 신라의 멸망을 암시한다. '곡령'은 고려 수도 개성(開城)을 가리키며 '청송'은 고려의 승리를 암시한다.

로 이미 두각을 나타내기 시작했고, 아울러 많은 문학 실천으로 인재가 배출된 당대 문단에 한 걸음에 올라서서 한국 한문학의 발전에 견실한 기초를 다져 놓았다. 두 번째는 귀국 후 자신의 진보적 정치 주장을 실현하기 위해서 분주히 뛰어다녔으나 공격과 배척을 당하여 최후에는 산에 숨어 들어간 시기로, 이 시기에 문학적 성취가 더욱 완벽해지고 더욱 성숙해졌다.

최치원의 정치 이상, 철학 사상과 도덕관념에는 유가의 진보적 유물적 적극적인 일면이 있을 뿐 아니라, 도가의 청정·무위한 일면과 불가의 비관·출세 사상의 소극적인 일면도 있다. 그는 정치적으로 비교적 개방적이어서 외국의 진보적인 것을 배우자고 주장했으며, 문을 걸어 잠그고 자신을 지키는 것을 반대했다. 그는 "도는 사람을 멀리하지 않고 사람에게는 다른 나라 사람이 없다. 이런 까닭에 동인의 아들이 불교도 하고 유교도 하는 것은 필연이므로 서쪽 큰 바다를 건너 통역을 거듭하면서 배움에 종사하였다(夫道不遠人, 人無異國, 是以東人之子, 爲釋爲儒, 必也西浮大洋, 從譯從學)"[4]고 말했다. 그는 유가와 불가 이론 가운데 합리적인 부분이 동방 각국 인민의 공통된 정신 재산이라고 여겼다.

인식론 방면에서 그는 무신론을 견지하여 사람의 심리 활동은 육체에서 생겨나는 것이라고 여겨, 육체에 대한 정신의 의존성을 부정했다. 그는 선험론을 반대하여 "태어나면서부터 안다(生而知之)"고 하는 현명한 사람이 있다고 인정하지 않았다. 그는 옥을 다듬지 않으면 그릇이 될 수 없고, 사람이 배우지 않으면 이치를 알 수 없고, 비록 농민의 자식일지라도 배우려고만 하면 무지에서 벗어날 수 있다고 말했다. 이러한 주장은 모두 진보적이고 적극적이며, 소박하나마 유물론적 요소를 가지고 있어 동시대 일반인의 인식을 뛰어넘는다. 그러나 그의 유물론은 결코 철저하

4) 《조선금석문총람(朝鮮金石文總覽)》 상(上)에서 인용.

지는 않다. 그는 무신론을 주장했지만 천명론도 인정했다. 세계관의 이러한 이중성은 그의 정치 견해와 태도에서도 표출된다. 예를 들면, 그는 대지주 계급의 부패한 통치를 반대하고 어두운 현실을 공격하고 적극적인 개혁을 실행할 것을 주장했다. 그러나 이러한 개혁의 실행에 대한 희망을 완전히 이른바 '성주(聖主)', '현인(賢人)'에 기탁했고, 봉건 사회의 최고 통치자 제왕, 장상(將相)의 신상에 맡겼다.

그는 하층 사회의 인민을 깊이 동정하고 그들의 질고에 관심을 가졌고, 백성으로 하여금 편안하게 살면서 즐겁게 일할 수 있는 새로운 사회 질서를 세우길 바랐다. 그러나 혁명적 농민 계급이 낡은 봉건 질서를 타파하고 자신의 생활 처지를 개변시키려 반역의 깃발을 들었을 때, 그는 오히려 농민 혁명과 적대하는 편에 섰다. 그 밖에 그의 일생의 활동에서 살펴보면, 공훈을 세우고자 했을 때는 유가의 "뜻을 얻으면 천하를 골고루 구제한다(達則兼濟天下)"는 사상이 그의 처신에서 우세를 차지했다. 그가 정치적으로 타격을 받아 자신의 불우함을 슬퍼할 때는 속세를 떠나 은거하는 소극적 사상이 그의 처신에서 주도적 위치를 차지했다. 이러한 것이 모두 그의 세계관의 계급적 역사적 한계이다.

2.

최치원은 재주가 많은 현실주의 작가이다. 작품으로 《사륙집(四六集)》 1권, 《계원필경집》 20권, 《문집(文集)》 30권 등이 있는데, 분량이 많고 수량이 방대하다. 또 그 자신의 말에 의하면, 청년 시기에 쓴 시와 산문만도 "만여 수(萬有餘首)"가 있다고 했다. 그러나 역사의 변천으로 인해서 대부분 유실되고 지금까지 전해오는 것으로 단지 《계원필경집》과 일부 시가가 있을 뿐이다.

최치원의 작품 가운데 시(詩)와 부(賦)가 대부분을 차지하고 있다. 원래 시부가 얼마나 있었는지는 지금으로서는 알 방법이 없지만, 현존하는 문헌에 기록된 작품은 몇백 수가 있다. 그중 지금까지 완전하게 보존되는 작품은 백여 수에 불과할 뿐이다. 즉 《계원필경집》의 60수, 《동문선(東文選)》의 30수, 《전당시》와 역사 문헌 자료 및 금석문 등에 분산되어 있는 10여 수가 있다.

최치원의 시가는 당에 들어와 학문을 탐구하고 관직에 종사하던 청년 시기에 이미 당 왕조 시단의 극대한 관심을 끌었다. 만당 시인 고운(顧雲)은 그를 다음과 같이 칭찬했다.

十二乘船渡海來, 열두 살에 배를 타고 바다를 건너와
文章感動中華國. 문장으로 중국을 감동시켰네.
十八橫行戰詞苑, 열여덟 살에 문단을 휩쓸어
一箭射破金門策. 단번에 과거에 급제했다네.

여기서 소년 시기의 최치원이 얼마나 패기가 넘치고 정치 이상이 풍부했는지 알 수 있다. 이 시기에 그는 시가에서 주로 “마음속의 심정을 읊조리고 사물에 기탁하여 편을 이름 지었고(諷詠情性, 寓物名篇)” 사회의 모순을 거의 접하지 못했다. 시인이 현실과 접하고 사회의 모순을 대하기 시작한 것은 그가 강남(江南)으로 와서 지방 관리를 지내던 몇 년 동안이었다. 이 시기의 시가는 사상 내용과 예술 풍격 면에서 모두 비교적 성숙했고 분명한 현실주의적 특징을 가졌다.

우선 시인은 당대 하층 사회 인민의 생활 처지에 대하여 깊은 동정을 시에 기탁했고, 상류 사회가 생산에 종사하지 않고 높은 지위에서 부유한 생활을 누리는 삶에 대하여 폭로하고 공격했다.

오언 고시 〈강남의 여인〉[5]에서 시인은 풍자적인 필치로 썼다.

江南蕩風俗, 강남의 풍속은 방탕하여
養女嬌且憐. 기르는 딸이 교태 있고 가냘팠네.
性冶恥針線, 천성은 바느질하는 것을 부끄러워하니
妝成調管弦. 분단장 마치고는 악기 조율하네.
所學非雅音, 배운 것은 고상한 노래가 아니요
多被春心牽. 춘정에 많이 이끌린 것이라네.
自謂芳華色, 스스로 일컫기를 꽃다운 얼굴이요
長占艶陽年. 청춘 시절 길이 이어진다 하네.
却笑隣家女, 도리어 이웃 여자 비웃나니
終朝弄機杼. 하루 종일 북을 놀리며
機杼縱勞身, 베 짜느라 몸을 수고롭게 하지만,
羅衣不到汝. 비단옷은 네게 돌아가지 않으리라.

시인은 진실한 묘사를 통하여 기생(寄生) 생활을 하는 강남 여성의 편한 것만 좋아하고 일하기 싫어하는 착취 계급의 면모를 폭로했다. 대비적인 수법을 이용하여 노동 여성의 "베 짜느라 몸을 수고롭게 하지만, 비단옷은 네게 돌아가지 않는(機杼縱勞身, 羅衣不到汝)" 비참한 생활을 묘사하여 노동 인민에 대한 심후한 동정을 나타냈다.

다음으로 이 시기의 시가, 특히 당 후기의 시가는 강렬한 애국주의 감정으로 조국에 대한 시인의 그리움을 나타냈다.

〈가을밤 비가 내리고(秋夜雨中)〉[6]에서 시인은 다음과 같이 썼다.

秋風惟苦吟, 가을바람에 애달프게 읊조리니
世路少知音. 세상에 나를 알아주는 이 없네.

---

5) 서거정(徐居正) 편, 《동문선(東文選)》(1487) 권4에서 인용.
6) 《동문선》 권19에서 인용.

窗外三更雨, 깊은 밤 창밖에는 비가 내리는데
燈前萬里心. 등불 앞에 아득히 외로운 마음.

시인이 가을날 저녁에 자그마한 기름등을 마주하고 앉아 창밖에서 끊임없이 내리는 빗소리를 듣고 있으니 이국 생활의 적막감과 고독감을 느끼면서 고향을 그리는 감정이 불쑥 생겨났다. 이러한 감정은 그가 당에 들어와 공부하던 초기에는 분명히 드러나지 않았다. 그러나 세월이 흘러감에 따라 고향, 친족 및 조국에 대한 그리움이 하루하루 깊어져 후기에 이르면 그의 시가의 주요 기조 중 하나가 된다. 예를 들면 〈산양에서 고향 친구와 이별하며〉[7]에서 그는 강남에서 신라의 친구와 이별할 때 헤어지기 서운해 하는 정감을 묘사했다.

相適暫樂楚山春, 서로 만나 초산의 봄을 잠시나마 즐기다가,
又欲分離淚滿巾. 다시금 헤어지려니 눈물이 수건을 가득 적시네.
莫怪臨風偏悵望, 바람 맞으며 슬피 바라봄을 이상하게 생각지 마오.
異鄉難遇故鄉人. 타향에서 고향 사람 만나기 어려우니.

따스한 봄바람이 바닷가에서 불어올 때마다 시인은 한없이 동경하는 심정으로 조국의 봄날 소식을 기다리고 있다. 〈봄바람(東風)〉[8]에서는 다음과 같이 묘사했다.

知爾新從海外來, 네가 새로이 바다 건너 불어오는 것을 알고는
曉窗吟座思難裁. 새벽 창가 시 읊조리는 자리에서 생각을 가다듬기 어렵구나.
堪憐時復撼書幌, 가련함을 참고 있을 때 다시 찾아와 서재 휘장을 스치니

7) 《계원필경집(桂苑筆耕集)》 권20.
8) 《계원필경집》 권20.

似報故園花欲開. 고향에서 꽃피는 소식을 알리려는 듯하다.

조국을 떠난 지 10여 년 뒤 시인의 상념, 기다림과 기대가 점차 귀국하고자 하는 강렬한 바람으로 변했다. 〈심정을 토로하며 태위께 올립니다(陳情上太尉)〉[9]에서는 다음과 같이 묘사했다.

海內誰憐海外人, 해내에서 누가 해외 사람을 어여삐 여기리?
問津何處是通津. 나루터가 어디냐고 물으니 예가 나루로 통하는 길이라네.
本求食祿非求利, 본래는 식록을 구함이지 명리를 구함이 아니니,
只爲榮親不爲身. 단지 어버이를 영화롭게 하기 위함일 뿐, 제 몸 위함이 아니로다.
客路離愁江上雨, 강 위에 비 내리니 나그네 시름겹고,
故園歸夢日邊春. 고향에 돌아갈 날 꿈에도 아득하도다.
濟川幸遇恩波廣, 배 건너다 다행히 은혜로운 물결 만나,
願濯凡纓十載塵. 10년 동안 세속에 찌든 갓끈을 씻고자 하노라.

〈친구가 섣달 그믐날 밤에 부쳐준 시를 보고 화답하노라(和友人除夜見寄)〉[10]에서는 다음과 같이 썼다.

與君相見且歌吟, 그대를 만나 더불어 노래 부르고 시를 읊조리며
莫恨流年挫壯心. 한 해의 포부가 좌절되었다고 한탄하지 말게나.
幸得東風已迎路, 다행히 봄바람이 길을 맞이하니,
好花時節到鷄林. 꽃피는 좋은 시절에는 계림에 도착했으리라.

---

9) 《계원필경집》 권20.
10) 《계원필경집》 권20.

조국을 그리워하고 고향을 열애하며 가족을 그리는 것은 모두 본래 인지상정이다. 최치원이 당에서 쓴 시가에서 이러한 감정이 자연스럽게 흘러나오는데, 강렬한 애국주의 정신을 체현했다.

최치원이 당에서 쓴 일부 시가는 당 제국의 국가 통일 사업을 찬미했고 고대 문화를 찬양했다. 그의 '기덕시(紀德詩)' 대부분은 정치・경제・군사・문화 등의 방면에서 얻은 당 제국의 중대한 성취를 반영했다. 그러나 이 기덕시 중에서도 일부는 충군보국(忠君報國)의 관점에서 출발하여 당 제국의 국경을 확장하기 위한 전쟁 그리고 농민 혁명과 소수 민족에 대한 통치 계급의 진압 행위를 찬미했는데, 이는 그의 시가의 소극적인 일면이므로 마땅히 버려야 할 것이다.

최치원의 귀국 이후 시가는 사상 내용의 광범함이나 현실 생활 반영의 깊이를 막론하고 모두 전기보다 크게 발전했다.

가장 두드러진 점은 이 시기의 시가에서 당시 어두운 현실에 대한 비판이 주도적 위치를 차지한다는 것이다.

〈홍을 기탁하며(寓興)〉

願言扃利門, 원컨대 이욕의 문을 막아
不使損遺體. 부모께 받은 몸 상하게 말라.
爭奈探珠者, 어찌하여 이익 좇는 사람들
輕生入海底. 목숨 가벼이 바다 밑에 들어가나.
身榮塵易染, 몸의 영화는 티끌에 끌리기 쉽고
心垢正難洗. 마음의 때는 잘못을 씻기 어렵다네.
澹白與誰論, 담박한 맛을 누구와 의논하리.
世路嗜甘醴. 세상 사람들 단술만 즐긴다네.

이 시는 신랄하고 예리한 필치로 신라 통치 계급이 내부에서 알력을 일으키며 서로 권리를 쟁탈하는 비열한 행위를 풍자했다. 시인은 통치 집단의 탐욕스럽고 시기하며 질투하고 세력을 다투는 추악한 영혼에 대하여 폭로하고 경계하는 동시에, 자신의 "원컨대 이욕의 문을 막아 부모께 받은 몸 상하게 말라"는 고결한 정신을 부각시켰다.

통치 계급에 대한 폭로와 편달은 〈옛 생각(古意)〉[11]에서 절정을 이룬다.

狐能化美女, 여우는 능히 미인으로 변할 수 있고
狸亦作書生. 살쾡이는 또한 선비가 되네.
誰知異物類, 그 누가 알리, 다른 무리가
幻惑同人形. 사람 모습과 같이 되어 홀리는 것을.
變化尙非艱, 변화하기는 오히려 어렵지 않으나
操心良獨難. 마음 고르기는 참으로 어렵구나.
欲辨眞與僞, 참과 거짓을 분별하려거든
願磨心鏡看. 원컨대 마음의 거울을 닦고 보소.

시인은 신라의 반동 통치 계급을 미인으로 변모한 여우, 사람의 가죽을 쓴 야수로 비유하여 최고 통치자의 잔악하고 허위적이며 비열하고 후안무치한 행위를 질책했다. 이러한 강렬한 비판 정신은 〈접시꽃(蜀葵花)〉[12]에서도 체현되었다.

寂寞荒田側, 적막하고 황폐한 밭둑에서
繁花壓柔枝. 무성한 꽃이 가냘픈 가지를 누른다.
香輕梅雨歇, 소나기가 그치니 향기도 가볍고
影帶麥風欹. 보리 바람에 그림자 흔들리네.

---

11) 《동문선》 권4.
12) 《동문선》 권4.

車馬誰見賞? 수레 탄 사람을 누가 와서 보아 주리오?
蜂蝶徒相窺. 벌 나비만 부질없이 서로 엿본다.
自慘生地賤, 스스로 타고난 처지가 천함을 부끄러워하여
堪恨人棄遺. 남들에게 버림받아도 참고 견딘다.

시인은 민간에 매몰된 우수한 인재를 "적막하고 황폐한 밭둑(寂寞荒田側)"의 아름다운 접시꽃에 비유하여, 재주를 가지고 있으면서도 때를 만나지 못하는 불우함에 대하여 불평하고 호의호식하며 민중과 괴리된 귀족 관료가 인재를 유린하는 행위에 대하여 분개했다.

시인은 허다한 시에서 세속의 불합리에 분개하고 증오하는 감정을 표현했고, 낡은 사회 질서를 바꿀 것을 적극 주장했다. 그러나 그는 사회 개조의 기본 역량이 인민 군중이라고 보지 못했기 때문에 고민하고 방황했으며, 최후에는 산으로 은거하여 현실을 도피하는 길을 걸었다.

僧乎莫道靑山好, 스님이시어, 청산이 좋다 말하지 마소.
山好何事更出山? 산이 좋다면서 무슨 일로 다시 산을 나왔소?
試看他日吾踪迹, 시험 삼아 다른 날 나의 자취를 보시오.
一入靑山更不還. 한번 청산에 들어가면 다시 돌아오는가!

이 〈산으로 들어가며 쓰는 시(入山詩)〉[13]에서 시인은 세상과 등지려는 결심과 태도를 표명했다. 〈금천사 주지에게(贈金川寺主)〉[14]에서 시인은 30년 동안 은둔한 노승을 찬양했다.

白雲溪畔創仁祠, 흰 구름 시냇가에 절 집을 짓고는

13) 《한시선집(漢詩選集)》 제1권(조선 국립문학예술서적출판사, 1960)에서 인용.
14) 《동문선》 권19.

三十年來此住持. 서른 해 동안 이곳에 와서 주지로 지냈다네.
笑指門前一條路, 웃으며 문 앞의 한 줄기 길을 가리키는데,
纔離山下有千岐. 산 밖을 나서자 천 갈래로 갈라지네.

여기서 "웃으며 문 앞의 한 줄기 길을 가리킨다(笑指門前一條路)"는 시구는 시인의 "처지가 궁하면 홀로 자신의 몸을 닦는다(窮則獨善其身)"는 생활 철학을 표현하고, "산 밖을 나서자 천 갈래로 갈라진다(纔離山下有千岐)"는 시구는 신라 정계에 대한 시인의 정치 태도를 표명한 것이다. 시인은 사리사욕에 정신이 팔린 비열하고 옹졸한 사람들과 한패가 되어 나쁜 짓을 하고 싶지 않아 이 혼탁한 현실을 벗어나 자신의 고결함을 지키고자 했다. "항상 시비 소리 귀에 들릴까 두려워, 흐르는 물로 산을 감싸게 했네(常恐是非聲到耳, 故教流水盡籠山)"[15]는 바로 세속의 불합리에 분개하고 증오하며 세속에 물들지 않고 자신의 순결을 지키는 정치 태도와 삶의 이상을 반영한 것이다. 이러한 사상은 그 당시로 말하자면 실로 매우 큰 진보적 의의가 있다. 그러나 여기에는 명철보신(明哲保身)·안분수기(安分守己)의 소극적 사상 요소가 담겨 있다.

이 시기 최치원 시가의 현실주의 정신은 조국의 대자연과 인민 예술에 대한 열애와 찬미로 표현되었다.

〈임경대(臨鏡臺)〉

烟巒簇簇水溶溶, 안개 낀 봉우리는 우뚝우뚝하고 강물은 출렁출렁 흔들리며
鏡裏人家對碧峰. 거울 속의 인가는 푸른 산과 마주하네.
何處孤帆飽風去, 외로운 배는 바람 가득 싣고 어디 가는가?
瞥然飛鳥杳無踪. 갑자기 날아가는 새는 종적 없이 사라지네.

---

15) 〈가야산 독서당에 쓰노라(題伽倻山讀書堂)〉.

시인은 단지 적은 28자로 한국의 저명한 명승지, 거울처럼 투명하고 푸른 황산강(黃山江)의 운무에 휩싸여 순풍에 떠다니는 돛단배, 날갯짓하며 날아다니는 물새 등의 자연 경치를 생생하게 묘사했다. 극시 〈향악잡영(鄕樂雜詠)〉 5수[16]를 보면 능숙하고 형상적인 언어로 이루어진 〈금방울 놀이(金丸)〉, 〈다리꼭지춤(月顚)〉, 〈황금탈춤(大面)〉, 〈꼭두각시춤(束毒)〉, 〈사자춤(狻猊)〉 등 조선 민간 가무극에 대한 묘사가 매우 생동적이다. 예를 들어보자.

〈금방울 놀이〉

廻身掉臂弄金丸, 몸 돌리고 팔 휘둘러 금방울 놀리니
月轉星浮滿眼看. 달이 구르고 별이 뜬 듯 눈이 어지럽네.
縱有宜僚那勝此, 의료[17] 같은 재주인들 이보다 나으랴
定知鯨海息波瀾. 동해 바다 파도 소리 잠잠하겠네.

금방울 놀이는 곡예(曲藝)의 일종이다. 이 시는 별이 총총한 하늘을 배경으로 삼아 노천 무대에서 연출하는 금환무(金丸舞)를 묘사했다. 시인은 “달이 구르고 별이 뜨는(月轉星浮)” 것 같은 춤의 리듬을 고래가 물을 품는 것에 비교하여 사람들에게 깊은 인상을 준다. 시에서는 의료(宜僚)의 춤도 이보다 뛰어나지 못할 것이라고 말하며 민족 자부심을 표현했다.

〈다리꼭지춤〉

肩高項縮髮崔嵬, 어깨는 높고 목은 움츠리고 머리는 우뚝한데
攘臂群儒鬪酒杯. 팔을 비비며 뭇 유생들이 술잔을 다투네.
聽得歌聲人盡笑, 노랫소리 듣고서 사람들은 마음껏 웃으며

16) 《삼국사기》 권32, 〈잡지(雜志) 제1〉, 「악(樂)」에서 인용.
17) 춘추 시대의 저명한 무용가.

夜頭旗幟曉頭摧. 저녁의 깃발이 새벽까지 붐비네.

다리꼭지춤은 중국 서역(西域)의 우전[于闐, 지금의 신강 위구르 자치구 화전(和田)의 옛이름. 호탄(Khotan)이라고도 함]에서 한반도로 들어온 일종의 가면극이다. 이 시에서는 백성들이 어깨를 세우고 목을 움츠리면서 술을 마시며 즐거움을 돋우는 유학자를 풍자하는 가면극을 묘사하는데, 목소리와 감정이 모두 훌륭하고 형상이 핍진하며 농담 속에 풍자가 들어 있다.

〈황금탈춤〉

黃金面色是其人, 황금빛 탈은 정녕 사람 모습 같고
手抱珠鞭役鬼神. 손에는 채찍 잡고 귀신을 내모네.
疾步徐趨呈雅舞. 빨리 걷다 천천히 내디디며 춤을 추니
宛如丹鳳舞堯春. 붉은 봉황이 요순시절에 춤추는 듯하네.

황금탈춤은 황금빛 가면으로 악귀를 쫓는다는 민간 풍속의 의거해 만든 가면 탈춤이다. 이 시에서는 당시 신라 민간 구나무(驅儺舞)의 우아한 춤사위가 독자의 눈앞에 생생하게 펼쳐진다.

〈꼭두각시춤〉

蓬頭藍面異人間, 쑥대머리 쪽빛 얼굴 희한한 모습으로
押隊來庭學舞鸞. 떼 지어 뜰에 와서 난새춤을 추네.
打鼓冬冬風瑟瑟, 북소리는 둥둥둥둥, 바람은 선들선들
南奔北躍也無端. 남으로 북으로 뛰놀기 끝이 없네.

꼭두각시춤은 중앙아시아 속특[栗特, 소구드(Sogdh)] 제국에서 온 건무(健舞)의 일종이다. 이 시는 빠른 북 가락과 솔솔 부는 바람의 소리를 결합시켜 묘사하여 읽는 사람으로 하여금 마치 그 현장에 있는 것처럼 박자가 매우 빠른 무도 장면을 보게 한다.

〈사자춤〉

遠涉流沙萬里來, 멀리 고비 사막을 건너 만 리를 왔기에
毛衣破盡着塵埃. 털은 다 빠지고 먼지를 뒤집어썼네.
搖頭掉尾馴仁德, 머리 흔들고 꼬리 치며 순하게 따르지만
雄氣寧同百獸才. 억센 그 기운 어찌 뭇짐승과 같으랴.

산예(狻猊)는 일종의 민간 사자춤이다. 시에서 말한 '유사(流沙)'는 중국의 고비 사막을 가리킨다. "멀리 고비 사막을 건너 만 리를 왔다"는 시구는 사자춤의 유래를 직접 밝힌 것이다. 사자춤은 인도에서 발원하여 중국을 거쳐 동방 각국으로 전해졌다. 이 시는 사자의 웅장한 모습에 대한 묘사를 통하여 고대 인민의 용감하고 굽히지 않는 정신을 보여준다.

이 시기에 최치원 시가의 진보적 사상은 애정의 자유와 개성의 해방을 추구하고 봉건 예교를 반대하는 방면에서 표현된다. 이러한 진보적인 사상은 장시 〈쌍녀분〉[18]에 집중적으로 나타난다. 이 시는 한국 한시 발전사에 전에 없던 장편 거작으로, 본래 《신라수이전》의 〈쌍녀총〉[19]에 실려 있는 것이다. 《수이전》의 〈쌍녀총〉은 산문 문학에 속하는데, 당나라 중기에 출현한 전기(傳奇) 소설과 매우 흡사한 부분이 있다. 여기서는 다만 시가의 관점에서 그 가운데 장시를 분석하도록 한다.

이야기는 당나라에서 일어나는데 대강의 뜻은 이렇다. 최 공이 스무 살 때 강남의 율수현에 와서 현위를 맡았다. 하루는 그가 율수현 남쪽 경

18) 최남선 편, 《삼국유사(三國遺事)》 부록, 《신라수이전(新羅殊異傳)》에서 인용.
19) 〈선녀홍대(仙女紅袋)〉라고도 부른다.

계에 있는 초현관(招賢館) 부근으로 산보를 나갔다가 두 여인의 무덤을 발견하고 즉시 그들을 위로하는 시를 썼다. 이미 죽은 두 여인은 이에 감동받아 영혼이 부활하여 그날 밤에 최 공의 거처로 와서 감사의 뜻을 완곡하게 표시했고, 아울러 살아생전에 당했던 불행을 호소하여 최 공에게 동정을 받았다. 그들은 열렬하게 사랑하여 한 이불 속에서 정을 나눴는데, 달이 지고 닭이 울자 눈물을 흘리며 헤어지지 않을 수 없었다. 이 두 여인 가운데 하나는 팔랑(八娘)이라 하고, 다른 하나는 구랑(九娘)이라 부른다. 그들은 원래 율수현의 부유한 상인의 딸로 용모가 출중하고 사부(辭賦)를 잘 지었다. 부모가 미리 혼처를 정해 강제로 두 상인에게 시집보내려고 하자, 이에 반항하여 자살한 것이다.

〈쌍녀총〉은 이 두 여인의 비참한 운명을 통하여 봉건 예교의 죄악에 분노하고 이를 고발했으며, 혼인의 자유와 개성 해방을 열렬하게 주장했다. 작품의 뛰어난 부분은 431자에 달하는 장시 부분인데, 일부만 인용한다.

草暗塵昏雙女墳, 풀 먼지 덮인 어두컴컴한 두 여자의 무덤
古來名迹竟誰聞? 예로부터 명승지라 누구에게 들었던가?
唯傷廣野千秋月, 넓은 들에는 천추의 달만 한스럽고
空鎖巫山兩片雲. 무산에는 공연히 두 조각구름이 걸려 있네.
自恨雄才爲遠吏, 웅재로서 먼 타국의 관리 됨을 한탄하고
偶來孤館尋幽邃. 우연히 외로운 초현관에 와 조용한 곳을 찾아
戱將詞句向門題, 장난삼아 문에다 시구를 지으니
感得仙姿侵夜至. 감동한 선녀 밤에 이르렀네.
……
對殘花, 傾美酒, 지는 꽃 대하여 미주를 기울이고
雙雙妙舞呈纖手. 쌍쌍이 추는 예쁜 춤에 섬섬옥수 드러나네.

狂心已亂不知羞, 미친 듯한 이 마음 산란하여 부끄러움도 잊고
芳意試看相許否. 꽃다운 뜻 허락할지 물어보았네.
……
曉天鸞鶴各西東, 날이 밝자 난새와 학은 동서로 갈려 가고
獨坐思量疑夢中. 홀로 앉아 생각하니 꿈꾸는 듯하네.
沉思疑夢又非夢, 곰곰이 생각하니 꿈인 듯 아닌 듯
愁對朝雲歸碧空. 수심에 겨워 바라보니 파란 하늘에 구름 떠가네.
匹馬長嘶望行路, 말인 양 길게 울며 갔던 길 바라보고
狂生猶再尋遺墓. 미친 듯 버려진 무덤 다시 찾네.
不逢羅襪步芳塵, 떨어진 꽃 밟았던 비단 버선 만날 수 없고
但見花枝泣朝露. 꽃가지만 아침 이슬에 울고 있을 뿐이네.
……
人間事, 愁殺人, 애간장이 끊어질 듯
始聞達路又迷津. 빈번히 돌아보아도
草沒銅臺千古恨, 적막한 황천문 누가 열어 주리?
花開金谷一朝春. 수레 머물고 바라볼 때는 한없는 눈물.
……
大丈夫, 大丈夫, 대장부여, 대장부여
壯氣須除兒女恨, 장대한 기백으로 아녀자의 한 반드시 없애
莫將心事戀妖狐. 여우 같은 요괴를 심사에 두지 않으리.

이 장시는 당시 유행하던 무미건조한 궁정 시가와 상반되는데, 청춘 남녀의 자유분방한 애정을 대담하게 묘사했다. 시가의 주인공 최 공은 봉건 예교의 반역자이다. 그는 두 여인의 애정을 얻기 위하여 봉건 사회의 정식적 행위를 과감하게 위반했다. 시의 결미에서는 “대장부여, 대장부여, 장대한 기백으로 아녀자의 한 반드시 없애 여우 같은 요괴를 심사에

두지 않으리"라는 말로 위에서 말한 모든 것을 부정한다. 이는 작자가 당시 봉건 유학자와 승려의 책망을 피하기 위하여 진실한 감정을 고의로 숨긴 것에 불과할 따름이다. 시가의 주인공 최 공은 두 여성의 평생의 숙원을 실현한 이상적 인물이나, 두 여성은 봉건 예교의 피해자이다. 따라서 그들의 예술 형상은 중요한 전형적 의의를 가진다.

전체 시를 살펴보면, 시의 사상 내용은 적극적이라서 일정 정도 반봉건적 의의를 가지며, 동시에 예술 창작 방면에서도 독창성을 띠고, 특별한 풍격을 지니고 있다. 인물 심리 활동에 대한 묘사가 세밀하고 핍진하며 희노애락의 감정 변화를 생동하게 묘사했다. 예를 들면, 시에서는 최 공이 두 여인의 애정을 생각할 때의 절박한 심정을 "미친 듯한 이 마음 산란하여 부끄러움도 잊고, 꽃다운 뜻 허락할지 물어보"는 등의 솔직하고 시원시원한 언어로 묘사했고, 최 공이 애정을 얻은 뒤 기쁜 심정을 "복숭아꽃 오얏꽃 피는 봄(艷陽桃李辰)"의 함축적이고 완곡한 언어로 묘사했으며, 최 공과 두 여성이 헤어질 때의 아쉬움을 "가물거리는 등잔불이 두 눈의 눈물 비추고, 꽃가지만 아침이슬에 울고 있다(殘燈照雙淚, 花枝泣朝露)"는 등의 비유 수법을 써서 완곡하게 표현했는데, 복잡한 인물 내심 세계에 대한 이처럼 생동하는 묘사는 그 이전의 고대 문학의 단순하고 직접적인 표현과 완전히 다르다. 인물의 얼굴 표정 묘사도 매우 뛰어나다. 팔낭과 구낭이 최 공이 구애할 때의 심정을 받아들이는 모습을 시인은 이렇게 묘사했다. "미인의 얼굴빛은 오랫동안 멍한 표정을 짓더니, 반은 웃는 듯하고 반은 우는 듯하네(美人顔色久低迷, 半含笑態半含啼)." 짧은 14자에 불과하지만 두 여인의 동방 여성 특유의 전형적 형상을 매우 생동하게 묘사했다.

최치원의 시가에서 주류는 적극적이고 발전적이며, 사상 경향은 진보적이다. 시인은 당시 사회에서 허락하는 역사 조건 안에서 이미 자신의 예술적 사명을 완성했고, 사상과 창작 방면에서 모두 과거의 시가보다 더욱 깊숙이 인민에게 나아가며 현실 생활로 접근하고 있어, 한국 시가 발전사에서 한 시대의 획을 그었다.

3.

최치원은 중국 시가 발전사에서 황금시대에 해당하는 당대(唐代)에 유학했다. 그는 중국 고전 문학의 우수한 전통 속에서 양분을 섭취하여 한국의 한문학을 발전시켰다.

한국의 한문학은 한민족이 자신의 고유 문자를 가지지 못했던 2천여 년 전에 기원한다. 기원전 80년 전후에 이미 한예체(漢隸體) 문자를 사용하기 시작했는데, 이후 계속하여 〈영신가(迎神歌)〉, 〈황조가(黃鳥歌)〉, 〈공후인(箜篌引)〉 등 최초의 한시가 출현했다. 이러한 초기의 한시는 중국 최초의 시가 총집인 《시경(詩經)》의 4언 격식을 따르고 있다. 그때의 시가는 운율에 대한 요구가 비교적 간단하여 왕왕 한국어의 호격 조사를 운각(韻脚)으로 삼았다.

7세기에 이르러 을지문덕(乙支文德) 장군이 〈수나라 장수 우중문에게(與隋將于仲文)〉를 썼는데, 이때부터 한국 최초의 오언 한시가 출현했고 이후 일부 유학자와 승려에 의해 점차 발전했다. 그러나 수가 매우 적고 문자도 단조로웠다. 이는 한민족으로서 작자가 자신의 언어를 벗어나 한문으로 창작하기란 쉽지 않은 일이었기 때문일 것이다. 8세기 이후 유학생을 대거 파견하고 당조의 과거 제도를 따라 인재를 선발하는 등의 조치로 말미암아 한자는 관청과 서민 문학에서 널리 사용되었다. 이는 바로 한국 한문학이 대대적으로 발전하는 데 유리한 조건이 되었다.

최치원의 시대에 이르러 한시는 비약적으로 발전하여 오언·칠언의 고체시와 금체시가 우후죽순으로 쏟아져 나왔다. 수많은 시인 가운데 작품이 가장 많고 명성이 가장 높은 사람이 바로 최치원이다.

최치원의 한시 중에는 칠언・오언시와 절구・율시가 있으며 고체시도 있다. 그러나 수가 가장 많은 것은 금체시와 칠언 율시・절구이다. 그의 시가는 격률이 엄격하고 깔끔한 대구를 쓰며, 숫자・색깔・방위・천문・지리・절기 등의 단어를 잘 운용하여 구형(句型)의 일치를 유지하여 내용과 형식의 통일을 기했다. 그의 시가 언어는 통속적인데, 한어 구어의 형상적 언어로 사물의 모습과 소리・빛을 묘사했다. 예를 들면 〈꼭두각시춤〉의 "북소리는 둥둥둥둥, 바람은 선들선들(打鼓冬冬風瑟瑟)", 〈임경대〉의 "안개 낀 봉우리는 우뚝우뚝하고 강물은 출렁출렁(烟巒簇簇水溶溶)" 등의 시구는 이해하기 쉬운 형상적인 구어로 묘사 대상을 더욱 선명하고 생동하게 드러냈다.

최치원은 사부(辭賦)에 뛰어났는데, 한부(漢賦)와 육조변문(六朝騈文)의 영향을 깊이 받아서 4・6구의 구조에 대하여 잘 알고 있었고 이를 자유자재로 운용했다. 그의 시문은 전고를 자주 운용했고 왕왕 옛사람의 일을 빌려 그 뜻을 완곡하고도 여운이 남게끔 표현했다. 예를 들면 장시 〈쌍녀분〉에서 닭이 울고 날이 새 두 여성이 훌쩍 가버린 뒤 "동작대 덮은 풀은 천고의 한이라, 금곡에 핀 꽃은 하루의 봄일세"라는 구를 써서 최 공의 처연한 심정을 묘사하여, 조조(曹操)의 〈동작대(銅雀臺)〉, 석숭(石崇)의 〈금곡원(金谷園)〉 등 역사상 슬프고 기쁜 인생사의 수많은 고사를 연상하게 만든다.

최치원은 학식이 연박하고 가슴에 웅대한 뜻을 품었던 인물이다. 문학 외에도 역사・지리・천문 등도 모두 연구하여 자신의 문장에 이러한 지식을 널리 운용하는 것을 좋아했다. 따라서 그의 시문에 사상이 풍부하고 형식이 생동하며 언어는 의미가 깊고 심오하다. 그는 일찍이 자신이 열두 살에 나라를 떠나 스물여덟 살에 돌아가는 잊기 어려운 역정을 "열두 살에 중국에 들어와 스물여덟에 금의환향하였다(巫峽重峰之歲, 絲入

中華, 銀河列宿之年, 錦還東國)"란 두 문구로 개괄하여 당대 시인에게 칭찬을 받았다. 또 일찍이 중원의 지리를 "곤륜산이 동쪽으로 뻗어 다섯 산이 푸르고, 성수해가 북으로 흘러 한 줄기 강물이 누렇네(昆侖東走五山碧, 星宿北流一水黃)"란 두 구로 개괄했는데, 지금까지도 입에서 입으로 전해진다.

만당 시인 고운(顧雲)은 최치원을 "동국의 여지지(東國的輿地志)"라고 찬양했고, 만당의 다른 저명한 시인 나은(羅隱, 833~909)도 최치원의 시를 특히 좋아했다. 최치원의 시 〈윤주 자화사 절간에 올라〉[20]는 당대에 일찍이 널리 입에서 입으로 전해졌다. 서거정(徐居正, 1420~1492)이 쓴 《동인시화(東人詩話)》의 기록에 의하면, 신라 상인이 당나라에서 유명한 당시를 구입할 때, 당인들은 이 시의 명구 "화각 소리 울리는 가운데 아침저녁으로 물결 일고, 청산 그림자 속에는 고금 인물 몇 명이나 지나갔나(畵角聲中朝暮浪, 靑山影裏古今人)"라는 시구를 써서 보여주었다고 한다.

최치원 문학 창작의 심원한 의의는 시대의 추이에 따라서 더욱 많은 후인들에게 인식되었다. 고려 시대의 이규보(李奎報, 1169~1241)는 최치원이 "천황을 깬 공이 있어 동방 학자들은 모두 종주로 삼는다(有破天荒之功, 故東方學者皆以爲宗)"고 찬양하여 한국의 한시가 "중국에 떨친(鳴於中國)" 것은 최치원에게서 시작되었다고 언급했다.[21] 조선 초기의 대학자 성현(成俔, 1439~1504)도 한국의 문학은 "최치원에게서 시작되었다(始發於崔致遠)"고 간주했으며, 조선 중기의 시인 신위(申緯, 1769~1847)[22]는 최치원을 한국 문학의 "개산시조(開山始祖)"라고 추앙했다.

---

20) 이 시는 《전당시(全唐詩)》, 〈일목권(逸目卷)〉에 수록되어 있다.

21) 이규보, 《백운소설(白雲小說)》.

22) 신위는 자가 한수(漢叟)이고 호는 자하(紫霞)이며, 저작으로는 《경수당전고(慶脩堂全藁)》, 《분여록(焚餘錄)》이 있다.

최치원이 중국에 끼친 영향도 비교적 크다. 최치원이 지은 《사륙집(四六集)》과 《계원필경집(桂苑筆耕集)》은 《신당서(新唐書)》, 〈예문지(藝文志)〉 안에 기록되었다. 청 말 장지동(張之洞, 1837~1909)은 "배우기를 좋아하는 여러 유생(諸生好學者)"을 위해 지은 《서목답문(書目答問)》에서 당대 집부(集部) 중에 최치원의 《계원필경집》을 당당하게 열거했다. 중국 현대의 저명한 역사학자 범문란(范文瀾, 1893~1969)은 《중국통사간편(中國通史簡編)》에서 《계원필경집》을 "우수한 문집(一部優秀的文集)"으로 여겼다. 《계원필경집》은 이미 진귀한 역사 문헌이 되어서 중국역사박물관에 보존, 전시되어 있다.

4.

최치원은 한국 고대 문학사에서 손꼽는 위대한 작가이다. 그러나 현존하는 자료가 불충분하고 작품이 많이 유실되었기 때문에 그 문학에 대한 체계적이고 전면적인 연구는 지금까지도 충분히 이루어지지 못하고 있으며, 그의 생애와 사상, 예술 창작에 대해서도 일치하지 않는 곳이 매우 많다. 그 가운데 몇 가지 문제를 가지고 보잘 것 없는 의견을 개진해 보고자 한다.

1) 최치원은 뛰어난 시인일 뿐 아니라, 우수한 산문가이기도 하다.

과거에 최치원을 연구한 수많은 학자들은 그를 시인으로 간주했지, 산문가로 인식하는 사람은 거의 없어서 그의 산문 창작을 거의 논하지 않았다. 사실 현존하는 《계원필경집》 1부만 가지고 말하면 시가는 60수에 불과하고, 나머지 3백여 편이 모두 산문이다. 그러나 그의 산문은 사람들에게 종종 무시당했다. 어떤 문학사가는 최치원이 당조에서 쓴 시와 산문이 "만여 수(萬有餘首)"라고 말했으나 그 산문의 성취를 말하길 회피하여, 사람들로 하여금 만여 수의 작품 중에 시가 창작이 주요 비중을 차지하고 있다는 오해를 사게 만들었다. 사실은 그와 정반대이다. 최치원이 당조에서 쓴 작품은 절대 대다수가 산문인데, 《계원필경집》도 마찬가지이고 이미 없어진 《사륙집》과 《중산복궤집(中山覆簣集)》도 마찬가지이다.

만여 수라는 말은 최치원의 《계원필경집》 자서에서 나온 것이다. 그는 "그 직책을 내놓고 회남에서 종직하면서 시중 고병의 문서 일을 도맡게 되어, 그 몰려드는 군사 문서 등을 힘껏 담당하였습니다. 4년 동안 마음 써 이룬 것이 무려 만여 수나 되었습니다. 불필요한 부분을 거듭 버리고 보니 십분의 일, 이도 남지 못했지만, 모래를 파헤쳐 금을 발견하는 것과 감히 비교할 수 있고, 깨진 기와 조각으로 벽을 긋는 것보다는 낫다고 여깁니다. 하여 마침내 《계원집》 20권으로 엮어 만들었습니다(及罷微秩, 從職淮南, 蒙高侍中專委筆硯, 軍書輻至, 竭力抵擋, 四年用心, 萬有餘首. 然淘之汰之, 十無一二, 敢比披沙見寶, 粗勝毁瓦畵墁, 遂勒成《桂苑集》二十卷)"라고 썼다.

이러한 글에서 이른바 만여 수는 최치원이 고병의 종사관으로 있을 때, 즉 880년부터 884년까지 4년 동안 쓴 작품을 가리키는 것이지, 재당 16년 동안 쓴 전체 창작을 말하는 것이 결코 아님을 알 수 있다. 여기서 한 걸음 나아가 추정해 보면, 만일 그의 16년 동안의 시와 산문을 전부 합하면 만 수를 훨씬 넘을 것이다. 이처럼 수많은 작품 가운데 현존하는 자료를 가지고 보면, 시가는 3백여 수에 불과하고 나머지 대다수가 산문임을 분명히 알 수 있다. 따라서 수량으로 말하면 산문이 그의 작품에서 주요한 비중을 차지한다.

표(表)·장(狀)·주(奏)·계(啓)·거첩(擧牒)·재사(齋詞)·제문(祭文)·별지(別紙) 등 여러 문체를 포함한 최치원의 산문은 내용이 풍부하고 문자가 우미하며 기세가 드높고 조리 정연하며, 문필이 청신하고 유창하다. 예를 들면 〈참산의 신에게 지내는 제문(祭巉山神文)〉[23]에서 웅장하고 기백이 넘치는 참산(巉山)에 대한 묘사가 매우 두드러진다.

惟靈磊磊落落, 오직 신령님만이 도량이 넓어
高臨鯷壑, 위로는 큰 골짜기에 이르고
巉巉嵒嵒, 산세가 험준하고 가팔라
府壓鯨潭. 아래로는 큰 못을 누르는도다.
上則爲雲霧縈纒之骨, 위로는 구름과 안개로 얽힌 뼈가 되었고
下則爲波濤激射之窟. 아래로는 파도가 격동하는 굴이 되었도다.
朝則迎烏金而前出, 아침에는 해를 맞이하고자 먼저 나오고
夜則送銀蟾而後沒. 밤에는 달을 보낸 뒤에 지는도다.

이처럼 필력이 끓어오르고 아름다운 문자는 우리로 하여금 미적인 향수를 누리게 한다. 이와 같은 예를 수없이 들 수 있다. 그의 산문은 형식면에서 사언·육언을 중심으로 하여 문장이 고르지 않은데, 단순히 화려하게 포장하거나 수식하지 않고 선명한 색채를 추구하여 정(情)을 날줄로 삼고 이(理)를 씨줄로 삼아 상투적인 틀에 빠지지 않고 독창성을 기했다. 이를 보면 수량·체재·내용에서 형식에 이르기까지 최치원의 산문 성취는 매우 높으며 경시해서는 안 됨을 알 수 있다.

2) 최치원의 생애에 관한 오해를 바로잡아야 한다.

최치원의 입당 시기에 관하여 광동(廣東)의 학자 소신(蘇晨, 1930～)

---

23) 《계원필경집》 권12.

은 '867년'[24]이라고 간주했지만, 다수의 문헌 자료에 의거하면 그가 공부하러 당에 들어온 시기는 마땅히 '868년'으로 보아야 한다. 최치원은 857년에 출생했으니 그의 말대로 열두 살에 당에 들어왔다면 소신이 말한 867년은 열한 살에 당에 들어왔다는 말이니 분명히 문제가 있다.

최치원이 당에 유학하고 벼슬한 시기에 관하여 소신은 글에서 '30년'이라고 했지만, 1973년에 인민출판사에서 출판한 《세계통사(世界通史)》에서는 '20여 년'이라고 했다. 이 두 가지 견해는 모두 사실과 많이 다르다. 《삼국사기》, 《동국통감(東國通鑑)》 등의 고대 문헌 자료 및 최치원의 자술에 의하면 최치원은 868년(신라 경문왕 8)에 당에 들어왔고, 885년 3월(신라 헌강왕 11)에 신라에 돌아갔다. 다시 말하면 열두 살에 출국하여 스물여덟 살에 귀국했으니 재당 시간은 모두 16년이 넘는다. 일본 학자 이케우치 히로시(池內宏, 1878~1952)는 《조선상세문화(朝鮮上世文化)》에서 최치원의 "재당 기간은 18년"이라 했는데 아마도 최치원이 출국한 해와 귀국한 해를 포함하여 계산한 것 같다. 그러나 최치원의 재당 기간을 20여 년이나 30년으로 보면 역사적 사실과는 크게 멀어진다.

최치원의 재당 시기의 관직에 대하여 박충록(朴忠祿, 1928~)은 근래의 저서 《이백과 그의 시가(李白及其詩歌)》에서 곧바로 '한림학사(翰林學士)'의 높은 지위까지 올랐다고 여겼다. 이러한 견해도 사실과 부합하지 않는다. 김부식(金富軾, 1075~1151)의 《삼국사기》, 〈열전〉의 기록에 의하면 최치원은 885년, 즉 신라에 귀국한 첫해 신라의 관직 "시독 겸 한림학사(侍讀兼翰林學士)"를 수여받은 것이지, 당조에서 받은 것은 아니다. 최치원이 신라 국왕에게 올린 장주(狀奏)에서도 당조에서의 관직은 "도통순관(都統巡官), 승무랑(承務郎)·시어사(侍御使)·내공봉(內供奉)"이라고 분명하게 말했다.

---

24) 《독서(讀書)》 1980년 제7기에 실린 〈동잠이태(同岑異台)〉 참조.

3) 《수이전》, 〈쌍녀분〉의 작자 문제

이 문제에 관하여 원래 두 가지 의견이 있었다. 《대동운부군옥(大東韻府群玉)》의 작자 권문해(權文海, 1534~1591)는 최치원의 작품이라 보았고, 《해동고승전(海東高僧傳)》의 작자 각훈(覺訓)은 고려 초기 박인량(朴仁亮, ?~1096)의 작품이라고 여겼다. 나는 후자의 견해에 동의한다.

작품의 시대 배경, 사상 경향, 언어 예술 등의 특징으로 볼 때 원고는 최치원이 썼으나, 후인들의 윤색과 가공을 거친 듯하다. 우선 소재 선택의 관점에서 보면 이 이야기는 최치원이 당조 지방 관리로 지낸 선성군(宣城郡)에서 나왔다.[25] 최치원이라야만 직접적인 느낌을 가졌을 것이다. 만일 다른 사람으로 바뀐다면 작품 속에서 우러나오는 진지하고 감동적인 감정이 생겨나기란 어려울 것이다. 이 작품은 최치원이 율수현위로 지낼 때 이미 구상해 놓은 것임을 추정할 수 있다.

다음으로 작품의 언어 특징으로 보면 사륙변문과 서정시가 서로 결합하는데, 이것 또한 최치원의 언어 풍격과 부합한다. 마지막으로 작품 구조에서 보면 처음과 끝은 전기식으로 소개되는데, 이는 분명히 후인이 보충한 것이라서 설사 그것을 없앤다 하여도 작품의 완정성(完整性)에는 영향을 주지 않는다. 따라서 이 작품은 최치원의 창작으로 보아야 한다.

4) 최치원의 작품은 고대 현실주의 문학의 범주에 속한다.

어떤 학자는 최치원의 작품이 보존된 것이 너무 적기 때문에 그의 창작 방법이 현실주의에 속하는지 여부를 판단하기가 어렵다고 보았다. 나는 단지 작품 수만 가지고 창작 방법을 판단하는 것은 비과학적이라고

---

25) 송(宋) 장돈이(張敦頤)의 《육조사적편류(六朝事迹編類)》 중 권13 〈분릉문(墳陵門)〉, 「쌍녀묘(雙女墓)」 참조.

생각한다. 어떤 작가들은 시 한 수, 소설 한 편, 극본 한 부만 가지고도 그의 창작 방법을 볼 수 있다. 하물며 최치원의 시가 가운데 현실주의 정신이 선명하게 체현되어 있는 작품이 이미 몇 십 수나 되지 않는가?

물론 그는 고대의 범주에 속하므로 근대의 비판 현실주의와는 다르다. 고대 현실주의는 일반적으로 말하면 착취 계급을 비판하지만 왕에게 충성하고 국가에 보답하며, 노동 인민을 동정하지만 농민 혁명을 이해하지 못하며, 개성 해방을 주장하여 일부 봉건 예교를 과감하게 위반하지만, 봉건 제도 전체를 부정하지 않는다. 두보(杜甫, 712~770), 백거이(白居易, 772~846)의 현실주의든, 최치원의 현실주의든 모두 이러한 한계성을 띠고 있다. 천여 년 이전의 시인 최치원에 대하여 현실에 적합하지 않는 가혹한 요구를 제기해서는 안 된다.

최치원이 생활하고 창작하던 시대는 우리 시대와는 이미 요원하다. 한국 고대 문학의 선구자이자 한문학의 창시자인 최치원은 한국의 문학 유산에 관심을 가진 사람이라면 성실하게 연구하고 기념할 만한 가치가 있다. 그의 이름과 작품은 한국 고대 문학사와 중·한 문화 교류사에서 여전히 계속 찬란한 빛을 발할 것이다.

[해제]

이 글은 김동훈(金東勳)의 〈晩唐著名朝鮮詩人崔致遠〉(《中央民族學院學報》 1985年 第1期)을 번역한 것이다.

김동훈(1942~)은 연변대학 조문학부(朝文學部) 교수이다. 주요 논문으로는 〈김용식의 중편소설 〈규중비사〉에 대하여〉(《문학평론집》, 민족출판사, 1982), 〈晩唐著名朝鮮詩人崔致遠〉(《中央民族學院學報》 1985年 第1期), 〈조선족 구비문학 개관〉(《조선족문학연구》, 흑룡강조선민족출판사, 1989), 〈김용식론〉(《조선족문학연구》, 흑룡강조선민족출판사, 1989), 〈정길운론〉

(《조선족문학연구》, 흑룡강조선민족출판사, 1989), 〈리규보의 주체시론과 중국고전시학에 대한 비판적 수용〉(《許虎一教授停年退任紀念論文集 : 韓中文學比較研究》, 國學資料院, 1997), 〈김택영의 미학사상에 대한 비교문학적 고찰〉(《許虎一教授停年退任紀念論文集 : 韓中文學比較研究》, 國學資料院, 1997), 〈揭開朝鮮神話迷宮的金鑰匙 : 簡評《朝鮮神話研究》〉(《延邊大學學報》 2000年 第3期), 〈韓國宗教文化略論〉(《韓國學論文集 · 第8輯》 民族出版社, 2000), 〈在中 韓民族 漢詩文學 遺產 略攷〉(延邊科學技大學 韓國學研究所 編, 《韓國學研究》 創刊號, 太學社, 2001), 〈야래자설화의 전승변이고 — 조선 · 중국 · 일본을 비롯한 동아세아의 동류설화를 중심으로〉(《한국문학의 비교문학적 조명》, 국학자료원, 2001), 〈해방전 재중조선족 문학과 재미한인 문학의 비교〉(한정숙과 공저, 《세계 속의 한국(조선)문학 비교연구》, 민족출판사, 2002) 등이 있다.

신라 시인 최치원

염기(閻琦)

1. 머리말

최치원은 만당(晩唐) 시대 신라 사람으로 유년 시기에 "서학을 앙모하여(仰慕西學)" 열두 살에 단신으로 당나라로 건너왔다. 당나라에서 유명한 스승을 두루 찾아 다녔으며, 진사 시험에 합격하여 선주(宣州) 율수현위(溧水縣尉)에 임명되었다. 또 회남절도사(淮南節度使) 고병(高駢)의 순관(巡官)이 되었다가 뒤에 귀국했다. 최치원은 17년 동안 당에 머무르며 많은 저술을 남겼는데, 중국 전통 유학과 문학에 대해 깊이 연구했고 폭넓은 이해를 지니고 있었다. 그는 당과 신라의 학술 문화 교류에서 제1인자였다. 그의 저작은 《계원필경집(桂苑筆耕集)》 이외에는 대부분 유실되어 세상 사람의 주목을 받지 못했다.

여기서는 한국에서 최근 영인된 《최문창후전집(崔文昌候全集)》에 의거하여 최치원의 생애를 상세히 고찰하고, 아울러 그의 《계원필경집》 판본 원류와 수록되지 않은 시문에 대해서도 개략적인 고찰과 소개를 하고자 한다.

최치원은 신라 사람으로 어려서부터 '서학(西學)'을 앙모하여 아버지의 명에 따라 단신으로 중국으로 건너왔다. 사방으로 스승을 찾아 열심히 수학했으며 스스로의 노력으로 과거에 급제하여 이름을 얻었다. 당에 20여 년 동안 머무르며 찬란한 업적을 이루었으며, 동시에 풍부하고 귀중한 문화유산을 남겼다. 신라로 돌아온 뒤에는 신라 국왕을 도와 나라의 정책을 기획하여 '재상[宰輔]'에 올랐고, 그 외에도 주로 교육 사업에 힘썼다. 문학과 교육 방면의 업적으로 그는 한국인에게 "동방 예원의 근본이자 시작(東方藝苑之本始)", "개산의 비조(開山鼻祖)",[1] "천하제일의 인물(四海第一人物)",[2] "동방 이학의 으뜸(東方理學之宗)"[3]으로 칭송되었다.

그 당대에 중국과 한국(신라)의 교류사에서 최치원은 가장 뛰어난 인물이라 할 만하다. 당과 '동이(東夷)'라 불리는 여러 나라[4]의 교류에서도 최치원은 최고의 인물이었다. 수・당 시대에 지금의 한반도에 고구려, 백제, 신라 등 세 나라가 형성되었다. 삼국 가운데 고구려 서북방이 당과 접경지로써 마찰이 가장 많았으며 때로는 전쟁도 발생했다. 백제와 당은 때로는 화목하고 때로는 틀어지는 등 교류가 일정치 않았다. 오직 신라만이 시종 당과 우호 관계를 유지했다.

최치원은 〈태사 시중께 올리는 장문(上太師侍中狀)〉[5]에서 다음과 같이 말했다.

> 동해 밖에 세 나라가 있으니 그 이름이 마한, 변한, 진한입니다. 마한은 고구려이고 변한은 백제이며 진한은 신라입니다(伏以東海以外有三國, 其名馬韓,卞韓,辰韓. 馬韓則高麗, 卞韓則百濟, 辰韓則新羅也).

---

1) 서유구(徐有榘), 〈교인계원필경집서(校印桂苑筆耕集序)〉.
2) 노상직(盧相稷), 〈고운선생문집중간서(孤雲先生文集重刊序)〉.
3) 《고운선생사적(孤雲先生事蹟)》에서 《삼국사기(三國史記)》 본전(本傳)을 인용.
4) 신・구 두 《당서(唐書)》, 〈동이전(東夷傳)〉에 따르면, 동이 여러 나라에는 고(구)려, 백제, 신라, 유귀(流鬼), 왜국, 일본 등이 있었다고 한다.
5) 《고운선생문집(孤雲先生文集)》 권1.

고구려, 백제가 "남으로 오・월을 침략하고, 북으로 유・연・제・노를 괴롭히니 중국이 크게 해를 입게 되었습니다(南侵吳越, 北撓幽燕齊魯, 爲中國巨蠹)." "우리 무열대왕께서는 충성의 마음으로 한쪽의 어려움을 도와 평정해달라고 청하였습니다(我武烈大王, 請以犬馬之誠, 助定一方之難)." "지금에 이르기까지 3백여 년 동안 한쪽이 조용하니 천하가 편안합니다(至今三百餘年, 一方無事, 四海晏然)".[6] 태위 시중은 당나라 회남도통(淮南都統) 고병을 가리킨다. 최치원은 〈예부상서 배찬께 올리는 글(與禮部裴尙書瓚狀)〉[7]에서도 유사한 말을 쓴 적이 있다.

7세기 말[당 측천무후(則天武后) 천수(天授) 초기] 신라는 당의 협조를 받아 삼국을 통일했으며, 당 말에 이르기까지 신라와 당은 줄곧 친선을 도모하여 확실히 "3백여 년 동안 한쪽이 조용하니 천하가 편안하였다(三百餘年, 一方無事, 四海晏然)." 최치원은 삼국통일 후의 신라인으로, 대대로 당과 우호 관계를 맺은 삼국 시기의 신라인임에 진실로 자부심을 가지고 있었다.

위에 열거한 '동이' 여러 나라 가운데 일본과 신라에서 보낸 견당사(遣唐使)와 유학생이 가장 많았으며, 한화(漢化)의 경향이 가장 열렬하여 당에서 과거에 급제한 자가 끊이질 않았다. 그러나 당에서 문집을 후세에 전하고 창작이 가장 풍부했던 이로는 최치원이 최고이다. 시가로 말한다면, 일본인이 지은 당시(당에서 창작된 시) 가운데 현존하는 가장 많은 작품을 남긴 사람은 스가와라 미치자네(菅原道眞, 845~903)로 20수에도 못 미치지만, 최치원은 백여 수에 달한다. 중국 전통 학문(유학)에 대한 연구 및 전통 문학 양식(詩・賦・騈文)의 기법에 대한 연구와 이해에서, 최치원은 당대(唐代) '동이 사람' 가운데 누구도 능가할 수 없는 최고의 인물이었다.

6) 《고운선생문집》 권1.
7) 《고운선생문집》 권1.

중국의 당대 문학 연구 및 당과 신라의 관계사 연구에서 최치원이 마땅히 중요하게 다루어져야 함에도 불구하고 아직까지 그렇지 못하다. 오대(五代), 송(宋)에서 근대에 이르기까지 중국 사서에 최치원에 관련된 기록은 거의 없다. 근대에 이르러 《당문습유(唐文拾遺)》, 《전당시외편(全唐詩外編)》의 편자들이 고려에서 중국으로 전해진 《계원필경집》에 의거하여 그의 글과 시를 편집하여 넣었으나, 여전히 학술계의 주목을 받지 못했다. 《당문습유》, 《전당시외편》에도 최치원에 관한 극히 간략한 소개만 있을 뿐, 전문적인 연구의 글은 매우 적다.

본문은 최치원 생애의 사적(事迹), 저술, 판본 보급, 일문(佚文), 일시(佚詩) 등의 상황에 대하여 고찰하고 서술함으로써, 중국 학술계의 주목을 이끌어 내는 동시에 깊이 있는 연구를 진행하고자 한다.

2. 최치원의 생애와 사적(事迹) 고찰

최치원은 자가 해부(海夫), 호는 고운(孤雲)이다.[8] 일설에는 자가 해부 또는 고운이라고 한다.[9] 《삼국사기(三國史記)》, 〈최치원전(崔致遠傳)〉(고려 왕조 12세기 역사 저작)에서는 자를 고운 또는 해운(海雲)이라 했다. 아직 어느 것이 옳은지 모른다. 그는 신라 사량부(沙梁部) 출신이다.

《조선왕조실록(朝鮮王朝實錄)》 제11책, 《세종실록(世宗實錄)》 권150, 〈지리지(地理地)〉, 「경상도(慶尙道) · 경주부(慶州府)」에서 《삼국사기》를 인용하여 말하길, "조선의 유민들이 산골짜기에 분거하여 6촌(六村)을 이루었다. …… 이것이 진한 6부(辰韓六部)이다. 6부 사람들이 혁거세를 왕으로 옹립하니, 이가 신라 시조이다. 제3대 유리왕에 이르러 6부의 이름

8) 서유구, 〈교인계원필경집서〉.

9) 《전당문습유(全唐文拾遺)》, 「최치원」조.

을 바꾸었다. …… (둘째) 높은 언덕을 사량부로 하고 성을 최로 하였다[朝鮮遺民分居山谷之間, 爲六村 …… 是爲辰韓六部. 六部人尊立赫居世爲君, 是爲新羅始祖. 至第三儒理王八年改六部之名 …… (其二)高墟爲沙梁部, 姓崔]"라고 했으며, 또 "인물은 …… 한림학사 최치원이다(人物 …… 翰林學士崔致遠)"라고 했다. 즉 최치원의 본적은 오늘날 한국의 경주시이며, 그 조상은 진한(즉 신라)의 가장 기본적인 촌(村)의 하나인 사량부에 거주했다.

최치원은 신라 헌안왕(憲安王) 원년[857, 당 선종 대중(大中) 11]에 태어났다. 부친의 이름은 견일(肩逸)로, 행적이 분명치는 않으나 전통적인 중국 유학과 문학에 상당한 수양이 있는 인물인 듯하다. 신라 경문왕(景文王) 8년[868, 당 의종(懿宗) 함통(咸通) 9] 최치원이 열두 살 되던 해 신라 장삿배를 타고 당나라로 건너갔다. 그는 〈시·부·표·장 등을 모은 문집을 올리는 장문(進詩賦表狀等集狀)〉에서 다음과 같이 말했다.

> 신이 열두 살에 집을 떠나 배를 타고 서쪽으로 떠나려 할 때 돌아가신 아버지께서 이르시길 '10년 공부하여 진사에 급제하지 못하면 내 아들이라 하지 말라. 나도 아들을 두었다 하지 않을 터이니. 가서 부지런히 공부하거라! 게으름 피우지 말고 힘을 다하라!'고 하셨습니다. 신은 엄한 훈계를 가슴 깊이 새기고 잊어버리지 않았으며 바늘을 매달아 놓고 한가롭게 지내지 않았습니다(臣自年十二商家西泛, 當乘桴之際, 亡父誡之曰 : '十年不第進士, 則勿謂吾兒. 吾亦不謂有兒. 往矣勤哉, 無隳乃力!' 臣佩服嚴訓, 不敢弭忘, 懸刺無遑).[10]

어린 나이에 단신으로(공적으로 유학을 간 것이 아니며, 사신으로 간 것은 더욱 아니다) 당에 가려면 얼마나 용기가 필요했겠는가! 기약한 10

10) 〈계원필경서(桂苑筆耕序)〉.

년 안에 반드시 진사에 급제해야 한다는 높은 목표가 있었으니, 얼마만큼 포부가 있었겠는가!

최치원은 당에 도착한 뒤 "6년 동안 구경하며(觀光六年)"[11] 두루 명사를 찾아다니고 자신을 격려하며 열심히 배웠다. 이 시기의 시문은 작자가 나중에 없애버렸기 때문에 지금은 대부분 남아 있지 않아 그의 유학 상황을 자세히 알기는 어렵다. 단지 《계원필경집》과 한국에서 영인된 《고운선생문집(孤雲先生文集)》, 《고운선생속집(孤雲先生續集)》에 편집된 일문(逸文)과 일시(逸詩)에 의거하여 짐작건대, 〈변하에서 옛일을 그리며(汴河懷古)〉, 〈봄날 친구를 불렀으나 오지 않기에(春日邀知友不至)〉, 〈장안의 여관에서 이웃에 사는 우신미 장관께(長安旅舍與于愼微長官接隣)〉 등의 일시가 있는 것으로 보아, 그의 행적이 중원(中原), 낙양(洛陽), 장안(長安) 등에 많음을 알 수 있다. 그는 일찍이 회하(淮河) 유역에도 머물렀는데, 일시 〈가을날 우이현을 다시 지나며 이 장관께 부칩니다(秋日再經盱眙縣寄李長官)〉에서 알 수 있다.

함통 14년(873) 최치원이 진사 시험에 응시하기 1년 전 양양(襄陽)을 들렀으며 양양자사(襄陽刺史) 이울(李蔚)의 접대를 받았다. 이는 일문 〈양양자사 이상공이 거처와 녹봉을 마련해 준 데 대해 올리는 글(上襄陽李相公讓館給啓)〉에 보인다.[12] 일문 가운데 아래의 글은 특별히 게재할 필요가 있다.

> 사사로이 생각하오니, 저 최치원은 오랫동안 유랑을 하였으며 작은 병에 걸리어 정신은 피로해지고 기력은 쇠약해졌습니다. 가서 배례할 깃발을 얻지 못하고 우산과 짚신만 가지런히 지녔습니다. 여전히 객사에 머무르니 오직 명문

---

11) 〈시·부·표·장 등을 모은 문집을 올리는 장문(進詩賦表狀等集狀)〉.

12) 욱현호(郁賢皓)의 《당자사고(唐刺史考)》에 의하면, 함통 14년에 이울은 양양자사가 되었다.

대가의 덕이 그립습니다(切緣致遠, 久役旅遊, 又縈微恙, 精神沈頓, 氣力疲羸, 未獲走拜旌幢, 整持登屩, 猶滯身於客舍, 惟戀德於高門).

당대의 많은 빈천한 서생과 마찬가지로, 그도 과거 응시 전에 지방 관리를 만나 추천을 구했으며, 아울러 온갖 고초를 다 겪었다. 일시 〈도중에 지음(途中作)〉에서도 똑같이 그가 유랑한 6년 동안의 생활을 묘사하고 있다.

東飄西轉路岐塵, 이리저리 떠돌면 풍진 세상을 헤매면서
獨策羸驂幾苦辛. 야윈 말 몰고 다니며 고생 또 얼마였던가!
不是不知歸去好, 고향에 돌아감이 좋은 줄 모르는 것은 아니지만
只緣歸去又家貧. 돌아간댔자 집이 가난하니 어쩔 것인가?

희종(僖宗) 건부(乾苻) 원년(874) 열여덟 살의 최치원은 6년 동안의 유랑 생활을 마치고 진사 시험에 응시하여 예부시랑(禮部侍郎) 배찬(裵瓚)이 주관한 시험에 급제했다. 이는 〈시・부・표・장 등을 모은 문집을 올리는 장문〉[13]과 《등과기고(登科記考)》 권23에 보인다. 만당 시인 고운(孤雲) 역시 최치원과 같은 해에 급제했다.[14]

서유구의 〈교인계원필경집서〉, 《삼국사기》의 본전, 《동국통감(東國通鑑)》 등의 책에서는 모두 최치원이 과거에 합격한 때를 열여덟 살로 적고 있다. 그러나 최치원은 〈태위께 처음으로 올리는 계문(初投獻太尉啓)〉[15]에서 "저는 신라 사람입니다. …… 열두 살에 계림(鷄林, 신라의 별칭)을

---

13) "유람한 지 6년 만에 이름을 방(과거 합격자 명단) 끄트머리에 걸게 되었습니다(觀光六年, 金名榜尾)."

14) 최치원은 〈시를 올리는 계문(獻詩啓)〉에서 "같은 해의 과거 급제 동기생 고운(同年顧雲)"이라고 했다. 이 글은 《계원필경집(桂苑筆耕集)》 권17에 있다.

15) 《계원필경집》 권17.

떠나 스물에 이르러 위치가 바뀌었습니다. 이제 학문하는 벗을 만나려 하고, 곧 황색 인끈의 낮은 벼슬아치가 되려 합니다(某, 新羅人也 …… 自十二則別鷄林, 至二十得遷鶯谷. 方接青襟之侶, 旋從黃綬之官)"라고 했다. 또 〈길게 올리는 계문〉[16]에서 "저는 동해의 벼슬 없는 사람입니다. 앞서 집을 떠나 만 리 이국에 와서 10년 동안 나라를 구경하면서 본디 희망은 과거에 맨 끝으로라도 합격하여 강회 지방의 현령이라도 하는 것입니다(某, 東海一布衣也, 頃者萬里辭家, 十年觀國, 本望止于榜尾科第, 江淮一縣令)"라고 했다.

"스물에 이르러 위치가 바뀌었다(二十得遷鶯谷)"는 말로 보아 스무 살에 합격했다고 말하는 것 같기도 하고, "10년 동안 나라를 구경했다(十年觀國)"는 말로 보아 스물두 살에 합격했다고 하는 것 같기도 하다. 생각건대 최치원이 과거에 합격한 뒤 3년 동안은 관직을 받지 못하고 방랑의 세월을 보냈기 때문에 "스물에 이르러 위치가 바뀌었다", "10년 동안 나라를 구경했다"고 운운한 것은 그가 고병에게 글을 올려 막료가 되고자 할 때, 이 3년의 방랑 생활을 끝내려는 의도였던 것 같다.

《당문습유》와 《전당시외편》, 〈보일(補逸)〉의 「최치원」조에는 모두 최치원이 "빈공으로서 급제했다(以賓貢及第)"고 되어 있다. '빈공' 두 자는 쉽게 의혹을 가지게 한다. 한국반(韓國磐)은 《수당사강요(隋唐史綱要)》에서 당과 동이 여러 나라의 관계를 논할 때, "신라인이 …… 당조의 진사과 시험에 참가했는데, 이를 '빈공 진사'라 칭한다(新羅人 …… 參加唐朝的進士科考試, 時稱'賓貢進士')"고 말했다. 이렇게 보면 '빈공'이라는 것은 당 조정에서 동이 여러 나라 사람에게 준 일종의 응시 우대로 보인다.

살펴보건대 빈공은 한(漢) 이래로 시행해 온 '향천(鄉薦)'을 가리키며, 당에서는 빈공의 의미가 '향공(鄉貢)'과 같다. 즉 중앙 혹은 지방의 학관

16) 《계원필경집》 권18.

에서 선발 추천한 자뿐 아니라 지방에서 예부에 직접 추천하는 자를 말하며, 전적으로 신라인 같은 외국인을 추천하는 것을 가리키는 것은 아니다. 이는 《전당시》 권210에 실린 황보증(皇甫曾)의 〈과거 응시하러 가는 배 수재를 전송하는 시(送裴秀才貢擧詩)〉의 "빈공의 나이 아직 어리지만, 문자의 아름다움은 이미 이루었다(賓貢年猶少, 篇章藝已成)"는 두 구로 증명할 수 있다.

최치원이 과거에 응시하기 전의 시문이 대부분 남아 있지 않아 어느 지방에서 추천을 받은 수험생이었는지 알 길이 없다. 《등과기고》에는 건부 원년에 진사에 합격한 자가 30명이라고 실려 있는데, 이름을 적어 놓은 자는 여섯으로 맨 끝이 장서(蔣曙), 그 다음이 고운(顧雲)이고 최치원의 이름은 고운 앞에 있다. 《당어림(唐語林)》 권7, 「고운」조에는 "고운은 …… 재상 영호 상공의 인정을 받았고 부로서도 이름이 났다. 그러나 일찍이 이름을 이루는데 급급하여 편지를 써서 아는 바를 늘어놓으면서, 오직 병과의 끝에라도 붙기를 바랐지만 결국 미과의 앞에 붙게 되었다(顧雲 …… 受知于相公令狐相公, 賦爲時所稱, 而切于成名, 嘗有啓事, 陳于所知, 只望丙科盡處, 竟列于尾科之前也)." 미과의 앞이란 곧 병과에서 꼴찌로 2등이다. 오히려 최치원의 이름은 을과(乙科)에 있었던 것이 아닌가? 요약하건대 최치원이 진사에 합격한 것은 신라인이어서 우대를 받았기 때문이 아니라, 개인의 재능에 의한 것이었다.

진사에 합격한 뒤 곧바로 관직을 받지는 못했다. 당의 제도에서는 예부시(進士試)를 치른 뒤 반드시 이부(吏部)의 선발을 거쳐야 비로소 관직을 받을 수 있었다. 최치원이 이시(吏試)에 참가했는지 여부는 알 길이 없다. 그가 〈시·부·표·장 등을 모은 문집을 올리는 장문〉에서 말한 "유람한 지 6년 만에 이름이 방 끄트머리에 붙었습니다. …… 낙양을 유랑하였습니다." "그 후 율수현위로 선발되었습니다"와 〈태위께 처음으로 올리는 계문〉에서 말한 "이제 학문하는 벗을 만나려 하고, 곧 황색 인끈의 낮은 벼슬아치가 되려 합니다"라는 말로 보건대, 대체로 진사 시험에 합격한 뒤 오래지 않아 그가 낙양으로 왔으며 거기에 벗이 있었던 것 같다. 이로써 우리는 낙양이 그가 당으로 간 뒤 유람의 중심지였으며, '빈공' 응시는 아마도 낙양 혹은 하남부(河南府)의 추천에 의한 것이었다고 추측할 수 있다.

최치원의 "낙양 유랑(浪迹東都)"의 시기는 대략 건부 원년(874)에서 건부 4년(877) 초까지이다. 율수현위를 제수받기 전, 즉 건부 3년 겨울에 그는 한차례 장사(長沙)를 방문했다. 이는 그가 나중에 쓴 〈전 호남관찰순관 배료께 올리는 글(前湖南觀察巡官裴瓊啓)〉[17]에 보인다. 글에서 말하길, "제가 건부 3년 겨울에 호남에 가서 좌주 시랑 배찬의 집에 기거하였습니다(某去乾符三年冬到湖南起居座主侍郎)"라고 했다. '좌주 시랑'은 곧 배찬(裴瓚)으로, 건부 원년 예부 시험을 주관한 사람이다. 건부 원년 7월 배찬이 담주[潭州, 곧 장사(長沙)] 자사(刺史)로 부임했다.[18] 최치원이 낙양에서 천 리를 멀다 않고 장사에 가서 좌주에게 '기거(인사드리다)'한 것은 '유랑' 생활에 만족해서가 아니라, 배찬의 추천을 얻기 위한 의도였던 것 같다. 과연 건부 4년 최치원은 선주 율수현위로 선발되었다. 이해 최치원의 나이 스물하나였다.

최치원은 건부 6년(880) 율수현위의 임기가 만료되어 물러났다. 송(宋) 장돈이(張敦頤)의 《육조사적편류(六朝事迹編類)》 권13, 「쌍녀분(雙女墳)」조에 최치원이 시로써 쌍녀분을 조문하자 밤에 감동한 두 여인이 찾아와 최치원에게 속마음을 하소연했다는 전설이 있다. 쌍녀분은 율수현 동쪽에 있다. 최치원의 일시(逸詩) 중 분명 〈쌍녀분을 조문하며(弔雙女墳)〉란 시가 있다. 이는 당송 필기(筆記) 가운데 신라인 최치원과 관련된 유일한 기록이기 때문에 여기서 특별히 밝혔다.

17) 《계원필경집》 권18.
18) 《구당서(舊唐書)》, 〈희종본기(僖宗紀)〉.

율수현위의 임기가 만료되어 물러난 뒤 최치원은 선주, 회남(淮南, 지금의 강소성 양주) 일대에서 잠시 체류했다. 당의 제도에서 임기가 만료된 관리는 장안에 가서 부임을 기다려야 했다. 최치원이 장안으로 가지 않은 이유는 고병의 휘하에 들어가고자 했기 때문이었다. 이해 10월 검교사공(檢校司空), 동평장사(同平章事) 고병은 회남절도부대사(淮南節度副大使), 지절도사(知節度事) 등을 맡았으며, 연국공(燕國公)에 봉해졌고 회남총독이 되었다.[19] 그의 휘하에 문인들이 일시에 운집했다. 조정은 이와 같은 고병을 신임하여 황소(黃巢)와 강회(江淮)에서 맞서 싸우도록 했다. 최치원의 진사 동기생인 고운은 당시 고병의 휘하에 있었다. 추측하건대 최치원이 고병의 휘하에 들어가게 된 것은 고운의 추천과 무관하지 않은 것 같다.

그해 겨울 최치원은 〈태위께 처음으로 올리는 계문〉를 지었고 계속하여 〈다시 올리는 계문(再獻啓)〉를 지었다.[20] 〈태위께 처음으로 올리는 계문〉에서 말하기를, "근자에 잠깐 율수현위를 떠나 삼편(三篇)[21]에 응하고자 하였고 더욱 공부하기를 바랐습니다. 장차 물러날 것을 도모했습니다. 홀로 수풀에 의지하여 다시 〈구(丘)〉·〈분(墳)〉을 읽고 매일 시를 연습하였습니다. …… 가만히 보니 만물이 상공께 성심을 다하고 사방팔방의 소리들이 모두 상공의 덕을 연주하는데, 상공의 빈각에 가서 알현하지 못하옵고 상공의 덕 있는 집에 가서 놀지 못하는 것을 문인들이 부끄러워하는 바이며 여론에서도 비웃는 바입니다. 제가 진실로 충성을 다하여 글을 올리오며, 엄한 벌을 회피하지 않고 문득 평소의 소원을 늘어놓았습니다(今者乍離一尉, 欲應三篇, 更願進修, 且謀退縮, 獨依林藪, 再閱〈丘〉·〈墳〉, 課日攻詩 …… 竊見萬物投誠, 八紘響德, 不謁相公賓閣, 不

19) 신·구《당서》, 〈희종본기〉에 보인다.
20) 모두《계원필경집》권17에 있다.
21) 황제에게 부 3편을 올려 중앙 정부의 벼슬을 구하던 제도.

遊相公德門者, 詞人之所懷慚, 群議之所發誚. 某固敢瀝肝瀝膽, 進牘抽毫, 不避嚴誅, 輒申素懇)"라고 했다. 처음 글을 올린 뒤 응답이 없자 〈다시 올리는 계문(再獻啓)〉에서는 고달프고도 씁쓸한 마음이 보인다.

> 문을 닫고 쓸쓸히 앉았으니 자리는 차고 창밖 바람은 눈을 흩치며, 붓은 마르고 벼루의 물은 얼음이 되었습니다. …… 하물며 저의 집은 아득한 동쪽이며 길은 하늘과 땅에 막혀 있습니다. 객사에 몸을 던지니 바야흐로 죽음이 원수같이 달려드는데, 어느 집 문에 기대어 생계를 편안하게 유지할 수 있겠습니까? …… 바라건대 만 리 먼 땅에서 와서 10여 년 고생을 했으니 부디 불쌍히 여기시어 곤궁함을 면하게 하여 주시기를 바랍니다. 만약 그럴 수 있다면 곧 배수의 진을 친 것과 같은 마음으로 반드시 끝내 용감한 병사가 될 것이요, 산을 옮기려는 뜻을 세워 우공에게 양보하지 않겠습니다(杜門寂坐, 席冷而窓風擺雪, 筆乾而硯水成冰. …… 況某家遙日域, 路隔天池, 投客舍而方甚死讎, 持何門而欲安生計? …… 所望者, 或以其萬里地遠來, 十餘年苦學, 稍垂惻憫, 得濟困窮. 則必堅背水之心, 終爲勇士決, 移山之志, 不讓愚公).

이러한 글을 통하여 자신의 공문서를 잘 짓는 능력을 펼쳐 보이고 "이역의 언어를 번역하는(譯殊方之語言)" 재능을 겸비했다는 것을 드러내 고병이 자신을 받아들이기를 갈망했다.

다음 해 초 최치원은 고병의 휘하에 들어갔다. 들어간 지 오래지 않아 〈시를 올리는 계문(獻詩啓)〉[22]을 지었다. 이 글에서 그는 "동기생 고운(同年顧雲)"이 먼저 고병에게 바친 장계(長啓)와 단시(短詩)가 있으며, 이것이 "본받을 만한(效尤)" 작품임을 지적했다. 헌시의 제목은 〈덕을 기리는 칠언시 30수를 사도 상공께 삼가 올립니다(七言紀德詩三十首謹獻司徒

22) 《계원필경집》 권17.

相公)〉이다. 이 연시(聯詩)는 먼저 고병의 문재와 책략을 칭송하고, 다음으로 그의 일생의 행적과 여러 전투의 공적을 구구절절이 칭송한다. 마지막 한 수에서 "말이 끝나도 여운이 남는다(曲終奏雅)"고 하여, 고병에게 충성을 다하는 그의 심정을 토로한다.

俗眼難窺冰雪姿, 속된 눈으로 깨끗한 자태 엿보기 어려워
終朝共詠小山詞. 아침 내내 〈소산사〉[23]를 읊조렸네.
此身依托同鷄犬, 이 몸의 의탁함은 개와 닭 같으니
他日升天莫遺棄. 다른 날 하늘에 오르거든 버리지 마시옵소서.

이렇게 대규모로 열거하는 방식으로 한 사람을 칭송하는 것은 교묘한 생각으로 당대 알현자 중에서도 이런 예는 그리 많지 않다.

최치원은 먼저 관역순관(館驛巡官)으로 선임되었다. 오래지 않아 공문서 문장을 발리 짓고 아름다워서 도통순관(都統巡官)에 발탁되었으며, 승무랑(承務郎), 전중시어사(殿中侍御史)에 올라 자금어대(紫金漁袋)를 하사받았다. 고병은 학식을 갖춘 장군으로 시문에 상당한 기초를 갖추었으니, 그가 최치원을 인정한 것은 안목이 있어서였다.

시중 고병의 문서 일을 도맡게 되어, 그 몰려드는 군사 문서 등을 힘껏 남낭하여 4년 동안 모든 정성을 다하였습니다(高侍中專委筆硯, 軍書輻之, 竭力抵當, 四年用心).[24]

23) 한나라 때 제후인 회남왕(淮南王) 유안(劉安)이 학문을 좋아하여 문인을 모아 각기 저술에 종사하게 했다. 사부(辭賦)를 지어 내용이 비슷한 것끼리 모으게 했는데, 소산(小山)이니 대산(大山)이니 하여 분별했다. 이는 《시경》의 〈소아(小雅)〉와 〈대아(大雅)〉의 구분을 모방한 것이다.

24) 〈시·부·표·장 등을 모은 문집을 올리는 글(進詩賦表狀等狀)〉.

오늘날 최치원의 《계원필경집》 20권은 모두 이 4년 동안의 작품으로 대부분이 편지·장계·표 등의 글이며, 군무로 분주한 가운데 집필하면서도 매우 빠르고 훌륭하게 글을 짓는 뛰어난 문재와 학식을 충분히 드러냈다. 그중 〈황소에게 보내는 격문(檄黃巢書)〉 한 편은 당시에 가장 유명했다. 격문은 낙빈왕(駱賓王, 627~684)이 지은 〈무측천을 토벌하기 위해 군병을 모집하는 글(討武曌檄)〉의 형식을 본받아 사륙문(四六文)의 정제된 문구, 폭넓은 전고(典故)를 갖추었으며 문장이 웅대하여 자못 기세가 있다. 전하는 바에 따르면 황소(黃巢)가 "천하의 사람은 모두 효시(梟示)를 생각하고 땅속의 귀신들 또한 이미 목 베어 밝힐 것을 의론하네(不惟天下之人皆思顯戮, 抑亦地中之鬼已議明誅)"라는 구를 읽고는 "자신도 모르게 침상에서 떨어졌다(不覺下床)"고 한다.[25]

희종(僖宗) 중화(中和) 4년(884) 8월 최치원은 고향을 떠난 지 오래되어 신라로 돌아가고자 고병의 휘하를 사직하니 고병은 이를 허락했다. 〈귀성을 허락하신 데 감사드리는 계문(謝許歸覲啓)〉[26]에서 다음과 같이 말했다.

> 제가 부모와 이별한 지 오래되었습니다. …… 저는 열두 살에 집을 떠나 지금 이미 2×9년이 되었습니다.[27] …… 장한(張翰)의 가을바람을 읊조려 보니 돌연 돌아갈 생각이 솟구치고, 고향을 떠나온 지 오래된 까닭에 뱃길은 더욱 멉니다(某久別庭闈 …… 某自年十二離家, 今已二九載矣, …… 吟張翰之秋風, 遽牽歸思, 且緣辭鄉歲久, 泛海程遙).

---

25) 《삼국사기》 본전

26) 《계원필경집》 권20.

27) 이는 어림수로 본 것이다. 최치원이 집을 떠난 지 대략 17년 전후이니 2×9라는 숫자에 부족하다.

"고향을 떠나온 지 오래되어(辭鄕歲久)" 신라로 돌아가고자 하는 것은 당연한 일이며, 때마침 최치원의 사촌동생이 집에서 보낸 편지를 가지고 신라에서 온 것과 관계가 있다. 이 내용은 그의 글 〈사촌동생 서원에게 돈을 하사한 데 감사드리는 장문(謝賜堂弟栖遠錢狀)〉[28]에 보인다. 편지의 내용은 알 수 없으나, 최치원이 신라로 귀국한 다음 해 신라 국왕에게 올린 〈시·부·표·장 등을 모은 문집을 올리는 장문〉 속에서 이미 아버지를 '망부(亡父)'라고 칭하고 있는 것으로 보아 아버지의 병이 위독하여 속히 귀국하라는 것이 주요 내용이었던 것 같다.

서유구가 〈교인계원필경집서〉 중에서 "(최치원은) 고병의 휘하에 있은 지 여러 해 되어 고병이 전도가 유망하지 않고, 여용지(呂用之), 제갈은(諸葛殷) 등이 허황되므로 반드시 패할 것을 알고 초연히 물러났다. 떠난 지 3년 후 회남 지방에 난리가 발생했으니 명철보신할 줄 아는 군자였던 것 같다(居幕數載, 知高駢之不足有爲, 呂用之諸葛殷等之誕妄必敗, 超然引去 ; 去三年而淮南亂作, 則又有似乎知幾明哲之君子)"고 말한 것은 상당한 근거가 있는 것이다. 고병은 말기에 황소와의 전쟁에는 힘을 기울이지 않고, 개인의 공을 취하려고만 하여 조정의 지시를 따르지 않았다. 여용지와 제갈은이 터무니없는 무속으로 고병의 중용을 받아 그때 이미 함부로 할 수 없는 막강한 세력을 이루었다.[29]

그러나 최치원과 고병은 수객의 관계로 늘 살 화합했으니, 이는 다음의 사실로 증명된다. 첫째, 최치원이 회남을 떠날 때 고병은 더욱더 후하게 대접했다. 행장을 꾸리도록 돈을 보내주고, 8월분 월급을 더해 주었으며, 특히 사촌동생 서원에게 돈을 하사했다. 최치원 일행에게 "심신을 건강히 오랫동안 잘 살며, 바람과 파도에 편안(善將息, 穩風濤)"하기를 당부하는 친필 편지가 있다. 최치원의 〈행장을 꾸리는 돈을 주신 데 감사드리

---

28) 《계원필경집》 권20.

29) 신·구 《당서》의 〈희종본기〉와 〈고병열전〉 참조.

는 장문(謝行裝錢狀)〉, 〈월급을 다시 보내준 데 감사드리는 장문(謝再送月料錢狀)〉, 〈사촌동생 서원에게 돈을 하사한 데 감사드리는 장문〉과 〈태위께 올리는 별지(上太尉別紙)〉 1·2수 등에 이것이 보인다.[30] 둘째, 최치원은 회남을 떠난 뒤 배가 초주(楚州), 유산(乳山), 봉래(蓬萊)를 거치는 동안 계속해서 고병에게 편지를 보냈다. 이는 〈태위께 올리는 별지〉 4·5수에 보인다. 셋째, 가장 중요한 것은 고병이 최치원에게 국신사(國信使), 즉 당 천자가 신라 국왕에게 신의로서 축수의 물건을 보내는 국사의 신분을 더해 주었다는 것이다.

최치원의 글에서 〈산양에 행차했다가 태위께서 부쳐 준 의복과 옷감을 계속 받았고, 귀국 인사차 들렀다가 또 증표를 주어 축수하시기에 삼가 시를 지어 감사드립니다(行次山陽, 續蒙太尉寄賜衣段, 令充歸覲續壽信物, 謹以詩謝)〉라는 제목의 시가 있다. 산양은 곧 초주(지금의 강소성 회안) 소재지로, 최치원의 배가 이미 회남을 2백 리 이상 떠나와 있으며 국신사의 특별한 영예는 고병이 더해 준 것임을 증명한다. 이는 최치원의 4년 동안의 군막 생활에 대해 고병이 최대한의 배려한 것이다. 최치원은 다음의 시에서,

自古號誇晝錦行,	옛날부터 비록 아름다운 비단옷을 걸치고 다니는 것을 자랑했지만
長卿翁子占虛名.	사마상여(司馬相如), 주매신(朱買臣) 노인은 헛된 이름만 차지하고 있네.
旣傳國信兼家信,	이미 국신을 전하고 또 가신을 얻었으니
不獨家榮國亦榮.	집안의 영광일 뿐 아니라 나라의 영광이로다.

30) 모두 《계원필경집》 권20에 있다.

라고 말했는데, 감격의 정서가 글 속에 넘쳐난다.

시문을 통해 고찰할 때 최치원이 신라로 돌아온 노정은 대략 다음과 같다. 배를 타고 양주에서 운하를 따라 초주에 다다랐고, 초주에서 동으로 굽어 회수를 따라 바다로 들어갔다. 대주산(大珠山, 지금의 산동성 교현 해변가), 유산(지금의 산동성 해양현 해변가), 봉래 참산(巉山, 지금의 산동성 봉래현 해변가)을 거쳤다. 봉래와 신라는 바다를 사이에 두고 마주보고 있었다. 바닷바람으로 인해 매우 지체되어 신라에 당도한 것은 다음 해(885, 희종 광계 원년) 3월이었다. 이때 최치원의 나이 스물아홉이었다.

최치원이 돌아왔을 당시 신라는 헌강왕(憲康王) 11년이었다. 처음에는 시독 겸 한림학사(侍讀兼翰林學士)·수병부시랑(守兵部侍郎)·지서서감(知瑞書監)에 머물렀다. 다음 해 헌강왕이 죽고 정강왕(定康王)이 왕위를 계승하자 조정에 시기하는 자가 많아 군(郡)의 태수(太守)로 쫓겨났다. 그 다음 해 정강왕이 죽고 여동생이 계승했는데, 이가 바로 진성여왕(眞聖女王)이다. 진성 7년(893, 당 소종 경복 2) 최치원은 부름을 받고 하정사(賀正使)로 당에 들어가려 했으나, 날이 갈수록 기근이 심해지고 도적이 횡행하여 시행하지 못했다. 진성 8년 〈시무책〉 십여 조를 올리니 여왕이 이를 받아들여 그를 '재보(宰輔)'로 삼았다.

진성 말기에 여왕의 방탕한 생활로 인하여 정국이 어려워지고 백성의 원성은 높아 밖으로는 의병이 일어나고 안으로는 황족이 모반하니, 드디어 벼슬길에 나아갈 뜻을 버리고 스스로 산림에 들어가 풍월을 노래했다. 진성 10년(896, 당 소종 건녕 3) 최치원의 나이 마흔에 처자를 데리고 가야산(伽倻山, 지금의 한국 성주군 소재)에 은둔하여 세상을 등지고 자유로이 살다가 생애를 끝마쳤다. 그 후 오래지 않아 신라는 내란에 빠지고 20년 후 고려(高麗)가 서니 한반도는 다시 분열 국면을 맞았다. 그 당시 정국이 혼란하고 역사책에 실려 있지 않은 관계로 최치원이 언제 세상을 떠났는지 알 수 없다.

최치원이 당에 머문 약 17년 동안 교제한 사람은 만당 시인으로 나은(羅隱), 장교(張喬), 고운(顧雲) 등이다. 《고운선생사적(孤雲先生事蹟)》에서 《삼국사기》의 본전을 인용하여 다음과 같이 말했다.

> 처음으로 서쪽으로 유랑할 때 강동 시인 나은을 알게 되었다. 나은은 자부심이 높아 쉽게 사람을 인정하지 않았는데, 시가 다섯 축을 만들어 보여주니 나은이 이내 감탄하며 칭찬하였다(始西遊時, 與江東詩人羅隱相知. 隱負自高, 不輕許可人, 人示以公所制歌詩五軸, 隱乃嘆賞).

현존하는 나은과 최치원의 시문 가운데 서로 교제한 흔적은 없으나, 나은의 행적으로 미루어 보건대 최치원과 교제는 가능한 것이었다.[31] 장교와 고운의 현존 시 가운데도 그들이 최치원과 교류했다는 것을 알려주는 작품은 없다. 그러나 최치원의 시문으로 짐작건대 그들 간의 시가 교류는 적지 않았던 것 같다. 《삼국사기》, 〈최치원전〉에는 고운이 최치원을 송별하며 지은 시 한 수를 인용했는데 《전당시》에는 보이지 않는다. 당연히 고운의 일시이다.

3. 최치원의 저작과 《최문창후전집(崔文昌侯全集)》

최치원은 신라로 돌아온 다음 해에 당에서 쓴 그의 저작을 정리하여 신라왕에게 바쳤다. 〈시·부·표·장 등을 모은 문집을 올리는 장문〉에 열거한 바에 따르면 모두 28권이다. 《사시금체부(私試今體賦)》 5수를 1

---

31) 《당재자전교전(唐才子傳校箋)》 권9, 「나은」조에 보인다.

권으로, 《오언칠언금체시(五言七言今體詩)》 100수를 1권으로, 《잡시부(雜詩賦)》 30수를 1권으로, 《중산복궤집(中山覆簣集)》 1부를 5권으로 그리고 《계원필경집》 1부를 20권으로 삼았다고 했다. 이 〈시·부·표·장 등을 모은 문집을 올리는 장문〉에서는 또한 그가 당에 들어간 17년 동안 펼친 창작 활동을 상세히 서술했다. "유람한 지 6년 만에 이름을 방 끄트머리에 걸게 되었습니다. 이때 마음속의 심정을 읊조리고 사물에 기탁하여 편을 이름 지어 '부' 또는 '시'라고 이름 한 것이 거의 상자에 가득하였습니다. 그러나 어린아이가 꾸민 것으로 장부가 부끄러워하는 바가 되었습니다(觀光六年, 金名牓尾, 此時諷詠情性, 寓物名篇, 曰賦曰詩, 幾溢箱篋, 但以童子篆刻, 壯夫所慙)." "외람되게도 자금어대까지 하사받은 뒤로는 이러한 글이 모두 쓸데없는 물건이 되었습니다(及忝得魚, 皆爲棄物)." 이것이 제1기로, 진사 시험에 응시하기 전의 창작이다. 시험에 대비하기 위해 그가 주로 연습한 것은 시, 부 2가지 형식이었다. 이 시기의 창작은 많지만 "어린아이가 꾸민 것으로 장부가 부끄러워하는 바가 되었다"는 이유로 하여 그에 의해 사라졌다.

> 계속하여 낙양을 유랑하며 글 짓는 것으로 업을 삼아 드디어 부 5수, 시 100수, 잡시부 30수를 지어 모두 3편을 이루었습니다(尋以浪跡東都, 筆作飯囊, 遂有賦五首, 詩一百首, 雜詩賦三十首, 共成三篇).

'편(篇)'은 '편(編)'으로 추측된다. 3편은 곧 위에 열거한 저작 가운데 앞의 세 종류로, 비록 이때까지 보존되었다 하나 후대에 모두 산실되었다. 이것이 제2기이다.

제3기는 율수현위 시기이다.

> 그 후 선주 율수현위에 임명되니 봉록은 후하고 관직은 한가하여 종일토록

배부르게 먹었습니다. 벼슬살이하다가 남은 힘이 있어 배움에 짧은 시간도 헛되이 보내지는 않았고, 공적으로 또는 사적으로 지은 글을 책으로 엮으니 모두 5권이나 되었습니다. 더욱 힘써 산을 이루고자 하는 뜻에서, 이에 '복궤'라는 이름으로 표제를 삼았고 지명이 '중산'인 까닭에 그 책머리로 삼았습니다(爾後調授宣州溧水縣尉, 祿厚官閒, 飽食終日, 仕優則學, 免擲寸陰, 公私所爲, 有集五卷, 益勵爲山之志, 爰標覆簣之名, 地號中山, 遂冠其首).

이것이 위에 열거한 《중산복궤집》 5권이다. 《중산복궤집》의 형식은 대략 시부에 한정되지 않고 변문, 상소문, 표, 장 등이 상당한 분량을 차지한다. 이 책은 후대에 간행되지 못하여 대부분의 작품이 없어졌다.

제4기는 고병의 군막에 있던 시절이다.

시중 고병의 문서 일을 도맡게 되어, 그 몰려드는 군사 문서 등을 힘껏 담당하였습니다. 4년 동안 마음 써 이룬 것이 무려 만여 수가 되었습니다. 불필요한 부분을 거듭 버리고 보니 십분의 일, 이도 남지 못하였습니다. …… 《계원집》 20권으로 엮어 만들었습니다(蒙高侍中專委筆硯, 軍書輻至, 竭力抵當, 四年用心, 萬有餘首, 然淘之汰之, 十無一二 …… 遂勒成桂苑集二十卷).

버려진 작품은 군막의 군사 문서에 한정되지 않고 시·부 종류도 상당수 있었을 것이다. 지금 《계원필경집》 가운데 남아 있는 최치원의 시가는 권17과 권20에 나뉘어 있다. 권17의 시 30수는 사실상 〈시를 올리는 계문(獻詩啓)〉의 부록이 되어서 버려지지 않았다. 권20의 시 30수는 모두 그가 군막을 떠나올 때의 답례 및 송별시이며, 또한 귀향 도중의 고향 생각, 여행 중의 사실을 기록한 작품으로 그 의미가 비교적 특별하여 보존되었다.

최치원이 신라로 돌아온 뒤의 저술 또한 적지 않다. 신라 국왕을 대신하여 지은 표, 장 및 비문, 전기, 송찬시부 외에도 《경학대장(經學隊仗)》, 《사륙집(四六集)》, 《동국여지설(東國輿地說)》, 《고금연대력(古今年代曆)》 등이 있다. 《경학대장》은 고려 간행본이 있으나 나머지는 실전되었다. 《경학대장》은 중국 유학 경전을 서술한 책일 것이나, 중국에 전하지 않아 내용은 알 수 없다.

《신당서》, 〈예문지〉에 최치원의 저작 두 종, 즉 《사륙집》 1권과 《계원필경집》 20권이 수록되어 있다. 《사륙집》 1권은 신라인이 《중산복궤집》에서 편집해 낸 변문으로, 후에 중국에 유입되었을 것으로 추측한다. 그러나 이 두 종의 저작은 남송 시기에 실전되어 《전당문》, 《전당시》 모두 최치원의 시문을 수록치 않았다. 《사륙집》은 한국에서도 실전되었으며 《계원필경집》만이 비교적 완전하게 보존되어, 청나라 건륭(乾隆) · 도광(道光) 연간에 중국으로 전해졌다. 《전당문》, 〈당문습유〉와 《전당시외편》의 최치원 시문은 이 책에서 편집한 것이다.

《계원필경집》의 판본은 청대 이래의 장서로 고려 간각본(刊刻本)과 활자본(活字本) 두 종이 있다. 두 종 가운데 간각본이 활자본보다 앞에 나왔다. 간각본이 출간된 것은 북송 시대[32]로, 그 후 여러 차례 새겨 인쇄하는 동안 오류와 누락이 점점 많아졌다. 그러나 조선에서는 간각본 역시 매우 드물며 겨우 명맥을 유지할 뿐이다. 청 건륭 39년, 조선 호남관찰사(湖南觀察使) 서유구가 간각본 가운데 선본에 의하여 교정을 가하고 취진방송자(聚珍仿宋字, 활자)로서 인쇄하니 비로소 《계원필경집》이 비교적 광범위하게 유포되었다. 그러나 중국에서 쉽게 볼 수 있는 《계원필경집》은 상무인서관(商務印書館)에서 무석(無錫) 손(孫)씨의 고려 간각본에 의거하여 영인한 것으로, 곧 사부총간본(四部叢刊本)이다. 활자본은 여전히 드물다.

---

32) 《신당서》, 〈예문지(藝文志)〉에 기록되어 있다.

활자본이 비록 나중에 나왔지만 간각본의 선본에 의거했을 뿐 아니라, 서유구가 상당한 교정의 노력을 기울였기 때문에 양자를 비교해 보면 활자본이 사부총간본보다 상당히 우수하다. 우선 몇 가지 예를 들어보자. 권17 〈덕을 기리는 칠언시 30수를 사도 상공께 삼가 올립니다(七言紀德詩三十首謹獻司徒相公)〉의 〈호랑이를 쏘다(射虎)〉는 활자본에 "커다란 이빨과 갈고리 같은 손톱이 왕의 길을 막음에, 화살을 쏘아 얼룩빼기를 쓰러뜨리니 온 천하가 놀라는구나. 흰 이마를 앞세우고 가니 오랑캐의 간담이 서늘해지고, 이제야 돌 깨뜨리는 것이 헛된 소리임을 알겠구나(巨牙鉤爪碍王程, 一箭摧斑四海鯨. 白額前驅羌膽碎, 方知破石是虛聲)"로 되어 있다. 총간본에는 4구 중 '반(斑)'이 '반(班)'으로, '강(羌)'이 '강(姜)'으로 되어 있는데, 모두 잘못된 것이다. 〈천하가 태평하네(天平)〉의 "멀리서 휘두르는 검에 참창이 떨어지네(遙揮一劍落欃槍)" 1구는 총간본에 '창(槍)'이 '창(搶)'으로 되어 있는데, 잘못된 것이다. 권20 〈산양에 행차했다가 태위께서 부쳐 준 의복과 옷감을 계속 받았고, 귀국 인사차 들렀다가 또 증표를 주어 축수하기에 삼가 시를 지어 감사드립니다(行次山陽, 續蒙大尉寄賜衣段, 令充歸覲續壽信物, 謹以詩謝)〉의 제목 가운데 '몽(蒙)' 자가 총간본에는 '가(家)'로 되어 있고 '기(寄)' 자도 없으니 모두 잘못된 것이다.

《전당시외편》, 〈보일〉에는 손망(孫望, 1912~1990)이 총간본에 의거하여 최치원의 시 60수를 수록하고 "남경도서관에서 소장된 고려 취진활자본과 비교하였다(以南京圖書館所藏高麗聚珍活字本校之)"라고 했다. 그러나 위와 같은 착오가 많이 나오니 어찌된 까닭인지 알 수 없다. 남경활자본은 일종의 다른 활자본이란 말인가?

여기서 근거한 것은 한국 성균관대학교 대동문화연구원(大東文化研究院)에서 영인한 《최문창후전집》 가운데 활자본 《계원필경집》이다. 《최문창후전집》은 《고운선생문집》, 《고운선생속집》, 활자본 《계원필경집》의 세 부분으로 되어 있다. 부록으로 《고운선생사적》이 있는데, 이는 《삼국사기》, 《동국통감》, 《동국여지승람(東國輿地勝覽)》 등과 같은 고려 사서에서 최치원에 관련된 기록을 모아 기록한 것이다. 취진활자본 《계원필경집》은 이미 언급한 바와 같다. 《문집》은 최치원의 후손 최국술(崔國述)이 선조의 일문·일시를 수집하여 3권으로 나눈 것으로 1926년에 간행되었다. 《속집》은 이 연구원에서 《문집》에 기초하여 일문·일시를 다시 모은 것으로, 권을 나누지 않고 근간에 간행되었다. 이상의 총계는 문 38편, 시 40제(題) 49수이다. 그중 문은 대부분이 신라에서 지은 것이나 적어도 10여 편은 당에서 지은 것이다. 시는 대부분 당에서 지은 것이다.

일문과 일시는 최치원의 생애를 연구하는 데 귀중한 자료를 제공해 주므로 '전당문(全唐文)', '전당시(全唐詩)'를 정리하는 자가 주의를 기울여야 한다. 예를 들어 《당문습유》에는 최치원의 비명 3편이 수록되어 있으나 《계원필경집》에는 보이지 않고 《문집》에는 보인다. 두 가지를 비교해 보면 《문집》의 글이 《습유》보다 훨씬 완벽하다. 지면상 더 이상 예를 들지는 않는다. 최치원의 일문·일시의 상황에 대해서는 다른 연구 논문을 통해 소개를 하고자 한다.

[해제]

이 글의 원제는 〈新羅詩人崔致遠〉(《西北大學學報》 1993년 제1기)이다.

염기(閻琦, 1943~)는 당대(唐代) 문학 연구가로, 원적은 섬서성(陝西省) 예천현(醴泉縣)이고 1968년 서북대학(西北大學) 중문계(中文係)를 졸업하고 10년 동안 고등학교에서 어문 교육에 종사했다. 1978년에 서북대학 중문계의 중국 고전 문학 석사 연구생으로 입학하여 위진남북조 및 수당오대 문학을 공부했다. 1981년에 〈論韓愈的詩〉(指導教授 : 傅庚生·安旗)라는 제목으로 문학 석사 학위를 취득하고 학교에 남아 1983년에 강사, 1988년에 부교수, 1994년에 교수로 승급했다. 지금은 서북대학 중문계 당대문학연구실 주임, 중국당대문학학회 상무이사 겸 비서장, 《唐代文學研究》 주편, 중국한유연구회(中國韓愈研究會) 부회장 등을 겸임하고 있다.

주로 당대 문학의 교육과 연구에 종사하고 있는데, 주요 저작으로는 《韓詩論稿》(陝西人民出版社, 1984), 《李詩咀華》(공저, 北京十月文藝出版社, 1985), 《李白全集編年注釋(上中下)》(房日晳·安旗·薛天緯와 공저, 巴蜀書社, 1990), 《唐詩三百首續選注釋》(太白文藝出版社, 1994), 《韓愈評傳》(卞孝萱과 공저, 南京大學出版社, 1998), 《韓昌黎文學傳論》(周敏과 공저, 三秦出版社, 2003), 《唐詩與長安》(西安出版社, 2003), 《韓昌黎文集註釋(上下)》(三秦出版社, 2004) 등이 있다.

당대(唐代)의 저명한 한국 시인 최치원

석영걸(席永杰)

최치원은 당대(唐代)의 저명한 한국 시인이다. 그의 자는 해부(海夫)이고 호는 고운(孤雲)이다. 857년에 그는 한국의 고대 신라국의 수도 경주(慶州)에서 태어났다. 부친은 최충(崔沖)으로 일찍이 신라 문창현령(文昌縣令)을 지낸 바 있다. 그의 가문이 어떠한지에 대해서는 "역사서가 없어져 그의 가문 내력을 알 수가 없어(史傳泯滅, 不知其先世)"[1] 상세한 것은 알 수 없다.

신라 경문왕(景文王) 8년(868), 최치원이 열두 살이 되었을 때 신라의 장삿배를 따라 바다를 건너 당에 들어가 장안에서 유학했다. 떠날 때 그의 아버지는 "네가 10년 공부하여 진사에 급제하지 못하면 나의 아들이라 하지 말라, 나도 아들을 두었나 하지 않을 터이니 가서 부지런히 공부하거라! 게으름 피우지 말고 힘을 다하라!(十年不第進士, 則勿謂吾兒, 吾亦不謂有兒, 往矣勤哉! 無隳乃力!)"[2]고 말했다. 장안에 도착한 뒤 그는 아버지의 "엄격하신 훈계를 마음에 새겨 조금도 잊지 않고 쉴 새 없이 정진하여 오로지 아버지의 뜻을 받들었다(嚴訓不敢弭忘, 懸刺無遑, 冀諧養志)."[3]

1) 《삼국사기(三國史記)》.
2) 〈계원필경서(桂苑筆耕序)〉.

6년 동안 뼈를 깎는 듯한 연마를 거쳐 열여덟 살 때 빈공과 시험에 참가하여 예부시랑(禮部侍郎) 배찬(裴瓚)이 주관한 과거에서 단번에 급제했다. 진사에 급제한 뒤 젊은 최치원은 귀국을 서두르지 않고 득의양양하여 당조의 정계에 들어가 시대의 뛰어난 영재임을 과시했다. 건부(建符) 4년(877)에 그는 선주(宣州) 율수현(溧水縣) 현위로 임명되었다. 광명(廣明) 원년(880)에는 제도행영병마도통(諸道行營兵馬都統) 고병(高駢)의 인정을 받아 그의 막부에 들어가 도통순관(都統巡官)으로 발탁되었다. 뒤에는 조정에 들어가 승무랑(承務郎)·시어사(侍御史)·내공봉(內供奉) 등을 맡아서 직접 황제 곁에서 종사했고, 아울러 근무 성적이 뛰어나 황제가 특별히 내린 '자금어대(紫金魚袋)'의 표창을 받았다.

중화(中和) 말년(884), 스물여덟의 최치원은 당조 국사(國使)의 신분으로 16년간이나 떠났던 고향 신라로 돌아왔다. 떠나기 전 최치원의 지우이자 저명한 시인 고운(顧雲)은 시를 지어 송별했다.

十二乘船渡海來, 열두 살에 배를 타고 바다를 건너와
文章感動中華國. 문장으로 중국을 감동시켰네.
十八橫行戰詞苑, 열여덟 살에 문단을 휩쓸어
一箭射破金門策. 단번에 과거에 급제했다네.

고운은 시구에서 최치원을 매우 높이 평가했다. 최치원 자신도 다음과 같이 말했다.

열두 살에 중국에 들어와 스물여덟에 금의환향하였다(巫峽重峰之歲, 絲入中華, 銀河列宿之年, 錦還故國).

3) 〈계원필경서〉.

이 시는 금의환향의 기쁨과 안심으로 충만하다. 귀국한 뒤 재주와 학문이 출중하여 신라 국왕에 의해 계속 등용되어 다시 당조에 돌아오는 것을 허락받지 못했다. 신라에서 최치원은 한림학사(翰林學士), 병부시랑(兵部侍郎), 지서서감(知瑞書監), 부성태수(富城太守) 등을 역임했다. 이 기간에 그는 또 신라의 사신이 되어 여러 번 당조를 내방했다. 신라에서 임직하던 기간에 최치원은 모든 재간을 조국에 공헌했고 정치 개혁을 대담하게 진행하여 진성여왕(眞聖女王)의 인정을 받았다. 894년 최치원은 여왕에게 〈시무책〉을 올려 채택되었고, 또 황족 이외의 사람이 얻을 수 있는 최고의 관직 아찬(阿湌)[4]을 수여받았다. 그러나 그의 개혁은 상층 귀족 집단의 이익에 부딪혔다. 상층 귀족의 대표적 인물인 각간(角干) 위홍(魏弘) 등이 이를 갈며 증오하여 미친 듯이 날뛰며 반격을 했다. 그리하여 개혁은 연이어 좌절되었고, 아울러 조정에서 쫓겨나 지방관으로 전락했다.

이러한 타격을 받은 최치원은 의기소침했다. 이에 마흔두 살 때 의연히 관직을 박차고 나와 강양군(江陽郡) 가야산(伽倻山)에 은거하면서 "뜬세상의 영화는 꿈속의 꿈이니, 흰 구름 깊은 곳에 몸 편안히 하는(浮世榮華夢中夢, 白雲深處好安身)" 생활을 보냈다. 전하는 말에는 신라 경순왕(敬順王) 2년(928) 그는 일찍이 고려 태조 왕건(王建)을 위해 〈견훤에게 보내는 격문(檄甄萱書)〉를 지었다고 하는데, 이에 의거하면 그는 928년 이후에 죽었고 최소한 72세까지 살았음을 알 수 있다.

최치원은 당조에서 16년을 살았는데, 화하(華夏) 문화가 그를 키웠고 한문으로 창작하는 뛰어난 시인으로 만들었다. 당조 기간에 그는 《중산복궤집(中山覆簣集)》, 《계원필경집》 등의 저작과 많은 시문을 지었다. 그는 《계원필경집》 자서에서 장안에서 6년간 유학하는 동안에 "마음속의

---

4) 신라 관직은 모두 17등급인데, 아찬은 제6등급에 속한다.

심정을 읊조리고 사물에 기탁하여 편을 이름 지어 '부' 또는 '시'라고 이름한 것이 거의 상자에 가득하였다(諷詠情性, 寓物名篇, 曰賦曰詩, 幾溢箱篋)"고 했고, 나중에는 강남으로 흘러들어가 임직하면서 붓을 놓지 않고 심혈을 기울여 "만여 수(萬有餘首)"의 시를 썼다. 《신당서(新唐書)》, 〈예문지(藝文志)〉에서는 그의 저작이 461권이라고 했다. 이것은 모두 최치원이 유명한 다산 작가임을 설명하고 있다. 그러나 여러 가지 원인으로 인하여 많은 시 작품은 거의 없어졌다. 현존하는 그의 시 작품은 만여 수의 백분지 1도 되지 않는다. 그뿐 아니라 중국의 중요한 전집, 선집이 모두 그의 우수한 작품을 담고 있다. 예를 들면 《전당시(全唐詩)》, 《당송백명가집(唐宋百名家集)》, 《당송오십가집(唐宋五十家集)》 등이 모두 그의 작품을 수록했다. 《중국문학가대사전(中國文學家大辭典)》, 《사해(辭海)》 등의 사전도 그의 생애, 창작에 대하여 소개했고, 아울러 그를 당대의 저명한 시인의 무리 속에 넣었다. 이는 모두 최치원이 중국 고대 문단에서 숭고한 명성을 향유했음을 설명한다.

최치원은 귀국한 뒤 한문 창작을 견지하며 신라에서 한문화(漢文化) 유행을 일으켰다. 또한 이 때문에 그는 한문화의 비조로 일컬어진다. 최치원은 한낱 신라인의 신분으로 한문화의 발전에 공헌하여 두 민족의 문화 교류를 확대시켰다. 그래서 그는 두 나라 인민에게 공동으로 기념되어야 한다.

최치원의 시가 창작은 대체로 두 시기, 즉 재당 시기와 귀국 이후의 시기로 나눌 수 있다.

재당 기간에 최치원의 시가는 대부분 중국 인민을 찬미하는 우정에서 중국 인민에 대한 간절한 성의 위주로 표현했다. 최치원이 열두 살에 중국에 왔을 때는 아직 어린아이였다. 16년 후 귀국할 때는 이미 재주가 넘치는 시인이자 지위가 혁혁한 관원이었다. 중국은 16년 동안 그를 성인으로 키웠고 쓸모 있는 인물로 키웠다. 중국은 그의 또 하나의 모국이며 제2의 고향이다. 이러한 모든 것에 대하여 최치원은 계속 잊지 못하고 그 은혜를 보답할 길을 꾀하여 마음속으로 중국을 열애하고 연연해했다.

중화 말년(甲辰, 884) 최치원은 당조 국사(國使)의 신분으로 신라에 돌아왔다. 이렇게 떠나 신라에 머물며 영원히 중국과 고별했다. 떠나기 전에 그는 배를 산동(山東) 교현(膠縣) 바닷가의 대주산(大珠山) 아래에 정박시키고 자신을 16년 동안 길러 준 중국을 돌아다보니 마음이 격렬히 약동하고 여러 가지 생각이 일어나 10수의 영물(詠物) 서정 연작시를 지었다. 이 시는 경물 묘사를 제재로 삼았지만, 사실은 경물을 묘사하는 가운데 감정을 서술한 작품이다.

〈모래밭(沙汀)〉

遠看還似雪花飛, 멀리서 보면 마치 눈발이 날리는 듯하고
弱質由來不自持. 바탕이 약하여 언제나 제 몸을 가누지 못하네.
聚散只憑潮浪簸, 모이고 흩어짐은 조수 물결에 맡기고
高低況被海風吹. 높아지고 낮아짐은 바닷바람에 의지하네.
煙籠靜練人行絶, 연기가 비단 폭에 자욱할 때는 사람 자취 끊어지고
日射凝霜鶴步遲. 햇빛이 서릿발에 비칠 때는 학이 앉아 쉬어 가네.
別恨滿懷吟到夜, 떠나는 심정 섭섭하여 읊조리는 이 밤에
那堪又值月圓時. 또다시 달마저 밝으니 이를 어이하리.

이 시는 먼저 경물을 묘사하여 "눈발이 날리다(雪花飛)", "서릿발(凝霜)", "비단 폭(靜練)"으로 눈처럼 하얀 백사장을 비유했다. 묘사가 생동적이고 생생하여 중국 산수에 대한 찬미와 열애가 충만하다. 뒤의 두 구에서는 고요하고 적막한 백사장 달밤을 묘사했고, 아울러 내심의 "이별의 한(別恨)"을 이끌어냈다. 이 "이별의 한"은 다년간 집을 떠난 이별의 한이고, 이제 중국을 떠나가는 이별의 한이다. 즉 고향을 그리워하고 중국을

연연해하는 복잡한 심정을 반영했다. 귀국하는 최치원은 수많은 중국 친구들과 고별하면서 많은 증별시(贈別詩)를 썼다.

〈진사 양섬과 송별하며(酬進士楊贍送別)〉

海山遙望曉煙濃, 멀리 바다의 산은 새벽 연기에 싸이고
百幅帆張萬里風. 백 폭 돛은 만 리 바람에 펼쳤네.
悲莫悲兮兒女事, 슬퍼도 슬퍼하지 마오, 아녀자처럼
不須怊悵別離中. 이별이라도 너무 슬퍼하지 마시오.

〈초주 장 상서가 수곽에서 맞이하기에 시를 지어 감사드리노라(楚州張尙書, 水郭相迎, 因以詩謝)〉

楚天蕭瑟碧雲秋, 초주의 하늘이 소슬하고 푸른 구름 가을인데
旟隼高飛訪葉舟. 여준은 높이 날아 조각배를 찾아드네.
萬里乘槎從此去, 만 리 길을 뗏목 타고 이곳을 떠나가면
預愁魂斷謝公樓. 벌써부터 혼이 사공루와 단절될까 근심하네.

이 시에서는 이별의 아쉬움과 슬픔을 표현했고, 중국 친구와의 깊은 우정을 표현했다. 당조 말년에 황소(黃巢) 봉기군이 장안을 공격해 오자, 당 희종(僖宗)은 황망히 성도(成都)로 도망갔고 조정의 대신들도 각자 목숨을 보전하기에 급급했다. 최치원의 스승 배찬(裴瓚)은 양주로 피난했는데, 당시 최치원도 마침 양주에 있으면서 북상하여 귀국할 준비를 하고 있었다. 시국이 불안정할 때 스승과 제자 두 사람은 이곳에서 뜻밖의 상봉을 했다. 난을 피하여 황망히 돌아다니던 중 상봉하게 된 기쁨에 배찬은 자발적으로 시를 써서 최치원에게 주었고, 최치원도 〈좌주 상서가 난을 피하여 유양으로 가는 도중 절구를 총시했기에 이를 받들어 화답합니다(奉和座主尙書避難過維陽寵示絶句)〉라는 답례시 세 수를 썼다.

제2수

亂時無事不悲傷, 난리 때라 슬프지 않은 일이 없으니
鸞鳳驚飛出帝鄕. 난새와 봉새가 놀라서 둥지를 떠나네.
應念浴沂諸弟子, 기수에서 목욕하던 뭇 제자 생각나니
每逢春色耿離腸. 매번 봄이 오면 이별의 애간장을 녹이네.

공자(孔子)와 제자의 우정에 배찬과 자신을 비유하여 오래지 않아 존경하는 스승과 이별할 것에 대하여 내심으로 슬퍼하고 울적해 한다. 다른 시에서 그는 다음과 같이 말했다.

唯恨吟歸滄海去, 한스럽게 읊조리며 저 바다로 돌아가니
泣珠何計報恩深. 깊은 은혜 갚지 못해 눈물만 흐르네.

최치원은 자신이 곧 중국을 떠나 은사에게 보답할 기회가 없음에 대하여 유감과 양심의 가책을 느꼈다. 이러한 구절은 모두 중국 스승에 대한 최치원의 비할 데 없는 경애의 정을 표현했고, 또한 외국 학자가 이별할 때 눈물을 흘리며 목이 메는 생동적인 모습을 묘사했다.

외국 친구와의 우정 표현에서 최치원의 대표작은 마땅히 〈기덕시(紀德詩)〉 30수일 것이다. 이 30수의 연작시는 고병에게 쓴 것이다. 최치원은 선주에서 2년 동안 율수현위를 맡은 뒤에 고병의 인정을 받자 도통순관으로 초빙되었고, 고병을 따라 4년 동안 군무에 종사하면서 두 사람은 깊은 우정을 다졌다. 이 30수의 연작시는 고병의 덕행과 공적을 찬미하고, 경모의 정과 제휴의 은혜를 표현했다.

〈수리 사냥(射雕)〉

能將一箭落雙雕, 한 화살로 두 마리 수리를 떨어뜨리니

萬里胡塵當日銷. 만 리 밖 오랑캐 티끌이 그날로 사라졌네.
永使威名振沙漠, 위세 있는 이름을 길이 사막에 떨쳐서
犬戎無復吠唐堯. 오랑캐가 다시는 요임금에게 짖지 못하리라.

《신당서》의 기록에 의하면, 고병은 젊어서 함께 나는 수리 두 마리를 만나 활을 당겨 쏘면서 "내가 장차 귀하게 되려면, 반드시 적중할 것이다(我且貴, 當中之)"라고 말했다고 한다. 화살 하나를 쏘아 결국 두 마리 수리를 맞혔고, 당시 사람들은 그를 "수리를 떨어뜨린 시어(落鵰侍御)"라고 칭송했다. 고병은 도통이 된 뒤에 각지를 전전하며 싸웠으며 일찍이 서북 지방까지 이르렀다. 최치원의 이 시는 고병의 이러한 사적과 공적을 찬미하여 읊은 것이다. 시는 흠모의 정으로 충만한데, 지나치게 찬미한 감이 없지 않다. 그러나 다른 측면에서는 그들 간의 화목하고 격의 없는 관계를 반영했다. 이 연작시의 마지막 수는 제목이 〈심정을 토로하며(陳情)〉이다.

俗眼難窺冰雪姿, 속된 눈으로 깨끗한 자태 엿보기 어려워
終朝共詠小山詞. 아침 내내 〈소산사〉를 읊조렸네.
此身依托同鷄犬, 이 몸의 의탁함이 개와 닭 같으니
他日昇天莫棄遺. 다른 날 하늘에 오르거든 버리지 마시옵소서.

이 시에서 최치원은 자신의 바람을 표현했는데, 고병의 도움과 보살핌을 받을 수 있기를 희망했다. 고병을 유안(劉安, 기원전 179~122)에 비유하고 자신을 회남소산(淮南小山) 같은 문객(門客)에 비유하여 고병이 출세했을 때 자신을 잊지 말기를 바랐다. 나중에 최치원은 비록 고병을 떠나 조정으로 돌아와 근무했으나 또 다시 시를 보내 똑같은 바람을 드러냈다.

〈심정을 토로하며 태위께 올립니다(陳情上太尉)〉

海內誰憐海外人, 해내에서 누가 해외 사람을 어여삐 여기리?
問津何處是通津. 나루터가 어디냐고 물으니 예가 나루로 통하는 길이라네.
本求食祿非求利, 본래는 식록을 구함이지 명리를 구함이 아니니,
只爲榮親不爲身. 단지 어버이를 영화롭게 하기 위함일 뿐, 제 몸 위함이 아니로다.
客路離愁江上雨, 강 위에 비 내리니 나그네 시름겹고,
故園歸夢日邊春. 고향에 돌아갈 날 꿈에도 아득하도다.
濟川幸遇恩波廣, 배 건너다 다행히 은혜로운 물결 만나,
願濯凡纓十載塵. 10년 동안 세속에 찌든 갓끈을 씻고자 하노라.

이러한 시 작품에서 우리는 그들이 일반적인 동료 관계가 아니라 격의 없이 친밀한 형제였음을 알 수 있다. 최치원은 고병에 대하여 이미 하지 못할 말이 없고 일이 생기면 반드시 구하는 경지에 이르러, 관리 사회의 겉치레의 호의가 없을 뿐 아니라 나라의 차이에 따른 심리적 장애도 없다.

최치원이 재당 기간에 지은 시에 위의 내용 외에 당 말 사회 모순을 반영한 작품이 있다.

〈강남의 여인(江南女)〉

江南蕩風俗, 강남의 풍속은 방탕하여
養女嬌且憐. 기르는 딸이 교태 있고 가냘팠네.
性冶恥針線, 천성은 바느질하는 것을 부끄러워하니
粧成調管弦. 분단장 마치고는 악기 조율하네.
所學非雅音, 배운 것은 고상한 노래가 아니요
多被春心牽. 춘정에 많이 이끌린 것이라네.
自謂芳華色, 스스로 일컫기를 꽃다운 얼굴이요

長占艷陽年. 청춘 시절 길이 이어진다 하네.
却笑隣家女, 도리어 이웃 여자 비웃나니
終朝弄機杼. 하루 종일 북을 놀리며
機杼縱勞身, 베 짜느라 몸을 수고롭게 하지만,
羅衣不到汝. 비단옷은 네게 돌아가지 않으리라.

이 시는 최치원이 강남에서 임직하는 동안 강남의 상황을 보고 감흥이 일어 지은 것이다. 놀기만 좋아하고 일하기를 싫어하며 요염하도록 아름다우며 방탕한 인생을 추구하는 어떤 여인에 대한 묘사를 통하여 경박하고 사치스러우며 음탕하고 방종한 만당 사회 기풍을 반영했다. 또한 이웃과의 대조를 통하여 노동 인민이 일해도 아무런 수확이 없는 불공평함을 폭로했다. 전자에 대한 멸시와 후자에 대한 동정을 무의식중에 드러냈고, 애증이 분명한 최치원의 견해를 보였다.

귀국 후 최치원의 시 작품은 정치적인 운명으로 인하여 시풍이 다소 침울해졌다. 내용 면에서 말하면, 이 시기 작품은 대체로 조국의 강산을 읊고 순박한 민풍을 찬미하며, 정치적 실의를 서술하는 두 가지가 있다.

최치원은 어려서 집을 떠나 16년 만에 조국의 품으로 돌아왔다. 돌아온 뒤 조국의 산수, 고향 말씨와 민정에 대하여 비할 데 없는 친근함을 느꼈다. 이에 한동안 그의 시 작품은 주로 조국의 강산과 향토 민정을 찬미하는 것을 주제로 삼아 돌아온 나그네의 모국에 대한 친근한 감정을 표현했다. 이러한 시적 감정은 치열하고 품격이 명쾌하다.

〈임경대(臨鏡臺)〉
烟巒簇簇水溶溶, 안개 낀 봉우리는 우뚝우뚝하고 강물은 출렁출렁 흔들리며
鏡裏人家對碧峰. 거울 속의 인가는 푸른 산과 마주하네.
何處孤帆飽風去, 외로운 배는 바람 가득 싣고 어디 가는가?

瞥然飛鳥杳無踪. 갑자기 날아가는 새는 종적 없이 사라지네.

황산강(黃山江)을 묘사한 이 시는 강물을 '거울[鏡]'에 비유했는데, 이른바 '경대(鏡臺)'는 강가의 우뚝 선 암벽에 세워진 누대이다. 뭇 봉우리와 촌락이 거울 속에 거꾸로 비치고, 외로운 돛과 나는 새들은 거울 밖 환각으로 변한다. 거울 속, 거울 밖, 요원하고 청수한 정경은 조국의 아름다운 강산에 대한 지극히 깊은 애정을 함축한다. 최치원의 〈향악잡영(鄕樂雜詠)〉은 민간 가무의 풍정을 묘사한 연작시이다. 이러한 시로 고향의 민풍을 묘사하여 마찬가지로 고향에 대한 열애를 표현했다.

〈금방울 놀이(金丸)〉

廻身掉臂弄金丸, 몸 돌리고 팔 휘둘러 금방울 놀리니

月轉星浮滿眼看. 달이 구르고 별이 뜬 듯 눈이 어지럽네.

縱有宜僚那勝此, 의료 같은 재주인들 이보다 나으랴

定知鯨海息波瀾. 동해바다 파도 소리 잠잠하겠네.

이 시에서 묘사한 것은 공 던지기 연기인데, 연기자가 서로 두 손으로 여러 개의 공을 던지고 받고 있다. 이러한 공 던지기 연기는 중국 고대에 농환(弄丸) 혹은 도환(跳丸)이라 불렀는데, 진한(秦漢) 시기에는 일종의 잡기 종목이었다. 신라의 이러한 연기 또한 역사가 길고 연기 수준도 관중이 놀라울 만치 찬탄하게 할 정도였는데, 최치원도 "의료 같은 재주인들 이보다 나으랴"고 칭찬했다.[5] 이러한 시는 민간 악무에 대한 찬미를 통하여 고향에 대한 친근한 정을 표현했다. 따라서 이 시는 결코 일반적인 기사시(記事詩)가 아니다. 시의 창작 배경을 이해해야만 작자의 열렬

5) 의료는 춘추 시대 저명한 무용가이다.

한 감정을 체득할 수 있다.

최치원이 귀국한 뒤 진행한 정치 개혁은 귀족 완고파의 저항을 만나 그는 점차 조정에서 배제되었고 관직도 점차 강등되었다. 그는 여태까지 느끼지 못했던 고민을 하고 정서가 가라앉았으며, 시풍도 이에 따라 침체되고 우울하게 되었다.

〈홍을 기탁하며(寓興)〉

願言扃利門, 원컨대 이욕의 문을 막아
不使損遺體. 부모께 받은 몸 상하게 말라.
爭奈探珠者, 어찌하여 이익 좇는 사람들
輕生入海底. 목숨 가벼이 바다 밑에 들어가나.
身榮塵易染, 몸의 영화는 티끌에 끌리기 쉽고
心垢正難洗. 마음의 때는 잘못을 씻기 어렵다네.
澹白與誰論, 담박한 맛을 누구와 의논하리.
世路嗜甘醴. 세상 사람들 단술만 즐긴다네.

이 시에서는 세상 사람이 명성과 이익을 다투느라 서로 배척함을 폭로했다. 군자가 명성을 보전하려면 반드시 영예와 이익에서 멀리 벗어나야 한다고 지적했다.

〈옛 생각(古意)〉

狐能化美女, 여우는 능히 미인으로 변할 수 있고
狸亦作書生. 살쾡이는 또한 선비가 되네.
誰知異物類, 그 누가 알리, 다른 무리가
幻惑同人形. 사람 모습과 같이 되어 홀리는 것을.
變化尙非艱, 변화하기는 오히려 어렵지 않으나

操心良獨難. 마음 고르기는 참으로 어렵구나.
欲辨眞與僞, 참과 거짓을 분별하려거든
願磨心鏡看. 원컨대 마음의 거울을 닦고 보소.

이 시에서는 세상 사람이 겉모습을 위장하고 본성을 가려, 직접 마주하면 사람이지만 배후에는 귀신의 비열한 행위가 있음을 폭로했다. 선량한 사람들에게 경각심을 높이고 세심하게 관찰하여 진위를 분명히 가려 피해를 입지 말아야 한다고 훈계했다.

〈접시꽃(蜀葵花)〉
寂寞荒田側, 적막하고 황폐한 밭둑에서
繁花壓柔枝. 무성한 꽃이 가냘픈 가지를 누른다.
香輕梅雨歇, 소나기가 그치니 향기도 가볍고
影帶麥風欹. 보리 바람에 그림자 흔들리네.
車馬誰見賞? 수레 탄 사람을 누가 와서 보아 주리오?
蜂蝶徒相窺. 벌 나비만 부질없이 서로 엿본다.
自慚生地賤, 스스로 타고난 처지가 천함을 부끄러워하여
堪恨人棄遺. 남들에게 버림받아도 참고 견딘다.

접시꽃은 야생화의 일종으로 '일장홍(一丈紅)'이라고도 부르는데, 재배하여 관상용이 될 수 있다. 여기서 최치원은 자신을 접시꽃으로 비유했는데, 접시꽃의 가지는 부드럽고 꽃은 무성하며 아름답고 향기가 은은하지만 자라난 곳이 빈천하여 감상하는 사람이 없다.

접시꽃의 운명은 바로 그의 운명이다. 자신도 비록 관리 집안 출신이고 아버지는 현령이지만 대귀족과 비교하면 별로 내세울 것이 못되어, 접시꽃이 들판의 '천한 땅[賤地]'에서 자라는 것과 같이 헛되이 재능만 가지고 있다가 끝내 '버림[棄遺]'을 받았다. 바로 이러한 곡절 때문에 최치원은 이제 젊은 시절의 앙양에서 현재의 침체로 떨어진 것이다. 또 이러한 냉대를 참을 수 없었기 때문에 그는 겨우 마흔두 살 때 일찌감치 관계(官界)를 떠나 깊은 산의 불사에 은거하여, 이후 30년 동안 충분히 큰 업적을 남길 수 있는 시간을 허비했다. 최치원이 관직에서 물러날 때의 심정은 아주 견고했다.

〈산으로 들어가며 쓰는 시(入山詩)〉

僧乎莫道青山好, 스님이시어, 청산이 좋다 말하지 마소.
山好何事更出山? 산이 좋다면서 무슨 일로 다시 산을 나왔소?
試看他日吾踪迹, 시험 삼아 다른 날 나의 자취를 보시오.
一入青山更不還. 한번 청산에 들어가면 다시 돌아오는가!

이처럼 그의 입산하려는 결심이 커서 흔들리지 않았다. 입산하려는 결심은 관직의 배제에서 비롯한 것이고, 갈수록 더 배제당하여 결심이 자연히 갈수록 강해졌다. 최치원의 〈산으로 들어가며 쓰는 시〉는 어두운 관리 사회에 대한 고발이며 관리 사회와의 결별 선언이다. 그는 재주가 넘치고 생기발랄한 청장년 개혁자에서 핍박을 당해 어쩔 수 없이 산림으로 들어간 은둔자가 되었는데, 은둔은 본래 어두운 관리 사회에 대한 유력한 고발인 것이다. 이러한 비극은 단지 개인의 것이 아니라 사회적인 것이다. 봉건 사회가 그를 길렀으나 그는 재주를 펼칠 기회를 박탈당했다. 봉건 관리 사회가 부패하고 어두워 그는 자아 파멸의 경지에까지 이르게 되었다.

최치원은 비록 일찌감치 관리 사회를 떠나 후반생에 다시 중국에 온 적이 없으나, 젊은 시절에 어쨌든 두 민족의 문화 교류에 뛰어난 공적을 남겼기 때문에 중국 인민은 지금까지도 그를 잊지 못한다.

[해제]

이 글은 석영걸(席永杰)의 〈唐代著名朝鮮族詩人崔致遠〉(《內蒙古民族師範學院學報》 1996년 제3기)을 번역한 것이다. 석영걸 교수는 현재 내몽고 자치구 적봉(赤峰)민족사범고등전과학교 교장이며, 주로 한국 고대 한시 작가 연구를 하고 있다.

주요 논문으로 〈元代朝鮮族詩人李齊賢〉(包文安과 공저, 《內蒙古民族師院學報》 1994년 제2기), 〈唐代著名朝鮮族詩人崔致遠〉(《內蒙古民族師院學報》 1996년 제3기), 〈13世紀朝鮮傑出的現實主義漢文詩人－李奎報〉(《內蒙古民族師院學報》 1997년 제2기), 〈十六世紀朝鮮漢文女詩人－許蘭雪軒〉(《內蒙古民族師院學報》 1997년 제4기) 등이 있다.

최치원의 급제 연령 고찰

제조욱(諸祖煜)

신라 시인 최치원은 열두 살에 고향을 떠나 당에 왔으며 "6년 동안 유랑(觀光六年)"하여 함통(咸通) 15년(874)에 진사에 급제했다. 이후 동도(東都, 洛陽)에서 유랑하다가 율수현위(溧水縣尉)를 맡았고, 관직의 임기가 차자 양주(揚州)에 이르러 회남절도사(淮南節度使) 고병(高駢)의 막부에 들어갔다. 중화(中和) 4년 겨울에 사명을 받아 배를 동해에 띄워 이듬해 봄에 신라에 도착했으니 중국에서 지낸 시간이 18년에 이른다.

최치원은 비교적 높은 문학적 소양을 지녔고 저술도 풍부하여 시부(詩賦) 3권, 《중산복궤집(中山覆簣集)》 5권, 《계원필경집(桂苑筆耕集)》 20권,[1] 《제왕연대역사문집(帝王年代歷史文集)》 30권[2] 등을 창작했다. 그러나 현존하는 것은 《계원필경집》 20권과 일시(佚詩) 수십 수뿐이다.

최치원의 시문은 한국에서 매우 높은 평가를 받는다. 조선 시대의 대광보국숭록대부(大匡輔國崇祿大夫), 의정부 좌의정 홍석주(洪奭周)는 "우리 동방의 문장으로 글을 지어 후세에 전하는 이는 고운 최 공이 처음이었다. 우리 동방의 선비가 북으로 중국에 유학하여 문명을 천하에 떨친

---

1) 최치원, 〈계원필경서(桂苑筆耕序)〉.

2) 양성감(楊成鑒), 〈당대 과거의 '빈공'(唐代科擧的賓貢)〉, 《문사지식(文史知識)》 1997년 제12기.

사람도 최 공이 처음이었다. 최 공의 글이 후세에 전하는 것으로는《계원필경》과《중산복궤집》2부뿐이다. 이 두 책은 또한 우리 동방 문장의 근본이요, 시작이다(吾東方之有文章, 而能著書傳後者, 自孤雲崔公始, 吾東方之士, 北學于中國, 而以文聲天下者, 亦自崔公始. 崔公之書傳于後者, 唯桂苑筆耕與中山覆簣集二部, 是二書者, 亦吾東方文章之本始也)"[3]라고 말했다. 이를 보면 한국의 선비들이 한문으로 시문을 써서 문집을 만들어 세상에 전하는 것이 실로 최치원에게서 시작되었음을 알 수 있다. 그는 사실 한국의 저명한 한문 문학가인 동시에 선진적 당대(唐代) 문화를 신라에 전파한 우수한 인물로, 양국 간의 문화 교류를 강화하는 데 중요한 공헌을 했다.

최치원은 양주에서 4년 동안 임직했는데, 이때는 그가 가장 인정받고 득의했던 시기이다. 그의 일생의 저술 가운데 아직 남아 있는《계원필경집》도 양주에서 쓴 것이다.《계원필경집》은 최치원이 양주에 있을 때의 공적이나 사적인 활동과 감정의 파란을 기록했을 뿐 아니라, 중대한 역사적 사건과 양주의 역사를 담았다. 따라서 당대의 양주를 연구할 때 최치원에 대하여 언급하지 않을 수 없다. 여기서는 그의 급제 연령을 간략하게 고찰하고자 한다.

최치원의 급제 연령은 18세와 19세라는 두 설이 있는데, 두 설 모두 다 논의할 만하다.

18세설은《삼국사기(三國史記)》권45에서 고운(顧雲)의 시를 인용했다.

> 十八橫行戰詞苑, 열여덟 살에 문단을 휩쓸어
> 一箭射破金門策. 단번에 과거에 급제했다네.

---

3) 〈교인계원필경집서(校印桂苑筆耕集序)〉,《총서집성(叢書集成)》본.

서거정(徐居正)의 《동국통감(東國通鑒)》에서는 "최치원은 사량부 사람으로 열여덟 살에 급제했다(崔致遠, 沙梁部人, 十八登第)"[4]고 했다. 그리고 서유구(徐有榘)의 〈교인계원필경집서(校印桂苑筆耕集序)〉에서는 "열두 살에 장삿배를 타고 중원에 들어갔고, 열여덟 살에 진사 시험에 급제하였다(年十二從商舶入中原, 十八擧進士第)"라고 했다.

중국 학자들은 각종 논저에서 이 설을 따르는 경우가 대다수인데, 더 언급하지는 않겠다. 필자가 생각하건대 《동국통감》과 서유구의 〈서〉는 비교적 나중에 쓴 것이다. 그 설은 사실 최치원이 귀국한 뒤에 올린 주문(奏文) 〈계원필경서〉의 "신은 열두 살에 집을 떠나 서쪽으로 가는 배를 타고 …… 유람한 지 6년 만에 이름을 방 끄트머리에 걸게 되었습니다(臣自年十二離家西泛, …… 觀光六年, 金名榜尾)"에서 나온 것이다. 그러나 최치원은 자기가 열여덟 살에 급제했다고는 말한 적이 없다. 이 자술 또한 열여덟 살의 급제와 필연적인 관계가 있다고 볼 수 없다.

비록 고운(顧雲)이 최치원의 동년(同年)이고 그의 시에서도 열여덟 살에 금문책(金門策)을 꿰뚫었다고 분명히 말하여 의심할 여지가 없는 것 같지만, 고운의 시는 《삼국사기》에서 나왔으니 그 진위를 일시에 단정하기가 어렵다. 설사 이 시가 거짓이 아니고 사실이라 해도 열여덟 살의 급제는 최치원의 재당 경력과 부합하지 않으며, 어긋나는 곳이 매우 많다. 이 문제를 설명하기 위하여 먼저 최치원의 재당 시간을 확정할 수 있는 몇 가지 연대를 아래에 열거해 보기로 한다.

① 열두 살에 집을 떠났다.

최치원은 〈계원필경서〉에서 "신은 열두 살에 집을 떠나 서쪽으로 가는 배를 탔습니다(臣自年十二離家西泛)"라고 했고, 〈처음으로 태위께 올리는

---

4) 《등과기고(登科記考)》 권23.

계문(初投獻太尉啓)〉에서 “열두 살에 처음으로 계림을 떠났습니다(自十二始別鷄林)”라고 했으며, 〈귀성을 허락하신 데 감사드리는 계문(謝許歸覲啓)〉에서는 “저는 열둘에 집을 떠났습니다(某自年十二離家)”라고 했다.

② 함통(咸通) 15년에 진사에 급제하였다.

최치원은 고운과 동년이라 했고,[5] 《영락대전(永樂大典)》에서는 《지주부지(池州府志)》를 인용하여 “고운은 자가 수상이다. …… 함통 15년에 진사에 급제했다(顧雲, 字垂象, …… 咸通十五年進士第)”[6]라고 했다. 이에 의거하면 최치원도 이해에 급제했음을 알 수 있다. 또 최치원의 좌주(座主)는 배찬(裴瓚)인데, 《계원필경집》 권18 〈전 호남관찰순관 배료께 올리는 글(前湖南觀察巡官裴璙啓)〉 및 《당자사고(唐刺史考)》에 보인다. 그리고 유숭망(劉崇望)의 좌주도 배찬인데, 이는 《금화자(金華子)》[7]에 보인다. 유숭망은 함통 15년에 진사에 급제[8]했으므로 최치원이 급제한 해도 마땅히 이해일 것이다.

③ 중화(中和) 4년에 양주에서 출발하여 귀국하였다.

《계원필경집》 권20, 〈돌산(石峰)〉의 자주(自注)에 “중화 갑진년(884) 겨울 음력 10월에 명을 받들어 사신이 되어 신라로 가다가 대주산 아래에 배를 대었다(中和甲辰年冬十月, 奉使東泛, 泊舟於大珠山下)”라고 했는데, 중화 갑진년은 바로 중화 4년이다. 〈월급을 요청하는 장문(謝探請料錢狀)〉에서 “문관에 의지한 삼천객이 부모를 떠난 지 벌써 18년이 되었습니다(依門館次三千客, 別庭闈已十八年)”라고 했고, 〈귀성을 허락하신

---

5) 《계원필경집(桂苑筆耕集)》 권17, 〈시를 올리는 계문(獻詩啓)〉.
6) 《등과기고》 권23.
7) 《등과기고》 권23.
8) 《구당서(舊唐書)》 본전.

데 감사드리는 계문(謝許歸覲啓)〉에서는 "저는 열둘에 집을 떠나, 지금 벌써 스물아홉이 되었습니다(某自年十二離家, 今已二九載矣!)"라고 했다. 이로써 추정해 보면, 중화 4년에 최치원이 서른인데, 만약 처음과 끝을 포함시켜 18년을 계산하면 곧 스물아홉 살이다.

위에서 말한 연도는 대부분 최치원의 자술에서 나온 것이므로 그 신뢰성은 의심할 필요가 없을 것이다. 이를 검토해 보면 열여덟에 급제했다는 설은 허점이 매우 많아서 성립하기 어려움을 알 수 있다. 왜냐하면 중화 4년(884)은 최치원이 서른이거나 스물아홉인데 위로 거슬러 올라가 열여덟 살에 급제한 해는 872년이나 873년, 즉 함통 13년이나 14년이므로 함통 15년에 급제했다는 말과는 부합하지 않기 때문이다.

둘째, 만일 함통 15년에 급제했을 때의 나이가 열여덟 살이라면, 서른 살에 출발하여 귀국한 해는 마땅히 광계(光啓) 2년(886)이므로 중화 4년에 당나라를 떠났다는 말과 들어맞지 않는다.

셋째, 만일 함통 15년에 급제할 당시의 나이가 열여덟이라면, 최치원이 열두 살이 되던 해는 마땅히 함통 9년(868)이므로 중화 4년에 부모를 떠난 지가 16년이 된다. 그러므로 "부모를 떠난 지 벌써 18년이 되었다(別庭闈已十八年)"라는 말과는 부합하지 않는다. 혹자는 "별정위십팔년(別庭闈已十八年)"의 '팔(八)' 자를 '육(六)' 자로 잘못 본 것이라 말하기도 한다. 생각하건대 이 말은 사고의 방향이 아무리 좋더라도 애석하게도 성립할 수 없다. 왜냐하면 앞에서 말한 〈귀성을 허락하신 데 감사드리는 계문〉에서 "저는 열둘에 집을 떠나, 지금 벌써 스물아홉이 되었습니다(某自年十二離家, 今已二九載矣!)"라고 언급했기 때문이다. '이구(二九)'와 '십팔(十八)'은 견해 차이일 뿐 같은 말이다. 그러므로 글자를 잘못 보았다는 가정은 부정할 수 있다.

양계초(梁啓超, 1873~1929)는 "시대가 뒤섞이면 일이 반드시 그릇된다(時代錯迕則事必僞)"[9]고 말한 바 있다. 18세 급제설은 최치원의 평생 경력과 서로 부딪치는 곳이 매우 많으므로 이 설은 옳지 않다.

19세 급제설은 다음과 같다.

열두 살에 집을 떠나 이듬해에 당에 들어가 열아홉 살에 진사에 급제하였으며, 서른 살에 귀국했다(十二歲離家, 明年入唐, 十九歲中進士, 三十歲返國).[10]

첫째, 필자가 생각하건대 19세 급제설은 여전히 "열두 살에 집을 떠나 서쪽으로 가는 배를 타고 …… 유람한 지 6년 만에 이름을 방 끄트머리에 걸게 되었다(十二離家西泛, …… 觀光六年, 金名榜尾)"에서 나왔는데, 비록 입당 시간에 증감이 있으나 18세 급제설과 비슷하다. 여기서 문제의 관건은 "열두 살에 집을 떠나다"와 "유람한 지 6년 만에 이름을 방 끄트머리에 걸게 되었다"의 관계에 있다. 최치원의 원래 의도를 알기 위하여 원문을 전부 인용해도 무방할 것이다.

저는 나이 열두 살에 집을 떠나 서쪽으로 바다를 건넜습니다. 배를 탈 때 돌아가신 아버지께서 "10년 안에 진사에 급제하지 못하면 내 아들이라 하지 말라. 나도 아들을 두었다고 말하지 않겠다. 가서 부지런히 공부하거라! 게으름 피우지 말고 힘을 다하라!"고 훈계하셨습니다. 저는 엄중한 훈계를 가슴에 새겨, 감히 소홀히 하거나 잊은 적이 없었습니다. 원대한 자극에 겨를이 없었고 조화를 기하고 뜻을 길러, 실로 남들이 백 번 노력하면, 나는 천 번 노력했습니다. 유람한 지 6년 만에 이름을 방 끄트머리에 걸게 되었습니다(右臣自年十二, 離家西泛, 當乘桴之際, 亡父誡之曰 : "十年不第進士, 則勿謂吾兒, 吾亦不謂有兒. 往矣勤哉! 無隳乃力." 臣佩服嚴訓, 不敢弭忘, 懸刺無遑, 冀諧養志, 實得人百之, 己千之. 觀光六年, 金名牓尾).[11]

9) 양계초(梁啓超), 《중국역사연구법(中國歷史研究法)》 제5장.

10) 《중국사고(中國史稿)》 제4책, 제9장 〈조선(朝鮮)〉.

필자는 "열두 살에 집을 떠나(十二離家)"라는 구절이 집을 떠날 때 들은 아버지의 엄격한 교훈을 가슴에 새겨 잊을 수 없었음을 묘사한 것이라고 생각한다. "관광육년(觀光六年)"은 유람의 시간을 쓴 것이므로 양자는 각기 한 가지 일을 서술한 것이다. 이는 문장에서 서로 연계되어 있으나, 시간적으로 반드시 맞물리는 것은 아니다. 최치원은 열두 살에 집을 떠났다든가, 열세 살에 입당한 뒤에 비로소 '유람[觀光]'했다는 말을 결코 하지 않았다. 바꾸어 말하면, 최치원이 유람하기 시작한 해는 반드시 열둘이나 열세 살인 것이 아니다.

"관광육년"이 무슨 뜻인지 분명히 알기 위해서는 먼저 '관광(觀光)'의 함의를 분명히 이해할 필요가 있다. '관광'의 어원은 《역(易)》, 〈관(觀)〉의 "나라의 형편을 살펴보니, 임금께 국빈 노릇하는 것이 이로우리라(觀國之光, 利用賓于王)"에서 나왔다. 원래는 나라의 성대한 덕이 빛남을 본다는 뜻이다. 당나라 때 서울에 올라와 과거 시험에 응시하거나 국학(國學)에 들어가 선사(先師, 공자)를 우러러보는[瞻仰] 것도 '관광'이라 불렀다. 원래의 뜻과 시험에 응시하는 예는 생략하고 후자를 예로 들어본다.

〈공거인이 선사를 배알하고 아악을 듣노라(貢擧人謁先師聞雅樂)〉[12]

— 여경(呂炅)

禮聖來群彦, 성현의 사당에 뭇 선비 오너니

觀光在此時. 이때 관광하네.

聞歌音乍遠, 노랫소리를 들으니 문득 멀고

合樂和還遲. 음악에 화답하니 늦도다.

---

11) 최치원, 〈계원필경서〉.

12) 《전당시(全唐詩)》 권781.

〈공거인이 선사를 배알하고 아악을 듣노라(貢擧人謁先師聞雅樂)〉[13]

— 왕기(王起)

藹藹觀光士, 온화하게 관광 온 선비들은

來同鵠鷺群. 고니, 백로와 함께 무리 짓노라.

鞠躬遺像在, 초상 앞에 허리를 구부려 인사하고

稽首雅歌聞. 머리를 조아리며 아악을 듣노라.

이후 당 명종(明宗) 천성(天成) 4년 국자감(國子監)에서는 상주를 올려 "(일부 생도들은) 부지런히 배우려 하지 않고 오로지 과거 합격만을 기다리고 있습니다. 차마 양생에 어긋나는 시기에 빠져서 다만 관광의 날만 쌓고 있습니다(罔思蟻術, 惟俟鶯遷. 忍淹違養之時, 徒積觀光之歲)"라고 했다[오대(五代)는 만당(晩唐)에서 멀리 떨어지지 않기에 이를 인용한다].[14]

생각하건대, 최치원이 말한 '관광'의 의미를 서울에서 과거에 응시하는 것으로 이해하는 것은 현실적이 아닌 듯하다. 왜냐하면 최치원이 당에 들어간 것이 열세 살 때이므로 동자과(童子科)에 응시하기는 이미 불가능했다.[15] 진사과에 응시했다고 하기엔 나이가 너무 어렸고 학문 수양이 부족했다. 하물며 외국의 선비가 깊은 연구 없이 어려운 진사과 시험에 응시했더라도 합격할 가능성은 거의 없었다. 그러므로 여기서의 관광은 마땅히 국학에 들어가 예학을 살피는 것을 지칭할 것이다. 그리고 장장 6년 동안 '관광'했으니 일시적으로 예학을 살핀 것이 아닌데, 후당(後唐)의 국자감 주문(奏文)의 예와 마찬가지로 국학에서 한 가지 일을 학습한 것을 가리킨다.

그 다음으로 최치원은 빈공의 신분으로 당에 들어왔다.[16] 이른바 '빈

13) 《전당시》 권464.

14) 《책부원귀(冊府元龜)》 권604, 〈학교부(學校部)〉, 「주의 3(奏議三)」.

15) 당의 제도에 동자과는 반드시 12세 이하였다.

공'이란 우호적인 이웃 나라에서 당조(이후의 오대, 송 초기를 포함하여)의 공거사인(貢擧士人)으로 과거 시험에 참가하는 것을 가리키는데, 합격한 뒤에는 빈공 급제라고 했다. 빈공이 당에 들어오면 관례에 따라 먼저 당조 국학에서 일정 기간 동안 학습해야 했다. 이에 대하여 양성감(楊成鑒)은 일찍이 논증한 바 있다. '진사과' 시험은 반드시 고도의 한문 문학 수양을 요구하기 때문에 빈공은 시험을 치기 전에 반드시 중국 태학에서 일정 기간 깊이 연마해야 했다.[17] 필자도 이러한 견해에 동의한다. 사실상 정관(貞觀) 시기부터 신라에서는 늘 선비를 중국에 파견하여 학습시켰다. 개원(開元) 16년에 "또 표문을 올려 사람들로 하여금 중국에 나아가 경전과 교학 익히기를 청하니, 황제가 이를 허락했다(又上表請令人就中國學問經教, 上許之)."[18] 당대 말년에 이르러 신라 빈공의 급제자는 58명에 달했다.[19] 중국 문헌에서 빈공 급제자 가운데 이름을 알 수 있는 신라인으로 김가기(金可紀), 김이오(金夷吾), 최치원(崔致遠), 최언위(崔彦撝) 등이 있다. 이때의 역사적 배경을 통해 보면, 최치원이 말한 "관광육년"은 바로 중국 국학에서의 연마를 말한 것이다. 그러나 그가 처음으로 국학에 들어왔을 때의 나이가 열두 살이었는가 아니면 열세 살이었는가? 대답은 후자이다. 최치원은 열세 살에 당에 들어온 뒤 신청, 응시(입학시험), 대기의 과정을 거쳤는데, 하물며 당대의 학교 입학 연령은 명확한 규성(뒤에 상술)이 있었기 때문이다. 만일 최치원이 열세 살에 입학할 수 없었다면, 19세 급제설은 성립하기가 어렵다.

둘째, 19세 급제설에는 "서른 살에 귀국했다(三十歲返國)"란 말이 있는데, 이 말은 두 가지로 이해할 수 있다. 하나는 서른 살 때 귀국 여정에

16) 《신당서(新唐書)》, 〈예문지(藝文志) 4〉.
17) 양성감, 〈당대 과거의 '빈공'〉.
18) 《구당서》, 〈동이전(東夷傳)〉, 「신라국(新羅國)」.
19) 양성감, 〈당대 과거의 '빈공'〉.

올랐다는 것이고, 또 하나는 서른 살 때 신라에 도착했다는 것이다. 사실상 최치원은 중화 4년 겨울에 출발하여 산동반도에서 무역풍을 기다렸다가 이듬해에 비로소 고국으로 돌아갔다. 만일 첫 번째 뜻으로 이해하면, 출발할 때가 서른 살이므로 19세 급제설과 모순된다. 서른 살부터 역으로 열아홉 살 때를 계산하면 함통 14년이므로 최치원이 함통 15년에 급제한 사실과는 부합하지 않는다.

작가의 뜻을 미루어 보면 "서른 살에 귀국했다"라는 말은 단지 스물아홉 살에 출발하여 서른 살에 신라에 도달했음을 가리키는데, 이렇게 되어야 비로소 자기의 주장을 완벽하게 주장할 수 있다. 왜냐하면 열두 살에 집을 떠나 스물아홉 살에 귀국길에 올랐다면, 처음과 끝의 해를 포함시켜 기간을 계산하여 18년이 되니 "부모를 떠난 지 벌써 18년이 되었다(別庭闈已十八年)"라는 말과 들어맞는다.

그러나 여기에는 또 다른 문제, 즉 연도 계산 방법 문제가 걸려 있다. 옛날 사람이 첫해에서 마지막 해까지 햇수를 계산하는 방법은 실계(實計)와 허계(虛計) 두 가지가 있었다. 예를 들어 기원후 2년에서 5년까지라면 실계로는 3년이며, 허계로는 첫해와 마지막 해를 포함시켜 4년이 된다. 보통 양자는 1년 차이가 나는데, 첫해가 연초이고 마지막 해가 연말인 상황에서는 허계와 실계의 연수는 서로 같다. 어떤 방법을 쓰는가는 각자의 습관에 따라 다르다.

상술했듯이 열두 살에 집을 떠나 스물아홉 살에 귀국길에 올랐다는 것을 18년으로 계산하는 것은 허계법에 속한다. 그러나 최치원은 연도 계산에 습관적으로 대부분 실계법을 사용했다. 예를 들면 최치원은 광명(廣明) 원년(880) 겨울에 양주(揚州)에 이르러[20] 고병을 방문하여 순관(巡

20) 《계원필경집》 권18, 〈길게 올리는 계문(長啓)〉 "전년 겨울에 말단 현위직을 그만두고 …… 이웅의 문에 와서 쓸었으니, 어찌 태위께서 …… 관직을 수여할 줄 알았겠습니까? …… 작년 여름에 마침 출사하게 되었습니다(前年冬, 罷離末尉 …… 來歸膺門,

官)이란 관직을 받았고, 중화 4년(884) 겨울에 사신의 신분으로 귀국길에 올랐다. 실제로 양주에 머문 기간은 4년이지만, 허계로는 5년이다. 그러나 최치원이 "시중 고병의 문서의 일을 도맡게 되어, 그 몰려드는 군사 문서 등을 힘껏 담당하였습니다. 4년 동안 마음 써 이룬 것이 무려 만여 수나 되었습니다(高侍中專委筆硯, 軍書輻至, 竭力抵擋, 四年用心, 萬有餘首)"[21]라고 했는데, 여기에서는 실계법을 사용했음을 알 수 있다.

또《계원필경집》권2〈관직 사퇴를 요청하는 표문(讓官請致仕表)〉에서 "2년 동안 도통의 이름을 욕되게 했다. …… 4년 동안 동염의 사무를 주관하였다(二年忝都統之名, …… 四載主銅鹽之務)"라고 했고, 권6〈제도염철사를 회수하고 시중으로 승진시키고 아울러 식읍을 올려준 데 감사드리는 장문(謝落諸道鹽鐵使加侍中兼實封狀)〉에서 "제가 작년 11월 11일에 내리신 은제를 받으니, '시중을 제수하시고 …… 제도의 염철사를 회수하신다'라고 하였습니다. …… 저는 한번 각관을 맡아 6년 동안을 지냈습니다(伏奉去年十一月十一日恩制, 加授侍中 …… 落諸道鹽鐵使者, …… 某一司搉課, 六換暄涼)"라고 했다. 상술한〈관직 사퇴를 요청하는 표문〉,〈제도염철사를 회수하고 시중으로 승진시키고 아울러 식읍을 올려준 데 감사드리는 장문〉은 모두 최치원이 고병을 대신하여 지은 것인데, 거기서 고병이 도통을 2년, 염철사를 4년 혹은 6년 동안 역임했다고 언급했다.

고병이 도통을 맡은 것은 광명 원년 3월인데《구당서》,〈희종기(僖宗紀)〉와《통감(通鑑)》에 보인다. 도통을 그만둔 것은 중화 2년 정월인데《통감》에 보인다. 광명 원년은 880년이고 중화 2년은 882년인데, 앞뒤 해의 거리가 2년이니 "2년 동안 도통의 이름을 욕되게 했다(二年忝都統

豈料太尉 …… 便署職秩, …… 去年中夏, 伏遇出師)"라고 했다. 중하(中夏)에 출사한 때는 광명 2년 5월이므로 이 글에서 '전년(前年)'은 광명 원년에 해당한다.

21) 최치원,〈계원필경서〉.

之名)"는 말과 부합한다. 다시 염철사로 부임한 시기를 살펴보면, 〈관직 사퇴를 요청하는 표문〉에서는 4년, 〈제도염철사를 회수하고 시중으로 승진시키고 아울러 식읍을 올려준 데 감사드리는 장문〉에서는 6년이라 하여 서로 어긋난다. 고병이 건부(乾符) 4년에 진해절도사(鎭海節度使)로 부임할 때 이미 염철사를 겸직하고 있었으므로[22] 6년이 맞다. 4년의 설에 대하여 엄경망(嚴耕望)은 "'4'는 '6'의 잘못이다('四'蓋'六'之訛)"라고 여겼다. 이는 《당복상승랑표(唐僕尙丞郞表)》 권14 〈염운(鹽運)〉에 보이는데, 이 설은 좇을 만하다. 아니면 6년이라 한 것은 진해(鎭海) 겸 동염(銅鹽)을 말하는 것이며, 4년은 회남사관각(淮南司筦榷)을 말하는 것으로, 역시 그 가능성이 있다. 그런데 염사(鹽使)에서 면직된 시기는 중화 2년 11월 11일이다.[23] 혹자는 중화 2년(882)에서 건부 4년(877)까지 계산하면 허계로는 6년이므로 〈장문〉의 글과 바로 부합하는데, 사실은 결코 이와 같지 않다.

앞에서 언급한 〈제도염철사를 회수하고 시중으로 승진시키고 아울러 식읍을 올려준 데 감사드리는 장문〉에 의하면, "작년의 …… 은제를 받고(奉去年 …… 恩制)"라고 했고, 권2 〈시중으로 승진시켜준 데 감사드리는 표문(謝就加侍中表)〉에서도 "작년 11월 11일에 내리신 은제를 받으니, 신을 시중으로 승진시킨다고 했다(伏奉去年十一月十一日恩制加授臣侍中)"라는 말이 있으니, 이 글을 써서 중화 2년에 반포했고, 성도(成都)에서 양주에 도착한 때는 이미 중화 3년이었으므로 '거년(去年)'이라 했음을 알 수 있다. 중화 3년(883)에서 건부 4년까지 계산하면 실계로는 6년이므로 "6년 동안 지냈습니다(六換暄凉)"라는 말과 바로 합치한다. 주의

22) 일설에는 형남절도사(荊南節度使)를 맡았을 때 이미 겸직했다고 하는데, 연대가 또한 건부 4년이다.

23) 일설에는 고병이 형남절도사로 임직할 때 이미 염철사직을 받았으며, 그때가 건부 4년이라고 한다. 염철사에서 면직된 시기는 《통감》에서 중화 2년 5월이라 했으나, 사실은 11월이다[엄경망(嚴耕望), 《당복상승랑표(唐僕尙丞郞表)》 권14 참조].

할 것은 최치원의 〈표문〉에서는 "2년 동안 도통의 이름을 욕되게 했다"고 했으나, 《신당서》 본전에서는 "도통 고병은 3년 동안 아무런 공도 세우지 못했다(駢都統三年, 無尺寸功)"고 했으며, 최치원의 〈장문〉에서는 "6년 동안 지냈습니다"라 했으나, 《구당서》 본전에서는 조정에서 조서를 받은 것을 기록하여 "동염의 업무가 무거워 약 7년 동안 주관하였다(銅鹽重務, 綰握約及七年)"라고 했다.

위에서 말한 최치원의 연도 계산은 두 《당서》와 모두 1년 차이가 난다. 그 원인을 살펴보면 《당서》에서는 모두 허계법을 사용했고, 최치원의 글에서는 실계법을 사용했다. 특히 "약 7년 동안 주관하였다"라는 말에 따라 계산을 해 보면, 고병이 실제로 염철사에서 파직된 해는 분명히 중화 3년이니, 그렇지 않다면 '7년'이란 수가 나올 수 없다. 이것은 이해에 고병이 조정에서 염철사란 관직을 실지로 받았음을 증명하며, 동시에 필자가 앞에서 조정에서 관직을 받고 회남에 도착한 날을 계산하여 "6년 동안 지냈습니다"라 한 것이 맞음을 증명한다. 따라서 최치원의 〈장문〉과 《구당서》에서 나는 1년의 차이는 결코 하한이 달라서가 아니라, 허계법과 실계법의 차이 때문에 조성된 것이다.

위의 여러 예문에서 알 수 있듯이, 첫해와 마지막 해를 포함시키는 연도 계산법은 최치원의 연도 계산 습관과 합치하지 않는다. 그러므로 열두 살에 집을 떠나 스물아홉 살에 귀국길에 올랐다는 말에서 양자의 차이는 마땅히 17년이므로 "부모를 떠난 지 벌써 18년이 되었다"는 말과 모순된다. 19세 급제설은 이와 여전히 1년의 차이가 난다.

18세 혹은 19세 급제설은 그 주장이 완벽하지 않다. 그렇다면 최치원이 급제한 해는 결국 몇 년인가?

필자의 생각에는 각종의 논거 가운데 비교적 믿을 수 있는 것은 내증(內證)이다. 아래서 《계원필경집》에 나오는 자술 한 단락을 보기로 하자.

> 열두 살에 계림을 떠나, 스무 살에 이르러 위치가 바뀌었습니다. 이제 학문하는 벗을 만나려 하고, 곧 황색 인끈의 낮은 벼슬아치가 되려 합니다(自十二則別鷄林, 至二十得遷鶯谷, 方接青襟之侶. 旋從黃綬之官).[24]

필자는 이것이 최치원의 급제 연령과 관련이 있는 확실한 증거라고 생각한다. 이는 다음과 같은 사실을 분명하게 알려 준다. 최치원이 급제한 것은 열여덟도 아니고 열아홉도 아니며 스무 살이다. 아래서는 "십이득천앵곡(十二得遷鶯谷)"으로 논의를 전개하기로 한다.

① "득천앵곡(得遷鶯谷)"은 무슨 뜻인가? '천곡(遷谷)'이라는 말은《시경》,〈소아(小雅)〉,「벌목(伐木)」에서 나왔다. 당대 이래 사람들은 계곡에서 나오는 새를 꾀꼬리라고 간주하여 앵곡(鶯谷), 앵천(鶯遷), 천앵(遷鶯)이란 단어가 생겼다. '앵곡(鶯谷)'은 어두워서 아직 드러나지 않은 상황을 비유한다. 왕애(王涯)의 시〈광선 스님이 시로써 과거 합격을 축하하기에 화답하여 감사드리노라(廣宣上人以詩賀放榜和謝)〉[25]를 보자.

> 龍門變化人皆望, 과거 급제는 모두가 바라는 일,
> 鶯谷飛鳴自有時. 꾀꼬리가 골짜기에서 날아 울 때가 있으리라.

앵천, 천앵은 거주지를 옮기거나 승진하거나 과거에 급제한 때를 가리킨다. 스무 살 때의 최치원은 결코 이사한 일이 없었으므로 이것은 제외할 수 있다. 관직의 승진의 경우 최치원은 급제한 뒤 낙양을 유람하다가 이후 율수현위(溧水縣尉)를 맡았는데 급제 후 이미 여러 해가 지났으므로 현위를 맡은 해에 스무 살일 수 없다. 하물며 율수현위를 맡은 것은 단지

---

24)《계원필경집》권17,〈태위께 처음으로 올리는 계문(初投獻太尉啓)〉.
25)《전당시》권346.

처음으로 거친 베옷을 벗고 하급 관리를 지낸 셈이니, 직급이 낮아서 무슨 승진이랄 수 없다. 따라서 이곳의 "득천앵곡"은 진사 급제를 가리킨다. 즉 최치원이 말한 "금명방미(金名榜尾)"이다. 당대 사람들이 '천앵'으로 급제자를 비유한 예가 매우 많다.

〈아우 희수의 과거 급제를 기뻐하며 예부 위공께 올립니다(喜舍弟犧叟及第上禮部魏公)〉[26] — 이상은(李商隱)

朝滿遷鶯侶, 조정에는 과거 급제자가 가득하고

門多吐鳳才. 문중에는 쟁쟁한 문사가 많네.

〈주사 왕기와 화답하며(和主司王起)〉[27] — 고퇴지(高退之)

叨陪鴛鷺朝天客, 외람되게도 질서 정연한 조정의 손님 모시고

共作門闌出谷鶯. 함께 문의 난간 만드니 골짜기의 꾀꼬리가 나오리라.

〈유빈객가화록(劉賓客嘉話錄)〉 — 위현(韋絢)

지금 진사 급제를 '천앵'이라 한 지는 오래되었다(今謂進士登第爲遷鶯者久矣)!

〈노부인 최씨 묘지(盧夫人崔氏墓志)〉[28] — 이수(李邃, 鄕貢進士)

과거 시험장에 20년 동안 빠졌으나 과거에 합격할 방도가 없었다(沉困名場垂二十載, 無路遷鶯).

〈계림풍토기(桂林風土記)〉[29]

26) 《전당시》 권54.
27) 《전당시》 권552.
28) 《당대묘지휘편(唐代墓志彙編)》, 「함통(咸通)」 057.
29) 《등과기고》 권22, 〈대중 4년(大中四年)〉, 「조업(曹鄴)」.

천앵방의 본명은 부재인데, 중승 조업이 진사에 급제했다고 하여, 전정 영호 대부가 이를 천앵방으로 고쳤다(遷鶯坊本名阜財, 因曹鄴中丞進士及第, 前政令狐大夫改爲遷鶯坊).

또 최치원의 글에서 "청금(青衿)"도 "득천앵곡"의 함의를 이해하는 데 도움을 준다. 청금의 원뜻은 학자이다. 함통 9년에 지공거(知貢擧) 유윤장(劉允章)은 새로운 진사 알광사(謁光師)가 모두 청금을 입었다고 상주했다.[30] 이후 '청금'으로 새로운 진사를 일컫게 되었다. 왕환(王渙)의 시 〈은혜에 감사드리며 배 공께 삼가 올립니다(感恩上裴公)〉를 보자.

> 青衿七十榜三年, 3년 동안 과거를 주관하여 70명의 합격자를 배출하니,
> 建禮含香次第遷. 건례문에는 향기를 머금고 순서대로 옮기네.

배 공(裴公)은 배지(裴贄)를 가리키는데, 대순(大順) 원년과 2년, 건녕(乾寧) 5년에 세 번이나 예위(禮闈)를 주관하고 진사 68명을 배출했기에[31] "청금칠십방삼년(青衿七十榜三年)"이라 했다. "청금"의 함의는 명백히 알 수 있으니, "득천앵곡"과 앞뒤로 호응하고 서로 부합한다.

② "천앵(遷鶯)"의 함의가 분명해졌으니, '20'이 실제로 햇수를 가리키는 숫자인지 아니면 성수(成數)로 든 문제인지를 논의할 필요가 있다. 최치원의 글에서는 일부 병구(駢句)가 대장(對仗)의 필요 때문에 이따금 성수를 든 것을 제외하고 자신의 나이를 언급할 때는 대부분 실수(實數)를 사용했다. "열두 살에 집을 떠났다(十二離家)", "부모를 떠난 지 벌써 18년이 되었다(別庭闈已十八年)" 등이 그렇다. 특히 "별정위이십팔년(別庭

30) 《남부신서(南部新書)》.
31) 《등과기고》 권24.

闈已十八年)"에서는 수가 이미 20에 가까운데도 그는 결코 "별정위이이십년(別庭闈已二十年)"이라고 말하지 않았다. 이로써 "이십득천앵곡(二十得遷鶯谷)"을 추단해 보면, 실수일 가능성이 크다.

다음으로 당대 사람들은 진사 급제를 영광으로 여겼고, 젊은 나이에 진사 급제를 하면 더욱 자긍심을 가졌다. 대체로 진사과 시험이 가장 어려워서 심지어 백발이 성성한 노인이 될 때까지 급제하지 못하여, 과거 시험장에서 "서른에 명경과 합격은 늦은 것이고, 쉰에 진사 합격은 빠른 것이다(三十老明經, 五十少進士)"라는 말이 결코 거짓이 아니었다. 그러므로 소년으로 합격하면 많은 사람의 선망의 대상이 되었고, 역사서·소설에서는 이러한 급제를 칭찬하곤 했다.

묘태부(苗台符)가 열여섯 살에 급제하고 장독(張讀)이 열여덟 살에 급제한 일을 두고 《당척언(唐摭言)》 권3에서 대서특필했다. 소영사(蕭穎士)가 열아홉 살에 진사로 발탁된 것은 《조야첨재(朝野僉載)》 권6에서 기록했다. 이익(李益)이 스무 살의 나이로 진사에 급제한 일은 〈곽소옥전(霍小玉傳)〉에 보인다. 양사복(楊嗣復)이 열아홉 살로 급제하고 정전(鄭畋)이 열여덟 살에 급제한 일을 《구당서》 본전에서 분명히 기록한 바 있다. 이들 문헌에서 이 일을 쓰고 그 이름을 남겼을 뿐 아니라, 연령까지도 사실대로 적어 놓았다.

젊어서 급제한 본인은 더욱 득의양양했다. 진통방(陳通方)은 스물다섯 살에 급제하여 "그의 나이가 젊고 명성이 높았으므로 경박하게 잘난 체하였다(以其年少名高, 輕薄自負)"[32]고 했고, 이익도 "어려서부터 재능이 있었고, 아름답고 훌륭한 시문을 두고 당시에는 그와 겨룰 사람이 없다고 말하였으며, 매번 풍류적인 재주에 대하여 스스로 긍지를 가졌다(少有才思, 麗詞嘉句, 時謂無雙, 每自矜風調)"[33]고 했다. 백거이(白居易)는 스물

32) 《태평광기(太平廣記)》 권265, 〈진통방(陳通方)〉.
33) 왕벽강(汪辟疆), 《당인소설(唐人小說)》, 〈곽소옥전(霍少玉傳)〉.

아홉 살에 급제했는데, 이 사실을 시[34]로 기록해 두었다.

慈恩塔下題名處, 자은사탑 방명록에 적은
十七人中最少年. 17명 가운데 가장 나이가 어리네.

위의 사례에서 청년 진사의 득의양양한 심리 상태와 일시의 기풍을 알 수 있다. 이처럼 만일 최치원이 18세나 19세에 급제했다면, 관례대로 사실을 직서(直書)하여 그의 재주가 비범함을 보여주어야 한다. 하물며 최치원의 이 글은 처음으로 고병에게 바쳤던 글이니, 자신의 몸값을 높여서 상대방의 칭찬을 얻어 내야 했다. 이러한 상황에서 어째서 정수(整數)를 들어 화사첨족할 필요가 있겠는가? 상술한 바에 의거하여 필자는 "득천앵곡"의 '20'은 바로 실수라고 생각한다. 다시 말하면 최치원 본인이 분명 우리에게 알려준 것처럼 그가 진사에 급제한 때는 스무 살이었다.

③ 앞에서 언급했듯이 최치원은 '빈공'의 신분으로 당에 들어가 진사과 시험에 응시하기 전에 당조 국학에 들어가 학업을 연마했는데, 이른바 "관광육년(觀光六年)"은 국학에서 학습한 일을 가리킨다. 최치원이 국학에 들어간 나이는 열두 살인가, 아니면 열세 살인가? 답은 후자이다. 역사의 기록에서 알 수 있듯이 국학에 들어가 학습하려면 반드시 국자감 입학시험을 통과하고 예부의 허가를 얻어야 하는데, 늦어도 헌종(憲宗) 때부터 이러했다.

원화(元和) 원년에 국자좨주(國子祭酒) 풍항(馮伉)은 다음과 같이 상주했다. "예부에서 선발한 학생들이 도착하는 날, 또한 격식에 따라 시험을 치게 하옵소서(其禮部所補學生到日, 亦請準格帖試)."[35] 장경(長慶) 2년에

34) 《당척언(唐摭言)》 권3, 〈자은사제명유상부영잡기(慈恩寺題名遊賞賦詠雜記)〉.
35) 《책부원귀(冊府元龜)》 권604, 〈학교부(學校部)〉, 「주의 3(奏議三)」.

윤시월(閏十月) 국자좨주 위건도(韋乾度)가 상주했다. "청컨대 지금부터 사관에 결원이 있을 때는 매년 학생들을 선발하되, 반드시 감사(監司)를 거쳐 상황을 진술하고, 결원이 있을 때 감사가 먼저 시험을 쳐서 통과된 연후에 예부에 성명을 알리면 학생으로 보충할 수 있습니다. 만약 감사의 진술이 없다면 정원 제한을 두지 마십시오. …… 칙지에 의거하여 사룁니다(請起今已後, 應四館有闕, 其每年請補學生者, 須先經監司陳狀, 稱請替某人闕, 監司則先考試, 通畢, 然後具姓名申禮部, 仍稱堪充學生. 如無監司解申, 請不在收管之限. …… 勅旨宣依)."[36]

다시 말해서, 최치원이 국학에 들어가 학습했다면 우선 결원의 유무를 보아야 한다. 결원이 있다는 조건 아래 감사에게 신청하고 시험의 합격을 거쳐 예부의 허가를 받은 뒤에야 비로소 국학의 생원(生員)이 될 수 있다. 최치원이 집을 떠나 당으로 갈 때가 열두 살이라면 당에 들어온 후 신청, 대기, 시험, 허가에도 반드시 시간이 걸렸을 것이므로 그가 입학하기까지 일단 시간이 필요했다. 더욱 중요한 것은 당조의 입학 연령에 명확한 규정이 있었다는 것이다. "모든 생원의 나이 제한은 14세 이상, 19세 이하이다(凡生, 限年十四以上, 十九以下)."[37] 다시 말해 당대의 입학 연령은 적어도 14세였으며, 많더라도 19세를 넘지 않았다[율학(律學)에는 다른 규정이 있다].

곽원신(郭元振)은 열여섯에 태학(太學)에 입학했고,[38] 이화(李華), 소영사, 조화(趙驊), 소진(邵軫) 등 네 사람은 "성년이 되지 않아 태학에 유학한(未冠遊太學)"[39] 것으로 보아 이 규정은 그때 시행되었다. 최치원이 당에 들어갔을 때 많아 봐야 열세 살일 것이므로 규정된 입학 연령에 이

36) 《책부원귀》 권604, 〈학교부〉, 「주의 3」.
37) 《신당서》, 〈선거지 상(選擧志上)〉.
38) 《태평광기》 권166.
39) 《당척언》 권1, 〈양염(兩鹽)〉.

르지 못했다. 그래서 이듬해까지 기다려야 입학할 수 있었다. 사실상 신라에서는 당대의 입학 연령에 대하여 잘 알고 있었다. 그래서 최치원은 앞당겨 열두 살에 집을 미리 떠나 여정, 신청, 응시, 허가까지 필요한 시간을 남겨 두어 규정된 연령에 맞추어 입학할 수 있었다. 최치원은 열네 살에 입학하여 "쉴 새 없이 정진하고(懸刺無遑)" 부지런히 공부하여 "6년 동안 유람하고(觀光六年)" 스무 살에 이름을 방 끄트머리에 걸게 되었으니, 그가 "이십득천앵곡(二十得遷鶯谷)"이라고 한 말과 자연스럽게 일치한다.

④ "이십득천앵곡(二十得遷鶯谷)"과 최치원의 재당 경력이 서로 들어맞는다.

첫째, 중화 4년(884)에 최치원의 나이 서른이므로, 스무 살에 급제한 해를 추정해 보면 874년, 즉 함통 15년이므로 당·송 문헌과 《등과기고》의 기록과 부합한다.

둘째, 함통 15년에 급제했다면 스무 살 때인데, 서른 살에 귀국길에 올랐다면 중화 4년이므로 최치원의 시 〈돌산(石峰)〉의 자주(自註), "중화 갑신년 겨울 음력 10월에 명을 받아 사신이 되어 신라로 갔다(中和甲辰年冬十月奉使東泛)"는 말과 서로 들어맞는다.

셋째, 함통 15년에 급제했다면 최치원이 나이 열둘이었을 때가 함통 7년(866)이고, 중화 4년(884)에 귀국했다면 중국에서 18년을 지냈으니 "별정위이십팔년(別庭闈已十八年)"과 부합한다.

총괄하면 '이십천앵곡(二十遷鶯谷)'은 최치원의 자술에서 나왔는데, 그의 재당 경력과 앞뒤로 부합하여 전혀 어긋나지 않는다. 또 당나라 제도인 14세 입학과 서로 부합하니 그 신뢰성에 대해서는 두말할 나위 없다. 18·19세 급제설은 "열두 살에 집을 떠나 …… 유람한 지 6년 만에 이름을 방 끄트머리에 걸게 되었습니다(十二離家, …… 觀光六年, 金名榜尾)"는 오해에서 나왔고, 최치원의 재당 경력과 때로는 모순되므로 이 설은 성립하기가 어렵다. 최치원이 급제한 해는 마땅히 스무 살 때이다.

[해제]

이 글은 제조욱(諸祖煜, 1933~2007)의 〈崔致遠登第年齡考〉(《揚州教育學院學報》 2001년 제1기)를 번역한 것이다.

제조욱은 상해 화동(華東)사범대학 역사계를 졸업하고, 《漢語大詞典》의 편찬 작업에 참여한 바 있다. 그는 1984년부터 양주교육학원 역사계로 부임하여 부교수를 지냈는데, 이 논문은 2001년 1월 16일에서 18일까지 거행되었던 '中韓崔致遠學術硏討會'에서 발표된 논문이기도 하다.

최치원이 당나라를 두 번째 방문한 시기와 장소

번문례(樊文禮)·양태제(梁太濟)

《삼국사기》 권46, 〈최치원전〉에서는 최치원이 당 광계(光啓) 원년(885)에 당에서 귀국한 뒤 "또 일찍이 사신으로 당에 갔지만 그것이 어느 해인지는 알지 못하겠다. 그의 문집에는 〈태사 시중께 올리는 장문(上太師侍中狀)〉이 있는데, '…… 여기서 말한 태사 시중의 성명도 또한 알 수 없다'고 하였다(亦嘗奉使如唐, 但不知其歲月耳. 攷其文集有〈上太師侍中狀〉云 : …… 此所謂太師侍中, 姓名亦不可知也)"[1]라고 기록했다. 사람들은 이 기록에 의거하여 최치원이 신라로 돌아온 뒤에 두 번째로 당나라 땅을 밟은 것으로 알고 있다. 그렇다면 최치원이 다시 당나라를 방문한 때는 어느 해인가? 장소는 또 어디인가? 이것은 역사 기록이 후인에게 남겨 준 풀기 어려운 수수께끼이다. 이 장에서는 최치원의 관련 작품을 단서로 삼아 위의 두 문제에 대하여 시험적으로 탐구하고자 한다. 타당성의 여부에 대하여 아낌없는 질정을 바란다.

1) 《삼국사기》, 이병도 교역본, 을유문화사, 1993.

1.

최치원이 당나라를 두 번째 방문한 시기에 대하여《삼국사기》,〈최치원전〉에서는 다음과 같이 언급했다.

> 당 소종 경복 2년(893), 납정절사 병부시랑 김처회가 바다에 빠져 죽었다. 곧바로 추성군 태수 김준을 고주사로 파견했다. 이때 최치원은 부성군 태수로 있다가 (왕의) 부름을 받고 하정사가 되었는데, 매년 흉년이 들고 도적이 들끓어 길이 좋지 않았기 때문에 결국 가지 못했다(唐昭宗景福二年, 納旌節使兵部侍郎金處誨沒於海, 卽差橻城郡太守金峻爲告奏使 時致遠爲富城郡太守, 祗召爲賀正使, 以比歲饑荒, 因之盜賊交午, 道梗不果行).

이를 보면 최치원이 다시 당나라를 방문한 시간은 마땅히 당 경복 2년, 즉 893년 이후일 것이다.

최치원이 경복 2년에 사신으로 입당할 때 그 명칭은 '하정사(賀正使)'였다. 현존하는 최치원의 작품을 살펴보건대 하정사란 이름이 붙은 문장은 〈대당 신라국 고 희양산 봉암사 교시 지증대사 적조의 탑비명 및 서(大唐新羅國故曦陽山鳳巖寺教諡智證大師寂照之塔碑銘幷序)〉 이하 〈지증비〉라 약칭한다]라는 단 한 편뿐이다. 이 비는 경상북도 문경군 가은면 원북리 봉암사에 현존하는데, 비석을 세운 연대는 신라 경명왕(景明王) 8년(즉 후량 용덕 4, 924)이다. 비문 작자의 서명과 그 직함은 "입조하정겸 연봉황화 등사(入朝賀正兼延奉皇花等使), 조청대부(朝請大夫), 전수병부시랑(前守兵部侍郎), 충서서원학사(充瑞書院學士), 사자금어대(賜紫金魚袋), 신최치원봉교찬(臣崔致遠奉教撰)"[2]으로 되어 있다.

---

2) 이 비문은《한국금석전문(韓國金石全文)》상책(아세아문화사, 1994)에 수록되었다.《당문습유(唐文拾遺)》권44에도 수록되었으나 그 직함은 삭제되어 있다.

한국 학계에서는 보편적으로 최치원이 〈지증비〉를 쓴 연대가 진성여왕 7년, 즉 893년이라고 보고 있다. 그는 이 비문 속에서 여러 번 "태사로 추증된 경문대왕(贈太師景文大王)"과 "태부로 추증된 헌강대왕(贈太傅獻康大王)"이란 자구를 넣었다. 예를 들어 본문 제22행에서는 "태사로 추증된 경문대왕은 마음으로 유·불·도 삼교를 융합한 분으로, 직접 지증대사를 뵙고자 했다. 멀리서 그의 생각을 깊이하고 임금 자신을 가까이하면서 도와주기를 희망하였다(贈太師景文大王, 心融鼎教, 面渴輪工, 遙深爾思, 覬俾我卽)"라 했다. 제27행에서는 "태부로 추증된 헌강대왕은 본보기로 여겨 그것을 윤허하였다. 그해 9월 남천군의 통승 훈필로 하여금 특별 농장을 골라서 정장으로 구획하도록 하였다(贈太傅獻康大王, 恕而允之. 其年九月, 敎南川郡統僧訓弼, 擇別墅, 劃正場)"라 했다. 신라 경문왕과 헌강왕(즉, 최치원 비문의 헌강대왕)의 재위 기간은 비록 861~875년과 875~886년으로 나뉘지만, 각각 나뉘어 당나라에 의해 '태사'·'태부'로 책증(冊贈)된 때는 바로 신라 효공왕(孝恭王) 원년, 즉 당 건녕(乾寧) 4년, 897년이다. 최치원이 효공왕을 대신하여 쓴 〈황은에 감사드리는 표문(謝恩表)〉에서 다음과 같이 말했다.

신 아무개는 아룁니다. 신의 고모 진성여왕이 번국의 일을 임시로 맡아보던 때, 표문을 갖추어 추증을 청하는 말을 아뢰었는바, 지난 건녕 4년(897) 7월 5일에 앞서 입조했던 경하판관 검교상서 사부낭중으로 자금어대를 받은 신 최원이 본국으로 돌아옴에, 내리신 제지를 받았습니다.

망조인 고 계림주 대도독 검교태위 신 경문왕을 태사로, 망부인 고 지절충영해군사 검교태보 신 헌강왕을 태부로 추증했으며, 그리고 각기 임명장 한 통씩을 내렸습니다. 황실로부터 총명이 내려 일택에 영광이 무르녹았으니, 해동의 온 나라에 더욱 감격할 것이요, 황천에 고하노니 아마 들으실 것입니다(臣某言, 臣叔坦權守蕃務日, 俱表陳請追贈. 去乾寧四年七月五日, 先入朝慶賀判官檢校尙書

祠部郎中, 賜紫金魚袋臣崔元還國, 伏奉制旨 : 亡祖故雞林州大都督,檢校太尉臣凝太師 ; 亡父故持節充寧海軍事,檢校太保臣晸太傅, 仍各賜官告一通者. 寵降天家. 光融日宅, 擧瀛區而增感, 告泉隧而倘聞).[3]

'신숙탄(臣叔坦)'은 바로 진성여왕이다. '태위신응(太尉臣凝)'은 경문왕이고, '태보신정(太保臣晸)'은 바로 헌강왕이다. 최치원은 사실 여하를 막론하고 893년에 경문왕과 헌강왕이 4년 후에 당나라에 의해 태사와 태부로 책증되는 것을 예측할 수 없었을 것이다. 따라서 이해의 작품에 "증태사경문대왕(贈太師景文大王)"이니 "증태부헌강대왕(贈太傅獻康大王)"이니 하고 언급한 것이다. 그러므로 〈지증비〉의 창작은 결코 897년 7월보다 빠를 수 없다.

그렇다면 최치원이 〈지증비〉를 쓴 때는 결국 언제인가? 이 비석의 뒷면에는 음기(陰記)가 있는데, 대체로 비문 창작의 경과를 기술했다. 이 문제를 설명하기 위해 먼저 전문을 아래에 수록한다.

태부 헌강왕은 의원을 보내 문병하였고, 파발마를 내려 재를 지내도록 하였다. 치우치지 않고 공평하게 정무를 보시느라 여가가 없으면서도 능히 시종 한결 같았는데, 보살계를 받은 불자요, 건공향의 수령인 김입언에게 특별히 명하여 여러 고제자들을 위로하게 하고, '지증선사'라는 시호와 '적조'라는 탑호를

---

3) 최치원, 〈황은에 감사드리는 표문〉, 《동문선》 권33, 민족문화간행회, 1994.
《동사강목(東史綱目)》 제5하(下)에는 이에 대한 명확한 기록이 있다. 효공왕 원년 "가을 7월에 당에서 경문왕, 헌강왕에게 책증하고자 하여 왕은 사신을 보내 조정에 들였다. 먼저 진성왕은 표문을 갖추어 전왕을 추증해 줄 것을 아뢰어 요청하자, 이에 경하사 판관 최원이 돌아와 경문왕을 태사로, 헌강왕을 태부로 추증하였음을 알리고 각기 임명장 한 통씩을 내렸다. 왕은 사신을 보내 황은에 감사드렸는데, 최치원이 표문을 지었다(秋七月, 唐冊贈景文王,憲康王, 王遣使入朝. 先是, 眞聖具表陳請追贈前王, 至是, 慶賀使判官崔元還, 詔贈景文王爲太師, 憲康王爲太傅, 各賜官告一通. 王遣使謝恩, 崔致遠制表)"(《동사강목》, 경인문화사, 1987).

내렸다. 이어 비석 세우는 것을 허락하고, 대사의 행장을 적어 아뢰라 하니, 문인인 성견, 민휴, 양부, 계휘 등은 모두 글재주가 있는 사람들인지라 묵은 행적을 거두어 바쳤다. 을사년(헌강왕 11, 885)에 이르러 국민 가운데 유도를 중매로 하여 황제의 나라에 시집가서 이름을 계륜에 높이 걸고 관직이 주하사(柱下史)에 오른 이가 있어 최치원이라고 하는데, 당 희종의 조서를 두 손으로 받들고 고병이 준 의복을 함께 가져왔으니, 비록 이 영광을 봉새의 나는 것에 비하기는 부끄러우나 학이 돌아온 것에는 자못 비길 만하리라. 임금께서 충신으로 청신자인 도죽양에게 명하여, 대사의 문인들이 쓴 행장을 최치원에게 주도록 하고 수교를 내려 말씀하시길, “누더기를 걸친 동국의 선사가 서방으로 천화함을 이전에 슬퍼하였으나, 수의를 입은 서국의 사자가 동국으로 귀환함을 매우 기뻐하노라. 불후의 대사가 인연이 있어 그대에게 이른 것이니, 좋은 작품을 아끼지 말고 장차 대사의 자비에 보답하도록 하라”고 하였다. 신이 비록 동인으로서 재목감은 아니지만, 남관을 한 것은 다행스럽게 여긴다. 바야흐로 마음껏 재주를 부리려고 생각하던 차에 갑자기 주상전하의 승하를 당하였으나, 더욱더 나라에서 불서를 중히 여기고 집에서는 승사를 간직하며, 법갈이 서로 바라보고 선비가 가장 많았다. 두루 아름다운 글을 보고 시험 삼아 새롭지 못한 글도 찾아보았는데, ‘무거무래(無去無來)’의 말이 다투어 말로 헤아릴 정도요, ‘불생불멸(不生不滅)’의 말이 움직이자면 수레에 실을 지경이었지만, 일찍이 《춘추》에서와 같은 신의가 없었고, 간혹 주공의 구상을 쓴 것과 같을 뿐이었다. 이로써 돌이 말하지 못함을 알았고, 길이 멀다는 것을 더욱 체험하였다. 오직 한스러운 것은 대사께서 돌아가신 것이 이르고 신의 귀국이 늦었다는 점이다. ‘애체(靉靆)’라는 두 글자를 두고 누가 지난날을 알려줄 것인가. 소요원에서 강의처럼 설법을 하셨으나, 참다운 비결을 듣지 못하였으니, 매양 감당할 수 없는 처지임을 걱정만 했지, 숙세의 인연이 있었음을 깨닫지 못하였다. 때가 늦음을 탄식하자면 이슬처럼 지나고 서리같이 다가와, 갑자기 근심으로 희어진 귀밑머리가 시들어 쇠약한 것 같고 도의 심원함을 말하자면 하늘같이 높고 땅처럼 두터워, 겨우 뻣뻣한 붓털을 썩힐 뿐이다. 장차 얽매임이 없는 놀음에 어울리고자 비로소 공동산처럼 아름다운 행실을 서술한다. 문인 영상이 와서 글을 재촉하였을 때, 금인이 입을 다물었던 고사에 따라 돌 같은 마음을 더욱 굳혔다. 그러나 참는 것은 뼈를 깎아 내는 것보다 고통스럽고, 요구는 몸을 새기는 것보다 심하였다. 그리하여 그림자는 8년 동안 함께 짝했으며, 말은 세 번을 되풀이했던 것에 힘입었다. 저 여섯 가지의 특이한 일과 여섯 가지의 옳은 일로 글을 지은 것에 부끄러움이 없고 용력을 과시하기에 여유가 있는 것은 실은 곧 대사가 안으로 육마를 소탕하고 밖으로 육폐를 제거하여, 행하면 육바라밀을 포괄하고 좌선하면 육신통을 증험하였기 때문이다. 대사의 사적은 마치 벌이 꽃에서 꿀을 캐듯이 형용해야 하는데, 글은 초고를 없애는 것을 어렵게 했다. 그 결과 가시나무를 쳐내지 않은 것과 같게 되었으니, 쭉정이와 겨가 앞에 있음이 부끄럽다. 자취가 '궁전에서의 놀음'을 따랐으니, 누구인들 '월지궁에서의 만남'을 우러르지 않겠는가. 게는 칠언 연구(聯句)를 본받았으니 바라건대 해 뜨는 곳에서 고상한 말로 비양하라(太傅王馳醫問疾, 降騋營齊, 不暇無偏無頗, 能諧有始有卒. 特敎菩薩戒弟子建功鄕令金立言, 慰勉諸孤. 賜諡智證禪師, 塔號寂照, 仍許勒石, 俾錄狀聞. 門人性蠲·敏休·楊孚·繼徽等 咸得鳳毛者, 斂陳迹以獻. 至乙巳歲, 有國民媒儒道, 嫁帝鄕而名掛輪中, 職攀柱下者曰崔致遠, 捧漢后龍緘, 齎淮王鵠幣, 雖慙鳳擧, 頗類鶴歸. 上命信臣淸信者陶竹陽 授門人狀, 賜手敎曰 : "縷褐東師, 始悲西化. 繡衣西使, 深喜東還. 不朽之爲, 有緣而至 無忝, 外孫之作, 將酬大士之慈." 臣也雖東箭非材, 而南冠多幸. 方思運斧, 遽値號弓. 況復國重佛書, 家藏僧史, 法碣相望, 禪碑最多. 遍覽色絲, 試搜殘錦, 則見無去無來之說, 競把斗量 ; 不生不滅之譚, 動論車載. 曾無魯史新意, 或用周公舊章. 是知石不能言, 益驗道之云遠. 唯懊師化去早, 臣歸來遲, 𩅽䨴字誰告前因, 逍遙義不聞眞訣. 每憂傷手, 莫悟伸拳, 歎時則露往霜來, 遽涸愁鬢 ; 談道則天高地厚, 壓腐頑毫. 將諧汗漫之遊, 始述崆峒之美. 有門人英爽來趣受辛, 金口是資, 石心彌固, 忍踰刮骨, 求甚刻身. 影伴八冬, 言資三復. 抑六異六是之屬辭無媿, 賈勇有餘者, 實乃大師內蕩六魔,

外除六蔽, 行苞六度, 坐證六通故也. 事譬採花, 文難削藁, 遂同榛楛勿翦, 有慙糠粃在前. 跡追蘭殿之遊, 誰不仰月池佳對? 偈效柏梁之作, 庶幾騰日域高譚).

여기서 해결하기 어렵거나 중요한 문구에 대해서 대략 해석하고자 한다.

- 을사세(乙巳歲) : 신라 헌강왕 11년, 당 광계 원년, 885년이다.
- 학귀(鶴歸) : 진(晋) 도잠(陶潛)의 〈수신후기(搜神後記)〉 권1에서 "정령위는 본래 요동 사람으로 영허산에서 도를 배우고 나중에 학으로 변하여 요동으로 돌아왔다(丁令威, 本遼東人, 學道于靈虛山, 後化鶴歸遼)"라고 했다. 이곳에서는 최치원이 당에 유학했다가 귀국한 일을 가리킨다.
- 호궁(號弓) : 《사기》 권28, 〈봉선서(封禪書)〉에서 "황제는 수산에서 동을 채취하여 형산 아래에서 정을 주조하였다. 정이 완성되자 하남에서는 긴 턱수염을 드리운 용이 황제를 영접하였으며, 황제가 용의 등에 올라타자 군신, 후궁 등 70여 명도 따라서 용의 등에 올라탔고, 그러자 용은 상공으로 올라갔다. 그러나 나머지 지위가 낮은 신하들은 올라탈 수 없어서, 모두 용의 수염을 잡았다가 수염이 뽑혀 땅으로 떨어졌고, 황제의 활도 떨어졌다. 백성은 모두 황제가 하늘로 올라가는 모습을 바라보면서 그 활과 용의 수염을 끌어안고서 대성통곡하였다(黃帝採首山銅, 鑄鼎荊山下. 鼎旣成, 有龍垂鬍髯下迎黃帝. 黃帝上騎, 群臣后宮從上龍七十餘人, 乃上去. 餘小臣不得上, 乃悉持龍髯, 龍髯拔, 墮黃帝之弓. 百姓仰望黃帝旣上天, 乃抱其弓與龍鬍髯號)"라고 했다. 후세에 '호궁'은 제왕의 죽음을 가리킨다. 최치원이 귀국한 초에 연이어 신라국왕 두 사람이 세상을 떠났으니 바로 886년의 헌강왕과 887년의 정강왕(定康王)이다. 헌강왕의 지증선사에 대한 관심과 보호, 최치원이 귀국하자 즉각 그에게 지증선사 비문을 쓰라고 명령한 상황으로 볼 때, 이 호궁은 886년 헌강왕이 세상을 뜬 일을 가리킨다.
- 장해한만지유(將諧汗漫之游) : '한만(汗漫)'은 끝없이 넓거나 아주 먼 곳까지

자유롭게 유랑한다는 뜻이다. 《삼국사기》, 〈최치원전〉에는 "최치원이 서쪽의 당나라에 가서 벼슬하다가 동쪽의 고국으로 돌아온 것은 순전히 난세를 만났기 때문이다. 처세하기가 곤란하고 툭하면 죄를 지을 것 같아 스스로 때를 만나지 못한 것을 한탄하고 다시 벼슬할 뜻을 두지 않았다. 이에 소요하며 얽매이지 않고 산림이나 강과 바닷가에 누대와 정자를 만들어 솔과 대를 심어놓고 서적을 베개 삼아 자연을 노래하고 읊었다(公自西仕大唐, 及至東歸故國. 皆遭亂, 屯邅蹇連, 動輒得咎. 自傷不遇, 無復仕進意, 逍遙自放, 山林之下, 江海之濱, 營臺榭, 植松竹, 枕藉書史, 嘯詠風月)"라고 했다. 이른바 "한만지유(汗漫之游)"는 이를 가리킨다. 또 《동사강목》 제5하(下), 「무오(戊午) 효공왕 2년(당 광화 원년, 898) 11월」조에서는 "아찬 최치원은 죄가 있어 면직되었다(阿湌崔致遠有罪免)"라고 기록했다. 최치원의 한만지유는 이 해임 이후이다.

- 시술공동지미(始述崆峒之美) : '공동'은 본래 산 이름인데, 후에 험준한 산세를 형용하는 뜻이 파생되었다. 예를 들면 유신(庾信)의 《유자산집(庾子山集)》 권12, 〈진주 천수군 맥적애불감명(秦州天水郡麥積崖佛龕銘)〉 중에 "물소리가 오열하는 듯하고, 산세가 공동산처럼 험준하다(水聲幽咽, 山勢崆峒)"고 쓴 예가 있다. "시술공동지미"는 지증선사의 숭고하고 아름다운 행적을 서술하기 시작하고, 또한 지증을 위해서 비문을 쓰기 시작한다는 뜻이다.

이처럼 우리는 최치원이 〈지증비〉를 쓰는 경과에 대하여 아래와 같이 개괄할 수 있다.

885년 최치원은 귀국한 뒤 곧 헌강왕의 명을 받아 지증선사를 위해 비문을 지었다. 그러나 그가 "바야흐로 마음껏 재주를 부려(方思運斧)" 붓을 들려고 할 때 '호궁'의 비극, 즉 헌강왕이 사망하여 비문 쓰는 일을 중단했다. 그래서 최치원은 또 저술의 어려움을 깊이 느끼고 "매양 감당할 수 없는 처지임을 걱정만 했지, 숙세의 인연이 있음을 깨닫지 못하였다(每憂

傷手, 莫悟伸拳).” 이에 “이슬처럼 지나고 서리처럼 다가와(露往霜來)” 다년간 시간을 허비한 뒤 대략 898년 그가 해임된 다음 “장차 얽매이지 않는 놀음에 어울리고자(將諧汗漫之游)” 하여, 이렇게 해서 “비로소 공동산처럼 아름다움을 서술하기 시작했다(始述崆峒之美).” 그러나 “시술공동지미”에서 마지막으로 탈고하기까지 긴 세월을 보내 “그림자는 8년 동안 짝했으며, 말을 세 번 되풀이했던 것에 힘입어(影伴八冬, 言資三復)”, 즉 8년이 경과하여 세 차례 수정을 거쳐서야 완성하게 되었다. 따라서 〈지증비〉를 쓰기 시작한 때가 빨라야 898년, 즉 신라 효공왕 2년, 당 광화 원년[4]보다 이르지 않다. 그리고 마지막에 탈고한 시간은 빨라야 906년, 즉 신라 효공왕 10년, 당 천우(天祐) 3년보다 이르지 않다.

이 밖에 음기의 작자에 대하여 다소 설명을 할 필요가 있다.

비석의 뒷면 끝 낙관한 곳에는 “분황사 스님 혜강이 나이 83세 때 글씨를 쓰고 글자를 새기다(芬皇寺釋慧江書幷刻字, 歲八十三)”라는 글이 있는 것으로 보아, 이 비석의 비문 및 음기를 쓰고 새기는 일은 모두 혜강에 의해 완성된 것임을 알 수 있다. 그러나 이 비문의 작자가 혜강이 아닌 것처럼, 비석 뒷면의 이 음기도 혜강의 손에서 나온 것이 아니라 비문과 마찬가지로 최치원의 손에서 나온 것이다.

먼저 음기에서 비문 찬술의 경과를 서술할 때, 두 번이나 ‘신(臣)’이 어쩌고저쩌고 하는, 즉 “신이 비록 동인으로서 재목감은 아니지만, 남관을 한 것을 다행스럽게 여긴다(臣也雖東箭非材, 而南冠多幸)”, “대사께서 돌아가신 것이 이르고, 신의 귀국이 늦었다(師化去早, 臣歸來遲)”라는 문구가 나온다. 여기서 ‘신’은 최치원의 자칭일 뿐이다.

다음으로 음기의 글 속에서는 대부분 “비록 봉새의 나는 것에 비하기

4) 생각건대 최치원은 898년 11월에 해임되었다. 그때는 이미 연말이라서 당시 그의 심리 상태로는 곧바로 비문의 찬술 작업에 집중할 수 없었을 것이다. 그리하여 “시술공동지미(始述崆峒之美)”했으나 실제로는 898년보다 늦은 것이다.

는 부끄러우나, 학이 돌아온 것에는 자못 비길 만하다(雖慙鳳擧, 頗類鶴歸)", "신이 비록 동인으로서 재목감은 아니지만, 남관을 한 것을 다행스럽게 여긴다", "대사의 사적은 마치 벌이 꽃에서 꿀을 캐듯이 형용해야 하는데, 글은 초고를 없애는 것을 어렵게 했다. 그 결과 가시나무를 쳐내지 않은 것과 같게 되었으니, 쭉정이와 겨가 앞에 있음이 부끄럽다(事譬採花, 文難削藁, 遂同榛楛勿翦, 有慙糠粃在前)" 등 겸손한 어휘를 많이 썼다. 최치원은 신라의 가장 뛰어난 문학가로 사람들로부터 널리 추숭과 경앙을 받았으니, 아마도 당시나 후세에 그를 경시하거나 폄하할 수 있는 사람은 결코 없었을 것이다. 따라서 이러한 글은 최치원 본인의 손에서 나온 것이며, 그 성격은 비문의 발어(跋語)에 속한다.

최치원이 "한만지유"하던 기간에 또 〈당 대천복사의 옛 주지로 불경을 번역한 고승 법장 스님의 일대기(唐大薦福寺故寺主翻經大德法藏和尙傳)〉(이하 〈법장전〉으로 약칭)를 썼다. 그는 이 전기의 말미에 "천복 4년 천간과 지지가 모두 첫머리에 오는 해, 갑자년(904)에 시라국 가야산 해인사 화엄원에서 난리를 피하고 병도 요양하는 두 가지 편리를 도모했다(于時, 天復四春, 枝幹俱首, 於尸羅國迦耶山海印寺華嚴院, 避寇養痾, 兩偸其便)"[5]라는 발문을 썼다. 당 천복(天復) 4년은 천우(天祐) 원년, 신라 효공왕 8년, 904년이다. '시라국(尸羅國)'은 신라국이다. 《삼국사기》, 〈최치원전〉에서 최치원이 "최후에 가족을 이끌고 가야산 해인사에 은거하였다(最後帶家隱加耶山海印寺)"라고 한 것은 바로 이를 두고 말한 것이다.

최치원이 본편 일대기에 서명한 작자 이름 앞의 직함은 "해동 신라국 시독 겸 한림학사 · 승무랑 · 전 수병부시랑 · 권지서서감사 · 사자금어대(海東新羅國侍讀兼翰林學士 · 承務郎 · 前守兵部侍郎 · 權知瑞書監事 · 賜紫金魚袋)"이다. 그중 '승무랑'과 '자금어대'는 최치원이 당조에서 임직할

5) 최치원, 〈법장전〉, 《화엄경 · 사자장 교석(華嚴經師子章校釋)》 부록, 中華書局, 1983.

때 얻은 것으로, 《삼국사기》, 〈최치원전〉에서는 최치원이 건부 원년에 빈공 진사에 급제한 뒤, "선주 율수현위의 임명을 받았다. 그의 공적을 심사하여, 승무랑・시어사・내공봉이 되었고 자금어대를 받았다(調授宣州溧水縣尉, 考績爲承務郎・侍御史・內供奉, 賜紫金魚袋)"라고 했다. 그러나 '시어 겸 한림학사(侍御兼翰林學士)', '수병부시랑(守兵部侍郎)', '권지서서감사(權知瑞書監事)'는 최치원이 당에서 귀국한 초기에 수여받은 관직이다.

그러나 〈지증비〉에서 이러한 상황에 변화가 발생했다. 〈지증비〉와 〈법장전〉에서 최치원의 직함을 비교해 보면, 비록 양자가 '전(前) 수병부시랑', '권지서서감사',[6] '사자금어대'에서 기본적으로 동일하지만, 〈법장전〉에서는 산관(散官, 직위만 있고 직무가 없는 관리)이 '승무랑'[7]으로 되어 있다. 이 밖에 〈지증비〉에는 '시독 겸 한림학사'가 빠져 있고, '입조하정 겸 연봉황화 등사(入朝賀正兼延奉皇花等使)'란 직명이 더 들어가 있다. 생각건대 승무랑은 종8품 하이고, 조청대부는 종5품 상이다. 후자는 전자보다 훨씬 높다. 따라서 이는 천복 4년 이후에 더해진 것으로 단정할 수 있다. 그렇지 않다면 천복 4년에 이미 한거(閑居)하던 최치원이 〈법장전〉에서 종5품의 조청대부로 서명하지 않고 종8품의 승무랑으로 서명할 리는 없을 것이다. 이른바 '입조하정(入朝賀正)'은 입당조하정(入唐朝賀正)이다. 당에서 사신을 파견할 때 왕왕 벼슬과 작위를 올려주어 사신의 신분 지위를 높여 주었다. 당의 사상과 문화의 영향을 깊이 받은 신라는 의심할 나위 없이 당나라 제도를 모방하여 사신이 되면 산관으로 높여주었다. 따라서 최치원의 조청대부는 입조하정의 사신을 맡을 때 신라 왕이 그의 신분 지위를 올려주기 위해 더해 준 것이다.

최치원의 '조청대부'란 산관이 확정된 시기는 904년 이후로 입조하정

6) 〈지증비〉에는 '충서서원학사(充瑞書院學士)'로 되어 있는데, 마땅히 같은 것이다.
7) 〈지증비〉에는 '조청대부(朝請大夫)'로 되어 있다.

때 승진한 것이다. 그렇다면 그가 다시 당나라를 방문한 시간도 명료해지는데, 즉 904년에서 당나라가 멸망한 907년 사이일 것이다. 또 《동사강목》에 의하면, 904년 이후에 신라와 당의 왕래가 기록된 것은 단 한 차례로, 즉 906년(신라 효공왕 10, 당 천우 3) 3월에 "당에서는 거인 김문울을 책사로 임명하여 귀환시켰다(唐以擧人金文蔚充冊使而還)"고 했다. 최치원이 "사신을 받들어 당에 들어간(奉使如唐)" 일은 곧 당의 '책(冊)'에 사례하기 위한 답방인지도 모른다.

2.

최치원이 당나라를 두 번째 방문한 장소에 대하여 《삼국사기》, 〈최치원전〉에서 인용한 그의 〈태사 시중께 올리는 장문(上太師侍中狀)〉에서는 다음과 같이 언급했다.

> 지금 아무개(최치원)는 유가의 후학이요, 해외의 보통 사람으로 욕되게도 표장을 받들고 당의 조정에 조회하게 되었으니, 모든 정성을 다 바치는 것이 예에 합당할 것입니다. 엎드려 살펴보건대, 원화 12년(817)에 본국의 왕자 김장렴이 태풍을 만나는 바람에 명주에 상륙했는데 절동의 어느 관원이 발송하여 경사로 들여보냈습니다. 중화 2년에는 입조사 김직량이 역신의 작란으로 길이 막혀 마침내 초주에 상륙하여 이리저리 헤매다 양주에 이르러 황제가 촉으로 행차했음을 알게 되었습니다. 고 태위가 도두 장검을 보내 감시, 호송하여 서천에 이르게 했습니다. 이전의 사례가 이렇게 분명하게 있으니 엎드려 바라옵건대 태사 시중께서는 커다란 은혜를 내려 특별히 수륙 통행증을 하사하시고 머무는 곳에 배, 음식과 오랜 여행에 필요한 말과 꼴을 공급해 주시며 아울러 군대의 장수를 파견하여 황제 수레 앞에 이르도록 감시, 호송해 주도록 하소서

(今某儒門末學, 海外凡材, 謬奉表章, 來朝樂土. 凡有誠懇, 禮合披陳. 伏見, 元和十二年, 本國王子金張廉, 風飄至明州下岸. 浙東某官, 發送入京. 中和二年, 入朝使金直諒, 爲叛臣作亂, 道路不通, 遂於楚州下岸, 邐迤至揚州, 得知聖駕幸蜀. 高太尉差都頭張儉, 監押送至西川, 以前事例分明. 伏乞, 太師侍中, 俯降台恩, 特賜水陸券牒, 令所在供給舟船熟食, 及長行驢馬艸料, 幷差軍將, 監送至駕前).

이 장문은 최치원이 당나라를 다시 방문한 뒤 아무개 '태사 시중'에게 도움을 청하기 위해 지은 글이다. 따라서 이 태사 시중이 누구인지 분명히 밝히는 것이 문제를 해결하는 관건이다.

당나라에서는 이전의 제도를 계승하여 태사(太師)·태부(太傅)·태보(太保)를 '삼사(三師)'라 했는데, 이는 "천자가 본보기로 삼는 법(天子所師法)"이다. 시중은 문하성(門下省) 장관으로 "천자를 보좌하고 중앙 행정을 통치(佐天子而統大政)"[8]했다. 그러나 안사(安史)의 난 이후 당 조정에서는 지방 번진의 장수를 구슬리거나 포상, 위로하기 위해서 툭하면 삼사, '삼공(三公, 太尉·司徒·司空)' 혹은 삼성장관(三省長官, 中書令·門下侍中·尙書左右僕射), 동평장사(同平章事) 등의 직함을 올려주어 존중과 총애의 의미를 보여주었다. 이 가운데 중서령, 시중, 동중서문화평장사로 올려준 것을 '사상(使相)'이라 부른다. 최치원은 〈태사 시중께 올리는 장문〉에서 이 태사 시중께 "엎드려 바라옵건대 태사 시중께서는 커다란 은혜를 내려 특별히 수륙 통행증을 하사하시고 머무는 곳에 배, 음식과 오랜 여행에 필요한 말과 꼴을 공급해 주시며 아울러 군대의 장수를 파견하여 황제 앞까지 감시, 호송해 주도록 해주길" 청구했으니, 이 '태사 시중'은 '장행(長行)'해야 '황제 수레 앞(駕前)'에 도달할 수 있는, 조정에서 매우 먼 지역에 있는 실제 통치자, 즉 최치원이 당나라에 발을 디딘 곳에

8) 《구당서》 권43, 〈직관지(職官志)〉, 북경 중화서국 點校本, 1975.

삼사와 사상[9]이란 관직을 가진 번진 절도사임을 알 수 있다.

당대는 중국 봉건 사회에서 대외 개방이 가장 적극적인 시기로, 연해 지구의 교주(交州), 광주(廣州), 천주(泉州), 명주(明州), 양주(揚州), 등주(登州) 등은 모두 중요한 수출입 항구였다. 그러나 신라 사절이 당에 들어와 내린 곳은 주로 평로[平盧, 치청(淄青)], 회남(淮南)과 절동(浙東) 세 곳이었다.

평로절도사는 본래 동북 지구에 설치했고, 절도사의 관공서는 영주(營州, 지금의 요녕 조양)에 있었다. 안사의 난이 일어난 뒤 보응(寶應) 원년(762)에 지금의 산동 일대로 남천하여 일찍이 이곳에 설치되었던 청밀절도사(青密節度使)와 합병해 평로치청절도사(平盧淄青節度使)라고 불렀고, 간단히 평로 혹은 치청이라 부르기도 했다. 당 말에는 청(青)・치(淄)・제(齊)・등(登)・내(萊) 등 5주를 관할했고, 절도사의 관공서는 청주(지금의 산동 청주)에 있었다.

평로절도사에 개원(開元) 28년(740)부터 압양번 급 발해흑수사부경략사(押兩蕃及渤海黑水四府經略使)가 더해졌다. 이른바 '양번'이란 해(奚)와 거란(契丹)을 가리키고 '발해흑수'는 발해말갈과 흑수말갈이다. 남천 후 해・거란과의 거리는 너무 멀고 신라・발해의 해로 교통은 가까웠기 때문에 영태(永泰) 원년(765)부터 압신라・발해양번사(押新羅・渤海兩蕃使)로 고쳤는데, 당과 신라・발해의 연계를 처리하고 양국 사절을 접대하는 전문 기구였다. 치청 관내의 등주(登州, 관공서는 지금의 산동 봉래)는 "중국에서 신라・발해로 갈 때 이곳 대로를 지나게(當中國往新羅,渤海過大路)"[10] 되어, 당과 신라・발해가 왕래하는 중요한 통로였으며, 등주

9) 《동사강목》 제5상(上), 「진성여주(眞聖女主) 7년」조에 "후에 최치원이 또한 일찍이 사신을 받들어 당에 가게 되었는데, 주・현에서 물자 공급이 끊기자, 당의 재상 태사 시중께 장문을 올려 다음과 같이 말했다(後致遠亦嘗奉使如唐, 以州縣供給不繼, 上唐宰相太師侍中狀曰)"라고 운운했다. 태사 시중 앞에 재상이란 두 글자를 보탠 것은 착오이다.

성 안의 신라관·발해관은 당조에 왕래하는 양국 사절의 접대소였다.

평로절도사의 이러한 직권은 아래의 사건 속에서 더욱 분명히 볼 수 있다. 건부 말년에 황소가 "장안을 핍박하여 어가가 촉으로 순행하게(逼咸秦, 駕巡庸蜀)" 되자, 신라 헌강왕이 일찍이 "이에 초나라 군주의 옷소매를 떨치고 종군(終軍)의 긴 밧줄이 되기를 자청하였다(爰投楚袂, 冀請終纓)." 회남절도사 고병은 곧 "위로는 번군의 정성을 그대로 아뢰고, 밖으로는 군대의 위력을 진작시켰다(上陳蕃款, 外振軍威)." 그러자 치청절도사 안사유(安師儒)는 회남에서 신라 사절을 접대하고 호송하는 일을 월권 행위로 간주하여 "이를 참월하다 하여 이 돛대를 두드리면서 충성을 맹세하는 것을 막았다(謂彼越庖, 阻玆叩楫)."[11] 따라서 정상적인 상황이라면 최치원은 마땅히 치청 관내에서 내린 것으로 봐야 옳을 것이다.

회남절도사는 양(揚)·초(楚)·노(盧)·수(壽) 등 8주를 관할했고, 지금의 안휘(安徽)와 강소(江蘇) 북부 일대에 있었다. 이 가운데 양주(지금의 강소성)와 초주(지금의 강소성 회안)는 모두 당대의 중요한 항만으로, 당에 오는 신라와 일본 등의 배는 때때로 자연적 혹은 정치적 원인으로 인하여 이곳의 부두에 배를 댔다. 앞에서 인용한 최치원의 〈태사 시중께 올리는 장문〉에서 "중화 2년에는 입조사 김직량이 역신의 작란으로 길이 막혀 마침내 초주에 상륙하였다(中和二年, 入朝使金直諒爲叛臣作亂, 道路不通, 遂於楚州下岸)"라고 말한 바와 같다.

회남은 당 말의 교통 요지로 당에 들어오는 신라 사절을 접대하고 갈아타는 곳일 뿐 아니라, 일찍이 당의 지방 정권으로 직접 신라와 관계를 발전시키기도 했다. 예를 들면 중화 4년(884)에는 "신라국 입회남사 김인규(新羅國入淮南使金仁圭)"가 회남에 사신으로 왔는데, 최치원의 사촌동생 최서원(崔栖遠)도 "입회남사 녹사(入淮南使錄事)"의 신분으로 함께 왔

---

10) 《원화군현도지(元和郡縣圖志)》 권11, 〈등주(登州)〉, 중화서국 點校本, 1983.
11) 《동문선》 권33, 최치원, 〈황은에 감사드리는 표문(謝恩表)〉.

고, 최치원 본인도 이때 "회남입신라 겸 송국신 등사(淮南入新羅兼送國信等使)"의 직명으로 귀국하게 되었다.[12] 이러한 모든 것이 회남과 신라 간의 밀접한 관계를 설명한다. 이 밖에 최치원은 광명(廣明) 원년에서 중화 4년에 이르기까지(880~884) 일찍이 회남절도사 고병의 밑에서 여러 해 봉직했으니, 회남은 그가 당조에서 장안 이외에 가장 잘 알고 있는 곳이다. 따라서 그가 20년 후에 다시 당나라 땅을 밟았을 때 회남을 상륙하여 발을 디딜 장소로 선정할 가능성이 없지 않다.

절동절도사는 월(越)·구(衢)·온(溫)·명(明)·대(臺) 등 7주를 관할했다. 그중 온주·명주·대주 3주는 지금의 절강 동부 연해 지구에 위치해 있다. 문헌에서 이 3주는 모두 신라 선박이 출입했다는 기록이 보이며, 특히 명주(지금의 절강성 영파)는 당조 후기 당과 신라의 왕래에 가장 중요한 항구 가운데 하나였다.[13] 앞에 인용한 최치원의 〈태사 시중께 올리는 장문〉에서도 일찍이 "원화 12년에 본국 왕자 김장렴이 태풍을 만나는 바람에 명주에 상륙했는데, 절동의 어느 관원이 장안으로 들어가도록 호송하였다(元和十二年, 本國王者金張廉風飄至明州下岸, 浙東某官發送入京)"고 언급했다. 이른바 "태풍을 만나는 바람에 명주에서 상륙했다"는 말은 김장렴이 본래 치청 관내에 상륙하려고 했으나, 폭풍을 만나 명주로 가게 된 것을 뜻한다. 이는 자연적 원인으로 야기된 것이다. 그러나 당말에 한반도와 양절(兩浙) 지구 간에 직접적인 관방 항로의 왕래도 존재했다. 예를 들어 《동사강목》 제5하(下)에 의하면, 경신(庚申) 신라 효공왕 4년(당 광화 3, 900)에 "견훤이 후백제왕으로 참칭하고 …… 오월로

---

12) 《계원필경집》 권20, 〈귀성을 허락하신 데 감사드리는 계문(謝許歸覲啓)〉, 〈사촌동생 서원에게 돈을 하사한 데 감사드리는 장문(謝賜弟栖遠錢狀)〉, 〈태위께 올리는 별지(上太尉別紙)〉 5수, 〈참산의 신에게 지내는 제문(祭巉山神文)〉 참조. 《사부총간초편》, 상해 상무인서관, 1936.

13) 임사민(林士民), 〈당 오월 시기 절동과 조선반도 통상무역 및 문화교류의 연구(唐吳越時期浙東與朝鮮半島通商貿易和文化交流之研究)〉, 《海交史研究》, 1993년 제1기.

사신을 파견했는데, 오월왕 전류가 답방하였다(甄萱僭稱後百濟王, …… 遣使如吳越, 吳越王錢鏐報聘).” 생각건대 900년에 전류는 아직 오월왕에 봉해지지 않았으나, 여기서 당시 양절 지구와 한반도의 관방 항로 왕래가 이미 존재했음을 알 수 있다. 그러므로 수년 후 최치원이 재차 당나라 땅을 밟았을 때 절동을 상륙 장소로 선정했을 가능성도 있다.

치청·회남·절동이 모두 최치원의 상륙 장소였을 수 있다면, 한 걸음 나아가 고려해야 할 것은 의심할 바 없이 완전히 “황제 수레 앞에 이를(至駕前)” 가능성 여부이다.

치청진(淄青鎭)은 당 말 이래 불안정 상태에 있었고, 특히 주전충(朱全忠)과 장기간 겸병과 반겸병 투쟁을 전개했다. 건녕 4년(897) 주전충이 충운(充鄆)을 겸병한 뒤 일찍이 병사를 인솔하여 동쪽으로 나아가 치청을 향해 진공하자, 치청절도사 왕사범(王師範)이 “물러나(下之)”[14] 주전충에게 항복했다. 그러나 치청은 주전충에게 단지 일종의 “기복(羈服)”일 뿐, 왕사범은 여전히 “치청 한 도만 보전(保淄青一道)”[15]했다.

천복 3년(903) 정월에 주전충이 봉상(鳳翔)에서 소종(昭宗)을 포위하자, 소종은 번진을 정벌하는 병사를 불러 구원하라는 조서를 내렸다. “왕사범이 그를 보고 눈물이 흘러 옷깃을 적셨다. 그는 ‘나는 황제의 울타리에 속해 있으니, 천자가 이처럼 곤욕당하는 것을 어찌 보고만 있을 것인가, 각기 강력한 군사력을 자랑하면서도 다만 자신만 보위할 뿐이다’라고 말했다(師範見之, 泣下沾衿, 曰 : ‘吾屬爲帝室藩屛, 豈得坐視天子困辱如此, 各擁强兵, 但自衛乎’).” 마침내 회남절도사 양행밀(楊行密)과 연맹하여 “여러 장수를 나누어 파견하면서 공물을 바친다거나 상인으로 가장하여 병기를 싸서 작은 수레에다 싣고서(分遣諸將詐爲貢獻及商販, 包束兵仗, 載以小車)” 주전충의 근거지에 들어가 “같은 날 함께 출발하여 주전충을 토

---

14) 《신당서》 권87, 〈왕사범전(王師範傳)〉, 중화서국 點校本, 1975.
15) 《자치통감》 권261, 「건녕(乾寧) 4년 2월」, 중화서국 點校本, 1956.

벌하고자(期以同日俱發, 討全忠)"[16] 했다. 전쟁은 거의 9개월이나 지속되다가 왕사범의 실패로 투항하여 종말을 고했다.

치청 관내 및 그 주변 연(兗), 제(齊), 밀(密), 등(登), 내(萊), 청주(青州) 및 청주의 속현 박창(博昌)·임치(臨淄)에서도 격렬한 쟁탈전이 일어났다. 최치원은 치청진의 전란 상황을 신라에서 당연히 풍문을 들은 바 있었기에 치청을 안전한 통로로 간주하지 않았다. 최치원은 〈태사 시중께 올리는 장문〉에서 특히 원화 12년과 중화 2년에 신라 사절이 치청에서 내리지 않고 명주와 초주에서 내린 선례를 인용했는데, 그가 이번에 입당하여 발을 디딘 곳도 치청 관내가 아님을 설명한다.

최치원이 귀국한 뒤에 회남에서는 또 일련의 변화가 발생했다. 먼저 고병이 광계 3년(887)에 부장 진언(秦彦)에 의해 피살되자 양행밀, 손유(孫儒)가 회남의 수장 자리를 놓고 쟁탈전을 벌였다. 경복 원년(892) 양행밀이 손유를 쳐부숴 잡아 죽이고 회남의 수장 자리를 빼앗은 뒤 다시 주전충과 장기간 대항을 벌였다. 주전충이 여러 번 회남을 향해 진공하자, 양행밀도 누차 출병하여 반격했다.

예컨대 천복 2년(902) 3월에 양행밀은 당동면행영도통(唐東面行營都統)이란 직함을 받고서 병사를 이끌고 주전충을 토벌했다. 천복 3년(903) 4월에 평로 왕사범이 주전충의 공격을 받자, 회남에 구원을 요청하여 양행밀은 즉시 보병과 기병 7천으로 그를 구원했고, 또 병사 수만 명을 파견하여 주전충의 숙주(宿州)를 공략했다. 천복 4년(904)에 주전충이 당 소종을 핍박하여 동천하게 한 뒤, 소종이 사신을 파견하여 서천(西川), 하동(河東) 및 회남에 구원을 요청하고 여러 번진의 장수를 규합하여 광복을 꾀하고자 했다. 천우 2년(905) 주전충은 형(荊)·양(襄) 2진(鎭)을 평정한 뒤 다시 승세를 타서 회남을 향해서 진공했다. 이런 회남 지방의

---

16) 《자치통감》 권263, 「천복 3년 정월」.

여러 형편에 대해서 최치원은 신라에서 풍문을 들었을 것이고, 그가 양행밀에게 이미 완전히 주전충에게 통제된 당 조정까지 호송해 달라고 부탁하기는 불가능했을 것이다.

치청, 회남과 비교하면 당 말 양절 지구의 정세는 다소 안정되어 있었다. 전류는 경복 2년(892)에 절서(浙西, 즉 진해) 절도사를 맡은 뒤 건녕 4년(897)에 다시 절동을 공격하여 빼앗았다. 이렇게 하여 양절은 사실상 이미 한 도(道)로 합해졌다. 그 후 회남 양행밀은 일찍이 양절을 향해 여러 번 진공했으나 모두 전류에게 패배했다. 천복 2년(902)에 이르러 양행밀과 전류는 전쟁 포로를 상호 교환하여 화해하기 시작했다. 천복 4년(904)에 회남부장(淮南部將) 전군(田頵), 안인의(安仁義)가 반란을 일으키자 양행밀은 전류에게 군사를 요청했고, 전류는 즉각 출병하여 성원함으로써 쌍방의 관계는 더욱 융화되었다.

특히 지적할 만한 것은 양절은 치청, 회남과 달라서 전류는 주전충과 비교적 우호적인 관계를 유지했다는 점이다. 그리고 당 조정은 천복 3년(903)부터 사실상 완전히 주전충에 의해 통제되었다. 따라서 최치원이 "황제 수레 앞에 이르"고자 한다면, 아마도 주전충과 우호적 관계를 맺고 있는 지방 번진 우두머리의 호송이 필요했을 것이고, 그중 전류는 의심할 나위 없이 이러한 소임을 맡기에 가장 적합한 인물이었다.

물론 최치원이 다시 당나라 땅을 밟은 지점을 확정하는 고찰에서 가장 관건이 되는 것은 천복 4년에서 천우 4년, 즉 904년에서 907년까지 치청, 회남, 양절 등 3진(鎭)의 절도사 가운데 누가 '태사 시중'이란 직함을 가지고 있었느냐이다.

천복 4년에서 천우 4년까지 치청진의 절도사를 지낸 사람은 왕사범, 왕중사(王重師), 한건(韓建) 세 사람이다.

왕사범은 용기(龍紀) 원년(889)에 부친 왕경무(王敬武)에 이어 세습하여 평로유후(平盧留後)가 되었고, 대순(大順) 원년(890)에 정식으로 평로절도·압신라발해양번 등사(押新羅渤海兩蕃等使)·검교병부시랑(檢校兵部尙書)·어사대부(御史大夫)가 되었다. 그 후 누차 승진하여 검교태부(檢校太傅)·동평장사(同平章事)·상주국(上柱國)에 이르렀고 낭야군공(琅耶郡公)에 봉해졌다. 천우 2년(905)에 하양(河陽)절도사로 이직되었다.[17] 삼사－상공 계통에서 그는 단지 검교태부였고, 사상 계통에서는 동평장사였을 뿐이다.

왕중사는 천우 2년에 평로유후, 검교사도(檢校司徒)로 임명되었다. 그 이전 문덕(文德)－건녕 연간(888～897)에 주전충이 일찍이 검교우복야(檢校右僕射)의 제수를 상주하는 글을 올려 검교사공(檢校司空)의 관직을 제수받았다. 천우 연간에 옹주(雍州)절도사로 옮겼고 동평장사가 더해졌다.[18] 삼사－삼공 계통에서 그는 검교사도와 검교사공일 뿐 검교우복야는 사상의 관직이 아니다.

한건은 천우 3년 6월에 왕중사의 뒤를 이어 평로절도사를 맡았다. 그 이전 광계 2년(886)에 화주(華州)절도사로 임명된 뒤 검교태위(檢校太尉)·평장사로 승진했다. 건녕 3년(896)에 중서령(中書令)을 겸했고, 광화 원년(898)에 수태부(守太傅)·중서령이 되었으며, 허국공(許國公)에 봉해졌다. 주전충이 당 조정을 대신하여 사도·평장사로 불러들였고 제도염철전운사(諸道鹽鐵轉運使)을 맡겼다.[19] 삼사－삼공 계통에서 그는 검교태위·태부 등의 관직을 가졌고, 사상 계통에서는 중서령이었다.

위에서 알 수 있듯이 천복 4년에서 천우 4년까지 재임한 치청절도사 세 사람 중 '태사 시중'이란 관직을 가진 사람은 아무도 없었다. 분명히 최치원의 〈태사 시중께 올리는 장문〉은 결코 치청절도사에게 올린 것이 아니다. 즉, 최치원이 다시 당나라 땅을 밟은 곳은 치청이 아니었다.

---

17) 《구당서》 권20상, 〈소종기(昭宗紀)〉; 권20하 〈애제기(哀帝紀)〉.
18) 《구오대사》 권19, 〈왕중사전(王重師傳)〉, 중화서국 點校本, 1976.
19) 《구오대사》 권15, 〈한건전(韓建傳)〉.

천복 4년에서 천우 4년까지 회남진의 절도사를 역임한 사람은 양행밀과 양악(楊渥) 부자이다.

양행밀은 경복 원년(892)에 회남절도사의 직위를 빼앗은 뒤 건녕(乾寧) 2년(895)에 검교태부・동중서문하평장사(同中書門下平章事)로 승진하고 홍농군왕(弘農郡王)에 봉해졌다. 천복 2년(902)에 다시 동면행영도통(東面行營都統)・검교태사(檢校太師)・수중서령(守中書令)의 벼슬을 받고 오왕(吳王)에 봉해졌다.[20] 삼사－삼공 계통에서 그는 태사란 관직이 있었고, 사상 계통에서 그는 시중을 겸임했다. 그러나 양행말의 '겸시중(兼侍中)'은 광화 3년의 일이었고, 당시 그의 삼사－삼공 계통의 관직은 검교태위였다. 그리고 '검교태사'는 2년 후 천복 2년의 일이다. 이때 그의 사상 계통의 관직은 '수중서령'이다. 역사책에서 그가 '태사 시중'이란 관직을 같이 가졌다는 기록은 아직 찾아볼 수 없다. 따라서 최치원의 〈태사 시중께 올리는 장문〉은 양행밀에게 올린 것이 아니다.

양악은 천우 2년(905) 부친의 직위를 계승하여 회남절도사를 맡았다. 당시 당 조정은 주전충의 수중에 있었다. 그러므로 회남의 장수 좌공(佐共)은 회남에 여러 해 머물러 있던 "선유사 이엄을 청하며 승제로 양악에게 회남절도사, 동면제도행영도통 겸 시중 홍농군왕으로 제수했다(宣諭使李儼承制授楊渥淮南節度使, 東南諸道行營都統, 兼侍中, 弘農郡王)."[21] 이후 천우 4년에 이르러는 양악이 승진했다는 기록이 보이지 않는데, 사실상 자신이 통제하던 당 조정에서 주전충이 적대 관계인 회남절도사를 위해 벼슬과 작위를 올리지 못했을 것이다. 따라서 양악도 결코 '태사 시중'일 수가 없다.

최치원의 〈태사 시중께 올리는 장문〉이 양행밀・양악 부자에게 올린 것이 아니라면, 그가 당나라 땅에 다시 발을 디딘 곳도 역시 회남일 수

---

20) 《신당서》 권188, 〈양행밀전(楊行密傳)〉.

21) 《자치통감》 권265. 「천우 2년 11월 경신(庚辰)」조.

없다.

천복 4년에서 천우 4년까지 양절의 절도사를 지낸 사람은 전류 한 사람뿐이다.

전류는 경복 2년(892)에 절서절도사를 맡으면서부터 검교태부를 지냈고 팽성군왕(澎城郡王)에 봉해졌다. 동년 11월에는 검교태부가 되고 시중을 겸임했다. 건녕 3년(896) 8월에 검교태위가 되고 중서령을 겸임했다. 건녕 5년(898) 7월에는 검교태사, 천복 원년(901) 5월에는 수시중(守侍中)이 되고 팽성왕(澎城王)으로 봉해졌다. 천복 2년(902) 5월에는 월왕(越王)에 봉해졌다. 그 후 천우 4년까지 전류의 관직은 봉작(封爵) 이외에는 아무런 변동이 없다.

예를 들면 천복 2년 5월에 당 조정에서는 제조(制詔) 중에서 "검교태사·수상서시중·겸 중서령·상주국·월왕 전류(檢校太師·守尙書侍中·兼中書令·上柱國·越王錢鏐)"라고 운운했다. 천우 3년(906) 9월의 책문(冊文)에는 "검교태사·수시중·겸 중서령·상주국 전(檢校太師·守侍中·兼中書令·上柱國錢)"이라고 운운했다. 심지어 주전충이 후량(後梁)을 건립한 뒤 개평(開平) 2년(908)에 〈진동군장황신묘기(鎭東軍墻隍神廟記)〉에서 전류의 직함은 여전히 "계성광운동덕공신(啓聖匡運同德功臣, 이는 후량 개평 원년 5월에 주전충이 봉한 것이다), 회남(淮南, 이것도 주전충이 부여한 것이다)진 해진동등군 절도사(鎭海鎭東等軍節度使), 검교태사(檢校太師)·수시중(守侍中)·겸 중서령(兼中書令)·오월왕(吳越王)"[22]이었다. 따라서 최치원이 〈태사 시중께 올리는 장문〉을 올린 대

---

22) 이상은 모두 《십국춘추(十國春秋)》 권77, 〈오월 무숙왕 세가(吳越武肅王世家)〉(북경 중화서국 點校本, 1983)에 보인다. 〈세가〉에서 기록한 바, 천복 4년 4월에 오왕을 봉하는 칙문(敕文)에 "검교태사·수겸중서령(檢校太師·守兼中書令)"으로 되어 있는데, 글자가 빠져 있다. 《전당문(全唐文)》 권854, 이역(李懌)의 〈월왕 전류를 오왕으로 책봉하는 칙문(徙封越王錢鏐爲吳王敕)〉에 의하면, "검교태사·수상서시중·겸중서령(檢校太師·守尙書侍中·兼中書令)"이다. 천복 2년 5월 제(制) 및 천우 3년 9월

상은 전류임에 틀림이 없다. 즉 최치원이 재차 당나라 땅을 디딘 장소는 마땅히 양절이다.

그렇다면 최치원이 양절에서 내린 뒤 전류의 도움을 받아 "감시, 호송되어 황제 수레 앞에 이르렀(監送至駕前)"는가? 최치원의 작품 및 기타 문헌 자료에 모두 기록이 없는 상황을 보면, 아마도 아닐 것이다. 사실상 당시 주전충은 당의 조정을 대신하느라 바빴고, 양절과 조정 간의 교통은 막혀서 극히 불완전했고, 전류는 최치원을 멀리 조정까지 호송할 필요도, 가망도 없었을 것이다. 그래서 최치원은 양절에서 중국의 실제 상황을 충분히 이해한 뒤, 계속 전진할 필요도 없었고 더 이상 전진을 고집할 수도 없었다.

[해제]

이 글은 번문례(樊文禮)·양태제(梁太濟) 공저의 〈崔致遠再次踏上唐土的時間和地點〉(《韓國硏究》 제4집)을 번역한 것이다.

번문례(1955~)는 역사학 박사로 연대(煙臺)사범대학 역사과 교수를 지냈고, 지금은 노동(魯東)대학 역사·사회학원(歷史與社會學院) 교수이다. 주로 수당오대사 연구(민족 관계)를 하고 있는데, 주요 논문으로 〈唐代登州海行入高麗道的變遷與赤山法院的形成〉(《中國歷史地理論叢》 2005년 제2기), 〈宋代高麗賓貢進士考〉(《史林》 2002년 제2기) 등이 있다.

양태제(1934~)는 1958년에 북경대학 역사계 본과를 졸업하고 전후로

책(冊) 및 〈묘기(廟記)〉는 또한 각기 《전당문》 권854, 이역의 〈팽성군왕 전류를 월왕으로 책봉하는 제문(封澎城郡王錢鏐爲越王制)〉, 권842 봉순경(封舜卿)의 〈월왕 전류를 오왕으로 올리는 죽책문(進越王錢鏐爲吳王竹冊文)〉, 권130 전류(錢鏐)의 〈진동군장황신묘기(鎭東軍墻隍神廟記)〉에 보인다. 오로지 《전당문》에서 수록한 이역의 두 통의 제칙문(制敕文)에서 '수상서시중(守尙書侍中)'은 오류일 것이며, '상서'는 아마도 '문하(門下)'로 바로잡아야 할 것이다.

내몽고대학과 절강(浙江)대학 역사과 교수를 역임했으며 지금은 정년퇴임 했다. 주로 당송사 연구를 했는데, 주요 저작으로 《宋史食貨志補正》(包偉民과 공저), 《兩宋階級關係的若干問題》, 《唐宋歷史文獻硏究叢稿》 등이 있으며, 최치원 관련 논문으로 〈崔致遠及其筆下的唐和新羅關係〉, 〈"別紙"·"委曲"及其他 : 《桂苑筆耕集》部分文體淺說〉 등 세 편이 있다.

Ⅱ. 한국 최초의 개인 문집 《계원필경집》

최치원과 《계원필경집》

양위생(楊渭生)

1. 머리말

최치원(崔致遠, 857～?)은 삼국 시대 신라(新羅)[1]에서 당에 유학한 빈공 진사(賓貢進士)로 중・한(中韓) 문화 교류사에 탁월한 공헌을 한 우호 사자이자 한국에서 대대로 공인한 한국 한문학의 창시자이다. 《계원필경집(桂苑筆耕集)》은 오랫동안 유전되어 후세에 전해진 문집[2]으로 삼국 시대부터 전해 내려온 유일한 개인 저작집이기도 하다. 이 저작집은 한국 시문집의 "개산의 비조이며, 또한 동방 예원의 근본이자 시작(開山鼻祖, 是亦東方藝苑之本始也)"[3]으로 칭송되었으며 영향이 심원하여 연구할 만

1) 구양수(歐陽修), 《신당서(新唐書)》 권220 (中華書局 校點本, 제20책, 6202쪽), 〈신라전(新羅傳)〉에서 "신라는 변한의 후예이다(新羅, 弁韓苗裔也)", "동남쪽은 일본이고 서쪽은 백제이며, 남쪽은 바다에 연하고 북쪽은 고려이다(東南日本, 西百濟, 南瀕海, 北高麗)"라고 했다. 신라는 진한(辰韓) 사람이 세운 나라로, 사로(斯盧) 부락에서 발전하여 수도는 금성(金城, 지금의 경주)이다. 백제・고구려와 정립했는데 바로 한국의 삼국 시대이다. 7세기 중엽이 신라의 전성시기였으며, 이씨 당 왕조와 관계가 밀접하여 "군자의 나라(君子之國)"로 불렸다.

2) 김부식(金富軾)의 《삼국사기(三國史記)》 권46, 〈최치원전(崔致遠傳)〉의 기록에 의하면 최치원의 다른 문집 30권이 세상에 전한다고 했는데, 이것이 한국에서 전해지고 있는지 조사하지 못했다.

3) 서유구(徐有榘), 〈교인계원필경집서(校印桂苑筆耕集序)〉, 《총서집성초편(叢書集成

한 가치가 있다. 올해는 마침 이 저명한 시인·학자가 고국으로 돌아간 지 1110주년이 되는 해이니 그에 대한 연구도 필요하고 매우 의의가 있다. 그러나 관련 자료가 흩어져서 간혹 서로 어긋나기도 한다. 본문은 여러 전적에서 조사하여 간략하게 서술함으로써 역사상 한·중 우호 관계의 일면을 새기고자 한다.

2. 생애와 사적

최치원은 자가 해부(海夫)이고 호는 고운(孤雲)이며 신라 호남(湖南)의 옥구(沃溝, 신라의 지명으로 지금의 경주 경내) 사람[4]이다. 신상과 경력에 관하여 최치원은 시문 속에서 여러 번 자술했다.

> 신이 열두 살에 집을 떠나 서쪽으로 가는 배를 탈 때 돌아가신 아버지께서 훈계하시길, "네가 10년 공부하여 진사에 급제하지 못하면 나의 아들이라 하지 말라! 나도 아들을 두었다 하지 않을 터이니, 가서 부지런히 공부에 힘을 다하라!"고 말씀하셨기에 저는 엄격하신 훈계를 마음에 새겨 조금도 잊지 않고 쉴 새 없이 정진하여 오로지 아버지의 뜻을 받든다는 마음으로 실로 남들이 백 번 노력하면, 나는 천 번 노력하여, 유람한 지 6년 만에 이름을 방 끄트머리에 걸게 되었습니다. …… 낙양으로 유랑했습니다. …… 이후 선주 율수현위로 제수되었으며, 그 말단 직책을 내어놓고 회남에서 종직하게 되었습니다(臣自年十二

初編)》 1권, 〈수(首)〉, 中華書局, 1985년 신판, 4쪽.

4) 김부식(金富軾), 《삼국사기》 권46, 〈최치원전〉에 "최치원의 자는 고운이고 혹은 해운이라고도 하는데, 서울(지금의 경주) 사량부 사람이었다. 역사서가 없어져 그의 가문 내력을 알 수가 없다(崔致遠, 字孤雲, 或云海雲, 王京沙梁部人也, 史傳泯滅, 不知其世孫)"라고 했다. 여기서는 위에서 인용한 서유구의 〈교인계원필경집서(校印桂苑筆耕集序)〉에 의거했다.

離家西泛, 當乘浮之際, 亡父誡之曰 : "十年不第進士, 則勿謂吾兒, 吾亦不謂有兒往矣. 勤哉! 無惰乃力." 臣佩服嚴訓, 不敢弭忘, 懸刺無遑, 冀諧養志, 實得人百之, 已千之. 觀光六年, 金名榜尾. …… 尋以浪跡東都, …… 爾後調授宣州溧水縣尉, 及罷微秩, 從職淮南).[5)]

저는 신라 사람으로서 신분도 비천하고 성품도 우직하며 재주도 영민하지 못하고 학문도 부족합니다. 비록 몸뚱이는 비천하나 나이는 아직 젊습니다. 열두 살에 계림을 떠나, 스물에 이르러 위치가 바뀌었습니다. 이제 학문하는 벗을 만나려 하고, 곧 황색 인끈의 낮은 벼슬아치가 되려 합니다. 이미 등용문에 오른 뒤에는 발이 억매인 천리마라고 감히 하겠습니다. 지금 잠시 한 현위 직책을 내놓고 박학굉사과로 다시 나아가기를 바라다가 또 벼슬을 그만둘 것을 생각하고는 혼자서 자연 속에 의지하고자 합니다(某新羅人也, 身也賤, 性也愚, 才不雄, 學不贍, 雖形骸則鄙, 年齒未衰. 自十二始別(《四部叢刊》本作"則別")鷄林, 至二十則遷(《四部叢刊》本作"得遷")鶯谷, 方接青衿之侶. 旋從黃綬之官, 既忝登龍, 敢言絆驥. 今者乍離一尉, 欲應三篇, 更願進修, 且謀退縮, 獨依林藪).[6)]

저는 동해의 벼슬 없는 사람입니다. 앞서 집을 떠나 만 리 이국에 와서 10년 동안 나라를 구경하면서 본디 희망은 과거에 맨 끝으로라도 합격하여 강회 지방의 현령이라도 하는 것입니다. 지난겨울에 말단의 현위를 그만두고 박학굉사과에 응시하고 싶어서 산에 은거하려는 결심으로 잠시 은퇴하여 학문이 바다에 이를 것을 기약하고 다시 연마하였습니다. 그리하여 녹봉이 남아 있지 않고 또

---

5) 〈시·부·표·장 등을 모은 문집을 올리는 장문(進詩賦表狀等集狀)〉. 육심원(陸心源)이 집록한 《당문습유(唐文拾遺)》 권43, 《전당문(全唐文)》 제11책, 中華書局 정장본, 1983, 10862~10863쪽. 《사부총간(四部叢刊)》본에서는 이 글을 〈계원필경서(桂苑筆耕序)〉라고 했고, 《총서집성초편(叢書集成初編)》본에서는 〈계원필경서록(桂苑筆耕序錄)〉이라 했다.

6) 최치원, 〈처음으로 태위께 올리는 계문(初投獻太尉啓)〉, 《계원필경집》 권17, 《총서집성초편(三)》본, 160쪽 ; 《사부총간》본, 《계원필경집》 권17.

> 공부에 필요한 양식이 모자라서 문득 발의 빗자루를 들고 이응의 문에 와서 쓸었으니, 어찌 태위 상공께서 멀리 어여쁘게 추천해 주셔서 곧 직질에 넣어주실 줄 알았겠습니까? …… 작년 여름에 출사하게 되었는데, 홀연히 불러 주시오니 외람되게 임무를 받아서 용깃발을 따르는 것이 허락되었습니다. …… 저는 장강 밖의 상현의 현위로부터 곧 내전의 헌질을 받고 또 장발을 겸하였습니다. …… 옛날에 하루에 아홉 번 벼슬이 올라감도 이렇게 영광될 수는 없었을 것입니다(某東海一布衣也. 頃者萬里辭家, 十年觀國, 本望止於榜尾科第, 江淮一縣令耳. 前年冬, 罷離末尉, 望應宏詞, 計決居山, 暫爲隱退. 學期至海, 更自琢磨, 俱緣祿俸無餘, 書糧不濟, 輒携劫箒, 來掃膺門. 豈料太尉相公過垂獎憐, 便署職秩. …… 去年中夏, 伏遇出師, 忽賜招呼, 猥加驅策, 許隨龍旆 …… 某自江外一上縣尉, 便授內殿憲秩, 又兼章紱. …… 昔有一日九遷, 無以及斯榮盛).[7]

위의 자술과 관련 사서의 기록에 의하면, 최치원은 당나라 의종(懿宗) 함통(咸通) 9년(戊子, 868) 겨우 열두 살의 나이로 장삿배를 타고 중원에 들어와 당조에서 공부했다. 당시 당에 체류한 외국 유학생은 신라 출신이 가장 많았다.[8] 신라 유학생 중 성취가 있는 사람이 적지 않았는데 최치원이 바로 그중에서 특출한 이다. 함통 15년(甲午, 874, 즉 희종 건부 원년) 최치원은 열여덟의 나이로 고운(顧雲, ?~894?) 등 30명과 함께 진사

---

7) 《계원필경집》 권18, 〈직위를 사양하는 장계문(謝職狀啓)〉·〈길게 올리는 계문(長啓)〉, 《총서집성초편(三)》본, 173~174쪽 ; 《사부총간》본은 권18.

8) 왕부(王溥), 《당회요(唐會要)》 권35, 〈학교(學校)〉조에 "정관 5년(631) 이후, 태종은 누차 국학·태학을 행차하였고, 마침내 학교 기숙사 1,200칸을 증축하였다. 국학·태학·사문에서도 생원을 증원하였고, 서학·산학 등에 각기 박사를 두었으며, 학생은 모두 3,260명이었다(貞觀五年以後, 太宗數幸國學·太學, 遂增築學舍一千二百間, 國學·太學·四門亦增生員, 其書·算等各置博士, 凡三千二百六十員)"라고 했다. 국학의 학생은 많을 때 8천여 명에 이르렀으며, 그 안에 수많은 신라 등의 유학생이 있었다(중화서국본 中冊, 1957, 633쪽), 또 《당회요》 권95, 〈신라(新羅)〉조에서 문종(文宗) 개성(開成) 5년(840)에 신라 유학생 중 학문을 이루어 귀국한 자가 105명에 이르렀다고 한다(중화서국본 하책, 1714~1715쪽).

에 급제했다.[9] 그는 신라 유학생이었기 때문에 사서에서는 대부분 '빈공급제(賓貢及第)'라고 불렀다. 이해의 공지거(知貢擧)는 예부시랑(禮部侍郎) 배찬(裴瓚)[이해 7월에 담주자사(潭州刺史), 호남관찰사(湖南觀察使)가 되었다]이었는데 최치원은 배찬을 "좌주(座主)"로 존칭했다.[10] 같은 책 권18 〈전 호남 관찰순관 배료께 올리는 글(前湖南觀察巡官裴璙啓)〉에서는 "시모좌주시랑재종제(是某座主侍郎再從弟)" 운운했으며, 같은 책 권20에는 〈좌주 상서가 난을 피하여 유양으로 가는 도중 절구를 총시했기에 이를 받들어 화답합니다(奉和座主尙書避難過維陽寵示絶句)〉가 있다.

그 후 최치원은 동도(東都) 낙양(洛陽)에서 2년 동안 거주하며 학습과 창작에 종사했다. 스무 살 때 선주(宣州) 율수(溧水, 지금의 강소 진강지구) 현위(縣尉)에 제수되었고, 건부(乾符) 6년(乙亥, 879) 겨울에 임기가 만료되어 사직했다. 최치원은 본래 굉사과(宏詞科)에 응시하고자 다시 공부하러 물러나 산에 은거하려는 바람을 실현하고 싶었으나 "녹봉이 남아 있지 않고, 공부하는 데 필요한 양식이 모자라서(祿俸無餘, 書糧不濟)" 마지못해 같은 해에 과거에 급제한 친구 고운의 소개로 스스로 편지를 쓰고 아울러 시문을 지어 고병(高駢, 821~887) 문하에 보냈다.

이해 10월에 고병은 진해절도사(鎭海節度使)에서 회남절도사(淮南節度使)로 부임하여 염철전운사(鹽鐵轉運使)을 맡았다. 광명(廣明) 원년(庚子, 880) 3월 당 왕조는 고병을 신임하여 황소(黃巢, ?~884)의 농민 봉기를 진압하게 하고 제도행영도통(諸道行營都統)[11]으로 제수하여 회남

---

9) 서송(徐松), 《당등과기고(唐登科記考)》 권23, 〈최치원·고운(崔致遠·顧雲)〉조, 《남청서원총서(南菁書院叢書)》 제1집.

10) 《계원필경집(桂苑筆耕集)》 권7에 〈이부상서 배찬께 올리는 글 2수(吏部裴瓚尙書二首)〉가 있다.

11) 사마광(司馬光), 《자치통감(資治通鑒)》 권253, 〈희종 건부 6년 동시월(僖宗乾符六年冬十月)〉조 ; 동권 〈광명 원년 삼월(廣明元年三月)〉조(중화서국 교점본(17) 8217·8223쪽).

(淮南)에 막부를 열었다. 최치원은 부름을 받고 회남종사(淮南從事)가 되어 문서를 관장했는데, 모든 표(表)・장(狀)・문(文)・고(告), 공사(公私)의 응수(應酬) 문장은 대부분 그의 손에서 나온 것이다. 고병은 최치원을 도통순관(都統巡官)으로 위임하고 전중시어사(殿中侍御史)・내공봉(內供奉)・사자금어대(賜紫金魚袋)[12]로 상주했고 최치원은 고병의 막부에서 5년 동안 종사했다.

최치원은 입당 구학하여 문명을 세상에 날리고, 과거에 급제하여 군부에 들어가 자못 당세에 이름을 날려 동시대 빈공 급제자 가운데 우두머리가 되었다. 그러나 오랫동안 고향을 떠나 있었기 때문에 가족을 그리워했고 또 통치 집단 내부의 상호 알력을 목도했기에 "고병이 전도가 유망하지 않고, 여용지・제갈은 등이 허황되므로 반드시 패할 것을 알고(知高駢之不足有爲, 呂用之・諸葛殷等之誕妄必敗)" 곧 초연히 물러나[13] 귀국할 것을 청했다. 이때 마침 신라국 입회남사(新羅國入淮南使) 김인규(金仁圭)가 왔고, 또 그의 사촌동생 최서원(崔棲遠)이 집에서 편지를 가지고 와서 영접하여 돌아가고자 했다. 이렇게 최치원은 당나라 사신의 신분 자격을 얻어 중화 4년(甲辰, 884) 겨울에 김인규 등과 신라로 돌아왔다.[14] 고운은 송별시 〈유선에게 주는 노래(贈儒仙歌)〉[15]를 써주었다.

---

12) 최치원은 신라에 돌아온 뒤 중화(中和) 6년(중화는 4년에 그치므로 이해는 광계 2년, 886년이다) 정월에 올린 표에서 "전도통순관(前都統巡官)・승무랑(乘務郎)・시어사(侍御史)・내공봉(內供奉)・사자금어대(賜紫金魚袋)"라고 자서했다. 상술한 서유구의 〈계원필경집서〉에서는 "사비어대(賜緋魚袋)"라고 했고, 《계원필경집》 권20, 〈참산의 신에게 지내는 제문(祭巉山神文)〉에서도 "사비어대(賜緋魚袋)"라고 했다.

13) 홍석주(洪奭周)・서유구(徐有榘), 〈교인계원필경집서(校印桂苑筆耕集序)〉, 《총서집성초편(一)》본 권1, 1~4쪽.

14) 《계원필경집》 권20, 〈사촌동생 최서원에게 돈을 하사한 데 감사드리는 장문(謝賜弟棲遠錢狀)〉・〈참산의 신에게 지내는 제문(祭巉山神文)〉, 《총서집성초편(三)》본, 201~201쪽 ; 《사부총간》본, 같은 책 권20.

15) 김부식(金富軾), 《삼국사기》 권46, 〈최치원전(崔致遠傳)〉 ; 일본 슈도 요시유키(周藤吉之, 1907~1990), 〈신라 말의 문사 최치원(新羅末の文士崔致遠傳)」, 《송・고려 제도사 연구(宋・高麗制度史研究)》, 汲古書院, 1992, 515쪽.

十二乘船渡海來, 열두 살에 배를 타고 바다를 건너와
文章感動中華國. 문장으로 중국을 감동시켰네.
十八橫行戰詞苑, 열여덟 살에 문단을 휩쓸어
一箭射破金門策. 단번에 과거에 급제했다네.

최치원은 온 가슴에 격정을 품고 〈귀성을 허락하신 데 감사드리는 계문(謝許歸覲啓)〉, 〈태위께 올리는 별지(上太尉別紙)〉 5수 등의 시문을 지어 간절하게 집에 돌아가고 싶은 마음, 이로써 몹시 기다리는 가족들을 조금이나마 위로하고픈 생각을 표현했다. 아울러 중국을 떠나기 아쉬워하며 "떠날지 머물지 결정하기 어려웠고(去住難安)", "일찍이 다시 올 희망을 이루고자 하는(早逐再來之望)"[16) 마음속의 모순을 표출했다.

이해 겨울은 따뜻했고 태풍이 많이 불었기 때문에 배의 운행이 느려 이듬해(885) 봄에서야 왕경(王京, 신라의 수도, 지금의 경주)에 도달했다. 신라 헌강왕(憲康王)은 그의 재주를 아껴서 그를 국내에 남아 정치에 종사하게 하여 헌강왕, 정강왕(定康王), 진성왕(眞聖王) 3대에 걸쳐 시독 겸 한림학사(侍讀兼翰林學士)·수병부시랑(守兵部侍郎)·지서서감(知瑞書監)[혹은 서서원학사(瑞書院學士)라고도 부른다] 등을 역임했다. 진성왕 8년(당 소종 건녕 원년, 갑인, 894) 최치원은 〈시무책(時務策)〉 10여 조를 올려 관직이 아찬(阿飡, 신라의 대관)에 이르렀다.

16) 《계원필경집》 권20, 〈귀성을 허락하신 데 감사드리는 계문(謝許歸覲啓)〉, 〈태위께 올리는 별지(上太尉別紙)〉 5수, 《총서집성초편(三)》본 199~202쪽 ; 《사부총간》본 같은 책 권20. 최치원의 출생 연도는 위에서 서술한 18세에 진사에 급제했다고 한 데서 거슬러 올라가 보면 857년이 틀림없다. 그러나 최치원은 〈귀성을 허락하신 데 감사드리는 계문〉에서 "삼가 저는 열두 살에 집을 떠나, 지금 이미 스물아홉이 되었습니다(伏緣某自年十二離家, 今已二九載矣)"라고 했다. 이로부터 추단하면 최치원은 중화(中和) 4년(884)에 41세였으니, 출생 연도는 844년이다. 열두 살에 입당한 해는 855년이다. 이는 분명히 상술한 사실과 부합하지 않는다. "이구재(二九載)"는 혹 "십칠재(十七載)"의 착오이거나 혹은 그때 이미 29세였는지도 모른다. 더 자세한 고찰이 필요하다.

그는 경학·문학을 제창하여 신라 시대의 학술과 문학의 발전에 큰 영향을 끼쳤다. 그는 원대한 안목을 가지고 있었고 정직하고 대담하게 직언했기 때문에 나중에 여러 차례 무고를 당하여 태산(太山)·무성(武城, 富城) 군수로 추방되었다. 마침내 당시 현실이 유망한 그의 재주를 펼치지 못하게 하여 산림에 은거하여 여생을 마칠 결심을 했다. 가족을 이끌고 강양군(江陽郡) 가야산(伽倻山)에 들어가 이 산의 해인사(海印寺)에 은거했으며, 그가 죽자 호서(湖西)의 홍산(鴻山)에 매장했다. 고려(高麗) 현종(顯宗) 14년(1023, 요 태평 3, 송 인종 천성 원년) 내사령(內史令)으로 추증되었고 문창후(文昌侯)라는 시호를 받아 고려 문묘(文廟)에 배향되었다.[17)]

최치원은 비록 만년에 관직에서 물러났지만 그의 정치상의 공적과 문학적 재능은 여전히 사람들 사이에 전승되고 있다. 수많은 유적이 당시와 후세 사람들의 그에 대한 존경과 기념을 보여준다. 예컨대,

> 상서장(上書莊)은 금오산(金鰲山, 경북 경주)에 있다. 전하는 말에 의하면 신라 말년에 고려의 시조가 홍기하자 최치원이 신라왕에게 올린 상서 가운데 "계림은 낙엽이며, 송악은 푸른 소나무(鷄林黃葉, 鵠嶺靑松)"라는 말이 들어 있었기 때문에 신라왕이 그를 미워했다. 최치원은 가솔을 이끌고 가야산 해인사에 들어가 은거하다 여생을 마쳤다고 한다. 신라 사람들은 그의 "탁월한 지혜(其鑒識之明)"에 감복하여 그 거소를 '상서장'이라 이름 했다고 한다.[18)] 또 《조선지(朝鮮誌)》 권하(卷下)에 「가야산[일명 우두산(牛頭山)이라고 하며 합천군 북쪽

---

17) 김부식, 《삼국사기》 권46, 〈최치원전〉; 김종서(金宗瑞) 등, 《고려사절요(高麗史節要)》 권3에는 현종(顯宗) 14년에 최치원을 문창후(文昌侯)로 추증했다고 한다. 손망(孫望), 《전당시보일(全唐詩補逸)》 권20, 부록, 〈우방하(友邦下)·신라국(新羅國)·최치원(崔致遠)〉조 참조. 《전당시외편(全唐詩外編)》 하책, 中華書局, 1982, 320쪽. 또 육심원(陸心源), 《당문습유(唐文拾遺)》 권34, 〈계원필경집최치원소전(桂苑筆耕集崔致遠小傳)〉; 《전당문(全唐文)》 제11책, 中華書局, 10756쪽.

18) 《보한집(補閑集)》 상 참조.

에 있다」조가 기록되어 있는데 그 내용은 위와 같다.

제시석(題詩石)은 합천군(陜川郡) 해인사(海印寺)에 있는데, 통속석으로 홍류동(紅流洞)이라 부른다. 동네 입구에 무릉교(武陵橋)가 있는데, 다리를 건너 해인사로 가다보면 5～6리가량 떨어진 곳에 최치원의 제시석이 있고 그 시는 다음과 같다.

狂噴疊石吼重巒, 물은 미친 듯이 바위를 치며 산을 울리어
人語難分咫尺間. 지척에서 하는 말 분간하기 어렵네.
常恐是非聲到耳, 항상 시비 소리 귀에 들릴까 두려워
故敎流水盡籠山. 흐르는 물로 산을 감싸게 했네.

이 때문에 후세 사람들은 이 돌을 '치원당(致遠堂)'이라 불렀다.

독서당(讀書堂)은 가야산에 있었다. 세상에 전하기로는 최치원이 가야산에 은거하다가 어느 날 아침 일찍 일어나 숲 속에 관과 신발을 두고 어디론가 갔다고 한다. 해인사의 승려는 그날 초상화를 걸고 명복을 빌며 '독서당'이라는 글자를 남겼다. 당의 옛터는 해인사 서쪽에 있다.

음풍뢰(吟風瀨)·자필암(泚筆岩)은 모두 해인사 골 안에 있다. 이곳은 봉우리가 사방에 우뚝하고 급한 여울이 바람을 품어서 물소리가 전장의 말발굽 소리와 같다. 서내한 바위가 시냇가에 우뚝한데, 표면에 이끼가 끼지 않아 매끄럽게 갈아 놓은 것 같아 붓으로 글씨를 쓸 만하다. 그래서 이러한 이름이 붙었다. 모두 최치원이 노닐던 곳이다.

지리산은 전라남도 남원시(南原市)에서 동쪽으로 60리 떨어진 곳에 있다. 신라에서는 남악이라 불렀다. 지리산 동쪽에 단속사(斷俗寺)가 있는데, 최치원이 독서하던 곳이라고 전해진다.

청학동(青鶴洞)은 지리산에 가는 길에 있다. 좁은 한 길밖에 없다. 몸을 굽히고 몇 리를 가면 비로소 넓은 땅에 이른다. 사방이 모두 옥답이어서 파종하기

에 좋으며, 청학이 그곳에 깃든다 하여 청학동이라 이름 했다. 이곳은 옛날에 은거자들이 숨어 살던 곳인데 최치원이 노닐던 곳이라 한다.

해운대(海雲臺)는 부산직할시 동쪽에 있다. 산기슭이 바다 쪽으로 쑥 들어가 마치 누에 머리처럼 생겼으며, 좁은 길이 몇 리나 이어진다. 동백나무・두충나무・소나무・전나무가 있는데, 싱싱하고 푸르러 사철 한결같다. 이른 봄철이면 동백꽃잎이 땅에 떨어져 말발굽에 차인다. 동남쪽으로 대해가 있는데 전하는 말로는 최치원이 일찍이 대를 쌓고 놀았다는 유적이 아직도 남아 있다.

학사루(學士樓)는 경상북도 함양군(咸陽郡) 옛 객관(客館) 터 서쪽에 있다. 전하는 말에 의하면 최치원이 태수(太守)로 지낼 때 세운 것이어서 이름 지었다고 한다.[19)]

위의 유적 및 전설에서 최치원의 영향이 컸음을 알 수 있고 신라의 홍유석학(鴻儒碩學), 일대 위인이기에 부끄럽지 않다.

3. 최치원의 저작과 《계원필경집》

최치원은 어려서부터 총명하여 부지런히 공부했다. 그의 자술에 의하면 열두 살에 입당하여 학습하면서 창작했고, 성정(性情)을 읊고 명편(名篇)에 사물을 기탁했다. 열여덟 살에 진사에 급제했을 때 지은 시부와 문장이 "거의 상자에 가득하였다(幾溢箱篋)."[20)] 낙양(洛陽)에서 부 5수, 시 100수, 잡시부(雜詩賦) 30수를 창작하여 책이 모두 3편을 이루었다. 율수현위(溧水縣尉)로 임직할 때 여가 시간을 충분히 이용하여 학습과 창작을

19) 이상은 편찬자 미상의 《조선지(朝鮮志)》(《총서집성초편》본, 中華書局, 1985) 권상(卷上), 22~23쪽과 권하(卷下), 32~33・43~44쪽에서 인용.
20) 〈계원필경집서〉.

하여 공사의 시문을 지었는데, 이를 엮은 《중산복궤집(中山覆簣集)》이 있다. 최치원은 회남에 임직하면서 문서 작성 업무를 전적으로 맡아, 그 자신의 말대로 "때마침 난리를 만나 군막에 머물며 먹고 살았는지라 이에 필경으로 제목을 삼아(適當亂離, 寓食戎幕, 所謂饘於是, 粥於是, 輒以筆耕爲目)"[21] 지은 시가 만여 수나 되는데, 스스로 골라 편선(編選)한 것이 바로 《계원필경집》 20권이다.

최치원은 광계 원년(乙巳, 885)에 신라에 돌아온 뒤 중국에서 생활하던 시기에 지은 시문을 정리하여 편선했고, 아울러 광계 2년[병오, 886, 최치원은 아마도 개원(改元)했는지 몰라서 중화 6년으로 서명했다] 정월에 편선한 저작 28권을 올렸다.

《사시금체부(私試今體賦)》 5수 1권
《오언·칠언금체시(五言七言今體詩)》 100수 1권
《잡시부(雜詩賦)》 30수 1권
《중산복궤집(中山覆簣集)》 1부 5권
《계원필경집(桂苑筆耕集)》 1부 20권[22]

이러한 저작이 중국에서는 《계원필경집》 이외에 모두 전하지 않는다. 《신당서(新唐書)》, 〈예문지(藝文志)〉에서 기재한 최치원 저작으로는 《사륙집(四六集)》 1권, 《계원필경집(桂苑筆耕集)》 20권이 있다.[23] 《계원필경집》은 고려 활자본(高麗活字本, 10행 20자 22.4×15.8㎝)이 있고, 홍석주(洪奭周, 1774~1842)·서유구(徐有榘, 1764~1845)의 두 서(序)가 있다. 이 판본은 《의고방속발(儀顧堂續跋)》 권12, 《예풍장서기(藝風藏書

21) 〈계원필경집서〉.
22) 《계원필경집》 권수(卷首), 〈최치원진서표(崔致遠進書表)〉 참조.
23) 《신당서》 권60, 〈예문지 4(藝文志四)〉, 中華書局 校點本, 1617쪽.

記)》 권6에 기재되어 있는데, 모두 선본(善本)이다. 4책은 미국 국회도서관에 수장되어 있다.[24] 중국 남경도서관(南京圖書館)에 소장된 고려 취진활자본(高麗聚珍活字本)은 홍석주・서유구가 간행한 것으로 상술한 활자와 동일한 선본이다.

청(淸) 도광(道光) 29년(1849)에 반사성(潘仕成)이 간행한 《해산선관총서(海山仙館叢書)》본에는 탈자와 오자가 많다. 1926년 상무인서관(商務印書館) 《사부총간초편(四部叢刊初編)》(130)은 상해(上海) 함분루(涵芬樓)에서 무석 손씨(無錫孫氏)가 소장한 고려구간본[高麗舊刊本, 상해서점(上海書店) 1989년 중인본(重印本)이 있다]을 빌려 인쇄한 것이다. 《총서집성초편(叢書集成初編)》본은 《해산선관총서》본에 의거하여 조판・인쇄한 것으로[북경 중화서국(中華書局), 1985년 신1판] 약간 교정했다. 《사부총간》본과 《총서집성초편》본을 비교해 보면 《계원필경집》의 편목이 대체로 같으나, 편명・자구 간에 차이가 있어 모두 시 60수, 문 265편[사실 300편이다. 예컨대 〈태위께 올리는 별지(上太尉別紙)〉 5수 한 편은 사실 5편이다]을 수록했다. 이러한 시문은 최치원이 중국에서 한 학습・창작・관직 생활과 교유의 전 과정을 반영했다. 동시에 최치원은 회남절도사 고병의 막부에서 서기를 맡았고 표(表)・장(狀)・서(書)・계(啓)와 공사 문건이 모두 그의 손에서 나왔으며 수많은 일차 자료를 언급했기 때문에, 《계원필경집》은 중요한 '자료은행[資料庫]'이라고 할 수 있으며 발굴하여 연구할 만한 가치가 있다. 여기서는 대략적으로 요점을 들고자 한다.

1) 황소(黃巢)의 봉기군과 고병(高駢) 막부의 관계

황소는 875년(건부 2) 타오르는 불같이 봉기하여 신속하게 강남과 강

24) 왕중민(王重民), 《중국선본서제요(中國善本書提要)》, 〈별집류(別集類)〉, 上海古籍出版社, 1983, 508쪽.

북을 석권하여 당 왕조를 뒤흔들었다. 884년(중화 4) 6월에 봉기군은 각로(各路)의 당군의 포위 진압 때문에 실패하고, 최후에는 후퇴하여 태산(泰山) 낭호곡(狼虎谷, 지금의 산동 내무 경내)에 이르러 자살했다. 황소의 봉기는 중국의 절반 지역에서 일어났는데, 그 과정에서 전후로 고병 막부와 전쟁을 하기도 하고 화의를 맺기도 했다.

고병은 수년간 금군장령(禁軍將領)을 지냈으며 이후 안남(安南), 천평(天平), 서천(西川), 형남(荊南), 진해(鎭海), 회남(淮南) 등 6진(鎭)의 절도사를 역임했다. 고병은 황소가 봉기하자 처음에는 관망하다가 이후 건부 5년(878)에 부장(部將) 장린(張璘)·양찬(梁纘)을 파견하여 길을 나누어 황소의 봉기군을 습격하여 봉기군 진압 전쟁에 참여하기 시작했다. 건부 6년(879) 겨울 10월에 고병은 회남절도사로 옮겨 염철전운사(鹽鐵轉運使)가 되었고, 이듬해에는 제도행영도통(諸道行營都統)이 되었다. 중화 2년(882) 정월에 당의 조정은 왕탁(王鐸)을 중서령(中書令)에 겸임시키고 제도행영도통에 임명했는데, 고병은 동년 5월에 염철전운사의 직이 파직되자 병권을 잃어버리고 이권도 없어졌다.

이 과정에서 고병은 한편으로 군대를 일으켜 황소 봉기군을 진압하면서 투항을 권고하는 계책을 사용했고, 다른 한편으로는 봉기군의 위세에 눌렸다. 게다가 통치 집단 내부의 모순이 겹치자, 병권을 옹호하여 자신의 기반을 나섰나. 그는 동낭(東塘)에 머물며 지휘하고 실력을 보존하기 위하여 일방을 할거했고 심지어는 군의 정세를 거짓으로 보고하고 회남의 제도병(諸道兵)을 해산시켰다가[25] 자신이 저지른 죄과를 받게 되었다. 고병은 시 〈하중의 왕탁이 도통으로 승진했다는 말을 듣고(聞河中王鐸加都統)〉[26]에서 말했다.

---

25) 《자치통감(資治通鑒)》 권253, 〈광명 원년 5월(廣明元年五月)〉조, 中華書局 校點本, 8225쪽 ; 《신당서(新唐書)》 권224하(下), 〈고병전(高駢傳)〉, 中華書局 校點本, 6391~6404쪽 참조.

煉汞燒鉛四十年, 수은을 달구고 납을 태우길 40년,
至今猶在藥爐前. 지금도 여전히 약 화로 앞에 있네.
不知子晉緣何事, 왕자교(王子喬)는 무슨 사연인지 모르나
只學吹簫便得仙. 오로지 퉁소 부는 법을 배워 신선이 되고자 할 뿐이네.

이는 바로 낭패하고 곤경에 빠진 고병의 자화상이다. 위의 여러 정황을 최치원은《계원필경집》에 실제로 많이 기록하고 있다. 예를 들면 권16의 〈절서 진사도의 사당을 옮기는 글(移浙西陳司徒廟書)〉, 권5의 〈황소의 부하 적장 성령괴를 달래어 항복시켰음을 상주하는 장문(奏誘降黃巢下賊將成令瑰狀)〉, 〈복건도 도적을 달래어 귀순시켰음을 아뢰는 장문(奏誘降福建道草賊狀)〉, 권11의 〈황소에게 보내는 격문(檄黃巢書)〉, 〈조장을 귀순시키는 글(招趙璋書)〉, 〈절서 주보 사공에게 주는 글(浙西周寶司空書)〉, 〈강서 왕 상서에게 답하는 글(答江西王尙書書)〉, 〈제도에 알리어 군인을 징집하는 글(告報諸道徵會軍兵書)〉, 〈제도에 알리어 강운을 징촉하는 글(告報諸道徵促綱運書)〉, 〈서주 시부에게 답하는 글(答徐州時溥書)〉, 〈양양 극공보(郄公甫) 장군에게 답하는 글(答襄陽郄將軍書)〉, 권1의 〈서울 수복을 축하하는 표문(賀收復京闕表)〉, 〈황소를 죽인 것을 축하하는 표문(賀殺黃巢表)〉 등이 있다. 그 가운데 비록 농민 봉기를 공격하는 언사가 많기는 하지만, 많은 일차 자료가 충실하게 보존되어 있으며 정사에서 빠진 부분을 메워 준다.

2) 회남(淮南) 고병의 번진(藩鎭) 체제

회남 고병의 번진 체제는 방대하고도 복잡한 관료 기구이다. 절도사의

26) 서정원(徐正元),《전당시록(全唐詩錄)》 권90에 고병의 시 8수가 수록되어 있는데, 이는 그중 하나이다.

직권 범위와 통치하는 각 기구를 언급하자면, 예컨대 절도관찰사(節度觀察使) 아래에 문관으로 절도부사(節度副使)·관찰유후(觀察留後)·절도판관(節度判官)·절도장서기(節度掌書記)·관찰지사(觀察支使)·관역순관(館驛巡官) 등이 있고, 양주대도독부(揚州大都督府) 아래에 도독부록사참군(都督府錄事參軍)이 있고, 속관(屬官)으로 좌우사마(左右司馬)·어전도병마사(御前都兵馬使)·병마사(兵馬使)·토격사(討擊使)·수군도병마사(水軍都兵馬使) 등이 있다. 어전군관(御前軍官)의 최고급은 대장(大將)·도지병마사[都知兵馬使, 예컨대 장린(張璘)]이다. 절도사가 관할하는 지방 기구, 예컨대 주[州, 양주(揚州)·초주(楚州)·저주(滁州)·화주(和州)·수주(壽州)·노주(盧州)·서주(舒州)·광주(光州) 등 8주이며, 게다가 사주(泗州)·선주(宣州)·흡주(歙州)는 모두 회남 고병의 지배 아래 놓여 있었다]·현(縣)·진(鎭)이고 주장관자사(州長官刺史)는 번진의 추천으로 조정에서 임명했다. 현관[縣官, 영(令)·승(丞)·위(尉)를 포함]은 번진에서 묵칙(墨敕)으로 임명했다. 제도행영도통 겸 염철전운사가 관할하는 관직으로 도통판관(都統判官)·도통순관(都統巡官)이 있고, 무관으로 행영도지휘사(行營都指揮使)·도우후(都虞侯) 등이 있었다. 염철전운사는 주세 징수 업무, 소금 제조 감독 등을 관할했다. 고병은 또 양자원(揚子院)을 발운사[發運使, 양자원의 옛 부서가 남자 고병은 발운사로 고쳤다. 그 후 송대의 강회발운사(江淮發運使)는 바로 여기에서 비롯되었다][27]로 고치자고 상주했다.

이처럼 중첩되고 복잡한 고병 번진의 관료 체제를 최치원은 《계원필경집》에 모두 상세하게 기록했다. 예를 들면 권2의 〈강회로 순행하기를 요청하는 표문(請巡幸江淮表)〉, 〈순행하기를 두 번째로 요청하는 표문(請巡幸第二表)〉, 권3의 〈진언 등을 정식으로 자사로 임명한 조서에 사례하는

---

27) 《자치통감(資治通鑒)》 권253, 〈광명 원년 2월(廣明元年二月)〉조, 中華書局 校點本, 8221쪽.

장문(謝秦彦等正授刺史狀)〉, 권4의 〈종사관을 주청하는 장문(奏請從事官狀)〉·〈조카 홍약의 이름을 '제'로 개명해주고 양주대도(독)부 좌사마로 제수한 것을 사례하는 장문(謝姪男弘約改名濟除授揚州大都(督)府左司馬狀〉·〈이해 이하를 참군이나 현위로 임명할 것을 요청하는 장문(奏李楷以下參軍縣尉等狀)」·〈양행민을 지노주군주사로 임명할 것을 요청하는 장문(奏楊行敏知盧州軍州事狀)〉, 권6의 〈부하를 종사관으로 전임시켜 주길 요청하는 장문(請轉官從事狀)〉(薛礪·鄭俶·顧雲), 권13의 〈묵칙을 행하여 산기상시로 임명하는 글(行墨敕授散騎常侍)〉·〈초주자사 장웅을 우무위(右武衛) 장군으로 임명하는 글(授楚州刺史張雄將軍)〉·〈허경의 아내 유 씨를 팽성군군으로 봉하는 글(許勍妻劉氏封彭城郡君)〉·〈절도판관 이관 대부를 부사 임명할 것을 요청하는 글(請節度判官李琯大夫充副使)〉·〈허권을 관찰아추로 겸직시키고 홍택순관으로 임명하는 글(許權攝觀察衙推充洪澤巡官)〉·〈전 절서 관역순관 향공삼전 장함을 다시 산양현승으로 섭직시키노라(前浙西館驛巡官鄉貢三傳張咸又攝山陽縣丞)〉·〈왕계 단공에게 우사마를 겸직시키는 글(王啓端公攝右司馬)〉·〈우사마 왕계단공을 염철출사순관으로 겸직시키는 글(右司馬王啓端公攝鹽鐵出使巡官)〉·〈사주 우도 상서의 도지휘사 임명을 요청하는 글(請泗州于濤尙書充都指揮使)〉, 권14의 〈학정을 아전병마사로 임명하는 글(郝定補衙前兵馬使)」·〈숙송현령 이민지를 초토도지병마사로 임명하는 글(宿松縣令李敏之充招討都知兵馬使)〉·〈장웅을 백사진장으로 임명하는 글(張雄充白沙鎭將)〉·〈안재영을 행영도지휘사로 임명하는 글(安再榮充行營都指揮使)〉·〈서매를 각주무전지로 임명하는 글(徐莓充榷酒務專知)〉, 권17의 〈직위를 내려준 데 감사드리는 장문(謝職狀)〉 등이 있다. 또 많은 문장이 있으나, 여기서 상세하게 나열하지 않겠다. 《계원필경집》의 이러한 문건은 당대 관제와 당·오대 번진 체제를 연구하는 데 매우 유용한 자료이다.[28)]

3) 서남(西南) 지구 관련 상황의 기술

고병은 회남절도사를 맡기 앞서 여러 차례 군대를 이끌고 서남 지구에 주둔하여 방어했으며, 아울러 사천(四川)에 나성(羅城)을 축성했다. 이는 비록 최치원이 회남에서 종사하기 이전이지만, 《계원필경집》에는 여전히 이에 대한 문자 기록이 있다. 예를 들면 권1의 〈남만과의 평화적 소통을 축하하는 표문(賀通和南蠻表)〉, 권2의 〈남만과의 평화적 소통 사유를 보여준 데 감사드리는 표문(謝示南蠻通和事宜表)〉·〈서천의 축성비 건립에 사례하는 표문(謝立西川築城碑表)〉, 권6의 〈남만에 갔다가 돌아온 사신에게 축하하는 장문(賀入蠻使廻狀)〉, 권16의 〈서주나성도기(西州羅城圖記)〉·〈안남 '녹이도'를 보충하는 기문(補安南錄異圖記)〉 등이다. 이러한 문장들은 모두 서남 지구의 정치(소수 민족 등에 관한 정책을 포함하여), 경제 또는 풍속 민정을 언급하는 데 귀중한 일차 사료이다.

《계원필경집》 이외에 육심원(陸心源)이 집록한 《당문습유(唐文拾遺)》 권34에서 권44에는 최치원의 문장 269편(실제로 314편)[29]이 수록되었다. 그중 마지막 4편은 《계원필경집》에는 없는 것으로, 육심원이 다른 책에서 집록한 것이다. 이 4편은 드물게 보이는 것이므로 편명을 소개하겠다.

① 〈태사 시중께 올리는 상문(上太師侍中狀)〉(《당문습유》 권43)

② 〈당 신라 고 지리산 쌍계사 교시 진감선사 비명 및 서(有唐新羅故

---

28) 이상 두 가지 문제는 일본의 스도 요시유키(周藤吉之, 1907~1990)가 지은 〈당말 회남 고병의 번진 체제와 황소 도당과의 관계에 대하여 — 신라 말 최치원 저 《계원필경집》을 중심으로(唐末淮南高駢の藩鎭體制と黃巢徒黨との關係について：新羅末の崔致遠の著《桂苑筆耕集》を中心として)〉에서 상세하게 논술했으므로, 여기서는 덧붙이지 않겠다. 스도 요시유키, 《송·고려 제도사 연구(宋·高麗制度史研究)》, 汲古書院, 1992, 521~552쪽 참조.

29) 《전당문(全唐文)》 제11책, 中華書局, 1983, 10756~10878쪽 참조.

智異山雙溪寺教諡眞鑒禪師碑銘幷序)〉(《당문습유》 권44)[30]

③ 〈당 신라 고 양조국사 교시 낭혜화상 백월보광의 탑비명 및 서(有唐新羅故兩朝國師教諡大朗慧和尙白月葆光之塔碑銘幷序)〉(《당문습유》 권44)

④ 〈대당 신라국 고 봉암산사 교시 지증대사 적조의 탑비명 및 서(大唐新羅國故鳳巖山寺教諡智證大師寂照之塔碑銘幷序)〉(《당문습유》 권44)

4. 보론

《전당시(全唐詩)》에서는 최치원의 시를 수록하지 않았다. 일본의 이치카와 간사이(市河寬齋, 다른 이름은 上毛河世寧)는 《전당시일(全唐詩逸)》에서 최치원의 시 1수와 시구 7연(聯)을 수록했는데, 지금 초록하여 최치원 연구에 도움을 주고자 한다.

〈연주에서 이 원외에게 드림(兗州留獻李員外)〉(《천재가구(千載佳句)》에도 보인다)

芙蓉零落秋池雨, 가을비에 연꽃잎 시들어 떨어지고,
楊柳蕭疏曉岸風. 새벽 언덕 바람에 버들 성글다.
神思只勞書卷上, 맑은 정신을 온통 책에 쏟고도,
年光任過酒杯中. 세월을 술잔 속에 맡겨 보내는구나.

30) 《해동금석원(海東金石苑)》 권1에는 〈당 신라 진감화상 비명(唐新羅眞鑒和尙碑銘)〉으로 되어 있다.

〈자화산에 올라(登慈和山)〉

畵角聲中朝暮浪, 화각 소리 울리는 가운데 아침저녁으로 물결 일고,
青山影裏古今人. 청산 그림자 속에는 고금 인물 몇 명이나 지나갔나.

〈장안의 버들(長安柳)〉

烟低紫陌千行柳, 안개 낀 장안 거리 천 그루 버들이요,
日暮朱樓一曲歌. 날 저문 붉은 다락에서는 한 가락 노랫소리.

〈낙중의 벗에게 주노라(留贈洛中友人)〉

洛水波聲新草樹, 낙수의 물소리에 움트는 풀과 나무,
嵩山雲影舊樓臺. 숭산의 눈 속에서 옛 누대가 비친다.

〈동생 엄부를 전송하며(送舍弟嚴府)〉

雲布長天龍勢逸, 구름이 긴 하늘을 덮으니 용의 기세 뛰어나고,
風高秋月雁行齊. 바람이 가을 달에 높으니, 줄지은 기러기 떼(형제들) 가지런하리.

〈봄날(春日)〉

風遞鶯聲喧座上, 바람이 밀려드니 꾀꼬리 소리가 자리에 시끄럽고,
日移花影倒林中. 해가 지니 꽃 그림자가 숲 속에 기우네.

〈이름이 난 뒤 진사 전인의에게 주노라(成名後酬進士田仁義見贈)〉

芳園醉散花盈袖, 꽃동산에서 취하여 헤어지니 꽃잎이 소매에 가득하고,
幽逕吟歸月在帷. 그윽한 길목에서 읊으며 돌아오니 달이 휘장에 걸렸구나.

〈강가에서의 봄날의 감회(江上春懷)〉[31]

極目遠山烟外暮, 눈을 크게 뜨고 먼 산을 바라보니 안개 밖에 저물었고,
傷心歸棹月邊遲. 돌아가는 배에 상심하니 달 가에 더디구나.

손망(孫望, 1912～1990)의 《전당시보일》 권20은 《계원필경집》 권17과 권20의 시 60수를 수록했고, 아울러 남경도서관(南京圖書館)에서 소장하고 있는 고려 취진활자본으로 교정했다.[32]

최치원의 저작은 열정이 가득하고 기개가 곧고 자못 문채가 있다. 그의 문장은 당시의 문풍을 좇았기 때문에 변려문의 화려함이 있으나 들떠 있지 않고 조탁을 일삼지 않으며, 실제의 기록과 진정(陳情)을 위주로 했다. 그의 시는 평이하고 우아하며, 감정이 풍부하다.

〈심정을 토로하며 태위께 올립니다(陳情上太尉)〉[33]

海內誰憐海外人, 해내에서 누가 해외 사람을 어여삐 여기리?
問津何處是通津. 나루터가 어디냐고 물으니 예가 나루로 통하는 길이라네.
本求食祿非求利, 본래는 식록을 구함이지 명리를 구함이 아니니,
只爲榮親不爲身. 단지 어버이를 영화롭게 하기 위함일 뿐, 제 몸 위함이 아니로다.
客路離愁江上雨, 강 위에 비 내리니 나그네 시름겹고,
故園歸夢日邊春. 고향에 돌아갈 날 꿈에도 아득하도다.
濟川幸遇恩波廣, 배 건너다 다행히 은혜로운 물결 만나,
願濯凡纓十載塵. 10년 동안 세속에 찌든 갓끈을 씻고자 하노라.

31) 《전당시(全唐詩)》 제25책, 《전당시일(全唐詩逸)》 권중, 中華書局, 1960, 10193쪽.
32) 《전당시외편(全唐詩外編)》 상책, 中華書局, 1982, 311～320쪽.
33) 《계원필경집》 권20, 《총서집성초편(三)》본, 中華書局, 1985, 204쪽 ; 《사부총서》본, 같은 책 권20.

〈가을밤에 비가 내리고(秋夜雨中)〉

秋風惟苦吟, 가을바람에 애달프게 읊조리니
世路少知音. 세상에 나를 알아주는 이 없네.
窗外三更雨, 깊은 밤 창밖에는 비가 내리는데
燈前萬里心. 등불 앞에 아득히 외로운 마음.

〈산양에서 고향 친구와 이별하며(山陽與鄕友話別)〉[34)]

相逼暫樂楚山春, 서로 만나 초산의 봄을 잠시나마 즐기다가,
又欲分離淚滿巾. 다시금 헤어지려니 눈물이 수건을 가득 적시네.
莫怪臨風偏悵望, 바람 맞으며 슬피 바라다봄을 이상하게 생각지 마오.
異鄕難遇故鄕人. 타향에서 고향 사람 만나기 어려우니.

상술한 대로 최치원의 시문은 서정이 뛰어난데, 특히 조국을 그리워하는 작품이 뛰어나다. 그는 친당(親唐)의 우호 사자이며, 더욱이 신라의 애국자이다. 그는 노고를 마다하지 않고 만 리 바다를 건너 신라로 돌아가서 분발하여 희망적인 일을 하고자 했다. 그러나 신라 말기에 사회가 어수선하고 위기가 사방에서 닥쳐서, 어두운 현실이 그를 깊이 자극하여 고통 속에 빠졌다. 따라서 그는 시문 작품 속에 당시의 사회 현실을 반영했고 민간의 질고에 동정했는데, 이에 더욱 사회적 의의가 있다. 예컨대 〈흥을 기탁하며(寓興)〉, 〈옛 생각(古意)〉 등의 가작이 이러한 부류에 속한다. 최후에 최치원은 난세에 대하여 어찌할 도리가 없어 실로 말하기 곤란한 고통으로 은퇴하여 해탈하고자 했다.

최치원은 문학가일 뿐 아니라, 신라 시대의 저명한 서예가이다. 그는 부지런히 배우고 애써 연습했고 다방면에 재주가 많았다. 고려 김부식(金

34) 위의 두 수는 《중국대백과전서(中國大百科全書)》, 《외국문학권(外國文學卷)》 상책, 中國大百科全書出版社, 1982, 203쪽에서 재인용했다.

富軾, 1075~1151)의 《삼국사기》, 〈악지(樂志)〉에서 최치원의 〈향악잡영(鄕樂雜詠)〉 5수를 수록했는데, 고조선의 가무를 연구하는 데 귀중한 자료이며, 그가 음악·가무 방면에도 조예가 있었음을 보여준다. 최치원의 신라 문화와 중·한 문화 교류에 대한 거대한 공헌은 영원히 보존되어야 하는 것이다.[35)]

[해제]

이 글은 중국 항주대학(지금의 절강대학) 출판사에서 간행하는 《韓國硏究》 제2집(杭州大學出版社, 1995)에 실린 논문 〈崔致遠與《桂苑筆耕集》〉을 번역한 것이다. 내용 면에서 문제점이 없는 것은 아니지만, 독자들이 중국측의 최치원에 관한 연구 수준을 감안할 수 있도록 그대로 두었다.

저자 양위생(楊渭生)은 절강대학 역사계 교수이자 동 대학 한국연구소 겸직 연구원이다. 그의 주요 대표 저작으로 《宋麗關系史硏究》(杭州大學出版社, 1997), 《兩宋文化史硏究》(杭州大學出版社, 1998), 《十至十四世紀中韓關系史料匯編(上冊)》(學苑出版社, 1999), 《十至十四世紀中韓關系史料匯編(下冊)》(學苑出版社, 2002) 등과 한국학 관련 논문 20여 편이 있다. 이 글은 역자가 일찍이 《경주문화》(경주문화원, 2001년 제7호)에 번역하여 발표한 바 있다.

---

35) 김부식(金富軾), 《삼국사기(三國史記)》 권46, 〈최치원전(崔致遠傳)〉 참조.

한국 최초의 한문학 시문집 《계원필경집》

진포청(陳蒲清)

1.

《계원필경집》은 한국 한문학의 창시자 최치원의 시문집으로, 그가 당나라 양주(揚州)에 있을 때 지은 중요한 변문(騈文)과 시를 수록하고 있다. 이것은 한국 최초의 한문 시문집이다.

최치원(857~?)은 자가 고운(孤雲)으로 857년에 신라 왕조의 서울(경주) 사량부(沙梁部)의 귀족 집안에서 출생했다. 868년 열두 살 때 최치원은 당나라에 유학하여 6년 동안 고학 생활을 거쳐 당 희종(僖宗) 건부(乾符) 원년(874) 열여덟 살 때 진사에 급제했고, 당 희종 건부 4년(877)에 선주(宣州) 율수[溧水, 지금의 강소(江蘇) 율양(溧陽)]의 현위(縣尉)를 맡았다. 880년에는 임기가 만료되어 회남(淮南)으로 가서 박학홍사과(博學鴻詞科) 시험에 응시했으며, 회남절도사 고병(高駢, ?~887)에 종사관으로 초빙되었다.

당시 황소(黃巢, ?~884)의 농민군이 회남 일대에 이르자 고병은 황소를 진압하기 위해 제도행영병마도통(諸道行營兵馬都統) 겸 염철전운사(鹽鐵轉運使)로 임명되었고, 최치원은 고병의 총본영(總本營)에서 도통순관(都統巡官)을 맡아 각종 문서 작성을 책임졌다. 공문서를 뛰어나게 썼기 때문에 자못 인정받았고, 아울러 당 희종에 의해 "승무랑·시어사·내공봉(承務郎侍御使內供奉)"이란 관직을 수여받았으며, 자금어대(紫金魚袋)를 하사받았다. 황소가 조정의 관군에게 패배한 뒤 고병도 조정과 거리가 멀어져서 신임을 잃어 위험한 처지가 되자, 최치원은 조국이 그리워서 고향에 돌아갈 것을 요청했다. 884년에 그의 요청이 허락되어 당나라 사신의 신분으로 귀국했다.

그해 10월 산동반도로 북상하여 이듬해 봄에 바다를 건너 신라에 도착했는데 금의환향이라 할 수 있다. 이때 신라 왕조는 이미 부패하고 몰락하여, 그가 귀국한 뒤 일찍이 내정을 개혁하려고 했으나 역부족이었다. 889년에 그는 정계를 떠나 가야산(伽倻山)에 은거했다. 그가 죽은 해는 알 수가 없는데 951년, 950년, 928년, 915년의 네 가지 견해가 있다.

당나라에서 생활하던 시기에 최치원의 창작은 풍부했는데, 《금체부(今體賦)》 5수 1권, 《오언·칠언금체시(五言七言今體詩)》 1부 5권, 《계원필경집》 1부 20권이 있다. 신라로 돌아온 뒤에도 최치원은 《사륙집(四六集)》 1부, 《시문집》 30권을 지었다. 이러한 작품집은 《계원필경집》을 제외하고는 모두 전하지 않는다. 그리고 일부 작품은 비석에 새겨져 있어 〈부석존자전(浮石尊者傳)〉, 〈진감선사비문(眞鑒禪師碑文)〉, 〈지증대사적조탑비문(智證大師寂照塔碑文)〉, 〈낭혜화상(무염)백월보광탑비문[朗慧和尙(無染)白月葆光塔碑文]〉, 〈대숭복사비문(大崇福寺碑文)〉 등이 남아 있다.

바로 서유구(徐有榘, 1764~1845)가 〈교인계원필경집서(校印桂苑筆耕集序)〉에서 말한 것과 같다. "신라로 돌아온 뒤의 저작은 흩어져 전하지 않으며, 오로지 절이나 사당과 무덤 사이에 숲을 헤치고 이끼를 긁어내면 가히 수십 편을 얻을 수 있을 것이다(東還後著作, 散佚無傳, 唯有梵宮祠墓之間, 披林藪, 剔苔蘚, 尙可得十數篇)." 이 밖에도 고려 왕조의 《삼국사기(三國史記)》, 조선 왕조의 《동문선(東文選)》, 중국의 《전당시(全唐詩)》

에 수록된 적은 수의 시문이 있다. 그는 모두 약 110수의 한문 시와 3백여 편의 변문(騈文)을 남겼다.

《계원필경집》 가운데 시문은 회남절도사(淮南節度使) 고병의 종사관과 도통순관을 맡았던 4년 동안 쓰였다. 당나라 회남절도사의 본부는 양주(揚州)에 있었고 양주・초주(楚州)・저주(滁州)・화주(和州)・서주(舒州)・수주(壽州)・노주(盧州) 등을 관할했다. 다시 말하면 양주는 회남의 중심이었다. 최치원은 회남 양주에서 지내던 4년 동안 고병을 위해 온갖 정성을 다하고 공문 작성에 진력하여 많은 변문을 작성했다. 거기에 조정에 상주한 문건, 군사 기밀을 작성한 문건, 동당(同黨)을 소통시킨 문건, 농민군을 설득하여 투항시킨 문건, 하늘과 땅에 제사를 지내는 문건, 친우 및 동료와 주고받은 문건 등이 있다.

최치원은 신라로 돌아온 뒤 회남에서 작성한 많은 "공적이거나 사적인 일로 응수하여 지은 작품(公私應酬之作)"을 《계원필경집》에 정리하여 886년에 신라 국왕에게 바쳤다. 그는 엄격한 선별을 거쳐 편집했는데, 그 자신의 말을 빌리면 "4년 동안 마음 써 이룬 것이 무려 만여 수나 되었고, 불필요한 부분을 거듭 버리고 보니 십분의 일, 이도 남지 못했다(四年用心, 萬有餘首, 然淘之汰之十無一二)."[1] 이 변문과 시 문집은 모두 20권으로 되어 있다. 앞의 16권은 고병을 대신하여 쓴 공문인데, 그 문체를 보면 모두 변문이다. 거기에는 표(表, 20편), 장(狀, 40편), 서신[별지(別紙)와 위곡(委曲)을 포함하여 모두 106편], 격서(檄書, 4편), 거첩(擧牒, 50편), 재사(齋詞, 15편), 제문(祭文, 10편), 기(記, 2편), 소(疏, 2편)를 포함하여 모두 249편의 변문이 들어 있다. 뒤의 4권은 자신이 응수(應酬)하고 감흥을 토로한 작품으로, 여기에 서(書), 계(啓), 장(狀) 등 변문 65편과 시 60수가 있다.

---

1) 〈계원필경서(桂苑筆耕序)〉.

《계원필경집》은 유일하게 전하는 최치원의 문집일 뿐 아니라, 지금까지 전하는 한국 문집 중 가장 이른 시기의 개인 시문집이기도 하다. 이 이전에도 한문과 한시 창작에 종사하는 사람이 있었으나 수도 많지 않고 개인의 시문집은 없다. 그래서 후대의 학자들이 최치원을 한국 한문학의 창시자로 보고 《계원필경집》을 한국 최초의 한문학 시문집으로 보는 것이다. 조선 왕조 시기의 작가 홍석주(洪奭周, 1774~1842)는 〈교인계원필경집서(校印桂苑筆耕集序)〉에서 "우리 동방의 문장으로 글을 지어 후세에 전하는 이는 고운 최 공이 처음이다. 우리 동방의 선비가 북으로 중국에 유학하여 문명을 천하에 떨친 사람도 최 공이 처음이다. 최 공의 글이 후세에 전하는 것으로는 《계원필경집》과 《중산복궤집》 2부뿐이다. 이 두 책은 또한 우리 동방 문장의 근본이요, 시작이다(吾東方之有文章, 而能著書傳後者, 自孤雲崔公始. 吾東方之士, 北學于中國, 而以文章聲天下者, 亦自崔公始. 崔公之書傳于後者, 有《桂苑筆耕集》與《中山覆簣集》二部, 是二書者亦吾東方文章之本始也)"라고 했다.

현재 《중산복궤집》도 전하지 않고 《계원필경집》 하나밖에 남아 있지 않다. 서유구도 〈교인계원필경집서〉에서 "우리나라 시문집이 지금까지 전해오는 것으로 부득불 이 문집이 개산의 비조이며, 또한 동방 예원의 근본이자 시작이다(我東方詩文集之只今傳者, 不得不以是集爲開山鼻祖, 是亦東方藝苑之本始也)"라고 말했다.

2.

《계원필경집》에는 60수의 시가 들어 있다. 이 수는 독자적으로 보면 결코 많은 것이 아니다. 그러나 당시, 특히 신라의 시인으로서는 오히려 매우 앞서는 것이다. 당나라의 저명한 시인들, 예를 들면 장약허(張若虛,

660~720?), 왕지환(王之渙, 688~742) 등의 세상에 전하는 작품 수는 극히 드물다. 그리고 외국인이 한시를 쓰기란 극도로 어려운 일인데, 최치원과 같은 시대의 신라 시인 박인범(朴仁範), 최광유(崔匡裕)의 경우 각기 10수의 시가 전하며 모두 뛰어난 작품이다. 게다가 60수의 시는 지금까지 전하는 최치원 시가(詩歌) 수의 절반 이상이므로, 그를 연구하는 데 중요한 자료이다.

《계원필경집》의 시가 60수 가운데 칠언 절구가 45수를 차지하고 칠언 율시가 15수이다. 내용은 대체로 조국과 고향에 대한 그리움, 자연 경물의 음영(吟詠), 친구와의 주고받음 등 세 가지로 나눌 수 있다. 이 세 내용은 종종 겹치기도 한다.

최치원은 열두 살 때 조국과 가족을 떠나 당나라로 유학했고, 이후 진사 시험에 합격하고 관직을 맡으며 당에서 18년의 세월을 보냈다. 이별이 오래될수록 조국 신라 및 가족에 대한 그리움은 한층 더해졌다. 절기 때마다 변화하는 사물이 모두 무한한 향수를 불러일으켰다. 봄바람이 불어오면 시인은 다음과 같이 읊었다.

〈봄바람(東風)〉

知爾新從海外來, 네가 새로이 바다 건너 불어오는 것을 알고는
曉窗吟座思難裁. 새벽 창가 시 읊조리는 자리에서 생각을 가다듬기 어렵구나.
堪憐時復撼書幌, 가련함을 참고 있을 때 다시 찾아와 서재 휘장을 스치니
似報故園花欲開. 고향에서 꽃피는 소식을 알리려는 듯하다.

봄풀이 무성하고 바다 갈매기가 나는 모습을 보면서 시인은 다음과 같이 읊었다.

〈바닷가에서 봄 경치를 바라보며(海邊春望)〉

鷗鷺分飛高復低, 갈매기와 해오라기는 번갈아 높이 날았다 다시 낮게 날고
遠汀幽草欲萋萋. 먼 물가의 그윽한 풀은 더욱 짙어만 가네.
此時千里萬里意, 이때 천 리 만 리 밖에 있는 마음은
目極暮雲翻自迷. 저 멀리 저무는 구름에 절로 아득해지네.

제비가 오는 모습을 보면서 시인은 이렇게 읊었다.

〈「귀연음」을 지어 태위께 드리며(歸燕吟獻太尉)〉

秋去春來能守信, 가을 가고 봄이 와도 믿음을 지킬 수 있으니
暖風凉雨飽相諳. 따스한 바람과 차가운 비를 실컷 맞았네.
再依大厦雖知許, 다시 큰집에 기댄 지 얼마던가!
久汚雕梁却自慚. 오래도록 들보 더럽힘이 부끄러워라.
深避鷹鸇投海島, 사나운 매를 피해 섬으로 돌아갈 때
羨他鴛鷺戱江潭. 강가에 노니는 다른 물새가 부러웠네.

그는 외국 생활에 고독함을 깊이 느끼고, 아울러 막부 생활에 위기를 느끼게 되었다. 이에 시인은 사직하고 귀국하기로 결심했다.

〈심정을 토로하며 태위께 올립니다(陳情上太尉)〉

海內誰憐海外人, 해내에서 누가 해외 사람을 어여삐 여기리?
問津何處是通津. 나루터가 어디냐고 물으니 예가 나루로 통하는 길이라네.
本求食祿非求利, 본래는 식록을 구함이지 명리를 구함이 아니니,
只爲榮親不爲身. 단지 어버이를 영화롭게 하기 위함일 뿐, 제 몸 위함이 아니로다.
客路離愁江上雨, 강 위에 비 내리니 나그네살이 시름겨워,

故園歸夢日邊春. 고향에 돌아갈 날 꿈에도 아득하도다.
濟川幸遇恩波廣, 배 건너다 다행히 은혜로운 물결 만나,
願濯凡纓十載塵. 10년 동안 세속에 찌든 갓끈을 씻고자 하노라.

이 시에서 자신의 심정을 완곡하게 토로하면서 사직하고 귀국할 것을 청하고 있다.

그러나 시인은 당나라에서 장기간 생활했기에 중국은 그에게 제2의 고향이나 다름이 없었다. 그는 떠날 즈음 당나라의 풍토와 인정에 대한 깊은 아쉬움을 표했다. 그래서 시인과 친구들이 주고받은 작품의 주요 내용은 중국의 친구들과 아쉬워하며 석별하는 것이다.

〈수재 양섬과 송별하며(酬楊贍秀才送別)〉
海槎雖定隔年廻, 바다에 뗏목 배는 이태마다 돌아오는데
衣錦還鄉愧不才. 재주가 없어 금의환향 못함이 부끄러워라.
暫別蕪城當葉落, 잠시 무성에서 이별할 때는 낙엽 지더니
遠尋蓬島趁花開. 멀리 봉래섬을 찾아가니 꽃피는 시절이라.
谷鶯遙想高飛去, 골짜기의 꾀꼬리는 벌써 높이 날았으련만
遼豕寧慚再獻來. 요동의 흰 돼지 또 바치려니 부끄러워라.
好把壯心謀後會, 부디 장한 마음으로 뒤에 다시 만나서
廣陵風月待銜杯. 광릉의 풍월에 술과 마주하길 바라네.

양섬은 최치원을 따라 신라로 가려고 했으며 최치원도 중국에 다시 오겠다고 했는데, 헤어지기 아쉬워하는 정이 시구에 가득하다.

〈여도사와 이별하며(留別女道士)〉
每恨塵中厄宦塗, 매번 속세의 벼슬로 고생함을 한탄하다가

數年深喜識麻姑. 마고 선녀 알면서 수년 동안 기뻐했네.
臨行與爲眞心說, 길을 떠나면서 당신에게 진심으로 묻노니
海水何時得盡枯. 바닷물은 언제 모두 마를까요?

'바다 물이 모두 마르다(海水盡枯)'란 구에서 전고(典故)와 서정이 완전무결하게 결합되어 있다. 시인은 심지어 중국의 풀 한 포기, 나무 한 그루에 대해서도 매우 그리워했다.

〈해문사의 버들에 적노라(題海門蘭若柳)〉
廣陵城畔別蛾眉, 광릉성 호반에서 아리따운 모습과 작별하고
豈料相逢在海涯. 어찌 바다 끝에서 다시 상봉할 줄 알았으랴.
只恐觀音菩薩惜, 다만 관음보살이 아껴 주던 일이 겁나서
臨行不敢折纖枝. 떠날 때 감히 한 가지도 꺾지 못하겠네.

《계원필경집》의 응수시(應酬詩)에도 현실을 반영한 작품이 있다.

〈좌주 상서가 난을 피하여 유양으로 가는 도중 절구를 총시했기에 이를 받들어 화답합니다(奉和座主尙書避難過維陽寵示絶句)〉
年年荊棘侵儒苑, 해마다 가시나무가 유원을 침범하고,
處處烟塵滿戰場. 곳곳에 연기와 티끌이 전장에 가득하네.
……
亂時無事不悲傷. 난리 때라 슬프지 않은 일이 없네.
……

위의 시는 당시 양주, 회남 내지(內地) 등의 전국적인 전란 상황과 사람들의 비참한 처지를 설명했다.

《계원필경집》 가운데 자연 경물을 묘사한 시가가 적지 않다. 그 경물시의 특색으로 세 가지가 있다. 첫째, 정묘한 전신(傳神)이다. 시인은 경물 묘사에서 종종 산천, 자연의 신기하고 아름다운 경관을 보여준다.

〈돌산(石峰)〉

巉岩絶頂欲摩天, 가파른 봉우리가 하늘에 닿을 듯
海日初開一朶蓮. 한 송이 연꽃을 태양이 피게 했네.
勢削不容凡樹木, 깎아 세운 벼랑이라 나무가 발 못 붙이고
格高惟若好雲煙. 격조도 높아서 구름 안개만 좋아하네.
點蘇寒影粧新雪, 새로 내린 눈이 차가운 모습을 단장하고
戛玉淸音噴細泉. 샘물에서는 옥 굴리는 맑은 소리가 솟아나네.
靜想蓬萊只如此, 봉래산 생각해 봐도 여기와 같겠지,
應當月夜會群仙. 달 밝은 밤이면 여러 신선이 모이리라.

위 시의 묘사는 생생하고 격조가 고아하다. 먼저, 당시에는 대해(大海)의 이미지를 직접적으로 묘사한 작품이 그다지 많지 않았으므로 이 시가 진귀한 것이다.

둘째, 감정과 이치의 결합이다. 경물 속에는 때때로 자연 만물과 사회 인생에 대한 시인의 독특한 체험과 사고가 가득 담겨 있어 깊은 인상을 주며, 이를 음미하면 여운이 끝이 없다.

〈산꼭대기의 우뚝한 바위(山頂危石)〉

萬古天成勝琢磨, 천연스런 모습 사람이 갈고 닦은 것보다 나아
高高頂上立靑螺. 높고 높은 꼭대기에 푸른 소라처럼 섰구나!
永無飛溜侵凌得, 폭포의 물살 따위는 전혀 범접할 수 없고
唯有閒雲撥觸多. 한가한 구름만 자주 찾아드네.

峻影每先迎海日, 높은 그림자 매양 바다의 해를 먼저 맞이하고
危形長恐墜潮波. 위태로운 모습은 늘 밀물에 떨어질 듯하네.
縱饒蘊玉誰回顧, 아무리 옥을 많이 지녔어도 뉘라서 돌아볼까
擧世謀身笑卞和. 세상 모두 제 몸만 돌볼 뿐 변화를 비웃었네.

위의 시에서 시인은 돌을 의인화하여 재주를 가진 선비를 세속에서 받아들이지 않는 외로움과 울분을 기탁했다.

〈불타는 들판(野燒)〉
望中旌旆忽繽紛, 바라보니 문득 깃발이 펄럭이는 듯
疑是橫行出塞軍. 변방을 종횡무진 행군하는 군대인가 했네.
猛焰燎空欺落日, 사나운 불꽃 하늘을 살라 지는 해도 무색하고
狂煙遮野截歸雲. 미친 연기 들을 질러 지나는 구름을 끊네.
莫嫌牛馬皆妨牧, 말과 소 치는 데 방해된다 탓하지 말라
須喜狐狸盡喪羣. 여우, 살쾡이 죄다 흩어짐이 기쁘지 않은가.
只恐風驅上山去, 다만 두려운 것은 바람이 산 위까지 몰아가서
虛教玉石一時焚. 옥석을 가리지 않고 모두 태우는 일이라네.

시인은 들풀을 태워 없애는 일을 생동감 있게 묘사했다. 아울러 그 가운데서 철리(哲理)를 깨닫게 하며, 사람들이 하는 온갖 일에는 이로움 속에도 병폐가 있다는 사실을 생각하도록 훈계한다. 이는 아마도 시인의 종군 경험의 소중한 성과이거나 이러한 체험의 승화일 것이다.

셋째, 정경(情景)의 경험이다. 많은 경물시가 종종 고향을 그리는 감정과 결합되어 있다. 예를 들면 시 〈해동으로 돌아가며 참산의 봄 경치를 바라보노라(將歸海東巉山春望)〉에서 "아득한 물안개 저편을 바라보니(目極煙波浩渺間)/새벽 새 나는 곳이 고향인가 하노라(曉烏飛處認鄉關)"라는

시구가 있는데, 그의 시야에서 바다 경치는 이미 물화(物化)된 사향(思鄕)의 정감을 드러냈다.

《계원필경집》의 주고받은 작품 중 중요한 위치를 차지하는 작품은 최치원이 고병을 대신하여 쓴 〈기덕시(紀德詩)〉 30수이다. 이 칠언 절구 30수에서 고병을 더할 나위 없이 찬양하는데, 이러한 시를 어떻게 봐야 하는가? 먼저 이는 고병이 베푼 은혜에 대하여 최치원이 보답하는 정서임을 인정해야 한다. 그가 가난에 찌들려 고심할 당시 고병이 그를 "멀리 어여쁘게 추천해 주어 곧 직질에 넣어 주어(逈垂奬憐, 便署職秩)", 자연스레 그는 과분한 총애를 받고 놀랐으며 그 은혜에 감사드렸다. 이를 토대로 그는 "오로지 용렬한 자질을 부끄러워하고 추천해 준 성의를 욕되게 했으며, 은혜를 느낌이 이미 바다같이 깊음을 인식했고, 한 발자국만 옮겨도 다만 엷은 얼음을 밟는 것 같았다(唯慙幽劣, 有辱奬憐, 感恩而旣識海深, 擧步而但憂冰薄)."[2] 그래서 최치원은 나중에 관직 생활에 염증을 느끼고 은퇴하여 귀국하려고 결심했지만, 고병에 대한 최치원의 감정은 이와 다르게 시종일관했다.

다음으로 고병에 대하여 객관적으로 분석할 필요가 있다. 고병이란 사람은 초기에는 자못 성과를 냈던 인물이다. 그는 병사를 잘 부렸고, 또 "문학을 좋아하여 많은 유생과 교유했으며 이도를 즐겨 말했는데(好爲文, 多與儒者遊, 喜言理道)",[3] 모두 유장(儒將)의 풍격을 나타내고 있다. 《전당시》에는 그의 시 1권이 수록되어 있다. 당항강(黨項羌) 반란을 평정하고 안남(安南)과 남조(南詔)를 위무(慰撫)한 여러 중대 사건에서 그는 적절하게 처리하고 공로가 혁혁하여 다른 장령(將領)과 국경을 수비하던 대신(大臣)들을 월등히 뛰어넘었다. 그래서 조정에서는 그를 연국공(燕國公)으로 봉했고 백성도 그의 정치적 업적을 찬양했다. 이 사실에 대한 기

2) 《계원필경집》 권18, 〈직위를 고쳐준 데 감사드리는 장문(謝改職狀)〉.
3) 《구당서》, 〈고병전〉.

록이 《구당서》와 《신당서》에 모두 있으며 최치원의 변문 〈서주나성도기(西州羅城圖記)〉, 〈안남 '녹이도'를 보충하는 기문(補安南錄異圖記)〉에서도 고병의 과거 공적을 기록했다.

최치원은 〈기덕시〉에서 고병의 역사 공적을 회고조로 이야기하는데, 첫수는 다음과 같다.

〈병법(兵機)〉

惟將志業練春秋, 오로지 뜻과 사업을 《춘추》로 단련하여
早蓄雄心剗國讎. 일찍부터 큰 뜻을 길러 나라의 원수를 무찔렀네.
二十年來天下事, 20여 년 동안 천하의 일은
漢皇高枕倚留侯. 유방이 장량의 높은 베개를 의지함과 같았네.

고병의 초기의 이력과 관련해 보면, 이는 전혀 근거 없는 것이 아니다. 하지만 나중에 조정 내부와 번진(藩鎭) 사이의 충돌로 인하여 고병은 실력을 보존하기 위하여, 아울러 소인배 여용지(呂用之)의 건의를 따라서 조정과 반목하게 되자 병권과 재산권을 박탈당했다. 이때부터 그는 더욱 귀신을 믿게 되어 막료들과 소원해지고 소극적으로 처세하였는데, 끝내는 부하가 반란을 일으켜 장수 진언(秦彦, ?~887), 필사탁(畢師鐸)에 의해 피살되었다.

최치원의 〈기덕시〉에는 고병의 후기 행적을 찬양하는 작품이 없다. 게다가 최치원이 신라로 귀국한 원인 가운데 하나가 고병이 만년에 여용지를 총애하면서 일어날 수 있는 위험을 간파했기 때문일 것이다. 아마도 우리들은 최치원이 간언하거나 풍자할 책임을 다하지 않았다고 비난할 수 있지만, 그 지위나 개인적 관계에서 보면 그렇게 할 방법을 찾지 못했을 것이다.

고병과 조정, 최치원과 고병의 관계에 대하여 살펴보자. 《구당서》,

〈고병전〉에 따르면 고병은 실제 직무를 조정에서 파견된 다른 사람이 대신 맡은 뒤에 "누차 상소문을 올려 하나하나 논술했는데, 그 말투가 불손했다(累上章論列, 語詞不遜)." 따라서 조정의 호된 질책을 받았다. 그러나《계원필경집》중〈시중으로 승진시켜준 데 감사드리는 표문(謝就加侍中表)〉,〈관직 사퇴를 요청하는 표문(讓官請致仕表)〉,〈위로해주신 데 감사드리는 표문(謝賜宣慰表)〉에서는 이와 같지 않다. 그래서 조선의 서유구는〈교인계원필경집서〉에서 의아함을 나타냈다. "부드러운 말로 인책했을 뿐이지, 격분하거나 크게 조소하는 말은 한 마디도 없다(巽詞引咎而已, 無一語激忿勃謾)." "사서에서 이른바 '조서를 작성하며 호되게 질책했다'라는 말은 당시의 실록이 아니지 않겠는가(史所謂草詔切責者, 無乃非當時實錄也歟)?"

이러한 현상을 어떻게 해석해야 할까? 첫 번째는《계원필경집》에 이러한 문장이 없으니 최치원은 틀림없이 이러한 문장을 쓰지 않았을 것이다. 그리고《구당서》와《신당서》에서 인용한 문장은 다른 막료 고운(顧雲, 최치원의 친구)의 손에서 나온 것이다. 이는 바로 최치원이 자신을 굽혀서 남을 따르지 않았다는 고명함을 설명한다. 두 번째는 고병이 올린 상소문이라고 해서 결코 모두 다 "언사가 불손(語詞不遜)"한 것은 아니었으며 겸손한 것도 있었는데, 최치원의 문집이 이를 증명해 준다. 뿐만 아니라 당시 병권을 가졌던 자 대부분이 조정의 지시를 따르지 않았으며, 고병은 병권과 재산권을 내놓으면서 결코 반항하지 않았으니 야심이 그리 크지 않은 군벌이라고 할 수 있다.

《구당서》,〈고병전〉에서는 그가 곤경에 처했을 때 다른 사람에게 한 말을 기록했다. "저는 세 왕조를 섬기며 국가를 위해 거칠게나마 공명을 세웠습니다. 근래에는 속세를 벗어나 스스로 청정함을 추구하여 세상 사람과 이익을 다투지 않았습니다. 일단 이 지경에 이르렀으니 신도를 어찌 바라겠나이까(予三朝爲國, 粗立功名. 比擺脫塵埃, 自求淸淨, 非與人世爭

利. 一旦至此, 神道其何望耶)?" 이 말은 그가 미신에서 빠져나와 깨달았을 때는 상황이 너무 늦었음을 보여주며, 또한 그의 야심이 확실히 크지 않았음을 설명한다.

3.

《계원필경집》은 문장 위주인데, 이것은 두 부류로 나눌 수 있다. 하나는 고병을 대신하여 공적 사적으로 주고받은 문장이며, 다른 하나는 자신이 주고받은 문장이다. 이렇게 걸러진 문장 314편은 모두 중요한 역사 인식의 가치를 가지고 있다. 당 제국의 역사 발전 가운데 두 가지 전환적인 대사건이 있었는데, 하나는 안사(安史)의 난이고 다른 하나는 황소가 일으킨 농민 전쟁이다. 최치원은 관군과 농민군의 전쟁 최전방에 있었는데, 그의 문장은 당시 당 제국 및 황소 농민 전쟁의 상황을 직접적으로 반영했다. 이는 다른 문인 작품에서 볼 수 있는 것이 아니다.

첫째, 드높이 기세를 떨치다가 결국 실패하는 황소 농민군의 발전 과정을 자세하게 반영했다. 최치원이 회남절도사 종사관과 도통순관을 맡았던 4년 동안은 바로 황소가 한창 흥성하다가 내리막길을 걸었던 기간이었다. 879년 황소군이 북벌을 단행하여 회북(淮北)으로 진군했으며 880년에는 당나라의 동쪽 수도인 낙양(洛陽)을 차지했고 881년 초에는 수도 장안(長安)을 점령했는데, 최치원은 바로 그해 고병의 막부에 들어갔다. 당 왕조는 필사적으로 병사를 파견하여 진압을 시도했다. 883년에 황소는 장안에서 물러나왔고 884년에 당 왕조 전복에 실패하여 자살했다. 최치원의 〈황소에게 보내는 격문(檄黃巢書)〉에서 〈서울 수복을 축하하는 표문(賀收復京闕表)〉, 〈황소를 죽인 것을 축하하는 표문(賀殺黃巢表)〉에 이르기까지의 변문은 이 과정과 똑같다.

1) 농민군의 거대한 기세를 반영했다.

욕계가 무너지려 하며 마군이 다투어 일어나서 9주에는 티끌이 겁화(劫火)에 어두워지고 사해에는 물결이 사나운 바람에 출렁거렸다(欲界將傾, 魔軍競起, 九野塵塵於劫燼, 四溟波蕩於狂飇).[4]

오랫동안 간사한 꾀를 쌓고 몰래 정찰대를 보내어 항상 군함을 배치하고 외로운 성을 괴롭히며 노려보았다(久蓄姦謀, 潛行偵諜, 常排戰艦, 欺視孤城).[5]

이러한 기술은 농민군이 도시를 공략하고 남북 각지에서 전쟁을 벌이며 전국을 석권하던 기세를 생동감 있게 묘사했다. 수도 장안도 그 재난을 피할 수 없어 "9주가 절반이나 유린되었고, 3보가 오랫동안 더럽혀지게(九州則半致侵凌, 三輔則久經穢黷)"[6] 되었다. 당 희종은 급히 사천(四川)의 서쪽으로 도주했으며 당 왕조는 이미 멸망해 가는 판국이었다.

2) 당 왕조가 농민을 진압하는 책략을 반영했다.

그들은 한편으로 무력으로 포위 공격했으며 다른 한편으로는 투항을 권유했다. 《계원필경집》의 대표작 〈황소에게 보내는 격문〉은 이 두 방면을 반영했다. 이 격문에서는 한편으로 관군의 역량을 과장하면서 위협하여 "나는 지금 현명하고 슬기로운 계획으로 온 나라의 군대를 규합하니, 용맹스런 장수가 구름처럼 모여들고 죽음을 가벼이 여기는 용사들이 소

4) 〈천왕원 재사(天王院齋詞)〉.
5) 〈황소의 부하 적장 성령괴를 달래어 항복시켰음을 상주하는 장문(奏誘降黃巢下賊將成令瓌狀)〉.
6) 〈황소를 죽인 것을 축하하는 표문(賀殺黃巢表)〉.

나기처럼 몰려온다. 진격하는 깃대를 높이 세워 남쪽 초 지방에서 불려오는 바람을 잠재우고 전함과 누선을 띄워 오강의 풍랑을 막으려고 한다. …… 활활 타는 용광로 속에 기러기 털을 넣는 것과 같고 높이 솟은 태산 밑에 참새 알이 깔린 것과 같다(我緝熙雄略, 糺合諸軍, 猛將雲飛, 勇士雨集. 高旌大旆, 圍將楚塞之風 ; 戰艦樓船, 塞斷吳江之浪. …… 旣謂廣張烈火, 爇彼鴻毛 ; 何殊高擧泰山, 壓其鳥卵!)"고 했다.

다른 한편으로는 또 황소에게 투항할 것을 권유했다. "너는 미련한 고집을 부리지 말고 일찍이 기회를 보아 자신의 선후책을 세우고 과거의 잘못을 고치도록 하라. 땅을 떼어 받아 나라를 맡고 가업을 계승하여 몸과 머리가 두 동강이 나는 화를 면하고 뛰어난 공명을 얻을 것이다(汝其無成膠柱, 早學見機, 善自爲謀. 過而能改, 若願分茅列土, 開國承家, 免身首之橫分, 得功名之卓立)."

《계원필경집》의 어떤 문장은 당시 고병이 농민군 수령에게 투항을 권유하여 농민군으로 하여금 중대한 손실을 입게 한 역사적 사실을 분명하게 기록했다. 예를 들어 〈진언 등을 정식으로 자사로 임명한 조서에 사례하는 장문(謝秦彦等正授刺史狀)〉에서는 황소의 부하 장수 진언(秦彦), 허경(許勍)이 투항 조서를 받은 이후 조정에 반항하는 용맹한 장수에서 조정을 위해 국토를 수비하는 장수로 변모해 각기 화주자사(和州刺史)와 저주자사(滁州刺史)를 수여했다고 말했다.

〈황소의 부하 적장 성령괴를 달래어 항복시켰음을 상주하는 장문(奏誘降黃巢下賊將成令瓌狀)〉에서는 황소의 대장인 성령괴(成令瓌)가 보병 4만, 기마병 7천을 거느리고 일찍이 천험의 요새 동관(潼關)을 수비했는데, 고병이 사람을 파견하여 투항을 권유해 그에게 초주군(楚州軍)의 수령을 맡겼다고 했다. 그리하여 "반역자 4만이 모두 업을 즐기는 양민이 되었고, 용맹스런 기마병 7천 명이 모두 충성스런 열사가 되었다(叛徒四萬, 盡爲樂業之齊人 ; 精騎七千, 皆作輸忠之烈士)."

이 글에서는 이러한 방법이 농민군을 와해시키는 데 결정적인 작용을 했음을 분석했다. "먼저 은혜를 베풀고 뒤에 죽이는 것은 병가의 귀중한 일이다(先則惠而後則誅, 兵家所貴)", "벌떼처럼 날아드는 작은 도적이 도로 사라지고, 고슴도치의 털처럼 결집한 원흉을 가히 없앨 것이다(蜂飛之小寇旋銷, 蝟結之元凶可殄)." 후에 주온(朱溫, 852~912)이 배신하여 투항한 것이 황소군의 실패를 가져오는 데 중대한 구실을 했는데, 이는 바로 이러한 모략의 발전이다.

둘째, 통치 집단 내부에서 음으로 양으로 다투고 서로 속고 속이는 내막을 반영했다. 고병은 조정의 인정을 받아 회남의 요지를 지켰으며 조정을 위해 온 힘을 다하여 황소 농민군을 포위 공격했다. 그러나 자신의 실력을 유지하고 이익을 보호하기 위하여 종종 겉으로는 복종하나 속으로는 따르지 않는 방법으로 조정에 대처하여, 조정과는 친한 것 같지만 실은 소원했고 겉으로만 추종했다. 그리하여 조정에서도 그에게 경계심을 품게 되었다.

〈관직 사퇴를 요청하는 표문〉은 고병의 처지와 심경을 반영했다. 이 표문에서 고병은 수많은 공로를 진술했으되 자기 자신을 원망하여 신임하지 않는 어투로 말했다. 고병은 "매번 옥이 돌과 같이 탈까 염려되고 또한 금도 뭇 입에 녹을까 걱정됩니다(玉每慮於俱焚, 金亦憂於衆鑠)", "2년 동안 도통이란 관직에 있으면서도 능히 간사한 사를 베고 포학한 사를 죽이지 못했으며, 4년 동안 동염의 사무를 맡았서도 능히 나라를 부유하게 하고 군수 물자를 넉넉하게 하지 못했습니다. 그러므로 병권이 여러 번 변경되고 이권 역시 오랫동안 분할되었습니다(二年忝都統之名, 不能誅奸戮暴；四載主銅鹽之務, 不能富國贍軍. 是以兵權則屢見改移, 利柄則變爲分割)"라고 말했다.

또한 《계원필경집》 가운데 수많은 문장에서 고병과 주변 번진의 음양으로의 다툼을 담았다. 〈활주 도통 왕영공에게 보내는 글(滑州都統王令

公)〉에서는 "저는 차분하게 분격을 궁리하고 있으나 툭하면 말썽거리가 생기는지라, 주위가 모두 다른 생각을 가지고 있으니 어찌 힘을 같이할 수가 있겠습니까?(某靜思奮擊, 動見悔尤. 四鄰多是異心, 十道竟誰同力?)"라고 했고, 〈강회로 순행하기를 요청하는 표문(請巡幸江淮表)〉에서는 "강남의 옥토가 모두 잠식당하게 되었습니다. 또 회북의 강포한 무리는 은밀하게 병탄하는 태세를 전개할 것입니다(江南沃壤 盡成蠶食之資 ; 淮北强憐, 暗展鯨呑之勢)"라고 했다. 농민 전쟁이란 폭풍우 속에서 막강한 병사를 거느린 군벌들은 서로를 넘겨다보았으며, 심지어는 전쟁을 일으켜 영역을 잠식하고 병탄했다. 그들은 또 끊임없이 조정에 상소문을 올려 서로를 비방하여 "충직한 이는 자취를 감추고 간사한 자는 구설을 놀리고 있다(忠直者韜聲戢影, 姦邪者鼓舌簸脣)"고 했다.[7]

《계원필경집》 중 수많은 문장들은 또한 민중의 고혈을 착취하고 서로 뇌물을 주고받는 내막을 반영했다. 예를 들어 〈유주 태보 이가거께 드리는 글(幽州李可擧太保)〉에서는 고병이 앞뒤로 다섯 차례나 이가거에게 보낸 재물을 하나하나 열거했는데, 모두가 금과 옥으로 만든 귀중한 공예품이었다.

셋째, 작자가 고병과 자신을 위해 쓴 각 장르의 문장과 서신은 최치원의 생애와 사상을 연구하는 데 중요한 자료이며, 또한 당시 역사 인물을 연구하는 데 중요한 자료이다. 예를 들어 〈처음으로 태위께 올리는 계문(初投獻太尉啓)〉에서는 최치원이 고병을 자발적으로 찾아가 관직을 구한 이야기가 있다. 그 서신에서 또 변문 5축(軸), 칠언 장시 100수를 바쳤다고 했는데, 이는 작자가 회남 막부에 들어가기 이전에 이미 수많은 작품을 지었음을 설명하는 것이다.

그리고 수많은 서신에서 고병에게 입은 은혜를 언급했지만, 〈전 호남

---

7) 〈용주 배현 상서에게 보내는 글(龍州裴峴尙書)〉.

관찰순관 배료께 올리는 글(前湖南觀察巡官裴璙啓)〉이라는 개인 서신에서는 도리어 작자가 부득이 종군하게 된 복잡하고 고민스런 심경을 토로했다. "저의 집은 해 뜨는 가에 붙었고, 길이 하늘 밖을 지나는지라 아득하여 서신의 왕래도 없으니, 진실로 다른 계책이 없습니다. 이미 나누어 경작할 수 있는 한 치의 땅도 없는데, 어찌 한 자 되는 물결을 가지고 이를 윤택하게 할 수 있겠습니까? 그래서 외람됨을 헤아리지 않고 소개장을 갖추었으니, 목숨이 끓는 솥 속에 있고, 눈은 섬돌 아래에 떨어집니다. 범의 수염을 만지는 위험을 모르는 것도 아니요, 용의 입을 더듬는 어려움을 모르는 것도 아닙니다(某家寄日邊, 路踰天外, 杳無來信, 固絶他圖, 旣無寸土以分耕, 寧有尺波而假潤? 是以不量僭越, 輒具薦論. 命懸沸鼎之中, 目斷台階之下. 非不知捋虎鬚之險, 非不知探龍頷之難)." 이는 최치원의 당시 심경을 연구하는 데 귀중한 자료이다.

문집에서는 또 기타 역사 인물을 연구하는 데 자료를 제공해 준다. 첫째는 배찬(裴瓚), 고운(顧雲), 이관(李琯), 고언수(高彦修), 정숙(鄭俶), 송현(宋絢), 낙잠(駱潛) 등 최치원과 교류했던 인물이다. 최치원의 기술은 정사에서 빠진 부분을 보충해 준다. 또 어떤 것은 땅속에서 출토된 문화재와 서로 검증할 수 있다. 예를 들면 1949년에 양주(揚州)에서 낙잠의 묘지(墓誌)가 출토되었다. 둘째는 고병 본인과 그가 임용한 중요한 인물에 대한 것이다. 예를 들면 〈진언 등을 정식으로 자사로 임명한 조서에 사례하는 장문〉에서는 고병이 황소를 배반한 장수 진언을 위해 올린 공적을 기록했으며, 〈여용지에게 산양도지병마사를 겸임하게 하는 글(呂用之兼管山陽都知兵馬使)〉, 〈제갈은을 지각주무로 임명하는 글(諸葛殷知榷酒務)〉은 고병이 소인(小人)을 임용한 사실을 기록했다. 이 사람들은 후에 회남 병란의 괴수가 되었다.

4.

《계원필경집》의 문장은 모두가 변문체인데, 이는 당시 당나라의 문장 풍조를 반영한 것이다. 변문은 한어 문장 발전 과정의 산물이며 한어의 음운・어휘・어법 및 문자의 특징을 두드러지게 체현했다. 그러나 변문은 또한 사상의 표현을 속박하는 병폐를 가지고 있었다.

중당(中唐) 시대에 한유(韓愈, 768~824), 유종원(柳宗元, 773~819)이 비록 고문 운동을 일으켰지만 그때도 변문의 지위를 낮추지 못했다. 당시 사회에서 유행하던 문체는 바로 변문이었으며 육지(陸贄, 754~805), 이상은(李商隱, 812~858)은 모두 변문 창작의 귀재였다. 한유와 유종원이 사망한 뒤 고문 운동도 중단되었다. 구양수(歐陽修, 1007~1072)의 기술에 의하면 한유의 문집이 북송(北宋) 초년에 심지어 폐지를 담아두는 광주리 속으로 버려졌다고 한다. 그러나 전체적인 문학 발전 과정에서 보면 산문이 변문을 대체하는 것이 필연적인 추세였다. 《계원필경집》의 문장은 모두 변문체로, 당시 문장 풍조를 증명하는 재료이다.

한국어와 중국어의 차이는 아주 커서 한국인이 변문을 터득하기란 매우 어려운 일이다. 그러나 최치원은 도리어 변문이라는 문학 장르를 능숙하게 장악, 운용하여 심후한 한문 기초와 출중한 언어 기교를 보여주었으며, 아울러 변문이 시대 조류의 영향을 받아 산문화하는 추세라는 것을 예시했다.

첫째는 풍경 묘사인데, 서정이든 서사・설리(說理)이든 간에 모두 마음이 가는 대로 자유자재로 구사했다. 〈제원에 보내는 별지(濟源別紙)〉에서 최치원은 청신하고 고요한 장면을 묘사했다. "맹진의 특별한 땅이요, 윤수의 맑은 근원인지라, 바람이 화창하여 샘물 소리를 노래하고 구름이 걷히자 산빛을 발 올리듯 말아 올릴 것이다(孟津別壤, 沇水淸源, 風晴而欹枕泉聲, 雲曉而卷簾山色)." 〈귀성을 허락하신 데 감사드리는 계문

(謝許歸覲啓)〉에서는 자신의 복잡한 감정을 썼다. “비록 해도를 찾아 영광스럽게 돌아감은 고금에 견줄 데 없으나, 또 연파를 바라보고 눈물을 흘리니, 떠날지 머물지 결정하기 어렵다(雖尋海島以榮歸, 古今無比. 且望烟波而感泣, 去住難安).”

〈월급을 요청하는 장문(謝探請料錢狀)〉에서 작자는 자신의 경력을 자술했는데, 홍미진진하고 문맥이 잘 통하며 용어 사용이 적절하다. “지난날에 서쪽에서 서울을 바라보고 웃고 회포를 기울였으며 곡조는 초(楚)나라 소리입니다. 쑥대 잎이 만 리를 날매, 서울 가는 요로와 나루가 희미하고, 계지를 꺾는 한 이름은 금방의 혹과 사마귀 같은 존재이오니, 바로 이것이 다반사일진대 한갓 멀리 왔을 뿐입니다. 집이 바닷가인지라 집안을 영광스럽게 하는 일도 깨닫지 못하고 강변에서 고을을 보좌하는데 지쳤습니다. 이에 시 〈남해〉를 읊으면서 허물을 자인하고 동도를 바라보며 돌아갈 것을 알고 있습니다(某頃者西笑傾懷, 南音著操. 蓬飛萬里, 迷玉京之要路通津；桂折一名, 作金牓之懸疣附贅. 乃是常常之事, 徒云遠遠而來. 海隅未覺於榮家, 江徼況勞於佐邑. 由是詠〈南陔〉而引咎, 望東道以知歸).”

〈길게 올리는 계문(長啓)〉에서는 사리를 분석하여, 자신은 중요한 직위에 앉는 것이 마땅하지 않으며 높은 관직이나 많은 봉급을 바라지 않는다고 설명했다. “제가 삼가 생각하건대 짧은 두레박줄은 물을 길을 수 없고 무딘 창은 단단한 것을 뚫을 수가 없습니다. 그러므로 주임은 ‘유능하지 못한 자는 그친다’고 했는데, 스스로 마땅히 힘을 헤아려 행할 것이지, 어찌 마음대로 하고 싶은 것만 하겠습니까? …… 가지 한 줄기와 쌀 몇 알이 날개와 깃털을 기를 수 있고, 한 말의 물 한 치의 파도에도 물고기의 지느러미와 비늘을 편히 할 수 있습니다(某伏以短綆不可以汲深, 頑鋒不可以剸滯. 是故不能者止, 周任有言. 自宜量力而行, 豈可從心所欲? …… 一枝數粒, 可養羽毛；斗水尺波, 得安鬐鬣).”

둘째로 전고 운용이 유연하고 기교가 능숙하다는 점이다. 전고 사용은 변문의 중요한 특징인데, 최치원은 중국의 전고에 익숙하여 자유자재로 이용했다. 또한 역사 전고 중의 인사(人事)와 문장 어경(語境)의 결합이 천의무봉(天衣無縫)이었다. 그는 〈태위께 처음으로 올리는 계문〉에서 "공자의 당에도 타향의 제자들이 있거니와, 맹상군의 문하인들 어찌 먼 지방의 사람이 없겠습니까(尼父堂中, 亦有他鄕之子, 孟嘗門下, 寧無遠地之人)"라고 하면서 공자와 맹상군의 전고를 이용했는데, 고병이 마땅히 타국 출신인 자신을 임용해야 한다고 적절하게 설명했다. 최치원은 공자의 문하생이며 맹상군의 문객이라고 자칭했으니 이는 그가 중국 고대 성현을 지극하게 추앙했음을 보여준다.

〈날 음식 재료를 준 것에 감사드리는 장문(謝生料狀)〉에서는 "뜻밖에 은혜를 주시어 근심 가운데 기쁨이 넘칩니다. 안빈낙도하여 이미 아침 양식이 풍족하고 덕을 느껴 오직 배가 먼저 불러오니 마침내 범단(范丹)의 솥과 시루가 항상 비어 있는 한을 면하게 되고 안연의 누추한 골목이 그 낙을 배나 더하게 되었습니다. 엎드려 생각하건대 저는 비록 일찍이 버들잎을 뚫었으나 마치 휘날리는 쑥 봉오리와 같은지라, 속절없이 예리한 송곳을 쥐고 대현의 살펴주심을 기대하오니, 어찌 장협을 들고 하객의 노래부터 부르겠습니까?(恩垂望外, 喜集愁中. 安貧而已贍晨炊, 感德而惟知宿飽. 遂使范家釜甑, 免恨長閒；顔巷簞瓢, 倍加其樂. 伏以某雖北曾穿葉, 而蓬且斷根. 空把利錐, 冀遇大賢之鑑；豈將長鋏, 先興下客之歌)"라고 썼다. 최치원은 하사품을 받은 뒤에 역사상의 범염(范冉), 안회(顔回), 양유기(養由基), 모수(毛遂), 풍훤(馮諼) 등의 고사를 교묘하게 운용하여 자신의 감격을 표현했는데, 이는 물질적인 배려일 뿐 아니라 더 중요하게는 지우(知遇)의 은혜임을 설명했다. 문장이 의미심장하여 말을 다했으나 의미는 무궁한 느낌을 준다.

최치원은 문장에서 중국 전고를 능수능란하게 운용했을 뿐 아니라, 아울러 자신을 중국 고대 영웅이나 명인에 자신을 비유하여 그 가운데 적극적이고 진취적인 사상 관념을 받아들였다. 이는 그의 사상과 심리가 이미 중국 전통 문화에서 깊은 영향을 받은 것을 설명한다.

셋째로 대구의 구성이 매우 짜임새가 있고 음조가 곱고 낭랑하다. 아울러 기운(氣韻)이 생동하며 창조적 정신을 갖추고 있다. 변문의 기본 특징은 대구를 따지는 것인데, 짜임새가 있어야 하고 숙련되어야 하며, 조화로운 음조와 서로 대가 되는 평측(平仄)을 강구해야 한다. 최치원의 변문 문체는 정교하고 자연스러우며 구절의 형식이 깔끔하고 대구가 근엄하고 조탁한 흔적이 없으며, 허사와 실사를 적절하게 써서 날렵하고 민첩하며 생동감을 가지게 되었다.

예를 들어보자. "지금 진령에는 연기가 자욱하여 상산사로(商山四老, 하황공・기리계・동원공・녹리선생)를 찾기 힘들고, 초회에 달이 밝아 다행히도 팔공과 짝했으니, 다만 계원의 번화한 곳과 양도의 화려한 지방에 성단이나 월전이 곳곳에 황폐되어, 학가나 예정이 때때로 내려오기를 바라기 어렵습니다(今則秦嶺烟昏, 難尋四老 ; 楚淮月皎, 幸伴八公. 但以桂苑繁華, 北都壯麗, 旣見星壇月殿, 處處荒摧 ; 難期鶴駕霓旌, 時時降會)."[8] 이 문장의 성조(聲調)는 조화를 이루고 구절의 형식은 들쑥날쑥한데, 읽어 보면 억양이 돈좌(頓挫)하고 여유가 있으며 자재롭다. 또한 평측을 강구했으며 압운과 환운(換韻)을 강구하기도 했다.

그 밖에 최치원은 변구(駢句)와 산구(散句)를 유기적으로 결합하여 서로 빛나게 했다. 예를 들어 〈길게 올리는 계문〉에서는 "그러므로 주임은 '유능하지 못한 자는 그친다'고 했는데, 스스로 마땅히 힘을 헤아려 행할 것이지, 어찌 마음대로 하고 싶은 것만 하겠습니까? 저는 동해의 벼슬 없는 사람입니다. 앞서 집을 떠나 만 리 이국에 와서 10년 동안 나라를 구

8) 〈상도 호천관 성찬대덕 사자 사준부 충회남 관내 위의지휘제궁관으로 임명하는 제치(上靚昊天觀 聲讚大德 賜紫謝遵符 充淮南管內 威儀指揮諸宮觀制置)〉.

경하면서 본디 희망은 과거에 맨 끝으로라도 합격하여 강회 지방의 현령이라도 하는 것입니다(是故不能者止, 周任有言, 自宜量力而行, 豈可從心所欲? 某, 東海一布衣也. 頃者萬里辭家, 十年觀國, 本望止於牓尾科第, 江淮一縣令耳)"라고 했는데, 전고와 성어를 운용함이 자유자재로 능숙하며 질박하고 자연스러워 변문 같기도 하고 산문 같기도 한데, 짜임새가 있는 가운데도 변화를 추구했고 평담함 속에서도 공력(功力)이 보인다. 특히 중요한 것은 기본적으로 4·6구로 대를 이루는 전통을 깨고 산구를 많이 운용하여 변문 발전의 새로운 추세를 예시했다는 것이다.

[해제]

이 글은 진포청(陳蒲清, 1936~)이 《장사대학학보(長沙大學學報)》(제16권 제1기, 2002)에 발표한 〈韓國漢文文學的奠基作 : 《桂苑筆耕集》〉을 번역한 것이다.

진포청은 우언 문학 연구가로, 호남성(湖南省) 도원현(桃源縣)에서 태어나 1960년에 호남사범학원 중문계를 졸업했다. 지금은 호남교육학원 중문계 주임, 교수이며 중국우언연구회 부회장, 호남성사회과학연합회 위원, 중한문화관계연구회 회원, 호남성고한언연구회(湖南省古漢語研究會) 회장 등을 겸임하고 있다.

주로 우언과 한중 비교 문학, 고대 한어를 연구하는데, 주요 저작으로 《文言文基礎知識問答》(湖南人民出版社, 1979), 《中國古代寓言選》(공편, 湖南教育出版社, 1981), 《中國古代寓言史》(湖南教育出版社, 1983 ; 1996), 《歐陽修文選讀》(岳麓書社, 1984), 《文言今譯教程》(岳麓書社, 1986), 《史記注譯》(三秦出版社, 1988), 《世界寓言通論》(湖南教育出版社, 1990), 《中外寓言鑒賞辭典》(湖南出版社, 1990), 《白話聊齋志異》(岳麓書社, 1990), 《白話鬼谷子》(三環出版社, 1991), 《歷代童話精華》(岳麓書社, 1993), 《古代寓言大系·兩漢寓

言》(山西教育出版社, 1994), 《論衡注譯》(陝西教育出版社, 1995), 《孝經注譯》(陝西教育出版社, 1995), 《春秋繁露注》(岳麓書社, 1996), 《寓言三百篇》(新世紀出版社, 1996), 《古代中朝文學關係史略》(湖南人民出版社, 1999) 등이 있으며 그 외 논문 백여 편이 있다.

그의 《中國古代寓言史》는 오수형 서울대학교 중어중문과 교수에 의해 번역되어 《중국우언문학사》(소나무, 1994)로 간행되었다.

《계원필경집》의 사료적 가치

진지견(陳志堅)

《계원필경집(桂苑筆耕集)》은 당나라 말기에 신라 사람 최치원이 지은 문집이다. 최치원은 열두 살에 집을 떠나 입당했고, 6년 후에 진사(進士)에 급제하여 선주(宣州) 율수현위(溧水縣尉)를 제수받았다. "그 직책을 내놓고 회남에서 종직하면서 시중 고병의 문서 일을 도맡게 되어, 그 몰려드는 군사 문서 등을 힘껏 담당했습니다. 4년 동안 마음 써 이룬 것이 무려 만여 수나 되었습니다(及罷微秩, 從職淮南, 蒙高侍中專委筆硯, 軍書輻至, 竭力抵擋, 四年用心, 萬有餘首)"[1]라고 했는데, 《계원필경집》은 바로 이 4년 동안에 고병(高駢)을 대신하여 지은 표장(表狀)과 최치원 본인이 공사(公私)로 교류한 시문의 선집이다.

북송(北宋)의 관각(館閣)에서 《계원필경집》을 소장했으며 《숭문총목(崇文總目)》에도 저록되었으나, 사마광(司馬光, 1019～1086)과 범조우(范祖禹, 1041～1098)가 낙양(洛陽)에서 《자치통감(資治通鑒)》을 편찬할 때 《통감고이(通鑒考異)》에서 이 책을 언급하지 않은 것을 보면 이용하지 않았음을 알 수 있다. 남송 이후 오랫동안 실전되었다가 청 말에 이르러 조선에서 중국으로 들어왔다. 사실상 《계원필경집》에 반영된 당 말의

1) 《계원필경집(桂苑筆耕集)》, 자서(自序)(四部叢刊本).

사회, 특히 회남진(淮南鎭)의 정황은 매우 귀중한 역사 자료이다.

최치원은 광명(廣明) 원년(880) 겨울에 고병의 막부에 들어갔고 중화(中和) 4년(884) 겨울에 신라로 돌아왔다.[2] 광명 원년 겨울부터 중화 4년에 이르는 기간은 바로 당 말 사회가 급변하던 시기였다. 황소(黃巢, ?~884)의 봉기군이 장안을 점령하여 승리의 절정에 이르렀다가 이후 점차 패망했다. 당 희종(僖宗)은 성도(成都)로 도망갔고 중앙의 권위는 근본적으로 와해되었다. 지방의 할거 세력도 분분히 일어났고 사회 질서가 극도로 혼란했다. 한마디로 대분열, 대혼란의 시기였다. 이는 바로《계원필경집》의 역사 배경이다. 고병과 그가 주재한 회남은 당시 몇 년 동안 중대한 영향을 끼치는 구실을 했다. 관련된 당 말 사실(史實)의 기록이 부족하고 온전하지 않은 상황에서《계원필경집》의 표장(表狀), 문한(文翰) 등 회남중진(淮南重鎭) 문서의 사료 가치를 알 수 있다.

《계원필경집》에 표(表) 21수, 장(狀) 40수, 별지(別紙) 82수, 격서(檄書) 4수, 서(書) 6수, 위곡(委曲) 20수, 거첩(擧牒) 50수, 행묵칙첩(行墨勅牒) 5수, 재사(齋詞) 15수, 제문소기(祭文疏記) 등 10수가 있다. 게다가 여기에 최치원 본인의 공사 교류의 시문 4권을 합치면 모두 3백여 수로 "만여 수(萬有餘首)"의 백분지 삼 정도를 차지한다. 바로 최치원이 자서에서 "불필요한 부분을 거듭 버리고 보니 십분의 일, 이도 남지 못했지만, 모래를 파헤쳐 금을 발견하는 것과 감히 비교할 수 있고, 깨진 기와 조각으로 벽을 긋는 것보다는 낫다고 여깁니다(淘之汰之, 十無一二, 敢比披沙見寶, 粗勝毁瓦畫墁)"라고 했다.

최치원이 선집할 때 문사(文辭)가 화려하고 우미한 것을 표준으로 삼았기 때문에, 사료 가치가 아주 높은 문장은 존재하지 않으며 공식 사령

2) 주로《계원필경집》권18,〈직위를 사양하는 장계문(謝職狀啓)〉; 권20,〈돌산(石峰)〉의 자주(自注) 등의 자료에 의거했다. 양위생(楊渭生)이 지은〈최치원과《계원필경집》(崔致遠與《桂苑筆耕集》)〉(《韓國硏究》 第2輯)의 관련 논술을 참조.

(辭令)도 때때로 역사의 진상을 엄폐하여 정확하게 파악하기가 쉽지 않다. 그러나 현존하는 문장만 보더라도 그가 반영한 당말 사회의 관련 정황은 정사 및 《통감》의 많은 기록을 보충하기에 족하고, 매우 소중하게 여길 만하다.

1. 황소 봉기군과 관련된 약간의 관건적인 사실

황소의 봉기는 당시 사회의 중심 사건이었으나, 각종 사서에는 그 내용이 모순되고 혼란스러운 곳이 매우 많다. 많은 학자들이 모두 《계원필경집》 중 관련 사료를 이용하여 보충하고 연구하고 있다. 이는 최치원이 고병을 대신하여 왕래 문건을 기초하는 가운데 왕왕 최전방에서 온 첩보나 전선에서 중앙에 상주한 주장(奏狀) 내용을 수록했는데, 모두 가장 일차적인 자료이며 신뢰성과 가치는 종종 정사나 야사 기록을 뛰어넘는다. 여기서는 이전의 연구 성과[3]를 토대로 사료 가치에 대해 대략적으로 분석하고자 한다.

황소가 동관(潼關)에 들어온 뒤 그의 부장 교검(喬鈐)을 남겨 화주(華州)를 수비하게 했고 왕부(王溥)로 하여금 동주(同州)를 수비하게 했는데, 동관은 관중(關中)을 드나드는 요충지라서 마땅히 사람을 파견하여 수비해야 했으나 여러 사서에는 모두 이에 대해 아무런 기록이 없다. 《계원필경집》이 바로 이러한 공백을 메워 줄 수 있다. 권5의 〈황소의 부하 적장 성령괴를 달래어 항복시켰음을 상주하는 장문(奏誘降黃巢下賊將成令瓌狀)〉에서는 성령괴(成令瓌)가 "원래 황소의 사주를 받고 동관을 점거하였다(原受黃巢指使, 佔據潼關)"고 말했다. 그 수하에는 "도반 4만 명과

3) 중국사회과학원 역사연구소 연구원 방적륙(方積六)의 《황소기의고(黃巢起義考)》, 잠중면(岑仲勉)의 《수당사(隋唐史)》 제51절을 주로 참조.

마군 7천 기(徒伴四萬人, 馬軍七千騎)"가 있어 병력이 매우 강했으니 분명 동관을 지키는 장령(將領)이었다.

주장(奏狀)에서는 또 말하길 그가 "연이어 군대를 나누어 도망했고, 소재지가 약탈당하고 불태워져 중기・황관 안으로 들어갔는데, 사상자가 가장 많았다(尋自擘隊奔逃, 所在劫燒, 就中鄿・黃管內, 最甚傷殘)." 이를 보면 주둔하여 방어한 지 오래지 않아 성령괴가 동관을 포기하고 남쪽으로 도망했음을 알 수가 있다. 《통감》 권254에서는 중화 원년 4월 당군(唐軍)이 장안에 들어오자 황소가 무리를 이끌고 동쪽으로 이주했고, 곧 병사를 이끌고 돌아와 습격했다고 한다. 그러나 당시 동쪽의 여러 주자사(州刺史)들, "동주자사(同州刺史) 왕부(王溥), 화주자사(華州刺史) 교겸(喬謙, 喬鈐과 동일한 인물이다), 상주자사(商州刺史) 송암(宋岩)은 황소가 장안을 포기했다는 말을 듣고 모두 군중을 이끌고 등주(鄧州)로 달아났으며, 주온(朱溫)은 왕부・교겸을 베고 송암을 석방하고 상주(商州)로 돌려보냈다." 동관을 지키던 성령괴가 "군대를 나누어 도망(擘隊奔逃)"한 것도 마땅히 이때였을 것이며, 동남쪽으로 도망하다가 그는 주온에게 사로잡히지 않고 곧장 황주(黃州)・기주(鄿州)로 도망했고 이후 고병에게 항복했다.

《구당서(舊唐書)》, 〈희종기(僖宗紀)〉에서 중화 2년 7월에 "적장 상양이 의군채를 공격했으나 비가 내리고 눈이 한 자나 내려 몹시 추웠다. 적의 병사 중 동사자가 열 명 중에 두셋이었다(賊將尙讓攻宜君寨, 雨雪盈尺, 甚寒, 賊兵凍死者十二三)"고 기록했다. 《통감》 권255와 《신당서(新唐書)》, 〈황소전(黃巢傳)〉에서는 7월을 6월로 고쳤다. 그런데 《계원필경집》 권1 〈황소 도당 섬멸을 축하하는 표문(賀殺戮黃巢徒伴表)〉에서는 "신이 진주원의 첩보를 보니, 북로군 전 정난군절도사 탁발사공과 보대군절도사 동방규 등이 의군현 남쪽에서 역적 황소의 도당 2만여 명을 살육한 것과 그 도당 3천 명 외 적장을 생포한 것을 아뢰었고, 또 봉상절도사 이창언이 서울에 있는 적도가 붕괴한 것을 정탐하여 아뢰었으며, 6월 13일에 황제께서 선정전에 납시어 의장을 베풀고 재신 백관의 하례식을 받으셨다(臣得進奏院狀報：北路軍前定難軍節度使拓跋思恭·保大軍節度使東方逵等奏, 宜君縣南殺戮逆賊黃巢徒伴二萬餘人, 生擒三千人並賊將者. 又鳳翔節度使李昌言奏, 探知京中賊徒潰散. 六月十三日, 皇帝御宣政殿排仗受宰臣及百僚賀禮畢者)"고 되어 있다.

회남진주원(淮南進奏院) 첩보에서 언급한 '6월 13일'은 바로 멀리 성도에 있는 중앙에서 첩보를 들었을 시간인데, 이 전쟁은 틀림없이 6월 이전에 일어났을 것이다. 사마광이 당시에 《계원필경집》을 참조했더라면, 읽는 사람을 의아하게 만드는 "7월에 대설이 한 자 넘게 내렸다(七月大雪盈尺)"는 기록이 나오지 않았을 것이다.

당군이 장안을 수복한 시간에 관하여 사마광이 한 차례 고증한 적이 있는다.[4] 《구기(舊紀)》, 경상(敬翔, ?~923)의 《양태조편유록(梁太祖編遺錄)》·《실록(實錄)》·《신기(新紀)》·《황소전(黃巢傳)》, 정광유(程匡柔)의 《당보기(唐補記)》·《후당태조기년록(後唐太祖紀年錄)》·《당연보록(唐年補錄)》 등의 기록을 인용하였는데, 거의 모두가 중화 3년 4월 8일 위교격전(渭橋激戰)이 있었다고 제기했고, 다수가 당군이 10일 장안에 들어왔다고 제기했다. 그러나 사마광은 감군(監軍) 양복광(楊復光)의 첩보에 의거하여, "이번 달 8일, 양수종 등이 이극용을 따라 광태문에서 먼저 서울로 진입하였다(今月八日, 楊守宗等隨克用自光泰門先入京師)"고 언급하고, "이것이 가장 믿을 만하다(此最可據)"고 보아 이를 따랐다. 또한 "위남의 전쟁은 반드시 8일 이전에 있었으나, 여러 사서에서는 모두 잘못 기록하였다(渭南之戰, 必在八日以前, 諸書皆誤也)"라고 말했다.

사마광 자신이 볼 수 있었던 가장 일차적인 자료에 의거하여 판단한

---

4) 《통감》 권255, 〈중화 3년 4월 갑진(中和三年四月甲辰)〉조 뒤 「고이(考異)」 참조.

것을 지나치게 비난할 필요는 없다. 그러나 그가 보지 못했던 《계원필경집》 속에 가장 일차적인 반증 자료가 있다. 그것이 바로 권1 〈서울 수복을 축하하는 표문(賀收復京闕表)〉, 권6 〈서울 수복을 축하하는 장문(賀收復京城狀)〉에서 두 번 인용한, 당시 장안 공격에 직접 참여했던 고위 장교 하중절도사(河中節度使) 왕중영(王重榮)이 고병에게 보낸 첩보로, 여기서는 "4월 10일 당도와 안문절도사 이극용 및 도감 양복광 밑에 예속된 여러 기병과 함께 일제히 서울에 들어가 적과 교전했다(四月十日, 當道與雁門節度使李克用及都監楊復光下諸都馬君, 齊入京城, 與賊交戰)"고 했다. 잠중면(岑仲勉, 1885~1961)은 노포(露布)의 설을 채용했고, 방적륙(方積六)은 첩보의 말을 따랐다. 둘 모두 가장 최초의 일차 자료지만, 비교해 보면 양복광의 〈경성 수복을 아뢰는 승전보(收復京城奏捷露布)〉[5]에서 말한 '8일' 설은 불충분하고, '10일' 설이 더 믿을 만하다.

《구기》, 《신황소전(新黃巢傳)》, 《통감》 권255에서는 모두 중화 4년 5월 왕만도(王滿渡) 전쟁에서 패배한 뒤, 상양(尙讓)이 그의 무리를 인솔하여 무녕절도사(武寧節度使) 시부(時溥)에게 항복했다고 기록했다. 그러나 황소의 결말에 관하여 여러 사서의 기록이 자못 혼란스러운데, 사마광이 고증[6]을 한 뒤 다음과 같이 말했다. 중화 4년 6월 "갑진에 무녕의 장수 이사열과 상양은 하구까지 황소를 쫓아가 패배시켰다. 황소의 무리가 거의 죽고 나머지는 낭호곡까지 도망갔다. 병오에 황소의 생질 임언은 황소 형제와 처자의 머리를 베어 시부에게 가다가 사타 박야군을 만나 이를 빼앗겼고, 아울러 임언의 머리도 베어져 시부에게 바쳐졌다(甲辰, 武寧將李師悅與尙讓追黃巢至瑕丘, 敗之. 巢衆殆盡, 走至狼虎谷, 丙午, 巢甥林言, 斬巢兄弟妻子首, 將詣時溥, 遇沙陀博野軍, 奪之. 並斬言首以獻於溥)."

5) 《전당문》 권998.
6) 《통감》 권256, 〈중화 4년 6월 병오(中和四年六月丙午)〉조 뒤 「고이(考異)」 참조.

그러나 《계원필경집》 권1 〈황소를 죽인 것을 축하하는 표문(賀殺黃巢表)〉에 수록된 또 하나의 일차 자료, 즉 무녕절도사 시부가 고병에게 보낸 문서에서는 도리어 "역적 황소와 상양이 부대를 나누어 모두 동북 경계에 있었거늘, 6월 15일에 행영도장 이사열·진경유 등이 내무현 북쪽에서 뭇 흉악범을 크게 섬멸하고 17일에는 적장 위복야 임언이 황소의 머리와 그의 도당으로 항복한 부하 도장 이유정·전구 등을 모조리 효수한 다음, 황소의 머리만 함에 담아서 행재소에 보냈다(逆賊黃巢,尙讓分隊並在東北界, 於六月十五日行營都將李師悅·陳景瑜等於萊蕪縣北大滅群凶, 至十七日, 遂被賊將僞僕射林言梟斬黃巢首級, 並將徒伴降部下都將李惟政·田球等訖. 其黃巢函首已送行在)"라고 말했다.

6월 15일에 이르러서도 상양은 시부에 의해서 '역적'으로 불렸으니, 상양이 5월에 투항했다는 설은 믿을 수 없다. 그러나 《통감》에서 기록한 대로, 사타 박야군(沙陀博野軍)이 황소의 머리를 빼앗고 아울러 임언을 죽여 시부에게 바쳤다는 설은 첩보와 부합하지 않을 뿐 아니라, 도리에도 맞지 않는다. 사타군이 정말로 황소의 머리를 손에 넣었다면 큰 공을 세운 것이니, 모름지기 시부에게 바치지 않았을 것이다. 그러나 시부는 도리어 이에 의거하여 "공적이 으뜸을 차지하게(功居第一)" 되었다.

황소가 봉기를 일으킨 기간에 사천(四川)에서 폭발한 천능(阡能)의 봉기에 관한 기록도 매우 혼란스럽다. 사마광은 두 차례의 고증[7]을 거치고도 거듭 "봉기가 언제 일어나서 언제 끝났는지 알 수 없다(其起滅不知的在何時)", "지금 고인후가 천능을 사로잡았으나 언제 잡았는지 알 수 없다. 그러므로 《실록》에 따라서 여기에 붙여 둔다(今高仁厚擒阡能旣不知實在何年月, 故因《實錄》附於此)"라고 말했다. 그리고 이 말을 중화 2년 11월의 기사(記事) 밑에 적어 놓았다.

---

7) 《통감》 권255, 〈중화 2년 11월(中和二年十一月)〉조 뒤 「고이(考異)」; 〈중화 3년 하4월 경자(中和三年夏四月庚子)〉조 뒤 「고이(考異)」 참조.

《계원필경집》 권1 〈강도 천능의 목을 자른 데 축하하는 표문(賀處斬草賊阡能表)〉에는 성도에 설치된 회남진주원의 첩보를 기록했는데, "서천 도장 고인후가 부하 병마를 거느리고 강도 천능을 사로잡았으며, 아울러 10월 18일에 이미 조치를 끝내고, 21일에 황제의 수레가 나성 북루에 납시어 회군하는 장병을 위로하고 각기 후한 상을 내리시어 본영으로 귀환시켰다(西川都將高仁厚部領兵馬, 收捉草賊阡能, 已於十月十八日並處置訖, 二十一日聖駕出羅城北樓, 宣慰廻戈將士, 各賜優賞, 放歸本營)"는 사실을 정확히 썼다. 즉 사마광이 고증하지 못한 천능이 봉기를 일으키고 죽은 시기, 적어도 '사망[滅]' 연월은 《계원필경집》을 참조했더라면 쉽게 해결되었을 것이다.

2. 동남 여러 번진의 할거, 자립과 상호 쟁투

황소 봉기의 충격으로 당 중앙의 권위가 와해되고 지방에서는 할거와 충돌이 끊임없이 일어났다. 원래 할거의 성격이 분명하지 않았던 회남, 서주(徐州), 절서(浙西), 선흡(宣歙) 등의 동남 번진은 날로 불화 반목하면서 실력을 키우거나 보존하기 위하여 부단히 다퉜다. 《계원필경집》은 이 시기의 많은 정보를 담고 있는데, 대부분 다른 사서에서는 없는 것이니 대단히 소중한 사료이다.

진인각(陳寅恪, 1890~1969)은 〈위장'진부음'교전(韋莊'秦婦吟'校箋)〉에서 일찍이 "최치원의 《계원필경집》은 고병을 대신하여 쓴 글인데, 변로 구역 서주의 시부와 사주 우도의 전쟁, 운하 단절에 관한 기록이 매우 많다. 이는 모두 두 《당서》와 《자치통감》 등에서 상세하지 않은데, 실로 가장 훌륭한 사료이다(崔致遠《桂苑筆耕集》代高騈所作書牒, 關於汴路區域徐州時溥·泗州于濤之兵爭及運道阻塞之紀載甚多, 俱兩《唐書》及《通鑒》等

所未詳, 實爲最佳史料)"라고 말했다. 서주와 사주(泗州)의 전쟁은 당시 동남의 강력한 번진들이 할거하고 합병하던 생동한 사례이다.

사주에서 다스리던 임애(臨淮)는 바로 운하가 회수(淮水)로 들어가는 곳이고 변로(汴路)의 요충지였기 때문에, 병가들이 절대 양보하지 않는 땅이었다. 원래는 서주절도순속(徐州節度巡屬)이었으나 건부(乾符) 2년(875)에 "감화군절도는 사주의 통제를 벗어났다(感化軍節度罷領泗州)."[8] 《계원필경집》 권11 〈서주 시부에게 답하는 글(答徐州時溥書)〉에서도 "사주는 이전에 서주의 관할이었으나 새로 표기한 사액에는 군수가 관할이 아니라 조정에서 직접 지휘하게 되었다. 재작년에는 사주만 홀로 충성을 다했으므로 드디어 방어주로 이름이 났다(泗州舊隷仁封, 新標使額, 固非郡守專輒, 蓋是朝廷指揮, 爲在頃年, 獨全忠節, 遂編名於防御)"고 지적했다. 이를 보면 사주는 서주절도(徐州節度)를 벗어난 뒤 방어주(防御州)로 승격되었음을 알 수 있다.

중화 원년부터 시부는 사주가 "옛 영지(舊封)"임을 핑계 삼아 군대를 일으켜 침략했는데, 그 의도는 사주를 다시 직접적인 통제 아래 두기 위함이었다. 중화 2년 정월에 조정에서는 왕탁(王鐸)을 도통(都統)으로 임명하는 동시에 시부를 '최견망운조부방알사(催遣網運租賦防遏使)'[9]로 임명했다. 시부는 이러한 사직(使職)의 명의로 "사주는 홀로 회하를 막고 자기 성만 굳게 닫아서 사방이 모두 막히고 여러 도가 통하지 못하게 하였고(泗州獨阻淮河, 自牢城壘, 使四方多阻, 諸道莫通)", "조정의 명령을 받들어 서주와 사주의 영토를 거두고자 군사를 널리 동원시킨다(云奉朝廷意旨, 收徐泗封疆, 廣出師徒)"는 핑계로 사주에 대하여 대대적으로 진공했다. 전투가 대단히 격렬하여 사주는 한때 "성을 버리자는 의론이 분분하여(拔城之議)", "자멸을 꾀하고자(欲謀自潰)" 하기도 했다.

---

8) 《신당서(新唐書)》 권65, 〈방진표 2(方鎭表二)〉.

9) 《통감》 권254, 〈중화 2년 춘정월 신해(中和二年春正月辛亥)〉조.

세력을 확장하기 위한 시부의 노력은 결코 사주에서 그치지 않았다. 그는 사주를 진공하는 동시에, "연수의 개미 같은 군사를 불러서 회산의 범 같은 군사를 막았고(呼蟻軍於漣水, 拒虎旅於淮山)", 또 회남과 직접 대항했다. 회남의 고병은 시부가 "말로는 옛 관할 구역을 순찰한다고 하지만, 실제 의도는 우리의 진을 고래마냥 삼키려는(聲言則狼顧舊封, 實意則鯨呑弊鎭)" 속셈을 잘 알고 있었고, 즉각 전면 전쟁의 태세를 갖추었다. 쌍방의 목적은 실제로 사주와 운하에 대한 통제권을 쟁탈하는 데 있었다.

시부의 진공에 반격하기 위하여 고병은 사주방어사(泗州防御使) 우도(于濤)를 도지휘사(都指揮使)로 추천했고(실제로는 임명), 동시에 회구진장(淮口鎭將) 이질(李質)을 연회응접사(沿淮應接使)로 임명했고, 회음진장(淮陰鎭將) 진계련(陳季連)을 연회응접부사(沿淮應接副使)로 임명했다. 명목상으로는 "그 응원 제도 및 (영회)[회녕]·우이·회음 등 3진 장사(其應援諸道及(寧淮)[淮寧]·盱眙·淮陰等三鎭將士)"가 모두 도지휘사 우도의 지휘를 받았다. 실제로는 응원제도(應援諸都)가 대부분 회남에서 무장했고, 또 우이 등의 3진(鎭)은 회남의 외진(外鎭)이었기 때문에, 고병은 사주를 구원한다는 명목으로 도리어 자신의 "점거와 보호(佔護)" 아래에 두었다.

그러나 고병의 사주에 대한 점거와 보호는 거의 성공을 거두지 못한 것으로 보인다. 먼저 성위장교(城爲將校)가 시부와 암암리에 내통한 "잠래계도(潛來計圖)"가 있었고, 이어서 또 임회도두(臨淮都頭)가 전선(前線)에서 공개적으로 배반[逗撓]했기 때문이다. 고병은 특별히 도두를 경질했으나, 그 병사들의 배반과 도망을 저지할 수는 없었다.

이상으로 서(徐)·회(淮) 두 진의 세력 확장으로 인한 상호 쟁탈에 대하여 개괄하여 서술했는데, 이는 《계원필경집》 권9 〈사주 우도 상서(泗州于濤尙書)〉 별지(別紙) 2수, 권11 〈제도에 알리어 강운을 징촉하는 글(告報諸道徵捉綱運書)〉, 〈서주 시부에게 답하는 글(答徐州時溥書)〉, 〈양양 극공보(郄公甫) 장군에게 답하는 글(答襄陽郄將軍書)〉, 〈절서 주보 사공에게 주는 글(浙西周寶司空書)〉, 권13 〈사주 우도 상서에게 도지휘사 임명을 요청하는 글(請泗州于濤尙書充都指揮使)〉 거첩(擧牒), 권14 〈회구진장 이질을 연회응접사로 임명하는 글(淮口鎭將李質充沿淮應接使)〉, 〈회음진장 진계련을 연회응접부사로 임명하는 글(淮陰鎭將陳季連充沿淮應接副使)〉, 〈안재영에게 임회도를 관리하게 하는 글(安再榮管臨淮都)〉 거첩, 권16 〈초주의 전사한 장병에게 제사하는 글(祭楚州陣亡將士文)〉, 권3 〈서주와 강화하라는 조서에 사례하는 장문(謝詔示徐州事宜狀)〉, 권5 〈황소의 부하 적장 성령괴를 달래어 항복시켰음을 상주하는 장문〉, 권18 〈회구의 도적을 격파함을 축하하는 격문(賀破淮口賊狀)〉 등을 종합한 것이다. 바로 이 자료가 있기 때문에 비로소 우리는 당시 두 진 간의 쟁탈 상황에 대하여 비교적 전면적이고 객관적으로 이해할 수 있다.

중화 원년 여름에 고병은 서정(西征)을 공언하고 병사를 이끌고 동당(東塘)에 주둔했다가 백여 일 만에 그만두었다. 이 일에 관하여 두 《당서(唐書)》와 《통감》은 모두 기록이 극히 적다. 그러나 《계원필경집》의 관련 자료는 이와 다르게 출병 행동의 복잡한 경과와 약간의 내막 그리고 제각기 출병하여 격렬하게 투쟁한 상황을 보여주었다. 동남 제진(諸鎭)의 할거는 바로 이때부터 시작되었다.

그중 회남의 고병과 절서의 주보(周寶)가 서로 원수같이 대한 경과는 이 사건의 가장 중요한 실마리이다. 《통감》 권254에서는 다음과 같이 기재하고 있다. 고병은 주보에게 격문을 보내어 경사(京師)로 입성하여 구원하도록 했으나 주보는 해군을 훈련시키면서 이를 의아하게 여기며 오래도록 가지 않았다. 참모들은 '고병이 우리를 삼키려는 의도가 있다'고 했지만 주보는 이를 믿지 않았다. 고병의 사신이 주보에게 과주(瓜洲) 의군(議軍)의 일로 만나자고 요청하자 주보는 마침내 참모들의 말이 옳다고 생각하고 가지 않았다. 또 "나는 이강이 아니거늘, 고병이 가문의 공훈을 세우고자 조정을 업신여기고 있다(吾非李康, 高公復欲作家門功勳以欺朝廷)"고 비방하여, 두 사람은 서로 원수같이 대하게 되었다.

그러나 《계원필경집》 권11 〈강서 왕 상서에게 답하는 글(答江西王尙書書)〉에 의하면, "(중화 원년) 초봄에 먼저 격문을 보내고 이어 도통순관 고운 협률에게 요청하여 함께 이룩할 일을 의논하고 서로 만날 약속을 정하였다. …… (주보는) 갑자기 민지의 모임인양 의심하고 천토의 맹세를 자랑하는 것이라 해서 곧 성벽을 엄하게 경계하고 나루터를 막았다(春首, 先發羽書, 仍請都統判官顧雲協律, 議共成之事, 謀相見之期 …… 忽疑惑於澠池, 謂矜誇於踐土, 便見戒嚴城壁, 阻塞津途)"고 했다. 또 여름에 출병하기 전에 고병은 주보에게 '도통부사(都統副使)'를 맡아 달라고 부탁했으나, 주보는 "비웃고 조롱하며 제가 굳이 청하는 말을 들어주지 않고 스스로 남은 칼날을 아꼈다(莞爾興譏, 不從固請之言, 自惜有餘之刃)." 이 기록은 《통감》과 자못 차이가 있는데, 《계원필경집》이 훨씬 믿을 만하다.

〈강서 왕 상서에게 답하는 글〉에 따르면, 주보는 고병이 출병을 꾀한 초기에 적극적으로 반대했으며, 이 시기는 결코 《통감》에서 말한 것처럼 고병이 동당에 병사를 주둔시킨 때가 아님을 알 수 있다. 그러나 주보가 반대한 까닭이 단지 의심 때문인지에 대해서는 아직 증거가 없다. 또 이는 주보가 당시에 할거할 마음을 품고 있었기 때문에 고병에 대하여 마음속으로 경계하고 대비했다는 사실을 드러낸다. 이는 아마도 당시 여러 진(鎭)의 공통된 심리일 것이며, 이 때문에 분위기가 긴장되고 어느 한쪽의 중대한 거동도 적대시되었을 것이다. 만약 《통감》의 기록만 믿는다면, 이 일은 아마도 진상과는 멀어질 것이다.

〈강서 왕 상서에게 답하는 글〉에서는 동당에 병사를 주둔시킨 시기를 언급하여 "배반한 군관 조공약이 절서로 도망하여 간사한 말로써 유인하여 간첩으로 꾸며 곧 편지를 보내어 망령되게 이단자라고 했는데, 그 글에 '지위는 상공보다 높은 체하고 권세는 도통보다 세게 부려 다른 소견을 내고 다른 꾀를 일으키다가 어찌하여 다시 후회하여 씻어 없애려 하느냐?'고 하였다(有背軍官健趙公約者, 走投浙西, 釣以巧言, 構爲細作, 便移長牒, 妄說異端, 其書云'位極上公, 權尊都統, 別興異見, 遽起他謀, 以何悔尤, 欲爲燒劫?')"[10]라고 했다. 또 주보가 "선호 경건정, 서주절도사 시부와 더불어 암암리에 틈이 벌어진 것을 미끼로 하여 서로 통해 비밀리에 공모하여 각기 군사를 일으켜 군대의 길을 막고, 강 연안의 군읍에 두루 알려 진법을 단련시킨다는 핑계로 출정하는 길을 끊었다(與宣護景虔貞, 徐帥時溥者, 暗資積釁, 相應密謀, 各興梗路之兵戈, 遍告沿江之郡邑, 以至練成戰陣, 鎖斷征途)"고 제기했다.

이는 다른 사서에는 기록되지 않은 유일한 사료이다. 그 가운데 군관 조공약(趙公約)이 누설한 이른바 "타모(他謀)", "이견(異見)"은 바로 고병의 군사 기밀이다. 주보와 주변 진, 강 연안 군읍(郡邑)의 일치된 반응으로 볼 때, 그 군사 기밀은 고병이 주변 여러 진의 음모 때문에 출병 구실을 빌려 실행하기에 불리했기에 여러 방면의 반대를 샀을 것이다. 또한 《구당서》, 〈고병전〉의 "고병은 군사를 대대적으로 열병하면서 양절(절동, 절서)을 겸병하고자 하여 손책의 삼분지계로 삼았다(騈大閱軍師, 欲兼併兩浙, 爲孫策第三分之計)"는 기술이 사실무근이 아님을 알 수 있다.

이 위기는 끝내 고병이 전쟁을 중지시킴으로써 평정되었다. 고병이 여러 번 공언한 것은 조정의 뜻을 받는다는 것이었는데, 《계원필경집》 권11 〈양양 극공보 장군에게 답하는 글〉에서는 또 조정이 고병에게 전쟁을 중지시키라고 명령한 두 차례의 조서를 발췌하여, 그중에서 이번의 출병에 대한 조정의 태도와 거기서 드러나는 진실한 심리를 엿볼 수 있다. 제1차 조서의 요지는 "경의 부하 군사는 적고 눈앞에 방위할 곳은 많으니, 다만 회남의 관할 구역만 보전하고 절동의 군사와 화합하여서, 짐을 위해서 오

10) 권11, 〈절서 주사공에게 답하는 글(答浙西周司空書)〉에도 비슷한 기록이 있다.

월 지역을 보전하여 짐에게 동남의 근심이 없게 하라. 공을 이루면 그것도 또한 썩지 않을 공이다(卿手下甲兵數少, 眼前防慮處多. 但保淮南之封疆, 協和浙右之師旅, 爲朕全吳越之地, 遣朕無東南之憂. 含其垂功, 固亦不朽)"였다. 제2차 조서의 요지는 "제도의 군사가 사면으로 공격하여 조석 간에 수복을 기할 수 있으니, 경은 마땅히 도적의 군사를 막고 양식과 의복을 실어 보내라. 어찌 반드시 임소를 떠나야만 왕을 호위하는 것이겠는가? 혹시나 남은 적당이 도망할까 염려되니 가장 먼저 할 일은 군사를 배치하는 것이다(諸道師徒, 四面攻討, 計度收克, 旦夕可期. 卿宜式遏寇戎, 饋輦粟帛. 何必離任, 則是勤王. 或恐餘孽遁逃, 最要事先布置)"였다.

중화 원년 7월 관중(關中)의 형세가 결코 호전될 조짐이 보이지 않았으므로 근본적으로 "조석 간에 수복을 기약할 수 있다"고 할 수는 없다. 중화 2년 고병을 질책하는 조서에서 말한 것처럼 "이번에 천하에서 의거하여 회해에서 솔선해 주기를 바랐다. …… 초가을에 이르러 표문을 열람하니 음력 5월에 파병한다고 했다. …… 그 군세에 대해 듣기 바라고 그 깃발 보기를 갈망한다(此際天下義擧, 皆望淮海率先 …… 洎乎初秋覽表, 方云仲夏發兵 …… 喜聞兵勢, 渴見旌幢)."[11] 바로 처음에는 근왕병의 도래를 바랐다. 이를 보면, 조정의 두 차례의 조서는 사실 어찌할 수 없어 나온 말임을 알 수 있다. 조정에서는 바로 동남 제진(諸鎭)이 근왕할 뜻이 없고 할거할 마음이 있으며, 이른바 '출병'은 단지 위기를 일으킬 뿐이며, 심지어 혼전하게 된다고 여겼다. 때마침 고병이 또 "선주・윤주가 어려움에 처해 천자를 따라 토벌하기가 어렵다(尋稱宣潤阻艱, 難從天討)"고 보았기 때문에 "절동의 군사와 화합하여", "짐에게 동남의 근심을 없게 하라"는 조서를 내려 병사를 퇴각하게 한 것이다. 그러나 고병은 아마도 뒤의 조서를 받지 않고 병사를 퇴각했을 것이다.

---

11) 《구당서》 권182, 〈고병전(高駢傳)〉.

당시 여러 진이 분분히 할거하고 합병하는 상황에서 조정의 많은 조서나 수여받은 직위는 모두 음양으로 싸움 도구로 이용되었다. 《계원필경집》에 이러한 예가 상당히 많은데, 대부분이 다른 사서에서는 찾아보기 힘들다. 여기서 중요한 몇 가지 예를 들어 보겠다.

권3 〈묵칙 시행을 금지하는 조서에 사례하는 장문(謝詔止行墨勅狀)〉에서 "조서를 받들어 보니, 작년 봄에 임시 조서를 내려 제도에 승제(왕에게 알리지 않고 장관이 관리를 채용하는 제도)로 제수하기를 허락하였는데, 이제 다시 금지하라는 조서를 내려 지금부터 절대로 견장(재능을 장려하고 잘 밝혀서 인재를 등용함)할 사람이 있거든 급히 알리고 다시 승제를 의론하지 말라는 내용이었습니다(伏奉詔旨：去春權降詔命, 許諸道承制除官, 已兩度降勅止絶. 自今後凡有要甄奬者, 並於急遽奏聞, 不得更議承制者)"라고 했다.

권13 〈묵칙을 시행하여 산기상시로 임명하는 첩사(行墨勅授散騎常侍牒詞)〉에서는 광명(廣明) 2년(즉 중화 원년) 2월 9일 제도(諸道)에 묵칙을 시행하여 관리를 임명하는 조서를 기록했다. 《통감》 권254에서는 이 조서를 중화 원년 춘정월(春正月)에 내린 것이라 말하고, 아울러 고병에게 단지 일도(一道)만 제수하고 제도(諸道)를 내리지 않은 것은 모두 묵칙으로 관리를 임명하는 권력이 있기 때문이라고 하여 오해했는데, 이에 의하여 보충하고 바로 잡을 수 있다.

또 〈묵칙 시행을 금지하는 조서에 사례하는 장문〉에서는 제도(諸道)가 이러한 권력을 남용하고 인심을 매수한 상황을 제기했다. "진해절도사 주보가 군중의 인심을 얻으려고 가만히 공교한 꾀를 내 아무 공도 없는 장수와 관리에게 영광스런 벼슬을 제수하였다(鎭海節度使周寶欲感軍情, 潛施巧計, 便以無功將吏, 悉皆超授官榮)." 따라서 고병은 나쁜 일인 줄 알면서도 "주보와 같이하지 않는다면 일이 생길까 두려워서 드디어 조서대로 군사에게 상주기를 시행하였다(不依周寶, 必恐事生, 遂准詔書得行軍

賞).” 권13에는 고병이 묵칙을 시행하여 관리를 임명한 첩사(牒詞) 5수가 있다. 이에 의거하여 추측하면, 다른 도(道)도 반드시 이와 같았음을 알 수 있다.

직위를 이용하여 고병이 도통(都統) 명의로 다른 도에 손을 댄 두 가지 예가 있다. 권11 〈강서 왕 상서에게 답하는 글〉에서는 고병이 사람을 파견하여 선주(宣州)를 점령하고 자칭 “일찍이 조서를 받들었더니 특별히 ‘편의대로 일을 처리하고 모든 것에 조처하여 지휘하라’고 허락한(蓋緣曾奉詔書, 特許便宜從事, 凡於制置, 得以指麾)” 일을 제기했다.

권13에는 묵칙첩(墨勅牒) 〈고패를 임시 지강주군주사로 임명하는 글(授高霸權知江州軍州事)〉이 있는데, 강주(江州)는 바로 강서절도사순속(江西節度使巡屬)이다. 〈고패를 임시 지강주군주사로 임명하는 글〉에서는 “조서에 의거하면, ‘모든 주의 자사가 만약 군공이 있거든 경이 요량하여 작위와 상을 주고, 만일 범죄가 있거든 경이 마땅히 벌을 기록하여 별도로 지주를 보내고 계장을 갖추어서 아뢰라’고 했다. 대원수의 권세는 이미 성명을 토대로 한 것이며, 옛 제후 같은 중임을 맡기려면 마땅히 뛰어난 인재를 발탁하여 맡겨야 할 것이다(準詔 : ‘應諸州刺史, 如有軍功, 卿量加爵賞 ; 如有罪犯, 卿宜書罰, 別差人知州, 具狀申奏者’ 大元帥之權旣資成命, 古諸侯之任宜選良才)”라고 말했다.

또 고병이 염철사(鹽鐵使)의 명의를 빌리고, 주보가 조용부사(租庸副使)의 명의를 빌려 서로 선흡순원(宣歙巡院)을 쟁탈한 예가 있다. 권9 〈선흡 배건여 상서에게 보내는 글(宣歙裴虔餘尙書)〉 별지 제3에서는 “당사 선흡원이 저 절서로부터 한계를 넘어서 권리를 침해하고 관리를 차출하여 공무를 빼앗았다(當司宣歙院被浙西越局侵權, 差官奪務)”고 제기했다.

동남의 여러 진(鎭) 간의 쟁투에 대하여 조정은 제재할 아무런 힘이 없어 때때로 각기 위로함으로써 알력을 없애고 서로 좋게 지낼 방도를 구했다. 예를 들면, 권3 〈서주와 강화하라는 조서에 사례하는 장문〉, 권6

〈양절에 조서를 내려 알아듣게 타이르도록 할 것을 요청한 장문(請降詔旨指諭兩浙狀)〉에서 나타난 것이 그러하다. 권11 〈서주 시부에게 답하는 글〉에서 "겸하여 조서에 권장하신 유시를 보건대, 충성 있는 무장들끼리 서로 화합하기를 요청하였다(兼睹詔書獎諭, 請(徐州)與忠武協和)"라고 하여 역시 유사한 태도를 반영했다.

3. 회남진(淮南鎭) 내부의 권력 구조와 통치 체제

전혀 의심할 나위 없이 《계원필경집》 가운데 회남진 내부의 상황과 관련된 많은 사료는 유일무이한 것으로 그 가치가 귀중하다. 이것으로 충분히 회남진을 당시 번진의 특수한 사례로 보고 깊고 구체적으로 연구할 수 있다. 이는 당말 번진사(藩鎭史) 연구에 중요한 의의를 가진다.

먼저 《계원필경집》의 관련 사료에 의거하여 회남진 내부의 권력 구조를 분석하겠다. 당시 사회 질서가 무너지고 오로지 군사력만 유지하기 위해 힘쓰는 상황에서 각 지방에서는 자신을 보전하기 위해서든 혹은 세력을 확장하기 위해서든 모두 무장할 필요가 있었으니, 군사력을 갖추는 것이 당시 사회 권력 분배의 관건이었다. 먼저 회남진 내부의 군사력부터 분석해 보겠다.

회남진에는 고병이 관할하는 군대 이외에 많은 다른 무장 세력이 있었다. 지방의 기층에 많은 의병(義兵), 토단(土團)을 가진 무리들은 전란이 일어나면 자신을 보전하기 위해서 자발적으로 무장 세력을 조직하곤 했다. 예를 들면, 《계원필경집》 권12 〈여강현령 이청(廬江縣令李淸)〉에서 "지금은 18채의 의병이 장수가 되기를 요청하였으며 …… 이를 위하여 다시 병역을 겸임하여 현의 관청을 지키겠다는 것을 물리쳤다(今則十八砦之義兵, 請爲軍師 …… 爲復願兼知戎役, 却守縣曹)", 권14 〈숙송현령

이민지에게 초토도지병마사로 임명하는 글(宿松縣令李敏之充招討都知兵馬使)〉에서 “백 리를 맡았을 적에는 피곤한 백성이 의뢰하게 되었고, 군사 만 명을 거느렸을 적에는 의로운 군사들이 귀순할 줄 알았다(假百里之威, 則疲甿獲賴, 作萬夫之長, 則義旅知歸)”, 권12 〈대로(戴盧)〉에서 “건부 5년부터 주진 겸 지현의 일을 맡아 …… 재산을 털어서 집안일을 잊었으며 의군을 규합하고 종족을 모아 훈련시켜 피로한 백성을 무마하여 편안케 했고, 도적을 잡고 습격했다. (건부) 6년이 된 이때 온 고을이 그에게 의뢰하게 되었다. 공이 있어도 자랑하지 않고 오직 착한 이를 따르며 드디어 고을의 관리를 거느리고 향당을 편안하게 하였다(自乾符五年主鎭兼知縣事 …… 傾産忘家, 糾集義軍, 訓齊宗族, 撫寧羸瘵, 捕襲寇戎, 六年于玆, 一邑獲賴, 有功不伐, 唯善是從, 遂領縣曹, 永安鄕黨)”고 했다.

위의 여러 예에서 이러한 ‘의병(義兵)’, ‘의려(義旅)’, ‘의군(義軍)’은 바로 그 향토를 보호하는 데 중요한 구실을 했고, 또한 이러한 무장을 영도할 수 있는 사람들이 종종 그곳에서 자신의 지위를 확고하게 만들고 지방 세력을 형성했음을 알 수 있다.

회남진 안에서 특수한 지위와 중요한 역할을 한 세력은 이른바 항복한 “도적으로 이루어진 군(盜賊降軍)”인데, 그 수가 상당히 많았다. 《계원필경집》 권5 〈능견, 금기 등을 올리는 장문(進綾絹錦綺等狀)〉에서는 일찍이 “본도의 관할 안에는 귀순한 군사가 상당히 많았다(當道巡屬之內, 招降頗多)”, 권5 〈황소의 부하 적장 성령괴를 달래어 항복시켰음을 상주하는 장문〉에서 “도반 4만 명, 마군 7천 기”, 〈복건도 도적을 달래어 귀순시켰음을 아뢰는 장문(奏誘降福建道草賊狀)〉에서는 “도반이 모두 8만 명(徒伴共八萬人)”이라고 말했다.

고병은 투항을 권유하여 받아들이게 하는 방법을 능숙하게 사용했다. 그의 부하에 원래 ‘도적’이었던 자가 매우 많은데, 진언(秦彦), 필사탁(畢師鐸), 이한지(李罕之), 허경(許勍), 양행밀(楊行密), 손단(孫端), 조사(趙

詞), 성령괴(成令瓌) 등이 있다. 뿐만 아니라, 이처럼 항복한 장수 대다수가 회남진 안의 한 주(州)의 땅을 차지했다. 진언은 화주(和州), 허경은 저주(滁州), 양행밀은 서주(序州), 이한지는 광주(光州)를 차지했고, 조사는 진언의 뒤를 이어 화주를 점거했고, 손단은 한 차례 저주 혹은 서주(舒州)를 점유했으며, 성령괴는 한 차례 초주군주사(楚州軍州事)를 임시로 맡았다.[12] 이를 보면, 이러한 항복한 장수들이 점거했던 주가 회남진 영토의 태반을 차지했음을 알 수 있다. 이러한 상황이 나타나게 된 관건은 바로 그들이 자신에게 배속된 군사력을 보유한 점이다. 항복한 장수들이 군대, 토지, 인민을 가지고 있고, 게다가 도적 출신인지라 고병에 대하여 충성심이 없기도 했다.

이러한 국면은 당시의 정세에서 필연적으로 회남진 내부에서 원심력을 발생하게 하여 내부 재분열에 따른 할거를 가져왔다. 《계원필경집》 권5 〈병사를 차출하라는 조서를 받고 아뢰는 장문(奏論抽發兵士狀)〉에서는 저주와 화주, 노주와 화주 간에 자못 충돌이 있었다고 제기했다. 권12 〈저주 허경(滁州許勍)〉에서는 주보(周寶)가 진언(秦彦)에게 귀순을 권고한 일을 제기했다. 이에 대하여 고병은 아무런 대책이 없었고 대부분 방임했는데, 이는 상술한 방진(方鎭)의 할거에 조정이 간섭할 힘이 없는 상황과 매우 비슷하다.

또 《계원필경집》에는 수많은 회남의 부하들이 배반한 사례가 있나. 권11 〈절서 주보 사공에게 주는 글(浙西周寶司空書)〉에서는 임회도(臨淮

12) 《계원필경집》 권3, 〈진언 등을 정식으로 자사로 임명한 조서에 사례하는 장문(謝秦彦等正授刺史狀)〉; 권4, 〈양행민을 지노주군주사로 임명을 요청하는 글(奏請楊行(敏)[密]知盧州軍州事狀)〉; 권12, 〈광주 이한지(光州李罕之)〉; 권13, 〈조사를 화주자사로 임명하는 글(趙詞攝和州刺史)〉; 권14, 〈손단을 임시 서주군주사로 임명하는 글(孫端權知舒州軍州事)〉; 권5, 〈병사를 차출하라는 조서를 받고 아뢰는 장문(奏論抽發兵士狀)〉; 권5, 〈황소의 부하 적장 성령괴를 달래어 항복시켰음을 상주하는 장문(奏誘降黃巢下賊將成令瑰狀)〉 등의 자료에 의거했다.

都)의 병사들이 "요란스럽게 떠들며(喧陘)", "이리저리 도망치는(奔竄)" 정경을 언급했고, 같은 권의 〈서주 시부에게 답하는 글〉에서는 노주, 해주의 "간악(奸惡)"·"이단(異端)"이 사람들을 모아 회남을 배반하고 서주에 의탁하게 한 일을 제기했다. 권12 〈회구진 이질(淮口鎭李質)〉에서는 이재흥(李再興)이 "본군을 저버리고 처음에는 도적을 쫓는다는 명목을 빙자하여 군사를 일으키길 도모하였다(違負本軍, 初憑逐寇之名, 却設起戎之計)"고 했다. 권14 〈송재웅을 수군도지병마사에 보충 임명하는 글(宋再雄差充水軍都知兵馬使)〉에서는 "사상에 재앙이 일고 회중에 도둑이 모였다(泗上流災, 淮中聚寇)"고 하고, 송재웅(宋再雄)이 "모든 병마를 거느려 회안의 도적떼를 토벌하려(部領諸兵馬, 討除淮內賊徒)" 한다고 제기했다. 이러한 상황은 이웃 진(鎭)에서 유혹하고 선동한 것과 관련이 있을 것이나, 또한 회남 전체와 군대에 대한 고병의 통제력이 부족했음을 나타내는 것이다.

이상으로 《계원필경집》에 의거하여 고찰한 결과, 우리는 회남진 내부의 권력 구조를 비교적 명확하게 인식할 수 있다. 즉 무장 세력의 출신이 다양하고 토지의 구획과 농단이 권력의 세분화·하향화를 초래하여, 절도사들은 전체 방진(方鎭)에 대한 엄밀한 통제력을 상실했다. 원심력이 매우 강하고 응집력이 부족하여 회남진 내부의 수많은 주현(州縣)이 각기 따로 행동하고 할거하는 국면을 형성했다. 이는 동남의 기타 여러 도(道)의 상황과 대체로 비슷하다.[13]

당시 동남 여러 번 절도사들이 중앙의 권위가 와해되는 틈을 타서 스스로 할거하고자 했으나, 동남 여러 진(鎭)의 할거 전통과 할거 토대가

13) 예를 들면, 《신당서(新唐書)》, 〈주보전(周寶傳)〉에서는 중화 연간에 절서(浙西) 경내에 도적의 무리가 뒤얽혀 있고 절서의 여러 지방을 점거했다고 제기했다. 또 《신당서》, 〈두홍전(杜洪傳)〉에서는 악주(鄂州) 토착 집단이 심하게 약탈하고, 도적들이 주현(州縣)을 점거한 상황을 언급했다.

부족함으로 인하여 이때 출현한 수많은 무장 세력이 동시에 지방의 권력을 분할했으며, 할거 역량을 세분화시켜 단시간 내에 비교적 강대하고 견고하며 유력한 할거 세력으로 응집하기가 어려웠음을 보여주는 것이다. 회남의 고병, 절서의 주보 등이 패망한 사실이 이 점을 나타낸다.《계원필경집》에서 얻은 이러한 인식은 당 말, 오대 시기의 동남 지역 할거의 발전 과정을 정확하게 이해하는 데 상당히 중요한 의의를 가진다.

번진 내부의 통치 체제, 즉 번진 내의 절도사 속관(屬官)의 상황에 대해서는 주로 엄경망(嚴耕望)의 〈당대방진사부요좌고(唐代方鎭使府僚佐考)〉[14]과 진중안(陳仲安)의《한당직관제도연구(漢唐職官制度研究)》, 장국강(張國剛)의《당대관제(唐代官制)》에서 관련 논술을 찾을 수 있다. 이러한 연구 성과는 모두 각 방진의 자료를 종합하여 방진의 일반 통치 체제를 설명해 준다.《계원필경집》의 풍부한 사료는 우리가 회남진의 통치 체제를 충분히 연구할 수 있게 한다. 이러한 특수한 사례 연구는 당 말 방진의 총체적 이해에 반드시 도움을 줄 것이다.[15]

회남진 절도사 고병이 이끈 사직(使職) 파견은 매우 복잡한데, 그는 절도사이면서 관례대로 관찰사(觀察使) 등을 겸직했다. 회남진의 절도사는 또 관례대로 영전사(營田使) 등을 겸직했다. 고병 본인의 특이한 예를 들면 도통(都統)과 염철사(鹽鐵使)를 겸직해서 한 사람이 여러 신분을 겸직했다고 할 수 있다. 그래서 고병 수하의 속관도 각기 계통이 있었다. 아래서는 고병의 여러 사직에 따라 먼저 그 속관을 기초적으로 귀납하여 정리했다.

---

14) 《당사연구총고(唐史研究叢稿)》에 수록.

15) 슈도 요시유키(周藤吉之, 1907~1990)의 〈당말 회남 고병의 번진체제와 황소 도당과의 관계에 대하여(唐末淮南高駢の藩鎭體制と黃巢徒黨との關係について)〉는 주로《계원필경집》에 의거하여 '회남 고병의 번진 체계'에 대하여 초보적으로 연구한 것인데,《송,고려 제도사 연구(宋,高麗制度史研究)》 부록에 있다. 앞으로 깊이 있게 연구해야 할 곳이 많이 남아 있다.

도통 속관(都統屬官)

① 도통판관(都統判官) : 권11 〈강서 왕 상서에게 답하는 글〉에 "도통판관 고운(都統判官顧雲)"이 있다.

② 도통순관(都統巡官) :《계원필경집》 자서에 최치원이 "도통순관(都統巡官)"으로 되어 있다.

염철사 속관(鹽鐵使屬官)

① 염철(출사)순관[鹽鐵(出使)巡官] : 권13 〈소부 고언휴의 염철순관 임명을 요청하는 글(請高彥休少府充鹽鐵巡官)〉; 권13 〈우사마 왕계 단공을 염철출사순관으로 겸직시키는 글(右司馬王檠端公攝鹽鐵出使巡官)〉.

② 지모감사(知某監事), 지모장사(知某場事) : 권14 〈장웅을 백사진장으로 임명하는 글(張雄充白沙鎭將)〉, "백사진장으로 임명하고 겸하여 지장사공사를 맡기다(勾當白沙鎭將務兼知場司公事)"; 권13 〈왕계 단공을 지단양감사로 임명하는 글(王檠端公知丹陽監事)〉, 〈장한을 지염성감사로 임명하는 글(臧澣知鹽城監事)〉.

영전사 속관(營田使屬官)

① 영전판관(營田判官) : 권4 〈종사관을 주청하는 장문(奏請從事官狀)〉, "영전판관 송현(營田判官宋絢)"; 권12 〈초주의 영전판관 기모빈에게(楚州營田判官綦毋蘋)〉.

② 영전순관(營田巡官) : 권13 〈시암을 홍택 우당순관으로 임명하는 글(柴岩充洪澤雨塘巡官)〉, 〈이소망을 봉국순관으로 임명하는 글(李昭望充奉國巡官)〉, 〈허권을 관찰아추로 겸직시키고 홍택순관으로 임명하는 글(許權攝觀察衙推充洪澤巡官)〉.

관찰사 속관(觀察使屬官)

① 관찰판관(觀察判官) : 권6 〈부하를 종사관으로 전임시켜주길 요청하는 장문〉, "관찰판관 설려(觀察判官薛礪)".

② 관찰지사(觀察支使) : 〈부하를 종사관으로 전임시켜주길 요청하는 장문〉, "관찰지사 고운(觀察支使顧雲)".

③ 관찰아추(觀察衙推) : 권13 〈허권에게 관찰아추로 겸직시키고 홍택순관으로 임명하는 글〉 ; 권18 〈연화각 기비를 내려주신 데 감사드리는 장문(謝示延和閣記碑狀)〉, "관찰아추 소종(觀察衙推邵宗)".

절도사 속관(節度使屬官)

－문직 속관(文職屬官)

① 절도부사(節度副使) : 권13 〈절도판관 이관 대부를 부사로 임명하길 요청하는 글(請節度判官李琯大夫充副使)〉.

② 절도판관(節度判官) : 앞의 인용 참조.

③ 절도장서기(節度掌書記) : 권6 〈부하를 종사관으로 전임시켜주길 요청하는 장문〉, "절도장서기 정숙(節度掌書記鄭俶)".

④ 절도아추(節度衙推) : 권5 〈복건도 도적을 달래어 귀순시켰음을 아뢰는 장문〉, "절도아추 제갈성(節度衙推諸葛成)".

⑤ 관역순관(館驛巡官) : 권17 〈직위를 내려준 데 감사드리는 장문(謝職狀)〉에서 최치원이 관역순관으로 임명되었다 ; 권13 〈제갈은을 지각주무로 임명하는 글(諸葛殷知榷酒務)〉, "관역순관을 겸직시키다(差攝館驛巡官)".

⑥ 지행재진주(知行在進奏) : 권14 〈조붕에게 지행재진주를 맡게 하고 절도압아를 겸직하게 하는 글(曹鵬知行在進奏補充節度押衙)〉.

—무직 속관(武職屬官)

① 진사(鎭使), 진장(鎭將) : 권12 〈회구진 이질(淮口鎭李質)〉, 〈해릉진 고패(海陵鎭高霸)〉; 권13 〈우이 진장 추당을 어사중승으로 임명하는 글(授盱眙鎭將鄒唐兼御使中丞)〉; 권14 〈왕처순을 염성진사로 임명하는 글(王處順充鹽城鎭使)〉, 〈장웅을 백사진장으로 임명하는 글〉, 〈회음진장 진계련을 연회응접부사로 임명하는 글(淮陰鎭將陳季連充沿淮應接副使)〉.

② 도지병마사(都知兵馬使) : 권4 〈귀순군 손단을 추천하는 장문(奏請歸順軍孫端狀)〉에서 손단이 "귀순군 도지병마사(歸順軍都知兵馬使)"였다; 권14 〈송재웅을 수군도지병마사에 보충 임명하는 글(宋再雄差充水軍都知兵馬使)〉, 〈여용지에게 산양도지병마사를 겸임하게 하는 글(呂用之兼管山陽都知兵馬使)〉, 〈해치 도장(獬豸都將)〉, "해치군도지병마사로 임명하다(充獬豸軍都知兵馬使)".

③ 도압아(都押衙), 압아(押衙) : 권11 〈양양 극공보 장군에게 답하는 글〉, "도압아 한문(都押衙韓汶)"; 권5 〈황소의 부하 적장 성령괴를 달래어 항복시켰음을 상주하는 장문〉, "압아 정위(押衙丁威)", 성령괴(成令瓌)를 "군전압아로 보충 임명하다(補充軍前押衙)"; 권11 〈강서 왕 상서에게 답하는 글〉, "압아 풍수(押衙馮綬)"; 권14 〈조붕에게 지행재진주를 맡게 하고 절도압아를 겸직하게 하는 글(曹鵬知行在進奏補充節度押衙)〉.

④ 압전병마사(押前兵馬使) : 권14 〈학정을 아전병마사로 임명하는 글(郝定補衙前兵馬使)〉, 〈귀순군에게 아전병마사를 보직시키는 글(歸順軍補衙前兵馬使)〉, 〈숙송현령 이민지를 초토도지병마사로 임명하는 글(宿松縣令李敏之充招討都知兵馬使)〉, "절도아전 병마사로 보충하다(補充節度衙前兵馬使)"; 권17 〈주천을 허락하신 데 감사드리는 장문(謝許奏薦狀)〉, "아전병마사 광사례(衙前兵馬使曠師禮)".

⑤ 아전우후(衙前虞候) : 권14 〈소율을 아전우후로 보충 임명하는 글(蘇聿補衙前虞候)〉.
⑥ 도지휘사(都指揮使) : 권13 〈사주 우도 상서에게 도지휘사 임명을 요청하는 글(請泗州于濤尙書充都指揮使)〉; 권14 〈안재영에게 행영 도지휘사로 임명하는 글(安再榮充行營都指揮使)〉.
⑦ 객장(客將), 객사(客司) : 권14 〈객장 가서당을 악영사로 겸직시키는 통첩(客將哥舒瑲兼充樂營使)〉; 권17 〈관사를 빌려준 데 감사드리는 장문(謝借宅狀)〉 등 세 장문에 '객사(客司)'가 있다 ; 권19 〈객장에게 주는 편지(與客將書)〉.
⑧ 중군사(中軍使) : 권18 〈햇차를 보내준 데 감사드리는 장문(謝新茶狀)〉, 〈앵두를 보내준 데 감사드리는 장문(謝櫻桃狀)〉, "중군사 유공초(中軍使兪公楚)".
⑨ 토격사(討擊使) : 권14 〈주용을 토격사로 보충 임용하는 글(朱鄘補討擊使)〉.
⑩ 최진사(催陳使) : 권14 〈장안을 노주군전최진사로 보충 임용하는 글(張晏充盧州軍前催陣使)〉.
⑪ 공군응접사(供軍應接使) : 권3 〈조공 올린 데 대한 표창을 사례하는 장문(謝詔獎飾進奉狀)〉, "공군응접사 낙잠(供軍應接使駱潛)".
⑫ 악영사(樂營使) : 권14 〈객장 가서당을 악영사로 겸직시키는 통첩(客將哥舒瑲兼充樂營使)〉.
⑬ 감군사(監軍使) : 권5 〈병사를 차출하라는 조서를 받고 아뢰는 장문(奏論抽發兵士狀)〉.

《계원필경집》의 이러한 자료가 엄경망 등의 성과에 보충 증거가 되거나 반증이 될 만한 것이 많다. 아래에 그 요점을 나열하겠다.

영전사(營田使) 속관 가운데 순관(巡官) 앞에는 모두 '봉국(奉國)', '홍택(洪澤)' 등의 지명이 붙는다. 또 시암(柴岩)은 "홍택 우당순관(洪澤雨塘巡官)"으로 충당되었고 "홍택 우당전지관(洪澤雨塘專知官)"으로도 불렀다. 또 〈허권에게 관찰아추로 겸직시키고 홍택순관으로 임명하는 글〉에서 "땅은 3순을 차지하였고, 밭은 만 경이 넘는다(地佔三巡, 田逾萬頃)"라 했고, 허권은 "겸하여 도순감으로 봉국·사양 등의 순무를 지휘한다(兼都巡勘指揮奉國·謝陽等巡務者)"고 했다. 이에 의거하면, 순관은 구역을 나누어 순찰하며 업무를 본 듯한데, 예를 들면 홍택·봉국·사양은 바로 세 지역으로 나뉘어 순찰하며 업무를 본 구역이다.

관찰지사(觀察支使)라는 관직에 대하여 엄경망은 장서기(掌書記)와 대응하는 관직이며, 직동명부동(職同名不同)하여, 절도사에게 장서기가 있고 관찰사에게 지사(支使)가 있다고 여겼다. 장국강은 《당대관제》에서 "일설에는 경력이 있는 자는 장서기, 없는 자는 지사가 되었다고 한다. 십도를 돌아다니며 민정을 조사하는 일은 지사가 나누어 지군을 순시했는데, 관찰지사가 아마도 이 직무를 맡았을 것이다(一說有出身者爲掌書記, 無出身者爲支使. 按十道巡按有支使分巡支郡, 觀察支使疑亦掌此職)"라고 주장했다. 《계원필경집》의 "관찰지사 고운"의 예에서 보면, 고운(顧雲, ?~894?)과 최치원은 같은 해의 진사(進士)였으므로 경력이 있다. 또 고운이 고병의 곁에서 공문서를 담당했고, 고병이 도통(都統)직을 박탈당한 뒤, 조정을 크게 책망하는 표(表)는 바로 그가 초안을 잡은 것이다.[16] 또 권18 〈연화각 기비를 내려주신 데 감사드리는 장문〉에서는 지사(支使)의 '직필(直筆)', '묘사(妙寫)', '조사(藻思)'에 대하여 좋은 설명이 있다. 이에 의하면 엄경망의 의견은 비교적 합당하다.

압아(押衙)는 본래 절도사의 친종금아(親從禁衛)이다. 그러나 《계원필경집》에서 보면, 회남진의 압아는 거의 모두 외교 활동과 연관이 있다.

16) 《신당서》 권224하(下), 〈고병전(高駢傳)〉.

또 권9 〈절서 주보 사공에게 보내는 글〉 별지 제5에서 주보는 "압아 부손을 오게 하여(專使押衙傳遜)" 문서를 회남으로 보낸 것도 역시 이와 같다. 이러한 현상이 나타난 것은 대체로 친종장사(親從將士)들이 대부분 신임받는 심복이기 때문에 중요한 외교 활동에 종사하도록 파견한 것이다. 압아의 이러한 활동은 주의할 만한 가치가 있다.

도지휘사(都指揮使)라는 관직에 대하여 진중안은 "만당 · 오대에 자주 보이는 것처럼 도지병마사의 대리 직책이었을 것이다(晩唐 · 五代常見, 可能爲都知兵馬使之代職)"[17]라고 여겼다. 《계원필경집》의 두 가지 예에 의거하면, 도지휘사는 군사 행동의 필요로 설치된 관직인 듯하다. 예컨대 우도(于濤)가 이 관직을 맡은 것은 서주(徐州)와 전쟁할 때, 제도(諸道)와 회구(淮口) 등 3진병마(三鎭兵馬)를 지휘하고 지원하기 위해서였다. 안재영(安再榮)은 이 보직을 맡아 "수주의 서방을 방어하면서 황소의 도당을 토벌했다(赴壽州西面, 備禦討逐黃巢徒黨)." 도지휘사는 이러한 구실에서 일군(一軍)의 장관인 도지병마사와 차이가 있는데, 이후에는 도지휘사가 점차 도지병마사를 대체했다. 이는 대체로 전쟁의 필요에 적응할 수 있었기 때문이다.

객사(客司), 객장(客將)은 본래 외부인을 영접하고 전송하며 왕래하는 등 외교 활동을 주관했다. 그러나 권17 〈관사를 빌려준 데 감사드리는 장문〉, 〈배를 빌려준 데 감사드리는 장문(謝借舫子狀)〉, 〈종군하게 된 데 감사드리는 장문(謝令從軍狀)〉에는 모두 "객사에서 전달하는 처분을 보다(客司奉傳處分)"라는 말이 있고, 권19 〈객장에게 주는 편지(與客將書)〉는 최치원이 막부(幕府)로 임명되기 전에 자기를 추천해 달라고 객장에게 부탁한 서신이다. 이에 의거하면, 객장은 또한 많은 내부 사무를 주관했고, 또한 절도사의 측근이었음을 알 수 있다.

---

17) 《한당직관제도연구(漢唐職官制度研究)》, 중화서국, 1993, 228쪽.

염철사(鹽鐵使)의 속관에 대해서 권13 〈장한을 지염성감사로 임명하는 글〉에서 장한이 "권조사순관으로 보충 임명(補充權糶使巡官)"되었음을 언급했다. 이곳의 '권조사(權糶使)'는 소금 판매 사무를 주관하는 관직이거나 염철사의 속관 또는 염철사가 겸임하던 관직이었을 텐데, 다른 사서와 논증할 수 있다.

또《계원필경집》에는 지방관에 관한 수많은 자료가 있는데, 역시 매우 귀중한 자료이다. 예를 들면 10여 건의 주현관(州縣官) 및 보좌관의 임명 문서는 당시의 사회 상황을 반영할 뿐 아니라, 여기서 고병과 주현의 관계 한 측면을 엿볼 수 있다. 가장 언급할 만한 것은 그중 4건의 '지모주군주사(知某州軍州事)'의 임명 문서이다.

'지모주군주사' 또는 '지주사(知州事)'의 호칭은 비교적 일찍 나타나 당말, 오대에 비교적 자주 보이며, 송대에 이르면 주장관(州長官)의 정식 호칭이 되었다.《계원필경집》의 4건의 문서는 당 말 '지주(知州)'의 상황을 분석하는 데 귀중한 일차 자료를 제공한다. 권4 〈양행민을 지노주군주사로의 임명을 요청하는 장문(奏楊行敏知盧州軍州事狀)〉, 권5 〈황소의 부하 적장 성령괴를 달래어 항복시켰음을 상주하는 장문〉, "권지초주군주사(權知楚州軍州事)", 권13 〈고패를 임시 지강주군주사로 임명하는 글〉, 권14 〈손단을 임시 서주군주사로 임명하는 글(孫端權知舒州軍州事)〉에서 보면, '지군주사(知軍州事)' 관직을 절도사가 직접 임명한다는 것이 최대 특징임을 알 수 있다.

지군주사는 일종의 파견된 관리로 임시・대리의 성격을 띠고 있는 주장관의 호칭[그러므로 앞에다 항상 '권(權)' 자를 붙인다]으로, 조정의 정식 임명, 즉 '정수(正授)' 절차를 거쳐야만 비로소 '자사(刺史)'라는 정식 호칭으로 바꿀 수 있다. 양행민(楊行敏)의 예를 들면, 먼저 그가 "군수가 되면서부터(自假郡符)" 성적이 탁월하여 "여러 번 상주하여 정식으로 임명하기를 요청했다(累具奏論, 請賜正授)"고 했다. 또 성령괴의 예를 보면,

고병은 사람을 파견하여 투항하도록 권유하여 "당시 군전압아로 보직시키고 …… 임시 지초주군주사로 임명하였고(當時補充軍前押衙 …… 權知楚州軍州事)", 이로써 "사유를 갖추어 보고(具事由申奏)"하기에 이르렀다.

또 권3 〈진언 등을 정식으로 자사로 임명한 조서에 사례하는 장문(謝秦彦等正授刺史)〉에서 "우연히 유시를 보내 불렀더니 스스로 귀순했으므로 드디어 벼슬을 나누어 주었더니 모두 충절을 지켜 진실로 권장할 만하기에 상주하여(偶令招諭, 旋自歸投, 遂假分符, 皆能守節, 誠宜奬勸, 輒具奏論)", 이에 자사로 정식 임명하게 되었다. 이른바 "드디어 벼슬을 나누어 주었다(遂假分符)"는 말은 또한 먼저 지군주사라는 관직을 임명한 것이다.

주장관에 대한 임명권은 당 후기 중앙과 방진(方鎭)이 다퉜던 문제 중 하나인데, 중앙에서 특히 중시했다. 그러나 당 말에 이르면 천하가 크게 어지러워 조정은 자신을 보전하기에 급급했고, 지방에서 할거가 분분히 일어나는 통에 조정에서는 미처 주장관의 임명을 돌볼 수가 없어 지방 절도사가 "편의대로 일을 처리하는(便宜從事)" 수밖에 없었다. 고패(高霸)의 예를 들면, 도통 고병이 지주로 임명하도록 허락한 조서를 기록했다. 그러나 조정에서는 여전히 절도사가 "장문을 갖추어 보고(具狀聞奏)"하도록 견지했으니, 조정에서 자사를 정식 임명했다. 이는 조정에서 여전히 주장관에 대하여 일정한 권력, 즉 비준권을 가질 수 있도록 노력했음을 보여준다. 바로 이러한 모순 속에서 절도사가 지군주사를 임명하고, 조정에서 정식으로 비준한 뒤에 자사라고 부르는 특수한 주장관 임명 절차가 생기게 되었다.

지군주사와 자사의 병존은 바로 당시 중앙과 지방 관계에 변화가 일어나 불안정할 때 생긴 현상이다. 당시 절도사가 실제로 주장관의 임명권을 장악했기 때문에 지군주사의 최대 특징은 절도사가 임명하는 것이라고 말한 것이다. 바로 이러한 특징 때문에 당 말에 절도사의 할거 경향이 강화되면서 지군주사라는 관직이 유행하고 보편화되기 시작했다. 또한《계원필경집》에 보이는 네 가지 예는 당시 지군주사가 비교적 늘 있었던 것임을 설명한다.

특히 또 언급할 만한 가치가 있는 것으로《계원필경집》에 회남진 안의 승도관(僧道官) 임명에 관한 사료가 있다는 점이다. 권4〈승려 홍정을 관내 승정으로 임명하기를 아뢰는 장문(奏請僧弘鼎充管內僧正狀)〉,〈홍정을 승정으로 임명한 데 감사드리는 장문(謝許弘鼎充僧正狀)〉, 권14〈상도 호천관 성찬대덕 사자 사준부를 회남 관내 위의지휘제궁관으로 임명하는 제치(上都昊天觀聲讚大德賜紫謝遵符充淮南管內威儀指揮諸宮觀制置)〉와 아울러 "지휘제궁관 장전사무를 겸한다(兼指揮諸宮觀莊田事務)"와 같은 사료는 당 말 지방 도관(道官) 제도의 유일한 사료로써,[18] 그 가치가 매우 높다.

이상으로《계원필경집》의 사료 가치에 대하여 분석하고 귀납해 보았는데, 필자의 학식과 시야가 좁음으로 인해서 발굴할 만한 가치가 있으나 아직 발굴하지 못한 곳이 많을 것이다. 그러나 이처럼 좁은 소견에 의해서도《계원필경집》의 사료 가치가 매우 높고, 또한 다방면인 것을 대략 알 수 있다. 특히 강조해야 할 점은 그중에 보존된 것이 대부분 일차 문서라는 점이다. 당 말의 사료가 결핍되고 상당히 혼란한 상황에서《계원필경집》의 가치는 더욱 두드러진다. 당 말의 사회, 역사에 대하여 성실하게 분석하고 싶다면, 이 책을 충분히 이용해야 한다. 마찬가지로 이 책을 다른 수많은 문헌과 참조하여 사용하면, 당 말의 사회와 역사를 연구하는데 큰 도움을 줄 것이다. 더욱 많은 사람들이《계원필경집》의 가치를 충분히 찾을 수 있기를 희망한다.

18)《중국대백과전서(中國大百科全書)》,〈중국 역사의 수당오대사 분책(中國歷史的隋唐五代史分冊)〉,「승도관 제도(僧道官制度)」.

[해제]

이 글의 원제는 〈《桂苑筆耕集》的史料價値試析〉(《韓國硏究》 제3집, 杭州大學出版社, 1996)이다. 진지견(陳志堅)은 2000년에 북경대학에서 박사 학위를 받았으며, 지금은 절강대학 역사계 교수로, 주로 수당오대사 및 지방제도사 연구를 하고 있다.

황소의 피살과 장안의 수복 날짜 고증

당에서 벼슬한 신라 학자 최치원의 《계원필경집》를 소개하며

이희필(李希泌)

중국 당대에 농민 봉기의 영수 황소(黃巢)가 피살된 날짜 및 당군이 장안(長安)을 수복한 일시에 대하여 당사(唐史)의 기록이 각기 다르다. 그래서 여기서는 당조(唐朝)에서 관직을 지낸 신라의 학자 최치원(崔致遠)이 지은 《계원필경집(桂苑筆耕集)》의 관련 기록에 의거하여 고찰하고 기존 연구 성과를 수정하여 당사(唐史) 연구자의 질정을 바라고자 한다.

1.

황소가 살해당한 날짜에 대해서 《구당서(舊唐書)》 및 《당서(唐書)》와 같은 정사에서는 각기 설이 다르다. 《구당서》에서는 당 희종(僖宗) 중화(中和) 4년(884) 7월 계유(癸酉, 15일)와 중화 4년 5월, 두 날짜로 기록되어 있다. 《당서》에서는 중화 4년 7월 임오(壬午, 24일)와 중화 4년 6월 두 가지 다른 날짜로 기록되어 있다. 두 《당서》의 원문은 다음과 같다.

《구당서》 권19, 〈희종본기(僖宗紀)〉

가을 7월 기미 초하루. 계유에 적장 임언이 황소·황규·황병 등 세 사람의 머리를 베어서 시부에게 항복하였다(秋七月已未朔. 癸酉, 賊將林言斬黃巢·黃揆·黃秉三人首級降時溥).

《구당서》 권200 하, 〈황소전(黃巢傳)〉

5월에 …… 황소가 태산에 들어가자, 서주절도사 시부가 장수 장우와 상양의 무리를 파견하여 엄습해서 체포하게 하였다. 낭호곡에 이르러 황소의 장군 임언이 황소 및 두 동생 황업·황규 등 7명의 수급을 베었고, 아울러 처자를 모두 서주에 보냈다. 이 달에 적이 평정되었다(五月 …… 黃巢入泰山, 徐帥時溥遣將張友與尙讓之衆掩捕之. 至狼虎谷, 巢將林言斬巢及二弟鄴·揆等七人首, 幷妻子皆送徐州, 是月賊平).

《당서》 권9, 〈희종본기〉

7월 임오에 황소의 목이 베어졌다(七月壬午, 黃巢伏誅).

《당서》 권225 하, 〈역신(逆臣)·황소전〉

6월에 시부는 장수 진경유와 상양을 파견하여 낭호곡까지 추격하여 싸우는데, 황소가 꾀를 내어 다가와 임언에게 말했다. "나는 나라의 간신을 토벌하려고 조정을 쓸어 없애려고 하였지만, 임무를 완수하고도 물러나지 않아 일을 그르치게 되었다. …… 네가 내 머리를 취하여 천자에게 바친다면, 부귀함을 얻게 될 것이다." 황소가 모습을 드러내자 임언은 차마 그렇게 할 수가 없었다. 이에 황소가 스스로 목을 베었으나 죽지 않자, 이에 임언이 그를 베었다. 그리고 그의 형 황존, 동생 황업, 황규, 황흠, 황병, 만통, 사후를 베고 아울러 그의 처자를 죽여 모두 머리를 상자에 담아 시부에게 보내려고 했다. 그런데 태원 박야군이 임언을 죽여 황소의 머리와 함께 시부에게 올려 행재소에 바쳤다(六

月, 時溥遣將陳景瑜與尙讓追戰狼虎谷, 巢計蹙, 謂林言曰：“我欲討國姦臣, 洗滌朝廷, 事成不退, 亦誤矣. 若取吾首獻天子, 可得富貴.” …… 言, 巢出也, 不忍. 巢乃自刎, 不殊, 言因斬之, 乃兄存・弟鄴・揆・欽・秉・萬通・思厚, 幷殺其妻子, 悉函首, 將詣溥, 而太原博野軍殺言, 與巢首俱上溥, 獻于行在).

또 《평소사적고(平巢事迹考)》[1]라는 책에서는 중화 4년 6월로 기록하고 있는데, 원문은 다음과 같다.

중화 4년 6월, 상양이 황소를 하구에서 패배시켰고 황소는 죽임을 당하였다. 황소의 생질 임언은 황소의 형제, 처자의 머리를 베어 가지고 와서 항복하였는데, 임언도 역시 죽음을 당하였다(四年六月, 尙讓敗黃巢于瑕丘, 巢伏誅. 巢甥林言斬巢兄弟妻子首來降. 林亦伏誅).

위의 인용문을 살펴보면 황소가 살해당한 날짜에 최소한 네 가지의 다른 견해가 있다. 즉 중화 4년 7월 계유, 중화 4년 5월, 중화 4년 칠월 임오와 중화 4년 6월로 여러 설이 분분하여 일치된 결론이 없다. 당조에서 관직을 지낸 신라 학자 최치원은 황소와 같은 시대 사람인데, 그는《계원필경집》 권1의 회남절도사(淮南節度使) 고병(高駢)을 대신하여 쓴 〈황소를 죽인 것을 축하하는 표문(賀殺黃巢表)〉이라는 글에서 황소가 살해당한 날짜가 중화 4년 6월 17일이라고 최초로 기록했다.

신 아무개는 아룁니다. 신이 무녕절도사 시부의 첩보를 보니, “역적 황소와 상양이 부대를 나누어 동북 경계에 있었는데, 6월 15일에 행영도장 이사열, 진경유 등이 내무현 북쪽에서 흉악한 무리를 크게 섬멸하고 17일에는 적장 위복

---

1) 《총서집성초편(叢書集成初編)》.

야 임언을 드디어 격파하여 황소의 머리와 그의 도당으로서 항복한 부하 도장 이유정, 전구 등을 모조리 효수한 다음, 황소의 머리만 함에 담아서 행재에 보내었다"는 내용이었습니다(臣某言：臣得武寧節度使時溥狀報, 逆賊黃巢・尙讓分隊並在東北界, 於六月十五日, 行營都將李師說・陳景瑜等於萊蕪縣北大滅羣凶. 至十七日, 遂被賊將僞僕射林言梟斬黃巢首級, 並將徒伴降部下都將李惟政・田球等訖, 其黃巢函首已送行在者).

최치원이 기록한 황소가 살해당한 날짜가 확실하고 또 믿을 만하다고 여긴다. 우선 최치원이 이 날짜를 기록한 근거는 당시 당군의 주장(主將) 시부(時溥)가 고병에게 준 첩보(狀報)이다. 최치원은 다년간 고병의 막료, 장서기(掌書記)를 맡았다. 건부(乾符) 6년(879)에 고병은 회남(淮南)으로 옮겼는데, 이때 최치원은 도통순관(都統巡官)으로 승급했으며 고병의 공문서는 대부분 최치원이 대필한 것이다. 고병은 일찍이 한 차례 회남절도사 겸 제군행영도통(諸軍行營都統), 제군절도사(諸軍節度使)의 신분으로 그에게 군사 첩보를 모두 쓰게 했다. 따라서 최치원은 당시 군사적으로 중요한 첩보를 볼 위치에 있었다.

그가 고병을 대신하여 쓴 〈황소를 죽인 것을 축하하는 표문〉에서 기록한 황소가 살해당한 날짜는 바로 황소의 봉기군을 진압하는 데 "공적이 으뜸을 차지하는(功居第一)" 무녕절도사 시부가 고병에게 쓴 군사 첩보에 의거한 것이다. 이는 황소가 살해당한 날짜를 기록한 최초의 일차 자료이다. 이것은 믿을 만한 자료 중 하나이다. 그 다음으로 사마광(司馬光)의 《자치통감(資治通鑒)》 권256, 〈당기(唐紀)〉 72, 「희종혜성공정효황제하지상(僖宗惠聖恭定孝皇帝下之上)」에서 중화 4년에 황소가 살해당한 일을 기록했는데, 그 원문은 다음과 같다.

6월 갑진에 무녕 장수 이사열과 상양이 황소를 추격하여 하구에 이르러 황소를 패배시켰다. 황소의 무리는 거의 흩어져 낭호곡으로 도망갔다. 병오에 황소의 생질 임언이 황소의 형제, 처자의 머리를 베어 장차 시부에게 보내려고 했는데, 사타 박야군을 만나 빼앗겼다. 아울러 임언의 머리를 베어 시부에게 바쳤다(六月甲辰, 武寧將李師悅與尙讓追黃巢至瑕丘, 敗之. 巢衆殆盡, 走至狼虎谷. 丙午, 巢甥林言斬巢兄弟妻子首, 將詣時溥, 遇沙陀博野軍, 奪之, 幷斬言首以獻於溥.)

진원(陳垣)의 《이십사삭윤표(二十史朔閏表)》에 의해 계산해 보면 6월 병오(丙午)는 바로 6월 17일이다. 최치원이 기록한 날짜는 《자치통감》에서 기록한 것과 거의 똑같다. 이것이 믿을 수 있는 두 번째 증거이다.

셋째 최치원의 〈황소를 죽인 것을 축하하는 표문〉에서 기록한 6월 15일은 황소 봉기군이 당군에 항거하여 마지막으로 공격한 날인데, 결과적으로 봉기군이 패배하여 바로 문장에서 말한 대로 "흉악한 무리를 크게 섬멸했다(大滅群凶)." 이는 《자치통감》에서 기록한 6월 갑진(甲辰, 15일)의 전쟁과 부합한다. 게다가 문장에서 기록한 장군 이사열과 진경유는 그 이름이 모두 《당서》와 《자치통감》에 보인다. 또 문장에서 황소 봉기군이 최후의 전쟁에서 패배한 땅이 내무현 북쪽이라고 기록했는데, 이것도 각종 책에서 낭호곡(狼虎谷)이라 한 것과 결코 다르지 않다. 《자치통감》의 호주(胡注)에 의하면 "낭호곡은 태산 동남쪽 내무현 경계에 있다(狼虎谷, 在泰山東南萊蕪界)"고 했으므로, 이것도 믿을 수 있는 세 번째 증거이다.

당사(唐史)의 기록에 의거하여 고찰해 보면 황소가 생질 임언(林言)의 손에 죽었다는 것이 비교적 믿을 만하다. 그러나 근래의 《사해(辭海)》 하책, 4702쪽의 〈황소〉 조에서는 "이듬해 그는 낭호곡으로 물러갔다가 적군이 쫓아오자 굴복하지 않고 자살하였다(次年, 他退至狼虎谷, 爲敵軍追及, 不屈自殺)"고 말하면서 황소가 스스로 죽었다고 간주했다. 이 설은 검토해야 할 문제이다. 황소가 굴복하지 않고 자살했다는 설은 《속보원록(續

寶遠錄)》과 《당서》, 〈황소전〉에 보인다. 《자치통감고이(資治通鑒考異)》에서는 《속보원록》을 인용했는데, 원문은 다음과 같다.

> 상양이 서주를 항복시키자, 황소는 갈석산으로 도망갔다. 길이 여러 군사에게 좁혀지자, 외생질 주언지에게 …… 무슨 말을 했다. 외생질이 차마 손을 쓰지 못하자, 황소는 스스로 목을 베어 외생질에게 주었다. 외생질이 장차 도착하려고 하는데 길을 막고 있던 사타 박야군이 이를 빼앗고 외생질의 머리도 함께 도통 군중에 보냈다(尙讓降徐州, 黃巢走至碣石, 路被諸軍趁逼甚, 乃謂外甥朱彦之云云. 外甥再三不忍下手, 黃巢乃自刎過與外甥. 外甥將至, 路被沙陀博野奪却, 兼外甥首級一時送都統軍中).[2)]

《속보원록》의 이 기록을 살펴보면 황소의 죽음에 가장 중요한 인물 임언을 주언지(朱彦之)로 오기했으니, 이를 어찌 믿을 수 있겠는가? 임언이 황소를 살해했으나 최후에 그도 당군에게 살해되었으니, 이는 반역자의 피할 수 없는 수치스러운 결말이다.

2.

당사(唐史)에서 당군이 장안을 수복한 날짜를 기록한 것도 설이 분분하다. 《구당서》 권19, 〈희종본기〉에서는 당 희종 중화 3년(883) 4월 경진(庚辰)으로 기록했다.

> 4월 …… 기묘에 황소가 잔당을 모아 남전관을 거쳐 숨었다. 경진에 서울을

2) 《자치통감》 권256 주(注).

수복하였다고 양복광이 승리를 알렸다(四月 …… 己卯, 黃巢收殘衆, 由藍田關而遁. 庚辰, 收京城, 楊復光告捷).

《구당서》에서 기록한 날짜는 잘못되었다. 《자치통감고이》에서는 "생각하건대 이달 정유 삭에는 기묘, 경진이 없다(按是月丁酉朔, 無己卯・庚辰)"고 지적했다. 최치원의 《계원필경집》에는 〈서울 수복을 축하하는 표문(賀收復京闕表)〉(권1)과 〈서울 수복을 축하하는 장문(賀收復京城狀)〉(권6) 두 편의 표문과 장문이 있는데, 모두 당군이 장안을 수복한 날짜를 4월 10일로 구체적으로 기록했다. 그 원문은 다음과 같다.

신 아무개는 아룁니다. 신이 하중절도사 왕중영의 첩보를 보니 "4월 10일에 본도와 안문절도사 이극용 및 도감 양복광 아래 예속된 여러 기병과 함께 일제히 경성에 들어가 적과 싸워서 적의 보병 만여 명을 죽이니, 적군 기병이 도보로 성을 빠져 동남쪽 길로 달아나 버려 그 적군의 가족과 전백은 모두 버려졌고 황소의 생사도 알지 못하며, 그 도망간 적의 무리는 곧 병마를 보내어 추격한 다음 궁궐을 완전히 수복하였다"는 내용이었습니다(臣某言：臣得河中節度使王重榮牒報, 四月十日當道與雁門節度使李克用及都監楊復光下諸都馬軍齊入京城, 與賊交戰, 約殺却賊步軍一萬餘人, 其馬軍賊便走出城, 往東南路去, 其賊軍家口錢帛, 並皆遺下, 黃巢亦未知存亡, 其逃遁賊徒, 尋差兵馬追奔, 並已收復京闕訖者).[3)]

제가 하중절도사 황사공의 첩보를 보니, "4월 10일에 본도가 안문절도사 이복야와 도감 양표기가 거느린 제도의 기마대와 더불어 일제히 서울에 들어갔다……"는 내용입니다(右得河中節度使王司空牒報 四月十日 當道與雁門節度使李僕射及都監楊驃騎下諸道馬軍 齊入京城).[4)]

3) 〈서울 수복을 축하하는 표문(賀收復京闕表)〉.
4) 〈서울 수복을 축하하는 장문(賀收復京城狀)〉. 이하의 내용은 위의 글과 거의 같으므

최치원이 기록한 장안 수복 날짜가 믿을 만하다고 생각한다. 그 이유는 첫째 그가 기록한 날짜는 당시 장안에 진공한 주장(主將)의 하나인 하중절도사 왕중영이 고병에게 쓴 첩보에 의거했다는 점이다. 이는 당시의 일차적인 군사 정보이며 비교적 큰 진실성을 가지고 있다. 둘째 최치원이 기록한 서울 수복 날짜는 경상(敬翔)의 《양태조편유록(梁太祖編遺錄)》과 《당서》, 〈희종본기〉 등의 사서에서 기록한 날짜와 일치한다는 점이다. 그 원문은 아래와 같다.

《양태조편유록》

4월 을사에 황소는 궁궐, 관아, 주택 등을 거의 불태우고 잔당을 이끌고 남전을 넘어 도망갔다. 이튿날 천자는 여러 군사들과 함께 장안을 수복하였다(四月乙巳, 巢焚宮闕・省寺・居第略盡, 擁殘黨越藍田而逃. 明日, 上與諸軍收復長安).

《당서》, 〈희종본기〉

3월 임신에 이극용이 황소를 영구에서 패배시켰다. 4월 갑진(8일)에 또 위교에서 황소를 패배시켰다. 병오(10일)에 경사를 수복하였다(三月壬申, 李克用及黃巢戰於零口, 敗之. 四月甲辰又敗之於渭橋. 丙午, 復京師).

진원의 《이십사삭윤표》에 의거하여 계산해 보면 중화 3년 4월 을사(乙巳)는 4월 9일이고 그 다음날은 병오(丙午), 즉 4월 10일이니 바로 위의 여러 책에서 기록한 서울 수복 날짜이다. 그러나 여기에는 또 한 가지 다른 견해가 있다. 즉 사마광은 당시 당군 도감 양복광의 첩보[5]에 의거하여 "관군이 8일 입성하여 적과 싸웠으나 관군은 이기지 못하여 도망갔으니, 이는 가장 믿을 만한 증거이므로, 지금 이를 따른다(官軍以八日入城, 賊戰不勝而走, 此最可據, 今從之)"[6]라고 했다. 이에 《자치통감》에서

로 생략.

5) 전체 문장은 《구당서》 권19 하, 〈희종본기〉에 있다.

는 당군이 서울을 수복한 날짜를 중화 3년 4월 갑진(甲辰, 8일)으로 적고 있는데, 이는 최치원이 기록한 4월 10일보다 이틀 앞선다.

사마광이 근거한 것은 양복광의 첩보인데, 다시 말해 당군이 "행재소에 승리를 알린(告捷行在)" 장표(章表)이다. 동시에 사마광은《자치통감》을 편찬하면서 역사적인 사건을 고증하여 교정했는데, 태도가 성실하고 엄숙하여 후인들에게 존경을 받았다. 따라서 그가 고증하여 교정한 장안 수복 날짜는 쉽게 무시할 수 없기에 여기에 함께 적어 놓아 한 걸음 나아간 고증과 교정을 기다리고자 한다. 더 나아가서《자치통감고이》에서 인증한 여러 책을 조사해 보면 최치원의《계원필경집》이 보이지 않는데, 아마도 사마광이《자치통감》을 편찬할 때 이 책을 보지 못했을 것이다.

3.

최치원은 자가 해천(海天)이고 호는 고운(孤雲)이다. 열두 살 때 신라에서 당조로 가서 학문을 탐구했다. 출발할 때 아버지는 그를 격려하며 "네가 10년 공부하여 진사에 급제하지 못하면 나의 아들이라 하지 말라, 나도 아들을 두었다 하지 않을 터이니 가서 부지런히 공부하거라! 게으름 피우지 말고 힘을 다하라(十年不第進士, 則勿謂吾兒, 吾亦不謂有兒. 往矣!, 勤哉! 無惰乃力)!"고 말했다. 그는 아버지의 훈계와 격려를 가슴속에 깊이 새겨 각고하여 학습해서 10년도 되지 않은 6년 만에 진사에 합격했고 율수현위(溧水縣尉)를 맡았다. 임기가 만료된 뒤 다년간 고병의 막부에서 "문서의 일을 도맡게 되어, 그 몰려드는 군사 문서 등을 힘껏 담당하였다(專委筆硯, 軍書輻至, 竭力抵當)."

---

6)《자치통감고이》.

최치원은 중화 4년 10월에 당조 사신의 신분으로 신라로 돌아왔다. 2년 후 그는 자신이 지은 잡시(雜詩), 부(賦), 표주(表奏)를 28권으로 엮어 당 희종에게 올렸다. 그 가운데 《사시금체부(私試今體賦)》 5수 1권, 《오언・칠언금체시(五言七言今體詩)》 100수 1권, 《잡시부(雜詩賦)》 30수 1권, 《중산복궤집(中山覆簣集)》 1부 5권, 《계원필경집(桂苑筆耕集)》 1부 20권[7]이 포함되어 있다.

최치원은 신라로 돌아온 뒤 헌강왕(憲康王)과 정강왕(定康王)을 섬기며 한림학사(翰林學士), 병부시랑(兵部侍郎), 무성태수(武城太守) 등을 역임했다. 나중에는 가족을 이끌고 강양군(江陽郡) 가야산(伽倻山)에서 생애를 마쳤고 호서(湖西)의 홍산(鴻山)에 매장되었다.

최치원의 저작에 대해 《당서》, 〈예문지(藝文志)〉에서는 《사륙집(四六集)》 1권, 《계원필경집》 20권이 있다고 저록했다. 《동학서목(東學書目)》을 편집할 때는 《중산복궤집》과 《계원필경집》을 더 저록했다. 지금은 단지 《계원필경집》 한 종만이 세상에 전한다. 조선에서 《계원필경집》 활자판을 인쇄할 때 《중산복궤집》은 이미 없어져 구할 수가 없었다. 후세 조선 학자들은 그의 저작을 극히 숭배했는데, 홍석주(洪奭周, 1774~1842)는 〈교인계원필경집서(校印桂苑筆耕集序)〉에서 "우리 동방의 문장으로 글을 지어 후세에 전하는 이는 고운 최 공이 처음이다(吾東方之有文章而能著書傳後者, 自孤雲崔公始)"라고 언급했다.

《계원필경집》은 모두 20권인데 《사고전서(四庫全書)》에는 이를 수록하지 않았다. 북경도서관에서 소장하고 있는 조선 활자본 이외에도 《해산선관총서(海山仙館叢書)》본, 《사부총간(四部叢刊)》본, 《총서집성초편(叢書集成初編)》본이 있다. 그중 권1과 권2에는 각기 표(表) 10수를 수록했고, 권3에는 장(狀) 10수, 주장(奏狀) 20수, 당장(堂狀) 10수를 수록했

7) 이 내용은 〈계원필경서〉에 보인다.

으며, 권4 및 권5에는 각기 주장 10수를 수록했다. 권6에는 당장 10수를, 권7·8·9·10에는 각기 별지(別紙) 20수를, 권11에는 격서(檄書) 4수, 서(書) 6수를, 권12에는 위곡(委曲) 20수를, 권17에는 계(啓) 4수, 시 30수, 장 6수를, 권18에는 장 22수, 계 3수를, 권19에는 별지 9수, 장 1수, 서 10수를, 권20에는 계 1수, 장 3수, 별지 5수, 제문(祭文) 1수, 시 30수를 수록했다.

《계원필경집》 안에 있는 것으로 최치원이 고병을 대신하여 쓴, 황소 봉기군 및 사천(四川) 봉기군의 우두머리 천능(阡能), 복건(福建) 봉기군 하숭(何嵩) 등에 관한 공문서는 당말 농민 봉기를 연구하는 데 중요한 사료이다. 황소 봉기군에 관한 자료로 위에서 말한 〈황소를 죽인 것을 축하하는 표문〉(권1), 〈서울 수복을 축하하는 표문〉(권1), 〈서울 수복을 축하하는 장문〉(권6) 등 세 문장 외에도 〈황소 도당 섬멸을 축하하는 표문(賀殺戮黃巢徒伴表)〉(권1), 〈황소의 부하 적장 성령괴를 달래어 항복시켰음을 상주하는 장문〉(권5), 〈황소의 역적 도당 살해를 축하하는 장문(賀殺黃巢賊徒狀)〉(권6), 〈황소에게 보내는 격문(檄黃巢書)〉(권11), 〈조장을 귀순시키는 글(招趙璋書)〉(권11), 〈제도에 알리어 군인을 징집하는 글(告報諸道徵會軍兵書)〉(권11), 〈제도에 알리어 강운을 징촉하는 글(告報諸道徵促綱運書)〉(권11) 등의 글이 있다.

이러한 문서는 모두 최치원이 고병을 대신하여 쓴 것이기 때문에 관점이 어쩔 수 없이 당조 통치 계급 편에 있다. 그럼에도 불구하고 여전히 중요한 사료 가치를 가지고 있다. 이 밖에 최치원이 고병을 대신하여 쓴 남조(南詔)와 교류를 튼 표주(表奏) 등과 본인의 시문은 모두 참고할 가치가 풍부한 당대 사료이다. 요약하면 《계원필경집》은 만당사(晩唐史)를 연구하는 데 중요한 역사 문헌이다.

[해제]

이 글은 이희필(李希泌)의 〈黃巢被害與唐軍收京日期考訂：兼介紹宦唐朝鮮學者崔致遠《桂苑筆耕集》〉(《文獻》 1982年 第11期)을 번역한 것이다.

이희필의 다른 저작으로 《詹天佑與中國鐵路》(徐啓恒과 공저, 上海人民出版社, 1957), 《中國古代藏書與近代圖書館資料》(張椒華와 공편, 中華書局, 1982), 《曲石精廬藏唐墓誌》(편, 齊魯書社, 1986), 《續補藏書紀事詩》(王謇, 이희필 點注, 書目文獻出版社, 1987), 《唐大詔令集·補編(上下)》(주편, 上海古籍出版社, 2003) 등이 있다.

신라 문인 최치원의 《계원필경집》 판본 원류 고술(考述)

당은평(黨銀平)

《계원필경집》은 당 말 신라 문인 최치원이 광계(光啓) 2년(886)에 스스로 엮은 시문 별집이다. 이 시문집에 그가 회남(淮南) 막부에 있던 4년 동안 지은 표(表)·장(狀)·서(書)·계(啓)와 시문 작품을 수록했는데, 현존하는 한국 최고의 한문 전적 가운데 하나로 중요한 문학 및 문헌적 가치를 지니고 있다. 여기서는 중·한 관련 문헌을 토대로 고찰하여 이 시문집이 만들어진 과정과 판본 유전 및 계통을 대략적으로 정리하고 고찰하고자 한다.

《계원필경집》 20권은 당 말 신라 문인 최치원이 스스로 엮은 시문 별집이다. 그는 이 시문집에 회남 막부에서 벼슬하던 시기의 표·장·서·계 및 시문 작품을 수록했는데, 문장의 풍격이 깊고 우아하며 풍부하고 화려하다. 이것은 한국 현존 최고의 한문 전적 중 하나이며, 한국 삼국시대에 만들어져 유일하게 세상에 전해오는 개인 문집이기도 하다. 따라서 국학자들에 의해 "동방 문학의 근본이자 시작(東方文學之本始)", "동방 예원의 근본(東方藝苑之本始)"[1]으로 칭송되었다.

이 문집은 당 말의 매우 중요한 역사 사건과 인물을 상세하고 정확하게 기록하여 풍부하고 진귀한 문헌적 가치를 가진다. 진인각(陳寅恪)은 일찍이 "최치원의 《계원필경집》은 고병(高駢)을 대신하여 쓴 글인데, 변로 구역 서주의 시부와 사주의 우도 간의 전쟁, 운하 단절에 관한 기록이 매우 많다. 이는 모두 두 《당서》와 《자치통감》 등에서는 상세하지 않은데, 실로 가장 훌륭한 사료이다(崔致遠《桂苑筆耕集》代高駢所作書牒, 關於汴路區域徐州時溥泗州于濤之兵爭及運道阻塞之記載甚多, 俱兩《唐書》及《通鑒》等所未詳, 實爲最佳之史料)"[2]라고 칭찬했다. 그러나 이 문집은 오랫동안 중·한 양국에서 모두 드물게 전해졌다.

최초로 이 문집을 저록한 것은 《신당서(新唐書)》 권60의 〈예문지(藝文志)〉인데 "최치원 《사륙집》 1권, 또 《계원필경집》 20권(崔致遠《四六》一卷, 又《桂苑筆耕》二十卷)"이 있다고 했다. 고려 김부식(金富軾)의 《삼국사기(三國史記)》 권46, 〈최치원전〉은 이 기록에 의거했고, 《동국서목(東國書目)》, 《동국통감(東國通鑒)》 및 《동사찬요(東史纂要)》 등의 사적에서는 저록하지 않았다. 중국에서는 남송(南宋)부터 청(淸) 도광(道光) 연간까지 거의 전해지지 않았다. 《숭문총목(崇文總目)》과 《사고전서총목(四庫全書總目)》 등의 서목에도 기록이 빠져 있어 《전당시(全唐詩)》와 《전당문(全唐文)》에서도 수록하지 않았다.

상황은 이렇지만 《계원필경집》은 그 우미한 문필과 고귀한 사료적 가치로 인해 중시되어, 후세에 여러 번 목판에 새겨 인쇄하고 전사(轉寫)함으로써 유전되었고 아울러 광범한 영향을 끼쳤다. 여기서는 이 문집의 판본 원류와 계통에 대하여 대략적으로 정리하고 고찰하고자 한다.

---

1) 홍석주(洪奭周)·서유구(徐有矩), 〈교인계원필경집서(校印桂苑筆耕集序)〉, 《최문창후전집(崔文昌候全集)》, 성균관대학교 대동문화연구원, 1972, 285·286쪽.

2) 《한류당집(寒柳堂集)》, 上海古籍出版社, 1980, 108쪽.

1.《계원필경집》의 편찬 과정

최치원은 당 의종(懿宗) 함통(咸通) 9년(868, 신라 경문왕 8) 열두 살에 바다를 건너 당에 들어와 희종(僖宗) 중화(中和) 4년(884, 신라 헌강왕 10)에 국신사(國信使)의 신분으로 당나라를 떠났다. 당에 머물던 시기는 주로 장안(長安)에서의 학문 탐구, 낙양(洛陽) 유랑, 율수현위(溧水縣尉)와 회남(淮南) 막부 시기 등 네 시기로 나뉜다. 당에 머물던 16년 동안 그는 각고하여 수학하고 끊임없이 시문을 써서 많은 한문 시부(詩賦)와 문장을 창작했는데, 한문・한시에 대한 조예가 매우 깊었다.

광계 원년(885, 신라 헌강왕 11) 봄 3월에 고국으로 돌아온 뒤 그는 재당 시절에 쓴 시문집을 정리하기 시작했다. 〈계원필경서〉의 소개에 의하면, 그는 장안에서 "6년 동안 유람(觀光六年)"하는 기간에 "이때 마음속의 심정을 읊조리고 사물에 기탁하여 편을 이름 지어 '부' 또는 '시'라고 이른 것이 거의 상자에 가득하였습니다(此時諷詠性情, 寓物名篇, 曰'賦'・曰'詩', 幾溢箱篋)"라고 했다. 그러나 후에는 도리어 "어린아이가 꾸민 것으로 장부가 부끄러워하는 바라서(童子篆刻, 丈夫所慚)" 모두 폐기하고 말았다.

건부(建符) 원년(874)에 진사에 급제한 뒤에는 "계속하여 낙양을 유랑하며 글 짓는 것으로 업을 삼아 드디어 부 5수, 시 100수, 잡시부 30수를 지어 모두 3편을 이루었다(尋以浪迹東都, 筆作飯囊. 遂有賦五首, 詩一百首, 雜詩賦三十首, 共成三篇)." 그리고 강남도(江南道) 선주(宣州) 율수현위를 제수받은 기간에는 "벼슬살이하다가 남은 힘이 있어 배움에 짧은 시간도 헛되이 보내지는 않았고, 공적으로 또는 사적으로 지은 글을 책으로 엮으니 모두 5권이나 되었다(仕優則學, 免擲寸陰, 公私所爲, 有集五卷)." 율수의 "지명이 중산으로 불렸기에(地號中山)" 마침내 그 시문집을《중산복궤집(中山覆簣集)》으로 했다.

회남 막부 시기부터 창작이 더욱 풍부해졌다. 다시 시문을 정리하여 문집을 엮었는데, 주로 낙양·율수·회남 3단계의 시문 작품을 위주로 했다.

> 그 직책을 내놓고 회남에서 종직하면서 시중 고병의 문서 일을 도맡게 되어, 그 몰려드는 군사 문서 등을 힘껏 담당하였습니다. 4년 동안 마음 써 이룬 것이 무려 만여 수나 되었습니다. 불필요한 부분을 거듭 버리고 보니 십분의 일, 이도 남지 못했지만, 모래를 파헤쳐 금을 발견하는 것과 감히 비교할 수 있고, 깨진 기와 조각으로 벽을 긋는 것보다는 낫다고 여깁니다. 하여 마침내《계원집》20권으로 엮어 만들었습니다. 제가 때마침 난리를 만나 막부에서 기식하게 되어 이른바 그곳에서 입에 풀칠하며 살게 되어, 이에 필경을 제목으로 삼고 여전히 왕소의 말로 지난 일을 증빙하였습니다. 비록 몸을 굽히고 돌아와 부작에게 부끄러움이 있으나, 이미 밭 갈고 김매듯 마음을 파헤친지라 조그만 수고나마 버리기가 아까워 성감에 앙달하고자 합니다(及罷微秩, 從職淮南, 蒙高侍中專委筆硯, 軍書輻至, 竭力抵擋, 四年用心, 萬有餘首. 然淘之汰之, 十無一二, 敢比披沙見寶, 粗勝毁瓦畵墁, 遂勒成《桂苑集》二十卷. 臣適當亂離, 寓食戎幕, 所謂饘於是, 粥於是, 輒以筆耕爲目, 仍以王韶之語, 前事可憑, 雖則傴僂言歸, 有慙鳧雀, 旣墾旣耨, 用破情田, 自惜微勞, 冀達聖鑑).[3]

이 자서에서 분명히 그는 회남 막부 시절의 바빴던 창작 생활을 총결했다. 최치원은 율수현위의 임기가 만료된 뒤 광명(廣明) 원년(880) 말에 회남절도사(淮南節度使) 고병의 막부로 들어가 종사(從事)로 발탁되어 앞뒤로 특별히 서충관역순관(署充館驛巡官)과 도통순관(都統巡官)으로 임명되어 자못 고병의 신임을 받았다. 문관직의 막료를 맡은 그는 고병을 대신하여 많은 막부의 문서를 썼는데, 고병 막부의 수많은 중요한 표·

---

3) 〈계원필경서(桂苑筆耕序)〉, 《최문창후전집》, 287쪽.

장・서・계는 대부분 그의 손에서 나왔다. 그는 막부에서 4년 동안 지내면서 공적이거나 사적인 일로 “만여 수(萬有餘首)”를 지었다. 그러나 그가 귀국한 뒤 별집을 엮을 때 진지하게 취사선택하여 잡다한 것은 빼 버리고 정수만 남겨두어 태반을 버리고 최종적으로 20권의 시문을 책으로 만들었다.

시문집에서 스스로 문체별로 부류를 설정하여 권수를 나누고 제목을 붙였는데, 제목을 정문(正文) 앞에 두었다. 권1과 권2는 표 20수를 수록했고, 권3은 장 10수, 권4와 권5는 주장(奏狀) 20수, 권6은 당장(堂狀) 10수, 권7에서 권10까지는 별지(別紙) 80수, 권11은 격서(檄書) 4수, 서 6수, 권12는 위곡(委曲) 20수, 권13과 권14는 거첩(擧牒) 50수[행묵칙첩사(行墨勅牒詞) 5수 포함], 권15는 재사(齋詞) 15수, 권16은 제문(祭文) 4수, 서 2수, 기(記) 2수, 소(疏) 2수, 권17은 계 4수, 장 6수, 칠언 기덕시(七言紀德詩) 30수, 권18은 장 22수, 계 3수, 권19는 장 1수, 별지 9수, 잡서(雜書) 10수, 권20은 계 1수, 장 3수, 별지 5수, 제문 1수, 시30수 등 도합 문 310편, 시 69수를 수록했다. 이 가운데 앞의 17권까지는 막부를 위해서 쓴 공문이고, 뒤의 3권은 대부분 최치원이 쓴 편지나 답장이다. 별집을 엮은 뒤 또 서를 문집 앞에 붙였는데 “도통순관・시어사・내공봉 최치원 찬(都統巡官侍御史內供奉崔致遠撰)”이라고 썼다.

마지막으로 그는 당에서 머물던 시기에 쓴 “잡시부 및 표주집 28권(雜詩賦及表奏集二十八卷)”을 “《사시금체부》 5수 1권, 《오언・칠언금체시》 100수 1권, 《잡시부》 30수 1권, 《중산복궤집》 1부 5권, 《계원필경집》 1부 20권(私試今體賦五首一卷, 五七言今體詩共一百首一卷, 雜詩賦共三十首一卷, 《中山覆簣集》一部五卷, 《桂苑筆耕集》一部二十卷)”으로 나누어 엮었다. 광계 2년(886, 헌강왕 12) 정월에 최치원은 마침내 이 시문집을 신라 제48대 헌강왕에게 바쳐 이로써 군주에게 신임받고 중용되기를 바랐다. 그러나 이해에 바친 28권의 시문집 중 단지 《계원필경집》 20권만 완전하게 남아 있고 나머지 8권은 모두 없어져 전하지 않는다.

최치원은 서의 말미에서 이 문집을 바친 때를 "중화 6년 정월 모일(中和六年正月日)"이라고 표시했으나, 당 희종 중화 5년(885)에 이미 광계 원년으로 개원했다. 최치원은 1년 전 가을에 당나라를 떠났기 때문에 개원한 일을 몰랐기 때문에 광계 2년 정월에 시문집을 바칠 때 여전히 중화 6년으로 기록했다. 조선 서유구(徐有榘)의 〈교인계원필경집서(校印桂苑筆耕集序)〉에서 "《계원필경집》 20권은 신라 고운 최치원 선생이 당나라 회남 막부에 있을 때 공적이거나 사적인 일에 응수하여 지은 작품인데, 신라로 돌아온 뒤 손수 엮어서 조정에 바쳤다. …… 또 중화 기년을 상고하니 4년에 그치는데, 선생이 표를 바친 연월은 중화 6년으로 되어 있으니, 아마도 선생이 중화 4년 10월에 바다에 떠서 그 이듬해 봄에 고국에 도착하고 또 이듬해에 이 시문집을 엮어서 올렸으니, 그 1년 전에 광계로 개원한 것을 아마 들어 알지 못했기 때문일 것이다(《桂苑筆耕集》二十卷, 新羅孤雲崔公在唐淮南幕府時公私應酬之作. 東還以後, 手編表進於朝者也. …… 又按中和紀年止於四年, 而公進表年月系以中和六年, 蓋公以中和四年十月浮海, 翌年春始抵國, 又翌年編進是集. 而前一年之改元光啓, 容或未聞知也)"[4]라고 했다. 위에서 알 수 있듯이, 《계원필경집》 20권은 바로 최치원이 귀국한 뒤 광계 2년(886)에 손수 엮어 바친 시문 별집이다.

2. 《계원필경집》의 유전(流傳) 과정

《계원필경집》은 광계 2년에 엮어진 뒤 고려·조선 양대에 걸쳐 거의 유전되지 않았다. 조선 숭록대부(崇祿大夫) 의정부(議政府) 좌의정(左議

4) 〈교인계원필경집서〉, 《최문창후전집》, 286~287쪽.

政) 홍석주[洪奭周, 1774~1842, 자는 성백(成伯), 호는 연천(淵泉)]는 정조(正祖) 을묘(乙卯)년에 과거에 급제하고 관직이 좌상(左相)에 이르렀다. 저작으로 《연천집(淵泉集)》과 수필 《학강산필(鶴崗散筆)》이 있는데, 그는 일찍이 다음과 같이 쓴 바 있다.

최치원 선생의 글이 후세에 전해지는 것으로는 오로지 《계원필경집》과 《중산복궤집》 두 부가 있을 뿐이다. 이 두 책은 또한 우리 동방 문장의 근본이요 시작이다. 우리 동방이 글을 숭상한 것은 조선조에 이르러 더욱 빛나고 무르익어 연국공(燕國公) 장열(張說)과 허국공(許國公) 소정(蘇頲)과 조식(曹植)과 유정(劉楨) 같은 문인이 많이 나서 시와 문으로 문집을 이룬 것이 무려 집에 가득 찰지라도 최치원 선생의 글을 아는 사람은 거의 없었다. 내가 일찍이 근대 사람이 편찬한 《동국서목》을 보니 《중산복궤집》이 실려 있기에 두루 구했으나 끝내 얻지 못했다. 오직 《계원필경》 20권이 우리 집 조상들이 예부터 소장하던 것인데, 어릴 때부터 보배로 알고 간혹 사람에게 말하면 비록 박식으로 글에 능하고 옛것을 좋아하는 이라도 다 보지 못했다 하니, 이 글이 거의 없어질 지경이다(崔公之書傳於後者, 唯《桂苑筆耕》與《中山復簣集》二部, 是二書者, 亦吾東方文章之本始也. 吾東方以文爲尙, 至我朝益煥以融, 家燕許而戶曹劉, 以詩若文成集者, 無慮充棟宇矣, 而顧鮮有知崔公之書者. 余嘗見近代人所撰《東國書目》, 有載《中山復簣集》者, 遍求之, 終不可得, 唯《桂苑筆耕》二十卷爲吾家先世舊藏, 自童幼時知珍玩之, 然間以語人, 雖博雅能文而好古者, 亦皆言未曾見, 然則是書也, 幾乎絶矣)![5]

조선 후기의 실학자 박지원(朴趾源, 1737~1805)은 《열하일기(熱河日記)》 권4 〈고북구 밖의 기이한 소문(口外異聞)〉에서 다음과 같이 말했다.

5) 〈교인계원필경집서〉, 《최문창후전집》, 285쪽.

《당서》, 〈예문지〉에서는 신라 최치원의 《계원필경집》 4권이 있다고 했는데, 후에 저술가가 인용한 서목에는 보이질 않으니, 책이 없어진지 상당히 오래되었다(《唐書・藝文志》有新羅崔致遠《桂苑筆耕集》四卷, 而後來著書家引用書目無見焉, 書亡當久).[6)]

이러한 상황이 나타나게 된 데는 크게 세 가지 원인이 있다.

첫째, 원래 시문집이 전할 때 전란의 영향을 받았다. 최치원이 귀국한 때는 바로 신라가 망해 가는 말기에 해당하여, 국내에서는 조정의 법과 기율이 문란하고 도적이 봉기하고 전쟁이 끊이지 않았다. 최치원이 진성여왕(眞聖女王)을 대신하여 쓴 〈양위를 아뢰는 표문(讓位表)〉에서는 일찍이 다음과 같이 묘사했다.

관할하는 구주에서 고을을 다스리던 백군이 모두 도적의 난리를 만나서 마치 겁회를 보는 것 같습니다. 게다가 사람 죽이기가 마치 칼로 삼대를 치는 듯하고 땅위에 드러난 백골은 잡초처럼 버려졌습니다. 창해의 횡류는 날로 심하고 곤강의 맹염은 바람이 사물을 쓰러뜨리듯 했습니다. 결국 어진 고을이 변하여 병든 나라가 되게 했습니다(所管九州, 仍標百郡, 皆遭冠火, 若見劫灰, 加復殺人如麻, 暴骨如莽, 滄海之橫流日甚, 昆岡之猛焰風顚, 致使仁鄕, 變爲疵國).[7)]

효공왕(孝恭王)을 대신하여 쓴 〈왕위 계승을 사례하는 표문(謝嗣位表)〉에서도 "본국에서는 큰 흉년이 들어 좀도둑이 사방에서 일어나고 있습니다. …… 지금도 군읍은 온통 도적의 소굴이 되었고, 산천이 모두 전쟁터가 되었습니다(當國大飢頻致, 小盜相尋, …… 今也郡邑遍爲賊窟, 山

---

6) 《열하일기》 권4, 〈고북구 밖의 기이한 소문(口外異聞)〉, 「계원필경」조, 上海書店, 1997, 307쪽.
7) 《고운선생문집》 권1, 「표」, 《최문창후전집》, 36・41~42쪽.

川皆是戰場)"[8)]라고 말했다. 이러한 사회 국면은 모름지기 문화 전적의 전파에 매우 큰 타격과 제한을 가져오게 마련인데, 《계원필경집》의 유전도 당연히 깊은 영향을 받았다. 조선 인조(仁祖) 때의 시인 홍만종(洪萬宗)은 이 문집이 거의 유전되지 않은 원인을 "누차 병화를 만나 전해지는 일이 단절되었음(屢經兵燹, 傳者絶少)"[9)]라고 여겼다.

둘째, 원래 시문집의 문풍이 시대 풍조와 맞지 않았다. 한국 역사에서 선진(先秦)·양한(兩漢) 이래 대부분 산문을 숭상했고 신라·고려 및 조선 시기에는 유가 전적과 한유(韓愈)·유종원(柳宗元)의 문장을 좋아하여, 문장으로는 진한의 문장을 숭상하고 시가로는 성당(盛唐)의 시가를 으뜸으로 삼는 사회 문화 풍조를 형성했다. 이에 선비들은 고문과 이른바 '시어(時語, 四六騈文)'를 비교적 엄격하게 구분하고 선명하게 포폄하는 경향을 가지고 있어, 질박하고 평이한 고문(古文)은 세상 사람들의 환영을 받았고 번거롭고 자질구레한 변문(騈文)은 곧 통용되기가 어려웠다.

최치원이 멀리서 유학하여 중국에 온 뒤에 주로 당대 말기에 생활했는데, 그때는 변려문이 유행했고 문풍이 화려했으며 막부의 공문은 더욱 그러했다. 최치원은 당연히 이런 상황에 깊은 영향을 받아서 《계원필경집》에 수록된 공사(公私) 문한(文翰)은 대부분 사륙 변체(騈體)로 쓴 것인데, 아름다운 문사(文辭), 전고(典故) 및 대우(對偶)를 지나치게 따져 읽기가 비교적 난해하다. 따라서 고국에서는 마침내 화려하기만 하고 조아하지 못하다고 평가되어 냉대를 받게 되었다. 조선의 홍문관(弘文館) 및 예문관(藝文館) 제학(提學) 서거정(徐居正, 1420~1488)은 《필원잡기(筆苑雜記)》 권1 중(中)에서 "지금 《계원필경집》에는 이해되지 않는 곳이 많은데, 이는 당시의 문체가 이와 같은 것이거나 혹은 우리나라의 문체가 옛날과 같지 않아 그런 것으로 생각한다(今《桂苑筆耕》多有不解處, 恐當時

8) 《고운선생문집》 권1, 「표」, 《최문창후전집》, 36·41~42쪽.
9) 《소화시평(小華詩評)》.

氣習如此, 或東方文體未能如古也)”[10]라고 간주했다.

또한 관련 한국 학자들의 평가 속에서 이 문집 수장 여부에 대한 세인의 태도를 추측할 수 있다. 이를테면 홍석주는 “세간에서는 공의 글이 모두 사륙변려문이고 고문과는 사뭇 다르다고 말한다. 공이 중국에 들어올 때는 당 의종・희종 연간인데, 중국의 글은 바야흐로 오로지 변려문에 종사했으니 그 풍조를 따랐던 것이므로, 진실로 부득이한 일이었다(世或謂公文皆騈儷四六, 殊不類古作者, 公之入中國在唐懿・僖之際, 中國之文方專事騈儷, 風會所趨, 固有不得而免者)”[11]고 했다. 한국의 근대 학자 최국술(崔國述)은 “세상 사람들은 간혹 화려하다며 선생을 흉보거나 불교에 관한 일을 저술했다고 선생을 헐뜯기도 한다. 그러나 만당의 문법에는 스스로 정해진 법도가 있어 제반의 용도에 사륙문이 아니면 행해지지 않았으니, 이는 불가불 따를 수밖에 없었다. …… 읽는 사람들은 또한 그 당시를 생각해서 그 뜻을 보아야지, 그 언어에 얽매여 그것이 고아하지 못하다고 의심해서는 안 된다(世或以綺麗短先生, 撰佛訿先生, 然晩唐文法自有定制, 凡百需用, 非四六則不得行, 此其所以不可不從也. …… 讀之者亦當想其時而見其志, 不可泥於言而疑其非古也”[12]고 여겼다. 이러한 기술은 다소간 원래 시문집의 유전이 광범하지 않았던 사회적 문화적 원인을 암시한다.

셋째, 원래 시문집이 유전되는 데 인쇄 조건의 제한을 받았다. 당・오대 때 중국 인쇄술이 이미 한반도에 전해졌지만, 주로 불경과 유가 전적을 판각하여 인쇄하는 데 사용되었고 문인의 시문 별집은 거의 인쇄하지 않았다. 송(宋) 섭몽득(葉夢得, 1077～1148)은 《석림연어(石林燕語)》 권8에서 일찍이 “당 이전에 대개 서적은 모두 필사본이었고, 활자로 인쇄하는 방법이 아직 생기지 않았다. 사람들은 장서를 귀하게 여겼지만 그다지

---

10) 《필원잡기(筆苑雜記)》 권1, 한국 국립중앙도서관장본, 5쪽.
11) 〈교인계원필경집서〉.
12) 〈고운선생문집편집서(孤雲先生文集編輯序)〉, 《최문창후전집》, 8~9쪽.

많지도 않았다(唐以前, 凡書籍皆寫本, 未有模印之法, 人以藏書爲貴, 不多有)"라고 했는데, 신라에서도 상황은 대체로 비슷했을 것이다. 《계원필경집》은 바로 최치원이 손수 엮어서 만든 것인데, 오랜 기간 필사본이 세상에 전해졌으니 유전 범위가 매우 제한되었다. 서유구는 "오직 이 문집만 여러 번 인쇄되었으나 판각이 오래되어 잃어버렸고, 찍어낸 책 또한 드물었다(唯是集屢經鋟印, 板刻舊佚, 拓本亦絶罕)"[13]고 했는데, 고려 시기에는 비록 이 문집을 판각한 적이 있으나, 탁본의 수량이 매우 적어 극히 소수의 대대로 관리를 지낸 집안에서만 이따금 소장했을 뿐, 일반 사람들은 볼 수 없었다. 이는 틀림없이 원래의 시문집이 널리 전파되는 것을 제한했을 것이다.

최치원의 원래 시문집이 거의 없어지자 조선의 식견을 가진 선비들은 이 때문에 근심했다. 홍석주는 이 문집이 "끊어지지 않고 실같이 전해 온 문헌(此不絶如線之文獻耳)"이라고 했고, "이 책이 동방에 전해지지 않는다면, 이는 현주를 태실에서 말하지 않고 거친 베를 희준에 덮지 않는 것과 같으니, 어찌 백성을 교화시키는데 근본을 잊게 할 수 있겠는가(使是書不行於東方, 是玄酒不說於太室, 而疏布不幕於犧罇也, 豈所以敎民不忘本哉)!"[14]라고 여겼으며, 서유구도 또한 탄식하며 "오호라, 육장(肉醬)으로 유명한 상점은 반드시 두강을 적어야 하며, 좋은 검의 칼날에는 반드시 대장장이 이름을 표시해야 하는데, 이는 근본과 시작을 잊지 않기 위함이다. 우리나라 시문집이 지금까지 전해오는 것은 부득불 이 문집이 개산의 비조이며, 또한 동방 예원의 근본이자 시작이니, 어찌 사그라지고 없어지게 놔두어 도모하지 않을 수 있겠는가(嗟乎, 名醢之坊, 必題杜康 ; 良劍之鍔, 必標歐冶, 爲其不忘本始也. 我東詩文集之秖今傳者, 不得不以是集爲開山鼻祖, 是亦東方藝苑之本始也, 庸詎可一任其銷沉殘滅而不之圖哉!)!"[15]라

13) 〈교인계원필경집서〉.
14) 〈교인계원필경집서〉.

고 말했다. 따라서 모두 이 문집을 구하고자 했고 또 중시함으로써 세상에 널리 전해지게 되었다.

조선 순조(純祖) 34년(1834, 청 도광 14)에 당시 호남관찰사(湖南觀察使)였던 서유구는 전라도를 순찰하면서 무성서원(武城書院)에 배알하여 최치원의 유적지에 조문했다. 대광보국숭록대부(大匡輔國崇祿大夫) 의정부(議政府) 좌의정(左議政) 홍석주는 서유구가 "박학하고 우아하고 글을 잘 지으며 옛것을 좋아하는 사람(博雅能文而好古者也)"이라고 여겨 마침내 그에게 자신의 집에서 보관해 오던 진본(珍本)을 보여주고 그 문집을 재판하여 세상에 널리 퍼트리기를 희망했다. 서유구는 우연히 이 진본을 얻어 보고는 "큰 옥을 얻은 듯 시대가 멀어지면 멀어질수록 그것을 더 잃어버리게 될까 두려워하여(如獲拱璧, 懼其愈遠而愈佚也)", 또 "급히 가져다가 이를 교정했고(亟取而校之)" 또 사재와 봉급을 털어 취진활자판(聚珍活字版)으로 조판·인쇄하여 태인현(泰仁縣) 무성서원과 합천군(陜川郡) 가야산(伽倻山) 해인사(海印寺)에 나누어 수장했다. 이번의 조판·인쇄에는 다만 "수백 질을 얻었을(得數十百本)" 뿐이지만, 도리어 이 문집을 유전시켜 세상에 전해지게 하여 후세의 재판에 중요한 저본이 되었다. 1972년 6월에 한국 성균관대학교 대동문화연구원에서 《최문창후전집》을 편찬할 때, 서유구의 활자교인본(活字校印本)에 의거 영인하여 이 문집에 넣었으며, 1992년 8월에 3판을 발행했으니 홍석주와 서유구 두 사람이 이 문집을 전승한 공로는 실로 마멸할 수 없다.

중국에서는 남송 때부터 청대(淸代) 도광(道光) 이전까지 이 문집은 오랫동안 전해지지 않았다. 막우지(莫友芝, 1811~1871)의 《송원구본서경안록(宋元舊本書經眼錄)》 권3에서는 "이 문집은 《당서》와 《송사》의 〈예문지〉에 모두 저록하였으나, 송 이후에는 마침내 없어져 전해지지 않

15) 〈교인계원필경집서〉.

았다(是集唐宋志皆著錄, 宋後遂逸不傳)"라고 했고, 소장(邵章)은 《사고간목표주속록(四庫簡目標注續錄)》에서도 "이 문집을 다른 사람들은 기록하지 않고 오로지 《당서》, 〈예문지〉에 기록이 있는데, 남송 이후의 사람들은 보지 못하게 되었다(此集各家不載, 惟《唐書・藝文志》有之, 南宋以後之人所未始見也)"라고 했다. 도광 14년(1834)에 서유구의 활자교인본이 나온 뒤에 중국에 전해져 비로소 학자들의 주의를 끌어 각 장서지(藏書志)와 서목(書目)에서 비로소 기재되기 시작했다. 예를 들면, 정병(丁丙, 1832~1899)의 《선본서실장서지(善本書室藏書志)》 권25, 무전손(繆荃孫, 1844~1919)의 《예풍장서기(藝風藏書記)》 권6과 부증상(傅增湘, 1872~1949)의 《쌍감루선본서목(雙鑑樓善本書目)》 권4에서 모두 20권의 활자본을 저록했다.

중국에서 처음으로 《계원필경집》을 판각한 것은 청 도광 27년(1847)인데, 광동(廣東) 번우(番禺) 사람 반사성(潘仕成)이 조선 서유구의 활자본을 저본으로 삼아 그의 별장 '해산선관(海山仙館)'에서 이 문집을 새로 판각・인쇄하여 《해산선관총서》에 넣었다. 반사성의 자는 덕여(德畬)인데 도광 연간에 관직이 병부랑중(兵部郎中)에 이르렀다. 그는 평생 "마음속으로 전현이 남긴 책을 가려 발로써 심신의 학문을 가져와 책사에 전하지 않는 것을 비로소 판각에 부쳤다(心擇前賢遺編, 足資身心學問, 而坊肆無傳者, 方付棗梨)"[16]고 했는데, 이때 판각하여 인쇄한 《계원필경집》은 조선 활자본의 원래 모습을 기본적으로 유지하고 있어서 중국에서 오랫동안 전해지지 않았던 문화적 결함을 보충해 주었다. 민국(民國) 24년(1935) 상무인서관(商務印書館)에서 《총서집성초편(叢書集成初編)》을 엮을 때, 반사성의 중각본(重刻本)을 근거로 번각(翻刻)하여 3책으로 나누어 총집 제1864책에 넣었다. 근대 이래 중국에서 《계원필경집》으로 전하

16) 《총서집성초편목록(叢書集成初編目錄)》.

는 다른 중요한 판본은 상무인서관의 《사부총간(四部叢刊)》본으로, 이는 상무인서관에서 민국 8년(1919)에 《사부총간》, 〈집부(集部)〉를 엮을 때, 무석(無錫) 손씨(孫氏)의 소록천(小綠天) 소장 고려구각본(高麗舊刻本)에 의거하여 영인한 것인데 《사부총간》 제130함(函)에 넣었다.

3. 《계원필경집》의 판본 계통

《계원필경집》은 유전하는 과정에서 주로 고려참각본(高麗槧刻本)과 조선활자본(朝鮮活字本) 두 계통으로 나눌 수 있는데, 후세의 각본, 영인본, 초본은 모두 여기에 근원한다. 중국의 《사부총간》본과 《해산선관총서》본도 여기서 나왔는데, 아래에서 자주 보이는 몇 판본을 비교하여 교감하고 차이를 판별하고자 한다.

1) 조선활자본〔이하 서본(徐本)으로 부름〕

이 판본은 순조 34년(1834) 서유구가 홍석주의 가문에 내려오던 수장본을 근거하여 교감한 뒤 취진활자로 인쇄했는데, 문집 앞에 갑오(甲午) 9월 풍산(豐山) 홍석주와 달성(達城) 서유구가 호남포정사(湖南布政司) 관풍헌(觀風軒)에서 지은 두 편의 교인서(校印序)를 붙였다. 원본의 사방에는 둘레가 그려져 있고 두 단락으로 나뉘어 있다. 상흑어미(上黑魚尾)가 있고, 행간에는 줄이 그어져 있고 반쪽은 10행, 한 행은 20자로 되어 있으며, 소주(小注)는 두 행으로 되어 있고 표점이 있다. 판면(版面)에는 서명, 권수, 쪽수가 적혀 있으며, 매권 하단에는 수록한 시문의 장르와 수량을 표시했다. "도통순관・시어사・내공봉 최치원 찬(都統巡官侍御史內供奉崔致遠撰)"이라 서명했으며, 문집은 권으로 나누어 목차를 두었고 목차는 본문과 연결된다.

2) 《해산선관총서》본〔이하 반본(潘本)으로 부름〕

이 판본은 청 도광 27년(1847) 광동 번우 사람 반사성이 서본에 의거하여 인쇄한 것이다. 1함은 4책으로 좌우 양쪽에 거칠고 검은 구멍이 있고, 반쪽에 9행, 각 행마다 21자로 되어 있으며, 행간에는 줄이 없으며, 각 권의 목차에 각 체(體)의 편수를 증주(增注)했다. 각 권 아래에 "당 고려 도통순관·시어사·내공봉 최치원 찬(唐高麗都統巡官侍御史內供奉崔致遠撰)"이라고 서명했고, 권말에는 "남해 담영 교(南海譚瑩校)"라고 서명했으며, 표지에는 서명, 관명(館名) 및 판각한 시간(남경대학도서관 소장)을 적어 놓았다.

반사성은 비록 "또한 원문을 보존하는 데 힘쓰고, 자르거나 줄이지 않았다. 설사 미진하고 왜곡된 곳이 있기는 하지만, 모두 옛 모습대로 두고 고치지 않는(且務存原文, 不加刪節, 即位說未盡曲堂, 悉仍其舊, 未便參改)"[17] 것을 판각의 원칙으로 삼았다. 하지만 그가 판각한 이 판본은 실제로 바꾼 부분이 많다. 나중에 광동 남해 사람인 도광 연간의 거인(擧人) 담영이 비록 교정했으나 여전히 잘못된 곳이 수두룩한데, 막당(莫棠), 육심원(陸心源), 부증상(傅增湘)과 왕중민(王重民, 1903~1975) 등은 모두 일찍이 그 판본을 두고 탈자와 오자가 매우 많다고 비난한 적이 있다.

3) 《사부총간》본(이하 총간본으로 부름)

이 판본은 민국 8년(1919) 상무인서관에서 무석 손씨의 소록천(小綠

17) 《총서집성초편(叢書集成初編)》 권수(卷首), 〈예언(例言)〉.

天) 소장 고려구각본에 의거하여 영인한 것이다. 문집 앞에 원서의 크기를 밝혀 "영조척 7촌 3분, 너비 5촌 7분(營造尺七寸三分, 寬五寸七分)"이라 했고, 부증상의 《장원정보여정지견전본서목(藏園訂補郘亭知見傳本書目)》에서는 이 판본을 소개하며 "조선 고각본으로 10행에 12자로 되어 있고, 백구에 사주 쌍란으로, 전 중화 6년에 올린 서·표이다. 손육수 소장본은 이미 인쇄되어 《사부총간초편》 속에 들어갔다(朝鮮古刻本, 十行二十字, 白口, 四周雙欄, 前中和六年進書表. 孫毓修藏, 已印入《四部叢刊初編》中)"라고 했다.

이 판본은 청대의 황제명을 피하지 않았고 문집 앞에 홍석주와 서유구의 '교인서' 두 편이 없으며, 글 속에도 서유구의 쌍행소주(雙行小注)가 없다. 예를 들면 권17의 〈운주 경원심(鄆州耿元審)〉에 "더구나 위험한 난리를 만난 시기이니, 실로 훈업을 세우고 명망을 떨칠 날(況逢危難之秋, 實建勳業名望勞之日)"이라는 문구가 있는데, 서본에는 "명망로(名望勞)" 아래에 "세 글자는 부연된 것 같다(三字疑衍)"라는 두 줄의 소주(小注)가 있으나 총간본에는 주가 없다.

원본의 소장자 손육수(孫毓修)는 광서(光緖) 때의 수재(秀才)이며 자는 유암(留庵)이고 호는 녹천옹(綠天翁)이며 소록천은 그의 별실(別室) 이름이다. 손씨는 소록천에 소장된 《계원필경집》 고려구각본이 서본보다 이르다고 보았다. "이 각본은 오히려 활자본보다 앞섰는데, 목차가 정문에 이어지고 머리에는 자서가 실려 있다(此鏤刻本尙在活字本前, 目連正文, 首載自序)."[18] 그러나 손씨 소장본의 인쇄 시기가 서본보다 이른지는 문헌의 부족으로 아직 확정할 수 없고, 더 연구할 필요가 있다.

이 3종의 판본은 목차, 편명, 문자 등의 면에서 모두 약간의 오차가 있어 아래와 같이 예를 들어 비교 검토하고자 한다.

---

18) 〈사부총간초편서목(四部叢刊初編書目)〉.

첫째, 목차가 통일되어 있지 않다. 서본 권4의 여섯 번째와 일곱 번째 글은 차례로 〈조카 구의 전임을 요청하는 장문(奏請侄男忉轉官狀)〉과 〈조카 홍약의 이름을 '제'로 개명해 주고 양주대도독부 좌사마로 제수한 것을 사례하는 장문(謝姪男弘約改名濟除授揚州大都督府左司馬狀)〉으로 되어 있다. 또 권13의 열일곱, 열여덟 번째의 글은 〈전 무주 금화현위 이함을 천장현위로 보직시키노라(前婺州金華縣尉李涵攝天長縣尉)〉와 〈전 절서 관역순관 향공삼전 장함을 산향현승으로 보직시키노라(前浙西館譯巡官鄉貢三傳張咸攝山陽縣丞)〉로 되어 있는데, 이 두 곳의 권목(卷目)과 정문(正文)의 순서가 반본과 총간본에서 모두 뒤바뀌어 있다.

둘째, 편명에 오차가 있다. 예를 들면 서본·반본 권2의 〈위로해 주고 시중을 겸직시켜 주고 식읍을 봉해준 데 감사드리는 표문(謝賜宣慰兼加侍中實封表)〉이 총간본에서는 〈시중으로 승진시키고 아울러 실봉을 더해준 데 감사드리는 표문(謝加侍中兼實封表)〉로 되어 있다. 서본·반본 권4의 〈조카 경을 팽주 구롱현령으로 제수한 것에 사례하는 장문(謝除侄瓊授彭州九隴縣令狀)〉이 총간본에서는 〈조카 경의 관직 제수를 사례하는 글(謝除侄瓊官)〉로 되어 있고, 또 서본 권10의 〈도통 왕영공에게 동지를 하례하는 글(都統王令公冬至)〉이 반본에서는 〈도통 왕영공에게 동지를 하례하는 글(都統王令公賀冬)〉으로 되어 있고, 총간본에서는 〈도통 왕영공(都統王令公)〉으로 되어 있다. 서본 권10의 〈절서 주보 사공(浙西周寶司空)〉이 반본에서는 〈절서 주보 상공(浙西周寶相公)〉으로 되어 있고, 총간본에서는 〈절서 주 상공(浙西周相公)〉으로 되어 있다.

셋째, 권목(卷目)과 정문(正文)에 차이가 있다. 서본 권15 〈하원 재사(下元齋詞)〉는 총간본 권목에는 기록이 빠져 있고 정문 앞에만 〈재사(齋詞)〉라고 적혀 있다. 또 서본 권18의 목차 가운데 〈전 호남 관찰순관 배료께 올리는 글(前湖南觀察巡官裴璙啓)〉이 있고, 총간본 정문 앞에도 같은 제목이 있으나 권목에는 기록이 빠져 있다.

넷째, 문자에 차이가 있다. 예를 들면 서본 권5 〈황소의 부하 적장 성령괴를 달래어 항복시켰음을 상주하는 장문(奏請降黃巢下賊將成令瓌狀)〉에 “앞서 은혜를 베풀고 난 뒤에 죽인다(以爲先則惠而後則誅)”라는 문구가 있는데, 반본에서는 “以爲前則惠而後則誅”라고 되어 있고, 총간본에서는 “以爲惠而後誅”라고 되어 있다. 또 서본 권11의 〈서주 시부에게 답하는 글(答徐州時溥書)〉에 “보낸 편지에 또 요즈음 여주와 해주가 모두 배반했다고 하는 말을 듣고(來示又去比聞盧州海州皆爲背叛)”라는 문구가 있는데, 반본은 “來示又云此皆盧州海州皆爲背叛”으로 되어 있으며, 총간본은 “來示又云比皆盧州海州皆爲背叛”으로 되어 있다. 서본 권11 〈양양 극공보(郄公甫) 장군에게 답하는 글(答襄陽郄將軍書)〉에 “도대체 알 수가 없습니다. 나아가고 물러감은 오로지 명령대로 했고, 시종 아무런 결점이 없습니다(殊不知進退唯命始終無虧)”라는 문구가 있는데, 반본에서는 “殊不知無虧進退惟命是從”으로 되어 있으며, 총간본에서는 “殊不知進退惟命是從無虧”로 되어 있다.

다섯째, 판본이 좋은 것이 있고 나쁜 것이 있다. 3종의 판본 가운데 서본은 서유구가 교정 작업을 한 바 있고 또 취진활자로 인쇄했기 때문에, 잘못된 곳이 비교적 적어서 내용이 양호하고 깔끔하고 또렷하며 분명하고 유려한 특징을 가진다. 그러나 반본과 총간본의 판각 수준 및 인쇄의 질은 서본보다 떨어지고, 각 권에 많은 오·탈자 및 연자(衍字) 현상이 보인다. 예를 들면 서본 권1 〈황소를 죽인 것을 축하하는 표문(賀殺黃巢表)〉에서 “살상자는 적고 귀순한 자는 많다(殺傷者少, 歸附居多)”라는 문구가 있는데, 반본과 총간본에서는 ‘자(者)’ 자를 모두 ‘노(老)’ 자로 잘못 썼다. 서본 권14 〈학정을 아전병마사로 임명하는 글(郝定補衙前兵馬使)〉에 “3백 근의 활을 당기고 능히 70보의 화살을 쏠 수 있다(必彎三百斤弓, 能發七十步箭)”라는 문구가 있는데, 반본과 총간본에서는 모두 ‘필(必)’ 자를 ‘불(不)’ 자로 잘못 적었다. 또 서본 권10 〈수재 주번이 《소산집》을 보여주기에 감사드리는 글(謝周繁秀才以小山集見示書)〉에 "바로 오늘 아침의 아름다운 글이 팔선의 공의 이름을 가릴 것이고, 다른 날 손님 자리에 반드시 건안칠자의 수가 차게 될 것입니다(則乃今朝麗藻已掩八仙公之名 ; 他日賓筵, 必盈七才子之數)"라는 변우구(駢偶句)가 있는데, 반본과 총간본에는 모두 뒷 구절의 '칠(七)' 자가 빠져 있다.

따라서 3종의 판본을 비교해 보면 여전히 서본이 우수한데, 왕중민은《중국선본서제요(中國善本書提要)》에서 "이 활자본으로《의고당속발》권12,《예풍장서기》권6을 기록했는데, 아울러 선본이라고 할 수 있다(此活字本載《儀顧堂續跋》卷十二,《藝風藏書記》卷六, 並推爲善本)"[19]고 했다. 여기서 역시 서씨 활자본에 대한 앞사람의 칭찬과 긍정을 엿볼 수 있다.

[해제]

이 글은 당은평(黨銀平)의 〈新羅文人崔致遠《桂苑筆耕集》版本源流考述〉(《中國典籍與文化論叢》 제7집, 2002)을 번역한 것이다.

당은평(1962~)은 섬서성(陝西省) 보계(寶溪) 사람으로 1985년 7월에 한중사범학원(漢中師範學院) 중문계를 졸업하고 학교에 남아 가르쳤다. 1990년 7월에 서북대학 중문계에서 〈李賀歌詩硏究〉(지도교수 : 梁超然)로 문학 석사 학위를 받았으며, 1999년 7월에 남경대학 중문계에서 〈崔致遠硏究〉로 문학 박사 학위를 취득했다. 일찍이 한중사범학원 전통문화연구소 소장 겸 조교수, 남경사범대학 문학원 박사후과정(Post-Doc.) 겸 전임강사를 역임했으며, 현재 남경사범대학 문학원 부교수, 중한문화연구중심 주임이다. 주로 중·한 고대 문화 및 최치원 연구를 하고 있다.

주요 저작으로《崔致遠 新硏究》(馬仲可 역, 한림대학교 출판부, 2004),《桂苑筆耕集校注(上下)》(中華書局, 2007),《唐與新羅文化關係硏究》(中華書

19) 왕중민,《중국선본서제요》, 상해고적출판사, 1983, 508쪽.

局, 2007) 등이 있으며, 주요 논문으로 〈李賀悲劇心態略論〉(《漢中師院學報》 1992년 제1기), 〈論李賀歌詩的主導美學格調〉(《漢中師院學報》 1992년 제4기), 〈論隋人對唐詩繁榮的積極貢獻〉(《漢中師院學報》 1996년 제1기), 〈陝南建築的審美特色〉(《陝南文化概觀》, 太白文藝出版社, 1997), 〈屈原的絶筆詩辨〉(《中國文學史疑案錄》, 江蘇教育出版社, 1998), 〈李賀南遊疑證〉(《文獻》 1997년 제4기), 〈唐人化用〈選〉詩範式擧要〉(《古籍整理硏究學刊》 1997년 제5기), 〈朝鮮活字本《桂苑筆耕集》擧誤十八則〉(《古籍整理硏究學刊》 1999년 제4기), 〈唐代賓貢進士特殊管理體制新探〉(고려대학교, 《中國學論叢》 第14輯), 〈唐末新羅文人崔致遠占籍與家世考述〉(《東南大學學報》 2000년 제2기), 〈唐代賓貢進士放榜方式考述〉(《文史雜志》 2000년 제6기 ; 《經濟管理與社會科學前沿硏究》, 中國金融出版社, 2000), 〈東國文學之祖崔致遠生卒年考〉(《遼寧師大學報》 2001년 제2기), 〈崔致遠與唐代賓貢進士的特殊體制考述〉(《東西文化交流硏究》 第3輯, 2001), 〈唐代賓貢與賓貢科考辨〉(《東西文化交流硏究》 第3輯), 〈隨行之計辨疑〉(《古籍整理硏究學刊》 2001년 제4기), 〈唐代有無賓貢科新考〉(《社會科學戰線》 2002년 제1기), 〈新羅文人崔致遠《桂苑筆耕集》版本遠流考述〉(《中國典籍與文化論叢》 第7輯, 2002 ; 韓國中國文化學會 《中國學論叢》 2002년 제12집), 〈東國文學之祖崔致遠與唐末文人交遊考述〉(閔庚三과 공저, 《中國語文論叢》 第25輯, 2003), 〈從崔致遠諸文看唐末與新羅的交往關係〉(《南京師大文學院學報》 2004년 제2기), 〈崔致遠與唐末徽籍文人的文學交往〉(《徽學》 2004년 제3집), 〈新羅文人崔致遠與唐末文士的交遊〉(《文史》 2004년 제4기), 〈唐代新羅"西學"風尙盛行的原因及作用〉(《社會科學戰線》 2004년 제4기 ; 韓國國文學會 《國語國文學》 2004년 제136집), 〈桂苑筆耕集提要〉(傅璇琮, 《辨章學術, 考鏡源流 : 『中國古代詩文名著提要』選集》 ; 臺灣 《書目集刊》 第38卷 제2기, 2004), 〈桂苑筆耕的文獻價值〉(張伯偉 편, 《域外文獻硏究集刊》 第1輯, 中華書局, 2005) 외 다수의 글이 있다.

최치원 《계원필경집》의 문헌적 가치

당은평(黨銀平)

《계원필경집(桂苑筆耕集)》 20권은 당 말 중국에 온 신라 문인 최치원이 귀국한 뒤에 광계(光啓) 2년(886) 정월에 엮은 시문 별집이다. 그는 이 시문집에 회남(淮南) 막부에서 4년 동안 쓴 표(表)·장(狀)·서(書)·계(啓) 등 공사(公私)의 문한(文翰)을 수록했다. 그 내용은 당 말 수많은 중대 역사 사건과 중요한 역사 인물을 언급했고, 다른 각도에서 당 말 정치, 군사, 경제와 문화 상황을 보여준다. 중국 정사에 빠져 있거나 상세치 않은 많은 일차 자료를 내포하고 있어 매우 높은 문헌적 가치를 지니고 있다. 청대에 박물(博物)을 연구하여 동남에 이름을 떨친 주서(朱緖) 및 근대 사학의 대가 진인각(陳寅恪, 1890~1969)은 모두 이 시문집의 사료적 가치에 대하여 매우 높이 평가했다.[1]

여기서는 당 말 관련 사료의 정리와 논증으로 나누어 이 시문집의 사료적 가치에 대하여 대략 고찰, 논술하고자 한다.

---

1) 《개유익재독서지(開有益齋讀書志)》 권5, 〈별집(別集)〉(중화서국, 1993), 73쪽과 《한류당집(寒柳堂集)》의 〈위장「진부음」교전(韋莊「秦婦吟」校箋)〉(상해고적출판사, 1980), 108쪽 참조.

1. 이국 막료가 쓴 당 말의 실록

황소의 봉기는 당 희종(僖宗) 건부(乾符)에서 중화(中和) 연간에 이르는 10년 동안이나 일어났는데, 이는 당 말 또는 중국 역사에서 중대한 사건이다. 당대 무종(武宗) 이후에는 관방의 실록이 없기 때문에 이 사건에 관한 사료는 매우 희귀하다. 당 말에 위소도(韋昭度) 등의 이름을 빌려 지었다는 《속보운록(續寶運錄)》[2]이 있었지만 이미 오래전에 없어졌다. 사마광(司馬光, 1019~1086)이 《자치통감고이(資治通鑒考異)》에서 모두 21조를 인용했으나 착오가 너무 많다. 북송 인종(仁宗) 때 송민구(宋敏求)는 일찍이 무종(武宗), 선종(宣宗), 의종(懿宗), 희종(僖宗), 소종(昭宗), 애종(哀宗) 등 6조의 《실록》 143권을 보충하여 찬술했으나 역시 간략하고 잡다하다. 후대에 참고할 만한 것은 주로 《신당서(新唐書)》와 《구당서(舊唐書)》의 〈희종기(僖宗紀)〉 및 〈황소전(黃巢傳)〉, 《자치통감》과 명인(明人) 모원의(茅元儀)가 지은 《평소사적고(平巢事迹考)》 등이다.

그러나 이러한 정사나 잡록은 편자들이 "서로 참조하거나 대조하지 않은 채, 각자 엮어 편찬하는(各自編排, 不相參校)"[3] 바람에 같은 책이나 다른 책 사이의 기록이 상이하고 서술도 뒤죽박죽이고 어긋난다. 예를 들면 두 《당서》의 〈희종본기〉 및 〈황소전〉의 일부 기사는 너무 혼란스럽고 신빙이 없어서 여러 번 후인들에게 지적당했다. 잠중면(岑仲勉, 1885~1961)은 이를 두고 "여러 조각이 난 조정의 기록과 같을 뿐 아니라, 착오가 너무 많아서 독자들이 이를 두고 불평하였다(乃同於斷爛朝報, 而且錯誤甚多, 讀者病焉)"[4]라고 했다. 사마광이 펴낸 《자치통감》의 자료는 풍부

2) 《숭문총목(崇文總目)》 권2에는 양섭(楊涉) 찬(撰), 위장(韋莊) 전(箋)으로 기록되어 있다.

3) 《사고전서총목제요(四庫全書總目提要)》 권46, 〈정사류(正史類)〉 2.

4) 《수당사(隋唐史)》 제49절, 〈당 말 일별 및 그 사료(唐末之一瞥及其史料)〉, 河北教育出版社, 2000, 446쪽.

하여 평소에 엄밀하기로 이름났지만, 수많은 역사적 사실에서 이따금 누락되거나 오류가 있다.《평소사적고》는 "전부《자치통감》의 글을 베껴서(全剿《資治通鑒》之文)"[5] 기사가 극히 간략하다. 그래서 어떤 학자는 "언급할 만한 사료적 가치가 전혀 없다(更無史料價值可言)"[6]고 여겼다. 이는 모두 당 말의 사실(史實)과 황소 봉기를 고찰하려는 후세 사람들에게 많은 어려움을 주었다.

최치원의《계원필경집》은 이와 관련된 수많은 일차 사료를 보존하고 있는데, 그 가운데 사서의 빠진 부분을 보충하고 정사의 착오를 바로잡을 수 있는 곳이 많아서 만당사(晩唐史를) 연구하는 데 확실하고 믿을 만한 문헌이다. 현대 학자 잠중면의《수당사(隋唐史)》, 방적지(方積之)의《황소기의고(黃巢起義考)》, 호여뢰(胡如雷)의 《당말농민전쟁(唐末農民戰爭)》, 유조붕(兪兆鵬)의《황소기의사(黃巢起義史)》[7]에서 모두 이를 언급한 바 있으며, 대만 학자 엄경망(嚴耕望)의《당복상승랑표(唐僕尙丞郎表)》[8]에서도 다수 인용했다. 여기서는 앞사람의 논술 중 상세하지 않거나 미처 밝혀지지 않은 부분을 대략 보충하고 바로잡고자 한다.

1) 회남절도사 고병이 동당(東塘)에서 병사를 철수시킨 내막

《자치통감》 권254의 기록에 의하면, 중화 원년(881) 5월에 회남절도사(淮南節度使) 고병(高騈)은 "꿩 두 마리가 양주의 관아에 날아들었는데,

---

5) 《사고제요(四庫提要)》.
6) 장영(臧嶸), 〈왕선지, 황소 기의 시년고(王仙芝黃巢起義始年考)〉,《수당오대사론(隋唐五代史論)》, 하북교육출판사, 2000, 264쪽.
7) 방적지(方積之),《황소기의고(黃巢起義考)》, 中國社會科學出版社, 1983 ; 호여뢰(胡如雷),《당말농민전쟁》, 중화서국, 1979 ; 유조붕(兪兆鵬),《황소기의사(黃巢起義史)》, 江西人民出版社, 1982.
8) 엄경망(嚴耕望),《당복상승랑표(唐僕尙丞郎表)》, 중화서국, 1986.

점쟁이는 들새가 날아든 것을 성읍이 장차 비게 될 조짐이라고 여겼다. …… 이에 사방에 격문을 날려 장차 황소를 토벌할 것이라고 하면서 모두 내부 병사 8만, 배 2천 척을 징발했는데, 깃발과 갑옷·무기가 매우 성대했다. 5월 을미에 출발하여 동당에 주둔하였다(有雙雉集廣陵府舍, 占者以爲野鳥來集, 城邑將空之兆. …… 乃移檄四方, 云將入討黃巢, 悉發巡內兵八萬, 舟二千艘, 旌旗甲兵甚盛. 五月, 乙未, 出屯東塘)"고 했다. 그러나 이때 출병해서는 도리어 동년 9월에 대강 철수하여 양주로 돌아왔다.

그 원인에 대해서 사마광은 "여러 장군들이 누차 떠날 날을 물어왔지만, 고병은 바람과 파도가 세다는 이유를 대거나 혹은 시일이 불리하다는 핑계로 결국 출발하지 않았다(諸將數請行期, 駢託風濤爲阻, 或云時日不利, 竟不發)"고 말했다. 그리고 또 "고병은 동당에 백여 일 동안 주둔했는데, 조정에서는 여러 번 조서를 내려 재촉하였다. 고병은 표문을 올려 주보(周寶) 및 절동관찰사 유한굉이 장차 후환이 될 것이라는 구실을 대었다. 신해에 다시 병사를 철수하여 관아로 돌아갔는데, 사실은 위험에 처한 나라를 구하러 나갈 마음이 없고, 단지 꿩이 날아온 변고를 물리치고 싶었을 따름이다(駢留東塘百餘日, 詔屢趣之, 駢上表, 託以寶及浙東觀察使劉漢宏將爲後患. 辛亥, 復罷兵還府, 其實無赴難心, 但欲禳雉集之異耳)"[9]라고 여겼다. 《구당서》, 〈희종기〉와 양《당서》의 〈고병전〉 및 《평소사적고》의 기록도 비슷한데, 모두가 고병이 먼저 허장성세하고 나서 군사력을 보강하고는 자진하여 병력을 철수했다고 여겼다.

《계원필경집》에서는 최치원이 고병을 대신하여 찬술한 표(表)·장(狀) 등 여러 편을 수록했다. 이들 모두가 동당에서 철군한 원인을 서술했는데, 여러 사서와 자못 다르다. 이 문집 권2 〈강회로 순행하기를 요청하는 표문(請巡幸江淮表)〉에서는 고병이 "얼마 전 수군을 인솔하여 장강 가에

9) 《자치통감》 권254, 〈당기 70(唐紀七十)〉 17책, 중화서국, 1956, 8251·8258쪽.

잠시 주둔하면서 반드시 아침에 초주 연안을 떠나 저녁에 한수 물가에 당도하여 깃발을 상산(商山) 봉우리의 바람에 휘날리고 칼을 진천의 안개에 휘두르고 싶었습니다. 그들을 정벌하여 미약한 힘이나마 다할 것을 바랐습니다. 이윽고 폐하께서 멀리서 지방관을 맡겨 그 임소를 떠나지 못하게 했습니다. 신이 나아가고 물러섬은 오직 명령대로 하여 시종 결함이 없었습니다. 차라리 직무를 이행하지 못한다는 비방을 받을지언정, 어찌 감히 공을 다투는 죄책을 범할 수 있겠습니까? 또한 회해에 잠시 난리가 그쳤다고 하여 갑자기 군사를 철수한다면, 반드시 도적의 화를 불러 강남의 옥토는 모두 잠식당하게 되었습니다. 또 회북의 강포한 무리는 은밀하게 병탄하는 태세를 전개할 것입니다. 공물도 기댈 곳이 없는데다가 군수 물자도 틀림없이 자주 비게 될 것입니다. 그리하여 칙서를 받들고 이미 군사를 귀환시켰습니다(昨率舟師, 暫屯江次, 必欲朝離楚岸, 暮及漢濱 旗張商嶺之風, 劍拂秦川之霧. 願言薄伐, 冀效微勞. 尋蒙陛下遠許分憂, 不令離任, 臣進退惟命, 始終無虧. 寧招曠職之譏, 敢涉爭功之責. 又緣淮海乍息煙塵, 忽若去兵, 必當致寇, 則迺江南沃壤, 盡成蠶食之資；淮北强鄰, 暗展鯨呑之勢. 輿賦旣無所倚, 軍須將必屢空. 是以仰奉勑書, 已班師旅)"[10]라고 했다.

권10 〈위박 한간 시중(魏博韓簡侍中)〉에서도 "저는 지난날 적의 소굴을 소탕하고자 오랫동안 무기를 정비하고 군사를 독려했습니다. 군사들이 출동할 즈음에 다시 조서를 받아보니, '군수 물자를 조달하고 강회를 진압하여 일제히 나라의 원수를 섬멸하는 데 먼저 국세를 조달하도록 하라'고 하였습니다(某昨欲剖巢穴, 久爲淬甲勵兵. 及出師徒, 又蒙詔旨, 且令利權山海, 鎭壓江淮, 一弭國讎 先資邦賦)"[11]라고 했다. 이 두 문장은 중화

10) 《최문창후전집(崔文昌侯全集)》(이하 《전집》으로 줄임), 성균관대학교 대동문화연구원, 1972, 298쪽.
11) 《전집》, 332쪽.

원년의 철병 이후 오래지 않아 않아 쓴 것으로, 이는 고병이 동당에 출병한 뒤 당 희종이 강회(江淮)의 땅을 보전하기 위해 고병에게 병력을 철수하라는 명령을 내렸음을 알려준다.

최치원이 중화 2년(882)에 고병을 대신하여 쓴 〈양양 극공보(郄公甫) 장군에게 답하는 글(答襄陽郄將軍書)〉에서는 당 희종이 당시에 반포한 조서를 절록했다.

> 음력 오월에 대군을 출동시킬 때 이미 북쪽의 길이 막혔음을 알고 드디어 서쪽을 거쳐 교통을 편리하게 하기로 결정했습니다. 이어서 곧 조서를 받아 보니, '경의 부하 군사는 소수이고 눈앞에 방위할 곳은 많다. 다만 회남의 관할 구역만 보전하고 절강 동쪽의 군사와 협조하여 짐을 위해 오월 지역을 보전하여 짐에게 동쪽·남쪽의 근심이 없게 하라'고 하셨습니다. …… 저는 싸움의 기틀이 스스로 지체하기 어려운 기회라면, 임금의 명령도 좇지 않을 수도 있다고 생각하여, 이미 정벌 준비를 하고 전진하기로 결정하여 바람을 점치고 날을 가리어 다만 힘차게 진군하려고 했습니다. 또 7월 11일에 조서를 받아보니, '여러 도의 군사가 사방으로 공격하여 조석 간에 수복을 기할 수 있으니, 경은 마땅히 도적의 군사를 막고 의복과 양식을 실어 보내라. 어찌 반드시 임소를 떠나야만 임금을 호위하는 것이겠는가? 혹 남은 도당이 도망갈까 염려되니 가장 먼저 할 일은 군사 배치이다'라고 하였기에, 이 두 번째 조서를 받들고 드디어 수군을 주둔시켰습니다(及當中夏, 乃出大軍, 旣知其北路阻艱, 遂決於西征利涉, 尋奉詔旨云 ; '卿手下甲兵數少, 眼前防慮處多, 但保淮南之封疆, 協和浙右之師旅, 爲朕全吳越之地, 遣朕無東南之憂.' …… 某以兵機固難自滯, 君命有所不從, 已事征行, 必期進發, 占風選日, 只欲奮飛. 又奉七月十一日詔旨云 ; '諸道師徒, 四面攻討, 計度收剋, 朝夕可期, 卿宜式遏寇戎, 饋輂粟帛. 何必離任, 則是勤王, 或恐餘孽遁逃, 最要先事布置.' 以此再承綸旨 遂駐舟師).[12]

여기서 당 희종이 중화 원년과 7월 11일 두 번에 걸쳐 고병에게 물러나 회남을 보호하라고 명령한 사실을 알 수 있다.

그럼에도 불구하고 고병의 철군은 동남의 이웃 진(鎭) 서주(徐州) 시부(時溥)와 절서(浙西) 주보(周寶)의 "참소와 무고(讒誣)"를 야기했고, 아울러 "천자에게 염려를 끼치게(聖朝猜慮)"[13] 되었다. 고병은 이에 대하여 매우 격분하여 이러한 비난을 "입을 놀려 금을 녹이는 데는 모두가 달인이고, 눈동자를 씻고 옥을 분별하는 데는 대부분 청맹과니입니다(弄唇吻以鑠金, 衆皆妙手 ; 拭瞳眸而辨玉, 多是淸盲)"[14]라고 여겼다. 이 때문에 그는 철군한 다음 해에 최치원을 시켜 쓰게 한 〈편지, 의복 및 국서를 하사한 데 대한 감사의 표문(謝御札衣襟並國信表)〉(권2), 〈관직 사퇴를 요청하는 표문(讓官請致仕表)〉(권2), 〈위로해준 데 대한 감사의 장문(謝宣慰狀)〉(권3), 〈제도에 알리어 군인을 징집하는 글(告報諸道徵會軍兵書)〉(권11), 〈강서 왕 상서에게 답하는 글(答江西王尙書書)〉(권11), 〈광주 이한지(光州李罕之)〉(권12) 등 여러 문장에서 당 희종의 조서를 여러 번 인용하면서, 철병은 당 희종이 "임소를 떠나지 못하게(不令離任)" 했기 때문이고, 자신은 "감히 명령을 어길 수 없어(不敢違命)" 군대를 귀환하라는 조서를 받들었을 뿐이라고 반복하여 변호했다. 이는 《자치통감》 권254에서 기록한 "고병은 동당에 백여 일 동안 주둔했는데, 조정에서는 여러 번 조서를 내려 재촉했다(駢留東塘百餘日, 詔屢趣之)"라는 서술과는 부합하지 않는다.

객관적으로 말하면 고병의 철병을 관망하면서 자신을 보호하려는 혐의를 배제할 수 없지만, 다른 한편으로는 당 조정의 조령석개(朝令夕改) 및 동남 이웃 진 간의 상호 견제와 확실히 막대한 관계가 있다. 동당으로

12) 《전집》, 345~346쪽.

13) 〈양양 극공보(郄公甫) 장군에게 답하는 글(答襄陽郄將軍書)〉.

14) 《계원필경집》 권11, 〈강서 왕 상서에게 답하는 글(答江西王尙書書)〉.

출병하기 전에 당 희종은 고병에게 여러 번 재촉하여 군사를 인솔하여 왕실을 구원하라고 했고, 사자를 보내어 "사절의 내왕이 끊이지 않게 되었다(冠蓋相望)."[15] 출병 이후에는 다시 여러 차례 그만두라는 조서를 내려 고병은 마침내 오도 가도 못하고 어찌해야 할 바를 몰랐다. 게다가 감화절도사(感化節度使) 시부와 절서절도사 주보가 회남의 봉지(封地)를 넘보고 있어서, 고병은 군사를 이끌고 서정(西征)하는 것에 대하여 뒷걱정이 생겼다. 동당 철병의 죄과를 완전히 고병의 탓으로 돌리면, 이는 분명 당시의 실정에 완전히 부합하는 것은 아니다.

2) 의군(宜君) 전쟁의 시기와 결과

《구당서》 권19 하(下)의 〈희종기〉, 《신당서》 권225의 〈황소전〉 그리고 《자치통감》 권255의 기록에 의하면, 중화 2년(882)에 황소의 부장(部將) 상양(尙讓)과 주온(朱溫)이 하중절도사(河中節度使) 왕중영(王重榮)을 격파하여 합양(郃陽)을 점령했고, 이어서 병사를 이끌고 경조(京兆) 화원현(華原縣)을 진공하여 의군채(宜君寨)에서 당군과 격전이 발생했다. 의군 전쟁의 시기에 대하여 《구당서》, 〈희종기〉와 《자치통감》에서는 모두 중화 2년 7월, 《신당서》, 〈황소전〉에서는 같은 해 6월이라 했다. 사료의 출처를 보면, 《자치통감》과 《신당서》에서는 이 사건의 대부분을 송민구의 《보당실록(補唐實錄)》에서 채록했으므로 두 책은 본래 같아야 하나, 사마광은 도리어 《구당서》, 〈희종기〉의 시간을 받아들여 사람들로 하여금 시비를 가리지 못하게 했다. 의군 점령의 결과에 대한 세 책의 기록도 유사하여, 당시 "비가 내리고 눈이 한 자나 내려 몹시 추웠다. 적의 병사 중 동사자가 열 명 중에 두셋이었다(雨雪盈尺, 甚寒, 賊兵凍死者十二三)"

---

15) 《신당서》 권224, 〈고병전〉.

라고 간략하게 언급했다. 이것이 또한 의혹을 낳게 한다.

이에 대하여《계원필경집》권1, 〈황소 도당 섬멸을 축하하는 표문(賀殺戮黃巢徒伴表)〉에서는 서천의 회남 진주원(淮南駐西川進奏院)이 본도(本道)에 전해 온 첩보를 수록했는데, 분명히 "북로군 전 정난절도사 탁발사공과 보대군절도사 동방규 등이 의군현 남쪽에서 역적 황소 도당 2만여 명을 살육한 것과, 그 도당 3천 명과 적의 장수를 생포했다고 아뢰었고, 또 봉상절도사 이창언이 경성에 있는 적의 무리가 붕괴한 것을 정탐하여 아뢰었으며, 6월 13일에 황제께서 선정전에 납시어 의장을 베풀고 재신 및 백관의 하례식을 받으셨다는 내용이었습니다(北路軍前定難軍節度使拓跋思恭・保大軍節度使東方逵等奏 : 宣君縣南　殺戮逆賊黃巢徒伴二萬餘人, 生擒三千人並賊將者. 又鳳翔節度使李昌言奏 : 探知京中賊徒潰散, 六月十三日, 皇帝御宣政殿, 排仗受宰臣及百僚賀禮畢者)"[16]라고 했다. 같은 책 권6 〈황소의 역적 도당 살해를 축하하는 장문(賀殺黃巢賊徒狀)〉에도 동일한 기록이 있다.

고병은 본도 진주원의 첩보를 통해 의군 전쟁의 결과를 상세히 알게 되었는데, 중화 2년 6월 13일 당 희종은 의군 전쟁의 승리를 위해서 성도(成都)에서 백관의 하례를 받았다. 이에 의거하면, 의군 전쟁은 6월 13일 이전에 발생했고 동년 7월에는 의군(義軍)이 봉상(鳳翔)을 격파하고 이 진의 절도사 이창인(李昌言)을 격파했다.《신당서》, 〈황소전〉의 기록이 비교적 정확하고,《구당서》, 〈희종기〉와《자치통감》의 기록은 모두 오류이다. 그 밖에 최치원의 두 문장에는 "비와 눈이 내려 몹시 추웠다(雨雪大寒)"는 묘사가 없는데, 아마도《구당서》, 〈희종기〉와《자치통감》에 기록한 대로 6월에 "한 자나 되는 대설이 내린(大雪盈尺)" 광경은 결코 사실이 아닐 것이다.

---

16)《전집》, 290~291쪽.

3) 성령괴(成令瓌)와 동관(潼關) 방위

동관은 관중(關中)의 가장 중요한 문호이며 당의 수도 장안의 동쪽을 지키는 요새라 그 전략적 지위가 매우 중요하다. 황소가 형남(荊南)을 점령한 뒤, 당 조정에서는 이전의 형남절도사 왕탁(王鐸)을 파견하여 진지를 지키게 했다.[17] 광명(廣明) 원년(880) 12월 3일 왕탁이 동관을 버리고 도망치자, 황소는 봉기군을 이끌고 마침내 동관의 요새를 점령했다. 그러나 황소가 동관을 점령한 뒤 누가 수비를 맡았는지에 대해서 두《당서》,《자치통감》과《평소사적고》등에 모두 기록이 빠져 있다.

《계원필경집》권5〈황소의 부하 적장 성령괴를 달래어 항복시켰음을 상주하는 장문(奏誘降黃巢下賊將成令瓌狀)〉에서는 "오른쪽에 쓴 역적 무리들은 원래 황소의 지휘를 받아 동관을 점령했는데, 요즈음 부대를 나누어 도망가면서 가는 곳마다 불 지르고 약탈하고 있으며, 그중에서 기주·황주 관할 내의 살상이 가장 심하였습니다(右件賊徒, 元受黃巢指使, 占據潼關, 尋自擘隊奔逃, 所在燒劫, 就中蘄·黃管內, 最甚傷殘)"[18]라고 기록했다. 이 장문에 의거하면 황소가 서진(西進)한 뒤 동관을 수비하던 장령(將領)은 성령괴임을 알 수 있다. 이 기록은 증거가 불충분하긴 하지만, 이 문장은 최치원이 중화 2년에 기록한 것이므로 가장 신뢰할 만하다. 성령괴가 수비를 맡은 지 오래지 않아 무리를 이끌고 동관을 떠났다.

《자치통감》권254의 기록에 의하면 중화 원년(881) 4월 당의 장수 당홍부(唐弘夫), 정종초(程宗楚)와 왕처존(王處存)이 장안을 포위하여 위협하자, 황소는 고의로 병력을 이끌고 동쪽으로 도망갔다고 한다. 관련 학자들의 연구에 의하면 성령괴는 이때 동관을 버리고 도망쳤다고 한다.[19]

---

17)《북몽쇄언(北夢瑣言)》권3.

18)《전집》, 308쪽.

19) 진지견(陳志堅),〈「계원필경집」의 사료적 가치(《桂苑筆耕集》的史料價值試析)〉,《한

또 위의 장문에 의거하면, 성령괴가 동관을 버리고 도망간 뒤 기주(蘄州)와 황주(黃州)의 경계에서 약탈을 일삼자, 회남절도사 고병은 이에 투항을 권유하는 수단을 채택하여 "압아 정위에게 편지를 주어서 깊이 들어가 귀순하라고 달래어(專差押衙丁威賫委曲, 深入招誘)", 성령괴는 마침내 보병 4만, 기마병 7천 기를 이끌고 고병에게 귀순하여 투항했다. 고병은 그를 군전압아(軍前押衙)로 임명하고 아울러 "공명검교국자좨주 겸 어사중승의 직책과 임명장 한 통을 주어서 임시로 지초주군주사를 겸직하게(兼給功名檢校國子祭酒兼御史中丞官告一通, 權知楚州軍州事)" 하고, 그로 하여금 투항한 병사를 이끌고 초주에 가서 회남 북쪽의 방어 업무를 책임지게 했다. 성령괴의 투항은 황소의 봉기군에게 중대한 손실을 가져다주었으니, 이른바 "도당 4만 명, 마군 7천 기"는 전쟁에서 패배하여 고병에게 투항할 당시의 병력이었을 뿐이고, 동관을 수비할 때의 병력은 이 수에 그치지 않았을 것이다.

4) 황소의 장안 철수와 당군 입성 시기

황소는 광명 원년(880) 말에 장안을 점령하여 대제(大齊) 정권을 건립한 뒤 곧 당군의 포위 공격을 받아 중화 3년(883)에 경성에서 물러나게 되었다. 황소의 장안 철수와 당군의 경성 수복 시기에 관해서 후세 사람들이 주로 의거하는 자료는 양복광(楊復光)의 〈경성 수복을 아뢰는 승전보(收復京城奏捷露布)〉[20]로 중화 3년 4월 8일설이다. 그러나 여러 사서의 기록은 자못 차이가 큰데, 주로 아래의 네 가지 학설로 나뉜다.

첫째, 사마광의 《자치통감》 권255에서는 양복광의 승전보를 인용하여 당군이 중화 3년 4월 8일(甲辰) 장안을 점령했다고 여겼다.[21] 《평소사적

국연구》 제3집, 항주출판사, 1996, 66쪽.

20) 《전당문(全唐文)》 권998.

고》에서도 양복광의 포고문을 수록했으나 경성을 수복한 시간은 오히려 중화 3년 5월 8일로 적어 놓았다.[22)]

둘째, 《후당태조기년록(後唐太祖紀年錄)》과 가위(賈緯)의 《당년보록(唐年補錄)》에서는 황소가 중화 3년 4월 9일(乙巳)에 장안을 철수하여 당군이 마침내 경성을 수복했다고 주장했다.[23)]

셋째, 《신당서》, 〈희종기〉, 경상(敬翔)의 《양태조편유록(梁太祖編遺錄)》, 장정(張彭)의 《기구전(耆舊傳)》과 송민구의 《보당실록》에서는 모두 중화 3년 4월 9일(乙巳)에 황소가 패주했고, 10일(丙午)에 장안을 수복했다고 기록했다.

넷째, 《구당서》, 〈황소전〉에서는 황소가 10일(丙午)에 패주했고, 당군이 11일 장안을 수복했다고 기록했다. 같은 책 〈희종기〉에서는 중화 3년 4월 "기묘에 황소는 그의 잔당을 거두어 남전관을 거쳐 도망갔다. 경신에 경성을 수복하고 양복광이 승전보를 알려 왔다(已卯黃巢收其殘衆, 由藍田關而遁. 庚辰, 收復京城, 楊復光告捷)"[24)]라고 말했다. 사마광은 "이달 정유 삭에는 기묘·경신이 없다(是月丁酉朔, 無已卯·庚辰)"[25)]고 지적하면서 4월 8일 경성을 수복했다고 극력 주장했고, 양복광의 포고문이 "가장 믿을 만하므로 이를 따른다(此最可據, 今從之)"라고 했다. 이 밖에 구연경(句延慶)의 《기구전(耆舊傳)》에서는 당군이 중화 4년(884) 정월 10일 장안을 수복했다고 말했다. 그러나 역사적 사실과 차이가 많이 나서 사마광의 질책을 받았다.[26)]

《계원필경집》 권1, 〈서울 수복을 축하하는 표문(賀收復京厥表)〉에서

21) 《자치통감》 권255 18책, 중화서국, 1956, 8294쪽.
22) 《총서집성초편(叢書集成初編)》 제3834책, 9~10쪽.
23) 《자치통감》 권255 18책, 중화서국, 1956, 8294쪽.
24) 《구당서》 권19, 〈희종기〉 3책, 중화서국, 1975, 714쪽.
25) 《자치통감고이(資治通鑒考異)》.
26) 《자치통감》 권255, 〈호주인(胡注引)〉, 〈자치통감고이〉.

는 다음과 같이 말했다.

신이 하중절도사 왕중영의 첩보를 보니, '4월 10일에 본도와 안문절도사 이극용 및 도감 양복광의 밑에 예속된 여러 기병과 함께 일제히 경성에 들어가 적과 싸워서 적의 보병 만여 명을 죽이니, 적의 기병이 도보로 성을 빠져 동남쪽 길로 달아나버려 그 적군의 가족과 전백은 모두 버려졌고 황소의 생사도 알지 못하며, 그 도망간 적의 무리들은 곧 병마를 보내어 추격한 다음 궁궐을 완전히 수복하였다'는 내용입니다(臣得河中節度使王重榮牒報：四月十日, 當道與鴈門節度使李克用及都監楊復光下諸都馬軍, 齊入京城, 與賊交戰, 約殺却賊步軍一萬餘人, 其馬軍賊便走出城, 往東南路去. 其賊軍家口錢帛並皆遺下, 黃巢亦未知存亡. 其逃遁賊徒, 尋差兵馬追奔, 並已收復京闕訖者).[27]

이 날짜를 권6 〈서울 수복을 축하하는 장문(賀收復京城狀)〉에서도 다시 언급했다. 잠중면은 〈서울 수복을 축하하는 표문〉이 "10일로 고정시켰는데, 이는 사마광이 보지 못한 또 다른 중요한 사료이다. 아마도 부대를 나누어 퇴각했기에 기록이 어긋날 것이다(固作十日, 此爲司馬光未見之別一重要史料, 亦許分隊退卻, 故記載有參差)"[28]라고 여겼다. 사실 양복광의 포고문에서 말한 날짜는 자못 애매하다. 4월 8일 안문절도사 이극용과 당의 장수 양수종(楊守宗) 등이 광태문(光泰門)으로 들어가 상안을 공략한 뒤 "적들이 아직도 견고하게 진을 치고 관군에게 항거했지만, 묘시에서 신시에 이르러 뭇 적들이 크게 궤멸하자 즉시 달아나 남쪽으로 상산으로 들어갔다(賊尚爲堅陣, 來抗官軍, 自卯至申, 群凶大潰, 卽時奔遁, 南入商山)"고 했다. 어떤 학자는 8일 당의 장수를 파견하여 장안을 공략

27) 《전집》, 292쪽.
28) 《수당사》 제51절(4), 「황소의 입경 후 실패까지(巢入京後以至失敗)」 주 2, 하북교육출판사, 2000, 500쪽.

한 사건과 10일 장안을 점령한 일을 합해서 말한 것이라고 여겼다.[29)]

두 가지 설을 비교해 보면, 최치원의 표문・장문에서 말한바, 당군이 장안을 수복한 뒤 하중절도사 왕중영이 회남의 고병에게 전해 준 최전선의 승전보에서 말한 4월 10일에 장안을 수복했다는 시간이 양복광의 포고문보다 더 정확할 것이다. 현대 학자 방적륙의 《황소기의고》와 진지견(陳志堅)의 〈《계원필경집》의 사료적 가치(《桂苑筆耕集》的史料價值試析)〉에서는 모두 이 설을 받아들였다.

5) 황소 패망의 구체적인 사정

황소가 낭호곡(狼虎谷)에서 패망한 상황에 대하여 사서의 기록은 상당히 혼란스럽다. 황소가 전사한 날짜에 대한 여러 사서의 기록도 차이가 매우 크다. 먼저 사망한 달이 각각 다르다. 《구당서》 권200 하, 〈황소전〉에서는 중화 4년(884) 5월, 《신당서》 권225 〈황소전〉, 《자치통감》 권256과 《평소사적고》에서는 6월, 두 《당서》의 〈희종본기〉에는 동년 7월로 적혀 있다. 다음으로 피살된 날짜가 다르다. 《구당서》 권19 〈희종본기〉는 중화 4년 7월 계유(癸酉, 15일), 《자치통감》 권256에는 6월 병오(丙午, 16일), 《신당서》 권9 〈희종본기〉는 7월 임오(壬午, 24일), 《평소사적고》에는 6월 갑진(甲辰, 8일)으로 적혀 있다.[30)]

《계원필경집》 권1 〈황소를 죽인 것을 축하하는 표문(賀殺黃巢表)〉에는 회남의 이웃 진 무녕군(武寧軍) 절도사 시부가 고병에게 전한 전쟁 기사를 수록했는데, 여기서 황소가 패망한 구체적인 시기를 분명히 언급했다.

역적 황소와 상양이 부대를 나누어 모두 동북 경계에 있었거늘, 6월 15일에

29) 유조봉, 《황소기의사》, 주 188, 강서인민출판사, 1982, 125쪽.
30) 《총서집성초편》 제3834책, 11쪽.

행영도장 이사열, 진경유 등이 내무현 북쪽에서 뭇 흉악범을 크게 섬멸하고 17일에는 적장 위복야 임언이 황소의 머리와 그의 도당으로 항복한 부하 도장 이유정, 전구 등을 모조리 효수한 다음, 황소의 머리만 함에 담아서 행재소에 보냈다(逆賊黃巢・尙讓分隊並在東北界, 於六月十五日行營都將李師說・陳景瑜等於萊蕪縣北, 大滅羣凶, 至十七日遂被賊將僞僕射林言梟斬黃巢首級, 並將徒伴降部下都將李惟政・田球等訖, 其黃巢函首已送行在者).[31]

이를 보면 황소가 중화 4년 6월 17일에 죽었음을 알 수 있다. 어떤 학자는 황소가 6월 16일 사망했고 17일 임언(林言)이 황소의 머리를 들고 와서 당군에 투항했다고 여겼다.[32] 그러나 최치원이 의거한 날짜는 시부가 고병에게 통고한 승전보에서 나온 것이므로, 황소가 17일 피살되었다는 기록은 정확하고 믿을 만하다.

7월 피살설에 대하여 잠중면은 "《구당서》, 〈희종본기〉에는 7월 계유(15일)로 되어 있는데, 아마도 7월은 6월의 오류일 것이다. 《신당서》, 〈희종본기〉에는 7월 임오(24일)로 되어 있는데, 《구당서》, 〈희종본기〉에 따르면 이는 성도에 도착하여 신고한 날짜이다(《舊紀》作七月癸酉(十五日), 蓋誤六月爲七月 ; 《新紀》作七月壬午(廿四日), 依《舊紀》乃報到成都之日)"[33]라고 이미 분명하게 밝혔다. 즉 승전보를 발송한 시간을 황소가 피살된 시간으로 오인한 것이다.

황소를 살해한 의군(義軍) 장령은 황소의 생질 임언 외에도 여러 사서에는 두 가지 이설이 있다. 《속보운록》에는 "상양이 서주를 항복시키자, 황소는 갈석산으로 도망갔다. 길이 여러 군사들에게 좁혀지자 외생질 주

31) 《전집》, 292쪽.
32) 유조봉, 《황소기의사》, 주석 201, 강서인민출판사, 1982, 128쪽.
33) 《수당사》 제51절(4), 「황소의 입경 후 실패까지」 주석 5, 하북교육출판사, 2000, 503쪽.

언지에게 무슨 말을 하였다. 외생질이 차마 손을 쓰지 못하자, 황소가 스스로 목을 베어 외생질에게 주었다. 외생질이 장차 도착하려고 하는데, 길을 막고 있던 사타 박야군이 이를 빼앗고 아울러 외생질의 머리도 함께 도통 군중에 보냈다(尙讓降徐州, 黃巢走至碣石, 路被諸軍趁逼甚, 乃謂外甥朱彦之云云. 外甥再三不忍下手, 黃巢乃自刎過與外甥. 外甥將至, 路被沙陀博野奪卻, 兼外甥首級一時送都統軍中)"[34]라고 말했다. 그러나 《돈황경권(敦煌經卷)》, 〈숙주에서 황소의 전패 등의 상황을 보고한 잔권(肅州報告黃巢戰敗等情況殘卷)〉 S2589호에서는 "그 강도 황소는 상양에 의해 쫓기다가 죽임을 당해 서천에 머리를 바쳤다(其草賊黃巢被尙讓煞卻, 於西川進頭)"[35]고 했다. 하지만 이른바 주언지, 상양의 황소 살해설은 모두 받아들여지지 않았다. 최치원의 〈황소를 죽인 것을 축하하는 표문〉에 의거하면, 황소는 처질이자 당시 대제복야(大齊僕射)를 지내던 임언에 의해 살해되었음을 알 수 있다. 여러 사료에 모순이 많지만 이 점에 대해서는 거의 이견이 없다. 《자치통감》 권256과 《신당서》, 〈황소전〉에서는 모두 임언이 황소의 머리를 시부에게 바치려고 했으나, 도중에 사타 박야군(博野軍)에게 빼앗겼고 동시에 임언도 피살되었다고 기록했다.

그런데 《전당문기사(全唐文紀事)》 권8, 〈기공(紀功)〉조에서는 《오월비사(吳越備史)》를 인용하여 "이사열은 서주 마보원의 하급 관리이다. 왕선예 막부 소속으로 난을 일으키다가 마침내 무예에 투신했으며 후에는 황소의 머리를 바친 공으로 이 군에 제수되었다(師悅, 徐州馬步院小吏也, 屬王仙藝作亂, 遂投行武, 後以獻黃巢首級功, 遂授是郡)"라고 말했다. 《북몽쇄언》 권16에서도 "외생질 임언에 의해 참수되어 시부 휘하의 장수 이사열에게 보냈는데, 그 머리를 함에 담아 성도 행재소로 보냈다(爲外甥林言斬首送徐州時溥下裨將李師悅, 函首送成都行在也)"[36]고 했는데, 이는 황

34) 《자치통감》 권256, 「고이(考異)」 31, 18책, 중화서국, 1956, 8311쪽.
35) 유조봉, 《황소기의사》, 주 196, 강서인민출판사, 1982, 127쪽.

소의 머리를 시부 휘하의 행영도장(行營都將) 이사열(李師悅)이 바쳤다는 말이다. 최치원의 〈황소를 죽인 것을 축하하는 표문〉에서 인용한 바, 시부의 첩보에서 말한 "임언이 황소의 머리와 그의 도당으로 항복한 부하 도장 이유정, 전구 등을 모조리 효수하였다(林言梟斬黃巢首級並將徒伴, 降部下都將李惟政·田球等訖)"는 말에 의거하면, 임언이 사타 박야군에게 참살되었다는 학설은 자못 의심할 바가 있다. 《신당서》, 〈황소전〉에서는 황소가 자살했다고 했는데, 어떤 학자는 이 학설에 찬동했다.[37] 또 전하는 말에 황소는 결코 피살되지 않고 늙어 죽었다고 하는데,[38] 모두 믿을 만한 것이 못된다.

그 밖에 두 《당서》의 〈시부전〉과 〈황소전〉, 《자치통감》 권256과 《평소사적고》의 기록에서는 중화 4년(884) 5월, 황소와 당군 이극용 부대는 왕만도(王滿渡)에서 싸워 황소가 대패했고, 그 부장 상양은 병사를 이끌고 무녕절도사 시부에게 귀순하여 투항하여 아울러 황소를 추격하여 죽이라는 명을 받고 6월에 하구(瑕丘)에서 황소를 대파했다고 한다. 신·구 《오대사》의 〈경상전(敬翔傳)〉에도 역시 상양이 시부에게 귀순, 투항했다는 설을 주장했다. 그러나 앞에서 인용한 《계원필경집》 권6 〈황소를 죽인 것을 축하하는 표문〉의 "역적 황소와 상양이 부대를 나누어 모두 동북 경계에 있었다(逆賊黃巢,尙讓分隊並在東北界)"는 말에 따르면, 황소는 중화 4년 6월 17일에 피살되었고 그 전 6월 15일에 시부는 여전히 상양과 황소를 '역적'으로 병칭했음을 알 수 있다. 이는 상양이 그해 5월에 시부에게 귀순, 투항하지 않았음을 알려준다. 그러나 어떤 학자는 이 설이 근거가 불충분하고 첩보도 오류가 있을 것이라고 보고, 상양이 시부에게

36) 청 진홍지(陳鴻墀), 《전당문기사(全唐文紀事)》 상책, 중화서국, 1987, 94쪽 ; 《북몽쇄언》 권16, 중화서국, 1991, 308~309쪽.

37) 과춘원(戈春源) 역주, 《황소(黃巢)》, 중화서국, 1985, 53쪽 주 8.

38) 《중국인도견문록(中國印度見聞錄)》, 중화서국, 1983, 97쪽.

투항했다는 설을 취한다.[39] 그렇다면 상양이 언제 귀순, 투항했는가? 앞으로 보충, 증명할 필요가 있다.

6) 고병과 당 말 천도 사건

황소가 광명 원년(880) 12월에 장안을 점령하자, 당 희종과 환관 전령자(田令孜)는 극소수의 시종만 데리고 서천(西川)으로 피난하여 성도(成都)에 임시 '행재(行在)'를 건립했다. 회남절도사 고병은 일찍이 두 번이나 당 희종에게 표문를 올려 강회(江淮)를 순행(巡幸)하고 양주로 천도하라고 요청했다. 이 사건에 대하여《구당서》와《자치통감》에는 모두 아무런 기록이 없다.《신당서》,〈고병전〉에서는 "고병은 도통으로 지낸 3년 동안 아무런 공적도 세우지 못했다. 다행히도 나라가 무너지자 대대적으로 병사를 정비하여 은밀하게 할거를 도모했다. 일단 권세를 잃자 위세가 갑자기 떨어진 까닭에 제멋대로 추태를 부려 천자를 협박하여 예전의 권세를 회복하려고 했다. …… 아울러 다시 황제에게 남쪽 강회로 순행할 것을 요청했다(駢都統三年, 無尺寸功, 幸國顚沛, 大料兵, 陰圖割據, 一旦失勢, 威望頓盡, 故肆爲醜悖, 脅邀天子, 冀復故權. …… 又請帝南幸江淮)"[40]라고 간략하게 언급했다. 여기서는 고병의 이번 거동이 나쁜 마음을 품고 반역을 도모한 것이라고 여겼다.《계원필경집》권2에서 기록한 최치원이 고병을 대신하여 쓴〈강회로 순행하기를 요청하는 표문〉과〈순행하기를 두 번째로 요청하는 표문(請巡幸第二表)〉두 문장을 보면,《신당서》의 기록은 너무 간략하여 상세한 내막을 알기가 어렵다.

서천은 서남의 후미진 곳에 있으며, 풍요롭고 번화하여 매번 사회적 격변이 일어날 때마다 왕왕 당 왕실이 피난하기에 좋은 적소가 되었다.

39) 과춘원 역주,《황소》, 중화서국, 1985, 52쪽 주 10.
40)《신당서》권224,〈고병전〉, 20책, 중화서국, 1975, 6395~6396쪽.

그러나 황소가 관중을 점거한 뒤에는 형세가 크게 바뀌었는데, 최치원은 《계원필경집》 권2 〈강회로 순행하기를 요청하는 표문〉에서 당 희종에게 서천 체류의 세 가지 폐단을 간절하게 진술했다. 첫째, 납세[貢賦]가 불편하고 연락이 순조롭지 못하다.

옛날부터 서천이 부강하다고 함은 다만 북로의 상인들로 차 시장의 이익을 얻어 군대의 비축을 풍족하게 했기 때문입니다. 지금은 모든 도에서 공문을 발송하여도 반 년만에야 겨우 돌아오니, 공납을 징수하자면 1년이 지나도 도달하지 못합니다. 실로 도로가 멀고 게다가 전쟁으로 막혀서 약탈을 당하는 사람들이 이처럼 많고 행재소에 이르는 자가 거의 없습니다. 게다가 취대와 노임의 비용으로 소모되고 좀 먹는 것이 적지 아니하며, 매번 물로 운반하고 육지로 운반할 때는 겨우 씨앗까지 모아서 섬을 채울 수밖에 없습니다. 따라서 납세를 점차 항거하는 폐단이 생기고, 군대가 배를 불리지 못하는 형편이 되었습니다. 엎드려 생각하건대, 수행원은 실로 많고 먹이도 여전히 광범한지라 그 물자를 모두 삼촉에서 조달한다 한들 백관의 용도를 충당하기 어렵습니다(舊謂西川富强, 秖因北路商旅, 託其茶利, 贍彼軍儲. 今則諸道發表章則半載始廻, 徵貢獻則經年未達. 實緣道路遼敻, 兼値干戈阻難, 値剽掠者斯多, 至行朝者甚少. 加以僦雇所費. 耗蠹不輕, 每當水運陸船, 只可率種致石. 以此征稅則漸成抗弊, 軍兵則未遂飫饒. 伏慮扈從實繁, 宴犒仍廣, 盡搜資於三蜀, 難濟用於百司).

둘째, 남조(南詔)가 침범하여 소란을 피울 염려가 있다는 점이다.

또 촉천은 오랑캐 땅에 위치하고 백성들은 남만과 가까운데다가 오랑캐들은 독사 같은 독을 품었고 짐승 같은 마음이 측량하기 어려운지라, 혹시 허술한 틈을 타 국경을 침범하고 군대를 거느려 노수를 건넌다면, 웅호와 같은 6군(천자의 군대)이 위엄을 날려 적을 제압한다 할지라도 시랑과 같은 팔조(8개의 소수 민족)의 횡포에 소란함을 면하지 못할 것입니다(又以蜀川僻居邛僰, 密邇蠻戎, 虺毒潛吹, 獸心難測, 儻或乘虛犯境, 率衆渡瀘, 六軍之熊豹騰威, 縱能制敵 ; 八詔之豺狼作暴, 不免喧驚).

셋째, 서천과 양주를 비교하여 "강회는 부유한 고을이고, 오초는 번화한 지역(江淮爲富庶之鄉, 吳楚乃繁華之地)"이라고 하고, 아울러 "외국의 사신이 와도 천자를 조회하기 쉽고, 전국의 공물이 빠질 달이 없을(四夷之賓易朝天, 九牧貢無虛月)" 정도로 지리적으로 우세하니, 당 희종이 "잠시 서행하는 거동을 돌려서 다시 남순하는 예를 거행하기를(暫回西幸之儀, 更擧南巡之禮)"[41] 희망했다.

당 희종이 회남 천도를 청구하는 최초의 건의를 받아들이지 않자, 고병은 다시 최치원으로 하여금 〈순행하기를 두 번째로 요청하는 표문〉를 쓰게 하여 형주의 길이 막히고 삼협(三峽)은 통하지 않으며 공물과 세금이 단절된다는 불리한 요소를 다시 분석했다.

신이 근자에 아래로는 시국을 살피고 위로는 천기를 보면, 형주 지방에 뭇 도적들이 장차 침범하고 촉국 강토에 조그만 재앙이 일어날 것 같습니다. 혹 장안을 수복하지 못하고 천자의 수레를 그대로 머물러 계시다가 뜻밖에 요기가 일어나면, 그 근방이 반드시 진동할 것입니다. 까마귀 떼처럼 모이고 누에처럼 갉아먹는 무리들이 강릉을 점거하고 삼협의 수로를 끊는다면 각 진의 세금도 유통할 길이 없을 것입니다. 그리고 행재의 조서도 전달하기 어려울 것입니다. 만일 동서의 길이 막힌다면, 틀림없이 멀리서나 가까이서나 동요하게 될 것입니다(臣近者俯察時情, 仰瞻乾象, 荊州道路, 羣寇將侵 ; 蜀國封疆, 微災似起. 儻或未收鳳闕, 尙駐鑾輿, 忽有妖氛潛興, 近境必恐. 烏合蠶食之徒, 占據江陵, 把斷峽

41) 《전집》, 298쪽.

路, 則列鎭貢賦, 無計流通；行在詔書, 亦難傳降. 若見東西阻絶, 固當遐邇動搖).

게다가 황소가 "오랫동안 황성을 모독하여 대부분 더럽혀졌으니, 수복된 뒤에는 반드시 복구 작업에 힘써야 한다(久黷皇居, 多成穢跡, 直到尅收之後, 須勞繕葺之功)"고 하며, 당 희종에게 "그 치우친 의론을 배척하여, 강회의 진상품이 길이 멀어 애로가 많으며 오랑캐의 간흉들이 허술한 틈을 탈 우려가 있음을 살피시고, 빨리 천자의 거소를 옮겨 양주로 행차할 것(斥其橫議, 念江淮之進獻, 遠涉多虞；察蠻蜑之奸凶, 乘虛可懼. 早移仙蹕, 直幸北都)"[42]을 정중하게 권유했다. 그 후 고병은 또 "누차 글을 올려 순행하시길 요청(累貢表章, 請議巡幸)"했으나, 당 희종의 관심과 반향을 이끌어내지 못했다.

재빨리 양주로의 천도를 성사시키기 위해 고병은 따로 최치원으로 하여금 어가를 따라가는 재상 소구(蕭遘)에게 별지(別紙) 두 통을 쓰게 하고, 그에게 "다시 이해득실을 진술하고(再陳利害)" 촉에 거주하는 폐단에 대하여 다시 언급했다.

생각하건대 여러 도의 부여가 모두 좁은 길을 좇아서 다섯을 빌어 하나를 이루어, 대개 만 가닥 물과 천 봉우리 산이 뒷줄기가 앞줄기를 잇지 못하고 있습니다. 공물은 소비함만 못합니다. 하물며 요사이 서쪽으로 촉국을 좇아 남쪽으로 형분에 이르러 조그만 재앙이 있는 것 같으니, 큰 근심을 남길까 누렵습니다. 졸지에 만일 초구가 침략하여 강릉이 어려움을 당하더라도 나무가 이미 무성하니 포모가 들어오지 못할 것입니다. 혹 다시 오랑캐들이 틈을 엿보더라도 반드시 월준[지금의 사천(四川) 서창(西昌)]으로 하여금 군사를 내게 하여 기둥을 피하고 대들보를 건드려 방비함이 적은 것을 가히 경계할 것이며, 배를 내고 칼을 떨어트려 지체하기는 진실로 어려울 것입니다(竊以諸道賦輿, 皆遵峽路,

42)《전집》, 299쪽.

多是僦五致一, 蓋已萬水千山. 後綱不繼前綱, 所貢不如所費. 況近者西從蜀國, 南至荊門, 似有微災, 恐遺巨患. 忽若草寇侵據, 江陵阻艱, 則榛梗既多, 苞茅莫入. 或更蠻戎伺隙, 必令越, 嶲勞兵. 避柱觸楹, 防微可誡 ; 行舟墜劍, 執滯固難).

따라서 "오직 간략히 용주를 띄워 잠깐 봉리로 옮겨 구주로 하여금 조공할 방법을 강구하고 토지 상황에 따라 세금을 매기는 일을 상하지 않게 하여 사해로 하여금 어진 데 돌아오게 하고 드디어 천자를 배알할 바람을 다하길 바랍니다(唯望略泛龍舟, 暫遷鳳里, 庶使九州修貢, 不愆任土之宜 ; 四海歸仁, 盡遂朝天之望)"라고 표시했다. 고병은 다시 강조했다.

회남은 곧 영토 안에서 풍속이 풍성한 곳이고 경계 밖에서는 이름이 높은 곳으로, 비유하자면 금 그릇이 영구히 흠이 나지 않는 것과 같고, 옥덩이가 실로 번화로움과 다른 것 같습니다(淮南乃寰中俗富, 閫外名高, 喩以金甌, 永無釁缺, 比於玉壘, 實異繁華).

고병은 그곳이 "오초의 복지로 실로 천도할 만하다(吳楚福地, 實可遷都)"[43]라고 여기고, 소구가 옆에서 간언을 올려 이 일을 빨리 성사시키길 희망했다.

천도 계획은 최종적으로 흐지부지되었으나, 최치원이 상술한 세 문장에서 서술한 상황은 당시의 실정과 매우 들어맞는다. 사실상 천도에 관한 고병의 건의는 또한 양주, 익주(益州) 두 곳의 군사, 경제, 외교 방면을 객관적으로 고려한 것이다. 중화 원년(881)에 좌습유(左拾遺) 맹소도(孟昭圖)는 다음과 같이 상소를 올렸다.

43) 《계원필경집》 권10, 〈소구 상공 2수(蕭遘相公二首)〉 중 하나 ; 《전집》, 334쪽.

지금 당도한 조정의 신하들은 온갖 위험을 겪었는데, 죽은 자가 백여 명이나 나왔습니다(今朝臣至者, 皆是重險, 出百死者也).[44]

중화 2년(882) 10월에는 또 한수승(韓秀昇), 굴행종(屈行從)이 병사를 일으켜 "삼협과 장강의 길을 끊었다(斷峽江路)."[45] 이는 모두 당 조정에 세금 유통과 외교 연락의 불편함을 조성했다.

최치원의 첫 번째 표문은 중화 원년, 두 번째 표문은 중화 3년에 지은 것인데, 중화 원년까지 고병은 결코 '실세(失勢)'하지 않았다. 《신당서》, 〈고병전〉에서는 그가 실세한 뒤 "천자를 협박하여 예전의 권세를 회복하려(脅邀天子, 冀復故權)"했다고 했으나 모호하기 그지없다. 최치원은《계원필경》 권18 〈연화각 기비를 내려주신 데 감사드리는 장문(謝示延和閣記碑狀)〉에서 고병이 "힘은 하늘을 도울 만큼 풍족하고, 마음은 해를 붙들 만큼 부지런하며 마침내 도성을 옮기자는 의견을 내어 어가를 그곳으로 모실 날을 기약합니다(力贍補天, 心勤捧日, 遂啓遷都之議, 佇聆徙蹕之期)"라고 말했는데, 그 목적은 여전히 "3년 동안 어가를 바라는 진심을 서술하고(敍三年望幸之丹誠)", "일편단심으로 임금에게 부지런한 충성을 기록하는(述一片勤王之忠節)" 것이다. 이는 사실 억지로 꾸민 성분이 없는 것은 아니나, 고병이 천도를 계획한 과정을 살피는 데 참고할 수 있다.

7) 신라가 출병하여 입당하려 한 군사적 풍파

황소가 봉기군을 이끌고 경성을 점령한 뒤, 변경 국가였던 신라에서는 일찍이 자발적으로 종군을 자원하여 병력을 파견, 당에 들어가 당 조정의

44) 송 범조우(范祖禹),《당감(唐鑒)》 권11, 「희종(僖宗)」조, 白林鵬·陸三强 교주, 三秦出版社, 2003, 311쪽.

45)《자치통감》 권255.

동란 평정을 돕고자 했다. 그러나 이 출병은 당 방진(方鎭) 간의 내분으로 성사되지 못했다. 이처럼 중요한 외교 사건에 대하여 중·한 양국의 사서에는 아무런 기록이 없고 최치원의 후손이 엮은 《고운선생문집(孤雲先生文集)》 권1, 최치원이 신라 효공왕을 대신하여 쓴 〈황은에 감사드리는 표문(謝恩表)〉에 비교적 분명한 기록이 있다.

〈황은에 감사드리는 표문〉은 당 소종(昭宗) 건녕 4년(897, 효공왕 원년) 7월에 쓴 것으로, 이해에 당 조정에서는 신라 경문왕(景文王)을 태사(太師), 헌강왕을 태부(太傅)로 추봉(追封)했다. 이에 효공왕은 최치원에게 명하여 당에게 감사하는 표문을 쓰도록 했다. 이 표문에 의하면 신라 헌강왕 김정(金晸)은 광명 원년에 "도적들이 장안을 핍박하여 어가가 촉으로 순행하는(寇逼咸秦, 駕巡庸蜀)" 위태로운 상황을 알고서 마침내 "무공으로 도와주길 원하여(願助武功)" "이에 초나라 군주처럼 옷소매를 떨치고 종군의 긴 밧줄이 되기를 자청하여 하뢰와 같은 군사들을 일제히 징발하여, 대국 조정의 국난에 목숨 바칠 것을 결의하여(爰披楚袂, 冀請終纓, 齊徵下瀨之師, 決徇太朝之難)" 제도행영병마도통(諸道行營兵馬都統) 고병에게 구원하고자 출병하여 입당하겠다고 제의했다.

고병은 이 거사가 "위로는 번국의 충정을 그대로 아뢰고 밖으로는 군대의 위력을 진작시켰는데, 이는 예전의 규정을 따른 것이라, 원려에 잘못됨이 없다(上陳蕃款, 外振軍威, 是躡前規, 無虧遠慮)"고 하고 "짧은 두레박줄에 의지하지 않고, 원대한 계책을 빌고자 하였다(非因綆短, 欲假鞭長)"고 여기며 출병의 거사를 적극적으로 성사시키고자 했다. 그러나 이 일은 도리어 전 평로(平盧)절도사 안사유(安師儒)에게 반대와 저지를 당했다.

안사유는 건부 원년(874)에서 중화 2년(882)까지 평로절도사를 지내면서 신라·발해의 외교 사무를 주관했기 때문에 신라가 평로를 건너뛰어 회남에 출병을 신청한 사건은 마침내 안사유의 강열한 불만을 사게 되었다. "이를 참월하다 하여 돛대를 두드리면서 맹세하는 것을 막았고(謂彼越庖, 阻茲叩楫)" 아울러 "재빨리 사신을 보내와 병사 파견을 제약하여(專馳使人, 來約兵士)" 특별히 사자를 신라로 파견하면서까지 출병을 금지시켰다. 신라에서는 이에 대하여 자못 유감을 표시하며, "이 때문에 원지 속방에서 충성을 펼 도리가 없었고, 선신께서 남긴 한이 이처럼 많다(以此遠俗之忠誠莫展, 先臣之遺恨斯多)"[46]라고 했다.

어떤 학자는 안사유가 책망한 회남의 월권행위란 최치원의 〈태사 시중께 올리는 장문〉에서 말한 바, 고병이 신라 사신 김직량(金直諒)을 접대하고 아울러 도두(都頭) 장검(張儉)을 파견하여 촉까지 호송케 한 일을 가리킨다고 여겼다.[47] 그러나 최치원의 표문에 의거하면, 안사유가 지적한 것은 신라가 회남에 출병을 요청한 일임을 알 수 있다.

역사적으로 당과 신라 간에는 군사적 합작이 여러 번 있었다. 당 고조 무덕(武德) 초년(618)부터 당 고종 총장(總章) 원년(668)에 이르기까지 신라에서는 여러 번 명을 받들어 파병하여 당군을 원조한 바 있다. 그러나 중·한 사서의 기록에 의하면, 당 조정이 신라에 조령(詔令)을 내려 파병하여 중국에 와 참전하라고 한 사례는 단 두 번뿐이다.

첫 번째는 당 현종 개원 21년(773, 성덕왕 32)으로, 발해가 바다를 건너와 산동 내주(萊州)를 공략했기 때문에 당 조정에서는 사자를 신라에 파견하여 성덕왕(聖德王) 김흥광(金興光)을 개부의동삼사(開府儀同三司)·영해군사(寧海軍使)로 봉하고, 신라에 "군사를 출동시켜 말갈 남쪽 지방을 공격(發兵擊靺鞨南鄙)"할 것을 요구했다. 신라는 출병했으나 대설로 산길이 막히고 도로가 험난했기 때문에 "죽은 군졸이 절반을 넘었고(士卒死者過

---

46) 《전집》, 45쪽.

47) 양태제(梁太濟), 〈최치원과 그의 글에 나타난 당과 신라의 관계(崔致遠及其筆下的唐和新羅關係)〉, 심선홍(沈善洪) 주편, 《중국 강남 사회와 중·한 문화 교류(中國江南社會與中韓文化交流)》, 杭州出版社, 1997, 99쪽. 김직량이 촉에 들어간 일은 《고운선생문집》 권1, 〈태사 시중께 올리는 장문(上太師侍中狀)〉에 보인다(《전집》, 71쪽).

半)", 최후에는 "아무런 공도 세우지 못하고 돌아왔다(無功而還)."[48]

두 번째는 당 헌종 원화(元和) 14년(819, 헌덕왕 11)의 일이다. 《삼국사기》 권10, 〈신라본기 10〉의 〈신라왕에게 명하여 이사도 토벌을 도우라는 칙문(命新羅王助討李師道敕)〉의 기록에 의하면, 이해 "7월에 당나라 운주절도사 이사도가 반란을 일으키자, 헌종이 이를 토벌하고자 양주절도사 조공을 파견하여 우리 군사들을 징발하게 했더니(七月, 唐鄆州節度使李師道叛, 憲宗將欲討平, 詔遣揚州節度使趙恭, 徵發我兵馬)", 신라 헌덕왕(憲德王) 김언승(金彥昇)은 명을 받들어 순천군장군(順天軍將軍) 김웅원(金雄元)을 파견하여 "군사 3만 명을 거느리고 가서 이를 도왔다(率甲兵三萬以助之)."[49]

그러나 신라에서 자발적으로 종군하고자 중국에 파병했다는 기록은 거의 보이지 않는다. 최치원의 〈황은에 감사드리는 표문〉의 기록이 당말 양국 정치 관계사의 미비점을 보충할 수 있다.

8) 당 말 소규모 동란의 기록

《계원필경집》은 당 말 각지의 소규모 동란과 군사 반란을 기록하고 있어 상당한 문헌적 가치가 있다. 예를 들면 중화 2년(882) 3월 공주(邛州)의 아관(牙官) 천능(阡能)은 공직 업무상의 기한을 어겼기 때문에 곤장을 피하기 위해 군중을 이끌고 폭동을 일으켰다. 그러나 천능이 실패하여 피살된 시기에 관하여 사서의 기록이 비교적 혼란스럽다.

오대 장정(張彭)의 《기구전》에서는 서천도독(西川都督) 고인후(高仁厚)가 천능을 사로잡은 때가 중화 3년(883) 11월 9일이며, 22일에 성의 북문을 통하여 성도로 돌아왔다고 기록했다. 송(宋) 구연경의 《기구전》

48) 《삼국사기(三國史記)》 권8, 〈신라본기(新羅本紀) 8〉, 한길사, 1998.
49) 《삼국사기》 권10, 한길사, 1998, 128쪽.

에서는 중화 2년 고인후가 천능의 머리를 베어서 본영으로 귀환하여 "겨울 12월 무인일에 황제의 어가가 태현루에 당도했다(冬十二月戊寅, 皇帝御大玄樓)"라고 했다. 사마광은 "12월 기해 삭으로 무인일이 없으니 날짜가 틀림없이 잘못되었다(十二月, 己亥朔, 無戊寅, 日必誤矣)"[50]라고 여겼다. 《신당서》, 〈희종기〉에서는 천능이 패망한 시기는 중화 2년 11월이라고 적었다. 사마광은 천능의 봉기가 "언제 일어나고 사라진지 모르기(起滅不知在何時)" 때문에 중화 2년 11월의 피살설을 취했다. 그러나 최치원은 《계원필경집》 권1 〈강도 천능의 목을 자른 데 축하하는 표문(賀處斬草賊阡能表)〉에서 서천의 회남 진주원의 첩보를 통하여 천능이 피살된 날짜를 정확히 기록했다.

> 서천 도장 고인후가 부하 병마를 거느리고 강도 천능 등을 붙잡아 이미 10월 18일에 모조리 처치했습니다. 21일에는 어가가 나성 북루에 납시어 회군 장병들을 위로하고 각기 푸짐한 표창을 내려 본영으로 귀환시켰습니다(西川都將高仁厚部領兵馬, 收捉草賊阡能, 已於十月十八日並處置訖. 二十一日, 聖駕出羅城北樓, 宣慰迴戈將士, 各賜優賞, 放歸本營者).[51]

이를 보면 천능은 실제로 중화 2년 10월 18일 피살되었고, 21일에 고인후는 성노 나성 북루에서 낭 희송이 주는 표창을 받았음을 알 수 있다. 이른바 중화 2년 11월과 중화 3년 11월 9일의 천능 피살설은 모두 오류이다.

중화 3년(883) 충무군장(忠武軍將) 녹안홍(鹿晏弘)은 왕실을 수비한다는 핑계를 대고 군사 반란을 일으켜 홍원(興元)에 쳐들어가 절도사 우욱(牛勖)을 쫓아내고 유후(留後)를 자칭했다. 이 돌발 사건이 발생한 시기

50) 《자치통감》 권255, 「고이(考異)」인(引), 중화서국, 1956, 18책, 8281쪽.
51) 《전집》 291쪽.

를 두 《당서》, 〈희종기〉와 《자치통감》 권255에서는 중화 3년 12월이라고 적었지만, 《계원필경집》 권5 〈반란군 장수 녹안홍을 흥원절도사로 임명해주길 요청하는 장문(奏請叛將鹿晏弘授興元節度使狀)〉에서는 다음과 같이 말했다.

본 도 하정사인 장수 허영종 등이 이번 달 아무 날에 돌아오는 편에 보낸 보고문을 보니, '3월 5일에 진허의 군대가 무너지자, 절급 녹안홍이 군사 2만 명을 거느려 금주・양주 등 주를 무너트리고 흥원부로 돌격하여 들어오니, 절도사 우욱은 4일 밤에 부하들과 아울러 집안 식구 약 2천여 명을 거느리고 달아나 용주 서쪽 산골로 들어갔다'고 하였다(當道賀正子將許令琮等今月日廻, 得狀稱：三月五日, 陳許軍潰散, 節級鹿晏弘領兵馬二萬餘人打破金,洋等州, 突入興元府坐. 節度使牛勗四日夜領隨從人並家累約二千餘人, 奔投龍州西山谷者).

여기서 녹안홍의 흥원 점령은 중화 3년 3월 5일이고, 우욱은 사건 발생 전날 밤에 시종과 가족을 이끌고 용주(龍州) 서산(西山)으로 도주하여 피난했음을 알 수 있다. 이 날짜는 회남의 장수 허영종(許令琮)이 서천하정사(西川賀正使)로 갔다가 가지고 온 첩보에서 나온 것이므로 비교적 믿을 만하다. 그 뒤 고병은 당 조정에 "속히 관대한 조서를 내려 무마하는 권리를 맡길 것(速飛寬大之詔 特委撫綏之權)"52)을 주청(奏請)하고 녹안홍을 회유했는데, 당 조정에서는 마침내 중화 4년 정월에 그에게 흥원유후지절도사(興元留後知節度使)라는 관직을 주었다.

《계원필경집》 권5 〈복건도 도적을 달래어 귀순시켰음을 아뢰는 장문(奏誘降福建道草賊狀)〉에서는 또 건부 6년(879)에 복건의 '도적(草賊)' 하숭(何嵩), 장연(張延), 악거송(鄂壉悚) 세 사람이 농민군을 이끌고 신주

---

52) 《전집》, 311쪽.

(信州)에서 소요를 일으켰으며, 나중에 다시 복건도(福建道) 계동(溪洞)으로 옮겨 전쟁을 했다고 서술했다. 고병은 이 봉기군을 와해시키기 위해 마침내 광명 원년 2월에 회남절도아추(淮南節度衙推) 제갈성(諸葛成)을 파견하여 동면초유사판관(東面招誘使判官)으로 임명하고 "직첩을 주어서 도적의 우두머리 하숭 등 세 사람을 달래어 귀순하게 하라(賫委曲職牒招諭其賊首何嵩等三人)"고 하자, 하숭 등은 봉기군 "일당 도합 8만 명(徒伴共八萬人)"을 데리고 고병에게 귀순, 투항했다.[53] 이러한 기술은 모두 당사(唐史)를 보충, 바로잡을 만한 가치가 있다.

2. 《계원필경집》의 다른 사료적 가치

위에서 말한 사료 이외에도 《계원필경집》은 당 말의 희귀한 사실을 무수히 기록해 놓아 만당의 번진(藩鎭) 체계, 종교 활동 및 과거 상황 등 역사적 사실을 연구하는 데 중요한 수많은 문헌을 보태 주었다.

1) 당 말 회남도(淮南道)에서 납부한 공물의 물품 및 수량

회남도의 공물은 당 왕조의 중요한 경제적 출처 중 하나였다. 건부 6년(879) 10월 고병은 당 조정에 의해 회남절도사 겸 염철전운사(鹽鐵轉運使)로 임명되었고, 광명 원년(880) 3월에는 또 제도행영병마도통으로 임명되어 조정의 두터운 신임을 받는 동남의 웅번(雄藩)이 되었다.[54] 당 희종은 고병을 구슬리기 위하여 일찍이 사자를 보내 귀중한 물품을 하사한 바 있다. 고병도 여러 차례 회남의 특산물을 당 왕실에 공물로 바쳤

53) 《전집》, 309쪽.
54) 《자치통감》 권253.

다. 《구당서》 권19, 〈희종기〉에는 당 말 "강회 전운로가 끊겨서 하동·하서·강회의 공물을 조달할 수 없었고, 다만 세시에만 공물을 바쳤을 뿐이다(江淮轉運路絶, 兩河·江淮賦不上供, 但歲時獻奉而已)"라고 기록했을 뿐이다. 그러나 회남에서 "세시에 공물을 바친(歲時獻奉)" 구체적 내용은 알 수 없다. 그런데 《계원필경집》에 수록된 막부 공문에는 쌍방이 내린 상품과 바친 공물의 물품 및 수량을 상세하게 기록했는데, 이는 모두 여러 사서에 실려 있지 않다.

《계원필경집》 권2, 〈편지, 의복 및 국서를 하사한 데 대한 감사의 표문(謝御札衣襟並國信表)〉에서는 당 희종이 선위사(宣慰使) 공봉관(供奉官) 이종맹(李從孟)을 특별히 회남에 파견하여 고병에게 "편지, 의복 및 어의 한 벌, 용뇌향 한 봉지, 금삽화산완 한 개, 금화은합 한 개(御札衣襟並御服衫一鎮, 龍腦香一金合, 金鈒花散椀一口, 金花銀榼一隻者)"를 하사했다고 언급했다. 《계원필경집》 권5의 여러 문장의 기록에 의하면, 고병은 회남압아(淮南押衙) 왕건(王虔)을 파견하여 본도의 "금기·은기(金器銀器)"를 희종에게 바쳤다.[55] 또 압은청(押銀靑) 광록대부(光祿大夫) 검교태자빈객(檢校太子賓客) 겸 어사중승(御史中丞) 상주국(上柱國) 신종실(辛從實)을 파견하여 "본 도에서 건부 6년에 만든, 조공으로 바칠 칠기 만 5,935개(當道造成乾符六年供進漆器一萬五千九百三十五事)"를 압송하여 바쳤다.[56] 또 그 후에 본도 절도사 산병마사(散兵馬使) 왕심구(王審球) 등을 파견하여 "능견과 은기 등 십만 필단량을 바쳤고(進奉綾絹錦銀綺等一十萬疋段兩)", 아울러 물품 이름을 나열하여 "필단의 물품 목록(疋段物色)"을 장문과 함께 바쳤다.[57]

같은 권 〈어의와 비단을 올리는 장문(進御衣段狀)〉에서는 또 고병이

55) 〈금은 기물을 올리는 장문(進金銀器物狀)〉.
56) 〈칠기를 올리는 장문(進漆器狀)〉.
57) 〈능견, 금기 등을 올리는 장문(進綾絹錦綺等狀)〉.

일찍이 "아무개관(某官某)"을 파견하여 "본도가 먼저 염철사를 겸하여 중화 4년 이전에 직조한 어의, 나절조포와 아울러 능금 등을 바쳐 올렸고, 먼저 납부한 것 이외에도 직조 9,678단을 추가로 바쳤다(當道先兼鹽鐵使, 織造中和四年已前御衣羅折造布並綾錦等, 除先進納外, 續織造九千六百七十八段)"고 기록했다. 최치원은 이 장문에서 당 희종에게 회남에서 바친 공물인 능견 비단 등의 옷감은 재질이 아주 좋아서 "펴놓으면 얼음 눈이 빛을 시기하고, 겹쳐 놓으면 저녁노을이 광채를 다투는(舒張則凍雪交光, 疊積則餘霞鬪彩)" 특징이 있어, '용의(龍衣)'를 제작하는 옷감이 되기를 바랐다. 이러한 물품 및 수량은 모두 사서에 기록되어 있지 않아, 당 말 회남과 중앙의 관계를 고찰하는 데 증거로 삼을 수 있다.

2) 당 말 각종 조령(詔令)의 보충 자료

당 말에 반포한 각종 조령은 확실히 만당사를 연구하는 데 가장 기본적이고 가장 중요한 문헌이다. 그러나《책부원귀(冊府元龜)》,《당회요(唐會要)》와 송민구의《당대조령집(唐大詔令集)》에 수록된 당 말 조령의 수는 매우 적다. 현대 학자 이희필(李希泌)이 펴낸《당대조령집보편(唐大詔令集補編)》에도 당 희종대의 관련 사료가 들어 있지 않다.[58]《계원필경집》은 당 희종이 고병에게 내린 수많은 조령과 칙령을 보존하고 있다. 이와 관련된 내용은 다섯 가지이다.

(1) 군사 부서에 관한 조령

《계원필경집》 권3, 〈조서에 사례하는 장문(謝詔狀)〉에는 중화 원년 4월 10일에 멀리 서천에 있던 당 희종이 고병에게 내린 조령이 기록되어

58)《당대조령집보편(唐大詔令集補編)》, 상해고적출판사, 2003.

있다.

역적 황소가 궁성을 더럽혀 죄악이 천지에 가득하여 사람과 귀신이 함께 분노했는데, 이윽고 동쪽의 군사가 합세하여 우두머리를 베었으니, 나의 소망에 부응되었다. 이미 길을 따라 빨리 수복하여 공명을 길이 빛내기 바란다(黃巢兇逆, 穢黷宮城, 罪惡貫盈, 人神共怒, 尋東兵合勢, 剪滅元兇, 想副朕懷, 已遵道路, 佇聞克復, 永耀功名者).[59]

권5 〈병사를 차출하라는 조서를 받고 아뢰는 장문(奏論抽發兵士狀)〉에는 회남에 내린 다음과 같은 조령이 있다.

본 도에서는 먼저 여주, 수주, 저주, 화주 등 주에서 보병과 마군 2만 명을 차출하여 감군사에게 맡겨 군전으로 보내라는 조서를 받았습니다(當道先准詔旨, 抽廬・壽・滁・和等州兵馬共二萬人, 仍委監軍使押領赴軍前者).[60]

고병은 마침내 이해 중하(中夏)에 "바깥 진으로 격문을 전달하여(傳檄外鎭)" 본토의 군대를 이끌고 중원으로 서진(西進)하고자 했다. 그러나 당 희종은 도리어 왕휘(王徽)를 도통(都統)으로, 서문사공(西門思恭)을 도감(都監)으로 임명하여 황소 평정의 일을 책임지게 하고는 고병에게 제멋대로 행동하지 말라는 칙령을 내렸다. 《계원필경집》 권11, 〈양양 극공보 장군에게 답하는 글〉에는 이 조령의 요약문을 기재했다.

경의 부하 군사는 적고 눈앞에 방위할 곳은 많으니, 다만 회남의 관할 구역만 보전하고 절동의 군사와 화합하여서, 짐을 위해서 오월 지역을 보전하여 짐

---

59) 《전집》, 301쪽.
60) 《전집》, 310쪽.

에게 동・남의 근심이 없게 하라(卿手下甲兵數少, 眼前防慮處多, 但保淮南之封疆, 協和浙右之師旅. 爲朕全吳越之地, 遣朕無東南之憂).

고병은 "싸움의 기틀이 스스로 지체하기 어려운 기회라면, 임금의 명령도 좇지 않을 수도 있다고 생각하여, 이미 정벌 준비를 하고 전진하기로 결정하여 바람을 점치고 날을 가리어 다만 힘차게 진군하려고 하였습니다(兵機固難自滯, 君命有所不從. 已事征行, 必期進發, 占風選日, 只欲奮飛)"라는 이유를 들어 철군을 거절했다.[61] 아울러 이 조령을 광주자사(光州刺史) 이한지(李罕之)에게 보내 이한지가 계속하여 출병하길 희망했다.[62] 당 희종은 다시 조령을 내려 권고했다.

여러 도의 군사가 사방으로 공격하여 조석 간에 수복을 기할 수 있으니, 경은 마땅히 도적의 군사를 막고 의복과 양식을 실어 보내라. 어찌 반드시 임소를 떠나야만 임금을 호위하는 것이겠는가? 혹 남은 도당이 도망갈까 염려되니 가장 먼저 할 일은 군사 배치이다(諸道師徒四面攻討, 計度收剋, 朝夕可期. 卿宜式遏寇戎, 饋輦粟帛. 何必離任, 則是勤王, 或恐餘孽遁逃, 最要先事布置).[63]

앞의 장문을 하달한 때는 중화 원년(881) 5월 12일이고, 뒤의 장문을 하달한 때는 7월 11일이다. 《계원필경집》 권3, 〈정전(鄭畋)을 도통으로 임명한 조서에 사례하는 장문(謝詔示權令鄭相充都統狀)〉에서 다음과 같이 말했다.

엎드려 작년 9월 9일의 조서를 받아보니, '경이 일찍이 행군 도중에 글을 올리고 여러 진에 격문을 날려 군사를 휘몰아 친히 정벌하기를 의론하다가 계획

61) 《전집》, 345쪽.
62) 권12 〈광주 이한지(光州李罕之)〉.
63) 권11 〈양양 극공보郄公甫 장군에게 답하는 글(答襄陽郄將軍書)〉.

대로 하기 전에 바로 왔음으로 임시로 제치사를 맡아 정전 등에게 명령하여 경성 지방 모든 도의 군사를 총지휘하라고 했는데, 경이 미처 알지 못할까 염려되어 이에 조서를 내리노라고 했습니다'는 내용이었습니다(伏奉去年九月九日詔旨 : '卿曾間道獻章, 諸鎭飛檄, 便欲長驅甲馬, 親議專征. 未卽便來, 須權制置. 遂命鄭畋等分爲京城四面都指揮, 諸道師徒慮卿偶未委知, 故玆詔示者').[64]

이는 희종이 중화 원년 5월 12일, 7월 11일, 9월 9일에 걸쳐 세 번이나 조서를 내려 고병의 진군을 저지했음을 설명한다. 고병은 이에 대하여 매우 불만을 품고 "이는 번진의 공이 없어 조정에서 계책이 다했으므로 늙은 선비에게 큰 책임을 맡겨준 것입니다. 비록 부질없이 (자신이 패망한 장수라는) 소문이 전파되었으나, 반드시 일을 이루기 어려운 것입니다(此乃藩鎭功虧, 朝廷計盡, 遂將大任, 專付老儒, 雖漫傳聲, 必難濟事)"[65]라고 했다. 여기서 당 희종이 "황제의 조서를 빈번하게 내린(頻降鳳書)" 정확한 시간과 구체적인 내용을 알 수 있다.

(2) 영하덕음(令賀德音)에 관한 조령

《계원필경집》 권1, 〈좋은 말씀 내려주신 데 하례하는 표문(賀降德音表)〉의 기록에 의하면, 황소의 난이 평정이 평정된 뒤, "사천대에서 6월 16일 밤에 월식이 있었다고 보고(司天臺奏六月十六日夜太陰虧)"했기에 중화 4년 6월 23일 당 희종이 장안으로 돌아왔을 때, 다음과 같은 조서를 내렸다.

삼천 관내에 구금된 죄수들을 그곳 장리들에게 맡기되, 5일 안으로 대강 심리하여 석방하도록 했으며, 또 경기 사방에 버려진 해골들을 여러 진에게 맡기

64) 《전집》, 302쪽.
65) 권12 〈광주 이한지〉.

되, 전후 칙지에 의거하여 모조리 수습하여 매장하도록 했다(應三川管內見禁囚徒等, 宜委所在長吏五日內疎理決遣, 其京畿四面暴露骸骨宜委諸鎭切准前後勑旨, 差人收拾埋瘗者).

권6 〈월식 때 좋은 말씀주신 데 하례하는 장문(賀月蝕德音狀)〉에서는 6월 26일에 "월식(太陰薄蝕)"이 있어서 이에 희종이 재차 내린 조서를 기록했다.

삼천 관할 내에 있는 죄수들을 석방하고 여러 진에게 분부하여 경기에 버려진 백골들을 거두어 매장하라(曲赦三川管內囚徒及委諸鎭收拾埋瘗京畿四面暴露骸骨者).

《계원필경집》 권1, 〈서울로 돌아오는 날 풍악을 울리지 못하게 한 데 감사드리는 표문(賀廻鴐日不許進歌樂表)〉과 권6 〈백관에게 연회 베풂과 급료 지급을 하례하는 장문(賀內宴仍給百官料錢狀)〉에서는 중화 4년 7월 1일 당 희종이 성도 내전(內殿)에 백관을 위한 잔치를 베풀고 "황제가 서울로 돌아오는 날에는 연도 현리에게 풍악과 도살을 엄금하게 하라(廻鴐之日應沿路州縣切不得輒進歌樂及屠殺者)"는 칙령을 내렸다고 했다. 이러한 조서는 모두 서천의 회남 진주원을 통해서 회남의 본영으로 신속하게 전해졌다.

(3) 포상 및 장려에 관한 조령

《계원필경집》 권2, 〈초상화에 글을 써 주신 데 감사드리는 표문(謝賜御製眞贊表)〉의 기록에 의하면, 고병이 서천절도사로 있을 때 경영이 능숙하여 중화 원년에 당 희종은 성도 대자사(大慈寺) 어진원(御眞院)에 고병 등의 영정을 그렸다. 아울러 선무사(宣撫使) 이종맹을 이해 2월 26일에 특별히 회남으로 파견하여 조령을 전하며 포상을 내렸는데, 그 조서의 요약문은 다음과 같다.

> 이미 대자사 어진원에다가 짐의 초상과 수행한 재신의 초상을 그리도록 하여, 여러 경의 모습이 모두 이곳에 모였기로, 우선 경의 초상과 아울러 짐이 친히 지은 찬사를 경에게 보내어 특별한 은총을 표하고 남다른 예우를 나타낸다(已令於大慈寺御眞院, 寫朕眞並扈從宰臣等眞, 列卿儀貌, 俱會此堂, 今先寄卿眞軸, 並朕親製贊述賜卿, 冀表顯恩, 式彰異禮者).[66]

또 후에는 '선무사공봉관(宣撫使供奉官)' 엄준미(嚴遵美)를 파견하여 칙서, 친필 조서[手詔] 각 1통을 회남으로 보냈는데, 고병을 검교태위(檢校太尉)로 승진시키고 전례대로 회남절도사 겸 동면도통(東面都統)으로 임명했다.[67] 동시에 희종은 먼저 "칙서, 친필 조서 각 1통(敕書手詔各一封)"을 보내어 고병에게 알려주고 극공보를 회남감군(淮南監軍)으로 명하고, 4월 10일까지 진(鎭)에 이르도록 했다.[68] 고병은 회남공군응접사(淮南供軍應接使) 낙잠(駱潛) 등을 서천으로 파견하여 금은을 바치게 했고, 희종은 이에 서천의 회남 진주원에 명하여 "친필 조서 한 통(恩賜手詔一封)"을 보내고 아울러 표창을 내렸다.[69]

중화 3년(883) 2월에서 5월까지 당 희종은 고병의 도통과 염철전운사 두 관직을 파면하고, 그를 위로하기 위하여 당년 6월 16일에는 또 공봉관(供奉官) 유숙제(劉叔齊)를 회남으로 파견했는데, "성지를 받으니, '신과

---

66) 《전집》, 295~296쪽.

67) 권2 〈태위로 승진시켜준 데 감사드리는 표문(謝加太尉表)〉.

68) 권3 〈극공보를 감군으로 임명한 친필 조서에 감사드리는 장문(謝郄公甫充監軍手詔狀)〉.

69) 권3 〈조공 올린 데 대한 표창을 사례하는 장문(謝詔獎飾進奉狀)〉.

장교들을 위로해 주시고 아울러 신에게 칙서, 친필 조서 각 한 통과 임명장 한 통을 주시며, 신을 시중으로 진급시키고 식읍 백호를 올려주시며, 그 밖에는 종전대로 한다'는 내용입니다(奉宣聖旨, 慰諭臣及將校, 並賜臣勅書手詔各一封・官告一通, 就加臣侍中, 仍加食實封一百戶, 餘如故者)"[70] 라고 했다. 11월 11일에는 두 번째로 사신을 회남으로 파견하여 실봉(實封)을 주는 조서를 내렸다.[71]

(4) 묵칙(墨敕)의 관리 임명에 대한 조령

황소를 평정하기 위하여 당 희종은 일찍이 고병에게 "묵칙의 제수를 행하여(行墨敕授)" 임의로 관직 수여함을 허락하는 조서를 내렸다. 《계원필경집》 권13, 〈묵칙을 행하여 산기상시로 제수함(行墨敕授散騎常侍)〉에 이 조서를 수록했다.

칙서 : 회남절도・염철전운 등사, 동면도통 겸 지휘경서경북신책 제도절도 병마제치 등사는 모관 아무개에게 통첩하여 검교 우산기상시로 승진시키고, 나머지는 종전대로 한다. 만일 장군이 원외를 주청하려면, 그 절차가 정원과 같은 것인즉, 금년 2월 2일의 조서에 준하여 여러 주의 공로가 있는 자사나 대장군이 권장할 만한 자에게 감찰어사로부터 상시에 이르기까지 묵칙으로 임명시킨 뒤에 내용을 아뢰게 되었나(勅 : 淮南節度鹽鐵轉運等使, 東面都統兼指揮京西京北神策諸道節度兵馬制置等使牒, 某官某乙加檢校右散騎常侍, 餘如故. 如將軍須言

70) 권2 〈위로해 주고 시중을 겸직시켜 주고 식읍을 봉해준 데 감사드리는 표문(謝賜宣慰兼加侍中實封表)〉.

71) 권2 〈시중으로 승진시켜 준 데 감사드리는 표문(謝就加侍中表)〉; 권3 〈시중으로 승진시키고 아울러 실봉을 더해 준 데 감사드리는 표문(謝就加侍中兼實封表)〉, 〈위로해 주고 시중을 겸직시켜 주고 식읍을 봉해 준 데 감사드리는 표문(謝賜宣慰兼加侍中實封表)〉; 권6 〈시중으로 승진시키고 아울러 실봉을 더해 준 데 감사드리는 장문(謝加侍中兼實封狀)〉, 〈제도염철사를 회수하고 시중으로 승진시키고 아울러 식읍을 올려 준 데 감사드리는 장문(謝落諸道鹽鐵使加侍中兼實封狀)〉.

員外置同正員牒, 准今年二月九日詔, 應諸州有功刺史及大將軍等如要勸奬者, 從監察御史至常侍, 便可墨勑授訖, 分析聞奏者).[72)]

그러나 여러 도에서 "사람마다 붓끝을 희롱하고 곳곳마다 묵칙을 자랑하여, 긴 뱀이나 큰 돼지들이 신주에 숨어서 발악하고 개떼나 양떼들이 여러 진에 떼를 이룬(人人而競弄筆端, 處處而皆誇墨勑, 長蛇封豕, 猶匿暴於神州 ; 狗尾羊頭, 已成羣於列鎭)" 어지러운 상황이 나타났기에, 희종은 단지 중화 모년(某年) 11월 1일에 그 조칙을 금지시킬 수밖에 없었다.

작년 봄에 임시방편으로 조서를 내려 여러 도에 승제로 관리 임명을 허락했는데, 이제 다시 금하라는 조서를 내려 지금부터 심사하여 표창할 사람이 있거든, 급히 알리고 다시는 승제를 의론하지 말라(去春權降詔命, 許諸道承制除官, 已兩道降勑止絶, 自今後凡有要甄奬者, 並於急遞奏聞, 不得更議承制者).[73)]

《계원필경집》의 여러 기록에 의하면, 고병이 표문을 올려 종전(鍾傳)을 강서관찰사로 임명해 주길 요청하자, 희종은 중화 원년 7월 5일에 허락하는 조령을 내렸다.[74)] 또 황소의 투항한 장군 진언(秦彦)을 화주자사(和州刺史)로, 허경(許勍)을 저주자사(滁州刺史)로 임명해 주길 요청하자, 희종은 또 "모월 모일의 칙지에서 허락했다(某月日敕旨允許)."[75)] 그 밖에도 고병의 '조카(侄男)' 전 수경조부(守京兆府) 호현위(鄠縣尉) 고경(高瓊)을 "팽주 구룡현령으로 제수하고 비어대를 하사하는(除授彭州九隴縣令,

72) 《전집》, 354쪽.
73) 권3 〈묵칙 시행을 금지하는 조서에 사례하는 장문(謝詔止行墨敕狀)〉.
74) 권3 〈종전을 강서관찰사로 임명한 조서에 사례하는 장문(謝除鍾傳充江西觀察使狀)〉.
75) 권3 〈진언 등을 정식으로 자사로 임명한 조서에 사례하는 장문(謝秦彦等正授刺史狀)〉.

仍賜緋魚袋)" 등의 임명을 허락하는 조령[76]과 상원현령(上元縣令) 고홍약(高弘約 : 朝散大夫前行潤州杜國)을 양주사마(揚州司馬)로 임명하라는 조령[77]과 고병의 사촌동생인 고축(高柷)을 금오장군(金吾將軍)·면주자사(綿州刺史)로 임명하자는 친필 조서[78]를 기록했다.

(5) 공주 책봉에 관한 조령

공주의 책봉은 본래 당 왕실의 중요한 사무 가운데 하나이다. 당 희종은 성도로 피난한 뒤 공주로 책정(冊定)하는 의식을 거행한 바 있지만, 사서에는 이에 대한 기록이 빠져 있다.《계원필경집》권1,〈공주 책봉을 하례하는 표문(賀封公主表)〉에서는 다음과 같이 말했다.

> 신이 진주원의 첩보를 받아 작년 12월 14일에 내렸던 칙지를 보니, '황제의 열한 번째 매씨를 수녕공주에, 큰 따님을 당흥공주에, 둘째 따님을 영평공주에 책봉하시되, 장안을 수복한 다음에 그 예식을 갖추어 거행한다'는 내용이었습니다(臣得進奏院狀報 : 奉去年十二月十四日勅旨, 皇帝第十一妹封遂寧公主, 長女封唐興公主, 次女封永平公主, 待收復京闕, 備禮冊命者).[79]

《자치통감》권255,「중화 3년」조에는 희종의 딸 안화장 공주(安化長公主)를 남조(南詔)에 시집보냈다고 말했다.《신당서》권9,〈희종기〉에서는 광덕(廣德) 공주가 광명 원년 12월 경자(庚子)에 장안에서 "황소에게 죽임을 당했다(死于黃巢)"고 말했다.《당회요(唐會要)》권6,「공주」조

76) 권4〈조카 경을 팽주 구룡현령으로 제수하신 데 사례하는 장문(謝除姪男瓊授彭州九隴縣令狀)〉.
77) 권4〈조카 홍약의 이름을 '제'로 개명해 주고 양주대도부 좌사마로 제수한 것을 사례하는 장문(謝姪男弘約改名濟除授揚州大都府左司馬狀)〉.
78) 권4〈아우 축을 재차 면주자사로 제수한 데 사례하는 장문(謝弟柷再除綿州刺史狀)〉.
79)《전집》, 290쪽.

및 《문헌통고(文獻通考)》 권258, 〈제계고 9(帝系考九)〉, 「공주」조에는 다만 희종의 두 딸 경흥(慶興), 영평(永平)만 기록했을 뿐, 열한 번째 누이동생을 수녕공주에 책봉했다는 기록은 없다. 잠중면의 《당사여심(唐史餘瀋)》 권3, 「의종녀(懿宗女)」조 보주(補注)에는 "이는 희종이 촉으로 피난했을 때 책봉하였다. 지금 《당회요》(6) 및 《신당서》, 〈열전〉(83)을 살펴보면, 희종의 두 딸의 이름은 표문과 일치하고, 오로지 의종만이 딸 여덟을 두었다고 하는데, '수녕'이란 이름은 없다. 《계원필경》은 거의 착오가 없는데, 옛 사서에서 대부분 누락시켰기에 《당회요》와 《신당서》, 〈열전〉에도 모두 상세하지 못하다(此僖宗奔蜀時所封也, 今檢《會要》六及《新傳》八三, 僖宗二女封號與表合, 唯懿宗只八女, 且無'遂寧'之號, 此處《筆耕》殆不誤, 舊史多失墜, 故《會要》·《新傳》都未詳也)"[80]고 했다.

최치원은 〈공주 책봉을 하례하는 표문〉에서 다음과 같이 말했다.

> 수녕공주의 덕행은 원길을 바탕으로 하여 귀매괘의 점사와 같은 상서를 이루었고, 당흥공주와 영평공주의 추앙은 정중하고 온화함을 대조하여 두 따님을 내려준 경사를 받았습니다. 한낱 달 속의 항아와 짝했고, 두 별인 무녀에서 나뉘어 꽃이 봄철에 피어난 듯하고 광채가 공중에 떠오른 듯합니다(遂寧公主德資元吉, 考祥於歸妹之占, 唐興公主·永平公主譽洽肅雍, 稟慶於降嬪之典, 伴孀娥於獨月, 分婺女於雙星, 秀發青春, 光浮碧落).

품행, 명성, 용모 등의 면에서 세 공주를 소개했는데, 옛 사서에서 빠진 기록의 아쉬움을 보충할 수 있다.

---

80) 《당사여심(唐史餘瀋)》 권3, 上海古籍出版社, 1979, 200쪽.

3) 고병과 당 말 여러 진(鎭)의 공사 관계

고병은 회남도 군정장관으로 지내면서 희종 때의 재상 왕휘(王徽), 정전(鄭畋), 소구(蕭遘), 배철(裴徹), 정종당(鄭從讜), 예부시랑 하후담(夏侯潭), 이부상서 배찬(裴瓚), 염철사(鹽鐵使) 이도(李都), 급사(給事) 노소(盧紹), 고공낭중(考功郎中) 장영(蔣泳), 전 좌성상시(左省常侍) 위증(衛增) 및 내관(內官) 전영자(田令孜) 등과 복잡한 관계를 가졌다. 동시에 외진(外鎭) 및 본도 관원, 예를 들면 호주상시(湖州常侍) 두유례(杜孺體), 서천절도사 진경선(陳敬瑄), 호남절도사 민욱(閔頊), 노룡(盧龍)절도사 이가거(李可擧), 위박(魏博)절도사 한간(韓簡), 용주(龍州)절도사 배현(裴峴), 진무(振武)절도사 혁연탁(赫連鐸), 소의(昭義)절도사 성린(成璘), 운주(鄆州)자사 경원심(耿元審), 벽주(壁州)자사 정응적(鄭凝績), 양양(襄陽) 극 장군(郄將軍), 수주(壽州)자사 장고(張翺), 여주(廬州)자사 양행민(楊行敏), 광주(光州)자사 왕서(王緖), 사주(泗州) 우도(于濤)・정렴(鄭廉), 여강현령(廬江縣令) 이청(李淸), 동성현령(銅城縣令) 고현부(顧玄夫), 매릉현령(海陵縣令) 정기(鄭杞), 당도현령(當塗縣令) 왕고(王翺), 저주(滁州) 청류현령(淸流縣令) 유효양(柳孝讓), 산양현승(山陽縣丞) 장함(張咸), 성당현승(盛唐縣丞) 정수(鄭綬), 천장현(天長縣) 이함(李涵) 등과 긴밀하게 내왕했다. 《계원필경집》에서 수록한 이러한 이들과 공식 사석으로 주고받은 서계(書啓)를 통하여 고병과 중앙 및 지방의 공사 왕래 관계를 엿볼 수 있다.

고병은 노룡절도사 이가거와 빈번하게 교류했다. 이가거는 건부 4년(877)에 노룡절도사가 되었고, 광명 원년(880) 7월에 검교사도・동평장사(檢校司徒同平章事)로 승급했는데, 하삭(河朔) 3진(鎭)의 교만한 총수 중 하나였다.[81] 《계원필경집》 권8, 〈유주 이가거 대왕에게 보내는 글(幽州李可擧大王)〉 4수 가운데 제3수의 기록에 의하면, 고병은 일찍이 황소 토벌을 명분으로 이가거의 병사를 빌렸는데, 이가거는 “정예 기마병 5천(精騎五千)”을 선발하여 고병에게 파견했다. 고병도 이가거에게 많은 특산물을 보내주어 치사했다. 《계원필경집》 권10 ‘별지(別紙)’, 〈유주 태보 이가거에게 주는 글(幽州李可擧太保)〉 5수 중에서 이러한 예물의 목록을 상세하게 기록했다.

① 전옥배방요대 한 벌, 금어대 한 개, 무게 160량의 금화와 은합(碾玉排方腰帶壹條, 並金魚袋壹枚, 金花銀合盛, 重一百六十兩).

② 은결조 등롱 한 개와 거기에 포함된 연잎이 담긴 등잔 하나, 옻칠한 나무궤에 금과 구리로 만든 열쇠 상자. 금가루로 칠하고 은으로 장식한 벼루 한 벌, 향주머니 다섯 개, 옻칠한 나무궤에 금과 은으로 만든 열쇠 상자. 금가루로 칠하고 은으로 장식한 벼루집과 벼루궤 한 벌, 은으로 만든 연수병 등 네 개. 벼루궤는 두 번째 상자에 들어 있다(銀結條燈籠一枚, 承燈盞臼盛荷葉一, 漆木匣盛金銅鏁鑰並全. 金花平脫銀裝硯臺一具, 垂鈉香囊五枚, 漆木匣盛, 金銅鏁鑰全具. 金花平脫銀裝硯匣並硯几一具, 銀硯水瓶等四事, 硯几在第二匣內).

③ 금가루로 칠한 은자리 큰 것과 작은 것 합해서 세 벌, 은으로 자루를 만든 홍아 수저 열 모, 무소뿔 잔대 네 짝, 이상 큰 궤 안에 담겼음. 은으로 장식한 찻잔 네 짝, 모두 궤 안에 담았음. 무소뿔 접시 스무 개, 작은 궤 안에 담긴 금가루와 은으로 만든 소라껍데기 한 짝(金花陷銀柘裏合大小共三具. 銀接頭紅牙匙筯一十對. 犀托子四隻, 已上大合內盛. 銀裝茶椀四隻, 在中合內盛. 犀楪子二十片, 在小合內盛, 金花銀脚螺杯一隻).

④ 직성홍금과 격벽 두 가지, 난자금 세 필, 피금 두 필, 서천라협힐 스무 필, 진홍지견협힐 여든 필(織成紅錦緻壁兩條, 暖子錦三疋, 被錦兩疋, 西川

81) 《구당서》 권180, 본전.

羅夾纈二十疋. 眞紅地絹夾纈八十疋).

⑤《안남개해로도》한 면,《서천나성도》한 면, 모두 여덟 폭 붉은 비단에 새겼음(《安南開海路圖》一面,《西川羅城圖》一面, 並八幅紫綾緣).[82]

이 밖에도 "청전장 한 개, 금과 구리로 장식한 가위 한 개(青氈帳一口, 金銅裝鉸具)"[83] 등을 헌납했는데, 증정한 물품의 수가 많고 정교하고 호화스러움을 알 수 있다. 이 밖에 고병은 일찍이 운주자사 경원심에게 "옷 한 벌, 오자차 두 근(衣一副, 烏觜茶二斤)"을 주었고,[84] 수주자사 장고에게 "의복, 은그릇, 차, 약 등(衣叚銀器茶藥等)"을 주었다.[85]

외진(外鎭)의 절도사도 고병에게 여러 번 답례의 선물을 보내왔다. 예를 들면 호남절도사 민욱은 일찍이 양주로 가는 "친구인 전 하서 주 대부(親故前河西朱大夫)"에게 부탁해《농마도(弄馬圖)》및 호남사부상서사적(湖南使府祥瑞事迹)을 보내주어 고병으로 하여금 감상하게 했다.[86] 여주자사 양행민과 화주자사(和州刺史) 진언도 고병에게 "《지초도》한 축(《芝草圖》一軸)"과 "양 5백 마리(羊五百口)"를 바쳤다.[87] 이러한 왕래의 세세한 부분은 사서에 모두 상세하지 않은데,《계원필경집》은 당 말 방진(方鎭) 간 교류 관계를 고찰하는 중요한 보충 증거 사료로 간주할 수 있다.

4) 양주에서의 고병의 종교 활동

《계원필경집》에는 당 말 양주의 도교와 불교 활동에 관련된 수많은 실황을 기록했다. 일본 승려 원인(圓仁, 엔닌)의《입당구법순례행기(入唐求

82)《전집》, 336~337쪽.
83) 권10〈유주 이가거 대왕에게 보내는 글(幽州李可擧大王)〉.
84) 권12〈운주 경원심에게(鄆州耿元審)〉.
85) 권12〈수주자사 장고에게(壽州張翶)〉.
86) 권8〈호남 민욱 상서에게 보내는 글(湖南閔頊尙書)〉.
87) 권12〈여주 양행민에게(廬州楊行敏)〉,〈화주 진언에게(和州秦彦)〉.

法巡禮行記)》 권1의 기록에 의하면, 중당(中唐) 때 양주에는 40여 개의 불사(佛寺)가 있었으나,[88] 당 말에는 수많은 절이 황폐화되고 파괴되었다. 건부 6년(879) 고병은 회남절도사로 부임한 뒤 절의 수리 작업을 시작했다. 예를 들면, 양주의 대운사(大雲寺)는 당대의 명찰로, 고승 감진(鑑眞)이 일찍이 이곳에서 주석한 바 있는데,[89] 나중에 이 절은 파괴되어 없어졌다. 파괴된 시기와 원인에 대하여 최치원은 《계원필경집》 권16, 〈기부금을 모집하여 대운사를 중수하려는 소문(求化修大雲寺疏)〉에서 분명히 말했다.

> 전년에 우연히 메뚜기떼가 일어나 경내를 소란시키고 이어서 개미떼가 모여들어 방축을 무너뜨리게 되었으므로, 호군을 특별히 투입하여 그 요물을 제거하기 위하여 사나운 불을 질렀던 것이 마침내 절이 모두 타서 재가 되었습니다(前年偶值飛蝗, 未能避境. 旋憂聚蟻, 或欲毁堤, 故護軍特進以將隔妖氛, 忽興猛焰, 遂使琉璃之界, 翻成煨燼之餘).

이를 보면 원래의 사찰은 당 희종 건부 말년 또는 중화 초년에 메뚜기의 재해를 방비하려다가 불타버렸음을 알 수 있다. 고병이 "화로는 아침 분향을 계속하고, 종은 저녁 독경 소리를 맞이하게(爐續朝香 鍾迎夜梵)" 하여 "기부금을 모아 중수할 기와, 목재와 자금 등을 조달(募緣求化重修建瓦木功價等)"했으며, 인원을 조직하여 이 절을 중수했다. 최치원은 다음과 같이 소개했다.

> 본 주의 성 서쪽에 있는 대운사는 비록 초 땅에 임했으나, 실은 촉강을 진압하고 있으므로 옛날에 절을 창간하여 높이 부처를 모셨는데, 비가 연기 어린

88) 《입당구법순례행기(入唐求法巡禮行記)》 권1, 上海古籍出版社, 1986, 22쪽.
89) 《송고승전(宋高僧傳)》 권14, 〈당 양주 대운사 감진전(唐揚州大雲寺鑑眞傳)〉.

창 빛을 씻을 때는 만 봉우리의 앞산이 나타나고, 바람이 달 밝은 섬돌을 스칠 적에는 천 그루의 고목이 울려오니, 한 고을에서 뛰어난 경치요, 사철 가운데도 가장 꽃다운 계절이었습니다. 봄물이 푸른 물결을 일렁이고 온갖 꽃이 나무에 필 적에는 도시의 사녀들이 와서 재미있게 노닐며 설법을 듣는 인연을 만들지 않아도 스스로 근심을 쓸어버리는 곳을 얻게 되었습니다. 대운사는 성의 동쪽 선지사와 두 어깨처럼 바로 솟아 있고 두 날개처럼 가지런히 펼쳐 있습니다. 수양제의 유궁을 끼고 회남왕의 선택을 안았으니, 웅장한 이 낙토는 저 복전에 의지한 것이었습니다(當州城西大雲寺 雖臨楚甸, 實壓蜀岡, 舊創仁祠, 高標兌位, 雨洗烟窓之外, 萬朶前山；風敲月砌之聲, 千株古木. 在一郡乃偏爲勝境, 於四時則最稱芳辰. 至如春水綠波, 雜花生樹, 都人士女, 以遨以遊, 不勞聽法之緣, 自得消憂之所. 則與城東禪智寺雙肩對聳, 兩耳齊張, 夾煬帝之遺宮, 擁淮王之仙宅, 壯茲樂土, 倚彼福田).[90]

이로써 당 말 양주 대운사의 대강의 지리적 위치, 풍물 경치와 불사(佛寺)의 흥성함을 알 수 있다. 또 《계원필경집》 권16, 〈기부금을 모집하여 여러 도관을 중수하려는 소문(求化修諸宮觀疏)〉의 언급에 의하면, 양주 자극궁(紫極宮) 아래의 절에 "복정은 풀과 티끌에 파묻히고, 선실은 비와 바람에 무너지고(福庭則草沒塵侵, 仙室則雨傾風壞)" 또 "수축한 궁관은 이미 황폐해지고 경비가 많이 소요되어 혼자의 힘으로 해결할 길이 없으므로 자재와 식량에 대하여 오직 대중의 공덕을 바랐기에(所修宮觀, 荒摧旣久, 經費甚多, 無因獨辦資糧, 唯仰衆成功德)" 고병은 "기와, 목재 등의 자금을 모으고(求化瓦木等價)" "우수한 기능공(良工)"을 확보하여 옛터의 원래 궁관(宮觀)에 중수했는데, 이로써 "재초가 잇따르고, 의식이 소홀함이 없었다(齋醮有歸, 科儀無墜)." 그는 또 특별히 상도(上都) 호천관(昊天

90) 《전집》, 377쪽.

觀)에서 대덕(大德) 사준부(謝遵符)를 초빙하여 회남의 도관(道觀) 사무를 주관하게 했다.[91]

고병은 만년에 도교를 애호하여 중화 원년(880)에 그는 공해저북과하(公廨邸北跨河)에 영선루(迎仙樓)를 지었고, 이해 겨울에는 "다시 대청의 서쪽에 연화각을 지었으며(又起延和閣於大廳之西)",[92] 응천절(應天節), 한식(寒食), 상원(上元), 중원(中元), 하원(下元) 등 큰 명절 때마다 양주 자극궁, 법운사(法雲寺) 등지에 대대적으로 도량을 설치하고 융성한 "재초법사(齋醮法事)"를 거행했다. 《계원필경집》 권15, 〈천왕원 재사(天王院齋詞)〉의 기록에 의하면, 중화 2년 "태세 임인 정월 보름날에 아무 벼슬 아무개는 삼가 승려 아무개를 초빙하여 법운사 천왕원에 재를 베풀어(太歲壬寅正月望日, 具銜某敬請僧某乙設齋于法雲寺天王院)" 사리불(舍利佛), 대자대비관음보살(大慈大悲觀音菩薩)에게 복을 내려줄 것을 청했다. 7월 23일에 고병은 "고 종손자 소의 복야와 두 손자를 위하여 법운사에서 삼가 재를 올렸다(爲故昭義姪孫僕射及二孫子敬設齋于法雲寺)." 또 7월 27일에는 "모관모을(某官某乙)"에게 명하여 "고 소의 복야를 위하여 법운사에서 스님 3백 명을 불러서 재를 올리고 아울러 《금광명경》 5부, 《법화경》 1부를 써서 길이 봉양하였다(爲故昭義僕射於法雲寺設三百僧齋, 並寫《金光明經》五部・《法華經》一部, 永充供養)"[93]고 했는데, 이를 보면 불사(佛事) 활동의 빈번함을 충분히 알 수 있다.

재초(齋醮)는 도가에서 단을 설치하여 복을 기도하고 재앙을 물리치는 의식이다. 그 명목은 번다한데 재초 활동과 상응하는 재사(齋詞)는 《도장(道藏)》과 《운급칠첨(雲笈七籤)》에 조금 남아 있는 것을 제외하고는 거의

91) 권14 〈상도 호천관 성찬대덕 사자 사준부를 회남 관내 위의지휘제궁관으로 임명하는 제치(上都昊天觀聲讚大德賜紫謝遵符充淮南管內威儀指揮諸宮觀制置)〉.

92) 〈광릉요란지(廣陵妖亂志)〉, 《나은집교주(羅隱集校注)》 부록, 반혜혜(潘慧惠) 교주, 浙江古籍出版社, 1995, 535쪽

93) 권15 〈고 소의 복야를 위한 재사(爲故照義僕射齋詞)〉 2수.

보이지 않는다. 《계원필경집》 권15에서는 최치원이 고병을 대신하여 찬술한 〈응천절 재사(應天節齋詞)〉 3수, 〈상원 황록 재사(上元黃籙齋詞)〉, 〈중원 재사(中元齋詞)〉, 〈상원 재사(上元齋詞)〉, 〈하원 재사(下元齋詞)〉, 〈황록 재사(黃籙齋詞)〉, 〈양화 재사(禳火齋詞)〉 등을 수록하여 후세 사람들에게 당 말 양주 도교 재초의 실황과 절차를 엿볼 수 있게 한다.

5) 고병이 수축한 서천 나성(羅城)의 규모

고병이 서천절도사로 지낼 때 남조의 소란을 방어하기 위하여 건부 3년(876) 8월 계축(癸丑)에서 11월 무자(戊子)까지 성도에 나성을 세웠다. 나성의 규모에 대해서는 여러 책의 기록이 달라서 25리,[94] 35리,[95] 40리,[96] 43리[97]의 네 가지 이설이 있다.

최치원은 《계원필경집》에서 고병이 축성한 일에 대하여 여러 번 언급했으나, 한 말이 역시 다르다. 예를 들면 권16 〈서주나성도기(西州羅城圖記)〉에는 "서주 나성은 높이가 4인, 넓이가 3심, 둘레가 33리(西州羅城, 四仞高, 三尋闊, 周三十三里)"라고 했고, 권2 〈서천의 축성비 건립에 사례하는 표문(謝立西川築城碑表)〉에는 "길이는 36리(長圍於三十六里)"라 했으며, 권10 〈유주 태보 이가거에게 주는 글〉 5수에서는 "40리에 달하는 새로운 성을 쌓았다(築四十里之新城)"라고 했다. 그 가운데 36리라는 숫자는 〈서천의 축성비 건립에 사례하는 표문〉에서 말한 것인데, 아마도 과장된 면이 있는 듯하다. 40리 신성(新城)의 설은 처음으로 지을 때의 규모가 아니라, 희종이 촉으로 행차했을 때 증축한 규모일 것이다. 비교

94) 《자치통감》 권252, 「건부 3년 10월」조.

95) 《전당문》 권793, 〈왕휘(王徽)〉, 「창축나성기(創築羅城記)」.

96) 《북몽쇄언》 권7 ; 《당재자전(唐才子傳)》 권9.

97) 《전당문》 권87, 〈당 희종〉, 「성도 나성을 세운 고병을 표창하는 기문(獎高騈築成都羅城記)」.

해 보면 중화 3년 8월 25일에 찬술한 〈서주나성도기〉에서 말한 “높이가 4인, 넓이가 3심, 둘레가 33리”라는 말이 비교적 정확한 것 같다.

최치원은 〈서천의 축성비 건립에 사례하는 표문〉에서 이 성은 “준용과 오첩은 엄연히 날아갈 듯하고, 금강의 물결과 금죽(綿竹)의 봉우리는 우뚝 화려하게 장식되었다(隼墉烏堞, 儼若鶱飛, 錦浪綿峯, 逈然裝飾)”라고 했고, 〈서주나성도기〉에서는 “공중을 찌르는 듯한 봉화대는 높이 배치되고 천험을 가로지른 듯한 성벽은 우뚝 솟아올랐다. 누대에는 8개의 문을 내어 찬란한 기와와 연결하니 고운 빛깔의 봉새가 나란히 나르는 듯하다. 난간을 사방으로 둘러 화려한 성을 보호했으니, 갠 날에 무지개가 바로 걸린 듯하다. 온 강물의 좋은 경치를 다 거두어들였고 만호의 기쁜 소리가 넘쳐흐르는지라, 멀리서 바라보면 크고 높아 마치 구름 속에 겹겹이 솟은 산봉우리와 같아서 아름다운 아지랑이와 찬란한 안개가 그 위에 아른거린다. 다가서서 보면 환하고 황홀하여 마치 바닷가의 신선이 있는 산과 같아서 금으로 쌓은 대와 은으로 지은 대궐이 그 사이에서 휘황한 듯하다(攢空而烽櫓高排, 架險而闉闍聳起, 橫分八尺, 結雕甍而彩鳳聯飛；檻徹四隅, 擁繡堞而晴虹直挂, 罩一川之佳景, 籠萬戶之歡聲. 遠而望焉, 則巍巍峨峨, 若雲中之疊嶂, 錦霞縠霧, 隱映乎其上；迫而察也, 則赫赫燡燡, 想海畔之仙山, 金臺銀闕, 焜燿乎其間)”고 했는데, 그 거대한 장관을 알 수 있다.

최치원은 이 문장에 다음과 같이 주석을 달았다.

> 건축 비용은 돈이 150만 관이고, 쌀이 1만 9천 석인데, 모두 지혜를 써서 마련하였고 세금에서 쓰지는 않았다(築板所費, 錢一百五十六貫, 米一十九萬石, 皆由智計, 不破上供).

준공 이후 조용사(租庸使) 왕휘(王徽)는 뜻을 받들어 특별히 ‘축성비

(築城碑)'를 찬술하여 이 일을 기록했다.[98] 이는 의심할 나위 없이 당 말 지방 문화를 연구하는 데 유익한 사료이다.

6) 당 말 진사의 보충 문헌

당・오대의 등과기(登科記)는 송 이후에 대부분 빠지거나 없어졌다. 비록 청 서송(徐松)의《등과기고(登科記考)》가 찾아서 모은 공은 있지만, 빠지고 오기한 곳이 아주 많다.《계원필경집》에는 당 말 과거와 관련된 사료가 여러 조목이 남아 있어 빠진 부분을 모두 보충할 수 있다.

예를 들어《등과기고》권23에서는 건부 원년 진사 30명 가운데 성명을 알 수 있는 귀인택(歸仁澤), 유숭망(劉崇望), 하후택(夏侯澤), 고운(顧雲), 장서(蔣曙), 최치원 등 여섯 사람을 고찰할 수 있다.《계원필경집》권19〈서자 배졸에게 답하는 글(答裴拙庶子書)〉에 의하면, 당 말에 일찍이 양주자사(洋州刺史)를 지낸 배졸은 회남에 "우연히 와서 과거 급제라는 행운에 기대고 형제지간의 권장과 사랑을 서술하였으며(偶來避地, 便欲托金牌之幸會, 敘叙玉季之獎憐)", "이역 사람이라고 빼놓지 않고, 특히 동년(같은 해에 과거에 급제한 사람을 일컫는 말)의 글자를 욕되게 한다(不遺異域之人, 特辱同年之字)"라고 했는데, 여기서 배졸도 건부 원년의 진사였음을 알 수 있다. 또《계원필경집》권6,〈부하를 종사관으로 전임시켜주길 요청하는 장문(請轉官從事狀)〉의 기록에 의하면, 설려(薛礪)는 "민손이 과거 급제한 것은 오로지 그 덕행 때문이었고(閔損登科 良由德行)",[99] 정숙(鄭俶)은 "일찍이 일등 과거에 올라 오랫동안 큰 진영을 보

98)《전집》, 374~376쪽.

99) 민손(기원전 536~기원전 487)은 춘추 시대 노(魯)나라 사람으로, 자는 자건(子騫)이며 공자의 제자이다. 성품이 지극히 효성스럽고 덕행으로 이름이 났다. 노나라 계씨(季氏)가 그를 초빙하여 비읍(費邑)의 장관으로 임명했으나, 그는 사임하고 나아가지 않았다.

좌하여(早登上第, 久佐大藩)", 고병이 두 사람을 회남관찰판관(淮南觀察判官)과 절도장서기(節度掌書記)로 임명해 줄 것을 주청한바, 경력을 가진 막부의 정관(正官)이 되었으므로 이 두 사람도 진사 급제자임을 알 수 있다.

이 밖에 《계원필경집》 권20, 〈진사 양섬과 송별하며(酬進士楊贍送別)〉와 《고운선생문집》 권1에 보집(補輯)한 최치원의 〈강남으로 돌아가는 진사 오만을 전송하며(送吳進士巒歸江南)〉, 일본 헤이안조(平安朝) 오에노 고레토키(大江維時, 888~963)의 《천재가구(千載佳句)》 권하에 집록한 〈이름이 난 뒤 진사 전인의에게 주노라(成名後酬進士田仁義見贈)〉에 의거하면, 양섬, 오만, 전인의 등 세 사람도 당 말의 진사임을 알 수 있다.

《계원필경집》 권13, 〈전 선주 당도현령 왕고는 양자현령을 섭직하라(前宣州當塗縣令王翺攝揚子縣令)〉에서는 당도현령 왕고가 "일찍이 효렴의 과거에 올라서 구계의 임무를 맡았었다(早登廉孝之科, 嘗歷句稽之任)"고 말했는데, 왕고는 분명 '효렴과(廉孝之科)'에 급제했다. 이러한 것이 《등과기고》에는 빠져 있다. 또 《등과기고》 권27, 〈부고(附考)〉, 「진사과」조에는 장함(張咸)의 이름만 열거되고 사적은 없는데, 《계원필경집》 권13에 〈전 절서 관역순관 향공삼전 장함을 다시 산양현승에 섭직시키노라(前浙西館驛巡官鄉貢三傳張咸攝山陽縣丞)〉라는 거첩(擧牒)이 있으니, 이를 근거로 그의 사적을 보충할 수 있다.

[해제]

이 글의 원제는 〈崔致遠《桂苑筆耕集》的文獻價值〉(張伯偉 편, 《域外漢籍研究集刊》 제1집, 中華書局, 2005)이다.

Ⅲ. 최치원 시론(詩論)

'동방문학의 비조' 최치원 시론(詩論)*

진량운(陳良運)

《구당서(舊唐書)》, 〈신라(新羅)〉에서 "신라는 군자의 나라로 불리며 자못 글을 잘 알아 중국과 유사하다. 그대는 학술로써 그들과 더불어 잘 강론할 수 있을 것이다(新羅號爲君子之國, 頗知書記, 有類中華. 以卿學術, 善與講論)"라고 했다. 647년부터 653년까지 재위한 신라 진덕여왕(眞德女王)은 일찍이 〈태평송(太平頌)〉을 지어 당(唐) 태종(太宗) 이세민(李世民)에게 보냈는데, 명대의 고병(高棅, 1350~1423)은 《당시품휘(唐詩品彙)》에 이 시를 수록하고 아울러 "고아하고 고풍스러우면서도 웅혼하여, 초당의 여러 시 작품과 견줄 만하다(高古雄渾, 與初唐諸作頡頏)"고 평했다. 당 고종(高宗) 영휘(永徽) 연간(650~654)에 신라 왕자 김교각(金喬覺)은 불학을 배우기 위해 중국에 가서[1] 구화산(九華山)에 정착했는데, 《전당시(全唐詩)》에서는 '김지장(金地藏)'이란 법명으로 시 〈하산하는 동

---

* 부제는 '고대 한국 한문학 연구 계열의 두 번째'이다. 이 계열 논문의 첫 번째인 〈김창협 문학사상 산론(金昌協文學思想散論)〉은 중국사회과학원에서 간행하는 《외국문학평론》 1998년 제2기에 실렸다.

1) 《전당시(全唐詩)》, 〈김지장 소전(金地藏小傳)〉에서 "신라국의 왕자로 지덕 초년에 항해하여 구화산에 머물렀다(新羅國王子, 至德初航海, 居九華山)"고 했다. 지덕 초년은 757년이니 잘못인 것 같다. 구화산 자료에 의하면, 개원(開元) 7년(719)에 김교각이 구화산에 이르러 지장보살 도량(地藏菩薩道場)을 열었다고 한다.

자를 전송하며(送童子下山)〉의 "쓸쓸한 공문에서 너는 집 생각에 운방과 작별하고 구화산을 내려가네(空門寂寞汝思家, 禮別雲房下九華)"라는 구절을 수록했다.

868년에 신라 호남(湖南) 옥구(沃溝) 지방의 열두 살 소년이 장삿배를 타고 당에 들어와 학문을 탐구했는데, 떠나기 전에 그의 아버지는 그에게 "10년 안에 급제하지 못하면, 내 아들이 아니다(十年不第, 非吾兒也!)"[2] 라고 거듭 당부했다. 입당 후 6년간 고학하여 당 희종(僖宗) 건부(乾符) 원년(874)[3] '빈공(賓貢)'과에 급제했고,[4] 선주(宣州) 율수현위(溧水縣尉)로 부임했다. 후에는 회남절도사(淮南節度使) 고병(高駢)의 막부에 들어갔는데, 고병의 표장문한(表狀文翰)이 모두 그의 손에서 나왔으며, 가장 유명한 것은 광명(廣明) 2년(881)의 〈황소에게 보내는 격문(檄黃巢書)〉이다. 4년 후 고병이 봉기군에게 패배하여 양주(揚州)에 갇혔다. 전란 속에서 그는 16년 동안 생활하고 근무했던 중국과 고별하고 신라로 돌아갔다. 그러나 저술은 중국에 남아 있어 구양수(歐陽修, 1007～1072) 등이 편찬한 《신당서》, 〈예문지(藝文志)〉에는 "《사륙집(四六集)》 1권, 《계원필경집(桂苑筆耕集)》 20권"이 남아 있다.

최치원은 자가 해부(海夫)이고 호는 고운(孤雲)이다. 귀국 후 일찍이 한림학사(翰林學士)・병부시랑(兵部侍郎) 등을 역임했고, 나중에 신라에 전란이 일자 가야산(伽倻山)에 은거하여 아흔다섯의 고령으로 사망했다. 후에 문창후(文昌侯)라는 시호를 내렸는데, 이 때문에 후인들은 그를 최문창(崔文昌)이라고도 부른다. 최치원은 고대 중・한 문화 교류에서 가장

---

2) 최해종(崔海鍾), 《한국한문학사(韓國漢文學史)》, 청구대학(靑丘大學), 1958, 22쪽 재인용.

3) 건부 원년과 함통(咸通) 15년은 같은 해이다. 《전당시》, 〈고운소전(顧雲小傳)〉에서도 "함통 15년에 급제했다(咸通十五年登第)"라고 말했다.

4) 당조 과거에 '빈공'과가 있었는데, "외국의 손님들이 당나라에서 과거에 응시하기(外國之賓應第于唐朝)" 위해 설치한 것이다.

중요하고 가장 유명한 인물 중 하나로, 한국문학사에서 숭고한 지위를 누리고 있다.

고려 시대의 저명한 시인 이규보(李奎報, 1169~1241)는 《백운소설(白雲小說)》에서 정중하게 "삼한이 하대부터 비로소 중국과 통하기 시작했으나 문헌이 없어져 알 수가 없다. 수・당 이래로 바야흐로 작자가 있었으니 을지문덕 장군이 수나라 장수에게 준 시나 신라왕이 당 황제에게 드린 송시는 비록 간책에 있으나 쓸쓸함을 면치 못했는데, 최치원이 당에 들어가 과거에 급제함으로써 문장으로 명성을 천하에 떨쳤다(三韓自夏時, 始通中國, 而文獻蔑蔑無聞, 隋唐以來, 方有作者, 如乙支之貽詩隋將, 羅王之獻頌唐帝. 雖在簡冊, 未免寂寥. 至崔致遠, 入唐登第, 以文章名動海內)"라고 했고, 또 "고운 최치원은 천황을 깬 공이 있어 동방 학자들이 모두 종주로 삼는다(崔致遠孤雲, 有破天荒之大功, 故東方學者皆以爲宗)"라고 말했다. 이후 서거정(徐居正, 1420~1492)의 《동인시화(東人詩話)》, 이수광(李睟光, 1563~1628)의 《지봉유설(芝峰類說)》의 저술에서 모두 "신라문풍(新羅文風)"을 연 그에 대한 평가가 매우 높다.

근대 한국문학사가 최해종(崔海鍾)이 지은 《한국한문학사》 상권, 제1편 〈삼국시대〉에서는 "동방 한문학 비조"라는 제목으로 최치원을 소개했다.[5] 여기서도 이를 빌려 제목으로 삼았다. 필자가 수집한 최치원의 작품 및 평론 자료가 한정적인데, 비교적 많이 알려진 시가를 가지고 고찰하고 논술하고자 한다. 빠지고 부당한 곳이 틀림없이 많을 터인데, 한국의 당대 학자들이 바로잡아 주길 바란다.

5) 최해종, 《한국한문학사》, 22쪽 재인용.

1. 최치원의 현존 시 고찰

《신당서》, 〈예문지〉에는 최치원의 《계원필경집》 서명(書名)이 있으나, 이 책이 중국에 유전(流傳)하지는 않았던 듯하다. 중국 남경도서관에서 소장하고 있는 고려 활자(高麗活字) 교인본(校印本) 《계원필경집》 20권은 앞에 홍석주(洪奭周), 서유구(徐有榘)의 서문이 있다. 서유구의 서문에 "《계원필경집》 20권은 신라 고운 최치원 선생이 당나라 회남 막부에 있을 때 공적이거나 사적인 일로 응수하여 지은 작품인데, 신라로 돌아온 뒤 손수 엮어서 조정에 바쳤다(《桂苑筆耕集》二十卷, 新羅孤雲崔公在唐淮南幕府時公私應酬之作, 而東還之後, 手編表進于朝者也)"라고 했는데, 이는 바로 이 책이 중국에서는 간행되지 않고, 그가 귀국한 뒤에 비로소 만들어져 세상에 퍼졌음을 설명하는 것이다.

수록된 시를 보면, 2권 60수는 모두 회남에서 지은 것인데, 이 책이 신라에서 중국으로 넘어왔다가 백여 년 후 구양수 등이 궁중의 장서를 정리할 때 보고서 〈예문지〉에 이름을 남겼을 것이다. 원대 탈탈(脫脫, 1314~1355) 등이 편찬한 《송사(宋史)》에는 이 서명이 보이지 않는데, 양송(兩宋)의 전란 속에서 유실되었을 것이다. 청대 편찬한 《전당시》에는 외국인(예를 들면 김지장)의 작품을 수록했으나 최치원의 시는 그렇지 않았는데, 그 당시 편자도 《계원필경집》을 보지 못했음을 알 수 있다. 현대 중국의 독자들이 볼 수 있는 최치원의 시의 출처는 아래와 같다.

① 일본 이치카와 간사이(河世寧, 市河寬齋)가 편집한 《전당시일(全唐詩逸)》에는 〈연주에서 이 원외에게 드림(兗州留獻李員外)〉 1수가 있고 또 7수의 연구(聯句), 즉 〈자화산에 올라(登慈和山)〉, 〈장안의 버들(長安柳)〉, 〈낙중의 벗에게 주노라(留贈洛中友人)〉, 〈동생 엄부를 전송하며(送舍弟嚴府)〉, 〈봄날(春日)〉, 〈이름이 난 뒤 진사 전인의에게 주노라(成

名後酬進士田仁義見贈)〉, 〈강가에서의 봄날의 감회(江上春懷)〉 7제(題, 그 가운데 제1제는 전체 시 내용이 보인다)를 수록했다.

② 중국의 현대 학자 손망(孫望, 1912~1990)이 1936년에 완성한 《전당시보일(全唐詩補逸)》에서는 《사부총간(四部叢刊)》을 남경도서관 소장 《계원필경집》으로 교정하면서 60수를 얻었다. 제17권에 기록된 〈덕을 기리는 칠언시 30수를 사도 상공께 삼가 올립니다(七言紀德詩三十首謹獻司徒相公)〉, 제20권의 〈심정을 토로하며 태위께 올립니다(陳情上太尉)〉에서 〈해문사의 버들에 적노라(題海門蘭若柳)〉 등 30수는 모두 회남에 있을 때, "공적이나 사적으로 주고받으며 지은 작품(公私應酬之作)"이다.

③ 당대 중국의 저명한 문헌 전문가 진상군(陳尙君, 1952~)은 《전당시속습(全唐詩續拾)》에서 《동문선(東文選)》, 《삼국사기(三國史記)》, 《한시선집(漢詩選集)》, 위욱승(韋旭昇, 1928~)의 《조선문학사(朝鮮文學史)》 등과 김동훈(金東勳, 1942~), 하명안(何鳴雁, 1933~)이 최치원을 소개한 두 편의 논문[6] 속에서 시 22수를 얻어 수록했다. 〈가을밤에 비가 내리고(秋夜雨中)〉, 〈옛 생각(古意)〉, 〈흥을 기탁하며(寓興)〉에서 〈도중에 지음(途中作)〉에 이르는 11수는 중국에서 지은 것이고,[7] 〈가야산 독서당 폭포에 쓰노라(題伽倻山讀書堂瀑布)〉에서 〈임경대(臨鏡臺)〉에 이르는 11수는 귀국 후 지은 시이다.

진상군은 김동훈의 말을 인용하여, 최치원의 시는 《계원필경집》에 수록된 것 외에 "《삼국사기》에 5수가 남아 있고 《동문선》에 30수가 수록되

6) 하명안(何鳴雁), 〈신라 시인 최치원(新羅詩人崔致遠)〉, 《社會科學戰線》 1984年 第4期 ; 김동훈(金東勳), 〈만당 시기 저명한 조선 시인 최치원(晩唐著名朝鮮詩人崔致遠)〉, 《中央民族學院學報》 1985年 第1期.

7) 시 〈윤주 자화사 절간에 올라(登潤州慈和寺上房)〉는 바로 이치카와 칸사이가 단지 "화각 소리 울리는 가운데 아침저녁으로 물결 일고, 청산 그림자 속에는 고금 인물 몇 명이나 지나갔나(畵角聲中朝暮浪, 靑山影裏古今人)"라는 연만 얻은 〈자화산에 올라(登慈和山)〉이다.

어 있으며, 그 밖에 석각·지방지에 보이는 것이 10수 정도 남아있는데, 백 수가량이 현존한다(《三國史記》存五首, 《東文選》收30首, 另見于石刻·方志者尙有十餘首, 其存百首左右)"라고 했다. 그 가운데 20여 수는 진상군이 보지 못해서, "보지 못한 것으로는 〈요주 파양정〉, 〈밤에 악관에게 주노라〉, 〈우강역만〉, 〈지광 스님에게 주노라〉 등이 있다(未見者有〈饒州鄱陽亭〉·〈夜贈樂官〉·〈芋江驛灣〉·〈贈智光上人〉等)"[8]라고 했다.

④ 진상군이 집교(輯校)한 《전당시보편(全唐詩補編)》이 출판된 2년 후에 1993년 제6기 《문학유산(文學遺産)》에 염기(閻琦, 1943~)의 〈최치원 일시 전증(崔致遠佚詩箋證)〉이 실렸다. 염기는 한국 성균관대학교(成均館大學校) 대동문화연구원(大東文化硏究院)에서 영인한 《최문창후전집(崔文昌侯全集)》에 수록된 《고운선생문집(孤雲先生文集)》[9]과 《고운선생속집(孤雲先生續集)》[10] 등 두 문집에서 온전한 시 35제(題) 44수, 또 한 연만 남아 있는 3제 3수를 수집했다. 이 44수 중 진상군이 이미 집교한 것이 19수이고 진상군이 보지 못한 〈요주 파양정(饒州鄱陽亭)〉 등 25수의 시가 늘어났다. 단지 제목과 시구 2행만 남아 있는 것은 〈중국 지도에 쓰노라(題輿地圖)〉, 〈고소대(姑蘇臺)〉, 〈벽송정(碧松亭)〉 3수이다.

최근에 필자는 이종은(李鍾殷), 정민(鄭珉)이 편집한 《한국역대시화유편(韓國歷代詩話類編)》[11]을 읽었다. 그리고 이수광(李睟光, 1563~1628)

---

8) 《전당시보일(全唐詩補逸)》과 《전당시속습(全唐詩續拾)》은 모두 《전당시보편(全唐詩補編)》(中華書局, 1992)에 수록되었다. 최치원의 시는 307~316쪽과 1242~1246쪽에 수록되어 있다.

9) 1926년 최치원의 후손 최국술(崔國述)이 수집한 일시(逸詩)와 일문(逸文).

10) 성균관대학교 대동문화연구원이 《문집》을 토대로 다시 수집한 일시와 일문. 〈말 위에서 짓노라(馬上作)〉라는 제목으로 되어 있는 "멀리 강가의 길을 따라서 나무들이 줄지어 섰는데, 차가운 구름은 떨어져 길 앞 봉우리에 걸렸네(遠樹參差江上路, 寒雲零落馬前峰)" 구는 이미 〈강남으로 돌아가는 진사 오만을 전송하며(送吳進士巒歸江南)〉에 보이므로 여기서는 포함시키지 않는다.

11) 《한국역대시화유편(韓國歷代詩話類編)》, 亞細亞文化社, 1988. 여기서 인용한 한국 문헌은 모두 이 책에서 나왔다.

의《지봉유설(芝峰類說)》권13에 "지리산에 한 늙은 스님이 있었는데, 산의 석굴에서 이상한 책 여러 질을 발견했다. 그 가운데 최치원이 쓴 시첩이 있었는데 시가 16수였으나, 지금 그 절반을 잃어버렸다. 구례군수 민대륜 군이 그것을 얻어서 나에게 보여주었다. 그 필적을 보니 정말로 최치원의 글씨였고 시도 또한 기묘하고 고아하니, 그것이 최치원의 작품이란 것은 의심할 나위가 없으며 매우 진귀한 것이다(智異山有一老髮, 于山石穴中得異書累帙, 其中有崔致遠所書誌一帖十六首, 今逸其半. 求禮倅閔君大倫得之, 以贈余. 見其筆迹, 則眞致遠筆, 而詩亦奇古, 其爲致遠所作無疑, 甚可珍也)"라고 적힌 기록을 보았는데, 제1수는 다음과 같다.

東國花開洞, 우리나라 화개동은
壺中別有天. 항아리 속의 별천지.
仙人推玉枕, 신선이 옥베개를 받치니
身世歘千年. 몸과 세상은 어느덧 천년일세.

진상군은 조소앙(趙素昂, 1887~1959)이 펴낸《한국문원(韓國文苑)》에 수록된 위의 시를《전당시속습》에 인용했다.[12] 나머지 7수는 다음과 같다.

萬壑雷聲起, 골짜기마다 우렛소리 일어나고
千峰雨色新. 봉우리마다 비빛이 새롭네.
山僧忘歲月, 산속의 스님은 세월을 잊고
唯記葉間春. 단지 나뭇잎으로 봄을 기억할 뿐이네.

12) 위의 시는 〈지리산 화개동(智異山花開洞)〉이란 제목으로 되어 있는데, '의(歘)' 자가 '숙(倏)' 자로 되어 있다.

雨餘多竹色, 비 온 뒤 대의 빛깔은 더욱 짙고
移坐白雲開. 옮겨 앉으니 흰 구름 열리네.
寂寂因忘我, 고요하여 나를 잊고 있노라니
松風枕上來. 솔바람이 베갯머리에 스쳐오네.

春來花滿地, 봄이 오니 꽃은 땅에 가득하고
秋去葉飛天. 가을이 가니 낙엽이 하늘에 날리네.
至道離文字, 지극한 도는 문자를 떠나서
元來在目前. 본디 눈앞에 있다네.

澗月初生處, 시내에 달이 처음 뜨는 곳
松風不動時. 솔바람이 불지 않을 때이네.
子規聲入耳, 두견새 소리가 귀에 들어오니
幽興自應知. 그윽한 흥취를 저절로 알리라.

擬說林泉興, 숲 속의 흥취를 말하려 해도
何人識此機. 어느 누가 이 참맛을 알겠는가?
無心見月色, 무심코 달빛을 바라보다가
默默坐忘歸. 묵묵히 앉아서 돌아가는 것도 잊었네.

密旨何勞舌, 은밀한 뜻을 어찌 혀를 놀려 수고롭게 하리오.
江澄月影通. 강이 맑으니 달그림자 통하네.
長風生萬壑, 긴 바람이 골짜기에서 나오니
赤葉秋山空. 붉게 물든 가을 산이 텅 비었네.

松上青蘿結, 소나무 위에는 푸른 덩굴 얽히고

澗中流白月. 시냇물에는 흰 달이 흐르네.
石泉吼一聲, 바위샘이 한번 포효하니
萬壑多飛雪. 온 골짜기에 눈발이 날리네.

또 이수광은 가야산(伽倻山) 석부암(石負庵) 바위 위에 새겨진 시 한 수를 언급하고, "전하는 사람은 최치원의 작품이 아닌가 의심했으나, 시의 격조가 근사하지 않다(傳者疑爲崔致遠之作, 然詩格不近似矣)"라고 하면서 그 시를 기록했다.

新羅末裔愛丘山, 신라의 마지막 후예가 언덕과 산을 애호하여
深鎖雲林不出寰. 깊은 구름 숲에 가두고 속세에 나가지 않네.
三見仙桃花結子, 세 번이나 선도가 피고 열매 맺는 것을 보았으니
笑他人老百年間. 다른 사람이 백 년 사이에 늙는 것을 비웃네.

김동훈은 최치원의 "현존하는 시는 모두 백여 수(存詩其百首左右)"라고 말했고, 허세욱(許世旭, 1934~)은 "최치원의 《계원필경집》에는 오언·칠언 금체시 백 수가 수록되어 있다(崔氏《桂苑筆耕》載五·七言今體詩100首)"[13]고 말했다. 위의 통계를 종합하면, 온전한 작품이 9수[14]로 합계 124수이다. 최치원의 시는 이것이 다가 아닐 것이다. 그는 귀국 후 67년 동안 살았으니, 시를 쓸수록 더 잘 썼을 것이다. 또 최해종은 그에게 《중산복궤집(中山覆簣集)》 등 9종과 《신라수이전(新羅殊異傳)》이 있는데, "결국 인멸되어버렸다(竟歸湮滅)"[15]고 말했다. 한국의 학자들이 최

13) 이 말은 허세욱의 〈한국 시화와 중국 시화(韓國詩話與中國詩話)〉에 보인다. 《동방문론선(東方文論選)》, 四川人民出版社, 1996, 845쪽 참조.
14) 이치카와 간사이(河世寧)는 7제(題)의 연구(聯句)를 수록했는데, 6제(題)는 시종 전편이 보이지 않는다.
15) 최해종, 《한국한문학사》, 청구대학, 23쪽 재인용.

근 새로이 발견한 것이 있는지 모르겠다.

2. 중국에서 지은 시의 사상 변화

최치원의 문학 창작은 틀림없이 중국에서 시작되었다. “꽃동산에 취하여 헤어지니 꽃잎이 소매에 가득하고, 그윽한 골목에서 읊으며 돌아오니 달의 휘장에 걸렸구나(芳園醉散花盈袖, 幽徑吟歸月在帷)”라는 두 구만 남아 있는 〈이름이 난 뒤 진사 전인의에게 주노라〉는 그가 18세 때 빈공과에 급제한 뒤 지은 시이다. 그와 같은 해에 급제한 고운(顧雲, ?~894?)과는 최소한 10년 동안 우정을 나누었는데, 〈늦은 봄에 즉흥으로 동료 사자인 고운에게 화답하며(暮春卽事, 和顧雲友使)〉에서는 다음과 같이 쓰고 있다.

東風遍閱百般香, 봄바람에 온갖 꽃향내를 두루 맡으니
意緖偏饒柳帶長. 마음만은 유독 길게 드리운 버들처럼 풍요롭네.
蘇武書回深塞盡, 소무의 글월은 깊은 요새를 돌아 전해지고
莊周夢逐落花忙. 장주의 꿈은 지는 꽃을 좇아 바쁘네.
好凭殘景朝朝醉, 남은 경치 빙자하여 아침마다 취하노니
難把離心寸寸量. 이별의 마음은 일일이 헤아리기 어렵네.
正是浴沂時節日, 때는 바로 기수에 멱 감는 시절이요
舊遊魂斷白雲鄕. 옛날에 놀던 곳은 애끊는 백운향이라네.

고국을 그리워하고 정경을 접하여 감정이 일어나 정이 매우 깊어지는데, 급제한 뒤 오래지 않아 이를 친구에게 토로한 작품인 것 같다.

후에 그는 고운, 나은(羅隱, 833~909)과 “함께 회남 상공 고병에게

나아갔는데(同謁淮南相公高駢)", 고병은 무장(武將)으로 검남(劍南)・형남(荊南)・회남(淮南) 등의 절도사를 역임했고, 아울러 시를 지을 줄 알았다.[16] 고병은 나은을 임용하지 않고 고운과 최치원을 채용했다. 《계원필경집》 제17권에 수록된 대형 연작시 〈덕을 기리는 칠언시 30수를 사도 상공께 삼가 바칩니다〉는 고병에게 바친 것이다. 앞에 〈시를 올리는 계문(獻詩啓)〉이 있는데, "저와 같은 사람은 행적이 외국 사람이고, 재주가 졸렬한지라 비록 태학에서 선을 사모하여 안연과 염백우의 담장을 엿보았으나, 필진의 자웅을 다툼은 조식과 유정의 보루를 차지하지 못했습니다. 다만 다행스럽게도 낙원에 노닐어 어진 기풍을 보았고 오랫동안 간절한 정성을 간직하여 이로써 노래로 펼쳐 볼까 했습니다(如某者, 迹自外方, 藝唯下品, 惟儒宮慕善, 每嘗窺顏,冉之墻而筆陣爭雄, 未得摩曹,劉之壘. 但以幸遊樂園, 獲得睹仁風, 久佇懇誠, 冀伸歌咏)"라고 했다. 최치원이 광명 2년(881)에 지은 〈황소에게 보내는 격문〉에 의하면, 이 연작시는 이전에 지은 것이거나 막 고병의 막부에 들어갔을 때 지은 것인데, 그때 나이는 스물서넛으로 풍모가 멋스러운 청년 시인이었다.

전체 연작시에서 모두 고병의 공적과 은덕을 찬양했다. 〈병법(兵機)〉에서는 처음에 20년 동안 군대를 인솔한 고병을 찬양하고 "유방이 장량의 높은 베개를 의지함과 같았네(漢皇高枕倚留侯)"라고 하여, 한(漢) 고조(高祖) 때의 장량(張良)으로 그를 찬양했다. 고병은 활을 잘 쏘아 "한 발의 화살로 수리 두 마리를 잡을 수 있어서 '낙조시어'라 불렀다(能一箭雙鵰, 號落鵰侍御)"고 했고, 연작시 가운데 〈수리 사냥(射鵰)〉, 〈호랑이를 쏘다(射虎)〉, 〈채찍을 쏘다(射鞭)〉의 3수가 있다. 고병이 이러한 무공(武功)을 가졌기에 "위세 있는 이름을 길이 사막에서 떨쳤으니, 오랑캐가 다시는 요임금에게 짖지 못하리라(永使威名振沙漠, 犬戎無復吠唐堯)"고 말

16) 《전당시》에 그의 시 1권이 남아 있다.

했다. 동시에 고병은 시를 잘 짓고 서예도 뛰어났다. 따라서 〈필법(筆法)〉, 〈눈을 읊조리다(雪詠)〉, 〈반계(磻溪)〉, 〈조어정(釣魚亭)〉 등의 시에서 이를 찬양했다.

고병은 〈운주에서(在鄆州)〉라는 시에서 "술은 금동이에 가득하고 붉은 꽃은 가지에 가득한데, 두 선녀 나란히 〈자고사〉를 부르네(酒滿金紅花滿枝, 雙蛾齊唱鷓鴣詞)"라고 했고, 또 〈조어정〉에서는 "물살이 세서 물고기를 낚기 힘들고, 바람이 부니 수양버들이 낮게 드리운다(水急魚難釣, 風吹楊柳低)"라고 했는데, 최치원도 〈조어정(釣魚亭)〉이란 제목으로 이를 개괄했다.

錦筵花下飛鸚鵡, 비단 자리 꽃 아래에 앵무 부리 술잔을 날리고
羅袖風前唱鷓鴣. 비단 소매 바람 앞에 〈자고사〉를 부르네.
占得仙家詩酒興, 선가 시와 술의 흥취 얻어서
閑吟烟月憶蓬壺. 한가히 달을 읊고 봉호를 생각하네.

물론 고병의 위엄과 무공, 예를 들면 〈성을 수복하고(收城)〉, 〈오랑캐를 평정하고(平蠻)〉, 〈도적을 눕히고(降寇)〉 등의 시에서는 서천(西川), 형남(荊南), 절서(浙西), 회남(淮南) 등에서의 군대와 정치 방면의 업적을 훨씬 많이 찬양했다. 마지막 수 〈심정을 토로하며(陳情)〉는 다음과 같다.

俗眼難窺冰雪姿, 속된 눈으로 깨끗한 자태 엿보기 어려워
終朝共詠小山詞. 아침 내내 〈소산사〉를 읊조렸네.
此身依托同鷄犬, 이 몸의 의탁함이 개와 닭 같으니
他日昇天莫棄遺. 다른 날 하늘에 오르거든 버리지 마옵소서.

최치원은 한대 회남왕(淮南王) 유안(劉安, 기원전 179~122)이 도를

깨우쳐 온 집안이 승천했다는 고사를 인용하여, 고병이 보살펴줄 것을 바라는 뜻을 분명히 내비치고 있다. 또는 이 연작시를 바쳤기 때문에 고병이 그를 각별히 우대하여 "표문·장문 등의 글이 모두 최치원의 손에서 나왔으며(表狀文翰, 皆出其手)", 아울러 그를 순관(巡官), 전중시어사(殿中侍御史)로 임명한 것 같다. 그러나 고운은 이러한 대우를 받지 못했다. 이 연작시의 격조가 높지 못하고 시의 예술성도 평범하여 순전히 응대하기 위한 작품이라고 말할지 모르나, 막 벼슬길로 들어선 청년, 특히 한 외국인이 중국에 발을 붙이고 아울러 벼슬길이 통달하기를 바라는 것은 너무 가혹한 일이다.

현재 알려진 124수 가운데 중국에서 지었다고 확정할 수 있고, 전편을 알 수 있는 것은 적어도 80여 수이다. 앞에서 이야기한 30수 외에 《계원필경집》 제20권에 수록한 30수는 바로 중화(中和) 4년 귀국하기 전에 고병 및 친구들과 작별을 나누고 고향을 그리는 마음을 묘사한 것이다. 또 이전에 강남을 유람하여 보고 느낀 것을 기술한 작품과 중국 친구들과 창수(唱酬)한 작품이 있는데, 여기에도 역시 고국을 그리는 작품이 드물지 않다. 먼저 이러한 작품을 이야기해 보겠다.

登臨蹔隔路岐塵, 산에 올라 속세의 갈림길과 잠시 멀어졌는데,
吟想興亡恨益新. 흥망을 되씹으니 한은 더욱 새로워라.
畫角聲中朝暮浪, 화각 소리 울리는 가운데 아침저녁 물결 일고
青山影裏古今人. 청산 그림자 속에는 고금 인물 몇 명이나 지나갔나.
霜摧玉樹花無主, 서리 맞아 꺾인 옥수화는 임자도 없는데
風暖金陵草自春. 바람 따뜻한 금릉에는 풀만 절로 봄이로다.
賴有謝家餘景在, 사씨 집안에 남은 경지 아직도 있어
常叫詞客爽精神. 길이 시인의 정신을 상쾌하게 하네.

제목이 〈윤주 자화사 절간에 올라(登潤州慈和寺上房)〉로 되어 있는데, 윤주(潤州)는 지금의 강소성(江蘇省) 진강시(鎭江市)이며, 바로 최치원이 지낸 율수현위(溧水縣尉)가 맡았던 군(郡)이었다. 이 시의 주제는 '흥망에 대한 회상(吟想興亡)'인데, 이 지역은 동진(東晋)에서 남조(南朝) 송(宋), 제(齊), 양(梁), 진(陳)에 이르기까지 통치한 땅이고, 또한 역대의 병가가 양보하지 않았던 땅이기 때문이다.

제2연은 확실히 절묘한 시구[17]인데, 앞 구는 귀로 들은 것을 묘사했고, 뒷 구는 눈으로 본 것을 그렸다. 그러나 모두 시간과 공간을 감상 속에 끝없이 펼쳐 놓아, 역사와 현실이 '아침과 저녁(朝暮)', '과거와 현재(古今)', 소리와 경치를 통하여 시인의 심목(心目) 속에서 융합되는데, 옛날과 지금이 필경 이처럼 흡사한 경우가 있다(마치 서구의 한 철학자가 말한 것처럼, 역사는 왕왕 사람을 놀라게 할 정도로 비슷한 곳이 있다).

최치원이 이 시를 지을 때 대당제국(大唐帝國)은 바로 급속하게 몰락하는 중이었고, 그가 빈공과에 급제하던 그해(874)에 고선지(高仙芝, ?~755), 황소(黃巢, ?~884)가 반란을 일으켜 조야가 어지럽고 불안하자, 이 외국 청년 시인은 당 제국의 미래 운명에 대하여 걱정했다. "서리 맞아 꺾인 옥수(霜摧玉樹)"는 남조 진후주(陳後主)가 멸망한 고사를 암시하는데, 진숙보(陳叔寶)는 〈옥수후정화(玉樹後庭花)〉를 지어서 총비에게 노래하게 하여 음악과 여색의 즐거움을 탐닉했다. 수 양제 양견(楊堅, 541~604)의 대군이 금릉(金陵)을 격파한 뒤 나라도 망하고 진숙보도 죽게 되었다. 당시의 황제 이현(李儇)도 이러한 전철을 밟을 것인가? "뇌유사가(賴有謝家)" 구는 동진의 사안석(謝安石, 320~385)이 일찍이 비수(淝水)에서 진인(秦人) 부견(符堅)의 대대적인 공격을 격파하고 잠시 동

17) 서거정(徐居正)은 《동인시화(東人詩話)》에서 "후에 신라의 상인이 당나라에 들어가 당시를 구입할 때, 어떤 당인은 이 시구를 써서 보여주었다(後鷄林賈客入唐購詩, 有以此句書示者)"라고 했다.

진의 반쪽짜리 강토를 지킨 일을 가리킨다. 시인은 분명히 고병에게 희망을 기탁했고, 고병을 신임하게 되어 "정신이 상쾌하게(爽精神)" 되었다.

이 시를 읽노라면, 시인으로서 최치원의 예민한 감각에 탄복하지 않을 수 없다. 과연 그가 중국을 떠난 지 23년 후에 당 제국은 멸망했고, 강남 일대에는 오월(吳越), 남당(南唐) 등의 약소 조정이 출현하여 중국은 다시 백 년 동안 분열에 빠졌다. 3백 년 후 남송의 애국 사인(詞人) 신기질(辛棄疾, 1140~1207)은 또 진강(鎭江)에서 "천고의 흥망성쇠 그 몇 번이던가? 옛일은 아득하고 멀기만 한데, 장강의 물은 다함없이 도도하게 흘러가노라(千古興亡多少事, 悠悠, 不盡長江滾滾流)"[18]라고 크게 탄식했는데, 세대는 다르나 신라 시인과 같은 땅에서 같은 소리로 서로 호응했다. 최치원의 이 가작은 중국 사람의 작품과 비교해도 결코 뒤지지 않는다.

그는 강남에서 벼슬자리를 찾아다니면서 그곳의 민정에 주의를 기울였다. 그의 〈강남의 여인(江南女)〉은 부잣집 여인과 가난한 여인의 다른 생활 상황, 생활 태도를 표현했다.

江南蕩風俗, 강남의 풍속은 방탕하여
養女嬌且憐. 기르는 딸이 교태 있고 가냘팠네.
性冶恥針線, 천성은 바느질하는 것을 부끄러워하니
妝成調管弦. 분단장 마치고는 악기 조율하네.
所學非雅音, 배운 것은 고상한 노래가 아니요
多被春心牽. 춘정에 많이 이끌린 것이라네.
自謂芳華色, 스스로 일컫기를 꽃다운 얼굴이요
長占艶陽年. 청춘 시절 길이 이어진다 하네.
却笑隣家女, 도리어 이웃 여자 비웃나니

18) 〈남향자(南鄕子)·경구의 북고산 정자에 올라 감회에 젖어(登京口北固亭有懷)〉

終朝弄機杼. 하루 종일 북을 놀리며
機杼縱勞身, 베 짜느라 몸을 수고롭게 하지만,
羅衣不到汝. 비단옷은 네게 돌아가지 않으리라.

여기서 시인은 부잣집 여인에 대해서 분명히 멸시하지만, “베틀을 놀리는(弄機杼)” 가난한 여인에 대해서는 진지한 동정을 기탁했다. 이 시를 읽어 보면, 이 외국 시인에 대하여 각별히 친근감을 느낄 수 있다. 왜냐하면 최치원과 동시대인 진도옥(秦韜玉)[19]에게도 〈가난한 여자의 시(貧女詩)〉라는 시가 있기 때문이다.

蓬門未識綺羅香, 가난한 집안에 태어나 비단과 향수를 몰랐고
擬托良媒亦自傷. 좋은 중매를 부탁하고 싶어도 스스로 부끄럽다네.
誰愛風流高格調, 누가 격조 높은 풍류를 사랑하는가?
共憐時世儉梳妝. 유행에 뒤진 소박한 차림새를 모두 가여워하네.
敢將十指誇針巧, 열 손가락으로 바느질 솜씨를 자랑하기만 하고
不把雙眉鬪畫長. 두 눈썹을 다투어 길게 그리지 않네.
苦恨年年壓金線, 힘들고 한스럽게도 해마다 금실로 수놓아
爲他人作嫁衣裳. 남들의 혼례복만 짓는다네.

국적이 다른 두 청년 시인이 표현한 동정심과 연민의 정이 이와 같이 비슷하다.

고국을 떠난 지 오래되어서 고향을 그리워하는 정이 더욱 깊어졌고, 이국땅에서 사노라니 때때로 고독감이 일었다. 비록 이국 친구들이 따뜻하게 위로해 주었으나, 끝내 고향을 향한 정을 대체할 수는 없었다. 최치

19) 진도옥은 최치원이 귀국하기 전해, 즉 중화 2년(882)에 급제했다.

원은 중국에서 지은 시에서 종종 이러한 감정을 내비쳤다.

〈가을밤에 비가 내리고(秋夜雨中)〉

秋風惟苦吟, 가을바람에 애달프게 읊조리니
世路少知音. 세상에는 나를 알아주는 이 없네.
窗外三更雨, 깊은 밤 창밖에는 비가 내리는데
燈前萬里心. 등불 앞에 아득히 외로운 마음.

"홀로 타향에서 나그네 생활을 하는(獨在異鄕爲異客)"[20] 고독하고 적막한 감정을 남김없이 표달하는데, 후에 고국의 시인이자 시 평론가는 이 시가 "가장 뛰어난(最好)" 가작 가운데 하나라고 칭찬했다.[21] 〈가을날 우이현을 다시 지나며 이 장관께 부칩니다(秋日再經盱眙縣寄李長官)〉에서 "새파랗던 문 앞의 버들은 벌써 시들었지만, 나그네는 여전히 지난해의 옷을 걸치고 있네. 길은 하늘 끝까지 멀고 몸은 시름 속에서 늙어 가는데, 내 집은 바다 건너 있으니 꿈속에서나 돌아갈까(門柳已凋新歲葉, 旅人猶着去年衣, 路迷霄漢愁中老, 家隔烟波夢裏歸)"라고 탄식하면서 침통한 정을 읊어냈다.

그는 산양(山陽, 지금의 강소 회안)에서 고향 친구를 만나자 기쁘기도 하고 몹시 슬프기도 했다.

〈산양에서 고향 친구와 이별하며(山陽與鄕友話別)〉

相適暫樂楚山春, 서로 만나 초산의 봄을 잠시나마 즐기다가
又欲分離淚滿巾. 다시금 헤어지려니 눈물이 수건을 가득 적시네.
莫怪臨風偏悵望, 바람 맞으며 슬피 바라다봄을 이상하게 생각지 마오.

20) 왕유(王維), 〈9월 9일 효산(殽山) 동쪽의 형제들을 그리며(九月九日憶山東兄弟)〉.
21) 예를 들면 허균(許筠), 〈성수시화(惺叟詩話)〉.

異鄕難遇故鄕人. 타향에서 고향 사람 만나기 어려우니.

이처럼 고향의 정이 짙어져 누그러트릴 수 없었다.

최치원이 처음 고병의 막부에 왔을 때, 일찍이 "다른 날 하늘에 오르거든 버리지 마옵소서(他日昇天莫棄遺)"라는 바람이 있었으나, 막부에 있는 동안 벼슬 생활에 대하여 혐오하는 정서가 생겨났다.

〈심정을 토로하며 태위께 올립니다〉

本求食祿非求利, 본래는 식록을 구함이지 명리를 구함이 아니니,

只爲榮親不爲身. 단지 어버이를 영화롭게 하기 위함일 뿐, 제 몸 위함이 아니로다.

그는 승진할 기회가 있었으나 귀국하기로 결심을 내렸다. 이유는 그의 명리를 중시하는 생각에 변화가 일어났기 때문이다. 이에 대해 두 수의 시가 주의를 기울일 만하다.

〈옛 생각(古意)〉

狐能化美女, 여우는 능히 미인으로 변할 수 있고

狸亦作書生. 살쾡이 또한 선비가 되네.

誰知異物類, 그 누가 알리, 다른 무리가

幻惑同人形. 사람 모습과 같이 되어 홀리는 것을.

變化尙非艱, 변화하기는 오히려 어렵지 않으나

操心良獨難. 마음 고르기는 참으로 어렵구나.

欲辨眞與僞, 참과 거짓을 분별하려거든

願磨心鏡看. 원컨대 마음의 거울을 닦고 보소.

〈흥을 기탁하며(寓興)〉

願言扃利門, 원컨대 이욕의 문을 막아
不使損遺體. 부모께 받은 몸 상하게 말라.
爭奈探珠者, 어찌하여 이익 좇는 사람들
輕生入海底. 목숨 가벼이 바다 밑에 들어가나.
身榮塵易染, 몸의 영화는 티끌에 끌리기 쉽고
心垢正難洗. 마음의 때는 잘못을 씻기 어렵다네.
澹白與誰論, 담박한 맛을 누구와 의논하리.
世路嗜甘醴. 세상 사람들 단술만 즐긴다네.

필자가 생각하기에 이 두 시[22]는 소박하고 정직한 품격을 가진 최치원이 성숙 단계로 접어든 표지이다. 그가 분분한 현실 생활, 명리를 추구하는 관직 생활에 대하여 비교적 투철하게 관찰했고 진위를 변별할 수 있는 경각심을 가졌다고 생각한다. 진실을 몰아내고 허위를 추구하는 것이 바로 명리를 중시하는 관직 생활에 오랫동안 존재하는 못된 행적인데, 그는 이 점을 깨닫고 세속에 물들지 않고 자신의 순결을 지키고 싶은 바람을 가지고, "몸의 영화는 티끌에 끌리기 쉽고 마음의 때는 잘못을 씻기 어렵다네"라는 시구처럼 깊은 반성 의식으로 생활 철리가 풍부한 시를 써 냈다.

《계원필경집》 제20권에는 그가 귀국할 때 쓴 시가 모아져 있다. 한편으로는 "강 위에 비 내리니 나그네살이 시름겨워, 고향에 돌아갈 날 꿈에도 아득하도다(客路離愁江上雨, 故園歸夢日邊春)",[23] "봄빛도 내 마음 오래 괴롭히지는 못하겠지, 머지않아 고향의 꽃향기에 취할 테니(春色不應長惱我, 看看即醉故園花)"[24] 등처럼 집으로 돌아가고 싶은 간절한 마음을

22) 염기(閻琦) 교수는 이 시를 신라에서 지은 것이라고 했으나 의심이 간다.
23) 〈심정을 토로하며 태위께 올립니다(陳情上太尉)〉.

표현했으며, 다른 한편으로는 미래의 인생 방향을 표명했다.

〈수재 오만과 석별하며 두 절구(酬吳巒秀才惜別二絶句)〉에서 다음과 같이 말했다.

榮祿危時未及親, 높은 자리 오르면 친하기도 어려울 것이니
莫嗟岐路暫勞身. 갈림길에 잠시 괴롭다고 슬퍼 마시오.
今朝遠別無他語, 오늘 아침 멀리 이별하는데 다른 말 없으니
一片心須不愧人. 오로지 이 마음만은 남에게 부끄럽지 않으리라.

그 자신이 입당하여 16년 동안 거의 "높은 자리에 오른 때(榮祿危時)"가 없었고, 또한 기로에 서지 않았던 듯하다. 이는 관계가 매우 친밀한 듯한 오만(吳巒)과 이별할 때의 정중한 권고인데, 결구가 더욱 간곡하고 의미심장하다. 중화 4년(884) 겨울 10월에 그는 "명을 받들어 사신이 되어 신라로 가다가 대주산 아래에 배를 대었는데(奉使東泛, 泊舟于大珠山下)", 눈에 들어오는 경물을 제목으로 삼아 칠언 율시 10수를 썼다. 소서(小序)에 "고 원외에게 부친다(寄高員外)"라는 말이 있는데, 그 가운데 특별히 주의를 기울일 만한 것은 〈돌 위의 작은 소나무(石上矮松)〉이다.

不材終得老烟霞, 쓸모없는 나무가 늙도록 자연을 누렸는데
澗底何如在天涯. 산골 냇가가 어찌 바닷가만 하겠는가.
日引暮陰齊島樹, 저문 해는 그림자를 끌어 섬 나무만큼 크게 하고
風敲夜子落潮沙. 밤바람은 솔방울을 흔들어 밀물 모래밭에 떨어뜨리네.
自能盤石根長固, 반석에 내린 뿌리 깊고 단단하니
豈恨凌雲路尙賒. 어찌 구름 능가할 길 멀다고 한탄하리오.

24) 〈바닷가에서 한가롭게 거닐며(海邊閑步)〉.

莫訝低頭無所愧, 키 작은 것은 부끄러워할 바가 아니니
棟梁堪入晏嬰家. 안영의 집 들보감으로는 넉넉하다네.

이 시는 바위에 난 작은 소나무를 보고 느낌이 일어 인생길에 대한 시인의 생각을 표현했다. 이때 그는 겨우 스물여덟으로, 오랫동안 살아서 하늘 끝에서 유랑하기보다 살기 적합한 "산골 냇가(澗底)"(즉 조국, 고향)로 돌아갈 수 있기를 희망했다. 마지막 4구는 의미심장하다. 반석처럼 든든하게 뿌리를 내리면 되거늘, 어찌 무슨 기세가 하늘을 찌르고 오르는 길이 요원하다고 원망하는가? 몸이 왜소하여 두각을 나타내지 못해도 부끄러울 것이 없고, 빌딩처럼 높은 동량(棟梁)의 재목이 될 수도 없으며, 저명한 난쟁이 안영(晏嬰) 집의 동량이 될 뿐이다!

이 시를 앞에서 인용한 〈기덕시〉의 마지막 수 〈심정을 토로하며〉와 비교해 보면, 판이하게 달라서 한 사람의 작품 같지 않다. 최치원은 이때 "이 몸의 의탁함이 개와 닭 같으니" "하늘에 오를" 지나친 욕망은 없었다. 그는 고병의 막부에 처음 들어왔을 때 공명을 추구하던 자아와 결렬했던 것이다.

왜 시인의 사상과 감정에 이처럼 큰 변화가 일어났는가에 대하여, 필자는 《구당서》와 《신당서》의 〈고병전〉을 검토해 보고서야 깨달았다. 원래 고병이 회남절도사를 지낼 때, 결코 최치원이 상상하고 기대한 것처럼 "사가여경(謝家餘景)"이 아니었다. 광명 원년(880) 황소 봉기군이 광동(廣東)에서 강회(江淮)로 북상해서 신주(信州)에서 고병의 부하 장린(張璘)이 이끄는 7만 명의 군사를 격퇴시키고 순식간에 장강(長江)을 건너자, 고병의 부하 필사탁(畢師鐸)은 출병하여 저지할 것을 강력히 주장하며, "적의 요충지를 깰 만한 곳은 오로지 강회가 최고입니다. 저들 군사는 많고 우리는 적으니, 만일 요지에 기대어 저들을 공격하지 않고, 저들로 하여금 북으로 장강과 회수를 건너게 한다면 어떻게 제압하시겠습니까? 이러면 중원이 함락되는 것은 필연적입니다(破賊要害之地, 唯江淮爲首, 彼衆我寡, 若不據津要以擊之, 俾北渡長淮, 何以拒束, 中原陷覆必矣)"라고 말했다.

그러나 고병 수하의 총애 받는 장수 여용지(呂用之, ?~885)는 마음속으로 악의를 품고 "부정한 말로 고병에게 아첨하니, 고병은 그의 말을 자못 듣게 되었다(以左道媚騈, 騈頗用其言)." 여용지는 필사탁이 공을 세울까 두려워하여 그의 권리를 빼앗고, 조정에서 황소를 어떻게 수습할지에 대한 문제에 논쟁이 생긴 틈을 이용하여 "상공의 공훈과 업적이 높으십니다. 요사스러운 적들이 아직 섬멸되지 못했는데도 조정에서는 벌써 이간질하는 말이 오고갑니다. 만약 적들을 평정해버리면, 공의 위세와 명망이 군주를 누를 것인즉, 공을 세우고도 상을 받지 못하게 됩니다. …… 그러니 기회를 엿보면서 스스로 많은 복을 구하는 것만 못합니다(相公勳業高矣, 妖賊未殄, 朝廷已有間言, 賊若蕩平, 則威望震主, 功居不賞, …… 莫若觀釁, 自求多福)"라고 진언했다. 고병은 여용지의 말을 곧이 듣고 "다만 병권을 틀어쥐고 관할 경내를 보호할 뿐이었다(但握兵保境而已)."

황소는 고병의 저항을 받지 않고 파죽지세로 하락(河洛)에 쳐들어갔고 광명 원년 12월에는 수도 장안을 공격하여 함락시키자, 당 희종은 사천(四川) 성도(成都)로 피난 갔다. 이후 조정에서는 다시 고병을 파견하여 "구원(赴難)"하도록 했는데, 고병은 광명 2년 7월에 최치원에게 〈황소에게 보내는 격문〉을 기초하게 했으나 시종 실제 행동에 옮기지 않고 기회를 엿보며 양절(兩浙)을 겸병하고자 한쪽에 할거했다. 이때 최치원은 고병과 여용지의 행위에 대하여 분명 불만을 품기 시작했다. 시 〈신축년에 진사 오첨에게(辛丑年寄進士吳瞻)〉가 이를 확증해 준다.

危時端坐恨非夫, 위태로울 때 단정하여 원망하는 것은 장부가 아니니
爭奈生逢惡世途. 나쁜 세상 만난 것을 어찌할 것인가.

盡愛春鶯言語巧, 봄 꾀꼬리 아리따운 소리 모두를 사랑하고
却嫌秋隼性靈麤. 가을매 거친 성질은 못내 미워한다네.
迷津懶問從他笑, 세파에 헤매다 남의 웃음이나 사지 말게
直道能行要自愚. 바른길은 어리석은 척해야 능히 갈 수 있다네.
壯志起來何處說, 장한 뜻 세워도 말할 곳이 없으니
俗人相對不如無! 세상 사람들 상대해서 무엇할 것인가!

신축(辛丑)년은 광명 2년(또는 중화 원년)이다. 이 시는 확실히 그가 〈황소에게 보내는 격문〉을 기초한 뒤에 지은 것인데, 고병이 말만 앞세우고 행동에 옮기지 않아 그를 실망시키고 분노하게 했다. 그러나 감히 공개적으로 이를 고병에게 표시할 수 없어 시를 써서 친구에게 호소했다.[25)]

이 시에 표현된 감정은 비교적 복잡하여, 제1연에서는 "위태로울 때(危時)" 고병의 잘못된 행위를 감히 반대하지는 못한 자신이 대장부가 아니라고 질책하는 듯하면서도, 자신만 유독 이러한 험악한 시대와 세상을 만난 것을 비분강개했다. 제2연에서는 고병이 여용지의 감언이설을 곧이듣고 필사탁 등(시인 자신도 포함될 것이다)의 곧은 말을 듣지 않음을 비평했다. 제3연에서는 여용지의 무리에게 절대 복종하지 않을 것이며, 진심으로 '정도[直道]'를 지킬 것이며 '우자(愚者)'[대지약우(大智若愚)의 뜻으로 쓰였다] 같은 사람이 되겠다고 표명했다. 마지막 연은 다시 '속인'과는 결코 대화하지 않겠다고 표시했다. 여기서 속인은 주로 여용지를 가리킨다.

고병은 황소에게 저항하지 않고 양주를 사수하면서 도리어 미신에 빠

25) 오첨(吳瞻)의 이름에 착오가 있다면, 양첨(楊瞻)이나 오만(吳巒)일지도 모른다. 최치원은 이 두 친구에게 많은 시를 써준 적이 있으며 왕래가 빈번했다. 만약 오만이 확실하다면, 앞의 인용과 오만의 석별시 마지막 구가 가르키는 것은 더욱 분명해진다.

져 제단을 쌓고 '영선루(迎仙樓)'를 세워 신선이 행복을 가져다주길 기원했다. 여용지가 농간을 부려 "자신이 신선과 소통한다고 말하고는 고병을 마주하고 당당에게 위세를 부리거나 하늘을 우러러 바라보며 읍을 하거나 재배했다. 말은 천하고 속되며 주위에서 사사로이 비방하는 자가 있으면 문득 그를 죽여 버려도 나중에 감히 이 사실을 입 밖에 낼 수 있는 자가 없었다(自謂與仙眞通, 對駢叱咤風雨, 或望空顧揖再拜, 語言俚近, 左右或竊議, 輒殺之, 後無敢出口者)."[26] 이처럼 속되고 악한 사람을 '상대(相對)'할 수 있겠는가? 여용지는 또 "음험하고 교활하기가 그지없는(陰狡過用之遠甚)" 제갈은(諸葛殷) 등 소인배를 끌어다가 다른 의견을 가진 무장과 문관을 함부로 헐뜯고 훼방하여 위아래로 이간질했다.

중화 2년에 조정에서는 고병의 군직(軍職)을 해임시키고 잠시 양주에서 향락하게 했다. 광계 3년(887, 최치원이 귀국한 후 3년 후)에 고병의 부장(部將)이었던 필사탁이 끝내 그를 죽였다. 고병은 만년에 불충했다가 끝내 '반신(叛臣)'이라는 천고의 오명을 남기게 되었다.

이러한 역사 배경을 이해하면, 곧 최치원이 왜 〈옛 생각〉, 〈홍을 기탁하며〉 같은 시[설사 귀국한 뒤 신라 정강왕(定康王) 시기에 조정의 시기를 받고서 지었다고 할지라도 이처럼 그 밑바탕에는 잊을 수 없는 중국 체험이 깔려 있다]를 썼는지 알 수 있다. 여용지는 "사람 모습과 같이 되어 홀리는(幻惑同人形)" 전형이 아닌가?

물론 최치원에게 연약한 면도 있는데, 오첨(吳瞻)에게 부친 시에서 알 수 있다. 외국에서 온 지식인으로써 그는 고병이 베푼 지우(知友)의 은혜를 잊을 수 없었고,[27] 또한 고병은 그의 문재(文才)를 알아보고 줄곧 그를 후대했다. 이는 〈심정을 토로하며 태위께 올립니다〉의 "해내에서 누가 해외 사람을 어여삐 여기리?(海內誰憐海外人)"와 "다행히 은혜로운 물

26) 《신당서》, 〈반신전(叛臣傳)〉, 「고병(高駢)」.
27) 반신(叛臣)으로서의 고병의 면모는 그가 떠난 뒤 철저하게 폭로되었다.

결 만나(幸遇恩波)"라는 시구에서 알 수 있다. 그가 귀국 도중에 산양을 지날 때, 고병은 또 "옷감을 부쳐 주어(寄賜衣段)" 그를 감격케 했다.

필자는 부득불 다시 최치원이 시국의 변화를 관찰한 예민성을 찬양하지 않을 수 없다. 그는 이 시비의 땅에서 벗어나기로 결정했다. 만일 그가 고병의 막부에서 3년 더 머물렀다면, 영원히 "고향의 꽃향기에 취하지(卽醉故園花)" 못했을 것이다. 이러한 잊기 어려운 경력이 있었기 때문에 귀국한 뒤 비록 한림학사(翰林學士), 수병부시랑(守兵部侍郎) 등의 고관을 맡고서도 그는 "진성여왕이 정사를 혼란시켜(眞聖女主亂政)", "고려가 장차 흥기할 줄 알고 상서를 올렸는데 그 가운데 '계림은 낙엽이며, 송악은 푸른 소나무'라는 구절이 있었으며(知高麗將興, 上書有'鷄林黃葉, 鵠嶺青松')"[28] "늙도록 자연을 누리려는(終得老烟霞)"[29] 바람을 실현했다.

3. "고운의 시는 거칠고 약한 듯하다(孤雲詩似粗弱)", "뜻이 정세하지 못하다(意不精)"에 대한 변론

최치원이 귀국한 뒤 지은 시로 지금까지 볼 수 있는 것은 20수가 넘지 않는다. 이수광이 발견한 〈지리산(智異山)〉 연작시 8수는 산수의 풍경을 묘사하여 마치 중국 시인 왕유(王維, 701~761)의 《망천집(輞川集)》과 비슷한데, 읽어 보면 속세를 초탈하고자 하는 느낌이 있다. 시인은 귀국한 뒤 불교, 도교에 대하여 뚜렷한 흥취가 생긴 것 같다. 그러나 중국에서 지은 시 가운데 〈기덕시〉에만 고병에게 도술이 "성해에 물결 맑아 깊은 근원 보았고, 묘리를 연구하여 도의 문을 열었네(波澄性海見深源, 理究希夷闢道門)"하고 한 것처럼 아첨하는 말이 있다. 이때 그가 "산속의 스

---

28) 최해종, 《한국한문학사》, 22쪽에서 재인용.
29) 〈돌 위의 작은 소나무(石上矮松)〉.

님은 세월을 잊고(山僧忘歲月)", "지극한 도는 문자를 떠나서(至道離文字)"를 감상하고, 혹 "무심코 달빛을 바라보다가 묵묵히 앉아서 돌아가는 것도 잊는(無心見月色, 默默坐忘歸)"다고 했는데, 이는 그 자신인지도 모른다. 그는 속세에서 멀리 떠나길 바랐고, 인간의 시비에서 멀리 벗어나고 싶었다. 〈가야산 독서당 폭포에 쓰노라〉를 보자.

狂噴疊石吼重巒, 물은 미친 듯이 바위를 치며 산을 울리어
人語難分咫尺間. 지척에서 하는 말 분간하기 어렵네.
常恐是非聲到耳, 항상 시비 소리 귀에 들릴까 두려워
故教流水盡籠山. 흐르는 물로 산을 온통 감싸게 했네.

최초로 이 시를 발견한 사람은 최치원 시대에서 3백 년 늦은 고려의 저명한 시인 이인로(李仁老, 1152~1220)인데, 그가 지은 《파한집(破閑集)》에서 이 시를 기록하기 전에 다음과 같은 글을 적었다.

(최치원은) 관리 생활에 낙담하여 가야산에 들어가 은거했다. 어느 날 아침 일찍 일어나 문을 나선 뒤 그가 나간 것을 아무도 몰랐다. 갓과 신을 숲 속에 남겨 놓았으므로 아마 신선이 되어 하늘에 올라간 듯하다. 절의 스님은 그날 최치원의 명복을 빌었다. 최 공의 구름 같은 수염과 옥 같은 뺨에는 항상 흰 구름이 그 위를 덮고 있었으므로 초상화를 그려서 독서당에 두었는데 지금까지도 보존되어 있다. 독서당에서 동구의 무릉루에 이르기까지 거의 십 리 길에 절벽과 고개가 붉고 푸르며 소나무, 전나무가 울창하고 바람과 물이 부딪쳐 자연히 금석 소리가 났다. 최 공이 일찍이 절구 한 수를 지었는데 취묵이 뛰어나서 지나는 사람이 모두 이것을 가리켜 '최 공이 지은 시석'이라 했다(然灰心仕宦, 卜隱伽倻山. 一旦早起出戶, 莫知其所歸, 遺冠履于林間, 蓋上賓也. 寺僧以其日薦冥禧. 公雲髯玉頰, 常有白雲蔭其上, 寫眞留讀書堂, 至今尙存. 自讀書堂至洞

口武陵樓, 幾十里丹崖碧嶺, 松檜蒼蒼, 風水相激, 自然有金石之聲. 公嘗題一絶, 醉墨超逸, 過者皆指之曰 : '崔公題詩石').

〈가야산 독서당 폭포에 쓰노라〉의 제4구는 후인들이 옮겨 적을 때 모두 '농산(籠山)'으로 적었는데 틀린 것 같으며, 이수광이 쓴 '농산(聾山)'이 맞다. 청산에서는 물이 흐르는 소리 때문에 인간의 시비가 들리지 않아 마치 귀를 먹은 것 같은데, 시적인 정취가 있고 철학적 정취도 들어 있다. 최치원은 스스로 중국을 떠날 때 동경했던 '산골 냇가(澗底)' 생활을 받아들였다. 그의 〈산으로 들어가며 쓰는 시(入山詩)〉를 보자.

僧乎莫道青山好, 스님이시어, 청산이 좋다 말하지 마소.
山好何事更出山? 산이 좋다면서 무슨 일로 다시 산을 나왔소?
試看他日吾踪迹, 시험 삼아 다른 날 나의 자취를 보시오.
一入青山更不還. 한번 청산에 들어가면 다시 돌아오는가!

그는 과연 청산녹수에서 후반생을 보냈는데, 청산 곳곳의 명승고적에 시를 남겼다. 천여 년 후 조선 문학가 조식(曹植, 1501~1572)의 〈두류산 유람록(遊頭流錄)〉의 기록에 의하면, 두류산에서 최치원의 유적을 발견했다고 한다.

먼저 석문에 도착하니 그곳이 바로 쌍계사 동문이었다. 푸른 벼랑이 양쪽으로 한 자 남짓 트여 있는데, 그 옛날 학사 최치원이 오른쪽에는 '쌍계', 오른쪽에는 '석문'이라는 네 글자를 손수 써 놓았으니 자획의 크기가 사슴 정강이만 하고 바위 속 깊이 새겨져 있는데, 지금에 이르기까지 이미 천년의 세월이 흘렀건만 앞으로도 몇 천 년이나 더 이어 내려갈지 알 수 없을 정도이다. …… 절이 두 시내에 자리 잡았으므로 쌍계라고 일컬었다. 절 문으로부터 수십 걸음 떨어진 곳에 높이가 열 자나 되는 비석이 귀부 위에 우뚝 서 있는데, 이것이 곧 최치원의 글과 글씨가 새겨져 있는 비석이다(先到石門, 是雙磎寺洞門也, 蒼崖兩開, 可丈餘, 崔學士致遠手寫四字, 題其右曰'雙磎', 左曰'石門', 劃大如鹿脛, 刊入石骨. 迄今已千年, 不知此後幾千年也. …… 寺在兩溪間, 是謂雙磎也. 十尺高碑, 龜趺屹立, 竪在寺門外數十步, 乃致遠碑也).[30]

최치원은 이미 삼한의 산하와 영원히 함께한다.

한문학이 신라・고려 시대에 홍성한 이래로 최치원이 비록 '문종(文宗)'으로 존중되고 심지어 '문묘에 배향(配享文廟)'되었으나, 그의 시문 작품에 대한 평가는 도리어 자못 논쟁이 있었다. 높이 평가한 김석주(金錫胄, 1634~1684)는 "문창후 최치원은 천 길 되는 절벽이요, 만 리의 파도이다(文昌侯崔致遠, 千仞絶壁, 萬里洪濤)"[31]라고 했고, 이규보는 "그러나 그의 시는 그다지 높지 않다. 어찌 그가 중국으로 들어간 것이 만당 뒤였기 때문이라고 할 것인가?(然其詩, 不甚高, 豈其入中國在於晚唐後故歟)"[32]라고 했고, 허균(許筠)은 "당대 말기의 정곡・한악의 부류로서 경솔하고 천박하며 웅후하지 못하다(在唐末鄭谷・韓偓之流, 率佻淺不厚)"[33]라고 했으며, 또 "고운의 시는 거칠고 약한 듯하다(孤雲詩似粗弱)"[34]라고 했다. 필자는 이수광의 평가가 비교적 공정하다고 생각한다.

성현은 '최치원은 시구에는 능숙하나 뜻이 정밀하지 못하고, 사륙문에는 뛰어나나 시어는 완정하지 못하다'[35]라고 말했다. 이 말은 반드시 통론이라고 할

30) 조식, 《남명집(南冥集)》, 〈잡저(雜著)〉.
31) 임경(任璟)의 《현호쇄담(玄湖瑣談)》에서 인용.
32) 《백운소설(白雲小說)》.
33) 《성수시화(惺叟詩話)》 서두.
34) 《소화시평(小華詩評)》에서 명나라 사신 태사 주지번(朱之蕃)이 한 말을 인용했다.
35) 《용재총화(慵齋叢話)》 권1.

수는 없으나, 최치원의 시문이라고 어찌 작은 흠이 없겠는가? 그러나 신라 시대 때 문풍이 진작되지 못했는데, 최치원이 이를 제창했기에 우리 동쪽 사람이 문장을 말할 때 늘 최치원을 언급하는데, 거의 그에게 필적할 수 없을 뿐이다(成慵齋俔曰 : '崔致遠雖能詩而意不精, 雖工四六而語不整.' 余謂此言未必通論, 而致遠詩文, 豈無小疵? 但新羅時文風未振, 而致遠倡之, 故我東人言文章, 必稱致遠, 如不可幾及者耳).[36)]

최치원이 열두 살에 입당하여 중국어문을 배우기 시작하여 5~6년 안에 시를 지어 보통 수준에 오르기란 간단하지 않은 일이다. 이후 중국에서 10년을 머문 외국인이 그 고장에서 나고 자란 중국인처럼 중국의 역사와 현실에 대하여 이처럼 짧은 시기에 심각한 감수 체험을 가지기란 그다지 쉽지 않다. 설사 중국 시인일지라도 극소수의 천재 시인(예를 들면, 두보, 백거이)을 제외하고 "뜻이 정세하고(意精)" 시적 예술 감각이 출중한 작품은 대부분 서른 살 이후에 나왔다. 왜냐하면 나이가 이쯤 되어야 비교적 풍부한 인생 경험과 창작 경험이 누적되기 때문이다.

최치원의 작품을 보면, 그가 급제한 뒤 강남을 돌아다닐 때 비로소 자기의 인생 경험을 누적하기 시작했고, 역사 유적을 둘러보고 현실을 체험하는 가운데 시적인 정취를 배양했음을 알 수 있다. 〈윤주 자화사 절간에 올라〉와 같은 작품은 솜씨가 보통이 아닌데, 다만 "화각성중(畵角聲中)" 한 연만으로 어찌 "뜻이 정세하지 못하다(意不精)"고 말할 수 있는가? 또 앞에서 언급한 〈강남의 여인〉 같은 작품은 실로 중국 시인의 작품에 뒤지지 않는다. 그와 같은 해에 급제한 고운(顧雲)이 그를 송별하는 시에서 "열두 살에 배를 타고 바다를 건너와서, 문장으로 중국을 감동시켰네. 열여덟 살에 문단을 휩쓸어 단번에 과거에 급제했다네(十二乘船渡海來, 文

---

36) 《지봉유설(芝峰類說)》 권8.

章感動中華國, 十八橫行戰詞苑, 一箭射破金門策)"라고 한 말은 결코 공연한 칭찬이 아니다. 필자는 《전당시》에 수록된 고운의 시를 읽어 보았는데, 고운의 시의 총체적인 수준은 최치원보다 못하며 비교할 만한 명편(名篇), 가구(佳句)가 없다고 분명히 말할 수 있다.

최치원이 중국에 머문 16년은 바로 만당(晩唐) 말기에 해당한다. 만당 시인은 총체적으로 말하면, 작품이 기력이 쇠잔했다. 명대의 시론가 호응린(胡應麟, 1551~1602)은 온정균(溫庭筠, 822?~866)의 〈상산에서 아침 일찍 떠나며(商山早行)〉에서 "닭 울음소리 속에 지는 달, 주막의 초가 지붕에 걸려 있고, 사람 발자국은 서리 내린 판교 위에 나 있네(鷄聲茅店月, 人迹板橋霜)"라는 한 연을 가지고 만당의 썰렁하고 적막한 시풍이 성당(盛唐)의 "바닷가의 해는 새벽어둠 속에 솟아나고, 장강의 봄은 해가 가기도 전에 돌아오네(海日生殘夜, 江春入舊年)"[37]처럼 웅대한 기상이 없다고 말했다. 최치원이 '사륙체(四六體)'로 지은 문장은 분명히 이상은(李商隱, 813?~858)이 제창한 변문(駢文)의 영향을 받아, 중당(中唐) 한유(韓愈), 유종원의 고문(古文)을 이미 환영하지 않았다. 그와 아침저녁으로 함께한 교양 있는 시우(詩友)들이 모두 이를 학습, 모방, 창화(唱和)했다. 이 때문에 여기서 크게 초월할 수가 없었다.

최치원의 시를 통독해 보면, 그 가운데 "뜻이 정세하지 못하고(意不精)", "거칠고 약한(粗弱)" 것은 바로 '응수(應酬)'한 작품에서 발견할 수 있다. 〈기덕시〉 및 표제가 직접 '태위(太尉)'에 진정하는 글은 확실히 "천박하여 중후하지 못하고(佻淺不厚)" 격조가 높지 않다. 그가 감동하여 심금을 울리며 진정(眞情)을 묘사한 작품은 크게 다른데, 여기서 열거한 우수한 작품을 독자들이 스스로 감상해 보면, 〈홍을 기탁하며〉, 〈신축년에 진사 오첨에게〉, 〈돌 위의 작은 소나무〉 등의 작품은 의미심장하지 않은

37) 왕만(王灣), 〈북고산 아래에 이르러(次北固山下)〉.

것이 없다. 고대에 시인들이 시를 지어 남에게 바치는 것은 하나의 전통인데, 이러한 헌수(獻酬) 작품은 절대 대다수가 중급・하급에 속하며 그들 시집의 군더더기가 되었다. 만일 이백(李白, 701~762), 두보(杜甫, 712~770)의 시를 읽을 때, 그들의 창수시(唱酬詩)에만 지나치게 주의하면, 그들의 시적 예술 감각의 진의를 파악할 수 없다. 최치원이 귀국한 뒤의 산수시는 처음으로 특색이 보이는데, 더욱 많은 일시(逸詩)를 찾을 수 있다면, 그의 창작 성취는 더욱 휘황찬란할 것이다.

최치원의 시는 한국에서 이미 후인들의 창작에 영향을 끼쳐 그를 모방하는 사람이 생겼다. 《소화시평(小華詩評)》에서는 "소총 홍유손이 지은 시 〈강 바위에 쓰노라〉는 다음과 같다. '맑은 강에 발을 씻고 백사장에 누웠더니, 심신이 호젓하여 무하지경에 빠졌네. 하늘은 파도를 일으켜 오래도록 귀를 소란케 하여 인간 세상 온갖 만사 못 듣게 하누나.' 이 시는 아마도 고운의 시 '항상 시비 소리 귀에 들릴까 두려워, 흐르는 물로 산을 감싸게 했네'에서 나온 것 같다. 그러나 시어의 뜻은 좋다고 생각되나, 아무래도 고운의 시에는 미치지 못한다고 하겠다(洪篠叢裕孫題江石詩曰：'濯足淸江臥白沙, 心神岑寂入無何；天敎風浪長喧耳, 不聞人間萬事多.' 此詩蓋出于孤雲'常恐是非聲到耳, 故敎流水盡籠山', 而語意雖佳, 終有不及)"라고 했다.

필자는 최치원의 시어를 중국 시인이 쓴 한 가지 예를 들겠다. 북송의 저명한 사인(詞人) 유영(柳永, 987?~1053?)이 처음으로 이름을 낸 사(詞) 〈우림령(雨霖鈴)〉이 있는데, 그중 "오늘밤 어느 곳에서 술이 깰 것인가? 수양버들 늘어선 물가에 이른 새벽바람 안고 조각달 걸렸으리라(今宵酒醒何處? 楊柳岸, 曉風殘月)"라는 구는 지금까지도 대대로 전해져 암송된다. 이와 소식(蘇軾, 1037~1101)의 〈염노교(念奴嬌)〉, "장강은 동쪽으로 흐르며 아득한 옛 풍류 인물을 모두 휩쓸었네(大江東去, 浪淘盡千古風流人物)"라는 구는 각기 송사(宋詞)의 완약파(婉約派)와 호방파(豪放

派)의 경전적인 명구이다.

유영의 명구는 앞사람의 창작에서 계시를 받은 것일까? 현대 학자 유평백(俞平伯, 1900～1990)은 이 사를 주해할 때 두 가지 예를 들었다. 하나는 한종(韓琮)의 사 〈이슬(露)〉의 "새벽바람에 남은 달이 마침 흘러가네(曉風殘月正潸然)"이고, 하나는 위승반(魏承班)의 사 〈어가자(漁歌子)〉의 "창밖의 새벽에 꾀꼬리 울고 조각달 걸려 있네(窗外曉鶯殘月)"인데 "자구가 모두 비슷하다. 유영의 사가 뒤에 나왔는데 시어 운용이 실로 뛰어나다(字句俱相似. 柳詞後出, 而措語實佳)"[38]라고 말했다. 유평백은 핵심 구절인 "양류안(楊柳岸)"을 미처 언급하지 않았는데, 이치카와 간사이가 편집한 최치원의 일시(逸詩)를 읽어 보고서야 필자는 비로소 이것이 최치원의 〈연주에서 이 원외에게 드림〉의 제2구를 사용한 것임을 발견했다.

> 芙蓉零落秋池雨, 가을비에 연꽃잎 시들어 떨어지고,
> 楊柳蕭疏曉岸風. 새벽 언덕 바람에 버들 성글다.
> 神思只勞書卷上, 맑은 정신을 온통 책에 쏟고도,
> 年光任過酒杯中. 세월을 술잔 속에 맡겨 보내는구나.

유영은 단지 "효안(曉岸)" 두 글자의 위치를 바꾸고 다시 "잔월(殘月)"이란 단어를 보탰는데, 이는 아마도 우연의 일치는 아닐 것이다. 이로써 최치원의 시가 중국에서 유전되었음을 증명할 수가 있다.

1999년 4월 27일 홍도시학재(洪都詩學齋)에서 탈고하다.

---

38) 유평백, 《당송사선석(唐宋詞選釋)》, 人民文學出版社, 1979, 74～75쪽.

보론

1999년 7월 9일에서 11일까지 필자는 한국 대전의 충남대학교에서 '동방시화학(東方詩話學) 제1차 국제학술발표대회'에 참가했다. 회의장 밖에서 학민문화사(學民文化社)에서 간행한 《대동시선(大東詩選)》(장지연 편집)을 보았는데, 이 책에서는 최치원의 시 13수를 수록했다. 그 가운데 〈장교에게 화답하며(和張喬)〉는 중국에서 보지 못한 시였다.

一種詩名四海傳, 시의 명성 사해에 떨치니
浪仙爭得似松年. 가도(賈島)는 장교와 어떠한가?
不惟騷雅標新格, 시가 신격을 드러내어
能把行裝繼古賢. 출처를 가지고 옛 어진 이를 이었도다.
葬杖夜携孤嶠月, 교교한 달 아래 명아주 지팡이 짚고
葦簾朝卷遠村烟. 갈대 주렴에는 먼 마을 연기 걷히며.
病來吟得漳濱句, 병이 들자 〈장빈(漳濱)〉 글귀를 읊어
因付漁翁入郭船. 성에 들어가는 어부의 배편에 부치노라.

장교(張喬)는 지주(池州, 지금의 안휘 귀지) 사람으로 고운(顧雲)과 동향이고 《전당시》에 시 2권이 남아 있다. 그는 당시에 중국의 신라 문인과 광범하게 교류했는데, 〈명을 받들어 사신으로 본국에 돌아가는 빈공 김이오를 전송하며(送賓貢金夷吾奉使歸本國)〉, 〈신라로 돌아가는 기대조 박구를 전송하며(送碁待詔朴球歸新羅)〉, 〈해동으로 돌아가는 아각 스님을 전송하며(送僧雅覺歸海東)〉, 〈신라 스님을 전송하며(送新羅僧)〉, 〈해동으로 돌아가는 시어 박충을 전송하며(送朴充侍御歸海東)〉 등의 시가 이를 증명한다. 필자에게 기쁜 일은 제목이 〈고운(孤雲)〉이라 되어 있는 칠언 절구를 발견한 것이다.

舒卷因風何所之, 펼쳐졌다 말리는 구름은 바람 따라 어디로 가는가?
碧天孤影勢遲遲. 푸른 하늘에 그림자 외롭고 그 기세 또한 느릿느릿.
莫言長是無心物, 길이 무심한 물건이라 말하지 말라,
還有隨龍作雨時. 언젠가 용을 따라 비가 될 때가 있을 터이니.

이미 최치원에게 〈장교에게 화답하며(和張喬)〉가 있으므로, 이 시도 최치원에게 써 준 것으로 확정할 수 있다. 최치원은 진사에 급제한 뒤 오래지 않아 관직을 수여받았으며, 일찍이 3년간 "낙양을 유랑(浪迹東都)"했는데, 이 시의 "세지지(勢遲遲)"의 뜻을 분석해 보면, 최치원이 '유랑'할 때 장교가 그를 위로하고 격려해 준 것이다. 최치원의 호를 보면 시적 정취가 풍기는데, 뒤에 고운은 〈고운편(孤雲篇)〉 "바람을 타고 바다 위를 달려, 달을 짝하여 인간에 이르렀네. 배회하며 머물 수 없어, 막막히 동쪽으로 돌아가네(因風離海上, 伴月到人間. 徘徊不可住, 漠漠又東還)"라는 시를 지어 최치원의 귀국을 환송했으니, 장교와 호응하는 듯하다.

1999년 7월 17일 한국에서 귀국한 뒤 3일 후 보충해서 쓰다.

[해제]

이 글은 진량운(陳良運, 1940~2008) 교수로부터 직접 원고로 받은 것인데, 이후《詩話學》第2輯(1999)에 발표했다.

진량운은 시가 비평가로 강서성(江西省) 평향시(萍鄉市) 사람인데, 1959년에《人民文學》제10기에 처녀작인 연작시 〈歷史的瞳人〉을 발표한 바 있다. 1964년 7월에 강서사범학원 중문계를 졸업했는데, 대학 재학 기간에 2백여 수의 신시를 발표한 바 있지만 1964년 이후로는 절필했다. 1979년에 시와 시가 이론을 다시 쓰기 시작했으며 연작시 〈生命的密碼及其他〉는《星

火》 1981년 우수시작장을 수상했다. 이때 발표한 신시 이론 논문으로 〈試論艾青的藝術風格〉(《文藝報》 1981년 제14기), 〈說愛情詩〉(《詩探索》 1981년 제2기), 〈今天的詩〉(《新文學論叢》 1982년 제4기), 〈論自由體詩〉(《文學評論》 1984년 제2기) 등이 있다.

1984년 이후에는 연구 영역을 중국 고대 시문 이론으로 확장하여 전후로 〈中國古代詩歌理論的一個輪廓〉(《文學遺産》 1985년 제1기), 〈意象・形象比較說〉(《文學遺産》 1986년 제4기), 〈意境・意象異同論〉, 〈論《周易》的符號象徵〉 등 20여 편을 발표했다. 1984년에는 중국작가협회에 가입하여 평향시문련(萍鄕市文聯) 부주석을 맡았고, 1986년에는 강소성문련(江西省文聯) 위원, 성작협(省作協) 상무이사, 성시가창작시위원회(省詩歌創作委員會) 주임을 역임했고, 일찍이 강서사범대학 어언문학연구소(語言文學硏究所) 소장, 문학원 교수, 중국시학 연구생 지도교수, 복건사범대학 문학원 특빙교수, 박사생 지도교수를 역임했다.

주요 저작으로는 《新詩藝術論集》(江西人民出版社, 1986), 《新詩的哲學與美學》(花城出版社, 1989), 《詩學・詩觀・詩美》(江西高校出版社, 1991), 《文與質, 藝與道》(中國人民大學出版社, 1992), 《中國詩學體系論》(中國社會科學出版社, 1992), 《中國詩學批評史》(江西人民出版社, 1995), 《論詩與品詩》(百花洲文藝出版社, 1996), 《中國歷代詩學論著選》(百花洲文藝出版社, 1998), 《中國歷代詞學論著選》(百花洲文藝出版社, 1998), 《周易與中國文學》(百花洲文藝出版社, 1999), 《焦氏易林詩學闡釋》(百花洲文藝出版社, 2000), 《中國歷代賦學曲學論著選》(百花洲文藝出版社, 2002), 《中國歷代文章學論著選》(百花洲文藝出版社, 2003), 《跨世紀論學文存》(上海遠東出版社, 2003) 등 22권이 있다.

최치원 일시 전증(崔致遠佚詩箋證)

염기(閻琦)

최치원은 자가 해부(海夫), 호는 고운(孤雲)이며 만당(晩唐) 시기 신라 사람이다. 신라 경문왕(景文王) 8년(868, 당 의종 함통 9) 열두 살 때 '서학(西學)'을 경모하여 아버지의 명에 따라 단신으로 당에 들어갔다. 입당 후 유명한 스승을 두루 방문하고 애써 면학하여 "유람한 지 6년(觀光六年)"[1] 만에 희종(僖宗) 건부(乾符) 원년(874)에 진사 시험에 급제했다. 급제한 뒤 약 3년 동안 "낙양을 유람(浪迹東都)"[2]했고, 건부 4년에 선주(宣州) 율수위(溧水尉)로 임명되었다. 임기가 만료되자 회남절도사(淮南節度使) 고병(高駢)의 막부에 들어가 순관(巡官)이 되었다. 고병은 그를 상당히 신뢰하여 "문서 작성의 일을 도맡아(專委筆硯)"[3] 전공으로 승무랑(承務郞), 전중시어사(殿中侍御史)로 승진하고 자금어대(紫金魚袋)를 받았다. 희종 중화(中和) 원년(881)에 최치원이 집을 떠난 지 오래되고 아버지의 병이 위급한 등의 연유로 막부를 떠나려 하자, 고병은 "임시 국신사(充國信使)"의 신분으로 귀국할 것을 허락했다.

---

1) 최치원(崔致遠), 〈시·부·표·장 등을 모은 문집을 올리는 장문(進詩賦表狀等集狀)〉, 《계원필경집(桂苑筆耕集)》.

2) 위의 글.

3) 위의 글.

신라로 돌아온 뒤, 신라 헌안왕(憲安王)은 최치원에게 시독(侍讀) 겸 한림학사(翰林學士), 수병부시랑(守兵部侍郎), 지서서감(知瑞書監) 등의 관직을 주었다. 나중에 시기를 당해 전후로 군(郡)의 태사(太史)를 지냈다. 진성여왕(眞聖女王) 시기의 직위는 '아찬(阿湌)'에 이르렀는데, 아찬은 신라의 큰 벼슬 이름으로 대략 재상에 해당한다. 진성여왕 10년(896, 당 소종 건녕 3) 정치가 황폐되고 백성들이 원망하여 반란이 계속 일어나자 처자를 데리고 가야산(伽倻山)에 은거했는데, 당시 마흔이었다. 그 후 오래지 않아 신라 왕조는 내란에 빠지고 다시 20년 후 고려(高麗)가 성립되어 한반도는 분열 국면에 접어들어 정국이 문란했다. 이에 역사책에 기록되지 않아 그의 향년을 알 수가 없다.

최치원은 당에서 모두 17년을 머물렀다. 그는 외국인으로서 개인적 노력으로 진사에 급제하고 강남의 율수현위를 지내며 고병의 막부에서 보좌하는 등 당에서 공명과 사업이 당시 '동이(東夷)' 여러 나라[두 《당서(唐書)》에 〈동이열전(東夷列傳)〉이 있다]에서 입당한 사람 가운데 자못 두드러졌다. 그의 문학 방면에서의 성취는 더욱 커서, 스스로 문집을 엮은 뒤 신라왕에게 바친 〈시·부·표·장 등을 모은 문집을 올리는 장문(進詩賦表狀等集狀)〉에서 나열한 바에 의하면, 당에서 17년 동안 지은 저작으로 《사시금체부(私試今體賦)》 5수 1권, 《오언·칠언금체시(今體詩)》 100수 1권, 《잡시부(雜詩賦)》 30수 1권, 《중산복궤집(中山覆簣集)》 1부 5권, 《계원필경집(桂苑筆耕集)》 1부 20권이 있다. 신라에 돌아온 뒤 지은 여러 저작은 〈시·부·표·장 등을 모은 문집을 올리는 장문〉에서 열거하지 않았다.

중국 전통의 학문(儒學)에 대한 깊은 이해, 중국 전통의 문학[시부(詩賦)와 변문(騈文)] 기법에 대한 세밀한 파악에서 최치원은 당시 '동이' 제국의 제1인자라고 말해도 과언이 아니다. 신라에서, 이후의 고려 왕조와 오늘날의 한국에서 최치원이 누리는 명예는 매우 높다. 남송(南宋) 초에 쓰인 한국의 《삼국사기(三國史記)》 본전에서 그를 "동방 이학의 으뜸(東方理學之宗)"이라 일컬었고, 청대 건륭(乾隆) 시기에 조선에서 호남관찰사(湖南觀察使)를 지낸 서유구(徐有矩)는 그를 "동방 예원의 근본이자 시작(東方藝苑之本始)", "개산의 비조(開山鼻祖)"[4]라고 했다. 근대의 한국 학자 노상직(盧相稷, 1855~1931)은 그를 "사해의 첫째가는 인물(四海第一人物)"[5]이라고 칭찬했는데, 이는 모두 지나치게 찬미한 말이 아니다.

최치원은 중·한 관계에서 중요한 인물이다. 수(隋)·당(唐) 시대 때 지금의 한반도는 고구려(高句麗), 백제(百濟), 신라(新羅) 등 세 국가로 분열되었다. 3국 중 고구려는 서북쪽으로 중국과 국경을 맞대고 있어 마찰이 극심하여 전쟁이 때때로 일어났다. 백제와 당은 때로 화목하게 지내고 때로는 어긋나기를 반복하여 일정치 않았다. 오로지 신라만 당과 시종 우호 관계를 유지하여 군사적으로 연맹을 했다. 7세기 말(무측천 천수 초년)에 신라는 당의 원조를 받아 한반도를 통일하여 통일신라 왕조를 건립했다. 최치원의 원적은 신라 사량부(沙梁部)인데, 통일 이전 신라 '본부(本部)' 6허(墟) 가운데 하나에 속한다.

최치원은 당에 들어온 뒤 문장에서 신라와 당의 특수한 관계를 여러 차례 언급했다. 예컨대 〈태사 시중께 올리는 장문(上太師侍中狀)〉에서 그는 "동해 밖에 세 나라가 있으니, 그 이름이 마한·변한·진한입니다. 마한은 고구려이고 변한은 백제이며 진한은 신라입니다. 고구려와 백제가 전성기일 때는 강한 군사가 백만이나 되었는데, 남으로 오·월을 침략하고 북으로는 유·연·제·노를 괴롭히니 중국이 크게 해를 입게 되었습니다(伏以東海之外有三國, 其名馬韓·卞韓·辰韓. 馬韓則高麗, 卞韓則百濟, 辰韓則新羅也. 高麗百濟, 全盛之時, 强兵百萬, 南侵吳越, 北撓幽燕齊魯, 爲中國巨蠹)." "우리 무열대왕께서는 충성의 마음으로 한쪽의 어려

4) 〈교인계원필경집서(校印桂苑筆耕集序)〉.
5) 〈중간고운선생문집서(重刊孤雲先生文集序)〉.

움을 도와 평정해 달라고 청하고자, 당나라에 들어가 알현하게 된 것입니다(我武烈大王, 請以犬馬之誠, 助定一方之難, 入唐朝謁)." "지금에 이르기까지 3백여 년 동안 한쪽이 조용하니 천하가 편안합니다(至今三百餘年, 一方無事, 四海晏然)"라고 말했다.

최치원의 〈예부 상서 배찬에게 주는 장문(與禮部裴尙書瓚狀)〉에서도 이와 완전히 같은 말이 있는데, 진심에서 우러나와 대대로 당과 친선을 도모한 신라 본부인(本部人)의 긍지와 자부심이 그대로 넘쳐흐른다. 역사적으로 보면, 신라 통일 국면의 형성은 확실히 당나라로부터 큰 도움을 받았기 때문이다.

최치원이 당에서 지은 저작은 《계원필경집》을 제외하고 대부분 없어졌다. 《계원필경집》은 남송 때 발견되지 않았고, 다만 한국 본토에서 유전(流傳)되었지만 매우 드물어 한 가닥 실과 같이 끊어질 듯 말 듯 생명을 이어왔을 뿐이다. 그래서 《전당시(全唐詩)》, 《전당문(全唐文)》에는 최치원의 시문을 수록하지 않았다. 근세에 상무인서관(商務印書館)에서 무석(無錫) 소록천장(小綠天藏) 고려간각본(高麗刊刻本)에 의거해 영인하여 '사부총간(四部叢刊)'에 들어감으로써 학계의 주목을 받기 시작했다. 《전당시보일(全唐詩補逸)》, 《당문습유(唐文拾遺)》 편자들은 사부총간본 《계원필경집》에 의거하여 약간의 최치원 시문을 수록했다. 1926년에 최치원의 후손 최국술(崔國述)은 최치원의 산일된 시문을 수집하여 《고운선생문집(孤雲先生文集)》 3권으로 펴내어 판각했다. 근세에 한국 성균관대학교 대동문화연구원에서는 《고운선생문집》을 토대로 다시 최치원의 산일된 시문을 수집하여 권으로 나누지 않고 《고운선생속집(孤雲先生續集)》을 펴냈다.

이상의 두 책에서 최치원의 일작(佚作)은 문[文, 부(賦)를 포함하여]이 38편, 시(詩)가 40제(題) 49수이다. 그 가운데 문은 대부분 신라에서 지은 것이나, 적어도 10여 편은 당에서 지은 것이다.[6] 그리고 시는 대부분 당에서 지은 것이다. 일문(逸文)과 일시(逸詩)는 최치원의 생애를 연구하는 데 매우 귀한 자료를 제공해 주며, '전당문'·'전당시'를 정리하는 데도 마땅히 주의를 기울여야 한다. 최치원의 일문에 대해서는 나중에 다시 서술하도록 하고, 아래서는 주로 그의 일시를 토론할 것이다.

최치원의 시는 《전당시》에 수록되지 않았다. 일본인 이치카와 간사이(市河寬齋, 河世寧)는 일찍이 1수와 7개의 잔련(殘聯)을 모았는데 중화서국판(中華書局版) 《전당시》 제25책에 보인다. 손망(孫望, 1912~1990)은 사부총간본 《계원필경집》에 의거하여 60수를 수록했는데, 《전당시외편(全唐詩外編)》에 보인다. 아래의 시는 한국 성균관대학교 대동문화연구원에서 영인한 《최문창후전집(崔文昌侯文集)》 가운데 《고운선생문집》과 《고운선생속집》 두 종에서 모두 차례대로 원서에 의거하여 대략적으로 고증하여 이것이 당에서 지은 것인지 아니면 신라에서 지은 것인지 구별하여 연구자에게 참고로 제공하고자 한다.

① 〈흥을 기탁하며(寓興)〉

願言扃利門, 원컨대 이욕의 문을 막아
不使損遺體. 부모께 받은 몸 상하게 말라.
爭奈探珠者, 어찌하여 이익 좇는 사람들
輕生入海底. 목숨 가벼이 바다 밑에 들어가나.
身榮塵易染, 몸의 영화는 티끌에 끌리기 쉽고
心垢正難洗. 마음의 때는 잘못을 씻기 어렵다네.
澹白與誰論, 담박한 맛을 누구와 의논하리.
世路嗜甘醴. 세상 사람들 단술만 즐긴다네.

---

6) 예를 들면 앞에서 인용한 최치원의 〈태사 시중께 올리는 장문(上太師侍中狀)〉과 〈예부 상서 배찬에게 주는 장문(與禮部裴尙書瓚狀)〉 두 편은 모두 《문집》에 보이나, 《당문습유》에는 수록되지 않았다.

위의 시에서 욕심이 없음을 표방하고 온 세상에서 이익을 좇는 것을 비방하며 풍자한 것을 보면, 만년에 지은 것 같으니 당연히 신라에서 지은 시이다.

② 〈접시꽃(蜀葵花)〉

寂寞荒田側, 적막하고 황폐한 밭둑에서
繁花壓柔枝. 무성한 꽃이 가냘픈 가지를 누른다.
香輕梅雨歇, 소나기가 그치니 향기도 가볍고
影帶麥風欹. 보리 바람에 그림자 흔들리네.
車馬誰見賞? 수레 탄 사람을 누가 와서 보아 주리오?
蜂蝶徒相窺. 벌 나비만 부질없이 서로 엿본다.
自慚生地賤, 스스로 타고난 처지가 천함을 부끄러워하여
堪恨人棄遺. 남들에게 버림받아도 참고 견딘다.

최치원은 〈양양 이 상공께 올려 관급을 사양하는 계문(上襄陽李相公讓館給啓)〉[7]에서 "치원은 해동의 한미한 백성으로, 7주를 섭렵한 것에 비해 학문은 천박합니다(致遠, 四郡族微, 七州學淺)"라고 했고, 〈처음으로 태위께 올리는 계문(初投獻太尉啓)〉[8]에서는 "저는 신라 사람으로서 신분도 비천하고 성품도 우직합니다(某, 新羅人也, 身也賤, 性也愚)"라고 했는데, 시에서는 "스스로 타고난 처지가 천함을 부끄러워하여, 남들에게 버림받아도 참고 견딘다"고 했으니, 마땅히 진사에 급제하기 전에 지은 작품으로 보인다. 혹은 진사에 급제한 뒤 관직을 받기 전에 "낙양을 유랑(浪迹東都)"할 때의 작품일지도 모른다.

---

7) 《고운선생문집(孤雲先生文集)》.
8) 《계원필경집》.

③ 〈강남의 여인(江南女)〉

江南蕩風俗, 강남의 풍속은 방탕하여
養女嬌且憐. 기르는 딸이 교태 있고 가냘팠네.
性冶恥針線, 천성은 바느질하는 것을 부끄러워하니
粧成調管弦. 분단장 마치고는 악기 조율하네.
所學非雅音, 배운 것은 고상한 노래가 아니요
多被春心牽. 춘정에 많이 이끌린 것이라네.
自謂芳華色, 스스로 일컫기를 꽃다운 얼굴이요
長占艷陽年. 청춘 시절 길이 이어진다 하네.
却笑隣家女, 도리어 이웃 여자 비웃나니
終朝弄機杼. 하루 종일 북을 놀리며
機杼縱勞身, 베 짜느라 몸을 수고롭게 하지만,
羅衣不到汝. 비단옷은 네게 돌아가지 않으리라.

제목에서 '강남'이라 했으니 당연히 율수현위로 있을 때 지은 것이다. 시는 화장하고 꾸미길 좋아하는 가기(歌妓)와 베틀에 앉아 베를 짜는 가난한 여자를 대비했다. 혹은 고병에게 계문을 올렸으나 응답을 얻지 못했을 때 지었을지도 모른다.

④ 〈옛 생각(古意)〉

狐能化美女, 여우는 능히 미인으로 변할 수 있고
狸亦作書生. 살쾡이는 또한 선비가 되네.
誰知異物類, 그 누가 알리, 다른 무리가
幻惑同人形. 사람 모습과 같이 되어 홀리는 것을.
變化尙非艱, 변화하기는 오히려 어렵지 않으나
操心良獨難. 마음 고르기는 참으로 어렵구나.

欲辨眞與僞, 참과 거짓을 분별하려거든
願磨心鏡看. 원컨대 마음의 거울을 닦고 보소.

이 시는 감개가 진실로 깊다. 한국의 《삼국사기》 본전 및 《동국통감(東國通鑑)》에서는 모두 최치원이 신라 정강왕(定康王) 때 시기를 받아 조정에서 받아들이지 않았다고 말했는데, 그때 지은 것인지도 모른다.

⑤ 〈가을밤에 비가 내리고(秋夜雨中)〉
秋風惟苦吟, 가을바람에 애달프게 읊조리니
世路少知音. 세상에는 나를 알아주는 이 없네.
窗外三更雨, 깊은 밤 창밖에는 비가 내리는데
燈前萬里心. 등불 앞에 아득히 외로운 마음.

이 시는 언제 지은 것인지 단정할 수 없다.

⑥ 〈우정에 밤비가 내리고(郵亭夜雨)〉
旅館窮秋夜, 여관에는 늦가을 스산한 비
寒窗靜夜燈. 차가운 창가 고요한 등불.
自憐愁裏坐, 가엾다, 시름 속에 앉았노라니,
眞個定中僧. 내 정녕 참선하는 중이로구나.

진사에 급제하기 전 "6년 동안의 유람(觀光六年)" 시기에 지은 것 같다. 또는 건부(乾符) 3년에 일찍이 낙양에서 담주(潭州)로 와서 좌주(座主) 배찬(裴瓚) 곁에서 기거했는데, 혹 이때 지은 것일 수도 있다.

⑦ 〈도중에 지음(途中作)〉

東飄西轉路岐塵, 이리저리 떠돌며 풍진 세상을 헤매면서
獨策羸驂幾苦辛. 야윈 말 몰고 다니며 고생 또 얼마였던가!
不是不知歸去好, 고향에 돌아감이 좋은 줄 모르는 것은 아니지만
只緣歸去又家貧. 돌아간댔자 집이 가난하니 어쩔 것인가?

이 정경을 추측해 보면, "6년 동안의 유람" 시기에 이곳저곳을 찾아다닐 때 지은 시 같다. 최치원은 〈양양 이 상공께 올려 관급을 사양하는 계문〉에서 "절친한 관계를 맺은 치원은 오랫동안 나그네 신세로 떠돈 데다가 또 잔병치레하느라 정신이 침돈되고 기력이 피곤합니다(切緣致遠, 久役旅遊, 又榮微恙, 精神沈頓, 氣力疲羸)"라고 했는데, 이 정경이 가장 부합한다.

⑧ 〈요주 파양정(饒州鄱陽亭)〉

夕陽吟立思無窮, 저녁노을에 시 읊조리고 있노라니 생각은 그지없고
萬古江山一望中. 만고강산이 한눈 속에 다 들어오는구나.
太守憂民疏宴樂, 태수가 백성 살림 걱정하여 잔치 놀음에 마음 두지 않으니
滿江風月屬漁翁. 강에 가득한 저 바람과 달빛은 모두 어부에게 맡겨졌네.

요주(饒州)는 지금의 강서(江西) 파양(鄱陽)인데 당대에는 강남서도(江南西道)에 속했다. 파양정(鄱陽亭)은 바로 파양루(鄱陽樓)[9]로 파양 남성(南城)에 있는데, 파양호(鄱陽湖)와 연접해 있고 높기 때문에 "만고강산이 한눈 속에 다 들어오는" 것이다. 최치원이 고병의 막부에 있을 때 공무로 이곳에 한번 왔을 것이다.

---

9) 전기(錢起)의 〈파양루연시(鄱陽樓宴詩)〉가 있다.

⑨ 〈산양에서 고향 친구와 이별하며(山陽與鄕友話別)〉

相適暫樂楚山春, 서로 만나 초산의 봄을 잠시나마 즐기다가
又欲分離淚滿巾. 다시금 헤어지려니 눈물이 수건을 가득 적시네.
莫怪臨風偏悵望, 바람 맞으며 슬피 바라다봄을 이상하게 생각지 마오.
異鄕難遇故鄕人. 타향에서 고향 사람 만나기 어려우니.

산양(山陽)은 초주(楚州)에서 관할하던 곳으로 지금의 강소(江蘇) 회안(淮安)이다. 최치원이 고병의 막부를 떠나 신라로 돌아간 때는 중화(中和) 4년 가을 8월인데, 여기서 "초산의 봄(楚山春)"이라 말했으니, 이 시는 고병의 막부에 있을 때 산양에 이르러 신라의 고향 사람과 고별하며 지은 것이다. 당대에 신라 사람들이 입당하던 경로는 대부분 해로를 거쳐 회하구(淮河口)에서 초주에 이르는 것이었다. 당 정부에서는 일찍이 초주에 신라관(新羅館)을 설치하여 신라 상인을 접대했으며, 여기에 신라 상인이 집단으로 모여들었고 아울러 신라방(新羅坊)이 있었다. 이에 대해 잠중면(岑仲勉, 1885～1961)의 《수당사(隋唐史)》를 보라.

⑩ 〈우강 역정에 쓰노라(題芋江驛亭)〉

沙汀立馬待回舟, 모래밭에 말 세우고 돌아오는 배 기다리니
一帶烟波萬古愁. 한 줄기 연파가 만고의 시름일세.
直得山平兼水渴, 산이 곧 평지 되고 물이 또한 말라야
人間離別始應休. 인간의 이별이 비로소 그치리라.

우강(芋江)은 중국의 수명(水名)에는 보이지 않으니 신라의 강 이름일 것이다. 또 '갈(渴)' 자는 '갈(竭)' 자의 오자일지도 모른다.

⑪ 〈봄날 친구를 불렀으나 오지 않기에(春日邀知友不至)〉

每憶長安舊苦辛, 장안을 생각할 때마다 그 옛날은 괴로웠었지,
那堪虛擲故園春. 오늘 고향의 봄날을 맞아 어찌 헛되이 보내랴.
今朝又負遊山約, 산에서 놀기로 한 약속을 오늘 아침에도 지키지 않으니,
悔識塵中名利人. 티끌세상의 명리인 알게 된 것을 참으로 뉘우치노라.

시에서 장안(長安)을 언급했으니, 당에서 지은 것임은 의심할 나위가 없다. 이른바 "장안의 옛날은 괴로웠다(長安舊苦辛)"라고 했는데, 여기서 친구는 최치원이 진사에 급제하기 전에 장안에서 알게 된 이다. '고원(故園)' 두 글자는 자구에 구속되어 볼 필요가 없다. 거주한 때가 오래되면 고원으로 부를 수 있다. 당시에 이러한 예가 적지 않은데, 잠참(岑參, 715?~770)의 시구 "멀리서 고원의 국화를 가여워하노니 마땅히 전쟁터에서 피었으리라(遙憐故園菊, 應傍戰場開)",[10] "동쪽으로 고원을 바라보니 길은 멀기만 하고(故園東望路漫漫)"[11]에서 고원은 모두 고향(본적)의 뜻이 아니다.

⑫ 〈서경 소윤 김준과 헤어지며(留別西京金少尹峻)〉

相逢信宿又分離, 서로 만난 지 몇 달 만에 또 헤어지다니,
愁見岐中更有岐. 시름겨워라, 갈림길 가운데 또 갈림길이 있구나.
手裏桂香銷欲盡, 손바닥에 쥔 계향은 모두 녹으려 하는데,
別君無處話心期. 그대와 이별하면 맘 놓고 이야기 나눌 곳 없구려.

김준(金峻)이란 사람이 누구인지 고찰할 수가 없다. 서경소윤(西京少尹)은 경조부소윤(京兆府少尹)으로 경조부에서 두 번째로 높은 관직이다.

---

10) 〈행군하다가 9월 9일날 장안 고원을 그리며(行軍九日思長安故園)〉.
11) 〈서울로 들어가는 사신을 만나(逢入京使)〉.

또 지덕(至德) 이후에 봉상(鳳翔, 지금의 섬서성 봉상)을 일찍이 서경이라 불렀는데, 혹 김준이 봉상부(鳳翔府)의 관직을 지냈는지는 알 수가 없다. 요약하면 이 시는 당에서 지어진 것이 틀림이 없다.

⑬ 〈금천사 주지에게(贈金川寺主)〉

白雲溪畔創仁祠, 흰 구름 시냇가에 절 집을 짓고는
三十年來此住持. 서른 해 동안 이곳에 와서 주지로 지냈다네.
笑指門前一條路, 웃으며 문 앞의 한 줄기 길을 가리키는데,
纔離山下有千岐. 산 밖을 나서자 천 갈래로 갈라지네.

당대에 금천사(金川寺)라는 이름을 가진 절이 많았는데, 그 지명을 살펴보면 모두가 최치원의 발걸음이 미칠 수 있는 곳이 아니다. 지금의 한국에 금천현(金川縣)이 있었는데, 혹 신라에서 지은 것이 아닐까?

⑭ 〈재곡사에 혼자 사는 스님에게(贈梓谷蘭若獨居僧)〉

除聽松風耳不喧, 솔바람 소리 듣는 것 말고는 귀가 시끄럽지 않고
結茅深倚白雲根. 띠풀로 집은 이은 곳 흰 구름이 깊었네.
世人知路翻應恨, 세상 사람이 이곳 길을 알아 도리어 한스러우니
石上莓苔汚屐痕. 바위 위의 이끼를 발자국이 더럽히는구려.

이 시의 의미와 정서로 볼 때 만년에 벼슬할 뜻이 없는 시기에 지은 것 같으나, 섣불리 단정할 수가 없다.

⑮ 〈황산강 임경대(黃山江臨鏡臺)〉

烟巒簇簇水溶溶, 안개 낀 봉우리는 우뚝우뚝하고 강물은 출렁출렁 흔들리며
鏡裏人家對碧峰. 거울 속의 인가는 푸른 산과 마주하네.

何處孤帆飽風去, 외로운 배는 바람 가득 싣고 어디 가는가?
瞥然飛鳥杳無踪. 갑자기 날아가는 새는 종적 없이 사라지네.

《동국여지승람(東國輿地勝覽)》에 "임경대는 최공정이라고도 하는데 양산 황산강 절벽 위에 있다. 선생이 일찍이 유람하고 시를 남겼다(臨鏡臺, 一云崔公亭, 在梁山,黃山江絶壁上, 先生嘗遊覽有詩)"라고 했는데, 이 시를 두고 말한 것이다.

⑯ 〈가야산 독서당에 쓰노라(題伽倻山讀書堂)〉
狂噴疊石吼重巒, 물은 미친 듯이 바위를 치며 산을 울리어
人語難分咫尺間. 지척에서 하는 말 분간하기 어렵네.
常恐是非聲到耳, 항상 시비 소리 귀에 들릴까 두려워
故教流水盡籠出. 흐르는 물로 산을 감싸게 했네.

가야산은 최치원이 만년에 은거한 곳인데, 독서당을 바로 거기에 세웠다.

⑰ 〈장안의 여관에서 이웃에 사는 우신미 장관께(長安旅舍與于愼微長官接隣)〉
上國羈栖久, 중국에 와 객시 생활 하도 오래하니
多慚萬里人. 만리타향 사람임을 부끄러워하네.
那堪顏氏巷, 어찌 안자의 누항을 견뎌내랴마는
得接孟家隣. 맹자처럼 따스한 이웃을 얻게 되었네.
守道惟稽古. 도를 지킴에 오직 옛일의 헤아림이 있을 뿐이니
交情豈憚貧. 사귀는 정에 어찌 가난하다고 싫어하리.
他鄕少知己, 타향에서 아는 이 적으니
莫厭訪君頻. 그대 자주 찾는다 꺼리지 마오.

이 시는 진사 시험에 응시하기 전에 장안에서 지은 것인데, 우신미(于愼微)는 누구인지 알 수가 없다.

⑱ 〈운문사 지광 스님에게(贈雲門蘭若智光上人)〉

雲畔構精廬, 구름 가에 절집을 지어 놓고
安禪西紀餘. 고요한 선정에 든 지 거의 반백 년.
笻無出山步, 지팡이는 산 밖을 나간 적이 없고
筆絶入京書. 붓으로도 서울 가는 편지를 쓰지 않네.
竹架泉聲緊, 대나무 홈통에서는 샘물 소리 들리고
松欞日影疏. 소나무 창가에는 해 그림자 성기네.
境高吟不盡, 경지가 높아 다 읊어 내지 못하고
瞑目悟眞如. 고요히 눈감은 채 참됨을 깨우치네.

운문(雲門)·운문사(雲門寺)라는 곳은 많지만, 그 의미와 정서로 보아 만년에 지은 듯하다. 지광상인(智光上人)이 누구인지 알 수가 없다.

⑲ 〈운봉사에 적노라(題雲峰寺)〉

捫葛上雲峰, 칡덩굴 부여잡고 운봉사에 올라
平看世界空. 아래로 굽어보니 온 누리가 텅 비었어라.
千山分掌上, 올망졸망 산은 손바닥에 놓이고
萬事豁胸中. 모든 일 가슴 속이 탁 트이는구나.
塔影日邊雪, 탑 그림자 해 둘레의 눈이고,
松聲天半風. 소나무 소리는 높은 하늘 바람일세.
烟霞應笑我, 구름과 노을이 마땅히 나를 비웃으리라,
回步入塵籠. 티끌세상으로 다시 발걸음을 돌린다고.

운봉사(雲峰寺)라는 절은 많이 보이지만, 시의 마지막 두 구는 관리 사회에 진저리를 치는 뜻이니 신라에서 지은 것이다. 또 평평할 '평(平)'은 기댈 '빙(憑)', 반 '반(半)'은 두둑 '반(畔)'의 뜻일 것이다.

⑳ 〈당성에 놀러 갔다가 선왕의 악관에게 주노라(旅遊唐城贈先王樂官)〉

人事盛還衰, 사람의 일이란 성했다가 쇠하는 것이니,
浮生實可悲. 떠도는 인생살이 참으로 서글퍼라.
誰知天上曲, 그 누가 알았으랴, 하늘 위의 노랫가락을
來向海邊吹. 이 바닷가에 와서 부를 줄이야.
水殿看花處, 물가 전각에서 꽃구경도 하고
風欞對月時. 바람 부는 서늘한 난간에서 달을 마주한 때도 있었지.
攀髯今已矣, 옛 임금을 이제는 뵈올 수 없으니
與爾淚雙垂. 그대와 함께 두 눈에서 눈물만 흐르네.

'선왕(先王)'은 신라 헌강왕을 가리킨다. 마지막 2구는 황제(黃帝)가 세 발 솥을 주조해 놓고 용을 타고 떠나자, 뭇 신하들이 용의 구레나룻을 붙잡고 승천하려 했다는 고사에서 온 것으로 애도의 뜻이 담겨 있다. '당성(唐城)'이 어디인지는 모르나 혹 평양(平壤)이 아닐까? 평양성(平壤城)을 건축할 때 그 짜임새가 전부 장안을 보방했다는 말이 있나.

㉑ 〈윤주 자화사 절간에 올라(登潤州慈和寺上房)〉

登臨蹔隔路岐塵, 산에 올라 속세의 갈림길과 잠시 멀어졌는데
吟想興亡恨益新. 흥망을 되씹으니 한은 더욱 새로워라.
畫角聲中朝暮浪, 화각 소리 울리는 가운데 아침저녁 물결 일고
青山影裏古今人. 청산 그림자 속에는 고금 인물 몇 명이나 지나갔나.
霜摧玉樹花無主, 서리 맞아 꺾인 옥수화는 임자도 없는데

風暖金陵草自春. 바람 따뜻한 금릉에는 풀만 절로 봄이로다.
賴有謝家餘景在, 사씨 집안의 남은 경지 아직도 있어
長叫詞客爽精神. 길이 시인의 정신을 상쾌하게 하네.

이 시는 명승지를 유람하며 옛날을 회고한 작품이다. 윤주(潤州)는 지금의 강소(江蘇) 진강(鎭江)인데, 양주(揚州, 淮南)와 강을 사이에 두고 떨어져 있으니 고병의 막부에 있을 때 지은 것이다. 최치원의 이 명시 '화각(畵角)' 연은 특히 암송으로 전해졌다. 일본인 이치카와 간사이의 《전당시일(全唐詩逸)》에서는 이 잔련(殘聯)을 모아 밑에 제목 〈자화산에 올라(登慈和山)〉를 달고, 아울러 《동인시화(東人詩話)》를 인용하여 "문창후 최치원은 당나라로 들어와 과거에 급제하고 문장으로 이름을 날렸는데, 〈윤주 자화사에 적노라〉에 '화각' 운운하는 시구가 있다. 후에 신라의 상인이 당나라에 들어가 당시를 구입할 때 어떤 당인은 이 시구를 써서 보여주었다(崔文昌侯致遠入唐登第, 以文章著名, 題潤州慈和寺, 有'畵角'云云之句. 後鷄林賈客入唐購詩, 有以此句書示者)"라고 말했다. 《전당시일》에는 최치원의 7개 잔련을 수록하고 있는데, 이 잔련을 계기로 《문집》의 완성도를 높였으니, 실로 다행한 일이다.

㉒ 〈가을날 우이현을 다시 지나며 이 장관께 부칩니다(秋日再經盱眙縣寄李長官)〉

孤蓬再此接恩輝, 외로운 나그네가 오늘 또다시 그대에게 따뜻한 은혜를 입으니,
吟對秋風恨有違. 가을바람 맞으며 시구를 읊을수록 다시 헤어질 일이 한스럽네.
門柳已凋新歲葉, 새파랗던 문 앞의 버들은 벌써 시들었지만,
旅人猶着去年衣. 나그네는 여전히 지난해의 옷을 걸치고 있네.
路迷霄漢愁中老, 길은 하늘 끝까지 멀고 몸은 시름 속에서 늙어 가는데,

家隔煙波夢裏歸. 내 집은 바다 건너 있으니 꿈속에서나 돌아갈까.
自笑身如春社鷰, 우습구나, 이내 몸은 봄철 사일(社日)의 제비인가
畫梁高處又來飛. 단청 높이 그린 집에 올해도 날아오네.

우이현(盱眙縣)은 지금의 강소성(江蘇省)에 속하고 당대에는 하남도(淮南道)에 속했다. 이 장관(李長官)의 이름은 알 수가 없다. 시의 의미를 자세하게 음미해 보면, 이 장관을 배알하고 벼슬이나 도움을 얻고자 하는 뜻이 담겨 있다. 이 시는 처음에 입당하여 "6년 동안 유람(觀光六年)"하던 시기에 지은 것이다.

㉓ 〈강남으로 돌아가는 진사 오만을 전송하며(送吳進士巒歸江南)〉
自識君來幾度別, 그대와 알고 나서 몇 번째 헤어지는가,
此回相別恨重重. 이번에는 서로 헤어지면서 시름이 더욱 겹친다오.
干戈到處方多事, 가는 곳마다 전쟁터라서 바야흐로 어수선한데,
詩酒何時得重逢? 어느 때 다시 만나서 시와 술을 즐기려나?
遠樹參差江畔路, 멀리 강가의 길을 따라서 나무들이 줄지어 섰는데,
寒雲零落馬前峰. 차가운 구름은 떨어져 길 앞 봉우리에 걸렸네.
行行遇景傳新作, 가는 길에 좋은 경치 만나거든 새로운 시를 지어 보내주게,
莫學嵇康盡放慵. 혜강처럼 편지도 안 보내는 버릇일랑 부디 배우시 말세나.

오만(吳巒)의 사적에 대해서는 알 수가 없다. 이 사람은 또《계원필경집》권20의 최치원 시에 보이는데, 그 제목은 〈수재 오만과 석별하며 두 절구(酬吳巒秀才惜別二絶句)〉이다. 오만은 고병의 막부에 있던 최치원의 동료로 보인다.

㉔ 〈봄날 새벽에 생각나는 대로 쓰노라(春曉偶書)〉

叵耐東流水不回, 동으로 흐르는 물이 돌아오지 않아 견디기 어려운데,
只催詩景惱人來. 단지 시를 써내라 재촉하여 사람을 괴롭히네.
含情朝雨細復細, 정을 머금은 아침 비는 가늘디가는데,
弄艶好花開未開. 요염하고 아름다운 꽃은 피는가 마는가?
亂世風光無主者, 난세에 좋은 경치 구경하는 이 없으니,
浮生名利轉悠哉. 부생의 명리 더욱 아득하구나.
思量可恨劉伶婦, 생각해 보니 유령 부인 더욱 한스럽고
强勸夫郎疏酒杯. 억지로 낭군께 술을 덜 들라 권하다니.

미련(尾聯)에서는 유령(劉伶) 부인의 전고를 사용했는데, 신라로 돌아가 결혼한 뒤에 지은 시이다.

㉕ 〈늦은 봄에 즉흥으로 동료 사자인 고운에게 화답하며(暮春卽事和孤雲友使)〉

東風遍閱百般香, 봄바람에 온갖 꽃향내를 두루 맡으니
意緖偏饒柳帶長. 마음만은 유독 길게 드리운 버들처럼 풍요롭네.
蘇武書回深塞盡, 소무의 글월은 깊은 요새를 돌아 전해지고
莊周夢逐落花忙. 장주의 꿈은 지는 꽃을 좇아 바쁘네.
好凭殘景朝朝醉, 남은 경치 빙자하여 아침마다 취하노니
難把離心寸寸量. 이별의 마음은 일일이 헤아리기 어렵네.
正是浴沂時節日, 때는 바로 기수에 멱 감는 시절이요
舊遊魂斷白雲鄕. 옛날에 놀던 곳은 애끊는 백운향이라네.

고운(顧雲)의 자는 수상(垂象)이고, 지주(池州) 추포(秋浦) 사람으로 최치원과 같은 해에 급제했다. 또 최치원을 추천하여 고병의 막부에 들였으니 최치원과 우정이 두터운 친구이다. 《계원필경집》에 최치원이 고운

에게 주는 다른 시가 있으나, 고운의 시집에는 보이지 않는다. 그는 최치원과 시를 주고받았을 것이나 모두 산일되었다. 고려《삼국사기》,〈최치원전〉에는 "또 같은 해에 과거에 급제한 고운과도 친하게 지냈는데, 최치원이 귀국하려 할 때 고운이 다음과 같은 시를 지어 전별했다. '내 들으니 동해에 세 마리 금자라가, 머리로 산을 이고 있는데 높디높다네. / 산 위는 구슬과 보배로 꾸민 황금 궁전이요, 산 아래는 천 리 만 리 큰 물결이라네. / 그 곁에 한 점 계림이 푸른데, 자라산의 빼어난 정기를 머금어 특출한 인재를 낳았네. / 열두 살에 배를 타고 바다를 건너와, 문장으로 중국을 감동시켰네. / 열여덟 살에 문단을 휩쓸어, 단번에 과거에 급제했다네(又與同年顧雲友善, 將歸, 顧雲以詩送別略曰：'我聞海上三金鰲, 金鰲頭戴山高高. 山之上兮, 珠宮貝闕黃金殿, 山之下兮, 千里萬里之洪濤. 傍邊一點鷄林碧, 鰲山孕秀生奇特. 十二乘船渡海來, 文章撼動中華國. 十八橫行戰詞苑, 一箭射破金門策')"라고 기록했다. 이 시는 고운의 시집에는 보이지 않는데, 일시일 것이다.《삼국사기》는 고려의 학자 김부식(金富軾, 1075~1151)이 편찬했는데, 당시는 남송 고종(高宗) 소흥(紹興) 연간이므로 반드시 근거가 있었을 터이나, 인용한 고운의 시가 완벽한 것인지는 알 수 없다.

㉖〈진사 장교가 마을에 살면서 병중에 부친 시에 화답하며(和張進士喬村居病中見寄)〉

一種詩名四海傳, 시의 명성 사해에 떨치니
浪仙爭得似松年.* 가도(賈島)는 장교와 어떠한가?
*原注：喬字也
不惟騷雅標新格, 시가 신격을 드러내어
能把行裝繼古賢. 출처를 가지고 옛 어진 이를 이었도다.
葬杖夜携孤嶠月, 교교한 달 아래 명아주 지팡이 짚고

葦簾朝卷遠村烟. 갈대 주렴에는 먼 마을 연기 걷히며,
病來吟得漳濱句, 병이 들자 〈장빈(漳濱)〉 글귀를 읊어
因付漁翁入郭船. 성에 들어가는 어부의 배편에 부치노라.

장교(張喬)는 지주(池州) 청양(青陽, 지금의 안휘) 사람으로 황소(黃巢, ?~884)의 난 이후 고향 구화산(九華山)에 은거했다. 장교 역시 최치원의 친구이다. 최치원이 율수현위와 고병의 막부에서 재직할 때, 장교는 청양에서 최치원에게 시를 부쳤을 가능성이 있다. 장교가 부친 시는 지금 이미 산일되었다. 최치원의 이 시는 자못 장교를 대신하여 불평을 늘어놓았다. 시에서 '낭선(浪仙)'은 가도(賈島)의 자이다. 당대 강병(康駢)의 《극담록(劇談錄)》 권하(卷下)에서는 "대중·함통 연간 이래로 매년 예부에서 시행하는 과거에 응시하는 사람이 천여 명이나 되었다. 그중 이름 있는 사람은 …… 가도 …… 장교 같은 사람이 있다(自大中,咸通之後, 每歲試春官者千餘人, 其間有名聲者, 如 …… 賈島 …… 張喬)"라고 말했다. 그러나 위에서 언급한 가도는 마땅히 잘못 가리킨 것으로, 사실은 허당(許棠)을 가리킨다. 왜냐하면 장교는 일찍이 경조해원(京兆解元)을 허당에게 양보한 일이 있기 때문인데, 상세한 내용은 《당재자전교전(唐才子傳校箋)》 권10, 「장교」조에 보인다.

또 이 시는 자못 주의를 기울일 만한 자료이다. 즉 장교의 자에 대해서 각 책에서는 모두 기재하지 않았는데, 오로지 《영락대전(永樂大典)》에서 《지주부지(池州府志)》를 인용하여 "장교의 자는 백천이다(張喬字伯遷)"라고 했다. 이 시는 '송년(松年)' 아래에 최치원이 "장교의 자이다(喬字也)"라고 주를 달았는데, '백천'과는 다르다. 《시경(詩經)》에 "꾀꼬리가 골짜기에서 나와 높은 나무로 옮겨가네(鶯出于谷, 遷于喬木)"라는 구절이 있는데, '백천'이 장교의 자인 것 같으며 '송년'도 두말할 나위 없이 장교의 자이다. 어찌하여 장교에게 두 개의 자가 있는가? 최치원과 장교는 친구

사이이므로 '송년'은 반드시 근거가 있을 것이며, 장교의 이전의 자가 백천이고 뒤에 자를 송년으로 고쳤을지도 모른다.

㉗ 〈바다에 배를 띄우고(泛海)〉

掛席浮滄海, 돛을 달고 푸른 바다에 배를 띄우니
長風萬里通. 장풍에 만 리까지 흘러가네.
乘槎思漢使, 뗏목 탔던 한나라 사신 장건(張騫)이 생각나고
採藥憶秦童. 불사약 구하던 진나라 동자(童子)들이 떠오르네.
日月無何外, 해와 달은 허공 밖에 있고
乾坤太極中. 하늘과 땅은 태극의 가운데 있네.
蓬來看咫尺, 봉래산이 지척에 보이는 듯하니
吾且訪仙翁. 나도 신선을 찾아보리라.

당연히 열두 살 때 신라에서 당으로 배를 타고 건너올 시기에 지은 것이다. 신라의 장삿배가 봉래(蓬萊, 지금의 산동반도 해안)에 정박하곤 했는데, 여기서 육로로 입당했을 것이다. "불사약 구하던 진나라 동자들이 떠오르네"란 구는 분명히 어린 나이에 지은 것이다.

㉘ 〈중국 지도에 쓰노라(題輿地圖)〉

崑崙東走五山碧, 곤륜산이 동쪽으로 뻗어 다섯 산이 푸르고
星宿北流一水黃. 성수해가 북으로 흘러 한 줄기 강물이 누렇네.

㉙ 〈고소대(姑蘇臺)〉

荒臺麋鹿遊秋草, 황폐한 고소대에서는 사슴들이 가을 풀 위에서 노닐고
廢院牛羊下夕陽. 버려진 정원에서는 소와 양들이 저녁노을에 내려가네.

㉚ 〈벽송정(碧松亭)〉

暮年歸臥松亭下, 늘그막에 송정 아래 돌아와 누우니

一抹伽倻望裏青. 보이는 것 가야산 속의 푸르름뿐이네.

3수(련)는 모두 제화(도)시[題畵(圖)詩]이며, 또 같은 때 지은 작품이다. '고소대(姑蘇臺)', '벽송정(碧松亭)' 앞에 '제(題)' 자가 생략되어 있다. 여지도(輿地圖)는 중국의 지도이고, 고소대는 소주(蘇州)에 있으나, 〈벽송정〉에 의거해 보면 모두가 신라에서 지은 것임을 알 수가 있다. 벽송정은 가야산에 있는데, 최치원이 만년에 노닐면서 쉬던 곳이다.

㉛ 〈희랑스님에게(贈希朗和尙)〉 6수

1

步得金剛地上說, 금강지위의 말을 얻었고,

扶薩鐵圍山間結. 철위산의 종결을 붙들었네.

苾蒭海印寺講經, 비추가 해인사의 경전을 강(講)하니,

雜花從此成三絶. 잡화가 이로부터 삼절을 이루리.

2

龍堂妙說入龍宮. 용당의 오묘한 말 용궁으로 들어가,

龍猛能傳龍種功. 용맹이 용종의 공을 전했네.

龍國龍神定歡喜, 용궁의 용신이 마땅히 기뻐하고,

龍山益表義龍雄. 용산이 의룡의 웅장함을 드러냈으리.

3

摩羯提城光遍照, 마갈제성 광명이 두루 비추었고,

遮拘盤國法增耀. 차구반국에 법이 더욱 빛났네.

今朝慧日出扶桑, 오늘 아침 지혜의 해가 부상에 떴으니,
認得文殊降東廟. 문수께서 동묘에 강림했음을 알리라.

4
天言秘教從天授, 진실된 말과 비밀한 가르침을 하늘에서 주었고
海印具詮出海來. 해인의 진전이 바다에서 나왔네.
好是海隅興海義, 훌륭하도다, 바다 구석에서 깊은 뜻 일으켰으니,
只應天意委天才. 그야말로 하늘의 뜻을 천재에게 맡겼네.

5
道樹高談龍樹釋, 도수의 높은 말 용수가 풀이했고
東林雅志南林譯. 동림의 우아한 뜻 남림사에서 번역했네.
斌公彼岸震金聲, 빈공이 피안에 금성을 떨쳤다지만
何以伽倻繼佛迹. 가야에서 부처의 자취 이은 것과 같으랴.

6
三三廣會數堪疑, 삼삼의 넓은 모임은 숫자가 의심스럽고
十十圓宗義不虧. 열 가지 원만한 종교는 뜻의 결함이 없네.
若說流通推現驗, 유통을 나타난 증험으로 비루어 본다면
經來未盡語偏奇. 종래의 다하지 못한 말이 유독 기특하네.

위의 시는 만년에 신라 가야산에서 지은 것인데, 해인사는 산 속에 있다.

㉜ 〈호원 스님에게 부치노라(寄顥源上人)〉
終日低頭弄筆端, 종일토록 머리 숙여 붓끝을 희롱하니
人人杜口話心難. 사람마다 입 다물어 속마음 말하기 어렵네.

遠離塵世雖堪喜, 속세 멀리 떠난 것은 기쁘지만
爭奈風情未宜闌. 품은 뜻 막을 수 없어 어찌하나.
影鬪晴霞紅葉逕, 갠 노을 그림자 단풍길에 깔리고
聲連夜雨白雲湍. 밤비 소리 흰 구름 아래 여울로 이어지네.
吟魂對景無羈絆, 경치를 읊는 심정 얽매임 없으니
四海深機憶道安. 사해의 깊은 기틀은 도안을 생각나게 하네.

호원상인(顥源上人)이 누구인지 알 수가 없으며, 언제 지은 것인지도 확정할 수 없다.

이상으로 32제 37수는 《고운선생문집》에 수록되어 있다. 그중 당나라에서 지은 것으로 단정할 수 있는 것은 15제이고, 신라에서 지은 것은 9제이며, 언제 지었는지 단정할 수 없는 것은 8제이다.

㉝ 〈이전 장관이 겨울날 산사에 노닐었던 것에 화답하여(和李展長官冬日遊山寺)〉
暫遊禪室思依依, 잠시 선방에 놀러 왔다가 차마 떠나지 못하니
爲愛溪山似此稀. 이처럼 보기 드믄 산수를 사랑하기 때문이네.
勝境唯愁無計住, 좋은 경치에 눌러 앉을 수 없음을 걱정하지만
閑吟不覺有家歸. 한가히 시 읊으며 집에 돌아갈 줄도 모르네.
僧尋泉脈敲冰汲, 스님은 샘 줄기 찾아 얼음 깨고 물 길으며
鶴起松梢擺雪飛. 학은 솔가지 끄트머리에서 눈을 흩뿌리며 날아가네.
曾接陶公詩酒興, 일찍이 도연명이 시와 술로 즐기던 홍취를 접했더라면
世途名利已忘機. 속세의 명리를 벌써 잊었을 텐데.

이전(李展)이라는 사람을 알 수가 없으며, 전체 시의 정서와 "한가히 시 읊으며 집에 돌아갈 줄도 모르네"란 구를 볼 때 신라에서 지은 것이다.

㉞ 〈변하에서 옛일을 그리며(汴河懷古)〉

游子停車試問津, 나그네가 수레를 멈추고 나루터를 물으니
隋堤寂寞沒遺塵. 수제는 적막하여 먼지가 일지 않네.
人心自屬升平主, 인심은 저절로 태평성대의 군주를 따르나
柳色全非大業春. 버들 색깔은 전부 수양제 때의 봄이 아니네.
濁浪不留龍舸迹, 혼탁한 물결에는 어선(御船)의 흔적이 남아 있지 않고
暮霞空認錦帆新. 저녁노을만 새로운 범선을 식별하네.
莫言煬帝曾亡國, 수양제가 일찍이 나라를 망쳤다고 말하지 말라.
今古奢華盡敗身. 예나 지금이나 사치하고 호화부리면 누구나 패가망신하느니.

변주(汴州, 지금의 하남성 개봉)에서 지은 것이다. 수 양제가 통제거(通濟渠)를 개통했는데, 수제(隨堤)는 통제거의 제방이다.

㉟ 〈친구가 구장을 주기에 보검으로 답례하며(友人以毬杖見惠以寶刀爲答)〉

月杖輕輕片月彎, 월장은 가볍고 반달처럼 굽었으며
霜刀凜凜曉霜寒. 상도는 새벽 서리처럼 차고 늠름하여라
感君恩豈尋常用, 그대 은혜 생각하면 어찌 함부로 쓸 것인가
知我心須仔細看. 내 마음 알아주니 다시 찬찬히 살펴보네.
旣許驅馳終附驥, 그대 따라 분주히 일하기로 마음먹었으니
只希提撥早登壇. 단지 발탁하여 일찍 써 주기만 바라네.
當場已見分餘力, 도와줄 힘 있음을 이제 알았으니
引鏡終無照膽難. 거울에다 내 속 비춰 보이기도 어렵지 않으리.

당나라 때 격구(擊毬) 놀이가 성행했는데, 대부분 군대에서 유행했으며 이를 훈련의 실전 연습으로 삼았다. 이 시는 고병의 막부에 있을 때 쓴 것이다.

㊱ 〈신축년에 진사 오첨에게(辛丑年寄進士吳瞻)〉

危時端坐恨非夫, 위태로울 때 단정하여 원망하는 것은 장부가 아니니
爭奈生逢惡世途. 나쁜 세상 만난 것을 어찌할 것인가.
盡愛春鶯言語巧, 봄 꾀꼬리 아리따운 소리 모두를 사랑하고
却嫌秋隼性靈粗. 가을 매 거친 성질은 못내 미워한다네.
迷津懶向從他笑, 세파에 헤매다 남의 웃음이나 사지 말게
直道能行要自愚. 바른길은 어리석은 척해야 능히 갈 수 있다네.
壯志起來何處說, 장한 뜻 세워도 말할 곳이 없으니
俗人相對不如無! 세상 사람들 상대해서 무엇할 것인가!

신축년(辛丑年)은 희종 중화 원년(881)인데, 이때 최치원이 처음으로 고병의 막부에 들어갔다. 오첨(吳瞻)은 누구인지 알 수가 없다.

㊲ 〈봄날 시골 정자에서 벗의 시에 화답하며(和友人春日游野亭)〉

每將詩酒樂平生, 매양 시와 술로 평생을 즐기는데
況值春深煬帝城. 봄 깊은 양제성을 그냥 보내랴.
一望便驅無限景, 한눈에 드는 경치 끝도 없고
七言能寫此時情. 칠언시에 이 정취 옮기려 하네.
花鋪露錦留連蝶, 꽃은 비단 펼쳐 나비를 머물게 하고
柳織烟絲惹絆鶯. 버들은 명주를 짜서 꾀꼬리를 붙드네.
知己相邀歡醉處, 좋은 벗 불러 술 취하는 자리에
莫羡稽古賽桓榮. 환영(桓榮)도 못 당할 그대 학식 부러워라.

이 시는 "낙양을 유랑(浪迹東都)"할 때 지은 것이다. 수대(隋代)에는 장안과 낙양을 2경(京)으로 삼았으나, 수 양제는 낙양에 더 오래 머물렀다.

㊳ 〈늦은 봄에 즉흥으로 동료 사자인 고운에게 화답하며(和顧雲支使暮春卽事)〉

(생략)

이 시는 앞 시(㉕)와 중복되는데, 제목과 글자만 약간 다르다. 마땅히 한 시가 둘로 전해졌을 것이다. 앞의 제목은 '우사(友使)'로 되어 있는데, 마땅히 '지사(支使)'의 오자일 것이다.

㊴ 〈향악잡영(鄕樂雜詠)〉 5수

〈금방울 놀이(金丸)〉

廻身掉臂弄金丸, 몸 돌리고 팔 휘둘러 금방울 놀리니
月轉星浮滿眼看. 달이 구르고 별이 뜬 듯 눈이 어지럽네.
縱有宜僚那勝此, 의료 같은 재주인들 이보다 나으랴.
定知鯨海息波瀾. 동해바다 파도 소리 잠잠하겠네.

〈다리꼭지춤(月顚)〉

肩高項縮髮崔嵬, 어깨는 높고 목은 움츠리고 머리는 우뚝한데
攘臂群儒鬪酒杯. 팔을 비비며 뭇 유생들이 술잔을 다투네.
聽得歌聲人盡笑, 노랫소리 듣고서 사람들은 마음껏 웃으며
夜頭旗幟曉頭摧. 저녁의 깃발이 새벽까지 붐비네.

〈황금탈춤(大面)〉

黃金面色是其人, 황금빛 탈은 정녕 사람 모습 같고
手抱珠鞭役鬼神. 손에는 채찍 잡고 귀신을 내모네.
疾步徐趨呈雅舞. 빨리 걷다 천천히 내디디며 춤을 추니
宛如丹鳳舞堯春. 붉은 봉황이 요순시절에 춤추는 듯하네.

〈꼭두각시춤(束毒)〉

蓬頭藍面異人間, 쑥대머리 쪽빛 얼굴 희한한 모습으로
押隊來庭學舞鸞. 떼 지어 뜰에 와서 난새춤을 추네.
打鼓冬冬風瑟瑟, 북소리는 둥둥둥둥, 바람은 선들선들
南奔北跃也無端. 남으로 북으로 뛰놀기 끝이 없네.

〈사자춤(狻猊)〉

遠涉流沙萬里來, 멀리 고비 사막을 건너 만 리를 왔기에
毛衣破盡着塵埃. 털은 다 빠지고 먼지를 뒤집어썼네.
搖頭掉尾馴仁德, 머리 흔들고 꼬리 치며 순하게 따르지만
雄氣寧同百獸才. 억센 그 기운 어찌 뭇짐승과 같으랴.

향악(鄕樂)은 신라 고국의 잡극(雜戲)이나, 이 시를 반드시 신라에서 지었다고는 할 수 없다. 신라와 당은 내왕이 가장 빈번하여 상인 이외에도 민간 악무(樂舞), 잡희(雜戲) 등이 당에서 공연되었을 것이다. 《이태백집(李太白集)》의 시 〈고구려(高句麗)〉에 "금화로 장식한 절풍모를 쓰고, 백마 타고 머뭇거리며 거니네. 넓은 소매 날아갈 듯 너울너울 춤추니, 해동에서 날아온 새 같구나(金花折風帽, 白馬小遲回. 翩翩舞廣袖, 似鳥海東來)"라고 했는데, 이는 바로 고구려의 악무를 묘사한 것이다.

㊵ 〈말 위에서 짓노라(馬上作)〉

遠樹參差江畔路, 멀리 강가의 길을 따라서 나무들이 줄지어 섰는데,
寒雲零落馬前峰. 차가운 구름은 떨어져 길 앞 봉우리에 걸렸네.

이 시는 잔련(殘聯)만 남아 있어 지은 때를 확정할 수가 없다.

이상 8제 14수, 잔련 1수는 《고운선생속집》에 수록되어 있다. 그 가운

데 한 수는 중복된다. 당에서 지은 것은 5제(중복시 포함), 신라에서 지은 것이 1제, 확정할 수 없는 것이 8제, 잔련 1수이다.

[해제]

이 글의 원제는 〈崔致遠佚詩箋證〉(《文學遺産》 1993년 제6기)이다.

만당시(晩唐詩)와 최치원

주민(周旻)

十二乘船渡海來, 열두 살에 배를 타고 바다로 건너와서
文章感動中華國. 문장으로 중국을 감동시켰네.
十八横行戰詞苑, 열여덟 살에 문단을 휩쓸어
一箭射破金門策. 단번에 과거에 급제했다네.

위의 시는 만당(晩唐) 시인 고운(顧雲, ?~894?)이 이국 동배(同輩) 최치원에 대해 찬탄한 시인데, 신라 시인 최치원에 대한 만당 시단의 괄목상대를 알 수 있다.

837년 최치원은 신분이 낮은 신라 귀족 가정에서 태어났다. 열두 살에 당나라에 들어와 스무 살에 진사에 급제했고 일찍이 선주(宣州) 율수현위(溧水縣尉)를 지냈으며, 이어서 회남절도사(淮南節度史) 고병(高駢, 821~887)의 종사관을 지냈다. 양주(揚州), 연주(兗州) 등지를 거쳤으며 885년에 당나라 사신의 신분으로 신라로 돌아갔다. 당나라에 머무는 동안에 각 장르의 창작물을 상주(上奏)했는데, 다 합쳐 《금체부(今體賦)》 5수 1권, 《오언·칠언금체시(五言七言今體詩)》 100수 1권, 《잡시부(雜詩賦)》 30수 1권, 《중산복궤집(中山覆簣集)》 1부 5권, 《계원필경집(桂苑筆耕集)》 1부 20권이다. 앞의 5종은 이미 전하지 않는다. 최치원이 신라로 돌아온 뒤 한국사에서는 《사륙집(四六集)》, 《계원필경집》 이외에도 《문집(文集)》 30권이 있다고 기록했으나 역시 실전되었다.

여기서는 최치원의 현존하는 시, 즉 《계원필경집》 가운데 60수, 《전당시일(全唐詩逸)》의 1수와 잔련(殘聯), 그리고 《동문선(東文選)》, 《삼국사기(三國史記)》, 《삼국유사(三國遺事)》 등에서 수록한 작품을 근거로 그의 시가 창작의 특색을 탐구하고자 한다.

1.

만당 의종(懿宗), 희종(僖宗) 때 정국은 이미 산산이 무너졌고, 매우 위급한 상황이었다. 그러나 당의 문화는 여전히 동방 각 나라에 영향을 끼쳤다. 신라 문화는 또한 당과 교류하는 가운데 한층 발전했다. 신라 정권은 당에서 실행한 과거 제도를 모방했을 뿐 아니라, 수시로 학생을 파견하여 당에 유학시켰다. 《구당서(舊唐書)》, 〈신라전(新羅傳)〉의 기록에 의하면, 개성(開成)에 5년 학문을 이루고 한꺼번에 귀국한 사람이 150명이나 되었다고 한다. "열두 살에 배를 타고 바다를 건너온(十二乘船渡海來)" 최치원은 바로 이러한 분위기의 문화 배경에서 당으로 와서 학문을 탐구한 인물 가운데 한 사람이다.

최치원이 당에 와서 학문을 탐구한 목적은 매우 뚜렷하다. 즉 스스로 꾸준한 노력을 기울여 힘써 공부하여 과거에 합격하는 것이었다. 따라서 그는 "가서 부지런히 공부하거라! 게으름 피우지 말고 힘을 다하라(往矣, 勤哉! 無惰乃力)!"라는 아버지의 훈계를 마음에 새겨 "쉴 새 없이 정진하여 오로지 아버지의 뜻을 받든다는 마음으로 남이 백 배 노력하면 나는 천 배 노력하였다(懸刺無遑, 冀諧養志, 實得人百之, 已千之)."[1] 시인은 어려서 아버지의 곁을 멀리 떠나 언어・문자 소통 등의 곤란을 극복하고 고향을 그리는 눈물을 참아내며 힘써 고학하여 "집은 멀어서 해 솟는 곳에 있고, 길에는 큰 바다가 격해 있는(家遙日域, 路隔天池)"[2] 당나라 땅에서 "맑은 정신을 온통 책에 쏟고도 세월을 술잔 속에 맡겨 보냈다(神思只勞書卷上, 年光任過酒杯中)."[3] 그의 시 〈가을밤에 비 내리고(秋夜雨中)〉에서 시인은 "이미 지사의 부지런함을 품고, 또 수심 어린 사람의 고통을 안고 있었던(既懷志人之勤, 又抱愁人之苦)"[4] 심정을 진실하게 표현했다.

秋風惟苦吟, 가을바람에 애달프게 읊조리니
世路少知音. 세상에는 나를 알아주는 이 없네.
窗外三更雨, 깊은 밤 창밖에 비가 내리는데
燈前萬里心. 등불 앞에 아득히 외로운 마음.

시인은 이후에 고병에게 쓴 〈다시 올리는 계문(再獻啓)〉에서 자신이 "자리는 차고 창밖 바람은 눈을 흩치며, 붓은 마르고 벼루의 물은 얼음이 되는(席冷而窗風擺雪, 筆乾而硯水成冰)" 간고하게 공부하는 환경 속에서 "언 베개에 마음이 상하고, 외로운 등불에 그림자를 짝했으며(凍枕傷神, 孤燈伴影)", 일찍이 고뇌하고 배회했으나 "만 가지 계획으로 생각해 봐도 배우기만 못하다(萬計尋思不如學也)"고 말했다. 마침내 굳센 의지로 "알아주는 이 없어(少知音)" "마음이 상하여(傷神)" 애달프게 읊조리면서 차가운 겨울을 견뎌 냈다. 과연 봄바람이 불자, 시인의 정서는 극도로 흥분하여 "생각을 가다듬기 힘들었다(思難裁)."

---

1) 〈계원필경서(桂苑筆耕序)〉.
2) 〈다시 올리는 계문(再獻啓)〉.
3) 〈연주에서 이 원외에게 드림(兗州留獻李員外)〉.
4) 〈다시 올리는 계문〉.

〈봄바람(東風)〉

知爾新從海外來, 네가 새로이 바다 건너 불어오는 것을 알고는
曉窗吟座思難裁. 새벽 창가 시 읊조리는 자리에서 생각을 가다듬기 어렵구나.
堪憐時復撼書幌, 가련함을 참고 있을 때 다시 찾아와 서재 휘장을 스치니
似報故園花欲開. 고향에서 꽃피는 소식을 알리려는 듯하다.

봄바람과 꽃소식이 고향의 봄 경치를 알려준다. 시인은 바람이 서재로 불어오는 세부 묘사를 통하여 끊임없이 이어지는 고향 생각을 표현했다. 동시에 바람이 책장 넘기는 것을 마치 꽃이 피는 것으로 비유하여, 청년 시인이 장차 풍성한 성과를 거두어 조국에 보답하겠다는 포부를 새롭고 생동감 있게 표현했다.

겨울이 가고 봄이 오자, 열여덟 살의 최치원은 마침내 우수한 성적으로 예부시랑(禮部侍郎) 배찬(裴瓚)의 문하에서 일거에 급제했다. "장안을 생각할 때마다 그 옛날은 괴로웠었지, 오늘 고향의 봄날을 맞아 어찌 헛되이 보내랴(每憶長安舊苦辛, 那堪虛擲故園春)"[5]고 했던 최치원이 젊은 나이에 당에서 학문을 탐구하면서 지은 작품은 청년 시인의 부지런하고 근면한 경력과 만당의 과거 제도에서 벼슬길의 첫걸음을 걸었던 과정을 진실하게 반영했다.

《계원필경집》의 증별시(贈別詩)에는 부모의 나라 신라에 대한 최치원의 그리움과 열애가 가득해, 제2의 고향 당나라에 대한 감격과 그리움의 감정은 진지하고 소박하며 매우 특색이 있다. 고국에 대한 시인의 그리움은 벼슬길에 들어서지 못하자 약간 감소해 "청산과 녹수로 돌아갈 꿈을 꾸었다(青山綠水, 夢有歸時)".[6] 최치원은 많은 시에서 바다와 강을 묘사했고, 물을 사이에 두고 바라보는 형식으로 날로 커지는 고향의 정을 써

5) 〈봄날 친구를 불렀으나 오지 않아 절구를 부치노라(春日邀友不至因寄絶句)〉.
6) 〈다시 올리는 계문〉.

냈다. "아득한 물안개 저편을 바라보니, 새벽 새 나는 곳이 고향 땅이 아닌가 하노라(目極烟波浩渺間, 曉烏飛處認鄕關)",[7] "이때 천 리 만 리 밖에 있는 마음은 저 멀리 저무는 구름에 절로 아득해지네(此時千里萬里意, 目極暮雲翻自迷)"[8]라는 모두 비슷한 정서를 가지고 돌아가고픈 심정을 표현했다.

장안에서 시인은 "해마다 가시나무가 유원을 침범하고, 곳곳에 연기와 티끌이 전장에 가득한(年年荊棘侵儒苑, 處處烟塵滿戰場)" 광경을 목도했고, 또 "난리 때라 슬프지 않은 일이 없어(亂時無事不悲傷)"[9] 한층 더 우려했다. 그래서 하루아침에 동쪽으로 돌아가는 친구를 송별할 때 기뻐하다가도 슬픔이 앞을 가려 눈물이 줄줄 흘러내렸다.

〈산양에서 고향 친구와 이별하며(山陽與鄕友話別)〉

相逢暫樂楚山春, 서로 만나 초산의 봄을 잠시나마 즐기다가
又欲分離淚滿巾. 다시금 헤어지려니 눈물이 수건을 가득 적시네.
莫怪臨風偏悵望, 바람 맞으며 슬피 바라다봄을 이상하게 여기지 마소.
異鄕難遇故鄕人. 타향에서 고향 사람 만나기 어려우니.

바라던 가운데 우연히 고향 사람을 만나게 되었으니 얼마나 기뻤겠는가? 그것도 전쟁통에 말이다. "잠시 즐기다가(暫樂)" 다시 헤어지게 되었으니, 시인이 너무 많은 눈물 흘리는 것을 탓할 수 없다. 이 시에서는 기약 없는 귀향을 묘사했는데, 아득하고 무거운 심정을 표현했고, 희망과 실망이 서로 교차하는 복잡한 심리를 상세하게 묘사했다.

---

7) 〈해동으로 돌아가며 참산의 봄 경치를 바라보노라(將歸海東巉山春望)〉.
8) 〈바닷가에서 봄 경치를 바라보며(海邊春望)〉.
9) 〈좌주 상서가 난을 피하여 유양으로 가는 도중 절구 세 수를 총시했기에 이를 받들어 화답합니다(奉和座主尙書避難過維陽寵示絶句三首)〉의 3수.

시인은 고국을 깊이 그리워하는 동시에 그를 길러준 당의 풍토 인정에 깊이 감격했다. 친구와 고별할 때, 그는 "오늘 아침 멀리 이별하는데 다른 말 없으니, 오로지 이 마음만은 남에게 부끄럽지 않으리라(今朝遠別無他語, 一片心須不愧人)"10)는 시구처럼 입신 처세할 것을 잊지 말라고 당부했다. 또 적극적으로 향상하려는 인생 태도를 가지고 좋은 작품을 쓸 것을 친구들에게 장려하여 이른바 "가는 길에 좋은 경치 만나거든 새로운 시를 지어 보내주게, 혜강처럼 편지도 안 보내는 버릇일랑 부디 배우지 말게나(行行遇景傳新作, 莫學嵇康盡放慵)"11)라고 했다. 일단 시인의 귀국 바람이 실현되자, 은혜에 고마움을 느끼는 감정이 솟아 나왔다.

〈심정을 토로하며 태위께 올립니다(陳情上太尉)〉

海內誰憐海外人, 해내에서 누가 해외 사람을 어여삐 여기리?
問津何處是通津. 나루터가 어디냐고 물으니 예가 나루로 통하는 길이라네
本求食祿非求利, 본래는 식록을 구함이지 명리를 구함이 아니니,
只爲榮親不爲身. 단지 어버이를 영화롭게 하기 위함일 뿐, 제 몸 위함이 아니로다.
客路離愁江上雨, 강 위에 비 내리니 나그네 시름겹고
故園歸夢日邊春. 고향에 돌아갈 날 꿈에도 아득히
濟川幸遇恩波廣, 배 건너다 다행히 은혜로운 물결 만나
願濯凡纓十載塵. 10년 동안 세속에 찌든 갓끈을 씻고자 하노라.

"한스럽게 읊조리며 저 바다로 돌아가니, 깊은 은혜 갚지 못해 눈물만 흐르네(唯恨吟歸滄海去, 泣珠何計報恩深)."12) 이처럼 자신을 낳아준 나라

10) 〈수재 오만과 석별하며 두 절구(酬吳巒秀才惜別二絶句)〉.
11) 〈강남으로 돌아가는 진사 오만을 전송하며(送吳進士巒歸江南)〉.
12) 〈좌주 상서가 난을 피하여 유양으로 가는 도중 절구를 총시했기에 이를 받들어 화답

를 사랑하고, 또 길러준 나라를 사랑하는 사상·감정은 개인의 은혜에 대한 고마움과 "어버이를 영화롭게 함(榮親)"을 통하여 표현되었다.

만당 시인 이상은(李商隱, 813~858)은 시 〈비 내리는 밤에 북쪽의 아내에게 부치노라(夜雨寄北)〉에서 시간과 공간의 구조가 옮겨가는 수법을 채용하여 장래에 아내와 촛불의 심지를 자르며 파산(巴山)의 비 내리는 밤을 함께 이야기하는 정경을 가정하여 "돌아올 기약을 물어도 기약이 없는(歸期未有期)" 고심을 달랬는데, 매우 높은 예술 기교를 갖추고 있어 역대로 극히 높은 평가를 받았다. 이러한 수법은 최치원의 시에서도 찾아볼 수가 있다. 〈산양에 행차했다가 태위께서 부쳐준 의복과 옷감을 계속 받았고, 귀국 인사차 들렀다가 또 증표를 주어 축수하기에 삼가 시를 지어 감사드립니다(行次山陽續蒙大尉寄賜衣段令充歸覲續壽信物謹以詩謝)〉는 만리타향에서 금의환향하고 싶은 청년 시인의 풍부한 내심 세계를 성공적으로 보여주었다.

自古雖誇晝錦行,	옛날부터 비록 아름다운 비단옷 걸치고 다니는 것을 자랑했지만
長卿翁子占虛名.	사마상여(司馬相如), 주매신(朱買臣) 노인은 헛된 이름만 차지하고 있네.
旣傳國信兼家信,	이미 국신을 전하고 또 가신을 얻었으니
不獨家榮亦國榮.	집안의 영광일 뿐 아니라 나라의 영광이로다.
萬里始成歸去計,	만 리에서 처음으로 이름을 이루고 돌아갈 계획을 세우나
一心先筭却來程.	한마음으로 먼저 돌아올 여정을 헤아리네.
望中遙想深恩處,	옛 은사들이 멀리서 와주길 바라며 깊은 은혜를 상념하니,
三朶仙山目畔橫.	삼신산(三神山)이 눈가에 비껴 있네.

합니다(奉和座主尙書避難過維陽寵示絶句)〉 가운데 제3수.

최치원은 만당의 시단에서 아름다운 시가를 지어 명성을 날렸을 뿐 아니라 당나라 사신의 신분으로 귀국하게 되었다. 이는 시인으로 하여금 매우 자부심을 느끼게 했다. 귀향을 앞두고 옛정을 그리워하며 "한마음으로 먼저 돌아올 여정을 헤아려", 사람은 당에 있으나 마음은 벌써 고향으로 날아갔다. 시인은 당 왕조의 은혜와 정을 가지고 배를 타 푸른 바다에서 멀리 바라보아 미려한 봉래산 영주(瀛州)를 넘어 아침저녁으로 그리던 조국으로 돌아가는 것을 상상한다. 시인은 〈귀성을 허락하신 데 감사드리는 계문(謝許歸覲啓)〉에서 "비록 해도를 찾아 영광스럽게 돌아감은 고금에 견줄 데 없으나, 또 연파를 바라보고 눈물을 흘리니, 떠날지 머물지 결정하기가 어렵다(雖尋海島以榮歸, 古今無此. 且望烟波而感泣, 去住難安)"라고 했다. 바로 이러한 "떠날지 머물지 결정하기 어려운" 심경이 있기에 비로소 "만 리 길을 뗏목 타고 이곳을 떠나가면, 벌써부터 혼이 사공루와 단절될까 근심하는(萬里乘槎從此去, 預愁魂斷謝公樓)"13) 것처럼, 당의 시우(詩友)을 대신하여 "미리 근심하는(預愁)" 감정이 있었다.

시국(詩國)의 토양이 많은 유망한 시인을 배양했는데, 최치원은 그 가운데 엘리트이며, 또 한시도 자신이 신라 사람임을 잊지 않았다. 이러한 현상은 또한 신라 문화와 만당 문화의 모종의 교차와 융합을 현시했고, 아울러 당 유학생들의 재능이 그 독특한 개성과 정채(精采)로 드러났다.

2.

최치원은 선주 율수현위로 부임하여 "비록 일찍이 녹을 먹었으나, 가난에 대한 근심을 면치 못했고(雖曾食祿, 未免憂貧)", 뿐만 아니라 "세상

13) 〈초주 장 상서가 수곽에서 맞이하기에 시를 지어 감사드리노라(楚州張尙書, 水郭相迎, 因以詩謝)〉.

의 인정은 냉담하고, 세속의 태도가 비뚤어지고 거짓투성이인(時情冷澹, 俗態澆訛)" 상태에 처해 있었다. 시인은 일찍이 "웃음을 파는 금은 구하기 쉬워도, 책 읽는 양식은 얻기 어렵다(買笑金易求, 讀書糧難致)"[14]고 깊이 개탄한 바 있다.

당대의 현위는 통상적으로 진사 출신이 초임하던 관직이었다. 두보(杜甫, 712~770)는 일찍이 "하서현위를 맡지 않음은 처량하게 허리를 굽혀야 하기 때문이다. 늙은이 분주하게 뛰어다님을 두려워하나, 솔부 관직은 또한 한가로우리라(不作河西尉, 凄凉爲折腰, 老夫怕趨走, 率府且逍遙)"[15]고 하며 거절하여 부임하지 않았다. 고적(高適, 700~765)은 더욱 혐오하여 "상관에게 절하고 맞이하다 보면 가슴이 찢어지는 듯하고, 백성을 닦달하자니 사람을 슬프게 하는구나(拜迎長官心欲碎, 鞭撻黎庶令人悲)"[16]라고 했다. 원진(元稹, 779~831) 또한 깊이 체득하여 "처음으로 관직의 신분 알고 나니, 병이 아니면 여유를 얻을 수 없네(始知吏役身, 不病不得閑)"[17]라고 했다. 이를 볼 때 현위라는 직위에 정직한 학자들이 미련을 두지 않았음을 알 수 있다.

최치원은 "천성은 우직함에 가까우나, 처신은 올바르게(執性近愚, 處世斯直)"[18]하여 냉담한 "세상 인정(時情)"과 허위적인 "세속의 태도(俗態)"에서 분주해야 했으니, "책을 읽는 데 필요한 양식(讀書糧)"을 얻고자 한 나날들이 얼마나 견디기 힘들었겠는가! 그러나 바로 세상 인정과 속세의 태도를 이해하고 관찰했던 최치원의 붓끝에서 현격한 빈부 차이 현상을 직접 폭로하는 현실주의 시편 〈강남의 여인(江南女)〉이 탄생했다.

14) 〈객장에게 주는 편지(與客將書)〉.
15) 두보, 〈관직이 정해진 후 장난삼아 주노라(官定後戲贈)〉.
16) 고적, 〈봉구현(封丘縣)〉.
17) 원진, 〈질병 휴가 중에 남쪽 정자에서 한가로이 바라보며(病假中南亭閑望)〉.
18) 〈가목에게 주는 편지(與假牧書)〉.

江南蕩風俗, 강남의 풍속은 방탕하여
養女嬌且憐. 기르는 딸이 교태 있고 가냘팠네.
性冶恥針線, 천성은 바느질하는 것을 부끄러워하니
妝成調管弦. 분단장 마치고는 악기 조율하네.
所學非雅音, 배운 것은 고상한 노래가 아니요
多被春心牽. 춘정에 많이 이끌린 것이라네.
自謂芳華色, 스스로 일컫기를 꽃다운 얼굴이요
長占艷陽年. 청춘 시절 길이 이어진다 하네.
却笑隣家女, 도리어 이웃 여자 비웃나니
終朝弄機杼. 하루 종일 북을 놀리며
機杼縱勞身, 베 짜느라 몸을 수고롭게 하지만,
羅衣不到汝. 비단옷은 네게 돌아가지 않으리라.

이 오언시는 풍자의 필치와 대비 수법으로, 높은 지위에서 부유한 생활을 누리는 귀족 여성이 방탕에 빠져서 거만하고 횡포하는 모습과 공허한 정신 상태를 묘사했다. 다른 한편으로 근로 여성이 핍박받으며 "해마다 금실로 수놓는 일을 매우 한탄하는 것은 남이 시집갈 때 입는 옷을 만들기 때문이다(苦恨年年壓金線, 爲他人作嫁衣裳)"[19]라는 시구에서 부지런하면서도 고생하는 정경을 묘사했다. 내용과 언어 풍격 방면에서 보면, 분명 백거이(白居易, 772~846) 풍유시(諷諭詩)의 영향을 받은 것이다.

최치원이 고병에게 의탁한 뒤, 그에게 빠르게 인정을 받아 도통순관(都統巡官)으로 부임했다. 이때부터 직접 고병의 대본영에서 근무하게 되었다. 장서기(掌書記)로 지내는 수년 동안 문채가 빛나는 많은 문장을 썼다. 이러한 표(表)・별지(別紙)・격서(檄書)・서(書)・거첩(擧牒)・재사

19) 진도옥(秦韜玉), 〈가난한 여자(貧女)〉.

(齋詞)・제문(祭文)・소(疏)・계(啓)・장(狀) 및 60수의 시는 후에 《계원필경집》 20권으로 정리되어 지금까지 전해진다. 그중 〈황소를 토벌하는 격문(討黃巢檄文)〉은 고병의 명성을 크게 떨치게 만들었다.

'《계원필경집》 가운데 고병의 공적과 은덕을 찬양한 30수의 시와 최치원이 황소의 농민 봉기 진압에 참여한 것을 어떻게 평가할 것인가?'라는 의문은 비교적 복잡하고 피할 수 없는 문제이다. 최치원은 "석양이 한없이 좋으나, 황혼에 가까운(夕陽無限好, 只是近黃昏)"[20] 만당 시기에 당나라 땅으로 갔다. 그는 "재자의 붓끝을 놀려 충신의 속마음을 썼다. 지금에 옛것을 행하여 이미 유가의 종주가 되었다. 내 집처럼 나라를 근심하니 실로 덕망 있는 가문의 일이다(弄才子之筆端, 寫忠臣之襟抱. 在今行古, 卽爲儒室之宗, 憂國如家, 固是德門之事)"[21]라고 여겼을 뿐만 아니라, "반초(班超)가 원래 붓을 몰래 버린 것이 아닌 것처럼, 재빨리 곰과 송골매를 몰아내고 제후로 봉해지길 기다리네(班筆由來不暗投, 旋驅熊隼待封侯)"[22]라고 했다. 이는 고병의 공덕을 그린 30수의 시로 대당 제국의 통일과 강대함을 찬양하는 것을 기조로 삼은 것이다.

예컨대 〈방어진지를 구축하고(峕口徑)〉에서 "남쪽을 안심시켜 정말로 안남의 경계를 얻었고, 이로부터 남만의 병사가 감히 침범할 수 없었다(安南眞得安南界, 從此蠻兵不敢侵)"라고 했고, 〈수리 사냥(射雕)〉에서 "위세 있는 이름을 길이 사막에 떨쳤으니, 오랑캐가 다시는 요임금에게 짖지 못하게 하리라(永使威名振沙漠, 犬戎無復吠唐堯)"라고 하여, 외국인의 안목으로 강대하고 통일된 당 제국을 보았다. 그러나 최치원은 한편으로 당 왕조가 다시금 강성해지기를 바랐고, 다른 한편으로는 도리어 현실을 직시하여 "난리 때라 슬프지 않은 일이 없으니, 난새와 봉새가 놀라서 둥지

20) 이상은(李商隱), 〈낙유원에 올라(登樂游原)〉.
21) 〈장가를 보여준 고 비서에게 감사드리는 글(謝高秘書示長歌書)〉.
22) 〈안화(安化)〉.

를 떠날(亂時無事不悲傷, 鸞鳳驚飛出帝鄕)"[23] 정도였다.

황소(黃巢, ?~884)의 농민 봉기는 당 왕조에 심한 타격을 입혔는데 시인은 마음속으로 심각한 모순에 처했다. 이 시기에 육구몽(陸龜蒙, ?~881), 나은(羅隱, 833~909), 사공도(司空圖, 837~908), 고운, 한악(韓偓, 884~914?) 등 만당 시인들은 난을 피해 연이어 은거했다. 외국 시인인 최치원은 신라로 돌아갈 것을 거듭 간청했는데, 이는 만당 동란 사회에 대한 그의 우려와 조국을 그리워하는 복잡한 정감을 반영한 것이다. 그는 귀국을 요청하는 수많은 편지를 썼으며, 심지어는 "다행히 봄바람이 길을 맞이하니, 꽃피는 좋은 시절에는 계림에 도착했으리라(幸得東風已迎路, 好花時節到鷄林)"[24]고 말했다.

최치원은 아름다운 꿈을 안고 신라로 돌아와서 시독(侍讀) 겸 한림학사(翰林學士)・수병부시랑(守兵部侍郎)・지서서감(知瑞書監) 등의 관직을 받았으며 진성여왕(眞聖女王)의 신임을 얻었다. 당시 최치원은 또 진성여왕에게 〈시무책(時務策)〉 십여 조를 올려, 서민에게 인정을 베풀고 "어진 고을(仁鄕)"이 "병든 나라(疵國)"로 변하는 모순을 완화시켜 줄 것을 요구했다. 건의는 받아들여졌으나, 권세가들의 집요한 저지와 간섭으로 시행되지 못했다. 이는 웅대한 이상과 포부를 펼치려던 최치원에게 큰 타격을 주었다. 최치원이 귀국하기 전에 배를 대주산(大珠山) 아래에 정박시키고 쓴 〈바위 위의 키 작은 소나무(石上矮松)〉의 시구에는 "하늘이 내게 준 재주는 반드시 쓸 것이다(天生我材必有用)"[25]와 같은 자신감이 있었으나, 신라로 돌아온 뒤의 〈접시꽃(蜀葵花)〉에서는 도리어 인재가 버림받는 현실에 대하여 분개했다.

---

23) 〈좌주 상서가 난을 피하여 유양으로 가는 도중 절구를 총시했기에 이를 받들어 화답합니다(奉和座主尙書避難過維陽寵市絶句)〉 가운데 제2수.

24) 〈친구가 섣달 그믐날 밤에 부쳐준 시를 보고 화답하노라(和友人除夜見寄)〉.

25) 이백, 〈장진주(將進酒)〉.

寂寞荒田側, 적막하고 황폐한 밭둑에서
繁花壓柔枝. 무성한 꽃이 가냘픈 가지를 누른다.
香輕梅雨歇, 소나기가 그치니 향기도 가볍고
影帶麥風欹. 보리 바람에 그림자 흔들리네.
車馬誰見賞? 수레 탄 사람을 누가 와서 보아 주리오?
蜂蝶徒相窺. 벌 나비만 부질없이 서로 엿본다.
自慚生地賤, 스스로 타고난 처지가 천함을 부끄러워하여
堪恨人棄遺. 남들에게 버림받아도 참고 견딘다.

이 시는 접시꽃의 처지를 빌려 통치 계급이 같은 패끼리 뭉치고 다른 패를 배척하는 관료들에게 비유하여 자기와 다른 사람을 배척하고 인재를 압제하는 것을 질책했다. 시인은 〈옛 생각(古意)〉에서 "마음을 고르고(操心)", "참과 거짓을 분별한(辨眞僞)" 뒤 관리 사회의 갖가지 "사람 모습과 같이 되어 홀리는(幻惑同人形)" "다른 무리(異類物)"에 대하여 똑똑히 인식했다. 따라서 〈흥을 기탁하며(寓興)〉에서 시인은 "이욕의 문을 막은(扃利門)" 곳에서 "이익 좇는 사람들(探珠者)"을 경고했다. 다시 말해 권력과 이익을 다투다 보면, 결과적으로 바닷속에 빠져 죽을 것이라고 경고했다. 시인은 마침내 '담박(淡泊)'과 '단술[甘醴]'을 선택함으로써 통치자에 의해 지방 군수로 밀려났다.

"세월은 흘러가기 쉽고, 장한 기운은 펴기 어려운(流年易邁, 壯氣難申)"[26] 울분은 결국 향수보다도 시인을 더욱 망연자실하게 만들었다. 〈도중에 지음(途中作)〉에서,

東飄西轉路岐塵, 이리저리 떠돌며 풍진 세상을 헤매면서

26) 〈객장에게 주는 편지(與客將書)〉,

獨策羸驂幾苦辛. 야윈 말 몰고 다니며 고생 또 얼마였던가!
不是不知歸去好, 고향에 돌아감이 좋은 줄 모르는 것은 아니지만
只緣歸去又家貧. 돌아간댔자 집이 가난하니 어쩔 것인가?

라고 했다. 평담한 어투, 가슴을 애태우는 정서에는 이상과 생활에서 기댈 곳을 잃어버린 고통과 사색이 잠복되어 있다. 마침내 〈산으로 들어가며 쓰는 시(入山詩)〉에서는 시인의 "이리저리 떠도는(東飄西轉)" 영혼의 해방을 예시했다.

僧乎莫道青山好, 스님이시어, 청산이 좋다 말하지 마소.
山好何事更出山? 산이 좋다면서 무슨 일로 다시 산을 나왔소?
試看他日吾踪迹, 시험 삼아 다른 날 나의 자취를 보시오.
一入青山更不還. 한번 청산에 들어가면 다시 돌아오는가!

최치원이 귀국한 뒤 몇 년 동안 농민 봉기가 사방에서 끊임없이 일어났고, 조정의 관리들은 권력과 이익을 다퉜다. 진성여왕이 당 왕조에 올린 〈양위를 아뢰는 표문(讓位表)〉에는 "관할하던 구주에서 고을을 다스리던 백군이 모두 도적의 난리를 만나서 마치 겁회를 보는 것 같았습니다. 게다가 사람 죽이기가 마치 칼로 삼대를 치는 듯하고 땅 위에 드러나 백골은 잡초처럼 버려졌습니다(所管九州, 仍標百郡, 皆遭寇火, 若見劫滅, 加復殺人如麻, 曝骨如莽)"[27]라고 했다. 이러한 정경을 최치원은 당에 있을 때도 일찍이 본 바가 있지만, 당대의 시인처럼 "친구들과 친족들 모두 유랑하느라 몸이 파리해지고 병들었으며, 누가 살았고 누가 죽었는지 모두 알 수 없는(交親流落身羸病, 誰在誰亡兩不知)"[28] 뼈에 사무치는 고통

27) 《동문선(東文選)》 권43.
28) 한악(韓偓), 〈난리를 슬퍼하며(傷亂)〉, 《전당시》 권681, 중화서국, 7812쪽.

은 없었다. 지금처럼 냉혹한 현실이 최치원의 고향으로 돌아갈 아름다운 꿈을 파멸시켰고, 그에게는 고병의 부대에 참가하여 황소의 농민 봉기를 진압할 열정이 없었으니, 시인의 과거에 대한 반성과 부정을 알 수 있다.

당 왕조에서 최치원은 일찍이 “산에 은거하고자 결심하여 잠시 은퇴하려는(決計居山, 暫爲隱退)”[29] 생각을 표시하여, 유명한 옛 사찰을 유람하며 많은 시를 썼다. 〈김 원외에게 화답하며 참산의 청 상인에게 주노라(和金員外贈巉山淸上人)〉에서 다음과 같이 썼다.

海畔雲庵倚碧螺, 바닷가 구름 속 암자는 푸른 바위에 기대어 있고
遠離塵土稱僧家. 티끌세상을 멀리 떠나니 스님 사는 곳과 어울리누나.
勸君休問芭蕉喩. 그대에게 권하노니, 파초 비유만 묻지 말고
看取春風撼浪花. 봄바람에 물거품 흔들리는 것도 좀 보시게나.

파초는 불교 경전에서 견고하지 못한 중생의 체구로 비유된다. 마지막 두 구는 선의(禪意)의 깨달음을 중점적으로 드러냈는데, 정말로 왕유(王維, 701~761)가 말한 “가함도 없고 불가함도 없는(無可無不可)” 의미이다. 시 〈금천사 주지에게(贈金川寺主)〉는 흠모하는 말투로 현실 사회를 도피한 노승의 생활을 극찬했다. “웃으며 문 앞의 한 줄기 길을 가리키는데, 산 밖을 나서자 천 갈래로 갈라지네(笑指門前一條路, 纔離山下有千歧)”라고 하여, 세상과 단절된 시인의 심정을 나타냈다. 이러한 작품으로 〈재곡사에 혼자 사는 스님에게(贈梓谷蘭若獨居僧)〉, 〈운문사 지광 스님에게(贈雲門寺智光上人)〉 등이 있는데, 후자는 다음과 같다.

雲畔構精廬, 구름 가에 절집을 지어 놓고

29) 〈길게 올리는 계문(長啓)〉.

安禪四紀餘. 고요한 선정에 든 지 거의 반백 년.
筇無出山步, 지팡이는 산 밖을 나간 적이 없고
筆絶入京書. 붓으로도 서울 가는 편지를 쓰지 않네.
竹架泉聲緊, 대나무 홈통에서는 샘물 소리 들리고
松欞日影疏. 소나무 창가에서는 해 그림자 성기네.
境高吟不盡, 경지가 높아 다 읊어 내지 못하고
瞑目悟眞如. 고요히 눈 감은 채 참됨을 깨우치네.

시인은 승려처럼 깊은 산속에 절집을 지어 놓고, 소나무와 해 그림자를 고요하게 바라보며, 대나무 홈통의 샘물 소리를 오랫동안 서서 듣고, 심령의 지극한 경계를 얻고자 했다.

이는 분명히 선종의 심미 의식에서 영향을 받았다. 야경, 자연의 소리와 절간 환경은 모두 어떤 적멸(寂滅) 의식과 부합하기가 용이하고 선리(禪理)를 기탁하기가 편하다. 또한 이것은 동방에서 당으로 와서 시를 학습한 수많은 시인이 추구했던 경계이기도 하다. 예를 들면, 《천재가구(千載佳句)》에 실린 신라 시인 김립지(金立之)의 잔구(殘句)를 보면, "산 사람이 달을 보고 어찌 잠들려고 생각하겠는가? 더욱 찬 샘물을 움켜쥐니 손에 서리가 가득하도다(山人見月寧思寢, 更掬寒泉滿手霜)",[30] "바람이 옛 전각을 스치니 향기로운 안개 흩어지고, 달이 앞 숲에 이르니 대나무에 맺힌 이슬이 맑구나(風過古殿香煙散, 月到前林竹露淸)"[31]라고 했는데, 묘사가 모두 지극히 변화무쌍하다. 최치원의 후기 산수시 〈임경대(臨鏡臺)〉를 보자.

烟巒簇簇水溶溶, 안개 낀 봉우리는 우뚝우뚝하고 강물은 출렁출렁 흔들리며

30) 김립지, 〈협산사에서 달을 희롱하며(峽山寺翫月)〉.
31) 김립지, 〈풍덕사에 묵으며(宿豐德寺)〉.

鏡裏人家對碧峰. 거울 속의 인가는 푸른 산과 마주하네.
何處孤帆飽風去, 외로운 배는 바람 가득 싣고 어디 가는가?
瞥然飛鳥杳無蹤. 갑자기 날아가는 새는 종적 없이 사라지네.

마치 모종의 선의(禪意)를 띤 것 같지만, 시인은 외로운 배, 날아가는 새가 그리는 일직선을 통하여 동(動) 속에서 정(靜)을 추구하여 황산강(黃山江)의 고요하고 평화로운 경물의 특징을 핍진하게 묘사하여 전체 시에 일종의 흐르는 시냇물 같은 맑고 깨끗한 색조(色調)를 띠게 했다. 이로써 현실 생활을 열애하는 어떤 열정을 엿볼 수가 있다.

그러나 최치원은 끝내 가야산(伽倻山) 해인사(海印寺)로 숨어 들어가 모형(母兄)인 승려 현준(賢俊)과 정현사(定玄師)와 동지 관계를 맺고, 자신의 심경을 서술한 시 〈가야산 독서당에 쓰노라(題伽倻山讀書堂)〉를 썼다.

狂噴疊石吼重巒, 물은 미친 듯이 바위를 치며 산을 울리어
人語難分咫尺間. 지척에서 하는 말 분간하기 어렵네.
常恐是非聲到耳, 항상 시비 소리 귀에 들릴까 두려워
故敎流水盡籠山. 흐르는 물로 산을 감싸게 했네.

당 왕조에서 연파(煙波)는 일찍이 시인이 '감읍(感泣)'게 하는 김징에 영향을 주었고, 바다의 파도는 시인에게 공훈을 세울 역량을 부여했으며, 강의 물결은 일찍이 아름다운 이상을 무수히 일으키게 했다. 그러나 최치원이 마흔둘의 나이로 산림에 은거한 뒤 흐르는 샘물과 폭포는 도리어 그가 시비를 회피하게 하는 천연의 보호벽이 되었다. "항상 시비 소리 귀에 들릴까 두렵다(常恐是非聲到耳)." 이는 바로 왕유와 백거이(白居易, 772~846) 등 당대 시인들의 만년의 심성(心聲)이 아닌가? 같은 문화 구조에서 시인들이 비슷한 심성을 만들었다고 할 수 있다.

3.

최치원의 시에서 〈여도사와 이별하며(留別女道士)〉는 주의할 만한 가치가 있다. 왜냐하면 이는 젊은 시인이 당에 있을 때 젊은 여인과 교류한 유일한 작품이기 때문이다.

每恨塵中厄宦途, 매번 속세의 벼슬로 고생함을 한탄하다가
數年深喜識麻姑. 마고 선녀 알면서 수년 동안 기뻐했네.
臨行與爲眞心說, 길을 떠나면서 당신에게 진심으로 묻노니
海水何時得盡枯. 바닷물은 언제 모두 마를까요?

한창 젊었던 시인은 벼슬길이 순탄치 않고 염량세태 때문에 늘 고민했으며, 심지어는 "한탄(恨)"하기도 했다. 그러나 이 여도사는 도리어 시인이 "벼슬살이로 고생할(厄宦途)" 때 알게 된 친구인데, 시인은 오랜 기간 나날이 깊어가는 정 때문에 "무척 기뻐했다(深喜)." 이를 보면 그녀가 일찍이 시인에게 깊은 정이 담긴 위로를 해 주어, 이 "외국 선비(外方之士)"로 하여금 "홀로 버림받지(獨見棄遺)" 않도록 해 주었다. 시인은 이 여도사의 용모와 언어를 정면으로 묘사하지 않고, 단지 중국인이라면 다 알고 있는 비유, 즉 바다의 영원함으로 굳은 애정을 표시하여 미녀의 풍부하고도 복잡하며 특수한 심정을 표현했다. 시 제목이 〈여도사와 이별하며〉인데, 유독 이별할 때 분명 "무척 기뻐한다(深喜)"고 말했으니 이를 보면 그 정이 깊고 함축적임을 알 수 있다.

노장 사상의 영향으로 중국 시인들은 소박함과 평안함을 아름다움으로 삼는 심미 정취와 마음속 체험의 예술 사유 습관을 형성하게 되었다. 그러나 도교는 당대에 도리어 일종의 혼미하고 열광적인 상황에서 열렬하게 신선을 찾고 도를 묻는 풍조로 변하여 시인에게 불로장생의 정서와

행동을 가져다주었다. 중당·만당 때는 도를 숭상하는 기풍이 성행하여 위로는 황제부터 아래로는 일반 시인에 이르기까지 모두 죽음을 무릅 쓰고 약을 복용했다. 도교 사원에는 아름다운 여자 도사가 있었는데, 십대의 아름다운 미녀도 있고 심지어 황실의 공주도 있었다. 이는 수많은 시인으로 하여금 도교 사원과 밀접한 관계를 맺도록 했다.

이상은, 온정균(溫庭筠), 단성식(段成式)은 모두 동일한 시파(詩派)에 속하는데, 애정시를 잘 써서 세상에 이름이 났다. 그중 도교의 방중술을 언급한 시도 있다. 예를 들면, 이상은의 해독하기 어려운 수많은 애정시는 그가 도교 사원에서 만난 여자 도사와의 연애, 애정과 관련이 있다. 만당 때 도를 숭상한 목적은 향락, 장수, 육욕(肉慾)을 누리기 위해서였다. 이는 문학 창작에 다음과 같은 영향을 주었다. 불로장생약을 복용하는 자극적 영향은 시인의 상상력을 풍부하게 만들어 현란하고 교활한 환각을 추구하게 만들었다. 향락과 육욕 추구는 작품에 농염하고 신비한 성분을 증가시켰다. 예를 들면 이상은·한악의 염정시(艶情詩), 온정균의 사(詞) 및 〈유선굴(遊仙窟)〉 등의 전기(傳奇)는 상징적 정서를 한없이 묘사하다가 비교적 구체적으로 느낄 수 있는 관능적 감각으로 점차 옮겨갔다.

최치원의 〈여도사와 이별하며〉는 시대적 산물이다. 또 다른 서사시 〈쌍녀분(雙女墳)〉은 위에서 말한 만당 기풍의 영향을 받아 봉건 문인의 은밀한 애정 감각을 공개했으며, 동시에 개성 해방을 요구하고 봉건 예교의 속박을 타파하겠다는 의식을 표현했다. 〈쌍녀분〉은 모두 36구, 431자, 배율(排律) 형식으로 구성된다.

줄거리는 당대 강남의 율수현(溧水縣)에서 시작된다. 스무 살의 현위(縣尉) 최 공(崔公)이 어느 날 우연히 현 남쪽 경계의 초현관(招賢館) 부근으로 산보를 나갔다가 쌍녀분을 발견하고는 곧바로 그 위에 시를 써서 죽은 혼을 위로했다. 최 공의 은혜에 보답하기 위해 밤에 두 여자가 최 공의 거처로 와서 상인에게 시집가는 불행한 혼인에 반항하여 자살한 처지를 상세하게 호소하여, 강렬하게 최 공의 애정을 불러일으켰다. 두 여자는 재색을 겸비했고, 또 최 공과 더불어 시를 읊고 지으며 의기투합하여 마침내 합금(合衾)하여 즐기게 되었다. 새벽닭이 울자 두 여인은 떠나 다시 나타나지 않았다. 이런 제재를 선택한 것에서 최치원이 초기에 당대 진사의 '행권(行卷)' 기풍의 영향, 즉 시인의 재주를 강구하여 역사성이 강한 특징의 영향을 받은 것을 알 수 있다.

만당 시가에서 표현한 애정에는 두 가지 특징이 있다. 하나는 이상은처럼 대부분 상징, 비유, 은어로 표현하는 것이고, 다른 하나는 한악, 온정균처럼 서사적 성분이 매우 강하여 묘사가 핍진하고 거의 외설에 가까운 것이다. 〈쌍녀분〉의 풍격은 후자에 가깝다. 아래서 거칠게나마 이 작품을 분석하고자 한다.

최 공은 봉건 예교의 반역자이다. 그에게는 재능이 있으면서도 펼칠 기회가 없는지라 분개하면서 산보할 때는 언제나 초현관 부근을 선택했다.

自恨雄才爲遠吏, 웅재로서 먼 타국의 관리 됨을 한탄하고
偶來孤館尋幽邃. 우연히 외로운 초현관에 와 조용한 곳을 찾아
將戲詞句向門題, 장난삼아 문에다 시구를 지으니
感得仙姿侵夜至. 감동한 선녀 밤에 이르렀네.

"웅재로서 먼 타국의 관리 됨을 스스로 한탄한" 고독한 청년과 부활한 아름다운 한 쌍의 원혼은 마침내 "장난삼아 쓴(戲題)" 문자를 매개로 사람과 귀신의 연애를 시작했다. 아울러 시를 읊조리고 짓는 형식을 통하여 영혼의 돌파구를 찾았다.

쌍녀는 율수현의 부유한 상인의 딸이었는데, 부모가 미리 정해 준 혼인에 반항하여 자살했다. 당대 강남의 상품 경제가 발전한 뒤, 시민 계층이 연애결혼을 추구하다가 치른 대가를 반영했다. 이러한 생각을 가졌기

에 그들은 첫눈에 반하게 되었다. 이에 쌍녀는 "지는 꽃 대하여 미주 기울이고 쌍쌍이 추는 예쁜 춤에 섬섬옥수가 드러났고(對殘花, 傾美酒, 雙雙妙舞呈纖手)", 처음으로 감격 어린 정을 은근히 나타냈다. 장시는 안색, 복식, 후각(嗅覺), 음주 태도, 추파 던지기, 시적인 정취 등 다방면에서 세속을 초월한 쌍녀의 풍채를 묘사했고, 나아가서 최 공이란 "뛰어난 재사(雄才)"에 대한 경모를 묘사했다. 이처럼 낭만적이고 혼미하고도 열광적인 공간에서 끝내 자제할 수 없어, 그는 "미친 듯한 이 마음 산란하여 부끄러움도 잊고 꽃다운 뜻 허락할지 물어보았다(狂心已亂不知羞, 芳意試看相許否)." 이처럼 대담하고 예교에 위반되는 진솔한 구애 방식은 단지 사람과 귀신이 연애할 때의 시 구절에서 비로소 볼 수 있다.

최 공의 솔직담백함은 쌍녀로 하여금 얼굴이 윤이 나고 혈색이 좋게 만들었으며, 또 살뜰한 심정을 품게 했다. "미인의 얼굴빛은 오랫동안 멍한 표정을 짓더니, 반은 웃는 듯하고 반은 우는 듯하네(美人顔色久低迷, 半含笑態半含啼)." 만일 눈물이 있다면, 이는 또한 고통과 행복이 뒤섞인 눈물방울일 것이다. 쌍녀는 끝내 비분한 억압에서 일변하여 열렬하게 사로잡혀 최 공과 더불어 "복숭아꽃 오얏꽃 피는 봄(艶陽桃李辰)"을 누렸다. 전체 시는 이곳에서 고조에 달한다. 그러나 수탉이 울자 주인공은 이별할 때임을 깨닫고 쌍녀는 "몇 마디 나머지 노래에 외로운 혼 끊는 듯, 가물거리는 등잔불이 두 눈의 눈물을 비추었다(數聲餘歌斷孤魂, 一點殘燈照雙淚)." 노래는 다하고 등잔불은 가물거리며 눈물이 뒤섞이니 얼마나 슬프고 괴로웠겠는가? 최 공은 귀신인줄 알고 있었으나 쓰라린 사랑을 그치지 않았니, 그 애정이 몹시 돈독했음을 알 수가 있다.

曉天鸞鶴各西東, 날이 밝자 난새와 학은 각기 동서로 날아가고
獨坐思量疑夢中. 홀로 앉아 생각하니 꿈꾸는 듯하네.
沈思疑夢又非夢, 곰곰이 생각하니 꿈인 듯 아닌 듯

愁對朝雲歸碧空. 수심에 겨워 바라보니 파란 하늘에 구름 떠가네.
匹馬長嘶望行路, 말인 양 길게 울며 갔던 길 바라보고
狂生猶再尋遺墓. 미친 듯 버려진 무덤 다시 찾네.
不逢羅襪步芳塵, 떨어진 꽃 밟았던 비단 버선 만날 수 없고
但見花枝泣朝露. 꽃가지만 아침 이슬에 울고 있을 뿐이네.

조용히 앉아 있다가 꿈인가 의심하고 곰곰이 생각하니 꿈이 아닌 듯하며 비몽사몽간에 망연자실하여 수심이 생겨났고, 꿈속의 일을 확인하기 위해 말에 채찍질하여 무덤을 찾았다. 물론 다시 꿈꿀 수 없어 "아침 이슬에 울고 있는 꽃가지만 볼 수 있을 뿐(但見花枝泣朝露)"이지만, 도리어 상심한 사람은 다른 회포에 잠겼다. 최 공의 황홀, 의심, 각성, 회상과 그들을 찾고자 노력하는 일련의 복잡하고 모호한 심리 활동은 모두 정확하고 생동적으로 묘사되었다. 〈쌍녀분〉은 만당 서사시의 인물 심리 묘사 방면에서 비교적 두드러진 성과를 거두었다.

〈쌍녀분〉의 환경 묘사는 만당 전기보다도 신선, 요괴에 관한 제재가 많으며, 만당의 서사시와 마찬가지로 자각적으로 서사성을 강구하는 특징을 가지고 있다. 예를 들면 처음의 배경은 다음과 같다.

草暗塵昏雙女墳, 풀 먼지 덮인 어두컴컴한 두 여자의 무덤
古來名迹竟誰聞. 예부터 명승지라 누구에게 들었던가?
唯傷廣野千秋月, 넓은 들에는 천추의 달만 한스럽고
空鎖巫山雨片雲. 무산에는 공연히 두 조각구름이 걸려 있네.

이곳 경물의 신비함과 처량함이 달빛 아래 무덤에 난 잡초와 여자의 혼이 부활하는 배경의 특징으로 적절하게 표현되었다. 동시에 들어본 적 없는 명승지에 대한 논의를 빌려 쌍녀가 억울하게 죽었어도 이해해 줄

사람이 없는 것에 대한 시인의 개탄을 표명했다. 전체 시는 플롯의 발전과 인물 심리의 변화에 따라서 기조가 쓸쓸함에서 열렬함으로 다시 슬픔으로 변하는데, 비몽사몽간의 뜻밖의 상봉 분위기를 매우 적절하게 과장했다.

최치원은 장시를 끝맺기 전에 갑자기 논의를 발설했다. "인간사 대단한 것은 수심이라 출셋길 달리자 미망(迷妄)에 빠졌네. 동작대 덮은 풀은 천고의 한이라 금곡에 핀 꽃은 하루의 봄일세(人間事, 愁殺人, 始聞達路又迷津. 草沒銅臺千古恨, 花開金谷一朝春)." 여기서 현실 생활에서 얻었다가 다시 잃어버린 어떤 적막감, 그리고 바라볼 수는 있으나 가까이 다가설 수 없는 어떤 경모(敬慕)를 표현했다. 아마도 최치원에게 "웅재로서 먼 타국의 관리 됨을 스스로 한탄한" 불만이 있었던 것은 아닐까? 혹은 오랫동안 여도사와 이별해서 걱정거리를 늘어놓을 수 없는 데 대한 유감을 가졌던 것은 아닐까?

총괄하면, 〈쌍녀분〉은 고정된 공간과 인물을 빌려 현실 중의 은밀한 애정을 후련하게 표현했다. 또한 세밀한 관능적 느낌을 중시하고 정감의 색채를 포착하는 만당 시가의 선명한 특색을 띤다.

4.

《동인시화(東人詩話)》에서 "문창후 최치원은 당에 들어가 과거에 급제했고 문장으로 이름을 날렸다. 윤주 자화사에 제했는데 '화각(畵角)' 구가 있다. 후에 신라의 상인들이 당나라에 들어가 시를 구입할 때, 이 시구를 써서 보여주었다(崔文昌侯致遠入唐登第, 以文章著名, 題潤州慈和寺, 有畵角云云之句, 後鷄林賈人入唐購詩, 有以此句書示者)"고 말했다. 이 〈윤주 자화사 절간에 올라(登潤州慈和寺上房)〉 칠언 율시는 《전당시일》에 수록되어 있다.

登臨蹔隔路岐塵, 산에 올라 속세의 갈림길과 잠시 멀어졌는데,
吟想興亡恨益新. 흥망을 되씹으니 한은 더욱 새로워라.
畫角聲中朝暮浪, 화각 소리 울리는 가운데 아침저녁으로 물결 일고
青山影裏古今人. 청산 그림자 속에는 고금 인물 몇 명이나 지나갔나.
霜摧玉樹花無主, 서리 맞아 꺾인 옥수화는 임자도 없는데
風暖金陵草自春. 바람 따뜻한 금릉에는 풀만 절로 봄이로다.
賴有謝家餘景在, 사씨 집안의 남은 경지 아직도 있어
常叫詞客爽精神. 길이 시인의 정신을 상쾌하게 하네.

시인이 높은 산에 올라 조망할 때, 윤주(潤州)·금릉(金陵)은 아직 황소 농민 봉기군에게 점령되지 않았으며 장안(長安)의 당 희종(僖宗)은 사천(四川)으로 도피한 뒤였다. 최치원도 만당 시인처럼 "흥망을 읊조리며 한탄(吟恨興亡)"했고, "석양이 한없이 좋으나 황혼에 가까운(夕陽無限好, 只是近黃昏)"[32] 애가를 불렀다. '화각' 구에서 시인은 담담한 애수를 구슬픈 화각, 유유한 물결 속으로 집어넣고, 수많은 산과 골짜기를 바라보며 역사적 사고를 하는 가운데 공활하고 요원하며 혼융(渾融)하고 상쾌한 시경(詩境)을 창조했다. 이에 당대 시인으로부터 깊은 사랑을 받고 아울러 멀리 외국까지 전해진 좋은 시가 되었다.

기타 《전당시일》에 수집된 잔구들, "안개 낀 장안 거리 천 그루 버들이요, 날 저문 붉은 다락에서는 한 가락 노랫소리(煙低紫陌千行柳, 日暮朱樓一曲歌)", "눈을 크게 뜨고 먼 산을 바라보니 안개 밖에 저물었고, 돌아가는 배에 상심하니 달 가에 더디구나(極目遠山煙外暮, 傷心歸棹月邊

32) 이상은, 〈낙유원에 올라(登樂遊原)〉.

遲)", "구름이 긴 하늘을 덮으니 용의 기세 뛰어나고, 바람이 가을 달에 높으니 기러기떼 가지런하리(雲布長天龍勢逸, 風高秋月雁行齊)" 등의 시구는 모두 묘사가 준일(俊逸)하고 청신하며 정취가 의미심장하다. 만당 시인이자 시 평론가인 사공도의 품평 기준에 따르면, 대체로 이러한 잔구는 일품(逸品)의 등급에 들어간다. '일격(逸格)'은 문인시에서 극히 환영받고 공인된 좋은 시일 뿐 아니라, 중국화에서 저명한 품화(品畵) 기준이기도 하다.

위의 잔구들은 안개 낀 버드나무, 저녁 노래, 달빛, 돌아오는 노 젓는 소리에서 가을 하늘의 구름, 봉새가 날고 기러기가 날아가는 경물 묘사에 이르기까지 만당 시가의 청려함 속에 언제나 담담한 애수를 담는 시대적 감상의 특징을 띠지 않은 것이 없다. 바로 이러한 상반된 묘사는 최치원으로 하여금 정서 방면에서 만당 감상 문학, 특히 시가의 사상 영역에 일찌감치 영향을 끼쳐 총기를 가졌던 신라 청년이 나라(大唐)를 걱정하고 세상을 슬퍼하는 깊고 적막한 심리 상태를 조성했다.

최치원의 해경시(海景詩)는 독특한 관찰과 체험으로 바다와 산의 기백과 정신을 마음껏 묘사했다. 또 이를 빌려 시인의 탁 트인 흉금을 표현하여 당시(唐詩) 가운데 독특한 풍격을 이루었다. 먼저 시인이 해안선에 서서 지은 〈참산의 신에게 지내는 제문(祭巉山神文)〉 한 단락을 보자.

上則爲雲霧縈纏之骨, 위로는 구름과 안개로 얽힌 뼈가 되었고
下則爲波濤激射之窟. 아래로는 파도가 격동하는 굴이 되었도다.
朝則迎烏金而前出, 아침에는 해를 맞이하고자 먼저 나오고
夜則送銀蟾而後沒. 밤에는 달을 보낸 뒤에 지는도다.

이 글은 변문(騈文)이지만 도리어 종횡무진하고 비등하는 필치로 참산의 뛰어나고 도도한 영혼을 열렬하게 예찬했으니, 진실로 기세가 하늘을

찌르는 필치이다. 최치원이 동쪽 신라로 돌아가기 전에 배를 대주산(大珠山) 아래 정박하고 쓴 10수의 “달을 읊고 바람을 노래한(嘯月吟風)” 시는 경물 묘사와 서정을 함께 녹여 내었으니, 그의 변문 특유의 기세와 아름다움을 비교할 수 있다고 생각한다. 예를 들어보자.

〈돌산(石峰)〉

巉岩絶頂欲摩天, 가파른 봉우리가 하늘에 닿을 듯
海日初開一朶蓮. 바다 해는 한 송이 연꽃을 처음으로 피게 했네.
勢削不容凡樹木, 깎아 세운 벼랑이라 나무가 발 못 붙이고
格高惟若好雲煙. 격조도 높아서 구름 안개만 좋아하네.
點蘇寒影粧新雪, 새로 내린 눈이 차가운 모습을 단장하고
戛玉淸音噴細泉. 샘물에서는 옥 굴리는 맑은 소리가 솟아나네.
靜想蓬萊只如此, 봉래산 생각해 봐도 여기와 같겠지.
應當月夜會群仙. 달 밝은 밤이면 여러 신선이 모이리라.

〈파도(潮浪)〉

驟雲翻雪千萬重, 눈서리 휘날리듯 천만 번 거듭되고
往來弦望躡前踪. 오가는 사리・조금에 이전 길 되풀이하네.
見君終日能懷信, 그대는 해지도록 신의를 지키건만
慚我趨時盡放慵. 이 몸은 세속 따라 방탕하고 게으름을 부끄러워하네.
石壁戰聲飛霹靂, 돌벽에 부딪치는 우렁찬 소리는 벼락이 몰아온 듯
雲峰倒影撼芙蓉. 구름 봉우리 거꾸러진 그림자 연꽃이 흔들흔들.
因思宗慤長風語, 종각이 바람 타고 다니던 말을 생각하니
壯氣橫生憶臥龍. 장한 기운 가슴에 벅차 와룡 선생을 추모하네.

“높은 그림자는 매양 바다 해를 먼저 맞이하고(峻影每先迎海日)”,[33]

돌 봉우리가 높아 "하늘에 닿을(欲摩天)" 뿐 아니라, 품격이 높고 자태가 고우며, "바다 해는 한 송이 연꽃을 처음으로 피게"[34] 했다. 이 돌 봉우리를 붉은 노을이 비치는 아름답고 고상한 한 떨기 연꽃으로 묘사했다. 시인은 천지를 뒤덮은 눈보라를 찬송하고, 벽력의 힘으로 해안의 파도치는 소리를 노래했으며, 아울러 이를 종각(宗慤), 제갈량(諸葛亮)이 가슴에 품은 큰 뜻과 연결시켜서 청년 시인의 원대한 정치 이상과 포부, 적극적으로 세상을 위해 일하는 정신을 표현했다.

기타 〈모래밭(沙汀)〉, 〈불타는 들판(野燒)〉, 〈진달래꽃(杜鵑)〉, 〈바다 갈매기(海鷗)〉, 〈산꼭대기의 우뚝한 바위(山頂危石)〉, 〈바위 위로 흐르는 샘(石山流泉)〉, 〈단풍나무(紅葉樹)〉 등은 모두 영물(詠物) 이외에도 사회 현상과 철리(哲理)가 풍부한 논의를 연계시켜서 유다르게 아름답고 기발해 보이며, 두목(杜牧, 803~852)이 영물시에서 보여준 것처럼 청준(淸俊)의 극치를 얻었다.

드넓은 대해를 직시하면서 신라로 돌아가고 싶은 바람이 빨리 실현되려 하자, 청년 시인의 심경은 극도로 흥분한 상태였을 것이다. 여기서 그는 혼자 해안 절벽 아래를 유유히 산보할 시간을 가졌고, 수년에 걸친 자신의 학문 탐구와 삶의 역정을 자세하게 회상하면서 일련의 경물 묘사와 형상화를 빌려서 신라 시인으로서의 소외된 전도(前途)와 불우함을 영탄했다. 따라서 이는 단순히 순수하게 경물만 묘사한 시라고는 할 수 없다. 이 점을 지적하면, 신라 시인이 자칭 "달을 읊고 바람을 노래하며(嘯月吟風)" 고병에게 시를 준 의도를 더욱 깊이 이해할 수 있다.

바로 이처럼 최치원은 거의 전반적으로 당 문화를 수용했다. 비록 때때로 은혜에 감사하는 마음이 담겨 있기는 하지만, 신라 민족으로서 자심감이 매우 강하여 그는 자신의 길을 걷고자 했다. 따라서 해경(海景) 연

33) 〈산꼭대기의 우뚝한 바위(山頂危石)〉.
34) 〈돌산(石峰)〉.

작시는 비록 스산하고 처량한 감이 있으나, 그보다 기상이 웅대하고 청춘의 활력과 기백이 충만한 노래이다.

최치원의 생활과 창작 노선은 당대 수많은 지식인이 모두 걸어왔던 길이다. 만당 시풍의 영향을 받은 최치원의 시는 당대 시단에서 주목받을 만큼 성취와 지위를 얻었다. 시인이 당에서 학문을 탐구하고 관직에 재직할 때 쓴 고향을 그리고 신라를 사랑하며 또 대당(大唐)을 사랑하는 작품은 순박하고 진지하여 매우 특색이 있다. 당에서의 열정으로부터 신라로 돌아와 마지막으로 산림에 은거하기로 선택하기까지 유교·불교·도교 사상이 똑같이 최치원에게 깊은 영향을 주었음을 시에서 알 수 있다.

장편 서사 서정시 〈쌍녀분〉은 아름다우며 섬세하고도 정교한 풍격의 특색을 드러낸다. 배율 형식의 엄격한 구속을 받으면서도 고상한 예술 수단을 운용했고, 엄정한 운율, 청려(淸麗)하고 화려한 표현, 세밀한 인물 심리 분석을 완미하게 결합하여 비교적 높은 예술 성취를 얻어 한국 한시 창작의 장편 거작이 되었다. 경물을 묘사한 서정시로 "천년 동안 전해진 아름다운 시구(千載佳句)"가 있을 뿐 아니라, 생명력이 충만한 바다의 노래도 있다.

13세기 초엽에 저명한 고려 학자 이규보(李奎報, 1169~1241)의 《백운소설(白雲小說)》에서는 최치원이 "천황을 깬 공이 있어 동방 학자들은 모두 종주로 삼는다(有破天荒之功, 故東方學者皆以爲宗)"고 말했다. 우리가 최치원이 한국 고대 문학의 선구자요, 한문학의 비조로 이루어 낸 공헌을 평가할 때, 당대 시국(詩國)이란 요람에서의 사심 없는 공헌을 잊지 말아야 할 것이다.

본문의 내용과 "이국 사람이지만 문자를 해독하는 능력이 같은(異域同文心)" 현상과는 비교적 큰 차이가 있다. 주요 차이는 최치원이 비록 신라인이지만 거의 어려서부터 당대 문화의 훈육을 수용했다는 점이다. 그는 정규 과거 시험을 거쳐 당대 관직에 접어들었고, 뿐만 아니라 서른이 되기 전에 이미 우수한 만당 시인들과 함께 영광도 누려 그 명성은 또한 백거이(白居易, 772~846)의 시명(詩名)처럼 멀리 동방 국가에 전파되었다. 이러한 의미에서 그는 당대 시인들과 다름이 없다. 그러나 그는 시종 부모 나라의 교훈을 잃지 않은 애국 시인이었다. 또 어쨌든 작품 속에서 일종의 차이가 보이는 것은 고향이 다른 데서 오는 정감 때문이다. 이러한 정서는 다년간 지속되었고, 아울러 불혹의 나이가 되었을 때 일종의 적멸 의식으로 바뀌었다.

이를 보면 만당 문화의 이웃 나라에 대한 영향을 알 수 있는데, 최치원의 경우에 매우 깊이 표현되었다. 따라서 시가 작품을 가지고 말한다면, 이것의 모방성, 주로 의경(意境)과 제재 방면에서 차용된 표현이 매우 두드러진다. 이러한 점은 원대(元代) 대도(大都)에 와서 관직을 지낸 조선 사인(詞人) 이제현(李齊賢)의 작품에서도 분명히 표현되었다.

[해제]

이 글은 주민(周旻)의 〈晩唐詩與崔致遠〉(《國外文學》 1990년 제2기)을 번역한 것이다.

유익한 학술 논쟁, 무의미한 인신공격

최치원의 애정시화(愛情詩話)에 관한 논쟁

장복훈(張福勳)

1999년 7월 9일부터 11일까지 대전시 충남대학교에서 동방시화학(東方詩話學) 제1차 국제학술토론회가 성공적으로 치러졌다.

토론의 이튿날 대회에서 강서사범대학(江西師範大學) 문학원(文學院) 진량운(陳良運, 1940~) 교수가 〈중한시의시화(中韓詩誼詩話)〉라는 논제로 발언했다. 이 발표의 네 번째 제목이 "중국에서의 최치원의 우의와 애정(崔致遠在中國的友誼與愛情)"이었다. 진 교수는 최치원의 시[1] 두 수를 근거로 분석했는데, 한 수가 〈여도사와 이별하며(留別女道士)〉이다.

每恨塵中厄宦塗, 매번 속세의 벼슬로 고생함을 한탄하다기
數年深喜識麻姑. 마고 선녀 알면서 수년 동안 기뻐했네.
臨行與爲眞心說, 길을 떠나면서 당신에게 진심으로 묻노니
海水何時得盡枯. 바닷물은 언제 모두 마를까요?

---

1) 이 두 수의 시는 중화서국(中華書局)판《전당시외편(全唐詩外編)》에 집록된 손망(孫望, 1912~1990)의《전당시일(全唐詩逸)》에 실린 것으로 생각한다. 만일 시간상으로 추적한다면, 조선인 홍석주(洪奭周, 1774~1842)·서유구(徐有榘, 1764~1845)의 〈계원필경집서(桂苑筆耕集序)〉에 수록된 이 두 시가 가장 이르다.

다른 한 수는 〈제해문난야류(題海門蘭若柳)〉이다.

廣陵城畔別蛾眉, 광릉성 호반에서 아리따운 모습과 작별하고
豈料相逢在海涯. 어찌 바다 끝에서 다시 상봉할 줄 알았으랴.
只恐觀音菩薩惜, 다만 관음보살이 아껴 주던 일이 겁나서
臨行不敢折纖枝. 떠날 때 감히 한 가지도 꺾지 못하겠네.

두 시의 이미지와 시의(詩意)의 분석을 통하여 진 교수는 '동방 한문학의 비조', 한국의 '문종(文宗)'으로 추앙받는 최치원이 중국 당대(唐代)에 공부하고 벼슬한 16년[2] 동안 여도사 난야류(蘭若柳)와 잊을 수 없는 애정 편력이 있었다고 간주했다.

저자와 함께 회의에 참가한 대표들은 이 발언에 모두 크나큰 흥미를 가졌다. 특히 한국 학자들은 그 자리에서 의견을 제시하거나 느낌을 이야기하는 등, 반향이 열렬했다. 저자는 일찍이 회의에서 양국이 관련 부문에서 협력하여 동방 시화라는 '문화 사업'을 개발하고 아울러 천오백여 년 전의 감동적이고도 의미심장한 러브스토리를 문학이나 예술의 여러 형식으로 재현해 보자고 건의했다. 이러한 건의는 또한 양국 학자들의 동의를 얻기도 했다. 회의가 끝난 뒤 진 교수에게 발언 원고를 받아서 《음산학간(陰山學刊)》에 빨리 발표하여 국내외 독자들에게 공개하고 싶다고 말했다. 귀국한 뒤 이 원고를 〈중·한 시의 시화 4제(中韓詩誼詩話四題)〉라는 논제로 1999년 12월에 출판된 제4기 《음산학간》에 공개적으로 발표했다. 동시에 저자 역시 〈중·한 시적 교류의 역사는 길다(中韓詩誼源遠流長)〉라는 학술 소식을 써서 《포두일보(包頭日報)》 1999년 8월 22일자와 광주(廣州) 《시사(詩詞)》 잡지 제16기(1999년 8월) 4판 '시학 동

2) 그는 열두 살에 장삿배를 타고 입당하여 스물여덟 살에 해문(海門)에서 배를 타고 귀국했다.

태(詩學動態)'에 차례로 발표했다.

반년 뒤《시사》2000년 제7기(2000년 4월) 제3판「예총(藝叢)」칼럼란에 곡풍(谷風)이라 서명한〈'난야류'는 '여도사'가 아니다("蘭若柳"非"女道士")〉라는 글이 발표되었는데, 여기서 진 교수의 문장을 힐난했다. 오래지 않아《문회독서주보(文滙讀書周報)》2000년 5월 6일자 제12판에 모곡풍(毛谷風)이라 서명한 다른 글〈'난야류'는 '여도사'인가?("蘭若柳"是"女道士"嗎?)〉이 발표되었는데, 두 글을 대조해 보니 내용은 대동소이하고 뒤의 글이 앞의 글보다 약간 상세할 뿐이었다. 이를 보면 동일한 작자의 손에서 나왔음을 판단할 수 있다.

진 교수는《구당서(舊唐書)》와《신당서(新唐書)》의〈고병전(高駢傳)〉에 근거하여, 당시 회남절도사(淮南節度使)를 맡았던 고병(高駢, ?~887)은 도를 좋아하고 신선을 추구하여 양주(揚州)에 "영선루 등의 누각을 지었고, 그 시녀들은 도사의 옷을 입고 있었다(造迎仙等樓, 侍女衣羽衣)"고 적고 있다. 이때 최치원은 고병의 막부에서 종사했는데, 그의 시 가운데도 "마고 선녀 알면서 수년 동안 기뻐했네(數年深喜識麻姑)"라는 시구가 있으므로 최치원과 서로 알고 지내던 여도사는 "틀림없이 영선루의 '도사의 옷'을 입은 여자(想必是迎仙樓中的'羽衣'女子)"일 것으로 추정했다. 또 "길을 떠나면서 당신에게 진심으로 묻노니, 바닷물은 언제 모두 마를까요?(臨行與爲眞心說, 海水何時得盡枯)"라는 시구에 의거하여, 최치원이 이 '여도사'와 이별할 때 오랜 세월이 지나도 마음 변치 말자는 맹세를 했다고 여겼으며, 아울러 그들 사이는 "이미 일반적인 관계가 아니었다(已非一般的關係)"고 간주했다.

생각하건대 이러한 추정은 충분한 증거가 부족한 듯하다. 진 교수가 보낸 편지에서도 "〈시화(詩話)〉속에서 '인정'할 만한 이유를 대지 못한 것이 유감스럽다"라고 말했다. 또 시의 제목을 가지고 분석해 보면, 당대 시인의 습관을 따르면〈題……〉로 나가는 시제의 '제(題)'의 대상은 일반적으로 '사물'이지 '사람'이 아니다.

예를 들면 사원을 제목으로 쓴 것으로는 상건(常健)의 〈무너진 산사 뒤의 선원에 쓰노라(題破山寺後禪院)〉가 보이고, 건축물을 제목으로 쓴 것으로는 한유(韓愈, 768~842)의 〈형악묘에 참배하고 악사에 머물며 문루에 쓰노라(謁衡岳廟, 遂宿岳寺, 題門樓)〉, 관휴(貫休, 832~912)의 〈아무개 공의 저택에 쓰노라(題某公宅)〉 등이 보이고, 산수를 제목으로 쓴 것으로는 도옹(雍陶)의 〈군산에 쓰노라(題君山)〉, 장호(張祜)의 〈금릉 나루터에 쓰노라(題金陵渡)〉가 보인다.

식물을 제목으로 쓴 것으로는 황소(黃巢, ?~884)의 〈국화에 쓰노라(題菊花)〉가 보이며, 담장을 제목으로 쓴 것으로는 이백(李白, 701~762)의 〈수주 자양 선생의 벽에 쓰노라(題隨州紫陽先生壁)〉가 보이고, 서화(書畵)를 제목으로 쓴 것으로는 서현(徐鉉)의 〈그림 속의 산석에 쓰노라(題畵山石)〉, 장이공(蔣貽恭)의 〈장도은의 태산사화룡에 쓰노라(題張道隱太山祠畵龍)〉, 서광부(徐光溥)의 〈황거채추산도에 쓰노라(題黃居寀秋山圖)〉, 구양형(歐陽炯, 896~971)의 〈경환이 응천사 벽에 그린 천왕가에 쓰노라(題景煥畵應天寺壁天王歌)〉가 있다.

은거지를 제목으로 쓴 것으로는 양기(楊夔)의 〈정산인의 교외 은거지에 쓰노라(題鄭山人郊居)〉, 이상은(李商隱, 813~858)의 〈정대유의 은거지에 쓰노라(題鄭大有隱居)〉가 있으며, 저작(서적)을 제목으로 쓴 것으로는 안홍점(安鴻漸)의 〈양소경의 책 뒤에 쓰노라(題楊少卿書後)〉가 보인다. 기타 안기(安琦)의 〈가도 묘에 쓰노라(題賈島墓)〉, 호유진(胡幽眞)의 〈서시 완사석에 쓰노라(題西施浣紗石)〉, 진상원(秦尙遠)의 〈종아 청사침에 쓰노라(題鍾雅靑紗枕)〉, 장중모(張仲謀)의 〈소구에 쓰노라(題搔口)〉 등이 있다.

총괄하면 당시 시인이 제목을 다는 습관과 언어 자체의 어법으로 볼 때, 〈제해문난야류(題海門蘭若柳)〉를 바로 〈제여도사(題女道士)〉로 추정

하기는 불가능하다.[3)]

진 교수는 최치원의 두 시 〈여도사와 이별하며(留別女道士)〉와 〈제해문난야류(題海門蘭若柳)〉를 연계시켜 고찰하면서, 두 여주인공, 즉 여도사(女道士)와 난야류(蘭若柳)가 동일한 사람으로 '인정'했기 때문에 "두 시는 사실 동일한 여자에게 써 준 것"이라고 간주했다. 아울러 최치원이 귀국하기 전에 여도사 난야류(蘭若柳)는 양주(揚州, 廣陵)에서 해문(海門, 海涯)까지 따라와 자신이 사랑하는 사람과 마지막으로 작별했다고 '단언'했다. 더하여 "떠날 때 감히 한 가지도 꺾지 못하겠네"라는 구를 들어 최치원이 "도덕 방면을 고려"했기에 감히 사랑하는 사람과 "지나치게 친밀"할 수 없었다고 간주했다.[4)]

모곡풍 선생의 글에서는 진 교수의 글이 "근거도 없이 아무렇게나 신라의 재자(才子) 최치원과 여도사 난야류 간의 감동적인 러브스토리를 꾸며 냈다"고 했다. 그의 근거는 최치원의 두 시가 "서로 아무런 관계가 없다"는 점이다. 진 교수는 "불교와 도교를 혼동하여[5)] 글자만 보고 대강 뜻을 짐작했다" 그는 '난야(蘭若)'는 산스크리트어로 아란야(阿蘭若)의 약어이며, 스님이 수행하는 장소, 즉 절을 가리킨다고 여겼다. 그가 든 예는 맹호연(孟浩然, 689～740)의 〈명 스님의 서산 절집에 노닐며(遊明禪師西山蘭若)〉, 〈경공사 절에서 노닐며(遊景空寺蘭若)〉, 〈융 스님의 절집에 쓰노라(題融公蘭若)〉, 〈융 스님의 절집을 지나며(過融上人蘭若)〉[6)] 등의 시이다. 또 두보(杜甫, 712～770)의 〈진체사의 스님을 배알하고(謁眞諦

3) 증명할 만한 자료가 없다.

4) 생각하건대, 이는 단지 시의(詩意)의 연상과 추정, 즉 작자가 말한 '틀림없이(想必)'를 근거로 했을 뿐이다. 그러나 이 논단은 아직 설득력 있는 증거가 부족하다.

5) 저자의 생각에 앞의 시에서 말한 '도사(道士)', '마고(麻姑)'는 도교 용어이고, 뒤의 시에서 말한 '관음보살(觀音菩薩)'은 불교 용어이다.

6) 맹호연의 시 〈경공사를 지나다가 고 융 스님의 절집에서(過景空寺故融公蘭若)〉가 《전당시(全唐詩)》 권160에 보인다.

寺禪師)〉의 "절집은 산꼭대기에 있고, 안개와 노을로 겹겹이 잠겼네(蘭若山高處, 煙霞障幾重)"와 〈대각 고승의 절집에서(大覺高僧蘭若)〉의 "무산이 보이지 않으니 여산은 멀고, 송림 속 절집에 가을바람이 늦도다(巫山不見廬山遠, 松林蘭若秋風晩)" 등의 시구이다. 또한 포송령(蒲松林)의 〈귀뚜라미(促織)〉의 "중간에 전각을 그렸는데, 절집과 유사하다(中繪殿閣, 類蘭若)" 등의 말을 들어, 최치원의 시에서 '난야'는 절을 가리킨다고 증명했다.[7] 이와 관련하여 '아미(蛾眉)'는 버드나무를 비유하고, '섬지(纖枝)'는 버드나무 가지를 비유한다. 즉 관음보살은 한 손으로 정병(淨甁)을 들고, 한 손으로는 버드나무 가지를 들고 병 속의 감로수를 인간에게 뿌려 중생의 번뇌를 없애준다는 것이다. 이 때문에 그는 최치원의 〈제해문난야류〉는 영물시(詠物詩)이고, 해문(海門)의 절의 버드나무를 읊은 것이지, 여도사와는 근본적으로 아무 상관이 없다고 여겼다.

생각하건대 진 교수의 글과 모곡풍의 글 모두 각기 논거가 있다. 비록 불충분하긴 하지만 모두 일리가 있다. 이처럼 학술적인 논쟁이 일어나는 것은 매우 자연스러운 일이다. 뿐만 아니라 최치원의 두 시를 진정으로 명확하게 이해하는 데 큰 도움이 된다. 이러한 논쟁을 학계에서는 마땅히 제창하고 크게 발양해야 한다. 근 몇 년 동안 학술 논단에서는 이러한 패기가 부족했다.

그러나 학술 논쟁에서는 좋은 분위기에서 선의로 "의심스러운 뜻은 상대방과 서로 분석(疑意相與析)"하여 학술의 진보를 추진하도록 각자 냉정하게 확실한 증거를 대야 한다. 결코 추호라도 인신공격을 해서는 안 된다. 모곡풍은 글에서 한쪽으로 치우쳐 사람이 "학문 연구에 과학적이고 근엄한 태도를 가지고 있지 않으며, 심지어 최소한의 독서·감상 능력조차도 없어서, 경박하고 천박하며 눈앞의 이익에만 급급하다"고 했고, 심

7) 예들은 모두 '외증(外證)'이지, 최치원의 시에서 "난야(蘭若)"가 바로 절이라는 '내증(內證)'은 없다.

지어는 "일반 중학생"만도 못하다고 풍자했는데, 이러한 것은 이미 학술 논쟁의 범위를 뛰어넘었으므로 취하기에 족하지 않다.

진 교수는 모곡풍의 글을 읽고, 다시 반박하는 문장 〈'난야류'가 '여도사'인지의 여부에 대한 변론("蘭若柳"是否"女道士"辨)〉을 써서 《문회독서주보(文滙讀書周報)》 2000년 6월 3일 제12판에 발표했다. 시의 문체에서 출발하여 주로 내증(內證)의 방법을 선택하여 "용어와 시의(詩意)의 분석을 통하여" 시 속의 '아미(蛾眉)'는 "광릉(廣陵)의 그 여도사"인데, 광릉에서 최치원과 이별한 뒤 해문에서 다시 상봉했으므로 "어찌 알았으랴(豈料)"라고 말하여 의외임을 표시했고, 여도사가 "해문까지 좇아왔다"고 설명했다.

모곡풍은 글에서 '아미(蛾眉)'가 여인이 아니라 버드나무를 가리킨다고 단정했다. 이에 대하여 진 교수는 광릉에서 버드나무와 작별하고(즉 "廣陵城畔別蛾眉"), 해문에 와서 또 "사묘류(寺廟柳)"와 상봉하여(즉 "豈料相逢在海涯"), 한 가지도 꺾지 않을 뿐이니(즉 "臨行不敢折纖枝"), "시의 뜻이 어디에 있는가? 최치원은 무엇 때문에 이렇게 지었는가?"라고 반문했다. 다음으로 최치원의 시에 '버드나무(柳)'가 일시적으로 한 곳에 나타나는 것이 아니니, 만일 단지 보통 절에서 자란 버드나무라면 이처럼 감개를 펼칠 만한 가치가 있겠는가? 더군다나 옛날부터 당대에 이르기까지 버드나무 가지를 꺾어 석별의 정을 나누는 풍조가 날로 왕성해졌는네, 최치원의 시에서는 도리어 "다만 겁이 나서(只恐)", "감히 못하겠다(不敢)"라고 말하여, 버드나무에 대하여 "애석하게(惜)" 여겼으니 틀림없이 깊은 뜻이 있을 것이라고 했다. 연이어 세 가지나 반문하며 '일리'가 있는지 물었으나, 애석하게도 정면으로 명백하게 논술하지 않아 '핵심을 놓친' 감이 있다.

그 밖에 진 교수는 시 속의 '난야류'에 대해서 분석하면서, 난야류에 세 가지 해석의 가능성이 있다고 간주했다. 하나는 여자 아이의 성이 난(蘭)

이고 이름이 야류(若柳)로, 매우 아름다운 이름이다. 둘째는 '난약(蘭若)'의 본래의 뜻(蘭草・杜若, 두 종의 향초)을 써서 다시 '버드나무[柳]'에 미치게 했는데, 이 여성이 도관에 들어간 뒤의 이름이다. "비록 불교의 음역(音譯)과 관련이 있기는 하지만, 당대에는 삼교(三敎)가 서로 융합했기에 우호적인 우의가 있어 장애가 없다"라고 말했다. 세 번째는 확실히 "절의 버드나무"이다. 그러나 여기에는 의인화한 이미지가 존재하여, 여성의 아름답고 얌전한 바탕을 은유한다. 총괄하면 '난야류'의 세 가능성은 모두 사람을 가리키는 것이지, 결코 버드나무를 뜻하지는 않는다. 저자의 생각으로는 이러한 논단은 확실히 "용어와 시의(詩意)"를 가지고 주장한 것이라서, 관련된 방증 자료의 확실한 증명이 부족하다. 따라서 "굳게 믿을 수" 없다.

위의 서술을 종합하면, 진 교수는 〈제해문난야류〉가 결코 일반적인 제증시(題贈詩)가 아니며, 최치원이 쓴 영물시와 연결해 보면 이 시에 틀림없이 "말 밖의 뜻(言外之意)"이 있음을 단정할 수 있다고 보았다. 이는 결코 모 선생이 질책했듯이 "글자만 보고 대강 뜻을 짐작한" 것이 아니다.

물론 최치원이 중국에서 지낸 16년의 생활과 창작, 특히 그에게 감동적인 '애정 생활'이 있었는지의 여부에 관하여 눈앞의 연구는 시작일 뿐이라서 학술계의 동료들이 더욱 새롭고 믿을 만한 자료를 발굴하여 이 논쟁을 일으킨 두 시의 구체적인 창작 시기, 장소, 당시 최치원의 행적, 심정과 태도, 동시대 사람들의 유관 기록 등을 모두 내증・외증 방면에서 깊이 탐색하여 더욱 믿을 만하게 논단해야 한다. 진 교수는 편지에서 객관적으로 다음과 같이 말했다. "최치원의 생애와 창작 연구는 단지 시작일 뿐이다. 중국에서 그의 애정 생활을 논급한 것은 목전에 '불충분한 증거'가 있을 뿐이므로, 다른 사료를 깊이 찾아야 한다." 이러한 탐색 정신은 경복할 만하다.

보충 설명

2000년 11월 《시사(詩詞)》 제22기, 「예총(藝叢)」 칼럼란에 또 다시 모곡풍 선생의 반박하는 글 〈'난야류'는 결코 '여도사'가 아니다("蘭若柳"斷非"女道士")〉가 발표되었다. 2001년 2월 28일 《중화독서보(中華讀書報)》에서는 주의(周毅)의 〈무슨 까닭에 고인의 시를 읽지 않는가?(緣何不讀古人詩?)〉라는 글을 발표해서 모곡풍의 관점을 중복하여 피력했다.

[해제]

이 글은 장복훈(張福勳, 1939~) 교수의 〈有益的學術爭鳴, 無味的人身攻訐—關於崔致遠愛情詩話的論辨〉을 번역한 것이다.

그의 글을 통해서, 최치원의 시에 대한 해석이 비록 어처구니없는 경지로 나아갈지라도 인신공격을 해서는 안 되며, 반드시 자유롭게 의견을 개진할 장을 만들어 주고, 또 쌍방 간에 활발히 토론하여 학술계에 신선한 공기를 주입시켜야 한다는 주장을 엿볼 수 있다. 역자는 이들의 논쟁이 인신공격이 아니라 학문적 토론 또는 쟁점으로 부각되기를 바라는 의미에서 이를 번역했다. 한국에서도 몇 년 전에 최치원의 유적을 두고 홍성의 재야 사학자와 보령의 재야 한학자 간에 한 차례 논쟁을 주고받은 적이 있으나, 불행하게도 인신공격성의 필화 사건으로 재판에 계류되었다. 이들의 논쟁이 재판이 아닌 학문적인 토론의 장을 통해 활발히 개진되길 바란다.

장복훈 교수는 주로 송대 문학을 연구하는데, 필명으로는 애사(艾思)·유천(劉泉) 등이 있고 하북성(河北省) 정흥현(定興縣) 사람이다. 1963년에 내몽고사대 중문계를 졸업했고 지금은 포두(包頭)사범학원 어언문학연구소 소장·교수, 《음산학간(陰山學刊)》 상무 부주편·편집부 주임, 내몽고사대 어언문학연구소 특별초빙 연구원, 국제동방시화학회 회원, 중국고대문학이론학회 회원, 중국《문심조룡(文心雕龍)》학회 회원, 중국원호문연구회(中國

元好問研究會) 회원, 북방민족문화유산연구회 회원, 중국고등학교문과학보연구회 이사, 내몽고학보연구회 부이사장, 내몽고작가협회 회원, 포두시작가협회 이사로 활동하고 있다.

주로 송대 문학의 교학과 연구에 종사했는데, 주요 저작으로는 《宋代詩話選讀》(內蒙古人民出版社, 1988), 《螢窗詩詞拾翠》(內蒙古教育出版社, 1990), 《陸游散論》(內蒙古人民出版社, 1993), 논문집 《宋詩論集》(內蒙古人民出版社, 1998), 《詩的藝術世界》(內蒙古教育出版社, 2003) 등 7종이 있고 아울러 《歷代哲理詩鑒賞辭典》(湖北教育出版社, 1994), 《中國歷代詩話全編》(吳文治 주편) 등의 편찬에 참여한 바 있다.

이 번역문은 역자가 《慶州文化》(경주문화원, 2002년 제8호)에 발표했던 것을 손보아 실었음을 밝혀둔다.

최치원과 그의 시

마가준(馬家駿)

최치원은 당 말 희종(僖宗) 시대의 시인이자 문학가이다. 사서에 그의 전기는 없고 단지 《신당서(新唐書)》, 〈예문지(藝文志)〉에 그에게 《사륙집(四六集)》 1권, 《계원필경집(桂苑筆耕集)》 1부가 있다고 기록되어 있을 뿐이다. 그는 변문의 대가인데, 애석하게도 《사륙집》은 이미 실전되었고, 단지 《계원필경집》 20권만이 남아 《사부총간(四部叢刊)》에 들어 있다. 청 초(淸初)에 펴낸 《전당시(全唐詩)》에도 최치원의 시는 한 수도 수록되지 않았다. 일본인 이치카와 간사이(市河寬齋, 上毛河世寧)는 《전당시일(全唐詩逸)》 3권을 집록했는데, 《천재가구(千載佳句)》, 《동인시화(東人詩話)》에서 최치원의 절구 한 수와 칠언시 각각 1연 등 모두 7편을 집록했다. 당시 중국 학자들 가운데 이 시인을 연구하는 자가 없었던 듯하나.

최치원은 신라 시대의 학술가이자 문학가이며, 한국문학사에서 유명한 시인이다. 한국의 역사와 문학사에서는 일반적으로 이 시인을 언급했으나, 상세하고 확실한 논술은 많지 않다. 이는 아마도 언어와 자료상의 문제에서 기인한다. 최치원의 유일한 문집이 고대 한어로 되어 있고, 또 교점본이 없기 때문이다.

최치원의 생애에 대해서 《중외인명대사전(中外人名大辭典)》에서는 단지 입당(入唐) · 진사(進士) · 관직의 간단한 상황을 한 구절로 언급했을 뿐이고, 생졸 연대도 상세하지 않다. 1979년 출판된 《사해(辭海)》의 「조선문학」조 첫 번째(전체 외국 문학 부분의 처음이기도 하다)에서도 최치원을 언급했으나 역시 생년만 있고 졸년은 없으며 생애 소개도 지극히 간략하다. 이는 《계원필경집》에서 최치원의 자술을 찾아 보충해야 한다.

최치원을 한국문학사 최초의 시인이라고 말하는 것은 지나치지 않다. 북한의 조선과학원과 대학에서 펴낸 역사와 문학사 저작에서는 비록 최치원 이전의 시인을 언급했으나, 최초의 유명한 시가 개창자가 누구인지에 대해서는 단정하기가 어렵다. 거기서는 《고금주(古今注)》, 〈공후인(箜篌引)〉 가운데 "임이여, 강을 건너지 마오, 임은 기어코 강을 건너시네. 물에 떨어져 죽었으니 임을 어찌하나(公無渡河, 公竟渡河, 墮河而死, 當奈公何)"에 근거하여 조선인 여옥(麗玉)이 지었다고 말했다. 사실 뱃사공 곽리자고(霍里子高)가 미친 사람이 강에 투신하자 그의 부인이 통곡하며 위의 네 구를 부르는 것을 보고 돌아와 아내 여옥에게 말하자 여옥이 곡을 붙여서 〈공후인〉이 된 것이다. 여옥은 결코 유명한 한국 시인이 아니었다.

당대에 이르러 7세기에 신라 승려가 당에 왔고, 아울러 서역으로 가 불경을 구해 왔다. 혜엽(惠葉), 현공(玄恭), 구본(求本), 현각(玄恪), 혜륜(惠輪), 현유(玄游) 등이 그들이다. 승려 혜초(慧超, 704~787)는 8세기 초에 당에 와 인도로 갔고 후에 장안으로 돌아왔다. 그러나 이러한 승려들이 세상에 남긴 시가 없다. 고려 시대에 문학가이자 승려인 일연(一然, 1206~1289)이 있었는데, 그는 9세기의 전설과 가요를 수집하여 정리했고 아울러 사료에 의거하여 《삼국유사(三國遺事)》 5권을 편찬했다. 이 책에 약간의 서정 가요시가 남아 있다. 그러나 이는 13세기의 사람이 수집한 전설이고, 4백 년 전에 유행하던 가요라서 정확성을 알 수 없으며, 거기에 수록된 작품도 무명씨의 것이다. 이를 보면 최치원이 최초로 이름을 가진 한국 시인이었음을 알 수가 있다.

최치원은 한국 시인일 뿐 아니라, 당대 시인이기도 하다. 최치원 이전에 신라인 설총(薛聰)이 이미 '이두(吏讀, 한자를 부호로 삼아 신라어를 표기하는 방법)'를 창조했다. 최치원은 이두로 시문을 쓰지 않고 순수한 한어로 지었다. 하물며 그가 귀국한 뒤 《문집(文集)》 30권은 이미 실전되어, 완전한 시문집은 단지 당조에서 관리로 지낼 때 쓴 《계원필경집》뿐이다. 그러므로 시문을 쓴 장소, 내용, 언어에 의거해 보면 그는 당대 시인이고, 민족, 출생지, 장지(葬地)와 현대 국적으로 보면 한국 시인이다.

그는 몸소 중·한 우의와 문화의 교류를 체현했다. 신라가 한반도를 통일한 뒤 중·한의 교통은 막힘이 없어 중국 문화가 한국에 들어가고 신라도 제자(弟子)를 당 국자감(國子監)에 파견하여 청강하게 했다. 840년 한 해에만 학업을 마치고 귀국한 사람이 150명에 달했다. 788년에 과거를 설치한 뒤로 821년 이후 당에 들어와 급제한 사람도 적지 않았다. 그중 최치원은 중국에서 가장 오랫동안 거주했고 시문을 가장 많이 쓰고 가장 유명한 사람이다. 그를 양국의 시인으로 보아도 크게 지나치지 않을 것이다. 마치 현대에 토마스 엘리엇(Thomas Stearns Eliot, 1888~1965)를 영미 시인으로 부르고, 버나드 쇼(George Bernard Shaw, 1856~1950)를 아일랜드·영국 극작가라고 부르는 것처럼, 두 국가에서 이 시인, 작가를 가보로 여기고 연구해야 할 것이다.

최치원은 언제 태어났는가? 그는 일찍이 〈태위께 처음으로 올리는 계문(初投獻太尉啓)[1]에서 다음과 같이 말했다.

> 저는 신라 사람으로서 신분도 미천하고 성품도 우직하며 재주도 영민하지 못하고 학문도 부족합니다. 비록 몸뚱이는 비천하나 나이는 아직 젊습니다. 열두 살에 계림을 떠나, 스물에 이르러 위치가 바뀌었습니다. 이제 학문하는 벗을

---

1) 《계원필경집》 권17.

만나려 하고, 곧 황색 인끈의 낮은 벼슬아치가 되려 합니다(某新羅人也, 身也賤, 性也愚, 才不雄, 學不贍, 雖形骸則鄙, 年齒未衰. 自十二則別鷄林, 至二十得遷鶯谷, 方接靑襟之侶. 旋從黃綬之官).

최치원 자신은 스무 살에 진사 시험에 합격했다고 말했으며, 한국의 어떤 책에서는 그가 열여덟 살에 진사과에 급제했다고 말하는데, 아마도 최치원의 자술이 더 정확한 듯하다. 그가 스무 살 되던 해는 신라 헌강왕(憲康王) 2년, 즉 876년이니 20년(실제로는 만 19년)을 거슬러 올라가면 857년이고 이해가 최치원의 생년이다.

최치원은 857년에 미천한 신라 귀족 집안에서 출생했다. 열두 살 때, 즉 당 의종(懿宗) 함통(咸通) 9년 무자(戊子, 868)년에 중국으로 와서 876년에 진사에 급제했다. 그는 이 기간에 이미 많은 글을 써서 "'부' 또는 '시'라고 이름 한 것이 거의 상자에 가득했다(曰賦曰詩, 幾溢箱篋)." 소년 시기의 작품이었기에 "모두가 남다른 것(皆爲異物)"이라 하여 그다지 중시하지 않았다. 그가 "낙양을 유랑(浪迹東都)"할 때, 부 5수, 오언・칠언 금체시(今體詩) 100수, 잡시부(雜詩賦) 30수를 지었다. 그 후 선주(宣州) 율수현위(溧水縣尉)로 임명되었는데, 이 기간에 《중산복궤집(中山覆匱集)》 5권을 지었다.

오래지 않아 그는 회남절도사(淮南節度使) 고병(高駢)의 종사관으로 승급했다. 고운(顧雲)[2]도 당시에 고병의 종사관이었다. 최치원이 언제부터 고병의 종사관을 맡았는가? 또 언제 중국을 떠나 신라로 왔는가? 그의 자술을 통해 분석해 보기로 한다.

① 그는 고병을 대신하여 축하하는 표문(表文)을 올려 연호를 고쳤는

2) 그에게 《집유구록(集遺具錄)》 10권이 있다.

데, 바로 광명(廣明) 원년을 중화(中和) 원년으로 고친 것이다. 이해는 880년인데, 황소(黃巢, ?~884)가 장안(長安)을 공략하자 당 희종은 도망가서 길조를 도모하기 위하여 연호를 바꾼 것이다.

② 그는 고병을 대신하여 축하하는 표문을 올려 황소를 죽이도록 했다. 황소가 피살된 해는 당 희종 중화 4년 갑진년(甲辰年)이었으니, 바로 884년이다.[3)]

③ 그가 신라로 돌아갈 수 있도록 허락해 주길 부탁한 〈귀성을 허락하신 데 감사드리는 계문(謝許歸覲啓)〉에서 "저는 열두 살에 집을 떠나, 지금 벌써 2×9년이 되었습니다(某自年十二離, 今已二九載矣)"[4)]라고 했는데, 그 의미는 고향을 떠난 지 이미 18년이 되었다는 뜻이다.

④ 그는 시 〈돌산(石峰)〉의 자서(自序)에서 "중화 갑진년(884) 겨울 음력 10월에 명을 받들어 사신이 되어 신라로 가다가 대주산 아래에 배를 대었다(中和甲辰年冬十月, 奉使冬泛, 泊舟於大珠山下)"라고 했다. 황소는 그해 6월 17일에 피살되었고, 최치원은 10월에 귀국했다. 그러나 바닷길이 너무 멀었고 좋은 날씨를 기다려야 했다. 〈친구가 섣달 그믐날 밤에 부쳐 준 시를 보고 화답하노라(和友人除夜見寄)〉에서 "꽃피는 좋은 시절에는 계림에 도착했으리라(好花時節到鷄林)"라고 한 것처럼 고향에 도착하기를 간절히 바랐으나, 이는 설 때도 아직 중국에 있었다는 사실을 보여준다. 〈바닷가에서 봄 경치를 바라보며(海邊春望)〉, 〈봄날 새벽에 한가로이 바라보며(春曉閑望)〉에서 보면, 늦어도 885년 봄 이후에 신라에 귀국했음을 알 수 있다.[5)]

⑤ 그 자신이 고병의 휘하에서 "시중 고병의 문서의 일을 도맡게 되어, 그 몰려드는 군사 문서 등을 힘껏 담당한 지 4년에 이르렀다(蒙高侍中專

---

3) 이상의 내용은 《계원필경집》 권1에 수록되었다.
4) 《계원필경집》 권20.
5) 위의 책.

委筆硯, 軍書輻至, 竭力抵當, 四年)"고 말했는데, 이 4년은 마땅히 880년부터 884년까지일 것이다.

이상에서 그가 880년, 즉 중화 원년이자 광명 원년에 고병의 막부에 들어간 사실을 알 수 있다.[6] 최치원의 문장을 통해 그가 양주(揚州)에서 장기간 머문 것 외에 연주(兗州) 등지에도 갔었음을 알 수 있다.

885년에 최치원은 신라로 귀국했는데 이해, 즉 중화 5년에 연호를 광계(光啓) 원년으로 바꾸었다. 최치원은 이 사실을 알지 못했기에 이듬해 정월 신라왕에게 상서를 올릴 때 여전히 중화 6년으로 적었다. 최치원은 "회남입본국 겸 송조서사, 전 도통순관·승무랑·시어사·내공봉, 사자금어대(淮南入本國兼送詔書使, 前都統巡官承務郎侍御史內供奉, 賜紫金魚袋)"의 직함으로 중국에서 지은 《사시금체부(私試今體賦)》 5수 1권, 《오언칠언금체시(五言七言今體詩)》 100수 1권, 《잡시부(雜詩賦)》 30수 1권, 《중산복궤집(中山覆簣集)》 1부 5권, 《계원필경집》 1부 20권을 표문과 함께 올렸다. 그러나 앞의 5종은 모두 실전되었다. 이는 바로 당조에서 활약한 시인 최치원의 창작을 총결한 작품이다.

최치원이 신라로 돌아온 뒤 한국의 학자이자 문학가로 활동한 시간은 더욱 길었고 저술도 더 많았다. 한국 사서에는 《사륙집》, 《계원필경집》 외에도 《문집(文集)》 30권이 있었다고 하나 이미 실전되었다. 한국문학사에서는 그의 오언시 〈옛 생각(古意)〉과 〈흥을 기탁하며(寓興)〉가 당시 봉건 관료의 추악한 면모를 풍자했고, 〈강남의 여인(江南女)〉이 귀족 여성의 기생(寄生)적인 생활을 조소했다고 말한다. 귀국 후 최치원은 경학과 문학을 전파했고, 관직은 시독(侍讀) 겸 한림학사(翰林學士)에 이르렀

6) 《사해(辭海)》 연표에서는 광명 2년에 중화 원년으로 고쳤다고 하는데, 최치원이 초고를 작성한 〈연호 고침을 축하하는 표문(賀改年號表)〉에서 "광명 원년을 중화 원년으로 고쳤다(改廣明元年爲中和元年)"는 말이 더 정확한 듯하다.

다. 만년에 그는 조정에 불만을 품어 배척당하여 가야산(伽倻山)에 은거했다. 전하는 말에 의하면 951년에 세상을 떠났으며, 시호는 문창후(文昌侯)이다.

우리가 지금 논의할 수 있는 것은 전해 내려오는 최치원이 당에서 지은《계원필경집》의 시와《전당시일》의 약간의 잔구(殘句)뿐이다.

《계원필경집》은 최치원이 회남(淮南)에서 근무하던 4년 동안 쓴 것이다. 그 자신의 말에 의하면, 그는 "만여 수나 되는데, 불필요한 부분을 거듭 버리고 보니 십분의 일, 이도 남지 못했지만, 모래를 파헤쳐 금을 발견하는 것과 감히 비교할 수 있습니다. …… 마침내《계원필경집》20권으로 엮어 만들었습니다(萬有餘首, 然淘之汰之, 十無一二, 敢比披沙見寶, …… 遂勒成《桂苑集》二十卷)"라고 했다. 사실 이 20권 중 대다수는 고병을 대신하여 초고를 잡은 표장(表狀)과 재사(齋詞), 기소(記疏) 등이며, 자신의 서계(書啓)도 많이 있다.

시가는《계원필경집》에 많지 않은데, 두 부류로 나누어 볼 수 있다. 하나는 고병의 공덕을 찬양한 시로 모두 30수이다. 이것은 상사를 '유후(留侯)', '표요(驃姚)', '와룡(臥龍)'에 비겨 그의 병법[兵機], 필법(筆法), 연병(練兵)이 모두 능숙하며 대단하다고 말한 것에 지나지 않는다. 866년에 고병은 남만(南蠻)을 격파하고 교지(交趾)를 수복하여 전공을 세운 바 있다. 당시 최치원의 나이는 겨우 아홉에 불과해 당연히 그 사실을 몰랐을 것이다. 후에 고병의 막료가 되고 나서 그 공적을 찬미하기 위해서 미루어 쓴 것이다.

〈안남을 평정하고(安南)〉

西戎始定南蠻起, 서쪽 오랑캐가 평정되자 남쪽 오랑캐 일어나니

都護能摧驃信威. 도호가 능히 오랑캐의 위세 꺾었네.

萬里封疆萬戶口, 만 리 변방 국경 만호구에

一麾風雨盡收歸. 한번 휘둘러 바람과 비를 모두 거두었네.

〈방어 진지를 구축하고(岸口徑)〉

濟物能廻造化心, 일을 처리하는 데 조물주의 마음을 통하여

驅山偃海立功深, 산을 몰고 바다를 엎어 공을 깊이 세웠네.

安南眞得安南界, 남쪽을 안심시켜 정말로 안남의 경계를 얻었고,

從此蠻兵不敢侵. 이로부터 남만의 병사가 감히 침범치 못하리.

〈수성비(收城碑)〉

功業已標征北賦, 공업은 이미 〈정북부〉에 표시되었고

威名初建鎭南碑. 위명은 처음으로 진남비를 세웠네.

終知不朽齊銅柱, 마침내 동주와 같이 불후함을 알거든

況是儒宗綴色絲. 하물며 유종이 색실을 엮었음에랴.

이러한 기공시(紀功詩)는 예술성이 높지 못하다. 그러나 한국 시인에 의해 확인되었듯이 침략한 월남 만병(蠻兵)이 물러나야만 "이로부터 남만의 병사가 감히 침범치 못하게(從此蠻兵不敢侵)" 되었으니, 이는 매우 재미있는 표현이다.

《계원필경집》에는 질실한 정감과 예술성을 가진 시들이 있는데, 증별시(贈別詩)와 사경 서정시(寫景抒情詩)가 그러하다.

이국땅의 청년 시인(최치원이 한국으로 돌아왔을 때의 나이는 겨우 서른이었다)이 고국을 그리는 정은 매우 깊었다. 그는 〈다시 올리는 계문(再獻啓)〉에서 "청산과 녹수로 돌아갈 꿈을 꾸었다(青山綠水, 夢有歸時)", "언 베개에 마음이 상하고 외로운 등불에 그림자를 짝하네. 찬 누수는 이별의 눈물을 터뜨리고 먼 곳의 다듬이 소리는 나그네의 마음을 두근거리게 한다(凍枕傷神, 孤燈伴影, 寒漏則滴殘別淚, 遙砧則搗破羈心)"[7]고 했다.

또 〈객장에게 주는 편지글(與客將書)〉에서는 "집은 4군에서 멀고 길은 10주에 떨어져서, 한없는 근심은 밤새도록 속을 태우고 집 소식은 해를 지나도록 막혀 있다(家遙四郡, 路隔十洲, 窮愁則終夜煎熬, 遠信則經年阻絶)"[8]고 했다. 타향에서 집의 편지를 받아볼 수 없어 "연파를 바라보고 눈물을 흘리며(望煙波而感泣)" 고향과 조국을 사념한 것이다. 이는 한국인 관점에서 보자면, 최치원에게 강열한 애국주의 감정이 있었음을 엿보게 한다. 최치원의 시에는 고향과 조국을 그리는 감정이 진실하다.

〈바닷가에서 한가롭게 거닐며(海邊閑步)〉

潮波靜退步登沙, 밀물 빠진 뒤 모래사장 걷노라니
落日山頭簇暮霞. 해 지는 산마루에 저녁노을 깔렸네.
春色不應長惱我, 봄빛도 내 마음 오래 괴롭히지는 못하겠지.
看看卽醉故園花. 머지않아 고향의 꽃향기에 취할 테니.

시인은 안개 낀 수면, 긴 모래사장, 저녁노을을 목도하고 봄빛 속에서 고향을 회상하며 그 꽃향기에 심취했다. 자연 경물에 의한 연상을 고향과 조국을 그리는 진정한 감정으로 연결했다.

〈해동으로 돌아가며 참산의 봄 경치를 바라보노라(將歸海東巉山春望)〉

目極煙波浩渺間, 아득한 물안개 저편을 바라보니
曉烏飛處認鄕關. 새벽 새 나는 곳이 고향인가 하노라.
旅愁從此休凋鬢, 나그네 시름도 이젠 그만 그치고
行色偏能助破顔. 행색도 웬만큼 웃음 띠게 되었네.
浪蹙沙頭花撲岸, 물결은 모래톱 밀고 꽃은 언덕 어지럽히고

7) 《계원필경집》 권17.
8) 《계원필경집》 권19.

雲粃石頂葉籠山. 구름은 바위 위를 단장하고 잎은 산을 덮었네.
寄言來往鴟夷子, 장사하러 왕래하는 사람들에게 말하노니
誰把千金解買閒. 누가 천금으로 한가함을 살 줄 알겠는가?

시인은 천 리, 만 리나 되는 물안개를 뛰어넘어 한반도의 고향을 찾아 보고 싶어 했다. 그리고 이른 새벽에 새와 오리가 나는 모습을 보고 그곳을 고향이라고 여겼다. 이처럼 심후한 감정은 진실로 감동적이다.

중국과 한국은 우호적인 이웃 국가이며 신라와 대당(大唐)은 서로 돕는 밀접한 관계였다. 고국을 열애하는 시인 최치원은 또한 중국에서 봉사하고 싶어 했다. 이것은 중국이 그를 양육했고 중국의 문화가 그를 훈도했을 뿐 아니라, 또 중국 사람들이 그를 후대한 데도 이유가 있다. 최치원에 대해서는 진실로 "어찌 외국 선비로 하여금 홀로 버림을 받게 하겠습니까(豈可令外方之士, 獨見棄遺)"[9]라고 했으니 긍정적인 대답인 셈이다. 친구의 은혜에 깊이 감사하며 그 의리를 배신하지 않는 중국의 전통을 최치원이 계승한 것이다.

〈심정을 토로하며 태위께 올립니다(陳情上太尉)〉
海內誰憐海外人, 해내에서 누가 해외 사람을 어여삐 여기리?
問津何處是通津. 나루터가 어디냐고 물으니 예가 나루로 통하는 길이라네.
本求食祿非求利, 본래는 식록을 구함이지 명리를 구함이 아니니,
只爲榮親不爲身. 단지 어버이를 영화롭게 하기 위함일 뿐, 제 몸 위함이 아니로다.
客路離愁江上雨, 강 위에 비 내리니 나그네 시름겹고,
故園歸夢日邊春. 고향에 돌아갈 날 꿈에도 아득하도다.

9) 〈객장에게 주는 편지(與客將書)〉.

濟川幸遇恩波廣, 배 건너다 다행히 은혜로운 물결 만나,
願濯凡纓十載塵. 10년 동안 세속에 찌든 갓끈을 씻고자 하노라.

〈좌주 상서가 난을 피하여 유양으로 가는 도중 절구 세 수를 총시했기에 이를 받들어 화답합니다(奉和座主尙書避難過維陽寵示絶句三首)〉 가운데 3수

濟川終望拯湮沈, 강 건널 때 건져주길 바랐더니
喜捧淸詞浣俗襟. 훌륭한 글월 보고 속된 마음 씻었네.
唯恨吟歸滄海去, 안타까이 읊조리며 저 바다로 돌아가니
泣珠何計報恩深. 깊은 은혜 갚지 못해 눈물만 흐르네.

여기서는 외국 사람이 고국을 생각하여 돌아가고픈 생각이 간절하지만 중국이 그에게 준 은혜와 우정을 영원히 잊을 수 없어 은혜에 힘써 보답하겠다는 내용을 묘사했다. 떠나지만 남는 모순은 진실한 것이고, 신라를 사랑하고 대당을 사랑하는 것은 모두 내심의 감정에서 나온 것이다. 최치원은 고국을 사랑하면서도 중국을 사랑하는 사상 감정을 펼쳐냈다. 이는 물론 추상적인 감정이 아니라 개인적인 은혜에 대한 보답과 어버이를 영예롭게 하고 고국을 그리는 것에서 나온 것이지만 고귀한 것이다. 이러한 모순된 감정 속에서 낳아준 나라와 길러준 나라를 동시에 사랑하는 진실한 감정을 표현했으니, 이는 당시(唐詩)에서 매우 득색 있는 부분이다.

최치원 시의 예술성은 상당히 높다. 《전당시일》에 수집된 잔구(殘句)를 보면, 정취가 우미하고 깊은 뜻이 담겨 있다.

〈장안의 버들(長安柳)〉

烟低紫陌千行柳, 안개 낀 장안 거리 천 그루 버들이요,
日暮朱樓一曲歌. 날 저문 붉은 다락에서는 한 가락 노랫소리.

〈낙중의 벗에게 주노라(留贈洛中友人)〉

洛水波聲新草樹, 낙수의 물소리에 움트는 풀과 나무,
嵩山雲影舊樓臺. 숭산의 눈 속에서 옛 누대가 비친다.

〈봄날(春日)〉

風遞鶯聲喧座上, 바람이 밀려드니 꾀꼬리 소리가 자리에 시끄럽고,
日移花影倒林中. 해가 지니 꽃 그림자가 숲 속에 기우네.

〈이름이 난 뒤 진사 전인의에게 주노라(成名後酬進士田仁義見贈)〉

芳園醉散花盈袖, 꽃동산에서 취하여 헤어지니 꽃잎이 소매에 가득하고,
幽逕吟歸月在帷. 그윽한 길목에서 읊으며 돌아오니 달이 휘장에 걸렸구나.

〈강가에서의 봄날의 감회(江上春懷)〉

極目遠山烟外暮, 눈을 크게 뜨고 먼 산을 바라보니 안개 밖에 저물었고,
傷心歸棹月邊遲. 돌아가는 배에 상심하니 달 가에 더디구나.

이러한 잔구는 시 속에 그림이 있어 사람들을 황홀하게 하며, 소리와 색채가 있고 경물과 감정이 있어 음미할 만한 가치가 있다. 《동인시화》에서 "문창후 최치원은 당나라로 들어와 과거에 급제하고 문장으로 이름을 날렸는데, 〈윤주 자화사에 적노라〉에 '화각' 운운하는 시구가 있다. 후에 신라의 상인이 당나라에 들어가 당시를 구입할 때 이 시구를 써서 보여주는 사람이 있었다(崔文昌侯致遠入唐登第, 以文章著名, 題潤州慈和寺, 有畵角云云之句, 後鷄林賈人入唐購詩, 有以此句書示者)"라고 했는데, 이는 최치원의 〈자화산에 올라(登慈和山)〉 중 "화각 소리 울리는 가운데 아침저녁으로 물결 일고, 청산 그림자 속에는 고금 인물 몇 명 지나갔나(畵角聲中朝暮浪, 靑山影裏古今人)"를 가리킨 것이다. 그래서 당 시

인들이 줄줄 암송했고 신라 상인들에 의해 신라로 팔려왔으니, 바로 그 시의 의미가 깊고 요원하며 정취가 심오했기 때문이다.

최치원의 시는 서정적인 주인공의 형상 묘사에 뛰어나다. 이러한 형상을 목도할 수 없지만, 마음속으로 깨달을 수 있다. 외재적이고 객관적인 형상을 묘사하는 것이 아니라, 그 심성(心聲)과 정감을 주관적으로 드러내어 독자들에게 그 존재의 형상을 깨닫게 한다. 왕창령(王昌齡, 698~756)의 〈장신궁의 가을 노래(長信秋詞)〉는 궁비(宮妃)의 형상을 창조했고, 이백(李白, 701~762)의 〈장간행(長干行)〉의 서정적 주인공은 상부(商婦)이다. 최치원 시의 서정적 주인공은 모두 시인 자신이다.

〈산양에 행차했다가 태위께서 부쳐 준 의복과 옷감을 계속 받았고, 귀국 인사차 들렀다가 또 증표를 주어 축수하기에 삼가 시를 지어 감사드립니다(行次山陽, 續家大尉寄賜衣, 令充歸覲續壽信物, 謹以詩謝)〉

自古雖誇晝錦行, 옛날부터 비록 아름다운 비단옷 걸치고 다니는 것을 자랑했지만
長卿翁子占虛名. 사마상여(司馬相如),주매신(朱買臣) 노인은 헛된 이름만 차지하고 있네.
旣傳國信兼家信, 이미 국신을 전하고 또 가신을 얻었으니
不獨家榮亦國榮. 집안의 영광일 뿐 아니라 나라의 영광이로다.
萬里始成歸去計, 만 리에서 처음으로 이름을 이루고 돌아갈 계획을 세우나
一心先筭却來程. 한마음으로 먼저 돌아올 여정을 헤아리네.
望中遙想深恩處, 옛 은사들이 멀리서 와 주길 바라며 깊은 은혜를 상념하니
三朶仙山目畔橫. 삼신산(三神山)이 눈가에 비껴 있네.

두보(杜甫, 712~770)는 〈관군이 하남·하북을 수복했다는 말을 듣고(聞官軍收河南河北)〉에서 장차 환향하려니 눈물이 앞을 가리고 온갖 생

각이 연달아 떠오르는 늙은 시인의 형상을 창조했다. 그러나 최치원은 여기서 만 리나 떨어져 있다가 금의환향하려는 청년 시인의 형상을 묘사했다. 그는 신상에 조서를 가지고 가는 중책을 맡고 있었고, 또 집안과 나라를 빛내고자 하는 자부심을 가지고 있었다. 여러 해 동안 가졌던 환향의 바람이 실현되려고 하는데, 중국의 깊은 은혜를 잊지 못하지만 한편으로 봉래섬(蓬萊島) 영주(瀛洲)를 지나 빨리 고국으로 돌아가고 싶었다. 그의 환희, 자부심, 계산, 고향 생각으로부터 우리는 시인의 고민에 빠지면서도 기뻐하는 표정을 엿볼 수 있다.

〈여도사와 이별하며(留別女道士)〉에서 최치원이 묘사한 시인 형상은 더욱 깊이 생각하게 한다.

每恨塵中厄宦途, 매번 속세의 벼슬로 고생함을 한탄하다가
數年深喜識麻姑. 마고 선녀 알면서 수년 동안 기뻐했네.
臨行與爲眞心說, 길을 떠나면서 당신에게 진심으로 묻노니
海水何時得盡枯. 바닷물은 언제 모두 마를까요?

당시 중에 여도사[女冠]를 묘사한 시가 적지 않다. 원진(元稹, 779~831)의 〈이별 후의 그리움(離思)〉(之四)에서 "창해를 건너면 물다운 물을 보기 어렵고 무산을 제외하면 구름다운 구름이 없네. 아름다운 꽃을 봐도 보고 싶지 않음은 반은 수도하기 때문이고 반은 그대 때문이라네(曾經滄海難爲水, 除却武山不是雲. 取次花叢懶回顧, 半緣修道半緣君)"[10] 라고 하여 여도사[道姑]의 정서를 묘사했다. 그러나 최치원은 거꾸로 이별에 따른 시인의 수심을 묘사했다. 여도사와 이별하는 내용이나 여도사를 거의 묘사하지 않았다. 이 선녀가 꽃같이 아름다운 미인이었는지, 이

10) 《전당시》 권422.

마고(麻姑)가 정말로 선풍도골(仙風道骨)이었는지에 대해서 시인은 한 글자도 쓰지 않았다. 시의 중점은 서정적 주인공을 묘사하는 데 있고 장차 이별하려는 시인을 묘사했다.

최치원은 어려서 "산에 은거하려는 결심으로 잠시 은퇴하려는(計決居山, 暫爲隱退)"[11] 뜻을 가지고 있었고, "체모 없이 진출했다가 물러나 은거할 뜻을 가졌다(無媒進取, 有志退居)"[12]는 의사를 표시했다. 이는 그가 벼슬길의 부침을 깊이 탄식한 것이다. 그래서 이 여도사를 안 지 이미 "여러 해(數年)"가 되었을 뿐 아니라, "깊이 기뻐하여(深喜)" 감정이 오래고 깊었다. 지금 신라로 돌아가니 젊은이가 이별할 때 오랜 세월이 지나도 변치 않을 사랑을 몇 마디 말로 어찌 다 표현할 수 있으랴? 이처럼 이별의 고통은 시인에게 감정을 억제하기 어려운 격동을 주었다. 이에 만감이 교차하는 청년 시인 형상을 생동하게 묘사했다.

최치원의 시는 경물 묘사에서도 뛰어나다. 그가 신라로 가기 전에 배를 대주산(大珠山) 아래 정박했을 때 달과 바람을 읊은 시 10수는 그의 풍경 서정시의 대표작이다. 그 10수는 아래와 같다.

〈돌산(石峰)〉

巉岩絶頂欲摩天, 가파른 봉우리가 하늘에 닿을 듯
海日初開一朶蓮. 한 송이 연꽃을 태양이 피게 했네.
勢削不容凡樹木, 깎아 세운 벼랑이라 나무가 발 못 붙이고
格高惟若好雲煙. 격조도 높아서 구름 안개만 좋아하네.
點蘇寒影粧新雪, 새로 내린 눈이 차가운 모습을 단장하고
戛玉淸音噴細泉. 샘물에서는 옥 굴리는 맑은 소리가 솟아나네.
靜想蓬萊只如此, 봉래산 생각해 봐도 여기와 같겠지.

11) 〈길게 올리는 계문(長啓)〉, 《계원필경집》 권18.
12) 〈객장에게 주는 편지글(與客將書)〉, 《계원필경집》 권19.

應當月夜會群仙. 달 밝은 밤이면 여러 신선이 모이리라.

〈파도(潮浪)〉

驟雲翻雪千萬重, 눈서리 휘날리듯 천만 번 거듭되고
往來弦望躡前踪. 오가는 사리·조금에 이전 길 되풀이하네.
見君終日能懷言, 그대는 해지도록 신의를 지키건만
慚我趨時盡放慵. 이 몸은 세속 따라 방탕하고 게으름을 부끄러워하네.
石壁戰聲飛霹靂, 돌벽에 부딪치는 우렁찬 소리는 벼락이 몰아온 듯
雲峰倒影撼芙蓉. 구름 봉우리 거꾸러진 그림자 연꽃이 흔들흔들.
因思宗慤長風語, 종각이 바람 타고 다니던 말을 생각하니
壯氣橫生憶臥龍. 장한 기운 가슴에 벅차 와룡 선생을 추모하네.

〈모래밭(沙汀)〉

遠看還似雪花飛, 멀리서 보면 마치 눈발이 날리는 듯하고
弱質由來不自持. 바탕이 약하여 언제나 제 몸을 가누지 못하네.
聚散只憑潮浪簸, 모이고 흩어짐은 조수 물결에 맡기고
高低況被海風吹. 높아지고 낮아짐은 바닷바람에 의지하네.
煙籠靜練人行絶, 연기가 비단 폭에 자욱할 때는 사람 자취 끊어지고
日射凝霜鶴步遲. 햇빛이 서릿발에 비칠 때는 학이 앉아 쉬어 가네.
別恨滿懷吟到夜, 떠나는 심정 섭섭하여 읊조리는 이 밤에
那堪又値月圓時. 또다시 달마저 밝으니 이를 어이하리.

〈불타는 들판(野燒)〉

望中旌旆忽繽紛, 바라보니 문득 깃발이 펄럭이는 듯
疑是橫行出塞軍. 변방을 쳐나가는 군대인가 했네.
猛焰燎空欺落日, 사나운 불꽃 하늘을 살라 지는 해도 무색하고

狂煙遮野截歸雲. 미친 연기 들을 질러 지나는 구름을 끊네.
莫嫌牛馬皆妨牧, 말과 소 치는 데 방해된다 탓하지 말라
須喜狐狸盡喪羣. 여우, 살쾡이 죄다 흩어짐이 기쁘지 않은가.
只恐風驅上山去, 다만 두려운 건 바람이 산 위까지 몰아가서
虛敎玉石一時焚. 옥석을 가리지 않고 모두 태우는 일이라네.

〈진달래꽃(杜鵑)〉
石罅根危葉易乾, 돌 틈에 뿌리 박혀 잎 마르기 쉽고
風霜偏覺見摧殘. 바람・서리에 자칫하면 꺾이고 상하네.
已饒野菊誇秋艶, 가을 자태 자랑하는 들국화는 두고라도
應羨巖松保歲寒. 추위에는 끄떡 않는 소나무가 부러워라.
可惜含芳臨碧海, 가여워라, 고운 빛깔로 바닷가에 섰건만
誰能移植到朱欄. 어느 누가 좋은 집 난간에다 옮겨 심을까.
與凡草木還殊品, 여느 초목과는 다른 품격 지녔건만
只恐樵夫一例看. 지나가는 나무꾼이나 한번 쳐다봐 줄는지.

〈바다 갈매기(海鷗)〉
慢隨花浪飄飄然, 꽃물결 따라 이리저리 나부끼다
輕擺毛衣眞水仙. 가볍게 털옷 터니 진성 물 위의 신신일세.
出沒自由塵外境, 자유로이 세상 밖을 드나들고
往來何妨洞中天. 거침없이 선계를 오고가네.
稻粱滋味好不識, 곡식 좋은 맛도 아는 체 아니하고
風月性靈深可憐. 풍월의 참맛을 지극히 사랑하네.
想得漆園蝴蝶夢, 장자의 나비 꿈을 생각하면
只應知我對君眠. 내가 그대를 꿈꾸는 이유 알 수 있으리.

〈산꼭대기의 우뚝한 바위(山頂危石)〉

萬古天成勝琢磨, 천연스런 모습 사람이 갈고 닦은 것보다 나아
高高頂上立青螺. 높고 높은 꼭대기에 푸른 소라처럼 섰구나!
永無飛溜侵凌得, 폭포의 물살 따위 전혀 범접할 수 없고
唯有閒雲撥觸多. 한가한 구름만 자주 찾아드네.
峻影每先迎海日, 높은 그림자 매양 바다의 해를 먼저 맞이하고
危形長恐墜潮波. 위태로운 모습은 늘 밀물에 떨어질 듯하네.
縱饒蘊玉誰回顧, 아무리 옥을 많이 지녔어도 뉘라서 돌아볼까
擧世謀身笑卞和. 세상 모두 제 몸만 돌볼 뿐 변화를 비웃었네.

〈돌 위의 작은 소나무(石上矮松)〉

不材終得老煙霞, 쓸모없는 나무가 늙도록 자연을 누렸는데
澗底何如在天涯. 산골 냇가가 어찌 바닷가만 하겠는가?
日引暮陰齊島樹, 저문 해는 그림자를 끌어 섬 나무만큼 크게 하고
風敲夜子落潮沙. 밤바람은 솔방울을 흔들어 밀물 모래밭에 떨어뜨리네.
自能盤石根長固, 반석에 내린 뿌리 깊고 단단하니
豈恨凌雲路尙賒. 어찌 구름 능가할 길 멀다고 한탄하리오!
莫訝低頭無所愧, 키 작은 것은 부끄러워할 바가 아니니
棟梁堪入晏嬰家. 안영의 집 들보감으로는 넉넉하다네.

〈단풍나무(紅葉樹)〉

白雲巖畔立仙姝, 흰 구름 바위 가에 선녀가 선 듯
一簇烟蘿倚畫圖. 한 떨기 우거진 덩굴 그림 같구나.
麗色也知於世有, 어여쁜 모습 세상에 있다지만
閒情長得似君無. 한가한 정취 그대 같은 이 없네.
宿粧含露疑垂泣, 이슬 머금어 깨끗한 단장 눈물이 아롱진 듯

醉態迎風欲待扶. 바람 맞아 흔들리는 자태 붙들어 주길 바라는 듯.
吟對寒林却惆悵, 쓸쓸한 숲에서 읊조리니 문득 서글퍼져
山中猶自辨榮枯. 산중에도 오히려 홍망이 있음을 알겠네.

〈바위 위에 흐르는 샘(石上流泉)〉
琴曲雖誇妙手彈, 거문고 곡조를 아무리 잘 탄다 한들
遠輸雲底響珊珊. 저 구름 밑에서 들려오는 소리만 못해
靜無纖垢侵金鏡, 맑아서 티끌 없으니 금거울을 능가하고
時有輕颸觸玉盤. 때로는 가벼운 바람이 옥소반을 때리누나.
嗚咽張良言未用, 목 맺힌 소리 장량의 말 쓰지 않은 것을 후회하고
潺湲孫楚枕應寒. 잔잔한 흐름 숨어 사는 손초의 베개가 차갑겠네.
尋思堪惜淸泠色, 생각하니 애석타, 그 맑은 빛이
流入滄溟便一般. 바다로 가 모두 한 모양 되니

이 풍경 서정시 10수는 예술적으로 어떤 특색을 가지는가? 우선 제재 방면에서 이것은 당시 가운데서도 자못 참신하다. 대해(大海)는 수많은 저명한 당대 시인들이 쓰지 않았던 제재이다. 어떤 시인들은 "바다의 밝은 달도 조수와 함께 떠오르네(海上明月共潮生)",[13] "황하의 물은 바다로 흘러 들어간다(黃河入海流)",[14] "힘차게 흘러 바다에 이르러 다시는 돌아오지 못하는 것을(奔流到海不復回)",[15] "저 넓은 바다도 쏟아 놓은 한 잔의 물이로다(一泓海水杯中瀉)"[16] 등의 시구를 썼으나 상상해서 지어낸 말이지, 결코 실제로 해경(海景)을 묘사한 것은 아니었다. 하물며 수많은

13) 장약허(張若虛), 〈달 밝고 꽃 핀 봄 강가의 밤(春江月夜花)〉.
14) 왕지환(王之渙), 〈관작루에 올라(登鸛雀樓)〉.
15) 이백(李白), 〈장진주(將進酒)〉.
16) 이하(李賀), 〈꿈에서 본 하늘(夢天)〉.

당대 시인들은 대해를 못 보지 않았던가? 최치원은 대해를 건넌 사람이며, 귀국하기 전 항해할 날씨를 기다리며 대주산(大珠山)에서 겨울을 보낼 때 끊임없이 해변에서 산보하고 관찰하며 체험했을 테니 자연히 묘사한 해경은 신선하고 사실적이다.

최치원은 바다 경치의 특징을 썼다. 이곳은 겨울의 대해이다. "햇빛이 서릿발에 비칠 때는 학이 앉아 쉬어 가네", "돌 틈에 뿌리 박혀 잎 마르기 쉽고, …… 추위에는 끄떡 않는 소나무가 부러워라", "쓸쓸한 숲에서 읊조리니 문득 서글퍼져" 등의 시구는 계절의 반영이다. 최치원은 직접 만경창파를 대했을 뿐 아니라, 또한 해안에서 흔히 볼 수 있는 사물을 묘사했다. '바다 갈매기(海鷗)', '우뚝한 바위(危石)', '작은 소나무(矮松)'를 제재로 삼은 시가 당시에서는 많이 보이지 않는다. 이처럼 경물을 묘사한 시는 참신하고 특색이 있다.

최치원의 사경시(寫景詩)는 묘사에서 비유를 통하여 특징을 부각시키고, 윤곽을 묘사하면서 시를 그림으로 전환시켜 독자들 앞에 보인다. 예를 들어 '돌산(石峰)'을 묘사하면서 먼저 "가파른 봉우리(巉岩絶頂)"를 말하고 "하늘에 닿는다(摩天)"고 말했는데, 이는 일반적이다. 돌산을 "한 송이 연꽃을 태양이 피게 했다"고 비유하여 특수한 경치를 만들어 냈다. 한번 상상해 보자. 붉은 해가 바다 위 하늘에 떠올라 바로 비추는 돌산의 금빛 찬란한 절벽이 얼마나 아름답겠는가? 그림 속에 빛과 색깔이 있고 또 파도가 반주하니 어찌 홀리지 않겠는가? 예를 들어 〈산꼭대기의 우뚝한 바위〉를 쓰면서 "폭포의 물살 따위 전혀 범접할 수 없고, 한가한 구름만 자주 찾아드네. 높은 그림자 매양 바다의 해를 먼저 맞이하고, 위태로운 모습은 늘 밀물에 떨어질 듯하네"라고 했는데, 험준한 산꼭대기, 푸르른 산세, 위태로운 바위 등 여러 특징을 묘사했다.

최치원의 해경시(海景詩)는 경치와 감정 묘사가 조화를 이룬다. 이는 순수한 사경시(寫景詩)가 아니다. 시인은 경물을 빌려 감정을 서술했고 경물에 기탁하여 뜻을 말했으니 경물 또한 항상 우의(寓意)를 담고 있다. 그러나 최치원 시의 우의는 억지스러운 것이 아니라, 함축적이고 자연스럽다. 예를 들어 해변의 진달래꽃을 묘사할 때 그것이 돌 틈에서 자라 위치가 정말 좋지 않다고 말했다. 뿌리에 이슬이 앉고 잎은 쉽게 마르며 비바람과 서리를 맞아 꺾어질 수 있으니 들국화, 바위틈의 소나무[岩松]보다 상황이 열악하다. 전자는 가을바람에도 고운 자태를 뽐내고, 후자는 엄동설한에도 꿋꿋하다.

최치원이 묘사한 것은 해변의 꽃인데, 그는 진달래꽃이 스스로 피었다가 지는 처지를 안타까워하고 지기나 은인을 만나 부잣집 정원에서 한번 혁혁하게 빛날 수 없음을 애석해 했다. 가장 두려운 것은 선방(仙芳)을 알지 못하는 나무꾼이 진달래꽃을 마른 가지와 함께 땔감으로 베어 내어 내년 봄에 피어날 아름다움을 없애는 것이다. 이 시에서는 인재의 좋은 기회, 지위와 알아줄 친구가 없는 비애를 우의했다. 그 감개와 깊은 정을 알 수 있다. 경물 속의 감정과 뜻을 담되 드러내지 않고, 또 탐구할 수 있으나 난해하지 않게 하려면 어떻게 해야 하는가? 최치원의 시에서 그 재주를 엿볼 수 있다.

최치원의 시는 고도의 개괄력을 가지고 있다. 이는 정밀한 표현, 아주 적절한 전고의 인용, 정교한 언어 운용 능력으로 나타난다. 이에 일반적인 정감을 집중시켜 사람들의 공명을 자아낸다. 예를 들어 분석해 보기로 한다.

〈심정을 토로하며 태위께 올립니다(陳情上太尉)〉[17]

客路離愁江上雨, 강 위에 비 내리니 나그네 시름겹고

17) 《계원필경집》 권20.

이는 늘 볼 수 있는 경치이며 항상 가지고 있는 감정이다. 몸은 여로에 있으면서 수심이 가슴에 가득하고, 또 궂은비를 만나 물에 가로막혀 수심이 더해진다. 이는 그 방면의 대표적인 시이다.

〈좌주 상서가 난을 피하여 유양으로 가는 도중 절구를 총시했기에 이를 받들어 화답합니다(奉和座主尙書避難過維陽寵示絶句)〉 가운데 제2수

亂時無事不悲傷, 난리 때라 슬프지 않은 일이 없으니

전란 속에 떠돌아다니는 백성의 처지에서 말하자면, 천년만년 이러할 것이다. 이처럼 평담한 말이라도 최치원의 시는 고도의 개괄력을 가지고 있다.

〈파도(潮浪)〉

石壁戰聲飛霹靂, 돌벽에 부딪치는 우렁찬 소리는 벼락이 몰아온 듯
雲峰倒影撼芙蓉. 구름 봉우리 거꾸러진 그림자 연꽃이 흔들흔들.

해변에서 거친 파도가 절벽을 때리는 광경을 관찰한 사람이라면 모두 이러한 느낌을 가질 것이다. 그러나 최치원은 이러한 느낌을 핍진하게 개괄했다.

〈수재 오만과 석별하며 두 절구(酬吳巒秀才惜別二絶句)〉 가운데 제2수

殘日塞鴻高的的, 석양에 변방 기러기 높이 날고
暮煙汀樹遠依依. 멀리 물가 나무에는 저녁연기 어렸네.
此時回首情何限, 고개 돌려 바라보니 정은 끝없는데
天際孤帆窣浪飛. 하늘가 외로운 배만 물결 가르며 가네.

석양[殘日], 변방 기러기[塞鴻], 저녁연기[暮煙], 물가의 나무[汀樹], 외로운 배[孤帆] 등에 집중하여 이별의 정감을 묘사했고, '적적(的的)'·'의의(依依)' 등의 첩자를 운용하여 시인의 심정을 기탁했다. 이 시는 바로 이별하는 사람들의 공통된 감정을 치밀하게 개괄한다.

중국의 문학 연구에서는 최치원 시가에 대해 아직 체계적으로 탐색하지 못했다. 필자가 참고할 수 있는 자료가 제한되었기에 여기에 닦아 놓은 디딤돌을 전문가들이 잘 갈고 닦기를 바랄 뿐이다.

[해제]

이 글은 마가준(馬家駿, 1929~)의 〈崔致遠和他的詩〉(《陝西師大學報》 1983년 제1기)를 번역한 것이다.

마가준은 하북(河北) 청원(淸苑) 사람으로 지금은 섬서사범대학 교수, 중국작가협회 회원, 중국희극가협회 회원, 중국전영가협회 회원, 섬서성외국문학학회 명예회장, 섬서성고등학교희곡연구회 회장, 섬서시사학회 고문으로 활동하고 있다.

주요 저작으로 《馬家駿詩詞選》, 《馬家駿序評集》, 《馬家駿序評二集》, 《外國文學作品選講》, 《十九世紀俄羅斯文學》, 《美學史的新階段》, 《詩歌藝術》, 《文藝亂雲》, 《菊姐走了》(산문집) 등 9권이 있고 딸 마효예(馬曉翙)와 《世界文學眞髓》, 《西洋戲劇史》, 《俄國文學史略》, 《域外小說擷英》 등 4종을 공저했다. 주편한 서적으로는 《世界文學史》(3권), 《世界文學名著選讀》(3권), 《高爾基創作硏究》 등 8종이 있고 아울러 《歐美現代派文學30講》 등 4종을 편집했으며 《馬列文論百題》, 《文化學硏究方法》, 《東方文學50講》, 《二十世紀西方文學》 등 40여 종의 편찬에 참여한 바 있다. 그의 이름이 《中國作家大辭典》, 《中華詩人大辭典》, 케임브리지의 《國際傳記辭典》(영문 제27판) 등 40종에 올라 있다.

한국의 고대 신라 시인 최치원의 시 작품에 대한 초보적 탐색

하연(何鳶)

1.

9세기 후반에 살았던 신라 시인 최치원은 만당(晩唐) 함홍(咸興) 9년(868)에 당에 와서 광계(光啓) 원년(885)에 귀국했으니 당에서 지낸 시간이 17년이었다. 최치원은 청소년 시기를 모두 중국에서 보냈다. 그는 당 제국의 '진사(進士)'에 합격했을 뿐 아니라 '율수현위(溧水縣尉)'를 지냈으며, 후에는 또 지위가 매우 혁혁했던 번진(藩鎭) 고병(高駢)의 막부에서 '종사(從事)'를 맡았다.

건부(乾符) 6년(879) 황소(黃巢, ?~884)를 우두머리로 하는 농민 봉기군 수십 만 대군이 광주(廣州)를 점령한 뒤 군사를 강회(江淮)로 돌리고 직접 낙양(洛陽)을 교란시켜서 장안(長安)을 향해 나아가고자 했다. 당 희종(僖宗)은 급히 절서절도사(浙西節度使)를 맡고 있던 명성이 혁혁한 군벌 고병을 회남(淮南)으로 파견하여 양주대도독부전사(揚州大都督府專史)로 임명하고 제도행영병마도통(諸道行營兵馬都統)이란 관직을 더해 주었으며 검교사공(檢校司空)으로 승급시키고 나중에는 다시 '태위(太尉)'로 진급시켰다.[1)]

이때 최치원은 고병의 막부로 와서 '서리종사(書吏從事)', '도통순관승무랑(都統巡官承務郞)' 등의 관직을 맡았다. 고병의 수많은 서(書)·첩(牒)·장(狀)·표(表)·계(啓)·격문(檄文) 등은 모두 최치원의 손에서 나온 것이다.

최치원은 879년에 고병의 대본영(大本營)으로 와서 885년 겨울 귀국하기까지 앞뒤로 근 8년 동안 거기서 지냈다. 지금 볼 수 있는 수많은 시문은 모두 이때 쓴 것이다. 그중 가장 중요한 《계원필경집(桂苑筆耕集)》을 쓴 때가 바로 위의 시기이다. 《계원필경집》 이외에도 지금 볼 수 있는 최치원의 저술은 《동문선(東文選)》, 《삼국유사(三國遺事)》, 《전당시(全唐詩)》 등에 보이는 약간의 시문이다. 지금 볼 수 있는 백여 수에 달하는 작자의 시 작품 가운데 절대 다수가 모두 상술한 시기에 창작되었다.

시인이 생활한 때는 바로 대당 제국이 쇠퇴기에 멸망으로 치닫던 중요한 역사적 시기라서 계급 모순이 전에 없이 격화되고 농민 봉기군과 봉건 통치 계급이 생사를 건 최후의 투쟁을 벌였다. 시인은 황소를 우두머리로 하는 농민 봉기가 정권을 탈취하고 최후에는 실패하는 전 과정을 목도했고, 각파의 신·구 군벌이 농민 봉기군과 벌이는 잔혹한 죽임과 혼전을 보았다. 작자의 많은 작품에서 이러한 역사의 흔적을 다소 볼 수 있다. 따라서 최치원의 작품을 깊이 연구하면 당 말 농민 봉기의 위대한 시대를 이해하는 데 도움이 될 것이다.

최치원의 저술은 마땅히 중·한 인민 공동의 고귀한 문화 재산이라고 할 수 있다. 시인은 한시에 조예가 깊었고 창작 기교가 능수능란했다. 많은 작품에서 중후하고 함축적인 만당의 풍격을 표현했으며 동시에 시인 자신만의 특색도 가지고 있다. 그의 서정시와 화답시는 그 표현이 매우 질박하고 의미심장하다. 그의 영물시와 흥을 기탁한 시는 불합리한 사회

---

1) 《구당서(舊唐書)》, 〈고병전(高騈傳)〉.

현상을 증오하는 외침을 전달하여 중・하층 지식인들의 온갖 억압에 대한 불평을 호소했다.

우리가 볼 수 있는 최치원의 작품은 형식과 내용을 막론하고 눈부시게 발전한 만당 시단에 작자 자신이 심혈을 기울여 키운, 이국적 향기를 발하는 꽃을 보태 주었다.

시인 자신이 관료 막부에 있었고 또 농민 봉기군에 대한 번진 군벌의 전쟁에 직접 참가했으므로, 당시 번진 군벌과 농민 봉기군, 번진과 조정, 번진과 번진 간의 모순 투쟁에 대하여 모두 비교적 깊이 이해하고 인식하고 있었다. 또 관료 중 통치 계급의 대표적인 인물에 대해서도 비교적 분명하게 이해하고 인식했다. 따라서 상술한 모순 투쟁과 인물을 묘사한 그의 작품에 심도 있게 표현된다. 그러나 반드시 지적해야 할 것은 그 자신의 계급 지위와 환경으로 일부 작품에는 시인의 관점과 견해의 역사적 한계성이 피할 수 없이 반영되어 있다는 점이다. 그가 고병을 대신하여 쓴 〈황소를 토벌하는 격문(討黃巢檄文)〉이 바로 그렇다.

시인은 신라인이고 어려서 중국에 공부하러 왔기 때문에 조국을 생각하고 그리는 시가 큰 비중을 차지한다. 그가 귀국을 결정했을 때, 작품 속에는 중국 친구와 석별할 때의 깊은 감정이 진지하고 강렬하게 표현되었다. 따라서 우리는 이러한 우정이 중・한 고대 인민 간의 진지한 우정의 진실한 기록임을 느낄 수 있다. 이러한 특색은 만당의 다른 시인들이 가지지 못한 것이다.

2.

먼저 시인의 대표적인 '서정'적 작품에 대하여 초보적으로 탐색하기로 한다.

15세기 조선의 저명한 한문학자 서거정(徐居正, 1420~1492)의《동문선(東文選)》에서 칠언율시 한 수를 찾아볼 수 있다. 중국의《전당시》에서도 이 시의 두 구를 수록했다. 근래 한국에서 출판된《한국예술총람(韓國藝術總覽)》 등의 책에서도 이 시를 시인의 대표작으로 보고 있다.

〈윤주 자화사 절간에 올라(登潤州慈和寺上房)〉

登臨蹔隔路岐塵, 산에 올라 속세의 갈림길과 잠시 멀어졌는데,
吟想興亡恨益新. 흥망을 되씹으니 한은 더욱 새로워라.
畫角聲中朝暮浪, 화각 소리 울리는 가운데 아침저녁 물결 일고
青山影裏古今人. 청산 그림자 속에는 고금 인물 몇 명이나 지나갔나.
霜摧玉樹花無主, 서리 맞아 꺾인 옥수화는 임자도 없는데
風暖金陵草自春. 바람 따뜻한 금릉에는 풀만 절로 봄이로다.
賴有謝家餘景在, 사씨 집안의 남은 경지 아직도 있어
常叫詞客爽精神. 길이 시인의 정신을 상쾌하게 하네.

시의 제목에서 이 시는 '윤주(潤州, 지금의 강소성 진강시)'에서 썼음을 알 수 있다. "서리 맞아 꺾인 옥수화는 임자도 없다"는 시구에서 이 시의 창작 시기를 대략 880년 말이나 881년 봄으로 추정할 수 있다.

광명(廣明) 원년(880) 겨울 12월에 황소를 우두머리로 하는 농민 봉기군이 수도 장안을 공략하고 '대제(大齊)'라는 농민 정권을 세웠다. 당 희종은 일부 황족과 대신을 데리고 급히 사천(四川)으로 도망갔다. 남아 있던 황자(皇子)와 왕손 및 비빈, 공주 등 황족들은 농민 봉기라는 폭풍의 무정한 엄습을 받고 거의 죽게 되었다. 당 희종의 도피로 말미암아 자연히 "꽃에 임자가 없는(花無主)" 국면이 나타났다.《계원필경집》의〈직위를 내려준 데 감사드리는 장문(謝職狀)〉에 의거하면, 당시 최치원은 양주(揚州)에 있는 고병의 대본영에서 '서리종사'를 맡고 있었고 때때로 군대

를 따라 출정하기도 했다.

광명 원년(880) 5월에 고병은 대장 장린(莽璘)으로 하여금 대군을 이끌고 신주(信州, 지금의 강서 상요 일대)로 가서 황소 봉기군과 생사를 건 전투를 하게 했다. 그 결과 봉기군에게 대패하여 대장 장린은 피살되었고 군대 대부분이 섬멸되었으며 나머지 병사들은 강회(江淮)로 퇴각했다. 7월에 봉기군이 채석(采石, 남경 부근)에서 도강하여 직접 회남을 향해서 살육을 자행했다. 당 희종은 당시 고병을 회남으로 파견하여 오랫동안 전쟁터에서 공훈을 누차 세운 노련한 군벌에 의지하고, 장강(長江)의 험난한 요새에 기대어 봉기군이 장안과 낙양으로 돌격하러 가는 길을 막아보고자 했다. 그 결과 봉기군은 도리어 거침없이 진공하여 회남의 저주(滁州, 지금의 안휘 저현)에 쳐들어갔고 천장(天長, 지금의 안휘 천장현)을 포위 공격했다. 이때 봉기군은 고병의 대본영인 양주에서 이미 지척지간이었다.

《구당서(舊唐書)》, 〈고병전(高駢傳)〉에서 볼 수 있듯이 당시 고병 수하의 부장 필사탁(畢師鐸)은 놀래서 "요사스런 적 백만 대군이 군대의 주둔지를 지나오는 것이 마치 무인지경을 걷는 듯합니다(妖賊百萬, 所經鎭戍若蹈無人之境)"라고 외쳤다. 고병은 놀라서 간담이 써늘하여 전군이 전멸할까 두려워 감히 출전하지 못하고 양주 일대에 틀어박혀 "병권을 틀어쥐고 경내를 보호할(握兵保境)" 뿐이었다. 그 결과 봉기군은 곧장 낙양을 손에 넣고 나아가 서울 장안을 탈취했다. 이로부터 고병 본인은 조정의 총애를 잃게 되었다.

이 시에서 볼 수 있듯이 그들은 양주 · 진강(鎭江) 일대에 숨어서 서울이 함락되는 것을 눈으로 바라보고 있을 수밖에 없었으나, 그들에게는 아직 발을 붙일 금릉(金陵)이 있었다. 시에서는 특유한 요행 심리가 흘러나온다. 양주를 당대에 '금릉'이라고도 불렀는데, 역사적으로 유명한 강남의 요충지였다. "바람 따뜻한 금릉에는 풀만 절로 봄이로다"라는 시구는 물론 '양주'를 가리킨 것이다.

"화각 소리 울리는 가운데 아침저녁 물결 일고, 청산 그림자 속에는 고금 인물 몇 명이나 지나갔나." 강대한 농민 봉기군의 타격을 받고 봉건 왕조가 봉기군의 전투 화각 소리 가운데 아침저녁의 파도처럼 흔들리고 교체되나, 역사적으로는 대를 잇는 통치자들도 선대를 이어 과거가 되어 버리고 오로지 청산만이 유구한 모습을 시인은 친히 목도했다. 시인은 봉건 왕조의 멸망을 피할 수 없는 운명에 대하여 개탄하는 동시에 왕족의 몰락에 대하여 동정을 기탁했다(이는 물론 그의 계급적 한계성에 의해 결정된 것이다). 지금처럼 사씨 집안[謝家]의 여경(餘景)과 같은 소천지에서 약간의 쾌락을 찾을 수만 있다면, 그는 또 다른 즐거움과 만족감을 느낀다.

이 시는 객관적으로 봉건 왕조가 농민 봉기군의 공격을 받고 멸망으로 향하는 역사적 진실을 깊이 폭로했고, 천지를 뒤흔들 수 있는 농민 봉기군이 강대한 힘을 표현했다.

만당의 수많은 시 중에 농민 봉기라는 위대한 역사적 사건을 직접적으로나 간접적으로 반영한 시는 거의 없다. 위장(韋莊, 836~910)의 저명한 〈진부의 노래(秦婦吟)〉 외에도 나은(羅隱, 833~909)은 881년에 이미 〈중원 갑자 신축(881)에 어가가 촉으로 행차하며(中元甲子以辛丑駕幸蜀)〉라는 시 4수를 쓴 바 있다. 그중에 "백정들은 팔을 내밀어 장안을 욕보이고, 어가는 다급한데 길은 꼬불꼬불하다(白丁攘臂犯長安, 翠輦蒼黃路屈盤)" 등의 시구는 당 희종이 사천으로 도피하는 정경을 묘사했다. 최치원은 역사적 증인의 신분으로 위대한 변혁을 목도하고 아울러 작품 속에 그 흔적을 남겨 놓았는데, 이러한 점은 매우 고귀하다.

최치원의 서정시는 전체 시에서 많은 비중을 차지한다. 〈흥을 기탁하며(寓興)〉, 〈옛 생각(古意)〉 등과 같은 작품에서 우의(寓意)가 비교적 깊어서 진지하게 연구하고 탐색할 만하다. 먼저 오언 율시 〈흥을 기탁하며〉를 보자.

願言扃利門, 원컨대 이욕의 문을 막아
不使損遺體. 부모께 받은 몸 상하게 말라.
爭奈探珠者, 어찌하여 이익 좇는 사람들
輕生入海底. 목숨 가벼이 바다 밑에 들어가나.
身榮塵易染, 몸의 영화는 티끌에 끌리기 쉽고
心垢正難洗. 마음의 때는 잘못을 씻기 어렵다네.
澹白與誰論, 담박한 맛을 누구와 의논하리.
世路嗜甘醴. 세상 사람들 단술만 즐긴다네.

이 시의 창작 연대는 추정할 방법이 없다. 그러나 시인의 경력과 시에서 제공하는 내용을 합해 보면, 마땅히 시인이 중국에 있던 후기에 쓰인 것이다. 최치원은 열두 살에 중국에 와서 스물여덟 살에 신라로 귀국했다. 중국에 있던 후반기 몇 년은 그가 가장 복잡하고 심각한 관리 사회를 목도한 시기였다. 이 시기의 작품은 온갖 변화를 겪은 뒤의 성숙도와 정확성을 왕왕 강하게 표현했다. 883년 이후 봉기군은 이미 철저한 실패로 치달았다. 번진들의 부대는 다시 장안을 점령했다. 이때의 정국은 번진들이 정쟁 이후의 영도권을 다투는 투쟁으로 전환되었다. 삭세의 대표적 인물들이 권세를 탈취하기 위해 목숨을 걸고 투쟁했다. 이처럼 극단적인 동란의 시대에 많은 사람들이 아침에는 왕후(王侯), 황제의 인척, 자사(刺史), 도통(都統)이 되었다가, 저녁에는 죄인이 되거나 혹은 비명에 죽기도 했다.

개인적인 생각으로는 이 시는 아마도 귀국 초기에 썼을 것이다. 시인은 탐욕스러운 집권자들을 "이익을 좇는 사람(探珠者)"에 비겨 그들이 목숨을 걸고 마치 "바다 밑(海底)"과 같은 관리 사회에서 권세를 쟁탈하는 것을 조소했다. 당시 당 말 사회에서 번진들은 서로 살육하고 혼전을 거듭하여 권세를 다투느라 수시로 목숨을 잃을 위험을 가지고 있었다. 그래서 시인은 이를 해저로 비유했다. 사실상 역사에서 당 말 혼전에 참여한 관료와 군벌 절대 다수가 이처럼 오랜 혼전 속에서 목숨을 잃었다. 시인은 그들이 이욕과 관록에 눈이 멀어 사상과 정신에 이미 때가 가득 묻어 깨끗이 제거하기란 어렵다고 지적했다. 이러한 투쟁은 결과적으로 다른 사람 혹은 방관자로 하여금 재미를 보게 하여 이들이 이점을 얻기도 했다. 시인 자신이 이미 투쟁의 회오리 속에 있었기 때문에 단지 비교적 어두운 방법으로 마음속에 쌓인 감개와 인식을 표현할 뿐이었다.

시 속의 은유적인 암시를 통하여 우리는 그 시대에 생활하던 집권자들의 진실한 모습을 볼 수 있다. 그들은 통치권이라는 '보주(寶珠)'를 쟁탈하기 위해 더욱 극렬한 합병과 살육을 진행했다. 《구당서(舊唐書)》 열전 제129, 〈소구전(蕭遘傳)〉에서는 "광계 초년(885)에 왕의 기강이 떨치지 못했다. 이때 천하의 제후들은 절반쯤 도적떼로 출현하여 강자와 약자가 서로 물어뜯고 대중을 믿고 총애를 구했는데, 국법으로는 이를 제압할 수가 없었다(光啓初, 王綱不振. 是時天下諸侯, 半出群盜. 强弱相噬, 怙衆邀寵. 國法莫能制)"고 말했다. 이는 바로 역사 단계에서 가장 중요한 특징이다. 최치원의 이 오언 율시는 그 시대에 대한 훌륭한 주석이다.

다른 시 〈옛 생각〉은 시인이 통치자에 대하여 심도 있게 폭로했다.

狐能化美女, 여우는 능히 미인으로 변할 수 있고
狸亦作書生. 살쾡이는 또한 선비가 되네.
誰知異物類, 그 누가 알리, 다른 무리가
幻惑同人形. 사람 모습과 같이 되어 홀리는 것을.
變化尙非艱, 변화하기는 오히려 어렵지 않으나
操心良獨難. 마음 고르기는 참으로 어렵구나.

欲辨眞與僞, 참과 거짓을 분별하려거든
願磨心鏡看. 원컨대 마음의 거울을 닦고 보소.

이 시는 《동문선》에서 가져왔다. 내용과 형식 혹은 격조에서 앞 수와 더불어 자매편이라고 할 수 있다. 사람의 본질적인 특징을 폭로하는 면에서 직접적이고도 철저하게 표현했다.

시에서 겉으로는 단정하고 정중하며 수려한 미녀와 우아하면서도 질박한 서생이 실제로는 살쾡이와 여우이며, 본질적으로 "다른 무리(異類物)"임을 가차 없이 폭로했다. 그들은 자신의 필요에 근거하여 각기 다른 "사람 모습(人形)"으로 변했다. 변화하는 데는 많은 힘이 들고, 꾸미고 치레하는 것도 성가시다. 그들의 진상을 식별하려면 내심의 냉정한 사고와 분석으로 분명히 인식해야 한다.

당 말의 군벌 혼전 시기에는 투기하여 권세에 빌붙고 항상 얼굴을 바꾸는 인물이 매우 많았다. 이러한 사람들은 줏대 없이 이쪽저쪽에 빌붙어 때로는 봉기군에 가담했다가 돌아서서는 조정과 번진에 의탁하였다. 마치 이리와 살쾡이처럼 교활하고 음험하며 통치 계급의 하수인을 맡았다. 이 시는 그들의 '가면[畵皮]'을 가차 없이 벗겨내어 이리와 승냥이 같은 본성을 노출시켰다.

최치원은 중국에 온 초기에 비교적 유창한 영회시(詠懷詩) 작품을 썼는데, 예술적으로 비교적 특색이 있다.

〈가을밤에 비가 내리고(秋夜雨中)〉[2)]

秋風惟苦吟, 가을바람에 애달프게 읊조리니
世路少知音. 세상에 나를 알아주는 이 없네.

2) 《동문선(東文選)》.

窗外三更雨, 깊은 밤 창밖에는 비가 내리는데,
燈前萬里心. 등불 앞에 아득히 외로운 마음.

이 시에서는 고국을 멀리 떠나 이역에 사는 소년이 비 내리는 깊은 가을에 고향을 그리는 심정을 진지하고 절실하게 표현했다.

다른 영회시 9수도 각기 특색을 가진다.

〈도중에 지음(途中作)〉

東飄西轉路岐塵, 이리저리 떠돌며 풍진 세상을 헤매면서
獨策羸驂幾苦辛. 야윈 말 몰고 다니며 고생 또 얼마였던가!
不是不知歸去好, 고향에 돌아감이 좋은 줄 모르는 것은 아니지만
只緣歸去又家貧. 돌아간댔자 집이 가난하니 어쩔 것인가?

〈요주 파양정(饒州鄱陽亭)〉

夕陽吟立思無窮, 저녁노을에 시 읊조리고 있노라니 생각은 그지없고
萬古江山一望中. 만고강산이 한눈 속에 다 들어오는구나.
太守憂民疏宴樂, 태수가 백성 살림 걱정하여 잔치 놀음에 마음 두지 않으니
滿江風月屬漁翁. 강에 가득한 저 바람과 달빛은 모두 어부에게 맡겨졌네.

〈우강 역정에 쓰노라(題芋江驛亭)〉[3)]

沙汀立馬待回舟, 모래밭에 말 세우고 돌아오는 배 기다리니
一帶烟波萬古愁. 한 줄기 연파가 만고의 시름일세.
直得山平兼水渴, 산이 곧 평지 되고 물이 또한 말라야
人間離別始應休. 인간의 이별이 비로소 그치리라.

3) 《동문선》.

《계원필경집》의 수많은 문장에서 그가 879년부터 885년까지 중국의 많은 곳에 가 보았다는 사실을 알 수 있다. 때로는 "공무로 출장갔으며(因公出巡)" 때로는 "군대를 따라 출정(隨軍出征)" 나가기도 했다. 그 가운데 믿을 만한 곳에 의거하면 그가 산동(山東), 절강(浙江), 안휘(安徽)와 호북(湖北) 등에 갔었고 많은 시간을 여행하며 보냈음을 알 수 있다.

이상의 시 9수는 여행 도중의 생활에 대한 지침과 슬픔을 집중적으로 체현했다. 그러나 감회(感懷)와 서정적인 각도에서 바라보면 이러한 작품은 모두 자연스럽고 유창하게 보인다. 담담한 애원과 고민 속에서 인생에 대하여 철리를 진행하듯이 검토하고 회고한다. 이는 섬세함과 완곡함을 추구하는 시풍 속에서 더욱 아담하고 명쾌하게 보인다. "태수가 백성 살림 걱정하여 잔치 놀음에 마음을 두지 않으니, 강에 가득한 저 바람과 달빛은 모두 어부에게 맡겨지는" 가운데 시인이 인민을 압박하지 않는 관리를 찬양하고, 인민은 노동 성과를 충분히 얻을 수 있어서 기쁘고 위안이 되는 것을 볼 수 있다.

최치원의 후기 서정 작품으로 〈바닷가에서 봄 경치를 바라보며(海邊春望)〉, 〈바닷가에서 한가롭게 거닐며(海邊閑步)〉, 〈해동으로 돌아가며 참산의 봄을 바라보노라(將歸海東巉山春望)〉 등이 있다. 이 시는 귀국하려고 할 때 쓴 것이다. 이때 시인의 '심정'이 이미 아침저녁으로 그리던 고국으로 날아가 한없이 아름다운 바닷가의 자연 경관을 대하고, 푸른 하늘을 날아 배회하는 갈매기이든 혹은 지는 해가 불처럼 붉은 저녁노을이든 모두 "화살같이 돌아가고 싶어 하는(似箭歸心)" 그의 강렬한 정감을 환기시킨다.

이렇게 조수처럼 쏟아져 나오는 시적 정감은 물론 사람들의 무한한 동정을 얻을 수 있다. 따라서 강렬한 감동의 힘을 낳는 것이다.

〈바닷가에서 봄 경치를 바라보며(海邊春望)〉

鷗鷺分飛高復低, 갈매기와 해오라기는 번갈아 높이 날았다 다시 낮게 날고
遠汀幽草欲萋萋. 먼 물가의 그윽한 풀은 더욱 짙어만 가네.
此時千里萬里意, 이때 천 리 만 리 밖에 있는 마음은
目極暮雲翻自迷. 저 멀리 저무는 구름에 절로 아득해지네.

〈봄날 새벽에 한가로이 바라보며(春曉閑望)〉

山面嬾雲風惱散, 산마루 게으른 구름 바람도 흩기 싫어하고
岸頭頑雪日欺銷. 언덕 위 끈질긴 눈 햇빛도 녹이려 들지 않네.
獨吟光景情何限, 홀로 이 광경을 읊자니 생각은 끝없는데
猶賴沙鷗伴寂寥. 모래밭 갈매기만 적적한 나와 벗해 주네.

〈바닷가에서 한가롭게 거닐며(海邊閑步)〉

潮波靜退步登沙, 밀물 빠진 뒤 모래사장 걷노라니
落日山頭簇暮霞. 해 지는 산마루에 저녁노을 깔렸네.
春色不應長惱我, 봄빛도 내 마음 오래 괴롭히지는 못하겠지
看看即醉故園花. 머지않아 고향의 꽃향기에 취할 테니.

〈해동으로 돌아가며 참산의 봄 경치를 바라보노라(將歸海東巉山春望)〉[4]

目極煙波浩渺間, 아득한 물안개 저편을 바라보니
曉烏飛處認鄉關. 새벽 새 나는 곳이 고향인가 하노라.
旅愁從此休凋鬢, 나그네 시름도 이젠 그만 그치고
行色偏能助破顏. 행색도 웬만큼 웃음 띠게 되었네.
浪蹙沙頭花撲岸, 물결은 모래톱 밀고 꽃은 언덕 어지럽히고

4) 《계원필경집》 권20.

雲糚石頂葉籠山. 구름은 바위 위를 단장하고 잎은 산을 덮었네.
寄言來往鴟夷子, 장사하러 왕래하는 사람들에게 말하노니
誰把千金解買閒. 누가 천금으로 한가함을 살 줄 알겠는가?

시인이 무수한 장애와 불우함을 딛고 나서 시의 풍격이 변하여 이처럼 깊고 엄숙해졌다. 겨우 스무 살의 나이에 불과한 생기발랄한 청년의 작품이라고 생각하기가 어려울 정도이다.

이 몇 수의 공통된 특징은 빈틈없고 간결하다는 것이다. 시인은 소박하고 화려함이 없는 자연 경관에 깊은 미련과 동경을 품고 있으며, 그의 강렬한 '사랑'이 종종 영혼을 뒤흔드는 힘, 특히 내심에서 우러나오는 조국에 대한 사랑을 만들 수 있다. 그러나 장차 중국과 고별할 때 그는 도리어 이곳의 산천과 대해에 대해 아쉬워하는 정이 생겨 갈매기와 해오라기를 빌려 "아득한 물안개 저편을 바라보는" 모순적인 심리를 말했다.

귀국 후 그는 만년에 속세를 피하여 불문에 입문하여 생의 종결 단계로 나아갔는데, 이때 서정시 칠언 절구 두 수를 썼다. 내용을 보면 물론 속세를 싫어하고 청정을 근본으로 하는 사상을 반영하여 시인의 평생의 비참함과 실의는 인간 세상에 대한 싫증과 규탄으로 바뀌었다. 하늘에서 내려오는 폭포로 하여금 물을 흐르게 하여 속세 인연의 얽히고설킨 복잡한 감정을 끊어버리고 물러나 청정 자연의 공무(空無) 속으로 들어갔나. 정서가 초탈적이고 기품이 뛰어나다.

〈가야산 독서당에 쓰노라(題伽倻山讀書堂)〉[5)]
狂噴疊石吼重巒, 물은 미친 듯이 바위를 치며 산을 울리어
人語難分咫尺間. 지척에서 하는 말 분간하기 어렵네.

5) 《동문선》.

常恐是非聲到耳, 항상 시비 소리 귀에 들릴까 두려워
故教流水盡籠山. 흐르는 물로 산을 감싸게 했네.

다른 한 수에서는 속세의 인연을 완전히 벗어나 자신의 모든 것과 대자연의 산수 풍광을 하나로 융합하여 '흐르는 물'과 '나는 새'에서 인생의 진체(眞諦)를 다시금 인식했다.

〈황산 임경대(黃山臨鏡臺)〉6)
烟巒簇簇水溶溶, 안개 낀 봉우리는 우뚝우뚝하고 강물은 출렁출렁 흔들리며
鏡裏人家對碧峰. 거울 속의 인가는 푸른 산과 마주하네.
何處孤帆飽風去, 외로운 배는 바람 가득 싣고 어디 가는가?
瞥然飛鳥杳無蹤. 갑자기 날아가는 새는 종적 없이 사라지네.

총괄하면 형식과 내용이 다른 서정 작품에서 최치원이 제재를 구사하는 능력을 엿볼 수 있다. 언어는 생동하고 유창하며 형상은 선명하고 핍진하다. 서정을 묘사한 부분은 들쑥날쑥하며, 또 서사 부분에는 비유의 뜻이 의미심장하여 자세히 음미할 가치가 있다. 당 말 시가 창작은 당대 전체로 볼 때는 이미 침체기였으나 여전히 광채를 발하던 시대였다. 우리는 시인의 득실을 탐색할 때 마땅히 작품을 시대의 천평(天平) 속에 놓고 평가해야 하며, 시국(詩國)의 군성(群星) 속에서 비교하고 감상해야 한다는 사실을 잊지 말아야 한다. 최치원의 서정 작품이 매우 강렬한 시대감을 가지고 있다고 보는데, 이러한 특색은 매우 분명하다.

6) 《삼국유사》.

3.

시인의 '영물시'를 언급하기 전에 먼저 만당 시단에 영물시가 홍성한 원인을 간단하게 회고하고 논의하고자 한다. 당 말의 시단에서 활약한 시인 가운데 고운(顧雲, ?~894?), 나은(羅隱, 833~909), 방간(方干, ?~?), 두순학(杜荀鶴, 846~904), 사공도(司空圖, 837~908), 조업(曹鄴, ?~?), 피일휴(皮日休, 834?~883), 위장(韋莊, 836~910) 등은 일찍이 많은 영물시를 창작한 바 있다. 오늘날까지 전하는 나은의 영물시만도 50여 수에 이르고 방간 등에게도 수십 수가 있다. 이런 시인들보다 약간 앞선 온정균(溫廷筠, 822?~866), 두목(杜牧, 836~910), 이상은(李商隱, 813~858) 등은 더욱이 영물시 창작의 고수여서 인구에 회자되는 명작이 많이 남아 있다. 그렇다면 왜 당 말 시단에 영물시가 이처럼 홍성했는가?

생각하건대 일부 수수께끼나 문자 놀이처럼 '영물'을 위한 영물시를 제외하면 주요 원인은 다음과 같다. 이씨 왕조는 만당 시기에 이르러 극도로 부패했으며, 인민에게 이루 말할 수 없는 재난을 가져다주었다. 황소의 봉기가 실패한 뒤 번진 군벌의 장기간의 혼전은 시골에서 농사짓는 광범한 농민들로 하여금 도탄에 빠지게 만들었다. 사회의 중·하층에서 살아가는 지식인도 수많은 개인적 불행과 가난을 겪게 되었다. 영물시는 만당에 이르러 표현 수법이 매우 매끄럽고 다양해져 완선히 '비흥(比興)', '기탁(寄托)' 등의 수법을 빌려 현실 생활에서 인물의 운명과 불행한 처지를 드러냈다. 동시에 봉건 집권자들을 직접 조소하고 풍자했다.

한편에서는 제왕, 번진들이 재물을 수탈하여 변태적이고 기형적으로 도시가 번영하였고 다른 한편에서는 인민들이 사선에서 필사적으로 몸부림쳤다는 점이다. 그래서 만당시 가운데 부염(浮艶)하고 온화하게 낮은 소리로 노래하는 시가 있는가 하면, 실의한 감상(感傷)을 읊은 것도 있다. 개인의 운명이 고정되지 않고 흔들거려, 시인들은 자신의 처지에 대해서 큰 소리로 외칠 수 없어 단지 사물에 흥을 기탁하고 경물을 빌려 뜻을 서술할 수밖에 없었다. 완곡한 은유 속에서 내심의 비분을 털어 놓았다. 사물을 빌려 비흥하는 가운데 가슴 속에 맺힌 분노를 토해 냈다.

시가 창작이 침체하던 만당 시단에서는 비록 성당의 여파가 잔잔히 흐르고 있었지만 사물을 읊조리고 흥을 기탁한 시가에 도리어 시인의 마음을 격동시키는 물보라가 있어 산천 경물, 꽃, 새, 물고기, 곤충에 대한 낮은 읊조림 속에서 시인 자신의 불행과 인민의 고난을 진술했다. 영물시를 노래한 합창 속에서 신라 시인 최치원도 점점 그 사이에 발을 들여놓아 다른 사람과 함께 목청을 돋우어 노래 부르고 혹은 낮은 소리로 호소하고 슬프게 읊조렸다.

먼저 최치원의 영물시 〈접시꽃(蜀葵花)〉부터 보도록 하자.

寂寞荒田側, 적막하고 황폐한 밭둑에서
繁花壓柔枝. 무성한 꽃이 가냘픈 가지를 누른다.
香輕梅雨歇, 소나기가 그치니 향기도 가볍고
影帶麥風攲. 보리 바람에 그림자 흔들리네.
車馬誰見賞? 수레 탄 사람이 누가 와서 보아 주리오?
蜂蝶徒相窺. 벌 나비만 부질없이 서로 엿본다.
自慚生地賤, 스스로 타고난 처지가 비천함을 부끄러워하여
堪恨人棄遺. 남들에게 버림받아도 참고 견딘다.

시인이 묘사한 것은 황폐한 밭둑가에서 생장하는 무성한 꽃과 수많은 가지가 소나기와 보리 바람 속에서 흔들리고, 사람은 아예 눈길도 안 주고 오로지 벌과 나비만이 서로 엿보며, 단지 타고난 처지가 비천하기 때문에 끝내 버림받는 '접시꽃'이다. 그 속에서 우리는 재주를 가지고 있으면서도 때를 만나지 못한 시인 자신의 그림자를 자연스럽게 엿볼 수 있

다. 환관들이 권력을 독점하고 번진들이 발호하는 상황에서도 이처럼 초목과 물고기, 곤충을 빌려 마음의 소리를 다 털어 내었으니, 확실히 절묘한 방법이다.

시인은 884년 겨울 10월에 산동성(山東省) 교남시(膠南市)에서 백여 리 떨어진 바닷가 대주산(大珠山) 아래 배를 정박시키고 영물시 10수를 창작했다.[7] 이 10수에서 시인은 재주를 품고도 때를 만나지 못한 자신의 처지에 대하여 불평을 하고, 아울러 사회 밑바닥에서 사는 출신이 비천한 피압박자들을 동정했다. 시인은 동식물과 자연 경관에 대한 묘사를 빌려서 다만 마음속으로 깨달을 수 있으나 말로는 표현할 수 없는 미묘한 정감을 표출했는데, 시는 감상과 어찌할 수 없는 슬픔으로 충만하다. 자신이 봉건 집권자에게 의지했다가 당한 억압을 잇달아 개탄하고 신음했다. 시 속의 정서와 표현 수법은 비교적 출중하다.

〈모래밭(沙汀)〉

遠看還似雪花飛, 멀리서 보면 마치 눈발이 날리는 듯하고
弱質由來不自持. 바탕이 약하여 언제나 제 몸을 가누지 못하네.
聚散只憑潮浪簸, 모이고 흩어짐은 조수 물결에 맡기고
高低況被海風吹. 높아지고 낮아짐은 바닷바람에 의지하네.
煙籠靜練人行絶, 연기가 비단 폭에 자욱할 때는 사람 자취 끊어지고
日射凝霜鶴步遲. 햇빛이 서릿발에 비칠 때는 학이 앉아 쉬어 가네.
別恨滿懷吟到夜, 떠나는 심정 섭섭하여 읊조리는 이 밤에
那堪又値月圓時. 또다시 달마저 밝으니 이를 어이하리.

시인이 묘사한 바닷가의 자갈은 바닷바람이 불고 파도가 치는 가운데

7) 《계원필경집》 권20.

전혀 자신의 몸을 지탱할 힘이 없는 약골이다. 이들의 운명은 완전히 외물의 수중에 있어 그들의 지배에 내버려졌다. 이것에 얼마나 동정을 기탁하든 간에 이러한 모든 것을 바꿀 수는 없다.

〈진달래꽃(杜鵑)〉

石罅根危葉易乾, 돌 틈에 뿌리 박혀 잎 마르기 쉽고
風霜偏覺見摧殘. 바람・서리에 자칫하면 꺾이고 상하네
已饒野菊誇秋艷, 가을 자태 자랑하는 들국화는 두고라도.
應羨巖松保歲寒. 추위에는 끄떡 않는 소나무가 부러워라
可惜含芳臨碧海, 가여워라, 고운 빛깔로 바닷가에 섰건만
誰能移植到朱欄. 어느 누가 좋은 집 난간에다 옮겨 심을까.
與凡草木還殊品, 여느 초목과는 다른 품격 지녔건만
只恐樵夫一例看. 지나가는 나무꾼이나 한번 쳐다봐 줄는지.

십여 년 동안 관리 생활을 한 최치원은 높은 지위에 있는 고관과 귀인, 권세가와 요직에 있는 사람들 모두가 평범한 '나무꾼(樵夫)'에 지나지 않는다고 느꼈다. 그들은 근본적으로 평범한 초목과 이름이 있고 진귀한 진달래꽃의 차이를 구분하려고 하지 않았다. 시인은 이러한 환경 속에서는 재간이 있을지라도 끝내는 매몰된다는 것을 감지했다.

〈돌 위의 작은 소나무(石上矮松)〉

不材終得老烟霞, 쓸모없는 나무가 늙도록 자연을 누렸는데
澗底何如在天涯. 산골 냇가가 어찌 바닷가만 하겠는가?
日引暮陰齊島樹, 저문 해는 그림자를 끌어 섬 나무만큼 크게 하고
風敲夜子落潮沙. 밤바람은 솔방울을 흔들어 밀물 모래밭에 떨어뜨리네.
自能盤石根長固, 반석에 내린 뿌리 깊고 단단하니

豈恨凌雲路尙賖. 어찌 구름 능가할 길 멀다고 한탄하리오!

莫訝低頭無所愧, 키 작은 것은 부끄러워할 바가 아니니

棟梁堪入晏嬰家. 안영의 집 들보감으로는 넉넉하다네.

이 시에서 작자 자신이 정치적인 차별 대우에 대하여 깊이 불만을 품고 있음을 볼 수 있다. 최치원은 〈태위께 처음으로 올리는 계문(初投獻太尉啓)〉이라는 글에서 자신이 "신라 사람으로서 신분이 미천하고 성품도 우직합니다(新羅國人也, 身也賤, 性也愚)"라고 말했는데, 이를 보면 그가 때때로 "신분이 비천(出身微賤)"함으로 생긴 압력을 느꼈음을 알 수 있다.

시인은 〈단풍나무(紅葉樹)〉에서 산속에서 생장하는 '미녀'를 묘사했다. 알아주는 사람이 없는 산속에서 자랐기 때문에 "선녀(仙姝)"처럼 예쁘고 "이슬 머금어 깨끗이 단장한(宿妝含露)" 것처럼 그윽한 정감을 가지고 있고, "바람 맞아 흔들리는 자태(醉態迎風)"처럼 경박하기 때문에 산중에서 늙어 죽거나 "쓸쓸한 숲에서 스스로 홍망이 있음을 알(面對寒林, 自辨榮枯)" 수밖에 없었다. 이러한 "미인을 늦게 만난(美人遲暮)" 감정은 바로 작자가 재주를 가지고 있으면서도 때를 만나지 못한 고난스런 신세에 의해 나온 것이 분명하다.

다른 몇 수도 문필에서 모두 칭찬할 만하다. 아래의 두 수는 또 다른 정취를 표현하고 있다.

〈「귀연음」을 지어 태위께 드리며(歸燕吟獻太尉)〉[8]

秋去春來能守信, 가을 가고 봄이 와도 믿음을 지킬 수 있으니

暖風凉雨飽相諳. 따스한 바람과 차가운 비를 실컷 맞았네.

再依大厦雖知許, 다시 큰집에 기댄 지 얼마던가!

8) 《계원필경집》 권20.

久汚雕梁却自慚. 오래도록 들보 더럽힘이 부끄러워라.
深避鷹鸇投海島, 사나운 매를 피해 섬으로 돌아갈 때
羨他鴛鷺戯江潭. 강가에 노니는 다른 물새가 부러웠네.
只將名品齊黃鳥, 명색은 꾀꼬리와 다름없는데
獨讓銜環意未甘. 구슬을 물어 드리지 못해 섭섭하네.

먼저 이 시는 제목에서 작자가 "돌아가는 제비(歸燕)"에 자신을 비유했음을 명확히 알 수 있다. 이는 그가 귀국하고자 할 때 고병에게 써 준 시이다.

앞의 두 구에서 자신이 외국에 와서 염량세태를 실컷 맛보았다고 말했다. 아래의 "다시 큰집에 기댄 지 얼마던가, 오래도록 들보 더럽힘이 부끄러워라" 구에서는 거짓말을 한다. 사실상 당시 고병의 "큰집(大厦)"에는 이미 매우 위험한 빈집만 남아 있을 뿐이었다. 《구당서》 열전 제132, 〈고병전〉에서는 "광계 초년에 …… 날마다 신선놀음으로 일삼았다(光啓初, …… 日以神仙爲事)", "이에 신선에게 의탁하여 정치를 물리고 종사하지 않았다. 군사의 가부는 여용지의 손에서 결정되었다(乃託求神仙, 屛絶戎政. 軍中可否, 取決呂用之)"고 했다. 최치원은 그 자신의 '제비 다리(燕脚)'가 화려한 들보를 더럽힐까봐 두렵다고 말했는데, 이는 실제로 핑계일 뿐이다. 진정으로 귀국하려고 한 원인은 "사나운 매를 피해 섬으로 돌아가려는" 것으로, 이것이 도리어 주요 원인이라고 생각한다. 그 당시 고병은 눈과 귀가 어두워 판단력이 흐렸기 때문에 이미 허공에 떠 있었다. 막부에는 "돌아가는 제비"를 잡아먹으려는 "사나운 매(鷹鸇)"가 아마도 얼마든지 있었을 것이다. 그래서 그는 "화려한 들보(雕梁)"가 없고 또 지지배배 거리는 "원앙과 백로(鴛鷺)"를 흠모하여, 신라의 "강가(江潭)"로 돌아가서 자유롭게 노닐 수 있기를 갈망했다.

'영물시'는 사상·감정을 표시하고 어떠한 난제도 풀 수 있는 기묘한 열쇠이다. 아무리 복잡한 사상・감정이든지 간에 빙빙 돌려 말하거나 틀림없이 정확하게 표현할 수 있다. 확실히 "단지 마음으로만 이해할 수 있을 뿐, 말로는 전할 수 없다(只可意會, 不可言傳)." 아래의 영물시 〈봄바람(東風)〉[9]은 새로운 국면을 연다.

知爾新從海外來, 네가 새로이 바다 건너 불어오는 것을 알고는
曉窗吟座思難裁. 새벽 창가 시 읊조리는 자리에서 생각을 가다듬기 어렵구나.
堪憐時復撼書幌, 가련함을 참고 있을 때 다시 찾아와 서재 휘장을 스치니
似報故園花欲開. 고향에서 꽃피는 소식을 알리려는 듯하다.

시인은 '귀향의 기대(期待回鄕)'라는 주제를 직접적으로 쓰지 않지만, 도리어 고향에 대한 나그네의 강렬한 그리움을 느끼게 한다. 시는 무한한 상상의 여지를 제공해 주어 정감이란 야생마를 들판에 풀어놓아 마음대로 달리게 하는 것처럼 시의(詩意)가 심오하고 정취가 유연(悠然)하다.

자세히 살펴보자. 아무 형태가 없는 '봄바람'은 시인의 붓끝에서 친한 친구처럼 마주앉아 흉금을 터놓고 이야기했다. 시인은 봄바람에 대하여 "네가 방금 외국에서 왔음을 알고 일찍 일어나서 줄곧 창가에 앉아 읊조리며 앉았는데, 생각이 뒤얽혀 있다. 너는 마치 일찌감치 귀향하고 싶은 내 마음을 아는 듯 불시에 서재 휘장을 움직이는데, 마치 나에게 지금이 고향의 꽃이 피려고 하는 때임을 알려주는 듯하다"고 말했다. 이 영물시는 의미가 함축적이고 격조가 청신하며 소박하고 꾸밈이 없는 가운데 도리어 사람의 심금을 울리는 예술 역량이 깃들어 있다.

이상 몇 수의 영물시에서 최치원이 '비흥(比興)', '사물을 빌린 의인화(假物擬人)' 등의 수법을 운용하는 과정에서 전신(傳神)의 정도까지 이르

9) 《계원필경집》 권20.

렀음을 알 수 있다. 원나라 사람 황자숙(黃子肅)은 《시법(詩法)》에서 비흥의 함의를 풀이할 때 "뜻이 사물을 빌려 얻는 데 있으면 이를 '비'라고 한다. 뜻이 사물에 기탁하여 문사를 일으키는 데 있다면 이를 '흥'이라고 한다. 뜻이 실제적인 일을 늘어놓는 데 있으면 이를 '부'라고 한다. 그러나 원활함과 투철함을 귀하게 여기고 어휘는 서로 힐함한다. 항상 그 뜻을 말 표면에 있게 하여 함축적이고 여운이 남아 있어 다하지 않는 것이야말로 가작이다. 이는 오묘한 것으로 그 뜻이 향하는 바이니, 투철하고 영롱하다. 마치 공중의 소리와 같아서 비록 들을 수는 있지만, 비슷하게 할 수는 없다. 마치 물상 밖의 색과 같아서 볼 수는 있지만, 그려 낼 수는 없다. 마치 물속의 맛과 같아서 알 수는 있지만, 찾아낼 수는 없다(意在于假物取意, 則謂之'比', 意在于托物興辭, 則謂之'興'. 意在于鋪張實事, 則謂之'賦'. 但貴圓活透徹, 詞語相頡頏. 常使意在言表, 含蓄有餘不盡, 乃爲佳耳. 是以妙悟者, 意之所向, 透徹玲瓏. 如空中之音, 雖有可聞, 不可彷佛. 如象外之色, 雖有可見, 不可描模. 如水中之味, 雖有可知, 不可求索)"고 말했다. 그중에서 이러한 "항상 그 뜻을 말 표면에 있게 하여 함축적이고 그 여운이 남아 있어 다하지 않게 하는" 기법은 최치원이 가장 요령을 터득한 것임을 알 수가 있다. 상술한 작품 가운데 시인은 특정한 역사적 환경에서 '영물'의 형식으로 내심의 복잡한 감정과 정의로운 외침 소리를 토로해 만당 시가의 보고(寶庫)에 고귀한 재산을 더해 주었다.

4.

여기서는 최치원의 '화답'시 작품을 검토하기로 한다. 우선 지적할 것은 시인이 당 말 사회의 하층에 수많은 친구를 가졌다는 점인데, 그중 진사(進士), 수재(秀才), 하급 관리, 승려, 원외(員外)가 있고 남녀 모두 포함되어 있다. 《계원필경집》의 그들 간에 왕래한 수많은 서(書), 계(啓), 증별시에는 허심탄회한 토로도 있고, 학술에 대하여 진심으로 이야기를 나눈 연구 토론도 있는데, 시인이 사람을 진지하고 관대하게 대했음을 알 수 있다. 바로 이 때문에 그는 친구들의 신임과 존중을 얻을 수 있었다.

만당 시인 고운과 나은은 모두 최치원의 친구이다. 고운은 일찍이 건부(乾符) 원년(874)에 최치원과 같은 과거에 응시하여 '진사'에 합격했으며, 이후 그들은 또 함께 고병의 막부에서 '종사(從事)'를 맡았다. 고운은 최치원이 귀국한 뒤 3년 후 필사탁(畢師鐸)이 고병을 살해한 이후에야 비로소 회남을 떠났다.

나은도 한동안 고병의 막부에 몸담은 적이 있었다. 《전당시》 권871에 실린 고운의 〈나은과 서로 희롱하다(與羅隱互謔)〉라는 글이 이를 증명한다. "나은과 고운은 함께 회남상공 고병을 알현하러 갔다. 고병은 고운의 사람 됨됨이가 우아하고 절도가 있어 마침내 고운을 남기고 나은을 멀리하게 되었다(隱與雲同謁淮南相公高駢. 高以雲爲人雅律, 逐留雲而遠隱云云)." 《삼국사기》, 〈최치원전〉에서도 "나은은 자기의 재주를 믿고 스스로 높은 체하여 좀처럼 다른 사람을 인정해 주지 않았다. 그러나 최치원에게는 자기가 지은 노래와 시 다섯 편을 보내 주었으며, 또 동년 고운과도 친하였다(隱負才自高, 不輕許可人. 示致遠所製歌詩五軸, 又與同年顧雲友善)"라고 했다. 위의 기술 속에서 그들 간의 우정이 매우 두터웠음을 알 수 있다. 먼저 최치원이 고운과 화답한 칠언 율시 한 수를 보도록 하겠다.

〈늦은 봄에 즉흥으로 동료 사자인 고운에게 화답하며(暮春卽事, 和顧雲友使)〉10)

東風閑遍百般香, 봄바람에 온갖 꽃향내를 두루 맡으니,

意緖偏饒柳帶長. 마음만은 유독 길게 드리운 버들처럼 풍요롭네.

---

10) 《동문선》.

蘇武書回深塞盡, 소무의 글월은 깊은 요새를 돌아 전해지고,
莊周夢逐落花忙. 장주의 꿈은 지는 꽃을 좇아 바쁘네.
好憑殘景朝朝醉, 남은 경치 빙자하여 아침마다 취하노니,
難把離心寸寸量. 이별의 마음은 일일이 헤아리기 어렵네.
正是浴沂時節日, 때는 바로 기수에 멱 감는 시절이요,
舊遊魂斷白雲鄕. 옛날에 놀던 곳은 애끊는 백운향이라네.

늦은 봄의 경치에서 소무(蘇武, 기원전 140～60)와 장주(莊周)를 연상하여 신세의 감개가 있을 뿐 아니라, 또한 인생의 흔들림을 느낄 수 있다. 풀 길이 없는 시름 속에서 단지 "아침마다 취할(朝朝醉)" 수밖에 없다. 결국 자신을 알아주는 친구에게 고향에 대한 그리움의 감정을 말한다.

《삼국사기》, 〈최치원전〉에서 고운이 최치원을 위해 써준 송별시를 찾을 수 있다.

〈시를 지어 최치원을 전송하노라(詩送崔致遠)〉

我聞海上三金鰲, 내 들으니 동해에 세 마리 금자라가
金鰲頭戴山高高. 머리로 산을 이고 있는데 높디높다네.
山之上兮, 珠宮貝闕黃金殿, 산 위는 구슬과 보배로 꾸민 황금 궁전이요
山之下兮, 千里萬里之洪濤. 산 아래는 천 리 만 리 큰 물결이라네.
傍邊一點鷄林碧, 그 곁에 한 점 계림이 푸른데
鰲山孕秀生奇特. 자라산의 빼어난 정기를 머금어 특출한 인재를 낳았네.
十二乘船渡海來, 열두 살에 배를 타고 바다를 건너와
文章撼動中華國. 문장으로 중국을 감동시켰네.
十八横行戰詞苑, 열여덟 살에 문단을 휩쓸어
一箭射破金門策. 단번에 과거에 급제했다네.

이 시에서 고운이 최치원을 극도로 숭고하게 평가하여 그의 고향 신라(계림)를 '용궁(龍宮)'의 선경(仙境)처럼 아름다운 곳으로 묘사했음을 알 수 있다. 또 최치원이 문학 방면에서 얻은 성취에 대하여 "중국을 감동시켰다"고 높이 평가했다. 이는 완전히 고운 개인의 감정이 아니라 당시 사회적 평가도 포함되어 있을 것이다. 《전당시》에서는 신라에서 중국으로 사람을 파견하여 최치원의 시집을 사오게 한 일을 기록하고 있다. 마지막으로 고운은 그를 "단번에 과거에 급제했다"고 칭찬했으니, 그가 잘 알고 있었기 때문에 한 말일 것이다. 왜냐하면 최치원은 열여덟 살에 그와 함께 장안에서 '진사'에 급제했기 때문이다.

〈수재 양섬과 송별하며(酬楊贍秀才送別)〉

海槎雖定隔年廻, 바다에 뗏목 배는 이태마다 돌아오는데
衣錦還鄉愧不才. 재주가 없어 금의환향 못함이 부끄러워라.
暫別蕪城當葉落, 잠시 무성에서 이별할 때는 낙엽 지더니
遠尋蓬島趁花開. 멀리 봉래섬을 찾아가니 꽃피는 시절이라.
谷鶯遙想高飛去, 골짜기의 꾀꼬리는 벌써 높이 날았으련만
遼豕寧慚再獻來. 요동의 흰 돼지 또 바치려니 부끄러워라.
好把壯心謀後會, 부디 장한 마음으로 뒤에 다시 만나서
廣陵風月待銜杯. 광릉의 풍월에 술과 마주하길 바라네.

〈진사 양섬과 송별하며(酬進士楊贍送別)〉[11]

海山遙望曉煙濃, 멀리 바다의 산은 새벽 연기에 싸이고
百幅帆張萬里風. 백 폭 돛은 만 리 바람에 펼쳤네.
悲莫悲兮兒女事, 슬퍼도 슬퍼하지 마오, 아녀자처럼

---

11) 《계원필경집》 권20.

不須惆悵別離中. 이별이라도 너무 슬퍼하지 마시오.

이 두 시에서는 모두 양섬(楊贍)을 언급했는데, 《계원필경집》에는 "골짜기의 꾀꼬리는 벌써 높이 날았으련만"이라는 시구 뒤의 원주에 "당시 양섬은 따라갈 계획을 가지고 있었다(時楊生有隨行之計)"라는 말이 있다. 이를 보면 이 친구는 일찍이 최치원과 함께 신라로 가고 싶어 했음을 알 수 있다.

시인은 친구를 달래면서 작별에 즈음하여 절대로 어린아이처럼 슬퍼하지 말라고 위로한다. 이 친구를 위로하는 말을 통하여 시인 자신이 이별의 눈물을 뚝뚝 흘리는 모습을 보는 듯하다. 이처럼 정이 깊은 작품은 천백여 년이나 떨어진 오늘 읽어 보아도 사람으로 하여금 슬픔에 잠기게 하여, 정감이 다하지 않는다. 다시 〈연주에서 이 원외에게 드림(兗州留獻李員外)〉[12]을 보자.

芙蓉零落秋池雨, 가을비에 연꽃잎 시들어 떨어지고,
楊柳蕭疏曉岸風. 새벽 언덕 바람에 버들 성글다.
神思只勞書卷上, 맑은 정신을 온통 책에 쏟고도,
年光任過酒杯中. 세월을 술잔 속에 맡겨 보내는구나.

이 칠언 절구는 《전당시》에 수록되었다. 제목에서 볼 수 있듯이 이것은 연주(兗州, 지금의 산동성 연주시 일대)에서 이 원외에게 준 시이다. 이 원외가 어떤 사람인지에 대해서 지금 알 도리가 없다. 시 속에서 그들 간의 왕래가 결코 하루아침에 이루어진 것이 아니고, 매우 친한 친구가 서로 안부를 묻고 친절하게 화답하는 말투임을 알 수 있다. 이 시는 비교

12) 《계원필경집》 권20.

적 강렬하게 개괄적이라서 마치 흐르는 물이나 떠다니는 구름처럼 깊은 정이 함축되어 있어, 사람들에게 각별한 친근감을 준다. 다시 〈여도사와 이별하며(留別女道士)〉[13]를 보자.

每恨塵中厄宦途, 매번 속세의 벼슬로 고생함을 한탄하다가
數年深喜識麻姑. 마고 선녀 알면서 수년 동안 기뻐했네.
臨行與爲眞心說, 길을 떠나면서 당신에게 진심으로 묻노니
海水何時得盡枯. 바닷물은 언제 모두 마를까요?

이 시는 그가 신라로 귀국하기 전에 한 여도사에게 써 준 시이다. 이러한 작품이 중국 봉건 사회에서 유전되기란 매우 어려운 일이다. 시에서 시인과 여도사의 관계가 매우 밀접함을 볼 수 있는데, 그는 마치 자신이 출가하지 않았음을 후회하는 듯하고 전반생에 관리 사회에서 정력을 소모해버린 것을 일종의 착오라고 여기고 있다. 시인은 만년에 불문에 들어갔는데, 청년 시기에 쓴 이 시를 보면 사상의 깊은 곳에 불교, 도교 등 종교의 허무주의 영향을 받았음을 알 수 있다. 그 시대에는 봉건 제왕 스스로가 불교와 도교를 극력 고취했기 때문에 대다수 시인의 사상 깊은 곳에서 '꿈같은 인생(人生如夢)'의 사상 낙인을 찾을 수 있다. 물론 최치원도 예외는 아니다.

최치원은 중국을 떠날 때 우정이 넘치고 석별의 정이 충만한 수많은 작품을 썼다. 여기서 그는 조국을 그리면서도 중국 친구들과 헤어지기를 아쉬워하는 모습을 보이는데, 이러한 이상하고 모순된 심리 상태에서 어쩔 수 없이 중국을 떠났다. 그래서 그의 시에는 진지한 정감이 충만하다. 임의로 한두 수의 시를 인용해도 이러한 정경을 볼 수 있다.

13) 《계원필경집》 권20.

〈초주 장 상서가 수곽에서 맞이하기에 시를 지어 감사드리노라(楚州張尙書, 水廓相迎, 因以詩謝)〉

楚天蕭瑟碧雲秋, 초주의 하늘이 소슬하고 푸른 구름 가을인데
旟隼高飛訪葉舟. 여준은 높이 날아 조각배를 찾아드네.
萬里乘槎從此去, 만 리 길을 뗏목 타고 이곳을 떠나가면
預愁魂斷謝公樓. 벌써부터 혼이 사공루와 단절될까 근심하네.

〈좌주 상서가 난을 피하여 유양으로 가는 도중 절구 세 수를 총시했기에 이를 받들어 화답합니다(奉和座主尙書避難過維陽寵示絶句三首)〉 가운데 제3수

濟川終望拯湮沈, 강 건널 때 건져 주길 바랐더니
喜捧淸詞浣俗襟. 훌륭한 글월 보고 속된 마음 씻었네.
唯恨吟歸滄海去, 한스럽게 읊조리며 저 바다로 돌아가니
泣珠何計報恩深. 깊은 은혜 갚지 못해 눈물만 흐르네.

《계원필경집》 권20에 기록된 것은 대부분이 이러한 작품이다. 이 작품이 우리에게 깊은 인상을 주는 이유는 다음과 같다. 즉 십여 년 동안의 관리 생활이 젊은 시인의 머릿속에 남긴 것이라고는 고통과 비애뿐이라서 그를 배회하고 실망하게 만들었다. 단지 기억 속에 남아 있는 '고향'만이 자석처럼 그를 매료시켰다. 그러나 당시 조국 신라가 당 제국처럼 "환관은 안에서 권력을 휘두르며 정치를 어지럽히고, 사방에서는 도적들이 봉기(宦內擅權撓政, 四處盜賊蜂起)"할 줄을 그가 어찌 알았겠는가? 마지막으로 그가 고병에게 쓴 다른 시 〈심정을 토로하며 태위께 올립니다(陳情上太尉)〉[14]에서 그의 가슴속에 십여 년 동안 맺혔던 소리를 듣게 된다.

---

14) 《계원필경집》 권20.

海內誰憐海外人, 해내에서 누가 해외 사람을 어여삐 여기리?
問津何處是通津. 나루터가 어디냐고 물으니 예가 나루로 통하는 길이라네.
本求食祿非求利, 본래는 식록을 구함이지 명리를 구함이 아니니,
只爲榮親不爲身. 단지 어버이를 영화롭게 하기 위함일 뿐, 제 몸 위함이 아니로다.
客路離愁江上雨, 강 위에 비 내리니 나그네 시름겹고,
故園歸夢日邊春. 고향에 돌아갈 날 꿈에도 아득하도다.
濟川幸遇恩波廣, 배 건너다 다행히 은혜로운 물결 만나
願濯凡纓十載塵. 10년 동안 세속에 찌든 갓끈을 씻고자 하노라.

작자는 다음과 같이 말하고 있다. 나는 침몰하여 죽을 위험을 무릅쓰고 어려서 중국으로 왔는데, 중국에 살고 있는 사람이라면 누가 나의 고충을 이해할 수 있는가? 본래 여기서 삶의 출구를 찾으려 했지만, 그 길은 또 어디에 있는가? 본래 나는 단지 풍족한 의식을 추구하고자 할 뿐 큰 야심이나 망상이 없었으며, 결코 개인의 벼슬 승진을 위한 것이 아니라 친척과 친구가 위로를 얻게 하기 위함이었다. 헤어질 때는 강가에 차가운 비가 내려 가슴에 이별의 수심이 가득하지만, 나는 오히려 꿈꿀 때조차도 고향을 그린다.

마지막 두 구에서 시인은 고병에게 자신의 귀국을 허락해 준 지우(知遇)의 은혜에 감사했고 십 년 동안 낀 때를 깨끗이 씻고 고국으로 돌아가겠다고 표시했다. 시에 나타난 문구의 감정이 간절하여 시인의 강직한 개성과 솔직한 사람됨을 분명히 보게 한다. 이처럼 충실하고 활발하며 천진한 마음이 시 속에 생생하다.

중국의 유구한 역사 문명에서 '진지한 우정'에 대하여 일찍이 숭고하게 찬양한 바 있는데, 그것은 사람에 따라 풍부하고 다채로운 인생을 장식했다. 그런데 최치원의 화답시의 진지한 우정은 일찍이 중고(中古) 시대에

천 리 만 리의 거센 파도를 뛰어넘어 중·한 양국 인민의 심성(心聲)을 소통시켰다. 이는 매우 귀중한 것이다.

5.

마지막으로 최치원의 귀국한 뒤에 쓴 '향가(鄕歌)' 몇 수를 거칠게나마 고증하고 분석하기로 한다. 한국 고대의 일종의 문예 형식인 향가는 자신만의 특성을 가지고 있다. 향가는 중국의 '당시'와도 다르지만, 상통하는 곳도 있다. 이러한 향가는 한국에서는 노래로 부를 수 있는 비교적 강한 음악성을 가지고 있어 가사(歌詞)에 가까운 문학 작품이다. 《삼국사기》에서 "향악잡영 5수(鄕樂雜詠五首)"라 불리는 최치원의 향가 5수를 찾았는데, 순서대로 분석하기로 한다.

〈금방울 놀이(金丸)〉
廻身掉臂弄金丸, 몸 돌리고 팔 휘둘러 금방울 놀리니
月轉星浮滿眼看. 달이 구르고 별이 뜬 듯 눈이 어지럽네.
縱有宜僚那勝此, 의료 같은 재주인들 이보다 나으랴
定知鯨海息波瀾. 동해바다 파도소리 잠잠하겠네.

이 향가 5수는 한국 문헌에서는 '서역악(西域樂)'으로 본다. '금방울 놀이(弄金丸)'처럼 지금의 잡기에 가까운 민간 무도(舞蹈)는 한국 고대 민간에서 널리 유전되었다. 중국 당대 민간에서도 이러한 공연 형식이 있었는데, 백거이(白居易, 772~846)는 〈신악부(新樂府)〉, 「입부기(立部伎)」에 다음과 같은 시구를 기록했다. "입부기 연주하니 고적 소리 시끄럽고, 쌍검 들고 춤추면서 일곱 개 공놀이하고, 흔들흔들 줄타기에 장대 위에서 곡예한다. ……(立部伎, 鼓笛喧. 雙劍午, 跳七丸. 裊巨素, 掉長竿. ……)." 이 시의 내용을 분석해 보면 음악에 맞추어 공연하는 '잡사(雜耍)'의 일종이다. 중국의 《수서(隋書)》, 〈동이전(東夷傳)〉에는 "(백제에는) 구슬치기 유희가 있다(弄珠之戱)"는 기록이 있다. 전하는 말에 의하면 중국 고대의 '의료(宜僚)'는 일찍이 금방울 놀이의 고수였다고 한다. 《장자(莊子)》에도 "의료는 초나라의 용사로 구슬 놀이를 잘했다(宜僚楚之勇士也, 善弄丸)"고 언급했다. 이 시는 그러한 고사를 차용했는데, 이를 보면 중고 시대에 중·한 양국은 민간 예술 방면에서 널리 교류했다.

〈다리꼭지춤(月顚)〉

肩高項縮髮崔嵬, 어깨는 높고 목은 움츠리고 머리는 우뚝한데
攘臂群儒鬪酒杯. 팔을 비비며 뭇 유생들이 술잔을 다투네.
聽得歌聲人盡笑, 노랫소리 듣고서 사람들은 마음껏 웃으며
夜頭旗幟曉頭摧. 저녁의 깃발이 새벽까지 붐비네.

이 시도 신라의 민간에서 유행한 공연 형식이다. 전하는 말에 의하면 "뭇 유생들이 술잔을 다투는(群儒鬪酒杯)" 춤은 일본 민간에서도 자못 유행했다고 한다. 한국에서 출판된 《한국예술총람》에서는 이 시의 장면을 고증하여 일본 민간에서는 이러한 춤을 호덕악(胡德樂)이라 부른다고 언급했다. 춤추는 사람은 모두 4명인데 그 가운데 손으로 술잔을 쥐고 있는 사람을 '권배(勸杯)'라고 부르며, 또 손으로 '주호(酒壺)'를 쥐고 있는 사람도 있다. 곧, 술자리에서 '술을 권하는(勸酒)' 유쾌한 장면을 표현했다. 최치원의 묘사 속에서 활발하고 유쾌한 웃음소리로 충만한 장면을 볼 수 있는데 자못 풍취가 있다.

〈황금탈춤(大面)〉

黃金面色是其人, 황금빛 탈은 정녕 사람 모습 같고

手抱珠鞭役鬼神. 손에는 채찍 잡고 귀신을 내모네.

疾步徐趨呈雅舞. 빨리 걷다 천천히 내디디며 춤을 추니

宛如丹鳳舞堯春. 붉은 봉황이 요순시절에 춤추는 듯하네.

이 시의 춤도 머리에 가면을 쓰고 귀신을 모방한 매우 유쾌한 춤이다. 지금까지도 한국의 민간에서 매우 성행하여 많은 곳에 지방희(地方戱)로 발전했으며, 아울러 전문적인 '가면극본(假面劇本)'이 세상에 전한다. 이러한 춤은 중국에서도 비교적 오래된 전통이 있다. 일찍이 《악부잡록(樂府雜錄)》이란 책에 기록이 있다.

놀이 중에 대면이 있는데, 북제에서 시작되었다. 신무제의 아우가 담력이 있고 용감하여 전투를 잘했으나, 그의 얼굴 모습에 위엄이 없다 하여 전진에 나갈 때마다 '가면'을 썼다. 그 뒤로는 백전백승을 하게 되었다. 놀이를 하는 자는 자색 옷을 입고 금 허리띠를 두르고 채찍을 들게 되었다(戱有大面, 始自北齊. 神武帝有膽勇善戰鬪；以其貌無威, 每入陣卽着'面具', 乃後百戰百勝. 戱者衣紫, 腰金, 執鞭也).

이러한 춤은 고대 한국으로 전해지면서 더욱 많은 신화적 색채가 가미되었다. 이를 보면 이러한 문화상의 교류가 아주 옛날부터 민족과 지역의 범위를 뛰어넘어서 인류 공동의 정신적 재산이 되었음을 알 수 있다.

〈꼭두각시춤(束毒)〉

蓬頭藍面異人間, 쑥대머리 쪽빛 얼굴 희한한 모습으로

押隊來庭學舞鸞. 떼 지어 뜰에 와서 난새춤을 추네.

打鼓冬冬風瑟瑟, 북소리는 둥둥둥둥, 바람은 선들선들
南奔北跌也無端. 남으로 북으로 뛰놀기 끝이 없네.

'속독(束毒)'은 한국 학자의 고증에 의하면 중국 옛 서역 지구의 나라 이름으로, 중고 시대의 '속특국(栗特國)'에 속한다고 한다. 그러나 중국의 사료를 찾아보면 마땅히 한나라 때 옛 실크로드의 '강국(康國)' 일대이며, 옛 페르시아어계의 유목 민족에 속한다. 이러한 춤은 마땅히 그곳에서 중국으로 전해지고 다시 한국으로 전해진 것이다. 중국 당대에 서역 문화는 옛 실크로드에서 중국에 널리 전해졌는데, 태종(太宗) 연간에 제정한 '칠부악(七部樂)' 중 서역의 '구자기(龜玆伎)'가 있다. 이를 보면 한국 학자들이 이것을 서역악으로 확정하는 것이 역시 일리가 있는 말이다.

〈사자춤(狻猊)〉
遠涉流沙萬里來, 멀리 고비 사막을 건너 만 리를 왔기에
毛衣破盡着塵埃. 털은 다 빠지고 먼지를 뒤집어썼네.
搖頭掉尾馴仁德, 머리 흔들고 꼬리 치며 순하게 따르지만
雄氣寧同百獸才. 억센 그 기운 어찌 뭇짐승과 같으랴.

이 '사자춤'은 우리가 익히 알고 있는 것으로 '산예(狻猊)'는 바로 '사자(獅子)'의 옛 이름이며, 바로 지금까지도 유행하는 '사자무(獅子舞)'이다. 이 시에서 보면 이 역시 서역에서 전해온 것임을 알 수 있다. 시에서 "멀리 고비 사막을 건너 만리를 왔기에"라고 했는데 《당서(唐書)》, 〈서역전(西域傳)〉에서 "토곡혼 서북쪽에는 고비 사막이 수백 리나 이어져 여름에는 열풍이 일어 행인의 두통거리이다(吐谷渾西北, 有流沙數百里, 夏有熱風行人之患)"라고 했고, 백거이의 〈서량기(西凉伎)〉에서 "서량기, 서량기는 사자탈을 쓴 호인이 사자춤을 추는 것. 나무 깎아 머리로 삼고 실로

꼬리를 만들어 도금한 뒤 두 눈과 은박지 붙인 이빨들. 털옷을 세게 털며 두 귀를 흔드니 저 멀리 고비 사막에서 만 리 길을 온 듯하네(西凉伎, 西凉伎, 假面胡人假獅子. 刻木爲頭絲作尾, 金鍍眼睛銀帖齒. 奮迅毛衣擺雙耳, 如從流沙來萬里")라고 했다. 위에 인용한 글에서 이 사자무는 처음으로 서역에서 전래된 뒤에 또 한국의 민간으로 전해졌음을 알 수 있다.

최치원이 귀국한 뒤에 쓴 향가의 역사적 가치와 문학적 가치는 똑같이 중요한데, 동방 음악 및 무도의 연원을 탐색하는 데 역사적이고 예술적인 형상 자료를 제공해 주고 있으므로 반드시 더욱 깊이 연구해야 할 것이다.

6.

위에서 서술한 바를 종합해 보면 최치원의 시 작품에서 이 같은 결론을 내릴 수가 있다. 신라 시인 최치원은 명실상부한 만당 시인이다. 그의 작품은 마땅히 중국의 고대 문학 작품과 마찬가지로 성실하게 학습·계승하고 연구할 만한 가치가 있다. 시인은 마땅히 중국 만당에 성취가 있는 시인들이 누리는 명성을 얻어야 한다. 시인의 불후한 작품은 중국 당시(唐詩)의 보고(寶庫)에서 빼놓을 수 없는 일부분이다. 마지막으로 최치원의 저명한 서사 장시에 속하는 〈쌍녀분〉은 작자가 누구인지에 대해서 아직까지 쟁론이 있기 때문에 본문에서는 평술하지 않았다.

[해제]

이 글은 하연(何鳶)의 〈朝鮮古代新羅詩人崔致遠詩作初探〉(延邊大學 東疆學刊編輯部, 《東疆學刊》 1986년 제1기)을 번역한 것이다.

최치원의 시를 논함

고국번(高國藩)

최치원은 한국 고대의 저명한 문학가이자 고려 문묘에 모셔진 18현 중 한 명이다. 대대로 동국문학(東國文學)의 창시자, 개산비조(開山鼻祖)로 공인되었으며, 중국과 신라・백제・고구려의 문화 교류 면에서 두드러진 공헌을 했다.

지금까지 최치원은 칠언 절구 64수, 칠언 율시 27수, 오언 절구 10수, 오언 율시 8수, 고시 2수, 칠언 연구(聯句) 10수 도합 121수를 남겼다. 최치원 시의 교감(校勘)과 주석에 대해서는 따로 논증한 논문이 있으므로 여기서는 최치원이 진사에 급제한 뒤 세 시기의 시 작품을 고찰하고, 아울러 당대의 기타 시인들의 시와 비교 연구하며 그리고 현존 시 작품의 도교화 사상 경향 및 도교화 시 등 다섯 가지를 밝히고자 한다.

1. 최치원의 입당과 장안에서의 급제

최치원은 당 대중(大中) 11년(857)에 신라에서 태어나 함통(咸通) 9년(868) 열두 살에 당에 들어가 공부했다. 〈계원필경서(桂苑筆耕序)〉, 《삼국사기(三國史記)》 본전(本傳)[1]과 《동국통감(東國通鑑)》에 의하면 "최치원은 사량부 사람으로 정통하고 예민한데다가 배우기를 좋아하여 열두 살에 상선을 타고 당에 들어가 공부하고자 하니, 그의 아버지가 '십년 안에 급제하지 못하면 내 아들이 아니다'라고 말했다. 최치원은 당에 이르러 스승을 찾아 힘써 공부하여 18세에 급제하였다(致遠沙梁部人, 精敏好學, 年十二, 隨海船入唐求學, 其父謂曰 : '十年不第, 非吾子也.' 致遠至唐, 尋師力學, 十八登第)"[2]라고 했다. 그의 고향 '사량부(沙梁部)'는 지금의 한국 경주(慶州)이다.

이상의 기록을 보면 최치원은 어려서부터 엄격한 가정교육을 받아서 그에 대한 아버지의 요구가 매우 높았을 뿐 아니라, 그 자신도 총명하고 학문을 좋아하여 입당한 뒤에도 각고의 노력으로 정진하여 공부했는데, 바로 〈계원필경서〉에서 "쉴 새 없이 정진하여 오로지 아버지의 뜻을 받는다는 마음으로 남들이 백 번 노력하면, 나는 천 번 노력했습니다(無遑冀諧養志, 實得人百之, 己千之)"라고 말한 바와 같다. 그는 뜻을 키우고 부지런히 공부하여 일반 사람이 배우는 것보다 많이 배웠기에 한 번에 급제하여 이상을 실현했다.

그가 신라왕을 대신하여 쓴 〈숙위 학생 수령 등을 파견하여 입조하는 장문(遣宿衛學生首領等入朝狀)〉에서 일반 자제의 수업과 숙위 학생의 학업을 이루려면 최소한 다음과 같은 조건을 갖춰야 한다고 말했다.

> 미름[주대 노(魯)나라의 학교] 속에 몸을 의탁하고 직산 아래서 뜻을 격려하며, 배우는 것은 사술로써 하고 기한은 십년으로 정했다(庇身於米廩之中, 勵志於稷山之下, 學其四術, 限以十冬).[3]

1) 고려 김부식(金富軾), 《삼국사기(三國史記)》 권46, 〈최치원전(崔致遠傳)〉, 大提閣影印本, 1987, 395쪽.
2) 《최문창후전집(崔文昌侯全集)》, 〈고운선생사적(孤雲先生事蹟)〉, 410쪽.
3) 《고운선생문집(孤雲先生文集)》 권1, 《최문창후전집(崔文昌候全集)》, 성균관대학교 대동문화연구원, 56쪽.

일반적인 상식에 비추어 보면 외국 학자로서 고대 한어의 난관을 극복하기란 매우 어려웠을 것이다. 다시 말하면 입당하여 쓸모 있는 인물이 되려면 최소한 10년이 소요되었다. 그런데 그는 입당한 뒤 단지 "유람한 지 6년 만에 이름을 방 끄트머리에 걸게(觀光六年, 金名榜尾)" 되었다. 그는 열여덟 살에 한 번에 급제했으니 실로 세상에서 보기 드문 천재라고 하겠다. 최치원은 희종(僖宗) 건부(乾符) 원년(874)에 진사에 급제한 뒤 창작 생활을 시작했는데, 희열의 심정이 시 속에 반영되어 있다. 진정으로 소년 시기에 뜻을 얻었으니, 그 심중의 희열은 두말할 필요가 없을 것이다.

〈장안의 버들(長安柳)〉[4]

烟低紫陌千行柳, 안개 낀 장안 거리 천 그루 버들이요,

日暮朱樓一曲歌. 날 저문 붉은 다락에서는 한 가락 노랫소리.

여기서의 '자맥(紫陌)'은 당대의 서울 장안 근교의 도로를 가리키는데, 유우석(劉禹錫, 772~842)의 시 〈원화 11년에 낭주에서 부름을 받아 서울로 오면서 꽃을 감상하는 여러 군자들에게 장난삼아 주노라(元和十一年自朗州召至京戲贈看花諸君子)〉에도 "길거리의 붉은 티끌이 얼굴로 불어오고(紫陌紅塵拂面來)"라는 시구가 있다. 이를 보면 최치원이 장안 대로 양쪽에 심긴 수양버들을 흥미진진하게 감상하고 저녁 무렵에는 다시 술집에 가서 노래를 부른 사실을 알 수 있다.

〈봄날(春日)〉[5]

風遞鶯聲喧座上, 바람이 밀려드니 꾀꼬리 소리가 자리에 시끄럽고,

4) 《전당시(全唐詩)》 제25책, 《전당시일(全唐詩逸)》 권중(卷中), 中華書局, 10193쪽.
5) 《전당시》 제25책, 《전당시일》 권중, 中華書局(이하 생략), 10193쪽.

日移花影倒林中. 해가 지니 꽃 그림자가 숲 속에 기우네.

예부터 앵성연어(鶯聲燕語)라는 말로 술집 아가씨의 말투를 형용하곤 했다. 앵성(鶯聲)은 바로 가기(歌伎)의 청순한 노랫소리를 형용하는데, 이 시에 바로 술집 풍류의 기운이 있다.

〈이름이 난 뒤 진사 전인의에게 주노라(成名後酬進士田仁義見贈)〉6)
芳園醉散花盈袖, 꽃동산에서 취하여 헤어지니 꽃잎이 소매에 가득하고,
幽逕吟歸月在帷. 그윽한 길목이라 읊으며 돌아오니 달이 휘장에 걸렸구나.

학업을 이루고 나서 술을 마시며 즐기는 일은 또한 필연적이다. 또 장안에서 지은 시에서 당시 그가 이미 유가의 정확한 인생관을 수립하여 안빈낙도했음을 알 수 있다.

〈장안의 여관에서 이웃에 사는 우신미 장관께(長安旅舍與于愼微長官接隣)〉7)
上國羈栖久, 중국에 와 객지 생활 하도 오래하니
多慚萬里人. 만 리 타향 사람임을 부끄러워하네.
那堪顔氏巷, 어찌 안자의 누항을 견뎌내랴마는,
得接孟家隣. 맹자처럼 따스한 이웃을 얻게 되었네.
守道惟稽古. 도를 지킴에 오직 옛일의 헤아림이 있을 뿐이니
交情豈憚貧. 사귀는 정에 어찌 가난하다고 싫어하리.
他鄕少知己, 타향에서 아는 이 적으니,
莫厭訪君頻. 그대 자주 찾는다 꺼리지 마오.

6) 《전당시》 제25책, 10193쪽.
7) 《고운선생문집》 권1, 《최문창후전집》, 28쪽.

《논어(論語)》, 〈학이 제1(學而第一)〉에서는 "과오를 범하면 고치길 꺼리지 말라(過則勿憚改)"[8]라고 했다. 그러나 최치원이 친구를 사귀며 신봉한 것은 '벗으로 사귀려면 가난하다고 꺼리지 말라(友則勿憚貧)'는 정신인데, 이는 당연히 유가의 준칙이다. 그도 맹모삼천(孟母三遷)의 고사처럼 이웃을 선택하여 살면서 영향을 받게 되었으니 이는 완전히 유가의 관념이다. 그는 "맹자처럼 따스한 이웃을 얻음"으로 글을 써서 생각을 밝혔다. 이른바 '혜고(稽古)'는 유가의 옛 일을 헤아린다는 뜻이고, '수도(守道)'는 유가의 도를 지킨다는 뜻이다. 이 시 한 수만으로도 그가 장안에 있을 때 젊지만 노련한 유생이었음을 충분히 알 수가 있다. 이상의 네 수에서 보이듯이 그는 과거 시험장에서 득의하고 삶이 활기로 가득 찼을 때도 자못 유가의 풍도가 있었으니, 그의 우수한 정신적 품성과 문화적 학식을 알 수 있다.

애석하게도 앞의 세 수는 연대가 오래되었기에 전체 시는 이미 전하지 않고 몇 구절만 남아 있다. 그렇지만 이 네 수의 시에서 시를 쓰는 재주를 엿볼 수 있는데, 풍부하고 우미한 중국어 시어로 당대 장안의 번성했던 풍경을 묘사했으며 당시의 현실주의 전통을 계승했다. 〈장안의 버들〉, 〈봄날〉은 평화를 찬미했고 당나라 사람들의 아름다운 생활을 찬양했으며, 전인의(田仁義)와 우(于) 장관에게 주는 시 두 수는 그와 당나라 사람의 우정을 찬미했다. 이러한 우정은 매우 평범한 것인데, 이는 두 나라와 양국 인민 간의 우정의 표지이자 상징이다. 평화와 우정을 찬양한 것은 최치원이 중국에서 지은 시의 주선율이다.

장안에 있을 때 한 가지 큰 일이 있었는데, 바로 최치원이 고운(顧雲)과 사귄 것이다. 두 사람은 공교롭게도 동년(同年)이고 서로 시를 지어 주고받았으며, 또 두 사람이 함께 진사과에 급제했기 때문에 생사를 같이

8) 《십삼경주소(十三經注疏)》 하책, 《논어주소(論語注疏)》 권1, 中華書局 영인본, 2458쪽.

하는 벗이 되었다. 상세한 것은 필자의 〈최치원과 세 지주 시인과의 우정(崔致遠與三位池州詩人之友誼)〉에 있으므로 여기서는 더 이상 언급하지 않겠다.

2. 동도(낙양) 유람 시기와 시 작품

《삼국사기》의 〈최치원전〉에서는 그가 "한 번에 급제(一擧及第)"했다고 기술한 뒤 이어서 "선주 율수현위를 제수받았다(調接宣州溧水縣尉)"라고 하여, 마치 최치원이 급제하자마자 율수현으로 가서 현위가 되었다고 쓴 것 같다. 이는 일부 학자들의 오해를 샀는데 실제로는 그렇지가 않았다. 최치원은 급제 후 곧바로 율수로 가지 않았다. 그가 〈계원필경서〉에서 말한 바에 의하면, 일찍이 "동도(낙양)를 유랑하며 글 짓는 것으로 업을 삼았다(浪迹東都, 筆作飯囊)."[9] 즉 건부(乾符) 원년(874)에 친구들과 함께 낙양(洛陽) 일대에서 산수를 유람했다.

〈낙중의 벗에게 주노라(留贈洛中友人)〉[10]

洛水波聲新草樹, 낙수의 물소리에 움트는 풀과 나무
嵩山雲影舊樓臺. 숭산의 눈 속에서 옛 누대가 비친다.

이 시가 바로 산수를 유람한 증거이다. 여기서 특히 주목할 만한 것은 그가 숭산(嵩山)을 유람한 것인데, 이곳은 도교의 주요 성지이기도 하다. 이곳은 낙양에서 멀지 않으며 지금의 하남성(河南省) 등봉현(登封縣) 서북쪽에 있다. 이 산은 복우산(伏牛山) 산맥에 속해 있고 태실산(太室山)

9) 《최문창후전집》, 287쪽.
10) 《전당시》 제25책, 10193쪽.

과 소실산(少室山) 등으로 구성되어 있으며, 해발 1,400여 미터이고 동서로 약 60킬로미터나 뻗어 있다. 옛날에는 이 산을 '외방(外方)'이라 불렀고, 오대(五代) 이후에는 중악 숭산(嵩山)으로 불렀으며, 태산(泰山) 등과 더불어 오악 명산으로 불린다. 산이 기복이 있고 험준하며 기이하다. 역사적으로 산이 위치한 방위, 형상, 외모, 명인의 유적 등에 의거하여 72봉으로 나뉘며 최고봉은 준극봉(峻極峰)으로 해발 1,440미터이다.

이 산에는 도교, 유교, 불교 삼교의 유적이 모두 있는데, 중요한 것이 제6봉 소동천(小洞天)이다. 전하는 말에 의하면 주(周)나라 영왕(靈王)의 태자 왕자진(王子晋)이 이곳에서 승천했다고 한다. 서진(西晋)의 도사 포정(鮑靚)은 일찍이 이 산의 석실(石室)에서 옛 《삼황문(三皇文)》을 얻었다고 한다. 북위(北魏)의 도사 구겸지(寇謙之, 363~448)는 일찍이 숭산에 들어가 도교를 공부하여 태상노군(太上老君)을 만났다고 전한다. 당대(唐代) 모산종(茅山宗) 11대 종사(宗師)인 반사정(潘師正, 584~682)은 이곳 소요곡(逍遙谷)에서 20여 년 동안 수도했으며 당 고종(高宗)과 여황제 무측천(武則天)은 그에게 도를 배웠다고 한다. 당의 도사 이전(李筌)은 숭산의 호구암(虎口岩)에서 《황제음부경(黃帝陰符經)》을 얻었다고 하는데, 이 산에서 도관(道觀) 중악묘(中岳廟)가 가장 유명하다. 이를 보면 당시 한창 젊었던 최치원이 이곳의 최초로 도교의 문화적 훈도를 받아들였음을 알 수 있다.

그는 변하(汴河)에서 멸망한 수조(隋朝)에 대한 감개를 펼치며 시 〈변하에서 옛일을 그리며(汴河懷古)〉[11]를 썼다.

游子停車試問津, 나그네가 수레를 멈추고 나루터를 물으니
隋堤寂寞沒遺塵. 수제는 적막하여 먼지가 일지 않네.

---

11) 〈고운선생속집(孤雲先生續集)〉, 《최문창후전집》, 207쪽.

人心自屬升平主, 인심은 저절로 태평성대의 군주를 따르나
柳色全非大業春. 버들 색깔은 전부 수양제 때의 봄이 아니네.
濁浪不留龍舸迹, 혼탁한 물결에는 어선(御船)의 흔적이 남아 있지 않고
暮霞空認錦帆新. 저녁노을만 새로운 범선을 식별하네.
莫言煬帝曾亡國, 수양제가 일찍이 나라를 망쳤다고 말하지 말라,
今古奢華盡敗身. 예나 지금이나 사치하고 호화부리면 누구나 패가망신하느니.

이 시 역시 만당 시인들이 분분히 변하를 읊조리고 수제(隋堤)를 노래하는 열기 속에서 완성된 시이다. 동명의 시로 두목(杜牧, 803~852)이 칠언 절구 〈변하에서 옛일을 그리며(汴河懷古)〉[12]를 썼다.

錦纜龍舟隋煬帝, 수 양제는 비단 닻줄에 용주를 타고
平臺複道漢梁王. 한 양왕은 평대에 길을 냈네.
遊人閑起前朝念, 나그네가 한가롭게 수대의 흥망을 생각하며
折柳孤吟斷殺腸. 버들가지를 꺾어 외로이 읊조리니 애간장이 타는구나.

이 시에서도 '용주(龍舟)'를 묘사했는데 이는 수대가 망한 교훈을 말하며, "금람용주(錦纜龍舟)" 구는 최치원 시의 "금범(錦帆)", "용가(龍舸)" 구에 영향을 끼친 흔적이 있다. 두목은 당 문종(文宗) 대화(大和) 2년(828)에 진사에 급제했고, 개성(開成) 2년(837)에 선주단련판관(宣州團練判官)을 역임했으며, 당 무종(武宗) 회창(會昌) 2년(842)에 황주자사(黃州刺史)를 맡았고, 선종(宣宗) 대중(大中) 2년(848)에 사훈원외랑(司勳員外郞), 사관수찬(史官授撰)을 역임했다. 최치원 시대보다 약간 이르지만, 이 동명시(同名詩)는 최치원의 주제 사상과 일치한다.

12) 《전당시》 권523.

피일휴(皮日休, 834?~883)도 〈변하에서 옛일을 그리며(汴河懷古)〉[13] 두 수를 썼다.

1

萬艘龍舸綠絲間, 만 척의 용선이 푸른 수양버들 사이로
載到揚州盡不還. 가득 싣고 양주에 와서는 모두 돌아가지 않네.
應是天敎開汴水, 마땅히 하늘이 변수를 열게 한 것인즉
一千餘里地無山. 천리의 땅에 산이 보이질 않네.

2

盡道隋亡爲此河, 모두 수가 망함은 이 운하 때문이라 말하지만
至今千里賴通波. 지금도 천 리까지 물길이 통하는구나.
若無水殿龍舟事, 만약 수궁의 용주 같은 일이 없었다면
共禹論功不較多. 우 임금과 공적을 논해도 별차 없었을 것을.

이 시에서도 '용가(龍舸)'를 묘사했는데, 분명히 수대가 망한 교훈을 말하는 것은 역시 두목의 영향을 받았다. 피일휴는 최치원과 같은 시대 사람으로 최치원이 〈황소를 토벌하는 격문(討黃巢檄文)〉을 썼을 때인 당 희종(僖宗) 건부(乾符) 2년(875)에 그는 도리어 비릉부사(毗陵副使)로 있다가 당시 강절(江浙)의 황소군(黃巢軍)에 들어가 "종군(劫以從軍)"[14]했다. 이는 그에게 재난을 가져다주어 황소가 패배한 뒤 끝내 당 왕조에 의해 살해되었다.[15] 시 〈변하에서 옛일을 그리며(汴河懷古)〉도 분명히 최치원의 주제 사상과 일치한다.

13) 《전당시》 권615.
14) 《당시기사(唐詩紀事)》 권64.
15) 육유(陸游), 《노학암필기(老學庵筆記)》.

이 밖에 기타 만당 시인들도 '변하(汴河)'나 '변수(汴水)'라는 제재로 멸망한 수대를 회고하는 시를 썼다.

〈변하정(汴河亭)〉16) ― 허혼(許渾)

廣陵花盛帝東遊, 광릉의 꽃 무성할 제 수양제는 동쪽으로 유람하여
先劈崑崙一派流. 먼저 곤륜산을 가르고 한 갈래의 물결을 헤치고 나아가네.
百二禁兵辭象闕, 수많은 수양제의 호위병은 대궐 문을 나서고,
三千宮女下龍舟. 삼천 궁녀는 용주에서 내리네.
凝雲鼓震星辰動, 뭉게구름이 벼락을 치니 별이 움직이고
拂浪旗開日月浮. 솟구치는 파도에 깃발이 펼쳐져 해와 달이 뜨네.
四海義師歸有道, 세상의 모든 의로운 군사는 도가 있는 곳으로 돌아가는데,
迷樓還似景陽樓. 미루는 아직도 경양루와 흡사하도다.

이 시도 최치원의 시와 동일한 제재를 묘사했으나 표현 수법은 다르다.

〈변하 12운(汴河十二韻)〉17) ― 허당(許棠)

昔年開汴水, 왕년에 변수를 개통함에는
元應別有由. 원래 마땅히 다른 이유가 있었으리라.
或兼通楚塞, 간혹 물길이 초 지방 변새까지 통했으니
寧獨爲揚州. 어찌 양주에만 이르렀겠는가?
直斷平蕪色, 곧은 흐름이 끊어져 평평한 들판에 잡초만 무성하고
橫分積石流. 가로 나뉘어 쌓인 돌 사이로 흐른다.
所思千里便, 천 리의 간편함만 생각했지
豈計萬方憂. 어찌 만방의 근심을 고려하였겠는가?

16) 《전당시》 권534.
17) 《전당시》 권604.

首甚資功濟, 처음에는 매우 공을 들이다가
終難弭宴遊. 끝내는 잔치 놀이에 빠져 그칠 줄 모르네.
空懷龍舸下, 아무 생각 없이 용선에서 내렸으나
不見錦帆收. 비단 돛을 거둘 줄 모르네.
浪倒長汀柳, 물결은 길게 뻗은 물가의 버드나무를 넘어뜨리고
風欹遠岸樓. 바람은 먼 언덕의 누각을 기울게 하네.
奔逾懷許竭, 세찬 물결은 회주(懷州) 쯤을 지나 다하고
澄徹泗濱休. 맑은 물결은 사수(泗水)의 물가를 뚫고 그치네.
路要多行客, 길은 요지인지라 길손이 많고
魚稀少釣舟. 물고기가 적으니 낚싯배가 드무네.
日開天際晩, 저녁 해가 하늘가에 보이고
雁合磧西秋. 가을에 기러기는 자갈밭 서쪽에 모였다.
一派注滄海, 한 줄기 물결이 푸른 바다로 드니
幾人生白頭. 몇 사람이나 흰머리가 났는가?
常期身事畢, 항상 기약건대 이 몸이 다하여
於此泳東浮. 여기서 동쪽으로 헤엄쳐 떠가리다.

이 시는 변수를 개통시킨 공로와 용주와 비단 돛의 화려함을 비교하여 묘사했는데, 내용이 충실하고 새로운 뜻이 담겨 있다. 특히 "아무 생각 없이 용선에서 내렸으나, 비단 돛을 거둘 줄 모르네(空懷龍舸下, 不見錦帆收)" 연을 최치원 시의 "어선의 흔적(龍舸迹)", "새로운 범선(錦帆新)" 구와 대비해 보면, 구상과 작시가 모두 이와 부합하여 최치원 시에 끼친 영향의 흔적이 남아 있다.

허당(許棠, 822~?)은 당 의종(懿宗) 함통(咸通) 12년(871)에 진사에 급제했는데 당시 나이 쉰이었다. 당 희종 건부 6년(879) 앞뒤로 강녕승(江寧丞)을 지냈다. 장교(張喬), 정곡(鄭谷) 등과 함께 '함통 십철(咸通十

哲)'이라 불렸는데, 특히 최치원은 장교와 사이가 좋았으며, 허당은 최치원보다 36세나 연장이었으니 아마도 〈변하 12운〉을 읽고서 영향을 받았을지도 모른다.

〈변수(汴水)〉[18] — 호증(胡曾)

千里長河一旦開, 천 리에 긴 강이 하루아침에 열리니
亡隋波浪九天來. 멸망한 수대의 물결이 구천에서 내려오네.
錦帆未落干戈起, 비단 돛을 아직 내리지 않았는데 전쟁이 일어나니
惆悵龍舟更不回. 슬프도다, 용주는 다시 돌아오지를 않네.

호증은 최치원보다 십여 세 연장인데, 이 시에서 용주와 비단 돛의 정취와 멸망한 수대의 역사 교훈의 뜻이 모두 최치원의 〈변하에서 옛일을 그리며〉와 일치한다. 이 또한 최치원이 분명 참고한 바가 있을 것이다.

〈변하(汴河)〉[19] — 나은(羅隱)

當時天子是閒遊, 당시 천자 수양제는 한가롭게 노닐었을 터인데
今日行人特地愁. 오늘 나그네는 특히나 슬프구나.
柳色縱饒妝故國, 버들 색은 늘어지고 무성하여 옛 나라를 장식하고
水聲何忍到揚州. 물소리는 어찌 그리 잔인하게 양주에 이르는가.
乾坤有意終難會, 하늘과 땅은 뜻이 있어도 끝내 만나기 힘들고
黎庶無情豈自由. 서민들은 무정하니 어찌 스스로 그러한가?
應笑秦皇用心錯, 마땅히 진시황 마음 씀씀이가 잘못되었음을 비웃노니
謾驅神鬼海東頭. 귀신을 속여 바다 동쪽으로 몰아내네.

18) 《전당시》 권647.
19) 《전당시》 권655.

나은은 최치원과 친구였으므로 변하에 대한 시적 감흥도 서로 잘 통했다. 나은의 시 〈변하〉를 예로 들면, 그의 "버들 색은 늘어지고 무성하여 옛 나라를 장식하고(柳色縱饒妝故國)" 구는 최치원 시의 "버들 색깔은 전부 수양제 때의 봄이 아니네(柳色全非大業春)" 구와 방법은 다르나 같은 효과를 준다.

이상으로 두목, 피일휴, 허혼, 허당, 호증, 나은 등 여러 시인이 변하를 읊은 시를 보면, 최치원의 〈변하에서 옛일을 그리며〉와 만당 여러 시인이 변하를 읊은 시는 구상과 시어 구사력이 비슷한 데가 있다. 그러나 최치원 시의 창신(創新)은 분명 수제(隋堤)가 남긴 흔적에 대한 인식을 제기한 점에 있다. 그러나 다른 시인들은 시 속에서 이를 언급하지 않았다. 새로운 면모가 보이는 최치원의 시는 마땅히 영원히 그 가치가 변하지 않을 것이다.

당시에서 수제를 언급한 시는 적지 않은데, 아래에서 몇 수를 예로 들어보겠다.

① 〈수제의 버들(隋堤柳)〉[20] – 두목

夾岸垂楊三百里, 강 언덕을 끼고 수양버들이 3백 리에 이르니
祇應圖畵最相宜. 모름지기 그림으로 보아도 좋으리라.
自嫌流落西歸疾, 스스로 유랑하기를 싫어하여 빨리 서쪽으로 돌아가니
不見東風二月時. 2월인데도 동풍이 보이질 않네.

② 〈수제(隋堤)〉[21] – 왕준(汪遵)

夾浪分堤萬樹餘, 물결을 끼고 제방에 나뉘어 심긴 만여 그루의 버들
爲迎龍舸到江都. 용주를 맞이하여 강도에 이르네.

20) 《전당시》 권522.
21) 《전당시》 권602.

君看靖節高眠處, 그대는 보았는가, 도연명이 높이 자던 곳을
只向衡門種五株. 단지 형문에 다섯 그루를 심을 뿐이네.

③ 〈수제의 버들(隋堤柳)〉[22] – 나은
夾路依依千里遙, 길을 끼고 한들한들 천 리나 먼데
路人回首認隋朝. 길가의 나그네는 머리 돌려 수조를 알아보네.
春風未借宣華意, 봄바람은 선명한 꽃의 뜻을 빌리지 않고
猶費工夫長綠條. 오히려 시간을 들여 푸른 가지를 자라게 하네.

여기서 보면 수 양제 때 통제거(通濟渠), 한구(邗溝)의 강 언덕을 따라 어도(御道)를 만들고 길옆에 수양버들을 심었는데, 후세 사람들은 이를 '수제(隋堤)'라고 불렀다. 따라서 당대 시인들이 수제를 읊을 때 반드시 버드나무를 읊었으나, 변하를 읊을 때 반드시 수제를 언급할 필요는 없었다. 그렇지만 최치원이 변수를 읊을 때 도리어 둘을 결합하여 변하를 읊으면서 수제를 회상하여, 마침내 〈변하에서 옛일을 그리며〉에 새로운 내용과 정취를 첨가시켰다.

최치원은 유람을 통하여 식견을 넓혔다. 즉 시야를 확대시켰을 뿐 아니라, 심도 깊은 교육을 받아 사치의 해독을 인식했으니, 수나라의 멸망이 바로 하나의 본보기이자 역사적 교훈이라고 인신했다. 최치원이 "낙양을 유랑(浪迹東都)"하던 시간은 결코 며칠이 아니었을 것이다. 남경도서관 소장 고려활자 교인본(校印本) 《계원필경집》 앞부분에 조선 서유구(徐有榘, 1764~1845)가 쓴 서문에 의하면 "열여덟 살에 진사에 급제하고 오랜 후에 율수현위를 제수받았다(十八擧進士第. 久之, 調溧水縣尉)"라고 했다. 여기서 '오래다(久之)'라는 의미는 그가 "낙양을 유랑"한 시간

22) 《전당시》 권657.

이 최소한 1~2년이었음을 표명하는 것이다. 다시 말하면 실제로 건부 1년에서 2년까지 근 2년 동안 낙양에서 거주하며 관직을 기다렸다.

3. 율수현위 시기와 시 작품

건부 3년(876)에 당 왕조는 마침내 최치원을 강소(江蘇)의 율수현위로 임명했다. 율수현은 금릉(金陵)에서 단지 몇 십리 밖에 떨어지지 않았으며 강남의 부유한 땅으로 당시(唐詩)에서 저명한 진회하(秦淮河)의 발원지이고 아름답고 풍요로운 땅이다. 당 왕조에서 외국인을 지방관으로 임명한 것은 일반적인 일이 아니므로 당 희종 이현(李儇)의 사상이 개방적이라서 어진 인재를 널리 구해 외국인이 대당을 위해서 충성을 다하도록 노력한 것임을 보여주는 것이다. 게다가 스무 살이 된 젊은 진사를 현위로 임명하는 것도 당조의 관례였는데, 초당(初唐) 때 장문신(張文臣)이 진사에 급제한 뒤 현위로 임명된 바 있다. 현에서 먼저 얼마동안 수련을 거쳤는데, 현위는 인재를 수련시키는 직책이었다.

율수현위로 취임한 것은 최치원의 생활에서 또 하나의 새로운 단계였다. 바로 〈계원필경서〉에서 말한 것처럼 당시 그는 "녹봉도 두둑해지고 관직이 한가했다(祿優官閑)." "녹봉이 두둑해지다"라고 한 말은 그가 다행히도 현위라는 관직을 얻었음을 말한 것이고, "관직이 한가했다"라고 한 말은 또한 실제의 상황이었다. 한적감은 그로 하여금 수많은 시를 쓸 시간을 주었다. 이때의 시는 주로 평화로운 세월을 읊조리거나 당나라 사람들의 아름다운 생활 속의 일을 반영했다.

〈봄날 새벽에 한가로이 바라보며(春曉閑望)〉[23)]

山面嬾雲風惱散, 산마루 게으른 구름 바람도 흩기 싫어하고

岸頭頑雪日欺銷. 언덕 위 끈질긴 눈 햇빛도 녹이려 들지 않네.
獨吟光景情何限, 홀로 이 광경을 읊자니 생각은 끝없는데
猶賴沙鷗伴寂寥. 모래밭 갈매기만 적적한 나와 벗해 주네.

이른 봄에 눈 내린 뒤 한가로이 바라보는 가운데 대자연 속에서 백사장의 갈매기의 활력을 느낄 수 있고, 이는 시인 자신을 위로해 주고 마음을 푸근하게 하고 편안한 환경을 만들어 준다. 〈강남의 여인(江南女)〉[24]은 역시 율수에 부임하여 봄날에 한가롭게 지낼 때 지은 작품이다.

江南蕩風俗, 강남의 풍속은 방탕하여
養女嬌且憐. 기르는 딸이 교태 있고 가냘팠네.
性冶恥針線, 천성은 바느질하는 것을 부끄러워하니
粧成調管弦. 분단장 마치고는 악기 조율하네.
所學非雅音, 배운 것은 고상한 노래가 아니요
多被春心牽. 춘정에 많이 이끌린 것이라네.
自謂芳華色, 스스로 일컫기를 꽃다운 얼굴이요
長占艶陽年. 청춘 시절 길이 이어진다 하네.
却笑隣家女, 도리어 이웃 여자 비웃나니
終朝弄機杼. 하루 종일 북을 놀리며
機杼縱勞身, 베 짜느라 몸을 수고롭게 하지만,
羅衣不到汝. 비단옷은 네게 돌아가지 않으리라.

이곳에서 '춘정[春心]'은 쌍관어(雙關語)로 봄날을 가리키기도 하고 이성을 그리워함을 말하기도 한다. 부잣집 여성이 "바느질하는 것을 부끄러

23) 진상군(陳尙君) 집교, 《전당시보편(全唐詩補編)》 상책, 중화서국, 1988, 315쪽.
24) 《동문선(東文選)》 권4.

워하며(恥針線)" 한가로운 정과 안일한 정취가 있기에 "악기를 조율(調管弦)"하며 이웃 여자가 "북을 놀려(弄機杼)" 몸을 수고롭게 함을 비웃는다. 최치원이 본 것은 당대 강남의 신분이 다른 두 소녀로, 이 가운데 빈부의 차별이 있고 서로 다른 애호와 추구가 있다. 중국의 전통적인 견해에 비추어 보면 당연히 북을 놀리는 것을 귀하게 여기고 악기 조율하는 것을 천하게 여긴다. 특히 가난한 이웃 여자는 설령 "북을 놀려" 매일 몸을 수고롭게 하지만, 결국 비단옷도 자신의 몸에 걸칠 수가 없어 더욱 시인의 동정을 불러 일으켰다. 이는 바로 조선 효종(孝宗) 시기의 학자 홍만종(洪萬宗, 1643~1725)이 《소화시평(小華詩評)》에서 말한 바와 같다. "내가 이 시를 보니, 느낀 바가 있어 풍자하고자 지은 것 같으나, 비단 삼오 땅의 소녀를 읊은 것만은 아니다(余觀此詩, 盖有所感諷而作, 非但詠三吳女兒也)."[25] 따라서 최치원이 쓴 이 시를 두고 옛사람들은 부잣집 소녀를 풍자하고 가난한 집의 소녀를 동정하는 깊은 함의를 지닌다고 인식했다.

〈단풍나무(紅葉樹)〉[26]도 한가롭게 지낼 때 지은 산물이다.

白雲巖畔立仙姝, 흰 구름 바위 가에 선녀가 선 듯
一簇烟蘿倚畫圖. 한 떨기 우거진 덩굴 그림 같구나.
麗色也知於世有, 어여쁜 모습 세상에 있음을 알지만
閒情長得似君無. 한가한 정취 그대 같은 이 없네.
宿粧含露疑垂泣, 이슬 머금어 깨끗한 단장 눈물이 아롱진 듯
醉態迎風欲待扶, 바람 맞아 흔들리는 자태 붙들어 주길 바라는 듯.
吟對寒林却惆悵, 쓸쓸한 숲에서 읊조리니 문득 서글퍼져
山中猶自辨榮枯. 산중에도 오히려 흥망이 있음을 알겠네.

25) 《파담원본(葩談苑本)》, 734쪽.
26) 《계원필경집》 권20, 《최문창후전집》, 405쪽.

시의 뜻이 함축적인데, 단풍나무를 미녀에 비유했다. 남이 가지고 있지 않은 한가로운 정취를 가진 단풍나무의 아름다움과 자태를 묘사했다. 그러나 시에서 사계절과 흥망을 분별함으로써 시인의 적극적인 생활 태도를 반영하고자 했다. 즉 한가로운 정취에 의지하지 말고 생활 방향을 "스스로 분별(自辨)"해야 한다는 것이다. 총괄하면 율수현위 시기에 지은 시는 모두 '한가로울 한(閑)' 자가 관통된다. 윤주(潤州, 鎮江)와 금릉(金陵, 南京)은 모두 율수현에서 멀지 않다. 모두 수십 리의 거리인데 현위로 지낼 때 한가로웠기 때문에 두 곳을 유람할 기회가 있었을 것이다. 〈윤주 자화사 절간에 올라(登潤州慈和寺上房)〉[27]도 이때 지은 시이다.

登臨蹔隔路岐塵, 산에 올라 속세의 갈림길과 잠시 멀어졌는데
吟想興亡恨益新. 흥망을 되씹으니 한은 더욱 새로워라.
畫角聲中朝暮浪, 화각 소리 울리는 가운데 아침저녁 물결 일고
青山影裏古今人. 청산 그림자 속에는 고금 인물 몇 명이나 지나갔나.
霜摧玉樹花無主, 서리 맞아 꺾인 옥수화는 임자도 없는데
風暖金陵草自春. 바람 따뜻한 금릉에는 풀만 절로 봄이로다.
賴有謝家餘景在, 사씨 집의 남은 경지 아직도 있어
常叫詞客爽精神. 길이 시인의 정신을 상쾌하게 하네.

이 시에서는 윤주 자화사에 올라 멀리 금릉을 바라보며 고금의 무상함과 세태의 변화를 깊이 회고하는데, 청산은 자연스럽고 여전하여 사랑할 만하다. 더욱 사랑할 만한 것은 청산 그림자 속에 비치는 고금의 인물들이다. 그러나 고금의 인물을 비교해 보면 설사 사씨네 집안의 경지가 여전히 남아 있을지라도 필경은 한 줌의 황토가 세월을 덮고 있으니, 지금

27) 《전당시》 제25책, 10193쪽.

사람이 더 중요하다는 점이다. 고인들은 단지 오늘날 시인의 정신을 상쾌하게 할 수 있을 뿐이지만, 지금 사람은 도리어 옥수화(玉樹花)처럼 절개가 굳은 주인이다. 이 시는 일반적인 흥망을 영탄한 시가 아니라 인간 생명의 중요성을 부각시켰다. 즉 인간의 중요성과 영원성을 영탄한 것이다.

강소의 진강(鎭江)을 옛날에는 윤주라고 불렀는데, 자화사가 자못 유명하다. 이곳은 당대에 이미 문인들이 유람하고 시를 읊조리던 장소였는데, 자화사를 읊조린 시가 간혹 보인다. 저명한 시인 장호(張祜, 782?~852 이후)도 〈가을밤에 윤주 자화사 절간에 올라(秋夜登潤州慈和寺上方)〉[28]를 썼는데, 최치원과 마찬가지로 윤주 자화사를 읊은 시로 비교할 만한 가치를 가진다.

清夜浮埃暫歇塵, 맑은 밤에는 떠다니는 티끌도 잠시 다리쉼하고
塔輪金照露華鮮. 탑륜에 금빛이 반짝거리고 이슬이 반짝이고 선명하네.
人行中路月生海, 사람들은 가운데 길로 다니고 달이 바다에 뜨니
鶴語上方星滿天. 학이 절간에서 울고 별이 하늘에 가득하다.
樓影半連深岸水, 누각의 그림자는 깊은 연안의 물에 반쯤 걸치고
鐘聲寒徹遠林煙. 종소리는 차갑게 먼 숲의 안개 속으로 뚫고 들어온다.
僧房閉盡下樓去, 승방이 굳게 닫혀 있어 누각으로 내려가니
一半夢魂離世緣. 꿈속의 영혼이 세상의 인연을 떠나네.

이 시는 절간을 묘사하고 있지만, 도교에서 신선을 추구하는 느낌이 상당히 배어 있다. '상방(上方)'은 도가에서 말하는 천상의 선계(仙界)를 말하는데, 《운급칠첨(雲笈七籤)》 권22 〈천지(天地)〉에서는 "상방은 구천 위에 있고, 청양은 허공 안에 있다(上方九天之上, 淸陽虛空之內)"라고 했

28) 《전당시》 제15책, 5828쪽.

다. '학어(鶴語)' 구의 '학(鶴)'도 신선을 모시는 학이다. 장호는 최치원보다 조금 일찍 윤주 자화사를 읊었지만 그 느낌은 다르다. 최치원은 결코 도가에서처럼 신선을 추구하는 생각을 가지지 않았고 자화사 절간에 올라 중국 대지를 바라보고서 강열한 홍망의 감개만 가졌을 뿐이다.

'상방(上房)'은 '상방(上方)'과 비록 글자 한 자 차이이지만, 그 의미가 따르다. 상방(上房)은 안채라는 뜻이다. 《홍루몽(紅樓夢)》 제3회에 "정면의 다섯 칸짜리 안채는 들보와 기둥에 모두 그림이 새겨져 있었다(正面五間上房, 皆是雕梁畫棟)"라는 구절이 있다. 이를 보면 고시(古詩)에서 묘사된 안채가 가장 좋은 숙박처임을 알 수 있다. 객관적으로 좋은 환경에서 시적 정취를 쉽게 촉발시킬 수 있는 것이다. 이처럼 안정된 환경 속에서 모양이 죽통 같은 옛 관현악기 화각(畵角)의 애절한 음악 소리를 귀로 들으면서, 차가운 서리가 나무의 꽃을 지게 하는 모습을 눈으로 보면서 역사의 홍망에 대한 감개가 저절로 일어난다.

사안(謝安, 320～385)이 남긴 고적(古跡)은 단지 시인이 시를 쓰는 데 소재가 되어 정신을 상쾌하게 하고 아울러 의지를 분발케 한다. 이를 볼 때 최치원의 시의 윤주 자화사는 비록 역사 홍망을 읊은 제재이지만, 시인을 격려하여 시를 쓰게 하니 당연히 나름대로 적극적인 점이 있다. 그는 율수에서 일찍이 《중산복궤집(中山復簣集)》을 지었으나 애석하게도 이미 전하지 않는다.

이 밖에 그는 율수에서 현위로 지내는 동안 율수에서 멀지 않은 소주(蘇州)에 간 적이 있다.

〈고소대(姑蘇臺)〉[29]

荒臺麋鹿遊秋草, 황폐한 고소대에서는 사슴들이 가을 풀 위에서 노닐고

29) 《고운선생문집》, 《최문창후전집》, 32쪽.

廢院牛羊下夕陽. 버려진 정원에서는 소와 양들이 저녁노을에 내려가네.

고소대는 소주 오현(吳縣)의 저명한 고적이다. 《국어(國語)》, 〈월어하(越語下)〉에서는 "오왕은 호위군과 중신과 귀족들을 이끌고 고소대로 올라왔다(吳王帥其賢良與其重祿, 以上姑蘇)"라고 했고, 위소(韋昭)의 주(注)에서는 "고소는 궁 안에 있던 누대로 오합문 밖에 있고 호수와 가깝다(姑蘇, 宮之臺也, 在吳閶門外, 近湖)"라고 했으며, 한대 사마천(司馬遷)은 《사기(史記)》, 〈오태백세가(吳太伯世家)〉에서 "월나라는 오나라를 공격하여 고소에서 크게 이겼다(越因伐吳, 敗之姑蘇)"라고 했고, 사마정(司馬貞)의 《색은(索隱)》에서는 "고소는 대의 이름으로, 오현에서 서쪽으로 30리 떨어져 있다(姑蘇, 臺名, 在吳縣西三十里)"라고 했다. 고소대는 고소산 위에 있는데, 전하는 말에 의하면 오왕(吳王) 부차(夫差, ?~기원전 473)가 쌓았다고 한다. 최치원의 〈고소대〉는 당대의 여러 시인이 분분히 〈고소대〉를 읊조리는 문화적 배경에서 쓰인 것이다. 《전당시》에서는 수많은 당대 시인의 고소대와 관련된 시를 수록했다.

[1] 이신(李紳, 772~846)은 〈고소대잡구(姑蘇臺雜句)〉[30]를 썼는데, 시 앞의 소서(小序)에서 그가 본 고소대를 소개하면서 "고소대의 현재 유적은 평평해지고 잡초만 무성한데, 영암사에 잇닿아 있고, 채향경과 향실랑은 모두 절 안에 있다. 《월서》에서는 월왕 황이 오왕에게 황금 문미를 바쳐서 오왕이 이로써 고소대를 지었다고 한다. 문미를 바쳤기에 마침내 황금으로 누각을 장식하여 그 나라를 격파했다(臺今遺迹平蕪, 連接靈岩寺, 採香徑響屧廊皆在寺內, 越書稱越王黃獻吳王黃金樓楣, 吳王因造姑蘇臺. 因獻楣, 遂以黃金盡飾樓, 以破其國)"고 했다. 이를 보면 고소대 위에 일찍

30) 《전당시》 권482.

이 황금루(黃金樓)가 지어졌음을 알 수 있다. 이신의 시는 다음과 같다.

越王巧破夫差國, 월왕은 교묘하게 부차의 오나라를 격파시키고자
來獻黃金重雕刻. 황금을 보내 다시금 궁전을 짓게 하네.
西施醉舞華艶傾, 서시의 취한 듯한 춤은 화려하고 요염하여 나라를 기울게 하고
妬月嬌娥恣妖惑. 질투하는 듯한 달빛은 아리따워 자태가 현혹하네.
姑蘇百尺曉鋪開, 고소대는 백 자라, 새벽부터 깔고 파고
樓楣盡化黃金臺. 누대의 문미는 모두 황금대로 바뀌었네.
歌清管咽歡未極, 맑은 노래에 자지러진 풍악 소리에 즐거움 다하지 않았는데
越師戈甲浮江來. 월나라 병사가 무기를 들고 강을 건너오네.
伍胥抉目看吳滅, 오자서는 눈을 빼내어 오나라의 멸망을 보려 하고
范蠡全身覇西越. 범려는 몸을 보전하여 서쪽 월나라를 패주로 만들었네.
寂寞千年盡古墟, 적막하도다, 천년 사이에 모두 폐허가 되었거늘
蕭條兩地皆明月. 쓸쓸한 두 곳에는 모두 달이 밝도다.
靈岩香徑掩禪扉, 영암사의 채향경에는 선비를 닫아걸고
秋草荒凉偏落暉. 가을 풀이 황량한데 저녁 해가 기울었네.
江浦廻看鷗鳥沒, 머리 돌려 강포를 바라보니 갈매기와 새가 물에 빠지고
碧峰斜見鷺鷥飛. 푸른 봉우리를 비껴 보니 해오라기가 나네.
如今白髮星星滿, 지금은 백발이 별처럼 가득한데
卻作閑官不閑散. 도리어 한가한 관리 노릇을 하나 일은 한산하지 않네.
野寺經過懼悔尤, 들판의 절을 지나며 후회가 막심할까 두렵고
公程迫蹙悲秋館. 공적인 일정에 쫓겨 비추관에 이르네.
吳鄉越國舊淹留, 오나라 땅에 월나라의 옛 자취가 남아 있고
草樹煙霞昔遍遊. 옛날의 풀과 나무 위로 안개와 노을이 두루 노니누나.
雲木夢迴多感歎, 구름이 걸친 나무 밑에서 꿈을 깨니 탄식만 나오고
不惟惆悵至長洲. 부질없이 슬퍼하며 긴 모래톱에 이르네.

이신은 강소 무석(無錫) 사람으로 당 헌종(憲宗) 원화(元和) 원년(806)에 진사에 급제했고, 문종(文宗) 대화(大和) 2년(828)에 저주자사(滁州刺史)를 맡았으며, 4년에는 수주자사(壽州刺史)로 옮겼다. 무종(武宗) 회창(會昌) 2년(842)에는 조정에 들어갔고 6년에 임지에서 사망했다. 그는 최치원 시대와 가까우나 약간 빠르다.

2 포용(鮑溶)은 시 〈고소궁행(姑蘇宮行)〉[31]을 썼다.

姑蘇宮, 고소궁
九層金臺半虛空. 구층의 금빛 누대는 허공에 반쯤 걸려 있고
雕楹璇題鬪皎潔, 조각한 기둥, 옥으로 장식한 서까래는 밝고 맑음을 다투고
中有妖姬似明月. 가운데 아리따운 계집이 있으니 밝은 달처럼 빛나네.
西見洞庭秋鏡開, 서쪽에는 동정호가 보이고 가을 거울이 열려
水華百里盤宮來. 물이 백 리까지 빛나니 궁궐을 돌아 나오네.
越王采女能水戲, 월왕의 마름 캐는 소녀는 물놀이에 능숙하고
仙舟如龍旌曳翠. 신선이 탄 배는 용의 깃발처럼 푸른 물결을 끌어당기고
羽蓋晴翻橘柚香, 깃털 덮개는 맑게 파닥이며 귤과 유자 향기로운데
玉笙夜送芙蓉醉. 옥생이 밤에 전송하여 부용이 취할 지경이네.
歸帆平靜君無勞, 돌아가는 배는 고요하여 그대는 힘 안들이고
還從下下上高高. 그대로 따라서 내려갔다가 다시 위로 오르네.

포용의 생애는 상세하지 않지만 그가 헌종(憲宗) 원화(元和) 4년(809)에 진사에 급제했다는 사실을 알 수 있는데, 그 사적이 《당시기사(唐詩紀事)》 권41과 《당재자전(唐才子傳)》 권6에 보인다. 그는 최치원의 시대보

31) 《전당시》 권485.

다 약간 이르다.

3 허혼(許渾, 788~858)은 시 〈고소회고(姑蘇懷古)〉[32]를 썼다.

宮館餘基輟棹過, 궁관의 남은 터에서 노를 버리고 지나가니
黍苗無限獨悲歌. 기장의 싹은 한이 없어 홀로 슬픈 노래를 부르네.
荒臺麋鹿爭新草, 황폐한 누대에서는 사슴들이 새로 난 풀을 다투고
空苑鳧鷖占淺莎. 빈 동산에는 물오리와 갈매기가 엷은 사초(莎草)를 차지하네.
吳岫雨來虛檻冷, 오 지방 산굴에 비가 내리니 텅 빈 난간은 차갑고
楚江風急運帆多. 초 지방 강바람이 세차 움직이는 돛이 많네.
可憐國破忠臣死, 가련하구나, 나라가 깨지고 충신이 죽으니
日日東流生白波. 날마다 동쪽으로 흰 물결이 이네.

허혼은 당 문종(文宗) 대화(大和) 6년(832)에 진사에 급제했고 문종, 무종(武宗), 선종(宣宗) 3대에 걸쳐 벼슬했다. 그의 사적이 《군재독서지(郡齋讀書志)》 권4중과 《당재자전》 권7에 보인다. 최치원의 시대보다 조금 이르다.

4 유가(劉駕, 822~?)는 시 〈고소대(姑蘇臺)〉[33]를 썼다.

勾踐飮膽日, 구천이 쓸개를 마시던 날
吳酒正滿杯. 오나라에서는 술자리를 만들어 잔에 술이 가득하네.
笙歌入海雲, 생황 소리와 노래가 바다 구름 속으로 들어가고
聲自姑蘇來. 소리는 고소대에서 나오네.

---

32) 《전당시》 권533.
33) 《전당시》 권585.

西施舞初罷, 서시의 춤이 처음으로 그치니
侍兒整金釵. 시녀들은 금비녀를 고르네.
衆女不敢妬, 뭇 여성들은 감히 시새움할 수 없어
自比泉下泥. 자신을 샘 바닥의 진흙에 비기네.
越鼓聲騰騰, 월나라의 북소리가 기세등등하니
吳天隔塵埃. 오나라 하늘은 티끌과 격해 있구나.
難將甬東地, 용동(寧波)의 땅을 지탱하기 어려워
更學會稽棲. 또다시 회계의 치욕을 배우네.
覇迹一朝盡, 패자의 자취는 하루아침에 다하고
草中棠梨開. 풀 속에 해당화와 오얏꽃이 피었네.

유가는 선종(宣宗) 대중(大中) 6년(852)에 진사에 급제했는데, 사적이 《당척언(唐摭言)》 권4, 《당시기사》 권63, 《직재서록해제(直齋書錄解題)》 권19, 《당재자전》 권7에 보인다. 최치원의 시대보다 약간 이르다.

5 조업(曹鄴)은 시 〈고소대(姑蘇臺)〉[34]를 썼다.

吳宮酒未銷, 오궁에서 술이 아직 식지 않았는데
又宴姑蘇臺. 고소대에서 또 잔치를 벌이네.
美人和淚去, 미인은 눈물을 그치고 떠나느라
半夜閶門開. 한밤중에 대궐 문이 열리네.
相對正歌舞, 서로 마주하고 노래 부르고 춤을 추는데
笑中聞鼓鼙. 웃는 가운데 북소리가 들리네.
星散九重門, 별은 아홉 겹의 문에 흩어지고

34) 《전당시》 권593.

血流十二街. 피는 열두 거리에 흐르네.
一去成萬古, 한번 흘러가 오랜 일이 되었기에
臺盡人不回. 고소대는 다하고 사람은 돌아오지 않네.
時聞野田中, 때때로 들리는 것은 들판에서
拾得黃金釵. 황금 비녀를 주었다는 소리뿐.

조업의 생졸년은 알 수가 없고, 여러 해 동안 응시했으나 아홉 번 낙방하고 당 선종 대중 4년(850)에 겨우 진사에 합격하여 유가와 더불어 시우(詩友)가 되었다. 그가 진사에 급제한 지 7년 뒤 최치원이 태어났으니, 최치원의 시대보다 약간 이르다. 그의 사적이 《신당서》, 〈백민중전(白敏中傳)〉과 〈고원유전(高元裕傳)〉, 《당재자전》 권7, 《당시기사》 권60에 보인다.

6 호증(胡曾)도 시 〈고소대(姑蘇臺)〉[35]를 썼다.

吳王恃霸棄雄才, 오왕은 패업을 믿고 뛰어난 영웅을 내치며
貪向姑蘇醉醁醅. 탐욕스럽게 고소대에서 미주에 취하네.
不覺錢塘江上月, 어느덧 전당강에 달이 뜨자
一宵西送越兵來. 하룻밤 사이에 서쪽에서 월나라 병사를 보내왔네.

호증의 생졸년은 알 수 없지만, 그는 당 의종(懿宗) 함통(咸通) 연간(864?~874)에 진사에 합격했으니 최치원과 동시대이거나 약간 이르다. 그의 사적이 《직재서록해제》 권19, 《당재자전》 권8에 보인다.

35) 《전당시》 권647.

7 나은(羅隱, 833~910)도 시 〈고소대(姑蘇臺)〉[36]를 썼다.

讓高泰伯開基日, 임금의 자리를 사양한 오태백은 오나라의 터전을 열고
賢見延陵復命時. 현명함이 연릉계자(延陵季子) 계찰(季札)에게 보이니 복명하네.
未會子孫因底事, 자손들은 무슨 일인지는 모르고
解崇臺榭爲西施. 화려한 누각이 서시를 위한 것만 아네.

나은은 당 의종 함통 11년(870)에 형양주부(衡陽主簿)가 되었고 광계(光啓) 3년(887)에 전당령(錢塘令)이 되었는데, 최치원과는 동시대 사람이며 그와 친하게 지냈다. 사적이 《구오대사(舊五代史)》 본전과 《오대사보(五代史補)》 권1, 《당재자전》 권9, 《당시기사》 권69에 보인다.

8 교연(皎然, 720~800?)도 시 〈고소의 노래(姑蘇行)〉[37]를 지었다.

古臺不見秋草衰, 옛 누대는 보이지 않고 가을 풀은 시드는데
卻憶吳王全盛時. 도리어 오왕의 전성기를 회상하네.
千年月照秋草上, 천 년 전의 달이 가을 풀 위로 비추는데
吳王在時幾迴望. 오왕이 재위 시에 몇 번이나 바라보았던가?
至今月出君不還, 지금도 달이 뜨나 임금은 돌아오지 않고
世人空對姑蘇山. 세상 사람들은 공연히 고소산을 마주하네.
山中精靈安可覩, 산속의 정령을 어찌 볼 수 있겠는가?
轍跡人蹤麋鹿聚. 수레바퀴 자국과 사람 발자국에 사슴들이 모이네.
嬋娟西子傾國容, 아름다운 서시는 나라를 기울인 미인인데
化作寒陵一堆土. 차가운 무덤 속에 한 줌 흙으로 변했구나.

---

36) 《전당시》 권658.
37) 《전당시》 권821.

교연은 사령운(謝靈雲, 385~433)의 10대손으로 천보(天寶) 연간 이후에 항주(杭州) 영은사(靈隱寺)에서 출가했는데 성당(盛唐)의 저명한 시인이다. 《전당시》에는 그의 시를 마지막에 수록했으나 그가 쓴 〈고소대〉는 도리어 많은 시인의 앞에 놓여 있는데, 당대에 시 〈고소대〉를 쓰는 기풍을 열어 놓았다. 최치원의 〈고소대〉는 비록 두 구만 남아 있지만, 이 두 구는 도리어 당시 칠언시 〈고소대〉의 정수를 얻었다. 최치원의 시 〈고소대〉의 "황폐한 고소대에서는 사슴들이 가을 풀 위에서 노닐고, 버려진 정원에서는 소와 양들이 저녁노을에 내려가네(荒臺麋鹿遊秋草, 廢院牛羊下夕陽)"에서 보이는 황폐한 고소대, 사슴, 가을 풀의 경계는 모두 칠언 당시에서 나왔다.

- 교연 : 옛 누대는 보이지 않고 가을 풀은 시드는데(古臺不見秋草衰)
  천 년 전의 달이 가을 풀 위로 비추는데(千年月照秋草上)
  수레바퀴 자국과 사람 발자국에 사슴들이 모이네(轍跡人蹤麋鹿聚)
- 이신 : 가을 풀이 황량한데 저녁 해가 기울었네(秋草荒凉偏落暉)
  옛날의 풀과 나무 위로 안개와 노을이 두루 노니누나(草樹煙霞昔遍遊)
- 허혼 : 황폐한 누대에서는 사슴들이 새로 난 풀을 다투고(荒臺麋鹿爭新草)

그런데 최치원 시에서 보이는 고소대는 이미 "버려진 정원에서 소와 양들이 저녁노을 속에 내려가고" 있다. 이를 보면 최치원은 현실의 모습을 시 속에 넣었고 따라서 창신의 의의를 가지고 있다. 최치원의 필치에서 고소대는 오랜 역사의 황량함을 추모하는 정취를 가질 뿐 아니라, 과거의 역사에서 걸어 나와 실지 생활을 발판으로 한다는 의미도 가진다. 모든 역사가 농촌의 소와 양의 눈에 비친 "버려진 정원(廢院)"으로 바뀌고, 사슴이 씹고 있는 가을 풀은 이미 과거에서 현재로 바뀌고, 공허가 실제로 바뀌었다. 최치원이 죽은 뒤 원대(元代)의 살도랄(薩都剌, 1300~

1364)도 시 〈고소대에 올라(登姑蘇臺)〉를 지었다.

姑蘇臺上一尊酒, 고소대 위의 한 동이 술
洛日昏鴉無限悲. 석양 속에서 우는 까마귀가 무한히 슬프네.

청대(清代)의 손지울(孫枝蔚)도 시 〈고소대(姑蘇臺)〉를 지었다.

姑蘇臺上春可憐, 고소대 위에는 봄이 가련하고
姑蘇臺下草芊芊. 고소대 아래에는 풀만 무성하도다.

그러나 최치원의 시와 비교해 보면 "한없이 슬프고(無限悲)" "가련(可憐)"하게 묘사했으며 역사를 지나치도록 슬프게 묘사했다. 한국에서도 최치원의 〈고소대〉는 심원한 영향을 끼쳤다. 고려(高麗) 말기 시인 정몽주(鄭夢周, 1337~1392)도 일찍이 시 〈고소대(姑蘇臺)〉[38]를 쓴 바 있다.

衰草斜陽欲暮秋, 쇠잔한 풀 기우는 햇볕에 가을 저물려 하니
姑蘇臺上使人愁. 고소대 위에서 나그네를 슬프게 만드네.
前車未必後車戒, 앞 수레가 반드시 뒷 수레의 경계가 될 필요는 없어도
今古幾番麋鹿遊. 예나 지금이나 몇 번이나 사슴이 놀았을까?

정몽주는 중국과 밀접한 관계를 가지고 있다. 원 말 지정(至正) 20년(1360)에 그는 문과에 장원급제했고, 홍무(洪武) 5년(1372)에 사절 홍사범(洪師範, ?~1373)의 서장관(書狀官)으로 명나라에 갔다. 홍무 9년(1376)에는 성균대사성(成均大司成)을 맡았는데 이인임(李仁任, ?~1388) 등의 배명친원(排明親元) 정책에 반대했다가 언양(彥陽)에 유배되

38) 《포은집(圃隱集)》.

었다 이듬해 풀려났다. 홍무 15년(1382)에는 명나라에 갔으며 이듬해에는 동서조전원수(東西助戰元帥)를 맡았다. 홍무 17년(1384)에는 성절사(聖節使)를 맡아 명나라 수도 남경(南京)에 가서 명나라와의 외교 관계를 회복하는 데 중대한 공헌을 했다. 정몽주는 시문을 잘 지었는데, 〈단심가(丹心歌)〉는 시조의 대표작으로 고려 왕조에 대한 충성을 표현했다. 그러나 정몽주의 〈고소대〉는 최치원의 〈고소대〉에서 새로운 의경을 만들어 내었는데, 중국 역사를 들어 본보기로 삼고 더욱이 고려의 현실을 소중히 여겼다.

다시 말하면 최치원은 탁월한 시인으로, 현위 직무의 한가로움은 사상과 창작에 똑같이 영향을 미쳐 율수 이후 단계의 시에도 적막감이 필연적으로 나타나게 되었다. 〈접시꽃(蜀葵花)〉[39]도 마땅히 이 시기의 작품이다.

寂寞荒田側, 적막하고 황폐한 밭둑에서
繁花壓柔枝. 무성한 꽃이 가냘픈 가지를 누른다.
香輕梅雨歇, 소나기가 그치니 향기도 가볍고
影帶麥風欹. 보리 바람에 그림자 흔들리네.
車馬誰見賞? 수레 탄 사람이 누가 와서 보아 주리오?
蜂蝶徒相窺. 벌 나비만 부질없이 서로 엿본다.
自慚生地賤, 스스로 타고난 처지가 천함을 부끄러워하여
堪恨人棄遺. 남들에게 버림받아도 참고 견딘다.

이 시에서 접시꽃은 황폐한 밭둑에서 나루를 묻는 사람이 없어 적막함을 느끼고, 자신이 "천한(賤)" 땅에서 태어났음을 부끄러워하고 또한 남

39) 《최문창후전집》, 23쪽.

에게 "버림받으리라(棄遺)"고 생각하게 된다. 이를 보면 버림받으리라는 예감 속에 열등감이 곁들여 있음을 알 수 있다. 〈가을밤에 비가 내리고(秋夜雨中)〉[40]도 율수 이후 단계의 작품이다.

秋風惟苦吟, 가을바람에 애달프게 읊조리니
世路少知音. 세상에 나를 알아주는 이 없네.
窗外三更雨, 깊은 밤 창밖에는 비가 내리는데
燈前萬里心. 등불 앞에 아득히 외로운 마음.

이는 그가 율수에서 겪은 "알아주는 이 없는(少知音)" 상황과 서로 일치하며, 또한 그가 한가롭게 지내며 가을바람, 밤비, 차가운 등불 아래서 "애달프게 읊조리는(苦吟)" 환경과 부합한다.

4. 종남산 수도 시기와 최치원의 도교시(道教詩)

최치원이 중국에서 보낸 최초의 5년은 가장 중요한 단계였는데, 율수현에서 강서(江西)의 도교 성산인 용호산(龍虎山) 조상청궁(朝上淸宮)으로 갔다가 그 후 섬서(陝西) 종남산(終南山)으로 가서 수도했고, 그 기간은 대략 건부(乾符) 4년에서 5년 사이였다. 이 단계의 사료가 가장 불분명하고 부족하지만, 고대 전설 속의 기록과 수많은 도교시가 도리어 이 단계를 설명해 준다. 근년에 한국의 이구의(李九義)가 《고운연보(孤雲年譜)》에 최치원이 중국 종남산에서 수도했던 단계가 있다고 고증했다고 하나, 원문을 읽어 보지 못해 어느 것이 옳은지 알 수 없다. 파전한국학

40) 《최문창후전집》, 24쪽.

당(坡田韓國學堂)에서 펴낸《고운의 사상과 문학》에는 '최치원 연구 목록' 175종이 수록되어 있는데, 그 안에 이구의의 논문 목록 7편이 수록되어 있으나 유독《고운연보》는 없다. 이를 보면 이 설은 아직 논의할 단계이며, 아직도 정확히 알지 못함을 알 수 있다. 그러나 1991년 한국의 전국 최씨대종회(全國崔氏大宗會) 사무국에서 펴낸《고운선생역사발췌집》의 〈선생 약력〉에는 878년(즉 건부 5)에 "종남산에 들어가 학업하고 도교를 연마할 때(終南山入學業琢磨道教時)" 등의 말이 있는데, 최씨종친회에서도 이미 이 단계의 존재를 승인하고 있음을 알 수 있다.

나는 최치원이 율수현에서 길어야 1년만 머물고 종남산으로 공부하러 들어갔다고 생각한다. 이는 율수현위 단계가 설명해 준다. 첫째 "녹봉도 두둑해지고 관직이 한가하여(祿優官閑)" 도교 경전을 깊이 연구할 시간이 있었다. 둘째 낙양에 있을 때 도교의 성지 숭산에 가서 도교를 믿은 것도 이미 이전부터 인연이 있었다는 점이다. 셋째 친구인 고운, 장교, 두순학 등 지주(池州)의 세 시인과 자주 왕래했는데, 이 세 명이 모두 도교를 신봉하여 최치원에게 큰 영향을 미쳤다는 점이다. 이상의 여러 요소는 그로 하여금 도교 사상을 믿게 만들었다. 이러한 상황에서 그는 율수현을 떠났고, 인생의 진선미를 추구하는 것이 최치원이 율수현을 떠나 수도할 때의 사상 핵심이었다. 시 〈상청궁에 참배하며(朝上淸)〉는 이러한 점을 강조했다.

齊心不倦自朝眞, 마음을 가지런히 하고 부지런히 상제를 참배하니
豈爲修仙欲濟人. 어찌 신선이 되어 사람을 구하려는가?
天上香風吹楚澤, 하늘의 향기로운 바람이 초택에 부니
江南江北鎭成春. 강남 강북이 모두 봄날을 이루리라.

이 시의 첫째 구는 그가 추구하는 '참 진(眞)' 자를 언급했다. 둘째 구

에서는 상청궁(上淸宮)에 참배하는 목적이 '수선(修仙)' 두 자라고 했다. '상청(上淸)'은 상청궁을 가리키는데, 도교의 역사에서 가장 오래된 사당이다. 강서(江西) 귀계현(貴溪縣) 용호산(龍虎山)에 있는데, 한대(漢代) 장도릉(張道陵, ?~156) 천사(天師)의 자손이 이곳에서 대대로 살았다고 한다. 당대에는 '진선관(眞仙官)'이라고 불렀으므로 이 시에서는 "마음을 가지런히 하고 부지런히 상제를 참배하니(齊心不倦自朝眞)"라고 말했다. 이곳의 '진(眞)'은 진선관 또는 인생의 진선미 추구를 가리키기도 하는데, 시가 예술에서 말하는 쌍관어(雙關語)이다. 그렇다면 최치원은 누구와 더불어 "마음을 가지런히 하여 게으름을 피우지 않을(齊心不倦)" 것인가? 흡사 《택리지(擇里志)》에서 언급한 김가기(金可紀, ?~859)와 최승우(崔承祐) 두 사람을 말하는 듯하다. 이 시에서 이번에 떠나가는 것은 결코 "신선이 되어 사람을 구하려는(修仙欲濟人)" 것이 아니라, 인생 진선미의 봄날을 추구하는 데 있다고 강조했다. 이 시에서는 최치원이 율수를 떠난 뒤에 먼저 용호산으로 가서 "상청궁에 참배하고(朝上淸)" 다음에 비로소 종남산으로 들어가 수도 생활을 하겠다는 의지를 설명했다. 이 밖에 최치원이 이때 쓴 〈조어정(釣魚亭)〉[41]에도 도교적인 색채가 있다.

錦筵花下飛鸚鵡, 비단 자리 꽃 아래에 앵무 부리 술잔을 날리고
羅袖風前唱鷓鴣. 비단 소매 바람 앞에 〈자고사〉를 부르네.
占得仙家詩酒興, 선가 시와 술의 흥취 얻어서
閑吟烟月憶蓬壺. 한가히 달을 읊고 봉호를 생각하네.

당대 사람들은 신선을 숭상하는 풍습을 가지고 있었다. 매번 연회 자리가 있을 때마다 주령(酒令)를 행했는데, 한 사람이 신선 역할을 맡으면

41) 《최문창후전집》, 382쪽

그는 술을 마시고 시를 짓는 영예를 가지게 되었다. 이 시도 이러한 음주 습속을 묘사했다. 상청궁에 참배한 뒤, 최치원은 평생토록 도교를 신봉하기로 결심했다. 이는 최치원 생애의 대전환점으로 이때부터 그는 영원한 신선의 경지에 들어섰다.

종남산에서의 학업은 주로 도교의 신선을 추구하는 것이었는데 그 영향이 매우 심원했다. 예컨대 조선조 숙종(肅宗) 시대(1714)에 이중환(李重煥, 1690~1752)은 《택리지(擇里志)》, 〈팔도총론(八道總論)〉, 「전라도(全羅道)」에서 "당나라 때 신라 사람들이 바다를 건너 당에 들어간 것이 지금 통진 건널목에 배가 잇닿는 것 같았다. 당시 최치원, 김가기, 최승우는 장삿배를 타고 당나라에 들어가 당나라의 과거에 합격했다. …… 최치원은 김가기, 최승우 두 사람과 더불어 종남산에서 신천사를 만나 《내단비결(內丹秘訣)》이라는 책을 얻고, 후일 신라에 돌아가 아울러 수련하여 선인의 술법을 얻었다(唐時新羅人浮海入唐如通津要渡, 而舟航絡繹. 崔致遠·金可紀·崔承祐, 附商船入唐, 中唐制科. …… 孤雲與金崔兩人, 逢申天師於終南山寺, 得內丹秘訣, 後歸東國, 幷修鍊得仙)"[42]고 했다. 이는 비록 후세 전설 속의 사료이지만, 그 존재를 부정할 이유가 없다. 왜냐하면 최치원의 수많은 시문에서 도교적인 색채를 엿볼 수 있기 때문이다. 그러므로 후세의 전설에서 최치원이 최후에 신선이 되었다는 말은 바로 종남산 수도의 연장선이다.

최치원이 당시에 연습한 내단도업(內丹道業)은 깊은 학문을 갖추고 있었다. 이른바 '내단(內丹)'은 도가 수련의 용호(龍虎)·연홍(鉛汞)·태식(胎息)·토납(吐納)의 신선술, 즉 목욕·온양(溫養)·결태(結胎)·탈체(脫體) 등 단정(丹鼎) 공부이며, 단전(丹田) 정기를 수련하는 장수 학문이다. 그것은 주로 신체의 정(精)·기(氣)·신(神) 세 가지를 사용하여 천

42) 이익성(李翼成) 역, 《택리지(擇里志)》, 을유문화사, 1971, 306쪽.

지의 원기와 상통하게 하는 천인합일 방법이다. 그 취지는 정을 연마하여 기를 만들고 기를 연마하여 신으로 만들며 신을 연마하여 허(虛)로 돌아가는 출세(出世)의 공부이다. 최치원이 내단의 비결을 터득한 것은 하루아침에 이루어진 일이 아니었다. 2~3년의 공부가 없었다면 그토록 높은 선경(仙境)에 다다르지 못했을 것이다. 그래서 그가 최소한 중국 섬서 남부의 종남산에 들어와서 건부 3년(876)부터 건부 5년 말(878)까지 2~3년 동안 수련했다고 생각한다.

전하는 말에 의하면, 그는 신천사(申天師)를 만났다고 하는데 아마도 신태지(申泰芝)일 것이다. 《고도전(高道傳)》에 의하면 "신태지의 자는 원지이고 당대 낙양 사람이며 현종과 생일이 같다. …… 개원 연간에 부름을 받아 서울에 이르렀는데, 대국사라는 호를 내렸다. 궁녀 가운데 운용이 장생술을 연마하고 있었는데, 원지가 그녀에게 설단 한 알을 주면서 '이는 태양연형의 도이니 이를 복용하면 사후에 다시 환생하여 마땅히 지선이 될 것이다'라고 말했다. 후에 원지는 산속에 들어가 오랜 뒤에 역시 신선이 되었다(申泰芝字元之, 唐洛陽人, 與玄宗同生日. …… 開元中召至京, 賜號大國師, 有宮女雲容, 長生術, 元之與之雪丹一粒, 曰此太陽煉形之道, 服之死後復生, 當爲地仙. 後元之還山, 久亦仙去)"라고 했다. 신태지가 수련한 것은 내단공(內丹功)인데, 명칭과 공법(功法)이 일치하니 최치원이 수련한 것과 부합한다. 신태지가 당 현종 시대부터 최치원이 중국에 온 당 희종의 시대까지 살았을 가능성이 없지만, 그 제자의 전수는 가능했을 것이며 그 스승의 이름을 빌었을 것이다.

종남산에서 수도하던 최치원이 지은 시에는 도교적 색채가 충만하여 시적 풍격이 확연히 변모한다. 그때 그는 한 여자 도사와 사이가 좋았는데, 시 〈여도사와 이별하며(留別女道士)〉가 남아 있다.

每恨塵中厄宦途, 매번 속세의 벼슬로 고생함을 한탄하다가

數年深喜識麻姑, 마고 선녀 알면서 수년 동안 기뻐했네.
臨行與爲眞心說, 길을 떠나면서 당신에게 진심으로 묻노니
海水何時得盡枯. 바닷물은 언제 모두 마를까요?

이때의 최치원은 이미 '벼슬(宦途)'에 대해 혐오감을 느끼기 시작했는데, '수년(數年)'은 숭산에서 용호산을 거쳐 다시 종남산으로 들어온 지 수년이나 되었다는 말이다. 그는 도교를 믿는 마고 선녀를 알게 되어 매우 기뻐했다. 설사 바닷물이 모두 마르고 돌이 썩는다 하더라도 그들 두 사람이 구도하는 진심은 영원한 것이다. 이는 여도사와 함께 구도하는 진정한 시이지, 결코 사사로운 감정의 연애시가 아니다. 총괄하면 수도 단계의 최치원 시는 '신선 선(仙)' 자를 축으로 한다. 종남산 수도 단계는 최치원 일생의 전환점이었고, 시가 창작의 전환점으로부터 그의 시는 곧 도교 사상을 구비하게 되었고 또 도교적 색채를 띠게 되었으며, 그의 기존 자료로 볼 때 도교화의 5대 내용을 가지고 있다.

첫째, 노장(老莊) 사상을 꿰뚫는다.

〈성잠(性箴)〉
波澄性海見深源, 성해에 물결이 맑아 깊은 근원 보았고
理究希夷闢道門. 미묘한 이치를 연구하여 도의 문을 열었네.
詞翰好傳雙美跡, 글과 글씨 모두 아름다운 자취 전하는데
何須更寫五千言. 어찌 모름지기 《노자》를 다시 쓰랴.

여기서 '오천언(五千言)'은 노자의 《도덕진경(道德眞經)》을 가리키는데, 도교의 주요 경전 중 하나이다. 《계원필경집》의 〈좌주 상서가 난을 피하여 유양으로 가는 도중 절구 세 수를 총시했기에 이를 받들어 화답합니다(奉和座主尙書避難過維陽寵示絶句三首)〉 가운데 제2수는 다음과

같다.

亂時無事不悲傷, 난리 때라 슬프지 않은 일이 없으니,
鸞鳳驚飛出帝鄕. 난새와 봉새가 놀라서 둥지를 떠나네.
應念浴沂諸弟子, 기수에서 목욕하던 뭇 제자 생각나니,
每逢春色耿離腸. 매번 봄이 오면 이별의 애간장을 녹이네.

'제향(帝鄕)'이란 말은 장자(莊子) 사상에서 나왔다. 《장자(莊子)》, 〈천지(天地)〉에서 "천년이나 세상을 피해 살다가 세상을 떠나 신선 세상으로 올라갔는데, 하늘의 흰 구름을 타고서 하느님 계신 곳으로 갔다(千世厭世, 去而上僊, 乘彼白雲, 至於帝鄕)"라고 했다. 이를 보면 최치원이 제향으로 가서 신선이 되려는 경향이 있음을 알 수 있다. 이 두 수의 시는 '인생은 휴식처럼 덧없다(浮生若休)'는 장자의 사상을 꿰뚫고 있다.

〈당성에 놀러 갔다가 선왕의 악관에게 주노라(旅遊唐城贈先王樂官)〉
人事盛還衰, 사람의 일이란 성했다가 쇠하는 것이니,
浮生實可悲. 떠도는 인생살이 참으로 서글퍼라.
誰知天上曲, 그 누가 알았으랴, 하늘 위의 노랫가락을
來向海邊吹. 이 바닷가에 와서 부를 줄이야

〈봄날 새벽에 생각나는 대로 쓰노라(春曉偶書)〉
亂世風光無主者, 난세에 좋은 경치 구경하는 이 없으니,
浮生名利轉悠哉. 부생의 명리 더욱 아득하구나.

위 두 수의 시에 나오는 '부생(浮生)'은 모두 《장자》, 〈각의(刻意)〉의 "그의 삶은 물위에 떠돌아다니는 듯하며, 그의 죽음은 휴식과 같은 것이

다(其生若浮, 其死若休)"에서 나왔다. 또 두 수의 시는 장주몽(莊周夢)의 사상을 담고 있다.

〈늦은 봄에 즉흥으로 동료 사자인 고운에게 화답하며(暮春卽事和顧雲支使)〉

蘇武書回深塞盡, 소무의 글월은 깊은 요새를 돌아 전해지고
莊周夢逐落花忙. 장주의 꿈은 지는 꽃을 좇아 바쁘네.

〈바다 갈매기(海鷗)〉

想得漆園蝴蝶夢, 장자의 나비 꿈을 생각하면
只應知我對君眠. 내가 그대를 꿈꾸는 이유 알 수 있으리.

이 시의 '장주몽(莊周夢)', '호접몽(蝴蝶夢)'은 모두 《장자》, 〈제물론(齊物論)〉의 "옛날에 장주가 꿈에 나비가 되어 훨훨 날아다녔다. 유쾌하게 느꼈지만, 자신이 장주임을 알지 못했다. 갑자기 꿈을 깨니 엄연히 자신은 장주였다. 그러니 장주가 꿈에 나비가 되었던 것인지, 나비가 꿈에 장주가 된 것인지 알 수가 없었다. 장주와 나비에는 반드시 분별이 있을 것이다. 이러한 것을 '물화'라고 부른다(昔者莊周夢爲蝴蝶, 栩栩然蝴蝶也. 自喩適志與, 不知周也. 俄然覺, 則蘧蘧然周也. 不知周之夢爲蝴蝶, 蝴蝶之夢爲周與. 周與蝴蝶, 則必有分矣. 此之爲物化)"에서 나왔다.

둘째, 도교의 삼도(三島)를 읊었다. 그 가운데 하나가 봉래(蓬萊)이다.

〈수재 양섬과 송별하며(酬楊贍秀才送別)〉

暫別蕪城當葉落, 잠시 무성에서 이별할 때는 낙엽 지더니
遠尋蓬島趁花開. 멀리 봉래섬을 찾아가니 꽃피는 시절이라

〈돌산(石峰)〉

靜想蓬萊只如此, 봉래산 생각해 봐도 여기와 같겠지,

應當月夜會群仙. 달 밝은 밤이면 여러 신선들이 모이리라.

〈바다에 배를 띄우고(泛海)〉

蓬來看咫尺, 봉래산이 지척에 보이는 듯하니

吾且訪仙翁. 나도 신선을 찾아보리라.

〈조어정(釣魚亭)〉

占得仙家詩酒興, 선가 시와 술의 흥취 얻어서

閑吟烟月憶蓬壺. 한가히 달을 읊고 봉호를 생각하네.

이상의 '봉도(蓬島)', '봉래(蓬萊)', '봉호(蓬壺)'는 모두 도교의 선경(仙境)을 가리킨다. '삼도'의 하나인 봉래는 도교의 교리에 의하면 천제(天帝)가 구천(九天)의 질서를 총괄하므로 비할 데 없이 존귀하다고 했다. 둘째는 곤륜(昆侖)이다.

〈중국 지도에 쓰노라(題輿地圖)〉

昆侖東走五山碧, 곤륜산이 동쪽으로 뻗어 나섯 산이 푸르고

星宿北流一水黃. 성수해가 북으로 흘러 한 줄기 강물이 누렇네.

곤륜은 도교의 선경으로 삼도 가운데 하나이다. 도교의 교리에 의하면 서왕모(西王母)가 다스렸고 진궁선령(眞宮仙靈)의 으뜸이자 천지의 근본이며 온갖 법도의 강령이다. 셋째는 삼신산(三神山)이다.

〈산양에 행차했다가 태위께서 부쳐 준 의복과 옷감을 계속 받았고, 귀국 인사차 들렀다가 또 증표를 주어 축수하기에 삼가 시를 지어 감사드립니다(行次山陽, 續蒙大尉寄賜衣段, 令充歸覲續壽信物, 謹以詩謝)〉

望中遙想深恩處, 옛 은사들이 멀리서 와 주길 바라며 깊은 은혜를 상념하니
三朶仙山目畔橫. 삼신산이 눈가에 비껴 있네.

'삼타산(三朶仙)'은 삼신산을 말한다. 《사기(史記)》, 〈진시황본기(秦始皇本紀)〉의 기록에 의하면 제(齊)나라 사람 서복(徐福) 등이 상서하여 바다 가운데 세 개의 신산(神山)있는데 봉래산(蓬萊山), 방장산(方丈山), 영주산(瀛洲山)이라 하여 거기에 신선이 산다고 말했는데, 이후에 도교의 선경인 '삼도'로 불렸다. 제나라 위왕(威王)·선왕(宣王), 연(燕)나라 소왕(昭王) 때부터 진시황(秦始皇), 한(漢)나라 무제(武帝)에 이르기까지 모두 이곳을 찾아다니며 불사약을 구한 적이 있다. 최치원의 〈바다에 배를 띄우고(泛海)〉에서는 다음과 같이 읊었다.

掛席浮滄海, 돛을 달고 푸른 바다에 배를 띄우니
長風萬里通. 장풍에 만 리까지 흘러가네.
乘槎思漢使, 뗏목 탔던 한나라 사신 장건(張騫)이 생각나고
採藥憶秦童. 불사약 구하던 진나라 동자(童子)들이 떠오르네.

셋째, 도교의 동천(洞天)을 묘사했다. 그 가운데 하나는 동중천(洞中天)이다.

〈바다 갈매기(海鷗)〉
出沒自由塵外境, 자유로이 세상 밖을 드나들고
往來何妨洞中天. 거침없이 선계를 오고가네.

동중천은 도교에서 말하는 신선의 경계, 즉 '동천복지(洞天福地)'이다. 《운급칠첨(雲笈七籤)》 권27에서는 동천복지를 10대동천(大洞天), 36소동천(小洞天), 72복지(福地)로 나누어 기록했는데, 10대동천은 하늘이 뭇 신선을 파견하여 통치하는 장소이고, 36소동천도 상선(上仙)이 통치하는 곳이다. 그러나 72복지는 이와 달라서 상제(上帝)가 진인(眞人)에게 명하여 다스리게 하는 곳으로, 그곳에서 득도하는 사람이 많았다. 또 하나는 화산(華山)이다.

〈천위경(天威徑)〉

鑿斷龍門猶勞身, 용문을 뚫고 끊느라 몸을 수고롭게 하고
擘分華嶽徒稱神. 화악을 쪼개어 나누고는 신이라 일컫네.

여기서 '화악'은 화산을 가리키는데, 섬서(陝西) 화음시(華陰市) 남쪽에 있는, 오악 중 서악(西岳)이다. 《운급칠첨》에서는 "화산의 서현동은 10대동천 가운데 제4동천이다(華山西玄洞爲十大洞天第四洞天)"라고 했는데, 역대 도교 신도들이 수련했던 곳이다.

넷째, 도교의 신선을 표현했다. 그 가운데 하나는 옥황대제(玉皇大帝)이다.

〈회남(淮南)〉

八郡榮超陶太尉, 여덟 고을의 영광은 도간(陶侃)을 뛰어넘었고
三邊靜掩霍嫖姚. 세 변방의 고요함은 곽거병(霍去病)를 가리네.
玉皇終日留金鼎, 옥황대제는 온종일 금솥을 걸어 두고
應待淮王手自調. 마땅히 회남왕(淮南王)이 손수 조제한 선약을 기다리겠지.

여기에서 '옥황'의 전체 이름은 '호천금궐지존옥황대제(昊天金闕至尊玉

皇大帝)'인데, 도교에서 존경하는 도교신 '사어(四御)' 가운데 으뜸가는 신이다. 둘째는 마고(麻姑)이다.

〈여도사와 이별하며(留別女道士)〉

每恨塵中厄宦途, 매번 속세의 벼슬로 고생함을 한탄하다가
數年深喜識麻姑. 마고 선녀 알면서 수년 동안 기뻐했네.

'마고'는 여자 신선이다. 《신선전(神仙傳)》에서는 그녀가 신선 왕방평(王方平)의 누이이고 용모는 18~19세 정도로 보이지만 동해가 세 번이나 변하는 것을 보았다고 한다. 셋째는 호공(壺公)이다.

〈우리나라 화개동(東國花開洞)〉

東國花開洞, 우리나라 화개동은
壺中別有天. 항아리 속의 별천지.
仙人推玉枕, 신선이 옥베개를 권하니
身世欻千年. 몸과 세상은 어느덧 천년일세.

이 시에서 쓴 "항아리 속의 별천지(壺中別有天)"의 "선인(仙人)"은 도교의 신선인 호공이다. 그는 동한(東漢) 때 사람으로 시장에서 약을 팔았고 집에다 빈 항아리를 매달아 놓고 저녁에는 항아리 속에 들어가 쉬었다고 한다. 넷째는 풍백(風伯), 우사(雨師)이다.

〈서천(西川)〉

應笑欒巴噀杯酒, 난파가 술을 뿜어 불을 끈 것이 우습구나.
雨師風伯自歸行. 우사와 풍백이 스스로 돌아가네.

'우사'와 '풍백'은 각각 도교에서 비와 바람을 관장하는 신이다. 다섯째는 여러 신선인데, 시 〈돌산(石峰)〉에 "달 밝은 밤이면 여러 신선이 모이리라(月夜會群仙)"라는 시구가 있다. '선가(仙家)', '선옹(仙翁)'도 여러 신선 가운데 하나인데, 〈조어정(釣魚亭)〉에 "선가 시와 술의 흥취(仙家詩酒興)"란 구가, 〈바다에 배를 띄우고(泛海)〉에 "나도 신선을 찾아보리라(吾且訪仙翁)"는 구가 있다.

다섯째, 신선의 세계를 묘사했다. 최치원은 종남산에서 도교를 배운 뒤부터 신선의 시각으로 인간 세상의 천지와 만물을 바라보았다. 이 신선의 시각은 그의 많은 시 속에 반영되었다. 그가 보았던 새들은 모두 선조(仙鳥)로 변하는데, 예를 들면 〈바다 갈매기(海鷗)〉에서 바다 갈매기를 "가볍게 털옷 터니 진정 물 위의 신선(輕擺毛衣眞水仙)"이라고 했다. 그가 본 나무도 선수(仙樹)로 바뀌는데, 예를 들면 〈단풍나무(紅葉樹)〉에서 "흰 구름 바위 가에 선녀가 선 듯(白雲巖畔立仙姝)"이라고 일컬었다. 그가 본 과일도 선과(仙果)로 바뀐다. 예를 들면 〈가야산 석부암에 새긴 시(伽倻山石負庵刻詩)〉에서 "세 번이나 선도가 피고 열매 맺는 것을 보았으니, 다른 사람이 백 년 사이에 늙는 것을 비웃네(三見仙桃花結子, 笑他人老百年間)"라고 했는데, 여기서 복숭아는 선도(仙桃)로 바뀐다.

그는 능수능란하게 도교 교의의 단어와 개념을 시어로 써 넣었다. 예를 들면 〈바다에 배를 띄우고(泛海)〉에서 그는 "해와 달은 허공 밖에 있고, 하늘과 땅은 태극의 가운데 있네(日月無何外, 乾坤太極中)"라고 말했다. '태극'은 도교 교의의 개념이다. 첫째, 《장자》, 〈대종사(大宗師)〉의 "무릇 도라고 하는 것은 …… 하늘 위 가장 높은 곳에 있으면서 높은 듯하지 않고, 땅 아래 가장 낮은 곳에 있으면서 깊지 않은 듯하다(夫道, …… 在太極之先而不爲高, 在六極之下而不爲深)"는 구절에서 나왔다. 여기서 태극은 실체적인 개념이 아니라 도교의 성질과 상태를 가리킬 뿐이다. 둘째, 《주역(周易)》, 〈계사상(系辭上)〉의 "역에는 태극이 있으니, 이것이 양의를 낳고 양의는 사상을 낳고 사상은 팔괘를 낳는다(易有太極, 是生兩儀, 兩儀生四象, 四象生八卦)"는 구절에서 나왔다. 여기서 태극은 지고무상(至高無上)의 우주 본원을 가리킨다. 즉, 태극에서 건곤(乾坤, 하늘과 땅)과 음양(陰陽, 해와 달)이 생기고, 건곤과 음양에서 춘하추동 사시(四時)가 생기며, 다시 사시에서 팔괘(八卦)가 생긴다는 것이다. 《주역》에서는 태극을 천지와 만물의 본원이자 실체로 보았는데, 이는 동아시아 도교 문화에 깊은 영향을 끼쳤다. 이는 최치원의 시에도 반영되었는데, 그의 시안(詩眼)이 바로 '태극'이다. 최치원 시의 정신은 바로 태극 정신인데, 이는 그의 시에서 묘사한 신선 세계의 영혼이라고 하겠다.

이 밖에 최치원의 시에서 '승천(升天)'이라는 도교 명사를 사용했는데, 이도 역시 신선 세계의 구성 부분이다. 〈심정을 토로하며(陳情)〉에서 "다른 날 하늘에 오르거든 버리지 마시옵소서(他日升天莫棄道)"라고 했는데, 승천은 '승선(升仙)', '비승(飛升)'이라고도 불리며 수련하여 신선이 되어 대낮에 하늘로 올라가는 것을 말한다. 《속선전(續仙傳)》에서는 승천한 사람 16명을 기록했는데, 예를 들면 남변화(藍辨和)는 학을 타고 하늘로 올라갔다고 한다. 한국의 《동국보감(東國寶鑑)》에서는 최치원이 '우화(羽化)' 승천했다고 하는데, 두순학(杜荀鶴)의 시에 의하면 최치원은 율수에 있을 때 "학창의(鶴氅)"를 걸쳤는데 이것이 바로 우화의 표징이다.

총괄하면 최치원 시의 주체는 도교시라고 할 수 있는데, 이상으로 다섯 가지의 도교 내용으로 개괄하여 보았다. 이는 한국에서 최치원의 신선 관련 고적과 융합한다. 이에 대해서는 필자의 〈도교와 한국문화(道敎與韓國文化)〉를 참조하기 바란다. 만일 은둔시도 최치원 도교시의 범주에 넣는다면, 그 시의 삼분의 일을 차지할 것이다.

위에서 서술한 바를 종합하면, 최치원은 건부 원년에서 건부 5년에 이르는 5년 동안 생애의 세 단계를 거쳤다. 바로 낙양 유랑 단계, 율수현위 단계와 종남산 수도 단계이다. 수도 단계가 가장 길었고 현위 단계가 가장 짧았는데, 율수 시기가 1단계이다. 유랑 단계가 가장 흥미진진하고 현위 단계의 심정이 가장 한적했는데, 낙양 시기가 2단계이다. 수도 단계가 가장 일생 동안 영향이 깊었고 현위 단계가 가장 적막하고 견디기 어려웠는데, 종남산 시기가 3단계이다. 그러나 이 세 단계에서 온갖 불우함을 겪었을지라도 최치원은 한·중 두 나라의 문화 교류에 힘썼으며, 그의 한시는 중국의 당시와 일체가 되었다. 결론적으로 완전히 도교화된 그의 시를 통하여 그가 신선이 되기를 추구했음을 알 수 있다.

[해제]

이 글은 고국번(高國藩, 1933~)의 〈論崔致遠的詩〉(《국제중국학연구》 창간호 1998년 12월)를 번역한 것이다.

속문학·민간문학 연구가인 고국번은 강소성 남경 사람으로 필명은 남경(南堅)이다. 1952~1956년 사이에는 산동대학 중문계에서 공부했고 졸업 후 곧바로 북경대학 문학연구소에 들어가 정진택(鄭振鐸) 교수로부터 속문학을 공부했다. 그는 대학 재학 및 연구 기간에 신시를 창작하여 《東海》, 《奔流》, 《前哨》, 《北京文藝》, 《旅大文藝》, 《青島文藝》, 《文藝學習》, 《文藝青年》 등의 간행물에 발표한 바 있다. 1962년에는 남경으로 돌아와 중학교원을 지냈으며 1979년 5월에는 남경대학 중문계에 교사로 부임하여 강사, 부교수, 교수, 남경대학 중한문화연구중심(1995. 9. 17. 설립) 주임, 《中韓文化研究》 주편, 중국속문학학회 부회장, 강소민간문예가협회 부주석, 강소성민속학회 이사, 강소성홍루몽학회 이사, 구강고등사범전과학교 객좌교수, 광서사범대학 역사계 겸직교수, 안동대학교 교환교수 등을 역임했다. 지금은 삼강학원(三江學院) 동아문화연구중심 주임교수, 《東亞文化研究》 주편, 남경대학 해외교육학원 겸직교수, 향항도교학원(香港道教學院) 객좌교수, 동아문화출판사(東亞文化出版社) 총편집을 맡고 있다.

주요 연구 분야는 돈황학(敦煌學), 민속학, 민간문학, 중국 고전문학 등이며, 주요 저작으로는 《中國民間文學基本知識》(南京大學出版社, 1984), 《敦煌文學作品選》(中華書局, 1987), 《敦煌曲子詞欣賞》(南京大學出版社, 1989), 《敦煌民俗學》(上海文藝出版社, 1989), 《敦煌古俗與民俗流變》(河海大學出版社, 1992), 《敦煌巫術與巫術流變》(河海大學出版社, 1993), 《敦煌民俗資料導論》(臺灣 新文豊出版社, 1993), 《敦煌曲子詞欣賞續集》(南京大學出版社, 1993), 《敦煌民間文學》(臺北 聯經出版公司, 1994), 《中國民間文學》(臺灣 學生書局, 1995), 《心靈的傳通(Spiritual and Mental Intercommunication)》(主編, 江蘇文藝出版社, 1995 : 그가 가르친 외국학생들의 문장임), 《中國民間文學新論》(河海大學出版社, 1995), 《紅樓夢民俗趣語》(臺北 里仁書局, 1996), 시집 《駱駝的蹄印》(北京國際文化出版公司, 1996), 시집 《紅鬃馬》(대구 중문출판사, 1998), 《中韓文化硏究》 第1輯(주편, 대구 중문출판사, 1998), 《中國巫術史》(上海 三聯書店, 1999), 《敦煌俗文化學》(上海 三聯書店, 1999) 등이 있다.

한 봉우리에 다른 이끼(同岑異苔)
– 한국 시화(詩話) 이야기

소신(蘇晨)

1979년 제야의 밤, 조금 지나면 1980년대로 접어들게 된다. 나는 여전히 봄날처럼 따스한 백운산(白雲山) 아래 주강(珠江)의 물가에서 이유 없이 30년 전의 이때가 떠올랐다. 그때 삼팔선에서 차가운 바람이 휙휙 소리를 내는 임진강(臨津江) 가에 숨어 있었다. 한밤중에 우리는 임진강을 돌파했고 후에 곧장 서울까지 쳐들어갔다. 나는 서울에서 하룻밤을 묵었다. 주인집에는 서울대학교에서 공부하는 여대생이 있었는데, 그녀는 우호적으로 한자를 쓰고 한편으로 손짓발짓하면서 내가 알아들을 만한 일본어를 끼워 넣어 한차례 대화를 나누었다. 떠날 때는 두툼한 한국 시화(詩話)를 나에게 주었다. 나는 한국에 있을 때 총총히 이 시화를 뒤적여 본 적이 있는데, 모두 고한어(古漢語)로 쓰여 있어서 완전히 이해할 수 있었다. 그러나 전쟁 기간에 이를 어찌 휴대할 수 있겠는가? 이후에 어디서 잃어버렸는지 모르겠다. 지금 문득 뇌리에 스치는 기억을 더듬어 급히 수중에 있는 책을 찾고 나중에 얻은 한국 시화를 다시금 훑어보았다. 중·한 양국의 시화를 비교해 보니, 일종의 동잠이태(同岑異苔)의 느낌을 가진다. 따라서 손가는 대로 찰기(札記)를 적어 그 이름을 동잠이태라고 해두자.

1. 풍부하고 다채로운 한국 시화

중국의 시화는 정식으로 '시화'라는 두 글자를 서명(書名)으로 쓴 구양수(歐陽修, 1007~1072)가 북송 신종(神宗) 희녕(熙寧) 4년(1071)에 찬술한 《육일시화(六一詩話)》에서 비롯한다. 한국의 시화는 정식으로 '시화'란 두 글자로 서명을 삼은 서거정(徐居正)이 조선 성종(成宗) 5년(1474, 중국 명 헌종 성화 10)에 찬술한 《동인시화(東人詩話)》에서 비롯한다.

그러나 중국에 일찍이 양(梁) 고조(高祖) 천감(天鑒) 말년(대략 천감 12, 즉 513 이후)에 이미 종영(鍾嶸, 468~518)이 찬술한 《시품(詩品)》이란 시를 담론한 저작이 있었던 것처럼, 조선에서도 고려 원종(元宗) 원년(1260, 중국 남송 이종 경정 원년) 이전에 이미 이인로(李仁老)가 지은 《파한집(破閑集)》이 있었다. 이것 역시 시를 담론한 저작이다.

고려조에 시를 담론한 유명한 저작으로는 이인로[자 미수(眉叟), 초명 득옥(得玉), 호 쌍명재(雙明齋)]의 《파한집》 이외에도 이규보[李奎報, 초명 인저(仁氐), 자 춘경(春卿), 호 백운산인(白雲山人)]의 《백운소설(白雲小說)》이 있다. 이규보의 문집 《동국이상국집(東國李相國集)》 53권은 고종 28년(1241, 중국 남송 이종 순우 원년)에 처음 간행되었는데, 《백운소설》은 문집의 시화를 부분적으로 발췌하여 만든 것으로 1714년에 초간되었다. 최자[崔滋, 초명 종유(宗裕), 자 수덕(樹德), 호 동산수(東山叟)]의 《보한집(補閑集)》 3권은 고종 41년(1254, 중국 남송 이종 보우 2)에 찬술되었다. 이제현[李齊賢, 초명 지공(之公), 자 중사(仲思), 호 익재(益齋)]의 《역옹패설(櫟翁稗說)》 전후집(前後集) 4권은 공민왕(恭愍王) 12년(1363, 중국 원 혜종 지정 23)에 초간되었다.

조선 초엽에 이르러 시가를 담론한 저작이 비교적 많아지기 시작했다. 앞에서 언급한 《동인시화》 외에도 주요한 것으로는 성현[成俔, 자 경숙(磬叔), 호 용재(慵齋)]의 《용재총화(慵齋叢話)》, 남효온[南孝溫, 자 백공

(伯恭), 호 추강(秋江), 다른 호 행우(杏雨)]의 《추강냉화(秋江冷話)》, 김정국[金正國, 자 국필(國弼), 호 사재(思齋)]의 《사재척언(思齋摭言)》, 조신[曹伸, 자 숙분(叔奮), 호 적암(適庵)]의 《소문쇄록(謏聞瑣錄)》, 김안로(金安老, 자 이숙(頤淑), 호 용천(龍泉), 퇴재(退齋)]의 《용천담적기(龍泉談寂記)》, 심수경(沈守慶, 자 희안(希安), 호 청천당(聽天堂)]의 《유한잡록(遺閑雜錄)》, 권응인[權應仁, 자 사원(士元), 호 송계(松溪)]의 《송계만록(松溪漫錄)》, 어숙권[魚叔權, 호 야족당(也足堂)]의 《패관잡기(稗官雜記)》, 이제신(李濟臣, 자 몽응(夢應), 호 청강(淸江)]의 《청강시화(淸江詩話)》, 신흠(申欽, 자 경숙(敬叔), 호 상촌(象村), 현헌(玄軒), 방옹(放翁)]의 《청창연담(晴窗軟談)》, 차천로(車天輅, 자 복원(復元), 호 오산(五山)]의 《오산설림(五山說林)》 등이 있다. 이러한 12종의 시화 가운데 조금 일찍 편찬된 《동인시화》는 1474년에 간행되기 시작했고, 비교적 늦게 이루어진 《청창연담》, 《오산설림》은 대략 1600년경, 즉 중국 명 신종(神宗) 만력(萬曆) 연간에 간행되었다.

조선 중・말엽에 비교적 유명한 시화 저작으로 이수광[李睟光, 자 윤경(潤卿), 호 지봉(芝峯)]의 《지봉유설(芝峯類說)》 20권이 광해군(光海君) 6년(1614, 중국 명 신종 만력 42)에 처음 간행되었다. 유몽인[柳夢寅, 자 응문(應文), 호 우당(于堂), 묵호자(默好子)]의 《어우야담(於于野談)》, 허균[許筠, 자 단보(端甫), 호 교산(蛟山)]의 《성수시화(惺叟詩話)》, 양경우[梁慶遇, 자 자점(子漸), 호 제호(霽湖)]의 《제호시화(霽湖詩話)》, 장유[張維, 자 지국(持國), 호 계곡(谿谷)]의 《계곡만필(谿谷漫筆)》, 김득신[金得臣, 자 자공(子公), 호 백곡(柏谷), 귀석산인(龜石山人)]의 《종남총지(終南叢志)》, 남용익[南龍翼, 자 운경(雲卿), 호 호곡(壺谷)]의 《호곡시화(壺谷詩話)》, 김만중[金萬重, 자 중숙(重叔), 호 서포(西浦)]의 《서포만필(西浦漫筆)》, 홍만종[洪萬宗, 자 우해(于海), 호 현묵(顯默), 현묵자(顯默子)]의 《소화시평(小華詩評)》, 임곤[任堃, 자 대중(大仲), 호 수촌(水村)의 《수촌만록(水村漫錄)》, 임경(任璟)의 《현호쇄담(玄湖瑣談)》, 김창협[金昌協, 자 화중(和仲), 호 농암(農巖)]의 《농암잡지(農巖雜識)》, 이산[李算, 자 형운(亨運), 호 홍재(弘齋)]의 《홍재전서(弘齋全書)》, 김택영[金澤榮, 자 우림(于霖), 호 창강(滄江), 재명(齋名) 소호당(韶護堂)]의 《소호당집(韶護堂集)》 등이 있다. 이러한 14종의 시화 중에서 1616년(중국 명조)에 간행된 《지봉유설》, 중국에서 청 말이나 민국 초에 간행된 《소호당집》을 제외한 기타 12종은 모두 중국 청조에 해당하는 시기에 간행되었다.

2. 한국에서 한시의 영향

한국 최초의 한시는 중국의 한나라에 해당하는 시기에 있었다. 예를 들면 《태평어람(太平御覽)》에서는 청인 심덕잠(沈德潛, 1673~1769)의 《고시원(古詩源)》에 한나라의 시 작품으로 열거한 〈금조구인(琴操九引)〉의 하나인 〈공후인(箜篌引)〉을 수록했다.

公無渡河, 임이여, 강을 건너지 마오,
公竟渡河. 임은 기어코 강을 건너시네.
墮河而死, 물에 떨어져 죽었으니
將奈公何. 임은 어찌하나

최표(崔豹)의 《고금주(古今注)》 기록에 의하면, 이는 조선(朝鮮) 진졸(津卒) 곽리자고(霍里子高)의 처 여옥(麗玉)의 작품이라고 한다.

《수서(隋書)》 권60(열전 제25)에서는 시 〈수나라 장수 우중문에게(遺于仲文)〉의 한 수를 인용했다.

神策究天文, 신묘한 책략은 하늘의 이치 다했고,
妙篇究地理. 교묘한 작전은 땅의 지혜 다했노라.
戰勝功旣高, 전쟁에 이긴 공이 이미 높으니
知足願云止. 만족함을 알겠거든 전쟁 그만 두시길.

이 시도 고구려 을지문덕(乙支文德)이 영양왕(嬰陽王) 23년(612, 중국 수 대업 8)에 지은 것이다. 신라 진덕여왕(眞德女王, 647~653년 재위)이 지은 〈태평송(太平頌)〉은 조예가 깊은 오언 배율로, 중국의 《전당시(全唐詩)》에 수록되어 있다. 이를 보면 한국의 삼한 시대에 이미 사・오언 한시가 유행했음을 알 수 있다.

신라조부터 한국에서 입당(入唐)한 유학생이 있었고, 게다가 양국 사절의 왕래도 증가하여 고려조 중엽에 이르러는 한시가 더욱 유행했다. 최치원은 "당에 들어가 과거에 급제함으로써 문장으로 명성을 천하에 떨쳤다(入唐登第, 以文章名動海內)"고 했고, 심지어는 "문묘에 배향했다(配享文廟)." 이는 한국 시화에서 흥미진진하게 이야기된다. 최치원의 저작에 수록된 오・칠언 금체시는 백여 수가 넘는다.

간략하게 말한다면, 한국에서 한시의 전체적 상황을 다음과 같이 말할 수 있다. 신라 말에서 고려 초에 이르기까지는 당의 이백(李白), 두보(杜甫), 한유(韓愈), 유종원(柳宗元)의 시를 중시했고, 고려 중・말엽에는 송의 소동파(蘇東坡), 황산곡(黃山谷), 구양수(歐陽修), 매성유(梅聖兪, 梅堯臣, 1002~1060)의 시, 그중에서도 소동파의 시를 숭상했다. 예를 들면 서거정이 《동인시화》에서 다음과 같이 말했다.

고려의 문사들은 유독 소동파만 숭상했다. 과거 합격자 명단이 발표될 때마다 사람들은 33명의 소동파를 배출했다고 말한다(高麗文士, 專尙東坡, 每及第榜出, 則人曰三十三東坡出矣).

또 고종 원종(元宗) 연간(1214~1274, 중국 남송 시대에 해당)에 송나라 사절이 고려의 명사들에게 시를 구한 일을 이야기했는데, 고려 학사 권적(權適, 1094~1146)은 일찍이 다음과 같은 시를 써서 주었다.

蘇子文章海外聞, 소동파 문장은 해외까지 이름을 날렸으나
宋朝天子火其文. 송나라 천자는 그의 문장을 불사르네.
文章可使爲灰燼, 문장은 비록 재가 될 수 있으나
千古芳名不可焚. 천고에 아름다운 명성은 불태울 수 없다네.

이를 보면 그 당시 고려에서 소동파를 추존하던 정도를 알 수 있는데, 중국보다 훨씬 대단했다. 최자의 《보한집》 권중(卷中)에서는 다음과 같이 말했다.

근세에 소동파를 숭상하는 이유는 대개 호매한 기상을 좋아하기 때문이다. 뜻은 깊고 말은 풍부하며 전고를 광범하게 운용했다(近世尙東坡, 蓋愛其氣韻豪邁, 意深言富, 用事恢博).

고려 말 한국의 '한시종(漢詩宗)'으로 추앙된 이제현도 《역옹패설》에서 소동파의 시가 "호탕한 것이 사람다워서 좋다(豪宕可人)"고 하며 특별히 존중받는다고 말했다. 고려 말엽의 2백여 년 동안에 송시를 중시하는 경향이 압도적인 우세를 차지했으나, 이 경향은 거의 전부가 소동파로 편중되었다고 말할 수 있다.

이후 조선의 5백 년 동안은 대체로 두 단계로 나눌 수 있는데, 분계선은 선조가 즉위한 1568년(중국 명 목종 융경 2)이다. 앞 단계에서는 계속하여 송시를 중시했고, 뒷 단계에서는 다시 당시를 중시하게 되었다. 이수광은 《지봉유설》에서 다음과 같이 말했다.

우리나라 시인 대다수가 소식과 황정견을 숭상했다. 2백여 년 동안 모두 이를 한결같이 답습했다. 근세에 최경창, 백광훈에 이르러 비로소 당대 시를 배우기 시작했다(我東詩人, 多尙蘇・黃, 二百年間, 皆襲一套. 至近世崔慶昌・白光勳始學唐).

최경창, 백광훈 두 사람은 모두 선조 즉위 초인 1568년 이후 명성을 날린 사람이다.

김만중의 《서포만필》에서는 조선 초・중엽 3백 년의 시를 "조선조의 시체는 네다섯 번만 변한 것이 아니다(本朝詩體, 不啻四五變)"라고 말했는데, 일부 한국 학자들은 이러한 구분이 너무 번잡스럽다고 말한다. 사실 다시 세분해 세 시기로 나누면 충분할 것 같다. 즉 첫 단계(起先), 계승 단계(承前朝), 송시 중시 단계(主宋詩). 처음에는 소동파를 추존하고 이후에는 황산곡, 진사도(陳師道, 1053~1101)를 겸하여 추존하던 시기이다. 예를 들면 허균의 《학산초담(鶴山樵談)》, 남용익의 《호곡시화》, 김창엽의 《농암잡지》, 이수광의 《지봉유설》에 이러한 설이 들어 있다. 다음으로 조선의 시인이 날로 많아지자 시화도 점차 성행했으며, 시풍도 숭송(崇宋)에서 숭당(崇唐)으로 되돌아갔고 숭소(崇蘇)에서 숭두(崇杜)로 되돌아갔다. 예를 들면 심수경(沈守慶)의 《유한잡록(遺閑雜錄)》, 허균의 《성수시화》, 두응인의 《송계민록》에서 모두 이러한 진변을 이야기했다. 그 다음으로 중국의 청조 건륭(乾隆) 연간에 해당하는 조선의 영조, 정조 연간에 청조와 왕래가 빈번했는데, 이 시기에 이른바 '문당송(問唐宋)'이 있었다. 사실 조선 후기는 점차 조선풍이 유행하던 시기였고, 한때 왕사정(王士禛, 1634~1711)과 원매(袁枚, 1716~1797)를 추존했다.

3. 한 · 중 시론(詩論)의 비교

시화는 시를 말하기 위해 지은 것이므로 평시(評詩), 논시(論詩)는 당연히 시화의 기본이다. 고려 말기의 시화는 단지 네 종만 전하는데, 그중 《파한집》, 《백운소설》, 《보한집》은 모두 상당히 주도면밀한 저작이다. 이 세 시화의 특징은 이렇다. 명구를 발췌했을 뿐 아니라, 먼저 시가 자연스러운가, 제재가 어떠한가를 중시했고, 다음으로 시어(詩語)와 성률(聲律)이 어떠한가를 보았다. 예를 들면 《파한집》에서는 〈한송정(寒松亭)〉을 평하여, "옛날에 놀던 신선 멀리 떠나갔으나, 소나무만 홀로 푸르구나. 다만 샘물 밑에는 달만이 있어, 그 모습을 생각하고 있는 듯하네(千古仙遊遠, 蒼蒼獨有松, 但餘泉底月, 髣髴想形容)"라고 하여, "이 시의 짜임새는 공이 엿보이지만, 전편에서 느낄 수 있는 꾸밈없는 운취의 자연스러움에는 미치지 못한다(組織雖工, 未若前篇天趣自然)"고 했으며, "바람이 물에 불 듯 자연스럽게 글을 이루지(如風吹水自然成文)" 못한다고 말했다. 《백운소설》에서는 작자 자신이 지은 〈용포에 배를 띄우고(泛舟龍浦)〉를 언급했다.

清曉泛龍浦, 맑은 새벽 용포에서 배를 띄워
黃昏泊犬灘. 황혼에 견탄에 정박했네.
黠雲欺落日, 간교한 구름은 지는 해를 속이고
狼石悍狂瀾. 험상궂은 돌은 미친 물결 막아 내네.
水國秋先冷, 수국에는 가을이 먼저 서늘하고
船停夜更寒. 배를 정박시키니 밤이 더 차갑구나.
江山眞勝畵, 강산은 참으로 그림보다 좋으니
莫作畵屛看. 그린 병풍으로 보지 말기를.

이 시를 두고 "흥에 기탁하여 갑자기 읊은 것이라 또한 격률에 맞는지는 모르겠다(遇興率吟, 亦未知中於格律也)"고 말했다. 왜냐하면 작자가 "무릇 시란 뜻을 위주로 하는 것이니, 뜻을 베푸는 것이 가장 어렵고 말을 만드는 것이 그 다음으로 어렵다(夫詩, 以意爲主, 設意尤難, 綴辭次之)"[1]고 여겼기 때문이다. 《보한집》 권하에서도 마찬가지로 "무릇 시를 평하는 사람들은 먼저 기골과 정취·격조를 살피고 다음으로는 사어와 성률을 살핀다(夫評詩者, 先以氣骨意格, 次以辭語聲律)"고 여겼다. 이를 보면 분명히 중국 유협(劉勰), 《문심조룡(文心雕龍)》, 〈명시(明詩)〉의 "사물에서 느낌을 받아 뜻을 읊는 일은 자연스럽지 않음이 없다(感物吟志, 莫非自然)", 종영(鍾嶸), 《시품》, 〈서(序)〉의 "성정을 읊조리다(吟詠性情)", "문장에는 금기가 많다(文多拘忌)", "그 참다움과 아름다움을 상하게 하다(傷其眞美)", 교연(皎然) 《시식(詩式)》의 "시를 지을 때는 고심해서는 안 된다. 고심하게 되면 천진함을 잃어버리게 된다(詩不要苦思, 苦思則喪于天眞)", "시인들의 무리는 꺼리고 금기가 많아 자연스러움을 잃게 된다(律家之流, 拘而多忌, 失于自然)"는 말과 이론적으로 일맥상통한다.

고려 말의 《역옹패설》, 조선 초의 《동인시화》, 《용재총화》는 모두 시경(詩境)의 창립과 함축, 고일(高逸) 혹은 표일(飄逸)의 중시를 주장했다. 사실 이것 역시 종영 《시품》의 자미설(滋味說)이나 매성유가 언급하고 구양수가 《육일시화》에서 인용하여 밝힌 것이나.

조선 초기의 《송계만록》, 《청강시화》, 《청창연담》, 《오산설림》과 조선 중기의 《지봉유설》에서는 모두 시귀기력설(詩貴氣力說)을 주장했다. 이것도 분명 중국 사공도(司空圖)의 《시품(詩品)》, 엄우(嚴羽)의 《창랑시화(滄浪詩話)》, 강기(姜夔)의 《백석시설(白石詩說)》에서 제창한 바와 마찬가지로, 그 연원을 거슬러 올라가면 조비(曹丕)의 《전론(典論)》, 〈논문(論

1) 이규보, 〈시 속의 은미한 뜻을 논한 약언(論詩中微旨略言)〉.

文)〉의 "문장은 기를 위주로 한다(文以氣爲主)"는 이론에서 나온 것이다.

조선 중・말엽의 《어우야담》, 《성수시화》, 《계곡만필》, 《소화시평》, 《호곡만필》, 《서포만필》, 《농암잡지》, 《종남총지》, 《수촌만록》, 《현호쇄담》 등에서는 시의 풍격을 논하며 여전히 기력(氣力)을 주장하고 웅혼(雄渾)을 중시했다. 창작을 논하며 대부분 자연감응설, 천기설(天機說)을 이야기했다. 예를 들면 《어우야담》에서는 "시란 성정에서 나와서 무심하게 발하는즉, 끝내는 징험이 있게 마련이다(詩者, 出乎性情, 無心而發, 終亦有徵)"라 했고, 《계곡만필》에서는 "시는 천기이다. 소리에서 울리고 색에서 빛나며 청탁과 아속이 자연에서 나온다(詩, 天機也, 鳴于聲, 華于色澤, 淸濁雅俗, 出乎自然)"고 했다. 이들은 중국 육기(陸機, 261~303), 《문부(文賦)》의 "무릇 영감이 떠오르는 것과 그 영감의 통하고 막힘에 있어 오는 것을 막을 수 없고 가는 것을 붙잡을 수 없다(若夫應感之會, 通塞之紀, 來不可遏, 去不可止)"와 유협, 《문심조룡》, 〈명시〉의 "사람에게 부여된 칠정이 사물에 자극되면 느낌이 일어난다. 사물에서 느낌을 받아 뜻을 읊는 일은 자연스럽지 않음이 없다(人稟七情, 應物斯感, 感物吟志, 莫非自然)" 그리고 강기의 《백석시집》, 〈자서〉에서 말한 시 "3백 편은 모두 하늘에서 스스로 울려나온다(三百篇皆天籟自鳴)"라는 말과 거의 비슷하다.

《홍재전서》, 《소호당집》에서 말한 신운설(神韻說), 성조설(聲調說), 성령설(性靈說), 격률설(格律說)은 중국 청시화가 조선에 전해 들어간 것과 특히 분명한 관계가 있다.

역사 사건이 증명해 주듯이 한・중 양국의 시론은 직접 호응하며, 시차가 있을 뿐이고, 심지어 이러한 시차도 그다지 크지 않다.

4. 한·중 시화 작법(作法)의 비교

고려조에서 가장 일찍 나온 시화《파한집》은 한국 시화 저작의 시작일 것이다. 이인로는 '한(閑)'을 '파(破)'했고 최자는《보한집》을 지었는데, 최자는 이 시화에서 "지금 이 책은 문장으로 국가의 명성을 보태고자함도 아니요, 성대한 조정의 숨은 이야기를 저술하고자 함도 아니다. 다만 글을 짓다가 남은 여가를 모아 우스갯소리로 제공하고자 할 뿐이다(今此書, 非敢以文章增廣國華, 又非撰錄聖朝遺事, 姑集雕篆之餘, 以資笑語)"라고 말했다.《역옹패설》은 고려의 마지막 시화일 것인데, 작자 이제현도 이 책에서 다음과 같이 말했다. "본시 한가로움과 울적한 기분을 떨치고자 붓에 맡겨 지은 것인즉, 이것이 어찌 희롱하는 말이라고 탓할 수 있을 것인가(本以驅除閑悶信筆而爲之者, 何怪夫其戲論也)." 그리고 이규보의 시화는 아예《백운소설》이라 일렀다. 고려 왕조의 네 시화는 모두 구양수의《육일시화》와 취지가 같은데, 즉 구양수가《육일시화》,〈자서〉에서 "한담의 자료로 모아두었다(集以資閑談)"라고 한 것과 같다.

조선 초의《동인시화》는 한국 시화 중에서 선인을 계승하여 발전시킨 가장 영향력이 있는 저작이다. 그것은 근고 시기 조선 초엽의 각종 시화 가운데 대표적인 시화이다. 서거정이《동인시화》를 지을 당시에는 점차 "광범한 기록과 소문, 높은 식견(其記聞之博, 識見之高)", "시는 평론이 아니고서는 흠을 제거할 수 없으니, 이는 마치 의원이 약방문을 버리고서는 병을 치료할 수 없는 것과 같기 때문이다(蓋詩不可捨評而祛疵, 醫不可棄方而療疾)",[2] "시의 나쁨을 안 뒤에 시의 바름을 알 수 있고, 시의 바름을 안 뒤에야 시의 도를 말할 수 있다고 여겨진다(知詩之惡, 然後可以得詩之正 ; 得詩之正, 然後可與言詩之道)"[3]와 같은 양상을 강구하게 되었다.

2) 강희맹(姜希孟),〈서〉.
3) 김수온(金守溫),〈발문(跋)〉.

강희맹의 〈서〉에서는 “예를 들면 《시화총귀》, 《초계어은총화》, 《시인옥설》 등의 책은 의론이 정밀하고 엄격하며 율격이 구비되었으니, 실로 시가의 좋은 방법이라 하겠다(如《總龜》集, 苕溪《叢話》, 菊莊《玉屑》等編, 議論精嚴, 律格具備, 實詩歌之良方也)”고 언급했고, 김수온의 〈발문〉에서도 “옛날의 《시림광기》와 《시인옥설》(古之《詩林》《玉屑》)”을 언급했다. 여기서 매우 분명하게 송대 완열(阮閱)이 찬술한 《시화총귀(詩話叢龜)》, 호자(胡仔, 1110~1170)가 지은 《초계어은총화(苕溪漁隱叢話)》, 위경지(魏慶之)가 펴낸 《시인옥설(詩人玉屑)》 등 3종의 시화를 말했는데, 이는 당시 조선에서 매우 중시받았다. 이 시기 한국 시화의 작법(作法)은 기본적으로 상술한 중국 시화의 통례(通例)와 일치하는데, 즉 시인의 일사(逸事), 시의 작품 감상을 위주로 하고 이어 명구를 발췌했다.

조선 중・말엽에 이르러 한국 시화는 대체로 네 부류로 나뉜다. 첫째 담론하지 않음이 없는 총집류, 즉 《어우야담》, 《용재총화》 등이다. 둘째 비교적 포폄을 중시하는 시평류, 즉 《소화시평》, 《성수시화》, 《호곡시화》 등이다. 셋째 우열을 비교한 비교류, 즉 《지봉유설》, 《제호시화》 등이다. 넷째 광징박채(廣徵博採)한 박식류, 즉 《서포만필》, 《정창연어》, 《계곡만필》 등이다. 총집류는 대체로 송대 장보신(張寶臣)이 찬술한 《산호구시화(珊瑚勾詩話)》와 양만리(楊萬里, 1127~1206)가 지은 《성재시화(誠齋詩話)》 등과 같다. 시평류는 대체로 당대 사공도가 지은 《시품》, 송대 엄우가 지은 《창랑시화》 등과 같다. 비교류는 시평류의 일종이다. 박식류는 한국의 한시와 시평에 국한하지 않고, 중국의 시와 시평을 널리 채록하여서 시화 작법상 기본적으로 시평류, 총집류와 같다.

역사적 사실이 다시 한 번 표명해 주듯이 한・중 시화는 작법에서도 직접 호응한다.

5. 한국의 위대한 한시인(漢詩人)들

신라조의 최치원, 고려조의 이규보·이제현, 조선의 신위(申緯)는 한국 한문학사의 4대 한시인이다.

한국 저작의 기록에 의하면, 최치원은 당 의종(懿宗) 함통(咸通) 8년(867)에 중국에 유학했고 당 희종 건부 4년(874)에 과거에 응시하여 급제했다. 중국 저작의 기록에 의하면, 최치원은 과거에 급제한 뒤 율수현위(溧水縣尉)에 임명되었고, 후에는 시어사(侍御史), 제도행영도통 고병의 종사(從事)·장서기(掌書記)를 맡아 중국에서 30년을 머물다가 신라로 귀국했고, 《사륙집(四六集)》과 《계원필경집(桂苑筆耕集)》 20권이 중국에서 간행되었다고 한다. 중국 청 말에 이르러 간행된 《당송백명가집(唐宋百名家集)》, 《당인오십가소집(唐人五十家小集)》에서 최치원의 작품 일부를 수록했다. 장지동(張之洞, 1837~1909)이 "배우기를 좋아하는 여러 유생(諸生好學者)"를 위해 지은 《서목답문(書目答問)》의 〈당인집부(唐人集部)〉에서도 《계원필경집》이란 대작을 찬란하게 적어 놓았다.

이규보는 고려조의 이태백으로 비견되는데, 문집 《동국이상국집》은 고종 28년(1241, 중국 남송 순우 원년)에 초간되었다. 그중에 시가 28권, 문이 25권으로 모두 53권이다. 최자는 그의 시문을 총평하면서 "어릴 적부터 붓을 휘둘러 글을 짓기 시작했는데, 모두가 새로운 뜻을 만들어 냈다. 글을 쓰면 쓸수록 문장의 내닫는 기운이 더욱 씩씩해져서 비록 성률과 일정한 법칙 가운데 들어가 섬세하게 다듬고 교묘한 구성을 이루어도 오히려 호방하고 자유로우며 기이하고 엄정했다(自妙齡走筆, 皆創作新意, 吐辭漸多, 騁氣益壯, 雖入於聲律繩墨中, 細琢巧構, 獲豪肆奇峭)"[4]라고 했다. 이규보는 한국의 한시를 평론하면서 대부분 중국 시 작품과 비교했

4) 최자, 《보한집》 권중.

다. 중국 시인 가운데 그는 백거이(白居易)를 추존했고, 그 다음으로는 도잠(陶潛), 소동파, 매성유를 추존했다. 도잠에 대하여 그는 "나는 그의 문체를 본받고 싶었으나 끝내 모방할 수 없었다(余欲效其體, 終不能仿佛)"고 말했다. 소동파에 대해서 그는 "부섬하고 호매하여 시에 우뚝한 사람이다(富贍豪邁, 詩之雄者也)"라고 여겼다. 매성유에 대하여 그는 "겉으로는 약한 듯하나 속으로는 단단한 힘이 있어 참으로 시 가운데 우수한 것이다. 매성유의 시를 알아본 뒤라야 시를 제대로 아는 사람이라고 할 수 있다(外若荏弱, 中實骨骾, 眞詩中之精雋也, 知梅詩然後可謂知詩者也)"[5]고 말했다.

이제현은 28세 때 고려 충선왕(忠宣王)을 모시기 위하여 중국 원조의 서울 대도(大都, 지금의 북경)에 와서 중국의 명사 요수(姚燧, 1239~1314), 염복(閻復), 원명선(元明善, 1269~1332), 조맹부(趙孟頫, 1254~1322) 등과 광범하게 교유했다. 게다가 사천(四川)으로 출사한 적이 있고 강절(江浙)을 유력하고 감숙(甘肅)까지 간 적이 있으며, 저작으로 《익재집(益齋集)》이 있다. 그는 한국 4대 한시인 중 한 명이며, 한국 3대 문호 중 한 명이다. 김택영은 그를 평론하여 "익재 이제현의 시는 정교하고 청준함으로 삼라만상을 모두 갖추었으니 3천 년 이래의 제일가는 대가이므로 정종으로 으뜸가는 인물이다(益齋之詩, 以工妙淸俊, 萬象具備, 爲朝鮮三千年之第一大家, 是以正宗而雄也)"[6]라고 했는데, 한국에서도 이제현을 '한시종(漢詩宗)'으로 불렀음을 보여준다. 그의 저작은 중국에서 청 동치(同治) 원년(1862)에 오숭요(伍崇耀, 1819~1863)가 중국 광동(廣東)에서 《월아당총서(粤雅堂叢書)》로 집인(輯印)했고, 또 《익재집》을 제23집으로 펴냈다.

이제현은 중국 시가를 극도로 숭배했다. 그는 왕안석(王安石, 1021~

---

5) 이규보, 《백운소설》.
6) 김택영, 《소호당집》 권8.

1086)을 매우 중시하여 왕안석의 시는 "한 글자 한 마디마다 밝은 구슬이 쟁반에 굴러가듯 굴곡이 심하고 사랑스럽다(一字一句, 如明珠走盤, 宛轉可愛)"고 말했다. 그러나 논시(論詩)는 도리어 북송 제가의 시론을 종합하여 절충한 것이라서 일가의 학설을 고집하지 않았다. 시를 논할 때 시구를 들어 예로 삼는 것은 대부분 왕안석과 유우석(劉禹錫, 772~842)에서 취했고 시법(詩法)를 이야기할 때는 대부분 황산곡의 주장을 따랐다.

수중에 신위(申緯)에 관한 자료가 없어서 하나하나 통론(通論)할 수는 없다. 다만 가장 명망 있는 최치원, 이규보, 이제현의 상황만으로도 한국의 위대한 한시인이 시학의 연원상 중국 시가와 어떻게 같고 다른지 충분히 알 수 있다.

1980년 1월 5일 광주(廣州)에서.

[해제]

이 글은 소신(蘇晨, 1930~)의 〈同岑異文 : 讀朝鮮詩話札記〉(《讀書》 1980년 제9기)를 번역한 것이다.

소신은 산문 작가로, 원적은 산서(山西) 우현(盂縣)이고 요녕(遼寧) 본계(本溪)에서 출생했다. 일찍이 광동인문출판사(廣東人民出版社), 화성출판사(花城出版社) 부사장 겸 부총편집, 화성출판사 편심(編審)을 역임했고 지금은 중국작가협회 회원, 중국산문학회 이사, 광동성출판공작자협회 부주석, 《財富》 잡지사 사장이다.

주요 저작으로는 산문집 《擁黨運動在七連》(1947), 《野芳集》, 《常礪集》, 《小荷集》, 《夾竹桃集》, 《野石子集》, 《流水集》, 《三角梅集》, 《故鄉集》, 《多情的金三角》, 《環滁集》, 《天南地北》, 《訪韓紀事》(花城出版社, 1994), 《淚淚的流水》(廣州出版社), 《窓外那麼集》(嶺南美術出版社) 등이 있고, 주요 논문

으로는 〈同岑異台〉(《讀書》 1980년 제9기), 〈每念朝鮮漢文學〉(《當代文藝思潮》 1983년 제3기), 〈朝鮮的李太白(李奎報)〉(《讀書》 1983년 제6기), 〈朝鮮"詩佛"申緯〉(《讀書》 1984년 제3기) 등이 있다. 그의 사적이 《世界名人錄》(영국 케임브리지 國際傳記中心)에 수록되어 있다.

신라 유당(留唐) 시인 최치원의 한시 예술 성취

하춘호(夏春豪)

고대 한국에는 한 차례 고구려, 신라, 백제 3국이 정립하는 국면이 있었다. 7세기 중엽 신라가 백제, 고구려를 멸망시키고 반도의 대부분을 통일하여 가장 왕성한 시기가 되었다가, 9세기에 점점 쇠퇴하여 935년에 왕건(王建)의 고려가 대체하게 되었다. 신라 시기에 당 왕조와 관계가 밀접하여 입당 유학생도 매우 많았다. 그중 최치원의 한시 창작이 중요한 성취를 얻어 한·중 문화 교류사에서 극히 높은 자리를 차지하고 있다.

최치원은 857년에 출생하여 10세기 초, 신라의 쇠퇴기에 사망했다. 열두 살(869, 당 의종 함통 10)에 상선을 타고 중원에 들어왔다. 장안(長安)에서 6년 동안 수학하고 18세(875, 당 희종 건부 2)에 진사 시험에 합격했다. 급제 후 동도(東都) 낙양(洛陽)으로 2년간 거주지를 옮겼다. 877년에 율수(溧水, 지금은 강소에 속함)의 현위로 부임했고 임기 만료 후 북상하여 제과(制科) 시험을 쳐서 자신을 위해 더 높은 전도를 추구하고자 했으나, 도중에 회남절도사(淮南節度使)이자 시인인 고병(高駢, 821~887)에 의해 종사(從事)로 임용되었다. 후에 고병의 막부에서 일하면서 전중시어사(殿中侍御史)로 승급했다. 884년(희종 중화 4)에 중국 유학 생활과 관리 생활을 끝내고 국신사(國信使)가 되어 15년이나 떨어졌던 조국으로 돌아왔다.

그의 저작 《계원필경집(桂苑筆耕集)》 20권은 대부분 표(表)·계(啓)·서(書)·장(狀) 등 공문 문서이며, 유독 권17에 시 30수를 부록했고 권20에도 시 30수를 부록했다. 이 60수의 시는 손망(孫望, 1912~1990)에 의해 《전당시보일(全唐詩補逸)》의 권20으로 엮이는데, 지금은 《전당시외편(全唐詩外編)》에 수록되어 있다. 최치원의 현존 시는 대략 90편인데, 필자가 지금까지 읽은 시는 약 80편으로 그중 칠언 율시가 15편이다. 최치원의 시가 가진 내용의 특징에 대해서는 연구자들이 논급한 바가 있다. 여기서는 최치원의 성취를 대표할 수 있는 칠언 율시의 예술성을 중점적으로 논하고자 한다.

우선 추상과 구상의 조화, 융통이 최치원의 시의 성공적인 현저한 특색이라 하겠다. 시에 구체적인 경상(景象), 의상(意象) 묘사가 지나치게 사실적이거나 너무 치밀하거나 혹은 추상적 서술의 이끎, 연결이 부족하면 다른 경상을 지리하게 나열하게 된다. 그러면 독자로 하여금 심상을 종합할 방향을 정확히 찾지 못하게 하고 의서(意緒)의 불명확성을 가져와, 간혹 의상은 있으나 생각이 담겨 있지 않고 경상은 있으나 정감이 담겨 있지 않게 된다. 그러나 반대로 시에 정감, 이념이 추상적이고 직언적인 문자가 과다하면 독자의 처지에서 경상의 재구성을 불러일으키지 못하여 읽으면 무미건조하게 된다. 비교적 양호한 시적 예술 효과를 거두려면, 영상과 심서(心緒)의 융합, 경상과 정감의 상호 융합을 이루어야 한다. 일반적으로 양자의 파악, 조절 면에서 일종의 자각적인 깨달음과 고명한 표현력이 필요하다. 최치원의 일부 칠언 율시를 읽으면 왕왕 그의 추상적 경상과 서로 조화를 이루고 보충하는 예술성에 의해 감동받는다. 예를 들면 시 〈심정을 토로하며 태위께 올립니다(陳情上太尉)〉는 감동적인 의서와 넉넉하게 융합하는 완미감(完美感)이 있다.

海內誰憐海外人, 해내에서 누가 해외 사람을 어여삐 여기리?

問津何處是通津. 나루터가 어디냐고 물으니 예가 나루로 통하는 길이라네.
本求食祿非求利, 본래는 식록을 구함이지 명리를 구함이 아니니,
只爲榮親不爲身. 단지 어버이를 영화롭게 하기 위함일 뿐, 제 몸 위함이 아니로다.
客路離愁江上雨, 강 위에 비 내리니 나그네 시름겹고,
故園歸夢日邊春. 고향에 돌아갈 날 꿈에도 아득하도다.
濟川幸遇恩波廣, 배 건너다 다행히 은혜로운 물결 만나
願濯凡纓十載塵. 10년 동안 세속에 찌든 갓끈을 씻고자 하노라.

최치원의 시 〈덕을 기리는 칠언시 30수를 사도 상공께 삼가 올립니다(七言紀德詩三十首謹獻司徒相公)〉를 참고하면, 이 시 제목에서 말한 대로 심정을 토로한 대상인 '태위'는 고병을 가리킴을 알 수 있다. 이 시를 쓴 때는 율수현위에서 이직한 뒤 고병의 종사로 임용된 초년, 즉 대략 희종 중화 원년(881)일 것이다. 당시 최치원의 나이는 스물다섯으로 중국 유학 생활과 관리 생활하던 13년만의 일이다. 고병은 만당 의종・희종 연간에 한때 이름을 떨친 인물로 검남서천절도사(劍南西川節度使), 형남절도관찰사(荊南節度觀察使), 회남절도사(淮南節度使) 등을 지냈다. 희종 광명(廣明, 880) 연간에는 검교태위(檢校太尉)란 관직이 더해져 삼공(三公)의 반열에 올랐다. 고병은 문무를 겸비했고 유장(儒將)의 풍류가 있으며 시문을 짓는 재주가 넘쳐나서 주위에는 수많은 문인, 명사들이 모여들었다. 최치원의 '칠언기덕(七言紀德)' 연작시를 보면, 고병과 최치원 간에 주인과 종자가 서로 의기투합하고 관계가 융화했음을 알 수 있다. 이 진정시(陳情詩)는 평범하게 응수한 글이 아니라, 깊고 진지한 뜻을 가득 함축하고 있으며 예술적으로도 원숙함에 이르렀다.

이 시는 시인이 중국에 장기 체류하면서 겪었던 회재불우(懷才不遇)의 느낌과 조국으로 돌아가고 싶어 하는 사향연토(思鄉戀土)의 감정을 잘 전

달하고 있다. 제3연은 전체 시를 해독(解讀)하는 핵심이다. "객로이수강상우(客路離愁江上雨)" 구에서 앞의 넉 자는 신분과 내심의 실락(失落)을 직언했고, 뒤의 석 자는 형상의 비유인데, 추상적 직언과 구상의 묘사로 하여금 조화를 얻게 했을 뿐 아니라 형상 묘사까지 시도하여 시행(詩行)의 모습이 곧장 선명해지고 정서가 즉시 충만해진다. 중국의 경우 송대 진관(秦觀) 〈완계사(浣溪沙)〉의 "무변사우세여수(無邊絲雨細如愁)" 구에서 '비[雨]'는 중국 구시(舊詩)의 전통 의경(意境)인데, 이것이 세밀・음침하여 단절하기 어려운 물상 내질(內質)과 근심하고 원망하는 사람의 정서 내질(內質)로 같이 재구하여 양자를 떼어놓을 수 없는 인연으로 맺어놓는다. 이국의 젊은 시인의 한시 전통 의상에 대한 이해가 자못 깊다. 또한 시구 중 '강상(江上)'과 '객로(客路)'가 서로 호응하면서 그가 율수에서 북상하는 여정 등을 독자가 널리 연상함으로 시의 경계가 마침내 넓어진다. '이수(離愁)'는 '비[雨]'와 연계되면서 경관이 쓸쓸하고 암담하고, 감정이 비참하고 고통스러워 전모가 드러나지 않는다. 고향을 떠날 때 아버지가 신신당부하는 말이 귀에 쟁쟁하다. "네가 10년 공부하여 진사에 급제하지 못하면 나의 아들이라 하지 말라, 나도 아들을 두었다 하지 않을 터이니 가거라(十年不第進士, 則勿謂吾兒, 吾亦不謂有兒往矣)."[1)]

그는 가족의 기대를 저버리지 않고 6년 만에 성공을 거두었다. 그러나 만당 사회에서는 각종 모순이 격렬해지고 정사(政事)의 폐단이 쌓여 더 이상 이를 만회하기 힘들었다. 시국의 동란이 그를 뒤흔들어 놓았다. 율수현위로 부임하면서 보고 들은 것, 통치 계급의 사치와 음란함은 그로 하여금 불만을 사게 했다.[2)] 그리고 또 하급 관리였기에 그는 북상하여 제과(制科) 시험에 참가하여 다시 진급을 도모하고자 했다. 그가 신라에

1) 《삼국사기(三國史記)》 권46, 〈열전 제6〉.
2) 이 방면의 시 작품으로는 〈강남의 여인(江南女)〉, 〈요주 파양정(饒州鄱陽亭)〉 등이 있다.

서 중원으로 들어올 때 고향의 형세는 아직 크게 몰락하지 않아 몸담고 있는 당나라와 비교해 보고 고국을 마음속으로 동경했다. 고국은 해가 솟는 동방에 있고 꿈속에서라도 그에게 위안을 주어 봄날같이 따뜻한 느낌을 주었다. 꿈속에서 고향에 돌아가는 꿈은 허(虛)가 되고 햇볕 쪼이는 봄 날씨는 가상 속의 실(實)이 되니 허실(虛實)이 교융(交融)하여 시인이 조국, 친척에 대하여 회상하는 뜨겁고 절실한 심정이 강렬해졌다.

시인이 기로에서 방황하고 돌아가는 배편을 찾고자 할 때 권세가 높고 문채가 있으며 풍류적인 선배 시인을 만나게 되었다. '제천(濟川)'은 동쪽으로 귀국하려는 실제적인 바람이자 마음속 고민을 풀어주고 고해(苦海)를 건너게 해 주는 한 비유이기도 하다. 한 조각 은택, 청명평정(淸明平靜)함으로 그가 수년 동안 분주히 다니면서 찌들었던 세속의 속된 자태를 씻고 흉중의 잡념과 찌든 때를 씻을 수 있다. 마지막 연의 천(川)・파(波)・영(纓)・진(塵) 등 여러 명사, 제(濟)・탁(濯) 등의 동사는 모두 허실(虛實)의 비유 사이에 있어, 시의 정서와 사리(事理)의 크기를 확대시켰다. 하나의 '행(幸)'과 하나의 '원(願)'은 하소연 대상에 대한 탄복과 신뢰감을 표명하고, 나타내고자 하는 주제와 완벽하게 호응한다.

시인이 당나라에 들어와 고학한 지 6년 만에 진사에 합격했고 대량의 시를 써 냈다. 〈계원필경서(桂苑筆耕序)〉에서는 "유람한 지 6년 만에 이름을 방 끄트머리에 걸게 되었습니다. 이때 마음속의 심정을 읊조리고 사물에 기탁하여 편을 이름 지어 '부' 또는 '시'라고 이른 것이 거의 상자에 가득하였습니다(觀光六年, 金名榜尾, 此時諷詠情性, 寓物名篇, 曰賦曰詩, 幾溢箱篋)"라고 했고, 또 겸손하게도 "어린아이가 꾸민 것으로 장부가 부끄러워하는 바(童子篆刻, 丈夫所慚)"라고 말하여 이를 모두 폐기했다. 이 칠언 율시는 초기에 쓴 것이나 추상적 정념(情念)과 이질(異質)을 함께 재구한 구상 묘사의 포착과 제련 면에서 조화, 융합을 이루어 자못 절묘한 경지에 이르렀다. 칠언 율시 〈진달래꽃(杜鵑)〉, 〈산꼭대기의 우뚝한 바위(山頂危石)〉, 〈돌 위의 작은 소나무(石上矮松)〉 등 여러 시편은 마지막 구절에서 그 뜻이 분명히 드러난다. 그리고 앞의 제3연에서는 모두 생동하는 구상을 묘사하여 전체 시의 이념성을 하소연하고 게다가 풍부한 물상이 뒷받침하여 전체적으로 읽어보면 함치르르하고 무미건조하지 않아 모두 최치원 시가 예술의 첫 번째 장점을 현시했다.

다음으로 시어 구사와 배치의 정교함과 적절함은 최치원 시가 예술의 또 하나의 우수한 특색이다. 앞의 시를 예로 들어보자. 앞의 시 후반부는 함축성이 있고 감정이 깊어서 전형적인 당시처럼 혼원방윤(渾圓芳潤)하다. 전반부는 시어에 사리(思理)와 정서(情緖)의 직접적 호소력과 경사(傾瀉)가 있는데, 그 절묘한 곳은 심혈을 기울인 시어 구사와 배치에 있다. 4행시에서 매 행은 특히 사이사이에 같은 글자를 반복 운용하여 읽고 낭송할 때 시청각적 미묘함과 조화, 순환, 왕복의 아름다움을 이루었다. 이는 글자의 배정을 위해 배정한 문자 놀이가 아니다. 이별의 슬픔이 어찌 없겠는가? 돌아갈 꿈이 얼마나 간절한가? 홀몸으로 해외에 있기 때문에 대당(大唐)에서 마음이 맞는 친구를 찾기도 어렵다. 생각은 재능을 드러내고 영달을 구했으니 어찌하면 하진(河津)을 건너 요로에 올라갈 수 있는가?

제2구의 첫 번째 '문진(問津)'·'통진(通津)', 멀리 4행을 건너뛰어 '제천(濟川)'·'은파(恩波)'의 단어에서 끊임없이 잠복해 있는 의미 맥락을 찾을 수 있다. 그리고 마지막 구에서 범영(凡纓)의 '범(凡)', 진속(塵俗)의 '진(塵)', 이수(離愁)의 '수(愁)', 또 제2연에서 솔직 담백한 주해를 찾을 수 있다. 시의 상반부에서 시어 구사의 정미(精美)함은 개인의 창조성을 띤다. 첫째는 윗 구에서 아랫 구로 4행 사이사이에서 반복적으로 연이어 운용했다. 두 번째는 똑같이 반복하여 변화가 풍부하다. 즉 단어의 위치나 단어 성질의 선택 면에서 들쭉날쭉하고 재미있게 배정했다. 근체시인 율시에서는 최대한도로 표현하기 위해 다른 시행 사이에 일반적으로 글자와 단어의 중복을 허용하지 않는다. 그러나 한 구에서 고의적인 중복은 허용되는데 이것이 음절 순환의 미(美)에 도움을 주고 아울러 홍취가 도도한 영묘(靈妙)함을 조성했다. "한번 울고 한번 답하여 가슴을 에이니, 춘삼월 저무는 봄에 촉 땅을 그리워한다(一叫一回腸一斷, 三春三月憶三巴)",[3] "바로 파협을 따라 무협을 뚫고 지나, 곧 양양으로 내려간 다음 낙양으로 향하리라(卽從巴峽穿巫峽, 便下襄陽向洛陽)"[4] 구는 모두 명련(名聯)이다. 최치원은 한 시 속에서 연이어 2연을 지었으니 그가 한어 조합에 전심전력으로 추구한 노력을 엿볼 수 있다.

《전당시일(全唐詩逸)》에는 최치원의 잔구 7연을 수록하고 있는데, 그중 하나가 "낙수의 물소리에 움트는 풀과 나무, 숭산의 눈 속에서 옛 누대가 비친다(洛水波聲新草樹, 嵩山雲影舊樓臺)"[5]이다. 낙수가 졸졸 느릿느릿 흐르고 물결이 멀리서 일어 초목으로 하여금 생기발랄하게 한다. '신(新)' 자는 형상을 움직이게 만들어 갑자기 시행을 비할 데 없이 활기를 띠게 한다. 그리고 '파성(波聲)'이란 단어는 흐르는 물소리에서 화초의 빛깔을 연상케 한다. 이와 같은 시어 구사에서 한자 함의에 대한 시인의 깊은 깨달음과 시어 구사의 완숙한 공력을 충분히 엿볼 수 있다. "꽃동산에서 취하여 헤어지니 꽃잎이 소매에 가득하고, 그윽한 길목에서 읊으며 돌아오니 달이 휘장에 걸렸구나(芳園醉散花盈袖, 幽徑吟歸月在帷)."[6] 아래 구는 심히 의외다. '월(月)'은 광야, 황전(荒天) 속에서 시인의 발걸음을 따라 그윽한 오솔길을 밟고 정원으로 돌아가는가? 아니면 정이 많은 달이 오랫동안 휘장 안에서 읊조리며 돌아가는 시인을 기다리는가? 이처럼 해석할 필요가 없을 정도로 절묘하다.

---

3) 이백(李白), 〈선성에서 두견화를 보다(宣城見杜鵑花)〉.
4) 두보(杜甫), 〈관군이 하남, 하북을 수복했다는 말을 듣고(聞官軍收河南河北)〉.
5) 〈낙중의 벗에게 주노라(留贈洛中友人)〉.
6) 〈이름이 난 뒤 진사 전인의에게 주노라(成名後酬進士田仁義見贈)〉.

사물을 읊조리며 동류의 사물을 연이어 놓고 거기에 기탁하여 완곡한 뜻을 깊이 얻는 것이 최치원 시가 예술의 세 번째 특징이다.

〈「귀연음」을 지어 태위께 드리며(歸燕吟獻太尉)〉

秋去春來能守信, 가을 가고 봄이 와도 믿음을 지킬 수 있으니
暖風凉雨飽相諳. 따스한 바람과 차가운 비를 실컷 맞았네.
再依大厦雖知許, 다시 큰집에 기댄 지 얼마던가!
久汚雕梁却自慚. 오래도록 들보 더럽힘이 부끄러워라.
深避鷹鸇投海島, 사나운 매를 피해 섬으로 돌아갈 때
羨他鴛鷺戱江潭. 강가에 노니는 다른 물새가 부러웠네.
只將名品齊黃鳥, 명색은 꾀꼬리와 다름없는데
獨讓銜環意未甘. 구슬을 물어 드리지 못해 섭섭하네.

이 칠언 율시는 앞에서 인용한 〈심정을 토로하며 태위께 올립니다(陳情上太尉)〉보다 더욱 완미하게 보인다. 매 행마다 힘이 모두 균형을 이루고 전편(全篇)에 약한 필치는 보이지 않는다. 구마다 은인과 작별을 고하고 동쪽으로 돌아가고자 하는 뜻을 썼다. 오랫동안 주인을 성가시게 하다가 지금 돌아가고자 함을 제비의 말투를 빌려 말했는데, 완곡하고 정이 깊다.

첫 구에서는 품격의 진심을 말했고, 두 번째 구에서는 다난한 경력을 탄식했다. 제2연은 매우 새롭고 남의 이목을 끈다. '재의(再依)'는 계속하여 태위의 군대 막부에서 머무름을 의미하고, '구오(久汚)'는 큰 공적을 이루지 못하여 사도 상공(司徒相公)의 뛰어난 명성을 더럽혔음을 의미한다. 제5구는 처소 환경에서 매나 새매처럼 간사하고 흉악한 자에 대한 불만과 회피를 표시하여 만당 사회 동란의 음영을 굴절시켰다. 제6구는 고향의 흘가분한 환경에 대한 그리움으로, 근래 신라로부터 소식이 없었음

을 설명한다. 마지막 연에서는 전고를 운용했는데, 제비는 동류의 꾀꼬리[黃雀, 서왕모(西王母)의 사자가 백옥으로 된 구슬을 물어와 구해준 은인 양보(楊寶)에게 보답한다]를 연상시키는데, 제비의 시각과 말투, 그 기분이 매우 자연스러워 위아래의 글이 원융일체(圓融一體)를 이루어 끝매듭이 원만하다. 전체 시에서 제비와 꾀꼬리, 매, 송골매와 원앙, 사물과 인간, 꾀꼬리와 양보(楊寶), '나'와 태위의 관계는 모두 사이비라 붙지도 않고 정체되지도 않는 사이에 있다. 이처럼 영물, 자아 서사 등이 흔적 없이 혼화(渾化)하여 최치원 시가 예술의 높은 경지를 엿볼 수 있다.

현존하는 최치원의 이러한 시편들이 상당히 많아서 한번 언급할 만하다.

〈진달래꽃(杜鵑)〉

石罅根危葉易乾, 돌 틈에 뿌리 박혀 잎 마르기 쉽고
風霜偏覺見摧殘. 바람·서리에 자칫하면 꺾이고 상하네.
已饒野菊誇秋艷, 가을 자태 자랑하는 들국화는 두고라도
應羨巖松保歲寒. 추위에는 끄떡 않는 소나무가 부러워라.
可惜含芳臨碧海, 가여워라 고운 빛깔로 바닷가에 섰건만
誰能移植到朱欄. 어느 누가 좋은 집 난간에다 옮겨 심을까.
與凡草木還殊品, 여느 초목과는 다른 품격 지녔건만
只恐樵夫一例看. 지나가는 나무꾼이나 한번 쳐다봐 줄는지.

이 시에서는 바닷가 산비탈의 두견화를 묘사하면서 뿌리를 내린 곳이 얕음을 강조하여, 의지할 조건이 없고 또 자양시킬 빗물이 충분치 않음을 묘사했다. 주위에 꺾어진 것은 도리어 아주 많아서 바람 불고 서리가 내려 쉽게 시든다. 두견화는 한때 요염한 가을 국화와는 다르고, 세월이 지나도 항상 푸르른 바위의 소나무와도 같지 않다. 그러나 두견화 중에는 스스로 바위에 의지하여 바다를 향해 홀로 핀 붉은 색의 꽃도 있다. 일종의 고원(高遠)한 발판, 시야의 광대함, 기세의 등등함을 독자적으로 갖추고 있다. 두견화는 부잣집 정원에 옮겨지길 원하지 않으며, 이에 구애되거나 구속되는 것을 달가워하지 않는다. 이것은 일종의 종속으로, 힘든 여건 하에서 우뚝 서서 살려고 노력하는 자의 인격 묘사이며 시인의 자아, 자존, 자중의 주체 의식을 표현하고 있다. 마지막 연은 직언하는 시구로 주제의 의의를 일깨우고 스스로 고아한 운치를 표방하며 직접 나무꾼을 책망하여 구상(具象)의 함축과 대강을 드러내었다. 전체 시는 자유자재로 뜻을 펼치고 열고 닫음에 절도가 있으며, 음운이 상쾌하고 정서가 통쾌하여 확실히 영물시 중의 훌륭한 구조이다.

칠언 율시 〈산꼭대기의 우뚝한 바위〉("萬古天成勝琢磨")는 기이한 바위를 노래하며 뛰어난 재능을 가진 사람을 묘사했는데, 오로지 사리사욕을 채우려는 것에 대해서는 기옥매주(棄玉埋珠)하며, 어진 자를 내치고 유능한 자를 시기하는 자에 대해서는 거침없이 비웃음을 던졌다. 전체 시는 바위를 묘사하면서도 인간을 묘사하여 물아(物我) 모두 갖추어, 역시 영물시 중 상품이다.

영물시에서 사물을 연상하여 작자의 뜻을 기탁할 때는 사물에 대한 시인 특유의, 자세하게 살펴보는 각도가 필요한데, 때로는 일반적인 사유 방향을 거슬러 반대로 사고하여 사람의 이목을 새롭게 함이 있다. 칠언율시 〈돌 위의 작은 소나무〉("不材終得老煙霞")에서는 곧 반대 방향으로 사유하는 데 능숙하다. 최치원 이전에 누가 키가 작아 재목감이 못되는 소나무를 찬양한 적이 있는가? 맨 처음에 '부재(不材)'라는 두 자를 써서 왜송에게 하품의 자리를 정해 주었으나 '종득노연하(終得老煙霞)'에서 반대로 왜송 나름대로의 득의한 곳이 있음을 긍정했다. 즉 벌목의 재난을 면하고 산속의 구름과 안개를 벗하며 생애를 마감할 수 있는 것이다. 제2구에 연이어 쓴 왜송의 처지는 너무 딱한데, 누구나 알고 있는 장점이 아니다. 제3, 4구의 묘사는 일상적이고 평범한 묘사이다. 제5, 6구에서는 반석 밑에 뿌리를 내리면 견고하고 튼튼해지니 설사 하늘을 꿰뚫고 구름을 능가할 수 없을지라도 무슨 상관이 있겠느냐고 말했다. 마지막 연의 "키 작은 것은 부끄러워할 바가 아니니, 안영의 집 들보감으로는 넉넉하다네(莫訝低顔無所愧, 棟梁堪入晏嬰家)" 구는 비록 안영처럼 신분이 낮을지라도 스스로 부끄러워할 필요는 없으며, 마치 춘추 시대 제(齊)나라 대부 안영(晏嬰)처럼 왜소하나 유명한 재상이 되는 데는 아무런 장애가 되지 않는다는 말이다. '안영'이란 말이 나오면서 앞글의 '부재(不材)', '반석(盤石)', '능운(凌雲)', '저안(低顔)' 등이 모두 일깨워지고 왜송은 드디어 물상을 벗어나 지위는 낮으나 재주는 높은 자의 우언적 함의를 지닌다. 인간의 가치는 마땅히 내질(內質)을 살펴서 정해야 하는 것이지 겉모습을 보아서는 안 된다는 말인데, 따라서 처음에는 왜송의 가치를 부정했다가 나중에는 찬미했다.

마지막으로 언급해야 할 것은, 최치원의 시는 필묵을 적게 들이고 정갈하여 번잡하게 늘어놓지 않아서 시구가 간결하고 의미는 풍부하여 필력이 강건하다는 점이다. 율수현위로 있을 때 쓴 오언 고시 〈강남의 여인(江南女)〉에서,

江南蕩風俗, 강남의 풍속은 방탕하여
養女嬌且憐. 기르는 딸이 교태 있고 가냘팠네.
性冶恥針線, 천성은 바느질하는 것을 부끄러워하니
妝成調管絃. 분단장 마치고는 악기 조율하네.
所學非雅音, 배운 것은 고상한 노래가 아니요
多被春心牽. 춘정에 많이 이끌린 것이라네.
自謂芳華色, 스스로 일컫기를 꽃다운 얼굴이요
長占艶陽年. 청춘 시절 길이 이어진다 하네.
却笑隣家女, 도리어 이웃 여자 비웃나니

終朝弄機杼. 하루 종일 북을 놀리며

機杼縱勞身, 베 짜느라 몸을 수고롭게 하지만,

羅衣不到汝. 비단옷은 네게 돌아가지 않으리라.

전체의 시는 12행으로 세 개의 전형적 사실을 취하여 강남 부호 여성의 사치와 호화를 특히 묘사했으나 결코 번거롭거나 군더더기 표현이 없다. 앞의 8행은 하나의 휴지(休止)인데, 제3인칭으로 당 말 연간 강남 풍속의 특징을 방관적으로 드러냈다. 시인의 시각은 부귀하고 호화롭게 사는 여인에게 향해, 통치 계급 중 상층 계층 인사의 부패하고 기생적인 생활을 그려내었다. 시에는 직접 고발하는 증오의 단어, 탕(蕩), 교(嬌), 연(憐), 야(冶) 등의 글자가 있다. 특히 첫 행의 '탕(蕩)' 자는 시인의 애증을 분명하게 드러내는데, 부귀한 권세가 생활을 편달하는 필치이다. 앞에서 인용한 네 글자의 주요 의미는 서로 같으나 '치(恥)' 자는 상류 여성의 일상 노동에 대한 경시와 반감을 써 냈다. 제4행에서는 그녀들이 두 가지 일, 즉 꾸밈과 화장, 관현악기 연주를 중시함을 두드러지게 강조했다. 그러고 나서 아래의 제7, 8구에서는 그 '장성(妝成)'을 과장했고 제5, 6구에서는 '관현(管絃)'을 주해했다. '춘심(春心)'은 춘정이 발동하는 은유적 묘사법이다. 뒤의 4행은 부호 여성의 말투로 가난한 '인가녀(隣家女)'와 대조하여 이웃 여성이 종일토록 고생스레 베를 짜도 거친 베옷조차 걸치지 못하는 슬픔과 쓰라림을 강조했다. '소(笑)' 자에서는 경박한 부잣집 딸을 핍진하게 묘사해냈다.

전체 시에서 이처럼 세 가지 방면, 즉 꾸밈과 화장, 관현악기 연주, 가난한 여성을 조소함에서 부잣집 여성의 천박과 무지, 수치를 모름을 충분히 묘사했다. 여기에 조금도 번잡함이 없다. 이처럼 단호하고 명쾌하며 사상성이나 예술성이 골고루 훌륭한 시가 젊은 신라의 유학생 시인의 손에서 나왔는데, 그의 한시 시가 예술의 숙련됨은 가히 어려운 것이다. 시에 만당 시기 빈부 차가 현격하고 계급 모순이 첨예한 실정을 굴절시켜서 황소(黃巢) 봉기가 일어난 몇 가지 정보를 폭로하는데, 피일휴(皮日休), 섭이중(聶夷中), 두순학(杜筍鶴) 등 현실주의 시인과 같은 피가 흐르고 있다.

최치원은 귀국한 뒤에 신라의 혼란한 정치를 목도하고 몸소 겪었다. 중앙 정계 바깥으로 배제되어 지방관이 된 다음에 감정이 더욱 깊어져 통치 계급의 죄악을 폭로하고 탐람과 잔인함을 풍자하는 수많은 시를 썼다. 남은 시는 많지 않으나 모두 소재 선택이 전형적이고 붓놀림이 간결하고 정갈한 특징이 있다. 〈옛 생각(古意)〉, 〈흥을 기탁하며(寓興)〉가 그러한데, 후자는 다음과 같다.

願言扃利門, 원컨대 이욕의 문을 막아
不使損遺體. 부모께 받은 몸 상하게 말라.
爭奈探珠者, 어찌하여 이익 좇는 사람들
輕生入海底. 목숨 가벼이 바다 밑에 들어가나.
身榮塵易染, 몸의 영화는 티끌에 끌리기 쉽고
心垢正難洗. 마음의 때는 잘못을 씻기 어렵다네.
澹白與誰論, 담박한 맛을 누구와 의논하리!
世路嗜甘醴. 세상 사람들 단술만 즐긴다네.

첫 구와 마지막 두 구에서는 시인이 사리사욕에 담박한 심지를 표명하여, 다른 세속인이 달콤한 술처럼 아무리 좋아한다 할지라도 사리를 추구하는 관직을 버리고 심성을 기를 것을 다짐했다. 제3, 4 두 구에서는 위험한 늪에 깊이 빠진 사리사욕 추구자들을 질타하면서도 그들을 구할 바람을 묘사했다. 제5, 6구에서는 의론을 가하여 사리를 좇는 해로움, 특히 이것이 심경의 변화에 있음을 분명히 지적했다. 전체 시를 읽노라면 약동하고 의경(意境)이 움직이는데, 의론으로 시작하여 묘사에 은유 장치를 설치하여 심(心)과 신(身)이 점층하고 청고(淸高)함과 범속함이 분명하게 드러난다. 시구는 간결하나 뜻은 풍부하고, 함축성 매우 크며 풍자성이 매우 강하다.

최치원은 한국 문학계에서 9세기 말, 10세기 초의 우수한 시인으로 대단히 높이 평가되는데, 최초로 해외에 이름을 날린 인물로, 심지어는 "우리나라 문장은 최치원에게서 시작되었다(我國文章, 始發揮于崔致遠)"[7]고 말하기도 했다.

그가 남긴 한시의 예술 성취에 대한 천론(淺論)에 의하면, 그는 확실히 한국 한시 발전에서 마멸할 수 없는 공적을 남겼고, 한・중 문화 교류사에 빛나는 한 쪽을 차지하고 있다.

[해제]

이 글은 하춘호(夏春豪)의 〈新羅留唐詩人崔致遠漢詩藝術成就〉(《韓國硏究・제4집》, 學苑出版社, 2000)를 번역한 것이다. 하춘호 교수는 회남공업학원(淮南工業學院) 문학원 교수이다.

---

7) 성현(成俔), 《용재총화(慵齋叢話)》.

Ⅳ. 최치원의 서사 문학

〈선녀홍대(仙女紅袋)〉에서 현대 경극 《최치원 전기(崔致遠傳奇)》까지

위욱승(韋旭昇)

1. 서언

한국 신라 왕조 말기 학계의 거장이자 탁월한 시인 최치원(崔致遠, 857~?)은 대대로 한국 '문학의 선조(文學之祖)'로 추앙받았다. 그는 중·한 문화 교류사에서 중요한 인물인지라 중국의 사서와 지방지에서도 그를 언급했다. 《당서(唐書)》, 〈예문지(藝文志)〉에서는 그가 당에서 빈공(賓貢)으로 급제했고 고병의 종사관이었으며, 저작으로 《사륙집(四六集)》 1권, 《계원필경(桂苑筆耕)》 20권이 있다고 했다. 최치원은 유년 시기(열두 살)에 상삿배를 타고 중국 낭소에 와서 학습 → 과거 응시 → 관리 생활에 16년을 보냈다. 스물여덟 살 때 조국 신라로 귀국하여 관리를 거쳐 학문을 연구하고 교육에 종사했다. 당시는 때마침 신라 왕조의 말기여서 정치가 부패하고 동료에게 배척받는 등의 상황에서도 그는 원대한 포부를 품었으나, 최후에는 산천을 떠돌다가 절에 은거하여 삶을 마감했다.

최치원은 장기간 외국에 있었고 귀국 후에는 또 정국이 불안하여 장기간 방랑하다가 속세를 피해 나오지 않았기 때문에 그의 생애, 경력에 관한 기록은 드물고 애매모호하며 심지어는 착오도 있다. 정사(正史)의 경전격인 《삼국사기(三國史記)》에 보이는 그가 당에서 '시어사내공봉(侍御史內供奉)'이란 높은 관직을 얻은 이유에 대한 견해도 사실과 부합하지 않는다.[1] 게다가 그의 저작이 대부분 없어져서 한・중 문화 교류사의 으뜸 인물의 일생에 대하여 어느 정도 호기심이 일어난 탓에 전설이 나타났고, 심지어는 허구적 고사에 주의를 기울여 원래부터 전기(傳奇)적 색채를 띠고 있는 인물 신상에 더욱 짙은 안개를 드리우게 했다. 마침내 조선 왕조 후기에 소설 문학이 활기차게 발전하는 상황에서 〈최고운전(崔孤雲傳)〉이란 거의 황당하고도 한편으로 모종의 시대사조를 대표하는 소설이 출현했다.

필자는 한국 문학 연구자로서 현대의 여건에서 가능한 한 정정할 필요성을 깊이 느꼈고, 최치원과 관련된 사적과 전설의 유래를 분명히 밝히기 위해 1996년 봄과 가을에 두 번에 걸쳐 장강(長江) 남북 지역을 조사했다. 그 결과 그가 일찍이 임직했던 율수(溧水)에서 고순(高淳)과 양주(揚州) 등지의 문화재 연구원들의 열정적인 협조와 노력으로 약간의 자료, 단서와 유적을 발견했는데, 관련 상황이 이미 발표한 〈고운 선생의 재당 관직 임직 시기의 발자취 고찰(孤雲先生居唐宦途時期足迹考述)〉과 〈중국에서의 최치원(崔致遠在中國)〉이란 두 논문에 들어가 있다.[2] 두 글에서는 한・중 양국 학술계에서 예전에 미처 분명하게 밝히지 못했던 문제들을 서술하고 분석했다. 이를 기초로 삼아 필자는 순전히 허구에 속하는 소설 〈최고운전〉의 내용을 반복하여 고찰하면서 최치원과 관련된 문학 작품을 달리 써서 현대인의 시각으로 평범치 않은 이 역사 인물의 일생을 표현해야 할 필요성을 깊이 느꼈다.

---

1) 필자는 이미 〈고운 선생의 재당 관직 임직 시기의 발자취 고찰(孤雲先生居唐宦途時期足迹考述)〉이란 글에서 이에 대해 바로잡은 바 있다. 《위욱승문집(韋旭昇文集)》 권3 참조.

2) 《위욱승문집》 권3.

문학 창작에는 예술적 허구가 빠질 수 없다. 그러나 이러한 허구는 일정한 역사적 사건을 기초로 삼고 최치원 생존 시대의 배경과 연관이 있어야 할 뿐 아니라, 그의 인격 특징을 충분히 드러내어 전기(傳奇)적인 일생을 표현하는 데 도움이 되어야 한다. 그래서 극작가 전지평(田志平)과 협력하여 경극 극본 《최치원전기》를 창작하게 되었다.

이 극본의 최종 집필자 전지평은 인물 형상, 플롯의 발전, 극본 구조와 대사 설정에 관하여 심혈을 기울여 많은 고심을 했다. 따라서 여기서 말하는 이 극본의 '사실[實]'과 '허구[虛]'의 문제는 단순히 창작 사상에 대한 필자의 '자술'과 설명이 아니라, 어느 정도 전지평의 창작 사상에 대한 술평을 포함한다.

아래서는 두 부분으로 나누어 이야기할 것이다. 첫째는 기존의 최치원의 두 고사에 관련된 문학 작품, 즉 고대의 전기 〈선녀홍대〉와 중고(中古) 만기 소설 〈최고운전〉의 평가와 소개이다. 둘째는 현대 경극 극본 《최치원전기》에 관한 것이다.

2. 〈선녀홍대〉와 〈최고운전〉에 관하여

1) 〈선녀홍대〉

〈선녀홍대〉는 일명 〈최치원〉이라고도 하는데, 원래 지괴전기집(志怪傳奇集) 《신라수이전(新羅殊異傳)》에 수록되었다. 추단하면, 이 문집은 대략 신라 말기나 고려 왕조의 초기, 즉 10~11세기에 완성되었는데, 그 중에 신라 왕조 시기의 여러 작품을 수집했다. 그중에 〈선녀홍대〉는 문사가 가장 아름답고 편폭이 가장 긴 작품으로, 최치원이 당조 선주(宣州)에서 율수현위로 재임할 때 있었던 낭만적 분위기가 자못 풍부한 고사를 내용으로 한다.

최치원은 공무를 마치고 여가에 외출했다가 묘령의 두 소녀를 매장한 무덤을 지나게 되었다. 때마침 젊고 청춘이었던 그는 이에 마음이 움직여 무덤의 문에다가 시를 적어 추모의 정을 표현했다. 그날 밤 무덤 근처에 있는 객관 '초현역(招賢驛)'에서 잠을 자는데, 무덤 속 두 여성이 뜻밖에도 하녀를 보내 감사의 뜻을 전했다. 이들은 최치원의 초청을 받고 친히 객관에 와서 그와 만나게 되었다. 즐겁게 잔치를 벌이며 시문으로 서로 희롱하면서 의기투합했다. 곧장 하룻밤을 동숙하고 떠나갔다. 두 여성이 떠난 뒤, 최치원은 슬픔을 이기지 못하고 장시 〈쌍녀총(雙女塚)〉을 지어 '자신을 위안하며(自慰)' 기괴한 여인과의 만남을 서술했다. 이야기 끝에서는 최치원이 신라로 돌아와 최후에는 가야산 해인사에 은거하다가 생을 마친 것으로 간략하게 서술했다.

이러한 '인간과 귀신의 연애(人鬼之戀)'는 환상에서 이루어진 허구일 뿐이므로 현실에서는 전혀 불가능한 것이다. 그러나 어떤 사실을 과장하고 부연하여 이처럼 감동적인 고사를 만들 수 있는가? 지방지 등[3]의 기록에 의하면 최치원이 현위로 재임할 때 확실히 쌍녀분에 가서 추모했을 뿐 아니라, 전하는 말에 의하면 밤에 꿈속에서 두 여자와 만났다고 한다. 이는 있을 수 있는 일이다.

필자는 1996년 4월에 율수에 갔고 당대에 율수의 관할이었다가 나중에는 현으로 독립한 고순(高淳)에서 현지 조사를 실행했다. 고순의 문화재 연구원 복양강경(濮陽康京) 등이 필자의 부탁을 받고 지방지에 기록된 방위에 근거하여 현지 조사한 결과, 최치원이 위령제를 지냈다고 하는 쌍녀분을 찾아냈다. 심지어 묘지 부근의 촌락에서 청 말 고순 고성진(固城

3) 예를 들면 《육조사적편류(六朝事迹編類)》, 《지정금릉신지(至正金陵新志)》, 《율수현지(溧水縣志)》 등.

鎭)의 유생 공소운(孔昭雲, 1809～?)이 당 말에 '최 현위'가 추모했던 묘지를 보고 쓴 칠언 율시를 발견했다.

烈烈雙魂李宅旁, 열렬한 두 영혼이 이씨 마을 곁에 잠들어 있는데
精英氣節懍冰霜. 빼어난 절개는 얼음과 서리보다 차갑구나.
心雖匪石生難轉, 가슴은 비록 돌이 아니지만 태생이라 바꾸기 어렵고
性本如松死亦剛. 성품은 본래 소나무 같아 죽음도 강직하네.
三尺孤墳靈佑護, 세 자 되는 외로운 무덤은 영혼이 보호해 주고
一人知己感深長. 한 친구의 느낌이란 의미심장하도다.
自經崔尉留題後, 최 현위가 시제(詩題)를 남긴 뒤부터
終古花山照夕陽. 영원히 화산에 석양이 비추네.
—《고성일수시고(固城逸叟詩稿)》에서

이에 한 걸음 나아가 전기 작품 〈선녀홍대〉의 고사에 실제로 근거가 있음을 실증하게 되었다.

〈선녀홍대〉와 그 안에 수록된 장시의 작자에 대하여 학자들은 이견을 가지고 있다. 어떤 학자는 최치원 본인이 쓴 것이라 하고, 어떤 이는 다른 사람이 고사를 부연할 필요성 때문에 지은 것이라 한다. 그러나 현존하는 최치원 자신이 편찬한 문집과 천 년 전의 옛 사람이 집록한 최치원의 각종 작품과 그들이 펴낸 시문집 — 그의 자손이 엮은 것을 포함하여 — 에는 모두 수록되지 않았다. 게다가 편말에 기록한바, 최치원의 신라 귀국과 은둔한 마지막은 모두 역사가가 타인의 사적을 기술한 말투이지, 최치원 본인이 지은 것일 수는 없다. 당대 전기(傳奇)의 기풍은 매우 왕성했는데, 장작(張鷟, 658?～730?)의 〈유선굴(遊仙窟)〉이 선례가 되어 신라, 고려에서도 영향을 깊이 받았다. 호사가들은 이를 모방하여 당조의 현성(縣城)에서 관리 생활을 하던 이국 청년이 중국 여성의 묘지에 추모

한 일을 소재로 삼아 정성을 기울여 이 전기를 엮었다. 이는 당시 문단의 기풍에 부합하며 이상한 것이 아니다.

이 전기 작품은 빛깔과 광택이 아름답고 플롯이 감동적이며 중・한 문화 교류 과정에 출현한 일대 진품이라서 의미심장하다. 그러나 플롯은 간단하고 내용이 풍부하지 못하여, 최치원의 사상 성격과 그 변화가 복잡한 일생의 운명과 사회 활동의 성패를 체현하기가 어렵다. 아마도 이러한 이유 때문에 이것이 나타난 뒤 7~8백 년 후에 소설 〈최고운전〉이 탄생했는지도 모른다.

2) 소설 〈최고운전〉

〈최고운전〉은 내용적으로 〈선녀홍대〉와 전혀 전승 관계가 없는 소설이지만 정황이 유사한 산물로, 상상과 허구로 전기(傳奇)적 역사 인물의 사료적 공백을 '메웠다(塡補)'. 단지 탄생된 시대가 크게 다를 뿐이다. 〈선녀홍대〉는 중화 문화를 앙모-학습-도입하는 단계에 있던 신라 말기나 고려 초기의 산물이고, 〈최고운전〉은 외족의 억압을 받고 민족정신을 찾고자 분발하던 조선 왕조 후기의 산물이다.

〈최고운전〉은 한글본이 있고, 〈최치원전(崔致遠傳)〉・〈최문헌전(崔文憲傳)〉 등의 서명이 붙은 한문 필사본이 있다.[4] 세상에 나온 정확한 연대와 작자는 미상인데, 18세기 전후에 나왔을 것으로 추단한다.

대강의 내용은 다음과 같다.

최치원은 최충(崔冲)의 아들이다. 그의 어머니가 임신 삼 개월 때 한번은 금돼지에게 잡혔다가 집에 돌아온 뒤 반년 만에 최치원을 낳았다. 아들은 이로

4) 김기동(金起東), 《한국고전소설연구》, 서울 교학연구사, 1987.

인하여 아버지로부터 크게 멸시를 받아 길가에 버려졌다. 그러나 소와 말들이 그를 보면 피해 지나갔고 선녀들이 하늘에서 내려와 그에게 젖을 먹여 키웠다. 최치원이 바다 백사장을 걸을 때면 발자국이 문자로 변했다. 하늘에서 내려온 유학자와 만난 뒤 그의 학업은 크게 진보했고 시문도 출중하여 소문이 중국에 퍼져 중국 군왕은 재사(才士)를 신라로 파견하여 최치원과 재주와 학문을 겨뤄보고자 결심했다.

이때 최치원은 용모가 아름다운 신라 승상의 딸을 연모하여 나부(羅府)의 노복이 될 것을 자처했다. 중국 군왕이 파견한 재사는 그와 시구를 읊은 뒤 돌아가 군왕에게 신라에는 재사의 숫자가 매우 많고 재주가 높아 겨루기 힘들다고 보고했다. 군왕은 크게 노하여 신라에 진공할 빌미를 만들기 위해 계란 하나를 돌로 만든 함 속에 밀봉하여 사절을 파견하여 신라왕에게 보내면서, 신라왕으로 하여금 돌함에 봉함된 물건으로 시 한 수를 짓게 했다. 만일 짓지 못한다면 대국을 멸시하는 죄명으로 군사를 일으켜 죄를 묻겠다는 것이다. 신라왕은 크게 노하여 신라 승상에게 엄명을 내려 시를 지어 바치게 했다. 승상은 난처하여 근심 걱정으로 애가 탔다. 최치원은 승상이 딸을 그에게 준다는 조건으로 시 한 수를 지어 바쳤다.

團團石中物, 둥글고 둥근 돌 속의 물건
半白半黃金. 반은 희고 반은 황금빛이나.
夜夜知時鳴, 밤마다 시간을 알리고자 울면서
含情昧吐音. 정을 머금고 소리 지른다.

이 시는 중국 군왕의 손에 전달되었다. 돌함을 열자 병아리가 알을 깨고 나왔다. 군왕은 감탄하고 시기하면서, 최치원을 중국으로 오게 하여 어찌하여 대국을 멸시했는가 하고 질책하려고 했다. 최치원은 떠나기 전 신라왕에게 높이 50척(尺)에 달하는 높은 관을 만들어 달라고 요청하여 가지고 중국에 왔다. 그가 낙양(洛陽)에 도착한 뒤 머리에 그 높은 관을 쓰자 궁궐 문에 들어가기가 어려웠다. 그는 다음과 같이 물었다. "비록 내 나라의 작은 문으로도 내가 능히 들어갈 수 있거늘, 어찌하여 대국의 문이 이처럼 낮아서 드나들기가 어렵습니까?" 이에 궁문을 없애게 하고 들어갔다. 궁문에 들어선 뒤에도 도법(道法)을 써서 하나하나 각종 장애물을 제거하고 궁중에 들어갔다.

최치원은 중국에서 과거에 응시하여 장원급제했다. 그가 시 짓기 모임에서 시를 짓는데, 푸른 옷을 입은 동자가 하늘에서 내려와 시를 가지고 갔다. 수년 후 황소(黃巢)의 난이 일어나자, 그는 군왕에 의해 정토장군(征討大將)에 임명된 뒤 결국 격문 한 장으로 황소를 놀라 벌벌 떨게 하여 갑옷을 버리고 투항하게 만들었다. 이 때문에 그는 군왕의 총애를 받게 되었다.

최치원이 공이 높고 군왕의 총애를 받게 되자, 중국의 여러 신하들의 시기를 사서 무고를 당해 고도(孤島)로 유배당했다. 여러 신하가 음식 공급을 끊어서 사지에 처한 상황에서 그는 중국 절강(浙江)에서 술을 파는 할머니가 준, 장을 적신 솜뭉치를 씹고 이슬을 받아 마시면서 생존을 유지했다.

그 후 중국 군왕은 이러한 일을 서술한 안남(安南) 사절의 말을 듣고는 크게 놀라서 사신을 파견하여 최치원을 소환했다. 최치원은 사자를 통렬하게 질책하며 종이에다 '용(龍)' 자를 쓰자 글자는 곧 청룡으로 변했고, 그는 청룡을 타고 곧장 낙양에 이르러 군왕을 만났다. 이후 그는 또 시기를 받고 모함을 당하자 자신이 그린 '사(獅)' 자가 변한 청사자를 타고 의연히 신라로 돌아왔다.

최치원은 신라 국왕이 내린 관직을 모두 사양하고 가야산에 들어가 은거했다. 한 나무꾼이 입산하여 한 유생이 스님과 바둑 두는 것을 구경하며 머물면서 방관했다. 집에 돌아오니 그의 아내가 이미 나무꾼이 실종하여 죽었다고 보고 3주기의 제사를 지낸 뒤였다. 이에 그는 그 유생이 곧 신선이 된 최치원임을 알고 재차 입산하여 찾았으나 아무 흔적이 없었다.

소설 〈최고운전〉의 플롯은 대체로 위와 같다. 주인공 최치원의 성명과 극소수의 플롯, 예컨대 중국에서 과거에 급제하고 〈황소를 토벌하는 격문(討黃巢檄文)〉을 쓰고 신라로 귀국하여 은거한 일 이외에는 전부 허구이며 기괴하고 황당한 묘사로 충만하다.

소설에는 완전히 역사적 사실에 위배되는 곳이 있다. 즉 최치원을 최충의 아들이라고 말한 점이다. 최충(984~1068)은 고려 시기 유학 교육을 창도한 대학자로, 한국유학사에서 중요한 지위를 차지하며 심지어는 '해동공자(海東孔子)'라는 명성을 가지고 있다. 그러나 그는 최치원보다 120여 년 늦게 태어났는데, 어떻게 최치원의 생부가 될 수 있는가? 최치원과 최충은 학계에서 지명도가 있는데, 문인 사대부 가운데 어느 누가 그들을 모를 수 있는가? 그런데도 〈최고운전〉은 이처럼 묘사했다.

이는 두 가지 이유에서 벗어나지 않는다. 작자가 지식수준이 낮은, 글을 조금 쓸 줄 아는 민간 인물일 수도 있고 또는 작자가 고의로 조작한 것일 수도 있다. 작자가 고의로 이처럼 안배했다면 이는 완전히 시대를 뒤바꾼 것으로, 마치 당인이 송인의 자손이라고 말하는 것과 같아서 정말 괴상한 발상이다. 그러나 황당하여 이치에 맞지 않는 플롯 배후에는 도리어 일종의 명확한 사상 경향이 내포되어 있다. 이는 바로 한국 민족 자존심의 고취와 장기간 봉건 사대부 계층에 만연했던 '사대주의' 정신을 힘써 깨트리고자 하는 합리적 바람이다.

한국 민족은 강렬한 민족의식을 가지고 있다. 이 민족의식은 역사적으로 여러 차례 고조에 달했다. 특히 1592년에 일어난 일본의 침입을 막은 '임진왜란' 기간과 이후 오래지 않아 발생한 조선인과 만인(滿人) 간의 '병자호란'(1636) 뒤에 이러한 민족의식은 갈수록 신장되어 민간과 사회의 밑바닥까지 파급되었다. 이는 통속 문학 소설에서 두드러지게 표현되었다. 18~19세기에 출현한 일련의 '군담소설(軍談小說)'[일명 군공소설(軍功小說)] 속에 이러한 사회 사조가 충분히 반영되었다. 이러한 소설에서는 이민족의 침략 전쟁에 대항하여 격퇴한 승리를 대대적으로 선양하고 과장했다. 이러한 정의(正義) 전쟁은 중국 한족 왕조(예컨대 당조, 송조, 명조)와 연합하여 진행되기도 하고, 또는 조선을 위주로 하여 아울러 이로써 중국 한족 왕조의 위기를 구하기도 한다.

상술한 〈최고운전〉의 제재는 비록 전쟁이 아니지만 똑같은 사회 사조를 반영하여 조선에서 날로 불어나는 민족의식을 표현해서 중국을 맹목적으로 숭배하는 '사대주의'와 철저하게 결렬하려는 사상 정서를 충분히 반영했다. 이는 바로 조선 왕조 후기 시대정신의 한 측면이다. 따라서 소설 〈최고운전〉은 황당하고 괴상한 형식 속에 어느 정도 합리적 내용을 가지고 있으며 무시할 수 없는 문학적 가치를 가지고 있다.

3. 경극 극본 《최치원전기》에 대하여

시대는 변한다. 지금 최치원이란 역사 인물에 대한 표현에도 마땅히 다양한 장르의 창작이 나와야 한다. 20세기 말에 쓰인 경극 극본 《최치원전기》는 바로 이 방면의 실험이다. 이는 다음과 같은 의도로 쓰였다. 즉 사실(史實)을 표현하고 또 사실의 제약을 초월하여 중국과 밀접한 관계가 있는 한국 인물의 인품과 역사적 구실을 중국 독자와 관중에게 소개하여 그들의 관심과 흥미를 유도했다. 이로써 중・한 문화 관계의 유구함과 밀접함 그리고 이러한 관계에 대한 중국인의 중시를 드러냈다.

아래서는 경극 작자가 문헌 속의 사실과 예술 허구, 인물 형상화 간의 관계를 어떻게 다루었는지 이야기하고자 한다.

먼저 경극 《최치원전기》의 플롯을 소개한다.

> 열두 살의 소년 최치원은 신라 고승 김교각(金喬覺, 지장)이 중국에서 참선하여 성불한 사적에 감동을 받아 바다를 건너 중국 당조에 와서 학문을 연구했다.

그는 당에서 과거에 급제한 뒤 율수현위를 지냈고 중국의 여러 문인 두순학(杜筍鶴), 고운(顧雲), 나은(羅隱) 등과 교류했다. 그중에 왕래가 빈번하고 가장 의기투합한 사람은 두목(杜牧)의 아들 두순학이었다.

최치원은 언젠가 밖으로 나갔다가 불행한 결혼으로 인하여 죽은 두 여자의 무덤 앞에서 위령제를 지내는 여도사를 보고서 그녀의 선량한 성격과 깊은 동정심에 이끌렸다. 이에 여도사 가운데 한 재녀 이모란(李慕蘭)을 알게 되었고, 아울러 그녀의 부탁을 받아 두 여성의 무덤에 비석을 세워두고 이어 두 사람은 친구, 연인으로 발전했다.

최치원은 현위의 임기가 만료된 뒤 회남[淮南, 지금의 양주(揚州)]으로 가서 회남절도사(淮南節度使), 병마도통(兵馬都統) 고병(高騈)의 막부에 들어가 그의 막료인 문서를 주관하는 종사 순관(巡官)이 되었다. 그는 충성심에 불타서 고병에게 '만언서(萬言書)'를 올려 미신 활동을 정지하고 백성의 원망을 없애주고 병사를 일으켜 난리를 평정해 줄 것을 건의했다. 아울러 고병을 위해 조정에 반박하고 잘못을 교묘하게 숨기는 상주문 쓰는 것을 거절함으로써 원망을 사게 되었다. 고운(顧雲)은 이 틈을 타서 고병의 비위를 맞춰 고병을 위해 상주문을 썼다.

최치원은 고병이 군대를 끼고 자중(自重)하며 왕명을 거부하고 날로 부패에 빠져 함께 일을 도모할 수 없음을 알고는 16년간 생활했던 당조를 떠나 신라로 귀국하기로 결정했다. 그가 이모란에게 고별하자 두 사람은 헤어지기 아쉬워하며 서로 시름을 털어놓았다. 이모란은 도가의 출가 정신으로 최치원을 권유했고, 최치원은 유가 사상으로 국태민안을 위해 한 가지 사업을 하자고 말했다.

최치원은 신라 국왕 헌강왕(憲康王)으로부터 성대한 환영과 존중을 받았다. 오래지 않아 헌강왕이 사망하고 왕위를 이은 정강왕(定康王)이 또 병사하여 진성여왕(眞聖女王)이 왕위를 계승했다. 여왕은 조정의 정치에 아랑곳하지 않았고 황음무도했다. 최치원은 그녀에게 조정의 정치를 쇄신시킬 〈시무책(時務策)〉 10여 조를 올렸으나, 여왕은 이에 무관심하고 도리어 이 기회를 틈타서 최치원을 핍박하여 내궁에 들어가 그녀를 '시중[侍奉]'들게 했다. 최치원은 "어떤 위압에도 굴하지 않고, 어떤 부귀에도 현혹되지 않는(威武不能屈, 富貴不能淫)" 늠름한 대의로써 여왕을 사절했다. 이에 여왕은 그로 하여금 처리하기 난처한 왕거인(王巨仁) 사건을 심리하게 하고, 아울러 왕거인에 반드시 사형을 판결하라고 엄명했다.

세상을 피해 은거하던 유학자 왕거인은 격문을 써서 국왕을 비방한 죄로 무고당했다. 최치원은 왕거인을 구하고 싶었으나 좋은 방도가 없어서 근심 걱정으로 애가 탔다. 이때 이모란은 친구를 찾아 당에서 바다를 건너 신라로 갔고 최치원과 이모란은 상봉하여 옛정이 다시 되살아났다. 최치원은 이모란의 계책을 받아들여 왕거인의 억울한 누명을 교묘하게 벗겨 주었다.

여왕은 이모란을 시기하고 증오하며 그녀를 핍박하여 최치원으로 하여금 입궁하여 '시중'들도록 권유하게 했다. 이모란은 처지가 위험하고 전도가 불길함을 예감하고 부득불 친구와 이별을 고하고 바다를 건너 멀리 돌아갔다. 연인 한 쌍이 항구에서 암연히 고별하면서 서로 몸조심하라고 말했다. 최치원은 멀리 떠나는 이모란을 눈으로 전송하는 데 감개가 무량하여 은거할 생각이 들었다.

최치원은 신라가 부흥할 가망이 없음을 날로 느끼고 산으로 들어가 숨었는데 그 종말은 알지 못한다. 그는 비록 없지만 그의 덕행과 업적은 흩어지지 않아 영원히 후인들에게 기념이 되고 있으며, 한·중 문화 교류, 문사(文士)와 친구의 우정도 영원히 존재할 것이다.

경극 《최치원전기》의 플롯은 대체로 이와 같은데, 아래서 네 부분으로 나누어 극중의 사실과 허구의 문제를 담론할까 한다.

1) 최치원의 재중(在中) 교유와 친구

최치원은 재중 16년간 수많은 문인을 사귀었지만 사료·문헌에서 언급한 사람은 많지 않다.

《최치원전기》에 출현하는 사람은 두순학, 고운, 양섬(楊瞻), 나은, 오만(吳巒), 여도사(극중 이름은 이모란) 등 몇몇 인물뿐이다. 그중 두순학, 고운, 이모란은 모두 연극 대사[戲]가 있는데, 세 사람 가운데 이모란의 대사가 가장 많다. 그녀는 최치원의 연인이자 그의 이상과 사업상의 친구로 전체 극 중에서 중요한 지위를 차지하며, 중국만이 아니라 신라에서도 출현하기에 차지하는 편폭이 가장 크다.

두순학(846~904)은 최치원이 율수현위라는 관직을 지낼 때의 친구이다. 그와 최치원의 교유는 율수현 문화재 연구원 오대림(吳大林)이《고금도서집성(古今圖書集成)》, 〈명륜휘편(明倫彙編)〉이란 책에서 시 한 수를 발견한 것을 통해 알려졌다. 시의 제목은 〈율수 최 소부에게 드리노라(贈溧水崔少府)〉인데, 두순학이 지었다.

祇聞留客教沽酒,	손님이 왔다는 말을 듣고는 술을 사오게 하면서
未省逢人說料錢.	미처 손님에게 인사할 새도 없이 급사에게 보수를 지급하겠다 말하네.
洞口禮星披鶴氅,	서재 앞에서 학창의를 걸친 두순학을 칙사처럼 예우하고
溪頭吟月上漁船.	시냇가에 이르러 달을 읊으며 고기잡이배에 오르네.
九華山叟心相許,	구화산의 늙은이 마음이 서로 맞으니
不計官卑贈一篇.	관직이 낮음을 따지지 않고 시 한 수를 바치네.

두순학은 일찍이 구화산에 은거했는데, 최치원의 당시 관직은 현위에 불과하여 9품이었다. 두순학은 최치원보다 열한 살 연장이었으나 시의

내용에서 보면 두 사람은 사이좋게 지내고 의기투합했던 것 같다. 이 밖에는 한국, 중국 어디에도 그들의 교유에 관한 기록이 없다.

역사상 두순학은 고운과도 서로 알고 지냈다. 두순학은 여러 번 과거에 응시했으나 모두 급제하지 못했고, 세상의 난리 때문에 한 차례 입산하여 은거했다. "문장을 지어 세상 야박함을 달갑게 여기고, 농사지으며 산이 살찜을 기뻐한다(文章甘世薄, 耕種喜山肥)"는 말은 그의 당시 생활과 심정의 묘사이다. 그는 시무에 관심을 가지고 전란의 고통과 백성의 질고에 관심을 쏟은 시를 썼는데, 시어가 평이하며 구어에 가깝다.

《최치원전기》 극중의 두순학은 최치원의 친구로 연속해서 제1・2・3장에 출현하는데, 재주가 많고 기가 세며 벼슬길에서 뜻을 얻지 못하자 난세를 피하여 산림에 은거하고자 한 시인이었다. 그는 최치원에 의해 "골기(骨氣)・호기(豪氣)・의기(意氣), 일신정기(一身定氣)"의 인물로 칭송되었다. "뜻이 맞는 사람은 자연히 한데 뭉친다(同聲相應, 同氣相求)"는 표현은 최치원 본인의 일생의 성격과 운명을 상징적으로 예시했다.

고운은 최치원이 양주에 가서 회남절도사 고병의 막료로 재임할 때 알게 되었다. 《삼국사기》에는 그가 "동년 고운과도 친하였다(與同年顧雲友善)"라고 말했는데, 최치원이 신라로 돌아가려 할 때 고운은 송별시를 써 최치원을 대대적으로 찬양하면서, 그가 "열두 살에 배를 타고 바다를 건너와 문장으로 중국을 감동시켰다(十二乘船渡海來, 文章感動中華國)"고 말했다. 최치원도 고운에게 증별시 〈늦은 봄에 즉흥으로 동료 사자인 고운에게 화답하며(暮春卽事, 和顧雲友使)〉[5]를 써준 바 있다.

그러나 두 사람의 품덕은 다른 듯하다. 《구당서(舊唐書)》, 〈고병열전(高駢列傳)〉에서는 그를 두 번 언급했다. 한 곳에서는 고병이 도통으로 재임한 3년 동안 아무런 공을 세우지 못하고 도리어 "은밀하게 할거를 도

5) 《고운집(孤雲集)》 권1.

모하다가 일단 권세를 잃자, 위세가 갑자기 떨어진 까닭에 제멋대로 추태를 부려 천자를 협박하여 예전의 권세를 회복하려고 기도했다. 그런데 오 지방 사람 고운은 문사로 그의 간악함을 미화시키며 교만하여 거리끼고 두려워하는 바가 없었다(陰圖割據, 一旦失勢, 威望頓盡, 故肆爲醜悖, 脅邀天子, 冀復故權, 而吳人顧雲以文辭緣澤其姦, 偃然無所忌畏)"라고 했다. 다른 한 곳에서는 고병이 시대의 흐름에 역행하여 회남의 정국을 혼란에 빠트려 부하가 그를 연금했다. "고운이 들어가 (그를) 만났을(顧雲入見)" 때, 그는 아무런 일도 없었다는 듯이 고운에게 '부하들이 여전히 그를 추대할 것이다'라고 말했다.

이 두 곳에서 알려주듯이 고운의 인품은 그다지 좋지 않았으며, 그는 악인을 도와 나쁜 일을 했거나 혹은 고병과 더불어 나쁜 짓에 의기투합했다. 최치원은 문학적 재주와 고병 막부에서의 직무와 지위를 가지고 문사로서 고병의 야심과 망령된 행동에 충분히 영합할 수 있었지만 이처럼 하지 않았으나 고운은 도리어 그렇게 했다.

고운은 비록 최치원과 사이가 좋고 아울러 최치원의 문학적 재주를 칭찬하는 시를 지었지만, 품덕 방면에서는 최치원과 같은 부류의 사람이 아니다. 극은 이렇게 전개하며 약간의 플롯과 담론을 설정하여 고운이 최치원에게 준 시와 고운과 최치원의 관계에 대하여 생긴 편견에 대하여 바로잡고 최치원 자신의 독특한 인격을 두드러지게 했으니, 그는 결코 오류에 아부하는 사람이 아니었다. 그는 시비가 불분명하고 상사에게 아부나 하는 사람들과는 분명하게 선을 그었다.

경극 《최치원전기》에서는 고운이란 반면적 색채를 띠는 인물의 출현을 최치원이 율수현위로 재임하던 시기로 끌어올렸다. 이는 상술한 견해를 비교적 충분히 전개하고, 고운이 나중에 최치원과 동료로 지낼 때 하는 표현에 근거가 있음을 증명하기 위해서다. 이렇게 최치원과 대비함으로써 최치원의 품격을 강조했다.

아래는 극중 최치원과 고운 두 사람의 다른 성격 표현과 고병, 고운에 대한 최치원의 어찌할 수 없는 처지의 묘사이다.

고병 : 그렇다면 이 상주문을 작성하는 일은 자네에게 맡기겠네!

최치원 : 이 상주문이란 …….

고병 : 흥, 흥! 과연 내가 생각대로이네. 고운 선생, (고운이 고병에게 다가간다.) 상주문의 초안을 잡아두었소?

고운 : 대인께 보고 드립니다. 제가 초안을 이미 잡아 놓았습니다. 대인께서 검토해 주시길 바랍니다.

(상주문을 올린다)

고병 : 지금 이후로 다시 나에게 출병을 권유하거나 내가 '영출루'·'제대'를 수축하는 일을 저지하는 사람이 있다면, 본 도통이 웃는 얼굴로 보는 일은 없을 것이다. 퇴청하라!

고병과 여러 장수들이 물러났다. 고운은 최치원에게 다가간다.

고운 : 동생, 살아서 난세를 만났으니 부디 각자 자중하세.

최치원 : 고 형께서 일깨워 주셔서 감사드립니다.

(노래)

삽시간에 눈앞에서 천지가 바뀌고,
은인은 고의로 다른 눈으로 보려 하네.
관직살이 수년 동안 세파를 알았으니,
어찌할 수 없어 성현에게 부끄럽구나.

(제4막 '간언을 올리려다 시기를 사다')

高駢 : 如此, 這奏章之事就拜託你了!

崔致遠 : 這奏章之事 …….

高駢 : 哼哼! 果然如我所料, 顧雲先生. (顧雲走近高駢) 奏章可曾起草?

孤雲：回大人，卑職起草已畢，請大人審定.

(呈奏章)

高駢：從今以後，再有勸我出兵，阻我修"迎出樓"．"祭臺"之人，本都統再無笑臉相看．退堂!

高駢及衆將退下．顧雲走近崔致遠.

孤雲：崔賢弟，生逢亂世，還須各自珍重.

崔致遠：多謝顧兄提醒.

(唱) 刹時眼前天地變，恩公故有重新看．爲官數載識世面，許多無奈愧聖賢.

(第四場 進諫招忌)

이 밖에 극중에 출현하는 사람으로 나은, 양섬, 오만 등이 있는데, 모두가 사서나 문헌에 나오는 실제 인물이다. 나은에 관해서는 《삼국사기》 권46에 아래와 같은 기록이 있다.

> 처음 당나라에 유학할 때 중국 강동의 시인 나은과 서로 알게 되었다. 나은은 자기의 재주를 믿고 스스로 높은 체하여 좀처럼 다른 사람을 인정해 주지 않았다. 다른 사람이 공이 지은 노래와 시 다섯 편을 보여주자, 나은은 그제야 찬탄했다(始西遊時，與江東詩人羅隱相知．隱負才自高，不輕許可人．人示公所制歌詩五軸，隱乃歎賞.)

나은(833～909)은 최치원보다 스물네 살 연장으로 열 번이나 과거에 응시했지만 모두 낙제했다. 그의 저작은 문필에 활력이 있으며 울분이 복받친다는 평가를 받는다. 그는 재능을 발휘할 기회를 얻지 못했고 성격은 거만하며 어느 정도 명성이 있었는데, 그의 나이와 거의 한 세대가 차이 나는 최치원을 존중했다는 것은 최치원의 문학적 재능 때문이었으니, 최치원이 교유한 사람 가운데 의기가 투합한 인물인 셈이다. 극중에서는 편폭을 간소화하고 중점을 드러내기 위하여 그를 위해 무대를 많이 마련하지 않았다.

양섬, 오만 두 사람은 사서에 보이지 않지만, 최치원의 시에서 그와 두 사람 간의 우정을 엿볼 수 있다.

최치원이 양섬에게 써 준 시로 〈수재 양섬과 송별하며(酬楊贍秀才送別)〉, 〈진사 양섬과 송별하며(酬進士楊贍送別)〉가 있는데, 그 가운데 양섬에게 이별 때문에 너무 상심하지 말라고 권유하는 시구가 있다.

悲莫悲兮兒女事, 슬퍼도 슬퍼하지 마오, 아녀자처럼
不須惆悵別離中. 이별이라도 너무 슬퍼하지 마시오.

이를 보면 두 사람의 친밀한 정도를 알 수 있다.

그가 오만을 위해 쓴 시로 〈강남으로 돌아가는 진사 오만을 전송하며(送吳進士巒歸江南)〉와 〈수재 오만과 석별하며(酬吳巒秀才惜別)〉 두 수가 있는데, 그중에 "가는 곳마다 전쟁터라서 바야흐로 어수선한데, 어느 때 다시 만나서 시와 술을 즐기려나?(干戈到處方多事, 詩酒何時得重逢?)"라는 시구가 있다. 두 사람도 역시 우정이 깊었다.

최치원의 시문에서 언급한 중국 문인으로 약간 명이 있으나 극본에서는 이들을 하나하나 등장시킬 수도, 그럴 필요도 없을 것이다. 상술한 나은, 양섬, 오만 등 세 사람은 극중에 많이 출현하지도 않고 대사도 희소한데, 부수적으로 출현시켰을 뿐이고, 이는 최치원과 중국 문인 간의 교류가 어느 정도 광범했음을 증명하는 것이다.

2) 최치원, 쌍녀분과 여도사

이 글 전반부에서는 지방지 등의 문헌에 기록된, 최치원이 쌍녀분에서 위령제를 지낸 일과 전기 〈선녀홍대〉에 대하여 이야기했다. 경극 《최치원전기》는 주로 지방지에서 제공한 자료를 이용했다. 〈선녀홍대〉의 내용은 앞에서 이미 서술했다. 이 밖에도 확실히 최치원 본인이 쓴, 애정을 묘사한 시 〈여도사와 이별하며(留別女道士)〉가 있다.

每恨塵中厄宦途, 매번 속세의 벼슬로 고생함을 한탄하다가
數年深喜識麻姑. 마고 선녀 알면서 수년 동안 기뻐했네.
臨行與爲眞心說, 길을 떠나면서 당신에게 진심으로 묻노니
海水何時得盡枯. 바닷물은 언제 모두 마를까요?

이 시는 중국에서 있었던 최치원의 이성 교제를 반영하여 은근한 연정을 품고 있는 작품으로 독특한 의의를 가진다. 필자는 이미 최치원 관련 글 두 편에서 이에 대하여 논술한 바 있다.[6]

《최치원전기》는 이 시를 충분히 이용하고 지방지의 기록과 결합하여 더욱 높은 경지로 승화시켰다. 여기서 최치원은 불행한 혼인의 희생자를 동정하고 약한 여성을 위해 정의를 펼쳤는데, 시 〈여도사와 이별하며〉의 증시(贈詩) 대상(극중 이름은 '이모란')은 그의 동지이다. 쌍녀분 앞에서 첫 만남을 시작으로 두 사람은 우정을 맺고 끝내 사랑의 늪에 빠진다.

여러 여도사들이 쌍녀분 앞에서 경전을 외우고 있었다.
....
최치원이 올라갔다 ……
최치원 : (노래를 받아서)
  한 무덤이 청산을 마주하고 있으니,

---

6) 《위욱승문집》 권3.

재녀의 불행에 대하여 누굴 탓할 것인가?

최 아무개가 대필하여 억울함을 풀어드리겠나이다.

이모란이 여도사 대열에서 걸어 나온다.

이모란 : (노래)

신선의 자태 흔들거리고 피부는 엉긴 기름 같은데,

맑은 눈동자는 눈처럼 그윽한 생각 품고 있네.

향을 살라 연기를 바라보며 신의 계시 바라나니,

쌍녀에게 해 준 당시의 말을 해 주길 바라나이다.

최치원은 이모란에 의해 깊이 끌렸다.

……

최치원 : (노래)

천지가 조화를 부려 두 여성 낳았으니,

인간 세상에서 누려야 할 금슬이 그릇되었도다.

어찌하여 눈만 길게 뜨고 말하지 않는가?

하늘에게 억울하다고 호소하지 않는가?

衆道姑在雙女墳前誦經做場.

………

崔致遠上 ……

崔致遠 : (接唱)一堆墳瑩對青山, 才女不幸將誰怨? 崔某代筆來訴寃.

李慕蘭從道姑隊中走出.

李慕蘭 : (唱)搖曳仙姿膚凝脂, 明眸如水含幽思. 燃看一煙求神示, 願與雙女話當時.

崔致遠被李慕蘭深深吸引.

……

崔致遠 : (唱)天地造化生二女, 當享人間琴瑟誤. 爲何長眼默不語, 不向蒼天訴憂鬱?

이는 제2막 '무덤 앞에 시를 적다(墳前題詩)'의 한 단락으로, 전체 극에서 이모란과 최치원의 애정 노선의 시작이다.

피해 여성을 동정하고 혼인 자주를 주장한 것 이외에도 최치원과 이모란은 사상적으로 더욱 깊이 교류했다. 최치원은 유가의 광세제민(匡世濟民)에 기울고 이모란은 이에 찬동했으나, 도가 학설의 신봉자인 그녀는 최치원에게 무위지치(無爲之治)를 행하고 시세를 통찰하여 조정의 기강이 서지 않고 군주가 어리석어서 일을 도모할 수 있는 때가 아니니 세상을 피해 수행하라고 권유했다. 최치원은 처음에 이 의견을 받아들이기 힘들어 했으나, 귀국 뒤 여러 번 좌절을 겪으면서 끝내 은둔의 길로 들어섰다.《최치원전기》의 제5막 '여도사와 작별을 고하다(告別女冠)'와 제9막 '지기가 멀리 돌아가다(知音遠歸)'는 이에 대하여 다음과 같이 표현했다.

이모란 :

사회 풍조가 어지러운데 유학은 홍성하고,
도가에서는 화를 피해 세속적 안목을 끊어 버린다.
널리 인식하고 통찰하니 오히려 청정해지고,
세상의 구제가 이루어지지 않아 잠시 수신하네.
지금은 일을 도모할 때가 아니니 억지로 구하지 마시고,
곧 만민을 깨우쳐도 무방할 것이외다.

李慕蘭：世風敗亂儒學盛, 道家避禍斷俗根. 博識洞察尙淸淨, 濟世不成暫修身. 不可爲時莫强求, 不妨立說誨萬民.

최치원 :

유학을 배우기로 뜻을 세워 성현을 공경하고,

난세에는 성현의 마음을 격앙시키네.

……

세상 구제는 원래 위태롭고 곤궁한 사람을 구해야 하거늘,

어찌하여 홀로 정신을 살피는가?(제5막)

崔致遠：立志學儒敬聖, 亂世激越聖賢心 …… 濟世原爲救危困, 怎敢獨自省精神(第5場).

최치원：

벼슬살이는 이제 그만두고 은거하며,

책을 쓰고 제자를 가르치며 절에서 놀리라.

울적함과 번민이 엄습하면 시와 술을 찾고,

몸을 의지할 곳이 없어 산림에 던지노라(제9막).

崔致遠：宦海從此隱身于, 著書課徒寺廟遊. 憂悶襲擾尋詩酒, 存身無地山林投(第9場).

〈선녀홍대〉의 쌍녀의 망혼에서 현실 생활의 여도사로 연애 대상이 바뀌었다. 애정의 기초와 진행 방식이 단순히 남성의 재주와 여성의 미모, 연회, 시가 화답, 하룻밤 동침한 기쁨에서 신념이 일치하고 서로 장려하며 두 사람의 지구적인 애정을 이어 주는 교류로 승화되었다. 진행하는 공간도 관역(館驛)에서 발해 동서 양안으로 옮겨졌다. 이러한 경계는 고상하고 의미심장한데, 깊고 진지하며 지구적인 애정은 최치원이 여왕의 유혹을 뿌리친 고결한 행동과 태도를 두드러지게 하여 눈부실 정도로 찬란하다. 이것은 전체 경극의 처음과 끝을 관통하는 끈이다.

경극《최치원전기》는《계원필경집》의 칠언 절구를 인용하고 지방지의 간단한 기록을 결합시킨 뒤 〈선녀홍대〉의 허구적인 애정 고사를 참조하여 창작한 것이다. 현실 생활의 색채를 띠고 감정이 풍부한 최치원의 형

상을 묘사할 뿐 아니라, 중・한 문화 관계를 인격화하여 '국경을 초월한 사랑(跨國之戀)'으로 역사가 유구하고 밀접하고 충만한 문화 교류 관계를 표현하고 장식하는 데 그 목적이 있다.

예술적 허구로 형성된 의미심장한 애정은 잃어버림, 슬픔과 헤어지기 아쉬워하는 정으로 종말을 고했다. 이는 당시 두 나라 왕조 정치가 전후로 그리고 동시에 말세에 빠진 혼란한 상황에 의해 조성된 것으로 어찌 할 수 없는 상황이었다. 다음은 제9막 '지기가 멀리 돌아가다(知音遠歸)' 중의 한 단락이다.

이모란은 배낭을 꾸리고는 쓸쓸하게 떠나간다. 최치원이 따라간다.

……

이모란 : (최치원에게 몇 번이나 말하고자 했으나 말을 꺼낼 방도가 없다. 다시 대해를 바라보며) 푸르른 망망대해로다.

(노래)

푸르른 대해를 바라보니 파도 봉우리가 솟구치고 파도가 용솟음쳐서 가라앉으려고 하지 않는구나. 이모란은 원래 지식인의 후손으로 시서를 좋아하고 병법을 애호하여 남들은 내게 대장부의 기개가 있다고 말합니다. 일찍이 죽마고우였던 쌍방이 모두 만나기를 기다리던 차에 성지가 도착하여 나보고 입궁하여 황제의 시중을 들게 했습니다. 홀로 세속 밖으로 떠처나왔으니 가족들은 흉악한 재앙을 당하게 되었습니다. 경전을 읽어도 위로하기 힘들고, 가슴속에 울분이 가득 차서 밤마다 별을 바라보며 홀로 슬퍼했습니다. 갑자기 당신 최 상공을 만났더니 군자의 풍채이더이다. 모습은 겸손하고 마음은 솔직하면서 정이 가득하더이다. 출가했으나 속념을 거두기 어렵고, 이모란이 득도하지 못하여 미리부터 그대의 재주를 앙모하게 되었습니다. 회남에서 방랑한 지 4년 동안 그대와 사귐은 하늘이 정해준 것입니다. 그대가 바다 건너 고국으로 귀국하려 하니 제정신이 아니어서 찾아왔나이다. 원래 이때부터 장애물을 극복하고자 시를 이야기하고 예를 따지면서 가슴속 회포를 모두 풀었지요. 뜻밖에도 여왕의 학대가 심하고 거침없이 핍박하여 이별의 화근이 되었지요. 아무리 생각해 봐도 사실 어쩔 도리가 없으니, 하늘의 뜻으로 여기고 저는 속히 떠나고자 합니다. 다행히도 왕거인이 출옥했다는 말을 들었으니, 모란이 떠나가 그대를 위해서 잠시 이 재앙을 피해도 좋을 듯합니다.

(대사) : …… 그대께서는 평안히 사시길 바랍니다.

최치원 : (앞으로 달려가 이모란을 부축하며) 여도사, 나 대신 구화산의 김지장에게 절해 주시고 은사 두순학을 방문해 주세요. …… 평안히 가시길 빕니다. 하늘이 당신이 득도하도록 도와주시길!

최치원은 슬퍼서 눈물이 나오려고 하여 어깨로 얼굴을 가렸다. 파도가 솟구쳐 사람의 얼굴에 튀었으나, 짠 물은 오히려 따스한 듯했다! (눈물을 닦는다)

(노래)

풍파가 전송하는 배를 밀어 멀리 떠나고,
아리따운 그림자는 운무를 띠고 항만을 떠나네.

이모란은 천막 한편에 나타나더니 손을 흔들며 바라본다.

최치원도 바라보니 가슴속이 아련해진다.

李慕蘭道裝背囊, 郁郁而上. 崔致遠道上. ……

李慕蘭 : (與崔致遠幾次欲言, 又無從言起, 轉向大海)好一派蒼茫大海.

(唱) 一派蒼茫看大海, 浪峰掀, 波濤湧, 不甘沉埋. 李慕蘭原來是書香後代, 喜詩書, 愛兵法, 人說有男兒胸懷. 曾爲那靑梅竹馬兩相待, 聖旨到, 征我入宮伴皇臺, 獨自逃出紅塵外, 却惹家人遭凶災. 經書難慰心憤慨, 夜望星宮獨悲哀. 忽遇你崔相公君子風采. 貌謙謙心坦坦深情萬懷. 出家難最把凡心收改, 李慕蘭未得道我先慕君才. 淮南雲游有四載, 與君神交天安排. 君歸故國隔東海, 魂牽夢繞我尋來. 原想從此越障碍, 談詩辯禮盡抒懷. 未料女王侍毒害, 淫威無忌露禍胎. 思前想後實無奈, 天意促我快離開. 幸喜得王巨仁已出獄外, 慕蘭走可爲君暫避此災.

(白)：…… 願君此生平安.

崔致遠：(冲向前扶李慕蘭)仙姑， 請代我叩拜九華山金地藏， 拜望隱士杜筍鶴. …… 願君此去平安，天意助你得道也!

崔致遠凄然欲淚，以肩掩面. 海浪飛花，濺人臉面，却是咸若溫熱的呀!(拭淚).

(唱) 風波推送船行遠，倩影帶霧出海灣.

李慕蘭出現在天幕一側，揮手相望.

崔致遠望而動情.

3) 최치원과 고병

최치원이 당조에서 두 번 관직을 지낸 기간은 모두 4년가량이다. 율수현위를 맡게 된 것이 어떤 사람의 추천에 의한 것인지는 분명히 알 수가 없다. 후에 회남절도사 고병의 종사(從事)·도통순관(都統巡官)을 맡은 것은 모두 고병 한 사람이 임용, 발탁한 결과이다. 이후 고위 관직인 시어사내공봉(侍御使內供奉)에 이르렀는데, 이는 허직(虛職)으로 일종의 명예 관직이며 구체적인 직무는 없었다. 이 역시 고병의 추천에 의한 것이다.[7] 최후에 귀국에 임박해서 받은 '봉조사(奉詔使)'라는 관직도 고병이 그를 추천하여 상술한 고위 명예 관직(시어사내공봉)을 얻은 결과이다. 이러한 모든 것에 대하여 최치원 본인의 저작집《계원필경집》에 의심할 수 없는 많은 자료가 있어 증거로 삼을 수 있다. 고병은 그가 은덕에 감사하는 큰 은인이다. 필자는 이미 〈중국에서의 최치원(崔致遠在中國)〉이라는 글에서 이에 대하여 상세하게 논술한 바 있다.

그러나 최치원은 이러한 작품 속에서 그의 고민, 우수와 원대한 포부

7)《삼국사기》등 한국 문헌에서는 이 관직이 그가 율수현위로 있을 때의 업적으로 인해 얻은 것이라 말했으나 사실과 부합하지 않는다. 필자는 이미 다른 글에서 이를 논증한 바 있다.

를 실현할 수 없는 답답한 심정을 말을 얼버무리면서 드러냈다. 이뿐만 아니라 한국의 어떤 사료는 중국에 있을 때의 최치원의 심사를 간결하게 언급했다. 전자에 관한 것은 다음과 같다.

每恨塵中厄宦途. 매번 속세의 벼슬로 고생함을 한탄하다가[8)]
擧世少知音. 세상에 나를 알아주는 이 없네.[9)]
路迷霄漢愁中老. 길은 하늘 끝까지 멀고 몸은 시름 속에서 늙어 가는데[10)]
爭奈生逢惡世途. 나쁜 세상 만난 것을 어찌할 것인가.[11)]

후자에 관해서는 아래와 같은 기술이 있다.

오직 그가 당에서 벼슬하고 싶어도 안으로는 환관들이 설치고 밖으로는 번진들이 전횡하여 주전충(朱全忠)의 후량(後梁)이 대권을 차지할 조짐이 이미 싹텄다(惟其欲仕唐也, 則宦寺擅於內, 藩鎭橫於外, 朱梁簒代之兆已萌).[12)]

생각하건대, 우리 고운 선생은 …… 어려서 북방 학문을 수학하여 일찍이 과거에 급제했다. …… 때마침 안에서는 환관들이 집정했고 밖에서는 번진들이 날뛰는 바람에 중국에서는 다시 정도를 실현할 수 없음을 알고는 곧 본국으로 귀환했다(伏惟我孤雲先生 …… 幼而北學, 早登魁第 …… 而適値宦寺執內, 藩鎭擅外, 非復有行道望於中土, 乃還歸本國).[13)]

8) 〈여도사와 이별하며(留別女道士)〉.
9) 〈가을밤에 비가 내리고(秋夜雨中)〉.
10) 〈가을날 우이현을 지나며 다시 이 장관께 부칩니다(秋日再經盱眙縣寄李長官)〉.
11) 〈신축년에 진사 오첨에게(辛丑年寄進士吳瞻)〉.
12) 《고운집》, 〈사적(事迹)〉.
13) 《고운집》, 〈편집서(編輯序)〉.

진성여왕 때 최치원이란 사람은 처음에는 당 희종을 섬기다가 세상이 어지러움을 알고는 중국을 떠나 귀국했다(眞聖時, 有崔致遠, 初事唐僖宗, 知天下亂, 去, 歸國).[14]

최치원은 고병의 막부에서 신임을 받았으나, 고병은 후반생에 도리어 공로가 있다고 자처하여 교만하고 제멋대로 횡포하게 날뛰며 부패와 타락 속에 빠져 있다가 끝내 부하에게 피살당하여 《신당서》에는 '반신(叛臣)'으로 열거되었다. 최치원이 중국에 있을 때 고병은 여전히 자리를 보전하고 있었지만, 최치원의 예지와 포부로 보건대 고병의 부패가 불러들인 나쁜 결과를 쉽게 알 수 있을 것인데, 그는 물론 고병을 따라 파멸의 길을 걷기를 원하지 않았다. 고병은 그의 은인이자 상사이고 그는 외국인으로 "남에게 의지하여 살아가야(寄人籬下)" 했으므로 고병에게 불만이나 이의를 가질 수 없었을 것이다.

그는 표면적으로 고병에게 은덕을 감사했고 공손하고 순종했다. 그는 안락한 생활을 즐기고 명예를 누렸지만 마음 깊은 곳에는 깊은 고민과 우수가 숨어 있었다. 그의 우려, 걱정은 필연적인 것이다. 그가 고병을 떠나 귀국한 지 거의 2년 뒤에 고병은 패망하여 피살되었으니, 자신의 우려에 객관적 근거가 있었음이 증명되었다. 본인 작품 가운데 "말 밖의 말(潛臺詞)"과 다른 사람이 그를 논술한 문장에 이러한 상황이 반영되어 있다. 고병의 미신, 우매, 시대적 역행 그리고 이미 말기에 접어든 당 왕조의 흔들거리고 문란한 정치 형세는 모두 그로 하여금 끝내 복잡한 심정 속에서 중국을 떠나 조국 신라에 커다란 기대를 걸지 않을 수 없게 만들었다. 총괄하면, 그는 고병에 대하여 은혜에 감사했을 뿐 아니라 그의 결말을 걱정했다.

14) 《고운집》, 〈사적〉에서 인용한 《여지승현략(輿地勝覽略)》.

이러한 상황에 대하여 경극《최치원전기》는 비교적 많은 허구적 요소를 가미하고 역사 기록에 없는 내용을 첨부하여 잘 숨겨진 그의 내심을 드러내었고, 아울러 밖으로 행동화시켰다. 제4막 '간언을 올리려다 시기를 사다'에서 표현한 것이 바로 이렇다. 겸손하고 근신하며 내심을 누르고 상사에게 굴종하는 최치원은 극중에서 정도를 견지하고 직언하며 상사에게 저항하는 간신(諫臣)으로 묘사되었다. 이러한 변경은 표면적으로는 최치원의 언행과는 어그러지나, 내심의 승화이자 외화이다. 최치원의 성격에 대한 이러한 재창조는 전체 극의 사상 내용에 필요한 것이며, 희극의 표현 예술 형식에도 필요한 것이다.

황소에 대한 최치원의 태도는 당조 통치자의 태도를 반영했다. 이는 그가 당 왕조에 충성하는 유학자와 관리로서 '당연히 이래야 된다(本當如此)'고 했던 것이므로 이상할 게 못되고, 이에 대하여 이러쿵저러쿵 함부로 비평할 필요도 없다. 더욱이 이로 인하여 그를 비난하거나 무시할 필요도 없으며, 또 그를 위해서 책임을 면제시킬 필요도 없다. 경극《최치원전기》에서는 전혀 꾸밈없이 그의 태도를 표현했다. 그는 대필하여 황소를 토벌하는 격문을 쓴 적이 있는데, 한국 사서에서는 그가 이로써 일시에 이름을 떨쳤다고 말하고 있다. 이는 그의 탁월한 문학적 재능의 표현이자 그의 직무의 필요에서 나온 것으로,《최치원전기》에서도 이 일을 명확히 언급했다.

4) 신라로 돌아온 뒤 최치원의 처지

최치원은 나라에 보답할 커다란 뜻을 가득 품고서 885년(28세)에 조국 신라로 활기차게 돌아왔다. 처음에는 자신의 장기를 발휘하여 장렬하게 일을 하려 했으나, 이미 말세에 처한 신라에서는 동란이 연이어 일어나고 게다가 조정의 신하로부터 배척받는 바람에 그는 웅대한 청사진을 펼치기가 힘들었다. 《삼국사기》의 기록에 따르면 최치원이 귀국한 후 10여 년간, 즉 그가 스물여덟 살에서 마흔 살에 이르는 기간에 신라 왕조에 닥친 가혹한 형세는 다음과 같다.

- 886년 : 나라 서쪽 지방이 가물어 흉년이 들었다(國西旱且荒).
- 887년 : 한주 이찬 김요가 반란을 일으켰다(漢州伊湌金蕘叛).
- 888년 : 아첨하고 총애받는 자들이 제 마음대로 방자하게 날뛰고 재물로 뇌물을 주는 일이 공공연하게 행해지고, 상벌이 공정하지 못하고 풍기와 기강이 해이해졌다(佞倖肆志, 貨賂公行, 賞罰不公, 紀綱壞弛).
- 889년 : 국내 여러 주・군에서 세금을 내지 않는 바람에 창고가 텅텅 비어 국가의 재정이 궁핍해졌다(國內諸州郡不輸貢賦, 府庫虛竭, 國用窮乏).
  - 도적이 벌떼처럼 일어났다(盜賊蜂起).
  - 원종・애노 등이 사벌주에 웅거하며 반란을 일으켰다(元宗・哀奴等據沙伐州叛).
- 891년 : 북원의 적 두목 양길이 부하 궁예를 시켜 기병 백여 명을 거느리고 북원 동쪽 부락 …… 등 10여 군・현을 습격했다(北原賊帥梁吉, 遣其佐弓裔, 領百餘騎, 襲北原東部落 …… 等十餘郡縣).
- 892년 : 완산의 적 견훤이 완산주에 웅거하며 '후백제'라고 사칭하사, 무주 동남쪽 군・현에서 항복하여 붙었다(完山賊甄萱據州, 自稱'後百濟', 武州東南郡縣降屬).
- 894년 : 궁예가 북원으로부터 하슬라(지금의 강릉)에 들어오니 군사가 6백여 명에 달했고, '장군'으로 자칭했다(弓裔自北原入何瑟羅, 衆至六百餘人, 自稱'將軍').
- 895년 : 궁예가 저족・성천 두 군을 쳐서 빼앗고, 또 한주 관내에 있는 부약・철원 등 10여 군・현을 격파했다(弓裔擊取猪足・狌川二郡, 又

破漢州管內夫若・錢圓等十餘郡縣).

- 896년 : 적들이 나라 서남쪽에서 일어나서 …… 사람들은 이를 '적고적'이라고 불렀다. 그들은 주와 현들을 도륙하고 경주 서부 모량리까지 이르러 인가들을 약탈했다(賊起國西南 …… 人謂之'赤袴賊'. 屠害州縣, 至京西部牟梁里, 劫掠人家 ……).
- 897년 : 진성여왕이 측근들에게 말했다. '최근에 백성들이 곤궁해지고 도적들이 벌떼처럼 일어났다.'(王謂左右曰 : '近年以來, 百姓困窮, 盜賊蜂起.')

최치원이 귀국 후에 맞은 것은 바로 이처럼 우환이 겹친 왕조의 객관적 환경이었다. 막 신라의 땅을 밟았을 때 그는 당조 시어사내공봉의 관직과 봉조사의 신분 및 그의 재명(才名)으로 신라국 헌강왕에게 중시되고 존경을 받아 "시독 겸 한림학사・수병부시랑・지서서감사(侍讀兼翰林學士守兵部侍郎知瑞書監事)"라는 직위를 받았다. 그러나 여러 신하의 시기를 받고 조정이 날로 부패해 가는 상황에서 그는 수도에 발을 붙이기가 어려워 외지의 지방관으로 나가 처음에는 태산군(太山郡) 태수(886), 후에는 부성군(富城郡) 태수(893)를 맡았다.

신라국이 날로 쇠퇴해지는 것을 목도한 그는 국왕 진성여왕에게 자발적으로 개혁 방안 〈시무책〉 10여 조(894, 진성왕 8)를 바쳤다. "왕은 이를 기꺼이 받아들이고, 최치원을 아찬으로 임명했다(王嘉納之, 拜致遠爲阿飡)." 그러나 이 방안을 내버려 두고 사용하지 않았다. 절망과 곤란의 상황에서 그는 산림을 떠돌아다니다가 사원에 은거하여 학문을 연구하고 제자를 가르치며 여생을 보냈다. 아래의 사료들은 그의 후반생의 처지를 설명했다.

최치원은 스스로 중국 유학에서 배운 것이 많다고 생각하여 본국에 돌아온 뒤에 자기의 뜻한 바를 실행하려고 했으나, 말세에 그를 의심하고 꺼리는 자가 많아서 그의 뜻이 허용되지 못했다(致遠自以西學多所得, 及來將行己志, 而衰季多疑忌, 不能容).15)

최치원이 서쪽으로 당나라에 가서 벼슬하다가 동으로 고국으로 돌아왔는데, 모두 난세를 만나서 처지가 곤란했고 걸핏하면 죄를 얻었으므로 스스로 때를 만나지 못한 것을 한탄하고 다시 벼슬할 뜻을 두지 않았다. 그는 자유로운 몸이 되어 산과 숲속에 노닐며 …… 최후에 가족을 이끌고 가야산 해인사에 은거하여 …… 생을 마감했다(公自西事大唐, 東歸故國, 皆遭亂世, 屯邅蹇連, 動輒得咎, 自傷不遇, 無復仕進意, 逍遙自放山林之下, …… 最後帶家隱伽倻山海印寺, …… 以終老焉).16)

스물여덟 살에 부모를 뵈러갈 뜻을 가졌는데, 황제가 조서를 받든 사신으로 그를 충당하여 동쪽으로 돌아가게 되었다. 신라 헌강왕은 그에게 시독・한림학사・수병부시랑・지서서감의 일을 맡겼다. 당시 신라 조정은 날로 쇠퇴하여 선생은 조정에 오르고 싶지 않아 외직을 청하여 태산・부성 등 군의 태수가 되었다(年二十八, 有歸寧之志, 帝命充詔使東還. 新羅憲康王, 留拜侍讀翰林學士守兵部侍郎知瑞書監事. 時羅政日衰, 先生不樂登朝, 乞外爲太山, 富城等郡太守).17)

최치원의 후예 최국술(崔國述)은 그의 귀국 전의 정치 환경과 고민, 그의 귀국 도중의 격동하는 심정을 진실하게 개괄했다. 과거를 돌아보고 그는 감개가 무량하여 눈을 들어 앞길을 바라보자 온 가슴에 흥분과 희망으로 가득했다.

15)《삼국사기》, 〈최치원전〉.

16) 위의 글.

17)《고운집》, 〈사적〉에 실린 노상직(盧相稷, 1855~1931)의 글.

때마침 내시들이 권력을 전횡하고 또한 밖의 번진들은 난을 일으킴에 벼슬에 나갈 뜻은 점점 없어지고 귀국할 생각만 더욱 깊어졌다. 이에 비로소 회해에서 행장을 꾸리게 되었는데, 임금께서는 은혜를 베푸셨다. 그리고 다시 참산 아래서 술잔을 따르며 푸른 주머니를 풀어 공적을 알렸다. 참산 배후에는 짙은 안개가 더욱 자욱한데, 17년 동안 맺힌 근심이 순식간에 사라지고 눈앞에 잔잔한 파도와 외로운 섬들이 펼쳐진다. 수만 리 고국에 돌아가던 꿈 처음으로 깨니, 계림은 의구하여 이곳이 부모님의 즐거운 나라로다(適値內寺擅權, 且奈外藩弄器, 進取之意漸薄, 歸覲之思益深, 始理裝於淮海之間, 丹綸降惠, 更侑酌于巉山之下. 青囊告功, 背後之濃霧宿烟；十七年覊愁暫息, 眼前之順浪孤嶼. 數萬里鄉夢初醒, 依舊雞林, 是父母之樂國).[18]

다음은 그가 신라로 귀국한 뒤의 처지이다.

새로 한림학사를 받았으니 아마도 임금과 신하의 좋은 이웃이 될 듯도 하다. 이미 중국에 유학하여 많이 배웠으니 마땅히 신라로 돌아와서 포부를 펴야 할 것인데도 애달프게도 쇠퇴한 세상인지라 불교만을 숭상하고 큰 도가 유교에 있는 줄을 알지 못했다. 그러므로 시기를 당하여 오래도록 (지방으로) 나가 외군에 있었다. 비록 조정에 나아가 힘써 보려고 했으나 매번 당시 조정에서 거슬림을 당했다. …… 이에《경학대장》을 지어 뜻을 표시한바, 심성·인의를 말한 것이 수십 수백 마디나 되었고, 이로부터 산수에 방랑하여 이름을 감추었다(受新翰苑, 庶君臣之良憐. 既多學於西遊, 宜展蘊於東返. 竊歎衰世之尙佛, 不知大道之在儒. 是以逢疑, 久出在於外郡. 雖或進務, 每見忤於當朝 …… 乃著經學以示意, 心性仁義累十百言, 自放山水而遯名).[19]

---

18)《고운집》,〈사적〉,「계림사를 옮겨 지은 상량문(桂林祠移建上樑文)」.
19) 위의 글.

최치원은 신라의 정국이 날로 부패해 가고 만회할 수 없음을 목도하고 날로 번성하는 고려의 세력에게 희망을 걸었다. 고려 시기에 편찬한 《삼국사기》에 이에 대한 기록이 있다.

> 우리 태조가 나라를 창건하려고 할 때, 최치원은 태조가 비범한 인재로서 반드시 천명을 받들어 나라를 창건할 것을 알았기 때문에 태조에게 글을 보냈는데, 거기에는 '계림은 낙엽이며, 송악은 푸른 소나무'라는 구절이 있었다(我太祖作興, 致遠知非常人, 必受命開國, 因致書, 內有'鷄林黃葉, 鵠嶺青松'之句).

이 때문에 최치원이 서거한 지 약 한 세기 뒤에 고려의 현종(顯宗, 1009~1031)은 "최치원이 태조의 왕업을 은밀히 도왔으니, 그 공을 잊을 수 없다 하여 지시를 내려 '내사령'이란 관직을 추증했고(爲致遠密贊祖業, 功不可忘, 下教贈內史令)", 뒤에는 '문창후(文昌侯)'라는 시호를 내렸다.

신라 왕조의 혜택을 받는 신하로서 그는 온 힘을 다해 장기를 발휘하여 국가에 보답하고 싶었지만, 여왕과 조정의 부패·혼란은 그를 실망시키고 울분하고 답답하게 만들어 자신의 뜻을 펼칠 수가 없었다. 신흥의 고려 세력(왕건 일파)은 활기차게 발전하여 그는 비록 이들에게 희망을 걸었지만, 도리어 유생의 충절과 도의에 가로막혀 공개적으로 신라를 버리고 고려에 나아갈 수 없었다. 언어이 모순이 일어나 마침내 밀리 산림으로 은둔하는 것을 해탈의 길로 삼을 수밖에 없었다. 여기서 필자는 아래의 몇 마디로써 이러한 심정과 행위를 개괄하고자 한다.

> 哀其衰敗, 신라의 쇠퇴와 부패에 슬퍼하고
> 怒其不振. 떨쳐 일어나지 못함에 분노하노라.
> 寄望新興, 그 뜻을 신흥의 고려에게 기탁했으나
> 義守舊國. 도의상 신라를 지키네.

遁迹青山, 청산으로 은둔하여
潔身全眞. 전진으로 몸을 고결하게 했네.

경극《최치원 전기》는 상술한 문헌 기록의 내용을 시의 배경으로 하여 신라에서의 최치원의 경력을 재현하고 아울러 이러한 토대에 약간 허구성을 가미했는데, 대체로 세 가지 점에서다.

(1) 진성여왕의 음란한 유혹을 거절하다.
(2) 왕거인의 무고를 변호하다.
(3) 사회 하층민에 대한 교육
이를 아래에서 나누어 서술하고자 한다.

(1) 진성여왕의 음란한 유혹을 거절하다

최치원이 귀국한 뒤 첫 10년간은 대략 진성여왕이 재위하던 시기로 30~40대에 해당하는 장년 시기였다. 그는 지방관을 지내고 또 여왕에게 정치 개혁 방안(〈시무책〉 십여 조)을 올렸으나, 사서에는 여왕과 그 간에 애정 관계가 발생했다는 등의 기록이 없다. 그러나 여왕은 음란했는데, 사서에 이에 대하여 명확하게 기록되어 있다.《삼국사기》 권11에는 진성여왕 2년(888)의 일이 기록되어 있다.

진성여왕은 평소 각간 위홍과 간통했는데, 이때에 이르러서는 언제나 궁중에 들어와 일을 보게 했다. 그리고 그에게 명령하여 대구화상과 함께 향가를 수집하게 하여 이를《삼대목》이라 했다. 위홍이 죽자 시호를 추증하여 '혜성대왕'이라 했다. 이후 젊은 미남자 두세 명을 몰래 끌어들여 음란하게 지냈고, 그들에게 여전히 요직을 주어 국정을 맡겨 버렸다(王素與角干魏弘通, 至是常入內用事, 仍命與大矩和尚修集鄉歌, 謂之《三代目》云. 及魏弘卒, 追謚爲惠成大王. 此

後, 潛引少年美丈夫兩三人淫亂, 仍授其人以要職, 委以國政).

《최치원전기》는 이에 의거하여 재주가 넘치고 한창 젊을 때의 최치원이 여왕의 애모를 얻는 플롯을 허구화했다.

최치원은 여왕에게 〈시무책〉을 바쳤으나, 여왕은 도리어 이 기회를 빌려 최치원에게 아무 거리낌 없이 사랑의 뜻을 표시했다. 최치원은 제자들이 그의 수업을 기다리고 있다는 구실을 대고 물러나려 했는데, 여왕은 도리어 그를 강박하여 남아서 경전을 강설하게 했다. 최치원은 기회를 틈타 공자의 말을 인용하여 여왕을 은밀하게 풍자했다. 여왕은 분노하여, 최치원이 이전에 왕거인을 변호하는 상주문을 올린 것을 구실로 삼아 최치원을 입궁시켜 시중을 들지, 아니면 왕거인 사건을 심리할 것인지 양자택일하라고 강박했다. 최치원은 '최고의 권위를 거역하는' 용기를 품고서 왕거인의 억울한 누명을 벗기겠다는 생각을 가지고 의연히 후자를 선택했다.

진성왕 : …… 나는 네게 선택권을 주겠다. 매일 아침 내게《중용》을 강의할 텐가, 아니면 왕거인을 엄중하게 심문하여 그를 사형으로 몰아 부칠 텐가?

최치원 : (깜짝 놀라며) 신은 왕거인을 심리하고 싶습니다.

진성왕 : 뭐라고?

최치원 : 신은 왕거인을 심리하고 싶습니다!

진성왕 : (앞으로 몇 발짝 다가서며) 최치원 너, 너, 너, 너, 꺼져 버려!

최치원은 몸을 돌려 꼿꼿하게 걸어 나왔다. 진성왕은 화가 치밀어 의자 위에 쓰러졌다.

(제7막 '도의상 여왕에게 거절하다')

여왕은 거절당한 뒤 그대로 물러서지 않았다. 최치원과 이모란이 이야기를 나누는데 그녀가 또 나타났다. 그녀는 왕의 혁혁한 권세로서 이모란을 핍박하여 태도를 밝히게 했다. …… 최치원을 포기하고 아울러 최치원을 설득시켜 입궁하여 시중들게 했다.

진성왕 : 우리 신라는 누구의 세상인지 아는가?

이모란 : 군왕의 천하입니다.

진성왕 : 그렇다면 신라에 재주・지혜・용모가 당당한 남자가 있다면, 그들은 누구를 섬겨야 마땅한가?

이모란과 최치원은 이 말을 듣고 깜짝 놀랐다.

진성왕 : 네게 충분한 시간을 줄 터이니, 언제든지 분명히 이해하거든 입궁하여 내게 말해다오. 짐은 네게 큰 잔치를 열어 줄 것이고, 수행하고 도를 전파할 장소를 마련해 주겠네. 어때? 호위병, 우리 가자!

진성왕은 오만하게 복장을 갖춰 퇴장하고, 최치원과 이모란은 서로 바라보며 우두커니 서 있다.

崔致遠向女王獻時務策, 女王却借此機會向崔肆無忌憚地表示愛意. 崔以門生正等待他授課爲由告退, 女王却强迫他留下講經書. 崔趁機引用孔子的話暗諷女王. 女王怒, 以崔曾上奏折爲王居仁申辯爲借口, 迫使崔致遠在入宮侍奉和審理王巨仁案件中作一選擇, 崔懷着"昌犯天威"的勇氣, 帶着爲王巨仁昭雪的想法, 毅然決然選擇了後者 :

眞聖王 : …… 我給你一個選擇, 或是每天早朝來給我講《中庸》, 或者你去嚴審理王巨仁, 把他給我問成死罪.

崔致遠 : (一怔)臣, 願去審問王巨仁.

眞聖王 : 什麽?

崔致遠 : 臣情願去審王巨仁!

眞聖王 : (冲向前幾步) 崔致遠你, 你你你走吧!

崔致遠轉身堅定地走下. 眞聖王氣憤, 癱倒在椅子上.

(第七場 義謝女王)

女王遭到拒絶後, 沒有善罷甘休. 在崔致遠與李慕蘭交談的時候, 她又出現了. 她以王者的赫赫權勢, 逼迫李慕蘭表態 …… 放棄崔幷勸說崔入宮侍奉：

眞聖王：你知我新羅是誰人的天下?

李慕蘭：君王的天下.

眞聖王：那麽, 新羅有才智相貌堂堂的男子, 他們應該侍奉誰呀?!

李慕蘭與崔致遠聞言吃驚發楞.

眞聖王：孤給你足够的時間, 什麽時候想明白了, 就進宮給孤說一聲, 孤就爲你大擺宴席, 爲你造一個修行傳道的處所, 你看怎麽樣啊? 侍衛們, 咱們走.

眞聖王狂傲地整裝下場, 崔致遠與李慕蘭對望呆立.

(2) 왕거인의 무고를 변호하다

왕거인은 대야주(大耶州)에 은거하던 유생이다. 《삼국사기》 권11에서는 여왕이 부패하고 뇌물 수수가 공공연하고 상벌이 불공평하여 조정이 문란하다고 시를 써서 비난하는 글을 길옆에 붙인 일을 기록했다. 여왕은 이것이 왕거인의 소행이라는 의심을 품고 그를 체포하여 중형에 처하려고 했다. 왕거인은 옥중에서 시를 써서 억울함을 호소했다.

왕거인은 분하고 원망스러워 감옥의 벽에다가 다음과 같은 시를 썼다.

우공이 통곡하니 삼 년이나 가물었고,
추연이 슬퍼하니 오월에도 서리 내리네.
지금 나의 깊은 시름, 옛날과 다름없건만,
하늘은 말없이 푸르고 푸를 뿐인가?

그날 저녁에 갑자기 구름과 안개가 덮이고 번개가 치며 우박이 내렸다. 왕은 겁이 나서 왕거인을 출옥시켜 돌려보냈다(巨仁憤怨, 書於獄壁曰 : "于公慟哭三年旱, 鄒衍含悲五月霜. 今我幽愁還似古, 皇天無語但蒼蒼." 其夕, 忽雲霧震雷雨雹, 王懼, 出巨仁放歸).

이 사건은 본래 최치원과 무관하다. 그러나 《최치원전기》는 여기에 허구를 가미하여, 여왕이 최치원을 시켜 왕거인 사건을 심리하게 하면서 왕거인에게 사형 판결을 내리도록 핍박했다. 최치원의 문인들은 분분히 그에게 지혜를 짜내 묘안을 제출했으나, 그는 주저하며 결론을 내리기 어려웠다. 이모란이 내방하여 그에게 건의하길, 왕거인으로 하여금 상술한 '원시(怨詩)'를 벽에 걸게 하여 폭풍우가 오면 이로써 여왕을 놀라게 해 왕거인 석방에 동의하도록 핍박하자는 것이다. 최치원은 그녀의 의견을 받아들여 마침내 왕거인은 석방되어 출옥하였다.

(3) 사회 하층민에 대한 교육

최치원은 수많은 문하생을 거느렸는데, 그들은 최치원의 영향을 깊이 받았으며 어떤 사람은 후에 신흥의 고려 왕조에서 관직을 지냈다. "그의 제자들이 고려 초기에 이르러 조정에 와서 벼슬하여 고위 관직에 이른 자가 한둘이 아니었다(其門人等至國初來朝, 仕至達官者非一)."[20] 최치원 문하생의 출신은 불분명하지만, 자료가 설명하듯이 그의 영향과 명성은 민간에까지 두루 퍼졌다.

삼국 시대 이래로 문인·재사가 대대로 끊어지지 않았다. 그러나 최치원의

20) 《삼국사기》 권46.

이름이 유독 선대보다 빛나고 후대에도 없을 정도로 사람들의 입에 오르내리게 되었다. 평생의 발자취가 미친 곳마다 지금까지도 나무꾼·목동들이 모두 이를 가리키며, '최치원이 노닐던 곳이다'라고 했다. 여염집의 소인과 시골구석의 우매한 아낙네들까지도 모두 최치원의 이름을 알고 있다. 아울러 최치원의 문장을 앙모하였는데, 일신에 모아진 추앙을 말로 다 표현할 수 없다. 그러나 사람은 시대와 더불어 맞질 아니하고, 운명은 재주와 더불어 조화를 이루지 못했으니, 이는 어찌 천고의 한이 아니겠는가?(自三國以來, 文人才士, 世不乏人, 而公之名獨光前掩後, 膾炙人口. 平生足迹所及之處, 至今樵人牧竪皆指之曰:'崔公所遊之地.' 至於閭閻細人, 鄕曲愚婦, 皆知誦公之姓名, 慕公之文章, 則其所以得於一身者, 必有不可名言. 而人與時不偶, 命與才不諧, 豈非千古之恨耶?)[21]

최치원의 이름과 문장은 문인 사대부 계층을 뛰어넘어 도회지, 시골의 일반 백성까지도 알게 되어 그를 앙모하였다. 최치원은 장기간 세상을 피해 벼슬을 하지 않고 반도를 떠돌아다녔으니 민간과 접촉할 기회가 많았고, 그의 문하생 중에 사회 하층민 출신이 있는 것도 도리에 맞는 일이다. 《최치원전기》는 집이 가난한 자에게 교육을 보급하고, 스승과 제자 관계가 양호한 플롯을 설치했는데, 바로 상술한 기록에 추리를 발휘하여 평민의 깊은 사랑을 받는 문인 학사를 묘사했다. 여기서 최치원의 관심은 상층 인물의 범주를 뛰어넘어 평민 백성, 공상사솔(工商士卒)의 신상에까지 미쳐서 실로 유가의 "누구에게나 차별 없이 교육을 실시한다(有教無類)"라는 교육 관념을 실현했으니, 그의 행위는 마땅히 이해와 지지를 얻을 수 있었다.

《최치원전기》의 제8막 '옛 친구를 다시 만나다(舊雨重逢)'에서는 이에 대하여 이렇게 묘사했다.

---

21)《고운집》,〈사적〉.

최치원의 학생 문인 세 사람은 가난한 유생으로, 하나는 촌민이고 하나는 소매상인이며, 하나는 사졸이다. 그들은 최치원을 부축하며 올라온다. 최치원이 옷을 입고 관을 삐딱하게 쓴 모양을 보니 병색이 역력했다.

……

학생 갑 : 스승님, 공자님께서는 '삼군의 장수는 빼앗을 수는 있으나, 필부의 뜻을 빼앗을 수는 없다'고 말씀하셨습니다. 학생들은 여러 사람을 불러 모아 궁중에 상소문을 올려 왕거인 석방을 요청하고자 합니다.

……

학생 병 : 스승님, 학생은 날마다 장사하느라 사방으로 떠돌아다닙니다. 제 생각에 왕거인은 군왕을 매도하는 방문을 붙였다고 무고를 당해 벌을 받은 것 같습니다. 지금 제가 은밀하게 여러 편의 방문을 작성하여 사람이 없는 곳에다 걸어 두겠습니다. 왕거인이 감옥에 구류되었는데도 방문이 또 생겼다고 말할 것인즉, 이는 왕거인의 소행이 아님을 증명하는 것입니다.

선생님이 정의를 펼치기 위해 고심하던 차에 몸소 일어나 왕거인의 근심과 고난을 해결하였으니, 그의 제자가 천하에 가득하고 여러 제자로부터 존중받음을 보여주었다.

崔致遠的學生文人三人爲窮儒生, 一爲村家, 一爲小販, 一爲士卒. 他們扶崔致遠上. 崔致遠披衣歪帽, 病容明顯.

……

學生甲 : 恩師, 孔子曰 : '三軍可奪帥, 匹夫不可奪志.' 學生願邀集衆人, 官門上書, 請求赦免王巨仁.

……

學生丙 : 恩師, 學生日常販貨, 四鄕遊走. 我想, 王巨仁因被誣陷貼榜文罵君王而獲罪, 如今我暗中寫下數篇榜文, 向四鄕無人處張掛. 恩師禀報君王, 說王巨仁押在獄中而榜文又生, 證明不是王巨仁所爲!

衆門人在老師爲伸張正義而憂心忡忡之際，挺身而出爲他排憂解難，表現出他桃李滿天下，深受愛戴.

4. 결론

이상으로 최치원의 고사를 내용으로 하는 세 가지 문학 작품을 소개했다. 〈선녀홍대〉와 〈최고운전〉 중 하나는 천 년 전에, 다른 하나는 대략 2백 년 전에 나온 것인데, 각기 시대적 특색을 갖추고 있다.

〈선녀홍대〉 중 문체가 화려하고 구상이 정교한 애정은 당·송 전기(傳奇)의 굴절이다. 그 가운데 문인과 가인의 만남, 하룻밤의 풍류를 제재로 삼은 당대 장작의 〈유선굴〉의 그림자를 엿볼 수 있다.

〈최고운전〉은 극도로 과장하는 기법과 황당하고 기이한 배치로, 당시 성행한 민족자강을 선양하는 작품과 강하게 공명한다.

경극《최치원전기》는 현대인이 쓴 것이다. 작자는 여기서 현 시대의 이 역사 인물에 대한 이해를 체현하고, 아울러 희극의 형식으로 풀어냈으며, 위에 언급한 견해를 펼치려고 시도하였다.

한국의 중요한 문화 명인 최치원을 경극에 출현시킨 이유는 한민족이 본국의 필요성에 입각하여 민족 문화를 힘써 발전시킬 민족적 희망으로 야기되고, 동시에 그들이 이를 위해 타국 문화의 양분을 적극 흡수, 소화, 이용하여 이루어진 것이기 때문이다. 최치원 이래 천여 년 간 이루어진 한국 사회·문화의 발전 속에서 우리는 이러한 민족의식과 그들의 노력으로 이루어진 풍성한 성과를 엿볼 수 있다. 최치원의 인격과 품덕에 대한 충실한 미화(美化)의 묘사와 역사상 풍성한 양국 문화 관계에 대한 생활화·인격화의 묘사는 바로 상술한 이해를 표현하기 위해서이다.

이러한 이해를 바탕으로 한 현재의 희극적 표현은 순전히 환상적이거나 황당하고 신기하여 믿을 수 없고 비현실적인 것이어서는 안 되며, 마땅히 현실성에 입각하여 역사 사실을 기초로 삼아야 한다. 그러나 예술적이고 이상이 풍부해야 현대 관중의 흥미를 충분히 끌어낼 수 있는데, 그러려면 어느 정도 이상화와 낭만적 색조를 띠어야 한다. 두 극작가는 이에 대하여 큰 노력을 했는데, 특히 집필을 맡은 전지평이 이에 뛰어난 공헌을 했다.

총체적으로 보면, 《최치원전기》의 '실'과 '허'의 관계, 즉 사실 근거와 예술 허구의 비례는 대체로 6대 4로 나뉘며, 어떤 곳은 5대 5이므로 《삼국연의(三國演義)》의 '칠실삼허(七實三虛)'보다 다소 낭만적이고 허구적인 성분이 더 많다.

현대인의 시각으로 중요한 역사 인물을 희극 무대에 예술적으로 재현시키는 것은 매우 복잡하고 어려운 임무이다. 현대 경극 《최치원전기》를 완벽하게 찬술했다고 보기는 어렵지만, 독자와 관중들이 고귀한 의견을 내주시길 간절히 바란다.

[해제]

이 글은 위욱승(韋旭昇)의 〈從《仙女紅袋》到現代京劇《崔致遠傳奇》〉(《한국학연구》 창간호, 중국연변기술과학대학 한국학연구소 편, 태학사, 2001)를 번역한 것이다. 신편 경극 《崔致遠傳奇》(1997)의 원문은 《위욱승문집(韋旭昇文集)》 6권(中央編譯出版社, 2000), 325~358쪽에 실려 있다.

최치원의 〈선녀홍대(仙女紅袋)〉와 고순현(高淳縣) 초현관(招賢館)

고국번(高國藩)

한국의 선현 최치원이 강소성 고순현의 초현관에 와서 이곳의 쌍녀분 전설・고사를 처음으로 채집한 일을 기록한 것은 송대 장돈이(張敦頤)의 《육조사적편류(六朝事迹編類)》 권13의 「쌍녀분(雙女墳)」조인데, 다음과 같다.

〈쌍녀분기〉에서 말했다. 계림 사람 최치원이 당 건부 연간에 율수현위에 임명되었다. 어느 날 초현관에서 쉬고 있었는데, 앞 언덕에 쌍녀분이라는 무덤이 있었다. 이 사적에 대해 물어 보았지만 아무도 알지 못하여 이에 시를 지어 조문했다. 그날 밤 감동한 두 여인은 감사를 표하면서 다음과 같이 말했다. "우리는 본래 선성군 개화현 마양향 장 씨의 두 딸입니다. 어려서 글씨와 친숙했고 자라서는 재능을 가지고 있었는데, 뜻하지 않게 부모가 소금 장수 놈에게 시집가라 했습니다. 이 때문에 울분이 나서 죽게 되어, 천보 6년에 함께 이곳에 묻히게 되었습니다." 잔치를 베풀고 이야기하다가 새벽이 되어서야 헤어졌다. 율수현에서 남쪽으로 110리 되는 곳에 있다(〈雙女墳記〉曰：有鷄林人崔致遠者, 唐乾符中補溧水尉, 嘗憩於招賢館. 前岡有冢, 號曰雙女墳. 詢其事迹, 莫有知者. 因爲詩以弔之. 是夜感二女至, 稱謝曰：兒本宣城郡開化縣馬陽鄕張氏二女, 少親

筆硯, 長負才情, 不意父母匹於鹽商小豎, 以此憤恚而終. 天寶六年同葬於此. 宴語至曉而別. 在溧水縣南一百一十里).[1]

이 책의 저자는 장돈이로 자는 양정(養正), 남송 소흥(紹興) 8년(1138)의 진사이다. 이 책은 소흥 30년(1160)에 지은 것이고, 당시 그는 건강안무사(建康安撫使) 막부에 임직하고 있었다. 그는 〈육조사적편류서(六朝事迹編類序)〉에서 다음과 같이 말했다.

나는 《도경》과 《실록》을 보고 나서 수록한 육조사적이 탈자와 오자가 있을 것으로 의심했다. 이에 《오지》·《진서》 및 제·송 이래로 전해 내려오는 역사와 전기를 취하고, 당시의 비기와 더불어 참고하여 이를 고증하여 항목을 나누고 부류대로 엮어서 목차를 만들었는데, 모두 14권이다. 비록 외설스럽고 고루하여 다스리는 도에는 도움이 되지 않는 것이 있지만, 책을 펼치면 3백여 년 동안의 흥망성쇠의 흔적이 마치 그 사이에서 몸소 겪은 것 같은데, 결코 얻어들은 소문이 아니다(余因覽《圖經》·《實錄》, 疑所載六朝事迹尙有脫誤, 乃取《吳志》·《晋書》及齊·宋而下史傳, 與夫當時之碑記, 參訂而考之; 分門編類, 綴爲編目, 凡十有四卷. 雖猥陋無益於治道, 然展卷則三百餘年興衰之迹, 若身履乎其間, 非徒得之傳聞而已).

저자의 말에 의거하면 그는 책에서 "제·송 이래로 전해 내려오는 역사와 전기(齊宋而下史傳)"를 선택했다. 광아명(匡亞明) 선생은 《신간육조사적편류변언(新刊六朝事迹編類弁言)》에서 "보면 저자는 역사·전기와 비기를 참고했을 뿐 아니라, 실지 답사하여 약간의 민간 전설을 흡취했다(看來著者不僅參考了史傳碑記, 還經過實地考察, 吸取了一些民間傳說)"라

1) 왕진산(王進珊) 점교(點校), 105쪽. 아래 인용한 것은 모두 이 판본을 따랐다.

고 지적했다.

이는 자못 일리가 있다. 위에서 인용한 최치원과 쌍녀분의 고사는 당대 율수현의 저명한 민간 전설로, 지금까지도 그곳 민간인의 입에 전해지고 있다. 그렇지만 〈쌍녀분기〉는 결국 누가 지은 것인지는 아직도 알 수가 없다. 원 지정(至正) 4년(1344)의 《금릉신지(金陵新志)》에서는 초현관을 초현역(招賢驛)으로 불렀다. 《건륭고순현지(乾隆高淳縣志)》 권15, 「고적(古迹)」조에서는 다음과 같이 말했다.

> 전간의 《서길신지》에서 다음과 같이 말했다. '율양의 남쪽 쌍녀분은 마양 장씨의 딸 ……'이라고 운운했다. 율양은 일찍이 선군에 속해 있었고 고순의 경계는 일찍이 율양에 속했으므로, 전간의 《서길신지》에서는 '이 무덤은 사실 고순현 경계에 있다'라고 말한 것이다(指錢簡《栖桔薪志》謂：溧陽南雙女墳乃馬陽張氏女云云, 蓋溧陽曾屬宣郡, 而淳界曾屬溧陽, 故錢志云：爾此墓實在淳境也).

당대에 율수현은 고순현과 같은 현에 속했다가 명대 초기에 이르러 고순현에서 나뉘었는데, 지금의 초현역과 쌍녀분은 율수현이 아니라 고순현 경내에 있었다. 지방지에 명확한 기록이 있다. 《건륭고순현지》 권15, 「고적」조에서는 다음과 같이 말했다.

> 쌍녀분은 고순현에서 동쪽으로 30리 떨어진 화산 이씨 댁 곁에 있다. 계림 사람 최치원이 당 건부 연간에 율수현위로 임명되었는데, 일찍이 시를 지어 조문했다. 밤에 꿈을 꾸었는데, 두 여성은 감사를 표시하면서 다음과 같이 말했다. '우리는 본래 선성군 개화현 마양향 장 씨의 두 딸입니다. 어려서 글씨와 친숙했고 자라서는 재능을 가지고 있었는데, 부모가 소금 장수 놈에게 시집가라 하였습니다. 이 때문에 울분이 나서 죽게 되어 천보 6년에 이곳에 함께 묻히게 되었습니다.' 잔치를 베풀고 이야기하다가 새벽이 되어서야 헤어졌다. 일설

에는 초현역 역승의 딸이라고 하는데, 어려움을 만나도 굽히지 않고 절개를 지키다 죽었다고 한다. 지금 무덤 위에 소나무와 돌이 있는데(지금도 남아 있다), 건드리면 문득 화가 닥친다고 하니, 그 영준함이 이처럼 사라지지 않았다(雙女墓, 縣東三十里花山李氏宅旁. 鷄林人崔致遠唐乾符中補溧水縣尉, 曾爲詩弔文, 夜夢二女稱謝曰 : 兒本宣城郡開化縣馬陽鄕張氏二女, 少親筆硯, 長負才情, 父母配于鹽商小竪, 以此憤恚而此. 天寶六年同葬于此. 宴語至曉而別. 一云招賢驛驛丞女, 遇難不屈, 盡節而死. 至今墓上松石(猶存), 犯者輒有禍, 其英爽不泯如此).

《건륭고순현지》에는 《육조사적편류》와 서로 합치되는 곳이 있지만, 새로운 견해 세 가지를 더했다. 첫째는 그 위치가 고순현에서 동쪽으로 30리 떨어진 이씨 댁 곁에 있다고 밝힌 것인데, 이는 현재 이 쌍녀분을 찾는 데 도움을 주었다. 두 번째는 두 여인의 출신이 초현역승(招賢驛丞)의 딸이라는 점이다. 세 번째는 지금 이곳의 사람들에게 무덤을 발굴하는 풍습이 없다는 것이다. 한 농민은 필자에게 직접 "무덤을 파면 재앙이 닥칠 것이다(挖墓就會有禍)"라고 말했다.

《건륭고순현지》는 청대 주소문(朱紹文)이 편찬한 것으로, 건륭 16년(1751)의 각본(刻本)이다. 이 기록은 비교적 중요한데, 이후에 청 양복정(楊福鼎) 수(修), 진가모(陳嘉謨) 찬(撰)의 《광서고순현지(光緖高淳縣志)》와 근인 유춘당(劉春堂) 수(修), 오수관(吳壽寬) 찬(撰)의 《민국고순현지(民國高淳縣志)》의 「쌍녀분」조는 모두 이 책에서 인용했다. 적막한 고순의 쌍녀분은 최치원이 그 사적을 찾았다가 밤에 두 여성의 꿈을 꾸고 시를 써서 조문했다 하여 사람들의 관심을 받으면서 유명해졌다. 고순현은 현재 남경시에서 관할하고 있다.

청 옹정(雍正) 시대의 고순현 공생(貢生) 형맹린(邢孟麟)은 일찍이 시 〈쌍녀분에 조상하며(弔雙女墓)〉를 쓴 바 있다.

雙松郁郁冷蒼煙, 소나무 두 그루는 울창하고 푸른 연기 차가운데
二女婚凄意黯然. 두 여성의 혼사는 슬프고도 침울하네.
猶有靈風驅牧豎, 영험한 바람이 목동을 몰아
肯將修態涸商船. 장차 자태를 꾸며 장삿배를 흐리기를.
穠華終遠荊王夢, 짙은 꽃향기는 끝내 형왕의 꿈과 멀고
幽恨惟憑驛使傳. 그윽한 원한이 역사에 의해 전해졌네.
古墓未犁碑字沒, 옛 무덤 끝은 쟁기질하여 비석이 파묻히고
空山愁絶聽啼鵑. 텅 빈 산에 수심이 가슴을 끊어 놓아 두견새 우는 소리 들리네.

이 시는 자못 깊이 새겨볼 만하다. 첫째로 이 시는 쌍녀분의 특징을 묘사했다. 묘에는 원래 소나무 두 그루가 있었지만 지금은 없어졌으니 다시 심어도 좋을 것이다. 당대의 묘비는 청대에 이미 "비석이 파묻혔다(碑字沒)." 둘째로 이 시에서 새로운 견해를 제기했다. 이 시에서는 두 여성의 깊은 원한이 "역사에 의해 전해(惟憑驛使傳)"졌다고 했는데, 이 '역사(驛使)'는 마땅히 최치원을 가리킨다. 왜냐하면 당 건부(乾符) 6년(879)에 회남절도사(淮南節度使) 고병(高駢)이 최치원을 관역순관(館驛巡官)으로 임명한 바 있는데, 바로 위의 시에서 말한 전역(傳驛, 공문을 전담하는 역참)의 신사(信使)이다. 옛날에는 사자(使者)를 신(信)이라 불렀는데, 형맹린은 신라에서 온 최치원을 신사라고 보았기 때문에 위의 시에서 말한 전역의 신사는 바로 그를 가리킨다.

이것은 실제로 새로운 문제를 제기했다. 즉 최치원은 율수현위로 재직할 때 쌍녀분을 방문한 것이 아니라, 관역순관으로 재직할 때 쌍녀분을 방문하고 〈선녀홍대〉를 썼다는 것이다. 왜냐하면 최치원은 관역순관으로 지낼 때 수많은 작품을 썼기 때문이다. 예를 들어보자.

〈우강 역정에 쓰노라(題芋江驛亭)〉

沙汀立馬待回舟, 모래밭에 말 세우고 돌아오는 배 기다리니
一帶烟波萬古愁. 한 줄기 연파가 만고의 시름일세.
直得山平兼水渴, 산이 곧 평지 되고 물이 또한 말라야,
人間離別始應休. 인간의 이별이 비로소 그치리라.

이 시는 관역순관으로 지낼 때 이별에 즈음하여 지은 것이다.

〈우정에 밤비가 내리고(郵亭夜雨)〉
旅館窮秋夜, 여관에는 늦가을 스산한 비
寒窗靜夜燈. 차가운 창가 고요한 등불
自憐愁裏坐, 가엾다, 시름 속에 앉았노라니,
眞個定中僧. 내 정녕 참선하는 중이로구나.

이는 관역순관일 때 고독에 겨워 지은 시이다. 그가 관역순관으로 지낼 때 이러한 시들을 쓸 수 있었고, 초현역에 이르러 쌍녀분 이야기를 듣고서 〈선녀홍대〉를 쓸 수 있었을 것이다.

청대 가경(嘉慶) 연간에 고순현의 늠생(廩生) 공소운(孔昭雲)도 시 〈쌍녀분〉 5수를 쓴 바 있는데, 그 중에서 한 수를 보자.

烈烈雙魂李氏旁, 열렬한 두 영혼이 이씨 마을 곁에 잠들어 있는데
精英氣節懔冰霜. 빼어난 절개는 얼음과 서리보다 차갑구나.
心雖匪石生難轉, 가슴은 비록 돌이 아니지만 태생이라 바꾸기 어렵고
性本如松死亦剛. 성품은 본래 소나무 같아 죽음도 강직하네.
三尺孤墳靈佑護, 세 자 되는 외로운 무덤은 영혼이 보호해 주고
一人知己感深長. 한 친구의 느낌이란 의미심장하도다.
自經崔尉留題後, 최 현위가 시제(詩題)를 남긴 뒤부터

終古花山照夕陽. 영원히 화산에 석양이 비추네.

공소운은 자가 승해(升諧)이며 가경 14년(1809)에 태어났으나 졸년은 알 수 없다. 고순현 고성(固城) 사람이며 저작으로 《고성일수시고(固城逸叟詩稿)》가 있다. 공소운의 시에서는 최치원이 당대에 현위로 지낼 때 쌍녀분을 발견하고 글을 지었으며, 설령 천여 년이 지났지만 만청 시대의 사람들도 신라의 최치원이 일찍이 율수에서 현위를 지낸 바 있음을 잊지 않았다고 여겼다.

필자는 《고순현지》에서 가리킨 방향과 지점을 따라서 화산(花山) 이씨댁 근처의 쌍녀분을 찾으러 갔다. 1997년 4월 17일 일행이 고순현 남쪽으로 출발하여 고성에 이르러 육로로 남하했는데, 수로를 따라 고성호(固城湖) 남쪽으로 가도 된다. 고순현의 남쪽 끝에 이르렀을 때, 안휘(安徽) 선성(宣城)과는 고작 3리쯤 되는 지점에 재신묘(財神廟)가 보였다. 사당 양쪽에는 대련 한 폭이 걸려 있었다.

面對金山招財二女成仙塚, 금산을 마주하니 재산을 모아 두 여성이 신선이 되고
背靠龍脈進寶五路財神廟. 용맥을 등지니 오복신을 모신 사당으로 보배가 굴러 들어오네.

이는 마치 쌍녀분에 곧 도착한다는 뜻 같았다. 길 양쪽에 작은 마을이 보여 지나가는 노인에게 물어보니, 과연 이곳이 이가촌(李家村)이며 화산(花山) 이가촌이라 부른다고 했다. 이는 《고순현지》에 나오는 "화산 이씨댁(花山李氏宅)"에서 따왔을 것이다. 맞은편은 이곳 사람들의 말에 의하면 금산(金山)인데, 실제로는 화산을 따라 뻗어 나왔으니 화산 산맥의 줄기이다. 이 노인에게 다시 쌍녀분이 있느냐고 물으니, "여기에 고분이 있

다(有此古墳)"라고 대답했다. 이 마을의 동남쪽 밭에 있다고 했는데, 옛 역도(驛道)를 따라 남쪽으로 가니 사람 인(人) 자 모양의 연못이 보였고, 솟은 곳이 바로 무덤이었다.

머리는 동쪽으로 꼬리는 서쪽으로 나 있는데, 사람 인 자 모양이 꼬리 부분을 감싸고 있고, 네 개의 돌로 쌓인 꼬리 부분의 굴은 이미 진흙으로 막혀 있었다. 머리 부분의 석문과 석구(石臼)는 이미 먼 곳의 작은 다리 밑으로 옮겨졌고, 석문 한 짝만 무덤 꼭대기에 있고 다른 한 짝은 작은 다리를 쌓는 데 쓰였다고 했다. 이곳 사람들은 사람 인(人) 자 연못에 임금 왕(王) 자 모양의 무덤이 어우러져 마치 '쇠 금(金)' 자 모양이 되었다고 말했다. 무덤의 길이는 26미터, 남북의 너비는 18미터, 총 면적은 450평방미터이다. 높이 2미터 정도의 장방형 토분이고 원래 묘문, 묘양(墓鑲), 문미(門楣), 문함석(門檻石) 등이 모두 있었지만 지금은 한 짝의 석묘문(石墓門)만 있고 측면에 있던 회전축은 무덤 위에 있었다. 이는 아마도 최치원이 시를 적었던 것과 유사한 석문이었을 것이다.

다시 쌍녀분의 북면을 보면, 좁고 긴 평지가 바로 옛날 '영국역도(寧國驛道)'이며 옆에 지표가 대략 80센티미터 솟은 평지가 있는데, 면적은 대략 1600평방미터이다. 이가촌의 노인은 이곳을 '와판판지(瓦瓣瓣地, 기와 조각이 부서진 곳)'라고 했는데, 위쪽에 당・오대 시기의 벽돌이나 질그릇 조각이 널려 있었다. 이곳이 바로 당대 초현역의 터이다. 즉 최치원의 〈선녀홍대〉에서 말한 "늘 현 남쪽 경계에 있는 초현관에서 노닐었다. 초현관 앞의 언덕에 옛 무덤이 있었는데, 쌍녀분이라 불렀다(嘗遊縣南界招賢驛, 見館前土崗有古塚, 號'雙女墳')"고 한 곳이다. 이곳은 바로 배산임수 형태의 우미한 경관으로 이 연못을 '와판판당(瓦瓣瓣塘)'이라 하는데, 지금까지도 연못이 맑고 깨끗하다.

이곳 마을의 군중은 우리들이 쌍녀분과 초현관의 터를 조사하는 것을 보고 분분히 따라왔다. 나는 노인에게 왜 두 여인의 시체를 그들의 가족묘에 매장하지 않고 이 마을 밖의 들판에 매장했을지 물어보았다. 이곳 마을 노인들이 공통되게 풍습을 이야기했는데, 즉 그곳 선배들의 견해에 의하면 딸은 태어나면 친정 사람이 아니라 시댁 식구라는 것이다. 돈황(敦煌)의 당나라 사람에게 이러한 속담이 있다. "여성은 외향이라 천리까지 남편을 따른다(女性外向, 千里隨夫)."[2] 고순현 마을에도 이러한 속담이 전해진다. '딸은 모두 밑지는 물건이다(女兒都是賠錢貨)' 혹은 '출가한 딸이요, 엎질러진 물이다(嫁出門的女兒, 潑出門的水).' 그러므로 옛날이나 지금이나 똑같이 딸이 출가한 뒤 죽으면 남편과 함께 합장하며, 딸이 시집가기 전에 죽으면 가족묘에 들이지 않고 들에 매장한다는 것이다.

최치원의 〈선녀홍대〉 설창문(說唱文)은 당대 민가 변문(變文)의 체재로, 운문과 산문이 뒤섞이고 설(說)과 창(唱)이 결합한, 사상성과 예술성이 잘 결합된 설창의 속문학 작품이다. 〈선녀홍대〉는 중국 각지에서 보기 힘든 글이므로 여기에 전체 문장을 인용한다.

〈선녀홍대(쌍녀분)〉

최치원은 자가 고운으로, 열두 살 때 서쪽으로 가 당에서 유학했다. 건부 갑오년에 학사 배찬이 관장하는 과거 시험에 단번에 급제하여 율수현위를 제수받았다. 늘 현 남쪽 경계에 있는 초현관에서 노닐었다. 초현관 앞의 언덕에 옛 무덤이 있었는데, 쌍녀분이라 했으며, 고금 명현들의 유람지였다. 치원은 들문에,

뉘 집 두 여인 여기에 무덤 남겼을까?
적막한 저승 원한의 봄은 몇 해이던가
모습은 공중에 맴도는데 시냇가에 달빛이
성도 이름도 묻기 어려운 무덤에는 흙먼지만 가득

---

2) 〈추호변문(秋胡變文)〉.

꽃다운 정 꿈에라도 통할 수 있다면
기나긴 밤 나그네를 위로할진데
외로운 관사에서 남녀가 서로 만나 즐긴다면
그대들과 〈낙신부(洛神賦)〉를 이어 부르리라.

이라고 시를 지었다. 시를 다 짓고 초현관에 이르렀다.

때마침 달은 밝고 바람은 시원하여 명아주 지팡이를 짚고 천천히 걷다가 갑자기 한 여자를 보았는데, 그녀의 용모는 얌전하게 보였으며 손에는 붉은 자루를 쥐고 있었다. 그녀는 최치원의 앞으로 다가서서 "팔낭자와 구낭자가 수재께 '아침에 수고스럽게도 특별히 오시어 아름다운 시를 하사하셨습니다'라는 말을 전하라 하고 두 낭자가 각기 화답시를 지어 주었으니, 삼가 명을 받들어 올립니다"라고 했다. 공이 돌아보고 경황하여 "낭자의 성이 무엇입니까?"라고 물었다. 여자가 "아침에 덤불을 헤치고 돌의 먼지를 털어 시를 지으신 곳이 바로 두 낭자의 거처입니다"라고 하자, 공이 곧 알아차렸다. 첫 번째 자루를 열어 보니 팔낭자가 수재에게 화답하는 시가 있었다.

유혼은 이별을 한하여 외로운 무덤에 의지했지만
붉은 얼굴 버들눈썹 오히려 청춘이네.
학을 몰고 삼신산 찾아 헤매다가
봉황새 비녀 떨어져 구천의 티끌 되었네.
살아서는 못내 부끄러워했건만
오늘은 낯선 사람에게 교태를 머금네.
시에다 허망한 뜻 알리기가 심히 부끄러워
애타는 이내 마음.

다음 두 번째 자루를 열어 보니 구낭자의 시가 있었다.

오가는 이 그 누가 길가의 무덤 돌아보리오?
난경과 원앙금침은 티 끝에 묻혔으니
죽고 삶은 천상의 명이요
꽃이 피고 짐은 세간의 봄이로다.
매양 진녀의 속세 버림을 희구했지
임희의 사랑하고 교태 부림은 배우지 않았네.
양왕께 운우의 꿈 안기려니
천만 가지 생각에 괴롭기만 하네.

또 뒷면에 시가 적혀 있었다.

성과 이름 숨김을 이상히 생각 마오.
외로운 영혼 속세 사람 두려워함일세.
이내 심사 말할 테니
잠시나마 친하기를 허락할지?

공은 아름다운 시를 보고 매우 기쁜 빛을 띠었다. 곧 그녀의 이름을 물으니, 취금이라고 했다. 공이 기뻐 희롱하자 취금은 화를 내며 "수재께서는 마땅히 회답을 써 주셔야지, 공연히 사람을 괴롭게 하려 하십니까?"라고 했나. 치원은 이에 시를 지어 취금에게 주었다.

옛 무덤에 우연히 썼던 하찮은 시
어찌 선녀가 속세를 방문하길 바랐던가?
파란 옷깃(취금을 비유함)에도 꽃다운 아름다움 띠었으니
붉은 소매(두 낭자를 일컬음)에는 마땅히 옥수 같은 청춘 머금었으리.
성과 이름 숨겨 속세의 객 속이고

교묘하게 시를 지어 시인을 괴롭히네.
오로지 함께 환소하고파 애태우며
천령만신에게 빌고 비나이다.

이어서 끝에다가,

파랑새 괜히 내막 알리니
잠시 생각에 두 줄기 눈물이 흐르네.
오늘밤 선녀를 만나지 못하면
여생을 버려 땅속에라도 들어가 찾으리라.

라고 시를 지었다. 취금이 시를 얻어 돌아가니, 그 빠르기가 회오리바람 같았다.

치원은 홀로 서서 애달피 읊조리고 있었는데, 오래도록 아무런 동정이 없자 단가를 불렀다. 노래가 끝나자 갑자기 향기가 풍기더니 한참 있다 두 여자가 나란히 나타났는데, 바로 한 쌍의 맑은 구슬이었으며 두 송이의 상서로운 연꽃이었다. 치원은 놀랍고 기쁨이 꿈만 같아 절하면서 "저는 해도의 보잘 것 없는 서생이며 속세에서는 말단 벼슬아치이오니, 어찌 선녀께서 외람되이 풍류의 일에 돌아보기를 기대하겠습니까? 무심코 장난삼아 지었던 시인데, 곧 꽃다운 발걸음을 내리셨습니다"라고 했다. 두 여자는 미소를 짓고 아무 말이 없었다. 치원이,

아름다운 밤 다행히 잠시나마 만났건만
어떻다 말없이 저무는 봄 대하는가?
진녀인 줄 알았더니
본디 식부인인 줄은 몰랐네.

라고 시를 지으니, 자줏빛 치마를 입은 이가 화를 내면서 "농담을 하려다 경멸

만 당하고 말았습니다. 식부인은 일찍이 두 남편을 따랐지만, 천첩은 한 남편도 섬기지 않았습니다"라고 말하자, 공이 "부인은 말씀을 안 하시면 몰라도 하시면 맞는 말씀만 하시는군요"라고 하였다. 두 여자는 모두 웃었다.

치원이 곧 "낭자께서는 어디에 살고 계시며, 어느 집안 사람입니까?"라고 물었다. 자줏빛 치마를 입은 이가 눈물을 흘리면서 "저와 동생은 율수현 초성향 장 씨의 두 딸입니다. 선친께서는 현의 관리도 하지 않고 다만 마을의 호족으로, 그 부유함은 동산과 같았으며 그 사치스러움은 금곡원과 같았습니다. 제 나이 열여덟 그리고 동생 나이 열여섯 살이 되자 부모님께서는 혼사를 의논하셨는데, 저는 소금 장수와 정혼하게 하셨으며 동생은 차 장수에게 시집보내기로 하셨습니다. 우리 자매는 매번 결혼을 말할 적마다 마음에 만족치 못하고, 그 맺힌 울분을 펴지 못하여 차례로 요절하고 말았습니다. 선생께서는 의심하지 마시기를 바라옵니다"라고 말했다. 치원은 "옥 같은 소리가 분명히 들리는데 어찌 의심을 하겠습니까?"라고 하면서, 곧 두 여자에게 "무덤에 의지한 지 이미 오래 되었고 초현관이 멀지 않으니, 만약 영웅들과 만났다면 어찌해서 미담이 나타나지 않았습니까?"라고 물었다. 붉은 소매의 옷을 입은 이가 "지금까지 왕래한 자는 모두 비천한 자들이었는데, 오늘에야 다행히 오산의 뛰어난 정기를 받으신 수재를 만나 함께 현묘한 이치에 대해 이야기할 수 있게 되었습니다"라고 했다.

치원은 술을 가져다 놓고 두 여자에게 "세속의 음식을 세상 바깥의 사람에게 드려도 괜찮을지 모르겠습니다"라고 하자, 자줏빛 치마를 입은 이가 "먹지 않고 마시지 않아도 배고프지도 않고 목마르지도 않습니다. 그러나 다행히 뛰어난 용모를 지닌 분을 만났고 미주를 대하니 어찌 감히 사양하겠습니까?"라고 하면서 술을 마시며 각기 시를 지었는데, 모두가 맑고 뛰어나 불세의 구절이었다. 때마침 달이 밝아 낮과 같았고 바람은 시원하여 가을과 같았다. 그 언니는 시령을 변경하여 "달이라는 제목으로 풍 자를 운으로 삼아 지읍시다"라고 했다. 이에 치원은 기련을 지었다.

금빛 파도 눈에 가득히 공중에 넘치니
천 리 수심은 어디나 같구나.

이어서 팔낭자가 지었다

옛길 잃지 않고 달은 움직이고
봄바람 기다리지 않고 계수꽃 피었네.

이어서 구낭자가 지었다.

삼경이 넘자 달빛은 더욱 빛나고
이별의 애달픈 심사 저 보름달 속에 있네.

이어서 치원이 지었다.

흰 빛깔 펼쳐질 때는 비단 장막 나뉘는 듯
홀[珪] 모양처럼 비치는 곳은 옥 창문 꿰뚫는 듯

이어서 팔낭자가 지었다.

사람을 멀리 이별하니 창자가 끊어질 듯
황천에 외로이 누웠으니 한은 끝이 없네.

이어서 구낭자가 지었다.

항아의 빈틈없는 생각 부러워하노니

능히 향각을 버리고 선궁에 이르렀다네.

공은 더욱 감탄하고 의아해 하면서 “이런 자리에 생황을 연주하고 노래를 부르는 자가 없으니, 할 수 있는 일을 다 했다고는 볼 수 없습니다”라고 했다. 이에 붉은 소매의 옷을 입은 여자가 종 취금을 돌아보며 치원에게 “현악기는 관악기만 못하고 관악기는 사람의 육성만 못한 것인데, 이 종이 노래를 잘 부릅니다”라고 말했다. 이어 〈소충정(訴衷情)〉이란 곡을 부르도록 명했다. 취금이 옷깃을 여미고 노래를 부르니, 그 소리가 정말 청아했다.

이에 세 사람은 술이 반쯤 취했는데, 치원이 곧 두 여자를 희롱하며 “일찍이 노충은 사냥하다 갑자기 좋은 인연을 만났고, 완조는 신선을 찾다 아름다운 배필을 만났다고 들었는데, 꽃다운 정을 허락하신다면 좋은 인연이 이루어질 수 있을 것입니다”라고 말했다. 두 여인이 모두 허락하면서 “우제께서 임금이 되시매 아황과 여영 두 여인이 모시었고, 주량이 장수가 되매 두 여자가 따랐습니다. 그 옛날에도 그랬는데 지금 어찌 못하겠습니까?”라고 했다. 치원은 뜻밖의 기쁨으로 곧 깨끗한 베개 세 개를 늘어놓고 새 이불 하나를 폈다. 세 사람은 한 이불 속에서 서로 떨어질 수 없는 정을 나누었으니, 그 정을 이루 다 말할 수 없다. 치원이 두 여자를 놀리며 “규중을 향하여 황공의 사위가 되지 못하고, 도리어 무덤가에 와서 진 씨의 여종을 껴안았습니다. 무슨 인연으로 이렇게 만나게 되었는지 모르겠습니다”라고 했다. 그러자 언니가 시를 지었다.

그대 말 들어보니 어질지 못함을 알겠네,
마땅히 습관에 따라 여종과 자야겠지.

동생이 그 시에 응해 끝을 이었다.

공연히 바람둥이에게 시집갔다가

억지로 경박한 말 들어 지상선인 욕되게 했네.

공이 화답시를 지었다.

오백 년 만에 처음으로 어진 이 만나서 오늘밤 함께 자게 되어 기쁘기 그지없네,
꽃다운 마음, 광객과 친함을 괴이하게 생각 마오.
일찍이 봄바람을 향해 귀양 온 신선이기를 바랐소.

조금 뒤에 달이 떨어지고 닭이 울자, 두 여자는 모두 놀라 공에게 "즐거움이 극에 달하면 슬픔이 오고, 이별은 길고 만남은 짧습니다. 이것은 인간 세상에서 귀천을 막론하고 똑같은 슬픔인데, 하물며 살고 죽는 길이 다르고 오르고 내리는 길이 다른 곳에 있어서 어찌 하겠습니까? 매양 환한 낮을 꺼리어 꽃다운 때를 헛되이 보내오니, 다만 하룻밤을 모시게 된 즐거움으로 인해 이제 천년의 한이 되겠습니다. 처음에는 동침의 행복이 있음을 기뻐했지만, 갑자기 파경하여 기약 없음을 한탄합니다"라고 했다. 그리고 두 여자는 각기 시를 지었다.

북두성 한 바퀴 돌고 물시계 소리 드문데
떠나는 인사하려니 눈물만 줄줄.
이로부터 천년의 한을 맺었으니
밤중의 기쁨 다시 찾을 길 없네.

또,

기운 달 창에 비치니 붉은 얼굴 싸늘해지고
새벽바람 소매에 나부껴 파란 눈썹 찌푸리네.
그대와 하직하는 걸음걸음 창자가 끊어지는 듯

헤어진 뒤에는 운우의 꿈조차 꾸기 어려우리라.

라고 지었다. 치원은 시를 보고 자신도 모르게 눈물을 흘렸다. 두 여자는 치원에게 "다른 날 이곳을 다시 지나게 된다면 황폐한 무덤을 고치고 쓸어 주시기 바랍니다"라고 했다. 말을 마치자 곧 사라져 버렸다.

다음날 아침, 치원은 무덤가에 가서 방황하며 읊조리다가 더욱 감탄하여 긴 노래를 지어 스스로 위로했다.

풀 먼지 덮인 어두컴컴한 두 여자의 무덤
예로부터 명승지라 누구에게 들었던가?
넓은 들에는 천추의 달만 한스럽고
무산에는 공연히 두 조각구름이 걸려 있네.
웅재로 먼 타국의 관리 됨을 한탄하고
우연히 외로운 초현관에 와 조용한 곳을 찾아
장난삼아 문에다 지었던 시구를 지으니
감동한 선녀 밤에 이르렀네.
붉은 소매의 비단 옷, 자줏빛 치마
앉으니 난향과 사향이 코를 찌르네.
파란 눈썹 붉은 뺨은 속세를 뛰어넘고
술 마시는 태도와 시정 역시 출중하네.
지는 꽃 대하여 미주를 기울이고
쌍쌍이 추는 예쁜 춤에 섬섬옥수 드러나네.
미친 듯한 이 마음 산란하여 부끄러움도 잊고
꽃다운 뜻 허락할지 물어보았네.
오래도록 멍한 표정 짓던 미인의 얼굴빛
반은 웃는 듯 반은 우는 듯하네.

친해지자 마음은 불과 같고
붉은 얼굴 차라리 진흙처럼 취하고 싶네.
아름다운 노래 부르고 서로 합하니
꽃다운 밤의 좋은 만남 전생에서 정해진 운명일세.
사녀의 청담 비로소 들었으며
반희의 우아한 시 역시 보았네.
정답게 처음으로 친함을 구하니
바로 복숭아꽃 오얏꽃 피는 봄이로세.
밝은 달은 비추어 금침의 정 더하고
향기로운 바람은 비단 같은 몸 끌어당기네.
비단 같은 몸, 금침의 정
그윽한 즐거움 다하지 못한 채 이별의 수심 찾아왔네.
몇 마디 나머지 노래에 외로운 혼 끊는 듯
가물거리는 등잔불이 두 눈의 눈물 비추네.
날이 밝자 난새와 학은 동서로 갈려 가고
홀로 앉아 생각하니 꿈꾸는 듯하네.
곰곰이 생각하니 꿈인 듯 아닌 듯
수심에 겨워 바라보니 파란 하늘에 구름 떠가네.
말인 양 길게 울며 갔던 길 바라보고
미친 듯 버려진 무덤 다시 찾네.
떨어진 꽃 밟았던 비단 버선 만날 수 없고
꽃가지만 아침이슬에 울고 있을 뿐이네.
애간장이 끊어질 듯 빈번히 돌아보아도
적막한 황천문 누가 열어 주리?
수레 머물고 바라볼 때는 한없는 눈물
채찍 걸고 읊조리는 곳에는 넘치는 슬픔.

늦은 봄바람 봄 햇살에
버들 꽃 요란하게 빠른 바람 맞이하네.
나그네 수심으로 늘 봄 경치 원망하거니
더구나 이별의 심정 생각나는 꽃다운 자태.
인간사 대단한 것은 수심이라
출세 길 달리자 미망에 빠졌네.
동작대 덮은 풀은 천고의 한이라
금곡에 핀 꽃은 하루의 봄일세.
완조와 유신은 보통 인물이요
진시황과 한무제는 선골이 아닐세.
당시의 가회를 따를 길 막연한데
후대에 이름 남기니 단지 슬픔 뿐.
유유히 왔다 홀연히 가니
운우가 무상주임을 알겠네.
이곳에 와 두 여자를 만남은
멀리 양왕의 운우의 꿈과 흡사하네.
대장부여, 대장부여
장대한 기백으로 아녀자의 한 반드시 없애
여우 같은 요괴를 심사에 두지 않으리라.

후에 치원은 과거에 급제하고 고국으로 돌아오는 길에서 시를 지었다.

뜬세상의 영화는 꿈속의 꿈이니
흰 구름 깊은 곳에 몸 편안히 하리라.

이에 물러나 은거하였다. 산림·강·바다로 승려를 찾아다니며 작은 집을 짓고 석대를 쌓아 문적에 몰두하고 풍월을 읊조렸으며, 그 사이 소요하고 한가로이 지냈다. 남산 청량사, 합포현 월영대, 지리산 쌍계사, 석남사, 묵천석대에 모란을 심어 지금도 남아 있는데, 이 모두가 그가 다녔던 곳이다. 최후에 가야산 해인사에 은거하여 형인 고승 현준, 남악의 정현법사와 함께 경론의 심오한 이치를 구명했으며, 허정(虛靜)함에 마음을 두고 여생을 마쳤다.

崔致遠, 字孤雲, 年十二. 西學於唐. 乾符甲午, 學士裴瓚掌試, 一擧登魁科. 調授溧水縣尉, 嘗遊縣南界招賢館, 館前岡有古塚, 號雙女墳, 古今名賢遊覽之所. 致遠題詩石門曰: "誰家二女此遺墳? 寂寂泉扃幾怨春. 形影空留溪畔月, 姓名難問塚頭塵. 芳情倘許通幽夢, 永夜何妨慰旅人? 孤館若逢雲雨會, 與君繼賦洛川神." 題罷到館, 是時月白風淸, 杖藜徐步, 忽覩一女, 姿容綽約, 手操紅袋, 就前曰: "八娘子, 九娘子傳語秀才, 朝來特勞玉趾, 兼賜瓊章, 各有酬答, 謹令奉呈" 公回顧驚惶, 再問: "何姓娘子?" 女曰: "朝間披榛拂石題詩處, 卽二娘所居也" 公乃悟, 見第一袋, 是八娘子奉酬秀才, 其詞曰: "幽魂離恨寄孤墳, 桃臉柳眉猶帶春, 鶴駕難尋三島路, 鳳釵空墮九泉塵, 當時在世長羞容, 今日含嬌未識人, 深愧詩詞知妄意, 一回延首一傷神." 次見第二袋, 是九娘子, 其詞曰: "往來誰顧路傍墳, 鸞鏡鴛衾盡惹塵, 一死一生天上命, 花開花落世間春, 每希秦女能抛俗, 不學任姬愛媚人, 欲薦襄王雲雨夢, 千思萬憶損精神." 又書於後幅曰: "莫怪藏名姓, 孤魂畏俗人, 欲將心事說, 能許暫相親?" 公既見芳詞, 頗有喜色, 乃問其女名字, 曰"翠襟". 公悅而挑之, 翠襟怒曰: "秀才合與回書, 空欲累人" 致遠乃作詩付翠襟, 曰: "偶把狂詞題古墳, 豈期仙女問風塵. 翠襟猶帶瓊花艷, 紅袖應含玉樹春, 偏隱姓名欺俗客, 巧裁文字惱詩人, 斷腸唯願陪歡笑, 祝禱千靈與萬神." 繼書末幅云: "靑鳥無端報事由, 暫時相憶淚雙流, 今宵若不逢仙質, 判却殘生入地求." 翠襟得詩還, 迅如飆逝, 致遠獨立哀吟, 久無來耗, 乃詠短歌, 向畢, 香氣忽來, 良久, 二女齊至, 正是一雙明玉, 兩朶瑞蓮, 致遠篤喜如夢, 拜云: "致遠海島微生, 風塵末吏, 豈期仙侶, 猥顧風流, 輒有戲言, 便垂芳躅" 二女微笑無言. 致遠作詩曰: "芳宵幸得暫相親, 何事無言對暮春, 將謂得知秦室婦, 不知元是息夫人." 於是紫裙者恚曰: "始欲笑言, 便蒙輕蔑, 息娯曾從二婿, 賤妾未事一夫" 公言: "夫人不言, 言必有中." 二女皆笑, 致遠乃問曰: "娘子居在何方? 族序是誰? 紫裙者隕淚曰: "兒與小妹, 溧水縣楚城鄕張氏之二女也. 先父不爲縣吏, 獨占鄕豪, 富似銅山, 侈同金谷, 及姊年十八, 妹年十六, 父母論嫁阿奴則定婚鹽商, 小妹則許嫁茗估, 姐妹每說移天, 未滿于心, 鬱結難伸, 遽至夭亡, 所冀仁賢, 勿萌猜嫌." 致遠曰: "玉音昭然, 豈有猜慮?" 乃問二女: "寄墳已久, 去館非遙, 如有英雄相遇, 何以示現美談?" 紅袖者曰: "往來者皆是鄙夫, 今幸遇秀才, 氣秀鰲山, 可與談玄玄之理?" 致遠將進酒, 謂二女曰: "不知俗中之味, 可獻物外之人乎?" 紫裙者曰: 不飡不飮, 無饑無渴, 然幸接瓌姿, 得逢瓊液, 豈敢辭違?" 於是, 飮酒各賦詩, 皆是淸絶不世之句. 是時明月如晝, 淸風似秋, 其妹令曰: "便將月爲題, 以風爲韻." 於是致遠作起聯曰: "金波滿目泛長空, 千里愁心處處同" 八娘曰: "輪影動無迷舊路, 桂花開不待春風" 九娘曰: "圓輝漸皎三更外, 離思偏傷一望中" 致遠曰: "練色舒時分綿帳, 珪模映處透珠櫳" 八娘曰: "人間遠別腸堪斷, 泉下孤眼恨莫窮" 九娘曰:"每羨嫦娥多計較, 能抛香閣到仙宮" 公嘆訝尤甚, 乃曰: "此時無笙歌奏於前, 能事未能畢矣!" 於是紅袖乃顧婢翠襟, 而謂致遠曰: "絲不如竹, 竹不如肉, 此婢善歌" 乃命訴衷情詞. 翠襟斂衽一歌, 淸雅絶世. 於是二人半酣, 致遠乃挑二女曰: 嘗聞盧充逐獵, 忽遇良姻, 阮肇尋仙, 得逢嘉配, 芳情若許, 姻好可成?" 二女皆諾曰: "虞帝爲君, 雙雙在御, 周良作將, 兩兩相隨, 彼昔猶然, 今胡不爾" 致遠喜出望外, 乃相與排三淨枕, 展一新衿. 三人同衿, 繾綣之情, 不可具談. 致遠戲二女曰: "不向閨中, 作黃公之子婿, 翻來塚側, 夾陳氏之女奴, 未測何緣, 得逢此會" 女兄作詩曰: "聞語知君不是賢, 應緣慣與女奴眠." 弟應聲續尾曰: "無端嫁得風狂漢, 强被輕言辱地仙." 公答爲詩曰: "五百年來始遇賢, 且歡今夜得雙眠, 芳心莫怪親狂客, 曾向春風占謫仙." 小頃, 月落鷄鳴, 二女皆驚, 謂公曰: "樂極悲來, 離長會促, 是人世貴賤同傷, 況乃存沒異途, 升沈殊路, 每慚白晝, 虛擲芳時, 只應拜一夜之歡, 從此作千年之恨, 始喜同衿之有幸, 遽嗟破鏡之無期." 二女各贈詩曰: "星斗初回更漏闌, 欲言離緖淚闌干, 從玆便結千年恨, 無計重尋五夜歡." 又曰: "斜月照窓紅臉冷, 曉風飄袖翠眉攢, 辭君步步偏腸斷, 雨散雲歸入夢難." 致遠見詩, 不覺垂淚. 二女謂致遠

曰: "倘或他時, 重經此處, 修掃荒塚" 言訖卽滅. 明旦, 致遠歸塚邊, 彷徨嘯詠, 感嘆尤甚, 作長歌自慰曰:

草暗塵昏雙女墳
古來名迹竟誰聞
唯傷廣野千秋月
空鎖巫山兩片雲
自恨雄才爲遠吏
偶來孤館尋幽邃
戱將詞句向門題
感得仙姿侵夜至
紅錦袖, 紫羅裙
坐來蘭麝逼人薰
翠眉丹頰皆超俗
飮態詩情又出群
對殘花, 傾美酒
雙雙妙舞呈纖手
狂心已亂不知羞
芳意試看相許否
美人顔色久低迷
半含笑態半含啼
面熟自然心似火
臉紅寧假醉如泥
歌艶詞, 打懽合
芳宵良會應前定

才聞謝女啓清談
又見班姬擒雅咏
情深意密始求親
正是艶陽桃李辰
明月倍添衾枕思
香風偏惹綺羅身
綺羅身, 衾枕思
幽懽未已離愁至
數聲餘歌斷孤魂
一點殘燈照雙淚
曉天鸞鶴各西東
獨坐思量疑夢中
沈思疑夢又非夢
愁對朝雲歸碧空
馬長嘶, 望行路
狂生猶再尋遺墓
不逢羅襪步芳塵
但見花枝泣朝露
腸欲斷, 首頻回
泉戶寂寥誰爲開
頓轡望時無限淚
垂鞭吟處有餘哀
暮春風, 暮春日
柳花撩亂迎風疾
常將旅思怨韶光
況是離情念芳質

人問事, 愁殺人
始聞達路又迷津
草沒銅臺千古恨
花開金谷一朝春
阮肇劉晨是凡物
秦皇漢帝非仙骨
當時嘉會杳難追
後代遺名徒可悲
悠然來, 忽然去
是知風雨無常主
我來此地逢雙女
遙似襄王夢雲雨
大丈夫, 大丈夫
壯氣須除兒女恨
莫將心事戀妖孤

後致遠擢第東還, 路上歌詩云:"浮世榮華夢中夢, 白雲深處好安身" 乃退而長往, 尋僧於山林江海, 結小齋, 築石臺, 耽玩文書, 嘯詠風月, 逍遙偃仰於其間, 南山淸涼寺, 合浦縣月影臺, 智異山雙溪寺, 石南寺, 墨泉石臺, 種牧丹, 至今猶存, 皆其遊歷也. 最後隱於伽倻山海印寺, 與兄大德賢俊, 南岳師定玄, 探賾經論, 遊心沖漠, 以終老焉.[3]

이 〈선녀홍대〉는 〈쌍녀분〉이라고도 하는데, 신라 말기의 《신라수이전(新羅殊異傳)》에 최초로 보인다. 《신라수이전》은 설화집으로 그 체재

3) 《태평통재(太平通載)》 권68, 〈최치원〉.

가 돈황 변문과 유사하고 최치원이 지은 것으로 전해지며 원서가 없어진 까닭에 단편만 존재한다. 후에 이것은 《대동운부군옥(大東韻府群玉)》의 제15권에 수록되었다. 이 책은 조선 왕조 선조(宣祖) 시기의 한문학자 권문해(權文海)가 지은 일종의 백과사전이다. 1793년에 출간되었는데 작자의 7대손 진락(進洛)의 손을 거쳐 출판되었다. 그러나 이 책의 〈선녀홍대〉는 작은 단락만 있을 뿐이니, 분명 《신라수이전》에서 발췌한 것이다. 《신라수이전》이 없어졌기 때문에 작자도 문제가 되는데, 일설에 이 책은 박인량(朴寅亮)이 지은 것이라 한다.

박인량(?～1096)은 한국 고려 시기의 문관이자 시인이다. 자는 대천(代天), 호는 소화(小華)이며 문종(文宗) 때 문과에 급제했고, 우부승선(右副承宣)·한림학사승지(翰林學士承旨)·동지중추원사(同知中樞院事)·예부시랑(禮部侍郞)·우복야(右僕射)·참지정사(參知政事)를 역임했다. 1080년 그는 예부시랑의 신분으로 김근(金覲) 등과 북송 왕조에 사신으로 갔는데, 송인들은 이 두 사람의 재주를 칭찬하고 시집 《소화집(小華集)》을 엮어냈다.

그러나 그는 《신라수이전》을 지을 수 없었을 것이다. 그는 역사서 《고금록(古今錄)》 10권을 펴냈을 뿐이고, 전하는 말로 그가 《신라수이전》을 지었다 하지만 이 책이 실전되어 단지 《해동고승전(海東高僧傳)》에 몇 편의 《수이선》의 선설·고사가 들어 있기 때문이다. 《해동고승전》은 고려(918～1312) 때의 고승 각훈(覺訓)이 1215년에 완성한 한국 최고의 승전(僧傳)이다. 이 책에는 《수이전》의 몇몇 고사가 실려 있지만 〈선녀홍대〉는 실려 있지 않기에 박인량이 지었다고 단정할 수는 없다. 《신라수이전》을 박인량이 지었다는 근거가 부족하기 때문에 최치원이 《신라수이전》을 지었고, 〈선녀홍대〉 또한 그렇다고 본다. 〈선녀홍대〉는 당 전기(傳奇)와 내재적으로 서로 연관되어 있기 때문이다. 이에 대해서는 아래서 언급하겠다.

이 설창문은 한국의 한문 서적에 수록되어 있기 때문에 이를 본 중국 학자가 많지 않다. 그러나 이것은 도리어 중・한 문화 교류를 연구하는 데 중요한 문헌이다. 그러므로 여기서는 다소 지면을 할애하여 분석하고자 한다.

〈선녀홍대〉는 사람과 귀신 간의 연애라는 전설・고사를 다루고 있다. 고사에 따르면 최치원이 현의 남쪽에 있는 초현관에 놀러갔다가 언덕 앞에 두 여자의 무덤을 발견했다. 이곳에서 최치원은 석문에 시 한 수를 적어 두어 여성에 대한 사모의 감정을 표시하면서 운우지정을 나눌 수 있기를 희망했다. 시를 다 쓰자마자 취금(翠襟)이라 불리는 시녀가 다가와 그에게 붉은 주머니 두 개를 주었는데, 주머니에는 각기 팔낭자(八娘子)와 구낭자(九娘子)의 시 한 수가 들어 있었다. 최치원은 곧 시 두 수를 써서 답했다. 취금은 시를 받아들고 쏜살같이 소식을 전했으며, 얼마 후 두 여성이 함께 찾아왔다. 최치원은 꿈인 양 크게 기뻐하며 인사하고는 또 시를 지어 그들에게 가정이 있는지, 어디에 사는지를 물었다. 이에 (자줏빛 치마를 입은) 팔낭자는 다음과 같이 말했다.

> 율수현 초성향 장 씨의 두 딸입니다. 선친께서는 현의 관리도 하지 않고 다만 마을의 호족으로, 그 부유함은 동산과 같았으며 그 사치스러움은 금곡원과 같았습니다. 제 나이 열여덟 그리고 동생 나이 열여섯 살이 되자, 부모님께서는 혼사를 의논하셨는데, 저는 소금 장수와 정혼하게 하셨으며 동생은 차 장수에게 시집보내기로 하셨습니다. 우리 자매는 매번 결혼을 말할 적마다 마음에 만족치 못하고, 그 맺힌 울분을 펴지 못하여 차례로 요절하고 말았습니다(溧水縣楚城鄕張氏之二女也. 先父不爲縣吏, 獨占鄕豪, 富似銅山, 侈門金谷, 乃姉年十八, 妹年十六, 父母論嫁阿奴則定婚鹽商, 小妹則許嫁茗估, 姐妹每說移天, 未滿于心, 鬱結難伸, 遽至夭亡).

최치원은 두 여성에게 영웅이나 재자를 만난 것처럼 자신과 이야기를 나눌 수 있느냐고 물었다. (붉은 소매의) 구낭자는 이곳에 온 사람들은 보잘 것 없는 무리이지만, 지금 수재를 만났으니 이야기를 나눌 수 있다고 말했다. 최치원은 두 여성에게 술을 권하니 팔낭자는 경액(瓊液, 미주)을 만난 것 같다고 말하며 사양하지 않았다. 이에 세 사람은 술을 마시며 시를 지었다. 술이 거나해진 뒤 세 사람은 깨끗한 베개 세 개를 준비하고 새 이불 하나를 깔고 동침했으니 서로 헤어지기 어려운 정이 이루다 말할 수 없다. 세 사람은 또 애정시를 지어 화답했다. 얼마 후 달이 지고 닭이 울자 두 사람은 모두 놀라서, 단지 하룻밤의 즐거움이 이로부터 천년의 한이 될 것이라고 최치원에게 말했다. 두 여성은 최치원에게 각기 시 한 수를 지어 주며 "다른 날 이곳을 다시 지나신다면, 황폐한 무덤을 고치고 쓸어 주시기 바랍니다(倘或他時, 重經此處, 修掃荒塚)"라고 말하고는 사라졌다. 이튿날 아침 최치원은 무덤가에 가서 방황하며 긴 노래를 지어 읊조리며 자신을 위로했다. 후에 최치원은 신라로 돌아와 가야산에 은거했다.

이상의 내용을 보면 최치원의 〈선녀홍대〉와 당대 장작(張鷟, 660?~740?)의 〈유선굴(游仙窟)〉에는 상당히 유사한 점이 있다. 그 내용이 당 전기(傳奇) 〈유선굴〉의 영향을 받았다고 단정할 수 있는데, 〈유선굴〉은 당 전기에 흔히 보이는 작품이 아니었다.

첫째, 〈유선굴〉의 서명은 양락현위(襄樂縣尉) 장문성(張文成) 지음으로 되어 있고, 〈선녀홍대〉의 서명은 율수현위 최치원 지음으로 되어 있다. 두 작자는 모두 현위였고 관리의 등급도 일치한다. 두 사람의 경력에도 유사한 점이 있는데, 모두가 처음으로 진사 시험에 급제한 뒤 현위직을 받은 점이다. 장작은 성당 시대의 현위였고 최치원은 만당 시대의 현위였으니, 앞뒤로 이어지는 유사한 조건을 가지고 있다.

둘째, 〈유선굴〉과 〈선녀홍대〉에서 이야기한 주제는 1남 3녀의 러브

스토리이고 주요 인물도 일치한다. 전자의 1남은 장작 본인이고, 3녀는 십낭(十娘)과 오낭(五娘) 그리고 시녀 계심(桂心)이다. 후자의 1남은 최치원 본인이고, 3녀는 팔낭자와 구낭자 그리고 시녀 취금이다. 이를 보면 사람 수가 일치할 뿐 아니라, 인물의 신분까지도 일치함을 알 수 있다.

셋째, 스토리의 유형도 일치한다. 모두 선굴(仙窟)에서 즐거운 모임을 이야기하는데, 〈유선굴〉의 3녀는 모두 사자이나 죽었다고는 말하지 않고 십낭이 자신은 "구천하인(九泉下人)"이라 말할 뿐이다. 〈선녀홍대〉의 2녀도 사자이나 죽었다고는 말하지 않고, 팔낭자는 자신이 "천하고안(泉下孤眼)"하고 있다고 말했는데, '천하(泉下)'라는 용어도 일치한다. 〈유선굴〉에서는 장작이 먼저 아가씨들과 만나고 싶어 하자 시녀 계심이 중간에서 중재했다. 〈선녀홍대〉에서는 최치원이 먼저 아가씨들과 만나고 싶어 하자 시녀 취금이 중간에서 다리를 놓았는데, 이렇게 고사의 플롯 구조도 양자가 서로 일치한다.

넷째, 두 작품의 예술 형식에서 보면 유사한 곳이 있다. 즉 운문과 산문을 서로 결합한 예술 형식을 운용했는데, 산문으로 서술하고 중간에 시가의 형식으로 서로 연결되고 남녀 주인공이 서로 시를 지어 주는 것을 특징으로 한다. 다른 것이라면 〈유선굴〉은 오언 위주이고 〈선녀홍대〉는 칠언 위주라서, 전자가 육조 시대의 〈자야가(子夜歌)〉와 근사하다면 후자는 당시에 더욱 가깝다는 것이다.

이상의 네 가지 점으로 〈선녀홍대〉는 〈유선굴〉의 예술적 내용과 형식의 요소를 참조했다고 할 수 있고, 전자가 후자의 영향을 받은 흔적을 볼 수 있으며, 아울러 최치원의 작품이라고 단언할 수 있다.

이러한 영향은 유래가 없는 것이 아니다. 〈선녀홍대〉의 마지막 단락은 "후에 최치원은 과거에 급제하고 고국으로 돌아오는 길에 시를 지었다. '뜬세상의 영화는 꿈속의 꿈이니, 흰 구름 깊은 곳에 몸 편안히 하리라.' 이에 물러나 은거하여 산림·강·바다로 승려를 찾아다니며 작은 집을 짓고 석대를 쌓아 문적에 몰두하고 풍월을 읊조렸으며, 그 사이 소요하고 한가로이 지냈다. 남산 청량사, 합포현 월영대, 지리산 쌍계사, 석남사, 묵천석대에 모란을 심어 지금도 남아 있는데, 이 모두가 그가 다녔던 곳이다. 최후에 가야산 해인사에 은거하여 형인 고승 현준, 남악의 정현법사와 함께 경론의 심오한 이치를 구명했으며, 허정(虛靜)함에 마음을 두고 여생을 마쳤다(後致遠擢第東還, 路上歌詩云: "浮世榮華夢中夢, 白雲深處好安身" 乃退而長往, 尋僧於山林江海, 結小齋, 築石臺, 耽玩文書, 嘯詠風月, 逍遙偃仰於其間, 南山淸凉寺, 合浦縣月影臺, 智異山雙溪寺, 石南寺, 墨泉石臺, 種牧丹, 至今猶存, 皆其遊歷也. 最後隱於伽倻山海印寺, 與兄大德賢俊, 南岳師定玄, 探賾經論, 遊心冲漠, 以終老焉.)"[4]라고 되어 있다.

이 묘사는 최치원이 신라로 돌아온 이후의 상황을 설명하고 〈선녀홍대〉는 최치원이 신라로 돌아온 뒤에 쓴 것임을 설명한다. 당시 신라는 이미 장작의 영향을 받았다. 《신당서》 권161, 〈장천전(張薦傳)〉의 기록에 의하면, 장작의 재주와 학문은 "천하무쌍으로 불렸고(稱天下無雙)", "신라·일본의 사신이 오면 반드시 금은보화를 주고 그의 글을 구입했다(新羅·日本使至, 必出金寶購其文)"[5]고 했다. 이를 보면 〈유선굴〉은 당대에 틀림없이 신라와 일본에 전해졌음을 알 수 있는데, 후에 〈유선굴〉이 결국 일본에서 발견되었으니 〈선녀홍대〉가 〈유선굴〉의 영향을 받았을 가능성을 증명한다.

물론 〈선녀홍대〉가 〈유선굴〉의 영향을 받은 곳이 있다지만 그것이 덮어놓고 모방했다거나 흉내 냈다고 말하는 것은 아니다. 사실 〈선녀홍대〉가 〈유선굴〉의 예술적 내용과 형식을 참조한 동시에 내용을 재창조하고 형식을 새롭게 가공하여 그 정취가 크게 다르다.

주제 사상에서 〈선녀홍대〉는 사람과 귀신이 서로 연애하는 전설·고

4) 《태평통재》 권68, 〈최치원〉.
5) 중화서국판, 4980쪽.

사를 빌려 중국 당대의 연약한 두 여성의 고통스런 운명과 불행한 결혼에 대한 신라인의 동정을 표현했다. 그리고 문장 곳곳에서 당대 두 소녀의 날씬하고 아름다운 모습과 청수하고 빼어난 최치원 그리고 세 사람의 선량한 인품과 덕성・우정・애정을 가송(歌頌)했다. 또 "꽃이 피고 짐은 세간의 봄이로다(花落世界春)", "달이 밝기는 그림 같고, 바람이 맑기는 가을 같다(明月如畫, 淸風似秋)", 즉 세계의 평화를 가송했다. 마지막으로 남녀 간의 애정에 구속받지 않고 인생 사업을 중시하는 한 사내대장부를 표현했다. 그래서 이렇게 말한 것이다. "대장부여, 대장부여, 장대한 기백으로 아녀자의 한 반드시 없애 여우 같은 요괴를 심사에 두지 않으리라(大丈夫, 大丈夫, 壯氣須除兒女恨, 莫將心事戀妖狐)." 이지적인 면에서 보면 최치원은 두 소녀와 생사의 길을 달리하면서도 다시 요괴처럼 연연해 하는데, 최치원은 〈옛 생각(古意)〉[6]에서 말한 바 있다.

狐能化美女, 여우는 능히 미인으로 변할 수 있고
狸亦作書生. 살쾡이 또한 선비가 되네.
誰知異物類, 그 누가 알리, 다른 무리가
幻惑同人形. 사람 모습과 같이 되어 홀리는 것을
變化尙非艱, 변화하기는 오히려 어렵지 않으나
操心良獨難. 마음 고르기는 참으로 어렵구나.
欲辨眞與僞, 참과 거짓을 분별하려거든
願磨心鏡看. 원컨대 마음의 거울을 닦고 보소.

즉 사람과 귀신의 연애를 경계하는 심경을 표현했다. 총괄하면 〈선녀홍대〉는 중・한 인민 간의 우의, 애정과 평화의 주제를 가송했는데, 이는

6) 《고운선생집(孤雲先生集)》.

긍정할 만한 가치가 있다. 그 내용에서도 다방면의 가치가 있다.

첫째, 초현관 고적에 대한 기록이 관광 기능의 가치를 긍정했다. 〈선녀홍대〉에서는 초현관의 위치를 명확하게 밝혔고, 그 중요한 작용을 설명했다. "율수현위를 제수받았고 늘 현 남쪽 경계에 있는 초현관에서 노닐었다. 초현관 앞의 언덕에 옛 무덤이 있었는데, 쌍녀분이라 했으며 고금 명현들의 유람지였다(調授溧水縣尉, 嘗遊縣南界招賢館, 館前岡有古塚, 號雙女墳, 古今名賢遊覽之所)." 이는 당대에 초현관이 유명하여 "유람지소(遊覽之所)"였으며, 쌍녀분과 초현관을 찾아오는 사람이 모두 "고금명현(古今名賢)"임을 알려준다. 이는 관광업계에서 이 명승지를 회복하는 데 유력한 근거를 제공해주는 것과 다름이 없다. 최치원은 쌍녀분에 시 한 수를 적었는데, 역시 초현관과 관련이 있다.

〈돌문에 적은 시(題石門詩)〉

誰家二女此遺墳, 뉘 집 두 여인 여기에 무덤 남겼을까?
寂寂泉扃幾怨春. 적막한 저승 원망스런 봄은 몇 해이던가
形影空留溪畔月, 모습은 공중에 맴도는데 시냇가에 달빛이
姓名難問塚頭塵. 성도 이름도 묻기 어려운 무덤엔 흙먼지만 가득
芳情倘許通幽夢, 꽃다운 정 꿈에라도 통할 수 있다면
永夜何妨慰旅人. 기나긴 밤 나그네를 위로힐진대
孤館若逢雲雨會, 외로운 관사에서 남녀가 서로 만나 즐긴다면
與君繼賦洛川神. 그대들과 〈낙신부〉를 이어 부르리라.

위의 시에서 '고관(孤館)'은 바로 초현관을 가리키는데, 쌍녀분 옆에 외롭게 초현관이 있었음을 알 수 있다. 〈선녀홍대〉의 마지막 시 〈무덤가에서 길게 노래하노라(塚邊長歌)〉에도 초현관을 언급했다. "우연히 외로운 초현관에 와 조용한 곳을 찾아(偶來孤館尋幽邃)" 구에서도 '고관(孤館)'이

라 칭했다. 〈선녀홍대〉의 전체 내용은 초현관을 배경으로 쓰인 것으로, 초현관에 문화적 분위기를 물씬 풍기게 한다.

둘째, 마음속으로 사모하는 사람에게 쓴 소녀의 편지 기록은 민속적 가치를 긍정한다. 당 전기 가운데 소녀가 애인에게 쓴 편지는 일반적으로 색종이를 사용했다. 예를 들면, 원진(元稹)의 〈앵앵전(鶯鶯傳)〉에서는 다음과 같이 묘사했다. "이날 저녁에 홍낭이 다시 와서 채색 편지지를 들고서 장생에게 주며 말했다. '최앵앵의 명입니다'(是夕, 紅娘復至, 持彩箋以授張曰：崔所命也)."[7] 또 당시의 기록에 의하면, 시를 건네줄 때에도 통상적으로 붉은 종이를 사용했다. 예를 들면 백거이(白居易)의 〈강루에서 밤에 원진의 율시를 읊다가 30운을 완성하고(江樓夜吟元九律詩成三十韻)〉에서 다음과 같이 말했다.

> 斜行題粉壁, 비낀 행간을 분칠한 벽에 적어 놓고
> 短卷寫紅箋. 짧은 두루마리 책자는 붉은 종이에 썼네.

그러나 위의 기록들은 모두 간략하다. 다시 말하면 단지 편지 자체의 용지만 기록했을 뿐이지, 이 편지를 담거나 시를 쓰는 종이가 어떤 종이인지를 기록하지 않아 편지나 시를 쓰는 종이가 어떤 것인지 알기 어려웠는데, 〈선녀홍대〉에서는 기록이 있다. 본문에서는 다음과 같이 묘사했다.

> 때마침 달은 밝고 바람은 시원하여 명아주 지팡이를 짚고 천천히 걷다가 갑자기 한 여자를 보았는데, 그녀의 용모는 얌전하게 보였으며 손에는 붉은 자루를 쥐고 있었다. 그녀는 최치원의 앞으로 다가서서 "팔낭자와 구낭자가 수재께 '아침에 수고스럽게도 특별히 오시어 아름다운 시를 하사하셨습니다'라는 말을

---

7) 《당전기감상집(唐傳奇鑑賞集)》, 인민문학출판사, 1983, 128쪽.

전하라 하고 두 낭자가 각기 화답시를 지어 주었으니, 삼가 명을 받들어 올립니다"라고 했다. 공이 돌아보고 경황하여 "낭자의 성이 무엇입니까?"라고 물었다. 여자가 "아침에 덤불을 헤치고 돌의 먼지를 털어 시를 지으신 곳이 바로 두 낭자의 거처입니다"라고 하자, 공이 곧 알아차렸다. 첫 번째 자루를 열어 보니 팔낭자가 수재에게 화답하는 시가 있었다. "유혼은 이별을 한하여 외로운 무덤에 의지했지만, …….."(是時月白風淸, 杖藜徐步, 忽覩一女, 姿容綽約, 手操紅袋, 就前曰:"八娘子, 九娘子傳語秀才, 朝來特勞玉趾, 兼賜瓊章, 各有酬答, 謹令奉呈" 公回顧驚煌, 再問:"何姓娘子?" 女曰:"朝間披榛拂石題詩處, 卽二娘所居也" 公乃悟, 見第一袋是八娘子, 奉酬秀才, 其詞曰:"幽魂離恨寄孤墳, ……..")

소녀가 애인에게 쓴 애정시는 붉은 자루에 담았을 뿐 아니라 자루를 들고 가는 묘사도 매우 정밀하다. 뿐만 아니라 이 기록에서 또 한 가지를 알 수 있다. 예를 들면 팔낭자의 시사를 기록한 뒤 "다음 두 번째 자루를 열어 보니 구낭자의 시가 있었다. 그 시에 이르길 ……(次見第二袋, 是九娘子, 其詞曰:……)"이라고 했다. 이는 손에 든 붉은 자루 속에는 한 사람의 편지나 시를 담을 수 있을 뿐이고, 다른 사람의 편지나 시는 반드시 다른 붉은 자루를 새로 사용했음을 설명한다. 이처럼 풀리지 않는 풍속의 난제를 해결해 주어 후세의 풍속사나 풍속 도구에 관련된 희곡에 근거가 되었다.

셋째, 도교 사상에 관한 표현과 최치원의 초기 신앙에 대한 검토이다. 〈선녀홍대〉의 곳곳에서 도교 사상의 흔적이 남아 있다. 작품에서 서술한 것 중 아래와 같이 열 가지 예를 들어본다.

① 삼도(三島):도교에서는 봉래(蓬萊)·방장(方丈)·영주(瀛洲)를 삼도라 하고 삼신산(三神山)이라 부르기도 하는데, 모두 발해(渤海)에

있다.

② 구천(九泉) : 도교에서 사람이 죽은 뒤 매장하는 곳을 일컫는다. 완우(阮瑀)의 〈칠애시(七哀詩)〉에서 "어둡고 어두운 저승, 한가롭고 한가로운 무덤(冥冥九泉室, 漫漫長夜臺)"이라고 했다.

③ 선녀(仙女) : 도교에서는 여선(女仙)을 선녀라고 한다. 〈신선감우전(神仙感遇傳)〉에서 "옥녀는 산의 동굴 속에서 네 명의 선녀가 마루에서 바둑 두는 것을 보았다(玉女山洞中, 見四仙女彈棋于堂上)"라고 했다.

④ 현현(玄玄) : 노자(老子)는 "도는 현묘하고 또 현묘하다(道玄之又玄)"라고 했는데, 그래서 도가의 의리(義理)를 현현이라 부른다.

⑤ 천하(泉下) : 역시 도교의 용어로 사람이 죽으면 지하에 매장되므로 죽은 영혼이 돌아가는 곳을 천하라고 부른다.

⑥ 지선(地仙) : 도교에서 신통력이 없는 신선을 지선이라 부른다. 《선술비고(仙術秘庫)》에서 "지선은 신선의 재능을 가지고 있으나, 신선의 직분은 없다(地仙者有神仙之才, 無神仙之分)"라고 했다.

⑦ 난학(鸞鶴) : 도교에서 신선이 타는 학을 말한다. 《영보대법(靈寶大法)》에서 "금지옥엽에 신선이 탄 학이 날아온다(金枝玉葉, 鸞鶴飛來)"라고 말했다.

⑧ 선궁(仙宮) : 도가에서 신선이 사는 거처를 말한다. 고적(高適)의 〈옥진공주가(玉眞公主歌)〉에서 "선궁 선부에 참다운 신선 있으나, 천보 연간의 하늘의 신선의 비기는 전하지 않네(仙宮仙府有眞仙, 天寶天仙秘莫傳)"라고 말했다.

⑨ 천경(泉扃) : 도가에서 말하는 묘문으로, 저승을 가리킨다. 명대 풍몽룡(馮夢龍)의 《고금소설(古今小說)》, 〈풍도에 노닐며 호모 적이 시를 읊조리다(游酆都胡母迪吟詩)〉에서 "이 유생을 끌어와 지옥을 보여주고 보응케 하라(引此儒生, 徧觀泉扃報應)"고 말했다.

⑩ 천호(泉戶) : 도교에서 말하는 묘문으로, 당 포길(包佶)의 〈소덕황후 만가사(昭德皇后挽歌詞)〉에서 "거북점을 쳐서 묘문을 열고 새둥지에서 아름다운 대들보를 닫네(龜兆開泉戶, 禽巢閉畵梁)"라고 말했다.

총괄하면 〈선녀홍대〉의 수많은 곳이 도교 사상의 영향과 감응을 받아 생긴 것이고, 민간 전설에 의거하여 쓴 속문학 작품이다. 필자는 〈율수 전후 시기 최치원의 본심과 그 시가(崔致遠在溧水前後心迹及其詩歌)〉라는 글에서 그의 도교 추구는 율수현위 재직 후반기에 일어났다고 지적했는데, 이 〈선녀홍대〉의 구상도 마땅히 이 단계에 완성되었을 것이고, 초현관을 찾았던 시기는 율수현위의 후기에 해당한다고 추측하는 것이 합리적일 것이다. 구상을 마치고 신라로 귀국한 뒤에 쓴 것이다.

〈선녀홍대〉는 결코 독립적으로 존재하는 것이 아니라, 사람과 귀신 간의 연애라는 동일한 유형의 민간 전설·고사 가운데 한 편이다. 이러한 유형의 고사는 대체로 같은 모티프를 가지고 있다.

a. 한 남자가 야외에서 여행한다.
b. 산이나 들에서 한 사람이나 두 사람의 소녀를 만난다.
c. 소녀와 정담을 나눈 뒤 침대에 오른다.
d. 닭이 울면 영원히 헤어진다.
e. 잠에서 깨어난 뒤 들에서 고녀분(孤女墳)을 발견한다.

지금 《태평광기(太平廣記)》의 사람과 귀신의 연애 고사 몇 가지를 들어서 연구에 참고하고자 한다.

1. 〈오상(吳祥)〉

한나라 제기현의 관리 오상은 과중한 업무에 지친 나머지 깊은 산속으로 도망쳐 숨고자 했다. 그는 길을 가다가 한 계곡에 도착했는데, 날이 저물 무렵에 아주 고운 비단옷을 입은 젊은 여자가 나타나 말했다.

"저는 혼자 살고 있고 이웃도 없으며, 오직 외로운 노파 하나만 10여 보 떨어진 곳에 살고 있습니다."

오상은 그 말을 듣고 매우 기뻐하며 곧장 그녀를 따라갔다. 1리 남짓 가서 곧 그녀의 집에 도착했는데, 그녀의 집은 몹시 가난하고 누추했지만 오상을 위해 음식을 차려왔다. 1경이 끝날 즈음에 한 노파가 부르는 소리가 들렸다.

"장고자!"

여자가 "예!"라고 대답했다. 오상이 누구냐고 물었더니 여자가 대답했다.

"아까 말씀드린 그 노파입니다."

두 사람은 함께 새벽까지 잠자리에 들었다가 닭이 울자 오상이 떠났다. 두 사람은 서로 미련을 두면서 여자가 자주색 수건을 오상에게 정표로 주자 오상도 베수건으로 답례했다. 오상은 어제 저녁에 그녀를 만났던 곳에 이르러 계곡을 건너려고 했는데, 밤사이에 갑자기 불어나서 건널 수 없을 정도로 깊었다. 그래서 하는 수 없이 그 여자의 집으로 되돌아갔더니, 어젯밤에 있었던 곳에는 아무 것도 보이지 않았으며 단지 무덤 하나만 있었다. ―《법원주림》에서 나옴

(漢諸暨縣吏吳祥者, 憚役委頓, 將投竄深山, 行至一溪, 日欲暮, 見年少女子, 彩衣甚美, 云 : '我一身獨居, 又舞鄉里, 唯有一孤嫗, 相去十餘步耳' 祥聞甚悅, 便卽隨去. 行一里餘, 卽至女家, 家甚貧陋. 爲祥說食, 至一更盡, 聞一嫗喚云 : '張姑子' 女應曰 : '諾' 祥問是誰? 答云 : '何所道孤嫗也' 二人共寢至曉, 鷄鳴祥去. 二情相戀, 女以紫巾贈祥, 祥同布手巾報. 行至昨所遇處, 過溪, 其夜水暴溢, 深不可涉. 乃回向女家, 都不見昨處. 但有一塚耳. 出《法苑珠林》)8)

8) 《태평광기》 권317.

2. 〈진아등(陳阿登)〉

한나라 회계군의 구장 사람이 동쪽 들판에 갔다가 돌아오는 길에 날이 저물어 집에 이르지 못했다. 그래서 길 옆 작은 집에 불빛이 있는 것을 보고 들어가 잠을 자려고 했다. 그 집에 도착하니 한 젊은 여자가 있었는데, 그녀는 사내와 같이 자려고 하지 않고 이웃집의 여자를 불러와 함께 어울렸다. 밤에 그녀들은 같이 공후를 연주하며 노래했다.

길게 이어진 칡넝쿨 위의 등넝쿨
하나는 느슨하고 하나는 팽팽하네.
당신은 내 성명을 알고 싶으세요?
나의 성은 진이고 이름은 아등이지요.

그는 날이 밝자 동쪽 성곽 밖으로 나갔는데, 음식을 팔고 있는 어떤 할머니가 가게 안에 있었다. 그 사람이 잠시 앉아서 어제 자기가 본 것을 이야기했더니 할머니가 놀라서 말했다.

"그 아이는 내 딸인데 근래에 죽어서 성곽 밖에 장사지냈다오." - 《영괴집》에서 나옴

(漢會稽句章人, 至東野還. 墓不及門, 見路旁小屋然火, 因投宿. 至, 有一少女, 不欲與丈夫共宿, 呼鄰家女自伴, 夜共彈箜篌. 歌曰 : 連綿葛上藤, 一緩復一縆. 汝欲知我姓, 姓陳名阿登. 明至東郭外, 有賣食母在肆中. 此人寄坐, 因說昨所見, 母驚曰 : 此是我女, 近亡, 葬于郭外爾. 出《靈怪集》)[9]

3. 〈진수(秦樹)〉

패군 사람 진수는 집이 곡아 소신촌에 있었다. 그는 일찍이 도성에서 집으로

9) 《태평광기》 권316.

돌아오다가 집에서 20리쯤 못 미쳤을 때 날이 어두워져 길을 잃고 말았다. 멀리 바라보니 불빛이 있기에 진수는 그곳으로 잠을 청하러 갔다. 그곳에 한 여자가 있었는데, 촛불을 들고 나와 말했다.

"저는 연약한 몸으로 혼자 살고 있으니 손님은 재워드릴 수 없습니다."

진수가 말했다.

"길을 가고자 하나 밤길에 앞으로 갈 수가 없어 밖에서라도 자고 갔으면 합니다."

여자는 그렇게 하라고 했다. 진수는 여자의 집으로 들어가 앉았으나 여자가 혼자 있는 집에 남편이 올까 걱정되어 감히 편안하게 잘 수가 없었다. 여자가 말했다.

"어찌 이리 지나치게 어려워하십니까? 아무 염려 마십시오. 잘못되는 일은 없을 것입니다."

여자는 진수에게 음식을 차려 주었는데 모두 오래된 것이었다. 진수가 말했다.

"당신은 아직 출가를 하지 않은 것 같은데, 나 역시 아직 결혼을 하지 않았습니다. 당신과 결혼하고 싶은데 받아주실 수 있겠습니까?"

여자가 웃으며 말했다.

"저는 비천한 사람인데 어찌 당신의 짝이 되겠습니까?"

이들은 마침내 함께 침실에 들었다.

진수는 새벽에 떠나려고 함께 일어나 손을 잡고 작별했다. 여자가 울면서 말했다.

"당신을 한 번 보았는데 나중에 다시 볼 기약이 없군요."

여자는 가락지 한 쌍을 진수에게 주고, 또 매듭을 진수의 의대에 묶어준 다음 문밖까지 나가 전송했다. 진수는 고개를 숙인 채 급하게 수십 걸음을 가다가 묵었던 곳을 돌아보았는데, 그곳은 바로 무덤이었다. 며칠 후 그 가락지는 없어졌으나 그 여자가 묶어준 매듭은 그대로 있었다. ─ 《견이록》에서 나옴

(沛郡人秦樹者, 家在曲阿小辛村, 嘗自京歸, 未至二十里許, 天暗失道. 遙望火光, 往投之, 見一女子, 秉燭出去. 女弱獨居, 不得宿客, 樹曰 : '欲進路, 碍夜不可前去' 乞寄外住, 女然之. 樹旣進坐, 竟以此女獨處一室, 慮其夫至, 不敢安眠. 女曰 : '何以過嫌? 保無慮, 不相誤也' 爲樹設食, 食物悉是陳久. 樹曰 : '承未出適, 我亦未婚, 欲結大義, 能相顧否?' 女笑曰 : '自顧鄙薄, 豈是伉麗?' 遂與寢止, 向晨樹去, 乃俱起執別, 女泣曰 : '與君一睹後面莫期' 以指環一雙贈之, 結置衣帶, 相送出門. 樹低頭急去數十步, 顧其宿處, 乃是塚墓. 居數日, 亡其指環, 結帶如故. 出《甄異錄》)10)

4. 〈장손소조(長孫紹祖)〉

장손소조가 한번은 진주와 채주 사이를 걷고 있었다. 날이 저물자 길가에 있는 한 인가를 찾아가 하룻밤 묵어가기를 청했는데, 방 안에서 공후 타는 소리가 들렸다. 장손소조가 몰래 창문 안을 훔쳐보았더니 자태가 우아하고 예쁜 한 젊은 여자가 밝은 촛불 아래에 혼자 있었다. 장손소조가 은근히 유혹하는데도 여자는 계속해서 현을 뜯으면서 웃으며 이렇게 노래했다.

지난날 그대 생각에 몹시 괴로웠는데,
오늘밤에는 아주 드문 좋은 만남 가지게 되었네.
손님 이불 가지고 가서,
손님의 옷깃 한번 만져보고 싶네.

장손소조가 몹시 기뻐하며 곧장 안으로 가 여자를 보듬자 여자도 흔쾌히 이렇게 말했다.

"어디서 오신 공자이기에 함부로 저를 건드리십니까?"

그리고는 곧 장손소조와 즐기고는 또 이렇게 말했다.

10) 《태평광기》 권324.

"어젯밤에 좋은 꿈을 꾸었더니 오늘 정말 그 효험이 있군요."

병풍과 이불과 베개는 모두 화려하고 가지런했다. 여자는 좌우에 있는 하녀들에게 음식을 차려오라고 명을 내렸다. 하녀들이 진수성찬을 내왔는데 하나같이 맛이 없었다. 또 막걸리를 들이켜고 있는데 여자가 말했다.

"갑자기 훌륭하신 손님을 만나니 맛있는 음식을 만들 겨를이 없었습니다."

장손소조가 몇 잔을 들이켜자 여자가 다시 이렇게 노래했다.

은하수 나타났다 다시 기울고,
바람서리는 몹시 처량하고도 애절하네.
소박한 상차림에 그대는 손도 대지 않고 있으니,
누가 알겠는가! 그대 생각에 이내 마음 끊어질 지경임을.

그리고는 앞으로 다가와 장손소조를 껴안더니 하녀를 불러 촛불을 치우게 한 뒤 함께 잠자리에 들었다. 또한 여자는 자신의 어린 하녀를 장손소조의 하인에게 짝지어 주었다. 날이 밝을 무렵 여자는 눈물을 뿌리며 장손소조와 이별하면서 금실로 짠 작은 합 하나를 주었다.

"앞으로 더 이상 만날 기약이 없으니, 때때로 저를 생각해 주십시오."

장손소조가 말을 타고 문을 나와 백여 걸음 걸은 뒤 뒤돌아보았더니 작은 무덤 하나가 있었다. 이를 본 장손소조는 몹시 슬퍼하며 떠나갔다. 그 여자가 준 합을 열어 보았더니, 그 안에 먼지가 가득 쌓인 것이 살아있는 사람이 사용하는 물건이 아니었다. ㅡ 《지괴록》에서 나옴

(長孫紹祖, 常行陳蔡間, 日暮, 路側有一人家, 呼宿, 房內聞彈箜篌聖. 竊于窓中窺之, 見一少女, 容態閑婉, 明燭獨處. 紹祖微調之, 女撫弦不輟, 笑而歌曰:'宿昔相思苦, 今宵良會稀. 欲持留客被, 一願拂君衣.' 紹祖悅懌, 直前撫慰, 女亦欣然曰:'何處公子, 横來相干, 因與會合?' 又謂紹祖曰:'昨夜好夢, 今果有征.' 屛風衾枕, 率皆華整, 左右有婢, 仍命饌. 頗有珍羞, 而悉無味, 又飮白醪酒. 女曰:'猝値上客, 不暇更營佳味' 才飮數杯, 女復歌, 歌曰 : '星漢縱復斜, 風霜凄已切, 薄陳君不御, 誰知思欲絶.' 因前擁紹祖, 呼婢徹燭共寢, 仍以小婢配共蒼頭. 將曙, 女揮淚與別, 贈以金縷小合子, 無復後期, 時可想念, 紹祖乘馬出門百餘步, 顧視, 乃一小墳也, 愴然而去, 其所贈合子, 塵埃積中, 非生人所用物也. 出《志怪錄》)[11]

이상의 네 고사는 모두 한 유형으로, 한 남자가 야행하여 숙박하게 되는데 한 아가씨를 만나 밤에 동침하고 날이 밝아 떠나다 돌아보니 무덤이 보여 그 여자가 이미 죽었음을 알았다는 내용이다. 한 남자가 야행하다 숙박하는데 두 아가씨와 한 시녀를 만난다는 내용은 〈유선굴〉, 〈선녀홍대〉의 고사 유형과 완전히 부합하는 당대 민간 전설에서도 발견되었다. 이것이 바로 《태평광기》 권326, 〈심경(沈警)〉 전설·고사로, 이 고사의 원문을 인용해 본다.

심경은 자가 현기이고 오흥군 무강현 사람이었다. 그는 풍모가 빼어나고 시를 잘 읊었으며 양나라 동궁상시로 있으면서 당시에 이미 명망이 높았다. 공경대신들은 잔치를 열 때마다 반드시 사람을 보내어 그를 초청하면서 이렇게 말했다.

"잔치에 현기가 있어야만 손님이 몰린다."

사람들이 심경을 떠받드는 것이 이와 같았다. 후에 형초 일대가 함락되자 심경은 북주로 들어가 상주국이 되었다. 그가 명을 받들고 사신이 되어 진롱으로 가는 길에 장여랑의 사당을 지나게 되었다. 다른 여행객들은 대부분 술과 안주를 놓고 기도를 올렸으나, 심경 혼자만 물을 따라놓고 이렇게 빌었다.

"저 차가운 샘물 한 사발 떠다 놓고 산골짜기의 붉은 꽃 따다 이렇게 놓습니다. 비록 멀리서 가져온 제수용품은 아니지만 이 지방에서 나는 것으로 바칩니다.

11) 《태평광기》 권326.

저의 정성스런 마음이 여기에 담겨 있으니, 신께서는 고맙게 받아 주십시오."

날이 저문 뒤 심경은 전사에서 머물렀다. 그가 난간에 기대어 달을 바라보며 〈봉장추함교곡〉을 지었는데, 그 내용은 다음과 같다.

소리 높여 시 읊게 하고 싶지만 시 읊을 사람 없고,
아리따운 자태 가지고 있지만 또 어디서 그 자태 뽐낼 것인가.
꽃 위를 배회하는 달빛,
하릴없이 보내는 서글픈 밤.

또 이어서 이렇게 노래 불렀다.

살랑살랑 봄바람 불어오니,
방울방울 봄 이슬 가볍게 내려앉네.
안타깝구나 관산의 달이여,
환하게도 빛나도 쓰일 데가 없으니.

심경이 가사를 다 읊고 나자 주렴 밖에서 찬탄하는 소리가 들리더니, 또 이렇게 읊는 소리가 들렸다.

한적한 밤을 어찌 내버려 두겠으며,
휘영청 밝은 달이 어찌 빛이 없겠는가?

소리가 맑고 뜻이 은근한 것이 보통 사람과는 자못 달랐다. 그런데 갑자기 한 여자가 주렴을 걷고 안으로 들어와서 예를 갖추더니 이렇게 말했다.

"장 여랑 자매께서 저더러 안부를 전하라고 하셨습니다."

심경은 이상한 생각이 들어 얼른 의관을 갖추어 입으려 했다. 그러나 채 자리에서 일어나기도 전에 여자 두 명이 들어와 심경에게 말했다.

"산을 오르고 물을 건너오시느라 몹시 힘이 드셨지요."

심경이 말했다.

"공무로 길을 가던 중에 봄밤에 느낀 바가 많아 이렇게 시나 읊으면서 잠시 여행의 시름을 풀고 있었습니다. 그런데 뜻밖에도 여랑께서 귀한 행차를 하셨습니다. 누가 언니이고 누가 동생인지 알고 싶습니다."

장 여랑 자매는 서로를 쳐다보면서 미소를 짓더니, 큰 여랑이 심경에게 이렇게 말했다.

"소첩은 장 여랑의 동생으로, 여산부인의 장남에게 시집갔습니다."

그리고는 작은 여랑을 가리키며 말했다.

"작은 여랑은 형산부군의 작은 아들에게 시집갔습니다. 오늘 큰언니의 생일이라 함께 언니를 뵈러 왔는데, 언니가 오늘 아침에 충성에 가서 아직 돌아오지 않았습니다. 또한 산이 조용하고 적막하며, 좋은 밤에 느낀 바가 많아 모시고자 하는 생각이 들었습니다. 저의 수고로움을 꺼리지는 마십시오."

장 여랑 자매는 마침내 심경의 손을 잡고 문을 나서더니 그와 함께 치병거(덮개가 있는 부마용 수레)에 올라타 말 여섯 마리를 몰고 하늘을 향해 달려갔다.

잠시 뒤 한 곳에 도착하자 아주 높고 잘 꾸며진 누각이 보였는데, 빛이 나고 아주 화려했다. 장 여랑 자매는 심경에게 물가의 한 누각에 머물러 있게 했는데, 향기가 밖에서 안으로 스며들어 왔다. 주렴과 휘장은 대부분 금실과 물총새 깃털로 만든 것이었는데, 사이사이에 구슬이 박혀 있어 그 빛이 온 방안을 가득 비추었다. 잠시 뒤에 두 여랑이 누각 뒤에서 천천히 걸어와서 심경에게 읍하고 바로 자리를 잡고 앉더니 다시 술과 안주를 차렸다. 이때 큰 여랑은 공후를 타고 작은 여랑은 금을 타면서 몇 곡을 연주했는데, 모두 인간 세상에서 들어본 것이 아니었다. 심경은 감탄하면서 한참 동안 곡을 감상하다가 금곡의 곡보를 적어달라고 했다. 그러자 작은 여랑이 웃으면서 심경에게 말했다.

"이것은 진나라 목공과 주나라 영왕의 태자 그리고 신선이 만든 곡으로 인간 세상에 전해져서는 안 됩니다."

심경은 대충 몇 곡을 기억해 둔 채 감히 더 이상 묻지 않았다. 술이 얼큰하게 취했을 때 큰 여랑이 노래했다.

사람과 신이 한번 만나면 다시 만나기 어렵고,
서로 만난다 하더라도 잠시 즐거울 뿐이네.
은하수는 옮겨 가고 밤은 장차 다 가려 하는데,
이내 마음 아직 다 표현하지도 못하고 또 주저주저하네.

작은 여랑이 말했다.

퉁소 소리 울려 퍼지니 바람 불어오고,
맑은 밤이 다 가니 악기 소리 잦아드네.
끝없는 그리움은 형산의 고갯마루에 있고,
애끓는 이내 마음은 진롱 어귀에 있네.

또 시 한 수를 다음과 같이 읊었다.

진롱의 운거는 여기에 머물지 않고,
상천의 반죽에는 눈물이 젖어 있네.
누가 형산의 안개 속에 있는 사람을 기억해 주겠는가,
헛되이 기러기 발만 보면서 오지 않는 편지 기다리네.

심경이 노래했다.

의희 연간까지 수많은 세월이 흘렀지만,
장석은 몇 번이나 두란향의 사랑을 받았던가?

어째서 오늘날의 사람은 옛 사랑만 같지 못하여,
그대를 잠시 만나고는 더 이상 인연이 없단 말인가?

장 여랑 자매는 서로 바라보며 눈물을 줄줄 흘렸고 심경도 그들을 따라 눈물을 흘렸다. 작은 여랑이 심경에게 말했다.

"난향 이모와 지경 언니 역시 늘 이와 같은 한을 품고 있습니다."

심경은 장 여랑 자매가 노래를 부르고 시를 읊으면서 매우 즐거워하는 것을 보면서도 그녀들의 은밀한 약속을 아직 모르고 있었다. 그래서 심경은 작은 여랑을 돌아보며 말했다.

"윤옥, 당신이 사랑스럽소."

한참 뒤에 큰 여랑이 신발을 가지고 오게 해서 작은 여랑과 함께 나가다가 문에 이르러 작은 여랑에게 말했다.

"윤옥, 네가 심경을 모시고 함께 자거라."

심경은 너무 좋아서 어찌할 바를 몰라 하다가 마침내 작은 여랑의 손을 잡고 문 안으로 들어갔는데, 이미 어린 계집종이 앞서 와서 침구를 펴고 있었다. 작은 여랑은 심경의 작은 손을 잡고 말했다.

"일전에 저는 아황과 여영 두 비를 따라 상천을 노닐다가 당신이 순 임금의 사당 앞에서 상왕의 비문을 읽는 것을 보고 당신을 몹시 그리워했는데, 뜻밖에도 오늘밤에 오랜 소원을 이루게 되었습니다."

심경도 그 일을 기억해 내고는 작은 여랑의 손을 잡고 이런저런 정감어린 말을 나누었는데, 자신의 감정을 억제할 수 없었다. 그때 예쁘게 생긴 어린 계집종이 앞으로 와서 이렇게 말했다.

"인간과 신의 길은 달라서 이별은 빨리 오고 만남은 더디 옵니다. 게다가 지금 달 속의 항아는 당신들의 만남을 질투해서 더 이상 남아서 달을 비추려 하지 않고, 직녀도 무심하게 이미 은하수 저편으로 넘어갔습니다. 귀한 시간이 얼마나 남아 있다고 사소한 일에 힘을 허비하십니까?"

그리하여 심경과 작은 여랑은 문을 닫고 잠자리에 들어 지극한 즐거움을 나누었다. 장차 날이 밝으려 하자 작은 여랑이 일어나 심경에게 말했다.

"인간과 신은 각자의 일이 달라 낮에 즐거움을 추구해서는 안 됩니다. 이미 큰 언니가 문 앞에 와 계십니다."

심경은 작은 여랑을 껴안고 자신의 무릎 위에 앉히더니 함께 진심을 이야기했다. 잠시 뒤에 큰 여랑이 다시 오자 두 사람은 서로를 바라보고 눈물을 흘리면서 스스로를 주체하지 못했다. 또 술상이 차려나오자 심경은 다시 이렇게 노래했다.

결국 이렇게 되고 보니 떠나는 이의 마음은 편치 않고,
만 리 길인들 그리움의 정을 막을 수 있겠는가.
다만 이제 진롱의 물줄기에
지금까지 흐느껴 울던 소리 띄워 보내리.

심경이 작은 여랑에게 옥가락지를 주자 작은 여랑은 심경에게 금실로 만든 합환결(合歡結)을 주면서 이렇게 노래 불렀다.

맺은 마음은 타래처럼 만 가닥으로 얽혀 있고,
묶은 가닥은 몇 천 번이나 감겨 있네.
맺힌 원한은 그 끝이 없고,
맺은 마음은 끝내 풀 수 없다.

큰 여랑은 심경에게 옥거울을 주며 노래 불렀다.

생각해 보니 옛날에 옥거울 들여다볼 때,
거울 속에 밝은 달이 보였네.

거울과 달이 모두 사람을 비출 수 있으니,
부디 그 빛 사라지게 하지 마소서.

이렇게 많은 시를 주고받았지만, 심경은 그 시를 일일이 기억하지 못하고 그저 대충 몇 수만 기억할 따름이었다. 그들은 함께 문을 나와 다시 치병거를 타고 심경을 장 여랑의 사당 아래에다 데려다 주고는 손을 잡고 목이 메도록 울다가 헤어졌다.

심경이 여관으로 돌아와서 품속을 만져 보았더니 옥거울과 금실로 만든 합환결이 손에 잡혔다. 한참 뒤에 심경은 주인에게 자신이 겪은 이야기를 해 주었는데, 그날 밤에 옥거울과 금실로 만든 합환결이 사라졌다. 그때 심경과 같은 여관에 있던 동료들은 모두 밤에 심경에게서 기이한 향기가 난다며 이상하게 생각했다. 심경이 뒤에 사신으로 갔다가 돌아오는 길에 장 여랑의 사당에 갔다가 신좌 뒤에서 푸른색의 편지를 보았는데, 이는 다름 아닌 작은 여랑이 심경에게 보내는 글이었다. 글 속에 이별의 한이 자세하게 적혀 있었으며, 편지 끝에 다음과 같은 시가 있었다.

급히 편지를 보내어 심경께 알리나니,
저는 이미 형양으로 돌아갔나이다.
금석과 같은 굳은 약속만 간직하고 있다면,
바람 불고 달 빛나는 밤에 서로 바라볼 수 있으리라.

그때부터 심경은 더 이상 그녀를 만날 수 없었다. ― 《이문록》에서 나옴

(沈警, 字玄機, 吳興武康人也. 美風調, 善吟咏, 爲梁東宮常侍, 名著當時. 每公卿宴集, 必致騎邀之. 語曰 : '玄機在席, 顚倒賓客.' 其推重如此. 後荊楚陷沒, 入周爲上柱國, 奉使秦隴, 途過張女郎廟, 旅行多以酒肴祈禱. 警獨酌水具祝詞曰 : '酌彼寒泉水, 紅芳掇岩谷. 雖致之非遙, 而薦之隨俗. 丹誠在此, 神其感錄' 旣暮, 宿傳舍,凭軒望月, 作鳳將雛含嬌曲, 其詞曰:'命嘯無人嘯, 含嬌何處嬌. 徘徊花上月, 空度可憐宵.' 又續爲歌曰:'靡靡春風至, 微微春露輕. 可惜關山月, 還成無用明.' 吟畢, 聞帘外嘆賞之聲, 復云:'閑宵豈虛擲, 朗月豈無明.' 音旨淸婉, 頗異于常. 忽見一女子褰帘而入, 拜云'張女郎姊妹見使致意.' 警異之, 乃具衣冠, 未離坐而二女已入, 謂警曰:'跋涉山川, 因勞動止.' 警曰:'行役在途, 春宵多感, 聊因吟咏, 稍遣旅愁. 豈意女郎, 猥降仙駕, 願知伯仲.' 二女郎相顧微笑, 大女郎謂警曰:'妾是女郎妹, 適廬山夫人長男.' 指小女郎云:'適衡山府君小子, 幷以生日, 同覲大姊, 屬大姊今朝層城款旋, 山中幽寂, 良夜多懷, 輒欲奉屈, 無憚勞也.' 遂携手出門, 共登一輜軿車, 駕六馬, 馳空而行. 俄至一處, 朱樓飛閣, 備極煥麗, 令警止一水閣. 香氣自外入內, 帘晃多金縷翠羽, 間以珠璣, 光照滿室. 須臾, 二女郎自閣後, 冉冉而至. 揖警就坐, 又具酒肴. 于是大女郎彈箜篌, 小女郎授琴, 爲數弄, 皆非人世所聞. 警嗟賞良久, 願請琴寫之, 小女郎笑而謂警曰:'此是秦穆公, 周靈五太子, 神仙所制, 不可傳于人間.' 警粗記數弄, 不復敢訪, 及酒酣, 大女郎歌曰:'人神相合兮後會難, 邂逅相遇兮暫爲歡. 星漢移兮夜將闌, 心未極兮且盤桓.' 小女郎歌曰:'洞簫響兮風生流, 淸夜闌兮管絃遒. 長相思兮衡山曲, 心斷絶兮秦隴頭.' 又題曰:'隴上雲車不復居, 湘川斑竹淚沾余. 誰念衡山煙霧裏. 空看雁足不傳書.' 警歌曰:'義熙曾歷許多年, 張碩凡得幾時憐. 何意今人不及昔, 暫來相見更無緣.' 二女郎相顧流涕, 警亦下淚. 小女郎謂警曰:'蘭香姨, 智瓊姊亦常懷此恨矣, 警見二郎歌咏極歡, 而未知密契所在, 警顧小女郎曰:'潤玉, 此人可念也' 良久, 大女郎命履, 與小女郎同出. 及門, 謂小女郎曰:'潤玉可使伴沈郎寢.' 警欣喜如不自得, 遂携手入門, 已見小婢前施臥具. 小女郎執警手曰:'昔從二妃游湘川, 見君于舜帝廟讀相王碑, 此時想念頗切, 不意今宵得諧宿怨.' 警亦備記此事, 執手款叙, 不能自已. 小婢麗質, 前致詞曰:'人神路隔, 別促會賒. 况妲娥妒人, 不肯留照. 織女無賴, 已復斜河;寸陰幾時, 何勞煩瑣.' 遂掩戶就寢, 備極歡昵, 將曉, 小女郎起, 謂警曰:'人神事異, 無宜卜晝.' 大姊已在門首, 警于是抱持于膝, 共叙衷款. 須臾, 大女郎卽復至前, 相對流涕, 不能自勝. 復置酒, 警又歌曰:'直凭行人心不平, 那直萬里阻關情. 只今隴上分流水, 更泛從來嗚咽聲.' 警乃贈小女郎指環, 小女郎贈警金合歡結. 歌曰 : '結心纆萬縷, 結縷幾千回. 結怨無窮極, 結心終不開.' 大女郎贈警瑤鏡子, 歌曰 : '憶昔窺瑤鏡, 相望看明月, 彼此俱照人, 莫令光彩滅.' 贈答極多, 不能備記, 粗憶數首而已, 遂相與出門, 復駕輜軿車, 送至下廟, 乃執水嗚咽而別. 及至館, 懷中探得瑤鏡金縷結, 良久, 乃言于主人, 夜而失所在, 時同侶咸怪警夜有異香. 警後使回, 至廟中, 于神座後得一碧箋, 乃是小女郎與警書, 備叙離恨, 書末有篇云 : '飛書報沈郎, 尋到衡陽. 若存金石契, 風月兩相望.' 從此遂絶矣. 出《異聞錄》)[12]

이상은 동진(東晋) 의희(義熙, 405~418) 연간의 전설・고사를 서술한 것이다. 심경(沈警)이 큰 여랑(大女郎), 작은 여랑(小女郎)과 어린 시녀를 만났는데, 작은 여랑과 밤에 동침하고 날이 밝자 서로 반지와 금합환(金合歡)을 주고 헤어진다. 고사 유형이 〈유선굴〉・〈선녀홍대〉와 같다.

이 고사는 《이문록(異聞錄)》에서 나왔다고 밝혔다. 정의중(程毅中)의 고증에 의하면, 《이문록》은 바로 《이문집(異聞集)》으로 《신당서》, 〈예문지〉에 저록되어 있고 10권이다. 〈당상서성낭관석주제명(唐尙書省郎官石柱題名)〉, 《군재독서지(郡齋讀書志)》, 《직재서록해제(直齋書錄解題)》에 의하면, 건부 초년(874)에 고부원외랑(庫部員外郎) 진한(陳翰)이 지었다고 하는데,[13] 최치원의 시대와 완전히 일치하므로 당시 이러한 유형의 민간 고사가 매우 성행했다고 설명해도 아무 문제가 없다. 더욱 재미있는 것은 〈유선굴〉・〈선녀홍대〉와 마찬가지로 〈심경〉 고사에도 많은 시가가 삽입되어 있는다.

〈유선굴〉 삽입 시 70수

〈선녀홍대〉 삽입 시 18수

---

12) 《태평광기》 제7책, 중화서국, 2589~2591쪽.

13) 정의중, 《당대소설사화(唐代小說史話)》, 문화예술출판사, 1990, 223쪽.

〈심경〉 삽입 시 9수

이상의 통계에 그중의 사언시는 포함되어 있지 않다. 시의 수가 점점 감소하는 원인은 편폭이 점점 줄기 때문이다. 그러나 그 삽입시의 밀도는 같다고 할 수 있으며, 이들 고사의 예술 구조가 같음을 설명한다. 일치하는 고사 구조가 많다는 것은 이상의 세 전설・고사가 피차 독립된 민간 문학 현상이 아니라는 것을 설명한다.

위의 서술을 종합하면, 최치원의 〈선녀홍대〉는 풍부한 내용을 가진 설창형(說唱型)의 속문학 작품이다. 이 작품은 다방면의 가치를 가지고 있기 때문에 우선적으로 연구할 만한 가치가 있다. 특히 민간 고사의 측면에 대해서 말하자면, 지금까지도 고순현 쌍녀분 부근의 민중의 입에서 전해지고 있으니, 우리에게 민요를 수집할 과제를 남겨준다. 그러므로 〈선녀홍대〉의 연구는 고전 문학 연구자의 몫일뿐 아니라, 민간 문학과 민속 연구자의 몫이기도 하다.

다음으로, 시와 창으로 엮어진 〈선녀홍대〉의 예술 구조는 아마도 당대 민간의 반가(盤歌, 사천 북부와 섬서 남부 일대에서 유행하는, 문답 형식으로 주고받으며 노래하는 민요) 습속에서 빌려왔을 것이다. 당대 돈황 변문 가운데 〈하녀부사(下女夫詞)〉, 〈계포매진사문(季布罵陳詞文)〉과 돈황사(敦煌詞) 〈작답지(鵲踏枝)〉, 〈남가자(南歌子)〉는 모두 반가의 형식을 채용했으니, 이미 당대 사람들이 반가의 습속을 잘 알고 있었다. 최치원이 〈선녀홍대〉를 쓸 때 민간 문학의 양식을 참조한 것은 당연하고도 사리에 부합하는 것이다.

마지막으로 〈선녀홍대〉는 민간 풍속의 문제로 일관되고 있다. 당대에 미혼 여성이 죽으면 조상의 묘지에 들이지 않았다는 장례 풍속 문제, 또 여자가 자주적으로 배우자를 선택하는 문제, 홍랑(紅娘) 같은 시녀가 중매하고 부모가 상인 중에서 사위를 간택하는 풍속, 당대에 홍성했던 관광 풍속, 관광 명소 중 하나였던 초현관 등 민속적인 내용이 매우 풍부하다.

[해제]

이 글은 고국번(高國藩)의 〈崔致遠「仙女紅袋」與高淳縣招賢館〉(《廣東民俗》 1997년 제4기, 1998년 제1기 2회 연재)을 번역한 것이다.

신라 최치원의 생애 · 저술과
한문 소설 〈쌍녀분기(雙女墳記)〉의 창작과 유전(遺傳)

이시인(李時人)

최치원(崔致遠, 857~?)은 중국과 한반도의 문화 교류에 뛰어난 공헌을 한 인물이다. 당 의종(懿宗) 때 열두 살의 신라 소년 최치원은 바다를 건너 당에 유학하여 열여덟 살에 진사에 합격하고 스무 살부터 3년간 선주(宣州) 율수현위(溧水縣尉)를 지냈다. 뒤에는 다시 회남절도사(淮南節度使) · 제도행영병마도통(諸道行營兵馬都統) 고병(高駢)의 양주(揚州) 막부에 들어가 전후로 관역순관(館驛巡官) · 도통순관(都統巡官)으로 4년간 임직했다. 스물여덟 살에는 당 사절의 신분으로 신라로 돌아와 시독(侍讀) 겸 한림학사(翰林學士) · 수병부시랑(守兵部侍郎) · 지서서감(知瑞書監)으로 임명되었으나, 근 1년여 만에 의심과 시샘을 받아 내산군(太山郡) · 부성군(富城郡) 태수로 6년간 나가 있었다. 후에 다시 조정에 불려와 6년간 '아찬(阿飡)'을 지냈다. 마흔두 살에 면직당해 산중에서 여생을 마쳤다.

최치원은 고려 왕조 이전에 중국에 유학한 최초의 한국 사람이 아니지만, 한어(漢語) 창작 방면에서 거둔 업적이 가장 크고 후세에 끼친 영향 역시 가장 큰 사람이다. 그는 당에서 글을 잘 짓기로 이름이 났기에 고병의 "문서의 일을 도맡게 되었다(專委筆硯)." 《계원필경집(桂苑筆耕集)》

20권은 주로 고병의 막부에서 지은 시문을 수록했는데, 한반도에 현존하는 최초의 개인 시문집이다. 신라로 돌아온 뒤 계속하여 수십 년 동안 한어 창작에 종사했고 많은 저술이 전하고 있다. 그러므로 후세의 한반도 학자들은 그를 동국(東國) 한어 문학의 으뜸으로 일컫는다. 조선 때 서유구(徐有榘)는 〈교인계원필경집서(校印桂苑筆耕集序)〉에서 "우리 동국의 시문집으로 지금까지 전하는 것은 이 시문집이 최초일 뿐 아니라, 또한 동방 예원의 근본이자 시작이기도 하다(我東詩文集之秪今傳者, 不得不以是集爲開山鼻祖, 是亦東方藝苑之本始也)"[1]라고 했다. 근세의 조윤제(趙潤濟)가 쓴 《한국문학사》(1948년 초판, 1992년 수정판)에도 아래와 같은 논단이 있다.

> 최치원은 후세 한국 학자들의 존경을 받아 그가 한국 한문 문학의 종조라고 모두 공인하고 있다. 그러나 실제로는 한국 한문학은 이전에도 있었고, 최치원에 이르러서야 완전히 형성한 것에 불과하다. 최치원 이후로 한문 문학은 크게 발전하기 시작하여 한국의 국문 문학에 거대한 영향을 주었다. 이는 특히 주의할 만한 것이다.[2]

---

1) 조선 서유구가 순조 이강(李玜) 34년[청 도광(道光) 14, 1834]에 활자로 조판하여 인쇄한 《계원필경집(桂苑筆耕集)》이 현재 중국에서 전하는 각종 판본 《계원필경집》의 초판본이다. 그 권수(卷首)에는 서유구의 서 이외에도 홍석주(洪奭周, 1774~1842)의 〈교인계원필경집서(校印桂苑筆耕集序)〉와 최치원의 〈계원필경서(桂苑筆耕序)〉가 있다. 여기서 인용한 《계원필경집》은 성균관대학교에서 영인한 《최문창후전집(崔文昌侯全集)》(서울, 1972) 서유구 원간본으로, 아래서는 권수와 편명만 부기한다. 《최문창후전집》에는 또 《고운선생문집(孤雲先生文集)》 3권, 《고운선생속집(孤雲先生續集)》 및 《고운선생사적(孤雲先生事蹟)》[〈사전(史傳)〉, 〈가승(家乘)·연표(年表)〉, 〈사당(祠堂)·치제문(致祭文)·축문(祝文)·고유문(告由文)〉, 〈유허비지(遺墟碑志)〉]이 수록되어 있는데, 모두 구간(舊刊)을 영인한 것이다.

2) 한국 조윤제의 《한국문학사》를 장연괴(張璉瑰)가 한국 탐구당(探求堂) 1992년판에 의거하여 번역하였다. 《한국문학사》, 중국사회과학출판사, 1998, 50쪽.

중국에서 최치원은 줄곧 객지에서 거주한 신라 작가로 간주되었다. 송대 구양수(歐陽修)·송기(宋祁) 등은 《신당서(新唐書)》, 〈예문지(藝文志)〉에서 최치원의 《계원필경집》 20권, 《사륙집(四六集)》 1권을 저록해 놓았다. 1934년에 출판된 담정벽(譚正璧, 1901~1991)이 편찬한 《중국문학가대사전》과 1992년에 출판된 주조선(周祖譔, 1926~) 주편의 《중국문학가대사전》(唐代卷) 등에서도 모두 〈최치원〉 조목을 수록했다.

최치원은 신라와 당나라 두 곳에서 생활했는데, 《계원필경집》이 완정하게 세상에 전하는 외에 나머지 그의 저술은 중국과 한반도에 산일(散佚)되었다. 이전 중국 학자들의 최치원 저술에 대한 이해는 《계원필경집》에 한정되었다. 청 육심원(陸心源, 1838~1894)이 엮은 《당문습유(唐文拾遺)》에서 그의 글을 집록했는데, 《계원필경집》 이외의 한반도 고대 한적 《동국통감(東國通鑑)》 등에서 일문(佚文) 4편을 집록해 냈다.[3] 근년에 또 관련 논저에서 《동문선(東文選)》 등의 고적에 산견된다는 최치원의 일시(佚詩)를 제기했다.[4] 그러나 최치원에게는 적지 않은 수의 저술

---

3) 육심원(陸心源)은 《당문습유(唐文拾遺)》 권34에서 권43까지에 최치원의 《계원필경집》에 수록된 문장을 집록했고, 권43의 마지막에는 최치원의 〈태사 시중께 올리는 장문(上太師侍中狀)〉을 집록하고 《동국통감(東國通鑑)》에서 나왔다고 주를 달았다. 권44에는 〈당 신라 고 지리산 쌍계사 교시 진감선사 비명 및 서(有唐新羅國故智異山雙溪寺教謚眞鑒禪師碑銘並序)〉, 〈당 신라 고 양조국사 교시 낭혜화상 백월보광의 탑비명 및 서(有唐新羅國故兩朝國師教謚大朗慧和尙白月葆光之塔碑銘並序)〉, 〈대당 신라국 고 봉암산사 교시 지증대사 적조의 탑비명 및 서(大唐新羅國故鳳巖寺教謚智證大師寂照之塔碑銘並序)〉를 집록하고 출처를 명기하지 않았다. 상해고적출판사에서 영인한 《전당문(全唐文)》 부록 《당문습유》 참조.

4) 하명안(何鳴雁), 〈신라시인 최치원(新羅詩人崔致遠)〉(《사회과학전선》 1984년 제4기), 김동훈(金東勳), 〈만당 시기 저명한 한국 시인 최치원(晚唐著名朝鮮詩人崔致遠)〉(《중앙민족학원학보》 1985년 제1기) 참조. 진상군(陳尙君)은 두 글에서 열거한 최치원의 《계원필경집》에 보이지 않는 시 20여 수를 《전당시속습(全唐詩續拾)》 권36(《전당시보편(全唐詩補編)》, 중화서국, 1992, 1242~1246쪽)에 집록했다. 그밖에 일본의 이치카와 간사이(上毛河世寧)는 《전당시일(全唐詩逸)》 권중(卷中)에 최치원의 시 1수, 일구(逸句) 7련(聯)을 집록했다. 《전당시》 부록 10, 중화서국, 1960, 배인본(排印本), 193쪽 참조.

이 있다. 예를 들면 최치원의 후예 최국술(崔國述)이 집록한 《고운선생문집(孤雲先生文集)》 3권 및 펴낸이를 알 수 없는 《고운선생속집》 1권 — 그중 대부분은 최치원이 신라로 돌아온 이후의 작품이고 또한 《계원필경집》 외에 당에서 지은 작품을 수록했다. — 에 중국 학자들이 주의를 기울이지 않았다.[5] 따라서 중국의 관련 문사(文史) 공구서(工具書)의 최치원에 대한 소개나 최치원의 생애·저술에 대한 관련 논문에서도 각종 착오를 면치 못하고 있다.

몇 년 전 필자는 《전당오대소설(全唐五代小說)》을 편찬할 때 일찍이 남송(南宋) 장돈이(張敦頤)의 《육조사적편류(六朝事迹編類)》 권13, 「쌍녀분(雙女墳)」조에 인용된 당대 문언 소설 〈쌍녀분기(雙女墳記)〉의 문장을 집록한 바 있다. 당시에는 일명(佚名) 작품으로 집록했으나, 이 소설의 원작자가 최치원일 것이라고 보았다. 그래서 비교적 장문의 주를 달았다.[6] 최근에 한 번 더 고찰할 기회를 갖게 되어 이 한문 소설은 최치원이 젊어서 당나라에서 창작한 작품임을 확신했는데, 전문(全文)이 조선 시기의 한적에 비교적 완정하게 보존되어 있다. 이 〈쌍녀분기〉는 원래 당나라에서 지은 것이므로 마땅히 최치원의 가장 대표적인 문학 작품이다.

여기서는 앞 사람의 연구 토대에서 최치원의 생애·저술을 비교적 전면적으로 고찰하고, 마지막으로 최치원의 〈쌍녀분기〉의 창작과 유전(流傳)을 논하고자 한다.

5) 《고운선생집》 3권, 최치원 후예 최국술 편. 첫머리에 "후손 국술(後孫國述)"이 엮은 것이라고 서명한 〈고운선생문집편집서〉가 있고 "때는 을축년 6월 금장지일(時旃蒙赤奮若林鍾月金藏之日)"이라 서명했다.

6) 이시인(李時人) 편교(編校), 《전당오대소설(全唐五代小說)》 권71, 陝西人民出版社, 1998, 1978~1979쪽.

1. 생애·사적(事迹) 고찰

중국 문화는 일찍이 한반도에 들어와 오랜 시간 한반도 문화에 전면적이고도 깊은 영향을 끼쳐 왔다. 기록에 의하면 6세기에 신라 진흥왕(眞興王)과 고구려 영양왕(嬰陽王) 때 이미 중국의 문화를 배우기 시작하여 각기 한자로 본국의 역사를 기록했다. '삼국시대'의 백제에도 《고기(古記)》가 있었다. 10세기 왕(王)씨 고려가 일어나자 송조를 모방하여 편수관(編修官)을 두고 실록을 편찬했다. 인종(仁宗) 왕구(王構) 때는 김부식(金富軾, 1075~1152)에게 명하여 중국의 《사기(史記)》를 모방하여 기전체 사서 《삼국사기(三國史記)》 50권을 편수케 했는데, 한반도에 현존하는 최초의 사서이다. 《삼국사기》 권46(열전 제6)에 〈최치원전〉이 있다.

최치원은 자가 고운 혹은 해운이라고도 하는데, 경주 사량부 사람이다. 그의 집안 내력은 역사책에 전하지 않으므로 알 수가 없다. 최치원은 어려서부터 찬찬하고 민첩했으며 배우기를 좋아했다. 나이 열두 살에 바다의 배편을 따라 당나라로 유학하고자 할 때, 아버지가 '10년 안에 급제하지 못하면, 내 아들이 아니다. 가서 부지런히 공부하거라!'고 말했다. 최치원은 당에 들어가 스승을 따라 공부에 게으름을 피우지 않았다.

건부 원년 갑오에 예부시랑 배찬의 밑에서 단번에 급세하여 신주 율수현위로 임명되었다. 그의 공적을 심사하여 승무랑·시어사내공봉이 되었고 자금어대를 받았다. 이때 당나라에서 황소의 반란이 일어났다. 고병이 제도행영병마도통이 되어 그를 토벌하게 되었는데, 최치원을 종사로 삼아 서기의 임무를 맡겼다. 최치원이 지은 표문·장계·편지와 지시문들이 지금까지도 전한다. 그의 나이 스물여덟 때 부모를 뵈러 갈 생각을 가졌더니 희종이 그 뜻을 알고 광계 원년에 그로 하여금 조서를 가지고 예빙의 사절 임무를 띠고 가게 했다. 이에 신라에서는 그를 머물게 하여 시독 겸 한림학사·수병부시랑·지서서감 등의 관직을 맡겼다. 최치원은 중국 유학에서 배운 것이 많다고 생각하여 본국에 돌아온 뒤 자기의 뜻한 바를 실행하려 했으나, 말세에 그를 의심하고 꺼리는 자가 많아 뜻을 펼치지 못하고 외직으로 태산군 태수가 되었다. 당나라 소종 경복 2년에 정절(旌節)을 바치는 사신 병부시랑 김처회가 바다에 빠져 죽었으므로, 곧 추성군 태수 김준을 고주사로 삼아서 당나라에 파견했다. 이때 최치원이 부성군 태수로 있었는데, 마침 신년을 축하하는 사신으로 소환되었으나, 해마다 흉년이 들어 도둑이 사방에 일어나 길이 막혔기 때문에 가지 못했다. 그 뒤에도 최치원이 당나라에 사신으로 간 일이 있으나 어느 해인지 알 수가 없다. 그의 문집에는 〈태사 시중께 올리는 장문〉이 있는데, …… 여기에서 말한 태사 시중의 성명도 알 수가 없다.

최치원이 서쪽으로 당나라에 가서 벼슬하다가 동쪽의 고국으로 돌아온 것은 순전히 난세를 만났기 때문이다. 처세하기가 곤란하고 툭하면 죄를 지을 것 같아 스스로 때를 만나지 못한 것을 한탄하고 다시 벼슬할 뜻을 두지 않았다. 이에 소요하며 얽매이지 않고 산림이나 강과 바닷가에 누대와 정자를 만들어 솔과 대를 심어 놓고 서적을 베개 삼아 자연을 노래하고 읊었다. 예를 들어 경주의 남산, 강주의 빙산, 협주의 청량사, 지리산의 쌍계사, 합포현의 별장은 모두 그가 유랑했던 곳이다. 최후에는 가족을 이끌고 가야산 해인사에 은거하면서 동복형인 현준 및 정현 스님과 함께 마음이 맞는 벗을 맺어 은거 생활을 같이 하면서 여기서 여생을 마쳤다.

그가 처음으로 당나라에 유학할 때 중국 강동에 사는 시인 나은과 친하게 지냈는데, 나은은 자신의 재주를 믿고 스스로 높은 체하여 좀처럼 다른 사람을 인정해 주지 않았다. 그러나 최치원에게는 자기가 지은 노래와 시 5수를 보내 주었다. 또 같은 해 과거에 급제한 고운과도 친하게 지냈는데, 최치원이 귀국하려 할 때 고운이 다음과 같은 시를 지어 전별했다.

내 들으니 동해에 세 마리 금 자라가

머리로 산을 이고 있는데 높디높다네.
산 위는 구슬과 보배로 꾸민 황금 궁전이요
산 아래는 천 리 만 리 큰 물결이라네.
그 곁에 한 점 계림이 푸른데
자라산의 빼어난 정기를 머금어 특출한 인재를 낳았네.
열두 살에 배를 타고 바다를 건너와
문장으로 중국을 감동시켰네.
열여덟 살에 문단을 휩쓸어
단번에 과거에 급제했다네.

《신당서》, 〈예문지〉에서 이르기를, '최치원의 《사륙집》 1권과 《계원필경》 20권이 있다'고 했고, 그 주석에는 '최치원은 고려 사람으로 빈공과에 급제하여 고병의 종사관이 되었다'고 했으니, 그의 이름이 중국에까지 알려졌음을 알 수 있다. 이외에 또 그의 문집 30권이 있어서 세상에 돌고 있다. 처음에 우리 태조가 나라를 창건하려고 할 때, 최치원은 태조가 비범한 인재로 반드시 천명을 받들어 나라를 창건할 것을 알았기 때문에 태조에게 글을 보냈는데, 거기에는 '계림은 낙엽이요, 송악은 푸른 소나무'라는 구절이 있었다. 그의 제자들이 고려 초기에 이르러 많이 와서 고려에 벼슬하여 높은 자리에 오른 자도 적지 않았다. 현종이 왕위에 있을 때 최치원이 태조의 왕업을 은밀히 도왔으니 그의 공적을 잊을 수 없다 하여 지시를 내려 최치원에게 내사령이란 관직을 추증하고 현종 4년 태평 12년 계해 2월에 이르러 '문창후'라는 시호를 내렸다(崔致遠, 字孤雲, 或云海雲, 王京沙梁部人也. 史傳泯滅, 不知其世系. 致遠少精敏好學, 至年十二, 將隨海舶入唐求學, 其父謂曰:"十年不第, 卽非吾子也. 行矣勉之." 致遠至唐 追師, 學問無怠, 乾符元年甲午, 禮部侍郎裴瓚下一擧及第. 調授宣州溧水縣尉, 考績爲承務郎·侍御史內供奉, 賜紫金魚袋. 時黃巢叛, 高騈爲諸道行營兵馬都統以討之, 辟致遠爲從事, 以委書記至任. 其表狀書啓, 傳之至今. 及年二十八歲, 有歸寧

之志. 僖宗知之, 光啓元年, 使將詔來聘, 留爲侍讀兼翰林學士·守兵部侍郎·知瑞書監. 致遠自以西學多所得, 及來將行己志, 而衰季多疑忌, 不能容, 出爲太山郡太守. 唐昭宗景福二年, 納旌節使兵部侍郎金處誨沒於海, 卽差橘城郡太守金峻爲告奏使 時致遠爲富城郡太守, 祗召爲賀正使. 以比歲饑荒, 因之盜賊交午, 道梗不果行. 其後致遠亦嘗奉使如唐, 但不知其歲月耳. 故其文集有〈上太師侍中狀〉云：……(略) 此所謂太師侍中, 姓名亦不可知也. 致遠自西事大唐, 東歸故國, 皆遭亂世. 屯邅蹇連, 動輒得咎. 自傷不遇, 無復仕進意, 逍遙自放山林之下·江海之濱. 營臺榭, 植松竹, 枕藉書史, 嘯詠風月. 若慶州南山·剛州氷山·陜州淸凉寺·智異山雙溪寺·合浦縣別墅, 此皆遊焉之所. 最後, 帶家隱伽耶山海印寺, 與母兄浮圖賢俊及定玄師結爲道友, 棲遲偃仰, 以終老焉. 始西遊時, 與江東詩人羅隱相知. 隱負才自高, 不輕許可人, 示致遠所製歌詩五軸. 又與同年顧雲友善. 將歸, 顧雲以詩送別, 略曰："我聞海上三金鼇 金鼇頭戴山高高. 山之上兮珠宮貝闕黃金殿；山之下兮千里萬里之洪濤. 傍邊一點雞林碧, 鼇山孕秀生奇特. 十二乘船渡海來, 文章感動中華國. 十八橫行戰詞苑, 一箭射破金門策."《新唐書·藝文志》云："崔致遠《四六集》一卷·《桂苑筆耕》二十卷." 注云："崔致遠, 高麗人, 賓貢及第, 爲高駢從事." 其名聞上國如此. 又有文集三十卷, 行於世. 初我太祖作興, 致遠知非常人, 必受命開國, 因致書問, 有"鷄林黃葉, 鵠嶺青松"之句. 其門人等至國初來朝, 仕至達官者非一. 顯宗在位, 爲致遠密贊祖業, 功不可忘, 下敎贈內史令, 至十四歲太平二年癸亥二月, 贈諡文昌侯).[7]

본편은 후인이 쓴 최치원 전기로, 사서에 기록되어 있으므로 후세에서는 대부분 이 설을 답습한다. 그러나 김부식의 시대는 이미 최치원 시대와는 2백여 년의 거리가 있고 왕조가 바뀌고 세상일이 변천하여 자료가 없어졌다. 그래서 이 전기는 대체로 최치원의 생애와 경력을 쓰긴 했지

7) 김부식, 《삼국사기》 권46(열전 제6), 한국정신문화연구원, 1979년 교감본, 441~444쪽.

만, 그중 많은 곳이 상세하지 않고 모호하거나 다른 전적과 어긋나는 곳도 있다. 그러므로 한 걸음 나아가 고찰하고 판별, 분석하며 설명할 필요가 있다.

1) 출생·출생지·가문·자호(自號)

최치원은 당 희종(僖宗) 건부(乾符) 원년(874) 열여덟 살 때 당나라에서 진사 시험에 합격했다.[8] 그는 〈계원필경서〉에서 "열두 살에 집을 떠나 서쪽으로 가는 배를 타고 …… 유람한 지 6년 만에 이름을 방 끄트머리에 걸게 되었습니다(自年十二離家西泛 …… 觀光六年, 題名榜尾)"라고 했다. 이에 의거하면 그가 당에 들어간 시간은 당연히 신라 경문왕(景文王) 김응렴(金膺廉) 8년(당 의종 함통 9, 857)이다. 이로 미루어 올라가면 그의 출생 연도는 당연히 신라 헌안왕(憲安王) 원년(당 선종 대중 11, 857)이다.

《삼국사기》, 〈최치원전〉에서 그는 "왕경 사량부 사람(王京沙梁部人)"이라 말했고, 서유구의 〈교인계원필경집서〉에서는 "호남의 옥구 사람(湖南之沃溝人)"이라 했다. 이 두 가지 설은 큰 차이를 보인다.

신라는 통일 후 전국을 9주로 나누고 아래에 117개의 군을 두었는데, 수도 금성(金城)은 경주(慶州)에 위치해 있으므로 왕경이라 불렀다. 최치원의 〈태사 시중께 올리는 장문(上太師侍中書)〉에서는 일찍이 "동해 밖에 세 나라가 있으니, 그 이름이 마한·변한·진한입니다. 마한은 고구려이고 변한은 백제이며 진한은 신라입니다(伏聞東海之外有三國, 其名馬韓, 弁韓,辰韓. 馬韓則高麗, 弁韓則百濟, 辰韓則新羅也)"라고 했다.[9] 즉 신라는 진한이 건립한 국가이다.

---

8) 청 서송(徐松), 《당등과기고(唐登科記考)》 권23.

9) 《고운선생문집》 권1.

《삼국사기》, 〈신라본기〉의 기록에 의하면 고대 진한의 토지에는 6개의 촌락이 있었는데, 하나는 알천(閼川) 양산촌(楊山村, 후에는 及梁部·中興部로 부름), 둘째는 돌산(突山) 고허촌(高墟村, 후에 沙梁部·南山部로 부름) …… 이다. 전하는 말에 의하면, 신라가 처음 세워질 때 이 6개의 촌락을 중심으로 6부로 개칭하고 6촌의 귀족도 신라를 통치하는 귀족 계층을 구성했다. 신라 귀족은 성골·진골·육두품·오두품·사두품 등 5개의 신분 등급으로 나뉘는데, 등급이 다른 귀족들이 관직을 맡는 데 제한이 있었다. 신라의 관등은 17등급으로 나뉘는데,[10] '성골' 등급에 속한 귀족만이 직접 왕위를 계승할 수 있고, '진골'은 종 제5품위의 '대아찬(大阿湌)'에서 최고 품위의 '이벌찬(伊伐湌)'까지 관직을 맡을 수 있다. 최치원이 후에 진성여왕(眞聖女王)에 의해 육두품위인 '아찬'이라는 관직을 받은 것을 보면, 그가 신라 '육두품'의 귀족 집안 출신임을 알 수 있고 경주인에 속함은 의심할 나위가 없다.

경주는 동해안의 경상북도에 있다. '호남'은 서해안의 전라도(전라남도·전라북도)를 일컬으며 '옥구'는 군명으로 전라북도에 속해 있는데, 원래 '마한'의 땅이다. 두 지역은 거리가 상당히 먼데, 서유구가 어찌해서 이 설을 제기했는지 알 수 없다.

신라의 수도 금성에는 숭복사(崇福寺)가 있는데, 경문왕 김응렴(재위 861~874)이 왕위를 이어받은 첫해에 세운 절이다. 최치원은 〈대숭복사비명 및 서(大崇福寺碑銘並序)〉에서 부친 견일(肩逸)이 "선왕이 절을 지은 당초(先朝結構之初)"에 도성에서 종사를 맡았다고 언급했다.[11] 《고운

10) 《삼국사기》 권38, 〈직관 상〉에 의거하면, 신라 관직은 18등으로 구분되는데 이는 이벌찬(伊伐湌)·이찬(伊湌)·영찬(迎湌)·파진찬(波珍湌)·대아찬(大阿湌)·아찬(阿湌)·일길찬(一吉湌)·사찬(沙湌)·급벌찬(級伐湌)·대내마(大奈麻)·내마(奈麻)·대사(大捨)·소사(小捨)·길사(吉士)·대오(大烏)·소오(小烏)와 조위(造位)로 나뉜다.

11) 《고운선생문집》 권3.

선생문집》에서는 〈가승(家乘)〉을 인용하여, 최치원의 "부친 이름은 견일(父諱肩逸)"이라 했으니 이로부터 나온 것이다. 김동훈(金東勳, 1942~)은 〈만당 시기 저명한 한국 시인 최치원(晚唐著名朝鮮詩人崔致遠)〉에서 "그의 부친 최충은 일찍이 신라 문창령을 지낸 바 있다(他的父親崔冲, 曾作過新羅文昌令)"고 했는데 그 근거가 무엇인지 알 수 없다.[12)]

《삼국사기》, 〈최치원전〉에서는 "최치원은 자가 고운 혹은 해운이라고도 한다(崔致遠, 字孤雲, 或云海雲)"고 되어 있다. 그러나 서유구의 〈교인계원필경집서〉에는 "공의 이름은 치원이고 자는 해부이며 고운은 그의 호이다(公名致遠, 字海夫, 孤雲其號也)"라고 했다. 옛사람들이 이름과 자를 짓는 일반 규칙에 따르면 자를 해부, 호를 고운으로 보는 것이 합리적이다. 《삼국사기》의 '해운'은 '해부'의 착오인 듯하다. 호 '고운' 외에도 최치원은 또 일찍이 '계원행인(桂苑行人)'과 '상구사자(桑丘使者)'라는 서명을 썼다. 《고운선생속집》에 수록된 〈상주·국척·대신 등이 헌강대왕을 받들어 《화엄경》으로 결사하는 원문(上宰國戚大臣等奉爲獻康大王結華嚴經社願文)〉 결말은 "중화 2년 계원행인 최치원 찬(中和二年桂苑行人崔致遠撰)"으로 되어 있으며, 〈대화엄종 불국사 비로자나 문수보현상 찬 및 서(大華嚴宗佛國寺毘盧遮那文殊普賢像讚並序)〉 결말에는 "상구사자 최치원 찬(桑丘使者崔致遠)"이라고 서명했으니, 이로 알 수 있다.

2) 입당(入唐), 과거 응시와 율수현위 부임

최치원은 당 의종 함통 9년(868)에 입당하여 당에서 6년을 학습하고

---

12) 김동훈, 〈만당 시기 저명한 한국 시인 최치원(晚唐著名朝鮮詩人崔致遠)〉, 《중앙민족학원학보》 1985년 제1기. 생각건대 고려에서 과거 제도를 실행한 후 최충(崔冲, 984~1068)이 목종(穆宗) 때 장원급제했고 사학을 세워 이름이 났는데, '해동공자'라고 일컬어진다. 그러나 최치원보다 백 년이 늦다.

희종 건부 원년(874)에 진사에 합격했다. 이 진사과의 주임 시험관은 예부시랑 배찬(裴瓚)으로 최치원은 줄곧 그와 양호한 관계를 유지했다.[13)]

《삼국사기》, 〈최치원전〉에서는 "건부 원년 갑오에 예부시랑 배찬의 밑에서 단번에 급제했다(乾符元年甲午, 禮部侍郎裴瓚下一擧及第)", 이어서 "선주 율수현위의 임명되었다. 그의 공적을 심사하여, 승무랑·시어사 내공봉이 되었고 자금어대를 받았다(調授宣州溧水縣尉, 考績爲承務郎·侍御史內供奉, 賜紫金魚袋)"라고 했다. 최치원이 급제한 뒤 곧바로 율수현위로 부임했고, 임기 만료 후 "공적을 심사하여, 승무랑·시어사·내공봉이 되었고 자금어대를 받은" 듯한 인상을 준다. 후에 고려·조선 시대 사람들은 최치원의 사적을 서술할 때 왕왕 이렇게 이해했다. 그러나 실제

---

13) 현재 남아 있는 자료를 보면, 최치원이 중국에서 교류한 사람 중 배찬(裴瓚), 고병(高駢)과 고운(顧雲) 세 사람이 가장 중요하다. 배찬은 그의 은사이고 고병은 은인이며 고운은 동년(同年, 같은 해의 과거급제 동기생) 겸 동료이다.

배찬은 자가 공기(公器), 강남 오인(吳人)이다. 함통(咸通) 14년(873) 겨울에 예부시랑으로 부임했고 이듬해(건부 원년) 봄에 진사 시험을 주관했으며, 7월에 외직으로 나가 담주자사(潭州刺史)·호남관찰사(湖南觀察使)를 지냈다. 최치원은 건부 3년(876) 겨울에 율수현위 자리를 얻어 부임하러 가는 길에 장안(長安)에서 호남(湖南)으로 가서 배찬을 알현했다. 광명(廣明) 원년(880) 겨울에 배찬은 낙양(洛陽)으로 돌아오라는 조서를 받았는데, 낙양은 이미 황소군에게 함락되어 양양(襄陽)에 체류하게 되었다.

배찬의 재종제 배료(裴璙)는 식솔 30여 명을 이끌고 강남에서 양주(襄州)의 배찬의 거처로 오는 도중에 도적을 만나고 저주(滁州)에서 막히자, 일찍이 최치원에게 구원을 요청했다. 최치원은 고병에서 상소를 올려 하도세(河道稅) 수납처('盧壽管內場院或堰埭')에서 배찬의 동생 배숙(裴璹)에게 산직(散職)을 주고 봉급을 지급하여 가족을 부양함으로써 배료가 양양에 가서 배찬을 맞이하게 해 달라고 고병에게 청탁했다(《계원필경집》 권20, 〈좌주 상서가 난을 피하여 유양으로 가는 도중 절구 세 수를 총시했기에 이를 받들어 화답합니다(奉和座主尙書避難過維揚寵示絶句三首)〉).

배찬이 초주에 은거할 때나 하남(河南)에서 관리로 임직할 때, 최치원은 줄곧 그와 서신으로 연락을 했다(《계원필경집》 권19, 〈제원에 보내는 별지(濟源別紙)〉, 〈좌주 상서께 올리는 별지(上座主尙書別紙)〉, 〈초주의 행리를 맞이하는 별지(迎楚州行李別紙)〉 등). 중화 3년(883) 후 배찬은 조정으로 돌아와 이부시랑을 맡았고 이어서 예부상서로 승진했다. 최치원이 신라로 돌아오던 해 신라 국왕을 대신해서 배찬에게 주는 편지를 써서, 당시 최치원이 진사에 급제한 일로 그에게 특별한 감사를 표시했다(〈예부 상서 배찬에게 주는 장문(與禮部裴尙書瓚狀)〉, 《고운선생문집》 권1).

상황은 그럴 수 없었다.

최치원은 〈계원필경서〉에서 당에서의 행적을 자술했다. "유람한 지 6년 만에 이름을 방 끄트머리에 걸게 되었습니다(觀光六年, 金名榜尾)", 뒤에 "계속하여 낙양을 유랑하며 글 짓는 것으로 업을 삼았고 …… 후에는 선주 율수현위로 임명되었습니다(尋以浪迹東都, 筆作飯囊 …… 而後調授宣州溧水尉)"라고 했다. 또 최치원이 건부 6년 겨울(879)에 지은 〈처음으로 태위께 올리는 계문(初投獻太尉啓)〉에서는 "열두 살에 계림을 떠나, 스무 살에 이르러 위치가 바뀌었습니다. 이제 학문하는 벗을 만나려 하고 곧 황색 인끈의 낮은 벼슬아치가 되려 합니다(自十二則別鷄林, 至二十得遷鶯谷, 方接青衿之侶, 旋從黃授之官)"[14]라고 했다.

그가 열여덟 살에 진사에 합격하고 스무 살에 율수현위로 부임했기에 그 사이에는 사실 2년의 시간이 빈다. 이 2년 동안 최치원은 주로 동도 낙양(洛陽)에 거주했으니, 이른바 "낙양을 유랑하며 글 짓는 것으로 업을 삼은" 것이다. 최치원이 2년 후에야 비로소 관직을 받은 것은 당대의 진사 급제는 단지 '출신', 즉 임관의 자격만 얻는 것일 뿐 곧바로 벼슬길로 들어설 수 없었고, 관직을 받으려면 이부의 선발 시험, 즉 '석갈시(釋褐試)'를 거쳐야 했다. '석갈시'는 보통 늦봄에 거행하는데 이부원외랑(吏部員外郎)이 주관한다. 아마도 최치원이 건부 3년(876) 봄의 이부 시험에 참가한 뒤 관직을 받은 것 같다.[15]

건부 3년 겨울 최치원은 선주 율수현으로 부임했다. 당 제도에 의하면, 현은 상·중·하 3등급으로 나누었는데 율수현은 상현이었다. 상현에는 현위를 두 명 두었고 관직의 품계는 종9품 상이다.[16] 당조는 전(錢) 본위

---

14) 《계원필경집》 권17.

15) '석갈시'는 '관시(關試)'라고도 부르는데, 시험을 쳐야만 벼슬을 할 수 있고 평민의 거친 베옷(褐衣)을 벗게 된다는 데서 나온 이름이다. 시험 내용은 시판(試判) 두 절인데, 즉 소송 사건을 판결하는 두 편의 '판결문(判詞)'을 짓는 것이다. 부선종(傅璇宗), 《당대 과거와 문학(唐代科擧與文學)》, 陝西人民出版社, 1986, 419쪽 참조.

의 화폐 제도를 실행했는데, 만당 때 상현 현위의 월급은 전(錢) 2만, 즉 20관(貫)이었다.[17] 그밖에도 기타 법령에는 보이지 않지만 정당하다고 볼 수 있는 수입이 있었기에 최치원은 "녹봉도 두둑해지고 관직이 한가했다(祿厚官閑)"라고 자칭했고, 아울러 "벼슬살이하다가 남은 힘이 있으면 배웠다(仕優則學)"고 자랑하며 글짓기를 멈추지 않았다.[18]

건부 6년(879) 겨울 최치원은 율수현위 임기가 만료되어 사임했으나, 새로운 관직을 맡지 못해 이부의 '굉사'과('宏詞'科) 시험 응시를 준비함으로써 출구를 찾고자 했다. 이는 바로 〈처음으로 태위께 올리는 계문〉에서 말한 바와 같이 "잠시 한 현위 직책을 내놓고 박학굉사과에 응시하고자 했다(乍離一尉, 欲應三篇)."[19] 후에 그가 고병에게 올린 〈길게 올리는 계문(長啓)〉에서도 "지난겨울에 말단의 현위 직책을 그만두고 박학굉사과에 응시하고 싶어서 산에 은거하려는 결심으로 잠깐 은퇴했습니다(前年冬罷離末尉, 望應宏詞, 計決居山, 暫爲隱退)"라고 언급했다.[20] 그해 10월에 고병은 황소(黃巢)와의 작전에서 전공을 올린 까닭에 진해군절도사(鎭海軍節度史)에서 회남도절도부대사(淮南道節度副大使)·지절도사(知節度事)로 승급하고, 아울러 염철전운사(鹽鐵轉運使)를 겸임했다.[21] 최치

16) 《신당서》 권44, 〈직관지(職官志)〉.

17) 《신당서》 권55, 〈식화지(食貨志)〉.

18) 〈계원필경서〉.

19) 《계원필경집》 권17.

20) 《계원필경집》 권18.

21) 고병(高駢, 821~887)의 자는 천리(千里)로, 유주(幽州, 지금의 북경) 사람이다. 남평군왕(南平郡王) 고숭문(高崇文)의 후손으로 세상에서는 금군장령(禁軍將領)이라 부른다. 어려서부터 무예를 익히고 또한 문학을 애호하여 많은 유사(儒士)들과 교유했다. 대중(大中) 연간에 영주대도독부(靈州大都督府) 좌사마(左司馬)로 지냈고 함통(咸通) 연간에는 진주자사(秦州刺史) 겸 방어사(防御使)를 제수받았다. 희종(僖宗) 때는 검남 서천절도사(劍南西川節度使) 등의 요직을 지냈다.

건부 6년에 이르러 조정에서는 그를 회남절도부대사(淮南節度副大使)·지절도사(知節度事) 겸 염철전운사(鹽鐵轉運使)로 임명했고, 또 그에게 제도병마도통(諸道兵馬都統)을 제수하여 군대를 이끌고 황소를 토벌케 했다. 그러나 고병이 병사를 불러

원은 이에 고병에게 가까이 다가가 계문[啓]과 시를 올려 막부에서 관직을 얻길 희망했다.

최치원의 율수현위 임기가 만료되었을 때 공적을 심사받아서 "승무랑·시어사내공봉·사자금어대"를 얻기란 불가능했다. 당의 제도에 '승무랑(承務郞)'은 당 문직(文職) 산관명(散官名)으로 종8품 하(下)였다. '시어사(侍御使)'는 관직 품계가 종6품 하였다.[22] '시어사내공봉(侍御使內供奉)'은 정원 이외의 인원을 표시하고 '동시어사(同侍御使)' 관직 품계의 의미를 가지고 있다. '사자금어대(賜紫·金魚袋)'는 당대 3품 이상의 복식이다.[23] 설령 만당 때 관직 품계와 장복(章服) 하사를 비교적 남용했다 하더라도, 한낱 현위가 공적 심사를 통하여 이를 얻기란 불가능했을 것이다. 사실 이는 모두 최치원이 고병의 막부에 들어온 뒤 고병이 그를 위해 계속 주청(奏請)해서 받은 것이다.

3) 고병의 막부

율수(溧水)는 회남절도(淮南節度)의 관공서인 양주(揚州)에서 아주 가깝다. 그러므로 건부 6년 겨울 최치원이 율수현위에서 면직된 뒤 빨리 고병의 막부에 들어갈 수 있었다. 그 전에 최치원의 진사 급제 동기생 고운(顧雲)이 이미 고병의 막부에 들어가 있었으니, 최치원이 막부에 들어긴

모아 자중하여 머무르기만 하고 나아가지 않자, 조정에서는 그의 병권과 경제대권을 박탈하고 시중(侍中)이란 직함을 주며 발해군왕(渤海郡王)에 봉했다. 고병은 상소를 올려 조정을 비방했고, 후에는 또 신선에 빠져서 부하들이 대부분 그의 막부를 떠났다. 광계(光啓) 3년(887)에 부장(部將) 필사탁(畢師鐸)에게 살해당했다.

고병은 "시를 잘 지어 우아하면서 진기한 문사가 있고(好爲詩, 雅有奇藻)" 서예에도 뛰어났다. 시문집이 있었으나 없어졌고 《전당시(全唐詩)》 권598에서 그의 시를 1권으로 엮었다. 《전당문(全唐文)》 권802에 그의 문장 5편을 수록했고, 《당문습유》에도 그의 문장 3편을 수록했다. 그의 생애·사적이 《신당서》·《구당서》 본전에 보인다.

22) 《구당서》 권42, 〈직관 1(職官一)〉.

23) 《구당서》 권45, 〈여복(輿服)〉.

데는 고운과 분명 관계가 있을 것이다.[24] 그러나 《계원필경집》에 보존된 관련 자료에서 보면, 한 '객장(客將)'이 중요한 구실을 했다고 한다. 그는 최치원을 지도했을 뿐 아니라 고병에게 모종의 추천을 했다. 최치원이 바친 서계(書啓)와 시문도 그가 대신 전달해 준 것이다. 3~4년 후 최치원이 신라로 돌아오고자 할 때도 먼저 이 '객장'과 상의했으니, 이 '객장'이 당시 아직 고병의 막부에 있었음을 설명한다.[25] 이른바 '객장'이란 외번(外蕃) 출신의 군관을 가리킨다. 《계원필경집》 권14 '거첩(擧牒)'에는 〈객장 가서당을 악영사로 겸직시키는 통첩(客將哥舒瑲兼充樂營使)〉이 있는데, 최치원을 도와준 객장은 아마도 이 가서당(哥舒瑲)일 것이다.[26]

---

24) 고운(顧雲)은 자가 수상(垂象) 혹은 사룡(士龍)이고, 지주(池州) 추포(秋浦, 지금의 안휘 귀지) 사람이다. 염상(鹽商) 출신으로 두순학(杜筍鶴), 단문규(段文圭), 정곡(鄭谷), 나은(羅隱) 등과 교류했다. 처음에 진사에 응시했으나 급제하지 못했고, 건부 원년(874)에 최치원과 함께 진사에 급제하고 비서성(秘書省) 교서랑(校書郎)을 제수받았으며, 이후에 고병의 막부에 들어가 행영도초토판관(行營都招討判官)·절도지사(節度支使) 등을 맡았다. 광계(光啓) 3년(887)에 고병이 부장(部將) 필사탁에게 피살되자 삽주(霅州)로 퇴거했다. 대순(大順) 연간에 재상 두양능(杜讓能)의 추천으로 조정에 들어가 태상박사(太常博士)를 맡아 노지유(盧知猷), 육희성(陸希聲) 등과 나누어 선(宣)·의(懿)·희(僖) 3조의 실록을 편찬했다. 책이 완성되자 우부원외랑(虞部員外郎)으로 임명되었다. 건녕(乾寧) 초년에 사망했다.

저술은 대부분 일실되었다. 《전당시》 권36에서 그의 시 1권을 집록했고, 《전당시속습(全唐詩續拾)》에는 2권을 집록했다. 또 전하는 문장 23편은 《전당문》에서 1권으로 엮었다. 《삼국사기》, 〈최치원전〉에 초록한, 고운이 최치원에게 준 시와 최치원의 시 〈늦은 봄에 즉흥으로 동료 사자인 고운에게 화답하며(和顧雲支使暮春卽事)〉 등의 자료에 의하면, 두 사람은 같은 해의 과거 급제 동기생으로서 우의가 있을 뿐 아니라, 서로 우러러 받들어 관계가 매우 밀접했음을 알 수 있다.

25) 《계원필경집》 권19, 〈객장에게 주는 편지글(與客將書)〉.

26) 대만(臺灣) 중정대학(中正大學) 진익원(陳益源) 교수가 보내준 김영화(金榮華)의 〈최치원의 재당 사적 고찰(崔致遠在唐事迹考)〉(《中韓交通史事論叢》, 臺灣 福記文化圖書有限公司, 1985, 3~45쪽)의 복사본을 받았다. 이 논문은 최치원의 재당 사적에 대한 고증이 매우 상세하나 유독 그중 '객장(客將)'을 언급할 때 다음과 같이 말했다. "이때 최치원에게 알려준 사람은 누구이고 어느 나라 사람인지는 지금까지 알려진 바가 없다. 단지 그는 신라 사람이 아님을 알 수 있을 뿐이고, 당시 고병 휘하의 한 무관이었을 것이다. 그는 최치원에게 알려주었을 뿐 아니라, 고병에게도 어느 정도 추천을 올렸다. 최치원이 올린 서계와 시편은 바로 그가 대신하여 바친 것이다(這位

이 객장을 통하여 최치원은 고병에게 서계 한 통을 올려 자신의 경력을 간단히 서술하고, 아울러 문장 5편 및 칠언시 백 수를 동봉했다.[27] 고병은 최치원의 서계와 시문을 받은 뒤 그에게 선물을 내렸으므로 최치원은 다시 긴 편지를 올려 감사와 자발적으로 복무하겠다는 바람을 표시했다.[28] 이어서 다시 고병의 사업과 공적을 읊은 칠언 절구 30수를 올렸다.[29] 고병은 이에 최치원의 막부 진입을 동의했고, 아울러 그를 '서충관역순관(署充館驛巡官)'으로 위임했다. 최치원은 종8품 하의 '승무랑' 관직을 이때 얻었을 것이다.[30]

이듬해 희종은 광명(廣明) 원년(880)으로 개원했다. 3월 조정에서는 고병에게 '제도병마행영도통(諸道兵馬行營都統)'[31]을 수여하고 황소 토벌

及時指點了崔氏的人姓甚名誰? 來自何國? 如今已無從考知 ; 只曉得他不是新羅人, 當時應當是高駢麾下的一員武將. 他不僅指點了崔氏, 也向高駢作了某種程度的推薦, 崔氏所投獻的書啓和詩篇就是他代爲遞呈的)."

《계원필경집》 권14 '거첩(擧牒)'에 〈객장 가서당을 악영사로 겸직시키는 통첩(客將哥舒瑺兼充樂營使)〉이 있기 때문에 고병 막부의 객장이 바로 이 가서당(哥舒瑺)일 것이라고 생각한다. 그의 성 '가서(哥舒)'는 마땅히 당나라 때 돌궐 돌기시가서(突厥突騎施哥舒) 부락 사람이다. 이 종족 가운데 당시 유명한 자는 현종(玄宗) 때의 하서절도사(河西節度使)·서평군왕(西平郡王)으로 봉해진 가서한(哥舒翰)이 있다. 가서한은 '안사(安史)의 난' 때 병사를 인솔하여 적을 맞아 싸우다가 패배하자 포로로 투항했고 후에 안록산(安祿山)의 아들 안경서(安慶緖)에게 살해되었다. 후에 그의 아들 가서요(哥舒曜)는 덕종(德宗) 때 동도·여주행영절도사(東都·汝州行營節度使)가 되었고 하남윤(河南尹)으로 승급했다. 정원(貞元) 초에는 홍여경(鴻臚卿)으로 불려 들어갔고 우효위상장군(右驍衛上將軍)으로 마쳤다. 또 다른 아들 가서황(哥舒晃)은 대종(代宗) 때 순주자사(循州刺史)가 되었고 일찍이 병사를 일으켜 반란을 일으켜 10년간 광주(廣州)를 점거했는데 감계(泔溪)에서 피살되었다.

27) 《계원필경집》 권17, 〈처음으로 태위께 올리는 계문(初投獻太尉啓)〉.

28) 《계원필경집》 권17, 〈다시 올리는 계문(再獻啓)〉.

29) 《계원필경집》 권17, 〈시를 올리는 계문(獻詩啓)〉.

30) '관역순관'은 절도사 아문의 문직 관원이며 '서충관역순관(署充館驛巡官)'은 정원 외의 인원이거나 혹은 일종의 임시 임명일 것이다. 후에 고병은 최치원의 관직을 '서관역순관(署館驛巡官)'으로 고쳐주어 '충(充)' 자를 떼고 정식 편성이 되었다. 절도사 막부관은 직급을 명확히 하기 위하여 낭관(郎官)이나 어사(御史)의 직함을 가졌는데, 일반적으로 관직을 줄 때 동시에 수여했다. '승무랑'은 종8품 하의 문직 산관(散官)인데, 관역순관은 이 관직의 품계에 상당한다.

에 출정하라고 명령했다. 고병이 군대를 이끌고 동당(東塘, 지금의 강소 양주시 동쪽)으로 진주하여 출병할 자세를 보이다가 얼른 회군하고 말았다. 막부의 여러 낭관(郎官)이 최치원을 찬양하므로, 여름에 고병은 최치원의 '서충관역순관(署充館驛巡官)'을 '서관역순관(署館驛巡官)'으로 바꾸어 주었다.[32] 각 번진(藩鎭)이 병사를 옹위하고 자신을 보호하고자 하니, 이해에 황소의 군대가 북상하여 장강(長江)을 건너 11월에 낙양을 함락시키고 12월에 수도 장안에 들이닥치자 당 희종은 사천(四川)으로 피신했다.

광명 2년(881) 3월에 희종은 조서를 내려 고병에게 검교태위(檢校太尉) 겸 동면도통(東面都統), 경서・경북신책제도병마 등사(京西・京北神策諸道兵馬等使)란 관직을 부여하고 군대 출병을 독촉했다. 최치원은 고병을 대신하여 〈태위로 승진시켜준 데 감사드리는 표문(謝加太尉表)〉를 썼다.[33] 5월에 고병은 다시 동당에 수군을 집결시키고 서쪽으로 출병하여 황소를 토벌하겠다고 했다. 군대가 동당에 백여 일 동안 주둔했는데, 이 기간에 고병은 조정에 고운(顧雲)을 관찰지사(觀察支使)로 추천하여 후방을 지키게 했고,[34] 최치원을 도통순관(都統巡官)으로 승급시켜 종군문서 등의 일을 담당케 했다. 대략 이 시기에 고병은 최치원을 위하여 '전중시어사내공봉(殿中侍御史內供奉)'의 관직 품계를 주청했을 것이고, 또 장복(章服)을 주청하여 최치원은 종7품 상의 관직 품계로 4품의 비복(緋服)을 입고 은어대(銀魚袋)를 찰 수 있었다.[35] 막부에서 순관의 직위는

31) 《구당서》 권19 하, 〈희종본기〉.

32) 《계원필경집》 권18, 〈직위를 고쳐준 데 감사드리는 장문(謝改職狀)〉.

33) 《계원필경집》 권2.

34) 《계원필경집》 권6, 〈부하를 종사관으로 전임시켜 주길 요청하는 장문 : 모관 고운(請轉官從事狀－某官顧雲)〉.

35) 《계원필경집》 권18, 〈길게 올리는 계문(長啓)〉에서 "저는 동해의 벼슬 없는 사람입니다. 앞서 집을 떠나 만 리 이국에 와서 10년 동안 나라를 구경하면서 본디 희망은 과거에 맨 끝으로라도 합격하여 강회 지방의 현령이라도 되는 것입니다. 지난겨울에

높지는 않아 그 위로 부사(副使)·판관(判官)·지사(支使)·장서기(掌書記)·추관(推官) 등이 더 있었으나, 최치원은 승급이 너무 빠르다고 생각하고 사양하는 편지를 올렸다.[36] 후에 이 직무를 받은 것은 물론이다.

고병의 대군이 동당에 진주하고 전진하지 않아 조정과 주위의 여러 번진에게 의심과 시기를 받자, 희종은 고병에게 조서를 내려 회남으로 돌아가라고 명령했다. 고병은 조서를 받은 뒤 여전히 출병할 자세를 취하면서, 최치원에게 그를 대신해서 〈황소에게 보내는 격문(檄黃巢書)〉[37]을 쓰게 했다. 그러나 7월 8일 〈황소에게 보내는 격문〉이 발표되자, 희종의 7월 11일자의 다른 조서가 이미 하달되어 각지의 군대가 이미 황소를 포위 공격하여 승리를 눈앞에 두고 있으므로 고병에게 출병할 필요가 없다고 알려주었다.[38] 조정에서는 고병의 직함을 시중(侍中)으로 올려 주고

말단의 현위 직책을 그만두고 박학굉사과에 응시하고 싶어서 산에 은거하려는 결심으로 잠시 은퇴하여, 학문이 바다에 이를 것을 기약하고 다시 연마했습니다. 이에 녹봉이 남아 있지 않고 또 공부에 필요한 양식이 모자라서 문득 발의 빗자루를 들고 이응의 문에 와서 쓸었으니, 어찌 태위 상공께서 멀리 어여쁘게 추천해 주셔서 곧 직질에 넣어주실 줄 알았겠습니까? …… 저는 장강 밖의 상현의 현위로부터 곧 내전의 헌질을 받고 또 장발을 겸했습니다. …… 옛날에 하루에 아홉 번 벼슬이 올라감도 이렇게 영광될 수는 없었을 것입니다(某東海一布衣也. 頃者萬里辭家, 十年觀國, 本望止於榜尾科第, 江淮一縣令耳. 前年冬罷離未尉, 望應宏詞, 計決居山, 暫爲隱退, 學期至海, 更自琢磨, 俱緣祿俸無餘, 書糧不濟, 輒携勃篇, 來掃膺門. 豈料太尉相公, 過垂奬憐, 便署職秩. …… 某自江外一上縣尉, 便授內殿憲秩, 又兼章紱. 且見聖朝簪裾, 烜赫子弟, 出身入仕, 二三十年猶掛藍袍, 未趨蓮幕者多矣, 況如某異域之士乎? 昔有一日九遷, 無以及斯榮盛.)"라고 말했다.

생각하건대, 당 수공(垂拱) 연간에 전중시어사(殿中侍御史)를 종7품 하로 바꾸었다(《구당서》 권42, 〈직관 1〉). 당의 제도에 "3품 이상은 자복을 입고 5품 이하는 비복을 입으며 7품은 녹복을 입는다(三品已上服紫, 五品以下服緋, 七品服綠)." 또 3품은 이미 금어대(金魚袋)을 차고 5품 이하는 은어대(銀魚袋)를 차는데, 개원(開元) 이후에는 은혜를 베풀어 비·자복(緋·紫服)을 주었고 통례대로 겸하여 어대(魚袋)를 하사했으므로, 이를 '장복(章服)'이라 한다(《구당서》 권45, 〈여복〉).

36) 《계원필경집》 권18, 〈길게 올리는 계문(長啓)〉은 사실 사양하기 위해서 지은 글이다.

37) 《계원필경집》 권11.

38) 《계원필경집》 권11, 〈양양 극공보(郄公甫) 장군에게 답하는 글(答襄陽郄將軍書)〉에는 두 조서가 실려 있다. 실제로 당시 당군(唐軍)은 필승의 세력을 형성하지 못했다.

발해군왕(渤海郡王)에 봉했다.[39] 그러나 도통과 염철전운사라는 그의 직무를 면직시키고 제도병마(諸道兵馬)를 지휘하던 권력과 경제대권을 취소시키고는 왕탁(王鐸)을 도통으로 임명했다.[40] 이때 고병은 조정에 상소하여 불만을 표시하는 한편, 사천으로 피신한 희종에게 상소를 올려 강회(江淮)로 올 것을 건의했는데, 최치원은 그를 대신하여 〈강회로 순행하기를 요청하는 표문(請巡幸江淮表)〉을 썼다.[41]

중화 2년(882) 관군과 황소군이 서로 승부를 겨루었다. 5월에 고병은 희종이 강회로 오지 않자 주동적으로 군대를 동당에 주둔시키고 아울러 이웃 군대와 연락하여 그들로 하여금 공동으로 왕실을 구원케 하고자 하여, 최치원은 고병을 대신하여 〈제도에 알리어 군인을 징집하는 글(告報諸道徵會軍兵書)〉을 썼다.[42] 중화 3년(883)에 고병은 다시 최치원에게 표문을 쓸 것을 명령하여 희종으로 하여금 강회로 오라고 청했으나,[43] 여전히 받아들여지지 않았다. 4월에 관군이 서울을 수복하자 고병은 스스로 느끼는 것이 많아 각종 직무를 사직하는 표를 올려 조정의 태도를 관망하고자 했다. 최치원은 그를 대신하여 〈관직 사퇴를 요청하는 표문(讓官請致仕表)〉을 썼다.[44]

중화 4년(884) 6월 황소가 죽임을 당하자 최치원은 고병을 대신하여 〈황소를 죽인 것을 축하하는 표문(賀殺黃巢表)〉을 작성했다.[45] 이때의 고병은 이미 전도가 아득함을 감지하고 이로 인하여 의기소침하여 선도

조정에서는 이를 고병이 병사를 모으고는 나아가지 않은 것에 불만을 가지고 그 병권을 삭탈하는 핑계로 삼았을 뿐이다.

39) 《구당서》 권149 하, 〈고병전〉.

40) 《구당서》, 〈희종본기〉.

41) 《계원필경집》 권2.

42) 《계원필경집》 권11.

43) 《계원필경집》 권2, 〈순행하기를 두 번째로 요청하는 표문(請巡幸第二表)〉.

44) 《계원필경집》 권2.

45) 《계원필경집》 권1.

(仙道)에 빠졌다. 고병의 "문서 작성의 일을 전담한(專委筆硯)" 막료가 된 최치원은 시세를 살피면서 자신이 당 제국에서 이미 더 할 일이 없음을 알고 이에 귀국을 생각했다. 최치원은 먼저 자신의 생각을 당초 그를 추천했던 '객장'에게 알렸고,[46] 연후에 고병에게 말하여 동의를 받았다.[47]

최치원은 당나라에 있으면서 실제로 신라와의 관계를 줄곧 유지하고 있었는데, 아마 이로 인하여 신라와 회남 번진 간에 모종의 특수한 관계가 있었을 것이다.[48] 최치원이 귀국을 부탁할 때, 마침 신라입회남사(新羅入淮南使) 김인규(金仁圭)가 회남으로 왔고, 최치원의 사촌동생 최서원(崔棲遠)도 신라입회남사 녹사(錄事)의 신분으로 회남으로 왔다. 따라서 최치원이 귀국하기로 결정한 것은 그들과 어느 정도 관계가 있어 보인다. 중화 4년(884) 8월 하순 최치원은 이미 직무를 사직했고,[49] 아울러 귀국을 위해 전용 선박을 준비했다. 최치원이 고병에게 부탁하여 김인규와 최서원은 최치원의 배에 함께 타고 신라로 돌아오게 되었으며, 고병은 최서원에게 한 몫의 돈을 보태 주었다.[50]

최치원은 10월에 양주(揚州)에서 출발했다. 그의 시 〈돌산(石峰)〉의 서에서 "중화 갑진년(884) 겨울 음력 시월에 명을 받들어 사신이 되어 동쪽으로 가다가 대주산 아래에 배를 대었다(中和甲辰年冬十月, 奉使東泛,

---

46) 《계원필경집》 권19, 〈객장에게 주는 편지글(與客將書)〉.
47) 《계원필경집》 권20, 〈귀성을 허락하신 데 감사드리는 계문(謝許歸謹啓)〉.
48) 《계원필경집》 권10에 수록한 서계로 〈신라 탐후사 박인범 원외에게(新羅探候使朴仁範員外)〉가 있는데, 중화 2년(882) 무렵 신라에서는 일찍이 박인범을 탐후사란 명의로 회남에 파견했음을 알 수 있다. 이후 중화 4년(884)에 또 신라입회남사 김인규도 회남에 이르렀고 최치원의 사촌동생도 신라입회남사 녹사의 신분으로 회남에 이르렀다. 또 《고운선생속집》에 수록한 최치원의 〈상재·국척·대신 등이 헌강대왕을 받들어 《화엄경》으로 결사하는 원문〉에 적힌 시간은 '중화 2년'이다. 최치원이 아직 신라로 돌아가기 전에 회남의 고병 막부에서 지은 글이다.
49) 《계원필경집》 권20, 〈행장을 꾸리는 돈을 주신 데 감사드리는 장문(謝行裝錢狀)〉.
50) 《계원필경집》 권2, 〈태위께 올리는 별지(上太尉別紙)〉; 권20 〈사촌동생 서원에게 돈을 하사한 데 감사드리는 장문(謝賜弟栖遠錢狀)〉 등을 보라.

泊舟於大珠山下)"라고 했다.[51] 최치원이 귀국 도중에 고병에게 쓴 서신에 의하면, 최치원의 전용 선박은 양주에서 대운하를 끼고 북상하여 초주(楚州) 산양(山陽, 지금의 강소 회안)에 이르러 회하(淮河)를 따라 바다로 들어갔다.[52] 다시 해안을 끼고 북으로 대주산(지금의 산동 교남시)을 지나 등주(登州) 유산(乳山, 지금의 산동 문등시 서남쪽)에 닿았다. 이때는 이미 한 겨울에 접어든지라 바다를 건너기가 어려웠다. 이에 최치원은 고병에게 편지를 써서 내년에 "봄날이 따뜻해질(春日載陽)" 때 다시 출발하겠다고 청구했다.[53]

중화 5년(885) 정월 초 최치원은 등주에서 〈참산의 신에게 지내는 제문(祭巉山神文)〉을 지었는데, 여기에 보이는 관직은 "회남입신라 겸 송국신등사·전 도통순관·승무랑·전중시어사내공봉, 사비·(은)어대(淮南入新羅兼送國信等使·前都統巡官·承務郎·殿中侍御史內供奉, 賜緋·(銀)魚袋)"이다.[54] 그는 3월에 이르러 신라로 돌아왔다.[55]

이듬해 신라 헌강왕 12년(886)에 최치원은 헌강왕에게 《계원필경집》 20권을 올렸는데, 서명한 시간은 '중화 6년 정월'이다. 실제로 중화 5년 3월에 희종은 이미 '광계(光啓)'로 개원했다. 〈계원필경서〉에 서명한 시기를 보면, 최치원이 등주에서 출항할 때 아직 개원한 소식을 몰랐음을 알 수 있다. 그러나 주의할 것은 최치원이 〈계원필경서〉에 쓴 직함이 〈참산의 신에게 지내는 제문〉과는 다르다는 것이다. 그 직함은 "회남입본국 겸 송조서 등사·전 도통순관·승무랑·시어사내공봉, 사자금어대(淮南入本國兼送詔書等使·前都統巡官·承務郎·侍御史內供奉, 賜紫·

51) 《계원필경집》 권20.
52) 《계원필경집》 권20, 〈초주 장 상서가 수곽에서 맞이하기에 시를 지어 감사드리노라(楚州張尙書, 水郭相迎, 因以詩謝)〉.
53) 《계원필경집》 권20, 〈태위께 올리는 별지 5수(上太尉別紙五首)〉.
54) 《계원필경집》 권20.
55) 《삼국사기》, 〈헌강왕본기〉.

金魚袋)"이다. 그중 '겸 송국신 등사(兼送國信等使)'는 '겸 송조서 등사(兼送詔書等使)'로 바뀌었고, '전중시어사내공봉(殿中侍御史內供奉)'은 이미 '시어사내공봉(侍御史內供奉)'으로 승급했으며, '사비어대(賜緋魚袋)'는 '사자금어대(賜紫金魚袋)'로 바뀌었다.[56] 이러한 개변으로 최치원은 번진신사(藩鎭信使)에서 조서를 전달하는 국사(國使)로 승급하여 관직의 품계가 크게 올라갔다. 아마도 이는 중화 5년 정월에서 3월 사이에 최치원이 등주에서 동쪽으로 배를 타고 출항하기 전에 은혜를 입은 영광일 것이고, 당연히 고병이 그를 위하여 특별히 주청하여 받은 것일 것이다.

4) 신라로 돌아와서

당 희종 중화 5년(즉 광계 원년, 885) 최치원은 당 사절의 신분으로 신라로 돌아왔다. 《삼국사기》, 〈최치원전〉에서 "광계 원년에 조서를 가지고 예빙의 사절 임무를 띠고 오자, 그를 시독으로 임명하고 한림학사·수병부시랑·지서서감을 삼았다(光啓元年, 使將詔書來聘, 留爲侍讀兼翰林學士·守兵部侍郎·知瑞書監事)"라고 기록했다. 《동사강목(東史綱目)》 제5상(上), 「을사(乙巳) 헌강왕 11년 3월」조의 기록도 이와 같다.

최치원은 번진이 할거하고 전란이 빈번한 중국을 떠나 똑같이 말세에 처한 신라로 돌아왔다. 《삼국사기》, 〈최치원전〉에서는 그가 신라로 돌아온 뒤 "스스로 중국 유학에서 배운 것이 많다고 생각하여 본국에 돌아온 뒤에 자기의 뜻한 바를 실행하려고 했으나, 말세에 그를 의심하고 꺼리는 자가 많아서 그의 뜻이 허용되지 못하고 외직으로 태산군 태수가 되었다(自以西學多所得, 及來將行己志, 而衰季多疑忌, 不能容, 出爲太山郡太

---

56) 전중시어사 관직은 종7품 상이고, 시어사는 종6품 하이다. 《구당서》 권42, 〈직관 1〉.

守)"라고 적었다. 그리고 당 소종(昭宗) 경복(景福) 2년(893)에 신라 진성여왕은 최치원을 불러들여 입당하정사(入唐賀正使)로 삼았는데, 최치원은 이미 부성군(富城郡) 태수를 지내고 있었다. 《고운선생사적(孤雲先生事蹟)》에서는 〈가승(家乘)〉을 인용하여 "12년 병오(당 희종 광계 2) 7월에 헌강왕이 사망하자, 조정에서 의심하고 시기하는 자가 많아 지방으로 나가 태산군 태수가 되었다(十二年丙午(唐僖宗光啓二年)七月王薨, 朝廷多疑忌, 出爲太山郡太守)"라고 기록했다. 이는 그가 신라로 귀국한 이듬해에 헌강왕이 서거한 뒤 곧바로 폄적되었음을 말한다. 그러나 《고운선생집》 권1에 실린 〈조서 두 통을 하사하신 데 대하여 사례하는 표문(謝賜詔書兩函表)〉은 당 광계 2년(886) 최치원이 재위한 지 1년밖에 안 되는 정강왕(定康王) 김황(金晃)을 대신하여 지은 것이다. 이를 보면 그가 태산군으로 폄적된 것은 마땅히 정강왕 즉위 이후나 정강왕 사망 후 진성여왕이 등극하기 전일 것이다.

다시 《고운선생속집》을 보면, 〈왕비 김씨가 선고 및 망형을 위하여 명복을 빌며 곡식을 희사하는 원문(王妃金氏爲先考及亡兄追福施穀願文)〉 결미에 "중화 정미년 11월 부성태수 최치원(中和丁未年暢月富城太守崔致遠)"이라고 서명했다. '중화 정미'는 당 희종 광계 3년(887)이다. 따라서 최치원이 태산군 태수로 폄적된 뒤 곧바로 부성태수로 전임했으니, 태산군으로 부임하여 1년도 되지 않았음을 알 수 있다.

최치원은 지방관으로 5~6년간 부임한 뒤 진성여왕 7년(당 소종 경복 2, 893)에 부성군 태수에서 불려와 입당하정사가 되었으나 길이 막히는 바람에 성사되지 못했다. 아마도 최치원은 이 때문에 조정에 머물러 있었을 것이다. 당시 신라 조정은 문란했고 시국도 어지러워 불안했다. 이듬해 2월 최치원은 〈시무책(時務策)〉 10여 조를 올려 진흥을 도모했고, 진성여왕은 "이를 기꺼이 받아들이고(嘉納之)" 아울러 "최치원을 아찬으로 임명했다(拜致遠爲阿飡)."[57] 지금까지 최치원이 올린 〈시무책〉 10여 조가 도대체 무슨 건의였는지, 실행이 되었는지 알 수는 없다. 최치원이 조정에 부임하여 효공왕(孝恭王) 김요(金嶢) 2년(당 소종 건녕 5, 898)에 이르렀으니, 5~6년에 달하는 기간에 건의하였을 것이다.

《고운선생문집》 권1에는 〈신라 하정표(新羅賀正表)〉, 〈양위를 아뢰는 표문(讓位表)〉, 〈기거를 묻는 표문(起居表)〉, 〈왕위 계승을 사례하는 표문(謝嗣位表)〉, 〈황은에 감사드리는 표문(謝恩表)〉, 〈발해의 상석 차지를 허락하지 않은 데 사례하는 표문(謝不許北國居上表)〉, 〈조서 두 통을 하사하신 데 대하여 사례하는 표문(謝賜詔書兩函表)〉과 〈숙위 학생 수령 등을 파견하여 입조하는 장문(遣宿衛學生首領等入朝狀)〉, 〈숙위 학생을 번국으로 돌려보내 주시길 주청하는 장문(奏請宿衛學生還蕃狀)〉 등이 있는데, 이는 모두 그가 신라국을 대신하여 작성한 글이다. 그 가운데 〈조서 두 통을 하사하신 데 대하여 사례하는 표문〉은 당 광계 2년(886)에 재위한 지 1년밖에 안 되는 정강왕 김황을 대신하여 적성한 것이고, 나머지는 대부분 조정에서 근무하던 5~6년 동안 진성여왕 및 효공왕을 대신하여 작성한 글이다.

〈신라 하정표〉는 진성여왕을 대신하여 쓴 것으로 당 소종 이엽(李曄)이 경복으로 개원함을 축하하는 글인데, 당시 경복 2년(893) 진성여왕이 최치원을 불러들여 입조하정사(入朝賀正使)로 삼을 때 길이 막혀 가지는 못했지만, 이 〈하정표〉는 남겨두었다. 〈양위를 아뢰는 표문〉은 진성여왕이 당 건녕 4년(897) 6월 1일 왕태자 김요(金嶢)에게 양위한 일을 적은 것인데, 당에 들어가는 사신 편에 부친, 경하하는 상주 표문이다. 〈왕위 계승을 사례하는 표문〉, 〈황은에 감사드리는 표문〉, 〈발해의 상석 차지

57) 《삼국사기》 권11 〈진성왕본기(眞聖王本紀)〉 기록을 보라. 또 《고운선생사적》에서는 《여지승람(輿地勝覽)》을 인용하여 "상서장은 경주 금오산 북쪽 교천 위에 있다. 진성여왕 8년에 선생은 상서하여 〈시무책〉 10여 조를 진언했는데, 이곳이 바로 그곳이다. 경주 사람들이 지금 건물을 지어 보호하고 있다(上書莊在慶州金鰲山北蛟川上, 眞聖主八年, 先生上書陳時務十餘條, 此其地也. 州人今建屋守護)"라고 했다.

를 허락하지 않은 데 사례하는 표문〉 등은 모두 효공왕 김요를 대신하여 지은 글이다. 효공왕 원년(당 소종 건녕 4, 897) 당 소종은 신라 사신 최원(崔元)이 귀국하자, 그 편에 이미 사망한 두 신라 국왕의 직함을 추증했다. 《동사강목》 5하에는 효공왕 원년 "가을 7월에 당에서 경문왕·헌강왕을 책봉하자, 효공왕은 사신을 보내 당의 조정에 들어가게 했다. 이에 앞서 진성왕은 선왕을 추증하길 요청하는 표문을 갖추었다. 이에 경하판관 최원이 돌아오자, 조서를 내려 경문왕을 태사로, 헌강왕을 태부로 추증하고 각기 임명장 한 통을 내렸다. 왕은 사신을 파견하여 은혜에 감사했는데, 최치원이 표문을 지었다(秋七月, 唐冊封景文王,憲康王, 王遣使入朝. 先是, 眞聖具表請追贈前王, 至是, 慶賀使判官崔元還, 詔贈景文王爲太師, 憲康王爲太傅, 各賜官告一通. 王遣使謝恩, 崔致遠制表)"라는 기록이 있다.

그러나 효공왕 2년(당 소종 광화 원년, 898) 최치원은 어찌된 일인지는 모르지만 면직되었다. 《동사강목》 5하, 「무오(戊午) 효공왕 2년」조에 "아찬 최치원은 죄가 있어 면직되었다(阿湌崔致遠有罪免)"고 했다. 일반적으로 최치원의 나이 마흔둘 때부터 산림에 은거하기 시작했다는 말은 바로 여기에서 나온 것이다. 이해에 바로 최치원이 나이가 마흔둘이었기 때문이다. 면직된 뒤 최치원은 가야산(伽倻山) 등지에 은거했다.

5) 다시 당나라 땅을 밟다

최치원이 신라로 돌아온 뒤에 다시 당나라 땅을 밟은 것은 확실하다. 《삼국사기》, 〈최치원전〉에 진성여왕 7년(893)에 명을 받들어 입당하정사가 되었으나, 도처에 도적이 횡행하여 "길이 좋지 않았기 때문에 결국 가지 못했다(道梗不果行)"라고 기록했다. 후에 또 "그 뒤에도 일찍이 명을 받들어 당나라에 사신으로 나갔으나, 어느 해인지는 알 수가 없다(其後亦

嘗奉使入唐, 但不知其歲月耳)"라고 말했다.

최치원이 일찍이 쓴 〈대당 신라국 고 봉암산사 교시 지증대사 적조의 탑비명 및 서(大唐新羅故曦陽山鳳巖寺教謚智證大師寂照之塔碑銘並序)〉(즉 〈鳳巖寺智證大師寂照塔碑〉)를 검토해 보면, 결미에 서명한 관직명이 "입조하정 겸 연봉황화 등사·조청대부·전 수병부시랑·충서서원학사·사자금어대 신 최치원 교찬(入朝賀正兼延奉皇花等使·朝請大夫·前守兵部侍郎·充瑞書院學士·賜紫·金魚袋臣崔致遠教撰)"[58]으로 되어 있다. 최치원은 또 〈당 대천복사의 옛 주지로 불경을 번역한 고승 법장 스님의 일대기(唐大薦福寺故寺主翻經大德法藏和尙傳)〉를 지었는데, 그 결미에 서명한 직함은 "해동 신라국 시독 겸 한림학사·승무랑·전 수병부시랑·권지서서감사·사자금어대(海東新羅國侍讀兼翰林學士·承務郎·前守兵部侍郎·權知瑞書監事·賜紫·金魚袋)"이다.[59]

둘을 비교해 보면, 〈지증비명〉에 서명한 관직이 〈법장전〉보다 훨씬 더 높다. 당의 제도에 따르면 '승무랑'은 종8품 하 품계의 문산관(文散官)이고 '조청대부(朝請大夫)'는 종5품 상 품계의 문산관(文散官)이다.[60] 따라서 '입조하정 겸 연봉황화 등사·조청대부'는 마땅히 최치원이 입당하정사로 임명되었을 때 받은 새로운 관직명이다. 지금으로서는 이 새로운 관직명이 최치원이 진성여왕 7년(893)에 하정사로 임명되었을 때 받은 것인지 아니면 이후 다시 당에 사신으로 갈 때 받은 것인지 알 수 없다. 그리고 최치원이 언제 이 비문을 썼는지도 분명치 않다. 최치원이 언제

---

58) 지증비(智證碑)는 경상북도 문경군(聞慶郡) 가은면(加恩面) 원북리(院北里) 봉암사(鳳巖寺)에 현존한다. 비석을 세운 연대는 신라 경명왕(景明王) 박승영(朴升英) 8년(924)이다. 비문은 《한국금석전문(韓國金石全文)》 상책(서울 아세아문화사, 1984) 246~256쪽에 보인다. 《고운선생문집》 권3과 《당문습유》 권44에 수록된 글에는 모두 구체적인 직함이 없다.

59) 〈법장전〉은 《고운선생속집》에 보이고, 《화엄경 사자장 교석 부록(華嚴經師子章校釋附錄)》(중화서국, 1983)에도 보인다.

60) 《구당서》 권42, 〈직관 1〉.

이 관직을 얻었는지를 막론하고 다시 명을 받들어 당에 사신으로 갈 때도 이 관직명이었을 것이다.

최치원이 두 번째로 입당한 것은 경복 2년(893) 진성여왕이 그를 입조하정사로 불렀으나 길이 막혀 이루지 못한 뒤이거나, 효공왕 2년(898) 면직된 뒤에 다시 부름을 받고 당에 들어간 것만은 확실하다. 이는 그의 〈태사 시중께 올리는 장문(上太師侍中狀)〉이 증명해 준다. 《삼국사기》, 〈최치원전〉에서는 〈태사 시중께 올리는 장문〉을 인용하고, 아울러 "여기서 말한 태사 시중의 성명도 또한 알 수 없다(此所謂太師侍中, 姓名亦不可知也)"라고 말했다. 〈태사 시중께 올리는 장문〉은 최치원이 당에 들어간 이후 어느 '태사 시중(太師侍中)'에게 협조를 부탁하며 쓴 글로, 그 문장에서는 고려·백제·신라와 당 왕조의 관계에 대한 역사를 간략하게 서술하고, 특히 신라와 당 왕조의 왕래를 강조한 뒤에 다음과 같이 썼다.

> 지금 아무개(최치원)는 유가의 후학이요, 해외의 보통 사람으로 욕되게도 표장을 받들고 당의 조정에 조회하게 되었으니, 모든 정성을 다 바치는 것이 예에 합당할 것입니다. 엎드려 살펴보건대, 원화 12년(817)에 본국의 왕자 김장렴이 태풍을 만나는 바람에 명주에 상륙했는데 절동의 아무개 관원이 발송하여 경사로 들여보냈습니다. 중화 2년에는 입조사 김직량이 역신의 작란으로 길이 막혀 마침내 초주에 상륙하여 이리저리 헤매다 양주에 이르러 황제가 촉으로 행차했음을 알게 되었습니다. 고 태위가 도두 장검을 보내 감시, 호송하여 서천에 이르게 했습니다. 이전의 사례가 이렇게 분명하게 있으니 엎드려 바라옵건대 태사 시중께서는 커다란 은혜를 내려 특별히 수륙 통행증을 하사하시고 머무는 곳에 배, 음식과 오랜 여행에 필요한 말과 꼴을 공급해 주시며 아울러 군대의 장수를 파견하여 황제 앞까지 감시, 호송해 주도록 하소서(今某儒林末學, 海外凡材, 謬奉表章, 來朝樂土, 凡有誠懇, 禮合披陳. 伏見元和十二年, 本國王子金張廉, 飄風至明州下岸, 浙東某官, 發送入京. 中和二年, 入朝使金直諒, 爲叛臣

作亂, 道路不通, 遂於楚州下岸, 邐迤至揚州, 得知聖駕幸蜀, 高太尉差都頭張儉, 監押 送至西川. 已前事例分明, 伏乞太師侍中, 俯降台恩, 特賜水陸券牒, 令所在供給舟舡,熟食及長行驢馬草料, 並差軍將, 監送至駕前).[61]

이를 보면 이 '태사 시중'은 실제로 '태사 시중'이란 관직을 가진 연해 지방 장관임을 알 수 있다. 최치원이 편지를 쓴 까닭은 "엎드려 바라옵건대 태사 시중께서는 커다란 은혜를 내려 특별히 수륙 통행증을 하사하시고 머무는 곳에 배, 음식과 오랜 여행에 필요한 말과 꼴을 공급해 주시며 아울러 군대의 장수를 파견하여 황제 앞까지 감시, 호송해 주길" 바랐기 때문이다.

당나라 때 동부 연해 지방의 많은 항구에 신라 상선이 자주 드나들었다. 그러나 신라 사절이 당나라로 들어올 적에는 규정상 등주[지금의 산동 봉래(蓬萊)]에서 육로를 택한 다음에 청주[靑州, 지금의 산동 익도(益都)]에서 연주(兗州) 등지를 거쳐 장안으로 나아갔다. 등주는 원래 청밀절도사(靑密節度使, 駐靑州)의 관할이었다. 상원(上元) 2년(761) 평로절도사(平盧節度使)와 청밀절도사를 합하여 '평로치청절도사(平盧淄靑節度使)'를 두었는데 주재소는 여전히 청주였다. 평로치청절도사는 영태(永泰) 원년(765)부터 '압아 신라·발해 양번사(押新羅·渤海兩蕃使)'를 겸하여 당과 신라·발해 관계 및 양국 사사를 접내하는 일 따위를 맡았다. 그러므로 등주성에는 특별히 신라관, 발해관을 설치했다.

그러나 이 글을 보면 최치원 일행이 이번에 여행한 항구는 평로치청절도사가 관할하던 지방이 아니었을 것이다. 신라 사자를 호송하여 조정으로 보내는 일은 평로치청절도사의 직무이므로 특별히 청구할 필요가 없기 때문이다. 그리고 최치원의 편지에서 특별히 원화 12년과 중화 2년의

61) 《삼국사기》, 〈최치원전〉. 인용문은 《고운선생문집》 권1에도 보인다.

고사를 들었는데, 이 역시 최치원의 이번 여행은 관례에 따라 등주로 상륙한 것이 아니라 등주 이외의 장소로 상륙했음을 설명한다. 그래서 상대방에게 관례에 따라 돌보아 달라고 요구한 것이다. 다시 말하면, 당조가 멸망한 천우(天祐) 4년(907)에서 거슬러 올라가 경복 2년, 즉 진성여왕 7년(893)에 이르기까지 10년 동안 앞뒤로 평로치청절도사를 맡은 왕경무(王敬武), 왕사범(王師範), 왕중사(王重師), 한건(韓建) 네 명 중에 '태사시중'이란 관직을 맡은 사람이 없다.[62]

당나라 때 정치적이거나 자연적 이유로 신라 사절이 등주 이외의 회남이나 양절(兩浙) 일대의 항구에서 상륙한 선례가 있다. 최치원의 〈태사시중께 올리는 장문〉을 보면, 그는 이번 여행에서 특수한 상황을 만나 등주 외의 항구에서 부득불 상륙했음을 알 수 있다. 문제는 언제, 어느 항구에서 상륙했느냐이다. 이미 이 두 문제에 대해서 전문적으로 연구한 학자가 있다. 김영화(金榮華)는 시기는 천복(天復) 2년(902)이나 3년(903)

---

62) 왕경무(王敬武)는 처음에 평로절도사 안사유(安師儒)에게 종사하다가 중화 2년(882)에 안사유를 쫓아내고 유후(留後)를 맡은 뒤 검교태위(校檢太尉)·동중서문하평장사(同中書門下平章事)를 지냈는데, 두 《당서(唐書)》 본전에 보인다.

왕사범(王師範)은 용계(龍繼) 원년(889)에 부친 왕경무의 뒤를 이어 평로유후(平盧留後)가 되었고 검교상서(校檢尙書)·어사대부(御史大夫)를 지냈으며, 누차 승진하여 검교태부(校檢太傅)·동평장사(同平章事)·상주국(上柱國)·낭야군공(琅邪郡公)에 이르렀다. 천우 2년(905)에는 하양절도사(河陽節度使)로 옮겼다(《구당서》 권20상, 〈소종기(昭宗紀)〉; 권21 〈애제기(哀帝紀)〉에 보인다).

왕중사(王重師)는 문덕(文德)에서 건녕(建寧) 연간(888~897)에 주전충(朱全忠)이 일찍이 검교우복야(校檢右僕射)로 제수하길 상주했고, 이후 검교사공(校檢司空)을 제수받았다. 천후 2년에 평로유후(平盧留後)·검교사도(校檢司徒)를 맡았다. 천우 연간에는 옹주절도사(雍州節度使)로 옮겼고 동평장사(同平章事)가 보태졌다(《구오대사(舊五代史)》 권19, 〈왕중사전(王重師傳)〉을 보라).

한건(韓建)은 광계(光啓) 2년(886)에 화주절도사(華州節度使)로 부임했고 일찍이 검교태위(檢校太尉)·평장사(平章事)로 승진했으며, 건녕 3년(896)에 중서령(中書令)을 겸직했고 광화(光化) 원년(898)에는 태부(太傅)·중서령을 받았으며 허국공(許國公)에 봉해졌다. 천우 3년(906) 6월에는 왕중사의 뒤를 이어 평로절도사를 지냈고, 주전충이 당을 멸망시킨 뒤에 사도(司徒)·평장사로 불렸고 제도염철전운사(諸道鹽鐵轉運使)로 임명되었다(《구오대사》 권15, 〈한건전(韓建傳)〉에 보인다).

이며 장소는 회남이고, '태사 시중'은 당시의 회남절도부대사(淮南節度副大使)·지절도사(知節度事) 양행밀(楊行密)이라고 간주했다.[63] 번문례(樊文禮), 양태제(梁太濟)는 시기는 천우 원년(904)에서 당조가 멸망한 천우 4년(907) 사이이며, 장소는 양절(兩浙)이고 '태사 시중'은 당시의 절서절도사(浙西節度使) 전류(錢鏐)라고 간주했다.[64] 이 두 가지 설은 모두 근거가 있으나, 확정하기 어려운 추론에 불과하여 한 걸음 나아간 확증이 필요하다.

그러나 회남에 상륙했건 양절에 상륙했건 최치원의 이번 중국 여행은 아마 암담한 여정이었을 것이다. 지금까지 최치원의 이 중국행을 기록한 어떤 자료도 중국과 한반도에서 발견되지 않았다. 아마도 최치원의 이 중국행의 시기는 당 왕조 멸망의 전야일 것이다. 따라서 그 '태위 시중'도 아무런 도움도 주지 못했을 것이고, 혹은 이후 사정이 생겨서 대당 황제를 접견할 수 없었을지도 모른다.

6) 만년 및 사망 이후

최치원은 두 번째의 중국행에서 휘황찬란했던 대당 제국의 최후의 몰락을 직접 목도했다고 할 수 있으며, 당시의 신라 왕조도 역시 매우 불안정한 시국에 있었다. 따라서 다시 신라로 귀국한 뒤 최치원은 여전히 소정에 얼마간 있었을 것이나 할 일이 없었을 것이다. 지금 볼 수 있는 그의 최후의 연월이 적힌 작품은 〈신라 수창군 호국성 팔각등루기(新羅壽昌郡護國城八角燈樓記)〉[65]로, 첫 구에 "천우 5년 무진 겨울 음력 10월

---

63) 김영화, 〈최치원의 재당 사적 고찰(崔致遠在唐事迹考)〉, 《중한교통사사논총(中韓交通史事論叢)》, 臺灣 福記文化圖書有限公司, 1985, 3~45쪽.

64) 번문례(樊文禮)·양태제(梁太濟), 〈최치원이 당나라를 재차 방문과 시간과 장소(崔致遠再次踏上唐土的時間和地點)〉, 김건인(金健人) 주편, 《한국연구》 제4집, 學苑出版社, 2000, 96~109쪽.

(天祐五年戊辰冬十月)"이라고 적혀 있다. '천우'는 당 애제(哀帝) 이축(李柷)의 연호로 실제 천우에는 결코 '5년'이 없다. 이해는 이미 후량(後梁) 태조 주황(朱晃) 개평(開平) 2년(908)으로, 그 전해에 신라는 이미 후량의 연호로 바꾸어 썼다. 이는 최치원이 이미 조정에 있지 않았음을 설명한다.

《삼국사기》, 〈최치원전〉에서는 최치원이 만년에 고려 태조 왕건(王建)이 반드시 천명을 받아 개국할 것으로 여겼고 "이에 태조에게 글을 보냈는데, 거기에는 '계림은 낙엽이며, 송악은 푸른 소나무'라는 구절이 있었다(因致書問, 有'鷄林黃葉, 鵠嶺青松'之句)"라고 했다. 이는 일종의 소문이거나 고려 때 지어 낸 말인 것 같다. 또 전하는 말에 의하면, 신라 경순왕(敬順王) 2년(후당 명종 천성 원년, 928) 최치원은 일찍이 왕건을 대신해서 〈견훤에게 보내는 격문(檄甄萱書)〉을 지었다고 하나 그럴 가능성은 없다. 왜냐하면 이해는 왕건이 개국한 지 11년이 되는 해이고, 《삼국사기》에서도 단지 "그의 제자들이 고려 초기에 이르러 조정에 와서 벼슬하여 고위관직에 이른 자가 한둘이 아니었다(其門人等至國初來朝, 仕至達官者非一)"라고만 말했지, 최치원이 새로운 조정에 몸을 기탁했다는 일을 말하지 않았기 때문이다. 그러나 고려 왕조에서 최치원은 확실히 봉작(封贈)을 받았다. 고려 현종(顯宗) 11년(송 천희 4, 1020)에 그를 "내사령"으로 추증하고 "선성묘에 종사(從祀先聖廟庭)"했다. 14년(거란 태평 3, 1023)에는 "시호를 문창호로 내렸다(贈謚文昌侯)." 그러나 이것은 이미 최치원 사망한 지 근 백 년 뒤의 일이다. 후에 조선에서도 여러 번 최치원을 표창했고, 아울러 그의 후예들에게 병역 등을 면제시켜 주었다.[66]

최치원의 최후를 끝내 알 수 없다. 《삼국사기》, 〈최치원전〉에서는 만년에 산림이나 강과 바닷가에 은거했다고 기록했는데, 사실과 다름이 크

65) 《고운선생문집》 권3.
66) 《고운선생사적》에서 〈가승(家乘)〉을 인용.

지 않을지도 모른다. 전하는 말에 의하면, 한반도 각지에는 최치원의 많은 유적이 남아 있는데, 예를 들면 가야산의 상서장(上書莊)·독서당(讀書堂), 경상도 함양군(咸陽郡)의 학사루(學士樓), 합천군(陜川郡)의 해인사(海印寺) 동(洞, 紅流洞)의 제시석(題詩石)·음풍뢰(吟風瀨)·자필암(泚筆岩), 전라도 남원부(南原府) 지리산의 단속사(斷俗寺)·청학동(青鶴洞) 등이 그것이다.[67] 사실을 고증할 길이 없지만, 이는 후세 한국 사람의 최치원에 대한 존숭과 그리움을 보여준다.

2. 저술에 대한 고찰

최치원은 신라로 돌아온 뒤 고병의 막부에서 쓴 시문을 《계원필경집》 20권으로 엮었고 아울러 〈시·부·표·장 등을 모은 문집을 올리는 장문(進詩賦表狀等集狀)〉[즉 서유구 간행 활자본의 《계원필경집》 권수(卷首), 〈계원필경서〉]를 지었는데, 거기서 자신의 경력과 저술 상황을 소개했다.

> 저는 나이 열두 살에 집을 떠나 서쪽으로 바다를 건넜습니다. …… 유람한 지 6년 만에 이름을 방 끄트머리에 걸게 되었습니다. 이때 마음속의 심성을 읊조리고 사물에 기탁하여 편을 이름 지어 '부' 또는 '시'라고 이름 한 것이 거의 상자에 가득했습니다. 어린아이가 꾸민 것으로 장부로서는 부끄러워하는 바가 되었습니다. 게다가 어대를 하사받은 뒤로는 모두 폐기해 버렸습니다. 계속하여 낙양을 유랑하며 글 짓는 것으로 업을 삼아 드디어 부 5수, 시 100수, 잡시

67) 《총서집성(叢書集成)》 초편본(初編本), 지은이 미상, 《조선지(朝鮮志)》 권상(卷上). 《고운선생사적》에서는 《여지승람략(輿地勝覽略)》을 인용하여 그 밖에 가야산 치원촌(致遠村) 등을 언급했다.

부 30수를 지어 모두 3편을 이루었습니다. 이후 선주 율수현위로 제수되었는데 녹봉도 두둑해지고 관직이 한가하여 종일토록 배불리 먹었습니다. 벼슬살이하다가 남은 힘이 있어 배움에 짧은 시간도 헛되이 보내지는 않았습니다. 공적으로 또는 사적으로 지은 글을 책으로 엮으니 모두 5권이나 되었습니다. 그래서 '산을 만든다'는 뜻을 더욱 격려하여 그 책 이름을 '복궤'라 하고, 그 지방 이름을 '중산'이라 했기에 '복궤집' 앞에다 '중산' 두 글자를 붙였습니다. 그 말단 직책을 내어놓고 회남에서 종직하면서 시중 고병의 문서의 일을 도맡게 되어, 그 몰려드는 군사 문서 등을 힘껏 담당했습니다. 4년 동안 마음 써 이룬 것이 무려 만여 수나 되었습니다. 불필요한 부분을 거듭 버리고 보니 십분의 일, 이도 남지 못했지만, 모래를 파헤쳐 금을 발견하는 것과 감히 비교할 수 있고, 깨진 기와 조각으로 벽을 긋는 것보다는 낫다고 여깁니다. 하여 마침내 《계원필경집》 20권으로 엮어 만들었습니다(臣自年十二, 離家西泛 …… 觀光六年. 金名牓尾. 此時諷詠情性, 寓物名篇, 曰賦曰詩, 幾溢箱篋. 但以童子篆刻, 壯夫所慙. 及忝得魚, 皆爲棄物. 尋以浪跡東都, 筆作飯囊, 遂有賦五首, 詩一百首, 雜詩賦三十首, 共成三篇. 爾後調授宣州溧水縣尉, 祿厚官閒, 飽食終日. 仕優則學, 免擲寸陰. 公私所爲, 有集五卷. 益勵爲山之志, 爰標"覆簣"之名. 地號中山, 遂冠其首. 及罷微秩, 從職淮南. 蒙高侍中專委筆硯, 軍書輻至, 竭力抵當, 四年用心, 萬有餘首. 然淘之汰之, 十無一二. 敢比披沙見寶, 粗勝毁瓦畫墁. 遂勒成桂苑集二十卷).

이에 의거하면 최치원은 유학 기간에 습작한 시부(詩賦)가 거의 상자에 넘칠 정도였지만, 후에 모두 버렸음을 알 수 있다. 진사에 급제한 뒤 낙양에서 2년간 지내면서 일찍이 《금체시》 1권 5수, 《오·칠언시》 1권 100수, 《잡시부(雜詩賦)》 1권 30수가 있었고, 율수에 있을 때는 《중산복궤집(中山覆簣集)》 5권이 당시에 남아 있었으나 후세에 없어졌다. 최치원이 회남 막부에서 지낸 4년 동안 지은 시문이 만여 수(편)가 있었으나, "불필요한 부분을 거듭 버리고 보니 십분의 일, 이도 남지 못했고", 이를

《계원필경집》 20권으로 엮었다.

《삼국사기》, 〈최치원전〉에는 최치원에게 "또 그의 문집 30권이 있어서 세상에 나돌고 있다(又有文集三十卷行於世")라고 기록했는데, 무엇을 가리키는지 알 수가 없고 지금은 전해지지 않는다. 한반도의 고대 한적인 《삼국사기》·《동문선》·《동국통감》 등에서 모두 최치원의 일문(佚文)을 수록했다. 후에 최국술이 이를 《고운선생집》 3권으로 엮었고, 또 편자 미상의 《고운선생속집》 1권이 있는데 이러한 일문을 함께 모은 것이다. 최국술은 《고운선생집》 목록 뒤에 최치원의 '권외서목(卷外書目)'을 저록해 놓았다.

> 《계원필경》 20권, 《경학대장(經學對仗)》 3권 : 《경학대장》은 이미 한 권으로 정리되었으므로 지금 다시 엮지 않았다.
>
> 《중산복궤집》 5권, 《사시시체부(私試時體賦)》 5수 1권, 《오·칠언시체시(五七言時體詩)》 100수 1권, 《잡시부(雜詩賦)》 30수 1권, 《사륙집(四六集)》 1권, 《동국여지설(東國輿地說)》, 《고금연대력(古今年代曆)》, 〈상시무서(上時務書)〉, 문집 30권 : 모두 제목만 있고 글을 얻을 수 없어 엮을 수 없었다.

《경학대장》은 보이지 않으므로 아마도 최치원의 저술이 아닐 것이다. 《고금연대력》은 간혹 《제왕연대력(帝王年代曆)》으로 기록되는데, 《사륙집》과 《동국여지설》·〈상시무서〉와 마찬가지로 전하지 않는다. 현재 가지고 있는 자료에 의하면, 최치원의 현존하는 저술은 주로 《계원필경집》, 최국술 편집의 《고운선생집》, 편자 미상의 《고운선생속집》에 수록되어 있으며, 아마도 고대 한반도의 한적에서 발견될 일문(佚文)이 있고, 어떤 편목(篇目)은 기타 전적이나 비명 등에 의거하여 교감해야 할 것이 있다.

현존하는 《계원필경집》은 여러 판본이 있으나 서유구 활자본이 가장 이른 선본(善本)이다.[68] 수록한 편목 수를 조사해 보면 420편(수)이다.

권1 표(表) 10수, 권2 표 10수, 권3 주장(奏狀) 10수, 권4 주장 10수, 권5 주장 10수, 권6 당장(堂狀) 10수, 권7 별지(別紙) 20수, 권8 별지 20수, 권9 별지 20수, 권10 별지 20수, 권11 격서(檄書) 4수, 서(書) 6수, 권12 위곡(委曲) 20수, 권13 거첩(擧牒) 25수, 권14 거첩 25수, 권15 재사(齋詞) 15수, 권16 제문・서・소(疏)・기(記) 10수, 권17 계(啓)・장(狀) 10수, 부시(附詩) 30수, 권18 서장(書狀)・계 25수, 권19 장・계・별지・잡서(雜書) 20수, 권20 계・장・별지・제문 10수, 시 30수.

《고운선생집》 3권, 《고운선생속집》 1권에서 수록한 편목은 모두 80수(편)이다.

《고운선생집》 권1 부(賦) 1수, 시 32수, 표 7수, 장 6수, 계 1수, 기 3수, 권2 비(碑) 2수, 권3 비 2수, 찬(贊) 2수.

《고운선생속집》 시 12수, 서(序) 1수, 기 1수, 찬 4수, 원문(願文) 7수, 전(傳) 1수.

《고운선생집》과 《고운선생속집》에서 수록한 작품은 모두 신라로 귀국한 뒤에 지은 것이 아니라, 최소한 아래의 작품은 중국에서 지은 것이다.

《고운선생문집》 : 〈강남의 여인(江南女)〉, 〈요주 파양정(饒州鄱陽亭)〉, 〈산

68) 중국 내 십여 개의 도서관에 《계원필경집》의 간본・초본을 수장하고 있는데, 그중 몇 곳에서 수장한 판본이 서유구의 간본이거나 복간본(覆刊本)이다. 《중국고적선본서목(中國古籍善本書目)》, 〈집부(集部)〉(上海古籍出版社, 1996년 12월)에서는 그중 세 종의 청초본(淸鈔本)을 저록했다. 통행하는 《사부총간초편(四部叢刊初編)》은 본래(1926년 상무인서관) 상해(上海) 함분루(涵芬樓)에서 무석(無錫) 손(孫) 씨의 조선 간본을 빌려 인쇄한 것이다. 《총서집성초편(叢書集成初編)》은 본래 청 도광(道光) 29년(1849)에 반사성(潘仕成)이 간행한 《해상선관총서(海上仙館叢書)》본에 의거하여 조판, 인쇄한 것인데 탈자와 오자가 많다.

양에서 고향 친구와 이별하며(山陽與鄉友話別)〉, 〈장안의 여관에서 이웃에 사는 우신미 장관께(長安旅舍與于愼微長官接隣)〉, 〈운문사 지광 스님에게(贈雲門蘭若智光上人)〉, 〈윤주 자화사 절간에 올라(登潤州紫和寺上房)〉, 〈가을날 우이현을 다시 지나며 이 장관께 부칩니다(秋日再經盱眙縣寄李長官)〉, 〈강남으로 돌아가는 진사 오만을 전송하며(送吳進士巒歸江南)〉, 〈늦은 봄에 즉흥으로 동료 사자인 고운에게 화답하며(暮春卽事和顧雲支使)〉, 〈진사 장교가 마을에 살면서 병중에 부친 시에 화답하며(和張進士喬村居病中見寄)〉, 〈고소대(姑蘇臺)〉(殘句), 〈양양 이상공께 올려 관급을 사양하는 계문(上襄陽李相公讓館給啓)〉.

《고운선생속집》: 〈이전 장관이 겨울날 산사에 노닐었던 것에 화답하여(和李展長官冬日遊山寺)〉, 〈변하에서 옛일을 그리며(汴河懷古)〉, 〈신축년에 진사 오첨에게(辛丑年寄進士吳瞻)〉, 〈늦은 봄에 즉흥으로 동료 사자인 고운에게 화답하며(和顧雲支使暮春卽事)〉(《고운선생문집》과 중복).

《계원필경집》, 《고운선생집》과 《고운선생속집》에서만 통계내면, 최치원의 현존 시문은 5백 수(편)로 중복되는 〈늦은 봄에 즉흥으로 동료 사자인 고운에게 화답하며〉를 빼면 499수(편)이다. 게다가 기타 일문을 보태면 5백 편을 초과하니 한국 고려조 이전의 한어 작가 가운데 세상에 전하는 저술 수량이 의심할 나위 없이 가장 많다. 이러한 저술이 한반도의 한문 창작과 한어 문학 발전에 끼친 거대한 영향에 역대 한국 학자들은 분명 더 깊은 인식을 가졌다. 최치원은 장기간 중국에 체류했고 세상에 전하는 저술이 중국에서 지은 것이 많기 때문에 그의 저술은 중국에서 큰 중시를 받는 것 같다.

이전에 《계원필경집》 등 최치원의 저술이 중국에서 장기간 전하지 않았기 때문에 역대 중국학자들이 연구하고 이용할 방법이 없었다.[69] 청말 《계원필경집》이 조선에서 전해진 뒤 점차로 중국 학자들의 주의를 끌게 되었다. 이를테면 1940년대에 진인각(陳寅恪) 선생은 〈위장「진부음」교전(韋莊秦婦吟校箋)〉에서 일찍이 다음과 같이 말했다.

> 최치원의《계원필경집》은 고병을 대신하여 지은 글인데, 변로 지역 서주 시부, 사주 우도의 전쟁과 양식 공급로의 막힘에 관한 기록이 많이 남아 있다. 두《당서》와《자치통감》등에는 모두 상세하지 않으니, 사실 가장 훌륭한 사료이다(崔致遠〈桂苑筆耕集〉代高駢所作書牒, 關於汴路區域徐州時溥,泗州于濤之兵爭及運道阻塞之紀載甚多, 俱兩〈唐書〉及〈通鑑〉等所未詳, 實爲最佳史料).[70]

근래 일부 학자들은《계원필경집》을 사료로 삼아 만당 사실(史實)과 번진 현황을 연구하고 있으며,[71] 일부 학자들은 이에 의거하여 만당 실용문의 문체를 고찰했다.[72] 물론 비교해서 말하자면, 최치원의 현존 저술 가운데는 실용문이 비교적 많고 시부 등 문학 작품은 명가들이 배출된 중국에서는 특히 출중하게 보이지 않는다. 그래서 중국 학자 중 문학 각도에서 최치원을 중시하는 자는 많지 않다. 최치원이 창작한 한문 소설〈쌍녀분기(雙女墳記)〉는 더욱 오랜 기간 매몰되었고 홀시받았다.

---

69)《구당서》,〈예문지〉외에《숭문총목(崇文總目)》에서도《계원필경집》을 저록하고 북송(北宋) 관각(館閣, 한림원)에도 이 책이 있었을 것이라고 설명했다. 그러나 사마광(司馬光)·범조우(范祖禹)는 낙양(洛陽)에서《자치통감》,《자치통감고이(資治通鑑考異)》를 편찬할 때 도리어 이 책을 한마디도 언급하지 않았다. 송 이후의 공사(公私) 서목에는 모두 이 책의 기록이 없다.

70) 진인각(陳寅恪),《한류당집(寒柳堂集)》(《진인각문집》중 하나), 상해고적출판사, 1980, 117쪽에서 인용.

71) 양위생(楊渭生),〈최치원과 계원필경집(崔致遠與桂苑筆耕集)〉,《한국연구》제2집, 杭州大學出版社, 1995, 1~13쪽 ; 진지견(陳志堅),〈《계원필경집》의 사료적 가치(《桂苑筆耕集》的史料價值試析)〉,《한국연구》제3집, 항주대학출판사, 1996, 64~79쪽.

72) 양태위(梁太濟),〈'별지'·'위곡' 및 기타 : 계원필경집 일부 문체 천설("別紙","委曲"及其他 : 桂苑筆耕集部分文體淺說)〉, 황시감(黃時鑒) 주편,《제2회 한국전통문화 학술연토회논문집(第二屆韓國傳統文化學術研討會論文集)》(한국전통문화·역사卷), 學苑出版社, 2000, 16~31쪽.

3. 한문 소설 〈쌍녀분기〉의 창작과 유전

고대 한반도와 중국 대륙의 특수한 관계로 인해서 역사 시기마다 대량의 중국 서적이 한반도로 전해졌다. 대략 12세기에 북송 태종 태평흥국(太平興國) 연간에 편찬한 《태평광기(太平廣記)》가 당시의 조선에 들어왔다. 조선 세조 8년(명 천순 6, 1462)에 성임(成任, 1421~1484)이 《태평광기》의 축소본 《태평광기상절(太平廣記詳節)》 50권을 편집했는데, 거기에 다른 조선 한적 가운데서 집록한 50권을 보태어 100권의 《태평통재(太平通載)》를 간행했다. 《태평통재》 권68에 〈최치원〉이 수록되었는데, 전문은 아래와 같다.

최치원은 자가 고운으로, 열두 살 때 서쪽으로 가 당에서 유학했다. 건부 갑오년에 학사 배찬이 관장하는 과거 시험에 단번에 급제하여 율수현위를 제수받았다. 늘 현 남쪽 경계에 있는 초현관에서 노닐었다. 초현관 앞의 언덕에 옛 무덤이 있었는데, 쌍녀분이라 했으며, 고금 명현들의 유람지였다. 치원은 돌문에,

뉘 집 두 여인 여기에 무덤 남겼을까?
적막한 저승 원한의 봄은 몇 해이던가
모습은 공중에 뱀노는데 시냇가에 달빛이
성도 이름도 묻기 어려운 무덤에는 흙먼지만 가득
꽃다운 정 꿈에라도 통할 수 있다면
기나긴 밤 나그네를 위로할진데
외로운 관사에서 남녀가 서로 만나 즐긴다면
그대들과 〈낙신부〉를 이어 부르리라.

이라고 시를 지었다. 시를 다 짓고 초현관에 이르렀다.

때마침 달은 밝고 바람은 시원하여 명아주 지팡이를 짚고 천천히 걷다가 갑자기 한 여자를 보았는데, 그녀의 용모는 얌전하게 보였으며 손에는 붉은 자루를 쥐고 있었다. 그녀는 최치원의 앞으로 다가서서 "팔낭자와 구낭자가 수재께 '아침에 수고스럽게도 특별히 오시어 아름다운 시를 하사하셨습니다'라는 말을 전하라 하고 두 낭자가 각기 화답시를 지어 주었으니, 삼가 명을 받들어 올립니다"라고 했다. 공이 돌아보고 경황하여 "낭자의 성이 무엇입니까?"라고 물었다. 여자가 "아침에 덤불을 헤치고 돌의 먼지를 털어 시를 지으신 곳이 바로 두 낭자의 거처입니다"라고 하자, 공이 곧 알아차렸다. 첫 번째 자루를 열어 보니 팔낭자가 수재에게 화답하는 시가 있었다.

> 유혼은 이별을 한하여 외로운 무덤에 의지했지만
> 붉은 얼굴 버들눈썹 오히려 청춘이네.
> 학을 몰고 삼신산 찾아 헤매다가
> 봉황새 비녀 떨어져 구천의 티끌 되었네.
> 살아서는 못내 부끄러워했건만
> 오늘은 낯선 사람에게 교태를 머금네.
> 시에다 허망한 뜻 알리기가 심히 부끄러워
> 애타는 이내 마음.

다음 두 번째 자루를 열어 보니 구낭자의 시가 있었다.

> 오가는 이 그 누가 길가의 무덤 돌아보리오.
> 난경과 원앙금침은 티 끝에 묻혔으니
> 죽고 삶은 천상의 명이요
> 꽃이 피고 짐은 세간의 봄이로다.
> 매양 진녀의 속세 버림을 희구했지

임희의 사랑하고 교태 부림은 배우지 않았네.
양왕께 운우의 꿈 안기려니
천만 가지 생각에 괴롭기만 하네.

또 뒷면에 시가 적혀 있었다.

성과 이름 숨김을 이상히 생각 마오.
외로운 영혼 속세 사람 두려워함일세.
이내 심사 말할 테니
잠시나마 친하기를 허락할지?

공은 아름다운 시를 보고 매우 기쁜 빛을 띠었다. 곧 그녀의 이름을 물으니, 취금이라고 했다. 공이 기뻐 희롱하자 취금은 화를 내며 "수재께서는 마땅히 회답을 써주셔야지, 공연히 사람을 괴롭게 하려 하십니까?"라고 했다. 치원은 이에 시를 지어 취금에게 주었다.

옛 무덤에 우연히 썼던 하찮은 시
어찌 선녀가 속세를 방문하길 바랐던가?
파란 옷깃(취금을 비유함)에도 꽃다운 아름다움 띠었으니
붉은 소매(두 낭자를 일컬음)에는 마땅히 옥수 같은 청춘 머금었으리.
성과 이름 숨겨 속세의 객 속이고
교묘하게 시를 지어 시인을 괴롭히네.
오로지 함께 환소하고파 애태우며
천신만령에게 빌고 비나이다.

이어서 끝에다,

파랑새 괜히 내막 알리니
잠시 생각에 두 줄기 눈물이 흐르네.
오늘밤 선녀를 만나지 못하면
여생을 버려 땅속에라도 들어가 찾으리라.

라고 시를 지었다. 취금이 시를 얻어 돌아가니, 그 빠르기가 회오리바람 같았다.

치원은 홀로 서서 애달피 읊조리고 있었는데, 오래도록 아무런 동정이 없자 단가를 불렀다. 노래가 끝나자 갑자기 향기가 풍기더니 한참 있다 두 여자가 나란히 나타났는데, 바로 한 쌍의 맑은 구슬이었으며 두 송이의 상서로운 연꽃이었다. 치원은 놀랍고 기쁨이 꿈만 같아 절하면서 "저는 해도의 보잘 것 없는 서생이며 속세에서는 말단 벼슬아치이오니, 어찌 선녀께서 외람되이 풍류의 일에 돌아보기를 기대하겠습니까? 무심코 장난삼아 지었던 시인데, 곧 꽃다운 발걸음을 내리셨습니다"라고 했다. 두 여자는 미소를 짓고 아무 말이 없었다. 치원이,

아름다운 밤 다행히 잠시나마 만났건만
어떻다 말없이 저무는 봄 대하는가?
진녀인 줄 알았더니
본디 식부인인 줄은 몰랐네.

라고 시를 지으니, 자줏빛 치마를 입은 이가 화를 내면서 "농담을 하려다 경멸만 당하고 말았습니다. 식부인은 일찍 두 남편을 따랐지만, 천첩은 한 남편도 섬기지 않았습니다"라고 말하자, 공이 "부인은 말씀을 안 하시면 몰라도 하시면 맞는 말씀만 하시는군요"라고 하였다. 두 여자는 모두 웃었다. 치원이 곧 "낭자께서는 어디에 살고 계시며, 어느 집안 사람입니까?"라고 물었다. 자줏빛 치마를 입은 이가 눈물을 흘리면서 "저와 동생은 율수현 초성향 장 씨의 두 딸입니다. 선친께서는 현의 관리도 하지 않고 다만 마을의 호족으로, 그 부유함은 동

산과 같았으며 그 사치스러움은 금곡원과 같았습니다. 제 나이 열여덟 그리고 동생 나이 열여섯 살이 되자, 부모님께서는 혼사를 의논하셨는데, 저는 소금 장수와 정혼하게 하셨으며 동생은 차 장수에게 시집보내기로 하셨습니다. 우리 자매는 매번 결혼을 말할 적마다 마음에 만족치 못하고, 그 맺힌 울분을 펴지 못하여 차례로 요절하고 말았습니다. 선생께서는 의심하지 마시기를 바라옵니다"라고 말했다. 치원은 "옥 같은 소리가 분명히 들리는데 어찌 의심을 하겠습니까?"라고 하면서, 곧 두 여자에게 "무덤에 의지한 지 이미 오래 되었고 초현관이 멀지 않으니, 만약 영웅과 만났다면 어찌해서 미담이 나타나지 않았습니까?"라고 물었다. 붉은 소매의 옷을 입은 이가 "지금까지 왕래한 자는 모두 비천한 자였는데, 오늘에야 다행히 오산의 뛰어난 정기를 받으신 수재를 만나 함께 현묘한 이치에 대해 이야기할 수 있게 되었습니다"라고 했다. 치원은 술을 가져다 놓고 두 여자에게 "세속의 음식을 세상 바깥의 사람에게 드려도 괜찮을지 모르겠습니다"라고 하자, 자줏빛 치마를 입은 이가 "먹지 않고 마시지 않아도 배고프지도 않고 목마르지도 않습니다. 그러나 다행히 뛰어난 용모를 지닌 분을 만났고 미주를 대하니 어찌 감히 사양하겠습니까?"라고 하면서 술을 마시며 각기 시를 지었는데, 모두가 맑고 뛰어나 불세의 구절들이었다. 때마침 달은 밝아 낮과 같았고 바람은 시원하여 가을과 같았다. 그 언니는 시령을 변경하여 "달이라는 제목으로 풍 자를 운으로 삼아 지읍시다"라고 했다. 이에 치원은 기련을 지었다.

> 금빛 파도 눈에 가득히 공중에 넘치니
> 천 리 수심은 어디나 같구나.

이어서 팔낭자가 지었다

> 옛길 잃지 않고 달은 움직이고

봄바람 기다리지 않고 계수꽃 피었네.

이어서 구낭자가 지었다.

삼경이 넘자 달빛은 더욱 빛나고
이별의 애달픈 심사 저 보름달 속에 있네.

이어서 치원이 지었다.

흰 빛깔 펼쳐질 때는 비단 장막 나뉘는 듯
홀 모양처럼 비치는 곳은 옥 창문 꿰뚫는 듯

이어서 팔낭자가 지었다.

사람과 멀리 이별하니 창자가 끊어질 듯
황천에 외로이 누웠으니 한은 끝이 없네.

이어서 구낭자가 지었다.

항아의 빈틈없는 생각 부러워하노니
능히 향각을 버리고 선궁에 이르렀다네.

공은 더욱 감탄하고 의아해 하면서 곧 "이런 자리에 생황을 연주하고 노래를 부르는 자가 없으니, 할 수 있는 일을 다 했다고 볼 수 없습니다"라고 했다. 이에 붉은 소매의 옷을 입은 여자가 종 취금을 돌아보며 치원에게 "현악기는 관악기만 못하고 관악기는 사람의 육성만 못한 것인데, 이 종이 노래를 잘 부릅니다"라고 말했다. 이어 〈소충정(訴衷情)〉이란 곡을 부르도록 명했다. 취금이 옷깃을 여미고 노래를 부르니, 그 소리가 정말 청아했다.

이에 세 사람은 술이 반쯤 취했는데, 치원이 곧 두 여자를 희롱하며 "일찍이 노충은 사냥하다 갑자기 좋은 인연을 만났고, 완조는 신선을 찾다 아름다운 배필을 만났다고 들었는데, 꽃다운 정을 허락하신다면 좋은 인연이 이루어질 수 있을 것입니다"라고 말했다. 두 여인이 모두 허락하면서 "우제께서 임금이 되시매 아황과 여영 두 여인이 모시었고, 주랑이 장수가 되매 두 여자가 따랐습니다. 그 옛날에도 그랬는데 지금 어찌 못하겠습니까?"라고 했다. 치원은 뜻밖의 기쁨으로 곧 깨끗한 베개 세 개를 늘어놓고 새 이불 하나를 폈다. 세 사람은 한 이불 속에서 서로 떨어질 수 없는 정을 나누었으니, 그 정을 이루 다 말할 수 없다. 치원이 두 여자를 놀리며 "규중을 향하여 황공의 사위가 되지 못하고, 도리어 무덤가에 와서 진 씨의 여종을 껴안았습니다. 무슨 인연으로 이렇게 만나게 되었는지 모르겠습니다"라고 했다. 그러자 언니가 시를 지었다.

그대 말 들어보니 어질지 못함을 알겠네,
마땅히 습관에 따라 여종과 자야겠지.

동생이 그 시에 응해 끝을 이었다.

공연히 바람둥이에게 시집갔다가
억지로 경박한 말 들어 지상선인 욕되게 했네.

공이 화답시를 지었다.

오백 년 만에 처음으로 어진 이 만나서 오늘밤 함께 자게 되어 기쁘기 그지없네,

꽃다운 마음, 광객과 친함을 괴이하게 생각 마오.
일찍이 봄바람을 향해 귀양 온 신선이기를 바랐소.

조금 뒤에 달이 떨어지고 닭이 울자, 두 여자는 모두 놀라 공에게 "즐거움이 극에 달하면 슬픔이 오고, 이별은 길고 만남은 짧습니다. 이것은 인간 세상에서 귀천을 막론하고 똑같은 슬픔인데, 하물며 살고 죽는 길이 다르고 오르고 내리는 길이 다른 곳에 있어서 어찌 하겠습니까? 매양 환한 낮을 꺼리어 꽃다운 때를 헛되이 보내오니, 다만 하룻밤을 모시게 된 즐거움으로 이제 천년의 한이 되겠습니다. 처음에는 동침의 행복이 있음을 기뻐했지만, 갑자기 파경하여 기약 없음을 한탄합니다"라고 했다. 그리고 두 여자는 각기 시를 지었다.

북두성 한 바퀴 돌고 물시계 소리 드문데
떠나는 인사하려니 눈물만 줄줄.
이로부터 천년의 한을 맺었으니
밤중의 기쁨 다시 찾을 길 없네.

또,

기운 달 창에 비치니 붉은 얼굴 싸늘해지고
새벽바람 소매에 나부껴 파란 눈썹 찌푸리네.
그대와 하직하는 걸음걸음 창자가 끊어지는 듯
헤어진 뒤에는 운우의 꿈조차 꾸기 어려우리라.

라고 지었다. 치원은 시를 보고 자신도 모르게 눈물을 흘렸다. 두 여자는 치원에게 "다른 날 이곳을 다시 지나게 된다면 황폐한 무덤을 고치고 쓸어 주시기 바랍니다"라고 하였다. 말을 마치자 곧 사라져 버렸다.

다음날 아침, 치원은 무덤가에 가서 방황하며 읊조리다가 더욱 감탄하여 긴 노래를 지어 스스로 위로했다.

풀 먼지 덮인 어두컴컴한 두 여자의 무덤
예로부터 명승지라 누구에게 들었던가?
넓은 들에는 천추의 달만 한스럽고
무산에는 공연히 두 조각의 구름 걸려 있네.
웅재로 먼 타국의 관리 됨을 한탄하고
우연히 외로운 초현관에 와 조용한 곳을 찾아
장난삼아 문에다 지었던 시구를 지으니
감동한 선녀 밤에 이르렀네.
붉은 소매의 비단 옷, 자줏빛 치마
앉으니 난향과 사향이 코를 찌르네.
파란 눈썹 붉은 뺨은 속세를 뛰어넘고
술 마시는 태도와 시정 역시 출중하네.
지는 꽃 대하여 미주를 기울이고
쌍쌍이 추는 예쁜 춤에 섬섬옥수 드러나네.
미친 듯한 이 마음 산란하여 부끄러움도 잊고
꽃다운 뜻 허락할지 물어보았네.
오래도록 멍한 표정 짓던 미인의 얼굴빛
반은 웃는 듯 반은 우는 듯하네.
친해지자 마음은 불과 같고
붉은 얼굴 차라리 진흙처럼 취하고 싶네.
아름다운 노래 부르고 서로 합하니
꽃다운 밤의 좋은 만남 전생에서 정해진 운명일세.
사녀의 청담 비로소 들었으며

반희의 우아한 시 역시 보았네.
정답게 처음으로 친함을 구하니
바로 복숭아꽃 오얏꽃 피는 봄이로세.
밝은 달은 비추어 금침의 정 더하고
향기로운 바람은 비단 같은 몸 끌어당기네.
비단 같은 몸, 금침의 정
그윽한 즐거움 다하지 못한 채 이별의 수심 찾아왔네.
몇 마디 나머지 노래에 외로운 혼 끊는 듯
가물거리는 등잔불이 두 눈의 눈물 비추네.
날이 밝자 난새와 학은 동서로 갈려 가고
홀로 앉아 생각하니 꿈꾸는 듯하네.
곰곰이 생각하니 꿈인 듯 아닌 듯
수심에 겨워 바라보니 파란 하늘에 구름 떠가네.
말인 양 길게 울며 갔던 길 바라보고
미친 듯 버려진 무덤 다시 찾네.
떨어진 꽃 밟았던 비단 버선 만날 수 없고
꽃가지만 아침 이슬에 울고 있을 뿐이네.
애간장이 끊어질 듯 빈번히 돌아보아도
적막한 황천문 누가 열어 주리?
수레 머물고 바라볼 때는 한없는 눈물
채찍 걸고 읊조리는 곳에는 넘치는 슬픔.
늦은 봄바람 봄 햇살에
버들 꽃 요란하게 빠른 바람 맞이하네.
나그네 수심으로 늘 봄 경치 원망하거니
더구나 이별의 심정 생각나는 꽃다운 자태.
인간사 대단한 것은 수심이라

출세 길 달리자 미망에 빠졌네.
동작대 덮은 풀은 천고의 한이라
금곡에 핀 꽃은 하루의 봄일세.
완조와 유신은 보통 인물이요
진시황과 한무제는 선골이 아닐세.
당시의 가회를 따를 길 막연한데
후대에 이름 남기니 단지 슬픔 뿐.
유유히 왔다 홀연히 가니
운우가 무상주임을 알겠네.
이곳에 와 두 여자를 만남은
멀리 양왕의 운우의 꿈과 흡사하네.
대장부여, 대장부여
장대한 기백으로 아녀자의 한 반드시 없애
여우 같은 요괴를 심사에 두지 않으리라.

후에 치원은 과거에 급제하고 고국으로 돌아오는 길에서 시를 지었다.

뜬세상의 영화는 꿈속의 꿈이니
흰 구름 깊은 곳에 몸 편인히 하리라.

이에 물러나 은거하였다. 산림・강・바다에서 스님을 찾았으며 작은 집을 짓고 석대를 쌓아 문적에 몰두하고 풍월을 읊조렸으며, 그 사이 소요하고 한가로이 지냈다. 남산 청량사, 합포현 월영대, 지리산 쌍계사, 석남사, 묵천석대에 모란을 심어 지금도 남아 있는데, 이 모두가 그가 다녔던 곳이다. 최후에 가야산 해인사에 은거하여 형인 고승 현준, 남악의 정현법사와 함께 경론의 심오한 이치를 구명했으며, 허정(虛靜)함에 마음을 두고 여생을 마쳤다.

(崔致遠, 字孤雲, 年十二. 西學於唐. 乾符甲午, 學士裴瓚掌試, 一擧登魁科. 調授溧水縣尉, 嘗遊縣南界招賢館, 館前岡有古塚, 號雙女墳, 古今名賢遊覽之所. 致遠題詩石門曰: "誰家二女此遺墳? 寂寂泉扃幾怨春. 形影空留溪畔月, 姓名難問塚頭塵. 芳情倘許通幽夢, 永夜何妨慰旅人? 孤館若逢雲雨會, 與君繼賦洛川神." 題罷到館, 是時月白風淸, 杖藜徐步, 忽覩一女, 姿容綽約, 手操紅袋, 就前曰: "八娘子, 九娘子傳語秀才, 朝來特勞玉趾, 兼賜瓊章, 各有酬答, 謹令奉呈" 公回顧驚惶, 再問: "何姓娘子?" 女曰: "朝間披榛拂石題詩處, 卽二娘所居也" 公乃悟, 見第一袋, 是八娘子奉酬秀才, 其詞曰: "幽魂離恨寄孤墳, 桃臉柳眉猶帶春, 鶴駕難尋三島路, 鳳釵空墮九泉塵, 當時在世長羞容, 今日含嬌未識人, 深愧詩詞知妄意, 一回延首一傷神." 次見第二袋, 是九娘子, 其詞曰: "往來誰顧路傍墳, 鸞鏡鴛衾盡惹塵, 一死一生天上命, 花開花落世間春, 每希秦女能抛俗, 不學任姬愛媚人, 欲薦襄王雲雨夢, 千思萬憶損精神." 又書於後幅曰: "莫怪藏名姓, 孤魂畏俗人, 欲將心事說, 能許暫相親?" 公旣見芳詞, 頗有喜色, 乃問其女名字, 曰"翠襟". 公悅而挑之, 翠襟怒曰: "秀才合與回書, 空欲累人" 致遠乃作詩付翠襟, 曰: "偶把狂詞題古墳, 豈期仙女問風塵. 翠襟猶帶瓊花艶, 紅袖應含玉樹春, 偏隱姓名欺俗客, 巧裁文字惱詩人, 斷腸唯願陪歡笑, 祝禱千靈與萬神." 繼書末幅云: "青鳥無端報事由, 暫時相憶淚雙流, 今宵若不逢仙質, 判却殘生入地求." 翠襟得詩還, 迅如飆逝, 致遠獨立哀吟, 久無來耗, 乃詠短歌, 向畢, 香氣忽來, 良久, 二女齊至, 正是一雙明玉, 兩朵瑞蓮, 致遠驚喜如夢, 拜云: "致遠海島微生, 風塵末吏, 豈期仙侶, 猥顧風流, 輒有戲言, 便垂芳躅" 二女微笑無言. 致遠作詩曰: "芳宵幸得暫相親, 何事無言對暮春, 將謂得知秦室婦, 不知元是息夫人." 於是紫裙者恚曰: "始欲笑言, 便蒙輕蔑, 息嬀曾從二婿, 賤妾未事一夫" 公言: "夫人不言, 言必有中." 二女皆笑, 致遠乃問曰: "娘子居在何方? 族序是誰? 紫裙者隕淚曰: "兒與小妹, 溧水縣楚城鄕張氏之二女也. 先父不爲縣吏, 獨占鄕豪, 富似銅山, 侈同金谷, 及姊年十八, 妹年十六, 父母論嫁阿奴則定婚鹽商, 小妹則許嫁茗估, 姐妹每說移天, 未滿于心, 鬱結難伸, 遽至夭亡, 所冀仁賢, 勿萌猜嫌." 致遠曰: "玉音昭然, 豈有猜慮?" 乃問二女: "寄墳已久, 去館非遙, 如有英雄相遇, 何以示現美談?" 紅袖者曰: "往來者皆是鄙夫, 今幸遇秀才, 氣秀鰲山, 可與談玄玄之理?" 致遠將進酒, 謂二女曰: "不知俗中之味, 可獻物外之人乎?" 紫裙者曰: 不飡不飮, 無饑無渴, 然幸接瓌姿, 得逢瓊液, 豈敢辭違?" 於是, 飮酒各賦詩, 皆是淸絶不世之句. 是時明月如晝, 淸風似秋, 其妹令曰: "便將月爲題, 以風爲韻." 於是致遠作起聯曰: "金波滿目泛長空, 千里愁心處處同" 八娘曰: "輪影動無迷舊路, 桂花開不待春風" 九娘曰: "圓輝漸皎三更外, 離思偏傷一望中" 致遠曰: "練色舒時分綺帳, 珪模映處透珠櫳" 八娘曰: "人間遠別腸堪斷, 泉下孤眠恨莫窮" 九娘曰:"每羨嫦娥多計較, 能抛香閣到仙宮" 公嘆訝尤甚, 乃曰: "此時無笙歌奏於前, 能事未能畢矣!" 於是紅袖乃顧婢翠襟, 而謂致遠曰: "絲不如竹, 竹不如肉, 此婢善歌" 乃命訴衷情詞. 翠襟斂衽一歌, 淸雅絶世. 於是二人半酣, 致遠乃挑二女曰: 嘗聞盧充逐獵, 忽遇良姻, 阮肇尋仙, 得逢嘉配, 芳情若許, 姻好可成?" 二女皆諾曰: "虞帝爲君, 雙雙在御, 周良作將, 兩兩相隨, 彼昔猶然, 今胡不爾" 致遠喜出望外, 乃相與排三淨枕, 展一新衿. 三人同衿, 繾綣之情, 不可具談. 致遠戱二女曰: "不向閨中, 作黃公之子婿, 翻來塚側, 夾陳氏之女奴, 未測何緣, 得逢此會" 女兄作詩曰: "聞語知君不是賢, 應緣慣與女奴眠." 弟應聲續尾曰: "無端嫁得風狂漢, 强被輕言辱地仙." 公答爲詩曰: "五百年來始遇賢, 且歡今夜得雙眠, 芳心莫怪親狂客, 曾向春風占謫仙." 小頃, 月落鷄鳴, 二女皆驚, 謂公曰: "樂極悲來, 離長會促, 是人世貴賤同傷, 况乃存沒異途, 升沈殊路, 每慚白晝, 虛擲芳時, 只應拜一夜之歡, 從此作千年之恨, 始喜同衿之有幸, 遽嗟破鏡之無期." 二女各贈詩曰: "星斗初回更漏闌, 欲言離緖淚闌干, 從玆便結千年恨, 無計重尋五夜歡." 又曰: "斜月照窓紅臉冷, 曉風飄袖翠眉攢, 辭君步步偏腸斷, 雨散雲歸入夢難." 致遠見詩, 不覺垂淚. 二女謂致遠曰. "倘或他時, 重經此處, 修掃荒塚" 言訖卽滅. 明旦, 致遠歸塚邊, 彷徨嘯詠, 感嘆尤甚, 作長歌自慰曰:

草暗塵昏雙女墳
古來名迹竟誰聞
唯傷廣野千秋月
空銷巫山兩片雲
自恨雄才爲遠吏

偶來孤館尋幽邃
戱將詞句向門題
感得仙姿侵夜至
紅錦袖, 紫羅裙
坐來蘭麝逼人薰
翠眉丹頰皆超俗
飮態詩情又出群
對殘花, 傾美酒
雙雙妙舞呈纖手
狂心已亂不知羞
芳意試看相許否
美人顔色久低迷
半含笑態半含啼
面熟自然心似失
臉紅寧假醉如泥
歌艶詞, 打懽合
芳宵良會應前定
才聞謝女啓淸談
又見班姬擒雅咏
情深意密始求親
正是艶陽桃李辰
明月倍添衾枕思
香風偏惹綺羅身
綺羅身, 衾枕思
幽懽未已離愁至
數聲餘歌斷孤魂

一點殘燈照雙淚
曉天鸞鶴各西東
獨坐思量疑夢中
沈思疑夢又非夢
愁對朝雲歸碧空
馬長嘶，望行路
狂生猶再尋遺墓
不逢羅襪步芳塵
但見花枝泣朝露
腸欲斷，首頻回
泉戶寂寥誰爲開
頓轡望時無限淚
垂鞭吟處有餘哀
暮春風，暮春日
柳花撩亂迎風疾
常將旅思怨韶光
況是離情念芳質
人間事，愁殺人
始聞達路又迷津
草沒銅臺千古恨
花開金谷一朝春
阮肇劉晨是凡物
秦皇漢帝非仙骨
當時嘉會杳難追
後代遺名徒可悲
悠然來，忽然去

是知風雨無常主
我來此地逢雙女
遙似襄王夢雲雨
大丈夫, 大丈夫
壯氣須除兒女恨
莫將心事戀妖孤

後致遠擢第東還, 路上歌詩云:"浮世榮華夢中夢, 白雲深處好安身." 乃退而長往, 尋僧於山林江海, 結小齋, 築石臺, 耽玩文書, 嘯詠風月, 逍遙偃仰於其間, 南山淸凉寺, 合浦縣月影臺, 智異山雙溪寺, 石南寺, 墨泉石臺, 種牧丹, 至今猶存, 皆其遊歷也. 最後隱於伽倻山海印寺, 與兄大德賢俊, 南岳師定玄, 探賾經論, 遊心冲漠, 以終老焉).[73]

《태평통재》 편자의 주에 의하면, 본편은 《신라수이전(新羅殊異傳)》에서 나왔다고 한다. 《수이전》은 신라 말년 혹은 고려 초의 한적으로, 원서는 이미 없어지고 약간의 일문(佚文)이 《태평통재》·《대동운부군옥(大東樂府羣玉)》 등 조선 시대의 한적 중에 전할 뿐이다.[74] 《수이전》의 편찬자

73) 《태평통재》 100권 혹은 80권은 지금 한국에 완질이 없으며, 그나마 10여 권밖에 전하지 않는다고 한다. 이인영(李仁榮)은 〈태평통재 잔권 소고(太平通載殘卷小考)〉(《震旦學報》 제12권, 1940)에서 잔본 2책을 고증하고 남아 있는 권수는 권68~70, 권96~100, 모두 8권이라고 했다. 친구에게 찾아 달라고 부탁했으나 얻지 못하여 여기에 그대로 인용한다.

74) 한국의 일부 저술에 의하면, 《태평통재》 권68에 수록한 〈최치원전〉 외에도 《수이전》에는 다음과 같은 일문이 존재한다고 한다. 즉 〈원광법사전(圓光法師傳)〉(《해동고승전》·《삼국유사》), 〈아도전(阿道傳)〉(《해동고승전》), 〈탈해(脫解)〉(《삼국사절요》 권2), 〈화왕(花王)〉(《삼국사절요》 권8), 〈연오랑 세오녀(迎烏郎細烏女)〉(《필원잡기(筆苑雜記)》 권2), 〈보개(寶開)〉(《태평통재》 권20), 〈수삽석남(首揷石楠)〉(《대동운부군옥》 권8), 〈죽통미녀(竹筒美女)〉(《대동운부군옥》 권9), 〈노옹화물(老翁化物)〉(《대동운부군옥》 권12), 〈선녀홍대〉(《대동운부군옥》 권15), 〈호원(虎願)〉(《대동운부군옥》 권15), 〈심화소탑(心火燒塔)〉(《대동운부군옥》 권20) 등이다. 위의 책에서 인용한 작

에 관하여 역대로 최치원과 박인량(朴寅亮)이라는 두 설이 있으며 김척명(金陟明) 보충설이 있다.[75] 그러나 《태평통재》에서 인용한 이 〈최치원〉은 많은 학자들이 최치원 저작이 아니라는 경향으로 흐르고 있다. 예를 들면 한국의 조윤제(趙潤濟) 선생은 〈최치원〉에 대해서 높이 평가하고 있지만, 본편은 "단지 최치원의 이름을 빌려서 연역한 문학 작품일 뿐이다(只不過是借崔致遠之名演繹出一段文學作品而已)"라고 여기면서, 그것이 고려 시대의 작품일 것이라고 단정했다.

> 분명히 이 〈최치원〉은 구두로 전해진 고사가 아니라, 어느 특정한 작자의 창작이다. 설사 그것이 박인량의 작품이 아닐지라도 고대에 구두로 전해 내려온 작품일 수도 없고, 고려 시대의 작품이다. 구체적인 시대는 박인량의 시대로 보는 것이 비교적 타당하다(顯然, 這篇〈崔致遠〉不是一篇口頭傳述的故事, 而是某一特定作者的創作. 即使它不是朴寅亮的作品, 也不可能是古代口傳下來的傳說, 而是高麗時代的作品, 具體時代定爲朴寅亮時代較爲穩妥).[76]

품에는 《수이전》 혹은 "고본 《수이전》" 혹은 《신라수이전》이라 주를 달았다.

75) 성임(成任)의 《태평통재》, 권문해(權文海)의 《대동운부군옥》, 김휴(金烋)의 《해동문헌총록(海東文獻總錄)》, 박영대(朴榮大)의 《증보문헌비고(增補文獻備考)》에서는 《수이전》이 최치원이 지은 것이고, 고려승 각훈(覺訓)의 《해동고승전》에서는 박인량의 편찬이라 말했다. 조윤제 저, 장연괴(張璉瑰) 역, 《한국문학사》(중국사회과학문헌출판사, 1998) 65쪽을 보라.

생각건대 박인량(?~1096)은 고려조의 저명한 문신으로 자는 대천(代天), 호는 소화(小華)이다. 고려 문종 때 문과에 급제했고 요직을 역임하여 관직은 참지정사(參知政事)에 이르렀다. 문종 왕휘(王徽) 34년(1080)에 예부시랑의 신분으로 김근(金覲)과 함께 송조에 사신으로 나갔는데, 송인(宋人)은 두 사람의 시를 칭찬하여 이 시를 《소화집(小華集)》으로 간행했다. 저서로는 사서 《고금록(古今錄)》 등이 있다. 고려 시인 이규보(李奎報, 1168~1241)는 "우리나라가 시로써 중국에 이름을 날린 것은 세 사람에게서 시작되었다(我東之以詩鳴于中國, 自三子始)"(《백운소설(白雲小說)》)라고 했다. '삼자(三子)'는 바로 최치원, 박인범(朴仁範)과 박인량을 가리킨다.

76) 조윤제 저, 장연괴(張璉瑰) 역, 《한국문학사》, 중국사회과학문헌출판사, 1998, 63~64쪽.

〈최치원〉이 나온 시대를 고려 시대로 잡았다는 말은 최치원의 그 작자임을 전혀 고려하지 않았다는 말이다. 기타 일부 한국 학자들도 그 작품이 고려 초기에 나왔다고 여긴다. 중국 학자 위욱승(韋旭昇, 1928～)은 《조선문학사》에서 이 작품은 최치원의 저작이 아니고, 심지어 그것은 본래 완정한 서사 작품도 아니며, 그 가운데 장시(長詩)만이 전기 고사에 배합하기 위해 후인이 창작한 것이라고 여겼다.[77]

위욱승 선생은 《조선문학사》에서 본편이 〈선녀홍대(仙女紅袋)〉이고 장시는 〈쌍녀총(雙女塚)〉이라 일컬었는데, 《태평통재》의 〈최치원〉을 언급하지 않음은 무슨 까닭인지 모르겠다. 왜냐하면 〈선녀홍대〉는 사실 다른 조선 한적 《대동운부군옥》에서 인용한 《수이전》 가운데 동일한 문장에서 열거한 조목의 명칭이기 때문이다. 이 글의 전문은 아래와 같다.

최치원은 서쪽으로 가서 일찍이 초현관에서 노닐었다. 초현관 앞의 언덕에 옛 무덤이 있었는데, 쌍녀분이라 불렸으며 최치원이 돌문에 시를 적어놓았다. 갑자기 한 여성을 보았는데, 손에는 붉은 자루를 쥐고 있었다. 앞으로 다가와서 "팔낭자와 구낭자가 각기 화답시를 지어 주어 삼가 명을 받들어 올립니다"라고 말했다. 공이 돌아보고는 놀라서 물었다. "낭자의 성이 어떻게 됩니까?" 대답하기를 "아침에 돌을 헤치고 시를 지은 곳이 바로 두 낭자의 거처입니다"라고 했다. 공이 첫 번째 자루를 열어 보니 팔낭자가 화답하는 시였다. 두 번째 자루는 구낭자가 화답하는 시였다. 또 뒷면에 시가 적혀 있었다.

성과 이름 숨김을 이상하게 생각 마오.
외로운 영혼 속에 속세 사람을 두려워한다오.
장차 가슴 속의 말을 꺼낼 테니

77) 위욱승(韋旭昇), 《조선문학사》, 북경대학출판사, 1986, 67～68쪽.

잠시나마 친하기를 허락해주시겠습니까?

공은 아름다운 시문을 보고 매우 기쁜 빛을 띠었다. 이에 그녀의 이름을 물으니, 취금이라 했다. 공은 이에 시를 지어 취금에게 주었다. 또 끝에다 시를 적어놓았다.

파랑새 괜히 내막 알리니
잠시 생각에 두 줄기 눈물이 흐르네.
오늘밤 선녀를 만나지 못하면,
여생을 버리고 땅속에라도 들어가 찾으리라.

취금은 시를 얻고는 회오리바람처럼 신속히 사라졌다. 공은 홀로 서서 슬피 읊조리고 있는데, 한참 지나서 향기가 갑자기 밀려오더니 두 여성이 함께 나타났다. 바로 맑은 구슬 한 쌍이요, 상서로운 연꽃 두 송이였다. 공은 놀라서 절하며 말했다. "저는 섬나라의 보잘 것 없는 선비이며, 속세에서는 말단 관리인데, 어찌 선녀께서 외람되게도 풍류의 일에 돌아보기를 바라겠습니까?" 이어서 "낭자는 어느 곳에 사시며, 어느 집안 사람입니까?"라고 묻자, 자주색 치마를 입은 여성이 눈물을 흘리며 말했다. "저와 동생은 장 씨의 두 딸입니다. 선친은 농산처럼 부자였고, 그 사치스러움은 금곡원과 같았습니다. 제 나이 열여덟, 동생 나이 열여섯이 되자 부모님은 혼사를 의논하여 저는 소금 장수와 정혼시키고 동생은 차 장수에게 시집보내기로 했습니다. 매번 혼사를 말할 때마다 마음에 만족하지 못하고 맺힌 울분을 펴지 못하여 차례로 요절하게 되었습니다. 지금 다행히도 수재를 만나 함께 현묘한 이치에 대해 이야기할 수 있게 되었습니다." 이날 저녁달이 밝아 대낮 같았고 바람은 시원하여 가을 같았다. 달을 제목으로 삼고 풍을 운자로 삼아 공이 기련을 지었다.

금빛 파도 눈에 가득히 공중에 넘치니
천 리 수심은 어디나 같구나.

팔낭자가 이어서 지었다.

옛길 잃지 않고 달은 움직이고
봄바람 기다리지 않고 계수꽃 피었네.

구낭자가 다시 이어서 지었다.

삼경이 지나 달빛은 더욱 빛나고
애달픈 이별의 심사 저 보름달 속에 있네.

라고 운운했다. 결국 간 곳을 모르겠다. ─《신라수이전》

(崔致遠西遊, 嘗遊招賢舘, 舘前岡有古塚, 號雙女墳, 致遠題詩石門云云. 忽覩一女, 手操紅袋, 就前曰:"八娘,九娘各有酬答, 謹令奉呈." 公回顧驚惶, 問:"何姓娘子?" 曰:"朝間拂石題詩, 卽二娘所居也." 公見第一袋, 是八娘奉酬, 第二袋, 是九娘奉酬, 又書後幅曰:"莫怪藏名姓, 孤魂畏俗人. 欲將心事說, 能許暫相親?" 公旣見芳詞, 頗有喜色, 乃問其女名字, 曰"翠襟." 公乃作詩付翠襟云云. 又書未幅云:"靑鳥無端報事由, 暫時相憶淚雙流. 今宵若不逢仙質, 判却殘生入地求." 翠襟得詩, 迅如飆逝. 公獨立哀吟, 良久, 香氣忽來, 二女齊至. 正是一雙明玉, 兩朶瑞蓮. 公驚拜云:"海島微生, 風塵末吏, 豈期仙侶猥顧凡流?" 乃問曰:"娘子居何方, 族序是誰?" 紫裙者隕淚曰:"兒與小妹, 乃張氏二女也. 先父富似銅山, 侈同金谷. 姊年十八, 妹年十六, 父母論嫁, 阿姊則定婚鹽商, 小妹則許嫁茗估. 每說移天, 未滿于心. 鬱結難伸, 遽至夭亡. 今幸遇秀才, 氣秀鼇山, 可與話玄玄之理." 是夕明月如晝, 淸風似秋, 將月爲題, 以風爲韻. 公作起聯云:"金波滿目泛長空, 千里愁心處處同." 八娘繼曰 : "輪影動無迷舊路, 桂花開不待春風." 九娘又繼曰 : "圓輝漸皎三更外, 離思偏傷一望中."云云. 竟不知所去. 《新羅殊異傳》)[78]

《대동운부군옥》은 권문해(權文海)가 선조 22년(명 만력 12, 1589)에 펴낸 책으로 운목(韻目, 운을 나타내는 제목)에 따라 엮은 사서(辭書)이다. 중국의 《패문운부(佩文韻府)》와 유사하며 문인이 시문을 지을 때 시어나 전고 등을 찾기 위해 사용하던 책이다. 그래서 글 속의 '선녀홍대'라는 단어를 사목(詞目)으로 삼은 데 불과하며 '선녀홍대'는 결코 원문의 제목이 아니다. 먼저 인용한 글과 위에 인용한 《태평통재》 권68의 〈최치원〉과 대조해 보면, 양자가 확실히 출처가 같음을 쉽게 알 수 있다. 단지 《대동운부군옥》에서 인용한 글이 비교적 간략할 뿐이며 혹자는 발췌에 불과하다고 말하기도 한다.

《태평통재》에서 인용한 〈최치원〉에는 10여 수의 시가 있는데, 특히 마지막 장시는 60여 구에 달한다. 조윤제 선생에 의하면 "구두로 전해오는 패설이라고 상상할 수는 없다. 그것은 틀림없이 어느 문인이 장난스럽게 지은 것이다(作爲口頭傳述的稗說是不可想像的, 它必然是某一文人的戲作)"[79]라고 했다. 이는 의심할 나위 없이 정곡을 찌르는 견해이다. 이것이 확실하다면 필자가 보기에 이 작자는 최치원일 것이다.

이렇게 말하는 이유는 이렇다. 이 소설이 한반도에서 유전될 뿐 아니라 중국에서도 유전된 바가 있다. 중국 남송 고종(高宗) 소흥(紹興) 연간에 장돈이(張頓頤)가 펴낸 《육조사적편류(六朝事迹編類)》 권하, 〈분릉문(墳陵門) 제13〉, 「쌍녀묘(雙女墓)」에서는 〈쌍녀분기〉를 인용한 바 있다.

〈쌍녀분기〉에서 말했다. 계림 사람 최치원이 당 건부 연간에 율수현위에 임

78) 권문해, 《대동운부군옥》 권15, 청 가경(嘉慶) 3년(1789) 조선각본.
79) 조윤제 저, 장연괴 역, 《한국문학사》, 중국사회과학문헌출판사, 1998, 63~64쪽.

명되었다. 어느 날 초현관에서 쉬고 있었는데, 앞 언덕에 쌍녀분이라는 무덤이 있었다. 이 사적에 대해 물어 보았지만 아무도 알지 못하여, 이에 시를 지어 조문했다. 그날 밤 감동한 두 여인은 감사를 표시하면서 다음과 같이 말했다. "우리는 본래 선성군 개화현 마양향 장 씨의 두 딸입니다. 어려서 글씨와 친숙했고 자라서는 재능을 가지고 있었는데, 뜻하지 않게 부모가 소금 장수 놈에게 시집가라 했습니다. 이 때문에 울분이 나서 죽게 되어, 천보 6년에 함께 이곳에 묻히게 되었습니다." 잔치를 베풀고 이야기하다가 새벽이 되어서야 헤어졌다. 율수현에서 남쪽으로 110리 되는 곳에 있다(〈雙女墳記〉曰：有鷄林人崔致遠者, 唐建符中補溧水尉, 嘗憩於招賢館, 前岡有冢, 號曰雙女墳, 詢其事迹, 莫有知者, 因爲詩以弔之. 是夜, 感二女至, 稱辭曰：「兒本宣城郡開花縣馬陽鄉張氏二女, 少親筆硯, 長負才情, 不意父母匹於鹽商小竪, 以此憤恚而終. 天補六年同葬於此」. 宴語至曉而別. 在溧水縣南一百一十里).[80]

이후 보우(寶祐) 연간에 마광조(馬光祖)·주응곡(周應谷)이 편찬한 《경정건강지(景定健康志)》 권43, 〈풍토지 2(風土志二)〉, 「고릉제묘(古陵諸墓)」와 원대 장현(張鉉)이 펴낸 《지정금릉신지(至正金陵新志)》 권22 하, 〈고적지(古迹志)〉에도 모두 '쌍녀분'이 있는데, 역시 모두 〈쌍녀분기〉를 인용하고 있다. 글은 《육조사적편류》와는 극소한 차이가 있을 뿐으로 분명히 그곳에서 나온 것이다.[81]

《육조사적편류》는 분명 인용한 편명이 〈쌍녀분기〉라고 지적했다. 인

---

80) 장돈이(張敦頤), 《육조사적유편》(총서집성 초편본). 장돈이의 자는 양정(養正)이고 남송 흡주(歙州) 무원(婺源) 사람이다. 고종(高宗) 소흥(紹興) 8년(1138)에 진사에 급제했고, 처음에는 남검주교수(南劍州教授)가 되었다가 후에 서주(舒州)·형주(衡州) 두 주의 지사를 역임했다. 저작으로 《유집음병(柳集音辨)》·《형양도지(衡陽圖志)》 등이 있다.

81) 《경정건강지》는 보우(寶祐) 5년(1257) 마광조가 복건유수(福建留守)로 임직할 때 조정에 청구하여 막료 주응화(周應和)에게 편찬을 위촉해 경정 원년(1260)에 완성했다. 북경 중화서국판 《송원방지총간(宋元方志叢刊)》 제2책으로 영인되었다. 원 장현이 펴낸 《지정금릉신지》도 북경 중화서국판 《송원방지총간》 제2책으로 영인되었다.

용한 문자가 지극히 간략하지만 서술한 고사의 틀, 줄거리의 전개 과정과 장소, 인물 등이 《수이전》의 〈최치원〉과 긴밀한 관계를 가진다. 특히 그 중 "계림 사람 최치원이 당 건부 연간에 율수현위에 임명되었다(有鷄林人崔致遠者, 唐乾符中補溧水尉)"와 자칭 장 씨의 두 딸이라는 두 여성의 "부모에 의해 소금 장수에게 짝을 지어줘 이 때문에 울분이 쌓여 죽었다(不意父母匹於鹽商小豎, 以此憤恚而終)" 등의 말은 이 〈쌍녀분기〉의 절록과 〈최치원〉이 동일한 글에서 나왔음을 증명한다. 절록이 간략하고 중간에 잘못 베낀 착오가 있긴 하지만, 의심할 바 없이 이 소설 〈쌍녀분기〉의 원명을 보존하고 있다.

이 편이 최치원이 중국에 있을 때 지은 작품이 중국에 전해진 것이 아니라, 최치원이 사망한 뒤 거의 1세기 뒤 고려 박인량 때의 사람이 지은 것이 다시 중국에 전해져서 상당한 영향을 끼쳤다는 가정은 상상하기 힘든 일이다.

두 번째 이유는 〈쌍녀분기〉는 전형적인 당대 '문인 단편 소설'로 오랜 기간 당대의 '사풍(士風)'과 '문풍(文風)'에 익숙하지 않으면 지을 수 없다는 것이다. 바로 조윤제가 말한 대로 "〈최치원〉은 이미 완전한 전기 소설로, 후대에 나온 《금오신화》와 비교해도 전혀 손색이 없다(〈崔致遠〉已經是一篇完全的傳奇小說, 同後代出現的〈金鰲新話〉相比毫不遜色)."[82]

당대 문인 소설은 후인에 의해 '전기(傳奇)'로 불리는데, 이 개념이 제기되고 수용된 사실 그 자체가 이미 당대 문인 소설이 확실히 중국 문학사에서 특수한 문학 현상임을 설명한다. 특히 주의할 것은 당대 문인 소설의 작자가 대부분 당시 과거 관리 선발 제도의 독서인이고 또한 같은 부류의 사람들을 대상으로 삼았다. 당대의 과거 관리 선발 제도는 옛날과는 다른 독서인을 조성했는데, 그들은 사상·정신에서 이전의 예법에 구

82) 조윤제 저, 장연괴 역, 《한국문학사》, 중국사회과학문헌출판사, 1998, 63~64쪽.

속을 받는 세족(世族) 문인과는 달랐다. 또 시부(詩賦)를 시험 내용으로 삼아 당시 보편적으로 화려한 문풍을 조성했다. 과거 예비 시험, 객지에서의 벼슬살이와 장기간 타향의 체류는 이러한 독서인들이 기생을 끼고 논다거나 시와 술로 방랑하는 풍습을 조성했다. 이러한 원인들이 당대 문인 소설의 시대적이고 특수한 정신 내용과 미학 풍모에 속하는 현상을 조성했다.

당대 문인 소설은 "서술이 복잡해지고 문장이 화려하게 다듬어졌으며(敍述宛轉, 文辭華艶)"[83] "아름다운 문장을 빌려 오묘한 감정을 전달(著文章之美, 傳要眇之情)"[84] 할 뿐 아니라, 왕왕 남녀의 애정, 선도(仙道) 귀신 등 여러 가지 예법에 구속받지 않는 내용을 피하지 않았다. 따라서 일종의 그 시대 독서인의 정신 활동의 표현이었다. 시대의 변천에 따라서 당대 문인 소설에서 표현한 생활과 정신 내용은 이미 후세 문인들이 이해하기 어려워졌다. 그래서 "당대 사대부들은 대부분 경박하여 이들이 지은 소설은 기이하거나 요염한 일이 아닌 것이 없다(唐士大夫多浮薄輕佻, 所作小說無非奇詭妖艶之事)"라는 비평이 생겼다.[85]

최치원은 중국에서 장기간 생활했으므로 그 창작도 자연히 보편적인 '사풍(士風)'과 '문풍(文風)'의 영향을 받았으므로 후세 한반도의 문인들이 이에 대하여 완곡한 비평을 하지 않을 수 없었다. 예를 들면 허균(許筠, 1569~1618)의 《성수시화(惺叟詩話)》에서는 "최고운 학사의 시는 만당 시기에 또한 정곡·한악과 같은 부류로써, 경솔하고 천박하여 돈후하지 못하다(崔孤雲學士之詩, 在唐末, 亦鄭谷·韓偓之流, 率佻淺不厚)"라고 평가했다. 박인량 시대의 한반도 문인들은 실제로 〈쌍녀분기〉와 같은, 그들이 보기에 거의 황당무계한 내용의 소설을 짓기가 어려웠을 것이다.

---

83) 노신(魯迅), 《중국소설사략(中國小說史略)》 제8편.
84) 당 심기제(沈既濟), 〈임씨전(任氏傳)〉.
85) 청 전대흔(錢大昕), 《십가재양심록(十駕齋養心錄)》 권18.

〈쌍녀분기〉의 문사는 화려하고 시문이 들쑥날쑥하여 비교적 전형적인 당대 문인 소설의 짜임새와 패기를 보여준다. 그 주요 부분은 혼연일체하고 시문 사이에는 떼어 놓을 수 없는 유기적 연계가 존재하여 먼저 전설·고사의 틀이 있은 연후에 더 이상 꾸미기란 불가능할 것이다. 설령 문말에 장시를 첨부했을지라도 이는 당인 소설의 '시'와 '문'이 서로 보충해 주는 특수한 범례이다. 장시의 내용이 앞 문장과 교묘하게 합치할 뿐 아니라, 그 내용과 격조도 후세 고려 문인이 능히 꾸밀 수 있는 것이 아니다. 단지 소설의 처음과 결미 부분은 명확히 후인이 고친 흔적이 남아 있다. 특히 소설의 결미 서술 및 최치원이 신라로 돌아가 은거하며 일생을 마쳤다는 부분은 《삼국사기》, 〈최치원전〉에서 서술한 바와 궤를 같이 함으로 분명 후인이 쓴 최치원의 은거 생활에 대한 보충 서술이다. 그 가운데 "후에 최치원이 급제하고 동쪽으로 돌아왔다(後致遠擢第東還)"는 구는 분명이 끼워 넣은 흔적이다. 처음에 최치원이 과거에 급제한 뒤에 율수위(溧水尉)를 맡았다는 서술이 있기 때문에, 이는 다시 "후에 최치원이 급제하고 동쪽으로 돌아왔다"는 분명 앞 문장과 모순된다.

〈쌍녀분기〉는 내용과 형식을 막론하고 모두 장문성(張文成)의 〈유선굴(游仙窟)〉의 영향을 받았다. 이 소설은 원래 제1인칭 서술이 아니었던가 의심된다. 본문의 처음과 결미 부분, 그러니까 후인이 첨가한 문자를 빼버리고 소설의 서술을 제1인칭으로 고치면 전체 소설이 문리(文理)가 매끄럽고 풍채가 솟아날 것이다.

〈쌍녀분기〉에서 서술한 고사의 발생 시간이 최치원이 율수현위를 지낼 때라면 그 창작은 마땅히 고병의 막부에 들어간 이후일 것이다. 중·만당의 번진 막부는 당시의 선비들에게 정치와 생활의 출구를 제공해 주었을 뿐 아니라, 문인들로 하여금 재능을 보여주는 공간을 얻게 했다. 어떤 면에서 중·만당의 번진 막부는 당시 문학 창작의 온상이라고도 말할 수 있다. 하물며 고병은 당시의 절도사 가운데 문학을 좋아하는 것으로 이름이 났으며 문인에 대해서도 왕왕 애호했다. 최치원이 막부에 들어오기 전에 고병은 서천절도사(西川節度使)로 지낼 때 일찍이 장서기(掌書記)이던 배형(裴鉶)을 절도부사(節度副使)로 천거한 바 있다. 최치원보다 조금 일찍 막부에 들어간 고운(顧雲)이 문장이 뛰어나고 역사적인 지식이 있어 절도지사(節度支使)로 발탁된 것은 모두 그 확실한 증거이다.

특히 주의할 만한 것은 배형이 만당 소설의 대표작이자 저명한 단편소설집 《전기(傳奇)》의 작자라는 것이다.[86] 최치원이 고병의 막부에 있을 때, 만당 시기의 다른 소설가 고언휴(高彦休)는 염철순관(鹽鐵巡官)에 임명되어 동료가 되었으며, 그의 많은 소설을 수록한 문집 《궐사(闕史)》도 고병의 막부에서 지어졌다.[87] 당인 소설은 대부분 당시의 '문인 살롱'에서 발단했는데, 바로 고병 막부의 이러한 창작 분위기가 최치원의 〈쌍녀분기〉의 창작을 유발했다. 중국을 떠난 뒤 최치원이 어떻게 이러한 창작 분위기를 찾을 수 있었을까?

최치원은 고병의 막부에서 〈쌍녀분기〉를 창작했고 후에 그것을 가지고 신라로 돌아왔으며 그 초본이 중국에도 남았다. 이것이 중국과 신라에 모두 이 소설이 유전된 이유다.

2000년 11월 23일~2001년 1월 23일 사이에 씀.

---

86) 배형(裴鉶), 《전당문(全唐文)》 권805에서는 그가 함통 9년(866)에 고병의 장서기로 지낼 때 지은 〈천위경신착해파비(天威徑新鑿海派碑)〉를 수록했는데, 그의 소전(小傳)에서 후에 관직이 성도절도부사(成都節度副使)였다고 한다. 그리고 《당시기사(唐詩紀事)》 권67에서는 그가 건부 5년(878)에 어사대부로 성도절도부사가 되어 〈석실시(石室詩)〉를 지었다고 한다. 이후의 사정은 알려져 있지 않다. 그가 지은 소설집 《전기》 3권은 지금 34편이 현존한다. 이시인, 《전당오대소설》 권63, 섬서인민출판사, 1998, 1742쪽 참조.

87) 고언휴(高彦休, 854~?)의 호는 삼료자(參蓼子)로 건부 원년(884)에 진사가 되었고 후에 고병의 막부에 들어갔다. 최치원의 《계원필경집》 권4에 고병을 대신하여 지은 〈종사관을 주청하는 장문(奏請從事官狀)〉은 그를 위해 관직을 부탁하는 주장(奏狀)이다. 〈장문〉에서 그가 "섭염철판관·조의랑·수경조부 함양위·주국(攝鹽鐵判官·朝議郎·守京兆府咸陽尉·柱國)"이라 칭했다. 그가 지은 《궐사(闕史)》 3권이 후세에 전한다. 이시인, 《전당오대소설》 권75, 섬서인민출판사, 1998, 2066쪽 참조.

[해제]

이 글은 이시인(李時人)의 〈新羅崔致遠生平著述及其漢文小說「雙女墳記」的創作遺傳〉[《文史》 2001년 제4집(총 제57집), 中華書局]을 옮긴 것이다.

이시인(1949~) 교수는 고대 소설 연구가로, 요녕성(遼寧省) 금주(錦州) 사람이며 1980년부터 서주사범대학(徐州師範大學) 중문계(中文系) 교사를 역임했고 1986년에 부교수, 1992년에 교수로 승급했다. 지금은 상해사범대학(上海師範大學) 문학연구소 소장, 박사연구생 지도교수 등을 맡고 있다.

그는 주로 고대 소설을 연구하는데, 주요 저작으로는 《中國古代短篇小說傑作選評(上·下)》(何滿子와 공저, 安徽文藝出版社, 1988), 《金瓶梅新論》(學林出版社, 1991), 《西游記考論》(浙江古籍出版社, 1991), 《古今山水名勝詩詞辭典》(주편, 陝西人民出版社, 1991), 《中國古代禁毁小說大全》(주편, 黃山書社, 1992), 《明淸小說鑒賞辭典》(주편, 浙江古籍出版社, 1992), 《古訓新說》(上海科技敎育出版社, 1995), 《全唐五代小說》(編校, 陝西人民出版社, 1998), 《崔致遠全集》(공편, 근간) 등이 있다.

V. 최치원과 빈공 진사

당대 과거의 '빈공(賓貢)'

양성감(楊成鑒)

빈공(賓貢)은 우호적인 이웃 나라에서 유학생을 당조의 태학(太學)에 파견하여 학습시킨 뒤 상서성(尙書省)의 과거 시험에 참가하게 하는 일종의 자격 명칭이다. 빈공은 육학(六學)[1] 및 이관(二館)[2]의 생도와 주현(州縣)에서 추천하는 향공(鄕貢)과 더불어 당대 상서성의 과거 응시의 세 자격 가운데 하나이다.

《신당서(新唐書)》, 〈유학열전(儒學列傳)〉에서는 "정관 6년에 조서를 내려 주공의 사당을 없애고 대신 공자를 선성으로, 안 씨를 선사로 삼아 천하의 순후한 스승과 노련한 덕망을 갖춘 사람을 모두 불러 모아 학관으로 삼았다. …… 학사를 1,200칸으로 확장하고 국자감·태학·사문학의 생원을 증원했으며, 아울러 서학·산학을 설지하고 모두 박사를 두었다. 대체로 생원 총수는 3,200명에 이르렀다. 현무·둔영비기에 이르기까지 모두 박사를 파견하여 경전을 수업하게 했는데, 그 가운데 하나의 경전에 능통한 사람은 받아서 공사의 정원에 넣었다. 사방의 수재들이 책을 끼고 명주를 지고서 장안으로 몰려들어 문화 정치가 빛나게 되었다.

1) 육학(六學), 즉 국자학(國子學), 태학(太學), 사문학(四門學), 율학(律學), 서학(書學), 산학(算學)은 모두 국자감(國子監)에 예속되었다.

2) 숭문관(崇文館), 홍문관(弘文館).

이에 신라・고창・백제・토번・고려 등 국가의 군주들이 아울러 자제를 파견하여 입학시켰으니, 책 상자를 두드리며 당에 이른 자는 모두 8천여 명이었다(貞觀六年, 詔罷周公祠, 更以孔子爲先聖, 顔氏爲先師, 盡召天下惇師老德以爲學官. …… 廣學舍千二百區, 三學益生員, 并置書,算二學, 皆有博士. 大抵諸生員至三千二百. 自玄武・屯營飛騎, 皆給博士受經, 能通一經者, 聽入貢限. 四方秀艾, 挾策負素, 坌集京師, 文治煟然勃興. 於是新羅・高昌・百濟・吐蕃・高麗等群酋長并遣子弟入學, 鼓笥踵堂者凡八千餘人)"고 말했다. 당 태종(太宗)은 박사들을 근위군인 현무・둔영비기(屯營飛騎)까지 파견하여 경전을 가르쳤을 뿐 아니라 학업에 성취가 있는 군사(軍士)들에게 '공사(貢士)'의 정원을 주었다. 그들도 생도 공사의 정원에 속했다. 그렇지만 이웃 나라에서 다수의 유학생들을 태학에 파견하여, 학업을 이루고 경전에 능통한 자들이 어떤 경로와 명목으로 공생(貢生)이 되었는가에 대해서는 아직 정확한 기록이 없었다.

중당(中唐) 이후에 '빈공'이란 이름이 나타났지만 아직 정사(正史)에는 보이지 않는다. 진암(陳黯)의 《화심편(華心篇)》에서 "(당 선종) 대중 초년(847)에 대량 연수 범양공이 사라센 제국의 이언승을 얻어 조정에 천거했다. 천자는 조서를 내려 그의 재능을 시험하였다. 대중 2년(848)에 진사로 급제하여 이름을 떨쳤지만, 일상적인 '빈공'들이 얻을 수 있는 것은 아니다(大中初年, 大梁連師范陽公得大食國人李彦昇, 薦于闕下, 天子詔春司考其才, 二年以進士第名顯. 然常所'賓貢'者不得擬)"라고 했다. 당 선종(宣宗) 대중(大中) 원년(847) 변량[汴梁, 지금의 개봉(開封)]의 선무군절도사(宣武軍節度使) 범양공(范陽公) 노균(盧鈞)은 사라센 제국(大食國) 사람 이언승의 재능을 알고 그를 조정에 추천했다. 선종은 예부(禮部)에 조서를 내려 그에게 시험을 치게 했다. 이듬해 이언승은 진사 시험에 합격했다. 그러나 그는 중국에 유랑하던 사람이었지 대식국에서 파견한 유학사(留學士)나 사절단의 문사가 아니었다.

'빈공'이 되려면 반드시 당시 어느 나라에서 파견되어야 했다. 예컨대 당 개성(開成) 2년(837) 3월 "신라왕은 입조 숙위 왕자를 파견했고, 아울러 옛 관례를 따랐다. 학업을 익히는 학사와 먼저 와서 거주하던 학생들을 나누어 머물도록 했는데, 모두 216명에 달했다(新羅王差入朝宿衛王子, 幷准舊例, 割留習業學士, 幷及先住學生等共二百十六人)"[3]고 했다. 당시 신라에는 아직 과거 제도가 없었다. 중화 문화를 앙모했던 선비들이 중국의 과거 시험에 응시하기를 갈망했기 때문에 수많은 사람들이 빈공의 대열에 참가했다. 《태평광기(太平廣記)》에서는 "김가기는 신라 사람으로 빈공 진사이다. …… 박학하고 기억력이 비상했고 문장은 맑고 고우며, 아름답고 고운 용모에 거동과 말투는 자못 중국의 풍취가 있었다. 급제하자마자 종남산 자오곡에 칩거했는데, 은일의 홍취를 품고 있었다(金可記, 新羅人也, 賓貢進士. …… 博學强記, 屬文淸麗, 美姿容, 擧動言談, 逈有中華之風, 俄擢第, 於終南山子午谷葺居, 懷隱逸之趣)"라고 기록했다.

빈공이란 이름이 당대의 문헌에 나타난 것은 당 소종(昭宗) 대순(大順) 2년(891) 진사이자 저명한 시인 두순학(杜荀鶴)의 시 〈빈공과에 급제한 후 해동으로 돌아가는 사람을 전송하며(送賓貢登第後歸海東)〉(《전당시》 권691)에서이다.

歸捷中華第, 중국의 과거에 합격하고 돌아가는데
登船鬢未絲. 배에 오르는 귀밑털은 아직 세지 않았네.
直應天下桂, 곧장 하늘의 계수나무에 응해서
別有海東枝. 따로 해동의 가지를 두었네.
國界波窮處, 국경은 파도가 다하는 곳이고
鄉心日出時, 고향 그리는 마음은 해 뜰 때에 가 있네.

---

3) 《당회요(唐會要)》 권16, 〈부학독서(附學讀書)〉.

西風送君去, 서풍이 그대를 배웅하여 줄 것이니
莫慮到家遲. 집에 가기 더디다고 염려하지 마시길.

이 시에서 말한 "파도가 다하는 곳(波窮處)"과 "일출(日出)"의 "고향 생각(鄕心)" 등의 시어를 보면, 이 빈공은 일본 사람일 것이다.

대순 연간에 진사 장교(張喬)의 시 〈명을 받들어 사신으로 본국에 돌아가는 빈공 김이오를 전송하며(送賓貢金夷吾奉使歸本國)〉가 있으며, 또 〈급제하고 해동으로 돌아가는 사람을 전송하며(送人及第歸海東)〉라는 시가 있는데 다음과 같다.

東風日邊起, 동풍이 해 돋는 곳에서 불어오니
草木一時春. 초목은 일시에 봄이네.
自笑中華路, 스스로 비웃노니, 중화의 길에서
年年送遠人. 해마다 외국 사람 배웅하네.

장교는 많은 빈공과 친밀한 우의를 다져 늘 진사에 급제하고 귀국하는 빈공들을 전송하곤 했는데, 그 가운데 신라인 김이오가 포함되어 있다.

당 소종(昭宗) 건녕(乾寧) 2년(895)의 진사 장빈(張蠙)에게 시 〈급제하고 신라로 돌아가는 친구를 전송하며(送友人及第歸新羅)〉가 있다.

家臨滄海東, 그대의 집은 바다의 동쪽에 있어
未曉日先紅. 밝기도 전에 해가 먼저 붉는다네.
作貢諸蕃別, 빈공이 된 여러 나라의 신분은 다르지만
登科幾國同. 과거에 급제하면 몇 나라고 모두 같다네.
遠聲漁呷浪, 먼 소리에 고기는 파도 삼키고
層氣蜃迎風. 층층의 신기루는 바람을 맞는다네.

鄕俗喜攀桂, 고향의 습속은 계수나무 오르길 좋아하여
爭來問月宮. 다투어 월궁을 묻는다네.

위의 시에서 급제한 신라 친구는 가족과 헤어져 중국에 와서 "빈공이 되었다(作賓)." 그는 빈공의 신분으로 당조에 온 것이다. 당시 신라의 빈공은 당 정부의 우대를 받았고 그 수도 가장 많았다. 시는 중국 과거 제도에 대한 신라 선비뿐 아니라 각계각층 사람들의 동경을 반영하고 있다.

9세기부터 10세기 중엽에 이르는 150여 년 동안 한국(신라·후고구려·후백제 포함) 사람 가운데 중국의 과거 시험에 급제한 사람은 대략 90명이나 된다.[4] 그중 빈공의 자격으로 진사 및 여러 과에 응시하여 급제한 사람은 58명에 이른다.[5] 박충록은 "당 태종 때 정관 13년에 '태학'을 증설하여 외국 제자의 입학을 허용했다. 당 문종 때 이르러 한국에서 당에 유학했다가 귀국한 학생은 105명에 달했다. 이러한 유학생 중 만당에 이르기까지 빈공과 급제자는 58명에 이른다(唐朝太宗時貞觀十三年增設'太學'允許外國弟子入學. 至唐文宗時, 朝鮮來唐留學歸國的學生達一百零五名. 這些留學生中至唐末止, 賓貢科及第者達五十八名)"[6]고 했다.

이는 조선 본국의 역사 기록에 의거하여 통계 낸 숫자이다. 그러나 '빈공'은 과거의 과목이 아니다. 예를 들면 이언승은 진사에 합격했으나 여전히 '빈공' 우대 정책의 예에 있지 않았다. 이를 보면 빈공은 진사와 함께 열거된 과거 과목의 하나가 아니라, '성시(省試)' — 중앙급 시험에 참가할 수 있는 일종의 자격임을 알 수 있다.

한국에서 중국의 태학에 와서 학습하고 과거에 응시한 선비들은 중국

4) 주일량(周一良), 《중조 인민의 우의 관계와 문화 교류(中朝人民的友誼關係與文化交流)》.

5) 박충록(朴忠祿), 〈조선에서의 두보(杜甫在朝鮮)〉, 《東方比較文學論文集》, 湖南文藝出版社, 1987.

6) 박충록, 위의 책.

선비들과 똑같은 문학 수준을 갖추어야만 진사에 급제할 수 있었는데, 이는 쉬운 일이 아니었다. 당 명종(明宗) 천성(天成) 5년(930) 진사과 시험 후 중서문하성(中書門下省)의 심사를 거쳐 몇몇 새로운 진사의 시부(詩賦)가 불합격임을 발견했다. 명종은 조서를 내려 이러한 사람들을 낙제시켰다. 그러나 빈공에 대해서는 별도로 대처했다. 빈공 고책(高策, 고려 사람)은 "부에서 '구' 자 운에 '의' 자를 사용했는데, 해외의 음이 와전된 것으로 의심되지만, 문장의 뜻은 그런대로 괜찮다(賦內于口字韻內使'依'字, 疑其海外音訛, 文意稍可)"고 하여 진사에 합격시켰다.

> 그 정박의 부에서 팔과 다리를 이야기하다가 시에서 '십・천' 자에서 압운을 범했고, 또 구슬에 대하여 언급했다. 빈공 정박에게는 다시 시험 치는 것을 허락했고, 또한 합격을 취소했다. 이때부터 빈공은 매년 1명만 발표했는데, 여전히 일처리가 정밀하고 기묘했다(其鄭朴賦內言肱股, 詩中'十・千'字犯韻, 又言玉珠. 其賓貢鄭朴許令將來就試, 亦放取解. 仍自此賓貢每年只放一人, 仍須事藝精奇).[7]

이 과(科)에서는 단지 진사 15명을 뽑았으나 그 가운데 빈공은 도리어 2명뿐이었다.

북송(北宋) 전기의 과거 시험 제도는 기본적으로 이당(李唐) 왕조를 계승하여 향공・빈공 등이 시험에 응시하는 방식도 모두 당대의 구제(舊制)를 따랐다. 《송사(宋史)》 권487의 기록에 의하면 송 태종(太宗) 순화(淳化) 3년(992)에 "황제께서 친히 여러 지방의 공사와 거인을 시험하고는 조서를 내려 고려 빈공 진사 왕빈과 최한 등에게 급제를 하사하여 관직을 제수하고 얼마 후에 본국으로 돌려보냈다(上親試諸道貢擧人, 詔賜

---

7) 《등과기고(登科記考)》, 968쪽.

高麗賓貢進士王彬・崔罕等及第, 旣授以官, 遣還本國)."

이로 볼 때 우호적인 이웃 나라에서는 선비를 중국의 당・송(오대 포함)에 파견하여 태학에 들어가 학습하게 했다. 수료한 뒤에 이들은 빈공의 자격으로 진사 시험에 응시했고 급제한 후 '빈공 진사'로 불렸음을 알 수 있다. 예컨대 이언승은 비록 대식인이지만 대식국 조정에서 파견한 것이 아니라서 빈공 진사로 간주할 수 없었기 때문에, 빈공은 과목이 아니다.

진사 등의 과 시험에 합격하려면 깊은 한문 문학 소양을 요구했다. 그래서 빈공은 시험에 응시하기 전에 반드시 중국 태학에서 일정 기간 동안 깊이 연구했는데, 이를 '관정(觀政)'이라 부른다. 왕빈・최한이 올린 〈감사의 표문(謝表)〉에서는 "지난해에 현감을 높이 걸어 놓고 학문과 문장에 뛰어난 선비들을 대대적으로 선발하자, 왕빈과 최한이 뒤를 이어 감히 과녁을 맞힐 마음을 가지게 되었으니, 중원 땅에서 외람되게 은사의 두건을 쓰고 부질없이 물고기를 탐하는 일에 뜻을 두게 되었습니다. 폐하께서 그들이 1만 리 밖에서 가족과 이별하고 10년 동안 나라를 우러러보고 있었다 하여, 급제의 명부에 이름을 올리게 하고 아울러 명을 내려 운대(비서성)에서 벼슬 살게 했습니다(去歲高懸軒監, 大選魯儒. 彬,罕接武澤宮, 敢萌心于中鵠 ; 濫巾武域, 空有志于羨魚. 陛下以其萬里謝家, 十年觀國, 俾登名于桂籍, 仍命秩于芸臺)"[8]라고 했다.

《송사》에서는 또 "고려 신주 영녕 사람 강전의 자는 휴우이다. …… 개보 연간에 강전을 파견하여 빈공을 따라 태학에서 수업받는 것이 허락되었다. 태평흥국 5년에 진사에 급제했다(高麗信州永寧人康戩, 字休祐. …… 開寶中, 允遣康戩隨賓貢肄業太學. 太平興國五年, 登進士第)", "(송 철종) 원부 연간에 선비를 빈공으로 파견했다(元符中, 遣士賓貢)"[9]고 했다. 《송사》, 〈선거지(選擧志) 3〉에서는 "순화 말년부터 3년 동안 빈공 천거

8) 《송사》 권487.
9) 위의 책.

를 정지했다. 진종이 즉위하자, 다시 부활했다. 고려에서는 처음으로 한 사람을 빈공으로 추천했다(自淳化末, 停賓貢擧三年 ; 眞宗卽位, 復試 ; 而高麗始貢一人)"고 기록했다. 당대에 처음 만든 빈공 제도는 중・만당 때 번성했고 그 뒤 송 태종 만년에 이르러 쇠퇴의 길을 걸었다.

빈공은 당대 상서성 과거(常科) 응시자의 세 가지 내원(來源) 가운데 하나이다. 《신당서(新唐書)》, 〈선거지(選擧志)〉에서 다음과 같이 말했다.

> 당의 제도에 인재를 선발하는 과목은 대부분 이전 수나라 제도를 따랐다. 그 대요에는 세 가지가 있다. 학관 출신은 생도, 주현 출신은 향공이라 했는데, 모두 시험관에게 올려 나아가고 물러났다. 그 과목은 수재과・명경과・준사과・진사과 …… 사과 등이 있었다. 이는 모두 해마다 실시하는 과목이다. 천자가 조서를 내려 선발하는 것을 '제거'라고 하는데, 이는 비상지재를 선발하는 것이다(唐制, 取士名科, 多因隋舊. 然其大要有三 : 由學館者曰生徒, 由州縣者曰鄕貢, 皆升于有司而進退之. 其科之目, 有秀才, 有明經, 有俊士, 有進士 …… 有史科 : 此選擧之常選也. 其天子自詔者曰制擧, 所以待非常之才焉).

위에서 '인재 선발의 대요에는 세 가지가 있다(取士大要有三)'고 서술했는데, 그 아래서 말한 개념이 모호하다. 따라서 이에 대하여 대대로 쟁론이 있었다.

청대(淸代) 학자 왕명성(王鳴盛, 1720~1797)은 《17사 상각(十七史商榷)》에서 "《신당서》, 〈선거지〉에서 당의 제도에 인재 선발의 대요는 세 가지가 있다 …… 고 했다. 비록 대요에는 세 가지가 있다고 했으나, 실은 두 가지뿐이다. 그 지역으로 말하면 학관・주현이 다르고, 그 사람으로 말하면 생도・향공이 다르다. 그러나 모든 과목은 해마다 선발하는 것이므로 제과와 매우 상대적이다(《新・選擧志》 : 唐制, 取士大要有三 …… 遇謂雖大要有三, 其實惟二 : 以其地言, 學館・州縣異 ; 以其人言, 生

徒・鄕貢異；然皆是科目, 皆歲擧常選, 與制科非常相對)"[10]라고 말했다. 이러한 분석은 일리가 있다.

현대 학자 부선종(傅璇琮, 1933~)은 "'세 가지 대요가 있다'는 말은 생도, 향공과 제거를 가리킬 것이다. 그러나 이 세 가지는 실제로 다른 부류이기에 서로 비교할 수 없다('大要有三'可能指的是生徒・鄕貢和制擧. 但這三者實際上不是同一類別, 因而也不能相比的)"[11]고 여겼다. 상술한 회의와 비평은 충분한 이유가 있지만, 그 원인을 찾아내지 못했다.

작자는 이른바 '인재를 선발하는 세 가지 대요(取士大要三)'는 수험생의 내원을 가리킨다고 여겼다. 과거제의 관방 표준 명칭은 마땅히 공거(貢擧)이다. 예컨대 《송사》에서 말한 "순화 말년부터 3년 동안 빈공 천거를 정지한(自淳化末, 停貢擧三年)" 것이 바로 이것이다. 공거의 응시자는 세 종류로 나뉜다. 첫째는 중앙 학(學)・관(館)의 생도[士貢]이고, 둘째는 주현(州縣)의 향공이며, 셋째는 외국의 빈공이다. 이들을 통틀어 공사(貢士)라고 부른다. 예를 들면 송대 휘종(徽宗) 정화(政和) 초년에 "예부에서는 〈유수어시공사칙령격식〉을 올렸다(禮部上〈維修御試貢士敕令格式〉)."[12]

《송사》, 〈외국열전〉에서는 고려의 과거 제도를 설명하면서 "국자감・사문학에서 공부하는 학생은 6천 명이다. 천거된 선비는 세 등급이 있으니, 왕성 출신은 토공, 군읍 출신은 향공, 외국 사람은 빈공이라 부른다. 한 해 걸러 소속에서 시험 치르고 태학에서 다시 시험을 치는데, 합격사는 30~40명에 불과하다. 그런 후에는 왕이 친히 시・부・논 등 세 가지 제목으로 시험을 치는데, 이를 일컬어 '주렴 앞에서 보는 시험'이라 했다. 또한 제과와 굉사과의 과목이 있었으나, 특별히 법문으로서 구비된 것일 뿐이다. 선비들은 성률만 숭상해서 경전에 통달한 사람은 적었다(有國子

---

10) 권81, 〈인재 선발의 세 가지 대요(取士大要有三)〉.
11) 부선종, 《당대 과거와 문학(唐代科擧與文學)》 제2장.
12) 《송사》, 〈선거지 3〉.

監,四門學, 學者六千人. 貢士三等：王城曰士貢, 郡邑曰鄕貢, 他國人曰賓貢. 間歲試于所屬, 再試于學, 所取不過三,四十人. 然後王親以詩・賦・論三題, 詣之廉前重試. 亦有制科・宏詞之目, 然特文具而已. 士常聲律, 少通經)" 라고 말했다. 앞에서 이미 언급했듯이 고려 왕조의 과거 제도, 공거 조례는 기본적으로 당조와 오대의 것을 답습했다. 그들이 공사 - 수험생을 세 부류로 나눈 것은 실제와 일치한다. 당대에도 이러한 분류와 유사했을 터인데, 그래서 '성시'의 주임 시험관을 '지공거(知貢擧)'라고 불렀다. 《신당서》에 빠진 항목이 바로 빈공이다.

빈공에 관하여 분명하게 가려야 하는 것은 과거 시험에 응시한 외국 수험생이 모두 빈공인 것은 결코 아니라는 사실이다. 이언승의 사례와 이에 관한 당 선종의 조서가 이를 증명해 준다. 빈공은 모름지기 외국의 조정에서 위임하여 파견한 유학생이나 당송에 '관정(觀政)'하러 온 문사를 말한다. 그러나 '견당 사절단'을 따라 중국의 태학에 공부하러 온 유학생이 모두 빈공인 것은 결코 아니다. 예컨대 고려 신주 사람 강전(康戩)은 빈공을 따라 중국에 와서 비록 빈공들과 함께 중국 태학을 수료하고 송 태종 때 진사에 급제했지만 빈공이 아니며, 급제한 뒤에는 보통 진사라고 부르지 빈공 진사라고는 하지 않았다. 빈공과 빈공 진사는 차이가 있다. 빈공은 '성시' — 중앙급 시험에 응시하는 일종의 자격이라서 다른 시험과 마찬가지로 급제자는 언제나 그중의 소수였다. 그래서 중・만당 및 오대에 중국에 유학 와서 과거에 응시한 한국 사람의 숫자를 계산해 보면 과거에 합격한 사람은 단지 90명가량이고 그중에 빈공 진사는 58명이다. 여기서 이들 간의 차이를 알 수 있다.

빈공의 주요 대상은 신라・후백제・후고구려・일본 등의 국가에서 파견한 유학생이다. 비록 유학생 가운데 소수만이 빈공 진사에 합격했지만 그들이 귀국한 뒤의 영향은 매우 컸고, 어떤 이는 해당국 조정의 요직을 차지했다. 중화 선진 문화의 동아시아 전파에서 중국과 아시아 각국의 문화 교류는 매우 중요한 작용을 했다. 그래서 당대에 형성된 '중화 문화권'(동아시아 문화권으로 부를 수 있는데, 세계 4대 문화권 가운데 하나이다)의 주요 공신은 바로 이들 빈공이라 말할 수 있다.

당대의 빈공 진사 중 영향이 가장 심원한 사람으로 한국인 최치원(崔致遠)과 최언휘(崔彦撝), 일본의 빈공 아베 나카마로(阿倍仲麻呂, 중국명 晁衡, 698~770) 등을 꼽을 수 있다.

한국 한시 문학의 비조 최치원은 자가 해부(海夫)이고 호는 고운(孤雲)이며 857년 신라 경주 사량부(沙梁部)의 양반(가문이 높지 않는 귀족) 집안에서 태어났다. 868년 조국을 떠나 당에 와서 그는 '관광(觀光)' 6년 후 당 희종(僖宗) 건부(乾符) 원년(874)에 진사에 급제했는데, 당시 나이 열여덟이었다. 율수현위(溧水縣尉) 관직을 수여받았고 후에 예부시랑(禮部侍郎)에 이르렀다(이는 필자의 착오이다. 최치원은 중국에서 예부시랑을 맡은 적이 없다-역자). 885년에 최치원은 조국 신라로 돌아왔다. 신라 헌강왕(憲康王)은 그를 시독(侍讀) 겸 한림학사(翰林學士)·병부시랑(兵部侍郎)·지서서감(知瑞書監)으로 임명했으며, 사후에는 문창후(文昌侯)로 추봉되었다. 그는 두보(杜甫) 시가의 영향을 받아 〈가을밤에 비가 내리고(秋夜雨中)〉·〈강남의 여인(江南女)〉 등 현실을 반영한 저명한 시를 썼다. 그의 저술은 상당히 많은데 대표작으로 《계원필경집(桂苑筆耕集)》 20권, 《중산복궤집(中山覆簣集)》 5권, 《제왕연대력(帝王年代曆)》 30권이 있는데 모두 비교적 높은 역사적 문화적 가치를 가지고 있다. 그중 《계원필경집》은 만당사(晩唐史)를 연구하는 데 실로 가치가 있는 사료이다.

신라인 최언위(崔彦撝, 868~944)는 당 희종 광계(光啓) 원년(885)에 진사에 급제했다. 당조에서 20년 동안 관직을 지내다가 909년에서야 비로소 조국 신라로 돌아왔는데, 관직은 집사시랑(執事侍郎), 서서원(瑞書院) 학사(學士)를 제수받았다. 왕건(王建)이 신라를 멸망시킨 뒤 고려 왕조를 건립하자 최언위는 고려에 귀순하여 태조 왕건은 그를 태자사부(太

子師傅)로 임명하여 "문서에 관한 임무를 전담하게 하고, 궁원의 편액과 이름들은 모두 다 그가 지은 것이었으며, 당시 왕공·귀족들이 모두 그를 스승으로 섬겼다(委以文翰之任, 官院額號, 皆所撰定, 一時貴游皆師事之)"[13]고 했다. 그의 한학은 심오하고 넓으며 한국에서 그의 혁혁한 지위로 인하여 한국에 중화 문화의 전파를 한 걸음 나아가 추진시켰으며 중·한 양국의 문화 교류를 긴밀하게 했다. 고려 혜종(惠宗) 의공왕(義恭王) 원년(944) 12월에 한림원령(翰林院令)·평장사(平章事) 최언위가 사망하니 향년 일흔일곱이었고 시호는 문영(文英)이었다.

빈공 제도는 중국 인민과 이웃 나라 인민의 우정을 다졌을 뿐 아니라 광범한 문화 교류를 진행했다. 동시에 고려·일본 등의 과거 제도 건립에 영향을 끼쳤다.

[해제]

이 글은 양성감(楊成鑒)의 〈唐代科擧的'賓貢'〉(《文史知識》 1997년 12월호)이란 글을 옮긴 것이다. 양성감은 영파대학(寧波大學) 중국문화중심(中國文化中心) 교수이다.

13) 《고려사》, 〈열전 제5〉.

빈공 진사 최치원과 《계원필경집》

가운(賈雲)

빈공 진사는 당조 진사의 한 유형으로 외국이나 주변 소수 민족 출신의 진사에 대한 호칭이다. 당 정부에서는 개방적 문화 정책을 실행했고 특히 과거 시험에 빈공과를 설치했다. 빈공과에서 게시하는 방(榜)은 진사과 방의 끝에 두었기에 과거 시험에 합격한 사람은 곧 '빈공 진사'로 불렸다. 문헌의 기록에 의하면 당대에 일찍이 수많은 빈공 진사가 나온 적이 있는데, 신라의 최치원(崔致遠)은 그 가운데 뛰어난 사람이다.

최치원은 자가 해부(海夫)이고 호는 고운(孤雲)이며 855년 신라의 수도 사량부(沙梁部)에서 태어났다.[1] 열두 살부터 부모와 작별을 고하고 단신으로 장삿배를 따라 바다를 건너 자비로 중국에서 학문을 탐구했다. 최치원은 중국에 온 뒤 당의 문화를 절실하게 받아들여 "남들이 백 번 노력하면, 자신은 천 번 노력하는(人百之, 己千之)" 간고한 노력을 통하여

---

1) 최치원이 857년에 태어났다고 보는 사람도 있다. 이 설은 확실하지 않다. 생각하건대 최치원은 중화(中和) 4년(884)에 쓴 〈귀성을 허락하신 데 감사드리는 계문(謝許歸覲啓)〉에서 "저는 열두 살에 집을 떠나, 지금 이미 스물아홉이 되었습니다(某自十二離家, 今已二十九載矣!)"라고 말했고, 〈월급을 요청하는 장문(謝探請料錢狀)〉에서도 "부모를 떠난 지 벌써 18년이 되었다(別廷闈已十八年)"라고 했다. 그가 신라를 떠난 뒤 중화 4년까지 걸린 시간은 18년이고 또 최치원은 열두 살에 당에 왔다. 중화 4년에서 위로 18년을 거슬러 올라가고 다시 12년을 올라가면 최치원은 대중(大中) 9년(855)에 태어났다.

끝내 당 희종(僖宗) 건부(乾符) 원년(874) 봄에 빈공 진사에 합격했다. 진사 급제 후에 최치원은 당조에서 벼슬하여 처음에는 율수현위(溧水縣尉)를 맡았고 후에는 제도행영도통(諸道行營都統) 고병(高駢)에 의해 도통순관(都統巡官)으로 임관되어 "전중시어사를 제수받고 비어대를 하사받아(奏除殿中侍御史賜緋魚袋)"[2] 앞뒤로 10여 년 동안 임직했다. 중화(中和) 5년(885)에 최치원은 회남입본국 겸 송조서사(淮南入本國兼送詔書使)의 신분으로 18년 동안 떠났던 조국으로 돌아와 신라에서 '아찬(阿湌)', '시독 겸 한림학사(侍讀兼翰林學士)' 등을 맡았는데, 당 문화의 전파자가 되었고 아울러 신라의 역사에 비교적 큰 영향을 끼쳤다.

1.

최치원은 일생 주로 정치 활동에 종사했다. 수십 년의 기나긴 정치 생애에서 최치원은 줄곧 시대적 폐단을 바로잡고 세상을 구제하겠다는 신념을 신조로 삼았는데, 당조에서든 신라에서든 순조로운 환경에서든 역경에 처하든 이와 같았다. 비록 벼슬길이 순탄치 못하여 포부를 이루지 못하고 굉장하고 경천동지할 사업을 하지는 못했지만, 충군보국(忠君報國) 사상 경향은 시종 변함이 없었다. 이 점은 《계원필경집(桂苑筆耕集)》과 기타 문헌에 명확한 증거가 있다.

《계원필경집》 등의 문헌 기록에 의하면 최치원은 당 희종 건부 2년(875)에 선주(宣州) 율수현위로 임명되었고, 시어사내공봉(侍御使內供奉)이란 관직이 더해졌다.[3] 이때 황소(黃巢, ?~884)가 이끄는 농민 봉기군이 이미 강남(江南)에서 궐기했고 아울러 당 왕조에 큰 위협이 되었다.

---

2) 고려활자본 《계원필경집》의 서유구서(徐有榘序)에 보인다.

3) 〈계원필경서〉와 《계원필경집》 권18 등.

막 벼슬길에 들어와 재능을 펼치려고 준비하던 최치원에게 이는 정수리에 일침을 가한 것에 다름 아니었다.

광명(廣明) 원년(880) 3월에 최치원은 또 당 왕조에서 충실하게 근무하려는 천진하고도 거짓 없는 마음을 품고서 북상하여 양주(揚州)로 가서 회남절도사(淮南節度使) 고병의 문하에 투신하여 황소의 봉기를 진압하는 대열에 들어갔다.[4] 고병은 "문학을 좋아하여(好爲文)", "유생들과 노니는(與儒者游)"[5] 것을 즐겼고, 최치원의 재능을 높이 사서 임시로 최치원에게 관역순관(館驛巡官)의 벼슬을 내렸다.[6] 중화 원년(881)에 도통순관으로 배치했고,[7] 아울러 주장(奏章)을 작성하는 중대한 임무를 그에게 맡겼다. 최치원도 주장을 작성함으로써 정치적 재능을 펼치고 조정에 온 힘을 다하여 근무하며 시대적 폐단을 바로잡고 세상을 구제하려는 그의 정치적 포부를 실현시키고 싶었다. 그러나 고병은 어느 정도 정치적 야심을 품고 있어 농민 봉기의 기회를 틈타서 양절(兩浙)을 겸병하여 손권(孫權, 182～252)처럼 한곳에서 자립하려고 했다. 황소의 봉기군이 양주를 공격할 때 저지하지 않아 봉기군으로 하여금 강회(江淮)의 방어선을 가볍게 통과하여 곧장 당의 수도 장안(長安)에 이르게 만들었다.

고병이 세력을 잃고 황소 봉기군이 장안으로 진군한 뒤 최치원은 극도의 고통에 빠졌다. 그는 전도가 아득하고 처지가 위험함을 깊이 느꼈지만 당 왕조에 대한 충심은 변함이 없었다. 당시 희종이 고병의 제노행영병마도통과 염철전운사(鹽鐵轉運使)의 직무를 면직시키자, 그는 "소매를 걷어 올리며 크게 꾸짖어(攘袂大詬)"[8] 당 희종에게 써 준 여섯 편의 주장에서 모두 충군(忠君) 사상을 표현했다.

---

4) 《계원필경집》 권18, 〈직위를 사양하는 장계문(謝職狀啓)〉.
5) 《구당서(舊唐書)》 권182, 〈고병전(高駢傳)〉.
6) 《계원필경집》 권19, 〈원 낭중에게 감사드리는 글(謝元郎中書)〉.
7) 《계원필경집》 권18, 〈직위를 사양하는 장계문(謝職狀長啓)〉.
8) 《구당서》 권182, 〈고병전〉.

예를 들면, 그는 첫 번째 표에서 "신이 각관을 맡은 뒤부터 문득 전쟁을 만났다(臣自提榷莞, 便遇兵戈)", "세금을 걷기 힘들고 맡은 직책을 완수하지 못했다(旣難聚利, 莫遂成功)", "황제 폐하께서 곧은 도를 굽어 살피시고 엄한 벌을 내리시지 않으시고 훌륭한 인재를 선발, 등용하여 중한 직책을 받게 했다(伏蒙皇帝陛下俯詳直道, 不置嚴課, 選用良才, 改移重務)"[9]고 했다. 두 번째 표에서는 고병을 대신하여 자아를 검토하고 공로도 없이 작위를 받은 경과를 진술하고 "일찍이 중대한 권력을 잡았으나(手提重柄)" "성적이 없는(無成績)" 상황에 대하여 깊이 유감의 뜻을 표시했다.[10] 세 번째 표에서는 고병을 대신하여 잘못을 스스로 인정하여 자책하고 면직시켜 줄 것을 청구했다.[11] 네 번째 표에서는 고병을 대신하여 그가 "한나라 시대의 중대한 권력을 쥐었고, 진나라 시대의 높은 지위에 올라서 그 은혜와 영광은 홀로 융성(提漢法之重權, 陟秦官之極品, 恩榮獨盛)"하나, 도리어 "나라를 부흥하는 방도를 이루어 한갓 나라를 경륜하는 지위만 차지하여(贍國之權, 徒竊經邦之位)" 욕되게 했고, "오로지 버림받아 마땅하다(唯甘廢棄)"고 했다.[12] 다섯 번째 표에서도 여전히 고병을 대신하여 자책하고는 "군수를 저축하고 나라를 부강하게 하기 위한 계획마저 중단되었고, 소금을 굽고 철을 주조함에 거의 체계조차 없게 되었다(贍軍富國, 固絶籌謀, 熬海熔山, 幾隳條貫)"[13]고 말했다.

이러한 언사는 고병의 심리 상태와는 도무지 맞지 않았기 때문에 고병

9) 《계원필경집》 권2, 〈시중으로 승진시켜 준 데 감사드리는 표문(謝加侍中表)〉.

10) 《계원필경집》 권2, 〈위로해 주고 시중을 겸직시켜 주고 식읍을 봉해준 데 감사드리는 표문(謝宣慰兼加侍中實封表)〉.

11) 《계원필경집》 권3, 〈시중으로 승진시키고 아울러 실봉을 더해준 데 감사드리는 장문(謝就加侍中兼實封狀)〉.

12) 《계원필경집》 권6, 〈시중으로 승진시키고 아울러 실봉을 더해준 데 감사드리는 장문(謝加侍中兼實封狀)〉.

13) 《계원필경집》 권6, 〈제도염철사를 회수하고 시중으로 승진시키고 아울러 식읍을 올려준 데 감사드리는 장문(謝落諸道鹽鐵使加侍中兼實封狀)〉.

은 또 그에게 여섯 번째 표를 쓰게 했다. 여섯 번째 표에서는 최치원이 고병을 대신하여 말한 어투가 다소 강해졌으나 여전히 자책 위주였다.

> 더구나 신은 관중에서도 난국을 안정시킨 공이 없고 밖에서도 근심을 분담하는 효과가 없거늘, 총록만을 편안히 앉아 받는다면 그 체모를 더럽히는 데야 어찌 하오리까 …… 2년 동안 도통의 관직을 맡고 능히 간사한 자를 베고 포학한 자를 죽이지 못했으며, 4년 동안 동염의 사무를 맡고도 능히 나라를 부강하게 만들고 군수를 저축하지 못했습니다. …… 머리털을 뽑아도 그 죄를 셀 수 없어 해골이나 땅에 묻히기 위하여 영화를 사양합니다(況臣關中無定難之勳, 閫外乏分憂之效, 强欲晏安寵祿, 其如玷涴刑章 …… 二年忝都統之名, 不能誅奸戮暴；四載主銅鹽之務, 不能富國贍軍. …… 擢發而旣難數罪, 乞骸而唯願辭榮).[14]

최치원은 충군 사상을 가지고 있었기 때문에 조정을 기만하는 일을 할 수 없었을 것이다. 설령 그에게 재차 쓰게 한다 하더라도 황제에게 무례하게 구는 주장을 쓸 수 없었을 것이다. 바로 이 때문에 최치원이 쓴 이러한 주장은 모두 고병에게 받아들여지지 않았고 또 정사(正史)에 기록되지도 않았다. 지금 두 《당서(唐書)》와 《자치통감(資治通鑑)》에 남아 있는 관련 주장은 고병의 다른 막료 고운(顧雲, ?~894?)이 기초한 것이다.[15] 고운의 주장은 당 희종에게 온갖 풍자를 다하고 조롱하는 것을 능사로 삼았고 함부로 욕하는 언사가 계속 나와 최치원의 주장과는 완전히 다르다.

당 왕조에 대한 최치원의 충성심은 또한 그가 황소 봉기군에 대하여 극단적으로 적대시하는 태도에서도 드러난다. 그는 일찍이 황소가 "황제의 옥새를 훔치려는(竊弄神器)" "불충하고 불의한 무리(不忠不義之輩)"[16]

---

14) 《계원필경집》 권2, 〈관직 사퇴를 요청하는 표문(讓官致仕表)〉.
15) 《자치통감》 권255.

라고 여러 번이나 크게 욕했다. 당 정부가 봉기를 진압하는 행동에 대해서는 마음껏 구가했고, 황제가 “잠시 시의 적절하게 비를 내려 요사한 기운을 전부 씻어 내고(暫興時雨, 遍選妖氣)” “온 천하의 태평성대를 길이 축하(普天率土, 永賀升平)”[17]하기를 바랐다. 그는 “자식 되고 신하 된 몸으로써 충성과 효도를 다한다(爲子爲臣, 曰忠曰孝)”[18]고 주장하며, 백성이 난리를 일으키는 것을 결코 허락하지 않았다. 그래서 중화 3년(883) 4월에 당군이 장안을 수복했다는 소식을 들은 뒤 그는 기뻐서 날뛰며 환호했고, 즉각 “지금부터 해와 달이 다시 빛나고 …… 봉선하는 성스러운 의식을 거행하길 기다리노라(自此日月重光, …… 佇觀盛禮于登封)”[19]라는 시구를 써서 대당 제국이 중흥하기를 바라는 열렬한 감정을 나타냈다.

당조에서 최치원의 벼슬길은 순탄하지 못하여 재능을 펼칠 방법이 없어 신라로 돌아와 한번 개혁 사업을 하기로 작정했다. 중화 5년(885) 제야에 그는 친구에게 주는 시 〈친구가 섣달 그믐날 밤에 부쳐준 시를 보고 화답하노라(和友人除夜見寄)〉[20]에서 이렇게 말했다.

與君相見且歌吟, 그대를 만나 더불어 노래 부르고 시를 읊조리며
莫恨流年挫壯心. 한 해의 포부가 좌절되었다고 한탄하지 말게나.
幸得東風已迎路, 다행이 봄바람이 길을 맞이하고 있으니,
好花時節到鷄林. 꽃피는 좋은 시절에는 계림에 도착했으리라.

이 시를 읽어 보면 전도에 대한 자신감이 충만하다. 그래서 그는 신라로 돌아온 뒤 시대적 폐단을 바로잡고 세상을 구제하려는 정치적 포부를

16) 《계원필경집》 권11, 〈황소에게 보내는 격문(檄黃巢書)〉.
17) 《계원필경집》 권15, 〈응천절 재사(應天節齋詞)〉.
18) 《계원필경집》 권15, 〈하원 재사(下元齋詞)〉.
19) 《계원필경집》 권1, 〈서울 수복을 축하하는 표문(賀收復京闕表)〉.
20) 《계원필경집》 권20.

실현하기 위하여 계속 노력했다. 그는 먼저 당시 신라의 사회 상황을 깊이 고찰했고, 신라 사회의 오랜 폐단에 대한 해결책으로 진성여왕(眞聖女王)에게 저명한 〈시무책(時務策)〉 10여 조를 상주하여 신라는 마땅히 당 왕조처럼 개혁을 해야 한다는 정치 주장을 제기했다. 그는 "도는 사람을 멀리하지 않고, 사람에게는 다른 나라 사람은 없다. 이런 까닭에 동인의 아들이 불교도 하고 유교도 하는 것은 필연이므로 서쪽 큰 바다를 건너 통역을 거듭하면서 배움에 종사했다(道不遠人, 人無異國, 是以東人之子, 爲釋爲儒, 必也西浮大洋爲譯爲學)"고 했다. 그의 주장은 여왕으로부터 칭찬과 지지를 받았다.[21]

여왕은 그를 '아찬'으로 봉하여 개혁을 실행했고 아울러 그를 시독 겸 한림학사로 중용했다. 그러나 그의 개혁이 신라 귀족 집단의 이익을 건드렸기 때문에 보수 세력의 저지와 배척, 공격을 받았다. 최후에 그는 태산군(太山郡) 태수로 폄적되어 이에 따라 개혁도 물거품이 되었다. 이때 신라의 각지에서는 왕성한 기세로 농민 봉기가 폭발했다. 최치원은 신라의 멸망이 이미 만회할 방법이 없고 정치적 포부도 이미 실현할 수 없음을 알고 마음속으로 매우 비통해 하며 아무리 해도 어쩔 수 없는 상황에서 "뜬세상의 영화는 꿈속의 꿈이니, 흰 구름 깊은 곳에 몸 편안히 하리라(浮世榮華夢中夢, 白雲深處好安家)"는 절망적인 심정을 품고 속세를 떠나 가야산(伽倻山)에 은거하여 은사(隱士)가 되었다. 전하는 말에 의하면, 그는 사후에 고려왕에 의해 문창후(文昌侯)에 봉해지고 문묘(文廟)에 배향되었다고 한다.[22]

---

21) 《조선금석문총람(朝鮮金石文總覽)》 상.
22) 《해동금석원(海東金石苑)》 제사(題辭).

2.

최치원은 비록 정치적으로 원대한 계획을 펼쳐서 큰 사업을 이룩할 수 없었지만, 문학 창작에서 주목할 만한 성과를 거두었다. 외국인의 신분으로 최치원은 부지런히 글을 써서 저술이 자못 풍부하다. 그는 소년 시대에 낙양(洛陽)을 유랑하며 일찍이 《금체부(今體賦)》 5수, 《오언·칠언금체시(五言七言今體詩)》 100수, 《잡시부(雜詩賦)》 30수를 창작했다. 선주 율수현위 재임시에는 《중산복궤집》 5권을 창작했고, 회남에서는 《사륙집(四六集)》 1권, 《계원필경집》 20권을 썼다. 또 신라로 돌아온 뒤에는 자신의 작품을 《문집(文集)》 30권으로 모아 엮었다. 그밖에 160여 수의 시가 이후에 편선된 《동문선(東文選)》에 수록되어 있다.

여러 가지 이유로 최치원의 대부분의 작품이 산실되었지만 《계원필경집》과 《동문선》, 《전당시일(全唐詩逸)》에 수록되어 있는 시문을 통해서 우리는 여전히 최치원의 문학 창작, 특히 시가 창작에 아주 강렬한 예술성이 있음을 분명하게 볼 수 있다. 문장은 차치하고 시가만 가지고 말한다면 최치원의 작품은 이미 상당히 높은 예술 수준에 이르렀다. 먼저 그의 회념시(懷念詩)에는 비교적 강한 진실감이 있다. 〈바닷가에서 한가롭게 거닐며(海邊閑步)〉를 예로 들어보자.

潮波靜退步登沙, 밀물 빠진 뒤 모래사장 걷노라니
落日山頭簇暮霞. 해 지는 산마루에 저녁노을 깔렸네.
春色不應長惱我, 봄빛도 내 마음 오래 괴롭히지는 못하겠지
看看卽醉故園花. 머지않아 고향의 꽃향기에 취할 테니.

작자는 안개가 자욱한 수면, 긴 백사장, 지는 해, 저녁노을을 바라보며 온화한 봄빛 속에서 고향의 아름다운 경치를 그리고 꽃 속에 도취되어

있다. 경물에 대한 연상을 통해 진정으로 고향과 조국을 그리는 심정으로 연결하여 시인의 강렬한 애국주의 감정을 표현했다. 다시 〈심정을 토로하며 태위께 올립니다(陳情上太尉)〉를 보자.

海內誰憐海外人, 해내에서 누가 해외 사람을 어여삐 여기리?
問津何處是通津. 나루터가 어디냐고 물으니 예가 나루로 통하는 길이라네.
本求食祿非求利, 본래는 식록을 구함이지, 명리를 구함이 아니니
只爲榮親不爲身. 단지 어버이를 영화롭게 하기 위함일 뿐, 제 몸 위함 아니로다.
客路離愁江上雨, 강 위에 비 내리니 나그네 시름겹고
故園歸夢日邊春. 고향에 돌아갈 날 꿈에도 아득하도다.
濟川幸遇恩波廣, 배 건너다 다행히 은혜로운 물결 만나
願濯凡纓十載塵. 10년 동안 세속에 찌든 갓끈을 씻고자 하노라.

〈좌주 상서가 난을 피하여 유양으로 가는 도중 절구 세 수를 총시했기에 이를 받들어 화답합니다(奉和座主尙書避難過維陽寵示絶句三首)〉 가운데 제3수

濟川終望拯湮沈, 강 건널 때 건져 주길 바랐더니
喜捧淸詞浣俗襟. 훌륭한 글월 보고 속된 마음 씻었네.
唯恨吟歸滄海去, 안타까이 읊조리며 저 바다로 돌아가니
泣珠何計報恩深. 깊은 은혜 갚지 못해 눈물만 흐르네.

여기서 작자는 해외의 나그네가 고국으로 돌아가고픈 간절한 심정을 나타냈다. 그를 양육하여 기른 중국 산하, 그를 훈도한 중국 문화, 그에게 은혜를 베푼 중국 인민에 대하여 영원히 잊을 수 없었을 것이다. 이처럼 체류와 귀국의 모순적 감정은 진실한 것이다. 왜냐하면 그가 대당과 신라를 사랑하는 것은 모두 마음속에서 나왔기 때문이다. 이처럼 낳아 준 고

국과 길러 준 당을 진실로 사랑하는 감정은 매우 특색 있다.

다음으로 최치원의 이별시는 인물 형상 묘사에서 독특한 풍격을 지니고 있다.

〈여도사와 이별하며(留別女道士)〉

每恨塵中厄宦途, 매번 속세의 벼슬로 고생함을 한탄하다가
數年深喜識麻姑. 마고 선녀 알면서 수년 동안 기뻐했네.
臨行與爲眞心說, 길을 떠나면서 당신에게 진심으로 묻노니
海水何時得盡枯. 바닷물은 언제 모두 마를까요?

이 시는 여도사를 묘사한 시인데, 원진(元稹, 779~831)의 묘사법과 다르다. 원진의 〈이별후의 그리움(離思)〉(4)은 다음과 같다.

曾經滄海難爲水, 일찍이 창해를 건너고는 흐르는 물을 보기 어렵고
除却武山不是雲. 무산을 제외하면 구름다운 구름이 없네.
取次花叢懶回顧, 아름다운 꽃을 봐도 보고 싶지 않음은
半緣修道半緣君. 반은 도를 닦기 때문이고 반은 그대 때문이라네.

위의 시에서는 여도사의 정서를 묘사했다. 반대로 최치원은 시인의 이별을 묘사했다. 그는 이 여도사와 이미 몇 해 동안 심후한 감정을 쌓았다고 여겼다. 그래서 지금 곧 귀국하게 되자 터놓고 말을 하고 싶었다. 그러나 긴긴 세월이 흘러 바닷물이 마르고 돌이 썩더라도 사랑의 감정을 잊을 수 없다는데, 또한 이것을 어떻게 다 말할 수 있겠는가? 이별의 온갖 풍상을 시인은 억제하기 힘들어 하고 만감이 교차하는 그의 심리 상태를 생생하게 부각시켰다.

최치원이 신라로 건너오기 전 대주산(大珠山) 아래서 쓴 시 10수는 경

물을 묘사한 서정시의 대표작이며, 당시(唐詩)에서 경물을 묘사한 시의 수작이라 할 만하다. 여기에 시 한 수를 예로 들어보자.

〈돌산(石峰)〉

巉岩絶頂欲摩天, 가파른 봉우리가 하늘에 닿을 듯
海日初開一朶蓮. 한 송이 연꽃을 태양이 피게 했네.
勢削不容凡樹木, 깎아 세운 벼랑이라 나무들 발 못 붙이고
格高惟若好雲煙. 격조도 높아서 구름 안개만 좋아하네.
點蘇寒影粧新雪, 새로 내린 눈이 차가운 모습을 단장하고
戛玉淸音噴細泉. 샘물에서는 옥 굴리는 맑은 소리가 솟아나네.
靜想蓬萊只如此, 봉래산 생각해 봐도 여기와 같겠지,
應當月夜會群仙. 달 밝은 밤이면 여러 신선들이 모이리다.

대해(大海)는 수많은 당대 저명한 시인이 쓰지 않았던 제재인데, 썼다 하더라도 "바다 위의 밝은 달이 파도 따라 떠오른다(海上明月共潮生)"[23] 등의 시구처럼 상상 속에서 묘사했다. 최치원은 대해를 건넜고 또 대주산 밑에서 3개월 동안 겨울을 보내면서 종종 해변을 산보하여 대해에 대한 체험을 가지고 있어, 써 낸 바다 경치는 물론 신선하고 진실한 것이다. 이러한 시에서 최치원은 바다 경치의 특색을 썼을 뿐 아니라, 개괄적인 묘사를 통하여 시를 그림으로 바꾸어 독자의 눈앞에 보여준다. 예를 들면 '돌산(石峰)'을 묘사하면서 돌산을 '절정(絶頂)'·'마천(摩天)'이라 말하고 또 "바다에 해가 처음으로 떠오를(海日初升)" 때의 연꽃으로 비유했는데, 이는 특수한 경관을 이루었다.

한번 생각해 보자. 붉은 해가 바다의 상공에 떠올라 곧장 돌산에 비치

23) 장약허(張若虛), 〈봄 강의 꽃핀 달밤(春江花月夜)〉.

고 있으니 얼마나 아름다운 그림인가! 이러한 시는 정(情)과 경(景)이 서로 녹아 있고 경을 빌려 정을 서술하며 사물에 의탁하여 뜻을 말하는데, 사람들에게 미적 향수를 줄 뿐 아니라, 또한 유익한 계시를 줄 수 있다.

이 밖에 《전당시일》에서는 최치원 시가 가운데 잔구(殘句)를 수록했다.

〈장안의 버들(長安柳)〉

烟低紫陌千行柳, 안개 낀 장안 거리 천 그루 버들이요,
日暮朱樓一曲歌. 날 저문 붉은 다락에서는 한 가락 노랫소리.

〈낙중의 벗에게 주노라(留贈洛中友人)〉

洛水波聲新草樹, 낙수의 물소리에 움트는 풀과 나무,
嵩山雲影舊樓臺. 숭산의 눈 속에서 옛 누대가 비친다.

이러한 잔구는 시 속에 그림이 있고 그림 속에 시가 있어 사람들을 황홀케 하며, 생동감이 있고 경(景)과 정(情)이 있어 자못 음미할 만하다. 전하는 말에 의하면 그에게 〈자화산에 올라(登慈和山)〉란 시가 있는데, 시의 "화각 소리 울리는 가운데 아침저녁으로 물결 일고, 청산 그림자 속에는 고금 인물 몇 명이나 지나갔나(畵角聲中朝暮浪, 靑山影里古今人)"의 명구는 당대 사람들의 사랑을 받아 나중에 신라 상인들이 이 시를 가지고 돌아와 신라에서 널리 불렀다고 한다.[24] 이는 그의 시가 확실히 일정한 영향을 끼쳤음을 설명하는 것이다.

최치원의 일생을 총체적으로 보면, 그가 평범하고도 위대한 인물이라는 것을 분명히 알 수 있다. 그는 지극히 간고한 조건에서 당조로 건너와서 당시 가장 선진적인 당조 문화를 열심히 공부하여 일거에 '빈공 진사'

---

24) 《동인시화(東人詩話)》.

에 합격했고 아울러 대당제국의 관리가 되었으며, 신라로 돌아온 뒤에는 또 개혁을 적극 실행하고 당조 문화를 대대적으로 전파했다. 비록 그가 시대적 폐단을 바로잡고 세상을 구제하려는 정치적 이상을 실현할 수는 없었으나, 충군 애국했고 강직하여 아첨하지 않았다. 그리고 칭찬할 만한 것은 그가 문학 창작 면에서 우수한 성적을 거두었다는 점이다.

최치원 이전의 7세기 전후로 혜엽(惠葉), 현공(玄恭), 구본(求本), 현각(玄恪), 현유(玄游) 등의 승려가 당을 거쳐 서역으로 불경을 구하러 간 바 있다. 세상에 남아 있는 이들의 시가 전혀 없다. 원래 최치원의 시는 만여 수에 이른다.[25] 최치원 이전에 신라인 설총(薛聰)은 '이두법(吏讀法)'을 만들어, 즉 한자를 음부(音符)로 삼아 글을 기록했고 이로써 유교 경전을 풀이했다. 최치원 이후부터 한국인은 한자로 저술하고 공문과 국사를 기록하기 시작했다.[26] 수 세기가 지나 15세기에 이르러서야 한국인은 비로소 자신의 문자를 창조했다. 따라서 최치원은 당조의 시인이자 문학가이며 신라의 시인이자 문학가이다. 그가 중·한 문화 교류사에 끼친 공헌은 영원히 청사에 남아 길이 빛날 것이다.

[해제]

이 글은 가운(賈雲)의 〈賓貢進士崔致遠和他的《桂苑筆耕集》〉[《東南文化》 1997년 제4기(총 119기)]을 번역한 것이다.

---

25) 〈계원필경서〉.

26) 주일량(周一良), 《중·조 인민의 우의 관계와 문화 교류(中朝人民的友誼關係和文化交流)》, 開明書店, 1951, 9쪽.

최치원과 당대 빈공 진사의 특수 체제 고찰

당은평(黨銀平)

빈공 진사는 당대 진사과 시험에 나타난 일종의 특수한 명칭이며, 특히 신라, 발해, 사라센 제국(大食), 페르시아 등의 외국 수험생들이 빈공의 신분으로 당에 들어와 급제한 자를 가리킨다. 당대에는 외국의 유학생과 응시자들을 생활 방면에서 보조했고, 체류 기간과 합격 방식 등의 면에도 여전히 특수한 체제가 존재했다. 지금까지 중·한 학술계에서는 이에 대하여 아직 깊이 있는 논의나 연구를 전개하지 못했다. 최치원(崔致遠, 857~?)은 신라 빈공 진사 중 두드러진 대표자이며, 그의 문집에는 당대 빈공 진사에 관한 수많은 중요 자료가 남아 있어 후인들이 당대 빈공 진사의 체제를 고찰하는 데 참고 자료를 제공한다. 여기서는 최치원 문집에 보이는 관련 기록과 중·한 문헌에 의지하여 당대 빈공 진사의 특수한 체제에 대하여 시험적으로 고찰하고자 한다.

1. 입당 방식과 생활 대우

외교적인 절차에 의하면, 외국의 선비들은 일반적으로 본국의 경하사(慶賀使)·사은사(謝恩使)·하정사(賀正使)나 진봉사(進奉使)를 따라 당에 들어와 공부했고, 겸하여 숙위(宿衛)의 임무를 맡기도 했다. 예를 들면 최치원의 〈숙위 학생 수령 등을 파견하여 입조하는 장문(遣宿衛學生首領等入朝狀)〉에서는 "신은 지금 지난번의 학생들을 파견하면서 수령으로써 수행원에 충당시켜, 하정사로 수창부시랑이며 급찬인 김영의 배편을 따라 대궐에 들어가서 학업을 익히게 하고, 아울러 숙위에 충당토록 합니다(臣今差前件學生等, 以首領充傔, 令隨賀正使守倉部侍郎級餐金穎船次, 赴闕習業, 兼充宿衛)"[1]라고 했고, 〈숙위 학생을 번국으로 돌려보내주시길 주청하는 장문(奏請宿衛學生還蕃狀)〉에서는 "그러므로 신의 망부이며 선신이자 태부로 추증된 정(헌강왕)이 배신을 보냄에 따라 시전중감 김근을 경하부사에 충임시켜 입조하는 날에 지난번의 학생 김무선을 뽑아 보내 대궐에 나아가 학업을 익히게 하고, 아울러 숙위에 보충하게 했습니다(故臣先父先臣贈太傅晸, 遣陪臣, 試殿中監金僅, 充慶賀副使, 入朝之日, 差發前件學生金茂先, 赴闕習業, 兼充宿衛)"[2]라고 말했다.

뿐만 아니라 빈공 학생들이 입당하기 전에 파견국의 왕은 반드시 빈공 학생들의 명단을 작성하여 당 조정에 신청하여 비준을 받아야 이를 시행할 수 있었다. 《책부원귀(冊府元龜)》 권999, 〈외신부(外臣部)〉, 「청구(請求)」에서는 발해 학생들의 입당 상황을 기록해 놓았다. "문종 태화 7년(833) 봄 을해에 은청록광록대부 · 검교비서감 · 홀한도독 대이진이 다음과 같이 상주했다. '학생 해초경 · 조효명 · 유보준 세 명을 파견하여 사은사로 동중서태평장 고보영을 따라 상도에 보내 공부시키려고 합니다'(文宗太和七年春乙亥, 銀青光祿大夫 · 檢校秘書監 · 忽汗都督大彝震奏 : '遣學生解楚卿 · 趙孝明 · 劉寶俊三人附謝恩使同中書太平章高寶英赴上都學問')." 신라 학생이 입당할 경우에도 이 예를 따랐다. 예컨대 최치원의 〈숙위 학생 수령 등을 파견하여 입조하는 장문(遣宿衛學生首領等入朝狀)〉에서

1) 《최문창후전집(崔文昌候全集)》, 성균관대학교 대동문화연구원, 1991(3판), 59쪽.
2) 《최문창후전집》, 성균관대학교 대동문화연구원, 1991(3판), 62쪽.

"신라국 당국은 숙위 학생 수령을 파견하여 입조하게 하는 동시에, 국자감에 배속시켜 학업을 익히게 하도록 청합니다. 삼가 인원수와 성명을 적어 올리니, 분석한 상신서는 뒤에 붙인 것과 같습니다. 학생 8명(최신지 등), 대수령 8명(기작 등), 소수령 2명(소은 등)(新羅國當國, 差遣宿衛學生首領入朝, 請附國子監習業, 謹具人數姓名分析申奏如後：學生八人(崔愼之等), 大首領八(祈綽等), 小首領二人(蘇恩等))"[3]이라고 말했다.

이러한 학생들은 수업 기간이 차면 표를 올려 비준을 얻은 뒤 역시 본국 사절을 따라 함께 귀국하며, 그러고 나서 다시 또 학생을 파견할 수 있었다. 《삼국사기》 권10, 〈신라본기 제10〉에서는 신라 헌덕왕(憲德王) 17년 "여름 5월에 왕자 김흔을 당나라에 보내어 조공하고 황제께 아뢰기를, '앞서 와 있는 태학생 최이정·김숙정·박계업 등을 본국으로 돌려보내고, 새로 간 김윤부·김입지·박양지 등 12명은 숙위로 머물도록 해주시기 바랍니다(夏五月, 遣王子金昕入唐朝貢, 遂奏言, 先在太學生崔利貞·金叔貞·朴季業等, 請放還蕃. 其新赴朝金允夫·金立之·朴亮之等一十二人, 請留宿衛)"[4]라고 했다.

외국 학생이 입당한 뒤에는 주로 홍려시(鴻臚寺)에서 관리했는데, 파견국의 질자(質子)와 함께 이른바 '홍려시적(鴻臚寺籍)'[5]을 얻었고, 그러고 나서 본국 생도들과 함께 국자감에 들어가 유학 경술을 수업받았다. 신룡(神龍) 원년(706) 9월 21일 당 중종(中宗)은 다음과 같은 조서를 내렸다. "토번왕과 가한 자손이 경술과 유업을 익히고자 하면 국자감에 들여 독서하게 해야 한다(吐蕃王及可汗子孫, 欲習學經業, 宜附國子監讀書)."[6] 《당대조령집(唐大詔令集)》 권128, 〈외국의 국자감 생도에게 예교를 살피게

---

3) 《최문창후전집》, 성균관대학교 대동문화연구원, 1991(3판), 56쪽.
4) 《삼국사기》 권10, 명문당, 1988, 282쪽.
5) 《신당서(新唐書)》 권220, 〈신라전(新羅傳)〉, 중화서국, 1997, 6206쪽.
6) 《당회요(唐會要)》 권36, 중화서국, 1998, 667쪽.

하는 칙령(令蕃客國子監觀禮教敕)〉에 의하면, 개원(開元) 3년(715) 12월 22일 당 현종(玄宗)은 조서를 내려 “지금부터 이국의 생도가 입조하면, 아울러 국자감에 들여 예교를 살피게 하라(自今已後, 蕃客入朝, 幷引向國子監, 令觀禮教)”[7]고 말했다.

신라 헌덕왕 17년에 파견한 김윤부·김입지·박양지 등 12명과 이전에 파견한 최이정·김숙정·박계업 등은 바로 “국자감에 배속시켜 유업을 익힌(請配國子監習業)” 사람들이다. 최치원의 〈숙위 학생 수령 등을 파견하여 입조하는 장문〉에서는 일찍이 다음과 같이 소개했다. “이때 우장을 갖추고 책 상자를 짊어지고 온 자제들이 장안과 낙양에 나누어 있었고 이들의 왕래가 끊이지 않았는데, 숫자가 많아질수록 더욱 준비를 단단히 했습니다. 오늘에 이르기까지 국자감 안에는 신라의 마도만이 있을 뿐이고, 사문관의 북랑 안에 있습니다(是時簦笈之子, 分在兩京, 憧憧往來, 多多益辦. 至今國子監內, 獨有新羅馬道, 在四門館北廊中).”[8] 이는 당대의 서감(西監, 長安)과 동감(東監, 洛陽) 안에 모두 신라 빈공 학생이 있었음을 설명하는 말이다.

당대 국자감 아래에 국자학(國子學)·태학(太學)·사문학(四門學)·율학(律學)·서학(書學)·산학(算學)이 설치되어 있었고, 입학 조건도 비교적 까다로웠다. 그중 국자학에는 3품 이상의 지위가 높은 자손만 들어갔고, 외국의 학생들은 왕족이 아니면 들어갈 수 없었다. 사문학은 7품 이상의 귀족 자제 위주로 했는데, 외국의 학생들이 입당하면 대부분 5품 이상이 공부하는 태학에 들어가 학습했다. “태학의 정원은 3천 명인데, 신라·일본 등의 나라에서 모두 자제를 파견하여 입조시켜 수업을 받게 했다(太學諸生三千員, 新羅·日本諸國, 皆遣子入朝受業).”[9]

---

7) 《당대조령집》 권128, 〈번이(蕃夷)〉, 學林出版社, 1992, 632쪽.
8) 《최문창후전집》, 성균관대학교 대동문화연구원, 1991(3판), 57쪽.
9) 주훈초(周勳初) 교증, 《당어림교증(唐語林校證)》 권5, 중화서국, 1997, 하책 458쪽.

왕유(王維, 701～761)의 〈일본국으로 돌아가는 비서 조감을 보내며-서문을 붙여(送秘書晁監還日本國幷序)〉[10]에서 조형[晁衡, 일본명은 아베나카마로(阿倍仲麻呂)]이 "태학에서 이름을 이루었고, 관직은 객경에 이르렀다(名成太學, 官至客卿)"고 한 말은 이역 학생들이 태학에서 공부했다는 확실한 증거다. 《삼국사기》 권10, 〈신라본기 제10〉에서 말한 신라의 '태학생' 김이정・김숙정・박계업 등도 국자감 소속의 태학에서 공부한 사람들이다. 이러한 입학 방식은 줄곧 송대까지 계속되었다. 《고려사》 권14에서는 고려 예종(睿宗) 10년 "무자일에 이부상서 왕자지와 호부시랑 문공미를 송나라에 보내어 은혜를 사례하고 겸하여 토산품을 전달하게 했으며, 뒤이어 진사 김단・견유저・조석・강취정・권적 등 5명을 보내어 태학에 입학하게 했다. 그 표에 이르길, '…… 삼가 학생 5명을 사신과 함께 보냅니다. …… 그들을 국자감이나 벽옹에 입학시켜서 학업을 닦도록 특별히 허락하여 주십시요'(戊子, 遣吏部尙書王字之・戶部侍郎文公美如宋謝恩兼進奉, 仍遣進士金端・甄惟底・趙奭・康就正・權適等五人赴太學, 表曰 : '…… 謹遣學生五人, 令隨入朝赴闕, …… 特下國子監或於闢雍收管, 許令就便學業')"[11]라고 기록했다.

외국 빈공 학생들이 입당한 뒤 책값 및 의복, 양식은 일반적으로 양국 정부에서 공동으로 부담했다. 《동사강목(東史綱目)》 권5상, 「진성여왕(眞聖女王) 3년(889, 당 소종 용기 원년)」조에서는 "책을 사는 데 필요한 은화는 본국에서 지급했고, 책과 양식은 당의 홍려시에서 공급했으며, 오고 가는 학생이 잇따랐다(買書銀貨, 則本國支給 ; 而書糧, 唐自鴻臚寺供給. 學生去來者相踵)"[12]고 기록했다. 외국 학생들이 필요한 책, 양식, 의복은 반드시 파견국의 국왕이 정식으로 표를 올려 신청해야 하며, 당 조정에서

10) 《전당시(全唐詩)》 권127, 중화서국, 1992, 제4책 1289쪽.
11) 《고려사》 권14, 북조선과학원, 1957, 203쪽.
12) 《동사강목》 권5상, 景仁文化社, 1987, 499쪽.

는 관례에 따라 비준하고 홍려시에 조서를 내려 발급하도록 했다. 예를 들면 개성(開成) 원년(836) 6월에는 "신라 숙위 학생인 왕자 김의종 등이 학생의 신분으로 남아 있길 청하니, 관례에 따라 두 사람을 머무르게 하고, 의복과 양식도 관례에 따라 지급하라(新羅宿衛生王子金義宗等, 所請留住學生員, 仰准舊例留二人, 衣糧准例支給)"[13]는 조칙을 내렸다. 또《삼국사기》권10, 〈신라본기 제10〉에서는 신라 헌덕왕 17년 5월 왕자 김흔을 따라 입당한 김윤부 · 김입지 · 박양지 등 12인을 기록했는데, 신라 국왕이 표를 올려 "이에 국자감에 배속시켜 유업을 학습하고, 홍려시에서 물자와 양식을 지급해 줄 것을 요청하자(仍請配國子監習業, 鴻臚寺給資糧)" 당 정부에서도 관례에 따라 "이를 따랐다(從之)."[14]

이러한 지급 제도는 최치원이 신라왕을 대신하여 쓴 〈숙위 학생 수령 등을 파견하여 입조하는 장문〉에서도 분명하게 설명하고 있다. 신라왕은 이 장문에서 당 조정에 간절하게 부탁했다.

> 신은 감히 교육 사업을 일으키는 것으로 으뜸을 삼고, 현인을 구하는 것을 임무로 삼았으며, 책을 살 돈은 이미 박하나마 고루 나누어 주었으니, 공부하는 데 필요한 양식은 그저 엎드려 큰 은혜를 베풀어 주시길 바랍니다. 무릇 천 리 길을 가는 데 필요한 비용을 마련하기는커녕 오히려 3개월분도 벅차거늘, 10년을 생활하자면 궁한 사정을 구제하는 것은 오직 구천을 우러를 따름입니다(臣敢以興學爲先, 求賢是務, 買書金則已均薄貺, 讀書粮則竊覬洪恩. 且千里之行, 聚費猶勞於三月 ; 十年爲活, 濟竊惟仰於九天).

그리고 당 조정에서는 "특별히 홍려시에 조칙을 내려, 용기 3년(891)에 하등극사의 판관이자 검교사부낭중 최원을 따라 입조한 학생 최영 등

13)《당회요》권36, 중화서국, 1998, 중책 668쪽.
14)《삼국사기》권10, 명문당, 1988, 282쪽.

의 사례에 준하여, 경조부로 하여금 매달 공부할 양식을 지급하고, 아울러 겨울철과 봄철에 맞추어 의복을 하사하길 바란다. 바라는 바는 몸소 박학해지는 것을 기대하여, 그 가운데 굶주리는 근심이 없고, 발자취는 어둠 속을 비춰주는 것과는 다른 만큼, 재예 있는 자가 덕행 있는 자의 아래에 놓이는 것에 부끄럽지 않으며, 다시금 솜옷을 입은 듯한 따뜻한 영광을 입어, 마침내 옷을 갈아입는 고초를 면하는 것이다(特賜宣下鴻臚寺, 准去龍紀三年, 隨賀登極使判官・檢校祠部郞中崔元, 入朝學生崔霙等事例, 勑京兆府, 支給逐月書粮, 兼乞冬春恩賜時服, 所冀身資飽學, 無憂餒在其中；跡異暗投, 不愧藝成而下. 更霑榮於挾纊, 終免苦於易衣)"[15]라 했다. 여기서 말한 것은 비록 신라의 당 유학생의 상황이기는 하나, 다른 나라에서도 이와 같았을 것이다.

신라에서 지급한 매서은(買書銀)의 액수는《삼국사기》권11, 〈신라본기 제11〉, 「경문왕(景文王) 9년(869)」조에 정확한 기록이 있다. 869년 7월 왕의 아들 소판(蘇判) 김윤(金胤) 등을 당나라에 보내어 은혜를 사례하고, 겸하여 각 지방의 토산품을 바치고, "또 학생 이동 등 세 사람을 진봉 사신 김윤과 함께 당나라에 보내어 글을 배우게 하고, 그들에게 책값으로 은 삼백 량을 주었다(又遣學生李同等三人, 隨進奉使金胤, 入唐習業, 仍賜買書銀三百兩)."[16] 이 글에서 기록한 은 3백 량의 액수는 마땅히 은 하사량의 기본 액수일 것이다.

경조부에서 매월 유학생에게 공급한 책값, 양식과 사계절의 의복은 외국 학생에 대한 당 조정의 우대 정책이다. 한정된 문헌으로 볼 때, 당대에 외국에서 입당한 구법승(求法僧)과 청익승(請益僧)은 당 조정으로부터 의복이나 양식을 지급받지 못했다. 예를 들면 일본의 유명한 승려 엔닌(圓仁, 794~864)은《입당구법순례행기(入唐求法巡禮行記)》권4에서 일

15)《최문창후전집》, 성균관대학교 대동문화연구원, 1991(3판), 59~60쪽.
16)《삼국사기》권11, 명문당, 1988, 303쪽.

찍이 "회창 4년(844) 2월, 월주의 군사압아이며 반씨 성을 가진 사람이 약을 진상하는 사신이 되어 상경하는 기회에 엔자이 사리의 편지를 가지고 왔다. 그 편지에 이르길, '의복과 양식이 모두 떨어졌으므로, 제자승 닌코 등 두 사람을 본국으로 보내어 의복과 양식을 요청합니다'라고 했다(會昌四年二月, 越州軍事押衙姓潘, 因使進藥, 將圓載闍梨書來. 書云 : '緣衣糧罄盡, 遣弟子僧仁好等兩人, 往本國請衣糧去者')"[17]고 말했다. 이를 보면 외국의 승려와 빈공 학생은 입당 후의 생활의 대우 방면에서 차별이 있었음을 알 수 있다.

2. 빈공 학생의 입당 체류 연한

외국 국적 선비들의 당 체류 연한에 대하여 중국 사적(史籍)에서는 기록을 찾아볼 수가 없다. 최치원의 〈숙위 학생을 번국으로 돌려보내 주시길 주청하는 장문〉에서는 일찍이 "이제 그 연한이 이미 찼음을 기록하니, 엎드려 돌려보내 주시기를 청합니다(今錄年限已滿, 伏請放還)"라는 말이 있고, 또 《삼국사기》 권11, 〈신라본기 제11〉에서는 문성왕(文聖王) 2년에 "당 문종이 홍려시에 명령하여, 볼모와 만기로 귀국하게 된 학생 도합 105명을 돌려보냈다(唐文宗敕鴻臚寺, 放還質子及年滿合歸國學生一百五人)"[18]라고 했다. 이는 신라 학생의 입당에는 확실히 체류 시간의 제한이 있었음을 설명한다.

신라 빈공 학생의 당 체류 연한에 관하여 최치원은 일부 서문(書文)·계(啓)·장(狀)·별지(別紙)에서 그 실마리를 제공하고 있다. 그가 헌강왕 11년(885, 당 희종 광계 원년)에 귀국한 뒤, 신라 국왕은 그에게 〈숙

---

17) 《입당구법순례행기》 권4, 花山文藝出版社, 1992, 438~439쪽 제484조.
18) 《삼국사기》 권11, 명문당, 1988, 300쪽.

위 학생 수령 등을 파견하여 입조하는 장문〉을 작성하게 했는데, 이 글에서 신라 학생이 입당하여 "미름 속에 몸을 의탁하고 직산 아래에서 뜻을 격려하며, 배우는 것은 사술로 하고 기한은 10년으로 정했다(庇身於米廩之中, 勵志於稷山之下, 學其四術, 限以十冬)"[19]라고 말했다. 또 같은 글에 "10년을 생활하자면 궁한 사정을 구제하는 것은 오직 구천을 우러를 따름이다(十年爲活, 濟竊惟仰於九天)"[20]라는 말이 있는데, 이는 신라 빈공 학생들은 일반적으로 10년을 당 체류 연한으로 삼았음을 설명한다. 최치원은 또 〈숙위 학생을 번국으로 돌려보내 주시길 주청하는 장문〉에서 다음과 같이 말했다.

> 배신을 보냄에 따라 시전중감 김근을 경하부사에 충임시켜 입조하는 날에, 지난번의 학생 김무선을 뽑아 보내 대궐에 나아가 학업을 익히게 하고, 아울러 숙위에 보충하게 했으며, 최환과 최광유 두 사람은 김근이 직접 대궐에 나아가 유학하게 해 줄 것을 간청했던바, 성상께서 윤허하시어 학궁에 낄 수 있었던 것입니다. 그런데 지금 이미 10년의 기한을 채웠고, 두 종의 회초리를 준비해 둔 덕에 위력을 보여주었습니다. 진흙을 입에 문 바다제비가 오래도록 화려한 들보를 더럽힌 것과 같은 꼴이므로, 물가를 따르는 변방 기러기가 마땅히 옛길로 돌아가듯 해야 될 것입니다. 더구나 국경에는 아직도 난리가 빈번하게 발생하기 때문에 부모들이 돌아오기를 간절히 기다리고 있는지라, 비록 대성(大成)에서 어긋나더라도, 문득 상신을 올리게 되었습니다(遣陪臣試殿中監金僅充慶賀副使, 入朝之日, 差發前件學生金茂先, 赴闕習業, 兼充宿衛. 其崔渙・崔匡裕二人, 金僅面叩玉階, 請留學問, 聖恩允許, 得厠黌中, 今已限滿十年, 威收二物, 銜泥海燕, 久汚雕樑, 導渚塞鴻, 宜還舊路. 況乃國境尙多離亂, 家親切待放歸. 雖乖大成, 輒具上請).[21]

19) 《최문창후전집》, 성균관대학교 대동문화연구원, 1991(3판), 57쪽.
20) 《최문창후전집》, 성균관대학교 대동문화연구원, 1991(3판), 59쪽.

위의 글에서 말한, 경하부사 김근을 따라 입당한 신라 빈공 학생 김무선, 최환, 최광유 세 사람은 10년의 기한이 차서, 신라왕이 "국경에는 아직도 난리가 빈번하게 발생하기 때문에 부모들이 돌아오기를 간절히 기다린다"는 이유를 들어, 당 조정에 표를 올려 돌려보내줄 것을 부탁했다.

다시 최치원을 예로 들어보자. 그가 신라 경문왕 8년(868, 함통 9) 열두 살의 나이로 입당할 때, 그의 아버지 최견일(崔肩逸)은 일찍이 "10년 안에 진사에 급제하지 못하면, 내 아들이라 하지 말라(十年不第進士, 則勿謂吾兒)"[22]고 훈계한 바 있다. 그가 입당한 지 6년(874, 건부 원년)만에 과거 시험에서 우수한 성적으로 급제했고, 그가 중화(中和) 4년(884) 금의환향할 때 일찍이 "제가 엎드려 생각하건대, 만 리에 의지할 곳이 없이 오랫동안 떠돌다가 10년 만에 지우를 만나 다행히 웅비할 뜻을 이루고자, 고향에 계신 늙으신 부모를 영화롭게 했고, 벼슬길에서는 붉은 빛을 드리운 장식을 하게 되었다(某伏思萬里無依, 久勞漂蕩, 十年有遇, 幸遂奮飛. 異鄕榮垂白之親, 達路忝披朱之飾)"[23]라고 했다. 이를 아버지가 정한 '10년'에 대한 보답으로 삼은 것이다.

이 밖에 그는 회남(淮南) 막부에서 지은 〈직위를 사양하는 장계문(謝職狀啓)〉, 〈길게 올리는 계문(長啓)〉에서 일찍이 고병(高駢, 821~887)에게 "저는 동해의 벼슬 없는 사람입니다. 앞서 집을 떠나 만리 이국에 와서 10년 동안 나라를 구경하면서 본디 희망은 과거에 맨끝으로라도 합격하여 강회 지방의 현령이라도 되는 것입니다(某東海一布衣也. 頃者萬里辭家, 十年觀國, 本望止於榜尾科第, 江淮一縣令耳)"[24]라고 표명했다.

최치원의 글에서 말한 당 체류 연한은 《동사강목(東史綱目)》에서 채택

21) 《최문창후전집》, 성균관대학교 대동문화연구원, 1991(3판), 62쪽.
22) 〈계원필경서〉, 《최문창후전집》, 성균관대학교 대동문화연구원, 1991(3판), 287쪽.
23) 《최문창후전집》, 성균관대학교 대동문화연구원, 1991(3판), 394쪽.
24) 《최문창후전집》, 성균관대학교 대동문화연구원, 1991(3판), 386쪽.

되어, 권5상 「진성여왕 3년」조에 다음과 같이 말했다.

> 신라에서는 당을 섬긴 이후로 항상 왕자를 숙위로 파견했다. 또 학생들을 보내 태학에 입학시켜 공부하게 했는데, 10년의 기한이 차면 귀국시키고 다시 다른 학생들을 파견했다. 입학생이 많을 때는 백여 명에 이르렀다(新羅自事唐以後, 常遣王子宿衛, 又遣學生入太學習業, 十年限滿還國, 又遣他學生, 入學者多至百餘人).[25]

상술한 기록에서 보이듯이, 빈공 학생을 파견하고 받아들이는 과정에서 당 조정과 파견국 쌍방은 모두 10년 기한으로 약정했고, 기한이 차면 파견국은 즉시 본국에 보내주길 주청하는 표를 올려야 했으며, 그런 연후에 비로소 다른 빈공 학생을 다시 파견할 수 있었다.

《신당서(新唐書)》 권44, 〈선거지(選擧志)〉의 기록에 의하면, 당대 육학(六學) 가운데 율학의 수업 연한이 6년인 것을 제외하고 국자학・태학은 모두 9년을 수업 연한으로 삼았다. 이 9년 동안 "대체로 《효경》・《논어》 공부는 각기 1년으로 제한하고, 《상서》・《공양전》・《곡량전》은 각기 1년 6개월이며, 《주역》・《시경》・《주례》・《의례》는 각기 2년이며, 《예기》・《좌씨전》은 각기 3년이다(凡治《孝經》・《論語》共限一歲, 《尙書》・《公羊傳》・《穀梁傳》各一歲半, 《易》・《詩》・《周禮》・《儀禮》各二歲, 《禮記》・《左氏傳》各三歲)"라고 했다. 학생들은 매년 연말에 한 차례 시험을 쳐서 상・중・하 3등으로 나뉘었으며, 만일 "잇달아 세 번이나 하등의 점수를 받거나, 국자학・태학 학생은 9년, 율학의 학생은 6년 동안 공부하여 시험에 합격하지 못한 자는 퇴출당하여 귀가했다(併三下與在學九歲・律生六歲, 不堪貢者罷歸)."[26] 다시 말하면, 성적이 연속으로 세 번이나 하등으로

25) 《동사강목》 권5상, 경인문화사, 1987, 499쪽.
26) 《신당서》 권44, 중화서국, 1987, 1160~1161쪽.

열거되면 강제로 퇴학당했다는 말이다.

당대의 이 학제 연한은 대부분 이웃 나라에서 모방했다. 신라 신문왕(神文王) 2년(682, 당 고종 영순 원년)에 국학을 창설했는데, 완전히 당의 제도에 의거하여 교육 과정과 관련 제도를 설정했고, 국학 연한도 똑같이 9년이었다.

또 《신당서》 권48, 〈백관지(百官志)〉, 「숭현서(崇玄署)」조의 기록에 의하면, "신라・일본의 승려가 입조하여 공부하면서 9년이 되어도 돌아가지 않는 사람은 승적에 편입시켰다(新羅,日本僧入朝學問, 九年不還者編諸籍)"[27]고 했다. 이 조목은 또 《당회요(唐會要)》 권49, 〈승적(僧籍)〉에도 기록되어 있다. 이는 외국 승려의 체류도 9년을 기한으로 삼으며, 10년째는 본국 사절을 따라 귀국해야만 하고, 기한을 넘기면 당 본국의 승적(僧籍)에 편입된다는 말이다. 일본 승려 진인(眞人) 겐카이(元開)는 《당대화상동정전(唐大和上東征傳)》에서 나라(奈良) 고후쿠지(興福寺)의 승려 에이에이(榮睿)와 후쇼(普照) 두 사람이 개원(開元) 20년(733)에 입당한 지, "이미 10년이 지나서 사신을 기다리지 않고, 일찍 귀국하고자 했다(已經十載, 雖不待使, 而欲早歸)"[28]고 말했다.

최치원의 윗글과 《동사강목》에서 말한 '10년'의 연한은 마땅히 당 체류 연한의 대략적 기간일 것인데, 그 안에 입당 체류 기간과 귀국 기간이 포함될 것이다. 그리고 당에 머물러 공부하는 연한은 당의 제도를 따라야 했으니, 역시 9년이었다. 빈공 학생은 입당한 뒤부터 10년 이내에 자유로이 시간을 선택하여 빈공의 신분으로 예부에서 시행하는 진사과 춘시(春試)에 참가했다. 이를테면 최치원은 함통(咸通) 9년(868)에 입당하여 6년 되던 해(건부 원년)에 진사과 시험에 응시하여 급제했다. 《삼국사기》 권46, 〈열전 제6〉의 기록에 의하면, 신라 최승우(崔承佑)는 당 소종(昭宗)

27) 《신당서》 권48, 중화서국, 1987, 1252쪽.
28) 왕향영(汪向榮) 교주, 《당대화상동정전》, 중화서국, 1979, 39쪽.

용기(龍紀) 2년(890)에 입당하여 3년 되던 해(893, 경복 2) 예부시랑 양섭(楊涉)이 주관한 시험에 급제했다. 10년 기한이 찼어도 아직 진사과에 급제하지 못한 사람은 정해진 기한 내에 본국 사절을 따라 귀국해야 했다.

그러나 빈공 학생이 진사과에 급제한 뒤 당 조정의 비준을 얻게 되면, 여전히 당의 선비 신분으로 체류하면서 계속 유학(遊學)하거나 당조의 관직을 맡을 수도 있었다. 예컨대 김운경(金雲卿)은 장경(長慶) 원년(821)에 급제한 뒤 장기간 중원에 체류하면서 연주도독부사마(兗州都督府司馬)를 맡았고, 당 무종(武宗) 회창(會昌) 원년(841)에는 치주장사(淄州長史)로 제수되어 당에서 근 20여 년을 체류했다. 김가기(金可紀, ?~859)는 진사과에 급제한 뒤 성격이 침착하고 도를 좋아하여 종남산(終南山) 자오곡(子午谷)으로 은거하여 복기(服氣, 도가의 수련법)로 몸을 단련했으며, 이후 당 선비의 신분으로 사망했다. 그리고 최치원은 입당 후 귀국까지 당에서 장장 17년 동안이나 머물렀으니, 역시 10년의 기한을 훨씬 초과했다.

3. 빈공 진사의 합격자 발표 방식

앞에서 이미 이야기했듯이, 외국 빈공 수험생들은 일반적으로 당 본국의 생도 및 향공(鄕貢)과 함께 예부의 춘시에 응시했다. 그러나 당대 빈공 진사의 합격자 발표 형식에 대해서는 문헌의 기록이 거의 보이지 않는다. 지금 알 수 있는 원시 사료는 최치원이 〈계원필경서〉에서 말한, "유람한 지 6년 만에 이름을 방 끄트머리에 걸게 되었습니다(觀光六年, 金名榜尾)"[29]는 언급뿐이다.

29) 《최문창후전집》, 성균관대학교 대동문화연구원, 1991(3판), 287쪽.

당대 빈공 진사의 '이름을 방 끄트머리에 거는(附名榜尾)' 합격자 발표 형식은 신라와 발해 양국의 서열 다툼에서 알 수 있다. 이 점에 대해서 최치원이 귀국 후에 지은 〈예부상서 배찬에게 주는 장문(與禮部裴尙書瓚狀)〉, 〈숙위 학생 수령 등을 파견하여 입조하는 장문(遣宿衛學生首領等入朝狀)〉, 〈신라왕이 당 강서 대부 고상에게 보내는 장문(新羅王與唐江西高大夫湘狀)〉 세 글이 참고할 수 있는 중요한 사료를 제공해 준다.

신라는 당의 이웃나라로 유학생을 가장 많이 파견하는 국가였다. 《삼국사기》 권5, 〈신라본기 제5〉의 기록에 의하면, 신라에서 처음으로 당에 유학생을 파견시킨 것은 선덕여왕(善德女王, 德曼) 9년(640, 태종 정관 14)부터였고, 9세기에 절정에 이르렀다. 당대 진사과 시험에 참가한 외국 중에서 신라만이 홀로 빼어나 장경 원년(821) 김운경이 빈공 진사에 급제한 이래, 신라의 빈공 학생들이 과거 시험에서 이름을 날리고 우수한 성적으로 급제한 기록이 사서에 끊이지 않았다. 그러나 이웃 나라 소국인 발해(渤海)가 나타남에 따라 당대 과거 시험에서 신라가 차지한 우세한 지위에 어느 정도 영향을 미치게 되었다.

발해국은 대조영(大祚榮, ?~719)이 698년 동북에서 세운 민족 정권으로, 말갈(靺鞨) 속말(粟末) 사람들과 고구려 유민을 주체로 삼아 진국(震國)이라 자호했고, 후에는 당에 신하의 예로써 복종했다. 개원 원년(713) 당 현종이 대조영을 발해군왕・홀한주도독(忽汗州都督)으로 책봉하고 국호를 발해로 고치면서 정식으로 당 조정의 한 속국이 되었다. 개원 2년(714) 대조영은 처음으로 6명을 입당시켜 학습케 했고,[30] 후에는 또 "수차 제생들을 보내 경사 태학에 이르러 고금의 제도를 익히고 살피게 했다(數遣諸生詣京師太學, 習識古今制度)."[31] 태화(太和) 3년(829)에는 일찍이 이거정(李居正)・주승조(朱承朝)・고수해(高壽海) 3인을 입당시켜

30) 《옥해(玉海)》 권196, 〈조공류(朝貢類)〉, 「외이내조(外夷來朝)」.
31) 《신당서》 권219, 〈발해전〉, 중화서국, 1975, 6182쪽.

학습케 했고, 태화 7년(833)에 발해국왕 대이진(大彝震)은 또 학생 해초경(解楚卿)・조효명(趙孝明)・유보준(劉寶俊) 3인을 파견하여 사은사(謝恩使)・동중서우평장(同中書右平章) 고보영(高寶英)을 따라 당에 들어가 공부하게 했다.[32] 아울러 적지 않은 발해 빈공 학생들이 당에서 급제했으니, 그 성명을 알 수 있는 사람으로는 오소도(烏昭度)・오광찬(烏光贊)・고원고(高元固)・흔표(欣彪)와 사승찬(沙承贊) 5명이다.[33]

역사상 발해는 일찍이 신라를 여러 차례 침략했던 바, 양국의 원한이 자못 깊었다. 당과 조공 관계에서도 쌍방은 서열을 두고 다투었다. 예를 들면 건녕(乾寧) 4년(897) 7월에 발해 하정왕자(賀正王子) 대봉예(大封裔)는 표를 올려 신라의 위에 둘 것을 요청했으나, 당 조정으로부터 거절당했다. 양국과 당 조정의 교류가 날로 긴밀해짐에 따라 이러한 정치상의 분쟁에 또한 과거까지 말려들어, 합격자 명단의 석차 싸움이 더욱 극렬해졌다. 가장 대표적인 사건은 오소도와 신라 이동(李同), 오광찬과 신라 최언위(崔彦撝, 868~944) 사이의 두 번에 걸친 자리다툼이다.

발해국 재상 오소도가 빈공 진사에 급제한 일에 대하여 최치원은 〈신라왕이 당 강서 대부 고상에게 보내는 장문〉에서 "정공 시랑 최근(崔瑾)이 두 명의 빈공 진사를 선발할 때, 발해의 오소도를 수석으로 삼았습니다(靖恭崔侍郎放賓貢兩人, 以渤海烏昭度爲首)"[34]라고 말했으며, 〈예부상서 배찬에게 주는 장문〉에서는 "그러나 고 정공 최 시랑이 주시하던 해에 빈공 진사에 급제한 자가 두 명이었는데, 발해의 오소도를 상등으로 삼았습니다(然至故靖恭崔侍郎主貢之年, 賓薦及第者兩人, 以渤海烏昭度爲上)"[35]고 말했다. 김육불(金毓黻, 1887~1962)은 《발해국지장편(渤海國

32) 《책부원귀(冊府元龜)》 권999, 〈외신부(外臣部)〉, 「청구(請求)」.
33) 김육불(金毓黻), 《발해국지장편(渤海國志長編)》 권10.
34) 《최문창후전집》, 성균관대학교 대동문화연구원, 1991(3판), 64쪽.
35) 《최문창후전집》, 성균관대학교 대동문화연구원, 1991(3판), 66쪽.

志長編)》 권10, 〈오소도전(烏昭度傳)〉에서도 똑같이 "오소도는 발해왕 대현석의 시대(871~893)에 입당하고 빈공 진사 시험에 응시하여 신라의 빈공 이동과 함께 진사에 급제했으며, 그의 이름이 이동의 위에 놓였고, 직위는 발해의 재상에까지 이르렀다(烏昭度于王玄錫之世入唐, 應賓貢試, 與新羅賓貢李同同榜進士及第, 名在其上, 位至國相)"[36]고 기록했다.

대만 학자 엄경망(嚴耕望, 1915~)과 고명사(高明士)도 모두 오소도가 급제한 때는 건부 6년 최담(崔澹)이나 광명(廣明) 원년(880) 최후(崔厚)가 주관한 두 해 중에 있다고 여겼고, 본토 학자 양태제(梁太濟)는 그 시기를 고증하여 함통 13년(872) 최근(崔瑾)이 주관할 때 급제했다고 보았다. 그해 합격자 명단이 발표되어 신라 이동의 이름이 오소도의 뒤에 붙자 신라 조야에 강열한 불만을 일으켜, 신라 국왕은 이 일을 "이미 사방 이웃의 조롱거리가 되었고, 한 나라에 영원한 치욕을 끼쳤습니다(既致四鄰之譏, 永貽一國之恥)"[37]라고 말했으며, 최치원은 "갓과 신발을 거꾸로 놓은 것이 실로 부끄럽다(冠屨實慚於倒置)"[38]고 여겼다. 후에 건부 원년(874)에 최치원은 예부시랑 배찬(裴瓚)이 "높은 안목을 가지고, 영광스럽게 과거를 관장할(高懸藻鑑, 榮掌桂科)"[39] 때 단번에 급제했다. 이번의 합격자 명단 발표에 대하여 최치원은 〈예부 상서 배찬에게 주는 장문〉에서 "전 도통순관·전중시어사 최치원이 다행히도 천박한 재주를 가지고 제생의 대열에 끼게 되었고, 소 염통을 먼저 먹어 주심으로써 닭의 입 구실을 하게 되었다(前都統巡官·殿中侍御史崔致遠, 幸將薄技, 獲厠諸生, 先啗牛心, 得爲雞口)"[40]라고 말했다. 이렇게 해서 비로소 치욕을 씻을 수

---

36) 《발해국지장편》 권10, 社會科學戰線雜志社, 1982, 226쪽.

37) 〈신라왕이 당 강서 대부 고상에게 보내는 장문(新羅王與唐江西高大夫湘狀)〉, 《최문창후전집》, 성균관대학교 대동문화연구원, 1991(3판), 64쪽.

38) 〈예부 상서 배찬에게 주는 장문(與禮部裴尙書瓚狀)〉, 《최문창후전집》, 성균관대학교 대동문화연구원, 1991(3판), 67쪽.

39) 《최문창후전집》, 성균관대학교 대동문화연구원, 1991(3판), 67쪽.

있었다. 연대 순서를 보면, 엄경망과 고명사가 오소도와 이동의 급제 연도를 건부 6년(879)이나 광명 원년(880)으로 잡은 것은 분명 착오이다.

이름 순서를 놓고 벌인 이 사건은 신라 사람으로 하여금 오랜 기간 늘 가슴에 새겨두게 만들었다. 최치원은 〈신라왕이 당 강서 대부 고상에게 보내는 장문〉에서 고상(高湘)이 주관할 때, "엎드려 생각건대 대부가 손에는 제갈량의 저울을 드시고 마음은 진시황의 거울처럼 간담을 비추어 보시며 주임 시험관을 맡아 계림의 선비를 돌아보시어, 특히 박인범·김악 두 사람으로 하여금 쌍으로 봉리에 날고 무리 지어 용문에서 뛰게 하며, 선비의 대열에 끼는 것을 허락하고 국자감에 함께 나아가게 하여, 추한 오랑캐가 빈공 진사를 흠내는 것을 용납하지 않았습니다(伏遇大夫, 手提蜀秤, 心照秦臺, 作蟾桂之主人, 顧雞林之士子. 特令朴仁範金渥兩人, 雙飛鳳里, 對躍龍門, 許列青襟, 同趨絳帳, 不容醜虜, 有玷仙科)"[41]라고 논급했다. 이렇게 하여 서열 분쟁은 비로소 잠시 종식되었다. 《등과기고(登科記考)》 권23의 고증에 의하면, 고상이 중서사인(中書舍人) 지공거(知貢擧)를 맡은 것은 건부 4년(877)인데, 박인범과 김악 두 사람은 이해에 급제했으나 《등과기고》에는 기록되어 있지 않다.

오광찬은 오소도의 아들인데, 《고려사》 권92, 〈최언위전〉에서는 "최언위의 처음 이름은 신지이다. …… 신라 말 열여덟 명이 당으로 유학을 갔다. 예부시랑 설정규 문하에 유학하여 과거에 급제했다. 그때 발해의 재상 오소도의 아들 광찬이 동년 급제했다. 오소도가 당에 조회를 가서 자기 아들의 이름이 최언위보다 아래에 있는 것을 보고 표문을 올려, '신은 지난날 입조하여 과거에 급제했을 때 이동보다 이름이 위에 있었으니, 이제 신의 아들 광찬도 마땅히 최언위보다 위에 올라야 합니다'라고 했으나, 최언위의 재주와 학문이 우수하여 허락되지 않았다(崔彦撝, 初名愼

40) 《최문창후전집》, 성균관대학교 대동문화연구원, 1991(3판), 67쪽.
41) 《최문창후전집》, 성균관대학교 대동문화연구원, 1991(3판), 64쪽.

之. …… 新羅末年十八遊學入唐, 禮部侍郎薛廷珪下及第. 時渤海國相烏昭度子光贊同年及第, 昭度朝唐, 見其名在彦撝下, 表請曰 : '臣昔年入朝登第, 名在李同之上. 今臣子光贊宜升彦撝之上'. 以彦撝才學優贍, 不許)"[42]라고 기록했다. 이 일은 김육불의 《발해국지장편》 권10, 〈오소도전〉에도 똑같이 기록되어 있다. 오광찬은 천우(天佑) 3년(906)에 신라 최언위와 똑같이 급제했으나, 이름이 최언위의 뒤에 붙었다. 이에 그의 아버지가 당에 들어와 표를 올려 이름의 순서를 고쳐달라고 부탁한 일이 있었다.

이러한 두 사건에서 알 수 있듯이, 빈공 진사의 합격자 명단을 발표할 때 이름의 서열 경쟁은 매우 치열했다. 빈공 진사가 아무리 당 본국의 진사 급제자와 함께 합격자 명단에 발표되었고, 최치원이 《계원필경집》 권17, 〈시를 올리는 계문(獻詩啓)〉에서 막부의 동료 고운(顧雲, ?~894?)을 '동년(同年)'으로 불렀던 것처럼 쌍방이 '동년'으로 불렀다고는 하나, 예부에서 합격자 명단을 발표할 때마다 외국 빈공 진사들의 이름은 모두 당 본국 진사들의 뒤에 놓였다. 즉 합격자 명단은 하나이나, 두 가지 서열을 둔 방식으로 실행되었다. 예를 들면 최치원은 위에서 인용한 〈직위를 사양하는 장계문〉·〈길게 올리는 계문〉에서 "본디 희망은 과거에 맨 끝으로라도 합격하는 것입니다(本望止於榜尾科第)"[43]라는 말이 있고, 또 〈월급을 요청하는 장문(謝探請料錢狀)〉에서 자칭 "쑥대 잎이 만 리를 날매, 서울의 요로와 통진이 희미하고, 계지를 꺾는 한 이름은 금방의 혹과 사마귀 같은 존재이오니, 바로 이것이 다반사일진대 한갓 멀리 왔을 뿐이다(蓬飛萬里, 迷玉京之要路通津 ; 桂折一名, 作金牓之懸疣附贅. 乃是常常之事, 徒云遠遠而來)"[44]라고 했다. 최치원이 한 말은 분명히 일반적인 겸사가 아니라, 이름을 합격자 명단의 끝에 놓은 것은 마땅히 당대 빈공 진사

42) 《고려사》 권92, 日本國書刊行會, 明治 41(1908), 하책 71쪽.
43) 《최문창후전집》, 성균관대학교 대동문화연구원, 1991(3판), 386쪽.
44) 《최문창후전집》, 성균관대학교 대동문화연구원, 1991(3판), 389쪽.

합격자 명단 발표의 특유한 방식일 것이다. 같이 합격자 명단을 발표하나, 이중으로 배열했기 때문에 명단이 발표될 때마다 빈공 진사들은 서열 싸움을 일으킨 것이다. 오소도와 이동, 오광찬과 최언위 간의 서열 변화는 바로 이러한 예에 속한다.

최치원의 〈예부 상서 배찬에게 주는 장문〉의 설명에 의하면, 그가 건부 원년(874)에 진사과 합격자 발표 서열 문제를 논하며 "소 염통을 먼저 먹여 주심으로써 닭의 입 구실을 하게 되었으니, 설후와 더불어 석차 다투는 것을 면했고, 조나라 장군 염파(廉頗)로 하여금 인상여(藺相如)에게 회의를 품지 않게 했다. 실로 지극히 공정한 분을 만나 이전의 치욕을 씻었다(先啗牛心, 得爲雞口, 免與薛侯爭長, 不令趙將懷嫌. 實逢至公, 得雪前恥)"[45]고 하였다. 그해에 함께 급제한 다른 나라의 진사들은 문헌에 기록하지 않아 알 도리가 없다. 최치원이 말한 "닭의 입 구실을 한다(得爲雞口)"와 "이전의 치욕을 씻었다(得雪前恥)"는 표현으로 미루어 보아 그가 건부 원년에 급제했을 때, 이름이 외국 빈공 진사 가운데 꼭대기에 있었음을 알 수 있다.

〈예부 상서 배찬에게 주는 장문〉에서는 또 당대의 주임 시험관이 발해 빈공 학생을 대함에 "예부에서 차례로 시험을 치름에 다만 회유하는데 힘썼습니다. 이는 실로 문덕을 닦음으로써 따라오게 하는 것이요, 또 구악을 염두에 두지 않겠다는 뜻이었습니다(春官歷試, 但務懷柔, 此實修文德以來之, 又乃不念舊惡之旨)"[46]라고 언급했다. 또 최치원의 〈신라왕이 당 강서 대부 고상에게 보내는 장문〉에서 신라왕은 지공거 고상을 칭찬하면서 "계림의 선비를 돌아보시어, 특히 박인범・김악 두 사람으로 하여금 쌍으로 봉리에 날게 했습니다(顧雞林之士子, 特令朴仁範金渥兩人, 雙飛鳳里)"[47]라고 했다. 이는 당대의 주임 시험관이 외국의 빈공 진사들

45) 《최문창후전집》, 성균관대학교 대동문화연구원, 1991(3판), 67쪽.
46) 《최문창후전집》, 성균관대학교 대동문화연구원, 1991(3판), 66쪽.

이 응시하는 시험에 특혜를 주었음을 설명한다.

당대 빈공 진사의 "이름을 방 끄트머리에 거는(金名榜尾)" 합격자 명단 발표 방식은 송대까지 이어졌다. 예를 들면《옥해(玉海)》권116,「함평빈공(咸平賓貢)」조에서는 "함평 원년(998) 2월 무신일에 고려의 진사 김성적이 과거에 급제하여 춘방에 붙혔다(咸平元年二月戊申, 賜高麗進士金成績及第, 附春榜)"라고 기록했다. 이를 보면 송대에 합격자 명단을 발표할 때, 빈공 진사의 이름을 합격자 명단 끝에 붙이는 형식을 채용했음을 알 수 있다. 이러한 형식은 원(元) 인종(仁宗) 연우(延佑) 원년(1314)에 이르러 비로소 폐지되었다. 빈공 진사는 한인(漢人)·남인(南人)과 마찬가지로 석차에 따라 한 명단에 배열되어 더는 주(主)·빈방(賓榜)의 구분이 없어졌다.

주의할 만한 것은 서송(徐松, 1781~1848)의《등과기고》권23의 기록에 의하면, 건부 원년(874)의 합격자 명단에 모두 진사 30명이 뽑혔는데, 이름을 알 수 있는 사람은 귀인택(歸仁澤)·유숭망(劉崇望)·하후택(夏候澤)·최치원·고운·장서(蔣曙)이다. 그중 귀인택이 장원이었고 장서가 꼴찌이다. 그런데 고운의 서열을 보면, 서송이《당어림(唐語林)》권7을 인용하여 "이름을 이루기에 급급했다(切于成名)", "다만 병과의 끝에라도 붙기를 바랐는데, 결국 미과의 앞에 나열되었다(只望丙科盡處, 竟列名于尾科之前也)"[48]고 했는데, 최치원의 이름이 고운 앞에 있다.《등과기고》에서는 이 6명의 이름을 순서대로 배열한 듯하다. 그러나 위에서 살펴본 바에 의하면, 최치원이 말한 것처럼 당대 빈공 진사의 "이름을 방 끄트머리에 거는" 합격자 발표 방식은 마땅히 믿을 만하다. 이름을 합격자 명단의 끝에 붙이는 설이 잘못이 아니라면,《등과기고》에서 고증한 서열은 성립하기가 어렵다.

---

47)《최문창후전집》, 성균관대학교 대동문화연구원, 1991(3판), 64쪽.
48)《등과기고》권23, 중화서국, 1993, 중책 867~868쪽.

위의 서술을 종합해 보면, 당대에 빈공 학생에 대한 특수한 정책과 체제가 있었고, 빈공 학생은 대부분 사신을 따라 조공하는 방식으로 입당하여 국자감에 들어가 학업을 연마했다. 생활비는 양국 정부에서 공동으로 부담했고, 당 체류 연한은 10년으로 제한하여 자율적으로 예부 고시에 응시할 시간을 선택할 수 있었다. 진사에 급제한 뒤에는 당대 진사와 똑같은 합격자 명단에 발표되었으나, 그 이름은 명단 끝에 배열되었다.

[해제]

이 글은《동서문화교류연구》제3집(2001년 2월)에 실린〈崔致遠與唐代賓貢進士的特殊體制考述〉을 번역한 것이다. 저자가 쪽수를 표시하지 않은 각주는 역자가 해당 저작을 찾아 부기했음을 밝혀둔다.

당대 빈공(賓貢) 및 빈공과(賓貢科) 고찰

당은평(黨銀平)

당대 과거 제도의 연구 가운데 빈공 및 빈공 진사는 주의를 기울일 만한 중요한 주제이다. 중국 학술계에서는 과거에 이 문제에 대한 연구가 비교적 박약했는데, 부선종(傅璇琮, 1933~)의 《당대 과거와 문학(唐代科擧與文學)》과 오종주(吳宗周)의 《당대 과거제도 연구(唐代科擧制度研究)》 등의 전문 저작에서도 이를 언급하지 않았다. 근년에 비록 일부 학자들이 이에 대하여 초보적으로 연구하고 있기는 하지만, 빈공의 함의와 당대 빈공과의 유무 등 상관 문제에 대해서는 여전히 큰 차이가 존재한다. 여기에서는 당대 빈공 진사의 관련 상황을 가지고 대략적으로 고찰하고자 한다.

1. 빈공의 함의와 변천

빈공은 인재를 뽑는 한 방식으로 그 함의가 변천해 왔다.

중국 고대에는 대대로 지방에서 인재를 추천하는 제도가 있었던바, 주대(周代)에는 향소학(鄕小學)에서 현능지사(賢能之士)를 뽑아서 빈례(賓禮)로 대우했고 국학(國學)으로 올려 보냈다. 《주례(周禮)》, 〈지관(地

官)〉, 「대사도(大司徒)」에서 "향의 세 가지 일로 만민을 교화시키고, 빈례를 치르고 천거했다(以鄕三物敎萬民, 而賓興之)"고 했고, 정현(鄭玄)의 주(注)에서는 "'흥'은 '거'와 같다. 백성이 세 가지 일로 교육을 마친 뒤에 향 대부들은 그중에 어진 자를 천거했고, 능숙한 사람은 음주의 예로써 빈객으로 대우했다(興, 猶擧也. 民三事敎成, 鄕大夫擧其賢者, 能者以飮酒之禮賓客之)"라고 했다. 《당대조령집(唐大詔令集)》 권105, 〈명경 진사에게 명하여 국자감에 나아가 선사를 배알하게 하는 칙문(令明經進士就國子監謁先師敕)〉에서는 "옛날에 빈헌의 예가 있어서 서울에 올라가 조정에 이름을 날렸다(古有賓獻之禮, 登于天府, 揚于王庭)"[1]고 했다. '빈흥(賓興)' 혹은 '빈헌(賓獻)'의 의미는 대략 후대의 '빈공(賓貢)'과 같은데, 바로 상고 시기 향거(鄕擧) 예제(禮制)의 이름이다.

'빈공'이란 말은 과거의 인사 추천에 사용되었으며, 수대(隋代)에 나타났다. 수 문제는 즉위 후 구품중정제(九品中正制)를 폐지하고 과거를 창시하여 천하의 인재를 끌어 모았다. "개황 3년(583) 정월에는 현량한 인재를 뽑아 올리라는 조서를 내렸다(開皇三年正月, 詔擧賢良)."[2] 개황 7년(587) 정월에는 다시 "각 주에서는 해마다 세 명을 뽑아 조정에 천거하라(諸州歲貢三人)"[3]는 조서를 내렸다. 이에 따라서 각지의 주군(州郡)에서 인재를 천거했고, 지방에서 잔치를 베풀어 과거에 응시한 선비들을 환대하고 이들을 '빈공'이라 불렀다. 예를 들면 《수서(隋書)》 권73, 〈양언광전(梁彦光傳)〉에서는 언광을 일컬어 "대성하여서는 빈공의 예를 거행했다(及大成, 當擧行賓貢之禮)"고 했다. 이정(李靖)은 어린 나이에 옹주(雍州)에서 추천받아 개황 7년에서 10년 사이에 "빈공에 급제(賓貢擢第)"[4]했다.

---

1) 《당대조령집(唐大詔令集)》 권105, 學林出版社, 1992, 492쪽.
2) 《통전(通典)》, 〈선거전(選擧典)〉.
3) 《수서(隋書)》 권1, 〈제기(帝紀) 제1〉.
4) 〈이정비(李靖碑)〉.

이를 보면 수나라 초기의 빈공은 다만 수재(秀才)·명경(明經)·진사과(進士科) 등의 추천 방식을 가리켰음을 알 수 있다.

수 양제(煬帝) 대업(大業) 연간에 명경과 수재 두 과는 대부분 지위가 높은 이의 자제들이 응시했고, 지방에서 추천한 서민 수재들은 대부분 진사과에 응시했다. 《당육전(唐六典)》 권2, 「이부시랑(吏部侍郎)」조의 품계에 의하면, 수재 급제자는 네 등급으로 나뉘는데, 상상(上上) 급제자는 정8품 상, 상중(上中) 급제자는 정8품 하, 상하(上下) 급제자는 종8품 상, 중상(中上) 급제자는 종8품 하이다. 명경과도 종8품 하, 정9품 상, 정9품 하, 종9품 상 등 네 등급으로 나뉘었다. 그러나 진사과는 1등 급제자만 종9품 상, 2등 급제자는 종9품 하를 받아 두 등급으로 나뉘었는데 품계가 비교적 낮았다.[5] 따라서 방현령(方玄齡, 579~648)은 개황 16년(596)에 진사 시험에 응시할 때 "엎드려 빈공을 따랐다(俯從賓貢)"[6]라고 했다. 두 《당서(唐書)》에서는 모두 방현령이 18세에 "진사에 천거되었다(擧進士)"고 기록했는데, 이를 보면 빈공은 수나라 대업 이후에 이미 진사의 별칭이 되었음을 알 수 있다.

《당인묘지휘편(唐人墓志匯編)》의 〈대당 고 익성령 요양남방부군 묘지명 및 서(大唐故翼城令饒陽男房府君墓志銘幷序)〉에서 방기(房基)를 일컬어 "자는 덕본이며, 청하 사람이다. …… 그는 어려서부터 효성과 우애가 두드러졌고 일찍 스님과 같은 규칙을 지켰다. 수 대업 7년에 국학의 생도가 되어 3년 동안 연구하면서 글을 읽으면 백 번을 채웠다. 비록 안회가 입실의 경지에 들어갔다고 하나, 그를 넘어설 자는 없었다. 이미 빈공을 준비하여 과거에 응시하여 선의랑이라는 관직을 받았으나, 발탁되지는 못했다(字德本, 淸河人也. …… 君幼標孝友, 夙振淸規, 隋大業七年, 任國學生, 義究三冬, 文窮百遍, 雖顔子入室, 無以過也. 旣預賓貢, 策應甲科, 授

5) 《당육전(唐六典)》 권2, 中華書局, 1992, 32쪽.
6) 〈방현령비(方玄齡碑)〉.

宣義郎, 未之超擢)”[7]라고 했다. 여기서는 빈공으로 진사과를 대신 가리키고 있다.

초당(初唐)·성당(盛唐) 시기에는 수대 빈공의 함의를 답습하여 지방의 빈공을 과거에서 인재 선발의 길로 삼았으니, 향공(鄕貢)과 대략 같다. 당대 과거의 응시생에게는 두 가지 길이 있는데, 즉 조정의 국자감(國子監)·홍문관(弘文館)·숭문관(崇文館)과 지방의 주현(州縣) 학관(學館) 출신의 생도(生徒)는 학교 시험에 합격하면 예부(禮部) 시험에 참가할 수 있었다. 학관 출신이 아닌 사람은 향공이라 부르는데, 향공 수험생은 소재지에서 등록한 뒤, 지방 주현에서 등급에 따라 시험을 친 다음 그 합격자를 뽑아 상급 기관에 올렸다. 《신당서》 권44, 〈선거지 상(選擧志上)〉에서는 “학관을 거친 이는 생도, 주현을 거친 사람은 향공이라 부른다. 모두 시험관에게 올려 들어가고 물러났다(由學館者曰生徒, 由州縣者曰鄕貢. 皆升于有司而進退之)”[8]고 했다.

당 고조(高祖) 무덕(武德) 4년(621)부터 여러 주에 다음과 같은 조령을 하달했다. “명경·수재·준사·진사 그리고 다스림의 실체에 밝고 지역에서 명망이 있는 자를 해당 현에 위임하여 시험을 치르게 하고, 주의 장관이 재심하여 합격한 자를 매년 10월에 공물과 함께 올려 보내도록 하라(有明經及秀才·俊士·進士, 明於理體, 爲鄕里所稱者, 委本縣考試, 州長重覆, 取其合格, 每年十月, 隨物入貢).”[9] 이 두 가지 수험생 출신 가운데 학관의 생도를 주(主)로 삼고, 주현의 향공을 빈(賓)으로 삼아 매년 10월 이전에 조정으로 추천했다. 따라서 늘 빈공의 방식으로 각지의 인재를 그러모아서 조정에 천거했다.

---

7) 주소량(周紹良) 주편, 《당인묘지휘편(唐人墓志匯編)》 상책, 「영휘(永徽) 123」, 上海古籍出版社, 1992, 211쪽.
8) 《신당서》 권44(지 제34) 제4책 , 〈선거지 상(選擧志上)〉, 中華書局, 1975, 1159쪽.
9) 《당척언(唐摭言)》 권1, 〈통서과제(統序科第)〉.

예컨대 《당인묘지휘편》의 〈대당 고 문림랑 지군 묘지 및 서(大唐故文林郎支君墓志并序)〉에서 "그의 이름은 경륜이며 진류 사람이다. …… 효성스럽고 순박함으로 떨치고 어질고 넓은 사랑으로 두드러졌으며, 우아하고 문적을 좋아했고 정세하여 고서를 가지고 놀았다. 조정에서 빈공을 받아 우등으로 문림랑을 제수받았다(君諱敬倫, 陳留人也. …… 孝挺淳染, 仁標泛愛, 雅好篇籍, 精玩典墳, 蒙賓貢于王庭, 授文林于上第)"[10]라고 했고, 또 같은 책 〈대당 고 무주 용표현령 최 군 묘지명 및 서(大唐故巫州龍標縣令崔君墓志銘并序)〉에서는 최 군(崔君)을 일컬어 "그의 이름은 지도이고 자는 원류이며 청하의 동쪽 무성 사람이다. …… 약관에 이르러 명성이 자못 자자했는데, 빈공에 응시하여 우등으로 급제하고 태주 만춘현위로 부임했다(君諱志道, 字元閨, 淸河東武城人也. …… 逮乎弱冠, 聲猶籍甚, 甫應賓庭, 射策高第, 解巾泰州萬春縣尉)"[11]라고 했다.

또 장문성(張文成)의 전기(傳奇) 소설 〈유선굴(遊仙窟)〉에서 남자 주인공은 최십랑(崔十娘)에게 다음과 같이 대답했다. "다행히도 태평성대에 속했지만, 빈천하게 사는 것을 부끄러워했습니다. 먼저 빈공으로 천거되어 이미 갑과에 들어갔고, 후에는 추천을 받아 높이 급제하게 되었습니다(幸屬太平, 恥居貧賤. 前被賓貢, 已入甲科 ; 後屬搜揚, 又蒙高第)." 황보증(皇甫曾, ?~785)의 〈과거 응시하러 가는 배 수재를 전송하며(送裴秀才貢擧詩)〉에서는 배 수재를 일컬어 "빈공의 나이 아직 어리시반, 문사의 아름다움은 이미 이루었다(賓貢年猶少, 篇章藝已成)"[12]라고 했다. 백거이(白居易, 772~846)도 자신을 일컬어 "미천한 신하 백거이는 문명의 교화를 입어 빈공의 대열에 나아가게 되었다(賤臣居易忝濡文明之化, 就賓貢之列)"[13]라고 했다. 이는 모두 추천 받아 과거에 응시했음을 가리킨다.

---

10) 주소량 주편, 《당인묘지휘편》 상책, 「인덕(麟德) 058」, 상해고적출판사, 1992, 433쪽.
11) 주소량 주편, 《당인묘지휘편》, 상책, 「영순(永淳) 022」, 상해고적출판사, 1992, 700쪽.
12) 《전당시(全唐詩)》 권210, 중화서국, 1985, 제6책 2188쪽.

어떤 의미에서 보면, 빈공은 또한 '빈천(賓薦)'이라 부를 수 있고 마찬가지로 일종의 빈사(賓士)의 방식을 가리킨다. 장구령(張九齡, 678~740)의 《곡강집(曲江集)》에 수록된 〈빈공 시험을 관장하는 예부시랑에게 내린 칙령(敕令禮部掌貢人)〉에서는 "하물며 예부시랑이 예시를 관장함에는 마땅히 빈공을 위주로 해야 합니다. 지금 이후로는 모든 거인과 재랑이 시험을 치를 때는 모두 예부에서 모아서 행합니다(况宗伯掌禮, 宜主賓薦, 自今以後, 每諸擧人及齋郎等簡試, 幷于禮部集)"[14]라고 말했다.

당대 초기에 언급된 빈공의 범위는 비교적 넓은데, 《당육전》 권30, 〈삼부도독도호주현관리(三府都督都護州縣官吏)〉, 「공조사공참군(功曹司功參軍)」조에서는 다음과 같이 기록했다.

> 무릇 공거인 가운데 박식하고 뛰어난 재능이 있으며 힘써 배우고 자주 묻는 사람 중에 선출하여 준수한 사람이라면 수재가 된다. 두 종의 경서에 통달한 사람은 명경이 되고, 시무에 밝고 하나의 경서에 정통한 사람은 진사가 되며, 법령에 통달한 사람은 명법이 된다. 인품이 정직하고 맑게 수양하여 효와 의로 이름이 나서 집안에서 선행으로 표창받고 시무를 처리할 능력이 있으면, 또한 빈공을 따라 효제역전이 된다. 무릇 공인의 숫자는 상주는 매년 세 명, 중주는 두 명, 하주는 한 명이다. 만약 재능이 특출한 사람이 있다면, 정원을 초과할 수도 있다. 무릇 공인들은 향음주의 예를 거행하는데, 희생은 소뢰(양과 돼지)를 썼다(凡貢擧人有博識高才, 强學待問, 無失俊選者, 爲秀才；通二經以上者, 爲明經；明閑時務, 精熟一經者, 爲進士；通達律令者, 爲明法. 其人正直淸修, 名行孝義, 旌表門閭, 堪理時務, 亦隨賓貢, 爲孝弟力田. 凡貢人, 上州歲貢三人, 中州二人, 下州一人, 若有茂才異等, 亦不抑以常數, 凡貢人行鄕飮酒之禮, 牲用少牢).[15]

---

13) 〈중화절송(中和節頌)・병서(幷序)〉, 주금성(朱金城) 전교(箋校), 《백거이집전교(白居易集箋校)》 5, 상해고적출판사, 2825쪽.

14) 《곡강집(曲江集)》, 廣東人民出版社, 1986, 395쪽.

이를 보면 빈공 거인에는 수재과・명경과・진사과・명산과(明算科) 등 여러 과가 있고, 그 밖에 "정직하고 맑게 수양하여 효와 의로 이름이 나서 집안에서 선행으로 표창받은" 현재(賢才)와 "시무에 밝은" 정재(政才)도 빈공의 대열에 있었음을 알 수 있다. 아울러 선례를 따라 "향음주의 예를 거행하여" 빈공으로 대우했다. 노륜(盧綸, 748경~800)의 〈노륜이 시랑 길중부와 낭중 사공서에게 주노라(綸與吉侍郎中孚司空郎中曙)〉[16]에서는 일찍이 "《시경》・《주례》・《의례》를 잘 알고 있어, 힘써 빈천의 이름을 따르네(諭以詩禮義, 勖隨賓薦名)"라고 했다. 즉 그가 《시경》・《서경》・《주례》・《의례》를 능숙하게 알고 있음으로써 빈공의 대우를 받았음을 설명한다. 그러나 당대 초기 각 주의 빈공 수는 비교적 적었다. 따라서 당 고종 의봉(儀鳳) 원년(676) 12월에 〈효제와 덕행으로 이름난 자를 찾으라는 조서(訪孝悌德行詔)〉에서 일찍이 "산동・장강 동쪽의 인물은 매우 많아 매번 빈공으로 천거되기는 했지만, 모두가 뛰어난 사람은 아니었다(山東・江左, 人物甚衆. 雖每充賓薦, 而未盡英髦)"[17]라고 탄식하면서, 각 주현에서 온 힘을 다해 인재를 그러모아 천거하기를 바랐다.

빈공의 풍조는 무측천(武則天) 장안(長安) 연간(701~704)에 크게 왕성했는데, 당시 학교가 폐지되어 각지의 수험생 상당수가 거주지에서 가짜 이름으로 빈공을 올리는 바람에 빈공의 수가 크게 늘어났다. 장열(張說, 667~730)의 〈사문조교 윤 선생 묘지명(四門助教尹先生墓志銘)〉에서는 일찍이 "무측천 연재(694) 이후로 빈공의 수를 제한했다. 장안 초년에 대대적으로 공거를 선발했는데, 이해 효공은 1,500여 명에 이르렀다(自延載之後, 條限賓薦. 長安初, 大開貢舉, 孝功是年千五百餘人)"[18]라고

15) 《당육전(唐六典)》 권30, 중화서국, 1992, 748쪽.
16) 《전당시》 권277, 중화서국, 3145쪽.
17) 《당대조령집(唐大詔令集)》 권102, 學林出版社, 1992, 473쪽.
18) 《전당문》, 중화서국, 1983, 2343쪽.

말했다. 이를 보면 초당과 중당 사이에 빈공은 '빈흥(賓興)', '빈천(賓薦)'이라고도 부를 수 있었는데, 그 뜻은 대략 향공과 같아서 과거에서 인재를 천거하는 일종의 방식이었다.

빈공이란 단어에는 수·당 시기에 다른 함의가 들어 있었다. 즉 빈객의 예로 사이(四夷)의 선비를 예우함을 가리키는데, 그 어원은 《상서(尚書)》, 〈여오(旅獒)〉, "사방의 미개인들이 모두 와 빈객이 되기를 원합니다. 멀고 가까운 곳을 막론하고 모두 그들의 특산물을 바쳤습니다(四夷咸賓, 無有遠邇, 畢獻方物)"에서 나왔다. 수 양제는 일찍이 장안에 사방관(四方館)을 설치하여 홍려시(鴻臚寺)에서 이를 관할하게 했는데, 사방(동이·남만·서융·북적)의 사자를 접대했다. 빈공은 바로 외이(外夷)가 하정(賀正)하고 특산물을 바치는 조공 형식이 되었다. 한유(韓愈, 768~842)는 〈이후 29일에 다시 올리는 글(後卄九日復上書)〉에서 "황복 밖의 구이·팔만에서는 모두 이미 공물을 바쳤다(九夷八蠻之在荒服之外者, 皆已賓貢)"[19]라고 했는데, 이런 뜻이다.

당은 수의 제도를 계승하여 역시 홍려시에 예빈원(禮賓院)·사방관을 설치하여 "사이의 빈객을 관장(掌四夷之客)"[20]했다. 《당육전》 권18, 「홍려경(鴻臚卿)」조에서는 "홍려경이란 관직은 빈객 및 장례 등의 일을 관장했다. …… 무릇 사방 이적의 우두머리가 조정에서 조회할 때 그 등급을 가려 빈객으로 우대했다(鴻臚卿之職, 掌賓客及凶儀之事, …… 凡四方夷狄君長朝見者, 辨其等位, 以賓待之)"[21]라고 했다.

당 고조 무덕 4년(621)에 천하의 공사(貢士)들에게 조령을 하달한 뒤 외국에서 천거한 사람들이 당 태종 정관(貞觀) 연간에 처음 출현했다. 신라 문인 최치원(崔致遠)의 〈신라왕이 당 강서 대부 고상에게 보내는 장

19) 《전당문》, 중화서국, 1983, 5584쪽.
20) 《자치통감(資治通鑑)》 권232.
21) 《당육전》 권18, 중화서국, 1992, 505쪽.

문(新羅王與唐江西高大夫湘狀)〉의 설명에 의하면, 당 태종 정관 연간에 "무공이 이미 세워지자 문덕을 닦게 되었고, 이로 인해 먼 곳 사람을 허락하여 또한 공사를 따라오게 되었습니다. 이로써 요동의 돼지를 바쳐도 부끄러움이 없고, 꾀꼬리가 교목으로 옮겨갈 기약이 있었습니다(武功旣建, 文德聿修, 因許遠人, 亦隨貢士. 以此獻遼豕而無愧, 逐遷鶯而有期)"[22] 라고 했다. 또 〈숙위 학생을 번국으로 돌려보내 주시길 주청하는 장문(奏請宿衛學生還蕃狀)〉에서는 신라가 "그러므로 국초부터 빈공을 바칠 때마다 곧 유생들을 보내어 교화를 사모하는 정성을 표시했습니다(故自國初, 每陳蕃貢, 卽遣橫經之侶, 聊申慕化之誠)"[23]라고 했다.

개원(開元) 7년(719) 12월에 이르러 당 현종(玄宗)은 "태학에 현량, 빈공 공사를 천거하라(屬太學擧賢, 賓庭貢士)"[24]라는 칙령을 내렸다. 지덕(至德) 2년(759) 4월 8일에 당 숙종(肅宗)은 또 〈천하의 어질고 영준한 사람을 찾으라는 제문(搜訪天下賢俊制)〉에서 "이 선비 추천은 한 번에 그치지 말고 영구히 법으로 삼되, 있으면 곧바로 올리라(夫玆薦士, 非止一擧, 永爲恒典, 有卽登聞)"고 했고, 아울러 "마땅히 중국과 외국에 널리 알려 짐의 뜻을 알게 하라(宜宣示中外, 令知朕意)"[25]라는 칙령을 내렸다. 이렇게 하여 외이(外夷)의 빈공 선비 풍조가 크게 융성했다.

외국의 조공 의식에서 그 사절들은 하정(賀正)・상표(上表) 그리고 특산물을 바치는 외에도 본국에서 수험생을 추천했는데, 이 노한 공물을 조정에 바치는 것으로 여겨졌다. 《당회요(唐會要)》 권76, 〈연거잡록(緣擧雜錄)〉의 기록에 의하면, 무후(武后) 장수(長壽) 2년(693) 10월에 좌습유(左拾遺) 유승경(劉承慶)은 일찍이 "공인들이 원단에 알현하여 특산물을

---

22) 《고운선생문집(孤雲先生文集)》 권1, 〈新羅王與唐江西大夫湘狀〉, 《최문창후전집(崔文昌侯全集)》, 성균관대학교 대동문화연구원 편, 1991, 63쪽.

23) 《최문창후전집》 61쪽.

24) 《당대조령집》 권29, 학림출판사, 1992, 98쪽.

25) 《당대조령집》 권103, 학림출판사, 1992, 476쪽.

앞에 늘어놓고 공물을 바치는 예를 거행하라(貢人至元日引見, 列在方物之前, 以備充庭之禮)"고 건의했다. 따라서 외이의 공사(貢士)들은 일반적으로 하정사(賀正使)·진봉사(進奉使) 등을 따라 사람과 물건을 함께 공물을 바쳤다.

예를 들면, 《삼국사기》 권8, 〈신라본기 제8〉의 기록에 의하면, 신라 성덕왕(聖德王) 27년 가을 7월에 신라 국왕은 "왕의 아우 김사종을 당나라에 보내어 토산물을 바치고, 겸하여 글을 올려 자제들이 국학에 입학을 청했더니 이를 허락하라고 명했다(遣王弟金嗣宗入唐獻物, 兼表請子弟入國學, 詔許之)"[26]고 했다. 같은 책 권11, 〈신라본기 제11〉에서는 또 신라 경문왕(景文王) 9년 7월에 왕자 소판(蘇判) 김윤(金胤) 등을 당나라에 파견하여 은혜에 감사하고 특산물을 바쳤고, "또한 학생 이동 등 세 사람을 진봉사 김윤과 함께 당나라에 보내어 글을 배우게 했다(又遣學生李同等三人, 隨進奉使金胤入唐習業)."[27]

이러한 방식은 후에 안사(安史)의 난으로 인하여 25년 동안 중지되었다가, 당 덕종(德宗) 건중(建中) 초년에 회복되었다. 《당회요》 권24, 〈조정 신하의 하례를 받고(受朝賀)〉의 기록에 의하면, "건중 원년(780) 11월 초하루에 선정전에서 사신 및 공사들을 모아 알현했다. …… 2년 정월 초하루에 함원전에서는 사방에서 온 공물을 바쳐 조정에 늘어놓았는데, 옛날의 제도를 회복한 것이다(建中元年十一月朔, 御宣政殿, 朝集使及貢士見. …… 二年正月朔, 御含元殿, 四方貢獻, 列爲庭實, 復舊例也)." 여기서 외국에서 바친 특산물과 학생은 모두 '정실(庭實, 마당에 가득 늘어놓은 공물)' 내용 가운데 하나이다.

그래서 당대 중기 이전의 외국 빈공은 실제로 공물과 공인(貢人)이란 두 가지 의미를 가진다. '빈공 공사(賓貢貢士)'는 '빈공'으로 외국 진사를

---

26) 《삼국사기》 권8, 明文堂, 1988, 233쪽.
27) 《삼국사기》 권11, 明文堂, 1988, 303쪽.

일컬은 최초의 어원이다.

당대에 '빈공 진사'라는 명칭으로 외국 급제자를 부른 것은 당 목종(穆宗) 장경(長慶) 연간 이후이다. 당대의 개방적인 문화 정책에 따라 '빈공'의 신분으로 당에 들어가 공부하여 과거에 응시하는 외국 학생들이 날로 많아졌다. 신라·발해·사라센 제국(大食)·페르시아 같은 나라에서 모두 수많은 학생들이 당에 유학하여 진사과 시험에 응시했다. 이 유학생과 당 본국의 생도·향공은 똑같이 예부 시험에 응시했는데, 이들은 당대 진사과 응시생의 공급원 가운데 하나가 되었다. 그러나 응시자 가운데 신라인이 가장 많았다. 《신당서》 권220, 〈신라전〉의 기록에 의하면, 당 문종(文宗) 개성(開成) 5년(840) 4월에 신라에서만 "홍려시에 적을 둔 질자와 학생으로서 햇수를 채운 자가 105명(鴻臚寺籍質子及學生歲滿者一百五人)"이었고, 후에 신라 본국에서 고애(告哀)하자, 당 문종은 홍려시에 명령하여 "모두 돌려보냈다(皆還之)."[28] 《삼국사기》 권11, 〈신라본기 제11〉, 「문성왕(文聖王) 2년」조에도 똑같은 기록이 있다.

신라에서 처음으로 '빈공'의 신분으로 진사과에 급제한 사람은 당 목종 장경 원년(821)에 급제한 김운경(金雲卿)이다. 고려의 최해(崔瀣)는 〈조정에 돌아가는 진봉사 이중보를 전송하는 서문(送奉使李中父還朝序)〉에서 "진사로 인재를 선발하는 일은 본래 당나라 때부터 성행했다. 장경 초년에 김운경이란 자가 비로소 신라의 빈공으로 두사례의 방에 이름을 석었다(進士取人, 本盛於唐. 長慶初, 有金雲慶者, 始以新羅賓貢, 題名杜師禮榜)"[29]고 했다. 이때부터 만당에 이르기까지 당나라 사람들은 본국의 진사를 대부분 '향공 진사'라고 부르고, 신라와 외국의 급제자는 대부분 '빈공'으로 불러 빈공 진사는 정식으로 일종의 별칭이 되었다.

예를 들면 만당 시인 장교(張喬)에게 〈명을 받들어 사신으로 본국에

28) 《신당서》 권220(열전 제145) 20책, 〈동이(東夷)·신라전〉, 중화서국, 1975, 6206쪽.
29) 서거정(徐居正) 편, 《동문선(東文選)》 권84, 민족문화간행회, 1994, 346쪽.

돌아가는 빈공 김이오를 전송하며(送賓貢金夷吾奉使歸本國)〉[30]가, 두순학(杜荀鶴, 846~904)에게 〈빈공과에 급제한 후 해동으로 돌아가는 사람을 전송하며(送賓貢登第後歸海東)〉[31]가, 서인(徐夤)에게 〈발해의 빈공 고원고 선배가 복건 땅을 방문하여, 발해 사람들은 서인이 지은 「참사검부」, 「어구수부」, 「인생기하부」 등을 얻어서 모두 금으로 써서 병풍으로 만들어 놓았다고 말했다. 이에 주노라(渤海賓貢高元固先輩閩中相訪云, 本國人寫得夤, 斬蛇劍·御溝水·人生幾何賦, 家皆以金書列爲屛障, 因而有贈)〉[32]가, 배열(裴說)에게 〈빈공에게 주노라(贈賓貢)〉[33] 등의 시가 있다. 빈공 진사는 외국의 선비들이 '빈공'으로 입당하여 급제하면 부르는 호칭이다. 예를 들면 최치원은 〈신라왕이 당 강서 대부 고상에게 보내는 장문〉에서 당 함통(咸通) 13년(872)에 "정공 시랑 최근(崔瑾)이 두 명의 빈공 진사를 선발할 때, 발해의 오소도를 수석으로 삼았습니다(靖恭崔侍郎放賓貢二人, 以渤海烏昭度爲首)"[34]고 했다.

중·한 문헌에서 '빈공'이나 '빈공 진사'를 외국인 급제자의 호칭으로 삼은 것은 모두 당 목종 장경 원년(821) 이후이다. 예를 들면 《옥해(玉海)》 권116, 「함평빈공(咸平賓貢)」조에서는 이혁(李奕)의 《등과기(登科記)》를 인용하여 "장경 원년 신축, 빈공 1인 김운경(長慶元年辛丑, 賓貢一人金雲卿)"이라고 했다. 《태평광기(太平廣記)》 권53에서는 심분(沈汾)의 《속선전(續仙傳)》을 인용하여 "김가기는 신라 사람으로 빈공 진사이다(金可記, 新羅人也, 賓貢進士)"[35]라고 했다. 고려 이인로(李仁老, 1152~1220)의 《파한집(破閑集)》에서도 최치원이 "빈공으로 중국의 조정에 들

30) 《전당시》 권638, 중화서국, 1985, 7305쪽.
31) 《전당시》 권691, 중화서국, 1985, 7933쪽.
32) 《전당시》 권709, 중화서국, 1985, 8162쪽.
33) 《전당시》 권720, 중화서국, 1985, 8261쪽.
34) 《최문창후전집》 62쪽.
35) 《태평광기》 권53, 인민문학출판사, 1959, 329쪽.

어가 급제했다(以賓貢入中朝擢第)"[36]라고 했다. 또 김육불(金毓黻)의 《발해국지장편(渤海國志長編)》 권10, 〈오소도전(烏昭度傳)〉에서는 발해국 재상 오소도가 "발해왕 왕현석의 시대(871~893)에 입당하고 빈공 시험에 응시하여 신라의 빈공 이동과 함께 진사에 급제했으며, 그의 이름은 이동의 위에 놓였다(于王玄錫之世入唐應賓貢試, 與新羅賓貢李同同榜進士及第, 名在其上)"[37]고 했다.

이로써 '빈공'이란 단어에 비로소 특정한 의미와 문화적 함의가 있게 되었다.

2. 당대에 빈공과가 있었는가

당대 진사과 시험에 일찍이 빈공과를 설치했었는가에 대하여 학계에서는 의견이 분분하여 일치되어 있지 않다. 가장 먼저 당대에 빈공과를 설치했다고 제기한 사람은 먼저 엄경망(嚴耕望)을 꼽아야 한다. 그는 1956년에 쓴 〈신라의 당나라 유학생과 승려(新羅留唐學生與僧徒)〉라는 글에서 당대 9세기 초에 특별히 진사과를 설치하여 신라와 외국적 응시생들을 대처했다고 분명히 제기했다.[38]

이후 중국의 학자 양태제(梁太濟)의 〈최치원과 그의 글에 나타난 당과 신라의 관계(崔致遠及其筆下的唐和新羅關係)〉,[39] 전연주(田延柱)의 〈최치원의 생평사적 고찰(崔致遠生平事迹考)〉,[40] 가운(賈雲)의 〈빈공 진사

---

36) 《파한집(破閑集)》 권중(卷中), 古書刊行會, 1915(大正 4), 30쪽.

37) 《발해국지장편》 권10, 社會科學戰線雜志社, 1982, 226쪽.

38) 엄경망(嚴耕望), 〈신라의 당나라 유학생과 승려(新羅留唐學生與生徒)〉, 《당사연구총고(唐史研究叢稿)》, 홍콩 신아연구소(香港新亞研究所), 1969, 432~441쪽에 수록.

39) 《한국연구(韓國研究)》 2, 杭州大學出版社, 1997.

40) 《제2회 한국전통문화 학술연토회 논문집(第二屆韓國傳統文化學術硏討會論文集)》

최치원과 《계원필경집》(賓貢進士崔致遠和他的《桂苑筆耕集》)〉,[41] 대만 학자 고명사(高明士)의 〈빈공과의 기원과 발전(賓貢科的起源與發展)〉,[42] 사해평(謝海平)의 《당대 시인과 외국인의 문자 교류(唐代詩人與在華新羅人之文字交)》,[43] 한국 학자 김주한(金周漢)의 〈최고운의 문학관〉,[44] 조윤제(趙潤濟)의 《한국문학사》,[45] 김문경(金文經)의 〈7~10세기 신라와 강남의 문화교류(七十世紀新羅與江南文化交流)〉[46] 등의 글은 모두 엄경망에 매우 긴밀하게 호응하여 당대에 빈공과가 있었다는 설을 찬성했다. 그러나 대만 학자 장보삼(張寶三)의 〈당 빈공 진사 및 그 상관 문제 고찰(唐賓貢進士及其相關問題考)〉[47]과 대륙 학자 염기(閻琦, 1943~)의 〈신라 시인 최치원(新羅詩人崔致遠)〉[48] 등의 글에서는 다른 관점을 제시하여, 빈공은 단지 과거 응시자의 출신일 뿐 결코 과목의 명칭이 아니라고 간주했다.

당대에 빈공과를 설치했다는 문헌 기록은 고려의 최해가 원(元) 순제(順帝) 원통(元統) 원년(1333)에 지은 〈조정에 돌아가는 진봉사 이중보를 전송하는 서문〉에 처음으로 보인다.

> 진사로 인재를 선발하는 일은 본래 당나라 때부터 성행했다. 장경 초년에 김

역사권(歷史卷).

41) 《동남문화(東南文化)》, 1997년 제4기.

42) 사념해(史念海) 주편, 《당사논총(唐史論叢)》 제6집, 陝西人民出版社, 1995.

43) 《당대 시인과 외국인의 문자 교류(唐代詩人與在華外國人之文字交)》 제3장, 臺灣 文史哲出版社, 1981.

44) 《한국시화연구(韓國詩話硏究)》, 延邊大學出版社, 1997.

45) 《한국문학사(韓國文學史)》, 社會科學文獻出版社, 1998.

46) 심선홍(沈善洪) 주편, 《중국 강남 사회와 중·한 문화 교류(中國江南社會與中韓文化交流)》, 杭州大學出版社, 1997.

47) 《어문(語文)·정성(情性)·의리(義理) : 중국 문학의 다층면 연구 국제학술회의 논문집(中國文學的多層面探討國際學術會議論文集)》, 臺灣大學 中文系 發行, 1996.

48) 《당대문학연구(唐代文學硏究)》(5), 廣西師範大學出版社, 1994.

운경이란 자가 비로소 신라의 빈공으로 두사례의 방에 이름을 적었고, 이로부터 천우 말년까지 무릇 빈공과에 오른 이가 58명이 있었으며, 오대의 후량·후당 시대에도 32명이 있었다(進士取人, 本盛於唐, 長慶初, 有金雲卿者, 始以新羅賓貢, 題名杜師禮榜, 由此至天佑終, 凡登賓貢科者, 五十有八人, 五代梁唐又三十有二人).

이 서문에서는 또한 빈공과에 대하여 다음과 같이 설명했다.

그러나 이른바 빈공과란 매번 별시를 거쳐서 방의 끝에 이름을 붙여서 모든 사람들과 더불어 병렬하지는 않았고, 벼슬을 제수함에서도 말단 관직이 많았으며, 혹은 그대로 돌아가게 했다(然所謂賓貢科者, 每自別試, 附名榜尾, 不得與諸人齒, 所除多卑冗, 或便放歸).[49]

최해는 위의 글에서 빈공과를 설립했다고 말한 시간을 당 목종 장경 원년(821)으로 확정지었다. 아울러 빈공과의 가장 두드러진 특징은 "매번 별시를 거쳐서 방의 끝에 이름을 붙였다(每自別試, 附名榜尾)"라고 여겼다. 그의 이러한 관점은 이후의 《동사강목(東史綱目)》, 《발해국지장편》, 《증보문헌비고(增補文獻備考)》 권185 〈선거지(選擧志)〉 등의 문헌에 인용되었다. 예를 들면 《동사강목》 권5상(上), 「신라 진성여수(眞聖女主) 3년(889, 당 소종 용기 원년)」조에서도 다음과 같이 기록했다.

장경 초년에 김운경이 처음으로 빈공과에 급제했다. 이른바 빈공과란 매번 별시를 거쳐서 방의 끝에 이름을 붙이는 것을 말한다. 김운경 이후로 당 말에 이르기까지 빈공과에 오른 사람은 58명이었고, 오대의 후량·후당 사이에 또

49) 서거정 편, 《동문선》 권84, 민족문화간행회, 1994, 346쪽.

32명에 이르렀다(長慶初, 金雲慶始登賓貢科, 所謂賓貢科者, 每自別試, 附名榜尾. 自雲卿後至唐末, 登科者五十八人, 五代梁唐之際, 亦至三十二人).[50]

이 견해는 확실히 최해의 서문과 일맥상통한다. 김육불의《발해국지장편》권19,〈총고(叢考)〉에서는 한 걸음 더 나아가《신당서》,〈선거지〉에서 빈공과를 기록하지 않았지만,《신당서》권60의〈예문지(藝文志)〉에 의거하여 보충하여 넣으면 완비할 수 있다고 여겼다.[51] 상술한 관점 또한 대부분 후세의 학자들에게 받아들여졌으나, 이에 의거하여 당대에 빈공과가 있었다고 추단하기에는 증거가 불충분하다.

'빈공과'에 관한 기록은 중국사에서는 찾아볼 수가 없다.《통전(通典)》〈선거전(選擧典)〉,《당회요》,《신당서》〈선거지〉등의 문헌에서는 모두 이 과목을 기록하지 않았다. 당대에 과를 설치하여 인재를 선발한 과목은《신당서》권44,〈선거지 상〉의 기록에 의하면 다음과 같다.

그 과목으로는 수재, 명경, 준사, 진사, 명법, 명자, 명산, 일사, 삼사, 개원례, 도거, 동자과가 있었다(其科之目, 有秀才, 有明經, 有俊士, 有進士, 有明法, 有明字, 有明算, 有一史, 有三史, 有開元禮, 有道擧, 有童子).[52]

《신당서》에서 기록한 과목에는 중복되거나 불명확한 곳이 있는데, 이 점에 대해서는 이미 다른 학자[53]가 지적했으므로 더 이상 부언하지 않겠다.《당육전》권4,「예부상서」조에서는 다음과 같이 간명하게 기록했다.

---

50)《동사강목》권5, 景仁文化社, 1987, 499쪽.
51)《발해국지장편》권19, 社會科學戰線雜志社, 1982, 518쪽.
52)《신당서》권44, 제4책,〈지 제34〉, 중화서국, 1987, 1159쪽.
53) 부선종(傅璇琮),《당대 과거와 문학(唐代科擧與文學)》제2장, 陝西人民出版社, 1986, 25~26쪽.

> 그 과목은 여섯 가지가 있는데, 첫째 수재과, 둘째 명경과, 셋째 진사과, 넷째 명법과, 다섯째 서과, 여섯째 산과이다. …… 이 여섯 가지 과목은 사람의 근본을 구하는데, 반드시 이론과 실천에 정통한 사람을 뽑아 급제시켰다(其科有六, 一曰秀才, 二曰明經, 三曰進士, 四曰明法, 五曰書, 六曰算. …… 凡此六科, 求人之本, 必取精究理實而升爲第).[54]

이 여섯 개의 과가 바로 당대에 상설한 과목이다. 진사과는 당대 과거의 '사림화선(士林華選)'으로 고조 무덕 4년(821)[55]에 시작되었는데, 수대에서 기원한다.

수 문제 개황 7년(587)에 여러 주의 공거(貢擧)에 칙령을 내린 뒤의 상공지과(常貢之科)는 수재과와 명경과였다. 《통전》 권14, 〈선거 2(選擧二)〉, 「역대제중(歷代制中)」에 의하면, 대업(大業) 연간에 "양제가 처음으로 진사과를 설치했다(煬帝始建進士科)." 대만 학자 고명사는 〈빈공과의 기원과 발전(賓貢科的起源與發展)〉이란 글에서 수 문제가 처음으로 과거제도를 설치한 뒤 원래 세 과, 즉 수재과 · 명경과 · 빈공과가 있었는데, 빈공과는 개황 7년(587)에서 대업 3년(607)까지 잠시 존재했다고 여겼다. 그 후 수 양제가 "다시 이전의 법을 개혁하여(又變前法)" 빈공과를 진사과로 고쳤고, 따라서 수 양제 대업 연간에는 수재과 · 명경과 · 빈공과 · 진사과 등 네 과가 있었다는 것이다. 당 목종 장경 연간에 다시 개설한 빈공과는 수 문제 개황 연간에 설치한 빈공과에서 시작되었다고 했다.[56] 고명사의 이러한 관점은 논의할 만한 가치가 있다.

고명사가 주로 의거한 사료는 저수량(褚遂良, 596~658)이 〈방현령비(房玄齡碑)〉에서 "공의 이름은 현령으로 …… 18세에 엎드려 빈공을 따

---

54) 《당육전》 권4, 중화서국, 1992, 109쪽.
55) 《당척언》 권1, 〈통서과제(統序科第)〉.
56) 《당사논총》 제6집, 섬서인민교육출판사, 1995, 70~71쪽.

랐다(公諱玄齡, …… 年十有八, 俯從賓貢)"[57]라고 한 말이다. 그러나 한국반(韓國磐)의 〈과거 제도 창설에 관한 두 가지 문제에 대한 소고(關於科擧制度創置的兩點小考)〉라는 글에서 고증한 것처럼, 방현령이 "엎드려 빈공을 따른(俯從賓貢)" 시기는 마땅히 수 문제 개황 15년에서 16년 사이(595~596)의 2년이다.[58] 두 《당서》의 〈방현령전(房玄齡傳)〉에서는 모두 방현령이 나이 열여덟에 "진사에 합격하고 우기위라는 관직을 받았다(擧進士, 授羽騎尉)"라고 기록했는데, 수 문제 개황 연간에 이미 진사과가 있었음을 설명한다. 그러나 방현령이 급제한 과는 당연히 빈공과가 아니라 진사과이다.

앞에서 당나라 사람 방기의 〈비지(碑志)〉에서 말한 "이미 빈공을 준비하여 과거에 응시했다(既預賓貢, 策應甲科)"라는 문장을 인용했는데, 이 또한 과목의 명칭을 가리키는 것이 아니다. 《당인묘지휘편》의 〈당 고 덕주 평원현승 필 군 묘지명 및 서(唐故德州平原縣丞畢君墓志銘幷序)〉에서는 무덤의 주인 필수(畢粹)의 "자는 사온이며 동평의 호족이었다. …… 정관 5년에 부름을 받아 덕주 진사가 되었는데, 한 번에 급제했다(字思溫, 東平之盛族也. …… 貞觀五年, 蒙召預本州進士, 一枝升第)"[59]라고 기록했다. 이는 당인이 늘 빈공으로 진사과를 대신 일컬었지, 따로 이 과가 없었음을 보여준다. 뿐만 아니라 수대 '4과'의 이름은 《책부원귀(冊府元龜)》 권645, 〈공거부(貢擧部)〉에 보인다. 여기에서 "학업에 능통하고 재주가 뛰어나며, 체력은 날래고 씩씩하여 뭇사람들을 뛰어넘고, 관직 생활에 삼가 부지런히 일하여 능히 정사를 처리할 줄 알며, 성품이 바르고 곧아서 권세가들을 피하지도 않는다(學業該通, 才藝優洽；膂力驍壯, 超絶等倫；在官勤愼, 堪理政事；立性正直, 不避强御)"고 했는데, 4과는 모두 임

57) 《금석췌편(金石萃編)》 권50.
58) 《수당오대사논집(隋唐五代史論集)》, 三聯書店, 1979, 297쪽.
59) 《당인묘지휘편》 상책, 〈함형(咸亨) 074〉, 상해고적출판사, 1992, 563쪽.

시로 설치한 특별과이며, 당대에 이르러 제과(制科)로 되었다.

개황 연간에 이미 진사과가 있었다면, 수 양제는 빈공과를 진사과로 바꾸어 설치할 필요가 없었을 것이니, 빈공과는 수대에 결코 존재하지 않았다. 고명사는 진사의 별명을 과명으로 오인하고 아울러 이를 근거로 당대에 빈공과가 있었다는 전제로 삼았으니, 그 자체가 성립하기 어렵다.

'빈공'이란 단어는 중・만당 사이에 빈번하게 나오는데, 다만 신라・발해 등 주변 국가에서 입당한 응시자에 대한 별칭이며 향공 진사와 마찬가지로 진사과 공사(貢士)의 출신이지, 결코 특별히 설치한 과목이 아니다. 《당척언(唐摭言)》 권3, 〈자은사제명유상부영잡기(慈恩寺題名遊賞賦詠雜記)〉에 의하면, 당 무종(武宗) 회창(會昌) 4년(844) 좌복야(左僕射) 왕기(王起)가 네 번째로 지공거(知貢擧)를 맡았을 때, 승려 광선(廣宣)이 시를 지어 이를 축하했다.

> 從辭鳳閣掌絲綸, 중서성을 떠나 조칙을 관장하고
> 便向青雲領賓貢. 곧 청운을 향해 빈공을 이끄네.

이 시에서 말한 '빈공'은 바로 공사(貢士)의 부류이다. 송대 주희(朱熹, 1130~1200)는 일찍이 '빈공'이란 단어에 대하여 더욱 유의하여 제자들이 이 단어의 함의에 대하여 물었을 때, "(고려에서) 자제를 파견하여 국자감에 들이고, 급제하여 돌아가는 사람이 자못 많았다. 일찍이 선인들이 같은 해에 과거에 합격한 동기생에 관한 기록을 본 적이 있는데, 그중에서 빈공은 고려에서 추천한 문사들이다(遣子弟入闕雍, 及第而歸者甚多. 嘗見先人同年小錄, 中有賓貢者, 卽其所貢之士也)"[60]라고 대답했다. 분명히 주희도 이를 공사의 부류로 보았다.

---

60) 《주자어류(朱子語類)》 권133, 〈이적(夷狄)〉, 중화서국, 1986, 3191쪽.

다시 최치원이 남긴 장문(狀文)을 예로 들어보겠다.

최치원은 〈신라왕이 당 강서 대부 고상에게 보내는 장문〉에서 "정공 시랑 최근(崔瑾)이 두 명의 빈공 진사를 선발할 때, 발해의 오소도를 수석으로 삼았다(靖恭崔侍郎放賓貢二人, 以渤海烏昭度爲首)"[61]라고 했다. 여기서 말한 '빈공'을 과목의 명칭으로 이해할 수는 없고, 단지 이역(발해) 진사에 대한 대칭이다. 왜냐하면 최치원은 〈예부 상서 배찬에게 주는 장문〉에서 일찍이 "그러나 고 정공 최 시랑이 주시하던 해에 빈공 진사에 급제한 자가 두 명이었는데, 발해의 오소도를 상등으로 삼았다(然至故靖恭崔侍郎主貢之年, 賓薦及第者兩人, 以渤海烏昭度爲上)"[62]라고 말했기 때문이다. 또 〈전 호남 관찰순관 배료께 올리는 글(前湖南觀察巡官裴璙啓)〉에서는 좌주(座主)의 동생 배료에 대하여 스스로 "이미 문생이 되었으니 어찌 빈공과 같겠으며, 난조와 개미가 은혜를 느낌은 모두 한가지이고 중국 선비와 먼 데 사람이 은덕을 갚음이 어찌 다르겠습니까?(但緣既忝門生, 豈論賓貢. 鴛鸞之與螻蟻, 感恩皆同. 多士之與遠人, 報德何異.)"[63]라고 했다. 분명히 최치원의 글에서 말한 '빈공'은 '빈천(賓薦)'과 같으며, '원인(遠人, 貢士)'이 입공(入貢)한다는 뜻이다.

청나라 서송(徐松)이 도광(道光) 18년(1838)에 지은 〈등과기고서(登科記考敍)〉에서 급제한 당대 진사의 부류를 이야기할 때 똑같은 인식을 드러냈다.

> 심지어 왕준은 하급 관리에서 발탁되었고 소환은 도적의 신분에서 취했으며 고지주는 승려의 신분에서 올라갔고 길중부는 도사의 신분에서 나아갔다. 그런데 빈공에서 얻은 사람은 신라의 김가기, 고려의 최치원, 사라센 제국의 이언승

61) 《최문창후전집》, 64쪽.
62) 《최문창후전집》, 66~67쪽.
63) 《최문창후전집》, 390쪽.

이 있다. 지위의 차별은 없고 중국인과 외국인의 제한이 없었으니, 고금을 통틀어 진사 급제자의 성대함은 이때 가장 최고봉을 이루었다(極之汪遵以吏擢, 蘇渙以盜取, 高智周以沙門升, 吉中孚以道士進. 而賓貢得人, 新羅有金可紀, 高麗有崔致遠, 大食有李彦升. 無流品之別, 無華夷之限, 衡校古今, 得士之盛, 於斯爲最).64)

서송은 최치원을 고려 공사(貢士)로 오인했지만, '빈공'은 진사과 중에서 '득인(得人)'의 길이라고 말한 것은 도리어 정곡을 찌르는 말이다.

한국 조선 시대의 서거정(徐居正)은 《동문선》 서에서 다음과 같이 말했다.

신라에서는 자제를 보내어 당에 들어가 급제한 자가 50여 명에 이르렀다. …… 고려에서 후삼국을 통일한 이래로 문화가 점차 일어나서 광종이 과거를 설치하여 선비를 뽑았고, 예종이 문아를 좋아했으며, 계속하여 인종・명종이 역시 유술을 숭상하여 호걸스런 선비가 찬란하게 많이 나왔다. …… 원조에 이르러서는 빈공으로 과거에 올라 중원의 재사들과 상하를 다투는 이가 앞뒤에 서로 잇달았다(在新羅遣子弟入唐登第者五十有餘人. …… 高麗氏統三以來, 文治漸興, 光宗設科取士, 睿宗好文雅, 繼而仁明亦尙儒術, 豪傑之士, 彬彬輩出. …… 至元朝由賓貢中制科, 與中原才士頡頏上下者, 前後相望).65)

이를 보면 서거정도 '빈공'을 고려국 공사(貢士)의 방식으로 보았음을 알 수 있다.

최해의 〈조정에 돌아가는 진봉사 이중보를 전송하는 서문〉과 《동사강목》에서는 "매번 별시를 거쳐서 방의 끝에 이름을 붙였다(每自別試, 附名榜尾)"는 것을 당대에 개설한 빈공과의 주요 특징으로 보았다. 후세의 어

---

64) 《등과기고(登科記考)》 상책, 중화서국, 1993, 1~2쪽.
65) 《동문선》, 민족문화간행회, 1994.

떤 학자는 "이 빈공과의 시험 문제 출제, 채점과 전형, 합격자 발표 등은 모두 단독으로 진행하여, 외국 학생들이 중국 유학생들과의 시험 경쟁에서 도태되는 것을 막았다(這種賓貢科的考試命題, 閱卷和錄取放榜, 皆單獨進行, 以免外國學生在與中國學生的考試競爭中都被淘汰)"[66]고 여겼다. 여기서 말한 "방의 끝에 이름을 붙였다(附名榜尾)"는 말은 어느 정도 일리가 있지만, "매번 별시를 거쳐서(每自別試)" 당대에 빈공과를 설립했다는 증거로 삼는 것은 큰 문제가 있다.

실제로 최해와 《동사강목》에서 개괄한 "매번 별시를 거쳐서 방의 끝에 이름을 붙였다"는 말은 최치원의 〈계원필경서〉에서 말한 "유람한 지 6년 만에 이름을 방 끄트머리에 걸게 되었습니다(觀光六年, 金名榜尾)"에서 나온 말이다. '매자별시(每自別試)'는 송대의 고려 빈공 진사에 대한 일종의 특수한 대우이다. 고려 공사(貢士)들이 중원에 들어와 응시할 때 송대와 당대의 다른 점이 바로 '매자별시'이다. 《송사(宋史)》 권487, 〈외국 3 · 고려전〉의 기록에 의하면, 고려의 학생들이 '빈공 거인'의 명의로 송에 들어와 시험에 응시하는 것을 허가하는 조서를 내렸는데, 기록에 처음으로 보이는 빈공 거인은 김행성(金行成)이다. 그는 송 태종 태평흥국(太平興國) 원년(976, 고려 경종 원년)에 송에 들어와 이듬해에 급제했다.

송대에는 고려 빈공 거인들이 시험에 응시하면 특별한 예우를 받았다. 예를 들면 《고려사》 권74, 〈선거지〉, 「과목 2」의 기록에 의하면, 고려 성종(成宗) 5년(986, 송 태종 옹희 3) "최한 · 왕림을 파견하여 송으로 보내 태학에 입학시켰다(遣崔罕 · 王琳如宋入學)." 《송사》 권487, 〈고려전〉에서는 "그보다 앞서 3년에 황제께서 친히 여러 지방의 공사와 거인을 시험하고는 조서를 내려 고려의 빈공인 진사 왕빈과 최한 등에게 급제를 하사하여 관직을 제수하고 얼마 후에 본국으로 돌려보냈다(先是, 三年,

66) 진상승(陳尙勝), 《중한 교류 삼천년(中韓交流三千年)》 제1장 제3절, 중화서국, 1997, 19쪽.

上親試諸道貢擧人, 詔賜高麗賓貢進士王彬(一作琳),崔罕等及第. 旣授以官, 遣還本國)"라고 했다. 《송사》 권5, 〈태종기(太宗紀)〉에서도 "(3년) 무술에 친히 예부 거인들의 시험을 쳤고, 신축에는 제도의 거인들을 친히 시험하였다. 무오에 고려 빈공 진사 40명을 비서성 비서랑으로 삼고 파견하여 귀환시켰다(戊戌親試禮部擧人, 辛丑, 親試諸道擧人. 戊午, 以高麗賓貢進士四十人爲秘書省秘書郎, 遣還)"라고 기록했다.

또 고려 예종 10년(1115, 송 휘종 정화 5)에 고려에서 김단(金端)·견유저(甄惟底)·조석(趙奭)·강취정(康就正)·권적(權適) 등 5명을 파견하여 사신을 따라 태학(太學)에 들어갔는데, 송에서는 특별히 박사(博士)를 두어 감독하고 지도했다. 《송사》 권21, 〈휘종기(徽宗紀)〉의 기록에 의하면, 정화(政和) 7년(1117) "3월 경인에 고려 진사 권적 등 네 명이 급제했다(三月庚寅, 高麗進士權適等四人賜上舍及第)"고 했다. 《송회요집고(宋會要輯稿)》의 〈선거 7〉에서는 "(정화) 7년 2월 9일, 황제가 집영전에 납시어 고려 학생 김단 등을 시험했고 …… 학생 권적 등을 급제시켰으며, 평복을 벗게 하여 권적을 승무랑으로 삼았고, 조석·김단으로 하여 병무랑 직무를 겸하게 했으며, 견유저는 종사랑이 되어 진봉사 이자량을 따라 본국으로 돌아갔다(七年二月九日, 上御集英殿, 試高麗學生金端等, …… 賜學生權適等上舍及第, 釋褐, 以適爲承事郎, 趙(奭)金端并文林郎, 甄惟底從事郎, 令隨進奉使李資諒歸本國)"고 했다.

《고려사》 권14, 「예종 12년 5월 정사(丁巳)」조에서도 똑같이 "이자량이 송나라로부터 돌아오고 진사 권적·조석·김단 등도 이자량과 함께 돌아왔다. 이에 앞서 송나라 황제는 집영전에서 권적 등을 친히 시험 쳐서 그들 네 명에게 진사 급제를 주었다(李資諒還自宋, 進士權適,趙奭,金端等偕資諒還. 帝初試策試適等于集英殿, 賜適等四人上舍及第)"라고 했다. 권적 등이 고려로 돌아올 즈음, 송 휘종은 고려 국왕에게 다음과 같은 조서를 내렸다. "바다를 건너 사신을 보내어 스승에게 글을 배우도록 했다.

내가 편전에 나가서 그들의 기예를 시험하고 영예로운 벼슬을 주어 보냈다(航海遣使, 受學于師, 臨御便殿, 試藝于庭, 縻以官秩, 用榮其歸)."[67]

이를 보면 송대 빈공 진사는 당대와 유사한 일종의 제과(制科)로 진화되었고, 외국의 학생들은 '매자별시(每自別試)'할 수 있어, 송 황제가 집영전에서 친히 시험을 치르고 아울러 급제의 조서를 내렸으니, 대우가 특별했음을 알 수 있다.

당대 외국적 빈공 학생들이 응시한 상황은 이와 달랐다. 빈공 학생들은 당 본국 생도・향공과 함께 예부 시험에 참가했고, 예부에서 합격자를 선별했다. 당 말에 일찍이 국자좨주(國子祭酒)를 맡았던 이부(李涪)는 《간오(刊誤)》 권상, 「좌주와 문생의 배례(座主當門生拜禮)」조에서 "예부에서는 매년 진사 30명을 선발하여 장상의 임무를 맡도록 대비했다. 이날 장원 이하의 진사들이 과거 시험관의 집에 함께 가서 배알했다. 과거 시험관은 뜰에 서서 맞이하여 하나하나 들어갔다. …… 해동의 자재와 영교의 사람들도 중국 사람들과 함께 내외종 형제가 되어, 따라서 머리를 조아려 절했을 뿐이다(春官氏每歲選升進士三十人, 以備將相之任. 是日自壯元已下, 同謁座主之宅, 座主立于庭, 一一而進, …… 有海東之子, 嶺嶠之人, 皆與華族敍中表, 從使拜首而已)"[68]라고 기록했다. 따라서 급제 여부는 좌주와의 호오 관계가 비교적 컸다.

예를 들어 《등과기고》 권19의 기록에 의하면, 장경 원년(821)에 신라 김운경은 예부 시험에 응시했다. 같은 해 지공거는 예부 시랑 전휘(錢徽)였는데, 합격을 부실하게 처리하여 중서사인(中書舍人) 왕기(王起)로 바뀌었고, 주객낭중지제고(主客郎中知制誥) 백거이가 주관하여 두 번 시험친 결과 정랑(鄭朗) 등 10명이 탈락하고 두사례(杜師禮)가 장원, 김운경은 같은 방에 급제했다.[69] 다른 기록인 《삼국사기》 권46, 〈열전 제6〉에

67) 《송사》 권487, 〈외국 3・고려전〉과 《고려사》 권14.
68) 《간오(刊誤)》 권상(卷上), 遼寧教育出版社, 1998, 9쪽.

의하면, 신라 최승우(崔承佑)는 당 소종(昭宗) 경복(景福) 2년(893)에 "시랑 양섭의 문하에서 급제(侍郎揚涉下及第)"했다. 최언위(崔彦撝)는 열여덟 살에 입당하여 "예부시랑 설정규 문하에서 급제(禮部侍郎薛廷珪下及第)"[70]했다. 최치원도 스스로 "다행히도 천박한 재주를 가지고 제생의 대열에 끼게 되었다(幸將薄技, 獲廁諸生)"라고 말했는데, 건부(乾符) 원년(874)에 배찬이 주사(主司)한 해에 진사에 급제했다. 분명히 당대 빈공 학생들은 송대처럼 '별시(別試)'의 혜택을 누릴 수가 없었다.

《전당문》 권767에 보이는 진암(陳黯)의 〈화심(華心)〉에 의하면, "(당 선종) 대중 초년(847)에 대량 연수 범양공이 사라센 제국의 이언승을 얻어 조정에 천거했다. 천자는 조서를 내려 그의 재능을 시험했다. 그는 대중 2년(848)에 진사로 급제하여 이름을 떨쳤지만, 빈공들이 항상 얻을 수 있는 것은 아니다(大中初, 大梁連帥范陽公, 得大食國人李彦升, 薦于闕下, 天子詔春司考其才, 二年, 以進士第名顯, 然常所賓貢者不得擬)"[71]라고 했다. 사라센 제국 사람 이언승은 노균의 강력한 추천을 받아 당 선종(宣宗)이 특별히 내린 특혜를 받았으나, "그러나 빈공들이 항상 얻을 수 있는 것은 아니다(然常所賓貢者不得擬)"라고 언급한 말로 미루어 보아, 역시 당대 '매자별시(每自別時)'의 특수한 예에 불과할 뿐이지, 이로써 당대에 빈공과가 설치되었다고는 추정할 수 없다.

뿐만 아니라 중·한 양국의 정사(正史)에서 이를 언급할 때 대부분 빈공을 당대 진사의 부류로 보았지, 과목으로는 보지 않았다. 최치원의 예를 보면, 《신당서》 권60 〈예문지〉와 《당문습유(唐文拾遺)》 권34에서는 '빈공 진사'로 불렀지 빈공과를 언급하지는 않았다. 한국 최초의 사서 《삼국사기》 권11, 〈신라본기 제11〉에서는 다만 경문왕 14년(874) 갑오

69) 《등과기고》 권19, 중책, 중화서국, 1993, 686쪽.
70) 《삼국사기》 권46, 명문당, 1988, 536쪽.
71) 《전당문》 권767, 중화서국, 1983, 7986쪽.

(甲午)에 "최치원은 당나라에서 과거에 급제했다(崔致遠在唐登科)"[72] 라고만 말했다. 같은 책 권46, 〈열전 제6〉에서도 그가 "건부 원년 갑오년에 예부시랑 배찬의 밑에서 단번에 급제했다(乾符元年甲午, 禮部侍郎裴瓚下一擧及第)"[73]라고 말했다. 서유구(徐有榘)는 최치원의 《계원필경집》에 서문을 쓸 때 매우 신중하게 말했다. "열두 살에 장삿배를 타고 중원에 들어갔고, 열여덟 살에 진사 시험에 급제했다(年十二從商舶入中原, 十八擧進士第)."[74] 이러한 기록들은 모두 과목을 말한 것이 아니므로, 당대에 빈공과가 있었다고 여길 수 없다. 따라서 최해 및 《동사강목》에서 말한 '매자별시(每自別試)'는 마땅히 송대 빈공 응시의 분명한 특징이다. 당대에 빈공과가 설치되었다고 추단하는 것은 유력한 증거가 없다.

이를 보건대, 빈공은 상고의 빈천(賓薦, 혹은 賓獻)의 예에서 발전되어 나온 것으로 당대 공사(貢士)의 중요 방식 가운데 하나이며, 특히 당 목종 장경 연간 이후 파견되어 입당한 외국 학생들을 가리킨다. 당대에는 결코 빈공과를 설치하지 않았으며, 빈공 진사는 당대 진사의 일종의 별칭일 뿐이지 과목 명칭이 아니다.

[해제]

이 글은 《동서문화연구》 제3집(한국돈황학회 편, 도서출판 청강, 2001) 199~210쪽에 수록된 〈唐代賓貢與賓貢科考辨〉을 번역한 것이다.

72) 《삼국사기》 권11, 명문당, 1988, 304쪽.
73) 《삼국사기》 권46, 명문당, 1988, 533쪽.
74) 《최문창후전집》 286쪽.

Ⅵ. 최치원을 통해 본 한·중 문화 교류

최치원의 문장을 통해 본 나(羅)·당(唐) 교섭

양태제(梁太濟)

1. 서론

최치원(崔致遠)의 일생 동안 행적은 당과 신라의 우호적인 교류의 체현이며 증거이다. 최치원이 남겨 놓은 수많은 시문은 당과 신라 사이의 우호적인 교류에 관한 풍부한 내용을 담고 있다. 중국 측 사적(史籍)에는 당 말 신라와의 관계에 대한 기록이 기이하게도 빠져 있다. 《구당서(舊唐書)》 권199상, 〈신라전(新羅傳)〉과 《신당서(新唐書)》 권220, 〈신라전〉 그리고 《당회요(唐會要)》 권95, 「신라」조의 기사는 모두 당 무종(武宗) 회창(會昌) 원년(841)에 끝나며, 《책부원구(冊府元龜)》, 〈외신부(外臣部)〉에서도 회창 원년 이후의 자료를 수록하지 않았다. 《신당서》, 〈신라전〉에서도 "회창 이후 다시 조공(朝貢)이 이르지 않았다"[1]고 분명하게 말하고 있다. 그래서 최치원의 일생 동안의 경력과 그의 문장 속에 언급된 당·신라 관계는 사람들의 주목을 끌 만한 특별한 가치가 있다. 여기서는 이러한 방면과 관련된 자료를 초보적으로나마 정리해 보려는 것이니, 그 타당성에 대해서 아낌없는 비평과 질정을 바라는 바이다.

---

1) 《신당서》(이하 北京 중화서국 點校本, 1975에 의거함), 6206쪽.

2. 〈계원필경서(桂苑筆耕序)〉의 함의

〈계원필경서〉에서 다음과 같이 말했다.

저는 나이 열두 살에 집을 떠나 서쪽으로 바다를 건넜습니다. 배를 탈 때 돌아가신 아버지께서 "10년 안에 진사에 급제하지 못하면 내 아들이라 하지 말라. 나도 아들을 두었다고 말하지 않겠다. 가서 부지런히 공부하거라! 게으름 피우지 말고 힘을 다하라!"고 훈계하셨습니다. 저는 엄중한 훈계를 가슴에 새겨, 감히 소홀히 하거나 잊은 적이 없었습니다. 원대한 자극에 겨를이 없었고 조화를 기하고 뜻을 길러, 실로 남들이 백 번 노력하면, 나는 천 번 노력했습니다. 유람한 지 6년 만에 이름을 방 끄트머리에 걸게 되었습니다(右臣自年十二, 離家西泛, 當乘桴之際, 亡父誡之曰 : "十年不第進士, 則勿謂吾兒, 吾亦不謂有兒. 往矣勤哉! 無隳乃力." 臣佩服嚴訓, 不敢弭忘, 懸刺無遑, 冀諧養志, 實得人百之, 己千之. 觀光六年, 金名牓尾).[2)]

위 문장 가운데 "10년 안에 진사에 급제하지 못하면 ……"과 이른바 "방 끄트머리에 이름을 걸었다"는 말은 일반적인 훈계의 말이나 겸사가 아니라 특수한 의미를 가진다. 당시 신라 학생이 당으로 유학하는 것에 관한 협의 사항이나 당대 과거 제도 가운데 주변 민족의 응시에 관한 특수한 규정을 반영하는 것이다.

《동사강목(東史綱目)》 제5상, 진성여왕(眞聖女王) 3년(당 소종 용기 원년, 889) 「견최승우입학우당(遣崔承祐入學于唐)」조를 보자.

신라는 당을 섬긴 이후 항상 왕자를 보내 숙위하게 했다. 또 학생을 보내 태

2) 《계원필경집(桂苑筆耕集)》 상(이하 四部叢刊 編縮本, 上海 商務印書館, 1936에 의거함), 권수(卷首) 1쪽.

학에 들어가서 학업을 익히게 했는데, 10년 기한이 차면 귀국하게 하고 다시 다른 학생을 파견했다. 입학한 자가 많을 때는 백여 명에 이르렀다. 책을 사는 데 필요한 은화는 본국에서 지급하였고, 서적과 양식은 당의 홍려시에서 공급했으며, 오고가는 학생이 잇따랐다(新羅自事唐以後, 常遣王子宿衛, 又遣學生入太學習業, 十年限滿還國, 又遣他學生, 入學者多至百餘人. 買書銀貨則本國支給, 而書糧, 唐自鴻臚寺供給. 學生去來者相踵).[3)]

당으로 유학생을 보내는 것에 관한 신라와 당의 협의 사항에 유학생의 대우와 그 지원 방식 외에 유학 기간을 10년으로 한다는 규정이 있었음을 알 수 있다. 10년 안에 진사에 급제하지 못하면 학문을 성취할 수 없다는 것을 의미한다. 그래서 최치원이 집을 떠날 때 그의 아버지가 그 같은 훈계를 했던 것이다. 《동사강목》의 이 기록은 《최치원집(崔致遠集)》에 근거하여 보충했다고 스스로 주를 달고 있다. 《최치원집》은 이미 산일되었다.

현재 《동문선(東文選)》 권47에 최치원의 두 편의 문장 ― 〈숙위 학생 수령 등을 파견하여 입조하는 장문(遣宿衛學生首領等入朝狀)〉, 〈숙위 학생을 번국으로 돌려보내 주시길 주청하는 장문(奏請宿衛學生還蕃狀)〉 ― 이 보이는데 모두 관련된 내용이 있다. 또한 개괄적으로 서술한 《동사강목》에 비해 매우 상세하다. 예를 들면 '10년 기한'은 바로 정관(貞觀) 연간부터 시작된 규정이며 이른바 '서량(書糧)'은 매달 읽을 책과 식량, 즉 매달 지급되는 생활 보조금을 가리키는 것이다. 이 밖에 겨울에서 봄으로 계절이 바뀌면 당으로부터 때에 따라 "철 옷을 은사(恩賜)"해야 한다는 것 등이다. 당 자료에 의하면, 당으로 보내는 유학생의 규모를 볼 때 개성(開成) 2년(837)에 10년을 머문 자가 216인을 헤아리는데, 이는 개성

3) 《동사강목(東史綱目)》(이하 서울 景仁文化社, 1987에 의거함), 499쪽.

5년에 연수가 차서 귀국하는 자가 105인을 헤아린다는[4] 《동사강목》에 기록된 수치를 초과한다.

진사과(進士科) 시험에 참가한 주변 여러 소수 민족 출신의 학생들에 대해서 당은 빈공과(賓貢科)를 특별히 설치하여 대우했다. 《동사강목》은 이어서, "이른바 빈공과라는 것은 (과거를 치를 때마다 외국인을 위해) 별시를 보는 것인데 이름은 명단 끄트머리에 붙는다(所謂賓貢科者, 每自別試, 附名榜尾)"라고 기록했다. 여러 소수 민족 출신의 학생은 설령 당나라에서 여러 해 유학했더라도 본토에서 태어나고 자란 내지 학생과 차이가 나기 때문에 일률적으로 대할 수는 없었다. 그래서 당나라에서는 특별히 빈공과를 설치하여 여러 소수 민족 출신 학생들로 하여금 "별도의 시험을 치르게 하여" 따로 과장(科場)을 열어 선발했다. 이는 확실히 주변 소수 민족 출신 학생에 대한 일종의 우대 규정이다. 그러나 똑같이 진사 급제자 반열에 오르더라도 그 성명은 명단 끄트머리에 붙는다. 최치원이 "이름을 방 끄트머리에 걸게 되었다(金名榜尾)"라 한 것은 곧 자신이 빈공과 진사에 급제했다는 것을 말한다.

《동사강목》에는 이어서 신라 학생으로 빈공과에 진사 급제한 자의 개황이 실려 있다.

> 장경 초년에 김운경이 처음으로 빈공과에 급제하였다. …… 김운경 이후로 당 말에 이르기까지 빈공과에 오른 사람은 58명이었고 오대의 후량·후당 사이에 또 32명에 이르렀다. 그 두드러지게 이름이 알려진 자로는 최리정·김숙정·박계업·김윤부·김립지·박량지·이동·최영·김무선·양영·최환·최광유·최치원·최신지·김소발·박인범·김악·최승우·김문울 등이 있는데 모두 훌륭한 재목을 이루었다. 박인범은 시로 명성을 날렸고 김악은 예로

4) 《당회요(唐會要)》(이하 上海古籍出版社, 1991에 의거함) 권36, 〈부학독서(附學讀書)〉, 779쪽 ; 권95, 2031쪽에 각각 수록.

일컬어졌으며, 최치원·최신지·최승우는 더욱 두드러진 자였다. 또 원걸·왕거인·김수인 등이 있어 모두 문장으로 유명했는데 사적에 빠져 전하지 않는다(長慶初, 金雲卿, 始登賓貢科. …… 自雲卿後至唐末, 登科者五十八人. 五代梁唐之際, 亦至三十二人. 其表表知名者, 有崔利貞·金叔貞·朴季業·金允夫·金立之·朴亮之·李同·崔霙·金茂先·楊穎·崔渙·崔匡裕·崔致遠·崔愼之·金紹渤·朴仁範·金渥·崔承祐·金文蔚等, 皆達于成材. 而仁範以詩鳴, 渥以禮稱, 致遠·愼之·承祐, 其尤著者也. 又有元傑·王巨仁·金垂訓等, 幷以文章著名, 而史佚不傳云).

이 또한 마찬가지로 〈최치원전〉에 근거하여 보충한 것이다. 위에 인용한 두 〈장문(狀)〉 외에 현재 볼 수 있는 것으로는 《동문선(東文選)》 권47에 수록된 〈신라왕이 당 강서 대부 고상에게 보내는 장문(新羅王與唐江西高大夫湘狀)〉이 있다. 장경(長慶) 초부터 오대(五代) 후량(後梁)·후당(後唐) 교체기에 이르는 백여 년 동안 신라 학생으로 빈공과에 급제한 자는 90인에 달한다. 이는 상당히 두드러지는데, 여러 소수 민족 가운데 최고이다. 발해(渤海)의 학생 가운데도 빈공과에 진사 급제자가 있지만, 고원고(高元固)·오소도(烏昭度)·오광찬(烏光贊) 등 세 사람만이 이름을 남기고 있다.[5]

중국 문헌에 보이는 '빈공'이란 용어는 원래 조정에서 보낸 인재를 주군(州郡)에서 빈례(賓禮)로 접대함을 넓게 일컫는 것이었다. 장작(張鷟)은 〈유선굴(游仙窟)〉에서 "전에는 빈공을 입어 이미 갑과에 들어갔고, 뒤에는 추천을 받아 또 높이 급제하게 되었다. 칙령을 받들어 관내도 소현위를 제수받았다(前被賓貢, 已入甲科 ; 後屬搜揚, 又蒙高第. 奉敕授關內道小縣尉)"[6]라고 스스로 서술한다. 황보증(皇甫曾, ?~785)은 〈과거 응시

---

5) 김육불(金毓黻), 《발해국지장편(渤海國志長編)》 권10, 〈제신열전(諸臣列傳)〉, 長春社會科學戰線雜誌社, 1982, 226쪽.

하러 가는 배 수재를 전송하며(送裴秀才貢舉詩)〉에서 "빈공의 나이 아직 어리지만, 문자의 아름다움은 이미 이루었다(賓貢年猶少, 篇章藝已成)"[7] 고 했으니 당 현종(玄宗) 말년에 이르기까지 빈공은 향공(鄕貢)과 같은 뜻이었음을 알 수 있다.

다음에서 여러 예를 살펴보자. 최치원의 "빈공 급제(賓貢及第)",[8] "사라센 제국 사람 이언승은 …… (대중) 2년에 진사 급제하여 이름을 떨쳤지만, 빈공들이 항상 얻을 수 있는 것은 아니다(大食國人李彦升 …… 二年, 以進士第名顯, 然常所賓貢者不得擬)",[9] 장교(張喬)의 〈명을 받들어 사신으로 본국에 돌아가는 빈공 김이오를 전송하며(送賓貢金夷吾奉使歸本國)〉, 두순학(杜荀鶴, 846~904)의 〈빈공과에 급제한 후 해동으로 돌아가는 사람을 전송하며(送賓貢登第後歸海東)〉, 서인(徐夤)의 〈발해의 빈공 고원고 선배가 복건 땅을 방문하여, 발해 사람들은 서인이 지은 「참사검부」, 「어구수부」, 「인생기하부」 등을 얻어서 모두 금으로 써서 병풍으로 만들어 놓았다고 말했다. 이에 주노라(渤海賓貢高元固先輩閩中相訪云本國人寫得夤斬蛇劍御溝水人生幾何賦家皆以金書列爲屛障因而有贈)〉, 배열(裴說)의 〈빈공에게 주노라(贈賓貢)〉[10]가 있다. 또 "김가기(金可記)는 신라 사람으로 빈공 진사(賓貢進士)이다"[11]라는 말이 있다. 빈공은 특지(特旨)로 과거에 참가한 주변 소수 민족 출신에게 사용되었으며, 시기적으로는 장경 이후에 빈공과업(賓貢科業)이 분명하게 확립되었음을

6) 왕벽강(汪僻疆), 《당인소설(唐人小說)》, 上海 古典文學出版社, 1957, 22쪽 참조. 장작은 당 고종(高宗) 상원(上元) 2년(675)에 진사에 급제했다.

7) 《전당시(全唐詩)》 권210, 北京 中華書局, 1979, 2188쪽. 황보증(皇甫曾)은 천보(天寶) 12년(753)에 진사에 급제했다.

8) 《신당서》 권60, 〈예문지 상〉, 1617쪽.

9) 진암(陳黯, 華心), 《문원영화(文苑英華)》 권364, 北京 中華書局, 1982, 1868쪽 상란(上欄).

10) 《전당시(全唐詩)》 권638, 7305쪽 ; 권691, 7933쪽 ; 권709, 8162쪽 ; 권720, 8261쪽에 각각 수록.

11) 《태평광기(太平廣記)》 권53, 〈김가기(金可記)〉, 北京 人民文學出版社, 1959, 329쪽.

반영한다. 진사 시험에 하나의 제도로서 특별 설치된 빈공과에 대해, 오히려 중국 문헌에는 명확한 기록이 없다.

당대 과거 제도를 연구한 서송(徐松, 1781~1848)의 역작인 《등과기고(登科記考)》에서도 빈공과를 명확하게 설명하지 않았다. 김육불(金毓黻, 1887~1962)은 당 빈공 제도의 존재를 인정하면서, 《신당서》, 〈선거지(選擧志)〉에 기록되지 않은 것은 같은 책의 〈예문지(藝文志)〉와 서인(徐夤)이 고원고(高元固)에게 보내 준 시로 보충하여 넣을 수 있다고 했다. 아울러 《송사(宋史)》, 〈고려전(高麗傳)〉의 "천거된 선비는 세 등급이 있으니 왕성 출신은 사공, 군읍 출신은 향공, 외국 사람은 빈공이라 부른다(貢士三等 : 王城曰士貢, 郡邑曰鄕貢, 他國人曰賓貢)"라는 말을 인용하여 "빈공 두 글자의 뜻을 여기서 이해할 수 있다"고 했다.[12] 그러나 그 정도의 설명에 그치고 있다. 1950년대에 이르러 엄경망(嚴耕望, 1915~1996)이 비로소 당대의 빈공과에 대해 상세한 연구를 했다.[13] 이와 관련된 논문으로 비로소 당나라 내외 교류 제도의 참 모습이 매우 명백해졌다. 그리고 그가 연구 성과를 거둘 수 있었던 기본 근거는 최치원의 여러 문장과 이에 의거하여 개괄한 《동사강목》이 다행히 세상에 남아 있었기 때문이다.

빈공과에 급제한 신라인에 대해 《등과기고》에서는 최치원, 최신지(崔愼之), 김이오(金夷吾), 김가기(金可紀, ?~859) 등 4인만을 고찰하고 있다.[14] 《동사강목》에 기록된 사람들은 그 급제 연대를 거의 고찰할 수 있으므로 《등과기고》의 증보에 매우 보탬이 된다.

---

12) 《발해국지장편》 권19, 〈총고(叢考)〉 518쪽.

13) 〈신라유학생과 승도(新羅留學學生與僧徒)〉, 《中韓文化論集(一)》, 臺北 中華文化出版事業委員會, 1955. 뒤에 증보를 거쳐 《당사연구총고(唐史硏究叢稿)》(홍콩 新亞硏究所, 1969)에 수록했다. 관련 논술은 《당사연구총고》, 432~441쪽. 참조.

14) 《등과기고(登科記考)》 권23, 北京 中華書局, 1984, 868쪽과 885쪽 ; 권27, 1067쪽과 1975쪽에 각각 보인다. 이 가운데 최신지(崔愼之)의 급제 연도는 잘못되었다.

《고려사(高麗史)》 권74, 〈선거지(選擧志)〉에 "성종(成宗) 5년(송 태종 옹희 3, 986) 최한(崔罕)·왕림(王琳)을 송(宋)에 보내 입학시켰다. 11년(송 태종 순화 3, 992) 최한·왕림이 빈공과에 급제하여 비서랑(秘書郎)에 제수되었다"고 했고, 또 "숙종(肅宗) 4년(송 철종 원부 2, 1099) 2월, 송나라에서 조서를 내려 거자빈공(擧子賓貢)을 허락했다"[15]고 했으니 빈공과 제도를 특별히 설치한 것은 송대에도 계속되었다.

3. 좌주(座主)·동년(同年)의 우정

당대 과거 제도에서 좌주(座主)와 문생(門生), 동년(同年)과 동년 사이에는 특수한 친밀 관계가 있었다.[16] 최치원의 경우, 그와 좌주 혹은 동년의 관계는 일반적인 의미의 친밀 관계 외의 당과 신라의 민족 우정의 체현이라는 의의가 보태진다.

최치원의 좌주인 배찬(裴瓚)은 함통(咸通) 15년(874) 과거 합격자 명단 발표 뒤 오래지 않은 동년 7월에 당 조정에 의해 호남관찰사(湖南觀察使)로 임명되었다.[17] 최치원은 빈공과 진사 급제 후 줄곧 "낙양을 이리저리 떠돌아다니며, 글을 지어 밥벌이를 했다." 그 후 선주(宣州) 율수현위(溧水縣尉)로 제수되었다. 최치원은 〈전 호남 관찰순관 배료께 올리는 글

---

15) 《고려사(高麗史)》, 서울 亞細亞文化社, 1990, 중책(中冊), 616쪽. 순화(淳化) 3년의 과거 합격자 명단은 《송사(宋史)》 권5, 〈태종기(太宗紀)〉 기록에 의하면 "고려 빈공 진사는 40명(高麗賓貢進士四十人)"이 있다고 했고, 또 왕림(王琳)은 《송사(宋史)》 권487, 〈고려전(高麗傳)〉에는 왕빈(王彬)으로 되어 있다. 이 사람에 대해 《송사》 권304에 열전(列傳)이 있으며, 《순희삼산지(淳熙三山志)》 권26에도 간략한 기술이 있는데, 그 이름은 모두 빈(彬)으로 되어 있다. 《송사》의 기록이 옳은 것 같다.

16) 진인각(陳寅恪), 《당대정치사술논고(唐代政治史述論稿)》, 북경 三聯書店, 1956, 80~83쪽 참조.

17) 《구당서》 권19하(下), 〈희종기(僖宗紀)〉, 691쪽.

(前湖南觀察巡官裴璙啓)〉에서 그는 "건부 3년(876) 겨울에 호남에 이르러 좌주 시랑 배찬의 집에서 기거했습니다(乾符三年冬, 到湖南, 起居座主侍郎)"라고 말하고 있다. 즉 일찍이 배찬을 방문하러 갔는데 율수현위로 부임할 때 특별히 호남을 빙 돌아서 갔던 것이다. 그는 "이미 문생이 되었으니 어찌 빈공과 같겠습니까? 난조와 개미가 은혜를 느낌은 모두 한 가지이고 중국 선비와 먼 데 사람이 은덕을 갚음이 어찌 다르겠습니까?(但緣旣忝門生, 豈論賓貢. 鴛鸞之與螻蟻, 感恩皆同. 多士之與遠人, 報德何異)"라고 했으니, 좌주에 대한 그리운 정으로 가득하다.

배찬은 "호상(湖湘)에서 풍속을 살폈고, 낙양에서 도읍을 다스렸으며(洎湖湘察俗, 瀍洛尹都)", "동도 낙양에서 관리 선발을 주관했다(主銓東洛)." 즉 그는 호남관찰사의 임기가 끝나자, 동도윤(東都尹)으로 임명되어 권이부시랑(權吏部侍郎)으로서 동선(東選)을 주관했다. 그러나 도로가 막혀 일행이 양주(襄州) 좁은 길에 이르러 "행장이 극히 피폐하여(行李極困)" 미처 취임하지 못했다. 그의 육촌 동생인 호남관찰순관(湖南觀察巡官) 배료(裴璙)는 재임용되거나 새로 부름을 받아 임용되거나 하여 당형(堂兄)과 동행하지 못했다. 그 뒤 호남의 정국이 동요하여, 배료는 "잇달아 약탈당해 생계가 거의 탕진되어(繼遭剽劫, 生計蕩盡)" 떠돌다가 회남(淮南)에 이르러 여러 날 머물렀다. 또 지름길로 양양(襄陽)에 가서 배찬을 영접하고자 했으나 일행이 저주(滁州)에 이르렀을 때 진퇴양난에 빠져, 과부가 30여 명이나 생겼고 목숨은 끓는 솥 안에 매달린 격이었다.

당시 최치원은 이미 회남도통순관(淮南都統巡官)에 임명되었다. 그는 좌주의 은혜에 감사하고 은덕을 갚는 심정으로 아낌없이 '호랑이의 턱수염을 뽑고(捋虎鬚)' '용의 목을 찾아(探龍領)' 고병(高駢, 821~887)에게 여주(廬州)나 수주(壽州) 관할의 장원(場院)이나 언태(堰埭)에서 산직(散職)에 보임해 주도록 간청하여 배료로 하여금 매달 봉급을 받아 정착하게 했다.

배찬은 양양의 산속에서 "오래도록 급히 정벌하라는 왕명으로 고생하고 있었다(久阻急徵之詔)." "관중(關中)의 잔당이 전멸되어(關中之寇孽災消)" 곧 황소(黃巢, ?~884)가 관중(關中)에서 퇴각하고 당군(唐軍)이 장안을 수복하게 되자, 비로소 그는 이부시랑(吏部侍郎)을 접수했다. 이윽고 예부상서(禮部尙書)로 임명되어 "멀리 조정에 달려가 수도(水道)를 준행할" 준비를 하고 취임하러 나아갔다. 회남 초주(楚州)를 지날 때 최치원이 직접 나아가 그를 '영접'했다. 좌주와 문생이 만났는데, 최치원으로 하여금 가장 감동스럽고도 편안치 못하게 했던 것은 "굽어보아 평소 뜻을 가상하게 여겨 늘 온화한 얼굴로 보살펴 주었다. 듣고 있으면 차근차근 계도하는 말씀이었고, 서 있으면 뼈에 새겨지는 정성이었다. 일찍이 또 삼청(三淸)의 선가(仙駕)를 내려 주셨고 한 뙈기 궁벽한 거처를 돌보아 주셨던(俯憐素志, 每照溫顏. 聽及階及席之言, 佇銘骨銘肌之懇. 早來又蒙降三淸之仙駕, 顧一畝之窮居)" 일이다. 서로 시를 지어 주고받으면서 시국을 가슴 아파하는 우정이 너무나 돈독했다.

현재 최치원의 시 〈좌주 상서가 난을 피하여 유양으로 가는 도중 절구를 총시했기에 이를 받들어 화답합니다(奉和座主尙書避難過維揚寵示絶句)〉 3수가 남아 있는데, 그 끝의 2구에는 "한스럽게 읊조리며 저 바다로 돌아가니, 깊은 은혜 갚지 못해 눈물만 흐르네(唯恨吟歸滄海去, 泣珠何計報恩深)"라고 하면서, 배찬을 막 떠나려 할 때의 끝없는 그리움을 보인다. 이때는 중화(中和) 4년(884) 5월 1일이 지난 시기이다. 최치원 자신도 미처 예감치 못했던 귀국 시간이 벌써 닥쳐왔던 것이다.[18)]

---

18) 이상 배찬(裴瓚)의 행적과 최치원과 배찬의 관계는 주로 《계원필경집(桂苑筆耕集)》 권7의 고병(高駢)을 대신하여 올린 〈이부 상서 배찬께 올리는 글(吏部裴瓚尙書)〉 2수(32~33쪽) ; 권18 〈은문 배 수재께 일을 청탁하는 계문(與恩門裴秀才求事啓)〉(102~103쪽) ; 권19 〈좌주 상서께 올리는 별지(上座主尙書別紙)〉, 〈예부 상서 임명을 축하하는 별지(賀除禮部尙書別紙)〉, 〈제원에 보내는 별지(濟源別紙)〉, 〈초주의 행리를 맞이하는 별지(迎楚州行李別紙)〉 2수, 〈5월 1일의 별지(五月一日別紙)〉, 〈찾아와 주신

당나라를 떠나기 전날 저녁 최치원은 "기러기 발에 의탁하여(편지 보내는 것을 비유)" 〈예부 상서 배찬에게 주는 장문(與禮部裴尙書瓚狀)〉[19]을 바쳤다. 일반적인 이별, 연모 등의 말 외에 전체 문장의 주요 틀은 최치원이 문생의 신분이 아니라 "사행(使行)을 받들고 돌아가는" 신라 국사(國士)의 신분으로 배찬에게 "거국회은(擧國懷恩)"의 감격스러운 정을 바치는 것이다. 왜냐하면 이보다 앞서 "정공 시랑 최근이 주시하던 해(靖恭崔侍郎主貢之年)"에 빈공 급제한 두 명의 진사 가운데 발해 오소도의 이름이 신라 이동(李同) 앞에 올라 있어 신라 학생으로 하여금 "관(冠)과 신발이 거꾸로 놓이는" 치욕을 당하게 했는데, 배찬이 최치원을 선발함으로써 비로소 "지난날의 치욕을 씻을 수 있게 되었기(得雪前恥)" 때문이다.

배찬이 지공거(知貢擧)가 된 함통 15년(874) 방(榜)에 진사 30인을 발표했는데, 최치원의 동년은 29명이었다. 이 방에 대해 《등과기고》에서는 6인을 고찰하고 있는데, 최치원 외에 나머지 5인은 귀인택(歸仁澤), 유숭망(劉崇望), 하후택(夏侯澤), 고운(顧雲, ?~894?), 장서(蔣署)이다.[20] 이밖에 《계원필경집(桂苑筆耕集)》 권19, 〈서자 배졸에게 답하는 글(答裴拙庶子書)〉에 의하면, 배졸의 동생 아무개 역시 그의 동년이다.

《구당서》 권19하, 〈희종본기(僖宗本紀)〉에는 건부(乾符) 2년 5월 "국자사업 배졸이 양주자사가 되었다(國子司業裴拙爲洋州刺史)"(694쪽)고 기록되어 있다. 그러나 그가 언제부터 국자사업이 되었는지는 자세하지 않다. 최치원의 〈서자 배졸에게 답하는 글〉은 중화 2년(883) 무렵에 쓴 것이다. 편지에 "전년(前年)"에 "배졸이 회남(淮南)으로 피난을 갔는데" 최치원은 일찍이 "미천했을 때부터 옛 은혜를 입었다(自微攀舊恩)"고 강

데 감사드리는 장문(謝降顧狀)〉(106~108쪽)에 의거하여 대략적으로 정리한 것이다. 배찬의 이부시랑(吏部侍郎) 임명 경과에 대해서는 엄경망(嚴耕望), 《당복상승랑표(唐僕尙丞郎表)》(北京 中華書局, 1986) 권10, 〈집고삼하(輯考三下)〉, '시랑(侍郎)' 참조.

19) 《동문선(東文選)》 권47에 보인다.

20) 867~868쪽.

조한 언급이 있어, 그가 국학(國學)에서 공부하던 후기에 배졸은 이미 사업(司業)이 되어 두 사람이 사제지간의 우의를 맺었다는 것을 알려 준다. 〈서자 배졸에게 답하는 글〉에서 배졸이 "먼저 감동적인 편지를 내린(先降劉箋)" 것에 대해 감격을 표시하는 동시에 "아울러 현제께서 지난날의 돌보심 변치 않고 멀리까지 영광된 편지를 보내 주시어 이역 사람이라고 빼놓지 않고, 특히 동년의 글자를 욕되게 한다(兼蒙賢弟起居, 未移曩顧, 遠賜榮緘, 不遺異域之人, 特辱同年之字)"고 하여 오늘날 보기 힘든 동년 사이의 우정을 기록했다.

최치원과 고운(顧雲) 사이의 우정은 신라 문인들에게 매우 추앙받았으며, 전해지는 관련 기록도 한국 쪽이 중국에 비해 훨씬 풍부하다. 최치원이 회남을 떠나 귀국할 때 고운은 시를 지어 전별연을 베풀어 주었다. 그 시는 중국에서는 이미 오래 전에 실전(失傳)되었으며 한국 전적에 보이는 시도 완전하지는 않은 것 같다. 《삼국사기(三國史記)》 권46, 〈최치원전〉[21]에서는 몇 구를 싣고 있다.

我聞海上三金鰲,	내 들으니 동해에 세 마리 금 자라가
金鰲頭戴山高高.	머리로 산을 이고 있는데 높디높다네.
山之上兮, 珠宮貝闕黃金殿,	산 위는 구슬과 보배로 꾸민 황금 궁전이요
山之下兮, 千里萬里之洪濤.	산 아래는 천 리 만 리 큰 물결이라네.
傍邊一點鷄林碧,	그 곁에 한 점 계림이 푸른데
鰲山孕秀生奇特.	자라산의 빼어난 정기를 머금어 특출한 인재를 낳았네.
十二乘船渡海來,	열두 살에 배를 타고 바다를 건너와
文章感動中華國.	문장으로 중국을 감동시켰네.

21) 《삼국사기(三國史記)》(李丙燾 校譯本), 乙酉文化社, 1993, 431쪽.

十八橫行戰詞苑, 열여덟 살에 문단을 휩쓸어
一箭射破金門策. 단번에 과거에 급제했다네.

이인로(李仁老, 1152~1220)의 《파한집(破閑集)》 권중(卷中)[22]에서도 몇 구를 싣고 있다.

因風離海上, 바람을 타고 바다 위를 달려
伴月到人間. 달을 짝하여 인간에 이르렀네.
徘徊不可住, 배회하며 머물 수 없어
漠漠又東還. 막막히 다시 동쪽으로 돌아가네.

최치원이 회남관역순관(淮南館譯巡官, 뒤에 都統巡官으로 개명)에 임명되기 전에 고운은 고병의 막료(幕僚)가 되었다. 《가정진강지(嘉定鎭江志)》 권15, 〈참좌(參佐)・판관(判官)〉에는 "건부(乾符) 연간에 고병이 진강절도사(鎭江節度史) 겸 강남행영초토사(江南行營招討使)를 지낼 때 고운은 시비서성(試秘書省) 교서랑(校書郎)의 신분으로 행영초토판관(行營招討判官)을 지냈다"고 기록되어 있다.[23] 고운은 고병을 따라 절서(浙西)

---

22) 《파한집(破閑集)》(《韓國詩話選》本), 서울 太學社, 1991, 31쪽. 《동사강목》 권5상의 헌강왕(憲康王) 기사(記事)에는 이 네 구의 문자가 차이가 난다. 예를 들면 "인풍(因風)"은 "인풍(引風)"으로, "불가주(不可住)"는 "불가종(不可從)"으로, "막막(漠漠)"은 "만만(漫漫)"으로 되어 있는데 어느 것이 옳은지 모르겠다. 또 이상의 두 시구는 진상군(陳尙君)의 《전당시속습(全唐詩續拾)》에 집록(輯錄)되어 있으며 두 시가 "동일한 시 가운데의 단편(斷片)"이라 단언하고 있다(《全唐詩補編》, 北京 中華書局, 1992, 1192쪽). 그러나 전자는 이규보(李奎報)의 《백운소설(白雲小說)》에 인용된 〈유선에게 주는 노래(贈儒仙歌)〉(《韓國詩話選》本 3쪽에 보임), 후자는 이인로(李仁老)의 《파한집(破閑集)》에 인용된 〈고운편(孤雲篇)〉인 듯하여 위와 같이 판단하기는 어려울 듯하다. 모두 완질(完帙)은 아닐 것으로 추정할 수 있을 뿐이다.

23) 《가정진강지(嘉定鎭江志)》(《宋元方志叢刊》本), 北京 中華書局, 1990, 2479쪽 상란(上欄).

에서 회남으로 옮겨갔는데, 판관은 지위가 매우 높은 막료임을 알 수 있다. 최치원이 고병에게 등용되고 신임을 얻을 수 있었던 것은 자신이 바친 "잡편장 5축, 진정 칠언 장구, 시 백 수(雜篇章五軸, 兼陳情七言長句, 詩一百篇)"[24]에 드러나듯이 뛰어난 재능 외에 동년 고운의 추천에 힘입은 것이었다.

이후 두 사람은 함께 회남 막부에 있었기 때문에 시주(詩酒)로 창화(唱和)한 시가가 많았을 것이다. 그러나 현존하는 것은 한국 문헌《동문선》권12에 실린 최치원의〈늦은 봄에 즉흥으로 동료 사자인 고운에게 화답하며(暮春卽事和顧雲支使)〉라는 시 한 수뿐이다.[25] 서로 갈고 닦아 학습한 데는 더욱 정리가 있었다. 최치원은 고병에게 보낸 고운(顧雲)의〈길게 올리는 계문(長啓)〉1수, 단가(短歌) 10편을 읽고는 "학문의 물결은 고래가 바다 물결을 내뿜는 듯하고, 문장의 날카로움은 칼날이 은하수에 기댄 듯합니다. 찬송으로 갖추어 영원히 유전할 것입니다(學派則鯨噴海濤, 詞鋒則劒倚雲漢, 備爲贊頌, 永可流傳)"라고 말하고, "칠언기덕 절구시 30수(七言紀德絶句詩 30首)"를 헌상했으니,[26] 이것이 그 뚜렷한 사례이다.

송행시(送行詩)에서 고운이 최치원을 높게 평가했듯이, 최치원은 관련 문장에서 고운을 극히 숭배했다. 중화 2년 7월경 최치원은 고병을 대신해〈부하를 종사관으로 전임시켜 주길 요청하는 장문(請轉官從事狀)〉을 초안하여 모두 3인의 개관(改官)을 신청했는데, 설려(薛礪)는 감찰판관

---

24)《계원필경집》권17,〈처음으로 태위께 올리는 계문(初投獻太尉啓)〉, 92쪽 하란(下欄).

25) 진상군(陳尙君)은《전당시속습(全唐詩續拾)》권36에 하명안(何鳴雁)이〈신라시인 최치원(新羅詩人崔致遠)〉(《社會科學戰線》1984년 제4기)에서 인용한 시를 수록했다.《전당시보편(全唐詩補編)》, 1243쪽 참조. 하명안은 인용한 시의 출처를 언급하지 않았다. "지사(支使)"는 "우사(友使)"로 잘못되어 있다.

26)《계원필경집》권17,〈시를 올리는 계문(獻詩啓)〉, 93쪽.

(觀察判官)으로, 정숙(鄭俶)은 절도장서기(節度掌書記)로, 고운은 관찰지사(觀察支使)로 옮겼다. 〈부하를 종사관으로 전임시켜 주길 요청하는 장문〉에서,

> 동방의 대나무처럼 아름다움을 간직하고 남방의 계수나무처럼 향기를 뿜어내며, 사조의 긴 옷자락을 끌고 위청의 막부에서 종사했습니다. 다섯 마리 숫양의 가죽이 무엇보다 귀중하다는 말이 어찌 헛된 말이겠습니까? 사나운 새 백 마리가 독수리 한 마리만 못하다는 말이 바야흐로 진실인 줄 알겠습니다. 그는 진실로 묘책을 도와 장도를 함께 전개했습니다(東筠孕美, 南桂抽芳, 曳謝朓之長裾, 從尉青之軍幕. 五羖皮之爲重, 豈謂虛譚, 百鷙鳥之不如, 方知實事, 良資妙畫, 共殿壯圖).

라 말하여 다른 두 사람보다 고운을 높이 평가를 했는데, 거기에는 개인적인 흠모가 있었기 때문이다. 중화 3년(883) 고병은 고운으로 하여금 〈연화각기(延和閣記)〉의 비사(碑詞)를 짓게 하고는 자신이 석각(石刻)에 직접 글을 썼고 나중에 비본(碑本) 한 축(軸)을 최치원에게 주었다. 최치원은 〈연화각 기비를 내려주신 데 감사드리는 장문(謝示延和閣記碑狀)〉에서,

> 지사시어는 공자 문하의 안회와 같고 마융 막부의 노식과 같아, 능히 직필을 휘둘러 오묘하게 높은 분의 마음을 그려낼 수 있습니다. 3년 동안 임금님의 행차를 바라는 정성을 서술할 때는 북소리가 뭇 사람들의 귀에 울리는 듯하고, 일편단심 왕에게 부지런한 충절을 서술할 때는 거울이 여러 혼미한 것을 비추는 듯합니다(支使侍御, 丘門顔回, 融帳盧植, 能揮直筆, 妙寫尊襟. 叙三年望幸之丹誠, 則鼓傳衆聽, 述一片勤王之忠節, 則鏡照羣迷).

라 했고, 또

이제 지사시어는 착한 것을 좋아하는 마음으로 옛것을 상고하는 힘을 얻어, 참된 재사의 문장을 발휘하여 위대하신 승상의 필적을 부끄럽게 만들었으니, 빈객의 특별한 영광으로 추대하는 것은 특히 유가의 성대한 일입니다(今者支使侍御, 以好善心, 得稽古力, 騁眞才子之藻思, 辱大丞相之筆蹤, 推爲賓席殊榮, 別是儒家盛事).[27]

라 했으니 진심으로 칭송했던 것이다.

이상으로 최치원과 좌주, 동년 사이의 우정에 대해 대략적으로 정리했다. 앞에서 서술한 것처럼 이러한 개인 사이의 우정은 사실상 당과 신라 사이의 민족적 우정의 체현이기도 하다.

특히 칭송할 만한 것은 최치원이 선주 율수현위에 임명된 기간의 일사(佚事)로, 당과 신라에 널리 유전(流傳)되어 두 민족의 공통적인 정신적 자원이 되었다. 장돈이(張敦頤)의 《육조사적편류(六朝事迹編類)》 권하(卷下), 〈분릉문(墳陵門)〉, 「쌍녀묘(雙女墓)」조를 보자.

〈쌍녀분기〉에서 말했다. 계림 사람 최치원이 당 건부 연간에 율수현위에 임명되었다. 어느 날 초현관에서 쉬고 있었는데, 앞 언덕에 쌍녀분이라는 무덤이 있었다. 이 사적에 대해 물어 보았지만, 아무도 알지 못하여 이에 시를 지어 조문했다. 그 날 밤 감동한 두 여인은 감사를 표시하면서 다음과 같이 말했다. "우리는 본래 선성군 개화현 마양향 장 씨의 두 딸입니다. 어려서 글씨와 친숙했고 자라서는 재능을 가지고 있었는데, 뜻하지 않게 부모가 소금 장수 놈에게 시집가라 했습니다. 이 때문에 울분이 나서 죽게 되어, 천보 6년에 함께 이곳에

27) 이상 인용한 두 〈장문(狀)〉은 《계원필경집(桂苑筆耕集)》 권6, 29쪽 ; 권18, 101쪽.

묻히게 되었습니다." 잔치를 베풀고 이야기하다가 새벽이 되어서야 헤어졌다. 율수현에서 남쪽으로 110리 되는 곳에 있다(《雙女墳記》曰：有雞林人崔致遠者, 唐乾符中補溧水尉, 嘗憩於招賢館. 前岡有冢, 號曰雙女墳, 詢其事迹, 莫有知者, 因爲詩以弔之. 是夜, 感二女至, 稱謝曰：兒本宣城郡開化縣馬陽鄕張氏二女, 少親筆硯, 長負才情, 不意父母匹於鹽商小豎, 以此憤恚而終, 天寶六年同葬於此. 宴語至曉而別. 在溧水縣南一百一十里).[28]

역사 소설 성격이 매우 강한 이야기는 전기(傳奇) 소설과 장편 서사시의 매우 좋은 소재이기도 하다. 사실상 장돈이의 기술이 이미 한편의 전기 형태이다. 한국의 《신라수이전(新羅殊異傳)》에도 〈쌍녀분(雙女墳)〉이 있는데 그 내용이 《육조사적편류》의 기록과 완전히 같은 고사이다. 그 특징은 총 431자에 달하는 장편 서사시가 전문(全文)의 중심이라는 점이다. 이 일사(佚事)를 진실한 감정을 담은 시를 통해 음영(吟詠)한 것은 풍격이 분명 백거이(白居易, 772~846)의 〈장한가(長恨歌)〉, 〈비파인(琵琶引)〉의 영향을 받은 것이다. 이 시는 고려 초기 박인량(朴寅亮)이 지은 것이라는 설과 최치원이 직접 지은 것이라는 설도 있다.[29]

4. 양국의 사절·문서 왕래의 영향

당과 신라의 관방 관계인 사절·문서 교류는 최치원과 밀접한 관계가 있다. 그는 당에 머무는 동안 신라 사절을 접대하고 그들의 입당 현안 문

28) 《육조사적편류(六朝事迹編類)》(《叢書集成》 影印 《古今逸事》本), 上海 商務印書館, 1936, 244~245쪽.

29) 《신라수이전(新羅殊異傳)》은 미처 보지 못했다. 김동훈(金東勳)의 〈만당 시기 저명한 한국 시인 최치원(晚唐著名朝鮮詩人崔致遠)〉(《中央民族學院學報》 1985년 제1기, 79~80·82쪽)에 의거하여 기술했다.

제를 처리했으며 아울러 '회남입신라 겸 송국신 등사(淮南入新羅兼送國信等使)'의 신분으로 귀국했다. 귀국 후 그는 신라왕을 대신하여 당 조정에 보내는 적지 않은 문서를 기초했을 뿐 아니라, 한 차례 사신의 신분으로 당나라에 들어갈 준비를 했으며 실제로 당의 땅을 밟기도 했다.

최치원이 신라왕을 대신하여 기초한 문서로는 《동문선》 권47에 기록된 〈신라왕이 당 강서 대부 고상에게 보내는 장문(新羅王與唐江西高大夫湘狀)〉이 아마도 가장 빠른 것 같다.

> 정공 시랑 최근(崔瑾)이 두 명의 빈공 진사를 선발할 때, 발해 오소도를 수석으로 삼았습니다. 한비자가 노자와 같은 열전에 기록된 것은 일찍부터 달갑게 여기기 어려웠고 하언이 유우보다 앞에 있는 것은 실로 한스러운 일입니다. 비록 곡식을 드날릴 때 쭉정이가 앞선다 하지만 어찌 술 찌꺼기를 마시기야 하겠습니까? 이미 사방 이웃의 조롱거리가 되었고, 한 나라에 영원한 치욕을 끼쳤습니다.
>
> 엎드려 생각건대 대부가 손에는 제갈량의 저울을 드시고 마음은 진시황의 거울처럼 간담을 비추어 보시며 주임 시험관을 맡아 계림의 선비를 돌아보시어, 특히 박인범·김악 두 사람으로 하여금 쌍으로 봉리에 날고 무리지어 용문에서 뛰게 하며, 선비의 대열에 끼는 것을 허락하고 국자감에 함께 나아가게 하여, 추한 오랑캐가 빈공 진사를 흠내는 것을 용납하지 않았습니다(靖恭崔侍郎, 放賓貢兩人, 以渤海烏昭度爲首. 韓非同老聃之傳, 早已難甘；何偃在劉瑀之前, 其實堪恨. 縱謂簸揚糠粃, 豈能餔啜糟醨? 旣致四鄰之譏, 永貽一國之恥. 伏遇大夫, 手提蜀秤, 心照秦臺, 作蟾桂之主人, 顧雞林之士子. 特令朴仁範金渥兩人, 雙飛鳳里, 對躍龍門, 許列青襟, 同趨絳帳, 不容醜虜, 有玷仙科).

고상이 지공거(知貢擧)로서 발표한 건부(乾符) 4년(887) 춘방(春榜)에서 신라 학생 2인이 동방(同榜) 급제했기 때문에 〈신라왕이 당 강서 대부 고상에게 보내는 장문〉에서 깊은 감사의 뜻을 표했다.

> 일찍이 멀리 서찰을 의뢰하여 지난 봄날의 은혜에 감사드리려 했사오나, 외람되게도 갑자기 난리가 일어난 탓에 도로가 많이 막혀 평소 뜻을 전하지 못하고, 그만 때가 늦어버렸습니다(早欲遠憑書札, 感謝眷知, 竊審烟塵驟興, 道路多阻, 未伸素懇, 已至後時).

이미 "때 늦은(後時)" 감사라 했으니 아마도 최치원이 귀국한 초기에 쓴 것 같다. 또 같은 글에서,

> 오직 바라건대 빨리 피난지의 행차를 떠나 속히 제천의 업을 전개하시어, 영원히 온 천하를 편안하게 하여 다시 백성들을 살리옵소서(惟望早離避地之遊, 速展濟川之業, 永安區宇, 再活烝黎).

라고 했으니, 당시 고상은 피난지에서 한가하게 지내고 있었던 것이다. 고상은 지공거(知貢擧)로서 과거 합격자 명단을 발표한 뒤 오래지 않아 강서절도사(江西觀察使)로 나아갔다. 어사대부(御史大夫)의 헌함(憲銜)을 가지고서 건부 5년(878) 3월 "왕선지(王仙芝)의 잔당 왕중(王重)이 홍주(洪州)에 숨어 있었는데 강서관찰사(江西觀察使) 고상이 호구(湖口)로 쳐들어갔다."[30] 여기서 오히려 다시는 나오지 않았다. 그래서 그를 '강서고대부(江西高大夫)'라고 부른 것이다.

이 〈신라왕이 당 강서 대부 고상에게 보내는 장문〉과 앞에 인용한 〈예부 상서 배찬에게 주는 장문〉은 모두 신라와 발해가 빈공과(賓貢科)에서 격렬하게 경쟁했음을 반영한다. 이러한 경쟁은 당 말까지 줄곧 지속

30) 《자치통감(資治通鑑)》 권252(校點本), 北京 中華書局, 1982, 8202쪽.

되었다. 《고려사》 권92, 〈최언위전(崔彦撝傳)〉에서 다음과 같이 말했다.

> 신라 말 나이 열여덟에 당으로 유학을 갔다. 예부시랑 설정규 문하에 유학하여 과거에 급제했다. 그때 발해의 재상 오소도의 아들 광찬이 동년 급제했다. 오소도가 당에 조회를 가서 자기 아들의 이름이 최언위보다 아래에 있는 것을 보고 표문을 올려, "신은 지난날 입조하여 과거에 급제했을 때 이동보다 이름이 위에 있었으니, 이제 신의 아들 광찬도 마땅히 최언위보다 위에 올라야 합니다"라고 했으나 최언위의 재주와 학문이 우수하여 허락되지 않았다(新羅末年十八遊學入唐, 禮部侍郎薛廷珪下及第. 時渤海國相烏昭度子光贊同年及第, 昭度朝唐, 見其名在彦撝下, 表請曰 : '臣昔年入朝登第, 名在李同之上. 今臣子光贊宜升彦撝之上'. 以彦撝才學優贍, 不許).

최언위는 최신지(崔愼之)의 개명(改名)으로 천우(天祐) 3년(906)에 급제했다.[31] 위에 인용한 두 〈장문(狀)〉에 의하면 오소도와 이동(李同)이 급제한 시기는 박인범(朴仁範)·김악(金渥) 두 사람이 급제한 건부 4년(877) 이전일 뿐 아니라 또한 최치원이 급제한 함통 15년(874)보다도 앞선다. 《삼국사기》 권11, 〈신라본기(新羅本紀)〉에 의하면 "이동 등 3인이 진봉사(進奉使) 김윤(金胤)을 따라 당에 들어가서 수업한" 시기는 경문왕(景文王) 9년 7월, 즉 당 함통 10년(869)이다. 따라서 오소도·이동 두 사람이 급제한 것은 함통 11년에서 14년까지 4년 사이일 것이다. 그런데 이 4년 사이에 최씨 성을 가진 지공거는 함통 13년(872)의 최근(崔瑾) 뿐이다.

최근은 중서사인(中書舍人)으로서 예부공거(禮部貢擧)를 맡아 과거 합

---

31) 《등과기고(登科記考)》 권23에서는 광계(光啓) 원년(885)으로 잘못되어 있다. 엄경망(嚴耕望), 《당사연구총고(唐史硏究叢稿)》, 438쪽 ; 계서붕(桂栖鵬), 〈최언위등과년빈변정(崔彦撝登科年份辨正)〉, 《韓國硏究》 第二輯, 杭州大學出版社, 1995, 117쪽 참조.

격자 명단을 발표한 뒤에 곧바로 예부시랑(禮部侍郎)으로 임명되었다.[32] 그래서 '최 시랑(崔侍郎)'이라 칭한 것이다. '정공(靖恭)'은 이망(里望)이다. 당 장안 주작문(朱雀門) 동쪽 다섯 번째 거리 정공방(靖恭坊)에 태자태보(太子太保) 최언소(崔彦昭)의 저택이 있었다.[33] 최근은 최언소와 마찬가지로 청하(淸河) 소방공(小房公) 화(華)의 후손으로[34] 그의 저택 또한 정공방에 있었던 듯하다. 그래서 "정공 최시랑(靖恭崔侍郎)"이라 한 것이다. 오소도·이동이 급제한 해는 함통 13년(872)이며, 이후 천우(天祐) 3년(906)에 이르기까지 신라와 발해 사이에 빈공과를 둘러싼 격렬한 경쟁이 앞뒤로 30여 년 계속되었다.

《동사강목》 권5상, 헌강왕(憲康王) 8년(당 중화 2, 882) 「조당사김직량알제우촉(朝唐使金直諒謁帝于蜀)」조에 "직량(直諒)은 사명(使命)을 받들고 당에 이르렀을 때 황소의 반란으로 길이 막혀 그만 초주(楚州)에 상륙했다. 이리저리 길을 헤매다 양주(揚州)에 갔으나 황제가 촉(蜀)으로 피난했다는 말을 듣고 고병(高駢)에게 청했더니 도두(都頭) 장검(張儉)을 파견하여 서천(西川)으로 호송케 하여 황제를 알현하게 되었다"고 기록되어 있다. 주(注)에서는 《최치원집(崔致遠集)》에 의거하여 보충한 것이라고 한다.[35]

중화 2년 최치원은 이미 고병의 막료로 임명되었으니 김직량이 촉에 이르러 황제를 알현할 수 있었던 것은 최치원의 보호와 주선에 힘입은

---

32) 엄경망(嚴景望), 《당복상승랑표(唐僕尙丞郎表)》, 887쪽 참조.

33) 《당양경성방고(唐兩京城坊考)》, 北京 中華書局, 1985, 87쪽.

34) 《신당서(新唐書)》 권72하(下), 〈재상세계표(宰相世系表)〉, 「최씨표(崔氏表)」, 2758~2763쪽.

35) 이러한 사실을 언급한 최치원의 문장은 현재 《삼국사기》 권46, 〈최치원전〉에 보인다. 《당문습유(唐文拾遺)》 권43 주(注)에서는 《동국통감(東國通鑒)》에서 집록(輯錄)했다 하고, 《한국문원(韓國文苑)》 권4 주에서는 《최고운집(崔孤雲集)》에서 집록했다고 한다. 그러나 아마 《동국통감》, 《한국문원》은 사실 모두 《삼국사기》 본전에서 인용하여 기록한 것 같다.

것임을 알 수 있다. 《계원필경집》에는 이에 대한 어떠한 흔적도 남아 있지 않지만, 유사한 사례에서 그 대략을 추측할 수는 있다.

《계원필경집》 권10, 〈신라탐후사 박인범 원외 별지(新羅探候使朴仁範員外別紙)〉는 대략 중화 3년(883) 여름에 쓴 것이다. 박인범(朴仁範)은 건부 4년(877) 진사 급제 후 이미 귀국해서 관직을 맡고 있었다. 이때 조당사(朝唐使) 김직량의 소식이 전혀 없었기 때문에 또 다시 그를 당에 파견하여 조사케 했다. 박인범 일행은 회남에 이르러 소식을 확인하고는 곧바로 귀국하려고 했다. 〈별지(別紙)〉에서는 그를 만류하여 "혹시라도 원외께서 회수(淮水) 연안에 이르렀다가 곧바로 바다를 건너 돌아가신다면 비록 주상께 올리는 글이 이치가 있다 하더라도 바깥사람들의 의론을 막아내기 힘들 것입니다(儻員外止到淮壖, 却歸海徼, 縱得上陳有理, 其如外議難防)"라 하고, "평소 뜻을 바꾸지 말고 힘껏 먼 길을 달려가 보도록(勿移素志, 勉赴遠行)" 그를 격려했다. 아울러 안전한 길을 보증하면서 "산골짜기의 도적은 갑자기 모였다 갑자기 흩어지지만, 이 또한 안일하게 방어한다면 반드시 근심거리가 되지는 않을 것입니다(峽中寇戎, 或聚或散, 此亦専令防援, 必應免致驚憂)"라고 했다. 이 글은 비록 고병을 대신해서 쓴 것이기는 하지만 동포에 대한 그의 간절한 마음이 담겨 있다.

중화 4년(884) 또 '신라국입회남사 김인규(新羅國入淮南使金仁圭)'가 당에 사신으로 왔는데, 최치원의 사촌동생인 최서원(崔栖遠)도 '입회남사녹사(入淮南使錄事)'라는 신분으로 함께 왔다. 최치원은 고병에게 "오래전에 고향을 하직하고 바다 먼 길을 떠나왔습니다. 머물러 있자니 부모님께 효도를 다하고자 하는 마음이 상처를 입고, 떠나자니 스승님에 대한 그리움으로 가슴 아픕니다. 아무쪼록 잠시 동쪽으로 돌아가 서쪽으로 오시길 기다리고 있겠습니다"라는 감정과 소망을 진술하니 고병은 그를 동정하고 이해했으며 아울러 최치원에게 '회남입신라 겸 송국신 등사(淮南入新羅兼送國信等使)'라는 직명을 주어 귀국을 환송했다.[36] 귀국 후에 신

라왕은 곧바로 그를 시독 한림학사(侍讀翰林學士)로 삼았다.[37]

《삼국사기(三國史記)》 권46, 〈최치원전(崔致遠傳)〉에서는,

당나라 소종 경복 2년(893)에 정절(旌節)을 바치는 사신 병부시랑 김처회가 바다에 빠져 죽었으므로, 곧 추성군 태수 김준을 고주사로 삼아서 당나라에 파견했다. 이때 최치원이 부성군 태수로 있었는데, 마침 신년을 축하하는 사신으로 소환되었으나, 해마다 흉년이 들어 도둑이 사방에 일어나 길이 막혔기 때문에 가지 못했다(唐昭宗景福二年, 納旌節使兵部侍郎金處誨沒於海, 卽差橚城郡太守金峻爲告奏使 時致遠爲富城郡太守, 祗召爲賀正使. 以比歲饑荒, 因之盜賊交午, 道梗不果行).

라 했고, 《동문선》 권47 최치원의 〈숙위 학생 수령 등을 파견하여 입조하는 장문〉에서는,

학생 8명(최신지 등), 대수령 8명(기작 등), 소수령 2명(소은 등) …… 하정사로 수창부시랑이며 급찬인 김영의 배편을 따라 대궐에 들어가서 학업을 익히게 하고, 아울러 숙위에 충당토록 하옵나이다[學生八人(崔愼之等), 大首領八人

36) 이 문단은 《계원필경집》 권20 〈귀성을 허락하신 데 감사드리는 계문(謝許歸謹啓)〉, 〈사촌동생 최서원에게 돈을 하사한 데 감사드리는 장문(謝賜弟栖遠錢狀)〉, 〈태위께 올리는 별지(上太尉別紙)〉 5수, 〈참산의 신에게 지내는 제문(祭巉山神文)〉에 의거했다. 이 가운데 최서원(崔栖遠)의 직명은 〈사촌동생 최서원에게 돈을 하사한 데 감사드리는 장문〉에는 본래 '입해남사 녹사(入淮海使錄事)'로 되어 있는데, 본 논문에서는 〈참산의 신에게 지내는 제문〉에 보이는 김인규(金仁圭)의 사명(使名)에 의거하여 통일했다. 최치원의 사명(使名) 역시 〈참산의 신에게 지내는 제문〉에 의거한 것이니, 최치원이 귀국한 뒤 지은 〈성주사 낭혜화상 백일보광탑비(聖住寺郎慧和尙白日葆光塔碑)〉에 스스로 서명한 직함 '회남입본국송국신조서 등사(淮南入本國送國信詔書等使)'와는 약간 다르다. 《한국금석전문(韓國金石全文)》, 亞細亞文化社, 1984, 212쪽. 《당문습유(唐文拾遺)》 권44에 이 비문을 기록하고 있는데, 직함은 이미 떨어져 나갔다.

37) 《동사강목》 권5상, 헌강왕 11년(당 광계 원년, 885) 3월 기사, 496쪽.

(祈婥等), 小首領二人(蘇恩等) …… 令隨賀正使守昌部侍御級餐金穎船次, 赴闕習業, 兼充宿衛].

라 했고, 또 〈숙위 학생을 번국으로 돌려보내 주시길 주청하는 장문(奏請宿衛學生還蕃狀)〉에서는,

김무선(金茂先)·양영(楊穎)·최환(崔渙)·최광유(崔匡裕) 등 학생 4인은 이제 이미 10년 만기가 되었습니다. 엎드려 바라옵건대 하정사(賀正使) 급찬(級餐) 김영(金穎)의 배편에 따라 본국으로 돌아가게 하여 주시옵소서.

라고 했다. 두 〈장문〉은 분명히 동시에 지은 것이다. 《동사강목》 권5상에서는 앞의 〈장문〉을 헌강왕 11년(당 광계 원년 885)에 싣고 있다. 그러나 앞의 〈숙위 학생 수령 등을 파견하여 입조하는 장문〉 가운데,

지난 용기 3년(891)에 하등극사 판관이자 검교사부랑중 최원을 따라 입조한 학생 최영 등의 사례에 준한다(准去龍紀三年隨賀登極使判官·檢校祠部郎中崔元, 入朝學生崔霙等事例.)

라는 말이 있어 광계(光啓) 원년에 실은 것은 분명 잘못이다. 그리고 뒤의 〈숙위 학생을 번국으로 돌려보내 주시길 주청하는 장문〉에는 또,

그러므로 신의 망부이며 선신이자 태부로 추증된 정이 배신을 보냄에 시전중감 김근을 경하부사에 충임시켜 입조하는 날에 지난번의 학생 김무선을 뽑아 보내 대궐에 나아가 학업을 익히게 하고, 아울러 숙위에 보충하게 했다(故臣先父先臣贈太傅晟, 遣陪臣試殿中監金僅, 充慶賀副使, 入朝之日, 差發前件學生金茂先, 赴闕習業, 兼充宿衛).

라는 말이 있다. 《동사강목》 권5상에 의하면 김근(金僅)이 경하사(慶賀使)로 임명되어 당에 들어간 것은 헌강왕 정(晸) 11년(당 광계 원년 885) 겨울로서 황소 토벌을 축하하기 위한 것이었다. 10년 기한이 찼다면 이미 건녕(乾寧) 2년(895)이 된다. 그렇다면 이 두 〈장문〉은 진성여왕(眞聖女王) 8년(당 건녕 원년) 최치원이 아찬(阿湌)이 된 뒤에 기초한 것으로 보아야 한다.

효공왕(孝恭王) 원년(당 건녕 4, 897) 6월, 진성여왕은 효공왕에게 왕위를 물려주고 사신을 당나라에 보내 사은(謝恩)했다. 당시 발해, 신라의 사신이 석차를 놓고 다투었는데, 당은 “국가 명칭의 선후는 강약에 따라 칭하는 것이 아니니, 이제 어찌 조제등위(朝制等威)를 성쇠에 따라 고치겠는가?(國名先後, 比不引强弱而稱, 朝制等威, 今豈以盛衰而改)”[38]라고 하여 옛 관례대로 발해를 신라 아래에 놓아야 한다고 결정했다. 이에 효공왕은 또 사신에게 표(表)를 주어 보내어 감사했다. 두 표도 역시 최치원이 지은 것이다. 〈책증을 사례하는 표문(謝冊贈表)〉에서는 다음과 같이 말했다.

망부 정(晸, 憲康王)은 건부(당 희종) 말년에 적구(賊寇, 黃巢)가 함진(咸秦, 長安)을 핍박하여 어가가 촉으로 순행하게 되자, 선신(先臣, 헌강왕)은 초나라 군주처럼 옷소매를 떨지고 군의 신 밧줄이 되기를 자청하였습니다. 회남절도사 고병은 지방 제후로서의 정성을 아뢰어 밖에서 군위(軍威)를 떨쳤으나, 고 청주절도사 안사유는 남의 일에 간섭한다고 하면서 바닷길을 막아 권한을 훔쳐 갔습니다. 이 때문에 멀리서 충성을 펼칠 수 없었으니 선신의 한이 많았습니다(亡夫晸, 屬乾符末, 寇逼咸秦, 駕巡庸蜀, 先臣爰投楚袂, 冀請終纓. 淮南節度使高駢, 上陳藩款, 故青州節度史安師儒, 謂彼越俎, 阻此叨權, 以此遠俗之忠誠莫展,

38) 〈발해의 상석 차지를 허락하지 않은 데 사례하는 표문(謝不許北國居上表)〉.

先臣之遺恨斯多).[39)]

평로절도사(平盧節度史)는 청주(青州)를 다스렸으므로 청주절도사(青州節度史)라고도 칭했던 것이다. 안사유는 건부 원년(874)부터 중화 2년(882)까지 평로절도사로 있다가 중화 2년 9월에 대장(大將) 왕경무(王敬武)에게 축출되었다.[40)] 위 〈표문(表)〉에서 말하는 것은 고병이 사람을 파견하여 김직량(金直諒)을 촉(蜀)으로 가게 한 일에 관한 것인데, 이는 결국 평로・회남 사이의 다툼을 유발했다. "남의 일에 간섭한다고 하면서 바닷길을 막아 권한을 훔쳐 갔습니다"라는 지적은 아래와 같은 사실에 기초한 것이다. 즉 당에서는 영태(永泰) 원년(765) 이후 평로절도사가 일반적으로 "신라, 발해 두 속국의 사신을 호송하여" 신라, 발해와의 관계를 처리하고 양국의 사절을 접대하는 책임을 맡았다. 평로의 순속(巡屬)인 등주(登州)의 "성남(城南) 거리 동쪽에는 신라관(新羅館), 발해관(渤海館)이 있는데"[41)] 이는 양국 사절의 접대처였다. 중화 2년 회남에서 신라 사절을 접대하고 아울러 회남에서 호송하여 행재소(行在所)로 갔다. 평로 측에서 본다면 이는 당연히 주제넘게 나서서 남의 일을 하는 월권 행위였다. 그러나 이 할거하는 통치자들은 대체로 의식하지 못했지만, 이런 다툼은 당과 신라의 정상적인 관계에 막대한 손해를 끼쳤다.

앞에서 인용한 《삼국사기》, 〈최치원전〉에서는 이어서,

그 후 최치원은 또 일찍이 사신으로 당에 갔지만 그것이 어느 해인지는 알지 못하겠다. 그러므로 그의 문집 가운데 〈태사 시중께 올리는 장문(上太師侍中狀)〉이 있어 말하기를 …… "지금 아무개(최치원)는 유가의 후학이요, 해외의

---

39) 《동사강목》 권5하, 효공왕(孝恭王) 6~7월 기사, 506쪽.
40) 《당방진연표(唐方鎭年表)》, 北京 中華書局, 1980, 341쪽.
41) 엔닌(圓仁), 《입당구법순례행기(入唐求法巡禮行記)》, 上海古籍出版社, 1986, 86쪽.

> 보통 사람으로 욕되게도 표장을 받들고 당의 조정에 조회하게 되었으니, 모든 정성을 다 바치는 것이 예에 합당할 것입니다. 엎드려 살펴보건대, 원화 12년(817)에 본국의 왕자 김장렴이 태풍을 만나는 바람에 명주에 상륙했는데 절동의 아무개 관원이 발송하여 경사로 들여보냈습니다. 중화 2년에는 입조사 김직량이 역신의 작란으로 길이 막혀 마침내 초주에 상륙하여 이리저리 헤매다 양주에 이르러 황제가 촉으로 행차했음을 알게 되었습니다. 고 태위가 도두 장검을 보내 감시, 호송하여 서천에 이르게 했습니다. 이전의 사례가 이렇게 분명하게 있으니 엎드려 바라옵건대 태사 시중께서는 커다란 은혜를 내려 특별히 수륙 통행증을 하사하시고 머무는 곳에 배, 음식과 오랜 여행에 필요한 말과 꼴을 공급해 주시며 아울러 군대의 장수를 파견하여 황제 앞까지 감시, 호송해 주도록 하소서"라고 했다. 여기의 이른바 태사 시중의 성명은 또한 알 수 없다(今某儒門末學, 海外凡材, 謬奉表章, 來朝樂土. 凡有誠懇, 禮合披陳. 伏見, 元和十二年, 本國王子金張廉, 風飄至明年下岸. 浙東某官, 發送入京. 中和二年, 入朝使金直諒, 爲叛臣作亂, 道路不通, 遂於楚州下岸, 邐迤至楊州, 得知聖駕幸蜀. 高太尉差都頭張儉, 監押 送至西川, 已前事例分明. 伏乞, 太師侍中, 俯降台恩, 特賜水陸券牒, 令所在供給舟船熟食, 及長行驢馬艸料, 幷差軍將, 監送至駕前." 此所謂太師侍中, 姓名亦不可知也).

라 했으니, 그는 분명 신라 사신으로 다시 당나라 땅을 밟았던 것이다.

최치원은 일찍이 〈대당 신라국 고 희양산 봉암사 교시 지증대사 적조의 탑비명 및 서(大唐新羅國故曦陽山鳳岩寺教諡智證大師寂照之塔碑銘幷序)〉을 지었는데 그 직함이 "입당하정 겸 연봉황화 등사, 조청대부, 전수병부시랑 충서원학사, 사자금어대(入唐賀正兼延奉皇花等使, 朝請大夫, 前守兵部侍郎充瑞院學士, 賜紫金魚袋)"로 되어 있다. 비문에는 "증태사 경문왕(贈太師景文王)……", "증태부 헌강왕(贈太傅憲康王)……"이라는 언급이 있는데, 경문왕·헌강왕 두 왕이 당의 책증(冊贈)을 받아 태사

(太師)·태부(太傅)가 된 것은 효공왕(孝恭王) 원년(당 건녕 4, 897) 7월의 일이므로 따라서 비문은 건녕 4년 이후에 지은 것이다. 그렇다면 최치원이 "사명(使命)을 받들고 당에 갔을 때"의 사명은 혹 "입조하정 겸 연봉황화 등사(入朝賀正兼延奉皇花等使)"일 것이고, 탑비에 서명한 직함은 그가 신라에서 관직을 맡은 최후의 직함일 것이다.

또 당 말에 신라에서 당으로 가는 사절이 상륙하는 곳은 평로, 회남, 양절(兩浙) 세 곳밖에 없었다. 경복(景福) 2년(893) 이후 평로절도사는 왕사범(王師範)이었다. 그의 아들이 부직(父職)을 계승하여 대순(大順) 2년(891) 3월에 비로소 당의 승인을 받았는데, 본관(本官)에 가자(加資)된 것은 검교병부상서(檢校兵部尙書)에 불과했으며 광화(光化) 원년(898) 정월에 비로소 동평장사(同平章事)에 가자(加資)되었다.[42] 회남의 양행밀(楊行密)은 여러 해 전쟁을 치러 경복 원년(892) 6월에 마침내 양주(揚州)를 점령하고 8월에 당에 의해서 절도사(節度使)·동평장사(同平章使)로 임명되었고, 건녕 2년(895) 검교태부(檢校太傅)가 되었다. 그가 겸 시중(兼侍中)에 가자된 것은 광화 3년(900)이며 검교태사(檢校太師)·중서령(中書令)에 가자된 것은 약간 늦은 천복(天復) 2년(902)의 일이었다.[43] 이 모두가 '태사시중(太師侍中)'이라는 호칭과는 관계없다. 오직 전류(錢鏐)만이 동창(董昌)을 멸망시킨 이후 절서(浙西)·절동(浙東) 양진(兩鎭)의 절도사를 겸했으며, 건녕 3년(895) 8월 당에서 겸 교태위 겸 중서령(兼校太尉兼中書令)에 가자했다. 5년 7월에는 그를 검교태사, 천복(天復) 원년(901)에는 수시중(守侍中)으로 진급시켰으니 비록 약간의 결함은 있지만 그가 〈장문(狀)〉에서 언급한 대상일 가능성이 매우 높다.

42) 《구당서》 권19하(下), 〈희종기(僖宗紀)〉, 746쪽과 《자치통감》 권259, 8513쪽.
43) 《십국춘추(十國春秋)》 권1, 〈오태조세가(吳太祖世家)〉, 北京 中華書局, 1983, 참조.

5. 여론(餘論)

최치원의 시대에 당과 신라의 역사는 각기 말기에 접어들고 있었다. 내부 정치의 부패로 격렬한 저항이 일어나 지방 할거 세력이 강대했으니 양국의 정황은 상당히 유사했다. 이렇게 최고 통치자들은 정권 상실을 눈앞에 두고 있었지만 양국 사이의 관계는 여전히 밀접했다. 신라는 빈번하게 당에 사절을 보냈다. 앞에서 인용했듯이 조당사(朝唐使, 入朝使), 탐후사(探候使), 입회남사(入淮南使), 하정사(賀正使), 경하사(慶賀使), 고주사(告奏使) 등의 사신 명칭이 보인다. 그리고 당에서도 신라에 대한 신라사(新羅使) 파견, 책봉(冊封), 책증(冊贈), 송조서(送詔書), 송국신(送國信) 등의 활동이 끊이지 않았다. 양국이 사절과 국서를 교환함으로써 당은 여전히 대외 개방적인 기존의 정책을 집행했으며, 계속하여 외국 학생의 입당(入唐) 유학을 수용하는 부독(附讀) 제도와 외국 학생이 과거 시험에 참가하는 빈공(賓貢) 제도를 견지하여 신라의 입당 유학생과 빈공 급제한 진사(進士)의 수가 여전히 방대한 규모를 유지했다.

신라와 발해의 사신은 당에서 조공의 석차 문제로 다툼을 벌였다. 또 빈공과 시험 참가 문제를 두고 신라와 발해는 급제 유무와 급제 고하를 놓고 논쟁을 벌였다. 또한 신라 사절의 접대에서 당의 평로절도사와 회남절도사가 접내권의 유지와 월권 문제를 놓고 논란을 빌였다. 양국 관계의 이러한 풍파와 곡절은 만기 당·신라 양국의 교류사의 색채와 내용을 풍부하게 했다.

당에서 최치원이 쌓은 경력은 사장(師長), 동창(同窗), 좌주(座主), 동년(同年), 동료(同僚)와의 교류를 통해 맺은 우정 아래 당과 신라 관계의 평등하고 우호적인 본질의 일면을 체현한 것이었다. 귀국 후의 경력 또한 당과 신라로 하여금 끊을 수 없는 인연을 맺게 했다. 최치원의 탁월한 문화 소양과 문장 능력으로 당과 신라 관계 여러 방면의 귀중한 기록 대부분이 보존되어 보기 드문 중·한 양국 인민의 문화유산이 되었다.

부학독서(附學讀書) 제도는 정관 연간에 형성되었고 빈공 제도는 장경 연간에 확립되었다. 이와 관련된 구체적인 규정 — 이를테면 10년 기한, 매서은화(買書銀貨)나 서량(書糧)은 양국이 분별하여 지급할 것, 각기 별시(別試)를 치를 것, 급제자 명단은 방미(榜尾)에 붙일 것 등 — 뿐 아니라 심지어 제도 자체 — 이를테면 빈공과 — 에 이르기까지 최치원의 기록에 의지해서 비로소 원래 모습을 다시 드러낼 수 있는 것이다. 또한 당대의 자못 특징적인 좌주, 문생, 동년 관계에 최치원이 남겨 놓은 그와 좌주 배찬, 동년 고운과의 관계 기록은 빈공 진사 가운데 유일무이한 것이다. 당시의 당·신라 관계를 더욱 다채롭게 한 이러한 우연스럽고도 돌발적인 사건에 대한 기록에서는 당나라 사람, 신라 사람을 막론하고 최치원이 그 밖의 동시대 사람들보다 훨씬 뛰어났던 것이다.

[해제]

이 글은 원래 조영록 외 공저, 《中國의 江南社會와 韓中交涉》(集文堂, 1997)에 번역되어 실린 것임을 밝혀둔다. 참고로 중문본은 《한국연구》 제8집(杭州大學出版社, 1997)에 수록되었다. 이 글의 원저자 양태제 선생은 송사(宋史) 연구가로 절강대학(浙江大學) 교수를 지냈다. 여기서는 몇 가지 오역을 바로잡는 등 문장을 손보고 인용 원문을 부기했다.

신라 시인 최치원 – 한·중 문화 전파의 선구자

하명안(何鳴雁)

최치원(崔致遠, 857~915)은 자가 고운(孤雲)이고 신라의 서울 사량부(沙梁部) 사람이다. 열두 살에 입당하여 열여덟 살에 과거에 급제했고 시어사내공봉(侍御史內供俸), 사자금어대(賜紫金魚袋), 율수(溧水, 지금의 강소성 율양현) 현위(縣尉)를 지냈다. 회남도통순관(淮南都統巡官) 고병(高駢)의 막부에서 종사하다가 스물여덟 살에 귀국하여 진성여왕(眞聖女王) 때 아찬(阿飡, 신라 관직), 한림학사(翰林學士), 태산군 태수(大山郡太守) 등의 관직을 역임했다. 만년에는 가야산(伽倻山) 해인사(海印寺)에 은거했고 고려 현종(顯宗) 때에는 문창후(文昌侯)라는 시호를 받았다.

1. 당에 건너와 면학에 애쓰다

중국과 한국 간의 문화 교류의 역사 연원은 매우 오래되었다. 일찍이 372년(고구려 소수림왕 2) 전진(前秦)의 부견(符堅, 338~385)은 승려 순도(順道)를 한국으로 파견하여 불상(佛像)과 경문(經文)을 보내 주었다. 이듬해에는 한국 내에 당시 중국의 태학(太學)과 유사한 교육 기관을 설립하여 상층 사회의 자제들로 하여금 《주례(周禮)》, 《춘추(春秋)》 등의 중국 유가 경전을 배우게 했다. 이 밖에 수많은 한국 고대의 초기 무덤 속에서 발견된 명도전(明刀錢), 포전(布錢)과 상주(商周) 시기의 것과 유사한 동경(銅鏡)들도 중국의 선진적 문화의 유물이다. 예를 들면, 한국 강서(江西) 우현리(遇賢里)에서 발견된 대형 벽화묘와 옛 낙랑(樂浪)에서 출토된, 두 귀를 평평하게 드리운 '낙랑칠배(樂浪漆杯)'는 그 모양이나 풍격을 막론하고 모두 중국 장사(長沙) 마왕퇴(馬王堆) 한묘(漢墓)에서 출토된 한대 칠배(漆杯)와 똑같으며, 벽화에 그려진 청룡·백호·현무·주작 등은 필법, 색채와 풍격 면에서조차도 중국 한묘의 회화와 매우 흡사하다. 이로써 한·중 양국 문화의 교류는 더욱 멀리 거슬러 올라갈 수 있음을 알 수 있다. 남북조(南北朝) 이후 역사 문헌에서 양국 문화 교류에 관한 수많은 논술을 찾아볼 수 있으며 당대(唐代)에 이르면 상당히 큰 규모로 발전한다.

당 왕조가 근 3백여 년을 통치하던 역사에서 신라는 당나라에 유학생을 가장 많이 파견한 나라이다. 한국의 고대 학자 김부식(金富軾, 1075~1151)은 자신이 쓴 《삼국사기(三國史記)》, 〈신라본기(新羅本紀)〉에서 "늘 자제들을 보내 조정에 나아가 숙위를 들게 하고 국학에 들어가 학습을 하게 함으로써 여기서 성현의 교화를 받았기 때문에 미개하고 거칠던 풍속이 개변하여 예의 있는 나라가 되게 했다(常遣弟子造朝而宿衛, 入學而講習. 于以襲聖賢之風化, 革鴻荒之俗, 爲禮儀之邦)"라고 했다.

당시 신라의 통치자들은 당에 건너와 학습하는 학생들을 적극적으로 지지했다. 동시에 당 왕조에서는 당에 와서 공부하는 신라 학생들에게 잘 대접하고 안배해 주었다. 예를 들면 《구당서(舊唐書)》, 〈신라전(新羅傳)〉에서는 "개성(開成) 5년 4월에 홍려시에서 신라국이 상중임을 알리자, 질자 및 햇수가 차서 귀국하기에 합당한 학생 등 105명을 모두 돌려보냈다(五年四月, 鴻臚寺奏, 新羅國告哀, 質子及年滿歸國學生等一百五人, 並放還)"라고 쓰여 있다. 당시의 수륙 교통은 매우 불편했는데도 한 번에 왕래한 학생이 105여 명에 이르렀다니 당시의 문화 교류가 이미 어느 정도로 발전했는지를 상상할 수 있다.

당나라로 들어와서 학습한 신라 학생들은 고도로 발달한 당의 봉건 문화 교육을 받아서 한・중 고대 문화를 계승 혹은 전파하는 학자가 되어 당의 진사 시험에 합격하거나 기타 학위를 얻었다. 최치원은 바로 당에 와서 공부한 수많은 학생 가운데 성취가 가장 두드러진 학자였다. 그는 868년에 당에 와서 공부하고 874년(건부 원년) 당의 수도 장안(長安)에서 진사에 합격했고 율수현위를 지내고 회남도통순관 고병의 막부에서 종사했으며 도통순관승무랑(都統巡官承務郎), 어사내공봉(御史內供俸)을 지냈으며 자금어대(紫金魚袋)를 하사받았다.

최치원은 당에서 17년 동안 《사시금체부(私試今體賦)》 5수 1권, 《잡시부(雜詩賦)》 30수 1권, 《오언칠언금체시(五言七言今體詩)》 100수 1권, 《중산복궤집(中山覆簣集)》 1부 5권, 《계원필경집(桂苑筆耕集)》 1부 20권, 《문집(文集)》 30권, 《신라수이전(新羅殊異傳)》, 《제왕연대력(帝王年代曆)》 등을 저작했다. 유감스러운 것은 최치원의 수많은 저작이 이미 전하지 않다는 점이다. 지금까지 필자가 찾을 수 있었던 것은 (《계원필경집》의 시를 포함하여) 근 백여 수에 불과하다. 그럼에도 불구하고 최치원은 여전히 수만 자의 저술을 남겨 주었다. 이처럼 진귀한 문화유산은 한・중 문화사 발선을 연구하는 데 중요한 자료이다.

최치원이 중국에 온 시기는 만당 의종(懿宗) 연간으로, 당 왕조가 2백여 년의 통치를 거치고 이미 쇠퇴하여 몰락으로 치달리던 시기여서 멸망하기 불과 34년 전이었다. 의종 이최(李漼, 833~873) 연간에 이르러 정국은 더욱 쇠미하여 조정의 지주 대관료와 환관들의 정권 쟁탈이 날로 격렬해졌으며, 주부(州府)를 할거하던 번진도통(藩鎭都統)들도 역시 빈번히 다투어 살육을 일삼고 그칠 없는 싸움을 진행했다. 게다가 해마다 병충해, 가뭄, 수해가 발행하여 이미 전쟁이란 큰 부담을 짊어진 고난스런 인민으로 하여금 더욱 도탄 속에 빠지게 했다. 함흥(咸興) 13년 중서문하(中書門下)에서 의종에게 올리는 주장(奏章)에서 "삼가 생각하건대 여러 도의 주부에서는 전쟁 뒤이고 재앙을 당한 나머지 호구가 도망가고 밭두둑이 황폐하여 하늘도 굽어 살피지 않아 사람들은 대부분 위태로움에 빠졌습니다(伏以諸道州府, 或兵戈之後, 災沴之餘, 戶口逃亡, 田疇荒廢, 天不敷佑, 人多艱危)"[1]라고 했다. 최치원은 바로 이러한 환경에서 간고한 학습 생활을 시작했다.

그의 경력에 관해 찾아볼 만한 자료가 그다지 많지 않다. 《삼국유사》, 〈신라시조 혁거세왕(新羅始祖 赫居世王)〉에서는 최치원의 고향이 신라 사량부(沙梁部) 시파등(柴巴等) 동남촌(東南村)이라 기록하였고, 《삼국사기》, 〈최치원전〉에서는 "역사서가 없어져 그의 가문 내력을 알 수가 없다(史傳泯滅, 不知世系)"라고 말했다. 하지만 《계원필경집》, 〈길게 올리는 계문(長啓)〉에서는 작자 스스로 "저는 동해의 한 벼슬 없는 사람(某東海一布衣也)"이라고 썼다. 또 《동문선(東文選)》, 〈양양 이 상공께 올려 관급을 사양하는 계문(上襄揚李相公讓館給啓)〉에서는 "엎드려 생각하건대 치원은 해동의 한미한 백성으로 ……(伏念致遠, 四郡族微 ……)"라고 했고, 또 칠언 절구 〈도중에 지음(途中作)〉에서도 "고향에 돌아감이 좋은 줄을 모르는 것은 아니지만, 돌아간댔자 집이 가난하니 어쩔 것인가(不是不知歸去好, 只緣歸去又家貧)"라고 했다.

상술한 유문(遺文)에 의거하면, 그는 아마도 일반 평민 출신이었을 것이다. 그러나 《계원필경집》 서문에서 그가 중국으로 공부하러 갈 때, 아버지가 분명하게 엄격한 훈계를 했음을 기록했다. "10년 안에 진사에 급제하지 못하면, 내 아들이 아니다(十年不第進士, 勿謂吾兒)."[2] 이로부터

1) 《구당서》 권19상, 〈의종〉.

2) 《삼국사기》에서는 "10년 동안 급제하지 못하면 내 아들이 아니다(十年不第, 卽非吾兒)"로 되어 있다.

추정해 보면 그는 아마도 봉건 명문의 선비 집안 출신이었을 것이다.

최치원의 학습 생활이 장안에서만 이루어진 것은 아니다. 2년 동안은 일찍이 "낙양을 유랑하며 글 짓는 것으로 업을 삼았다(浪迹東都, 筆作飯囊)." 그는 시 〈낙중의 벗에게 주노라(留贈洛中友人)〉에서 동도 낙양의 생활에 대하여 "낙수의 물소리에 움트는 풀과 나무, 숭산의 눈 속에서 옛 누대가 비친다(洛水波聲新草樹, 嵩山雪影舊樓臺)"라고 묘사한 적이 있다. 이를 보면 낙양에서의 생활은 소년 최치원에게 아름다운 추억을 남겼음을 알 수 있다.

그는 장안에 온 뒤에도 여전히 매우 가난한 각고의 구학(求學) 생활을 보냈다. 시 〈봄날 친구를 불렀으나 오지 않기에(春日邀知友不至)〉에서 "장안을 생각할 때마다 그 옛날은 괴로웠었지, 오늘 고향의 봄날을 맞아 어찌 헛되이 보내랴(每憶長安舊苦辛, 那堪虛擲故園春)"라고 썼다.

이 밖에 필자는 최치원이 여러 번 고병에게 올린 상서(上書)에서 이러한 생활에 대한 최치원의 회상을 찾아냈다. 예를 들면, 〈처음으로 태위께 올리는 계문(初投獻太尉啓)〉에서 그는 "저는 신라 사람입니다. …… 열두 살에 계림을 떠나, 스물에 이르러 위치가 바뀌었습니다(某新羅人也 …… 十二則別鷄林, 二十得遷鶯谷)"라고 했고, 〈다시 올리는 계문(再獻啓)〉에서는 "저는 이미 지사의 부지런함을 품고 또 수인의 근심을 가졌기에 붓과 종이를 빌려 감히 간절한 마음을 적습니다. 또한 벽을 기대고 명상에 잠기며 문을 닫고 고요히 앉았으니, 자리는 차고 창밖 바람은 눈을 흩치며 붓은 마르고 벼루의 물은 얼음이 되었습니다. 공자의 가죽 끈처럼 끊어지길 바라나, 희화의 고삐를 재촉하는 데야 어찌하리까? 만 권의 경서와 사서를 가리키면서 삼동의 짧은 해를 한스러워합니다 ……(某既懷志士之勤, 又抱愁人之苦. 聊憑毫牘, 敢述肺肝, 且如蹋壁冥搜, 杜門寂坐. 席冷而窓風擺雪, 筆乾而硯水成冰. 欲爲尼父之絶編, 無奈羲和之促轡. 卽可知指萬卷之經史, 恨三冬之景光 ……)"라고 했다.

이러한 문장에서 그가 사림서해(詞林書海)에서 어떻게 차가운 겨울밤을 하루하루 보냈는지 분명하게 알 수 있다. 비록 비할 데 없이 적막하고 험한 환경이 말로 다 표현할 수 없는 고독과 적막감을 가져다주었으나, 그는 여전히 전력을 다해 근면하고 검소하게 잠을 자지 않고 쉬지 않으며 수많은 전적을 읽어 학업 방면에서 쓸모 있는 인물로 단련했다.

그는 같은 글에서 "언 베개에 마음이 상하고 외로운 등불에 그림자를 짝했으며, 찬 누수는 이별의 눈물을 터뜨리고 먼 곳의 다듬이 소리는 나그네의 마음을 두근거리게 합니다. 공연히 영척의 비가를 괴로워하고, 육기의 편안한 잠을 이을 길 없습니다. …… 하물며 저의 집은 아득한 동쪽이며 길은 하늘과 땅에 막혀 있습니다(及其凍枕傷神, 孤燈伴影, 寒漏則滴. 殘別淚遙, 碪則搗破羈心, 空勞甯戚之悲歌, 莫繼陸機之安寢 …… 況某家遙日域, 路隔天池 ……)"라고 썼다. 그의 천진한 학문 탐구 정신은 처음 중국에 올 때 가졌던 생각을 잊지 않았는데, 이것이 글 속에 생생하다.

여기까지 쓰고 보니 사람을 슬프게 하고 또 의젓한 시 〈가을밤에 비가 내리고(秋夜雨中)〉가 생각난다.

秋風惟苦吟, 가을바람에 애달프게 읊조리니
世路少知音. 세상에는 나를 알아주는 이 없네.
窗外三更雨, 깊은 밤 창밖에 비가 내리고,
燈前萬里心. 등불 앞에 아득히 외로운 마음.

고향을 멀리 떠나 외국 땅에 있는, 허리에 필낭(筆囊)을 찬 청빈한 소년은 비바람이 불고 써늘한 가을밤에 비록 몸은 외로이 가물거리는 등잔불을 마주하고 있지만 그의 마음속에는 학문에 힘쓰고 지식을 탐구하려는 욕망이 치열하게 불타올라, 멀리 만 리 밖을 바라보고 아버지의 가르침을 기억하면서 학문의 세계로 뛰어들기로 결심한다. 고난과 험난함을 두려워하지 않는 끈기와 기백은 실제로 매우 기특한 것이다. 바로 그가 스스로 《계원필경집》의 서문에서 쓴 것과 같았다. "저는 엄중한 훈계를 마음에 새겨 감히 소홀히 하거나 잊은 적이 없었습니다. 원대한 자극에 겨를이 없었고 조화를 기하고 뜻을 길러 실로 남들이 백 번 노력하면, 저는 천 번 노력했습니다(臣佩服嚴訓, 不敢弭忘, 懸刺無遑, 冀諧養志, 實得人百之, 已千之)."

그는 말이 통하지 않는 외국에서 온데다가 또 나이가 어리고 무지하여 다른 사람이 백 번 배우면 모름지기 천 번을 배워야 했다. 그는 각고의 노력과 면학하겠다는 정신으로 온갖 장애를 뛰어넘어 '과거 급제(折桂)'의 절정에 오르고자 하는 포부를 가지고, 한문을 자유자재로 구사하며 마음대로 문단에 드나들 수 있는 경지로 올라가고자 했다. 그는 〈다시 올리는 계문(再獻啓)〉에서 "더욱이 저는 마치 실새삼이 어디에 얽히기 어렵고 거미줄이 스스로 짜는 것과 같은지라, 만 가지로 생각해 본들 배우는 것만 같지 못하고 백 년 동안 노력하여 행여 잃어버릴까 두려워했습니다. 그러므로 벼슬길에 나서지 않고 다만 유도를 좇아서 …… 자취를 감추어 학수에 숨고 몸을 안돈하여 사림에 노닐었습니다(某也免絲雖絡, 蛛網自營. 萬計尋思, 不如學也. 百年勤苦, 猶恐失之, 所以未競宦途, 但遵儒道 …… 斂跡而銓藏學藪, 安身而趺宕詞林)"라고 쓴 바 있다.

청소년 시기에 최치원은 유구하고도 발달된 중국 문화 속에서 풍성한 문학의 자양분을 섭취했다. 그의 한문 시사(詩詞)의 조예는 6~7년이라는 짧은 시간에 비교적 높은 수준에 올라 이후 십 몇 년간 난세의 하급 관리 생활에 필요한 견실하고 견고한 기초를 다져 놓았으며, 또한 시문 창작에 자신의 길을 열어 놓았다.

오랜 세월 동안 고학과 저술 활동을 통하여 "현토의 미미한 선비일 뿐이고 초명 같은 보잘것없는 바탕을 가진(玄菟微儒, 焦螟瑣質)"3) 최치원은 조국의 기대와 가족의 부탁을 저버리지 않고 마침내 당 희종(僖宗) 건부

(乾符) 원년(874)에 과거에 급제해 이름을 날리었다. 이후 계속 쉬지 않고 부지런히 공부하고 저술하여 후인들에게 풍부한 저작을 남겨 주었다.

2. 벼슬 생활의 변화

당 희종 건부 4년(877) 최치원은 율수현위로 임명되었고, 2년 후에 회남도통순관 고병의 막부로 와서 종사(從事)를 맡았다. 그는 희종 6년(879)부터 광명(廣明) 원년(880) 앞뒤로 고병에게 〈시를 올리는 계문(獻詩啓)〉, 〈처음으로 태위께 올리는 계문〉, 〈다시 올리는 계문〉, 〈날 음식 재료를 준 것에 감사드리는 장문(謝生料狀)〉, 〈출사 후에 고사하는 장문(出師後告辭狀)〉 등을 써 주었다. 최치원의 생애에서 일어났던 이 중요한 변동은 이후 10년의 문학 창작에 결정적인 영향을 미쳤다.

이 시기의 최치원의 사상 발전과 창작 활동의 배경을 깊이 연구하는 데는 고병의 정치 활동에서 약간의 실마리를 찾을 수 있다. 최치원은 상술한 다섯 편의 글 가운데 여섯 군데에서 같은 어조로 '사도 상공(司徒相公)'을 제시했고, 아울러 〈다시 올리는 계문〉 후반부에서는 분명히 〈덕을 기리는 칠언시 30수를 사도 상공께 삼가 올립니다(七言紀德詩三十首謹獻司徒相公)〉를 언급했다. 그러나 조금 뒤에 쓴 〈출사 후에 고사하는 장문〉에서는 '사도 상공'이라 언급하지 않고 도리어 '태위 상공(太尉相公)'이라 말했다.

이 시기 최치원의 사상과 창작을 더욱 면밀하게 연구하기 위하여 본문에서는 먼저 상술한 문제에 대하여 대략 아래와 같이 고증하기로 한다.

《구당서》, 〈고병전(高駢傳)〉에서는 "건부 4년에 직위가 검교사공으로

3) 〈원 낭중에게 감사드리는 글(謝元郎中書)〉.

올라갔다(乾符四年, 進位檢校司空)"라고 했다. 당시 농민 봉기의 수령 왕선지(王仙芝, ?~878)가 부하들을 이끌고 형(荊)·양(襄) 일대를 공략하자, 희종은 급히 고병을 파견하여 농민 봉기를 진압하게 했다. 고병은 농민 봉기군을 진압하는 데 공을 세워 "천자의 칭찬(天子嘉之)"을 받았다. "(희종) 6년 겨울에는 직위가 검교사도로 올랐다(六年冬, 進位檢校司徒)"고 했다. 이후 고병은 회남(淮南)으로 와서 "격문을 돌려 천하의 병사를 징집하여(乃傳檄徵天下兵)" 병사 7만 명을 모았다. 그런데 고병의 〈황소를 토벌하는 격문(討黃巢檄文)〉은 바로 최치원이 그를 대신하여 쓴 글이다. "광명 원년(880) 초에 고병의 직위가 검교태위, 동평장사로 올라갔다(廣明元年初, 高駢進位檢校太尉, 同平章事)." 최치원의 사도 상공에게 올린 기덕시(紀德詩) 30수 가운데 두 수에는 작가가 단 소주(小注)가 있다.

〈조어정(釣魚亭)〉

錦筵花下飛鸚鵡, 비단 자리 꽃 아래에 앵무 부리 술잔을 날리고
羅袖風前唱鷓鴣. 비단 소매 바람 앞에 〈자고사〉를 부르네.
占得仙家詩酒興, 선가 시와 술의 흥취 얻어서
閑吟烟月憶蓬壺. 한가히 달을 읊고 봉호를 생각하네.

* 자주(自注) : 상공이 운주에서 지은 시를 보건대, "술은 금동이에 가득하고 붉은 꽃은 가지에 가득한데, 두 선녀 나란히 〈자고사〉를 부르네"라고 했고, 또 〈조어정〉에서 "물살이 세서 물고기를 낚기 힘들고, 바람이 부니 버들이 쉽게 드리운다"라고 했다(伏觀相公在鄆州詩云"酒滿金缸花滿枝, 雙娥齊唱鷓鴣詞", 又釣魚亭詩云"水急魚難釣, 風吹柳易低").

〈반계(磻溪)〉

刻石書蹤妙入神, 돌에 새긴 글씨 신묘한 경지에 들어
一廻窺覽一廻新. 한번 엿보매 또 한 번 새로워라.

況能早遂王師業, 하물며 왕사의 큰일 이루었으니
桃李終成萬代春. 복사꽃 오얏꽃도 만대의 봄을 이루리라.

* 자주 : 상공의 시 〈반계〉를 보건대, "왕사를 얻었으나 몸은 이미 늙었으니, 누구를 위해 고생하는지 모르겠노라"라고 했고, 또 괵현을 지나며 지은 시에, "복사꽃 오얏꽃을 손수 심은 지 십여 년, 오늘 지나가며 거듭 공을 세웠네"라고 했다(伏覩相公磻溪詩云"及到王師身已老, 不知辛苦爲何人", 又經虢縣詩云"手栽桃李十餘春, 今日經過重建勳").

필자는 《전당시(全唐詩)》, 〈고병시작(高駢詩作)〉에서 고병의 원작을 찾았는데, 제1수는 다음과 같다.

〈노래 부르는 이에게 주노라(贈歌者)〉
酒滿金尊花滿枝, 술은 금동이에 가득하고 붉은 꽃은 가지에 가득한데
雙娥齊唱鷓鴣詞. 두 선녀 나란히 〈자고사〉를 부르네.
淸聲揭入雲間去, 맑은 소리는 구름 사이로 헤치고 들어가
駐得春風花落遲. 봄바람을 잡아두니 꽃이 더디 지노라.

제2수는 다음과 같다.

〈태공묘(太公廟)〉
靑山長在境長新, 너른 청산은 경내에서 길고 새로운데
寂寞持竿一水濱. 적막하게 한 물가에서 낚싯대를 쥐고 있네.
及得王師身已老, 왕사를 얻었으나 몸은 이미 늙었으니
不知辛苦爲何人. 누구를 위해 고생하는지 모르겠노라.

위의 시에서 최치원이 언급한 '사도 상공'과 '태위 상공'은 고병 본인임

을 증명할 수 있다.

그렇다면 최치원은 왜 현위직을 그만 두고 고병을 찾아갔는가? 이는 최치원을 연구하는 데 매우 중요한 문제이다. 최치원은 〈길게 올리는 계문〉에서 “지난겨울에 말단의 현위 직책을 그만두고 박학굉사과에 응시하고 싶어서 산에 은거하려는 결심으로 잠시 은퇴하여 학문이 바다에 이를 것을 기약하고 다시 연마했습니다. 이에 녹봉이 남아 있지 않고 또 공부에 필요한 양식이 모자라서 문득 발의 빗자루를 들고 이웅의 문에 와서 쓸었으니, 어찌 태위 상공께서 멀리 어여쁘게 추천해 주셔서 곧 직질에 넣어주실 줄 알았겠습니까? …… 동곽의 가난한 근심을 면하게 되었습니다. ……(前年冬, 罷離末尉, 望應宏詞, 計決居山, 暫爲隱退, 學期至海, 更自琢磨, 俱緣祿俸無餘, 書糧不濟. 輒携勃箒, 來掃膺門. 豈料太尉相公, 逈垂奬憐, 便署職秩 …… 免憂東郭之貧 ……)”라고 했다. 보건대, “녹봉이 남아 있지 않고 또 공부에 필요한 양식이 모자라서”라는 것이 최치원이 고병을 찾아간 주요 이유라 하겠다.

희종 연간에는 조정의 정치가 부패하고 백성이 안심하고 살아갈 수 없었다. 하급 관리를 지내던 최치원은 설령 ‘현위’직을 맡았으나 녹봉도 부족하여 의식이 충족되지 않아 부득불 생활을 위해 다른 방도를 모색하지 않을 수 없었다. 후에 최치원은 친구들과 주고받은 편지 속에서 이 시기의 생활을 언급하면서 당시의 사상에 대하여 솔직하게 털어놓은 바 있다. 〈객장에게 주는 편지글(與客將書)〉에서 “비록 일찍이 녹을 먹었으나 가난에 대한 근심을 면치 못하였고 조의 주머니는 가는 곳마다 비었으니, 범의 솥은 언제쯤 뜨거워지겠습니까? 하물며 집은 4군에서 멀고 길은 10주에 떨어져서 한없는 근심은 밤새도록 속을 태우고 집 소식은 해를 지나도록 막혀 있으니, 세상의 인정은 냉담하고 세속의 태도가 비뚤어지고 거짓투성이입니다. 웃음을 파는 금은 구하기 쉬워도, 책 읽는 양식은 얻기 어렵습니다. 하늘이 높으니 물을 곳이 없고, 날이 저무니 어디로 가리까?(却緣雖曾食祿, 未免憂貧, 趙囊則到處長空, 范甑短則何時暫熱. 況乃家遙四郡, 路隔十洲. 窮愁則終夜煎熬, 遠信則經年阻絶. 時情冷澹, 俗態澆訛. 買笑金則易求, 讀書粮則難致, 天高莫問, 日暮何歸 ……)"라고 했다.

만당 시기 몰락하고 부패한 조정은 세상을 이처럼 비참하게 만들어 놓았다. 최치원은 멀리 고향을 떠나왔고 사고무친이라서 비록 일찍이 '유술(儒術)'을 열심히 수학하여 과거에 급제하여 현위를 지냈으나, 여전히 가난에 쪼들려 근심하고 견딜 수 없어 생활 때문에 뛰어다니느라 온종일 불안한 심정으로 나날을 보냈다. 그래서 고병이 "특별히 전직을 하사(特賜轉職)"했을 때, 그로 하여금 감격하게 하여 "밤마다 차가운 등잔을 대하고 새벽에 맑은 거울을 엿보니, 감격해서 턱에 눈물이 비 오듯 뿌리고 근심스럽고 황송하여 등에 땀방울이 솟게(每當夜對寒釭, 曉窺淸鏡, 感激而頤橫涕雨, 憂惶而背浹汗漿)" 되었다.

여기까지 분석하니, 이런 상황의 역사적 원인을 거슬러 올라가 보지 않을 수 없다. 당 왕조 초기부터 상층 지식인들이 번진(藩鎭)과 군벌에게 몸을 의탁하는 풍조가 이미 형성되었다. 당 왕조는 개국 황제 이연(李淵)과 이세민(李世民) 때부터 진한(秦漢) 이래의 중앙 집권 아래의 분봉제(分封制)를 적극 추진하고 계승하여 당 제국의 지방 번진, 도통절도사(都統節度使)의 정치・경제・군사 실권을 종속시켰다. 그래서 중앙 집권이 가장 강했을 때 그들은 온 힘을 다하여 조정에 충절(忠節)을 표시했고, 상호간에 평형 관계를 유지하며 개별적인 소요와 반란을 제거했다. 그러나 중앙 집권이 약해졌을 때 그들은 분분히 군사력을 보유하고 할거하며 이 틈을 타서 자기의 세력을 확대했고, 겸병하고 살육을 자행하여 왕조의 안전에 위협을 가했다. 예를 들면 안사(安史)의 난에서 안록산(安祿山)도 이와 같이 평로절도사(平盧節度使)라는 요직을 이용했다. 그는 양면적인 수법을 써서 곧장 동평군왕(東平郡王)・운중태수(雲中太守)・하동절도사(河東節度使)의 지위로 승진했고, 야심이 그에 따라 날로 팽창했다. 최후에는 마침내 군사 수단으로 당 왕조의 정권을 탈취하고자 기도하였다.

당 왕조에서는 번진이 문인을 받아들이는 사회 풍조가 이미 형성되어 있었다. 어떤 문인은 힘 있고 기개가 뛰어난 문장을 적극적으로 써서 그 주인에게 바쳤다. 예를 들면 낙빈왕(駱賓王, 627~684)의 〈서경업을 위해 무조를 토벌하는 격문(爲徐敬業討武曌檄)〉이 바로 그렇다. 물론 장적(張籍)처럼 이와는 상반되게 시대적 조류를 거스르는 문인들도 있었다. 그는 일찍이 시 〈절부의 노래(節婦吟)〉를 빌려서 당시 산동(山東)·하북(河北) 지방에 할거하던 번진, 평로절도사(平盧節度使) 이사도(李師道)가 끌어들이려는 것을 완고히 사절하여 원한을 사기도 했다.

최치원의 자술에 근거하여 분석해 보면, 아마도 당시의 어려운 처지와 사회 풍조의 영향으로 그는 고병을 찾았을 것이다. 그가 고병의 막부 종사를 맡은 뒤 비록 격문(檄文)·서첩(書牒)·사(詞)·계(啓)·장(狀)·표(表)를 쓰기는 했지만, 여전히 서민들과 관계가 매우 밀접했으며, 재기를 다하여 조정의 쇠약을 개탄하는 수많은 시편을 창작했다.

3. 최치원의 주요 시

최치원의 시 백여 수를 찾아보니 대부분이 874년에서 885년까지 쓰인 것이며, 몇 편은 귀국 뒤의 작품이었다. 그중 비교적 영향력이 있는 시들은 모두 중국 유학 시기에 쓴 것이다. 예를 들어 보자.

〈윤주 자화사 절간에 올라(登潤州慈和寺上房)〉

登臨蹔隔路岐塵, 산에 올라 속세의 갈림길과 잠시 멀어졌는데,

吟想興亡恨益新. 흥망을 되씹으니 한은 더욱 새로워라.

畵角聲中朝暮浪, 화각 소리 울리는 가운데 아침저녁 물결 일고

青山影中古今人. 청산 그림자 속에는 고금 인물 몇 명이나 지나갔나.
霜摧玉樹花無主, 서리 맞아 꺾인 옥수화는 임자도 없는데
風暖金陵草自春. 바람 따뜻한 금릉에는 풀만 절로 봄이로다.
賴有謝家餘景在, 사씨네 집안의 남은 경지 아직도 있어
常叫詞客爽精神. 길이 시인의 정신을 상쾌하게 하네.

광명 원년(880) 겨울 황소의 농민 봉기군이 당의 수도 장안을 점령하자 희종 황제는 비빈과 공주 등 황족을 이끌고 급히 사천(四川)으로 도망갔다. 이때 금릉(金陵, 南京)과 윤주(潤州, 鎭江)는 아직 황소에게 점령되지 않았다. 그러나 시인은 이미 당 왕조의 통치가 완전히 "화각 소리 울리는 가운데 아침저녁 물결 일고"와 같은 분위기의 동란 속에서 언제든지 붕괴될 가능성이 있으며, 안정된 곳을 찾을 수 없고, 다만 사씨 집안의 여운이 남아 있는 소천지에서 다소 환락을 찾을 수 있을 뿐이라고 깊이 느꼈다.

장장 63구에 달하는 다른 배율(排律)의 제목은 〈쌍녀분(雙女墳)〉이다. 이 작품에서 큰 제재를 자유자재로 부릴 수 있는 작자의 기백과 능력, 시인으로서의 문학적 재간과 풍부한 상상력을 분명히 볼 수 있다. 이 시는 만당 시기의 장조(長調)나 배율과 비교해 보더라도 유창하고 이해하기가 훨씬 쉬워서, 고삽(苦澀, 씁쓸하고 떫음)하고 전고가 많은 문풍과 선명한 대조를 이룬다. 분명 백거이(白居易, 772~846)의 〈장한가(長恨歌)〉의 영향을 받아 시 전체가 짙은 전기적 색채 속에서 전개되는데, 시인은 서정 속에 서사를 끼워 넣는 수법을 써서 혼령을 빌려 연애 이야기를 진실하게 서술했다. 이 시는 《신라수이전(新羅殊異傳)》에 수록되어 있는데, 그 성취를 논하자면 이채로운 가작이며 매우 강렬하게 감동을 주는 작품이다. 최치원은 중국에 유학 온 신라인으로 한시의 조예가 이처럼 높은 고도에 올랐으니, 마땅히 천고에 이름을 남겼다. 그 시대에 그의 학문 탐

구 정신은 예부터 지금까지 후인들이 배울 만한 가치가 있다.

건부 6년을 전후하여 최치원은 일찍이 고병에게 기덕시 30수를 써준 바 있으며, 중화 4년(884)에 또 〈진달래꽃(杜鵑)〉, 〈바다 갈매기(海鷗)〉, 〈바위 위의 키 작은 소나무(石上矮松)〉 등 10수를 썼다. 이러한 작품들은 대부분 사물에 비흥(比興)을 기탁하고 의인화하는 수법을 써서 사회의 하층에 처한 서민들을 깊이 동정하고 개탄했다. 시 속에는 깊은 인생철리가 담겨 있으며, 비유를 많이 써서 자신의 침잠된 사상과 크나큰 포부를 감개하며 써 냈다. 예를 들어 보자.

〈바위 위의 키 작은 소나무〉

不材終得老烟霞, 쓸모없는 나무가 늙도록 자연을 누렸는데
澗底何如在海涯. 산골 냇가가 어찌 바닷가만 하겠는가.
日引暮陰齊島樹, 저문 해는 그림자를 끌어 섬 나무만큼 크게 하고
風敲夜子落潮沙. 밤바람은 솔방울을 흔들어 밀물 모래밭에 떨어뜨리네.
自能盤石根長固, 반석에 내린 뿌리 깊고 단단하니
豈恨凌雲路尙賒. 어찌 구름 능가할 길 멀다고 한탄하리오.
莫訝低頭無所愧, 키 작은 것은 부끄러워할 바가 아니니
棟梁堪入晏嬰家. 안영의 집 들보감으로는 넉넉하다네.

상술한 시 외에 최치원의 많은 회답시에서 그와 (하급 관리, 승려, 도사, 하급 지식인을 포함하여) 중국 각 계층 인민의 교류가 비교적 광범했을 뿐 아니라, 몇몇 사람들과 깊고 진지한 우정을 맺었음을 알 수 있다. 이 시들과 앞서 고병에게 올린 기덕시는 완전히 다르다. 이러한 시들은 수나 질을 막론하고 모두 우리에게 남겨진 귀중한 재산이다. 넓은 의미에서 말하자면, 양국 인민의 고대의 우정을 기록한 것이라 할 수 있으며, 문화 교류의 역사에서 불후한 자취를 남겨, 변화가 심한 세상에서 역사를

통하여 별빛처럼 영원한 빛을 내었다. 이러한 작품들은 오늘날 읽어 보아도 감정이 진지하여 여전히 그 시대 우정에 대한 상상을 불러일으킬 수 있다.

필자는 《전당시》에서 최치원의 칠언 절구 〈연주에서 이 원외에게 드림(兗州留獻李員外)〉를 찾았다.

芙蓉零落秋池雨, 가을비에 연꽃잎 시들어 떨어지고,
楊柳蕭疏曉岸風. 새벽 언덕 바람에 버들 성글다.
神思只勞書卷上, 맑은 정신을 온통 책에 쏟고도,
年光任過酒杯中. 세월을 술잔 속에 맡겨 보내는구나.

이 시에서는 시인의 마음속 감정을 친구에게 진지하게 털어놓는데, 깊은 우정이 거세게 흘러나와 사람의 마음을 감동시킨다. 이처럼 서로의 감정으로 세운 우정과 신념은 견고하고 고상한 것이다.

〈이름이 난 뒤 진사 전인의에게 주노라(成名後酬進士田仁義見贈)〉는 두 구만 전해진다.

芳園醉散花盈袖, 꽃동산에서 취하여 헤어지니 꽃잎이 소매에 가득하고
幽徑吟歸月在帷. 그윽한 골목에서 읊으며 돌아오니 달빛이 휘장에 걸렸구나.

친구와 함께 이미 지나가 버린 인생의 아름다웠던 시절을 회상하는데, 시구가 구성지고도 청신한 선율처럼 오래도록 마음속 깊은 곳에 감도니 어찌 사람의 우정에 대한 소중함을 불러일으키지 않을 수 있겠는가!

다시 〈강남으로 돌아가는 진사 오만을 전송하며(送吳進士巒歸江南)〉와 〈수재 오만과 석별하며 두 절구(酬吳巒秀才惜別二絶句)〉에서도 최치원과 중국 친구 간의 솔직하고 진지한 교류를 엿볼 수 있다.

〈강남으로 돌아가는 진사 오만을 전송하며〉

自識君來幾度別, 그대와 알고 나서 몇 번째 헤어지는가,
此回相別恨重重. 이번에 서로 헤어지면서 시름이 더욱 겹친다오.
干戈到處方多事, 가는 곳마다 전쟁터라서 바야흐로 어수선한데,
詩酒何時得重逢? 어느 때 다시 만나서 시와 술을 즐기려나?
遠樹參差江畔路, 멀리 강가의 길을 따라서 나무들이 줄지어 섰는데,
寒雲零落馬前峰. 차가운 구름은 떨어져 길 앞 봉우리에 걸렸네.
行行遇景傳新作, 가는 길에 좋은 경치 만나거든 새로운 시를 지어 보내 주게,
莫學嵇康盡放慵. 혜강처럼 편지도 안 보내는 버릇일랑 부디 배우지 말게나.

비록 잠시의 이별일 뿐이지만, 다시 한 번 설명하여 "가는 길에 좋은 경치 만나거든 새로운 시를 지어 보내 주게"라고 했다. 마치 친척이나 형제처럼 간곡하게 부탁하며 생활에서 절대로 '죽림칠현(竹林七賢)'처럼 게으름을 피우거나 방종하지 말라고 당부했다. 시구는 진실한 감정이 충만하며, 예의를 차리지 않고 친구의 결점을 거리낌 없이 지적했다. 이 시를 읽어보면 틀림없이 시인과 친구 간의 깊은 우정을 감지할 수 있다.

최치원은 중국 친구와 친밀하게 교류하면서 유가 사상의 깊은 영향을 받았다. 예를 들면, 그는 〈장가를 보여준 고 비서에게 감사드리는 글(謝高秘書示長歌書)〉에서 "또 청련거사와 같이 오직 방종한 글만 자랑하고 백석산인과 같이 단지 황당한 글짓기에만 달음질쳐서 다만 풍월과 금준만 가지고 멋진 취미로 삼을 뿐, 군신과 예악으로써 큰 규모를 삼지 아니합니다(但如青蓮居士唯誇散誕之詞, 白石山人只騁荒唐之作. 但以風月琴罇爲勝槩, 不以君臣禮樂爲宏規)"라고 했다.

그는 음풍농월하고 상상력을 발휘하는 이백(李白, 701~762)의 낭만적 작법에 찬성하지 않았고 도교의 주장에 찬성하지 않았으며, 이를 황당한 것이라고 간주했다. 그는 만사가 모두 군신·예악의 유가의 가르침을

떠날 수 없다고 생각했다. 마땅히 그는 "재자의 붓끝을 놀려 충신의 속마음을 썼습니다. 지금에 옛것을 행하여 이미 유가의 종주가 되었습니다. 내 집처럼 나라를 근심하니 실로 덕망 있는 가문의 일입니다(弄才子之筆端, 寫忠臣之襟抱. 在今行古, 旣爲儒室之宗. 憂國如家, 固是德門之事)"[4]라고 했다.

그는 또 〈가목에게 주는 글(與假牧書)〉에서 "제가 가진 천성은 우직함에 가까우나, 처신은 올바르게 했습니다. 눈으로 보고 귀로 듣는 바를 바야흐로 감히 읊조리고 노래하되 본래부터 아첨함이 없었습니다(某執性近愚, 處身斯直. 以目所覩, 以耳所聆, 方敢詠歌, 固無諂笑)"라고 했다. 〈수재 주번이 《소산집》을 보여주기에 감사드리는 글(謝周繁秀才以小山集見示書)〉에서는 "각기 칭찬하는 글을 지어서 종횡의 작법을 잘 전개했으니, 쓴 것은 다 실록이요, 기틀도 헛되이 벌리지 않았습니다(各陳贊詠之詞, 能展縱橫之作, 筆皆實錄, 機不虛張)"라고 말했다. 〈객장에게 주는 편지글〉에서는 "시편으로써 성품을 기르는 자료로 삼고, 서권으로써 몸을 세우는 근본으로 삼을(以詩篇爲養性之資, 以書卷爲立身之本)" 것을 주장했다.

최치원의 시문과 저술을 살펴보면 거의 전부 상술한 주장이 들어 있다. 천여 년 전 봉건 난세를 살았던 26~27세에 불과한 청년은 시문 속의 주장처럼 스스로를 엄하게 다스리고 정직하고 진솔했으며, 몸은 비록 청빈하나 탐람하지 않고 부화뇌동하지 않았으며, 극기하며 독서하여 저술에 통달했으니 사실 매우 고귀한 일이다. 더욱이 그는 신라인이었기에 그의 저술은 자연히 다른 의의도 가지고 있다. 즉 중고 시기의 중・한 문화 교류에서 특수하고 중요한 위치를 차지하고 있다.

---

4) 〈장가를 보여준 고 비서에게 감사드리는 글(謝高秘書示長歌書)〉.

4. 귀국과 석별

최치원은 광계 원년(885)에 귀국했는데, 당에서 지낸 17년 동안 그는 시시각각 조국을 그리지 않은 적이 없었다. 그래서 그의 귀국 이유를 탐색할 때, 항상 그의 머리에 떠나지 않았던 고향을 그리는 감정을 홀시할 수 없다. 그의 많은 회고 작품에는 시종일관 이러한 감정이 관통되어 있다. 일찍이 그는 고병에게 준 〈다시 올리는 계문〉에서 "인간 세상의 요로와 통진에는 눈을 둘 곳이 없고, 물외의 청산과 녹수로 돌아갈 꿈을 꾸었다(人間之要路通津, 眼無開處, 物外之青山綠水, 夢有歸時)"라고 했다. 〈객장에게 주는 편지글〉에서도 신라로 돌아가고자 갈망하는 심정이 흘러나온다. 글에서는 "저는 이미 벼슬길에 의지하여 이도를 조금 터득했은즉, 만일 계교를 발휘한다면 반드시 몸을 감추어 둘 것이 아니요, 마침내 집이 부유하게 될 것이니 어찌 주현의 직책을 꺼리겠습니까마는, 실로 세월이 흘러가기는 쉽고 장한 기운은 펴기 어려우니 오직 옹호해 주시어 변화하게 될 것을 기대합니다. 바라는 바는 제비가 구름집에 깃들었으니 길이 소막의 위태로움이 없게 하고, 학이 티끌 채롱에서 나왔으니 차츰 수레를 타는 편리를 안게 하소서. 지금 아뢸 일을 작성하여 다시 상공께 드려 조금이나마 감사한 회포를 펴고 미리 잘못된 심정을 피력하온바, 그 가부를 판단하지 못하겠습니다(某已倚宦途, 粗諳吏道. 如能驅策, 未必跧藏. 終當富見室家, 豈憚職縈州縣. 實以流年易邁, 壯氣難申. 唯望庇庥得期, 變化所異, 燕棲雲屋, 永無巢幕之危. 鶴出塵籠, 稍識乘軒之使. 今欲專脩啓事, 再獻相公. 少申感謝之懷. 預寫辭違之懇, 未知可否)"라고 했다.

이를 보면 최치원이 귀국하여 원대한 계획을 펼치고자 갈망하고 거기에 많은 환상을 기탁했음을 알 수 있다. 그는 일찍이 계속 상서(上書)하여 신라로 돌아갈 것을 허락해 주길 부탁했고, 허락을 얻었을 때는 뛸 듯이 기뻐했다. 〈귀성을 허락하신 데 감사드리는 계문(謝許歸覲啓)〉에서는 다음과 같이 말했다.

> 저는 오랫동안 부모 곁을 떠나 있었으므로 귀성할 것을 허락해 주시니 우러러 귀중한 허락을 받아 경건히 옥음에 감사합니다. 비록 해도를 찾아 영광되게 돌아감은 고금에 견줄 데 없으나, 또 연파를 바라보고 눈물을 흘리니 떠날지 머물지 결정하지 못하겠습니다. 삼가 저는 열두 살에 집을 떠나 지금 벌써 스물아홉이 되었습니다. 백 번 천행으로 살아나 덕문에 의탁함을 얻고 갑자기 관영을 더하여 이제 관복을 더럽혔으니 일신의 조우가 만 리에 빛납니다. 이러므로 멀리 있는 어버이는 문에 기대던 생각이 조금 위로가 될 것이고 떠났던 자식은 벼슬길을 얻은 데 참으로 영광스럽습니다. …… 오직 바라는 것은 잠시 동쪽으로 돌아갔다가 서쪽으로 와서 모시는 것입니다(以某久別庭闈, 許令歸覲者, 仰銜金諾, 虔佩玉音. 雖尋海島以榮歸, 古今無比. 且望煙波而感泣, 去住難安. 伏緣某自年十二離家, 今已二九載矣. 百生天幸, 獲托德門. 驟忝官榮, 仍叨命服. 一身遭遇, 萬里光輝. 是以遠親, 稍慰於倚門, 遊子倍榮於得路 …… 唯願暫謀東返, 迎待西來).

특히 그는 "임금 모시기가 호랑이 모시는 것과 같은(伴君如伴虎)" 생애 속에서 몇 번 불우함을 겪고 나자 귀국하려는 마음이 더욱 절박해졌다. 예를 들면 〈월급을 요청하는 장문(謝探請料錢狀)〉에서는 한없이 감개하며 다음과 같이 썼다.

> 오랫동안 종족에게 효도하겠다고 생각했습니다. 그러나 연파(烟波)에 막히고 끊어져서 (벼슬하여 녹봉으로) 쌀을 짊어지고 오는 뜻을 이루기 어렵고, 비바람이 처량하여 속절없이 양산의 눈물을 뿌리며, 이미 온정에 생소하고 또 봉양마저 못하니 다만 제 몸을 책망할 뿐인데, 감히 뜻을 받든다고 이르오리까. 하물며 오래도록 고향집에 편지도 부치기 어려웠고 〈척호〉의 시를 읊으며 바

다를 건너가는 신편을 만나지 못했습니다(久想宗族稱孝, 然而烟波阻絶, 難申負米之心, 風雨凄涼, 空灑梁山之泣. 旣疎溫凊, 又闕旨甘. 但切責躬, 敢言養志. 況又無鄉使, 難附家書. 唯吟陟岵之詩, 莫遇渡溟之信).

최치원은 수많은 시에서도 고향을 그리며 돌아가고픈 심정을 표현했다. 예를 들면 〈가을날 우이현을 다시 지나며 이 장관께 부칩니다(秋日再經盱眙縣寄李長官)〉는 다음과 같다.

孤蓬再此接恩輝,	외로운 나그네가 오늘 또다시 그대에게 따뜻한 은혜를 입으니,
吟對秋風恨有違.	가을바람 맞으며 시구를 읊을수록 다시 헤어질 일이 한스럽네.
門柳已凋新歲葉,	새파랗던 문 앞의 버들은 벌써 시들었지만
旅人猶着去年衣.	나그네는 여전히 지난해의 옷을 걸치고 있네.
路迷霄漢愁中老,	길은 하늘 끝까지 멀고 몸은 시름 속에서 늙어 가는데
家隔煙波夢裏歸.	내 집은 바다 건너 있으니 꿈속에서나 돌아갈까.
自笑身如春社鷰,	우습구나, 이내 몸은 봄철 사일(社日)의 제비인가.
畵梁高處又來飛.	단청 높이 그린 집에 올해도 날아오네.

이 시기는 때마침 당 왕조 통치자와 농민 봉기군의 모순과 투쟁이 이미 중국 대지를 석권할 정도로 확대되어 많은 군중이 이미 영락하여 유랑했다. 그런데 고병을 따라다니다가 투쟁의 소용돌이에 휘말린 최치원은 이런 주위 환경에 대하여 더욱 혐오한지라 고향 생각이 더욱 간절해졌다. 그는 〈찾아와 주신 데 감사드리는 장문(謝降顧狀)〉에서 다음과 같이 썼다.

관사는 깊은 군영에 있으니 비록 형문과는 다르나 실로 누항과 한가지입니다. 이미 사랑스런 난초와 국화가 향기를 풍기는 것이 끊어졌고 쓸데없이 수북

한 쑥대만 있어 도리어 적막함만 줄 뿐입니다. 봄 날씨면 나비가 낮 꿈을 이끌어 주고, 가을밤이면 귀뚜라미가 밤의 읊음을 도와주니, 이것으로 오락을 삼고 다른 볼 만한 것은 없습니다. 요즈음 바야흐로 난리를 피해 떠났다가 다시 기거함을 얻었으니 다만 부모 같은 은혜를 받드는 것만이 기쁘고 아녀자같이 눈물 흘린 것이 부끄럽습니다. 더구나 저는 외람되어 진천의 벼슬에 영광스러웠고 한나라의 의례를 배우니 강유처럼 담기는 비록 크지만, 등애처럼 말을 더듬거립니다(所居官舍, 深在軍營. 雖異衡門, 實同陋巷. 既乏君章之蘭菊, 可襲馨香；空餘仲蔚之蓬蒿, 偏資寂寞. 春日則蝶牽晝夢, 秋風則蛩助夜吟. 以此爲娛, 無他所覬. 今者方經離亂, 再獲起居. 但喜攀父母之恩, 却慙下兒女之淚. 況某叨榮秦爵, 就學漢儀, 姜維之膽氣雖麤, 鄧艾之口詞甚訥).

이는 최치원이 비록 통치 계급에 복무했고 영도층에 들어갔지만, 사상 속에서는 시종 자신의 민족의 관점에서 중국 군벌 통치자와 경계선을 그었음을 충분히 보여준다. 예를 들면 함께 공부했던 친우 고운(顧雲)에게 화답한 〈늦은 봄에 즉흥으로 동료 사자인 고운에게 화답하며(暮春卽事, 和顧雲友使)〉에서는 이렇게 썼다.

東風遍閱百般香, 봄바람에 온갖 꽃향내를 두루 맡으니
意緒偏饒柳帶長. 마음만은 유독 길게 드리운 버들처럼 풍요롭네.
蘇武書回深塞盡, 소무의 글월은 깊은 요새를 돌아 전해지고
莊周夢逐落花忙. 장주의 꿈은 지는 꽃을 좇아 바쁘네.
好凭殘景朝朝醉, 남은 경치 빙자하여 아침마다 취하노니
難把離心寸寸量. 이별의 마음은 일일이 헤아리기 어렵네.
正是浴沂時節日, 때는 바로 기수에 멱 감는 시절이요
歸遊魂斷白雲鄉. 옛날에 놀던 곳은 애끊는 백운향이라네.

이처럼 고향을 그리워하는 심정이 강해짐에 따라 최치원은 강렬한 적자지심(赤子之心)으로 온갖 어려움을 무릅쓰고 중국에서 배운 풍부한 지식을 고국에 전파하겠다는 아름다운 이상을 가슴 가득 품었다. 그리하여 "푸른 주머니를 높이 걸어 놓으니 푸른 바다보다도 더 푸르러 반드시 천오로 하여금 파도를 그치게 하고 수백이 바람을 맞이하게 하는(仰掛青囊, 遠踰碧海, 必使天吳息浪, 水伯迎風)"[5] 목적을 이루고자 했다.

그러나 일단 귀국하려는 바람이 현실화되자, 그의 심정은 다시 매우 모순적이 되어 청소년 시기를 보낸 중국과 진심을 터놓고 그를 대한 친구에 대하여 한없는 아쉬움이 생겨났다. 아직 헤어지지 않았는데도 상념에 잠겨 말로 다 표현할 수 없는 감개가 가슴속에서 용솟음쳤다. 예를 들면 〈초주 장 상서가 수곽에서 맞이하기에 시를 지어 감사드리노라(楚州張尙書, 水郭相迎, 因以詩謝)〉에서,

楚天蕭瑟碧雲秋, 초주의 하늘이 소슬하고 푸른 구름 가을인데
旟隼高飛訪葉舟. 여준은 높이 날아 조각배를 찾아드네.
萬里乘槎從此去, 만 리 길을 뗏목 타고 이곳을 떠나가면
預愁魂斷謝公樓. 벌써부터 혼이 사공루와 단절될까 근심하네.

최치원은 친구를 정성스럽게 대하는 동시에 자신에 대해서도 신중하고 자애하여 항상 "공자의 당에도 타향의 제자들이 있거니와, 맹상군의 문하인들 어찌 먼 지방의 사람이 없겠습니까(尼父堂中, 亦有他鄕之子, 孟嘗門下, 寧無遠地之人)"[6]라고 일깨웠다. 그는 길러 준 중국과 깊은 가르침을 준 스승에 대하여 여태까지 잊어본 적이 없었다. 〈좌주 상서가 난을 피하여 유양으로 가는 도중 절구 세 수를 총시했기에 이를 받들어 화답

5) 〈태위께 올리는 별지 5수(上太尉別紙五首)〉의 3수.
6) 〈처음으로 태위께 올리는 계문(初投獻太尉啓)〉.

하노라(奉和座主尙書避難過維陽寵示絶句三首)〉에서

濟川終望拯湮沈, 강 건널 때에 건져 주길 바랐더니
喜捧淸詞浣俗襟. 훌륭한 글월 보고 속된 마음 씻었네.
唯恨吟歸滄海去, 안타까이 읊조리며 저 바다로 돌아가니
泣珠何計報恩深. 깊은 은혜 갚지 못해 눈물만 흐르네.

이처럼 최치원은 비할 데 없이 조국을 생각하고 또 중국을 매우 그리워하는 심정 속에서 신라로 돌아와 조국과 민중을 위해 원대한 계획을 펼쳐 중국에서 배운 지식을 바탕으로 나라에 공헌할 수 있기를 갈망했다.

그러나 그가 꿈에도 그리던 조국에 돌아온 뒤 신라도 당 왕조처럼 혼란 속에 처해 있음을 알게 되었다.

5. 최치원의 은거

최치원은 귀국한 뒤 "시독 겸 한림학사·수병부시랑·지서서감(侍讀兼翰林學士守兵部侍郎知瑞書監)"으로 임명되었으나, 오래지 않아 타향으로 전출되었다. 《삼국사기》, 〈최치원전〉에서는 다음과 기록했다.

> 최치원은 스스로 중국 유학에서 배운 것이 많다고 생각하여 본국에 돌아온 뒤 자기의 뜻한 바를 실행하려고 했으나, 말세에 그를 의심하고 꺼리는 자가 많아서 그의 뜻이 허용되지 못하고 외직으로 대산군 태수가 되었다(致遠自以西學多所得, 及來將行己志, 而衰季多疑忌, 不能容, 出爲大山郡太守).

귀국 후 3년 되던 해(888)에 왕위는 이미 헌강왕(憲康王)의 누이동생 진성여왕(眞聖女王)의 손으로 옮겨졌고 조정은 더욱 황음무도하고 부패하여 국내 인민의 원성이 곳곳에 자자했다. 또 당 왕조 통치 하의 중국처럼 곳곳에서 농민 봉기의 열화가 불타올랐다. 이처럼 혼란스러운 형세에서 최치원은 진성여왕 8년(894)에 진성여왕에게 〈시무책〉 10여 조를 올려 조정이 서민에게 인정을 베풀도록 요구했다. 그러나 이미 아무런 소용이 없었다. 황음무도한 진성여왕은 장기간 조정을 돌보지 않아 나라가 날로 쇠미하고 부패하게 방치했다. 게다가 해마다 자연재해가 이어져 농작물을 수확할 수 없었고 백성들은 안심하고 생활할 수 없었으며 굶주려 죽은 사람들이 들판에 가득했다. 바로 진성여왕이 당 왕조에게 올린 〈양위를 아뢰는 표문(讓位表)〉에서 말한 상황과 같다.

> 관할하던 구주에서 고을을 다스리던 백군이 모두 도적의 난리를 만나서 마치 겁회를 보는 것과 같습니다. 게다가 사람 죽이기가 마치 칼로 삼대를 치는 듯하고 땅 위에 드러난 백골은 잡초처럼 버려졌습니다. 창해의 횡류는 날로 심하고 곤강의 맹염은 바람이 사물을 쓰러뜨리듯 했습니다. 결국 어진 고을이 변하여 병든 나라가 되게 했습니다(所管九州, 仍標百郡, 皆遭冠火, 若見劫灰. 加復殺人如麻, 暴骨如莽, 滄海之橫流日甚, 昆岡之猛焰風顚, 致使仁鄕, 變爲疵國).

이처럼 서민을 도탄에 빠트린 조정 일파의 혼란한 형세가 최치원을 매우 실망시켜 귀국 전의 아름다운 바람은 모두 물거품이 되어 버렸다. 그는 중국이든 신라이든 상층 통치 계급은 똑같이 끊임없이 권리를 쟁탈한다는 사실을 깊이 느꼈다. 그는 일찍이 당 왕조에서 이익과 관록에서 몸을 빼려는 생각을 하기도 했다. 〈관직을 제수받은 고 사마에게 축하하는 장문(賀高司馬除官狀)〉에서 일찍이 "몸을 이록에서 벗어나고 모두 뜻을 노래하고 읊는 데 멋대로 하고자 했다(欲脫身於利祿, 無非縱志於歌吟)"라고 말했다. 게다가 오랫동안 그는 줄곧 '불로(佛老)'와 '장주(莊周)' 등 종교 사상의 강렬한 영향을 받았다. 귀국 후 그는 신라에서도 마찬가지로 절이 우뚝 솟고 불사(佛事)가 크게 일어나 종교가 이미 광범하게 전파된 것을 보았다. 이러한 환경 속에서 자신의 처지를 생각하면 사상에 무한한 감개가 일어나는 것은 매우 자연스러운 일이다. 그가 진성여왕을 대신하여 쓴 〈양위를 아뢰는 표문〉에서 비록 화자는 진성여왕이지만, 실제로는 그 자신의 생각과 처지의 표현이다.

신은 매번 제 힘을 헤아려서 행동해야 한다는 것을 생각하며, 문득 몸을 보양하고자 물러나는 일을 성취하게 되었습니다. 스스로 피었다가 스스로 지매 광화인 것 같아 적이 부끄럽습니다. 깎음도 없고 아로새김도 없이 애오라지 썩은 나무나마 온전하게 하렵니다(臣每思量力而行, 輒遂奉身而退. 自開自落, 竊媿狂花. 匪劉匪雕, 聊全朽木).

최치원의 은거의 원인과 동기를 탐색할 때, 봉건 사회에서 왜 그토록 많은 상층 지식인들이 한때 영화를 누리다가 만년에 이르러는 대부분 불문에 귀의하여 여생을 마치는가라는 문제를 자연스럽게 연상할 수 있다. 당 왕조만 하더라도 매우 많아 이루다 예를 들 수 없을 정도인데, 가령 백거이는 향산(香山)에 은거했고 이백에게는 신선을 추구하고자 하는 열광이 평생을 따라다녔다. 왕유(王維, 701~761), 맹호연(孟浩然, 689~740), 가도(賈島, 777~841) 등도 이와 마찬가지이다. 최치원도 이 길을 걸었는데, 《삼국사기》, 〈최치원전〉 후반부에서는 다음과 같이 썼다.

최치원이 서쪽으로 당나라에 가서 벼슬하다가 동쪽의 고국으로 돌아온 것은 순전히 난세를 만났기 때문이다. 처세하기가 곤란하고 툭하면 죄를 지을 것 같아 스스로 때를 만나지 못한 것을 한탄하고 다시 벼슬할 뜻을 두지 않았다. 이에 소요하며 얽매이지 않고 산림이나 강과 바닷가에 누대와 정자를 만들어 솔과 대를 심어놓고 서적을 베개 삼아 자연을 노래하고 읊었다. 예를 들어 경주의 남산, 강주의 빙산, 협주의 청량사, 지리산의 쌍계사, 합포현의 별장은 모두 그가 유랑했던 곳이다. 최후에는 가족들을 이끌고 가야산 해인사에 은거하면서 동복형인 현준과 정현 스님과 함께 마음이 맞는 벗을 맺어 은거 생활을 같이하면서 여기서 여생을 마쳤다(致遠自西仕大唐, 東歸故國, 皆遭亂世. 屯邅蹇連, 動輒得咎. 自傷不偶, 無復仕進意. 逍遙自放, 山林之下,江海之濱. 營臺榭, 植松竹, 枕藉書史. 嘯詠風月, 若慶州南山,剛州氷山,陜州淸凉寺,智異山雙溪寺,合浦縣別墅, 此皆遊焉之所. 最後, 帶家隱伽耶山海印寺, 與母兄浮圖賢俊, 及定玄師結爲道友. 棲遲偃仰, 以終老焉).

최치원의 사상을 보건대, 불교는 그의 최후의 은거 생활에 일정 정도 영향을 끼쳤다. 그는 〈금천사 주지에게(贈金川寺主)〉, 〈재곡사에 혼자 사는 스님에게(贈梓谷蘭若獨居僧)〉, 〈임경대(臨鏡臺)〉, 〈가야산 독서당 폭포에 쓰노라(題伽倻山讀書堂瀑布)〉 등의 시에서 이미 세상과 떨어져 속세를 버리고자 하는 사상을 명확히 표출하여, 추호도 세상의 벼슬살이에 연연하는 흔적이 없다. 이는 그가 〈가야산 독서당 폭포에 쓰노라〉에서 말한 바와 같다.

狂噴疊石吼重巒, 물은 미친 듯이 바위들 지며 산을 울리어
人語難分咫尺間. 지척에서 하는 말 분간하기 어렵네.
常恐是非聲到耳, 항상 시비 소리 귀에 들릴까 두려워
故敎流水盡籠出. 흐르는 물로 산을 감싸게 했네.

그가 선택한 귀착점은 바로 봉건 사회의 격렬한 계급 모순이 충돌한 결과이다. 문화 면에서 그 시대는 불교·도교·유교 삼교가 융합하여 일부 문인의 사상에 짙은 검은 그림자를 던져 주었다. 은거의 길을 선택한

것은 한편으로 그 시대 지식인이 현실 투쟁에서 도피하려 한 유약성을 드러낼 뿐 아니라, 다른 한편으로는 환관·정객과 권세를 다투지 않겠다는 청고함을 표현한다. 최치원도 다른 문인처럼 만년에 번잡한 속세를 간파하고 깊고 고요한 불문의 길을 따라 가다가 문성왕(文聖王) 18년(915)에 사망했다.

6. 한국문학사에서 최치원의 지위와 영향

최치원의 저술과 그 영향은 한국문학사에서 혁혁한 위치를 차지한다. 고전 한시와 산문을 언급할 때 한국의 역대 학자들은 모두 최치원의 성취에 대하여 극도로 추앙했다. 예를 들면 후세 고려의 저명한 문학가 이규보(李奎報, 1169~1241)는 최치원을 논술할 때, 일찍이 그가 한국 민족 문학을 향상시킨 개산(開山)의 비조(鼻祖)라고 했다.

13세기 초엽에 한국문학사에서는 일찍이 수많은 시인과 학자들이 출현하여 한시 창작의 붐이 일었다. 많은 사람들이 최치원을 본받아 중국에 가서 학습했다. 삼국 시대 신라의 문화 전통을 언급할 때마다 모두가 매우 긍정적인 태도를 보인다. 《운양집(雲養集)》, 〈동감문초서(東鑒文鈔序)〉라는 글에서 김윤식(金允植, 1835~1912)은 다음과 같이 말했다.

> 신라는 삼국 중에서 문헌의 나라라고 일컬을 만하다. 그러나 그 기풍은 간소하고 소박하다가 시간이 지나자 점차 개방되었다. 처음에는 활쏘기로 인재를 선발했고 혹은 화랑의 무리 중에서 뽑기도 했다. 원성왕 때 이르러 비로소 독서출신과를 두어 오경·삼사에 널리 통달한 자를 준걸로 여겼고, 또한 《문선》 공부에 힘을 다했다(新羅於三國, 最稱爲文獻之邦, 然風氣簡樸, 久而漸開. 其初以射選人, 或取於花郎之徒. 至元聖時, 始定讀書出身科, 以博通五經三史爲雋, 而

又用力於文選).

위의 글은 최치원의 시대에 생겨난 문화 전통을 충분히 긍정했다. 조선 학자 박지원(朴趾源, 1737~1805)은《연암집》,〈함양군학사루기(咸陽郡學士樓記)〉에서 최치원의 애국주의 사상과 후기의 은거에 대하여 극도로 찬양하고 동정했다.

아! 고운은 천자의 조정에서 입신했으나 당나라 왕실이 어지러워지기 시작했고, 부모의 나라로 피해 왔으나 신라 또한 말기를 맞이하게 되었다. 온 천하를 둘러보아도 정착할 데 없는 것이 마치 하늘 끝을 나는 구름과 같으므로 싫증과 괴로움을 느끼면서 진퇴에 아랑곳하지 않았다(嗟乎! 孤雲立身天子之朝. 而唐室方亂, 斂跡父母之邦. 而羅朝將訖, 環顧天下, 身無係著, 如天末閒雲, 倦住孤征, 卷舒無心).

13세기 초엽에 한국의 저명한 학자 이규보가 저작《백운소설(白雲小說)》에서 최치원의 문학 성취에 대하여 긍정적으로 평가한 바 있다.

고운 최치원은 천황을 깬 공이 있어 동방 학자들은 모두 그를 종주로 삼는다(崔致遠孤雲, 有破天荒之大功, 故東方學者皆以爲宗).

그는 한국의 한시 전파와 창작을 구체적으로 논술하면서, 최치원을 '해동삼자(海東三子)' 가운데 일인자로, 박인범(朴仁范)과 박인량(朴寅亮, ?~1096)을 그 뒤에 두었다. 이 세 사람은 중국 문화를 전파하는 면에서 특수한 작용을 했다. 이규보는 일찍이 "우리나라가 시로써 중국에 이름을 날린 것은 세 사람에게서 시작되었다(我東之以詩鳴於中國, 自三子始)"라는 저명한 논단을 제기했다.

《용재총화(慵齋叢話)》의 작자는 최치원을 다음과 같이 평가했다.

우리나라 문장은 최치원에게서 시작되었다. 최치원이 당나라에 들어가 급제하여 문명을 크게 떨쳤고 뒤에 문묘에 배향되었다(我國文章, 始發於崔致遠. 致遠入唐登第, 文名大振, 至今配享文廟).

이 밖에 또 수많은 학자들이 최치원을 논할 때 그의 문장이 중국에 끼친 영향에 대하여 매우 높이 평가했다. 최초의 저술은 최치원과 같은 시대의 인물에서 나왔다. 그의 동창이자 친구인 고운(顧雲)은 최치원이 신라로 귀국할 때 일찍이 시를 써서 그를 전송해 주었다.

十二乘船渡海來, 열두 살에 배를 타고 바다로 건너와서
文章感動中華國. 문장으로 중국을 감동시켰네.
十八橫行戰詞苑, 열여덟 살에 문단을 휩쓸어
一箭射破金門策. 단번에 과거에 급제했다네.

이규보 등은 《신당서》와 《구당서》에서 모두 〈최치원전〉을 쓰지 않은 점에 대하여 일찍이 글을 지어, 최치원은 생애를 문필에 종사한 외국 사람이기 때문에 열전을 세우지 않았다고 평술했다. 그는 이에 대하여 분개하고 불평했다.

《당서》, 〈예문지〉를 살펴보니 최치원의 《사륙집》 1권과 《계원필경집》 20권이 실려 있다. …… 나는 아닌 것이 아니라 중국인은 흉회가 넓다고 칭찬했다. 외국인이라고 해서 가볍게 여기지 아니하고, 이미 문집이 세상에 행하도록 했고 또 사서에 이렇게 실었기 때문이다. 그러나 문예열전에 최치원을 위하여 열전을 세우지 아니한 것은 내가 그 의도를 모르겠다(按唐書藝文志載崔致遠四六

一卷, 又桂苑筆耕二十卷. …… 予未嘗不嘉其中國之曠蕩無外, 不以外國人爲之輕重. 而旣令文集行於世, 又載史如此者. 然於文藝列傳, 不爲致遠特立其傳. 予未知其意也).

이어서 그는 문학 창작에서 최치원이 이룬 성과를 전면적으로 서술했다.

또 번진의 장수 가운데 이정기·흑치상지 등이 모두 고려 사람인데, 모두 그 열전을 넣어 그 일을 갖추어 기록했으니, 어찌 문예열전에만 홀로 최치원을 위하여 그 열전을 세우지 않았는가?(又於藩鎭虎勇, 則李正己·黑齒常之等, 皆高麗人也, 各列其傳, 書其事備矣. 奈何於文藝, 獨不爲孤雲立其傳耶.)

상술한 인용문에서 최치원은 역대 한국 문인들의 마음속에서 매우 높은 위치를 차지하고 있음을 알 수 있다.

지금까지 최치원의 저술과 성취를 통하여 한·중 고대 문화 교류에서 그의 영향을 살펴보았는데, 한국 학자의 평가와 요구가 모두 일리 있다. 신라가 멸망하자 고려는 한반도 전 영토를 통일한 뒤 일찍이 최치원에게 추시사봉(追諡賜封)했다. 《삼국사기》, 〈최치원전〉의 마지막에서 다음과 같이 기록했다.

현종이 왕위에 있을 때 최치원이 태조의 왕업을 은밀히 도왔으니 그의 공을 잊을 수 없다 하여 지시를 내려 내사령이란 관직을 추증하고 현종 14년 태평 2년 임술 5월에 이르러 문창후라는 시호를 내렸다(顯宗在位, 爲致遠密贊祖國, 功不可忘. 下敎贈內史令, 至十四歲, 太平二年壬戌五月贈諡文昌侯).

최치원의 저술과 이름은 중·한 양국 문화의 역사에 영원히 기록될 것이다. 그는 중세기에 당조에 와서 학습한 아시아 각국 문화 명인 가운데 가장 뛰어나고 성취가 있으며 사료도 가장 완정한 빛나는 시인이다. 그의 모든 저술은 우리 중·한 양국 인민이 공유해야 하는 진귀한 유산이므로, 공동으로 연구할 만한 가치가 있다.

[해제]

이 글은 하명안(何鳴雁)의 〈新羅詩人崔致遠：傳播中朝文化的先驅〉(《社會科學戰線》 1984年 第4期)를 번역한 것이다.

하명안(1933~)은 여성 번역가로 요녕(遼寧) 심양시(沈陽市) 사람으로 1947년부터 혁명에 참가했다. 1953년에 북경대학 동방어언계(東方語言系) 조선어 전공[연변대학 조문계(朝文系)에서 학습함]에 입학하여 1955년 말에 졸업하고 연변일보사(延邊日報社)로 부임하여 근무했다. 1956년에는 중국작가협회 연변분회 창작번역실로 부임하여 근무했고, 1971년에는 장춘전영제편창(長春電影制片廠)으로 옮겨 영화 번역에 종사했다. 1980년에는 중국사회과학원 소수민족문학연구소 부연구원으로 들어갔다.

주요 번역 작품으로 《血海》, 《賣花姑娘》, 《春香傳》, 《金姬和銀姬的命運》, 《禿魯江畔之花》, 《勞動家庭》, 《無名英雄》, 《原形畢露》, 《空中舞臺》, 《沈淸傳》(延邊話劇團, 1962년 연출), 《孔菊與潘菊》(評劇團, 1959년 연출), 《長白之夜》(延邊話劇團), 〈說吧, 密林〉(《電影文學》 1962年 4月號), 〈血緣〉(胡萬春 原作, 《아리랑》 1958), 〈勞山道士〉, 〈聊齋〉(延邊 《아리랑》 1958) 등이 있다.

최치원과 한·중 문화 교류

고국번(高國藩)

최치원(崔致遠)은 한국 고대의 저명한 문학가이다. 그는 한국 역사상 한국 동국문학의 창시자이며 시조로 인정된다. 이것은 한국의 전현(前賢) 홍석주(洪奭周, 1774~1842)의 〈교인계원필경집서(校印桂苑筆耕集序)〉, 후손 최국술(崔國述)의 〈고운선생문집편집서(孤雲先生文集編輯序)〉, 광주(光州) 노상직(盧相稷, 1855~1931)의 〈고운선생문집중간서(孤雲先生文集重刊序)〉, 서유구(徐有榘, 1764~1845)의 〈교인계원필경집서(校印桂苑筆耕集序)〉 등의 문헌에서 이미 종합적인 검증 결과 내려진 결론으로, 그 지위는 의심할 여지가 없다.

최치원은 한·중 간 문화 교류에 커다란 공헌을 했다. 현재까지 전해 내려 오고 있는 121편의 시를 보면, 이 시들은 그가 겪어 온 당조(唐朝) 역사 시기에 대한 증명일 뿐 아니라, 그가 개척한 한·중 평화 우호의 길의 증명이다. 더 나아가 조국에 대한 깊은 애정의 결정체이며, 영원한 송가(頌歌)이고, 후세 문화의 본보기이자 불멸의 이정표임을 알 수 있다.

최치원 시가는 주제 면에서 중대한 의의를 두루 갖추고 있다. 첫째, 그는 평화롭고 아름다운 생활을 찬미했다. 장안(長安)에 있을 때 지은 〈장안의 버들(長安柳)〉, 〈봄날(春日)〉 두 편의 시는 당대 장안의 번영한 모습을 묘사한다. 낙양(洛陽)에서 유랑할 때 지은 〈낙중의 벗에게 주노라

(留贈洛中友人)〉라는 시는 산수의 화평함을 찬미했으며, 행복과 평화로움을 내포한다. 〈변하에서 옛일을 그리며(汴河懷古)〉에서도 역시 그는 화평(和平)은 인간 내면의 지향점이라고 찬미하며, 우리들이 함께 생각해야 할 문제를 던졌다. "수 양제가 일찍이 나라를 망쳤다고 말할지 말라, 예나 지금이나 사치하고 호화부리면 누구나 패가망신하느니(莫言煬帝會亡國, 今有奢華盡敗身)." 이 시는 사치가 화평에 끼치는 위험과 해악을 이야기하며, 수(隋)의 멸망이 바로 이를 여실히 보여주는 교훈으로 본보기가 된다는 깊은 뜻을 말한다. 그는 고국에 돌아온 뒤에도 계속해서 화평을 찬미했다.

둘째, 그는 사람 사이의 따뜻한 우의를 찬미했다. 장안에 있을 때 지은 〈이름이 난 뒤 진사 전인의에게 주노라(成名後酬進士田仁義見贈)〉, 〈장안의 여관에서 이웃에 사는 우신미 장관께(長安旅舍于愼微長官接鄰)〉 두 편의 시는 그와 당나라 사람 간의 우정을 노래했다. 그는 "사귀는 정에 어찌 가난하다고 싫어하리(交情豈憚貧)"라고 했는데, 우의는 빈부를 그 기준으로 삼지 않고 바로 혈육 상련의 우의여야 한다는 것이다. 이것은 양국과 양 국민 간의 성실하고 진지한 우의의 지표이며, 상징이다. 그는 신앙을 초월한 우의를 찬미했는데, 그 예로 종남산(終南山)에서 도를 닦을 때 지은 〈여도사와 이별하며(留別女道士)〉와 고국에 돌아온 뒤 지은 〈희랑 스님에게(贈希朗和尙)〉는 그와 승려들 간의 우정을 표현한다.

셋째, 그는 민간의 미풍양속을 찬미했다. 율수(溧水, 강소성에 있는 현 이름)에서 현위(縣尉)를 지낼 때 지은 〈강남의 여인(江南女)〉에서 그는 현실주의적 필치로 당대 후기 강남 여인들을 묘사했다. 그에 따르면, 당대 후기의 부유한 여인네들은 관현악기 연주(調管絃)를 숭상했고, 궁핍한 여인네들은 베 짜기(弄機杼)를즐겼는데, 사실상 이 모두가 당시의 바람직한 시대적 풍조라는 것이다. 그가 고국에 돌아온 이후 지은 〈향악잡영(鄕樂雜詠)〉 다섯 수는 보존되어 내려오는 고색창연한 한국 향악 예술의 전모를 시가의 형식으로 쓴 것인데, 서울대학교 김학주 교수가 이미 상세히 고증했다.

넷째, 그는 인간선경(人間仙境)의 조국을 찬미했다. 최치원은 도교선화적(道教仙化的) 시를 썼는데, 이러한 내용은 현존하는 그의 시가 가운데 절반을 차지하며, 다섯 가지 내용을 두루 갖추고 있다.

① 노장 사상을 꿰뚫고 있다. 〈성잠(性箴)〉과 같은 작품에서 노자《도덕경(道德經)》의 흔적을 볼 수 있는가 하면, 또 〈봄날 새벽에 생각나는 대로 쓰노라(春曉偶書)〉는《장자(莊子)》, 〈각의(刻意)〉의 사상을 풍기고, 〈바다 갈매기(海鷗)〉에서는《장자》, 〈제물론(齊物論)〉 등의 사상도 엿볼 수 있다.

② 도교의 선도(仙島)를 노래했다. 〈돌산(石峰)〉·〈바다에 배를 띄우고(泛海)〉·〈조어정(釣魚亭)〉 등의 시에는 봉래(蓬萊)가 있고, 〈중국 지도에 쓰노라(題輿地圖)〉라는 시에는 곤륜(崑崙)이 나타났으며, 〈산양에 행차했다가 태위께서 부쳐 준 의복과 옷감을 계속 받았고, 귀국 인사차 들렀다가 또 증표를 주어 축수하기에 삼가 시를 지어 감사드립니다(行次山陽, 續蒙大尉寄賜衣段, 令充歸覲續壽信物, 謹以詩謝)〉 등의 시에는 삼신산(三神山)이 나타난다.

③ 도교의 동천(洞天, 도교에서 말하는 신선들이 사는 명산 승경, 명승지)을 묘사했다. 그 예로 〈바다 갈매기〉에서 동중천(洞中天)을 노래했고, 〈천위경(天威徑)〉에서는 화산동천(華山洞天)을 노래했다.

④ 도교의 신선을 표현했다. 예를 들어 〈회남(淮南)〉이라는 시에서 옥황대제(玉皇大帝)를 노래했으며, 〈여도사와 이별하며〉에서는 마고(麻姑, 선녀의 이름)를 노래했다. 〈우리나라 화개동(東國花開洞)〉에서는 호공(壺公, 후한 때의 仙人)을 노래했고, 〈서천(西川)〉이라는 시에서는 또한 풍백(風伯)·우사(雨師)를 노래했으며, 〈돌산〉에서는 여러 신선을 노래했다.

⑤ 선화적(仙化的) 세계를 묘사했는데, 위에서 열거한 네 가지는 모두 자신의 조국이 선국(仙國)이라는 것을 과장하기 위함이며, 이것은 최치원 시가의 가장 위대한 의의라고 할 수 있다. 그가 표현한 조국의 새는 선조(仙鳥)이다. 예를 들어, 〈바다 갈매기〉에서는 "가볍게 털옷 터니 진정 물 위의 신선이다(輕擺毛衣眞水仙)"라고 했다. 나무를 선수(仙樹)라고 한 것은 "백운암 바위 옆에 서 있는 신선의 나무(白雲岩畔立仙樹)"[1]란 구절에서이고, 〈가야산(伽倻山)〉의 "세 번이나 선도가 피고 열매 맺는 것을 보았다(三見仙桃花結子)"라는 구절에서처럼 과일 또한 선도(仙桃)로 변한다. 조국은 태극선경(太極仙境)으로 묘사되는데, 〈바다에 배를 띄우고(泛海)〉에서는 "해와 달은 허공 밖에 있고 하늘과 땅은 태극의 가운데 있네(明無何外, 乾坤太極中)"라고 했다. 그는 당시 중국 강소성(江蘇省) 회안(淮安)에 이르러 〈산양에 행차했다가 태위께서 부쳐 준 의복과 옷감을 계속 받았고, 귀국 인사차 들렀다가 또 증표를 주어 축수하기에 삼가 시를 지어 감사드립니다〉라는 시 한 수를 지었는데, 멀리 동쪽을 바라보며 한국은 선국(仙國)이라고 깊이 느껴 다음과 같이 노래한다. "옛 은사들이 멀리서 와 주길 바라면 깊은 은혜를 상념하니, 삼신산이 눈가에 비껴 있네(望中遙想深恩處, 三朶仙山目畔橫)." 얼마나 조국을 사랑했는가?

요컨대 최치원은 한국의 위대한 애국주의 시인이며, 비록 당나라에서 유학을 하고 그곳에서 벼슬을 지냈지만, 마음은 언제나 조국을 생각했으며 아름다운 언어로 조국을 찬미했다. 이 같은 애국주의적 감홍은 당인(唐人)들의 존경을 얻었다. 고운(顧雲)의 최치원에 대한 존경도 바로 이런 점에서 비롯된다고 할 수 있다. 그는 최치원의 자(字, 孤雲)를 제목으로 삼아 그를 찬송했는데, 즉 〈고운(孤雲)〉에서 "바람을 타고 바다 위를 달려, 달을 짝하여 인간에 이르렀네. 배회하며 머물 수 없어, 막막히 다시

1) 〈단풍나무(紅葉樹)〉.

동쪽으로 돌아가네(因風離海上, 伴月到人間. 徘徊不可住, 漠漠又東還)"라고 했다. 고운의 이 시는 최치원이 당나라에 왔다가 고국으로 귀국하는 것을 시의 개괄로 삼고 있다.

고운이 보기에, 최치원과 같이 조국을 사랑하는 천재는 결국 망망대해를 건너서라도 돌아갈 것이라는 것이다. 여기서 '막막(漠漠)'은 그의 조국 사랑의 감정이 넓고 충만함을 비유하는 것이며, 이것이 바로 귀국 후에도 계속 광대하게 발전되어질 애국정신의 상징이다. 최치원의 귀국 이후의 발전은 정말로 고운 시에서 예언한 바와 같다.

최치원도 역시 고운에게 헌시(獻詩)했는데, 깊고 두터운 정과 우의가 충만하다. 더욱이 중요한 것은 최치원 자신이 고운이 표현한 바와 같이 "막막히 다시 동쪽으로 돌아간다"는 조국에 대한 열렬한 애국심을 표현했다는 것이다.

《동문선》 제12권에는 〈늦은 봄에 즉흥으로 동료 사자인 고운에게 화답하며(暮春卽事, 和顧雲友使)〉가 실려 있는데, 이 시는 최치원이 고국에 돌아갈 것을 결심하고 이제 고운을 떠나려고 하기 전에 지은 것으로 여겨진다. 수련(首聯)에 이르길 "봄바람에 온갖 꽃향내를 두루 맡으니, 마음만은 유독 길게 드리운 버들처럼 풍요롭네(東風遍閱百般香, 意緖偏饒柳帶長)"라고 했는데, 이는 자신을 동풍에 비기어, 이미 중화인들의 향기를 한껏 맡았다는 뜻이며, 그 기분은 마치 저 긴긴 버드나무 잎처럼 유별나게 풍원(豐原)을 사랑하는 느낌이 있는 듯하다.

그런데 함련(頷聯)에 이르러서는 다음과 같이 "소무의 글월은 깊은 요새를 돌아 전해지고, 장주의 꿈은 지는 꽃을 좇아 바쁘네(蘇武書回深塞盡, 莊周夢逐落花忙)"라고 말했다. 이것은 깊고 두터운 애국심에 대한 표현이다. 자신은 소무(蘇武)처럼 영원히 조국에 충성하고 꼭 돌아갈 것이며, 장주호접(莊周蝴蝶)과 마찬가지로 온종일 정신이 모두 고향의 낙화를 좇아 가버렸음을 표현한 것이다.

경련(頸聯)에서는 다음과 같이 "남은 경치 빙자하여 아침마다 취하노니, 이별의 마음은 일일이 헤아리기 어렵네(好憑殘景朝朝醉, 難把離心寸寸量)"라고 말한다. 조국에 대한 그리움으로 귀국의 뜻은 이미 굳어졌고, 고운과의 석별이 얼마 남지 않은 상황에 휩싸였다고 할 수 있으니, 세상의 어떤 말로도 이별할 때의 심정과 이별을 이미 결정한 심정을 제대로 표현하기 어려움을 뜻한다.

미련(尾聯)에서 이르길 "때는 마침 기수에 멱 감는 시절이요, 옛날에 놀던 곳은 애끊는 백운향이라네(正是浴沂時節日, 舊遊魂斷白雲鄕)"라고 했는데, 이는 《논어(論語)》, 〈선진(先進)〉에서 공자의 제자 증점(曾點)이 언급한 기수(沂水, 산동성에서 발원하여 강소성으로 흘러들어 가는 강)에서 목욕할 때 분발향상(奮發向上)의 지기(志氣)를 묘사한 것이니, 즉 '이제 나의 조국(신라)에 감사하여 힘을 다할 때이다. 자신의 혼은 이미 오래 전 유력했던 백운선향(白雲仙鄕)에 임해 있다. 전해지는 바에 의하면 백운향은 선인(仙人)의 거주지라고 하니 이곳이 바로 신라이다'라는 뜻이다. 이것은 애국주의 정신이 충만한 시이다.

당인의 대표라고 할 수 있는 고운은 최치원이 신라를 선국이라고 한 것에 대해 확실하게 동의했다. 그는 특히 〈송별(送別)〉이라는 시에서 선국을 형상화하여 다음과 같이 표현했다.

我聞海上三金鰲,	내 들으니 동해에 세 마리 금자라가
金鰲頭戴山高高.	머리로 산을 이고 있는데 높디높다네.
山之上兮, 珠宮貝闕黃金殿,	산 위는 구슬과 보배로 꾸민 황금 궁전이요
山之下兮, 千里萬里之洪濤.	산 아래는 천 리 만 리 큰 물결이라네.
傍邊一點鷄林碧,	그 곁에 한 점 계림이 푸른데
鰲山孕秀生奇特.	자라산의 빼어난 정기를 머금어 특출한 인재를 낳았네.

十二乘船渡海來, 열두 살에 배를 타고 바다를 건너와서
文章感動中華國. 문장으로 중국을 감동시켰네.

'삼금오(三金鰲)'는 삼신산이고 선국이기도 하다. 또한 이 같은 선풍(仙風)이 불어서 낳은 특출한 선재(仙才)는 최치원을 칭하며 그(최치원)는 "열여덟 살에 문단을 휩쓸어, 단번에 과거에 급제했다(十八橫行戰詞苑, 一箭射破金門策)"고 했다. 고운은 최치원이 중국에서 이룬 눈부신 성취를 높이 평가했다. "문장으로 중국을 감동시켰다"는 구절에서 보이듯이, 최치원은 한국의 옛 선인 가운데 일인자인 것이다.

한·중 문화 교류사에서 최치원은 한·중 문화 교류의 토대를 이룬 재능과 지혜를 겸비한 찬란한 빛이며, 특히 중화 대지에 한국 문화를 알리는 개창자 구실을 하는 데 빛을 발했다. 이러한 이유로 그가 한·중 문화 교류를 이루는 데 커다란 공헌을 했다고 말할 수 있다. 그의 시가 대부분에서 평화와 우의, 조국에 대한 뜨거운 사랑을 노래했으니, 이는 최치원 시가의 주된 선율이다.

① 그는 우선 주임시험관 예부시랑 배찬(裴瓚)을 감동시켰다. 배찬은 열여덟 살밖에 안 된 최치원을 시험에 합격시켜 진사에 등용했는데, 이에 당나라 사람들이 그를 중화를 감동시킨 보기 드문 천재라고 칭찬했다. 과거에 합격한 뒤 그는 시를 쓰기 시작했는데, 〈계원필경서(桂苑筆耕序)〉에서 다음과 같이 말했다. "이때 마음속의 심정을 읊조리고 사물에 기탁하여 편을 이름 지어 '부' 또는 '시'라고 이름 한 것이 거의 상자에 가득했습니다. 어린아이 등이 꾸민 것으로 장부로서는 부끄러워하는 바가 되었습니다. 게다가 어대를 하사받은 뒤로는 모두 폐기해 버렸습니다(此時, 諷詠情性, 寓物名篇, 曰賦曰詩, 幾盈箱篋. 但以童子篆刻, 壯夫所慚, 及忝得魚, 皆爲棄物)." 시작 태도가 매우 엄격하고 진지하니, 그는 사물에 기탁하여 편을 이름 지어(寓物名篇) 교류하며 만족스럽지 못한 작품은 버리

고, 한 상자에 달하는 시부를 지었다. 그가 문명(文名)을 떨치는 것은 부지런하게 정신과 노력을 기울이는 데서 나왔음을 알 수 있다.

② 그는 당 회종 이현(李儇)을 감동시켰다. 그의 사적은 세밀하게 당 왕조에 보고되었는데, 마침내는 건부(乾符) 3년(876) 봄에 임금의 명령이 하달되어, 스무 살밖에 안된 최치원을 강소성 율수의 현위로 임명했다. 율수현은 현재까지도 예전의 명칭대로 존재하는데, 금릉(金陵, 현재의 남경) 원교(遠郊) 몇 십 리 거리에 있는 장강(長江) 남안(南岸)의 살기 좋은 땅이다. 당시(唐詩) 중 유명한 진회하(秦淮河)의 발원지이며, 아름답고 풍요로운 곳이다. 이 지방에는 당 초(唐初)에 건립된 무상사(無想寺)와 소삼협(小三峽) 등의 명승고적이 있다.

③ 그는 매우 많은 당대의 저명한 시인을 감동시켰는데, 그들이 잇달아 그에게 헌시했다. 오늘날 찾아낸 것이 4편이 있으니, 산질된 것이 얼마나 되는지 알 수 없다. 고운이 최치원에게 〈고운〉·〈송별〉 두 편의 시를 지어 보낸 후 저명한 시인 장교(張喬)도 그에게 헌시했다. 장교와 최치원은 좋은 친구였는데, 최치원 또한 답하여 시를 지어 보냈다. 〈진사 장교가 마을에 살면서 병중에 부친 시에 화답하며(和張進士喬村居病中見寄)〉가 바로 그것인데, 수련은 다음과 같다. "시의 명성 사해에 떨치니 가도와 장교는 어떠한가?(一種詩名四海傳, 浪仙爭得似松年)." 최치원은 장교의 자인 '송년(松年)'을 시의 의경(意境)에 융합시켜 표현해 냈으며, 장교도 이와 마찬가지로 최치원의 자 '고운(孤雲)'[2]을 제목으로 삼아, 아름다운 시의 의경으로 널리 펴지게 했다.

舒卷因風何所之, 펼쳤다 말리는 구름은 바람 따라 어디로 가는가?
碧天孤影勢遲遲. 푸른 하늘에 그림자 외롭고 그 기세 또한 느릿느릿.

2) 《전당시(全唐詩)》 권639.

莫言長是無心物, 길이 무심한 물건이라 말하지 말라,
還有隨龍作雨時. 언젠가 용을 따라 비가 될 때가 있을 터이니.

이 시는 최치원 일생의 요약이라고 할 수 있다. 장교의 혜안(慧眼)은 영웅을 알아보았다. 최치원이 한 번에 과거에 급제했을 때, 그는 최치원이라는 인물이 한국이라는 몽상 속에서 곧 하늘이 만들어 낸 한 점의 구름이 아니며, 이 외로운 그림자(孤影, 최치원)가 형성한 기세는 비록 느릿느릿 오지만, 그는 평범하고 무심한 사람이 아니기 때문에 반드시 조국인 한국을 위하여 용을 따라 비를 뿌리는 영웅적 업적을 이루어낼 것이며, 후세에 널리 펼쳐질 것이라고 했다. 장교도 역시 최치원의 성취를 높이 평가했다.

저명한 시인 두순학(杜荀鶴)도 최치원에게 헌시했는데, 〈율수 최 소부에게 드리노라(贈溧水崔少府)〉[3]가 바로 그중 한 수이다.

庭戶蕭條燕雀喧, 뜰 안은 소슬한데 제비, 참새 소리 시끄럽고
日高窓下枕書眠. 해가 중천에 높은데 창 아래에서 책을 베개 삼아 잠자네.
祗聞留客教沽酒, 손님이 왔다는 말을 듣고는 술을 사오게 하면서
未省逢人說料錢. 미처 손님에게 인사할 새도 없이 급사에게 보수를 지급하겠다 말하네.
洞口禮星披鶴氅, 서재 앞에서 학창의를 걸친 두순학을 칙사처럼 예우하고
溪頭吟月上漁船. 시냇가에 이르러 달을 읊으며 어선에 오르네.
九華山叟心相許, 구화산의 늙은이 마음이 서로 맞으니
不計官卑贈一篇. 관직이 낮음을 따지지 않고 시 한 수를 바치네.

3) 《전당시(全唐詩)》 권692.

최치원은 당시 스무 살이었으며, 두순학은 846년에 출생했으니 마침 서른 살이었다. 그는 당대 명신(名臣)인 두우(杜佑)의 증손이고, 또한 대시인인 두목(杜牧)의 아들이며, 자신 또한 만당(晩唐)의 이름난 시인으로 호는 구화산수(九華山叟)이다. 그는 시에서 율수 현위(縣尉, 별칭 少府) 최치원을 만났을 때의 모습을 묘사했다.

수련에 이르길, 과연 최치원이 〈계원필경서〉에서 말한 대로 율수에서는 "녹봉도 두둑해지고 관직이 한가했다(祿優官閑)." 뜰에는 제비가 지저귀고, 한가하여 일이 없으니 매일 공부한다 했다. 그런데 두순학이 왔을 때는 해가 이미 중천에 떴건만 최치원은 아직도 책을 베고 잠을 자고 있었다.

함련에 이르길, 손님이 방문하면 관리를 보내어 술을 사서 접대한다고 들었는데, 손님에게 안부를 묻기도 전에 곧 지나가는 관리를 불러서 그의 봉록과 관가에서 따로 준 먹을거리를 요전(料錢)으로 바꾸어 가서 술과 고기를 사니, 과연 녹봉이 넉넉함을 알 수 있다.

경련에 이르길, 최치원이 서재 입구에서 성사(星士)를 예우하는 것처럼 학털로 만든 대의를 입고 정중함을 가지고 반갑게 두순학을 맞았다. 또한 함께 고기잡이배에 올라 계곡으로 가서 시를 읊으며 달을 감상했다. 미련에 이르길, 두순학은 이미 우의의 마음으로 최치원을 대하면서 당 왕조가 최치원에게 내린 현위라는 직위가 너무 낮음을 탓한다. 그래서 그는 곧 고상한 시 한 수를 보내 최치원을 위안하려 하나, 실은 이것은 두순학이 쓸데없는 걱정을 한 것이다. 스무 살의 젊은 진사를 현위로 임명하는 것은 당조의 관례였다. 초당(初唐) 시절 저명한 문학가인 장작(張鷟)은 진사가 된 뒤 일찍이 현위로 임명된 바 있는데, 이 때문에 사람들은 그를 장소부(張少府)라고 불렀다.[4] 현위라는 지위는 인재를 연마시키는 좋은

4) 〈유선굴(遊仙窟)〉 참조.

직책이었던 것이다. 그럼에도 두순학이 당 왕조가 그에게 내린 관직이 볼품없다고 비난한 것은 최치원에 대한 우정과 칭송에서 비롯되었다고 할 수 있다.

종합해 보면, 많은 당대 명인들이 분분히 최치원에게 시를 바치고 찬미했으니, 고대 한국인 가운데 누구와 최치원을 비교할 수 있단 말인가? 이 점만으로도 한·중 문화 교류사에서 최치원의 개창성과 숭고한 지위를 충분히 설명할 수 있다.

[해제]

이 글은 고국번의 〈최치원과 한중문화교류〉(안영필 역, 《아시아문화》 제14호, 1998)를 다듬어 싣는 것임을 밝혀둔다.

신라 문인 최치원과 당 말 문사의 교유

당은평(黨銀平)

최치원은 당대(唐代)의 가장 뛰어난 신라 문인이다. 그는 당 의종(懿宗) 함통(咸通) 9년(868) 열두 살 때 바다를 건너 중국에 유학하여 희종(僖宗) 중화(中和) 4년(884) 스물여덟 살 때 중국을 떠나 귀국했다. 중국에 유학하고 벼슬한 16년 동안 그는 당 말 문인, 시인, 막부의 관리와 시문을 주고받는 등 교류가 빈번하여 당대 문인과 교유가 가장 넓었던 신라 문사였다. 여기서는 최치원의 현존 시문과 중·한 관련 사료를 근거로 그와 당 말 문인의 교유를 나눠서 고찰하고자 한다.

1. 최치원과 배찬(裴瓚)

배찬[자 공기(公器)]은 최치원의 일생에 영향이 자못 컸던 당 말 문관이다. 《등과기고(登科記考)》 권23과 한국에서 근대에 펴낸 《고운선생문집(孤雲先生文集)》 권1의 〈예부 상서 배찬에게 주는 장문(與禮部裴尙書瓚狀)〉의 기록에 의하면, 건부(建符) 원년(874)에 그가 예부시랑으로 주임 시험관을 맡았을 때 최치원이 진사로 급제하면서 두 사람은 장안(長安)에서 '좌주(座主)'와 '문생(門生)'의 우의를 갖게 되었다. 그해 봄 방이 붙은 뒤 배찬은 7월에 담주자사(潭州刺史)로 전근 갔고, 최치원은 방랑하며 동도(東都)에 이르렀다.

《계원필경집(桂苑筆耕集)》 권18, 〈전 호남관찰순관 배료께 올리는 글(前湖南觀察巡官裴瞭啓)〉의 언급에 의하면, 건부 3년(876) 겨울에 최치원은 일찍이 담주로 남하하여 배찬을 탐방했고, 호남관찰사부(湖南觀察使府)에서 당시 관찰순관(觀察巡官)으로 지내던 배찬의 동생 배료(裴瞭)를 알게 되었다. 어떤 학자는 《고운선생문집》 권1에 들어 있는 시 〈우정에 밤비가 내리고(郵亭夜雨)〉는 담주로 가는 도중에 지었을 것이라고 추측했다.[1] 또 어떤 학자는 최치원의 이 여행을 가리켜 "당시 율수현위로 부임할 때 특별히 호남으로 돌아서 갔다(當時赴溧水縣尉任時特地繞道湖南的)"[2]고 간주했는데, 이 설은 당대의 관리 제도와 부합하지 않는다.

《계원필경집》의 여러 문장에 의하면, 배찬은 호남에서 난세에 처했기에 관직 생활의 앞날을 예측할 수 없어 마침내 "벼슬할 생각이 없고, 성품은 도풍을 좋아하여(情疏宦路, 性悅道風)"[3] "산중 재상이 되고자(作山中宰相)" "결백한 지조를 드높이 떨치고 위태한 시기를 일찍 피하기(高揚素節, 夙避危時"[4]를 희망했다. 그러나 세상을 구제하려는 심정은 결코 사라지지 않았다. 호남관찰사의 임기가 끝난 뒤 당 조정에서는 그를 예부시랑으로 임명하고 동도(東都)에 가서 과거 시험을 다시 주관하게 했는데,[5] 부임할 때 "도로가 통하지 않아(道路不通)" 양주(襄州)에서 곤궁을

1) 염기(閻琦), 〈신라 시인 최치원(新羅詩人崔致遠)〉, 《당대문학연구》 제5집, 광서사범대학출판사, 1994, 548쪽.

2) 양태제(梁太濟), 〈최치원과 그의 글에 나타난 당과 신라의 관계(崔致遠及其筆下的唐和新羅關係)〉, 항주대학 한국연구소 편, 《중국 강남 사회와 중·한 문화 교류(中國江南社會與中韓文化交流)》, 항주출판사, 1997, 90쪽.

3) 《계원필경집(桂苑筆耕集)》 권7, 〈이부상서 배찬께 올리는 글 2수(吏部裴瓚尙書二首)〉 첫 수.

4) 《계원필경집》 권19, 〈좌주 상서께 올리는 별지(上座主尙書別紙)〉.

5) 《계원필경집》 권19, 〈이부시랑 임명을 축하하는 별지(賀除吏部侍郎別紙)〉.

당했다. 이에 그의 동생 배료가 "멀리서 와서 궁핍한 상황을 간절하게(遠將窮懇相告)" 당시 회남 막부에 들어간 최치원에게 알렸다.[6)]

배료는 곧 "수년 전부터 잇달아 약탈당해 생계가 막연하고, 친척들이 사망하여(自數年繼遭剽劫, 生計蕩盡, 骨肉凋零)" 장기간 강남을 떠돌다가 "불행히도 질병으로 고통스러워(不幸疾苦)" 이에 회남사부(淮南使府)에 "근자에 들어가(近投)"[7)] 안식을 청하여, 최치원은 마침내 〈과거시험관 배 수재에게 일을 청탁하는 계문(與恩門裴秀才求書啓)〉을 써서 회남절도사(淮南節度使) 고병(高駢)에게 도움을 요청했다. 당군이 관중(關中)을 평정한 뒤 배찬은 예부상서로 승급하여 수로를 따라 "멀리서 황실에 당도하여(遠赴天庭)" 미리 가서 취임했다. 엄경망(嚴耕望)의 《당복상승랑표(唐僕尙丞郎表)》 권1, 〈집고오상(輯考五上)〉, 「예부상서(禮部尙書)」조에 의거하여 고찰해 보면, 배찬이 예부상서로 임명된 때는 대략 중화 3년이나 4년이다.[8)]

최치원은 회남에서 "멀리서 아름다운 소식을 듣고 엎드려 기쁜 마음 간절했고(遠聆美命, 俯切歡心)"[9)] "몸이 자질구레한 잡무에 얽매여 미처 축하드리지 못하여(身拘碎職, 未由陳賀)", 이에 〈이부상서 배찬께 올리는 글 2수(吏部裴瓚尙書二首)〉,[10)] 〈예부상서 임명을 축하하는 별지(賀除禮部尙書別紙)〉, 〈좌주 상서께 올리는 별지(上座主尙書別紙)〉[11)]와 〈예부상서 배찬에게 주는 장문(與禮部裴尙書瓚狀)〉[12)] 등의 글을 써서 배찬에게 축하를 표했다.

---

6) 《계원필경집》 권18, 〈과거시험관 배 수재에게 일을 청탁하는 계문(與恩門裴秀才求書啓)〉.
7) 《계원필경집》 권18, 〈전 호남관찰순관 배료께 올리는 글(前湖南觀察巡官裴璙啓)〉.
8) 《당복승랑표(唐僕丞郎表)》 권15, 중화서국, 1986, 841쪽.
9) 〈예부상서 임명을 축하하는 별지(賀除禮部尙書別紙)〉.
10) 《계원필경집》 권7.
11) 《계원필경집》 권19.
12) 《고운선생문집(孤雲先生文集)》 권1.

또 《계원필경집》 권18, 〈전 호남관찰순관 배료께 올리는 글(前湖南觀察巡官裴璙啓)〉에 의하면, 배료는 장형의 승진 소식을 들은 뒤 최치원에게 알려 "곧장 양양으로 가서(欲逕往襄陽)" 장형을 영접하게 했으나, "저주까지 갔으나 앞으로 더 나아갈 수 없고 도로가 막혀 구덩이에 빠질까 걱정된다. 더구나 어린애와 과부 등 30여 식구를 거느린데다가 가진 재산도 없어 미처 거처를 정하지 못했다(行至滁州, 前去未得, 道途旣阻, 溝壑是虞; 況乃孤孀三十餘口, 更無產業, 未卜定居)." 최치원은 배료의 서신을 받은 뒤 깊이 동정하여 마침내 고병에게 간절히 부탁하여 배료를 돌보아 주고자 "앞길이 궁핍하고 대책이 없고(程窮計盡)", "의지할 기둥이 없고 슬픈 소리를 불쌍히 여기어(柱促聲哀)" 여주(廬州)·수주(壽州) "관내의 장원이나 방죽 가운데 자리가 빈 보직(管內場院, 或堰埭中補署算職)"을 특별히 내리고, 그로 하여금 "매달 월급을 주어 집을 안정시키게(月有俸入, 便獲安家)" 했다. 최치원의 도움으로 배료는 동생 배숙(裴璹)을 회남에 머무르게 하여 "우러러 말처럼 혹사당하는 일을 맡기고(仰副驅策)" 자신은 "양주로 가서(自到襄州)" 배찬을 영접했다.[13]

배찬은 부임하는 길에 회남을 지날 때 친히 최치원을 방문했다. 최치원은 《계원필경집》 권19, 〈찾아와 보살펴주심에 사례하는 장문(謝降顧狀)〉에서 "상서께서 멀리 있는 나를 생각해 주고 독립하도록 보살펴 주며, 평소의 뜻을 가련하게 여겼습니다. 매번 따뜻한 얼굴로 맞아 주시고 말만 하면 즉석에서 들어주고 각골난망의 정성을 기다리게 했습니다. 또 일찍이 삼청궁의 선가를 내려주시고 1무의 궁색한 집을 찾아주셨습니다(伏蒙尙書, 念以遠方, 察其獨立, 俯憐素志, 每煦溫顔, 聽及階及席之言, 佇銘骨銘肌之懇. 早來又蒙降三淸之仙駕, 顧一畝之窮居)"[14]라고 했다. 이를

13) 《최문창후전집(崔文昌侯全集)》(이하 《전집》으로 약칭), 성균관대학 대동문화연구원 편, 1972, 390쪽.

14) 《전집》, 395쪽.

보면 배찬이 이국 문인에게 자못 흉금을 털어놓았음을 알 수 있다.

《계원필경집》 권20, 〈좌주 상서가 난을 피하여 유양으로 가는 도중 절구를 총시했기에 이를 받들어 화답합니다(奉和座主尙書避難維陽寵示絶句)〉에서 알 수 있듯이, 배찬은 양주에 있을 때 일찍이 칠언 절구 3수를 지어 주었고, 최치원도 이에 화답하여 칠언 절구 3수로 배찬이 자신을 알아준 은혜에 감사했다. 첫수에 "오늘 아침 공자를 찾아뵙고서, 그 문장을 보고 속된 안목 넓힘을 어찌 알았겠는가?(豈料今朝覲宣父, 豁開凡眼睹文章)"라는 구가 있고, 또 셋째 수는 "강 건널 때에 건져 주길 바랐더니, 훌륭한 글월 보고 속된 마음 씻었네. 안타까이 읊조리며 저 바다로 돌아가니, 깊은 은혜 갚지 못해 눈물만 흐르네(濟川終望拯煙沈, 喜捧淸詞浣俗襟. 唯恨吟歸滄海去, 泣珠何計報恩深)"[15]라고 되어 있다. 이는 양주에서 일찍이 시문을 주고받은 일이 있음을 설명한다. 《계원필경집》 권19, 〈초주의 행리를 맞이하는 별지(迎楚州行李別紙)〉의 언급에 의하면, 배찬이 초주에 도착했을 때 '특사[專使]'를 파견하여 양주에 이르러 최치원에게 "특별히 거룩한 가르침을 내렸고(特降尊誨)", 최치원은 따로 별지(別紙)를 써서 안부를 묻고 아울러 친히 초주에 가서 배찬을 "영접하길 기다려(佇仰)" 이로써 두 사람의 우정이 더욱 깊어졌다.

2. 최치원과 고운(顧雲)

고운의 자는 수상(垂象) 또는 사룡(士龍)이고, 지주(池州) 추포(秋浦, 지금의 안휘성 귀지현) 사람이다. 사적이 《신당서(新唐書)》 권60, 〈예문지(藝文志) 4〉, 「별집류(別集類)」, 《당시기사(唐詩紀事)》 권67, 《전당문(全

15) 《전집》, 403쪽.

唐文)》 권815, 〈소전(小傳)〉, 《직재서록해제(直齋書錄解題)》 권16, 〈별집류 상(別集類上)〉 등에 보인다. 그러나 고운과 최치원의 교유는 단지 《계원필경집》과 한국의 관련 사적(史籍)에만 보인다.

고운은 안휘 출신의 소금 장수의 아들로 "풍운이 자상하고 단정하며(風韻詳整)", 시문에 뛰어난 당 말의 저명한 문인이다. 당 말 강회(江淮) 문인 가운데 고운과 최치원의 관계는 가장 오래되고 심후했다. 《등과기고》 권23의 고찰에 의하면, 그와 최치원은 건부 원년(874)에 동방(同榜)에 급제했고 최치원은 일찍이 고운을 "동년(同年, 같은 해 과거에 급제한 동기생)"으로 불렀으니,[16] 건부 초년 두 사람이 장안에 있을 때 이미 교류가 있었음을 알 수 있다. 오재경(吳在慶, 1946~)의 〈당오대작가생졸년고-고운의 생년(唐五代作家生卒年考 : 顧雲之生年)〉의 고증에 의하면, 고운은 대략 대중(大中) 5년(851)[17]에 태어났으니, 이로부터 추산해 보면 최치원이 나이 열여덟에 그와 처음 교류할 때 고운의 나이는 이미 스물넷이었다.

최치원과 고운의 교류는 회남 막부 시기에 가장 밀접했다. 고운이 고병의 회남 막부에 들어간 시간을 두고 어떤 학자는 건부 2년(875)에서 건부 5년(878) 사이 고병이 서천절도사(西川節度使)로 있을 때라고 한다.[18] 그러나 건부 초년에서 건부 5년에 고운은 당시 장안에서 시비서성(試秘書省) 교서랑(校書郎)으로 임직하고 있었다. 송 노헌(盧憲)의 《가정진강지(嘉定鎭江志)》 권15, 「참좌(參佐)·판관(判官)」조에 의하면, "건부 연간에 고병이 진강절도사 겸 강남행영초토사를 지낼 때, 고운은 시비서성 교서랑의 신분으로 행영초토판관을 지냈다(顧雲, 建符間高駢節度鎭江

---

16) 《계원필경집》 권17, 〈시를 올리는 계문(獻詩啓)〉.

17) 오재경(吳在慶), 《요녕대학학보(遼寧大學學報)》 1996년 제5기, 3쪽.

18) 풍한용(馮漢鏞), 〈신라 시인 최치원 입당 사적고(新羅詩人崔致遠入唐事迹考)〉, 《文史雜誌》 1998년 제1기, 5쪽.

兼江南行營招討使, 雲以試秘書省校書郞爲行營都招討判官)"[19]라고 했다. 고병이 진강절도사(鎭江節度史)로 옮긴 때는 건부 5년 6월로,[20] 고운은 이해 막부에 들어갔다.

건부 6년(879) 10월에 고병은 회남절도사로 옮겼고 고운도 그를 따라 양주로 갔다. 최치원이 광명(廣明) 원년(880) 겨울에 처음으로 고병의 막부에 들어갈 때 일찍이 이 친구의 추천과 도움을 받았다. 최치원은 막부에 들어간 뒤 마침내 고운과 관계가 친밀한 문우, 동료가 되었다. 그는 고운의 문필·시재(詩才)를 매우 흠모했고, 고운이 고병에게 바친 "〈길게 올리는 계문〉 1수와 단가 10편(長啓一首, 短歌十篇)"을 읽은 뒤 "학문의 물결은 고래가 바다 물결을 내뿜는 듯하고, 문장의 날카로움은 칼날이 은하수에 기댄 듯합니다. 찬송으로 갖추어 영원히 유전할 것입니다(學派則鯨噴海濤, 詞鋒則劍倚雲漢, 備爲贊頌, 永可流傳)"[21]라고 칭찬했다. 중화 2년(882) 7월에 고운은 관찰지사(觀察支使)로 승급했고, 최치원은 《계원필경집》 권6, 〈부하를 종사관으로 전임시켜 주길 요청하는 장문(請轉官從事狀)〉에서 고운을 두고 "동방의 대나무처럼 아름다움을 간직하고 남방의 계수나무처럼 향기를 뿜어내며, 사조의 긴 옷자락을 끌고 위청의 막부에서 종사했습니다. 다섯 마리 숫양의 가죽이 무엇보다 귀중하다는 말이 어찌 헛된 말이겠습니까? 사나운 새 백 마리가 독수리 한 마리만 못하다는 말이 바야흐로 진실인 줄 알겠습니다(東�美, 南桂抽芳, 曳謝朓之長裾, 從衛青之軍幕, 五羖皮之爲重, 豈謂虛譚 ; 百鷙鳥之不如, 方知實事)"[22]라고 칭찬했다.

또 《계원필경집》 권18 〈연화각 기비를 내려 주신 데 감사드리는 장문

---

19) 《송원방지총간(宋元方志叢刊)》, 중화서국, 1990, 2479쪽.
20) 《자치통감(資治通鑑)》 권253.
21) 《계원필경집》 권17, 〈시를 올리는 계문(獻詩啓)〉.
22) 《전집》, 316쪽.

(謝示延和閣記碑狀)〉의 기록에 의하면, 중화 3년(883)에 고병은 연화각을 준공하고 비석을 세우고 입전(立傳)하기 위해 고운에게 명하여 "삼가 비문을 짓게(謹撰碑詞)" 했고, 아울러 관찰아추(觀察衙推) 소종(邵宗)을 파견하여 이 "〈연화각기〉 비문 탁본 한 축(〈延和閣記〉碑本一軸)"을 최치원에게 주었다. 최치원은 이를 "펼쳐 본(披閱)" 뒤 고운을 칭찬하여 "지사시어는 공자 문하의 안회와 같고 마융 막부의 노식과 같아, 능히 직필을 휘둘러 높은 분의 마음을 오묘하게 그려 낼 수 있습니다. …… 이제 지사시어는 착한 것을 좋아하는 마음으로 옛것을 상고하는 힘을 얻어, 참된 재사의 문장을 발휘하여 위대하신 승상의 필적을 부끄럽게 만들었으니, 빈객의 특별한 영광으로 추대하는 것은 특히 유가의 성대한 일입니다(支使侍御, 丘門顔回, 融帳盧植, 能揮直筆, 妙寫尊襟. …… 今者支使侍御以好善心得稽古力, 聘眞才子之藻思, 辱大丞相之筆迹, 推爲賓席殊榮, 別是儒家盛事)"라고 했다. 이 비문은 "사방의 글 짓는 선비들도 앞 다투어 모방하는 태도를 본받게(四方舐墨含筆之士也, 莫不競效顰眉之態)" 한다고 간주했다. 최치원은 그것을 가지고 신라로 돌아가 "앞으로 천지 밖을 지나, 천하 가운데에 펴 놓겠다(待過天池之外, 遍誇日域之中)"[23]고 했다.

또 고려 이규보(李奎報)의 《백운소설(白雲小說)》에 의하면, "최치원이 당에 들어가 급제하여 문장으로 그 이름을 중국에 떨쳤다. 그의 시 한 수에서 이르길, '곤륜산이 동쪽으로 뻗어 다섯 산이 푸르고, 해가 북으로 흘러 한 줄기 강물이 누렇네'라고 했다. 과거 급제 동기생 고운은 이를 두고 '이 시구는 하나의 지리책이다'라고 했다(崔致遠入唐登第, 以文章名動海內, 有詩一聯曰 : '昆侖東走五山碧, 星宿北流一水黃.' 同年顧雲曰 : '此句卽一輿地志也.')"[24]라고 했다. 이를 보면 고운은 이국 문인의 한시 재능도 자못 좋아했음을 알 수 있다.

23) 《전집》, 388쪽.
24) 《고려명현집(高麗名賢集)》 제1책, 성균관대학 대동문화연구원 편, 1986, 574쪽.

최치원과 고운은 회남 막부에서 일찍이 누차 시가를 창화(唱和)했는데, 《고운선생문집》 권1에 집록한 시 〈늦은 봄에 즉흥으로 동료 사자인 고운에게 화답하며(暮春卽事, 和顧雲友使)〉[25]에서,

東風遍閱百般香, 봄바람에 온갖 꽃향내를 두루 맡으니
意緒偏饒柳帶長. 마음만은 유독 길게 드리운 버들처럼 풍요롭네.
蘇武書回深塞盡, 소무의 글월은 깊은 요새를 돌아 전해지고
莊周夢逐落花忙. 장주의 꿈은 지는 꽃을 좇아 바쁘네.
好憑殘景朝朝醉, 남은 경치 빙자하여 아침마다 취하노니
難把離心寸寸量. 이별의 마음은 일일이 헤아리기 어렵네.
正是浴沂時節日, 때는 바로 기수에 멱 감는 시절이요
歸遊魂斷白雲鄕. 옛날에 놀던 곳은 애끊는 백운향이라네.

라고 했다. 이 시는 최치원이 당시 관찰지사를 지내던 고운과 회남의 막부에서 주고받은 시이다. 《계원필경집》 권17, 〈덕을 기리는 칠언시 30수를 사도 상공께 삼가 올립니다(七言紀德詩三十首謹獻司徒相公)〉의 제14수 〈천위경(天威徑)〉에서,

鑿斷龍門猶勞身, 용문을 뚫고 끊느라 몸을 수고롭게 하고
擘分華嶽徒稱神. 화악을 쪼개어 나누고는 신이라 일컫네.
如何劈開海山道, 어떠한가, 바다와 산길을 두루 열어서
坐令八國競來賓. 앉아서 여덟 나라 다투어 복종하게 한 일이.

라고 했다. 또 제23수 〈축성(築城)〉에서,

25) 《전집》, 30~31쪽. 《고운선생속집(孤雲先生續集)》에서도 〈늦은 봄에 즉흥으로 동료 사자인 고운에게 화답하며(和顧雲支使暮春卽事)〉라는 제목으로 중복하여 수록했다.

一心能感衆心齊, 한마음이 능히 뭇사람을 감동시켜 협심케 했으니
鐵甕高呑劍閣低. 철옹성이 높이 솟아 검각이 낮아졌네.
多上散花樓上望, 산화루 위에 자주 올라 바라보니
江山供盡好詩題. 강산이 좋은 시제를 모두 제공하네.

라고 했다. 이 두 시에서는 고병의 공적을 가송했다. 《전당시(全唐詩)》 권637에서는 고운이 지은 두 시 〈천위행(天威行)〉과 〈축성편(築城篇)〉을 수록했는데, 전자에는 "바람이 자고 구름이 열려 비로소 바라보니, 만리 청산은 두 조각으로 나뉘네. …… 운남의 8개국 만 부락은 모두 이 길이 하늘로 통하는 길로 알고 있다네(風定雲開始望看, 萬里青山分兩片. …… 雲南八國萬部落, 皆知此路來朝天)"라는 구가 있고, 후자에는 "그림 그린 누각은 겹겹이 둘러싸여 진짜 철옹성 같고, 담은 넓어 깎아지른 바위는 석벽과 가지런하네. …… 산화루에는 저녁에 남은 꽃이 걸려 있고, 탁금강(浣花溪)의 가을 물은 맑아 푸름이 거꾸로 비치네(畵閣團團眞鐵甕, 堵闊巉岩齊石壁. …… 散花樓晩挂殘紅, 濯錦秋江澄倒碧)"라는 구가 있는데, 그 시의 제목과 취향이 최치원의 시와 유사하므로 동시에 주고받은 작품일 것이다.

또 최치원은 《계원필경집》 권15 중에서 고병을 대신하여 지은 황록(黃籙)·양화(禳火)·천주원(天王院) 등 재사(齋詞) 15편을 수록했는데, 《북몽쇄언(北夢瑣言)》 권7에서는 "황록의 자리를 마련하고 성신의 위치를 갖추어 놓고 고운 박사가 고연공을 위해 재사의 초를 잡았다(黃籙擅場, 星辰備位, 顧雲博士爲高燕公草齋詞)"[26]고 했다. 이는 두 사람이 동시에 고병을 위하여 도교 재사를 지었음을 설명한다.

그밖에도 한국의 고적 《십초시(十鈔詩)》 권중(卷中)에는 최치원이 지

26) 송 손광헌(孫光憲), 가이강(賈二强) 점교(點校), 《북몽쇄언(北夢瑣言)》, 중화서국, 2002, 161쪽.

은 〈시어 고운과 화답하며 중양절에 국화를 읊노라(和顧雲侍御重陽詠菊)〉[27]라는 일시가 수록되어 있다.

紫萼紅葩有萬般, 보랏빛 꽃받침, 붉은 꽃, 무엇이든 있고
凡姿俗態少堪觀. 세속의 자태 없어 볼 만하도다.
豈知開向三秋節, 어찌 알겠는가, 음력 9월에 꽃이 피어
獨得來供九夕歡. 홀로 중양절의 즐거움을 제공할 줄을.
酒泛餘香薰座席, 술에는 남은 향기가 떠서 자리를 훈훈하게 하고
日移寒影挂霜欄. 태양은 차가운 그림자 옮겨 서리 낀 난간에 걸리네.
只應詩客多惆悵, 단지 시인들만 슬퍼하고
零落風前不忍看. 바람 앞에 영락하는 모습, 차마 볼 수가 없네.

이 시는 의심할 나위 없이 두 사람이 회남 막부에서 시를 지어 주고받은 중요한 증거이다.

최치원이 중화 4년 가을에 신라로 돌아올 때 고운은 막부의 친구를 위해 시를 지어주며 전송했다. 이 일은 한국 측 문헌에만 수록되어 있고 그 기록도 약간 차이가 있어 《삼국사기》 권46의 최치원 본전[28]에서 다음과 같이 말했다.

또 최치원은 같은 해 과거에 급제한 고운과도 친하게 지냈는데, 그가 귀국하려 할 때 고운이 시를 지어 전별해 주었다.

내 들으니 동해에 세 마리 금 자라가

27) 한국 유성준(柳晟俊), 〈만당 나은 시와 신라 최치원 시의 관계를 논함(論晚唐羅隱詩與新羅崔致遠詩的關係)〉, 《국제중국학연구》 제3집, 27쪽.
28) 《삼국사기》 권46, 서울 명문당, 1988, 534쪽.

머리로 산을 이고 있는데 높디높다네.
산 위는 구슬과 보배로 꾸민 황금 궁전이요
산 아래는 천 리 만 리 큰 물결이라네.
그 곁에 한 점 계림이 푸른데
자라산의 빼어난 정기를 머금어 특출한 인재를 낳았네.
열두 살에 배를 타고 바다를 건너와
문장으로 중국을 감동시켰네.
열여덟 살에 문단을 휩쓸어
단번에 과거에 급제했다네.

(又與同年顧雲友善. 將歸, 顧雲以詩送別, 略曰 : "我聞海上三金鰲 金鰲頭戴山高高. 山之上兮珠宮貝闕黃金殿 ; 山之下兮千里萬里之洪濤. 傍邊一點雞林碧, 鰲山孕秀生奇特. 十二乘船渡海來, 文章感動中華國. 十八橫行戰詞苑, 一箭射破金門策).”

이규보의 《백운소설》에서는 “과거 급제 동기생 고운이 〈유선가〉를 주었다(同年顧雲贈〈儒仙歌〉)”라고 하고, 아울러 최치원의 ‘자서(自叙)’를 보충 기록하여 “열두 살에 중국에 들어와 스물여덟에 금의환향했다(巫峽重峰之歲, 絲入中華 ; 銀河列宿之年, 錦還東國)”라고 했다. 이인로(李仁老)의 《파한집(破閑集)》 권중(卷中)의 기록도 대략 같지만, 고운이 지어준 시는 도리어 오언 절구 〈고운편(孤雲篇)〉[29]이다.

因風離海上, 바람을 타고 바다 위를 달려
伴月到人間. 달을 짝하여 인간에 이르렀네.
徘徊不可住, 배회하며 머물 수 없어

29) 《파한집》 권중, 성균관대 대동문화연구원 편, 《고려명현집》 제2책, 1986, 95쪽.

漠漠又東還. 막막히 다시 동쪽으로 돌아가네.

조선 서거정(徐居正)의 《필원잡기(筆苑雜記)》 권1에서는 《삼국사기》의 기록을 채록하고 고운의 시를 〈최치원의 귀국을 전송하는 시(送崔致遠還鄕詩)〉라 제(題)했다. 또 "열두 살에 중국에 들어와 스물여덟에 금의환향했다(巫峽重峰之歲, 絲入中華 ; 銀河列宿之年, 錦還東國)"라는 변구(騈句)는 결코 최치원의 자서가 아니라, '증언자(贈言者)'의 말이라고 했다.[30] 고운의 두 시는 모두 《전당시》에 수록되어 있지 않으며, 사해평(謝海平)의 《당대 시인과 외국인과의 문자 교류(唐代詩人與在華外國人之文字交)》에서는 전자의 시를 〈유선가로 신라로 돌아가는 최치원을 전송하며(儒仙歌送崔致遠歸新羅)〉로 제(題)했고,[31] 또 진상군(陳尚君, 1952~)은 〈장차 서쪽으로 귀국하려는 최치원을 전송하며(送崔致遠西游將還)〉라는 이름으로 《전당시속습(全唐詩續拾)》 권34에 붙여 놓았다.[32] 위욱승(韋旭昇)은 〈고운편(孤雲篇)〉을 《조선문학사(朝鮮文學史)》에 수록했다.[33] 여러 책에서 기록한 고운의 증시(贈詩)가 다소 차이가 있긴 하지만, 최치원과 고운의 친분의 깊이를 엿볼 수 있다.

3. 최치원과 장교(張喬)

장교는 지주(池州) 청양(青陽, 지금의 안휘성 청양현) 사람으로 사적이 《당척언(唐摭言)》 권10, 《당시기사》 권70, 《직재서록해제》 권19 등에 산

30) 《필원잡기》 권1, 한국 국립중앙도서관 소장본, 6쪽.
31) 대만문사출판사, 1981, 155쪽.
32) 진상군(陳尚君) 집교(輯校), 《전당시보편(全唐詩補編)》 중책, 중화서국, 1992, 1192쪽 참조.
33) 북경대학출판사, 1986, 170쪽

견된다. 장교는 장율시(長律詩)로 이름을 날렸는데, "시구는 맑고 우아하여 그와 더불어 짝할 자는 전혀 없었고(詩句淸雅, 夐無與倫)",[34] 과거에 응시하기 전에 일찍이 허당(許棠)·장빈(張蠙)·주요(周繇)와 함께 구화산(九華山)에 은거하여 당시 '구화 사준(九華四俊)'으로 일컬어졌다. 그는 평생 신라 문사·승려들과 널리 사귀는 것을 좋아하여 신라인과 증답(贈答)하는 수많은 시를 남겼는데, 《전당시》에 〈사신으로 본국에 돌아가는 빈공 김이오를 전송하며(送賓貢金夷吾奉使歸本國)〉, 〈해동으로 돌아가는 시어 박충을 전송하며(送朴充侍御歸海東)〉, 〈신라로 돌아가는 기대조 박구를 전송하며(送棋待詔朴球歸新羅)〉, 〈해동으로 돌아가는 아각 스님을 전송하며(送僧雅覺歸海東)〉, 〈신라 스님을 전송하며(送新羅僧)〉(권638), 〈급제하고 해동으로 돌아가는 사람을 전송하며(送人及第歸海東)〉(권639) 등의 시가 수록되어 있다. 그러나 최치원과 장교의 시가 교류에 대해 중·한 사적(史籍)에 모두 기록이 보이지 않는다. 다만 지금 남은 것은 《고운선생문집》 권1에 수록된 최치원의 〈진사 장교가 마을에 살면서 병중에 부친 시에 화답하며(和張進士喬村居病中見寄)〉[35]라는 시뿐이다.

一種詩名四海傳, 시의 명성 사해에 떨치니
浪仙爭得似松年. 가도(賈島)와 장교는 어떠한가?
不惟騷雅標新格, 시가 신격을 드러내어
能把行藏繼古賢. 출처를 가지고 옛 어진 이를 이었도다.
藜杖夜携孤嶠月, 교교한 달 아래 명아주 지팡이 짚고
葦簾朝卷遠村烟. 갈대 주렴에는 먼 마을 연기 걷히며
病來吟得漳濱句, 병이 들자 〈장빈(漳濱)〉 글귀를 읊어
因付漁翁入郭船. 성에 들어가는 어부의 배편에 부치노라.

---

34) 《당척언》 권10.
35) 《전집》, 제31쪽.

이 시는 최치원이 장교와 화답하여 "마을에 살면서 병중에 부친(村居病中見寄)" 작품으로, 원시 아래에 주를 달아 '송년(松年)'이 장교의 자라고 했다. 그러나 《등과기고》 권23에서는 《영락대전(永樂大典)》에서 인용한 《지주부지(池州府志)》에 의거하여 장교의 자는 백천(伯遷)이라 해서, 어떤 학자는 "최치원은 장교와 친우 사이였으므로 '송년'이라 한 데는 반드시 근거가 있을 것이다. 혹은 장교가 먼저 '백천'이라는 자를 쓰다가 나중에 자를 '송년'으로 바꾸었을 것이다(致遠與張喬爲知友, '松年'必有所據, 或張喬先字伯遷, 後乃改字松年)"[36]라고 여겼다. 이 설은 다시 고증해 볼 필요가 있긴 하나, 두 사람 간의 시우(詩友) 관계를 증명한다.

장교는 중당 시승(詩僧) 가도(賈島, 자 浪仙)를 극히 숭배하여 최치원은 시 속에서 그와 가도를 비교하면서 명성을 사해에 떨친 장교의 시명(詩名)을 극력 칭송했다. 아울러 장교가 "소아(騷雅)"로 참신한 격조와 진퇴가 분명한 옛 성현의 유풍(遺風)을 보여준다고 했다. 시의 말미에서는 한대 유정(劉楨)이 와병한 전고를 차용했고, 또 가도의 〈영호 상공께 부칩니다(寄令狐相公)〉의 "양홍(梁鴻)의 절구질은 한대의 벼슬과는 거리가 멀고, 유정은 병을 핑계로 장수 가에 누웠네(鴻舂乖漢爵, 楨病臥漳濱)"의 의미를 전용(轉用)하여 장교의 음풍농월을 은자의 패기로 칭송했다. 최치원이 장교의 시가 취미를 자못 이해하고 있었음을 충분히 볼 수 있다.

최치원이 장교와 교류한 시기는 확실하게 고증하기 어렵다. 한국 학사 김문경(金文經)은 최치원이 율수현위로 재임할 때라고 추측했는데, 장교는 이때 율수에서 멀지 않는 구화산에 은거하고 있으므로[37] 이 설은 비교적 믿을 만하다. 부선종(傅璇琮)의 고증에 의하면, 광명 원년(880) 9월 황소(黃巢)가 군대를 이끌고 회하(淮河)를 건너 북상하여 11월에 낙양을

36) 염기, 〈신라 시인 최치원〉, 554쪽.

37) 〈7~10세기 신라와 강남의 문화 교류(七－十世紀新羅與江南的文化交流)〉, 《중국 강남 사회와 중·한 문화 교류(中國江南社會與中韓文化交流)》, 92쪽.

공략하고 12월에 장안을 점령하자, 장교는 이 시기에 구화산으로 은거했다.[38] 이 산에 은거한 이소상(李昭象), 고운(顧雲)과 방외시우(方外詩友)가 되었는데,[39] 장교에게 〈진사 고운에게 주노라(贈進士顧雲)〉는 시가 있다.[40] 그가 최치원과 알게 된 것은 아마도 고운의 소개 때문이었을 것이다. 광명 원년 겨울에 최치원은 율수를 떠나 회남 막부로 들어갔는데, 장교는 와병 중에 시를 부친 일이 있었다.

4. 최치원과 양섬(楊贍)

양섬의 사적은 상고할 수 없으나, 《계원필경집》 권20에서 최치원이 그와 이별하면서 화답한 시 두 수를 수록했다. 하나가 칠언 율시 〈수재 양섬과 송별하며(酬楊贍秀才送別)〉이다.

海槎雖定隔年廻, 바다에 뗏목 배는 이태마다 돌아오는데
衣錦還鄉愧不才. 재주가 없어 금의환향 못함이 부끄러워라.
暫別蕪城當葉落, 잠시 무성에서 이별할 때는 낙엽 지더니
遠尋蓬島趁花開. 멀리 봉래섬을 찾아가니 꽃피는 시절이라.
谷鶯遙想高飛去, 골짜기의 꾀꼬리는 벌써 높이 날았으련만
遼豕寧慙再獻來. 요동의 흰 돼지 또 바치려니 부끄러워라.
好把壯心謀後會, 부디 장한 마음으로 뒤에 다시 만나서
廣陵風月待銜杯. 광릉의 풍월에 술과 마주하길 바라네.

---

38) 부선종(傅璇琮) 주편, 《당재자전교전(唐才子傳校箋)》 제4책, 중화서국, 1990, 301~310쪽.
39) 《당시기사》 권67, 「이소상(李昭象)」조.
40) 《전당시》 권639.

다른 하나는 칠언 절구 〈진사 양섬과 송별하며(酬進士楊贍送別)〉이다.

海山遙望曉煙濃, 멀리 바다의 산은 새벽 연기에 싸이고
百幅帆張萬里風. 백 폭 돛은 만 리 바람에 펼쳤네.
悲莫悲兮兒女事, 슬퍼도 슬퍼하지 마오, 아녀자처럼
不須怊悵別離中. 이별이라도 너무 슬퍼하지 마시오.

'무성(蕪城)'과 '광릉(廣陵)'은 모두 양주(揚州)의 별칭으로, 최치원이 중화 4년 가을에 회남의 막부를 떠나 귀국할 때 양섬이 일찍이 아쉬워하며 송별했음을 설명한다. 최치원은 두 시에서 이별할 때의 친구를 향한 격려, 재회에 대한 기대와 이별에 대한 위안을 표현했으니, 여기서 양섬과 최치원이 회남 막부에서 서로 따르며 친밀하게 지낸 시우(詩友)였음을 알 수 있다.

〈수재 양섬과 송별하며〉의 "골짜기의 꾀꼬리는 벌써 높이 날았으련만"이라는 구 아래에 소주(小注)가 있는데, 조선 서유구의 활자본 《계원필경집》과 《사부총간》본에서는 "당시 양섬은 과거에 응시할 계획을 가지고 있었다(時楊生有隨計之計)"로 되어 있다. 그러나 청 반사성(潘仕成)의 《해산선관총서(海山仙館叢書)》본에서는 "당시 양섬은 따라갈 계획을 가지고 있었다(時楊生有隨行之計)"[41]로 바뀌어 있다. 《총서집성초편(叢書集成初編)》본과 《양주역대시사(揚州歷代詩詞)》도 모두 이를 따랐다.[42] 어떤 학자는 이에 의거하여 양섬은 최치원과 함께 신라로 가고 싶었다고 여겼다.[43] 그러나 당인(唐人)들은 항상 '수계(隨計)'로 주현(州縣) 향공(鄉貢)

41) 청 도광(道光) 정미(丁未, 1847) 판각 《해산선관총서(海山仙館叢書)》 제4책(남경대학도서관 소장본), 10쪽.

42) 《총서집성초편》 제1866책 중의 제3책, 중화서국, 1985, 204쪽 ; 이탄(李坦) 주편, 《역대양주시사(歷代揚州詩詞)》(1), 인민문학출판사, 1998, 131쪽.

43) 장영(臧嶸), 〈당대에 중국에 온 신라 시인 최치원(唐時來華的新羅詩人崔致遠)〉, 《隋

응시자들이 경사에 가서 응시하는 것을 지칭했다. 예를 들면《구당서(舊唐書)》,〈무종기(武宗紀)〉,「회창(會昌) 4년」조에 이서균(李棲筠)이 "천보 말년에 …… 마지못해 과거에 응시했는데 단번에 급제했다(天寶末 …… 勉强隨計, 一擧登第)"라고 기록했고, 진전(陳鱣)의《속당서(續唐書)》권66에는 당 말 경조인(京兆人) 윤옥우(尹玉羽)가 "천복 연간에 경사에서 과거에 응시했는데, 자못 문학적 재주가 있다고 일컬어졌다(天復中, 隨計京師, 甚有文稱)"[44]라고 기록했다. 이를 보면 원주는 당연히 "수계지계(隨計之計)"임을 알 수 있다. 최치원은 양섬이 당시 경사에 들어가 응시할 계획을 가지고 있어서 마침내 골짜기의 꾀꼬리처럼 높이 날도록 격려한 것이지, 결코 양섬이 최치원을 따라 신라로 가고자 한 것은 아니다.

5. 최치원과 오만(吳巒)

오만의 자는 보천(寶川)이고 문양(汶陽) 노현(盧縣) 사람이다(운주 노현 사람이라고도 한다). 어려서부터 호학해서 당 말에 명경시(明經試)에 응시했으나 낙제했다. 사적이《구오대사(舊五代史)》권95,《진서(晋書)》본전 등에 보인다. 최치원은 중국 체류 시기에 오만과 자주 교류했는데,《고운선생문집》권1에서 집록한 시〈강남으로 돌아가는 진사 오만을 전송하며(送吳進士巒歸江南)〉[45]는 다음과 같다.

自識君來幾度別, 그대와 알고 나서 몇 번째 헤어지는가?
此回相別恨重重. 이번에 서로 헤어지면서 시름이 더욱 겹친다오.

唐五代史論》, 河北教育出版社, 2000, 364쪽.
44)《총서집성초편》본 제3849책 중의 제3책,《속당서》, 571쪽.
45)《전집》, 30쪽.

干戈到處方多事, 가는 곳마다 전쟁터라서 바야흐로 어수선한데,
詩酒何時得再逢? 어느 때 다시 만나서 시와 술을 즐기려나?
遠樹參差江畔路, 멀리 강가의 길을 따라서 나무들이 줄지어 섰는데,
寒雲零落馬前峰. 차가운 구름은 떨어져 길 앞 봉우리에 걸렸네.
行行遇景傳新作, 가는 길에 좋은 경치 만나거든 새로운 시를 지어 보내 주게,
莫學嵇康盡放慵. 혜강처럼 편지도 안 보내는 버릇일랑 부디 배우지 말게나.

최치원은 이 시에서 오만과 누차 오랫동안 헤어져 지낸 슬픔을 자술하면서 난세 속에서도 시와 술로 재회하기를 기대했다. 또 친구에게 몸조심할 것을 당부하며, 신시를 부지런히 짓고 게으름을 피우며 세월을 낭비하지 말 것을 권면했다. 《고운선생속집》에 수록한 시 〈신축년에 진사 오첨에게(辛丑年寄進士吳瞻)〉('瞻'은 '巒'이여야 한다)[46]는 다음과 같다.

危時端坐恨非夫, 위태로울 때 단정하여 원망하는 것은 장부가 아니니
爭奈生逢惡世途. 나쁜 세상 만난 것을 어찌 할 것인가.
盡愛春鶯言語巧, 봄 꾀꼬리 아리따운 소리 모두를 사랑하고
却嫌秋隼性靈粗. 가을 매 거친 성질은 못내 미워한다네.
迷津懶向從他笑, 세파에 헤매다 남의 웃음이나 사지 말게,
直道能行要自愚. 바른길은 어리석은 척해야 능히 갈 수 있다네.
壯志起來何處說, 장한 뜻 세워도 말할 곳이 없으니
俗人相對不如無! 세상 사람들 상대해서 무엇 할 것인가!

이 시는 중화 원년(881)에 지은 것으로, 최치원은 오만에게 회남 막부 내의 선악이 불분명한 기풍을 털어놓았고 올곧은 도를 지키며 세태에 융

46) 《전집》, 208쪽.

합하지 않는 고고한 심지를 표명했다. 이는 오만과 최치원이 평시 관계가 돈독하고 깊은 친구임을 설명한다. 최치원이 중화 4년에 중국을 떠날 때 〈수재 오만과 석별하며 두 절구(酬吳巒秀才惜別二絶句)〉[47]를 지어 주고 작별했다.

1

榮祿危時未及親, 높은 자리 오르면 친하기도 어려울 것이니
莫嗟岐路暫勞身. 갈림길에 잠시 괴롭다고 슬퍼 마시오.
今朝遠別無他語, 오늘 아침 멀리 이별하는데 다른 말 없으니
一片心須不愧人. 오로지 이 마음만은 남에게 부끄럽지 않으리라.

2

殘日塞鴻高的的, 석양에 변방 기러기 높이 날고
暮煙汀樹遠依依. 멀리 물가 나무에는 저녁연기 어렸네.
此時回首情何限, 고개 돌려 바라보니 정은 끝이 없는데
天際孤帆窣浪飛. 하늘가 외로운 배만 물결 가르며 가네.

이는 두 사람이 회남에 있을 때 교제가 심후했음을 증명한다.

오만의 출신에 관하여 《구오대사》 권95의 본전에서는 다만 "경학을 수업하여 향시에 응시했으나 낙제했다(以經業從鄕試下第)"고 말했고, 《속당서》 권66에서는 "어려서 명경과에 응시했으나 합격하지 못했다(少擧明經不中)"고 했다. 모두 그가 진사에 급제한 일을 기록하지 않았고 《등과기고》에서도 고증이 빠져 있다. 그러나 최치원의 두 시 〈강남으로 돌아가는 진사 오만을 전송하며〉와 〈신축년에 진사 오첨에게〉에서 미루어

47) 《계원필경집》 권20.

알 수 있듯이, 오만 역시 당 말의 진사였으며 급제한 시간도 당연히 중화 원년 이전일 것이다.

6. 최치원과 주번(周繁)

주번은 지주(池州) 지덕현(至德縣, 지금은 안휘성 동지현에 속함) 사람으로 온정균(溫庭筠)과 함께 "사·부로 이름을 날렸다(詞賦標名)."[48] 건부 4년(877)에 체포되어 경조부(京兆府)로 호송되는 바람에 예부 시험에 응시하지 못했고, 후에 고병의 막부에 들어가 최치원과 회남에서 알게 되어 둘은 동료와 문우가 되었다.

《계원필경집》 권19, 〈수재 주번이 《소산집》을 보여주기에 감사드리는 글(謝周繁秀才以小山集見示書)〉의 소개에 의하면, 중화 연간 모일에 주번은 친히 자신이 지은 《소산집(小山集)》을 가지고 최치원의 거처를 방문했으나 최치원은 외출하여 "일찍 큰 성인을 뵙고(早謁玄成)" 싶었지만, 아직 돌아오지 않았으므로 친필 "메모를 남기고(留示)" 이 문집을 남겨둔 뒤 떠나갔다. 최치원은 숙소에 "늦게 돌아온(晩歸)" 뒤 "집안에 광채가 빛남을 깨닫고 책상에 향기가 진동함을 느껴(覺戶庭之發光彩, 聞機案之散馨香)" "깜짝 놀라 하인에게 물어(驚訊僕夫)" 주번이 내방하여 《소산집》을 남겨둔 일을 알게 되었다. 최치원은 봉독한 뒤 갑자기 "선명하게 도움 됨(粲然受益)"을 깨달았다.

주번의 《소산집》은 한나라 회남왕 유안(劉安, 기원전 179~122)의 회남소산(淮南小山)이란 옛 전적을 이름으로 삼았는데, 개원(開元) 연간의 시인 만초(萬楚)의 〈소산가(小山歌)〉에 "사람들은 회남에 소산이 있다고

48) 《극담록(劇談錄)》 권하(卷下).

하는데, 회남왕은 옛날에 이곳에서 등선했네(人說淮南有小山, 淮南昔日此登仙)"[49]라는 시구가 있고, 나은(羅隱)의 〈한가한 날 상보 전류(錢鏐)에게 주는 시(暇日投錢尙父詩)〉에도 "그 이름은 회남왕 대·소산보다도 무겁다(名重淮南大小山)"[50]라는 말이 있으니, 《소산집》은 회남 막부에서 지은 것이다. 그러나 원본이 이미 없어졌다. 최치원은 그것을 "따스한 말 한 폭(溫辭一幅)", "아름다운 문장 아홉 편(雅什九篇)"이라 일컬었고, 또 "기강을 육의에 떨치고 관면을 칠언에 장식하지 않는 것이 없습니다. 이미 대아의 기틀을 높여 참으로 메아리를 울렸습니다(莫不振紀綱於六義, 飾冠冕於七言. 旣崇大雅之基, 實播中和之響)"[51]라고 극력 칭송했다. 따라서 이 시집은 칠언시 9수를 엮은 시집이며, 그 내용은 《시경(詩經)》 '육의(六義)'의 취지와 〈대아(大雅)〉의 풍운(風韻)이 있음을 알 수 있다.

그 후에 최치원은 공사의 일로 바빠서 "찾아뵙고 감사의 말씀을 드리지 못하여(未獲面申感謝)" 일찍이 "특별이 이 글을 지어(專修狀啓)" 주번에게 치사(致謝)했다.

7. 최치원과 이전(李展)

이전의 생애와 사적에 대해서는 알 길이 없으나, 그와 최치원의 교류는 《고운선생속집》에 집록한 시 〈이전 장관이 겨울날 산사에 노닐었던 것에 화답하여(和李展長官冬日遊山寺)〉[52]에 의거하여 대략이나마 보충할 수 있다.

---

49) 《전당시》 권145.
50) 《갑을집(甲乙集)》 권6.
51) 《전집》, 398~399쪽.
52) 《전집》, 207쪽.

暫遊禪室思依依, 잠시 선방에 놀러 왔다가 차마 떠나지 못하니
為愛溪山似此稀. 이처럼 보기 드문 산수를 사랑하기 때문이네.
勝境唯愁無計住, 좋은 경치에 눌러 앉을 수 없음을 걱정하지만
閑吟不覺有家歸. 한가히 시 읊으며 집에 돌아갈 줄도 모르네.
僧尋泉脈敲冰汲, 스님은 샘 줄기 찾아 얼음 깨고 물 길으며
鶴起松梢擺雪飛. 학은 솔가지 끄트머리에서 눈을 흩뿌리며 날아가네.
曾接陶公詩酒興, 일찍이 도연명이 시와 술로 즐기던 홍취를 접했더라면
世途名利已忘機. 속세의 명리를 벌써 잊었을 텐데.

여기서 두 사람이 불교의 참선에 관심을 가지고 시주(詩酒)에 흥을 기탁하며 명예와 이익을 잊는 같은 취향을 가지고 있음을 알 수 있다. 《고운선생문집》 권1에서는 최치원의 시 〈가을날 우이현을 다시 지나며 이 장관께 부칩니다(秋日再經盱眙縣寄李長官)〉[53]를 집록했다.

孤蓬再此接恩輝, 외로운 나그네가 오늘 또다시 그대에게 따뜻한 은혜를 입으니,
吟對秋風恨有違. 가을바람 맞으며 시구를 읊을수록 다시 헤어질 일이 한스럽네.
門柳已凋新歲葉, 새파랗던 문 앞의 버들은 벌써 시들었지만
旅人猶着去年衣. 나그네는 여전히 지난해의 옷을 걸치고 있네.
路迷霄漢愁中老, 길은 하늘 끝까지 멀고 몸은 시름 속에서 늙어 가는네
家隔煙波夢裏歸. 내 집은 바다 건너 있으니 꿈속에서나 돌아갈까.
自笑身如春社鷰, 우습구나, 이내 몸은 봄철 사일(社日)의 제비인가.
畫梁高處又來飛. 단청 높이 그린 집에 올해도 날아오네.

우이(盱眙)는 회남도(淮南道)에서 관할하는 현으로, 당대에 강남의 명

53) 《전집》, 29쪽.

승지와 통하는 길목이었다. 이 시는 최치원이 가을에 이곳을 다시 방문했을 때 지었는데, 시 속에서 친구와 재회한 감격의 정과 객지 생활의 시름이 우러난다.

어떤 학자는 이 시가 최치원이 "6년 유랑(觀光六年)" 기간에 강회(江淮)를 만유(漫遊)할 때 지은 시이며, 앞의 시는 신라에서 지었다고 간주했다.[54] 그러나 '이 장관(李長官)'은 당연히 이전이며 최치원이 강회를 만유할 때 이전과 우이에서 교유했을 것이다. 따라서 두 시는 모두 중국 체류 후기에 지어진 것이다. 또 어떤 학자는 〈가을날 우이현을 다시 지나며 이 장관께 부칩니다〉를 최치원이 중화 4년 귀국 도중 우이에 들러 이전을 방문했을 때 지은 것이라 한다.[55] 그러나 우이는 양주 서북쪽에 있다. 일본 승려 엔닌(圓仁)의 《입당구법순례행기(入唐求法巡禮行記)》 권4에 "후(우)이현에서 양주로 가는 아홉 개 역에는 수로가 없다(從煦(盱)眙縣至揚州, 九驛, 無水路)"[56]고 기록했는데, 최치원이 중국을 떠날 때 국신사(國信使)의 직분으로 승선하여 운하를 따라 초주(楚州)로 북상하여 바다에 이르렀으니 당연히 친구를 방문하기 위하여 길을 에둘러 우이에 가지는 않았을 것이다.

8. 최치원과 나은(羅隱)

나은의 자는 소간(昭諫), 호는 강동생(江東生)이며 절강(浙江) 신성(新城) 사람이다. 나은은 당 말의 저명한 강동 시인이다. 그와 최치원의 교

---

54) 염기(閻琦), 〈신라 시인 최치원〉, 《서북대학학보》, 1993

55) 위욱승(韋旭昇), 〈최치원의 재당 관직 임직 시기의 발자취 고찰(崔致遠居唐宦途時期足迹考述)〉, 《외국문학연구》 1999년 제3기, 21쪽.

56) 엔닌(圓仁) 찬, 고승보(顧承甫)·하천달(何泉達) 점교(點校), 《입당구법순례행기(入唐求法巡禮行記)》 권4, 상해고적출판사, 1986, 189쪽.

류는 《삼국사기》 권46의 본전[57]에만 보인다.

> 그가 처음 당나라에 유학할 때 중국 강동의 시인 나은과 서로 알게 되었다. 나은은 자기의 재주를 믿고 스스로 높은 체하여 좀처럼 다른 사람을 인정해 주지 않았다. 다른 사람이 공이 지은 노래와 시 다섯 편을 보여주자 나은은 그제서야 찬탄했다(始西遊時, 與江東詩人羅隱相知. 隱負才自高, 不輕許可人. 人示公所制歌詩五軸, 隱乃歎賞).

이를 보면 두 사람은 최치원의 중국 체류 초기부터 사귀었음을 알 수 있다. 어느 학자의 고증에 의하면, 나은은 함통 말이나 건부 원년에 일찍이 이울(李蔚)의 회남 막부에 들어갔다고 한다.[58] 그리고 건부 원년부터 3년간은 이미 대량(大梁)을 노닐었다고[59] 한다. 그러므로 두 사람이 처음 교류한 때는 마땅히 함통 9년(868)에서 건부 초년(874), 즉 최치원의 "6년 유랑" 기간에 해당한다. 나은은 대화(大和) 7년(833)에 태어났으므로,[60] 최치원이 함통 9년(868) 열두 살 때 입당했을 당시 나은은 이미 36세였고 최치원보다 24세가 연장이다.

한국 학자 유성준은 최치원이 나은의 문학 지도를 받았고 두 사람은 스승과 제자의 관계였을 것이라고 추측했다.[61] 나은의 사람 됨됨이가 "외고집이고 남과 융화하지 못하고(介僻寡合)"[62] "자신의 재주만을 믿고 남을 업신여겼으나(恃才傲物)"[63] 그가 최치원이 지은 "노래와 시 다섯

57) 《삼국사기》 권46, 534쪽.
58) 대위화(戴偉華), 《당방진문직요좌고(唐方鎭文職僚佐考)》, 天津古籍出版社, 1994.
59) 《구오대사(舊五代史)》 본전.
60) 왕덕진(汪德振), 〈나은연보(羅隱年譜)〉, 하병송(何炳松) 주편, 《중국사학총서(中國史學叢書)》, 商務印書館, 1937, 6쪽.
61) 유성준, 〈만당 나은 시와 신라 최치원 시의 관계를 논함〉, 26·29쪽.
62) 《당재자전(唐才子傳)》 권9.
63) 《오대사보(五代史補)》.

편"을 읽은 뒤에는 이 신라 학자의 한시 재능에 대하여 자못 존경하고 중시했다. 어떤 학자는 나은이 지은 가시(歌詩) 5수를 최치원을 불러 상의했다고 했으나,[64] 아마도 최치원 본전에 대한 오독인 것 같다. 또 어떤 한국 학자는 나은과 최치원은 동시대에 고병의 막료였고 "동고동락하여 시문으로 서로 교류했다(同苦同樂, 詩文相交)"고 했으나,[65] 최치원이 광명 원년 겨울에 회남 막부에 들어갔을 때 나은은 광명에서 중화 연간까지 여전히 지주(池州) 매근포(梅根浦)에서 은거했고, 아울러 두휼(竇潏)의 선흡관찰사(宣歙觀察使) 막부에 노닐기도 했다.[66] 《당방진연표(唐方鎭年表)》 권5의 기록에 의하면, 두휼이 지주자사에서 선흡관찰사로 옮긴 것은 중화 2년에서 3년 사이이다. 《당재자전》 권9, 《감계록(鑑戒錄)》 권8과 《십국춘추(十國春秋)》 권84에는 나은과 고운(顧雲)이 동시에 고병을 배알했으나 예우를 받지 못해 시 〈후사묘(後士廟)〉를 짓고 떠나갔다고 했다. 이 일은 고증에 의하면 대략 중화에서 광계 초년 사이이므로[67] 나은은 결코 고병의 막부에 들어가지 않았으며 분명 최치원과도 막부의 동료 관계가 없었다.

그러나 최치원과 나은은 여전히 시가로 교류했다. 나은은 근체시 칠언율시를 잘 지었고 특히 〈모란꽃(牡丹花)〉, 〈매(鷹)〉, 〈백로(鷺鷥)〉, 〈매미(蟬)〉 등 영물시에 뛰어났다. 최치원도 칠언 율시 영물시를 즐겨 지었는데, 《계원필경집》 권20에는 〈돌산(石峰)〉, 〈파도(潮浪)〉, 〈모래밭(沙汀)〉, 〈진달래꽃(杜鵑)〉, 〈바다 갈매기(海鷗)〉, 〈산꼭대기의 우뚝한 바

64) 양통방(楊通方), 《중한고대관계사론(中韓古代關係史論)》, 중국사회과학출판사, 1996, 56쪽 ; 풍한용(馮漢鏞), 〈신라 시인 최치원 입당 사적고(新羅詩人崔致遠入唐事迹考)〉, 6쪽.

65) 유성준, 〈만당 나은 시와 신라 최치원 시의 관계를 논함(論晩唐羅隱詩與新羅崔致遠詩的關係)〉의 결어. 37쪽.

66) 《오월비사(吳越備史)》, 〈나은전(羅隱傳)〉.

67) 《당재자전교전(唐才子傳校箋)》 제4책, 126쪽.

위(山頂危石)〉, 〈돌 위의 작은 소나무(石上矮松)〉, 〈단풍나무(紅葉樹)〉, 〈바위 위에 흐르는 샘(石上流泉)〉 등이 수록되어 있다.

나은에게 〈'반계수작도'에 적노라(題磻溪垂釣圖)〉[68]가 있고 최치원에게 〈반계(磻溪)〉[69]가 있는데, 두 시의 취향이 자못 근접한다. 나은의 〈장 사인의 옛집을 지나며(經張舍人舊居)〉[70]에 "서치(徐稚)만을 위해 준비한 좌석에는 이미 눈 뜰 곳 없고, 구천에는 마땅히 재주를 자랑해 주는 이 있으리라(一榻已無開眼處, 九泉應有愛才人)"라는 시구가 있고, 최치원의 〈다시 올리는 계문(再獻啓)〉에는 "인간 세상의 요로와 통진에는 눈을 둘 곳이 없고, 물외의 청산과 녹수로 돌아갈 꿈을 꾸었다(人間之要路通津, 眼無開處；物外之青山綠水, 夢有歸時)"[71]라는 변구(駢句)가 있으니, 모두 호의를 베풀어주지 않아 인정받지 못함을 비유했다.

또 나은이 오월왕 전류(錢鏐)를 대신하여 지은 〈감사드리는 표문(謝表)〉에 "날씨가 추워도 사슴들은 노닐고, 해가 저물어도 소와 양이 내려오지 않네(天寒而麋鹿曾游, 日暮而牛羊不下)"[72]라는 말이 있고, 최치원의 시 〈고소대(姑蘇臺)〉에도 "황폐한 고소대에서는 사슴들이 가을 풀 위에서 노닐고, 버려진 정원에서는 소와 양들이 석양에 내려가네(荒臺麋鹿游秋草, 廢院牛羊下夕陽)"[73]라는 잔련(殘聯)이 있는데, 이는 모두 《시경》, '왕풍(王風)', 〈님은 부역에 나가고(君子于役)〉의 "날이 저물자 소와 양도 돌아오네(日之夕矣, 羊牛下來)"에서 뜻을 취해 고소대의 황량한 풍경을 묘사했으니, 이곡동공(異曲同工)이라 할 수 있다. 두 사람이 시문 창작에서 어느 정도 연원(淵源) 관계가 있음을 설명한다.

---

68) 《갑을집(甲乙集)》 권11.
69) 《계원필경집》 권17.
70) 《당재자전교전》 제4책, 126쪽.
71) 《계원필경집》 권17.
72) 《당재자전》 권20.
73) 《고운선생문집》 권1.

9. 최치원과 두순학(杜筍鶴)

두순학의 자는 언지(彦之), 지주(池州) 석태(石埭, 지금의 안휘성 석태현) 사람으로 사적이 〈당풍집서(唐風集序)〉, 《구오대사》 권24, 《당재자전》 권9 등에 보인다. 두순학은 당 말의 자못 시명을 가진 안휘 출신 시인으로, 최치원의 친구 고운·장교와도 관계가 친밀하다. 그는 신라 문사와 사귀는 것을 좋아하여 시 〈빈공과에 급제한 후 해동으로 돌아가는 사람을 전송하며(送賓貢登第後歸海東)〉가 세상에 전한다.[74)]

《전당시》 권692에는 두순학이 지은 칠언 율시 〈율수 최 소부에게 드리노라(贈溧水崔少府)〉가 수록되어 있다.

庭戶蕭條燕雀喧,	뜰 안은 소슬한데 제비, 참새 소리 시끄럽고
日高窓下枕書眠.	해가 중천에 높은데 창 아래에서 책을 베개 삼아 잠자네.
祇聞留客教沽酒,	손님이 왔다는 말을 듣고는 술을 사오게 하면서
未省逢人說料錢.	미처 손님에게 인사할 사이도 없이 급사에게 보수를 지급하겠다 말하네.
洞口禮星披鶴氅,	서재 앞에서 학창의를 걸친 두순학을 칙사처럼 예우하고
溪頭吟月上漁船.	시냇가에 이르러 달을 읊으며 고기잡이배에 오르네.
九華山叟心相許,	구화산의 늙은이 마음이 서로 맞으니
不計官卑贈一篇.	관직이 낮음을 따지지 않고 시 한 수를 바치네.

소부(少府)는 당대 현위의 별칭이다.[75)] 두순학은 일찍이 고운과 함께 구화산에 은거하여 구화산인(九華山人)이라 자호(自號)했다.[76)] 최치원은

74) 《전당시》 권691.
75) 송 주휘(周煇), 《청파잡지(淸波雜誌)》 권10, 「현위(縣尉)」조.
76) 《당시기사》 권67, 「고운(顧雲)」조.

건부 4년(877)에서 건부 말년까지 선주 율수현위를 맡았다. 어떤 학자는 〈율수 최 소부에게 드리노라〉는 두순학이 서른 살 무렵에 지주에서 지은 것이며, '최 소부'는 최치원이라고 여겼다. 선주와 지주는 이웃하여 있어 두순학은 이 신라인의 도래에 호기심을 가지고 우러러보며 최치원과 교유했는데, 당시 최치원의 나이 18~19세였다.[77]

그러나 이 설은 보충하여 바로잡을 필요가 있다. 두순학은 오랫동안 과거 시험의 실패로 고생하여 일찍이 건부 3년(875) 겨울에 장사(長沙)로 가서 배찬에게 의탁했는데, 《전당시》에서 〈늦겨울에 장사 배 시랑에게 의탁하며(冬末投長沙裴侍郎)〉(권691)와 〈장사 배 시랑에게 의탁하며(投長沙裴侍郎)〉(권692)의 두 시를 수록하고 있다. 이 시에서 배 시랑은 배찬으로, 그는 건부 원년에서 3년까지 담주자사(潭州刺史)를 지냈다.[78] 《계원필경집》 권18, 〈전 호남관찰순관 배료께 올리는 글(前湖南觀察巡官裴璙啓)〉의 언급에 의하면, 최치원도 건부 3년(876) 겨울에 동도(東都)에서 "호남에 이르러 좌주시랑(배찬)에 의탁하여 기거했으니(到湖南起居座主侍郎)",[79] 두 사람은 담주에서 이미 왕래가 있었다. 최치원이 율수현위로 부임한 뒤 두순학은 마침 지주의 구화산에 은거 중이었는데 다시 시로 교유했다. 그러나 최치원은 당시 나이 20여 세였지, 결코 18~19세가 아니었다.

77) 오대림(吳大林), 〈만당 시인 두순학이 율수 최 소부에게 준 시(晚唐詩人杜荀鶴贈溧水崔少府詩)〉, 江蘇省 溧水縣 政協 文史委員會 편, 《溧水古今》 제10집, 1992, 125쪽.
78) 《구당서》, 〈희종기(僖宗紀)〉.
79) 《전집》 389쪽.

10. 최치원과 배졸(裵拙)

배졸의 생애와 사적은 기록된 바가 없다. 어떤 학자는 최치원이 장안의 국학(國學)에서 공부하던 후기에 배졸은 당시 국자사업(國子司業)을 맡았으니, 두 사람은 스승과 학생 관계였다고 여겼다.[80] 그러나 《계원필경집》 권19에 수록된 최치원의 〈서자 배졸에게 답하는 글(答裵拙庶子書)〉의 "이역 사람이라고 빼놓지 않고, 특히 동년의 글자를 욕되게 한다(不遺異域之人, 特辱同年之字)"의 말에 의하면, 배졸과 최치원은 마땅히 건부 원년의 동방(同榜) 진사로 제자와 스승 관계가 아님을 알 수 있다. 또 《구당서》, 〈희종기〉의 기록에 의하면 건부 2년(875) 5월 배졸은 국자사업에서 양주자사(洋州刺史)로 부임했으니,[81] 사업(司業)이란 관직은 당연히 급제한 뒤에 여러 관직을 거친 뒤 받는 것이다.

〈서자 배졸에게 답하는 글〉은 대략 중화 말년에 지은 것으로 서자(庶子)는 태자(太子)의 속관(屬官)으로 당나라 때는 좌우춘방(左右春坊)의 일을 분장(分掌)했다. 《갑을집(甲乙集)》 권8에는 나은의 〈저녁에 삽계에 정박하여 배 서자에게 부치노라(霅溪晩泊寄裵庶子)〉와 〈배 서자가 태복경으로 임명되었기에 축하하노라(裵庶子除太僕卿因賀)〉 두 시를 수록했는데, 아마도 서자란 관직은 배졸이 중화 연간에 장안으로 옮겨 간 뒤 받은 관직일 것이다. 최치원의 답장에서 한 언급에 의하면 "전년(前年, 중화 연간)"에 배졸은 전란을 피하여 회남에 표류할 때 특별히 "먼저 감동적인 편지를 내려(先降劉箋)" 최치원에게 안부를 물었고, 그 후 또 "아울러 현제께서 지난날의 돌보심 변치 않아(兼蒙賢弟起居, 未移囊顧)" 양주에 이르러 최치원을 방문하자, 최치원은 이 글을 지어 배졸의 "옛 은혜(舊恩)"

80) 양태제(梁太濟), 〈최치원과 그의 글에 나타난 당과 신라의 관계(崔致遠及其筆下的唐和新羅關係)〉, 92쪽.

81) 《구당서》 권19 하, 중화서국, 1975, 694쪽.

에 대하여 감격을 표시했다.

11. 최치원과 고언휴(高彦休)

고언휴(854~?)는 자호가 삼료자(參寥子)로, 건부 연간에 향리(鄕吏)의 추천으로 진사 시험에 응시했고 후에는 조의랑(朝議郎)과 함양현위(咸陽縣尉)를 지냈다. 중화 연간에는 "장강 이남을 표류했고(旅泊江表)",[82] 고병의 막부에서 종사관을 지냈으며 중화 4년에 《당궐사(唐闕史)》 상하권을 편찬했다. 막부에 거주하던 시기를 보면 그와 최치원은 당연히 회남 막부의 동료였고, 고언휴가 회남도(淮南道) 염철순관(鹽鐵巡官)으로 나갈 때 최치원은 일찍이 고병을 대신하여 〈종사관을 주청하는 장문(奏請從事官狀)〉[83]과 〈소부 고언휴의 염철순관 임명을 요청하는 글(請高彦休少府充鹽鐵巡官)〉[84]이라는 두 글을 지어 그를 대대적으로 추천했다.

최치원은 앞의 〈장문〉에서 고언휴를 다음과 같이 소개했다. "유학을 공부하여 사무 처리 능력을 겸하여 장안 부근을 맡았을 때 일찍이 공로를 보여주었고, 막부의 빈객으로 있을 때 아름다운 꾀가 자못 많았으니, 어사대의 맑은 직책을 원하고 중요한 일을 돕고자 합니다. …… 또한 정의로운 방도로 가르침을 받들고 물러나 예의를 배워서 벼슬함에 법도대로 힘써 실천하여 엄격한 아버지의 교훈을 따를 수 있었습니다(訓禀儒宗, 才兼吏術, 王畿結綬, 早見勤勞, 賓席曳裾, 頗多婉畫, 望憲臺之淸秩, 助榷筦之重權. …… 又如教以義方, 退而學禮, 至於仕宦, 力行有規, 能遵嚴父之訓)."[85] 뒤의 글에서도 "소부는 학문이 뿔을 이룬 듯하고, 문사는 봉황이

82) 〈당궐사서(唐闕史序)〉.
83) 《계원필경집》 권4.
84) 《계원필경집》 권13.

털을 전하는 듯합니다. 이따금 과거 응시생들의 놀이를 깔보고 잠시 은사와 짝하기를 즐거워합니다. 그러므로 학이 울어 달이 찬 들에 가득하니, 만 리에 맑은 소리이고, 붕새가 나니 구름이 긴 하늘에 흩어져 하늘의 높은 자취입니다(少府學麟成角, 詞鳳傳毛, 偶輕桂客之游, 暫樂梅仙之侶. 鶴唳而月籠寒野, 萬里淸音, 鵬飛而雲簸長天, 九霄高躅)"라고 극력 칭송했다. 고언휴는 "다행히도 종실인 관계로 아름다운 빛을 접하게(幸聯宗黨, 得接徽猷)" 되어 본도 염철순관으로 나갔다.[86] 이로써 추측하면 두 사람은 고병의 막부에서 어느 정도 공적·사적인 왕래가 있었을 것이다.

12. 최치원과 장의부(張義府)

장의부의 사적에 대해선 알 수가 없다. 《계원필경집》 권19, 〈초주 장의부 상서에게 하례하는 글(賀楚州張義府尙書)〉에서 말한 "이제 상서께서는 여러 대의 공훈과 명망 그리고 수년에 걸친 전공으로 비로소 절도사의 직위를 빌려 곧 진실한 명을 맞이했다(今則尙書以累世勳望, 以數年戰功, 始假使符, 旋迎眞命)"라는 말에 의하면, 그가 일찍이 전공을 세워 초주의 지방 장관으로 승진했음을 알 수 있다. 초주는 "회수 동남의 으뜸가는 주(淮水東南第一州)"[87]로 불리고 또 회남도에 속한 주(州)로, 최치원은 "좋은 말을 얻어들은(獲聽好音)" 뒤 뛸 듯이 기뻐하여 글을 올려 축하하고 "홀로 상서께서 공수(龔遂)와 황패(黃霸)의 아름다운 정사를 펼친 것이 기쁠 뿐 아니라, 실로 성스러운 천자께서 어진 2천 석을 얻은 것을 축하합니다(非獨喜尙書展龔黃之美政, 實乃賀聖天子之得良二千石也)"라고

85) 《전집》, 305~306쪽.
86) 《전집》, 356쪽.
87) 백거이(白居易), 〈초주 곽사군에게 주노라(贈楚州郭使君)〉.

했다.

《계원필경집》 권12에는 최치원이 고병을 대신하여 쓴 위곡(委曲) 〈초주 장의부(楚州張義府)〉가 실려 있는데, 이를 보면 최치원과 장의부는 평소에 공무로 왕래했다. 또 《계원필경집》 권20, 〈초주 장 상서가 수곽에서 맞이하기에 시를 지어 감사드리노라(楚州張尙書, 水郭相迎, 因以詩謝)〉에서,

楚天蕭瑟碧雲秋, 초주의 하늘이 소슬하고 푸른 구름 가을인데
旟隼高飛訪葉舟. 여준은 높이 날아 조각배를 찾아드네.
萬里乘槎從此去, 만 리 길을 뗏목 타고 이곳을 떠나가면
預愁魂斷謝公樓. 벌써부터 혼이 사공루와 단절될까 근심하네.

라고 했다. 이 시는 최치원이 중화 4년 가을에 동로를 택하여 초주를 지날 때 지은 것으로, 장 상서(張尙書)는 바로 장의부이다. 시에서 최치원이 배를 타고 초주에 이르렀을 때 장의부가 일찍이 친히 수곽(水廓)에서 전송했음을 알 수 있다. 최치원이 시에서 친구와 작별하는 슬픔을 토로했으니 두 사람에게 심후한 개인적 교제가 있었음을 설명한다.

13. 최치원과 장영(蔣泳)

장영의 자는 월지(越之)이고 재상을 지낸 장신(蔣伸)의 아들이다.[88] 부친은 일찍이 태상경(太常卿)을 지냈다.[89] 《등과기고》 권23의 고증에 의하면, 장영과 최치원은 건부 원년의 동방(同榜) 진사로 두 사람은 장안

88) 《신당서》, 〈재상세계표(宰相世系表)〉.
89) 《당척언》 권3.

에서 알게 되었다.

《계원필경집》 권10, 〈고공 낭중 장영에게(考功蔣泳郎中)〉에서 "낭중 학사는 잠시 피난할 때에 객지에서 고생하더니 지금은 벼슬이 사적에 오르고 직책은 집현전보다 높아 인지전에서 난가를 타는 손님을 오랫동안 모시고, 이두개 위에서 봉을 토하는 재사들과 친했습니다. …… 어찌 삼경의 적요함을 지키고 천산의 험난함을 염려하겠습니까? 특별히 방문함을 허락하신다면, 오로지 맞기를 기다리겠습니다(郎中學士暫避艱時, 偶勞僑迹. 今者官淸司績, 職峻集仙, 麟趾殿中, 久侍驂鸞之客；螭頭階上, 則親吐鳳之才. ……詎可守三徑之寂寥, 慮千山之險阻, 許垂訪別, 專冀祗迎)"[90] 라고 했다. 냉국동(冷國棟)의 《전당문직관총고(全唐文職官叢考)》, 〈희·소·애 3조 한림학사 변의(僖昭哀三朝翰林學士辨疑)〉, 「장빙(蔣泳)」조에 따르면 '집선(集仙)'은 집현(集賢)의 옛 이름인데, 장영은 낭중으로 집현학사(集賢學士)를 겸직했다. 황소의 난 때 장영이 회남으로 도피했기에 '교적(僑迹, 객지에서 타향살이하다)'이라 한 것이다. 장영은 고공 낭중의 벼슬을 받았을 때 아직 북쪽으로 돌아가지 않았기에, 끝에서 "어찌 삼경의 적요함을 지키고 천산의 험난함을 염려하겠습니까? 특별히 방문함을 허락하신다면, 오로지 맞기를 기다리겠습니다"[91]라고 한 것이다. 황소의 난 중에 과거 시험장의 친구였던 장영이 일찍이 회남에 피난했다가 두 사람이 교유했음을 설명한다.

14. 최치원과 이관(李琯)

이관의 생애와 사적에 대하여 당의 사서에는 기록이 없다. 《계원필경

90) 《전집》, 333쪽.

91) 《전당문직관총고(全唐文職官叢考)》, 武漢大學出版社, 1987, 453쪽.

집》 권13, 〈절도판관 이관 대부의 부사 임명을 요청하는 글(請節度判官李琯大夫充副使)〉의 "거야에서 낮게 깃들고 검천에서 수자리를 하여도 그곳 풍속을 잘 순화시키고 호군하기를 풍부히 한 결과, 들어와서는 임금에게 아뢰고 나가서는 금인을 차게 되었다. …… 지금은 회전에 온 지가 4년이 되었다(鉅野卑棲, 劍川遠役, 察俗而唯資婉畫, 犒師而不乏豐儲. 果得入奏玉階, 出懸金印 …… 一來淮甸, 四換星霜)"는 말과 〈부사 이 대부의 유후 임명을 요청하는 글(請副使李大夫知留後)〉의 "다섯 진이 서로 대부에게 기댄 지 지금 12년이 되었다(五鎭相倚, 一紀于兹)"는 말에 의하면, 이관은 고병이 서천절도사로 임직할 때 고병의 막부로 들어갔고 후에 고병을 따라 동남으로 옮겨 회남절도판관(淮南節度判官)을 지냈다.

최치원은 앞의 거첩(擧牒)에서 그를 찬양하여 "지초같이 특수한 정기를 받았고 계수나무같이 곧은 절개를 품었다. 우뚝한 재략은 매번 조화를 귀중하게 여기고 늠연한 곧은 기운은 마침내 악을 원수같이 미워하니, 진실로 현량하며 실로 민폐를 구제할 줄을 안다. …… 판관은 덕으로 몸을 윤택하게 하여 …… 일은 사실 번다했으나 공무 처리에는 게으름을 피우지 않았다. 붓이 곧기 때문에 관리들이 두려워하는 빛이 많고 형벌이 가볍기에 감옥에서는 원성이 끊어졌다(天芝禀秀, 霜桂含貞, 蔚爾芳猷, 每見用和爲貴, 凜然直氣, 終能疾惡如仇, 信知賢良, 實救凋弊. …… 判官德以潤身 …… 莅事實繁, 在公非懈, 筆直而吏多畏色, 鞭輕而獄絶冤聲)"라고 했다. 또 뒤의 거첩에서도 "검은 하늘 밖에 비낀 듯하고 구슬이 물속에 잠긴 듯하다. 그 위세는 위에 뜬 구름을 찢어 버릴 만하고 온윤하기로는 곁에 마른 풀이 없을 정도이다. 깊이 이기를 품고 먼 변방에서 오랫동안 보좌하여 매번 부드러운 꾀를 베풀어서 어리석은 백성의 풍속을 순화시켰다. …… 일찍이 옥사를 맡아 형을 심문할 때는 오직 정도를 따랐다. 비록 휴가 중일지라도 관청 문을 떠나지 않았다(劍橫天外, 珠媚水中, 雄稜則仰決浮雲, 溫潤則旁無枯草. 深藏利器, 久佐遠藩, 每施婉婉之謀, 共化蚩

蚩之俗. ……嘗於折獄按刑, 唯遵直道 ; 縱至旬休節暇, 不離公門)"[92]라고 했다. 이관은 이로 인해서 고병에게 주청(奏請)되어 섭절도부사(攝節度副使)와 지관찰유후(知觀察留後)로 승급했다.

또 《계원필경집》 권19, 〈이관에게 사례하는 글(謝李琯書)〉의 추서(追敍)에 의하면, 최치원은 고병의 막부에 처음 들어갈 때 이 사람의 도움을 받았으며 회남의 막부로 옮긴 뒤에 당시 절도부사(節度副使)를 맡았던 이관은 또 "엷은 재주를 버리지 않고, 여러 번 진중한 말씀을 하여(不遺薄藝, 累發重言)" 최치원을 위해 널리 명성을 떨치게 하고 표창하였다. 이에 최치원은 고병의 신임과 중용을 깊이 얻게 되었다. 그러므로 최치원이 중화 4년에 중국을 떠날 때 특별히 이 편지를 써서 이관에게 감사드리고 작별을 고했으니, 이관은 최치원이 회남 막부에 있을 때 사귀었던 상급 막료였음을 알 수 있다.

15. 최치원과 송현(宋絢)

송현의 자는 도문(韜文)[93]이며 나머지는 알 수가 없다. 《계원필경집》 권4, 〈종사관을 주청하는 장문(奏請從事官狀)〉의 소개에 의하면, 송현은 장사랑·전중시어사·내공봉·사비어대((將仕郎殿中侍御史內供奉賜緋魚袋)의 신분으로 회남도 영전판관(淮南道營田判官)을 지냈다.

최치원은 이 〈장문〉에서 그는 "정승의 자손으로 경사를 전해왔고 문장으로 이름을 날려, 생활하는 데는 동곽의 가난함을 편안히 여기고 집안의 분위기는 《시경》, 〈남해〉의 시를 받든지라, 막부에 참여한 뒤부터 좋은 계책을 나타내어 정치에 좋은 세월이 흘렀고 근무에 꾸준히 노력했습

92) 《전집》, 355~356쪽.
93) 《신당서》 권75, 〈재상세계표(宰相世系表)〉.

니다(相門傳慶, 詞苑成名. 退居安東郭之貧, 就養奉南陔之詠. 自參戎幕, 備見良籌. 佐理而星霜屢遷, 清勤而風雨不改)"라고 일컬었다. 또 그가 "이웃을 가리고 살 곳을 고르며 짜던 베를 끊어 학문을 권장하는 교훈을 받들어 성공한 뒤에 부모의 안색을 살펴서 봉양함에 어그러짐이 없어서 자모의 은혜를 갚을 수 있는(擇鄰卜居, 斷織勵學, 至於成立, 色養無虧, 能報慈母之恩)" 미덕을 가지고 있다고 찬양했다.[94]

또《계원필경집》권19, 〈시어 송현에게 사례하는 글(謝宋絢侍御書)〉에 의하면, 최치원이 회남의 막부로 들어갔을 때 일찍이 "이거함을 염려하시고, 관거를 빌려주는(俯念移居, 借賜官車)" 송현의 도움을 받아서, 그는 "여관을 떠나게 되어 우산과 책상자를 스스로 지고 가는 수고로움을 면하게 되었고, 먹고 사는 데 각기 편안함을 알게(得離旅館, 簦笈則免勞自負, 簞瓢則各識所安)"되었다. 이를 보면 송현 역시 최치원이 회남 막부에 있을 때 좋은 친구였음을 알 수 있다.

위의 여러 사람 외에도 이 상공이란 이와 교유했다.《고운선생문집》권1에 집록한 최치원의 일문(佚文)〈양양 이 상공께 올려 관급을 사양하는 계문(上襄陽李相公讓館給啓)〉을 보면 그가 중국에 머물 때 "오랫동안 유랑을 하였으며 작은 병에 걸리어 정신은 피로해지고 기력은 쇠약해졌다. 가서 배례할 깃발을 얻지 못하고 우산과 짚신만 가지런히 시녔나. 여전히 객사에 머무르니 오직 명문대가의 덕이 그리워하였다(久役旅游, 又縈微恙, 精神沉頓, 氣力疲羸, 未獲走拜旌幢, 整持簦屩, 猶滯身於客舍, 惟戀德於高門)." 곤경을 벗어나기 위하여 최치원은 일찍이 양양의 이 상공에게 도움을 요청하는 편지를 썼는데, 요청이 받아들여진 뒤에 마침내 "때묻은 옷을 입은 누추한 자질을 다듬고(整塵衣之陋質)" 우산과 짚신을 휴

94) [역자 주] 이 인용문은 송현이 아니라, 고언휴에 대한 칭송이다.

대하고 양양에 의탁했다. 이상공은 "절역으로부터 와서 멀리 낙토에 이른(來從絶域, 遠詣樂郊)" 최치원을 동정하여, "특별히 힘을 북돋아주시고 가엾이 여기시어 영광스럽게도 무휼을 내려주셨고 관곡을 후하게 받아(特賜奬憐, 榮垂撫恤, 厚沾館穀)" 최치원은 먹고 잘 걱정을 덜게 되었다. 또 "다시 지급을 내려주시어 마침내 땔나무를 걱정하는 곤궁한 근심을 없애 주고 등자나무로 불을 때어 만든 좋은 반찬으로 배부르게(再賜支給, 遂使息燃桂之窮愁, 飫燀橙之美饌)" 하기도 했다. 최치원은 양양에서 "5순이 지나도록 늘 세끼 밥을 꼬박꼬박 받았기에(僅歷五旬, 常沾三飯)" "문득 간절한 정성을 갖추어 감히 사양의 뜻을 아뢰고(輒具懇誠, 敢陳辭讓)" 이 상공에게 "내려주신 관급의 숙식은 엎드려 빌건대 공급을 정지하도록 처분해 줄(所賜館給熟食, 伏乞處分停供)" 것을 부탁했다. 그러나 "식량 부족이나 면하고 잠시 부평초 같은 신세를 편안히 하게(免耗稻粱, 暫安萍梗)" 해 줄 것을 희망했으나, 도리어 "허락받지 못했다(未蒙允諾)."[95]

최치원이 말한 이 상공을 두고 어떤 학자들은 양주자사(襄州刺史) 이울(李蔚)이라고 간주하여서 그가 진사 시험에 응시하기 1년 전(873)에 양양에 이르러 접대를 받았다고 했다.[96] 그러나 최치원의 원문에 "감히 버들잎을 뚫는 공을 자랑해 보지만, 단지 뿌리 잘린 쑥과 같은 신세라는 탄식이 절실할 뿐이다(敢矜穿葉之功, 惟切斷根之嘆)"라는 말이 있는데, 당인들은 항상 '천엽(穿葉)'이란 전고를 써서 과거 급제를 비유했으니 이 글은 마땅히 건부 원년 급제한 뒤에 썼다. 《구당서》 권178, 〈이울전(李蔚傳)〉의 기록에 의하면, 이울은 양양에 두 번 출사했다. 첫 번째는 개성(開成) 5년(840) 진사에 급제한 뒤 임관하여 양양종사(襄陽從事)가 되었고, 두 번째는 함통 6년(865) 이후 재상에서 파면되어 양주자사·산남동도절도사(山南東道節度使)로 나갔다. 그때 최치원은 아직 중국에 들어오

95) 《전집》, 73~74쪽.

96) 염기, 〈신라 시인 최치원〉, 539쪽.

지 않았다. 함통 14년(873)에서 건부 4년(877)에 이르기까지 이울은 이미 중서시랑(中書侍郎)·동평장사(同平章事)와 회남절도사로 복귀했으나,[97] 아직 양주 땅을 밟지 못했다.

《구당서》 권172와 《신당서》 권131의 기록에 의하면, 건부 원년에서 5년까지 양주자사 겸 산남동도절도사를 지낸 사람은 이복[李福, 자 능지(能之), 대화 7년 급제]이다. 최치원이 말한 '양양 이 상공'은 바로 이복으로, 의탁한 시간도 마땅히 진사에 급제한 이후이다.

최치원과 당 말 다른 사인(士人)들의 교유에 대해서는 사료의 부족으로 확실하게 고증하기가 어렵다. 《고운선생문집》 권1에 집록한 시 〈장안의 여관에서 이웃에 사는 우신미 장관께(長安旅舍與于愼微長官接隣)〉[98]에서 다음과 같이 말했다.

上國羈栖久, 중국에 와 객지 생활 하도 오래하니
多慚萬里人. 만 리 타향 사람임을 부끄러워하네.
那堪顔氏巷, 어찌 안자의 누항을 견디어내랴마는,
得接孟家隣. 맹자처럼 따스한 이웃을 얻게 되었네.
守道惟稽古. 도를 지킴에 오직 옛일의 헤아림이 있을 뿐이니
交情豈憚貧. 사귀는 정에 어찌 가난하다고 싫어하리.
他鄕少知己, 타향에 아는 이 적으니
莫厭訪君頻. 그대 자주 찾는다 꺼리지 마오.

원시는 장안에 유학할 때 지은 것으로 우신미에 대해서는 고증할 수 없으나, 시에서 맹모삼천(孟母三遷)의 전고를 운용했으니 두 사람이 이웃에 살면서 빈번히 왕래했음을 설명한다. 또 일본 오에노 고레도키(大江維

97) 《구당서》 권178, 4624~4627쪽 참조.
98) 《고운선생문집》 권1, 《최문창후전집》 영인본, 28쪽.

時, 888~963)는 《천재가구(千載佳句)》 권하에 최치원의 〈이름이 난 뒤 진사 전인의에게 주노라(成名後酬進士田仁義見贈)〉 잔련(殘聯)을 수록했는데,[99] 최치원과 시로 응수한 당 말 진사 전인의도 알 수가 없다.

또 《계원필경집》 권17, 〈덕을 기리는 칠언시 30수를 사도 상공께 삼가 올립니다(七言紀德詩三十首謹獻司徒相公)〉 가운데 〈수성비(收城碑)〉에서,

功業已標征北賦, 공업은 이미 〈정북부〉에 표시되었고
威名初建鎭南碑. 위명은 처음으로 진남비를 세웠네.
終知不朽齊銅柱, 마침내 동주와 같이 썩지 않음을 알거든
況是儒宗綴色絲. 하물며 유종이 색실을 엮었음에랴.

라고 했고, 원주에는 "비석의 글은 지금의 탁지 배 복야가 지었다(碑今度支裴僕射撰詞)"라고 되어 있다. '배 복야(裴僕射)'가 배형(裴鉶)이라고 간주하는 학자도 있는데, 배형은 고병을 따라 회남으로 옮겨와 막부의 재무 업무를 책임져서 최치원과 왕래한 적이 있다는 것이다.[100]

배형은 저명한 만당 문인으로 단편소설집 《전기(傳奇)》를 엮은 바 있고, 그 사적에 대해서는 기록이 없다. 《신당서》, 〈예문지〉와 《직재서록해제(直齋書錄解題)》에서는 진사도(陳師道, 1053~1101)의 《후산시화(後山詩話)》를 인용하여 "고병종사(高駢從事)"라고 말했고, 《군재독서지(郡齋讀書志)》에서는 《전기》가 "기록한 내용은 신선이나 괴상한 일이다. 고병이 여용지의 유혹에 빠졌는데, 반드시 배형 무리들의 꼬임에 넘어가지 않았다고는 할 수 없다(所記皆神仙詭譎事, 駢之惑呂用之, 未必非鉶輩導諛

99) 《전당시》 부록 일본 이치카와 간사이(河世寧)의 《전당시일(全唐詩逸)》 권중(卷中), 중화서국, 1985, 제25책, 10193쪽 참조.
100) 풍한용(馮漢鏞), 〈신라 시인 최치원 입당 사적고(新羅詩人崔致遠入唐事迹考)〉, 9쪽.

所致)"라고 하여, 모두 배형이 회남의 막부에 들어왔다고 단정했다.

그러나 《전당문》 권805, 「배형」조 및 《당시기사》 권67의 기록에 의하면, 배형은 함통 연간에 정해절도사(靜海節度使) 고병 막부의 장서기(掌書記)가 되었고 시어사내공봉(侍御史內供奉)으로 승진했으며, 건부 5년(878)에는 어사대부(御史大夫)의 신분으로 성도절도부사(成都節度副使)로 부임했다. 어떤 학자가 이미 고증하여 밝힌 적이 있듯이, 《전기》는 배형의 초기 작품이며 고병이 회남으로 옮겼을 때 배형은 결코 그를 따라오지 않았다. 청 왕사정(王士禛, 1634~1711)의 《오대시화(五代詩話)》에서는 그를 전촉(前蜀)에 귀순하여 들어간 인물로 분류했는데, 배형이 성도절도부사로 부임한 뒤 줄곧 촉 지방을 떠나지 않았음을 증명한다. 그는 당나라가 망한 뒤 전촉(前蜀)에서 벼슬했으니, 만년에 고병과 관계가 전혀 없다.[101] 이 설이 정확하다면 최치원과 배형 두 사람은 교유 관계가 없었다.

한국 학자 김문경 등은 또 《계원필경집》 권7의 〈정전 상공께 2수(鄭畋相公二首)〉, 〈사관 소구 상공(史館蕭遘相公)〉, 〈탁지 배철 상공(度支裴徹相公)〉, 〈전 태원 정종당 상서(前太原鄭從讜尙書)〉, 〈벽주 정응적 상서壁州鄭凝績尙書)〉, 권8의 〈사관 소구 상공(史館蕭遘相公)〉, 권9의 〈벽주 정응적 상서 2수(壁州鄭凝績尙書二首)〉, 〈태보 상공 정전(太保相公鄭畋)〉, 권10의 〈소구 상공 2수(蕭遘相公二首)〉 등에 의거하여, 최치원은 정전·정응적 부자, 소구·배철·정종당 등 당 말 유명한 관리와도 교류가 있었다고 간주했다.[102] 그러나 이러한 별지(別紙)들은 모두 최치원이 고병을 대신하여 쓴 막부의 공첩(公牒)인지라 이에 의거하여 피차간에 교유가 있었다고 단정하기가 어렵다.

---

101) 배형(裴鉶), 저주릉가(周楞伽) 집주(輯注), 《전기(傳奇)》, 「전언(前言) 2」, 上海古籍出版社, 1980, 3쪽.

102) 〈7~10세기 신라와 강남의 문화 교류〉, 69쪽.

다른 한국 학자는 "동국문학의 비조 최치원이 당에 체류할 때 그의 문명이 천하에 널리 떨쳤으므로, 마땅히 두보와도 시를 주고받았을 것인데, 결국은 문자의 기록이 보이지 않으니 진실로 후인들로 하여금 애석하게 만들었다. 이는 아마도 당시 전란이 빈번하게 발생했기 때문일 것인데 정말 애석하게 느껴진다(東詩文學的鼻祖崔致遠滯唐時, 以其文名譽滿天下, 應與老杜有所酬唱, 竟也不見有隻字記載, 洵是使後人不勝嗟訝. 這大概是因爲當年戰亂頻仍所致, 眞令人深感可惜)"[103]라고 여겼다. 이 설은 확실히 성립하기가 어렵다. 두보는 성당・중당 시기에 활약한 시인인데, 당 말에 중국에 온 최치원과 서로 교유하며 '수창(酬唱)'할 수 없었다.

[해제]

이 글은 당은평 교수의 〈新羅文人崔致遠與唐末文士的交游〉(《文史》 2004년 제4집, 중화서국, 2004)를 번역한 것이다.

103) 이병주(李炳疇), 〈한국 한문학 속의 두시(韓國漢文學裏的杜詩)〉, 정판룡(鄭判龍)・이종은(李鍾殷) 주편, 《조선 - 한국 문화와 중국 문화(朝鮮 - 韓國文化與中國文化)》, 중국사회과학출판사, 1995, 298쪽.

Ⅶ. 최치원의 발자취를 찾아서

최치원의 율수(溧水) 사적(史迹)에 관한 몇 가지 고찰

— 환영사를 대신하여 —

손장송(孫長松)

신사 숙녀 여러분, 오늘 우리는 한국의 최치원 사적 학술 고찰단 일행을 기쁘게 환영합니다. 여기서 저는 율수(溧水) 인민을 대표하여 열렬한 환영을 표시합니다. 우리가 여기에 모인 것은 공통된 바람이 있기 때문입니다. 그것은 최치원이라는 문단의 거성, 중・한 우의의 사자, 이국의 지방관을 추억하고 기념하는 일입니다.

아래서 저는 최치원의 사적과 율수의 몇 가지 점을 여러분께 간략하게 소개하려고 합니다. 여러분의 고찰에 도움이 될지 모르겠습니다.

1. 선주(宣州) 율수(溧水)

최치원은 선주(宣州) 율수에서 현위(縣尉)를 지냈다. 율수현은 수대(隋代)에 설치되었다. 당 이길보(李吉甫)의 《원화군현도지(元和群縣圖志)》에 의하면, "율수현은 수나라 개황 11년(591)에 우문술이 율양의 서쪽, 단양의 동쪽을 떼어 설치했다(溧水縣, 隋開皇十一年, 宇文述割溧陽之西, 丹陽之東置)"고 했는데, 당시는 장주(蔣州)에 속했다. 율수현이 생긴 이래로 기본적으로 고도 남경(南京)의 속현(屬縣)이었고, 단지 당대에 두 차례만 선주에 속했다.

당 고조(高朝)는 일찍이 금릉성(金陵城)에 양주(揚州) 치소(治所)를 설치하고 이를 귀화(歸化)·안업(安業)·율양(溧陽)·율수(溧水)·단양(丹陽)·구용(句容) 등 여섯 현으로 나누었다. 당 무덕(武德) 9년(626)에 양주 치소를 강도(江都)로 옮겼고, 건강(建康, 지금의 남경)과 주위 지구를 둘로 나누고 반은 윤주(潤州)에, 반은 선주에 귀속시켰다. 이로부터 율수는 처음으로 선주에 속하게 되었다. 당 지덕(至德) 2년(757)에 이르러 "강녕현에 강녕군을 두고 강녕·구용·율수·당도 등 네 현을 거느렸다(以江寧縣置江寧郡. 領江寧·句容·溧水·當涂四縣)." 이에 율수는 선주에서 앞뒤로 162년 간 떨어졌다. 두 번째는 당 상원(上元) 2년(761) 승주(升州)가 폐지되고 율수는 개편되어 선주에 속했다. 당 광계(光啓) 3년(887)에 이르러 "다시 상원·구용·율수·율양 등 네 현을 승주에 두었다(復以上元·句容·溧水·溧陽四縣置升州)." 이번에 율수는 모두 127년 동안 선주에 속했다. 최치원이 율수에서 활동할 때는 바로 율수가 두 번째로 선주에 속했던 시기였다. 그래서 스스로 "선주 율수현위로 제수되었다(調授宣州溧水縣尉)"라고 했다.

2. 지명 중산(中山)에 대하여

최치원은 율수에서 지은 시문을 모아 《중산복궤집(中山覆簣集)》 5권을 펴냈다. 그는 〈계원필경집서(桂苑筆耕集序)〉에서 "이후 선주 율수현위로 제수되었는데 녹봉도 두둑해지고 관직이 한가하여 종일토록 배불리 먹었습니다. 벼슬살이하다가 남은 힘이 있어 배움에 짧은 시간도 헛되이 보내지는 않았습니다. 공적으로 또는 사적으로 지은 글을 책으로 엮으니 모두 5권이나 되었습니다. 그래서 '산을 만든다'는 뜻을 더욱 격려하여 그 책이름을 '복궤'라 하고, 그 지방 이름을 '중산'이라 했기에 '복궤집' 앞에다 '중산' 두 글자를 붙였습니다(爾後調授宣州溧水縣尉, 祿厚官閑, 飽食終日. 仕優則學, 免擲寸陰, 公私所爲, 有集五卷, 益勵爲山之志, 爰標覆簣之名, 地號中山, 遂冠其首)"라고 했다.

최치원이 말한 중산은 어디를 가리키는가? 율수에서 중산은 두 개의 다른 개념이 있다. 하나는 율수현에서 동쪽으로 5킬로미터 떨어진 곳에 작은 산이 있는데, 이름이 중산이다. 당의 《원화군현도지》에서는 "중산은 율수현에서 동남쪽으로 15리 떨어져 있다. 이곳에서 토끼털 붓이 생산되는데 이를 붓으로 만들면 매우 정묘하다(中山, 在縣東南十五里, 出兎毫, 爲筆精妙)"라고 했고, 북송(北宋)의 《태평환우기(太平寰宇記)》에서는 "중산은 독산이라고도 부르는데 뭇 산들과 서로 연접하지 않는다(中山, 又名獨山, 不與群山相連)"라고 했다. 남송(南宋)의 《경정건강지(景定建康志)》에서는 《여지지(輿地志)》를 인용하여 "선주 율수에는 독산이 있는데 일명 탁산이라고도 이른다(宣州溧水有獨山, 一名濁山)"라고 했다. 중산에서 토끼털 붓이 나서 중산 토끼털 붓이라고 하는데, 일찍이 조정에 진상한 적이 있다. 당대에 율수는 일찍이 선주에 속했기 때문에 '선주중산토호(宣州中山兎毫)'로 세상에 이름이 났으며, 율수의 제필업(制筆業)은 원명(元明) 이후 점차 쇠락했으나, 선주에서는 지금까지도 '중산토호(中山兎毫)' 붓이 생산된다. 최치원이 《중산복궤집》을 쓸 때 마땅히 중산 토끼털 붓을 사용했을 것이다. 현재 산 위에는 중산열사묘(中山烈士墓)가 있고 산의 한 측면에는 중산 저수지가 있어 율수현의 수돗물의 수원지 가운데 하나이다.

또 중산은 율수현의 아칭(雅稱)이다. 송대의 위대한 사인(詞人) 주방언(周邦彦, 1056~1121)은 율수지현(溧水知縣)으로 임직할 때 〈격포련근박(隔浦蓮近拍)·중산현포 고사정에서 피서하며 짓노라(中山縣圃姑射亭避

署作)〉라는 사 한 수를 지었다. 청대 문학가 원매[袁枚, 1716~1797, 자는 자재(子才)]는 일찍이 율수지현을 지냈는데, 이임할 때 〈중산현서를 나오는 도중에 감회가 일어(出中山縣署途中感懷)〉라는 시를 지었다. 명대 가경(嘉慶) 연간에는 병부상서(兵部尙書) 제태(齊泰, 율수 사람)를 기념하기 위하여 현성(縣城)에 중산서원(中山書院)을 세웠다. 이른바 중산현포(中山縣圃)·중산현서(中山縣署)와 중산서원의 중산(中山)은 바로 율수를 가리킨다. 이로써 최치원의 《중산복궤집》은 바로 《율수복궤집(溧水覆簣集)》임을 알 수가 있다. 이곳의 중산은 결코 율수현에서 동쪽으로 5킬로미터 떨어진 작은 산, 중산(中山)이 아니다.

3. 율수현위(溧水縣尉)

당대 현위는 통상적으로 진사(進士) 출신이 초임하던 관직이었다. 당시 현위는 소부(少府)라고도 불렀다. 송대 조언위(趙彦衛)의 《운록만초(雲麓漫鈔)》 권2에서는 "당나라 사람들은 명부를 현령이라 불렀고 ⋯⋯ 현위를 소부라고도 불렀다(唐人則以明府稱縣令 ⋯⋯ 尉遂曰少府)"고 했다. 당대의 위대한 시인 두순학(杜筍鶴)은 최치원에게 주는 시를 썼는데, 제목이 〈율수 최 소부에게 드리노라(贈溧水崔少府)〉이다. 장국강(張國剛)의 《당대관제(唐代官制)》(三秦出版社, 1987)의 기록에 의하면, 당대의 현 내에 설치한 관직으로는 현령(縣令), 현승[縣丞, 영(令) 다음의 관직으로 찬부(贊府)라고도 부른다], 주부(主簿), 현위(縣尉) 등이 있다. 당대의 현위는 "육조사를 나누어 관할하고 세금을 거두며 도적을 체포하는(分判衆曹, 催征課稅, 追捕盜賊)" 임무를 책임졌다.[1] 율수는 당시 상현(上縣)이었

---

1) 이른바 중조(衆曹)는 주부(州府)의 육조사(六曹司)를 이어받은 사공좌(司功佐)·사창좌(司倉佐)·사호좌(司戶佐)·사병좌(司兵佐)·사법좌(司法佐)·사사좌(司士佐)

는데, 호구는 6천 호 이상이었다. 청(淸) 광서(光緖) 8년의 《율수현지(溧水縣志)》에 의거하면 최치원이 임직했을 때 율수현령(溧水縣令)은 육해(陸該)였는데, 연봉이 85석이었으나 최치원은 종9품(從九品)의 관직이었기에 연봉은 49.5석이었다.

4. 율수현아(溧水縣衙)

최치원이 율수에서 현위로 임직할 때부터 지금까지 천백여 년이 흘러 현성(縣城)의 면모가 크게 변했다. 그러나 당시의 현아(縣衙) 터는 여전히 확인할 수 있다.

청 광서 연간의 《율수현지》 권8, 〈전사지(典祀志)〉의 기록에 의하면, "성황묘는 소동문 밖 통제가에 있는데, 당 현령 백계강[2]의 신위를 모셨다. (백계강이) 보력 2년(824)에 관사에서 사망했는데, 선정을 베풀었기 때문에 고을 사람들이 그를 제사지낸 것이다. …… 회창 4년(844)에 현아에 성황묘를 세우고, 통제가의 서쪽 양조장 부근으로 옮겼다(城隍廟, 在小東門外通濟街. 神爲唐縣令白季康. 以寶歷二年卒于官, 有善政, 邑人思之 …… 會昌四年, 卽縣治立廟, 移治于街西酒坊)"고 했다. 이 기록은 다음을 알려준다.

① 당대 전기의 율수현아는 남향이었고 앞에는 동서로 향하는 큰 거리, 즉 지금의 통제가(通濟街)가 있었다. 회창 4년에 율수의 지방 명사들이 현아를 고쳐 성황묘를 세웠다. 당대 이래로 성황묘는 당지에 누차 세

등을 가리킨다. 일반적으로 말하면, 단지 경현(京縣)에만 전부 설치하고 기현(畿縣)에는 사병(司兵)이 없고 상현(上縣) 이하에는 단지 사호좌·사법좌만 있을 뿐이다.

2) 백계강은 백거이(白居易)의 숙부이다. 백거이는 일찍이 그를 위해 〈당 고 율수현령 태원 백 부군 묘지명 병서(唐故溧水縣令太原白府君墓志銘幷序)〉를 지은 바 있는데, 《백향산집(白香山集)》에 수록되어 있다.

웠는데, 천여 년 동안 위치가 바뀌지 않았다가 본 세기 60~70년대에 들어서서 철거되었다. 성황묘의 원래 터 거리에 통제상장(通濟商場)을 세웠는데, 이 상가의 동쪽에 '묘항(廟巷)'이라는 거리가 있었다. 당대부터 있었던 이 묘항은 비록 건물이 천여 년 전의 옛것은 아니지만, 거리의 폭과 길이는 여전히 원래의 모습을 유지하고 있었다.

② 회창 4년에 율수현 관아를 거리 서쪽의 '주방(酒坊)' 일대로 이전했다. 주방의 위치에 대해서 《현지(縣志)》에는 아무런 기록이 없다. 그러나 고고학적 발견에 의거하면, 주방이 묘항 서쪽의 공소상장(供銷商場) 터에 있었음을 알 수 있다. 1950년대에 이곳 지하에서 탄화된 수많은 쌀이 발견되었고, 1987년 9월 공소상장을 세울 때는 지하 2.5미터 지점에서 두께 0.4~0.5미터에 달하는 도기 조각 무더기가 발견되었다. 이 무더기 속에는 수십 개의 완벽한 황유사계도단(黃釉四系陶壇)이 있었는데, 단지 높이는 대략 35센티미터였고, 모양은 감람(橄欖, 올리브) 형태였다. 연구 결과에 의하면, 이 질그릇 단지는 술을 담는 용기였기에 이곳을 고대의 양주장터로 확정했다. 당대의 현아는 마땅히 공소상장이나 약간 서쪽에 있었을 것이다. 최치원은 건부(建符) 2년에 율수에서 임직했으니, 이때는 율수현아를 거리의 서쪽 양조장터로 옮긴 지 30여 년이 지난 때였다.

5. 최치원의 시문

최치원이 율수에서 지은 《중산복궤집》 5권은 애석하게도 문집 자체가 산일되어 존재하지 않는다. 그러나 이는 최초로 후세에 전해진 개인 문집이었고, 또한 한국 역사상 최초로 세상에 이름을 알린 개인 문집이다. 이 문집이 율수에서 완성되었으니, 마땅히 율수현의 영광이요, 자랑이기도 하다. 《중산복궤집》은 율수의 아칭(雅稱)으로 명명했다. '복궤(覆簣)'라는 말은 공자(孔子)의 《논어(論語)》, 〈자한(子罕)〉편의 "비유컨대 평지에 흙을 쌓아 산을 만드는데, 설사 이제 막 한 삼태기의 흙을 붓더라도 만약 앞으로 나아가야 한다면, 나는 곧 나아갈 것이다(譬如平地, 雖一簣, 進, 吾往也)"에서 나왔다. '궤(簣)'는 흙을 나르는 대로 만든 삼태기이고, '복(覆)'은 흙을 쏟고 담는다는 뜻이다. 다시 말하면, 삼태기로 담을 수 있는 흙이 많지는 않지만 꾸준히 나르면 마침내 산이 되는 것처럼 대업을 성취할 수 있다는 뜻이다. 최치원이 '복궤'로 문집의 이름으로 삼은 의도는 게으름 피우지 않고 근면하게 장기간 노력하여 웅대한 사업을 성취하려는 뜻이었다.

최치원은 중국에 머무는 동안 수많은 문인, 선비, 지방 관원과 사귀면서 깊은 우정을 맺었다. 율수에서 현위로 임직할 때 시인 두순학(846~904)과 매우 친밀하게 교제했는데, 두순학에게 〈율수 최 소부에게 드리노라〉란 시가 있다.

庭戶蕭條燕雀喧, 뜰 안은 소슬한데 제비, 참새 소리 시끄럽고
日高窓下枕書眠. 해가 중천에 높은데 창 아래에서 책을 베개 삼아 잠자네.
祗聞留客教沽酒, 손님이 왔다는 말을 듣고는 술을 사오게 하면서
未省逢人說料錢. 미처 손님에게 인사할 새도 없이 급사에게 보수를 지급하겠다 말하네.
洞口禮星披鶴氅, 서재 앞에서 학창의를 걸친 두순학을 칙사처럼 예우하고
溪頭吟月上漁船. 시냇가에 이르러 달을 읊으며 고기잡이배에 오르네.
九華山叟心相許, 구화산의 늙은이 마음이 서로 맞으니
不計官卑贈一篇. 관직이 낮음을 따지지 않고 시 한 수를 바치네.

두순학은 최치원을 젊은 친구, 후배로 여겼으니, 두 사람 간의 우의가 매우 돈독했음을 알 수 있다. 최치원의 〈심정을 토로하며 태위께 올립니

다(陳情上太尉)〉, 〈수재 양섬과 송별하며(酬楊贍秀才送別)〉, 〈「귀연음」을 지어 태위께 드리며(歸燕吟獻太尉)〉, 〈여도사와 이별하며(留別女道士)〉, 〈초주 장 상서가 수곽에서 맞이하기에 시를 지어 감사드리노라(楚州張尙書水郭相迎因以詩謝)〉, 〈수재 오만과 석별하며 두 절구(酬吳巒秀才惜別二絶句)〉 등의 시에는 모두 글자의 행간에 그와 중국 문인, 지방관원과의 심후한 우정이 흘러넘친다. 이 점에서 그는 우호의 사자이다.

최치원이 율수현위로 재임할 때 쓴 장시 〈쌍녀묘〉에는 화려하고 아름다우며 스토리와 플롯이 감동적인데, 율수 일대의 사람들이 모두 알고 있을 정도이다. 이 장시는 미려한 무지개처럼 중・한 양국 인민 사이에 우호의 다리를 가설했다. 〈쌍녀묘〉에 대해서 수많은 사람과 학자들이 매우 상세하게 연구했으므로 다시 장황하게 늘어놓지는 않겠다.

최치원이 율수를 떠난 뒤, 율수의 인민은 줄곧 이국에서 온 친구를 잊지 않았다. 역대의 《율수현지》에는 모두 '최치원(崔致遠)'의 이름이 수록되어 있다. 그리고 최치원에 관한 전기 고사도 줄곧 율수의 민간에 유전된다.

최치원의 사적을 연구하기 위하여 율수현 정부에서는 일찍이 1997년 중・한 수교 5주년이 되는 해 대표단을 한국에 파견하여 서울, 경주 등지에서 최치원의 율수 사적을 선전했고 관련 자료를 수집한 적이 있다. 한국에서도 일찍이 청년 학자 두 명이 율수를 방문한 적이 있다.

최치원은 일생 동안 중국에서 16년 동안 머물었는데, 후기에는 율수, 회남(淮南, 지금의 揚州)에서 관직을 맡았다. 율수에서는 5년 동안 현위로 재직했다. 최치원은 이곳의 생활에 매우 깊은 인상을 받았기에 〈계원필경서〉에서 율수의 생활에 대하여 길게 기술했다. 최치원을 연구하려면 율수에 와보지 않으면 안 된다. 현재의 율수현은 강소성 남경시의 속현으로 남경에서 50킬로미터 떨어져 있고 고속도로가 남경으로 직통하며 남경 녹구(祿口) 국제공항에서 율수현까지는 단지 10여 분의 거리라서 교통이 매우 편리하다. 율수현위(溧水縣委), 현정부(縣政府)에서는 더욱 많은 한국 친구들이 율수에 와서 시찰하고 방문해 주기를 바란다.

1999년 12월 19일.

[해제]

이 글은 역자가 제2차 최치원 사적 학술 고찰(崔致遠史迹學術考察)에 참여했을 당시, 고순현 현장을 지낸 바 있는 손장송 서기가 1999년 12월 19일에 우리 측 환영사의 내용으로 발표한 것이다.

최치원의 재당 사적(在唐事跡) 고찰

김영화(金榮華)

1.

최치원(崔致遠)은 한국 한문학의 거장이며, 한국 한문학사에서 대종사(大宗師)의 위치를 차지한다. 그의 자는 고운(孤雲) 혹은 해부(海夫)[1]이며, 별호는 계원행(桂苑行)이고 또는 상구사자(桑丘使者)[2]라고도 부르는데, 당나라 때 신라 사람이다. 당 의종(宜宗) 대중(大中) 11년(신라 헌안왕 원년, 857)에 태어나 열두 살에 중국에 유학하여 공부했고, 열여덟에 진사에 응시하여 합격했다. 처음에는 율수현위(溧水縣尉, 지금의 강소성 율양현)를 맡았고, 후에는 회남절도사(淮南節度使) 고병(高駢)을 위해 공문서를 관장했는데, 전체 직함 명은 '도통순관·승무랑·시어사·내공봉·사자금어대(都統巡官承務郎侍御史內供奉賜紫金魚袋)'이며, 스물여덟에 신라로 돌아왔다.

최치원이 신라로 돌아온 뒤의 벼슬과 은거에 대해서 한국 전적에서 이

1) 해부(海夫) 혹은 해운(海雲)이라고도 하는데, 여기에서는 서유구(徐有矩)의 〈교인계원필경집서(校印桂苑筆耕集序)〉를 따랐다.

2) 최치원의 〈대화엄종 불국사 비로자나 문수보현상 찬(大華嚴宗佛國寺毘盧遮那文殊普賢像讚)〉과 〈왕비 김씨 위고수 석가여래상번 찬(王妃金氏爲考繡釋迦如來像幡讚)〉(《孤雲先生續集》, 〈讚〉)을 보라.

미 기록된 바가 있다.[3] 그러나 그가 중국에서 보낸 10여 년의 세월에 대하여 이전의 문헌이 상세하지 않을 뿐 아니라, 착오가 있음을 면할 수가 없다. 《삼국사기(三國史記)》의 〈최치원전(崔致遠傳)〉을 예로 들어보자.

> 최치원은 …… 단번에 급제했는데, 당시 나이 18세였고, 선주 율수현위의 임명을 받았다. 그의 공적을 심사하여, 승무랑・시어사・내공봉이 되었고 자금어대를 받았다. 이때 황소의 반란이 일어나자, 고병이 제도행영병마도통이 되어 황소를 토벌하게 되었는데, 최치원을 뽑아 종사로 삼아 서기의 임무를 맡겼다(崔致遠 …… 一擧及第, 時年十八, 調授宣州溧水縣尉,[4] 考績爲承務郎侍御史內供奉賜紫金魚袋. 時黃巢叛, 高駢爲諸道行營兵馬都統以討之, 辟致遠爲從事, 委以書記之任).

이 기록은 부당한데, 최치원이 열여덟 살에 과거에 급제하자마자 즉각 율수현위로 부임했다고 믿게 했을 뿐 아니라, 또한 '승무랑・시어사・내공봉・사자금어대'를 최치원이 율수현위를 맡아서 공적을 거둔 뒤의 영전으로 썼다. 사실 최치원은 과거에 급제한 뒤 결코 곧바로 관직을 받지 못했다. '승무랑'과 '시어사・내공봉'은 이름뿐인 빈 직함이지 실제 관직이 아니며, '사자금어대'는 특별히 하사받은 물건이다. 이는 모두 최치원이 고병의 기실(記室)을 맡은 뒤, 고병이 그를 조정에 추천하여 얻은 것이다.

최치원의 저작은 매우 많다.[5] 그러나 지금 세상에 전하여 볼 수 있는

---

3) 주요 사적이 《삼국사기(三國史記)》 권46, 〈최치원전(崔致遠傳)〉에 보인다. 기타의 기술은 대체로 이 열전을 따랐다. 상세한 것은 《고운선생사적(孤雲先生史蹟)》과 이인로(李仁老)의 《파한집(破閑集)》 권중(卷中), 「문창공 최치원(文昌公崔致遠)」조를 보라. 이규보(李奎報)의 《백운소설(白雲小說)》에 최치원의 사적을 기록한 세 조목이 있으나, 모두가 시를 논한 것이라서 귀국 후의 벼슬과 은거와는 무관하다.

4) 율(溧)자가 표(漂)자로 잘못 표기된 판본도 있다.

것으로는 《고운선생문집(孤雲先生文集)》 3권과 후인이 흩어진 저작을 모은 《고운선생속집(孤雲先生續集)》 1권, 《전당시일(全唐詩逸)》 권중(卷中)에 수록된 칠언 절구 한 수와 가구(佳句) 몇 구가 있다. 《계원필경집(桂苑筆耕集)》은 최치원이 고병의 막부에서 수년간 지내면서 쓴 작품으로, 여기에 그가 고병을 대신하여 쓴 주(奏)·장(章)·문(文)·서(書)가 있다. 《고운선생문집》과 《고운선생속집》에 수록된 것은 대부분 최치원이 신라로 돌아온 뒤의 작품으로, 여기에는 그가 신라 국왕을 대신하여 쓴 표(表)·장(章)·서(書)·장(狀)이 있다. 여기서는 아는 바에 의거하여 그의 재당 사적을 고찰해 보고자 한다.

2.

당조의 국자감(國子監)은 중앙 정부에 속한 교육 단위로, 귀족과 고관들의 자제 교육을 위주로 했으나 외국 학생들도 공부할 수 있었다. 외국 학생들은 각국 정부에서 추천하였는데, 국자감에서는 필요한 의복과 음식을 지급해 주었다. 수업 기한은 10년이었으며, 그 목적은 중외의 어문과 사무에 능통한 인재를 배양하는 데 있었다.[6] 신라에서 추천한 학생들은 항상 국가에서 파견한 사절을 따라 함께 중국에 왔고, 수업 기한이 자면 신라에서는 공문을 갖추어 영접하여 돌아갔다.[7]

5) 상세한 것은 최국술(崔國述)이 펴낸 《고운선생문집(孤雲先生文集)》 권수(卷首) 목록 중 권외 목록(卷外書目)에 보인다.

6) 《삼국사기》 권5, 「신라 선덕여왕(善德女王) 9년」조와 최치원이 신라왕을 대신하여 쓴 〈숙위 학생 수령 등을 파견하여 입조하는 장문(遣宿衛學生首領等入朝狀)〉(《고운선생문집》 권1) 참조.

7) 최치원이 신라왕을 대신하여 쓴 〈숙위 학생을 번국으로 돌려보내 주시길 주청하는 장문(奏請宿衛學生還蕃狀)〉(《고운선생문집》 권1)과 주 6 참조.

국자감의 외국 학생들도 당조 정부에서 주관하는 진사 시험에 참가할 수 있었으며, 그들의 응시 자격을 빈공(賓貢)이라 불렀는데, 그것은 '다른 지방에서 추천하여 응시한다'는 뜻이다. 합격한 뒤에는 빈공과에 올랐다고 했다. 당대에 빈공을 거쳐 진사에 합격한 신라 유학생은 모두 50여 명[8]으로, 어떤 사람의 이름은 지금까지도 여전히 찾지 못하고 있다.[9]

최치원은 신라국에서 선발되어 당나라 국자감으로 보내져 공부한 학생인데,[10] 열두 살에 중국으로 건너와 6년간 공부하고 '빈공' 자격으로 예부(禮部)에서 주관한 진사과 시험에 응시하여 일거에 급제했는데, 당시의 주임 시험관은 예부시랑(禮部侍郎) 배찬(裴瓚)이었다. 열두 살에 중국에 건너와 단지 6년 간 공부한 외국인의 경우, 이는 확실히 대단한 일이었다. 왜냐하면 진사과는 3년에 한 번 열리고, 매번 선발하는 정원이 단지 30명이어서 응시자의 수준이 보편적으로 뛰어나지 않으면 합격한다는 보장이 없었기 때문에[11] 어려서부터 공부한 중국인들도 이 시험을 통과하기란 쉬운 일이 아니었다. 당시 최치원과 함께 합격한 명사 고운(顧雲)은 낙제한 뒤 다시 합격한 사람이다.[12]

---

8) 최해(崔瀣), 〈명을 받들어 사신으로 나갔다가 조정에 돌아온 이중보를 전송하는 서문(送奉使李中父還朝序)〉(《東文選》 권84).

9) 최치원이 신라왕을 대신하여 지은 〈신라왕이 당 강서 대부 고상에게 보내는 장문(新羅王與唐江西高大夫狀)〉(《孤雲先生文集》 권1). 당대에 인재를 선발하는 과(科)로는 세 가지가 있었다. 학관(學館)에서 주관하는 것은 생도(生徒), 주현(州縣)에서 주관하는 것은 향공(鄕貢), 천자가 몸소 불러서 주관하는 것은 제거(制擧)라고 했다. 빈공(賓貢)의 과는 거기에 들어 있지 않다.

10) 최치원, 〈무염화상 비명 서문(無染和尙碑銘序)〉(《고운선생문집》 권2).

11) 《신당서(新唐書)》 권44, 〈선거지(選擧志)〉에서 "태화 8년(834)에 예부에서는 다시금 진사에 대한 의논을 그만두고 시부로 시험을 치렀다. 문종은 궁중에서 출제하여 진사과의 시험을 치르면서 시중드는 신하들에게 다음과 같이 말했다. '나는 문장의 격조가 부박해질까 염려하여 어제 스스로 출제했는데, 시험이 조금 나으리라.' 이에 예부에 조서를 내려 합격자 30명을 뽑도록 하고 해당자가 없을 경우에 그 숫자를 채울 필요가 없다고 했다(太和八年, 禮部復罷進士議論, 而試詩賦. 文宗從內出題以試進士, 謂侍臣曰 : '吾患文格浮薄, 昨自出題, 所試差勝'. 乃詔禮部歲取登第者三十人, 苟無其人, 不必充其數)"라고 했다.

당조에서 진사에 합격하기란 결코 쉬운 일이 아니었다. 그러나 진사에 합격해도 진사과 합격자라는 '출신'만 있을 뿐, 이를 가지고 관직을 얻을 수 없었다. 관직을 맡으려면 이부(吏部)에서 시행하는 '굉사(宏詞)'(試文三篇), '발췌(拔萃)'(試判三條) 등 과(科)의 시험에 합격하거나,[13] 아니면 이부에서 거행하는 '신언서판(身言書判)' 시험[14][신체는 자태와 용모가 건장하고, 말씨는 언사에 타당성이 있으며, 글씨는 해서의 필법이 힘 있고 아름다우며, 판결은 판결문의 조리가 뛰어나야 한다(身者欲體貌豐偉, 言者指言辭辯正, 書需模法遒美, 判求文理優長)]에 응시해야 했다.[15] 최치원은 진사에 합격한 뒤 이부의 '굉사'나 '발췌' 시험에 응시하지 않았는데, 그가 율수현위로 부임한 계기는 아마도 '신언서판' 시험이었을 것이다. 이 시험은 이부에서 정한 기일에 거행되었으나, 실제로는 일종의 형식일 뿐 참가하는 사람들도 반드시 진사 자격을 갖추어야 하는 것이 아니라, 시험을 통과하고 나서 얻은 관직이 마음에 들지 않으면 다시 기다렸다가 만족할 만한 직위가 있으면 다시 문하성(門下省)의 심사를 거쳐 확정되었다.[16] 따라서 최치원은 비록 열여덟에 진사에 합격했으나, 스무 살이 되어서야 율수현위로 취임했다.[17] 그는 발령 대기 중에 부(賦) 5편, 시 100수, 잡시부(雜詩賦) 30수를 썼다.[18]

당조는 호구의 많고 적음에 따라 각 현의 등급을 정했는데, 처음에는 5천 호 이상을 상현(上縣), 2천~5천 호 사이는 중현(中縣), 1천~2천 호

---

12) 나은(羅隱)의 시 〈낙제한 고운을 전송하며(送顧雲下第)〉가 《전당시(全唐詩)》 권636에 수록되어 있다.

13) 《신당서》 권45, 〈선거지〉.

14) 구태원(瞿蛻園), 〈역대관제개술(歷代官制概述)〉. 황본기(黃本驥) 편, 《역대직관표(歷代職官表)》, 臺北 漢聲出版社, 1973 부록.

15) 《신당서》 권45, 〈선거지〉.

16) 주 13·14 참조.

17) 최치원, 〈처음으로 태위께 올리는 계문(初投獻太尉啓)〉(《계원필경집》 권17).

18) 최치원, 〈계원필경집서〉.

사이는 중하현(中下縣)으로 규정했다. 뒤에는 6천 호 이상이 상현, 3천~6천 호 사이가 중현, 3천 호가 안 되면 중하현이었다.[19] 율수는 상현이었는데,[20] 상현에서는 현위를 2명 두었고 등급은 종9품 상(從九品上)이었다. 만일 중현, 중하현이나 하현이라면 한 명의 현위를 두었고, 등급은 종9품 하(從九品下)였다.[21] 당조 과거 제도에 진사 시험은 갑(甲)·을(乙) 두 등급으로 나뉘는데, 갑 등급은 종9품 상을 받았고 을 등급은 종9품 하를 받았다.[22] 최치원은 종9품 상의 율수현위의 관직을 수여받았으므로 그가 진사 시험에 합격했을 뿐만 아니라 성적도 매우 좋았음을 알 수 있다.

당조 지방 정부의 조직을 보면, 각 주의 상현은 현령(縣令) 1명, 현승(縣丞) 1명, 주부(主簿) 1명, 현위 2명을 두었다.[23] 만당(晩唐) 시대에 상현 현위의 월급은 전(錢) 20관(兩萬)이었다.[24] 이 밖에 당대 지방 관리의 월급이 법령에는 보이지 않지만 정당한 수입으로 볼 수 있는 액수가 적지 않았다.[25] 최치원은 율수현위를 맡았던 기간에 공무가 바쁘지 않고 자신의 월급에 대해서도 만족했기 때문에 "월급이 두둑하고 관직은 한가하다(祿厚官閒)"고 했고, 아울러 "벼슬살이하다가 남은 힘이 있으면 배웠다(仕優則學)"고 하여 끊임없이 창작했다. 후에 그는 이 시기에 공무나

---

19) 《당회요(唐會要)》 권70, 〈호구를 조사하고 주현의 등급을 정하는 조례(量戶口定州縣等第例)〉.

20) 《신당서》 권41, 〈지리지(地理志)〉, 「강남도 승주(江南道昇州, 율수현은 일찍이 승주에 속했음)」. 또 최치원의 〈길게 올리는 계문(長啓)〉(《계원필경집》 권18) 참조.

21) 《구당서(舊唐書)》 권44, 〈직관지(職官志)〉.

22) 《신당서》 권45, 〈선거지〉.

23) 《구당서》 권44, 〈직관지〉

24) 당대의 모든 관리의 월급은 회창(會昌) 연간(841~846) 이후에는 오르지도 내리지도 않았다. 각 관직의 월급 액수는 《신당서》 권55, 〈식화지(食貨志)〉에 상세하다.

25) 진인각(陳寅恪), 〈원진·백거이 시 속의 봉급 문제(元白詩中俸料錢問題)〉, 《청화학보(清華學報)》 제10권 제4기, 1935. 후에 《진인각선생문집(陳寅恪先生論文集)》(臺北文理出版社, 1977) 상책에 수록.

개인적으로 쓴 것을 합하여 5권으로 만들고 제목을 《중산복궤집(中山覆簣集)》 — '중산(中山)'은 율수현 남쪽 경계의 산 이름이고, '복궤(覆簣)'는 자기 작품에 대한 최치원의 겸손한 표현이다 — 으로 달았다.[26)]

3년이 지나 건부(乾符) 6년(879) 겨울에 최치원은 율수현위 임기가 찼으나, 새로운 관직을 얻지 못했다. 당조에 현위처럼 지방 기층 관리는 임기가 차면 반드시 새로운 관직을 얻을 수 있는 것이 아니었다.[27)] 그는 즉각 새로운 관직으로 파견되지 못했는데, 재임 중에 무슨 실수를 한 것도 아니었다. 최치원은 새로운 관직을 얻을 수 없어 이부의 '굉사'과 시험에 응시하고자 준비했다.[28)] 이부의 '굉사'와 '발췌' 두 과는 모두 한 번 합격하기만 하면 곧바로 관직을 수여했다.[29)]

최치원이 현위를 맡던 기간에 받은 월급에 대해서는 만족했지만, 임직한 3년 동안 아무 것도 비축해 두지 못했다. 따라서 해직 후 그를 가장 곤혹스럽게 한 것은 바로 경제 문제였다. 실업한데다가 돈이 없었으며 게다가 타향에서 객지 생활을 하다 보니 사고무친이었다. 이때의 최치원의 낙담과 적막함을 미루어 알 수 있다. 후에 그는 이때의 상황을 다음과 같이 자술했다.

> 비록 일찍이 녹을 먹었으나 가난에 대한 근심을 면치 못하였고 조의 주머니는 가는 곳마다 비었으며, 범의 솥은 언제쯤 쓰시워지셨습니까? 하물며 십은 4군에서 멀고 길은 10주에 떨어져서 한없는 근심은 밤새도록 속을 태우고 집 소식은 해를 지나도록 막혀 있으니, 세상의 인정은 냉담하고 세속의 태도가 비뚤어지고 거짓투성이입니다(雖曾食祿, 未免憂貧. 趙囊則到處長空, 范甑則何時蹔

26) 최치원, 〈계원필경서〉 참조.
27) 《신당서》 권191, 〈충의전(忠義傳)〉, 「오보안(吳保安)」조 참조.
28) 주 17과 〈길게 올리는 계문(長啓)〉(《계원필경집》 권18) 참조.
29) 주 14 참조.

熟? 況乃家遙四郡, 路隔十洲. 窮愁則終夜煎熬, 遠信則經年阻絶. 時情冷澹, 俗態澆訛).[30]

다행스럽게도 이때 중국에서 관직에 있던 한 외족(外族) 인사가 최치원에게 그해 10월에 '회남절도부대사 · 지절도사(淮南節度副大使知節度事)'로 새로 부임한 고병에게 계(啓)와 시(詩)를 올려서 고병의 막부에서 관직을 얻으라고 권고했다. 이 사람은 누구이고 어느 나라 사람인지 지금까지 알려진 바가 없다. 단지 그가 신라 사람이 아님을 알 수 있을 뿐이고, 당시 고병 휘하의 무관이었을 것이다. 그는 최치원에게 알려 주었을 뿐 아니라, 고병에게도 어느 정도 추천을 올렸다. 최치원이 올린 서계(書啓)와 시편(詩篇)은 바로 그가 대신하여 바친 것이다.[31]

당대 절도사는 직속 군대의 군직(軍職)과 사부(使府)의 문직(文職) 대부분을 자신이 임명했다. 절도사의 막료들은 출신 제한이 없었고, 문사들도 진사 합격 여부를 막론하고 모두 초빙에 응할 수 있었다. 초빙에 응한 자들은 상당한 학식과 경력을 갖춘 후에 중앙으로 추천되어 임직할 수 있었다. 사실상 중당(中唐) 이후 절도사 막부의 초빙에 응하여 등용문에 올라선 문사들은 매우 많았다.[32] 예를 들면 한유(韓愈)는 일찍이 동진(董縉)의 막부에서 순관(巡官)을 지냈다.[33] 안사(安史)의 난 이후에는 절도사 가운데 반(半) 독립적인 할거자를 제외하고 회남(淮南) · 검남(劍南) 두 도(道)의 절도사가 가장 중요하여 왕왕 재상과도 내왕했다.[34] 그때 고병의 관직명은 비록 '회남절도부대사 · 지절도사'로 절도사(節度使)보다 한 등급 낮은 것 같으나, 만당(晩唐)에서 이것은 정절도사(正節度使)였

30) 최치원, 〈객장에게 주는 편지글(與客將書)〉(《계원필경집》 권19).
31) 최치원, 〈객장에게 주는 편지글(與客將書)〉(《계원필경집》 권19) 참조.
32) 주 14 참조.
33) 《구당서》 권160, 〈한유전(韓愈傳)〉.
34) 주 14 참조.

다.[35] 뿐만 아니라 그는 '검교사공(檢校司空)'·'검교사도(檢校司徒)' 등의 높은 직함 이외에도 '강회염철전운사(江淮鹽鐵轉運使)' 등 재정 방면의 요직을 겸임했다. 따라서 최치원이 그의 막료직을 맡을 수 있다면 벼슬길의 전도에서 상황이 훨씬 유리해져서 '굉사'의 시험에 응시하여 관직을 얻을 수 있었을 것이다.

고병은 대대로 금군(禁軍) 집안 출신으로 아버지와 할아버지는 변경에서 공을 세웠다. 그는 활을 잘 쏘았을 뿐 아니라, 어려서부터 문학을 좋아했고 시에 능숙했다. 처음에는 변경 수비 장군으로 변방에 거주했으나, 후에 교지(交趾)를 수복하고 남조(南詔)를 평정하고 왕선지(王仙芝)를 물리친 공로로 검남서천절도사(劍南西川節度使)·검남절도부대사 지절도사를 역임했다.[36] 그의 막부에서 일찍이 그의 장서기(掌書記)로 지낸 유명한 명사들이 적지 않다. 예를 들면 《전기(傳奇)》의 작자 배형(裴鉶)은 그가 정해군절도사(靜海軍節度使)를 맡을 때의 기실(記室)이었다.[37] 최치원이 해직된 뒤에 그 막부직을 맡을 의도가 있었고, 아울러 중요한 문서를 처리했던 사람이 바로 최치원과 함께 진사에 합격한 고운(顧雲)이었다.[38]

고병 휘하의 객장(客將)의 손을 거쳐 최치원은 고병에게 서계(書啓) 한 통, 문장 5편과 칠언시 100수를 올렸다. 서계에서는 고병을 칭송하고 자신의 본적, 경력과 이부 시험에 응시할 계획 등을 간략히 기술했다.[39] 문장과 시의 내용에 대해서는 알 수 없다.

---

35) 《신당서》 권49 하, 〈백관지(百官志)〉.

36) 《신당서》 권224 하와 《구당서》 권182에 모두 〈고병전(高駢傳)〉이 있다. 《당시기사(唐詩紀事)》 권63을 보면 그는 장경(長慶) 초년에 태어났고, 《구당서》 권182와 《자치통감(資治通鑑)》 권257을 보면 광계(光啓) 3년 9월에 살해당했다.

37) 배형, 〈천위경신착해파비(天威涇新鑿海派碑)〉(《전당문(全唐文)》 권805).

38) 《전당시》 권637, 《전당문》 권815, 《남부신서(南部新書)》 갑집(甲集).

39) 최치원, 〈처음으로 태위께 올리는 계문(初投獻太尉啓)〉(《계원필경집》 권17).

고병은 최치원의 서계와 시문을 받은 뒤, 곧바로 선물을 보내주었다. 이에 최치원은 다시 장문의 편지를 써서 선물에 대한 감사 외에도 막부에서 종사할 바람을 표시했다.[40] 이어서 또다시 고병의 공적을 읊은 칠언 절구 30수를 바쳤다.[41] 이에 고병은 최치원을 '서충관역순관(署充館驛巡官)'[42]으로 임명했다.

절도사 아래의 편제에 따르면, '관역순관'은 문직(文職)으로 모두 4명이었다.[43] '서충관역순관'은 편제 밖의 인원으로, 그 자체는 일종의 파견으로 관리의 등급이 없었다. 따라서 반드시 낭관(郞官)이나 어사(御史)의 직함을 가지고 있어야 했는데, 최치원의 전체 직함 중 '승무랑'은 대체로 이때 얻은 것이다. 승무랑의 등급은 종8품 하였다.[44] 최치원이 이때 한 일은 대체로 부차적인 공문을 처리하는 것이었다.

최치원이 고병의 막부에서 중시받은 것은 이듬해 여름(광명 원년, 880)이었다. 그때 고병은 이미 3월에 조정에서 '제도병마행영도통(諸道兵馬行營都統)' 직위를 부여받고,[45] 서쪽으로 출병하여 황소를 정벌했다. 당시의 행동에 최치원은 참가하지 않은 듯하지만, 대군이 동당(東塘)에 진주한 뒤에 고병은 막부의 뭇 낭관들과 최치원을 거론했다. 뭇 사람들이 최치원에 대하여 한결같이 찬양했기 때문에 고병의 주의를 끌게 되었다.[46] 그 당시의 출정 계획은 실행되지 못했지만, 고병은 회군한 뒤 최치원의 관직 '서충관역순관'을 '서관역순관(署館驛巡官)'으로 바꾸고,[47] 아울러 그를 위해 조정에 관직 품계를 올렸다.[48] 최치원의 이후의 글에 보

40) 최치원, 〈다시 올리는 계문(再獻啓)〉(《계원필경집》 권17).
41) 최치원, 〈시를 올리는 계문(獻詩啓)〉(《계원필경집》 권17).
42) 최치원, 〈직위를 내려준 데 감사드리는 장문(謝職狀)〉(《계원필경집》 권17).
43) 주 25 참조.
44) 《구당서》 권42, 〈직관지(職官志)〉.
45) 《구당서》 권19 하, 〈희종본기(僖宗本紀)〉.
46) 〈길게 올리는 계문(長啓)〉(《계원필경집》 권18) 참조.
47) 최치원, 〈직위를 고쳐준 데 감사드리는 장문(謝改職狀)〉(《계원필경집》 권18).

이는 전체 직함 중 '전중시어사・내공봉(殿中侍御史內供奉)'은 마땅히 이때 얻은 것이다.[49]

당대의 편제에 따르면, 어사대(御史臺)에는 '전중시어사(殿中侍御史)' 9명을 두었고, 등급은 종7품 하였다. '내공봉'은 직무의 분류이다. 정식 편제에 의거하면, 9명의 전중시어사 가운데 1명은 태창(太倉)의 출납을 감독했고, 한 사람은 좌창(左倉)의 출납을 감독했으며, 2명은 낭하식사(廊下食使)이고, 2명은 지좌우순(知左右巡)으로 나뉘며, 3명은 내공봉이었다.[50] '전중시어사・내공봉'이란 관직의 품계 외에도 고병은 최치원을 위해서 장복(章服)을 주청하여 최치원으로 하여금 종9품 하의 등급에서 4품・5품관의 비복(緋服)을 입고, 은어대(銀魚袋)[51]를 찰 수 있게 했다. 어대(魚袋)는 인신(印信)을 넣는 주머니이다. 당조 대신들의 인장은 물고기 모양[魚形]이였기 때문에 어대라고 불렀다.

종9품 상의 율수현위가 종7품 하의 전중시어사・내공봉으로 승급하고, 또 장복을 하사받는 데는 1년도 걸리지 않았다. 최치원 자신도 매우 얻기 어려운 기회임을 알고 다음과 같이 말했다.

> 저는 장강 밖의 상현의 현위로부터 곧 내전의 어사의 직위를 받고 또 관작을 겸했습니다. 또 성조에 벼슬하는 빛나는 젊은 사람들을 보더라도 출신 입사한 지 20~30년에도 오직 남색 도포를 입고 연막에 나아가지 못하는 자가 많았습니다(某自江外一上縣尉, 便授內殿憲秩, 又兼章紱. 且見聖朝簪裾恒赫子弟, 出身入仕二三十年, 猶掛藍袍未趨蓮幕者多矣).[52]

48) 〈길게 올리는 계문(長啓)〉(《계원필경집》 권18) 참조.
49) 최치원, 〈참산의 신에게 지내는 제문(祭巉山神文)〉(《계원필경집》 권20).
50) 《신당서》 권48, 〈백관지(百官志)〉.
51) 《신당서》 권24, 〈거복지(車服志)〉.
52) 최치원, 〈길게 올리는 계문(長啓)〉(《계원필경집》 권18).

생각하건대 당조 편제에 7품 관복은 연두색이었고, 9품 관복은 옅은 청색이었다.[53] 청색 관복은 바로 최치원이 말한 남포(藍袍)이고, 연막(蓮幕)은 절도사의 막부를 가리킨다.

이해 겨울 11월에 황소는 동도 낙양(洛陽)을 공략했고 12월에 서울 장안으로 진입하여 당 희종(僖宗)은 사천(四川)으로 도망갔다. 이듬해 봄(광명 2년 7월 11일 중화 원년으로 바뀜, 881) 희종은 고병에게 조서를 내려 검교태위(檢校太尉)를 맡게 하고 동면도통(東面都統), 경서・경북신책제도병마 등사(京西・京北神策諸道兵馬等使)를 겸임하게 하고 고병을 재촉하여 황소를 공격하게 했다.[54] 최치원은 고병을 대신하여 〈태위로 승진시켜준 데 감사드리는 표문(謝加太尉表)〉[55]을 썼다.

5월에 고병은 재차 출병하여 황소를 토벌하고자 했다. 그때 고병을 대신하여 중요한 문서를 맡았던 사람은 고운(顧雲)이었다. 이 원정은 당연히 수행해야 했으나, 고병은 근처에 주둔하던 우군이 그에게 우호적이지 않음을 생각했다.[56] 대군이 출발한 뒤 근거지의 국방 사무와 지원이 매우 중요했기 때문에 조정에 고운을 관찰지사(觀察支使)로 추천하고 후방을 지키게 했으며,[57] 명령을 바꾸어 최치원을 원정에 수행케 했다. 최치원이 고병의 중요한 문건을 비교적 전면적으로 처리하기 시작한 것은 마땅히 이때였다.

최치원이 출정의 중임을 맡은 뒤 고병은 그를 순관(巡官)으로 진급시

---

53) 《구당서》 권45, 〈여복지(輿服志)〉.

54) 《신당서》 권224 하, 〈고병전(高騈傳)〉.

55) 《계원필경집》 권2.

56) 최치원이 고병을 대신하여 쓴 〈강서 왕 상서에게 답하는 글(答江西王尙書書)〉, 〈서주 시부에게 답하는 글(答徐州時溥書)〉, 〈양양 극공보(郄公甫) 장군에게 답하는 글(答襄陽郄將軍書)〉, 〈절서 주보 사공에게 주는 글(浙西周寶司空書)〉, 〈절서 호군 초 장군에게 주는 글(浙西護軍焦將軍書)〉(《계원필경집》 권11) 참조.

57) 최치원이 고병을 대신하여 쓴 〈부하를 종사관으로 전임시켜주길 요청하는 장문 : 모관 고운(請轉官從事狀 : 某官顧雲)〉(《계원필경집》 권6) 참조.

켰다. 순관은 막부 편제에서 높은 직위였다.[58] 특히 그때 고병의 신분은 회남절도(淮南節度)일 뿐 아니라 '제도병마행영도통'·'동면도통'이었으므로, 당시 최치원은 순관이란 직함에 대하여 약간 황공해 하면서 일찍이 상서하여 고병에게 사양할 뜻을 표현한 바 있다.[59]

벼슬길로 본다면, 그때는 최치원이 중국에서 가장 전도가 있었던 몇 개월이었다. 왜냐하면 그는 이미 종7품의 등급이었고, 또 도통(都統) 고병의 순관을 맡아 고병을 대신하여 중요한 문서를 처리했으며, 황소 토벌에 공을 세운 뒤 다시 승급할 것은 당연한 일이었기 때문이다.

그러나 고병의 권력과 지위가 한때 극성했으나, 정적들은 도리어 그가 기꺼이 출병하려 하지 않는다고 끊임없이 비난했고, 고병의 조치 또한 확실히 그가 관망하며 자중한다는 혐의가 있다고 느끼게 했다.[60] 왜냐하면 그가 전년에 출병하여 동당에 머물기만 하고, 실제로 회남 지구로 나가 황소를 진격하지 않았기 때문이다. 이번 출정에서도 수군은 여전히 동당에 모였을 뿐, 다시 전진하지는 않았다.

고병 측에서는 나름대로의 생각이 있었다. 왜냐하면 회남도 남북에 나뉘어 주둔하고 있던 이웃 군대가 그와 항상 충돌하고 있었기 때문이다. 북방에서는 서주(徐州)의 시부(時溥)가 사주(泗州) 쟁탈을 두고 일찍이 그에게 진군했다. 남방에서는 선주(宣州)의 경도정(景度貞)이 전란 중에 그가 사람을 파견하여 경도정이 관할하던 성읍(城邑)을 접수하려는 데 격분하여 무력을 행사했다. 절서(浙西)의 주보(周寶)는 고병 수하의 반역한 장수를 받아들였다가 그에게 깊은 의심을 품었기 때문이다. 그를 호시

58) 순관의 정원은 한 명뿐이었다. 그 위로는 행군사마(行軍司馬), 부사(副使), 판관(判官), 지사(支使), 장서기(掌書記), 추관(推官) 등 각 한 명이 있었다. 《신당서》 권49 하, 〈백관지(百官志)〉 참조.

59) 〈길게 올리는 계문(長啓)〉(《계원필경집》 권18) 참조. 또 최치원의 〈원 낭중에게 감사드리는 글(謝元郎中書)〉(《계원필경집》 권19) 참조.

60) 주 56 참조.

탐탐 엿보는 무장 세력과의 쟁투 때문에 안심하고 전력투구하여 황소를 공격할 방법이 그에게는 없었다. 왜냐하면 그의 대군이 밖으로 나간 틈을 타서 이들이 근거지를 침입할까 두려웠기 때문이다. 실제로 확실히 이러한 행동의 흔적이 있었을 뿐 아니라, 또한 고병이 서쪽으로 가는 연도에 방어 병력을 배치하여 고병으로 하여금 어쩔 수 없이 경각심을 일으켜 경계하고 두려워하게 했다.[61] 그래서 고병은 그의 유능한 막료장(幕僚長) 고운으로 하여금 후방을 지키게 하고, 최치원으로 하여금 종군하여 중요한 문서를 처리하게 했다. 그러나 동당에 도착한 뒤 여전히 주저하며 앞으로 나아가지 않았다.

조정에서는 이러한 상황에 대하여 모를 리 없었지만, 분명 고병의 걱정을 풀어 줄 방법이 없었다. 그래서 이번에는 고병이 동당에 도착한 뒤 주저하며 나아가지 않을 때, 희종은 조령을 내려 고병에게 출병할 필요 없이 회남으로 돌아오도록 했다.[62] 이는 조정의 진의였는지 아니면 그를 분발시키고자 한 방법이었는지 지금으로서는 알기가 어렵다. 그러나 고병은 이 조령을 대하고 도리어 진퇴양난에 빠졌다. 만일 계속 서진한다면 남북의 이웃 군대들이 허점을 노리고 회남으로 들어올 것이고, 서쪽 연도로 간다면 소란스러울 가능성이 있기 때문이었다. 만일 정말로 여기서 회군한다면, 조정을 대할 면목이 없었을 뿐 아니라, 틀림없이 수많은 비난을 받을 것이었다. 왜냐하면 희종이 그를 도통으로 임명했고, 또 직함을 태위(太尉)로 승급한 것은 다름이 아니라 그를 재촉하여 출병하여 황소

61) 주 36 참조.

62) 조령은 다음과 같다. "경의 부하 군사는 적고 눈앞에 방위할 곳은 많으니, 다만 회남의 관할 구역만 보전하고 절동의 군사와 화합하여서, 짐을 위해서 오월 지역을 보전하여 짐에게 동남쪽의 근심이 없게 하라. 공을 이루면 그것도 또한 썩지 않을 공이다(卿手下甲兵數少, 眼前防慮處多, 但保淮南之封疆, 協和浙右之師旅, 爲朕全吳越之地. 遣朕無東南之憂. 言其垂功, 固亦不朽)." 이는 최치원이 고병을 대신하여 쓴 〈양양 극공보(郄公甫) 장군에게 답하는 글(答襄陽郄將軍書)〉(《계원필경집》 권11)에 보인다.

를 토벌하기 위함이었기 때문이다.

최후에 고병은 회군하지 않고 변경을 넘어 서쪽으로 진군하기로 결정한 듯하다. 그해 7월 8일 최치원은 그를 대신하여 〈황소에게 보내는 격문(檄黃巢書)〉을 써서 토벌을 예고했다.[63] 그러나 고병의 결정은 한발 늦었다. 너무나 오랫동안 지연되었기 때문에 조정에서는 그의 출병에 어떠한 기대도 하지 않았다. 〈황소에게 보내는 격문〉을 발표한 지 오래지 않아, 그는 7월 11일에 내린 두 번째 조령을 받았는데, 각지의 군대가 이미 황소를 포위 공격하여 승리를 눈앞에 두고 있었기 때문에 출병할 필요 없이 회군하여 곡식과 비단을 보급하면 된다고 알려 주었다.[64] 동시에 조정에서는 또 왕탁(王鐸)을 도통으로 임명하고 황소 토벌을 책임지게 했다.[65] 이 일에 대하여 고병이 얼마나 실의했고 격분했는지를 가히 짐작할 수 있다. 그의 시 〈하중의 왕탁이 도통으로 승진했다는 말을 듣고(聞河中王鐸加都統)〉[66]에서 불평의 심정을 분명히 표시했다.

煉汞燒鉛四十年, 수은을 달구고 납을 태우길 40년,
至今猶在藥爐前. 지금도 여전히 약 화로 앞에 있네.
不知子晉緣何事, 왕자교(王子喬)는 무슨 연유에서 인지는 모르지만
只學吹簫便得仙. 오로지 퉁소 부는 법을 배워 신선이 되고자 할 뿐이네.

---

63) 《계원필경집》 권11.

64) 조령은 다음과 같다. "제도의 군사가 사면으로 공격하여 조석 간에 수복을 기할 수 있으니, 경은 마땅히 도적의 군사를 막고 양식과 의복을 실어 보내라. 어찌 반드시 임소를 떠나야만 왕을 호위하는 것이겠는가? 혹시나 남은 적당이 도망할까 염려되니 가장 먼저 할 일은 군사 배치이다(諸道師徒, 四面攻討, 計度收剋, 朝夕可期. 卿宜式遏寇戎, 饋輦粟帛. 何必離任, 則是勤王. 或恐餘孽遁逃, 最要先事布置)." 출처는 주 62와 같다.

65) 《구당서》 권19 하, 〈희종본기〉 참조.

66) 《전당시(全唐詩)》, 권598.

공명 사업에서 고병의 좌절은 최치원의 좌절이었다. 그러나 전란이 끊임없는 상황에서 고병은 병권과 염철(鹽鐵)의 이권을 쥐고 있어 비록 좌절을 겪었다고 하나 쉽게 낙담하지 않았다. 그는 전쟁의 추세를 조용히 관찰하면서 새로운 계략을 내어, 사천으로 도피한 희종에게 상주하여 강회(江淮)로 돌아가 인구가 많고 물자가 풍부한 강회 지구를 부흥 기지로 삼자고 건의했다.[67]

희종은 고병의 건의를 받아들이지 않았으나, 왕탁이 거느리는 각 군이 전공을 세울 수 있는지 전혀 파악할 수 없었다. 용병의 모략과 군대를 통솔하는 고병의 전력이 모두 으뜸이었기에 비록 왕탁을 도통으로 임명했으나, 고병에 대해서 여전히 극진하게 우대하여 고병의 관직을 시중(侍中)으로 진급시키고, 실호(實戶) 100호당 식량을 증액했으며, 발해왕(渤海王)으로 책봉했다.[68]

중화(中和) 2년(882), 즉 조정에서 조령을 내려 고병에게 회군할 것을 명령한 이듬해에 관군과 황소는 승부를 다투고 있었다. 고병은 희종이 강회로 갈 생각이 없음을 알아채고는 곧 5월에 자발적으로 군대를 동당에 주둔시켜 출병하고자 했으며, 아울러 이웃 군대에게 편지를 보내어 함께 왕실을 구원하자고 요청했다.[69]

이웃 군대와 함께 출병하는 일은 좋은 생각이었다. 왜냐하면 이웃 군대가 병사를 나눠 서쪽으로 진군하면, 그들이 허를 틈타 그의 관할 지구를 침략하는 것을 걱정할 필요가 없기 때문이다. 그러나 이웃 군대는 아무도 그의 호소에 호응하지 않았다. 따라서 고병은 이번의 동당 주둔에서 이전의 두 번처럼 변경을 넘어 서진할 수 없었다.

---

67) 최치원이 고병을 대신하여 쓴 〈강회로 순행하기를 요청하는 표문(請巡幸江淮表)〉(《계원필경집》 권2) 참조.

68) 《구당서》 권149 하, 〈고병전〉 참조.

69) 최치원이 고병을 대신하여 쓴 〈제도에 알리어 군인을 징집하는 글(告報諸道徵會軍兵書)〉(《계원필경집》 권11) 참조.

중화 3년 초에 고병은 다시 상서를 올려 희종에게 강회로 옮길 것을 청구했으나 여전히 받아들여지지 않았다.[70] 4월에 이르러 관군이 서울을 수복하여 정세가 현저하게 호전되었다. 이때 고병은 자신이 조정에 다시는 신임받지 못하리라 생각하고는 상서를 올려 각종 직무를 사퇴하고자 했다.[71] 물론 이는 일종의 탐색일 뿐으로 조정에서도 진짜로 받아들이지는 않았다.

중화 4년 6월, 황소는 섬멸되었다.[72] 고병은 의기소침하여 선도(仙道)에 빠져들기 시작했다.[73] 그의 막료를 지낸 최치원은 자신이 당 제국의 벼슬길에서 발전하기 어려움을 알게 되었다. 그러나 이때 최치원의 나이는 겨우 스물여덟으로, 한창 웅대한 포부가 가슴에 가득했다. 이에 그는 고향에 돌아가고픈 생각이 일었다. 그에게 조국 신라는 새로운 천지였다.

최치원은 귀국하려는 생각을 편지로 써서 당초 그를 고병에게 추천했던 객장에게 알렸다.[74] 그의 의견을 물은 뒤에 고병에게 돌아갈 것을 청구했다.[75]

모든 것이 매우 빨리 결정되었다. 황소는 6월 17일 섬멸되었고, 최치원은 대략 7월 중에 귀국하려고 했다. 그러나 그는 8월 중에 이미 해직되었고,[76] 10월 하순에 출발하여 귀국했다.[77] 고병은 여비로 20만 전(兩百

---

70) 최치원이 고병을 대신하여 쓴 〈순행하기를 두 번째로 요청하는 표문(請巡幸第二表)〉(《계원필경집》 권2) 참조.

71) 최치원이 고병을 대신하여 쓴 〈관직 사퇴를 요청하는 표문(讓官請致仕表)〉(《계원필경집》 권2) 참조.

72) 최치원이 고병을 대신하여 쓴 〈황소를 죽인 것을 축하하는 표문(賀殺黃巢表)〉(《계원필경집》 권1) 참조. 《구당서》 권19 하, 〈희종본기(僖宗本紀)〉에는 '칠월기미삭(七月己未朔)'으로 되어 있다.

73) 주 36 참조.

74) 최치원, 〈객장에게 주는 편지글(與客將書)〉(《계원필경집》 권19) 참조.

75) 최치원, 〈월급을 다시 보내준 데 감사드리는 장문(謝再送月料錢狀)〉(《계원필경집》 권20).

76) 최치원, 〈월급을 다시 보내준 데 감사드리는 장문(謝再送月料錢狀)〉(《계원필경집》 권20).

貫)을 보내주었다.[78]

최치원이 귀국 도중 지은 〈참산의 신에게 지내는 제문(祭巉山神文)〉[79]과 귀국 후 지은 〈계원필경서〉에 나타난 관직명을 보면 고병은 그가 귀국할 때 신경 써서 안배해 주었는데, 그를 영광스럽게 귀국시키고자 함이었다. 최치원이 산신에게 제사지내는 글에 쓴 전체 직함명은 '회남입신라 겸 송국신 등사(淮南入新羅兼送國信等使), 전 도통순관(前都統巡官)·승무랑(承務郎)·전중시어사내공봉(殿中侍御史內供奉), 사비(은)어대[賜緋(銀)魚袋]'이다. 그 가운데 '승무랑'·'전중시어사내공봉'·'사비·은어대'의 취득에 대해서는 앞에서 이미 말했다. '회남입신라사'는 최치원이 귀국하면서 얻은 것이며, '겸 송국신사(兼送國信使)' 중 '국신'의 함의는 분명하지 않지만, 아마도 고병이 신라왕에게 보내는 서한일 것이다. 따라서 '회남입신라 겸 송국신 등사'라는 직함은 분명 고병의 그에 대한 은총을 표시한 것이나, 실제로 그의 원래의 신분을 높일 수는 없었다. 그러나 최치원이 귀국한 뒤에 쓴 〈계원필경서〉에 서명한 관직명은 '회남입본국 겸 송조서 등사(淮南入本國兼送詔書等使), 전 도통순관(前都統巡官)·승무랑(承務郎)·시어사내공봉(侍御史內供奉), 사비금어대(賜緋金魚袋)로 두 직함 중에 세 가지 다른 점이 있다.

① 최치원이 보내온 것은 황제의 '조서'이지, 회남절도 발해왕의 '국신'이 아니다.

---

77) 최치원의 시 〈돌산(石峰)〉의 서(序)에 "중화 갑신년 겨울 10월에 명을 받아 사신이 되어 신라로 갔다(中和甲辰年冬十月, 奉使東泛)"(《계원필경집》 권20)라고 했고, 고병은 그해 10월에 여러 장수들을 점검하고 상서를 올려 희종에게 서울로 돌아올 것을 청구했다(《구당서》 권19 하). 최치원이 고병을 대신하여 쓴 〈서울로 돌아오는 날 풍악을 울리지 못하게 한 데 감사드리는 표문(賀廻駕日不許進歌樂表)〉(《계원필경집》 권1) 참조. 이를 보면 마땅히 10월 하순에 출발했을 것이다.

78) 최치원, 〈행장을 꾸리는 돈을 주신 데 감사드리는 장문(謝行裝錢狀)〉(《계원필경집》 권20).

79) 《계원필경집》 권20.

② '전중시어사내공봉'은 이미 '시어사내공봉'으로 승급했다. 전자는 종7품 하였고, 후자는 종6품 하였다.[80)]

③ 황제가 특별히 하사한 것은 4품·5품관이 입거나 차는 비복(緋服)과 은어대(銀魚袋)가 아니라, 3품 이상의 관원이 입거나 차는 자복(紫服)과 금어대(金魚袋)이다. 이는 은혜를 베풀어 특별히 하사한 것이어서 실제의 품계가 아니었으니, 만당 시기에 이처럼 은혜를 베푸는 특사(特賜)는 비교적 느슨했다.[81)] 아무튼 얻기 어려운 특별한 영예라고 하겠다.

이 세 가지 차이가 최치원의 신분 지위를 한층 드높였다. 분명 이러한 것은 고병이 최치원을 위해서 조정에 주청(奏請)한 것이다.

그렇다면 '조서'를 고쳐 보내고, 직함을 '시어사내공봉' 및 '사자금어대(賜紫金魚袋)'의 특명은 언제 최치원의 수중에 들어왔을까? 최치원의 〈참산의 신에게 지내는 제문〉은 출발한 뒤 이듬해 정월 초에 지어졌는데, 그 문장에 의하면 바로 중화 5년의 연초이고 장소는 동모현(東牟縣, 지금의 산동성 봉래현)의 동쪽에 있다. 왜냐하면 그곳에서 배를 정박하고 겨울을 보냈기 때문이다.[82)] 그러나 중화 5년 3월에 연호를 광계(光啓)로 개원하여 광계 원년으로 불렀다. 최치원이 신라로 돌아온 뒤에 쓴 〈계원필경서〉에는 연월을 '중화 6년 정월'로 적었다. 이를 보면 중화 5년 3월 이전에 최치원의 배가 이미 출항하여 바다를 건넜고, 아울러 최소한 이후 10개월 동안 당조 인사들과 연락이 없었음을 알 수 있다. 실제로 그는 그해 3월에 이미 신라에 도착했다.[83)] 정월 초에 쓴 〈참산의 신에게 지내는 제문〉도 출항하기 전에 신에게 기도한 작품이므로, 출항한 시간은 대체로 2월보다 늦을 수는 없다. 그렇다면 그가 '겸 송조서(兼送詔書)'와 '사자금

80) 《신당서》 권48 〈백관지〉 참조. 또 《당회요(唐會要)》 권60, 〈시어사(侍御史)〉조 참조.
81) 주 14 참조.
82) 겨울이 되어 잠시 산동 연해에 정박하며 봄을 기다려 출항한 일이 최치원의 〈태위께 올리는 별지(上太尉別紙)〉 제4수에 보인다(《계원필경집》 권20).
83) 《삼국사기》 권11, 「신라 헌강왕(新羅憲康王) 11년」조 참조.

어대' 등의 특명을 안 것은 중화 5년(광계 원년)이었다.

3.

최치원은 신라로 돌아온 뒤 중국에 다시 가지 않았는가? 《삼국사기》, 〈최치원전〉에서는 그가 당 소종(昭宗) 경복(景福) 2년(893) 조서를 받고 입당하정사(入唐賀正使)가 되었으나, 도중에 도적을 만나 성사되지 못했다고 했다. 그러나 최치원이 지은 〈태사 시중께 올리는 장문(上太師侍中狀)〉에 의하면 그가 "그 뒤에도 일찍이 명을 받들어 당나라에 사신으로 나갔다(其後亦嘗奉使入唐)"는데, 어느 해인지는 알 수가 없다.

최치원이 입당(入唐) 사절이 된 일에 대하여 중국이나 한국 사서에 모두 기록된 바가 없다. 〈태사 시중께 올리는 장문〉을 보면,[84] 최치원은 뒤에 분명히 입당 사절이 되었고 입당이 끝내 성사되었다. 왜냐하면 그가 다음과 같이 말한 글이 있기 때문이다.

> 지금 아무개(최치원)는 유가의 후학이요, 해외의 보통 사람으로 욕되게도 표장을 받들고 중국에 와서 조회하게 되었으니 모든 정성을 다 바치는 것이 예에 합당할 것입니다(今致遠儒門末學, 海外凡材, 謬奉表章, 來朝樂土, 凡有誠懇, 禮合披陳).

이는 분명 그가 중국 연해에 도착한 뒤 당지의 '태사 시중'에게 쓴 어투이다. 그는 〈장문〉에서 중화 2년(882) 신라입당사(新羅入唐使) 김직량(金直諒)이 양주(揚州)에 도달한 뒤 고병이 사람을 파견하여 사천의 희종

84) 《삼국사기》 권46, 〈최치원전(崔致遠傳)〉과 《고운선생문집(孤雲先生文集)》 권1 참조.

에게 보낸 선례를 인용하여 통행증을 발급해 줄 것과 교통수단과 필요한 식량을 지급해 줄 것을 요청했다. 아울러 사람을 파견하여 당시 수도로 호송해줄 것을 요청했다. 중화 2년에 신라가 사신 김직량을 당에 파견한 일에 대하여 중국이나 한국의 사적에 모두 기록하고 있지 않다. 그러나 그때 최치원 본인이 마침 고병의 막부에서 문서를 관장하고 있었다.

이 〈태사 시중께 올리는 장문〉을 둘러싸고 세 가지 문제가 있다. 첫째, 중국 연해의 어느 곳에서 쓴 것일까? 둘째, 태사 시중은 누구인가? 셋째, 어느 해에 쓴 것일까? 이 세 가지 문제에 대하여 〈장문〉에는 직접적인 설명이 없다.

신라에서 당에 들어오는 노선을 보면, 그 당시는 배를 타고 한반도 서해안을 따라 북상하여 요동(遼東) 반도 남쪽 끝에서 바다를 횡단하여 등주(登州, 지금의 산동성 모평현)에 이르렀다. 당시 항해 기술의 한계로 선박은 모두 해안을 따라 갔는데, 이곳의 해면이 가장 좁았다. 연후에는 두 노선으로 나뉜다. 하나는 배를 버리고 육지에 올라 청주(青州, 지금의 산동성 익도현)에서 연주(兗州, 지금의 산동성 자양현) 등지를 경유하여 낙양・장안으로 가는 노선이다. 하나는 등주에서 해안을 따라 남하하여 회하(淮河)의 입구인 초주(楚州, 지금의 강소성 회안현)에 이르러 거기에서 운하를 타고 낙양・장안으로 가는 노선이었다. 관방 사절의 경우 등주에서 육지로 오르는 길이 정상 노선이었다. 정수절도사가 '압신라발해양번 등사(押新羅渤海兩蕃等使)'의 직함을 겸했는데 '압(押)'은 여기서 '책임진다'의 뜻임을 알 수 있다.[85]

85) 《구당서》 권20 상(上), 〈소종본기(昭宗本紀)〉, 「용기 원년 10월(龍紀元年十月)」조에서 "청주절도사 왕경무가 죽자, …… 최안잠을 검교태부・겸 시중・청주자사・평로절도관찰・압신라발해양번 등사로 제수했다(青州節度使王敬武卒, 制以 …… 崔安潛檢校太傅・兼侍中・青州刺史・平盧節度觀察・押新羅渤海兩蕃等使)"라고 했고, 또 「대순 2년 3월(大順二年三月)」조에 "청주권지병마유후 왕사범 검교병부상서 겸 청주자사・어사대부를 평로절도관찰・압신라발해양번 등사로 충임했다(以青州權知兵馬留

그러나 최치원이 서장(書狀)에서 수륙 통행증(水陸券牒)과 선박과 말(舟船驢馬) 등의 물품을 요구한 것을 보면, 그가 간 길은 운하 노선이었다. 운하 노선에 있던 초주는 당나라 때 회남도(淮南道)에 속했다. 그렇다면 최치원의 상서 〈태사 시중께 올리는 장문〉에서 양국 관계와 이전에 사신을 호송한 전례를 인용 서술하여 전례대로 처리해 줄 것을 요구한 것은 분명히 신라입당사를 접대하고 호송하는 것이 회남도의 관할이 아니었기 때문이다. 그러므로 〈태사 시중께 올리는 장문〉은 당연히 초주나 회남절도의 소재지 양주에서 썼을 것이다.

고병은 최치원이 귀국한 지 3년 되던 해 부하인 반란 장수에 의해 살해되었고, 이후에 회남절도를 맡고 또 시중(侍中)과 태사(太師) 관직을 겸한 사람은 양행밀(楊行密) 한 사람뿐이다. 최치원이 말한 태사 시중은 틀림없이 양행밀을 가리킨다.

양행밀은 건녕(乾寧) 2년(895)에 조서를 받아 회남절도부대사·지절도사(淮南節度副大師知節度事)를 맡았고, 광화(光化) 2년(899)에는 검교태위(檢校太尉) 겸 시중이 더해졌다. 천복(天復) 2년(902)에는 검교태사(檢校太師)가 더해지고 오왕(吳王)으로 봉해졌으며, 천우(天祐) 2년(905) 11월에 병사했다.[86] 최치원의 서장에서 그를 태사 시중으로 불렀으니, 반드시 천복 2년에서 천우 2년 사이에 썼음을 알 수 있다.

최치원이 지은 〈당 대천복사의 옛 주지로 불경을 번역한 고승 법장 스님의 일대기(唐大薦福寺故寺主翻經大德法藏和尙傳)〉[87]를 검토해 보면, 문장 끝에 "천복 4년 천간과 지지가 모두 첫머리에 오는 해, 갑자년(904)

後王師範檢校兵部尙書·兼青州刺史·御史大夫, 充平盧軍節度觀察·押新羅渤海兩蕃等使)"라고 했다. 당나라 때에 '압(押)' 자를 관직명에 놓는 것으로는 의장시위(儀仗侍衛)를 책임진 '압위(押衛)' 및 집현전(集賢殿)의 '압원중사(押院中使)' 등이 있다(《구당서》, 권43).

86) 《신당서》 권188, 〈양행밀전(楊行密傳)〉.

87) 《고운선생속집(孤雲先生續集)》, 〈전(傳)〉.

에 신라국 해인사 화엄원에서 난리를 피하고 병도 요양함으로써 두 가지 편리를 도모했다(天復四年, 枝幹具首, 於尸羅國伽迦耶山海印寺華嚴院,[88] 避寇養痾, 兩偸其便)"라고 되어 있다. 천복 4년은 곧 천우 원년(904)인데, 최치원은 이해 봄에 도적을 피하여 가야산 해인사에서 요양하여, 이미 물러나 은거한 듯하다[《삼국사기》, 〈최치원전〉에서 "최치원이 서쪽으로 당나라에 가서 벼슬하다가 동쪽의 고국으로 돌아온 것은 모두 순전히 난세를 만났기 때문이다. 처세하기가 곤란하고 툭하면 죄를 지을 것 같아 스스로 때를 만나지 못한 것을 한탄하고 다시 벼슬할 뜻을 두지 않았다. 이에 소요하며 얽매이지 않고 산림에 노닐었다. …… 최후에는 가족을 이끌고 가야산에 은거했다(公自西事大唐, 東歸故國, 皆遭亂世, 屯邅蹇連, 動輒得咎, 自傷不遇, 無復仕進意, 逍遙自放山林之下, …… 最後帶家隱伽倻山)"라고 했다]. 이로 미루어 보면, 〈태사 시중께 올리는 장문〉은 천복 2년이나 3년(903)에 썼다고 확정지을 수 있다.

〈태사 시중께 올리는 장문〉을 천복 2년이나 3년에 썼다면, 최치원은 이 2년 사이에 재차 중국에 왔다는 말이다. 그가 귀국한 때로부터 이미 17, 18년이 지난 뒤의 일이다.

4.

당 건녕(乾寧) 4년(897) 소종은 신라의 입당하정사 최원(崔元)이 귀국하자, 이미 고인이 된 두 명의 신라왕에게 관직을 추증(追贈)했다. 이듬해 최치원은 새로 즉위한 신라 국왕을 대신하여 〈황은에 감사드리는 표문(謝恩表)〉[89]을 썼다. 이때 최치원은 귀국한 지 이미 12년이 지났는데,

88) 해인사(海印寺)는 한국 명찰 가운데 하나로, 지금의 경상남도 합천군 가야면에 있으며, 고려 시대에 판각한 팔만대장경 원판 82,588편이 이곳에 소장되어 있다.

〈표(表)〉에서 10여 년 전에 신라에서 출병하여 황소를 격퇴하고자 했던 지난 일을 토로했다.

> 건부 말년에 천하의 풍파가 차츰 일고 함곡관과 황하의 요기가 갑자기 일어나 도적들이 장안을 핍박하여 어가가 촉으로 순행하시게 되었는데, 헌강왕께서 이에 초나라 군주처럼 옷소매를 떨치고 종군의 긴 밧줄로 자청하여 하뢰(下瀨)와 같은 군사들을 일제히 징발하여 대국 조정의 국난에 목숨을 바칠 것을 결심했었나이다. 고 동면도통 회남절도사 고병은 짧은 두레박줄에 말미암지 않은지라 원대한 계책을 빌고자 했는데, 단지 전부터 알려진 신라의 명성만을 살피고 장차 뒷날의 공효(功效)를 보고자 하여 위로는 번군의 충관을 그대로 아뢰고 밖으로는 군대의 위력을 진작시켰사옵니다. 이는 전규를 따른 것이라 원려에 잘못됨은 없었습니다. 그런데 마침 하북도 고 청주절도사 안사유는 저의 나라의 조치를 참월하다 하여 이 돛대를 두드리면서 충성을 맹세하는 것을 막았사옵니다. 말은 비록 후방을 고려하자는 것이었으나, 그 속뜻은 어쩌면 전방의 호위를 망각한 것인가 한데, 그는 재빨리 사인을 보내와 저희 나라 병사들을 제약했습니다. 이 때문에 원지 속방에서 충성을 펼 도리가 없었고 선신께서 생전에 남기신 한이 많았습니다(乾符末, 寰海之風波稍起, 關河之祲沴旋興, 冠逼咸秦, 駕巡庸蜀. 先臣爰披楚袂, 冀請終纓, 齊徵下瀨之師, 決徇太朝之難. 故東面都統淮南節度使高駢, 非因綆短, 欲假鞭長, 但審先聲, 將觀後効, 上陳蕃款, 外振軍威, 是蹈前規, 無虧遠慮. 而屬本道故青州節度使安師儒, 謂彼越庖, 阻玆叩楫, 言雖顧後, 意或忘前, 專馳使人, 來約兵士. 以此遠俗之忠誠莫展, 先臣之遺恨斯多)

이 글은 신라 국왕이 출병하여 전쟁을 돕기로 고려한 일은 "도적들이 장안을 핍박하여 어가가 촉으로 순행한(寇逼咸秦, 駕巡庸蜀)" 이후이고,

---

89) 《고운선생문집》 권1.

관련 인물은 '동남도통 회남절도사 고병(東南都統淮南節度使高駢)'이며, 이 일을 저지한 사람이 청주절도사(青州節度使) 안사유(安師儒)임을 설명한다. 생각하건대, 황소의 양경(兩京) 함락은 광명 원년(880) 연말이었고, 고병이 회남절도 자격을 버리고 동남도통에 임명된 때는 중화 원년(광명 2) 3월이었으며, 청주절도사 안사유는 중화 2년 9월에 부하의 반란으로 이임하게 되었다.[90] 그러므로 전쟁을 도울 것을 고려한 일은 마땅히 중화 원년 3월에서 이듬해 9월 사이일 것이다.

다른 자료를 보면, 최치원이 당시에 고병을 대신하여 쓴 서장(書狀)에 '신라 탐후사 박인범 원외(新羅探候使朴仁範員外)'에게 주는 편지가 있다.[91] 이 편지에서는 이미 회남에 도착한 박인범을 격려하며, 회남에서 바로 귀국하지 말고 장강(長江)을 따라 서쪽으로 촉에 들어가 황제를 알현하여 상주하고 가라고 했다.

> 다행히 폐진에 오셔서 맑은 규범을 대했습니다. 더구나 귀국 대왕께서 특별히 서신을 보내어 문안했으니, 장차 아름다운 일이 될 것인즉 바른 말을 아끼지 않겠습니다. 혹시라도 원외께서 회수 연안에 이르렀다가 곧바로 바다를 건너 돌아가신다면, 비록 주상께 올리는 글이 이치가 있다 하더라도 바깥 사람의 의론을 막아내기 힘들 터이니 동으로 돌아갈 생각 말고 서쪽으로 가십시오. 성주께서는 바라는 마음이 깊으시고 현왕은 은총의 영광을 기다릴 것입니다. 도로도 통했고 뱃길도 막히지 않았으니, 본래의 계획을 변동치 말고 멀리 가기를 힘쓰시오. 험한 골짜기에는 도적이 혹 모이기도 하고 혹 흩어지기도 하지만, 그것도 또한 방비하여 놀래는 걱정이 없도록 하겠으며, 또한 아주 더운 때는 지나서 다니기도 좋습니다(幸來弊鎭, 得接淸規, 況奉貴國大王, 特致書信相問, 將成美事, 不惜直言. 儻員外止到淮壖, 却歸海徼, 縱得上陳有理, 其如外議難防, 無

90) 《신당서》 권9, 〈희종본기(僖宗本紀)〉.
91) 《계원필경집》 권10.

念東還, 決爲西笑. 聖主方深倚望, 賢王佇荷寵榮, 道路亦通, 舟舡無壅, 勿移素志, 勉赴遠行, 峽中寇戎, 或聚或散, 此亦專令防援, 必應免致驚憂. 且過鬱蒸, 可謀征邁).

여기서 인용한 글을 살펴보면, 신라탐후사 박인범이 회남에 도착한 시점은 황소가 장안을 함락한 이후였다. 실제로는 단지 신라 국왕이 고병에게 보내는 서찰을 지니고 왔기 때문에 이른바 '탐후'는 마땅히 고병에 대한 '방문・문안(探望問候)'이지, 당실의 황제와는 무관하다. 서신 속의 "장차 아름다운 일이 될 것이다"라고 운운한 것은 앞에서 인용한 신라 국왕의 〈황은에 감사드리는 표문〉에서 검증된 것인데, 마땅히 출병하여 전쟁을 돕는 일을 가리킨다. 왜냐하면 그 당시는 이처럼 중요한 일이 있어야만 신라 사신이 직접 황제에게 보고하여 '바깥 의론(外議)'를 방지하고자 했기 때문이다.

또 편지에서 박인범에게 "아주 더운 때는 지났다(且過鬱蒸)"[92]라고 권유한 데서 여름에 쓴 것임을 알 수 있다. 그 여름은 중화 원년 아니면 중화 2년일 것이다. 그러나 당시 상황으로 보면, 마땅히 중화 2년 여름에 썼을 것인데, 신라탐후사 박인범이 회남에 도착한 때도 중화 2년 여름이었다. 왜냐하면 고병이 중화 원년 3월에 동면도통을 맡아 재차 출병하여 황소를 공격하라는 명령을 받았기 때문이다. 최치원이 귀국하는 데 걸린 실제 시간을 보면 — 초봄에 등주에서 배를 타고 3월에 신라에 도달했다 — 회남도의 수부(首府) 양주에서 신라 수도로 돌아온 시간은 대략 2개월이 걸렸다. 한번 왕래하는 시간을 따져보면 신라탐후사가 그해 여름에 회남에 도착하기란 불가능했을 것이다. 뿐만 아니라 고병은 새로 동면도

---

92) 한(漢) 응소(應劭)의 《풍속통의(風俗通義)》, 〈궁통(窮通)〉에서 "더위는 찌는 듯 무덥다(暑則鬱蒸)"라고 했고, 두보(杜甫)의 〈여양왕에게 주는 20운(贈汝陽王二十韻)〉에서는 "여름 날씨에 무더위를 피했네(炎天避鬱蒸)"라고 했다.

통을 맡았기에 당시에 멀리 해외에 있는 신라를 출병시켜 전쟁을 도와줄 어떤 여건도 그에게는 없었다.

만일 그 편지가 중화 2년 여름에 쓴 것이라면, 일의 진척 과정에 매우 부합한다. 왜냐하면 고병이 중화 원년 5월에 두 번째로 출병하여 서쪽으로 향한 이후이고, 또 노린군(盧鄰軍)이 그의 관할 구역을 넘겨다본 것을 회상하고는 우물쭈물하며 나아가지 않고 동당에 머물렀기 때문이다. 그 결과 조정에서는 그에게 회군하라 명령을 내리고 다시 왕탁을 도통으로 임명했다. 이는 고병에게 크나큰 자극이었다. 이에 고병은 이듬해 5월에 세 번째 출병했고 동시에 이웃 군대에게 출병하여 함께 황소를 공격하자고 요청했다. 고병의 이러한 태도는 아마도 조정에 보낸 제스처일 것이다. 왜냐하면 그는 호시탐탐 노리던 이웃 군대가 출병, 원정할 가능성이 거의 없고, 이를 계기로 국난에 대처하지 않으리라는 것을 분명히 알았기 때문이다. 그러나 그의 이러한 태도는 틀림없이 막료 인사들의 심사숙고를 거쳐야 했을 것이다. 그렇다면 신라에게 출병하자고 건의한 생각은 갑작스러운 일이 아니다.

이러한 점에서 신라의 '탐후사'는 고병을 '방문・문안'한 것일 뿐 아니라, 회남에 이르러 고병이 내린 호소에 대한 이웃 군대의 반응을 관찰하고자 한 것이다. 그러므로 근본적으로 황제를 뵈러 촉에 들어갈 의도가 없었다. 고병이 이웃 군대에게 공동으로 출병하자고 요청하고, 아울러 신라에서도 출병하라고 건의한 구상은 틀림없이 조정에서 고병에게 양주로 회군하라는 명령을 내린 뒤에 비롯되었을 것이다. 그때는 중화 원년 가을이나 겨울이었고, 탐후사를 파견하여 회남에 도착한 시간은 그해 여름이었다.

신라 정부에서 고려한, 출병하여 전쟁을 돕자는 건의는 고병에게서 나온 것인데, 다른 일에서도 알 수 있다. 그 당시 신라 사자의 입당 경로는 등주에서 상륙하는 것으로 규정되었다. 연후에 청주에서 연주 등지를 거쳐 장안으로 갔는데, 접대와 호송 등 제반 사무는 청주절도사가 책임지고 처리했다. 그러므로 청주절도사가 '압신라발해양번 등사'라는 직함을 겸직했다. 따라서 신라의 출병 고려가 자발적이었다면 반드시 청주절도사와 상의했을 것이며, 가까이 있는 청주절도사를 두고 멀리서 회남의 고병에게 연락하지는 않았을 것이다. 그러므로 안사유는 고병이 월권행위를 한다고 여기고는 이 일을 저지하고자 한 것이다.

신라에서 출병하여 참전하고자 고병과 상의한 일이 자발적인 것이 아니라면, 고병이 이러한 의도를 갖게 된 것은 아마도 당시 그의 막부에서 기실(記室)을 맡고 있던 최치원과 연관이 있을 것이다. 신라 출병 건의를 기본적으로 구상한 사람은 아마도 최치원이었을 것이다. 최치원은 재당 기간에 줄곧 본국 정부와 관계를 유지했는데, 그가 신라 정부에서 당 국자감에 보내 공부하게 한 유학생이기 때문이다. 이 밖에 그가 신라 조정을 대신하여 쓴 〈상재국척대신등 봉위헌강대왕 결화엄경사원문(上宰國戚大臣等奉爲獻康大王結華嚴經社願文)〉이 또한 이를 증명해 준다.[93] 이 원문(願文)은 중화 3년에 쓴 것인데, 그 당시 그는 고병의 막부에서 임직하고 있었을 시기로, 아직 귀국하지는 않았다. 그러나 이러한 연계는 초기에 그의 아버지가 대신 유지했을 것이다. 왜냐하면 그가 처음으로 중국에 들어왔을 때 나이는 겨우 열두 살로 아직 어렸고, 아버지는 문장에 능숙한 신라 조정의 선비였기 때문이다.[94]

청주절도사 안사유가 신라의 출병을 저지한 일에서 신라탐후사 박인범이 서천으로 가지 않았음을 알 수 있다. 그렇지 않다면 박인범 직접 희종에게 상주한 뒤, 희종이 그 가부를 결정했을 것이다. 만일 희종이 인가했다면, 안사유가 저지할 수 있는 일이 아니다.

박인범도 당 국자감에서 공부한 적이 있는 유학생이다. 건부 4년에 진

---

93) 《고운선생속집》, '원문(願文)'.

94) 최치원, 〈대숭복사 비명 서문(大崇福寺碑銘序)〉(《고운선생문집》 권3).

사에 응시하여 합격했는데,[95] 최치원보다는 한 단계(3년) 늦게 합격했으므로 두 사람은 마땅히 당 국자감의 동학이었을 것이다. 박인범이 서천으로 가지 않고 안사유가 나서서 저지한 일에서 신라 정부는 정말로 출병할 의도가 없이 탐후(探候)를 파견하여 적당히 얼버무려 관망했을 뿐임을 알 수 있었다. 그리고 최치원의 동학을 탐후사로 임명한 것은 우연이 아니라 마땅히 소식을 탐문하는 데 편리함을 기하기 위해서였을 것이다. 왜냐하면 박인범이 정말로 서천에 가서 도망 나온 희종을 알현하고 출병의 일이 일단 보고했다면, 반드시 성사되었을 것이기 때문이다. 그 결과 전문적인 사신을 파견하여 상의하게 한 일을 청주의 안사유가 알게 되었는데, 이는 아마도 신라 정부의 책략으로, 고의로 소식을 흘려 안사유로 하여금 분노하여 저지하게 함으로써 출병하지 않으려고 한 것이다.

한편 최치원이 고병을 대신하여 박인범에게 써 준 편지에 "장차 아름다운 일이 될 것이다(將成美事)"라는 말이 있는데, 이를 보면 신라가 표면적으로는 출병에 동의했음을 알 수 있다. 그렇지 않다면 박인범에게 서천으로 가서 직접 희종에게 보고하라고 권유할 리가 없을 것이다. 그러나 왜 박인범에게 황제를 알현하도록 권유했다가 도리어 그 보고 즉각 떠나도록 격려하지 않고 오히려 여름을 보내고 다시 떠나도록 했는가?

당시의 상황으로 말하자면, 박인범이 회남에 도착한 때는 마땅히 5~6월 사이이므로 초여름이 아니었다. 왜냐하면 그 편지에서 그에게 "아주 더운 때는 지나서" 연후에 출발하라고 건의했기 때문이다. 고병은 그해 5월에 군대를 동당으로 옮겼고, 그 다음의 행동은 공동으로 출병하자는 호소에 이웃 군대가 호응하는지에 따라 결정되었다. 이때 만일 신라에서 때에 맞추어 상당수의 군대를 파견했더라면 그에게 확실히 도움이 되었을 것이다. 그러나 실제로 신라에서는 단지 '탐후사' 한 명만 파견했을 뿐

95) 주 9와 같음.

이며, 비록 출병을 동의했다고 하나 당시의 상황에는 아무런 도움이 되지 않았다. 그래서 고병이 신라 사자에게 황제를 알현하게 하고 무더위를 보내고 출발하라고 권유한 것은 아마도 이러한 고려에서 나왔을 것이다.

만일 이웃 군대가 공동으로 출병한다면, 그는 뒷걱정이 없고 신라에서도 출병할 필요가 없고, 박인범도 서천에 갈 필요가 없었을 것이다. 만일 이웃 군대가 출병하지 않는다면, 그도 출격하지 않고 있다가 신라가 정말로 파병한 뒤에 행동했을 것이다. 그러나 이는 즉시 실현할 수 있는 일이 아니라서 무더위가 지난 뒤 일이 분명해진 뒤에 결정해도 무방했을 것이다. 또는 그는 신라의 태도가 결코 적극적이 아님을 감지할 수 있었을 것이다. 만일 신라의 출병을 기대했다면, 적절한 조치를 취했을 것이다. 따라서 박인범에게 직접 희종에게 상주문을 올리러 가되 즉각 출발하지 말고 조금 기다렸다가 가라고 권유한 일이 생겼다. 이처럼 각기 속셈을 가진 미묘한 상황 속에서 고병의 주요 막료이자 박인범의 동학인 최치원이 맡은 임무 또한 상당히 미묘했을 것이다.

5.

최치원이 당나라에서 17년[96] 동안 지내면서 관계가 밀접했고 또 그에게 큰 영향을 끼친 사람으로 마땅히 고병을 들어야 한다. 고병(821~887)은 장수로서의 지략과 문학적 재질 모두 당시 절도사 가운데 탁월했다. 전후로 그의 서기를 맡았던 문사들은 모두 평범한 사람이 아니었다. 예를 들면 배형・고운 등은 모두 시문으로 당시와 후세에 이름을 날렸다. 고병은 이러한 준재의 재주를 알아주고 등용했을 뿐만 아니라, 그들을 보

96) 최치원은 중국에서 '18년(二九載)' 동안 보냈다고 자칭하여 1년을 더 보탰다. 출처는 주 75와 같다.

살펴 주면서 적당한 때 발탁했다. 일찍이 고병의 기실을 맡았던 배형은 후에 고병이 성도절도사(成都節度使)로 부임할 때 부사(副使)로 임명되었는데, 이는 분명히 고병의 추천에 힘입은 것이다.[97] 고운이 관찰지사로 부임한 것도 그가 조정에 올린 주청에 의한 것이다.

최치원에 대한 고병의 보살핌을 공명・생활・학예 등 세 방면으로 나눌 수 있다.

공명 방면에서, 최치원이 고병의 막부에 들어간 지 1년도 안 되어 고병은 두 차례에 걸쳐 그를 종9품 상의 현위에서 종7품 하의 전중시어사(殿中侍御史)로 승급시켰고, 또 그를 위하여 '사비・은어대(賜緋・銀魚袋)'의 장복(章服)을 주청했다. 오래지 않아 다시 순관(巡官)으로 승급시켜 중임을 맡겼다. 이는 앞뒤로 2년도 되지 않은 일로써, 당시 최치원은 스물네다섯 살에 불과한 청년이었다. 후에 최치원이 스물여덟 살에 귀국할 때, 고병은 그를 특별히 '회남입신라국사(淮南入新羅國使)'로 임명하여 신라왕에게 안부를 전하게 했을 뿐 아니라, 아울러 그를 대신하여 조정에 조서와 '사비・금어대(賜緋・金魚袋)'라는 높은 품계의 영예를 주청했다.[98]

생활 방면에서, 최치원이 처음으로 막부에 들어가자 고병은 사람을 시켜 그에게 주택을 마련해 주었다.[99] 군대를 동당으로 옮길 때도 명령을 내려 그에게 전용 선박을 마련해 주었다.[100] 평상시에 옷가지를 신물하

97) 정건(鄭騫), 《당인소설연구(唐人小說硏究) : 찬이기와 전기 교석(纂異記與傳奇校釋)》, 臺北 藝文印書館, 1971, 82쪽.

98) 최치원, 〈지증화상 비명 서문(智證和尙碑銘序)〉(《고운선생문집》 권3). "을사년에 이르러 신라 백성 가운데 유도를 중매로 하여 황제의 고을로 시집가서 이름을 계륜(桂輪)에 걸고 관직이 주하사(柱下史)에 오른 이가 있는데, 최치원이라고 한다. 그는 희종의 조서를 받들고 고병이 준 옷가지 등속을 함께 가져왔다(至乙巳歲, 有國民媒儒道, 嫁帝鄕, 而名掛輪中, 職攀柱下者曰崔致遠, 捧漢后龍緘, 賚淮王鵠幣, 雖慘鳳擧, 頗類鶴歸)."

99) 최치원, 〈관사를 빌려준 데 감사드리는 장문(謝借宅狀)〉(《계원필경집》 권17).

100) 최치원, 〈종군하게 된 데 감사드리는 장문(謝令從軍狀)〉, 〈배를 빌려준 데 감사드

는 외에도 명절 때는 따로 술과 음식을 보냈다.[101] 월급을 올려줄 때도 배로 올려 매월 10관(貫, 兩萬)씩 증가했다.[102] 이는 그가 율수현위로 재임할 때의 본봉에 상당한다. 한번은 신라 사자가 귀국할 때 최치원은 그에게 부탁하여 차와 약, 편지를 가져가게 했는데, 고병은 이 사실을 알고 3개월의 봉급을 더 주어 최치원을 도와주었다.[103] 최치원이 사직한 뒤부터 귀국하기 전까지 월급은 그대로 지급되었고,[104] 또 여비로 20만을 더 주었다.[105]

학예 방면에서, 고병은 훌륭한 비첩(碑帖)을 얻었을 때 사람을 시켜 최치원이 감상할 수 있도록 보내주었으며,[106] 혹은 선물로 최치원에게 선사하기도 했다.[107]

무릇 이러한 행위들은 결코 고병이 부하를 농락하는 수단이 아니라, 보살핌에서 나온 것이다(고병은 최치원보다 35살 연장이었다). 이러한 보살핌은 여러 가지 일에서도 분명히 나타났다.

① 최치원이 귀국하기로 결정했을 때, 조정은 고병에 대하여 날로 냉

리는 장문(謝借舫子狀)〉(《계원필경집》 권17).

101) 최치원, 〈의복과 포목을 하사하신 데 감사드리는 장문(謝衣段狀)〉, 〈햇차를 보내준 데 감사드리는 장문(謝新茶狀)〉, 〈앵두를 보내준 데 감사드리는 장문(謝櫻桃狀)〉, 〈동지에 생필품을 보내준 데 감사드리는 장문(謝冬至節料狀)〉, 〈한식 때 생필품을 하사한 데 대한 감사의 장문(謝寒食節料狀)〉, 〈사일에 술과 고기를 보내준 데 감사드리는 장문(謝社日酒肉狀)〉, 〈비단을 보내준 데 감사드리는 장문(謝疋段狀)〉(《계원필경집》 권18).

102) 최치원, 〈월급을 올려준 데 대한 감사의 장문(謝加料錢狀)〉(《계원필경집》 권18).

103) 최치원, 〈월급을 요청하는 장문(謝探請料錢狀)〉(《계원필경집》 권18).

104) 최치원, 〈월급을 다시 보내준 데 감사드리는 장문(謝再送月料錢狀)〉(《계원필경집》 권20).

105) 최치원, 〈행장을 꾸리는 돈을 주신 데 감사드리는 장문(謝行裝錢狀)〉(《계원필경집》 권20).

106) 최치원, 〈법운사 천왕기를 빌려서 보여주신 데 감사드리는 장문(謝借示法雲寺天王記狀)〉(《계원필경집》 권18).

107) 최치원, 〈연화각 기비를 내려주신 데 감사드리는 장문(謝示延和閣記碑狀)〉(《계원필경집》 권18).

담하게 대했다. 그러나 귀국하는 최치원의 신분을 높이기 위하여 — 이것은 아마도 최치원이 귀국한 후의 정치 전도에 도움을 주었을 것이다.[108] — 고병은 여전히 그를 위해서 조정에 황제의 조서와 그의 품계를 초월하는 '사자·금어대' 특명을 주청했다. 만약 보살피려는 마음이 아니었다면, 고병이 그처럼 부적절할 때 주청을 올릴 필요가 없었을 것이다. 왜냐하면 그 자신이 이미 '회남입신라국사'의 직무와 직함을 주어 최치원으로 하여금 귀국한 뒤 정식으로 신라왕을 알현할 수 있게 했기 때문이다. '사비·은어대'(이는 '사자·금어대'의 잘못이다－역자)의 장복은 스물여덟의 최치원에게는 매우 얻기 힘든 것이었다.

② 최치원이 귀국할 때 탄 선박은 고병이 특별히 마련해 준 것이다. 전용 선박을 타고 귀국했으니 물론 영광이 배가되었다. 그러므로 신라국입회남사(新羅國入淮南使) 김인규(金仁圭)가 편선(便船)을 타고 돌아가고자 할 때 최치원은 상서하여 고병에게 비준해 달라고 보고했다.[109] 만일

---

108) 최치원이 귀국하여 가족을 방문하고자 청구할 때 표면적으로 다시 돌아와 임직하지 않겠다고는 결코 말하지 않았다. 예를 들면 "오직 바라는 것은 잠시 동쪽으로 돌아갔다가, 서쪽으로 와서 모시는 것입니다. 우러러 어진 봉토에 의탁하여 영원히 비루한 자취를 편안하게 하는 것입니다(唯願暫謀東返, 迎待西來, 仰託仁封, 永安卑跡)"(〈귀성을 허락하신 데 감사드리는 계문(謝許歸覲啓)〉), "다시 큰 집에 기댄 지 얼마던가! 오래도록 들보를 더럽힘이 부끄러워라(再依大廈雖知許, 久污雕梁却自慙)"(〈「귀연음」을 지어 태위께 드리며(歸燕吟, 獻太尉)〉), "만 리에서 처음으로 이름을 이루고 돌아갈 계획을 세우나, 한마음으로 먼저 돌아올 여정을 헤아리네(萬里始成歸去計, 一心先筭却來程)"(〈산양에 행차했다가 태위께서 부쳐준 의복과 옷감을 계속 받았고, 귀국 인사차 들렀다가 또 증표를 주어 축수하기에 삼가 시를 지어 감사드립니다(行次山陽, 續蒙太尉寄賜衣段, 令充歸覲續壽信物, 謹以詩謝)〉)라고 했다.

그러나 장거리를 항해하여 귀국했으나 돌아와 임직한 시간이 기록되지 않았으니 이른바 휴가를 신청한 것인데, 즉 무기한의 장기 휴가인 셈이다. 최치원이 귀국하기로 결정하고 쓴 〈객장에게 주는 편지글〉의 "실로 세월이 흘러가기는 쉽고, 장한 기운은 펴기 어렵다(實以流年易邁, 壯氣難申)" 등의 문구로 보아, 그가 신라로 돌아가 발전을 추구하고자 한 의도가 매우 분명하다. 고병의 경력과 처지를 보면, 최치원을 대신하여 이러한 점을 고려하지 않을 수 없었을 것이다.

109) 최치원, 〈태위께 올리는 별지(上太尉別紙)〉(《계원필경집》 권2).

무척 애호하지 않았다면, 고병이 이직한 최치원을 위해서 이토록 크게 겉치레를 할 필요가 없었을 것이다.

③ 최치원이 행장을 꾸리고 귀국할 때 사촌 남동생 최서원(崔栖遠)은 신라국입회남사의 서기를 맡았기 때문에 양주(楊州)로 왔는데, 올 때 해상에서 풍랑을 만나 재물을 상당히 잃었다. 고병은 이를 알고 특별히 돈 3만을 주었다.[110] 고병의 이러한 태도는 진실로 '아내가 귀여우면 처갓집 말뚝에다 절을 하는(愛屋及烏)' 격의 행위이다. 그러나 더 실제적인 각도에서 보면, 최치원은 이 때문에 그의 사촌 동생의 손실을 대량으로 보조할 필요도 없이 돌아가는 행낭을 비교적 풍성하게 하였다.

④ 최치원이 귀국할 때 고병이 전용 선박을 마련해 준 것 외에도 약주머니(葯袋)를 보내 뱃머리에 걸어두고 풍랑을 진압하는 용도로 쓰라고 부탁했다. — 약 주머니를 걸어 풍랑을 진압한다는 미신은 대략 당시의 도가(道家) 술사(術士)에게서 나왔는데, 마치 오늘날 운전사들이 차 안에 걸어 두는 평안을 기원하는 부적과 같다. — 뿐만 아니라 끊임없이 서신과 음식 등을 출발 도중에 있는 최치원에게 보내주어,[111] 최치원에 대한 그의 관심을 충분히 보여주었다.

최치원은 물론 고병에게 매우 감격했다. 이는 고병이 그를 알아주고 순서를 건너뛰어 발탁했기 때문이 아니라, 고병이 그를 덕망이 높은 사람으로 보살펴 주었기 때문이다. 이러한 보살핌은 그가 이직할 때와 이직한 뒤에 더욱 많이 체감했을 것이다. 그러므로 그가 귀국하는 도중에 고병에게 쓴 시와 편지에서 감격하고 그리워하는 정 또한 상당히 짙다. 이러한 시와 편지는 나중에 그의 《계원필경집》 권10에 모두 수록되었다.

---

110) 최치원, 〈사촌동생 서원에게 돈을 하사한 데 감사드리는 장문(謝賜弟栖遠錢狀)〉(《계원필경집》 권20).

111) 최치원, 〈태위께 올리는 별지〉 제2·3수와 〈산양에 행차했다가 태위께서 부쳐준 의복과 옷감을 계속 받았고, 귀국 인사차 들렀다가 또 증표를 주어 축수하기에 삼가 시를 지어 감사드립니다〉(《계원필경집》 권20).

6.

최치원이 18세에 예부의 진사 시험에 응시할 때, 감독관은 예부시랑 배찬이었다.

배찬의 생졸 연월은 알 수가 없다. 《신당서》와 《구당서》에 모두 열전이 없다. 그의 자는 공기(公器)이고 강남(江南) 오(吳) 지방 사람으로[112) 당 의종(懿宗) 함통(咸通) 14년(873) 겨울에 중서사인(中書舍人) 혹은 급사중(給事中)에서 예부시랑[113)으로 진급했다. 당조의 진사 시험은 처음에 이부(吏部)에서 주관했으나, 후에는 예부로 돌렸다. 따라서 예부시랑은 진사 시험의 당연직 감독이었다. 배찬은 예부시랑이 된 이듬해 봄에 3년에 한 번 치르는 진사 시험을 주관했는데, 바로 건부 원년 최치원이 합격한 그해였다.

배찬은 예부시랑으로 부임한 뒤 1년도 되지 않아 건부 원년 7월에 외지로 호남관찰사(湖南觀察使)[114)가 되어 나갔다. 최치원은 건부 3년 겨울에 강남 율수현위로 임명된 뒤 장안에서 호남을 경유하여 배찬을 알현했다.[115)

배찬은 호남관찰사로 부임하여 임기 3년을 채우고, 또 외지로 전근 나갔다.[116) 광명 원년(880) 겨울, 즉 최치원이 고병의 막부로 들어간 다음해 배찬은 조서를 받고 낙양으로 가서 이부의 인재 선발 작업을 책임지게 되었지만, 도착하기 전에 낙양이 이미 황소에게 공략당했기 때문에 양

---

112) 《신당서》 권71 상, 〈재상세계표(宰相世系表)〉.

113) 엄경망(嚴耕望), 《당복상승랑표(唐僕尚丞郎表)》, 臺北 中央研究院 歷史語言研究所, 1956, 888쪽.

114) 주 113 참조.

115) 최치원, 〈은문 배 수재에게 일을 청탁하는 계문(與恩門裴秀才求事啓)〉(《계원필경집》 권18).

116) 혹자는 그가 하남(河南)으로 전근 나갔다고 한다. 주 113의 책 620쪽 참조.

주(襄州, 지금의 호북성 양양현)에 체류했는데, 매우 곤궁한 처지에 빠졌다. 이때 배찬이 호남관찰사로 임직하던 기간에 순관을 맡았던 배료(裴璙)는 배찬의 재종 동생이었는데, 강남으로 돌아온 뒤 몇 차례 약탈당해 생계를 탕진하여 30여 명의 가족을 이끌고 양주의 배찬에게로 왔으나, 도리어 저주(滁州, 지금의 안휘성 저현)에서 저지당하여 이에 최치원에게 원조를 요청했다.117)

그 당시 최치원은 고병의 막부에 들어간 지 겨우 1년 밖에 되지 않아, 비록 고병에게 중시받았다고는 하나 어쨌든 남을 위해서 청탁하기가 불편했다. 그러나 배료의 곤경은 개인의 능력으로 해결할 수 있는 것이 아니었다. 따라서 부득불 외람되게도 고병에게 상황 보고서를 올리지 않을 수 없어, 부탁하여 하도(河道) 세금 수납처에서 배료의 동생 배숙(裴璹)에게 임시 직무를 주어 약간의 봉급을 주고 가족을 정착시켜 배료가 양주로 가서 역시 피폐한 배찬을 맞이하도록 하자고 부탁했다. 편지는 매우 간절하게 썼는데, 원문은 다음과 같다.

> 제가 엎드려 생각하건대, 이 몸을 덕행을 쌓은 집안에 의탁하여 그 광채가 외국 땅에 빛났습니다. 비록 연못의 교룡이 비를 만나 말로에 빠질 근심은 없으나, 바다제비가 진흙을 물어와 아름다운 들보를 더럽힌 죄를 가지고 있습니다. 이 몸의 자취가 미천하여 황송함이 갑절 더하고 은혜가 깊으니 그 공덕을 갚기를 어찌 기약할 수 있겠습니까? 하물며 어찌 다시 하찮은 성의를 글로 써 높으신 덕망을 더럽힐 수 있겠습니까? 그러나 일이 부득이 하고 사정이 애달프기도 하여, 형벌받을 각오를 무릅쓰고 하찮은 소망을 가득 이루길 바랍니다. 엎드려 저는 어제 좌주 시랑이 낙양에서 시험을 주관한다고 들었습니다만 도로가 통하지 않고, 또 양주에서도 행낭이 매우 궁핍하다는 말을 듣고 일찍이 심부름

---

117) 주 115 참조.

꾼을 파견하려고 했으나, 인연이 끊어져 힘이 부쳐 마음대로 되지 않았습니다. 지금 형제 배료가 멀리서 와서 궁핍한 상황을 간절하게 알려주었고 아울러 다른 보고서를 갖추어 배 수재를 더럽히니, 저의 정성 지극히 황송함을 감당하지 못하겠습니다(某伏念身托德門, 光生異域. 雖池蛟得雨, 無沈埋末路之憂, 而海燕含泥, 有點汚畫梁之罪. 跡賤而兢惶倍切, 恩深而展效何期, 豈合更寫卑誠, 仰塵尊德. 但以事非獲已, 情或可哀, 不辭鈇鉞之誅, 冀滿斗筲之望. 伏緣某昨聆座主侍郎主銓東洛, 道路不通, 且在襄州, 行李極困. 早欲發遣專使, 切緣力未副心. 今有諸兄弟裴璙, 遠將窮懇相告, 輒具別狀, 干瀆台階. 下情無任戰灼之至).

이어서 또 배료가 올린 서계에 첨부한 〈장문〉118)에서 다음과 같이 말했다.

엎드려 생각건대, 저의 집은 해 뜨는 가에 붙었고, 길이 하늘 밖을 지나는지라 아득하여 서신의 왕래도 없으니, 진실로 다른 계책이 없습니다. 이미 나누어 경작할 수 있는 한 치의 땅도 없는데, 어찌 한 자 되는 물결을 가지고 이를 윤택하게 할 수 있겠습니까? 그래서 외람됨을 헤아리지 않고 소개장을 갖추었으니, 목숨이 끓는 솥 속에 달렸고, 눈은 섬돌 아래에 끊어집니다. 범의 수염을 만지는 위험을 모르는 것도 아니요, 용의 입을 더듬는 어려움을 모르는 것도 아닙니다. 그러나 이미 문하생이 되었으니, 어찌 빈궁과 싸우겠습니까? 난조와 개미가 은혜를 느낌은 모두 한가지이고 중국 선비와 먼 데 사람이 은덕을 갚음이 어찌 다르겠습니까? 엎드려 바라건대, 태상 위공은 앞길이 궁핍하고 대책이 없음을 염려하시고 의지할 기둥이 없고 슬픈 소리를 불쌍히 여기어, 특별히 여주나 수주 관내의 장원을 주시던가 아니면 방죽 가운데 빈자리를 보직시켜 주시기 바랍니다. 매달 월급을 주어 집을 안정시킨 뒤에 배료는 양주로 가고 동생

118) 《계원필경집》 권18.

배숙으로 하여금 위임시키는 일을 받들게 할 계획입니다. 신분을 헤아리지 않고 외람되게도 존엄을 모독했으니 저의 심정 지극히 감격하고 황송함을 이기지 못하겠습니다(伏緣某家寄日邊, 路踰天外, 杳無來信, 固絶他圖, 旣無寸土以分耕, 寧有尺波而假潤. 是以不量僭越, 輒具薦論. 命懸沸鼎之中, 目斷台階之下. 非不知捋虎鬚之險, 非不知探龍頷之難. 但緣旣忝門生, 豈論賓貢. 駑驥之與螻蟻, 感恩皆同. 多士之與遠人, 報德何異. 伏乞太尉相公, 念以程窮計盡, 憐其杜促聲哀, 特賜於廬壽管內場院或堰埭中補署散職. 所冀月有俸入, 便獲安家, 裴璙即自到襄州, 令弟璹仰副驅策, 不度涯分, 浼瀆尊嚴, 下情無任感泣兢懼之至).

후에 배찬이 양주로 왔을 때 특별히 최치원의 숙소에 방문하고, 고병이 최치원을 중용한 상황을 보면, 이때 배숙에게 직장을 부탁한 일은 아마도 성공한 것으로 보인다. 뿐만 아니라 최치원이 이 일에서 표현한 의용(義勇)스러운 성격은 의심할 나위 없이 고병으로 하여금 그를 더욱 더 인식하게 했다.

낙양을 잃은 데다가 머지않아 장안이 또 함락되자, 황제는 서천으로 도망갔다. 중원의 대란 시기에 조서를 받들고 낙양으로 가다가 중도에 양주에 체류하게 된 배찬은 배료에 의지해 양주에 머문 후 초주(楚州)로 북상하여 잠시 은거한 듯하다. 배찬이 양주에 있을 때 최치원이 방문하여 문안한 일은 실로 도리상 당연한 것이다. 그러나 배찬 또한 친히 최치원의 숙소를 방문하여 그를 문안한 일[119]은 아마도 특별히 이 문하생에게 감사의 뜻을 표시하기 위함이었을 것이다. 아울러 배찬은 또 〈난리를 피해 유양을 지나며(避難過維陽)〉 절구 세 수를 지어 최치원에게 보여주었고, 최치원은 이 세 수에 대하여 모두 화답했다.[120] 배찬이 하남에서 벼

119) 최치원, 〈찾아와 주신 데 감사드리는 장문(謝降顧狀)〉(《계원필경집》 권19).

120) 최치원, 〈좌주 상서가 난을 피하여 유양으로 가는 도중 절구 세 수를 총시했기에 이를 받들어 화답합니다(奉和座主尙書避難過維陽寵示三絶句三首)〉(《계원필경집》

슬하고 초주에서 은거하던 시기에 최치원은 일상생활에 대하여 안부를 묻는 편지를 썼는데, 피차 서로 연락을 유지했다.[121)]

중화 3년(883) 4월, 관군은 서울 장안을 수복했다. 오래지 않아 조정은 정말로 배찬을 이부시랑으로 제수했고, 이어서 곧 예부상서로 승급했다.[122)] 이는 모두 최치원이 귀국하기 이전의 일이다. 최치원이 신라로 돌아오던 그해(885) 겨울에 신라 국왕은 최치원의 진사 급제를 두고 배찬에게 특별히 편지를 써서 감사의 뜻을 표시했다.[123)] 그러나 그때 배찬은 이미 형부상서로 옮겼을 것이다.[124)] 그러나 귀국한 지 얼마 안 된 최치원은 이 일에 대하여 알 도리가 없었던 것이다.

권20). 배찬의 원시에 대해서는 알 수가 없다.

121) 최치원, 〈제원에 보내는 별지(濟源別紙)〉, 〈좌주 상서께 올리는 별지(上座主尙書別紙)〉, 〈초주의 행리를 맞이하는 별지(迎楚州行李別紙)〉, 〈5월 1일의 별지(五月一日別紙)〉(《계원필경집》 권19). 생각하건대, 배찬의 경력 순서에 의하면, 최치원이 초주로 쓴 여러 서신의 호칭은 이해하기 힘들다. 배찬은 관군이 장안을 수복한 뒤 서울로 돌아와 이부시랑을 맡은 후에 이부시랑에서 다시 예부상서로 승급했다. 그러므로 배찬이 서울로 돌아오기 전에 최치원은 그를 상서로 부르지 않아야 했다. 그러나 사실상 배찬이 양주를 지나 초주에서 은거할 때 최치원은 그를 상서로 불렀다(주 120 참조). 이어서 초주로 써서 보낸 여러 편지의 호칭도 모두 상서이다.

이러한 점에 관하여 두 가지 해석이 있다. 하나는 배찬이 호남관찰사로 부임할 때 이미 승급하여 상서로 봉해졌기에 상서로 불렀다는 것이다(주 113의 책 619~620쪽 참조), 다른 하나는 당시 배찬이 낙양으로 부임하여 이부의 전형을 맡았다는 말을 들었으나, 도로가 막히고 소식이 두절되어 이부상서로 부임했다고 간주하여 상서로 불렀다는 것이다. 생각하건대, 최치원이 고병을 대신하여 배찬에게 쓴 두 편지 가운데 한 통은 배찬이 '이부상서'로 부임하는 것을 축하한 것이나(《계원필경집》 권7), 실제로 배찬은 이부상서를 맡지 않았으니 최치원이 앞서 배찬을 상서로 부른 것은 마땅히 당조의 소식이 잘못 전해진 것이다.

122) 최치원이 신라왕을 대신하여 쓴 〈예부 상서 배찬에게 주는 장문(與禮部裴尙書瓚狀)〉(《고운선생문집》 권1) 참조.

123) 최치원이 신라왕을 대신하여 쓴 〈예부 상서 배찬에게 주는 장문〉(《고운선생문집》 권1) 참조.

124) 주 113의 책 1005쪽 참조.

7.

최치원이 중국에서 교류한 동년배 중에서 관계가 가장 밀접한 사람은 고운일 것이다.

고운의 자는 수상(垂象)이고 지주(池州, 지금의 안휘성 귀지현) 사람이다.[125] 건부 원년(874) 최치원과 같이 진사에 급제했고, 그 뒤에는 일찍이 교서(校書)직을 맡았다.[126] 이어서 또 회남절도사 고병의 막부에 들어가 기실(記室)이 되었는데, 시간적으로는 최치원보다 약간 이르다. 후에는 또 관찰지사(觀察支使),[127] 도통판관(都統判官)[128] 등을 맡았다. 《전당시》 권637에 수록된 그의 〈천위행(天威行)〉과 〈축성편(築城篇)〉 두 시는 모두 고병의 공적을 가송한 것이다. 전자는 고병이 함통 9년(868)에 광주(廣州)와 안남(安南) 간의 해도를 뚫은 일을 기록한 것이고 — 그해는 바로 최치원이 중국에 와서 공부하던 해였다 — 후자는 고병이 서천에서 성도(成都)의 성을 개축한 일을 기록했다.

최치원이 고병의 막부에 들어오게 된 것은 고병 휘하의 한 객장의 지시와 추천에 힘을 입었기 때문이다. 그러나 고운도 옆에서 협조했음에 틀림이 없다. 왜냐하면 최치원이 당초 고병에게 준 〈시를 올리는 계문(獻詩

---

125) 《전당시》 권637 ; 《전당문》 권815.

126) 최치원의 〈시를 올리는 계문(獻詩啓)〉에 "제가 가만히 같은 해 급제한 고운 교서의 〈상공께 올리는 긴 계문(獻相公長啓)〉 한 수와 단가 10편을 보았습니다(某竊覽同年顧雲校書獻相公長啓一首・短歌十篇)"라고 했다. 생각하건대, 당조의 관제에 비서랑(秘書郎)에 교서랑(校書郎) 8명을 두었고, 저작국(著作局)에 교서랑을 2명을 두었는데, 품계는 모두 정9품 상이었다. 문하성(門下省) 홍문관(弘文館)에는 교서랑 2명을 두었는데, 품계는 종9품 상이었다[《구당서》 권43, 〈직관 2(職官二)〉]. 갑방(甲榜) 진사(進士)가 받은 종9품 상의 관직을 보면, 고운이 맡은 것은 마땅히 홍문관의 교서일 것이다.

127) 주 57 참조.

128) 최치원이 고병을 대신하여 쓴 〈강서 왕 상서에게 답하는 글(答江西王尚書書)〉(《계원필경집》 권11).

啓)〉의 첫머리에서 "같은 해 급제한 고운 교서의 〈상공께 올리는 긴 계문〉 한 수와 단가 10편(同年顧雲校書獻相公長啓一首・短歌十篇)"을 보았다고 말하여, 그와 고운 간의 관계를 표명했다. 이는 또한 고병에게 그를 측면에서 이해할 수 있는 자문 역할을 제공했다.[129)]

최치원은 건부 6년(879) 겨울 고병의 막부에 들어가 임직할 때, 고병의 주요 문서는 고운이 맡아 처리했다. 1년이 지나서 중화 원년(881) 여름에 고운이 관찰지사로 부임한 뒤, 그의 직무는 최치원이 대신 맡게 되었다. 그러나 고운이 기실의 직무를 맡지 않았지만, 어떤 문서들은 여전히 그가 집필한 것 같다. 왜냐하면 당 희종이 중화 원년 가을에 고병을 대신하여 왕탁을 도통으로 임명한 뒤 오래지 않아 다시 고병 대신 위소도(韋昭度)를 제도염철전운사(諸道鹽鐵轉運使)로 임명했기 때문이다. 《신당서》와 《구당서》의 〈고병전〉에 모두 "고병이 병권을 잃어버리고 또 이권에 빠졌으며, 소매를 걷고 크게 꾸짖는 등 상서에 올린 말도 불손하자, 황제는 대노하여 조서를 내려 크게 책망했다(駢旣失兵柄, 又落利權, 攘袂大詬, 上書語詞不遜, 帝怒, 下詔切責)"고 했다. 《구당서》 권182에는 또 고병이 올린 주장(奏章)과 희종이 내린 조서 원문을 인용했는데, 고병 주장의 끝부분은 다음과 같다.

> 신이 엎드려 천지의 명령을 받드니, 신으로 하여금 지성케 하고 더욱 법도에 어긋나는 일을 따르지 말도록 했는데, 신은 하늘을 쳐다보고 땅에게 사뢰나니 피눈물이 섞여 흘러, 마치 칼과 창으로 가슴을 찌르고 마치 끓는 물과 불이 자신에게 있는 듯합니다. 단지 황소 같은 도적놈이 천장현의 작은 성을 핍박하여 40여 일간 포위하다가 결국에는 피하여 도망갔습니다. 신은 여러 도의 병사를 풀고, 집안의 재산을 내놓아 상으로 주었으나, 여러 도에서는 대부분 파병하지

129) 주 125 참조.

않았고, 재물도 자기 소유로 만들었습니다. 설사 사신을 파견할지라도 황제의 칙지는 회남을 지나지 못하도록 했습니다. 그때 황소의 남은 잔당은 겨우 2만으로 수천 리를 지나서는 군대의 수비들이 다 죽어 없는 것 같았습니다. 단지 동관의 동쪽으로는 길이 하나밖에 없어, 그곳이 험하고 견고하기로는 정형(井陘)보다 심합니다. 그러나 어찌 미쳐서 날뛰는 도적놈이 있다 하더라도 대략 막을 수 없겠습니까? 이미 지세가 험준하여 타국보다 백배의 힘이 있다는 땅은 진실로 헛된 말이니, 신기한 책략을 가진 천자의 군대가 지금 어디에 있단 말입니까? 폐하께서는 황급히 서천으로 도망가시고 환관들은 명을 받아 동쪽으로 분주히 오고, 백성들은 모두 살상당하고 관리들도 모두 도륙당했습니다. 지금 왕릉이 파헤쳐져 훼손되고, 종묘는 쑥대밭이 되었고, 여기저기서 슬퍼하고 상심하며 먼 곳과 가까이서 탄식하고 원망합니다. 비록 그렇다고 하나, 간신들은 아직 깨닫지 못하고, 폐하께서는 오히려 혼미하여 종묘가 불타는 것을 생각지 않으시고 왕릉이 훼손되는 것을 슬퍼하지 않고 있습니다. 신의 아픔은 사실 바로 여기에 있습니다. …… 폐하께서는 지금 왕탁을 등용하여 병권을 모두 주관하게 하셨는데, 진실로 미친 도적놈을 반드시 섬멸하고, 올빼미 소굴을 전복시키라는 뜻으로 알겠습니다. …… 폐하께서는 어찌 싸움에 진 장수에게 맡기고, 유학에 정통한 신하를 함정에 빠트리나이까? 최안잠은 도처에서 탐람하고 잔인한데, 단지 서천을 그 한 증거로 삼을 수 있습니다. 이를 보좌역에 맡기시면, 어찌 오랑캐를 평정할 수 있겠습니까? 하물며 천하의 병사들은 교만하여 도처에서 참람하니, 어찌 두 선비가 능히 강한 병권을 거두어들여 만에 하나 어긋나기라도 한다면, 장차 어찌 구조할 수 있으리오? 원하건대 폐하께서는 백성들을 염려하시고 위로는 종묘를 보호하시고 영원토록 원한을 품은 신하가 생기지 않도록 하시고 천고에 자리를 문지르는 수치를 남기지 마옵소서. 신은 다만 도적이 동토에 날뛰고 유 씨가 부흥함을 염려하노니, 지도[섬서성 서안시 북동쪽에 있던 정자의 이름으로, 진왕 자영(子嬰)이 이 정자에서 항복하였음]의 재앙이 어찌 과거에만 있으란 법이 있겠습니까? 바라건대 폐하께서는 약간 신명한 생각을 남기시어 종묘사직을 안정시키소서. 지금 어진 인재들은 재야에 있고, 간사한 사람들은 조정에 가득하여 폐하로 하여금 나라 잃은 군주로 만들어 놓았으니, 이러한 계책이 어디에서 나왔단 말입니까? 엎드려 바라옵건대 관직과 작위를 사고파는 무리들을 도륙하시고, 뜻이 바르고 공정한 신하들을 초빙하여 무겁고 어려운 일을 맡기고 좌우에 두셔서 궁궐을 수복하시는 것보다 나은 것은 없습니다. 만일 이때 충신을 비방하고 열사를 매몰시키면서 종묘사직을 바로잡아 회복시키고자 한다면 희망이 보이지 않을 줄로 압니다. 신은 국가의 깊은 은혜를 받고도 말이 간절함을 깨닫지 못하여 지극히 황송함을 이기지 못하겠나이다(臣伏奉詔命, 令臣自省, 更勿依違者, 臣仰天訴地, 血淚交流, 如劍戟攢心, 若湯火在己. 只如黃巢大寇, 圍逼天長小城, 四旬有餘, 竟至敗走. 臣散徵諸道兵甲, 盡出家財賞給, 而諸道多不發兵, 財物卽爲己有. 縱然遣使徵得, 勅旨不許過淮. 其時黃巢殘兇, 纔及二萬, 經過數千里, 軍鎭盡若無人. 只如潼關已東, 止有一徑, 其爲險固, 甚於井陘. 豈有狂寇奔衝, 略無阻礙, 卽百二之地, 固是虛言, 神策六軍, 此時安在? 陛下蒼黃西出, 內官奔命東來, 黎庶盡被殺傷, 衣冠悉遭屠戮. 今則園陵開毁, 宗廟荊榛, 遠近痛傷, 遐爾嗟怨. 雖然, 姦臣未悟, 陛下猶迷, 不思宗廟之焚燒, 不痛園陵之開毁. 臣之痛也, 實在於斯. …… 陛下今用王鐸, 盡主兵權, 誠知狂寇必殲, 梟巢卽覆. …… 陛下安忍委敗軍之將, 陷一儒臣? 崔安潛到處貪殘, 只如西川, 可爲驗矣. 委之副貳, 詎可平戎? 況天下兵轎, 在處僭越, 豈二儒士, 能戢强兵, 萬一乖張, 將何救助? 願陛下念黎庶, 上爲宗祧, 無使百代有抱恨之臣, 千古留刮席之恥. 臣但慮寇生東土, 劉氏復興, 卽軹道之災, 豈獨往日. 乞陛下稍留神慮, 以安宗社. 今賢才在野, 憸人滿朝, 致陛下爲亡國之臣, 委之重難, 置之左右, 克復宮闕, 莫尙於斯. 若此時謗誹忠臣, 沉埋烈士, 匡復宗社, 未見有期. 臣受國深恩, 不覺語切, 無任憂懼之至).

당시 최치원의 직무를 가지고 이야기하자면, 이 주장(奏章)은 마땅히 그의 손에서 나왔을 것이나 《계원필경집》에는 보이지 않는다. 조정에서 고병을 대신하여 왕탁을 도통으로 임명한 뒤 최치원이 고병을 대신하여 지은 〈시중으로 승진시켜준 데 감사드리는 표문(謝就加侍中表)〉, 〈위로해 주고 시중을 겸직시켜 주고 식읍을 봉해준 데 감사드리는 표문(謝賜宣慰兼加侍中實封表)〉(《계원필경집》 권2), 〈시중으로 승진시키고 아울러 실봉을 더해준 데 감사드리는 표문(謝就加侍中兼實封表)〉(권3), 〈시중으로 승진시키고 아울러 실봉을 더해준 데 감사드리는 장문(謝加侍中兼實封狀)〉, 〈제도염철사를 회수하고 시중으로 승진시키고 아울러 식읍을 올려준 데 감사드리는 장문(謝落諸道鹽鐵使加侍中兼實封狀)〉(권6) 등 여러 편에서 보이는 표현에 결코 과격하거나 불손한 곳이 없다. 때문에 어떤 사람들은 사서에 기록된 것이 아마도 당시의 실록이 아닐 거라는 의심을 가지게 되었다.[130] 그러나 사서에 인용된 쌍방의 원문이 모두 남아 있으니 실록이 아닐 수는 없다. 그렇다면 이러한 현상은 두 가지로 해석할 수 있겠다.

① 위에서 인용한 과격하고 불손한 표문(表文)은 확실히 최치원이 고병을 대신하여 쓴 것이기는 하나 그는 그것을 《계원필경집》에 수록하지 않았다.

② 《계원필경집》에 보이는 최치원이 고병을 대신하여 쓴 몇 편의 표장(表狀)은 모두 고병에게 채택되지 못했다. 과격하고 불손한 표문은 다른 사람이 지은 것이지 최치원이 대신 쓴 것이 아니다.

이 두 가지 해석에서 후자가 사실일 것이다. 왜냐하면 앞에서 든, 《계원필경집》에서 고병을 대신하여 쓴 표장 몇 편은 실제로 동일한 사건의 다른 주고(奏稿)이기 때문이다. 이를 보면 당시 어휘 선택이 매우 신중했을 뿐 아니라 원고를 누차 고쳐 써서 고병의 결정을 기다렸는데, 조정에서 받은 것은 도리어 다른 문장이었다. 문자의 풍격으로 보면 조정에서

130) 주 1 참조.

받은 것과 《계원필경집》의 각 편은 전혀 다르므로, 결코 최치원이 지은 것이 아니다. 그러나 당시 고병을 대신하여 이처럼 중요한 주장(奏章)을 쓸 수 있었던 사람은 최치원 말고 또 누가 있단 말인가? 당연히 여전히 막부에서 활동하던 사람, 즉 고운이다. 《신당서》 권224하, 〈고병전〉에서도 고병의 상서(上書)를 크게 꾸짖어 "오 지방 사람 고운은 문사로써 그 간사함을 꾸미고, 오만하여 거리끼고 두려워하는 바가 없었다(吳人顧雲以文辭緣澤其姦, 偃然無所忌畏)"[131]라고 말했다. 이를 보면, 고운은 관찰지사・도통판관을 역임한 후에는 여전히 고병의 중요한 문서를 집필했음을 알 수 있다.

고병이 그의 부하에게 죽임을 당한 후 고운은 한동안 은거했다. 대순(大順) 연간(890~891)에 사공도(司空圖, 837~908) 등과 덕종(德宗)・의종(宜宗)・의종(懿宗) 3대 실록을 나누어 수찬했다. 책을 완성한 뒤 우부원외랑(虞部員外郎) 관직이 추가되었고, 건녕(乾寧) 초(894)에 사망했다.[132]

세상에 전해지는 최치원의 시 중 칠언 율시 〈늦은 봄에 즉흥으로 동료 사자인 고운에게 화답하며(和顧雲支使暮春卽事)〉[133]가 있다.

東風遍閱百般香, 봄바람에 온갖 꽃향내를 두루 맡으니,
意緒偏饒柳帶長. 마음만은 유독 길게 드리운 버들처럼 풍요롭네.
蘇武書回深塞盡, 소무의 글월은 깊은 요새를 돌아 전해지고,
莊周夢逐落花忙. 장주의 꿈은 지는 꽃을 좇아 바쁘네.
好憑殘景朝朝醉, 남은 경치 빙자하여 아침마다 취하노니

131) 이곳의 "오인 고운(吳人顧雲)"의 '오(吳)'는 장강 이남의 강소(江)・절강(浙)・호남(湘)・안휘(鄂)・복건(閩) 일대를 가리키는데, 삼국 시대 손권(孫權, 182~252)이 건국하여 소유하던 땅이다.

132) 주 38 참조.

133) 《고운선생문집》 권1.

難把離心寸寸量. 이별의 마음은 일일이 헤아리기 어렵네.
正是浴沂時節日, 때는 바로 기수에 멱 감는 시절이요,
舊遊魂斷白雲鄕. 옛날에 놀던 곳은 애끊는 백운향이라네.

최치원은 고운의 재능과 학식을 매우 찬양했다. 그는 일찍이 "고래가 바다 물결을 내뿜는 듯하다(鯨噴海濤)"는 글귀로 고운의 학식을 형용했고, "칼날이 은하수에 기댄 듯하다(劍倚雲漢)"는 말로 고운의 필봉을 형용했다.[134] 최치원이 귀국할 때, 고운은 송별시를 써서 최치원을 매우 추앙했다. 그 시에 이르길,[135]

我聞海上三金鰲, 내 들으니 동해에 세 마리 금 자라가
金鰲頭戴山高高. 머리로 산을 이고 있는데 높디높다네.
山之上兮, 珠宮貝闕黃金殿, 산 위는 구슬과 보배로 꾸민 황금 궁전이요
山之下兮, 千里萬里之洪濤. 산 아래는 천 리 만 리 큰 물결이라네.
傍邊一點鷄林碧, 그 곁에 한 점 계림이 푸른데
鰲山孕秀生奇特. 자라산의 빼어난 정기를 머금어 특출한 인재를 낳았네.
十二乘船渡海來, 열두 살에 배를 타고 바다를 건너와
文章撼動中華國. 문장으로 중국을 감동시켰네.
十八橫行戰詞苑, 열여덟 살에 문단을 휩쓸어
一箭射破金門策. 단번에 과거에 급제했다네.

또 〈고운편(孤雲篇)〉[136]에서,

134) 최치원, 〈시를 올리는 계문〉(《계원필경집》 권17) 참조.
135) 《삼국사기》 권46, 〈최치원전〉에 수록. 이 시의 뜻이 완전하지 못하므로 분명 다른 글이 있었을 터인데, 이미 전하지 않는다.

因風離海上, 바람을 타고 바다 위를 달려
伴月到人間. 달을 짝하여 인간에 이르렀네.
徘徊不可住, 배회하며 머물 수 없어
漠漠又東還. 막막히 다시 동쪽으로 돌아가네.

생각하건대 '고운'은 최치원의 자이니, 이 시는 사물을 빌려 사람을 읊은 것으로 그리워하고 아쉬워하는 정이 매우 돋보인다. 최치원과 고운 두 사람의 우정을 여기서 대략이나마 볼 수가 있다.

1985년 정월 31일.

[해제]

이 글은 김영화(金榮華)의 〈崔致遠在唐事迹考〉(《中韓交通史事論叢》, 臺北 福記文化圖書有限公司, 1985)를 번역한 것이다.

김영화(1936~) 교수는 강소(江蘇) 무석(無錫) 사람으로 1964년 대만사대(臺灣師大) 국문연구소(國文硏究所)에서 〈史記屈賈列傳疏證〉(指導教授 : 楊家駱)으로 문학 석사 학위를 받았고 미국 위스콘신대학에서 도서관학 석사 학위를 취득했다. 프랑스 파리대학 비교문학연구소에서 연구에 종사한 바 있으며 일찍이 멕시코학원 동방연구소 교수, 숙명여자대학교 · 단국대학교 중문과 초빙교수, 중국문화대학 중문계 주임 겸 중문연구소 소장을 역임한 바 있다. 지금은 대만중국현대문학학회 이사장, 중국구전문학학회 명예이사장을 맡고 있다.

주로 비교문학 · 민간문학 · 현대문학 연구에 종사하고 있는데, 주요 저작으로는 《眞臘風土記校注》(臺北 正中書局, 1976), 《中暹交通史事論叢》(臺北 石門圖書公司, 1978), 《比較文學》(臺北 福記文化圖書有限公司, 1982), 《六朝

136) 고려 이인로(李仁老), 《파한집(破閑集)》 권중.

志怪小說情節單元分類索引》(中國文化大學 中國文學研究所, 1984), 《中韓交通史事論叢》(福記文化圖書公司, 1985), 《韓國俗字譜》(서울 亞細亞文化社, 1986), 《敦煌文物外流關鍵人物探微》(臺北 新文豐出版公司, 1993), 《敦煌吐魯番論集》(臺北國立編譯館, 1996), 《民間故事論集》(臺北 三民書局, 1997), 《王績詩文集校注》(臺北國立編譯館, 1998) 등이 있다.

고운 선생의 재당(在唐) 관직 임직 시기의 발자취 고찰*

위욱승(韋旭昇)

최치원(崔致遠, 857～?)은 자가 고운(孤雲)으로 신라 말기의 시인이며 한국 역사상 최초로 개인 문집을 남긴 대학자이자 시인이다. 그는 줄곧 한국 학술계에서 한국 한문학의 개산비조(開山鼻祖)로 떠받들어졌고 '동국문종(東國文宗)'·'동국문학의 선조(東國文學之祖)'란 명망을 누렸다(동국은 한국의 자칭이다). 그는 열두 살에 중국에 들어와 유학하여 이후 과거에 급제하고 현위(縣尉)·병마도통순관(兵馬都統巡官)을 역임했고 승무랑(承務郎)·시어사내공봉(侍御使內供奉) 등 직명을 얻었다. 또 황제로부터 '자금어대(紫金魚袋)'를 하사받는 특수한 영예를 누리기도 했다. 당에서 모두 16년을 보내고 스물여덟에 신라로 귀국했다. 신라에서 관리를 지내고 공부하며 시를 지었으나 끝내 징치직으로 배세되어 은거했는데, 향년은 알 수가 없다.

* 이 논문은 일찍이 한국 '제1회 고운학회 학술회의'(1997년 5월 16일, 고운학회 주관으로 서울 성균관 유림회관 3층 대강당에서 거행)의 학술 보고 중의 하나이다. 이 회의에서 발표하여 중국어와 한국어 두 언어로 이 회의의 논문집에 실렸는데 후에 조금 줄여서 중국《연변대학학보》(철학사회과학판, 1998년 제4기)에 발표했다. 논문 중의〈현위 임직 시기(任縣尉時期)〉의 관련 단락은〈쌍녀묘와 최치원(雙女墳與崔致遠)〉(江蘇省 高淳縣政協文史資料委員會 편,《高淳文史資料》第14輯, 1998년 8월 제1판)에 실린 바 있다.

최치원이 귀국하여 다닌 곳은 한국에 대부분 기록이 남아 있다. 그러나 그가 중국에 있을 때 족적이 미친 곳은 주의할 만한 곳이 없고 더욱이 고증할 수 없다. 따라서 심지어는 중요한 문헌에 있는 지명에 대해서도 장기간 와전되는 경우도 있었다. 최치원은 당조에서도 비교적 이름이 있어 《당서(唐書)》, 〈예문지(藝文志)〉에도 그의 저술을 언급한 바가 있다. 중・한 문화 교류에서 그는 매우 중요한 위치를 차지한다. 그가 중국에 있을 시기의 발자취를 고찰하는 것은 중・한 문화 교류 연구 작업에서 마땅히 해야 할 일이다. 필자는 이를 위해 1996년 4월과 11월에 앞뒤로 두 번 관련 지역을 방문하여 현지 조사를 했고, 관련 문헌과 결합하여 탐색과 연구를 진행했다. 이 글은 바로 이러한 작업의 결과이다.

최치원은 신라 경문왕(景文王) 8년(당 의종 함통 9, 868) 중국에 와서 16년 간 거주했으며, 신라 헌강왕(憲康王) 10년(당 희종 중화 4, 884) 8월에 귀도에 올라 이듬해 3월에 신라에 도착했다. 중국에 있던 16년 중 전기는 장안(長安)과 낙양(洛陽)에서 공부하고 과거에 응시했는데 대략 7~8년 동안 보냈고, 후기에는 율수(溧水), 회남(淮南, 지금의 양주)에서 약 8년간 관리로 지냈다. 전기에는 일찍이 학습하는 틈을 쪼개어 시문을 지었으나 전하지 않을 뿐 아니라, 구체적인 행적의 기록이 남아 있지 않아 그가 이른 곳을 확실하게 고찰할 방법이 없다. 후기에는 많은 시문이 세상에 전하는데, 그중 그가 갔던 몇 군데를 언급했다. 여기서는 이를 근거로 그가 관리로 지낸 시기의 발자취를 고찰할 것이다. 그의 전기의 행적과 발자취에 대해서는 현재 고찰할 방도가 없다.

최치원이 중국에서 보냈던 시기는 지금으로부터 이미 1,100여 년 전이다. 중국과 한국의 사서에서는 중국에 있을 때의 구체적인 활동에 대하여 기록이 없거나 말이 상세하지 않다. 비록 그의 시문이 약간 남아 있기는 하지만, 너무 많이 없어져서 고찰 작업을 수행함에 수많은 어려움에 봉착했다. 문제를 정확히 해결하기 위하여 필자는 일부 지방에 가서 현지

고찰을 했고 관련 문헌을 찾아서 이 논문을 썼다. 본문에서는 최치원 시문의 인식을 심화시키기 위해 어떤 곳에서는 고증하기도 하고 때로는 서술했다. 임무가 어렵고 여건도 부족하여 혹 빠트린 것이 있을 터인데 잘못을 바로잡아 주길 바란다.

아래서는 시기를 나누어 지명(혹은 명칭)에 따라 최치원이 당에서 벼슬한 시기의 발자취를 차례로 서술하고자 한다.

1. 현위 임직 시기(선주 율수 시기) : 당 희종 건부(乾符) 4년(877)~광명(廣明) 1년(880)

1) 율수

최치원은 당 희종 건부 원년(874), 즉 열여덟 살 때 빈공과(賓貢科)에 급제했고, 3년 후에 선주 율수현위(溧水縣尉)의 관직을 수여받았다. 《계원필경집(桂苑筆耕集)》 서언에서 그는 "이후 선주 율수현위로 제수되었다(爾後調授宣州溧水縣尉)"라고 했으나, 《고운집(孤雲集)》에서는 대부분 '표수(漂水)'로 쓰고 단지 한 곳에서만 '표(漂)' 자 아래 소주(小注)를 달아 "어떤 판본에는 '율'로 되어 있다(一作溧)"라고 했다. 심지어는 현대에 펴낸 서적에서도 '표수'라고 쓴 곳이 있다.[1] 최치원의 벼슬은 이곳에서 시작되었으나 중요한 지명이 이처럼 와전되었으니, 이에 대하여 고증할 필요가 있다.

필자는 중국 역대의 모든 지명을 찾아보았으나 '표수(漂水)'라는 단어를 발견할 수 없었다. 그러나 강소성(江蘇省)의 지방지 《율수현지(溧水縣

---

1) 예를 들면 1987년 1월 20일 서울 교학사에서 4판 발행한 《신국사사전(新國史辭典)》, 1375쪽의 「최치원」조

志)》(청 광서 8년 편찬), 〈관사지(官師志)〉의 「현위」란을 보면 이러한 기록을 발견할 수 있다.

최치원은 계림 사람으로 건부 연간에 임직했다(崔致遠, 鷄林人, 乾符年任).

이 《현지》에서는 또 다음과 같이 상세하게 주를 달았다. 율수현령은 육해(陸該)이며 관직의 급수는 6품이고 연봉은 85석(石)이었다. 현위는 9품으로 연봉은 49.5석이다. 최치원이 현위를 지냈는데 9품관이었다. 당대 관직 제도에 따르면 현령 아래에 현승(縣丞)·현위를 두어 현령을 보좌하도록 했다. 현위의 구체적인 임무는 지방 치안을 담당하는 것으로, 대략 오늘날의 경찰서장에 해당한다.

율수현은 당시에 선주(宣州)에 속했는데, 선주의 관할 범위는 지금의 안휘성(安徽省) 장강(長江) 이남과 황산(黃山)·구화산(九華山) 이북 지구 및 율수·율양(溧陽) 등의 현도 포함되었다. 선주의 소재지는 지금의 안휘 선성(宣城)이었다.

이를 보면 최치원이 율수에서 현위를 지냈으며, '표수'는 순전히 잘못 전해져 와전된 것임을 분명하게 확인할 수 있다.

율수는 최치원이 현위를 지낸 때부터 지금까지 천백여 년이 흘러 원래의 면모가 이미 보전된 곳이 많지 않기 때문에 당시 최치원의 거처를 고증할 방도가 없다. 그가 근무한 현아문(縣衙門) 건물도 이미 존재하지 않는다. 그러나 사료에 의거하면 당시 현아문의 위치를 분명히 확인할 수 있다. 필자는 1996년 4월 8일 율수현 문물보관위원회(文物保管委員會)의 책임자이자 율수의 고고학자인 오대림(吳大林)의 안내로 그 위치에 가보았다.

최치원이 봉직했던 현아문 소재지에는 '공소상장(供銷商場)'이 들어섰다. 공소상장이 위치한 거리를 '통제가(通濟街)'라고 부르는데, 당대의 명칭을 따른 것이다. 백화점의 동쪽에 통제가와 수직을 이루고 있는 이름이 '묘항(廟巷)'[2]이라는 거리가 있는데, 이곳이 바로 당대 묘항의 소재지이다. 비록 골목 안 양쪽의 가옥들이 이미 천여 년 전의 옛것이 아니나, 골목의 너비·길이는 여전히 원래의 모습을 유지하고 있다.

고증에 의하면 최치원이 율수에서 임직하기 이전의 원래 현아문은 결코 지금의 공소상장의 소재지에 있지 않았고, 묘항 동쪽의 원래의 성황묘(城隍廟) 자리에 있었다. 《율수현지》 권8, 〈전사지(典祀志)〉에는 다음과 같이 기록되어 있다.

> 성황묘는 소동문 밖 통제가에 있는데 당 현령 백계강[3]의 신위를 모셨다. (백계강이) 보력 2년(824)에 관사에서 사망했는데, 선정을 베풀었기 때문에 고을 사람들이 그를 제사지낸 것이다. …… 회창 4년(844)에 현아에 성황묘를 세우고, 통제가의 서쪽 양조장 부근으로 옮겼다(城隍廟在小東門外通濟街, 神爲縣令白季康. 以寶歷二年卒于官, 有善政, 邑人思之 …… 會昌四年, 卽縣治立廟, 移治于街西酒坊).

"통제가의 서쪽 양조장(街西酒坊)"은 바로 공소상장의 소재지이다. 이 백화점을 세우기 전에 율수의 고고학자가 일찍이 이곳에서 자기(瓷器) 등을 발굴하여, 이곳이 바로 844년에 세운 율수의 새로운 아문(衙門)의 소재지임을 증명했다. 이른바 '가서(街西)'는 통제가 서쪽을 가리키는 것이니, 바로 묘항 서쪽이다. 최치원은 건부 4년(877)에 율수로 부임했는데, 이때 새로운 아문은 이미 33년째 사용되고 있었다.

율수현 원래의 아문이 성황묘로 개조된 뒤 줄곧 천여 년 동안 보존되었다가 1950년대에 이르러 철거되었는데, 성황묘에 있었던 수많은 석비

2) 《재성진가구도(在城鎭街區圖)》에는 '후항(後巷)'으로 잘못 쓰여 있다.
3) 백거이(白居易)의 숙부.

(石碑)들도 흩어져 찾을 수가 없다. 오대림의 설명에 의하면, 이 성황묘와 석비들이 완전하게 보존되었더라면 지금 유관 실마리, 심지어는 최치원의 제영(題詠)을 발견할 수 있었을 것이라고 했다. 1950년대 율수 사람들의 문화재에 대한 관념이 높지 않아 손실되었으니 매우 애석한 일이다.

통제가 남쪽으로 진회하(秦淮河)가 있어 통제가와 평행을 이루는데, 당대에는 매우 중요한 수로였다. 최치원이 공무의 여가를 틈타서 강가를 산보하고 묘항을 배회했을 것은 필연적인 일이다. 필자가 몸소 이곳에 와서 아득히 옛사람을 생각하니 감개가 무량함을 금할 수가 없었다.

2) 중산(中山)

최치원은 〈계원필경서(桂苑筆耕序)〉에서 다음과 같이 말했다.

> 이후 선주 율수현위로 제수되었는데 녹봉도 두둑해지고 관직이 한가하여 종일토록 배불리 먹었습니다. 벼슬살이하다가 남은 힘이 있어 배움에 짧은 시간도 헛되이 보내지는 않았습니다. 공적으로 또는 사적으로 지은 글을 책으로 엮으니 모두 5권이나 되었습니다. 그래서 '산을 만든다'는 뜻을 더욱 격려하여 그 책 이름을 '복궤'라 하고, 그 지방 이름을 '중산'이라 했기에 '복궤집' 앞에다 '중산' 두 글자를 붙였습니다(爾後調授宣州溧水縣尉, 祿厚官閑, 飽食終日. 仕優則學, 免擲寸陰, 公私所爲, 有集五卷, 益勵爲山之志, 爰標覆簣之名, 地號中山, 遂冠其首).

이곳에서 말하는 '중산'은 바로 율수의 아칭(雅稱)이다. 당《원화군현도지(元和群縣圖志)》에서는 다음과 같이 말했다.

> 중산은 율수현에서 동남쪽으로 15리 떨어져 있다. 여기에서 토끼털 붓이 생

산되는데, 이를 붓으로 만들면 매우 정묘하다(中山, 在縣東南十五里, 出兎毫, 爲筆精妙).

북송(北宋) 《태평환우기(太平寰宇記)》에서는,

중산은 독산이라고도 부르는데, 뭇 산들과 서로 이어져 있지 않다(中山, 又名獨山, 不與群山相連).

라고 했고, 남송(南宋)의 《경정건강지(景定建康志)》에서는 《여지지(輿地志)》를 인용하여,

선주 율수에는 독산이 있는데, 일명 탁산이라고도 이른다(宣州溧水有獨山, 一名濁山).

라고 말했다. 중산에서 나는 토끼털로 정묘한 붓을 만들 수 있는데, 이것이 바로 그 유명한 '중산필(中山筆)'이다. 당대에 율수는 선주의 관할 지역에 속한 지 2백여 년이었다. 그래서 이 붓은 또한 '선주중산필(宣州中山筆)'로 세상에 이름이 나게 되었다. 율수의 제필업(制筆業)은 원명(元明) 이후 점차 쇠퇴했으나, 선성(宣城) 일대에서는 지금까지도 그곳에서 나는 붓을 이 이름으로 부른다. 최치원이 《중산복궤집(中山覆簣集)》을 쓸 때도 당지의 이 붓을 사용했을 것으로 생각한다.

명대에 율수에서 서원을 세우고 '중산서원(中山書院)'이라 했는데, 현재 현정부(縣政府) 소재지가 '중산서원' 터이다. 이 서원은 1930년대 일본 비행기에 의해 폭파되었다. 지금은 단지 〈중산서원관급전방기(中山書院官給田房記)〉라는 석비가 있을 뿐이다.

이 밖에 현성(縣城) 동남쪽으로 약 8킬로미터 떨어진 곳에 '중산수고

(中山水庫)'라고 불리는 저수지가 있다.

중산은 자그마한 산인데, 필자는 율수의 문화재위원인 오대림의 안내로 이 산에 가보았다. 산은 비록 크지는 않지만 역사적으로 상당히 중시받았다. 당《원화군현도지》와 송《원풍구성지(元豐九城志)》의 「율수」조 아래에 기록된 산 이름이 '중산'밖에 없으니 그 지명도를 알 수 있다.

최치원의《중산복궤집》은 율수의 아칭으로 명명한 것인데, '복궤'라는 단어는《논어(論語)》,〈자한(子罕)〉편에서 나왔다.

> 비유컨대 평지에 흙을 쌓아 산을 만드는데, 설사 이제 막 한 삼태기의 흙을 붓더라도 만약 앞으로 나아가야 한다면, 나는 곧 나아갈 것이다(譬如平地, 雖覆一簣, 進, 吾往也).

'궤(簣)'는 흙을 담는 삼태기를 가리키고, '복(覆)'은 흙을 쏟는다는 뜻이다.《논어》,〈자한〉편의 이 말은 "티끌 모아 태산(積小爲大, 積少成多, 積土爲山)"이란 뜻이다. 한 삼태기에 담을 수 있는 흙이 비록 많지는 않지만 단지 '나아가기만[進]' 하면, 다시 말해서 한 삼태기씩 쌓아올리면 끝내는 산이 되고 큰 사업을 이룰 수 있다는 것이다. 최치원이 '복궤(覆簣)'를 문집명으로 삼은 뜻은 스스로 게으름을 피우지 않고 부지런하게 장기간 노력하여 큰 사업을 성취하겠다는 원대한 포부를 표시한 것이다. 이는 세상에 전하는 그의 첫 번째 개인 문집이자, 한국 역사상 세상에 알려진 최초의 개인 문집이기도 하다. 문집 자체는 이미 없어져 존재하진 않지만, 한국 문학 발전의 근원을 밝히는 데 그 의의가 매우 크다. 이 문집이 율수 중산에서 이루어졌으니 마땅히 율수라는 작은 도시의 영광·자부심이자, 한국 학술계에서 충분히 중시할 만한 가치가 있다.

3) 쌍녀묘

《신라수이전(新羅殊異傳)》의 〈선녀홍대(仙女紅袋)〉는 최치원이 무덤 속의 두 여인과 연애하는 고사인데, 거기에서 쌍녀묘를 언급했다.

> 율수현위로 제수되었고 늘 율수현의 남쪽 경계에 있는 초현관에서 노닐었다. 초현관 앞의 언덕에 옛무덤이 있었는데, 쌍녀분이라 했다(調授溧水縣尉, 嘗遊縣南界招賢館, 館前岡有古塚, 號“雙女墳”).

이는 전기(傳奇)이지 결코 사실의 기록이 아니라서, 여기서 말하는 율수현 남쪽의 쌍녀묘를 모두 믿을 수는 없다. 그러나 중국의 어느 지방지에 오히려 유사한 기록이 있다.

> 〈쌍녀분기〉에서 말했다. 계림 사람 최치원이 당 건부 연간에 율수현위에 임명되었다. 어느 날 초현관에서 쉬고 있는데, 앞 언덕에 쌍녀묘라는 무덤이 있었다. …… 율수현에서 남쪽으로 110리 되는 곳에 있다(〈雙女墳記〉曰：有雞林人崔致遠者, 唐乾符中補溧水尉, 嘗憩於招賢館. 前岡有冢, 號曰雙女墳. …… 在溧水縣南一百一十里).[4]

원대에 편찬된 《지정금릉신지(至正金陵新志)》(원 지정 4, 1344년 편찬)의 〈진시(鎮市)〉에서 ‘초현관’을 언급했다.

> 초현관은 율수주 남쪽으로 110리 되는 곳에 있다(招賢館, 在溧水州南一百一十里).

4) 송 장돈이(張敦頤) 찬, 《육조사적편류(六朝事迹編類)》.

같은 책에서 비교적 이름이 있는 많은 무덤을 기록했는데, 그중에 쌍녀묘를 언급했다. 아울러 상술한 《육조사적편류(六朝事迹編類)》에서 인용한 〈쌍녀묘기(雙女墳記)〉를 인용하고 끝에 '초현관'을 붙였다.

…… 무덤은 율수주 남쪽으로 110리 되는 곳, 즉 폐허가 된 초현관 곁에 있다(…… 墳在溧水州南一百一十里, 廢招賢館側).

이 무덤과 관련된 중국 문헌의 기록에서 모두 '계림 사람 최치원(鷄林人崔致遠)'이 율수현위를 맡을 때 이 무덤에 와서 시를 지어 조문했다는 내용과 밤에 꿈에서 두 여성이 그에게 신세를 털어놓았다는 일을 간략하게 서술했다.

이 고적을 분명하게 확인하기 위하여 필자는 1996년 4월과 11월에 앞뒤로 두 차례 율수에 갔다. 당대 율수현의 남쪽 일부는 이미 고순현(高淳縣)에 귀속되었기 때문에 4월 9일 필자는 율수현의 문화재위원 오대림의 안내를 받아 고순현으로 갔다. 고순현 문물보관소(文物保管所)의 책임자 복양강경(濮陽康京) 등의 열정적인 도움을 받아 《고순현지(高淳縣志)》에서 쌍녀묘에 관한 기록을 찾을 수 있었다.

쌍녀묘는 고순현에서 동쪽으로 30리 떨어진 화산 이씨 마을 곁에 있다. 계림 사람 최치원이 당 건부 연간에 율수현위로 임명되었는데, 일찍이 시를 지어 조문했다. 밤에 꿈을 꾸었는데 두 여성은 감사를 표시하면서 다음과 같이 말했다. '우리는 본래 선성군 개화현 마양향 장 씨의 두 딸입니다. 어려서 글씨와 친숙했고 자라서는 재능을 가지고 있었는데, 부모가 소금 장수 놈에게 시집가라 했습니다. 이 때문에 울분이 나서 죽게 되어, 천보 6년에 함께 이곳에 묻히게 되었습니다.' 잔치를 베풀고 이야기하다가 새벽이 되어서야 헤어졌다(雙女墓, 縣東三十里花山李氏宅旁. 鷄林人崔致遠唐乾符中補溧水縣尉, 曾爲詩弔之, 夜夢二

女稱謝曰：'兒本宣城郡開化縣馬陽鄉張氏二女；少親筆硯, 長負才情, 父母妃于鹽商小豎, 以此憤恚而死, 天寶六年同葬于此'. 宴語至曉而別.)

《고순현지》에서 말하는 것은 다른 문헌과 같지만, 쌍녀묘의 구체적인 위치에 대한 설명을 보탰다. "고순현에서 동쪽으로 30리 떨어진 화산 이씨 마을 곁에 있다." 이곳에서는 무덤 속의 두 여인의 신분과 사인(死因)에 대하여 다른 설명을 부가했다.

일설에는 초현역 역승의 딸이라고 하는데, 어려움을 만나도 굽히지 않고 절개를 지켜 죽었다고 한다. 지금 무덤 위에 소나무와 돌이 있는데, 건드리면 문득 화 닥친다고 하니, 그 영준함이 이처럼 사라지지 않았다(一云招賢驛驛丞女, 遇難不屈, 盡節而死. 至今墓上松石, 犯者輒有禍, 其英爽不泯如此).

필자가 고순을 떠난 뒤, 복양강경 등은 상술한 위치를 따라 찾아 나서 끝내 쌍녀묘를 찾았다. 필자는 이 소식을 들은 뒤 다시 고순에 가서 복양 선생, 고순정협(高淳政協)의 진후상(陳後翔)과 당지의 관련 부문 책임자의 안내로 11월 3일 쌍녀묘로 갔다. 동행자는 한국 동국대학교의 박사과정 학생 조현설(趙顯卨, 1962～)과 숭실대학교 박사과정 학생 최진봉(崔進奉, 1962～)이었다. 그들은 필자와 함께 북경에서 출발했다.

쌍녀묘는 고순현 동남쪽의 화산(花山), 고성호(固城湖)의 동남쪽에 위치해 있다. 이곳은 안휘(安徽)와 인접해 있고 풍경이 수려하다. 묘지의 동북・동남・서남쪽으로 멀고 가까운 곳이 모두 산이다. 현지에서 말하는 "이씨 마을(李氏宅)"은 바로 묘에서 서북쪽으로 약 2백 미터 떨어진 이가촌(李家村)이다.

묘지는 장방형으로 만들어져 있고 동서의 길이는 26미터, 남북의 너비는 18미터, 높이 솟은 지면은 2미터가량으로 면적은 468평방미터이며 묘는 동남향이다. 묘지 곁의 서남쪽에는 사람 인(人)자 모양의 작은 못이 있는데, 이름은 '쌍당(雙塘)' 혹은 '만당(彎塘)'이다.

고순현 문물보관소의 조사 보고에 따르면 묘 앞에 석문(石門) 한 쌍이 있었으나 1961년에 이가촌에서 수리 공사할 때 철거하여, 원래의 석문 한 짝은 수문으로 사용했고, 한 짝은 무덤 부근의 석구(石溝) 위에 있다. 문짝의 길이는 1.4미터, 너비는 0.6미터, 두께는 0.15미터이다. 나머지 문지방의 돌들은 묘지와 제방에 나뉘어 있는데, 길이는 2미터, 너비는 0.44미터, 두께는 0.4미터이다. 돌 묘문에서 남겨진 이러한 돌들은 "최치원제시석문(崔致遠題詩石門)"의 일에 물증을 제공해 준다. 애석하게도 세월이 흐르고 비바람이 몰아쳐서 원래 있었던 글자는 전혀 찾을 수 없다.

당지 사람들의 소개에 의하면 묘 앞에 원래 있었던 묘도(墓道)는 세 개의 긴 돌로 깔았는데, 돌의 크기는 각각 5미터 정도이며 세로로 깔아 놓아 자못 위풍이 있었으나 애석하게도 지금은 존재하지 않는다. 묘 뒤에는 묘의 후실에 쓰였을 평평한 돌이 남아 있는데, 너비가 1.03미터, 길이가 1.80미터, 두께가 0.37미터이다.

이 무덤의 면적, 높이, 석문, 석도, 만당(彎塘) 등은 그 위엄을 보여준다. 천여 년 동안 이 무덤이 치명적으로 파괴되지 않은 원인은 아마도 이를 파괴하면 재난을 받는다는 미신 때문이었을 것이다.

문헌에서 말하는 '초현관'(혹은 초현역)도 실제적인 물증이다. 묘지에서 거의 백 미터 떨어진 곳에 2무(畝) 정도 되는 땅이 있는데, 여기서 다년간 계속해서 수많은 옛 도자기 파편이 출토되었는데, 대부분 송명(宋明) 시기의 것이고 당대의 것도 있었다. 따라서 이곳은 오랫동안 마을 사람들에 의해 '와판판지(瓦瓣瓣地)'로 불렸다. 이는 이곳이 본래 일반 마을 사람들의 집터가 아니라, 당시 초현역의 터임을 설명해 준다.

쌍녀묘와 초현역 터 부근에 또 옛 역도(驛道)의 흔적이 남아 있는데, 이곳이 고대의 주요 통로인 '영국역도(寧國驛道)'임을 증명한다. 이는 선성(宣城)과 율수와 연결되며 남쪽으로는 영국(寧國)과 통한다. 당대 율수는 선주에 속했고 당시 선주의 소재지는 지금의 선성이었으니 최치원이 공무나 개인적인 일로 선성과 율수 사이를 왕래하면서 모름지기 이곳을 지났을 것이다.

〈선녀홍대〉에는 최치원의 제시(題詩) 두 구가 있다.

> 誰家二女此遺墳, 뉘 집 두 여인이 여기에 무덤을 남겼을까?
> 寂寂泉扃幾怨春. 적막한 저승 원한의 봄은 몇 해이던가

이는 무덤 옆에 못이 있었음을 설명한다. 이 무덤 서남쪽에 있는 연못이 이를 증명해 준다. 또한 이는 전기(傳奇)의 작자가 무덤 주위의 환경을 잘 알고 있었음을 증명한다.

쌍녀묘가 소재한 촌락(花山村)에서 민간 문헌이 발견되었는데, 이름이 《고호일수시고(固湖逸叟詩稿)》[목판 활자본으로 장방옥(張芳玉) 선생 장서]로 되어 있고, 저자는 청 광서(光緖) 연간(1875~1908) 고순 고성진(固城鎭)의 늠생(廩生) 공소운(孔昭雲, 1809~?)이다. 《고호일수시고》의 쌍녀묘 관련 기록은 《현지》와 같으며, 뒤에 부록으로 공소운의 칠언 율시 한 수가 있다.

> 烈烈雙魂李氏旁, 열렬한 두 영혼이 이씨 마을 곁에 잠들어 있는데
> 精英氣節懍冰霜. 빼어난 절개는 얼음과 서리보다 차갑구나.
> 心雖匪石生難轉, 가슴은 비록 돌이 아니지만 태생이라 바꾸기 어렵고
> 性本如松死亦剛. 성품은 본래 소나무 같아 죽음도 강직하네.
> 三尺孤墳靈佑護, 세 자 되는 외로운 무덤은 영혼이 보호해 주고
> 一人知己感深長. 한 친구의 느낌이란 의미심장하도다.
> 自經崔尉留題後, 최 현위가 시제(詩題)를 남긴 뒤부터

終古花山照夕陽. 영원히 화산에 석양이 비추네.
(《고호일수시고(固湖逸叟詩稿)》, 15쪽)

이 시에서는 두 여성을 초현역 역승(驛丞)에게 재난을 당해도 굴하지 않고 정조를 지키고자 목숨을 버린 두 여인으로 보기에 이처럼 찬양한 것이다. 가장 고귀한 것은 여기서 최치원을 언급한 것인데, 그가 이곳에 와서 시를 지어 읊은 것에 대하여 높이 평가했다. 이는 최치원이 조문한 일이 이곳에 매우 널리 퍼졌고, 당지 사람들도 매우 깊은 인상을 가지고 있었음을 설명한다.

2. 병마도통 고병의 막부에서 종사순관과 막료로 임직하던 시기(회남 시기) : 당 희종 광명(廣明) 1년(880)~중화(中和) 4년(884)

이때는 최치원이 회남(淮南)에 있던 시기이다. 회남 시기의 여러 관련 지명을 논의하기 전에 여기서는 지난 시기, 즉 율수 시기에 이어서 관련된 다른 문제, 즉 최치원이 '율수현위'와 '도통순관(都統巡官)' 이외에 받았던 기타 관직 문제를 논의하고자 한다. 이 문제도 그의 발자취 문제, 다시 말하면 어디에서 다른 관직을 이행했는가 하는 문제와 관련되어 있다.

가. '승무랑(承務郎)' · '시어사내봉공(侍御使內供奉)' 관직을 수행한 곳에 관한 문제

《계원필경집》의 자서에서 '승무랑' · '시어사내공봉'이라는 관직을 분명히 썼다. 그러나 이 두 관직을 어디에서 받았는지에 대해서는 전혀 다른 두 기록이 있다.

우선 《고운집(孤雲集)》의 기록을 보자. 이 책의 〈고운선생사적(孤雲先生事蹟)〉에서는 《삼국사기(三國史記)》 〈최치원전〉을 인용하여 말했다.

> 선생은 당에 이르러 스승을 찾아 힘써 공부하여 당 희종 건부 원년 갑오년에 예부시랑 배찬의 밑에서 한 번에 급제하니 당시 나이 열여덟이었다. 선주 율수현위로 제수되었고 업적을 상고하여 승무랑·시어사내공봉이 되었고 자금어대를 하사받았다. 그때 황소가 반란을 일으키자 고병이 제도행영병마도통이 되어 그들을 토벌할 때 선생을 뽑아 종사순관으로 임명하여 서기의 임무를 맡겼다(公至唐, 尋師力學, 以唐僖宗乾符元年甲午, 禮部侍郎裴瓚下一擧及第. 時年十八, 調授宣州溧水縣尉, 考績爲承務郎侍御史供奉, 賜紫金魚袋. 時黃巢叛, 高駢爲諸道行營兵馬都統以討之, 辟公爲從事巡官, 委以書記之任).

그리고 《고운집》의 〈사적〉에서 다시 연표의 방식으로 이러한 상황을 서술했다.

> 경문왕 14년 갑오에 급제하여 선주 표('율'이라고도 함)수현위로 임명되었는데 치적이 우수하여 승무랑·전중시어사·내공봉이 되어 자금어대를 받았으며, 황소의 반란 때에는 도통 고병의 종사순관이 되었다(十四年甲午登第, 調宣州漂(一作"溧")水縣尉, 考績爲承務郎殿中侍御史內供奉, 賜紫金魚袋. 及黃巢叛, 爲都統高駢從事巡官).

같은 책의 〈청도영당기(淸道影堂記)〉[노상직(盧相稷) 기록]에는 한 걸음 더 나아가 최치원이 율수현위를 맡은 뒤 곧바로 전근하여 상술한 관직을 맡았다고 했다.

> 선생은 신라 헌안왕 2년 정축년 생으로 열두 살에 장삿배를 타고 당나라로

들어갔다. 당 희종 건부 원년 갑오년에 제과에 급제했는데 당시 나이 열여덟이었다. 선주 율수현위로 제수되었고 시어사・내공봉으로 옮기어 자금어대를 하사받았다. 기해년에 황소가 난을 일으키자 회남절도사 고병이 병마도통이 되어 그들을 토벌할 때 선생을 뽑아 종사로 삼았다(先生以新羅憲安王二年丁丑生, 十二歲, 隨商船入唐. 唐僖宗乾符元年甲午, 登制科, 時年十八, 調宣州溧水縣尉, 遷侍御史內供奉, 賜紫金魚袋. 巳亥, 黃巢作亂, 淮南節度使高駢, 爲兵馬都統以討之, 辟先生爲從事).

《삼국사기》 권46, 〈최치원전(崔致遠傳)〉에도 똑같은 견해가 있다.

건부 원년 갑오년에 예부시랑 배찬의 밑에서 단번에 급제하고 선주 율수현위의 임명을 받았다. 그의 공적을 심사하여 승무랑・시어사・내공봉이 되었고 자금어대를 받았다. 이때 황소의 반란이 일어나자, 고병이 제도행영병마도통이 되어 황소를 토벌하게 되었는데, 최치원을 뽑아 종사로 삼았다(乾符元年甲午, 禮部侍郎裴瓚下一擧及第, 調授宣州溧水縣尉, 考績爲承務郎侍御史內供奉, 賜紫金魚袋. 時黃巢叛, 高駢爲諸道行營兵馬都統以討之, 辟致遠爲從事).

상술한 문헌에서는 모두 최치원이 받은 승무랑・시어사・내공봉 관직과 자금어대의 상이 율수현위 임직 뒤에 고병의 종사를 맡기 전이라고 말했다. "업적을 상고한(考績)" 결과이든 아니면 "천관(遷官)" 때문이든 모두 그가 현위를 맡은 공적에 기인한 것이다.

당시 관리의 승진 관례와 황제가 상을 내린 상황에 비추어 본다면, 이는 불가능하다.

최치원은 율수에서 현위를 맡았다. 현은 지방의 기층 행정 구역으로 한 현의 장인 '현령(縣令)'이었던 육해(陸亥)는 6품관에 불과했고, 현위는 현령을 보좌하여 지방의 치안을 관장한 하급 관리로 9품관에 불과한 가장 낮은 등급이었다. 시어사(侍御使)는 봉건 중앙 정부에서 감찰·탄핵을 관장한 관직으로 감찰기구인 어사대(御史臺)에 속했고 어사대의 최고 지도자 어사중승(御使中丞, 혹은 御史大夫) 아래서 직무를 집행했다. 그리고 '시어사내공봉'은 당 초(唐初)에 설립되었고 황제의 곁에서 임직했다. 최치원이 당시 받은 '자금어대'는 마땅히 3품관이라야만 받을 수 있는 대우이다. 당대 관제에 따르면 3품 이상의 관직은 자색 관복을 입었고 잉어 모양의 금부(金符)를 찼는데, '자금어대'는 마땅히 3품관의 대우를 가리킨다. 최치원이 지냈던 현위는 현령 밑에 있으면서 책임지고 관장한 일이 현 내의 치안에 불과할 뿐이니, 그 업적이 일약 황제를 가까이서 모시는 시어사로 도약하여 9품에서 3품으로 올라가기란 실제로 어렵다. 어떤 문헌에서는 심지어 그가 일거에 급제하자 바로 이처럼 높은 관직을 받았다고 한다. 예를 들면 《고운집》, 〈사적〉 중 황경원(黃景源, 1709~1787)이 적은 〈백연사(栢淵祀)〉에서는 이렇게 말했다.

> 어려서 당나라에 들어가 건부 원년에 급제하여 시어사내공봉이 되고 자금어대를 받았다(幼入唐, 擧乾符元年及第, 爲侍御史內供奉賜紫金魚袋).

이는 상상할 수 없는 일이다. 보건대 오히려 〈교인계원필경집서(校印桂苑筆耕集序)〉의 작자 서유구(徐有榘, 1764~1845)의 견해가 비교적 사실에 접근하다.

> 선생은 …… 나이 열두 살에 장삿배를 타고 중국에 들어가 열여덟에 진사과에 급제했고 오랜 후에 율수현위를 제수받았으며 임기가 차자 그만두었다. 이때 황소의 난을 만나 제도행영병마도통 고병이 회남에 군부를 열고 선생을 도통순관으로 임명했다. 모든 표장문고(表狀文告)는 모두 선생의 손에서 나온 것이다. 그 〈황소를 토벌하는 격문〉은 온 세상 사람들이 외우고 다녔을 정도이며

전중시어사를 제수받았고 비어대를 하사받았다. 그 후 4년 만에 국신사로 충당되어 신라로 돌아왔다(公 …… 年十二, 從商船入中原, 十八擧進士第, 久之, 調溧水縣尉, 任滿而罷. 時値黃巢之亂, 諸道行營兵馬都統高駢開符淮南, 辟公爲都統巡官. 凡表狀文告皆出公手. 其討黃巢檄, 天下傳誦, 奏除殿中侍御史, 賜緋魚袋. 後四年, 充國信使東歸).

여기서는 최치원이 받은 '전중시어사'의 관직과 '비어대(緋魚袋)'의 상을 도통순관으로 임명되고 명문 〈황소에게 보내는 격문(檄黃巢書)〉을 쓴 이후로 보고 있다. 황소가 반란을 일으켜 전국을 진동시키자 최치원의 격문이 세상에 입으로 전해져 이 때문에 높은 관직을 얻고 황제에게 상을 받았다고 보는 것이 비교적 도리에 부합한다. '승무랑'이란 관직명은 이름뿐인 직함에 불과한데, 승진의 편리함을 도모한 것이다. 앞에서 인용한 서유구의 글에서는 결코 말하지는 않았지만, 최치원이 886년에 쓴 《계원필경집》 자서를 보면 이를 알 수가 있다. 그는 서문 끝에 자기의 신분을 명확하게 표명했다.

회남입본국 겸 송조서 등사, 전 도통순관・승무랑・시어사내공봉으로 자금어대를 하사받은 신 최치원(淮南入本國兼送詔書等使, 前都統巡官・承務郎・侍御史內供奉, 賜紫金魚袋臣崔致遠)

그러나 《계원필경집》의 작자 서명에는 단지 다음과 같이 썼을 뿐이다.

도통순관・시어사내공봉 최치원 찬(都統巡官・侍御史內供奉崔致遠撰)

여기서는 '승무랑'과 '사자금어대(賜紫金魚袋)'를 생략했다.

가장 주의해야 할 것은 그가 아직 위에서 말한 상황에 있지 않았는데

"전 율수현위(前溧水縣尉)"의 관직을 보탠 것이다. 이를 보면 여기서 표명한 관직은 단지 그가 '도통순관'을 맡은 것과 관련이 있을 뿐, '율수현위'의 업적과는 무관하다.

또 이 자서에서 이른바 '시어사내공봉'은 일종의 이름뿐인 관직에 불과함을 볼 수 있는데, 사실상 그는 결코 황제의 신변에서 이러한 관직의 사무를 이행한 적이 없기 때문이다.

> 이후에 율수현위로 제수되었습니다. …… 그 말단 직책을 내어놓고 회남에서 종직하면서 시중 고병의 문서의 일을 도맡게 되어, 그 몰려드는 군사 문서 등을 힘껏 담당했습니다. 4년 동안 마음 써 이룬 것이 무려 만여 수나 되었습니다. …… 하여 마침내《계원필경집》20권으로 엮어 만들었습니다(爾後調授溧水縣尉 …… 及罷微秩, 從職淮南, 蒙高侍中專委筆硯, 軍書輻至, 竭力抵擋, 四年用心, 萬有餘首. …… 遂勒成《桂苑集》二十卷).

최치원은 고병의 막부에서 4년 동안 임직한 뒤 곧바로 귀국의 비준을 얻어 황제의 명을 받들고 '송조서사(送詔書使)'의 신분으로 신라로 왔는데, 그가 어떻게 '승무랑'이란 관직을 받았는지는 알 수 없다. 그리고 '시어사내공봉'이란 관직 또한 분명히 황제 곁에서 직무를 이행하는 것인데 그가 장안(長安)까지 가서 직무를 이행했다는 기록을 찾아볼 수 없다.《계원필경집》의 일부 시문은 그가 고병의 곁(揚州)에서 북상하여 산동(山東)을 거쳐 신라로 돌아왔음을 증명하지만, 결코 장안으로 갔다는 어떠한 기록도 없다. 이를 보면 그의 '승무랑'·'시어사내공봉' 관직은 단지 이름뿐인 직함이자 일종의 명예 칭호에 불과할 뿐이지, 결코 구체적인 직책이 아니었다.

그렇다면 왜 그에게 이처럼 높은 직함을 주었던 것일까? 하나는 그가 전국적으로 유명한 황소 격문을 썼기 때문이고, 둘째는 그가 신라에서 왔기 때문일 것이다. 시어사내공봉의 관직과 자금어대의 하사는 당 황제의 내정·외교 정책의 필요에 의한 것이며, 최치원의 재주가 높고 공적이 큰 결과이기도 하다. 이처럼 특별한 영예는 도통순관을 맡은 뒤에 얻은 것이지 율수현위로 임직한 결과가 아니다.

최치원은 회남에서 이러한 관직을 받았고, 그는 이러한 직함의 직무를 수행하기 위해 다른 지방에 갔던 것은 아니다.

나. 《계원필경집》과 《고운집》에서 언급한 지명

최치원은 율수현위의 임기가 만료된 뒤 회남절도사(淮南節度使)·병마도통(兵馬都統) 고병의 초빙을 받아 회남으로 갔다. 그의 종사순관(從事巡官)을 맡아 문서 업무를 책임지다가 중화 4년(884) 8월에 이르러 당 희종 황제의 조서를 받들어 당 송조사(送詔使)의 신분으로 신라로 돌아왔다. 《계원필경집》은 바로 그가 회남에서 4년 동안 근무하면서 쓴 시문집이다. 이 문집에서 언급한 지명으로는 회남·무성(蕪城)·광릉(廣陵)·유양(維揚)·대운사(大雲寺)·선지사(禪智寺)·윤주(潤州)·양마성(羊馬城) 등이 있으며, 이 밖에 《고운집》에서도 일부 지명을 언급했는데 이에 대하여 고찰하고자 한다.

4) 회남(淮南)

당조 개원(開元) 연간에 전국을 15도(道)로 나누었는데 회남도(淮南道)는 그중 하나이다. 관할 구역은 지금의 회하(淮河) 이남, 장강(長江) 이북에 해당하고, 서쪽으로는 호북(湖北) 응산(應山), 한양(漢陽) 일대에 이르고 동으로는 바다에 이르렀는데, 치소(治所)는 지금의 양주(揚州)에 있었다. 고병은 양주에서 회남절도사를 맡은 것이지, 안휘성 중부에서 북쪽으로 치우치고 회하 연안에 있는, 역사가 길지 않은 회남시(淮南市)에서 맡은 것이 아니다. 《독사방여기요(讀史方輿紀要)》 권23, 「양주부(揚州府)」조에서 다음과 같이 지적했다.

> 당대에 회남의 큰 고을로는 양주만 한 곳이 없었다. 고병이 지방 권력을 잡아 스스로 뛰어나다고 생각하면서 밖으로는 황소・주온의 독소를 만들고, 안으로는 필사탁・여용지의 화를 빚었다(唐時淮南雄鎭, 莫若揚州. 及高騈擁節自雄, 外成巢,溫之毒, 內釀畢,呂之禍).

여기서 말하는 황소(黃巢)・주온(朱溫)・필사탁(畢師鐸)・여용지(呂用之)의 일은 모두 고병이 양주에서 회남절도사를 지낼 때 일어난 일이다. 《계원필경집》의 일부 지명도 최치원이 당시에 양주에 있었음을 증명한다.

당시 최치원의 근무 장소, 즉 절도사의 아부(衙府)는 지금의 어디일까? 이에 대해 필자가 양주에 가서 조사했다. 1996년 4월 5일 양주시 문물관리위원회 주임 왕근금(王勤金)은 당지에서 필자에게 당대 양주성의 지리 현황을 소개해 주었고, 아울러 전 양주시 교육국 부국장 당근흥(唐根興)과 함께 필자를 동반하여 회남절도사 고병의 아부 터를 탐방하러 갔다.

당대 양주성의 남북 두 성구(城區)가 있는데, 남쪽 '나성(羅城)'은 주로 상업 지구와 민가였고, 북쪽 '아성(衙城, 일명 子城)'은 '나성'보다 약간 작으며 주로 관아가 있는 관리, 귀족들의 거주지였다. 역사적으로 몇 번의 변천을 거쳐 지금의 양주시 지구는 원래의 '나성'의 남쪽에 위치해 있다.

'아성'은 이미 황폐되어 주로 농업을 업으로 하는 거주 지구가 되었다. 성벽의 벽돌은 이미 존재하지 않지만 원래의 성벽의 흙은 남아 있어 가지런한 흙 언덕 모양이 길게 이어진다. 동서남북 사방의 흙 성벽은 대체로 보존되어 있으나 그 위에는 초목이 무성하거나 간혹 차나무가 자라기도 했다. 서문에 당지 문화재 담당 기관에서 세운 비석이 있는데 위에는

"당성 터(唐城遺址)"라고 쓰여 있다. 이 기관에서는 고증을 거쳐 확정한 '아성'의 터를 '당성'으로 불렀다.[5]

원래 '아성' 안에 있던 당대 건축물은 이미 찾아볼 수 없지만, 당시 전성(全城)에 종횡으로 난 네거리는 여전히 남아 있다. 길 양쪽에 원래 나 있던 우뚝하고 장려한 각 아문과 관료, 귀족들의 저택은 띄엄띄엄 있는 소박하고 누추한 주택(대부분 단층집)으로 바뀌었다. 필자는 오후에 이곳을 찾았는데, 그때 주민들은 이미 밭에 나가 봄갈이를 하고 있어 거리가 매우 조용하고 행인도 거의 없었다. 필자는 이 네거리의 남북과 동서로 난 두 길에서 배회하면서 최치원이 당시 이곳에서 공무를 보느라 급히 지나가거나 혹은 공무의 여가를 틈타 산보하는 정경을 그려 보았다.

네거리 입구에서 동서로 난 큰길을 따라 동쪽으로 약 반 리를 가면, 거리 북쪽에 작은 초등학교 '보성소학(堡城小學)'이 나온다. 학교 안에는 '성황묘' 건물이 있어서 그런지 진귀한 문물처럼 보였고 잘 보존되어 있었다. 당지 문화재위원의 고증에 의하면 이것이 바로 회남절도사 관아 터의 소재지이자 당시 최치원이 공무를 본 곳이라고 한다.

아성의 남쪽과 나성의 북쪽에 일명 '한구(邗溝)'라고 하는 인공 하천이 있다. 이는 원래 월왕(越王) 구천(勾踐)이 군사적 수요 때문에 판 것인데 2,400여 년의 역사를 가지고 있다. 이 하천은 동쪽으로 옛 운하와 수 양제(隋煬帝)가 판 경항대운하(京杭大運河)와 통한다. 바로 최치원이 북으로 소북(蘇北)·산동(山東)으로 이르고 남쪽으로 진강(鎮江)으로 가는데 반드시 거쳐야 했던 수로이다. 한구는 지금 좁아져서 더 이상 수상 교통의 수로 구실을 못하지만 당대에는 역할이 매우 컸기 때문에 지금은 보호 대상으로 지정되었다.

---

5) 《고운집》에는 '당성'을 언급한 시를 수록하고 있으나, 결코 이곳이 아니다. 상세한 논의는 뒤에서 할 것이다.

5) 양마성(羊馬城)

《계원필경집》에 〈양마성을 쌓으며 토지신에게 제사지내는 글(築羊馬城祭土地文)〉이라는 문장이 있다. 양마성은 고대에 성 바깥에 외벽과 유사하게 쌓은 작은 성이다. 적병이 가까이 다가오면 성 밖의 주민들이 철퇴할 때 이곳에 양과 말들을 두었다. 최치원의 글에서 말하는 양마성은 바로 '아성'의 서문 밖에 있다. 당시 양마성의 성벽이 역력하게 눈에 들어오는데, 성을 쌓기 위해 토지신에게 제사지내는 곳도 바로 여기였다.

양마성 부근의 해자는 이미 몇 토막으로 나뉘어져 양어장으로 사용되고 있었다. 해자는 아성의 성벽을 따라 멀리 이어져 있었다. 여기서 당시 강의 빛과 성의 그림자가 비치는 모습을 볼 수 있다.

이는 모두 최치원이 당시 직무상 필요에 의해 친히 왔던 곳이다.

6) 유양(維陽)

최치원의 시 〈좌주 상서가 난을 피하여 유양으로 가는 도중 절구 세 수를 총시했기에 이를 받들어 화답합니다(奉和座主尙書避難過維陽寵示絶句三首)〉[6]에서 언급한 유양은 양주(揚州)를 가리킨다.

《서경(書)》, 〈우공(禹貢)〉에서 "회수와 바다 사이가 양주이나(淮海惟揚州)"라고 했고, 유신(庾信, 513~581)의 〈애강남부(哀江南賦)〉에서는 "회해와 유양은 3천여 리이다(淮海維揚, 三千餘里)"라고 했는데, '유(惟)'와 '유(維)'는 서로 통한다. 후인들은 이들 문구 속의 두 글자 '유양(維揚)'를 따와서 양주를 지칭했다.

두보(杜甫, 712~770)의 시 〈시어 장십에게 받들어 부치노라(奉寄章

---

6) 《계원필경집》 권20.

十侍御)〉의 구 "회해 유양에 영웅이 있어, 황금 인장과 자주색 인끈으로 청춘을 더욱 빛내네(淮海維揚一俊人, 金章紫綬照青春)"는 바로 유양(維揚)을 양주의 별칭으로 삼은 예이다. 최치원은 당대에 생활하면서 역시 이 명칭을 그대로 사용하여서 '유양'으로 쓴 것이다.

이 시 세 수의 마지막 수는 다음과 같다.

濟川終望拯湮沈, 강 건널 때에 건져 주길 바랐더니
喜捧清詞浣俗襟. 훌륭한 글월 보고 속된 마음 씻었네.
唯恨吟歸滄海去, 안타까이 읊조리며 저 바다로 돌아가니
泣珠何計報恩深. 깊은 은혜 갚지 못해 눈물만 흐르네.

마지막 두 구가 증명하듯이, 최치원의 이 시는 장차 신라로 돌아가기 얼마 전에 쓴 것이다. 그는 양주를 출발하여 귀로에 올랐다.

7) 무성(蕪城)

《계원필경집》 20권의 〈수재 양섬과 송별하며(酬楊贍秀才送別)〉도 양주를 떠나기 얼마 전에 쓴 것이다.

海槎雖定隔年廻, 바다에 뗏목 배는 이태마다 돌아오는데
衣錦還鄉愧不才. 재주가 없어 금의환향 못함이 부끄러워라.
暫別蕪城當葉落, 잠시 무성에서 이별할 때는 낙엽 지더니
遠尋蓬島趁花開. 멀리 봉래섬을 찾아가니 꽃피는 시절이라.
谷鶯遙想高飛去, 골짜기의 꾀꼬리는 벌써 높이 날았으련만
遼豕寧慚再獻來. 요동의 흰 돼지 또 바치려니 부끄러워라.
好把壯心謀後會, 부디 장한 마음으로 뒤에 다시 만나서

廣陵風月待銜杯. 광릉의 풍월에 술과 마주하길 바라네.

이 시에 나오는 '무성'도 양주를 가리킨다. 《독사방여기요》 권23에서는 한구성(邗溝城, 양주에서 서쪽으로 4리에 있다)이 한대(漢代) 이후에 허물어졌기 때문에 '무성(蕪城)'으로 부른다고 여겼다. 또 다른 견해는 서한(西漢) 오왕(吳王) 유비(劉濞, 기원전 215~154)가 일찍이 이곳에 도읍을 정하고 광릉성(廣陵城)을 쌓았다는 것이다. 남조(南朝) 송(宋) 경릉왕(竟陵王) 유탄(劉誕)이 이곳에서 반란을 일으켰다가 군대가 패하여 죽자 성읍(城邑)이 마침내 황폐해졌다고 한다. 포조(鮑照, 414경~466)는 〈무성부(蕪城賦)〉를 지어 그 변화를 슬퍼하고 탄식했는데, '무성'이란 말이 바로 양주를 지칭하는 데 사용되었다. "잠시 무성에서 이별할 때는 낙엽 지더라(暫別蕪城當葉落)." 최치원은 양주와 옛 친구에 석별의 정을 가득 품고서 이후에 양주를 다시 유람하고 옛 친구와 만날 수 있기를 희망했다.

8) 광릉(廣陵)

위에서 인용한 시에 나오는 '광릉'도 양주를 가리킨다. 《독사방여기요》 권23에서 양주부(揚州府)에 대하여 다음과 같이 설명했다.

당 천보 초에는 '광릉군'이라 했고, 건원 초에는 '양주'라 부르고 아울러 이곳에 회남절도를 두었다(天寶初曰'廣陵郡', 乾元初, 復曰'揚州', 兼置淮南節度于此).

"광릉의 풍월에 술과 마주하길 바라네." 그는 이별할 즈음에 어느날 권토중래하여 번화한 양주의 세월을 다시금 체험할 수 있기를 바랐다.

다른 시 〈해문사의 버들에 적노라(題海門蘭若柳)〉의 "광릉성 호반에서 아리따운 모습과 작별하고(廣陵城畔別蛾眉)"라는 시구도 그가 양주와 고별하고 여기서 귀로에 오른 것임을 설명한다.

9) 대운사(大雲寺)

《계원필경집》 권16에 〈기부금을 모집하여 대운사를 중수하려는 소문(求化修大雲寺疏)〉이라는 글이 있다. 대운사 절터는 지금의 양주 동북쪽에 있다. 1973년에 '감진화상서세일천이백년기념위원회(鑒眞和尙逝世一千二百年紀念委員會)'가 이곳에 비석을 세웠는데, 비석 위에 "대운사 터(大雲寺遺址)"라고 쓰여 있다. 최치원이 양주에서 생활할 때는 대략 감진(鑒眞, 688~763)이 세상을 떠난 지 한 세기가 지난 뒤이므로, 그가 말하는 대운사는 마땅히 이곳을 가리킨다.

10) 선지사(禪智寺)

위에서 말한 〈기부금을 모집하여 대운사를 중수하려는 소문〉에서 다른 절, 즉 선지사를 언급했다. 대운사는 "성 동쪽의 선지사와 두 어깨처럼 바로 솟아 있고 두 날개처럼 가지런히 펼쳐 있습니다(與城東禪智寺雙肩對聳, 兩耳齊張)"라고 했다. 선지사는 양주성에서 동쪽으로 3리 정도 떨어져 있는데, 아직까지도 당시의 우물이 남아 있다. 전하는 말에 의하면 이곳에 일찍이 수 양제의 행궁(行宮)이 있었다 하나, 지금은 존재하지 않는다.

11) 윤주(潤州)

《고운집》 권1에 칠언 율시 〈윤주 자화사 절간에 올라(登潤州慈和寺上房)〉가 수록되어 있다.

登臨蹔隔路岐塵, 산에 올라 속세의 갈림길과 잠시 멀어졌는데,
吟想興亡恨益新. 흥망을 되씹으니 한은 더욱 새로워라.
畫角聲中朝暮浪, 화각 소리 울리는 가운데 아침저녁 물결 일고
青山影裏古今人. 청산 그림자 속에는 고금 인물 몇몇이나 지나갔나.
霜摧玉樹花無主, 서리 맞아 꺾인 옥수화는 임자도 없는데
風暖金陵草自春. 바람 따뜻한 금릉에는 풀만 절로 봄이로다.
賴有謝家餘景在, 사씨네 집안의 남은 경지 아직도 있어
常叫詞客爽精神. 길이 시인의 정신을 상쾌하게 하네.

윤주는 지금의 강소성(江蘇省) 장강(長江) 남안(南岸)의 진강시(鎭江市)이다. 《독사방여기요》 권25에 따르면, 이곳은 수(隋) 개황(開皇) 15년(594)에 설치되어 주의 동쪽 윤포(潤浦)를 이름으로 삼았다가 몇 번의 철폐와 회복을 거쳐 당 건원(乾元) 초(758)에 여전히 윤주로 이름했다. 송대 개보(開寶) 8년(975)에야 진강(鎭江)으로 개명했다.

진강은 양주에서 정남쪽에 있는데 강을 두고 마주보고 있으며 저명한 금산(金山)・초산(焦山)이 있다. 최치원은 공무를 볼 때나 여가를 빌려 소일할 때 이곳의 자화사에 와서 이 시를 남겼다. 시에서 말하는 '금릉(金陵)'은 지금의 남경을 가리키는데, 진강에서 서쪽으로 백여 리 떨어져 있다.

남경과 진강은 모두 율수 이북에 있으며, 율수에서 양주에 갈 때 거치게 되는 두 도시이다. 최치원이 이 시를 창작한 연도를 알 수 없는데, 그가 양주에 정착한 뒤 진강에 왔을 때 아니면 율수에서 양주로 가는 도중에 이곳에 들렀을 때일 것이다. 위의 시에서 '금릉'을 언급했는데, 아마도 그가 율수에서 남경으로 갔을 때나 남경에서 진강을 거쳐 강을 건너 양주에 갔을 때 지은 시일 것이다.

12) 요주(饒州)

《고운집》 권1에 칠언 절구 〈요주 파양정(饒州鄱陽亭)〉이 있다.

夕陽吟立思無窮, 저녁노을에 시 읊조리고 있노라니 생각은 그지없고
萬古江山一望中. 만고강산이 한눈에 다 들어오는구나.
太守憂民疏宴樂, 태수가 백성 살림 걱정하여 잔치 놀음에 마음 두지 않으니
滿江風月屬漁翁. 강에 가득한 저 바람과 달빛은 모두 어부에게 맡겨졌네.

요주는 수 개황 9년(589)에 설치한 주이다. 당대에 요주의 관할 구역은 지금의 강서성(江西省)의 파강(鄱江)・신강(信江) 두 지역이며, 치소는 파양[지금의 강서성 파양(波陽)]에 있었다. 최치원은 이곳의 파양정에 와서 감흥이 일어 이 시를 썼다.

13) 우이(盱眙)

《고운집》 권1에 칠언 율시 〈가을날 우이현을 다시 지나며 이 장관께 부칩니다(秋日再經盱眙縣寄李長官)〉이 수록되어 있다.

孤蓬再此接恩輝, 외로운 나그네가 오늘 또다시 그대에게 따뜻한 은혜를 입으니,
吟對秋風恨有違. 가을바람 맞으며 시구를 읊을수록 다시 헤어질 일이 한스럽네.
門柳已凋新歲葉, 새파랗던 문 앞의 버들은 벌써 시들었지만
旅人猶着去年衣. 나그네는 여전히 지난해의 옷을 걸치고 있네.
路迷霄漢愁中老, 길은 하늘 끝까지 멀고 몸은 시름 속에서 늙어 가는데
家隔煙波夢裏歸. 내 집은 바다 건너 있으니 꿈속에서나 돌아갈까.
自笑身如春社鷰, 우습구나, 이내 몸은 봄철 사일(社日)의 제비인가.

畵梁高處又來飛. 단청 높이 그린 집에 올해도 날아오네.

우이는 지금의 강소성 북부 홍택호(洪澤湖) 남쪽에 있는데, 여전히 원래의 이름을 사용하고 있다. 우이는 양주에서 서북쪽으로 약 3백 리 떨어졌는데, 지리 위치로 보면 최치원이 양주에서 북상하거나 혹은 북쪽에서 양주로 남하하다가 마땅히 거쳤을 곳이다. 시의 제목에서 보면 그는 이곳을 두 번 지나갔음을 알 수 있다.

최치원은 당 희종 중화 4년 8월에 조서를 받들어 양주에서 출발하여 신라로 갔다. 음력 8월은 바로 가을에 해당하니 이 시에서 쓴 계절과 완전히 부합한다. 따라서 아마도 최치원이 귀국 도중에 서쪽으로 약간 길을 돌아서 우이를 지나면서 이 시를 썼을지도 모른다.

3. 귀국 도중(양주−산동반도 해안) : 884년 음력 8월~885년 2 · 3월

최치원은 당 희종 4년에 명을 받들어 송조사의 신분으로 신라로 돌아가게 되었다. 8월에 그는 양주를 떠나 북상했으나 해상에 바람이 많아 항구에서 오랫동안 기다리다 이듬해 3월에서야 비로소 신라에 도착했다.

양주를 떠나는 도중과 항구에서 오랫동안 기다릴 때 그는 귀로에 올라 심정이 격동한데다가 또 당나라의 친구와 이별하면서 여전히 석별의 정을 느꼈다. 이때 그는 관아의 공무를 그만두어 여유 있고 한가하여 조용하게 자신의 감정을 서술하여 정경을 써낼 수 있었다. 많은 작품이 바로 이 시기에 지어졌다.

이 시기의 시에서 그의 귀국 노선을 엿볼 수 있다. 그는 수로를 이용하여 산동까지 와서 바다로 나와 산동반도 해안을 따라 북쪽으로 올라가 다시 동쪽으로 가서 발해(渤海)를 가로질러 신라로 돌아갔다. 그가 귀국 도중에 쓴 작품에서 언급한 지방 명칭으로 회성(淮城)·회해(淮海)·산양(山陽)·초주(楚州)·대주산(大珠山)·유산(乳山)·참산(巉山)·해문(海門) 등이 있다. 그밖에 강소 북부의 우이는 지리 위치 및 작품에서 언급한 계절(秋·8월)로 볼 때 아마도 그가 이때 지나갔던 길일 것이다. 이러한 점은 앞 절의 '2. 병마도통 고병의 막부에서 종사순관과 막료로 임직하던 시기'에서 서술했으므로 여기서는 다시 언급하지 않겠다.

14) 회성(淮城)

최치원의 〈태위께 올리는 별지(上太尉別紙)〉 제1수[7]에서

어제 고국의 사신 원외 김인규가 이미 갈 길에 임박했으나, 오히려 돌아갈 배가 없어서 동행하기를 간절히 부탁합니다. 우러러 높으신 지시를 기다리고 엎드려 은혜를 받들어 작은 성의를 허락하신지라, 이제 함께 회성을 작별하고 나란히 배에 오르게 되었습니다(昨以鄉使金仁圭員外已臨去路, 尙闕歸舟, 懇求同行. 仰候尊者, 伏蒙恩造, 俯允卑誠. 今則共別淮城, 齊登海艦).

이곳의 '회성'은 회남도의 소재지 양주를 가리킨다. 그는 본국의 동포 김인규(金仁圭)와 함께 배에 올랐는데, 당시의 수상 운송 조건을 보면 대운하를 따라 북상한 것이다.

7) 《계원필경집》 권20.

15) 산양(山陽)

최치원에게 칠언 율시 〈산양에 행차했다가 태위께서 부쳐준 의복과 옷감을 계속 받았고, 귀국 인사차 들렀다가 또 증표를 주어 축수하기에 삼가 시를 지어 감사드립니다(行次山陽, 續蒙太尉寄賜衣段, 令充歸覲續壽信物, 謹以詩謝)〉[8]가 있다.

自古雖誇晝錦行,	옛날부터 비록 아름다운 비단옷 걸치고 다니는 것을 자랑했지
長卿翁子占虛名.	사마상여(司馬相如), 주매신(朱買臣) 노인은 헛된 이름만 차지하고 있네.
旣傳國信兼家信,	이미 국신을 전하고 또 가신을 얻었으니
不獨家榮亦國榮.	집안의 영광일 뿐 아니라 나라의 영광이로다.
萬里始成歸去計,	만 리에서 처음으로 이름을 이루고 돌아갈 계획을 세우나
一心先筭却來程.	한마음으로 먼저 돌아올 여정을 헤아리네.
望中遙想深恩處,	옛 은사들이 멀리서 와주길 바라며 깊은 은혜를 상념하니
三朶仙山目畔橫.	삼신산(三神山)이 눈가에 비껴 있네.

이 시에서 최치원은 귀향 도중 온 가슴에 희열과 희망이 가득한 심정을 충분히 표현했는데, 산양을 지날 때 지은 것이다.

역사적으로 '산양'으로 이름을 삼은 군현(郡縣)은 네 곳, 즉 하남(河南)・섬서(陝西)・산동(山東)・강소(江蘇)에 있다. 최치원이 여기서 말한 '산양'은 강소에 있는데, 지금의 소북(蘇北) 회안현(淮安縣)이다.

《태평환우기(太平寰宇記)》 제124의 〈초주(楚州)〉와 《가경통일지(嘉慶

---

8) 《계원필경집》 권20.

統一志)》 제93의 〈회안부(淮安府)〉의 기록에 의하면, 이곳은 본래 진(秦)나라 때 회음현(淮陰縣)의 땅이었고, 한(漢)나라 때 이곳에 사양현(射陽縣)을 설치했다. 진(晋) 의희(義熙) 원년(405)에 광릉의 부속 지역을 산양군(山陽郡)으로 고치고 아울러 산양현을 설치했다. 수나라 때는 군을 폐지하고 현으로 남겨 두었다. 최치원이 이곳을 지날 때는 바로 '산양'이란 명칭을 사용했다. 명대에 이 현은 회안부(淮安府)의 소재지가 되었고, 민국(民國) 3년(1914)에 회안현(淮安縣)으로 고친 이래 지금까지도 그대로 쓰고 있다.

회안은 대운하가 흘러가는 곳인데, 이는 최치원이 운하에서 배를 타고 북상했음을 증명하는 것이다.

16) 초주(楚州)

칠언 절구 〈초주 장 상서가 수곽에서 맞이하기에 시를 지어 감사드리노라(楚州張尙書, 水廓相迎, 因以詩謝)〉[9]는 다음과 같다.

楚天蕭瑟碧雲秋, 초주의 하늘이 소슬하고 푸른 구름 가을인데
旟隼高飛訪葉舟. 여준(새매를 그린 깃발)은 높이 날아 조각배를 찾아드네.
萬里乘槎從此去, 만 리 길을 뗏목 타고 이곳을 떠나가면
預愁魂斷謝公樓. 벌써부터 혼이 사공루와 단절될까 근심하네.

최치원의 시에서는 누차 초주를 언급하고 있다. 예를 들면 〈초주의 행리를 맞이하는 별지(迎楚州行李別紙)〉,[10] 〈초주 장의부 상서에게 하례하는 글(賀楚州張義府尙書)〉[11]과 "중화 2년에 입조사는 …… 마침내 초주

9) 《계원필경집》 권20.
10) 《계원필경집》 권19.

에 상륙했다(中和二年入朝使 …… 遂於楚州下岸)"[12] 등이 그렇다.

역사적으로 초주가 이름인 곳은 세 곳이 있다. 첫째는 안휘에 있는데, 동위(東魏) 무정(武定) 7년(549)에 설치하고 소재지는 연현(燕縣, 지금의 안휘성 봉양 동북쪽)이었다. 둘째는 사천에 있는데, 수 개황(開皇) 연간에 유주(渝州)로 개명했다. 셋째는 강소에 있는데, 수 개황 원년(581)에 설치하여 대업(大業) 연간에 폐지했다가 당 무덕(武德) 8년(625)에 다시 '동초주(東楚州)'로 개명했다. 《독사방여기요》 권22, 〈산양현(山陽縣)〉의 주석에서 산양현은 초주의 소재지이고, 초주의 당시 관할 구역은 지금의 강소 회하(淮河) 이남, 우이 동쪽, 보응(寶應)・염성(鹽省) 이북 지구에 해당한다고 했다. 최치원의 시문에서 누차 언급한 초주는 바로 이 지구를 가리킨다.

여기서 덧붙여서 칠언 절구 〈여도사와 이별하며(留別女道士)〉를 언급하고자 한다.

每恨塵中厄宦途, 매번 속세의 벼슬로 고생함을 한탄하다가
數年深喜識麻姑. 마고 선녀 알면서 수년 동안 기뻐했네.
臨行與爲眞心說, 길을 떠나면서 당신에게 진심으로 묻노니
海水何時得盡枯. 바닷물은 언제 모두 마를까요?

이 시는 《계원필경집》 권20에 있는데 일련의 고별・작별・석별의 작품 사이에 배열되어 있다. 그 앞의 시는 〈산양에 행차했다가 태위가 부쳐준 의복과 옷감을 계속 받았고, 귀국 인사차 들렀다가 또 증표를 주어 축수하기에 삼가 시를 지어 감사드립니다〉이고, 뒤의 시는 〈진사 양섭과 송별하며〉와 〈초주 장 상서가 수곽에서 맞이하기에 시를 지어 감사드리

11) 《계원필경집》 권19.
12) 〈태사 시중께 올리는 장문(上太師侍中狀)〉, 《고운집(孤雲集)》 권1.

노라〉이다. 이를 볼 때 〈여도사와 이별하며〉는 초주, 즉 회안 일대에서 쓴 것이다.

당대의 여도사들은 대부분 시문을 지을 줄 알았고, 일정 정도 낭만적 색채를 가지고 있었다. 양귀비(楊貴妃, 719~756)는 일찍이 여도사였던 적이 있고, 저명한 시인 설도(薛濤, 768~831)도 만년에 도사 복장을 즐겨 입었으며, 시인 어현기(魚玄機, 844?~871?), 이야(李冶, ?~784)도 모두 여도사였다. 최치원의 이 시에 여도사에 대한 깊은 정이 깃들어 있다. 최치원은 그녀와 수년 동안 알았고, 보건대 그녀는 그의 마음을 알아준 친구였으니, 그녀와 이별할 때 진심으로 한 말은 여운을 띠고 있다. 이것은 최치원 문집에서 유일하게 애정 색채를 띤 작품인데, 중국의 대지에 그는 복잡하면서도 슬프고 처량하며 안개와 같은 애정 고사를 남겨 두었다.

17) 회해(淮海)

〈태위께 올리는 별지〉의 제2수[13]에서 다음과 같이 말했다.

> 엎드려 손수 쓰신 글월을 받드니, 일행에게 몸을 잘 돌보고 풍파에 편안히 하라는 당부였습니다. 굽어 미천한 저희를 돌아보시어 우러러 거룩한 생각을 엿보았는지라, 회해를 바라보면 먼 곳이 스스로 가까워지고, 풍파를 가리키면 험악한 것이 편편하게 보입니다(伏奉手筆批誨, 一行人並善將息, 穩風濤者. 俯顧微流, 仰窺尊念, 望淮海則陟遐自邇, 指風波則視險如夷).

'회해'는 본래 회남도(淮南道) 해주(海州)를 가리키는데, 소재지는 용저[龍沮, 지금의 강소성 관운현(灌雲縣) 서남쪽]이고 동위(東魏, 534~550)

---

13) 《계원필경집》 권20.

때 설치하여 북주(北周, 557~581) 때 폐지했다가 당대에 다시 회복했다.[14] '회해'라는 단어는 회남도 북부 연해 일대를 가리키는데, 최치원은 바로 이러한 뜻으로 이 지명을 사용한 것이다.

18) 대주산(大珠山)

《계원필경집》 권20에 연속적으로 경물을 묘사한 칠언 율시 10수가 있는데, 이는 당시 대주산에서 쓴 것이다. 시의 서에서 다음과 같이 말했다.

> 중화 갑진년 겨울 음력 시월에 명을 받들어 사신이 되어 동쪽으로 가다가 대주산 아래에 배를 대었다. 그때 눈에 들어오는 대로 제목을 붙여서 풍월을 읊고 시 10수를 모아 고 원외에게 부쳤다(中和甲辰冬十月, 奉使東泛, 泊舟於大珠山下. 凡所入目, 命爲篇名, 嘯月吟風, 貯成十首, 寄高員外).

이때의 10수의 시는 〈돌산(石峰)〉, 〈파도(潮浪)〉, 〈모래밭(沙汀)〉, 〈불타는 들판(野燒)〉, 〈진달래꽃(杜鵑)〉, 〈바다 갈매기(海鷗)〉, 〈산꼭대기의 우뚝한 바위(山頂危石)〉, 〈바위 위의 키 작은 소나무(石山矮松)〉, 〈단풍나무(紅葉樹)〉, 〈바위 위로 흐르는 샘(石山流泉)〉이다. 이는 대주산 일대의 일련의 풍경화라고 할 수 있다.

최치원은 중화 4년(884) 8월에 양주를 떠나서 시서(詩序)에서 말한 대로 10월에 "대주산 아래에 배를 대었다." 이때는 바로 그가 "바닷가에서 바람을 기다리며 머물러 겨울을 보내던(候風海浦, 淹滯經冬)"[15] 초기로, 음력 10월이면 이미 초겨울이라서 이미 차가운 바람 속에서 발해를 건너기 좋은 날씨를 기다리고 있었다.

---

14) 《환우통지(寰宇通志)》 권20, 〈회안부(淮安府)〉 참조.
15) 《최고운집(崔孤雲集)》, 〈사적(事迹)〉.

《독사방여기요》 권36에서 대주산을 언급했다.

> 대주산은 교주의 남쪽으로 120리 떨어진 곳에 있고 바다와 인접하여 있는데, 위에 석실이 있고 '주(珠)'는 또한 '주(朱)'라고도 한다. …… 교주의 남쪽으로 90리 떨어진 곳에 소주산이 있다(大珠山, 州南百二十里濱海, 上有石室, "珠" 亦作"朱" …… 州南九十里有小珠山).

이곳의 '주(州)'는 교주(膠州), 즉 지금의 교현(膠縣)이다. 교현에서 남쪽으로 120리(약 50여 킬로미터) 떨어진 곳에 교남시(膠南市, 王哥莊)가 있다. 이 현의 원명은 '주산현(珠山縣)'인데, 1945년에 지금의 이름으로 바꾸었다. 대주산은 바로 현의 남쪽 해안에 있다.

최치원이 이곳에서 대기할 때는 마침 심정이 한가롭고 여유가 있었다. 일련의 사경시(寫景詩)는 당시 그의 심정을 묘사한 것이며, 그가 장차 떠나려는 제2의 고향 중국의 경물에 대한 시인의 사랑과 아쉬움의 정을 표현한 것이다.

19) 유산(乳山)

최치원은 귀국하는 도중 유산에서 〈태위께 올리는 별지〉 가운데 다섯 수를 썼다.

> 저의 배와 짐이 유산에 이르러 10여 일간 순풍을 기다리다가 겨울철이 왔습니다(某舟船行李, 自到乳山, 旬日候風, 已及冬節).

이를 보면, 양주에서 출발하여 유산에 도착하기까지 대략 3개월 걸렸음을 알 수 있다. 유산이란 이름은 지금도 사용하고 있다. 대주산에서 대략 185킬로미터 정도 떨어져 있고 지금의 청도(青島) 동북쪽에서 약 160킬로미터 떨어진 곳에 있는데, 산동반도 동단(東端) 남안(南岸) 일대에 위치해 있다. 지금의 유산은 유산시 시내에서 해안까지 약 15킬로미터 떨어져 있다. 최치원의 이 편지에서 말하는 유산은 바다 가까이의 유산 해안을 가리킨다. 이 편지를 쓸 때 그는 여기에 온 지 10여 일 정도 되었는데, 이미 동지(冬至)였다. 당시의 상황은 다음과 같다.

> 때마침 무서운 풍파를 만나 큰 바다를 지나기 힘들었습니다. 그러므로 지금 굽이진 포구에 몸을 의지하여 띠를 엮어서 몸을 가리고 미역을 끓여 배를 채웠습니다(正値驚波, 難逾巨壑. 今則已依曲浦, 暫下飛廬, 結茅茨以庇身, 糝蔾藿而充腹).

이를 보면 그가 유산에서 날씨가 좋아지기를 기다릴 때 생활 조건이 매우 간고했음을 알 수 있다.

〈태위께 올리는 별지〉(제5수)를 보면, 그는 유산에서 얼마간의 시간을 체류한 뒤에, 또 "바다에 태풍이 자주 불어(海多大風)" 항해하기에 어려웠기 때문에 뱃머리를 반대 방향으로 돌려 왔던 길을 향하여 서남쪽으로 대략 75킬로미터 떨어진 참산(巉山)으로 출발했다.

20) 참산(巉山)

최치원이 현위를 맡았던 율수에 '참산'[지금은 '시산(柴山)'으로 쓴다]으로 불리는 곳이 있었다. 최치원의 시문에서 누차 참산을 언급했는데, 이 참산을 가리키는 것이 아니라 산동반도 노산만(崂山灣) 북안(北岸)의 참산을 가리킨다. 유산에서 당분간 좋은 날씨를 기다릴 수가 없고 생활 조건이 너무 고되었기 때문에 배를 되돌려 참산에 도착했다.

참산을 언급한 시문으로는 〈참산의 신에게 지내는 제문(祭巉山神文)〉,

〈해동으로 돌아가면서 참산의 봄 경치를 바라보며(將歸海東巉山春望)〉, 〈김 원외에게 화답하며 참산의 청 상인에게 주노라(和金員外贈巉山淸上人)〉[16] 등이 있다.

〈참산의 신에게 지내는 제문〉은 그와 신라입회남사(新羅入淮南使) 김인규가 산신에게 제사지내기 위하여 쓴 것이다.

지금 김인규 등은 오랫동안 원명을 받고 치원은 처음 빙례를 받들어 돌아가는 배가 이미 같이함을 기뻐하고 또 말 타고 가는 것도 서로 같이하기를 바랍니다. …… 참산 대왕께서는 가만히 명하시고 지시하여 물결 귀신으로 하여금 팔짱을 끼게 하고 냇물 귀신으로 하여금 형체를 갖추게 하소서 …… 오직 참산 대왕의 바람에 부탁할 뿐이오니 일찍이 군자의 나라로 돌아가 황제의 명을 전하도록 하소서(今者仁圭等久銜遠命, 致遠也始奉殷聘, 喜歸舟之旣同, 佇遊轡之能並 …… 伏惟大王潛施呼噏, 密降指蹤, 使波神拱手, 川后斂容 …… 托大王之風, 早歸君子之國, 俾傳帝命).

그들은 일찌감치 신라로 돌아가 각자의 사명을 완수할 수 있도록 산신에게 바다 바람을 잠재우고 파도를 멎게 해달라고 기도했다.

칠언 율시 〈해동으로 돌아가며 참산의 봄 경치를 바라보노라〉에 다음과 같이 읊었다.

目極煙波浩渺間, 아득한 물안개 저편을 바라보니
曉烏飛處認鄕關. 새벽 새 나는 곳이 고향인가 하노라.
旅愁從此休凋鬢, 나그네 시름도 이젠 그만 그치고
行色偏能助破顔. 행색도 웬만큼 웃음 띠게 되었네.

---

16) 《계원필경집》 권20.

浪蹙沙頭花撲岸, 물결은 모래톱 밀고 꽃은 언덕 어지럽히고
雲粧石頂葉籠山. 구름은 바위 위를 단장하고 잎은 산을 덮었네.
寄言來往鴟夷子, 장사하러 왕래하는 사람들에게 말하노니
誰把千金解買閒. 누가 천금으로 한가함을 살 줄 알겠는가?

시인은 바닷가에서 때를 기다리면서 어려서 떠난 지 10여 년 되는 조국을 멀리 바다 너머로 바라보자 마음이 격동하여 이 시를 읊었다. 그는 다시는 이국에 거주하면서 향수에 시달리지 않게 된 것을 기뻐했고 조만간 고향의 어른을 보게 됨을 경축했다. "낭축(浪蹙) ……", "운장(雲粧) ……" 두 구는 산동반도 일대의 자연 경치에 대한 묘사인데, 대주산 아래 배를 댔을 때 쓴 〈파도(浪潮)〉, 〈돌산(石峰)〉처럼 떠나기 전 중국 대륙의 해변 경치에 대한 묘사이다. 마지막 두 구에서 범려(范蠡)가 공을 세운 뒤 은퇴하여 박해를 피했던 전고를 이용하여 이때의 심정을 펼쳤다. 최치원이 한창 젊었을 때인 스물여덟 살에 고병과 작별하고 회남을 떠나 귀국한 것은 분명히 혼란스럽고 부패한 회남의 정계를 피하고 자신의 고결한 몸을 구하고 화를 피하기 위해서, 그리고 고향으로 돌아와 조국에 보답하기 위한 것이다.

최치원의 후예인 최국술(崔國述)은 계림사(桂林祠)의 〈상량문(上樑文)〉[17]에서 최치원이 참산에 있을 때의 심정을 아주 잘 설명했다.

때마침 내시들이 권력을 전횡하고 또한 밖의 번진들은 난을 일으킴에 벼슬에 나갈 뜻은 점점 없어지고 귀국할 생각만 더욱 깊어졌다. 이에 비로소 회해에서 행장을 꾸리게 되었는데, 임금께서는 은혜를 베푸셨다. 그리고 다시 참산 아래서 술잔을 따르며 푸른 주머니를 풀어 공적을 알렸다. 참산 배후에는 짙은

---

17) 《고운집》, 〈사적(事迹)〉.

안개가 더욱 자욱한데, 17년 동안 맺힌 근심이 순식간에 사라지고 눈앞에 잔잔한 파도와 외로운 섬들이 펼쳐진다. 수만 리 고국에 돌아가던 꿈 처음으로 깨니, 계림은 의구하여 이곳이 부모님의 즐거운 나라로다(適値內寺擅權, 且奈外藩弄器, 進取之意漸薄, 歸覲之思益深, 始理裝於淮海之間, 丹綸降惠, 更侑酌于巉山之下. 青囊告功, 背後之濃霧宿烟；十七年覊愁暫息, 眼前之順浪孤嶼. 數萬里鄕夢初醒, 依舊雞林, 是父母之樂國).

위 상량문을 보면 최치원의 후예인 최국술의 조상을 섬기는 마음이 매우 깊음을 알 수 있다.

〈김 원외에게 화답하며 참산의 청 상인에게 주노라〉[18]에서 최치원은 난세의 곤경을 벗어나 장차 고국의 산천을 보게 되리라는 홀가분하고 유쾌한 심정을 묘사했다.

海畔雲庵倚碧螺, 바닷가 구름 속 암자는 푸른 바위에 기대어 있고
遠離塵土稱僧家. 티끌세상을 멀리 떠나니 스님 사는 곳과 어울리누나.
勸君休問芭蕉喩. 그대에게 권하노니, 파초 비유만 묻지 말고
看取春風撼浪花. 봄바람에 물거품 흔들리는 것도 좀 보시게나.

시 제목의 '김 원외(金員外)'는 김인규로 최치원과 함께 귀국한 사람이다.

최치원은 대주산에서 칠언 율시 10수를 쓴 뒤에 대주산 해변에서 돌아가길 기다릴 때도 〈친구가 섣달 그믐날 밤에 부쳐준 시를 보고 화답하노라(和友人除夜見寄)〉, 〈봄바람(東風)〉, 〈바닷가에서 봄 경치를 바라보며(海邊春望)〉, 〈봄날 새벽에 한가로이 바라보며(春曉閑望)〉, 〈바닷가에서 한가롭게 거닐며(海邊閑步)〉 등의 시와 위에서 언급한 참산에서 쓴 두

18) 《계원필경집》 권20.

시 〈해동으로 돌아가면서 참산의 봄 경치를 바라보며〉, 〈김 원외에게 화답하며 참산의 청 상인에게 주노라〉를 썼다. 이러한 시문들은 대부분 봄날의 경치 묘사와 봄바람 맞이함을 빌려 조국에 돌아가는 전경을 유쾌하게 전개했다.

21) 해문(海門)

《계원필경집》 권20의 마지막 시는 〈해문사의 버들에 적노라(題海門蘭若柳)〉이다.

廣陵城畔別蛾眉, 광릉성 호반에서 아리따운 모습과 작별하고
豈料相逢在海涯. 어찌 바다 끝에서 다시 상봉할 줄 알았으랴.
只恐觀音菩薩惜, 다만 관음보살이 아껴주던 일이 겁이 나서
臨行不敢折纖枝. 떠날 때 감히 한 가지도 꺾지 못하겠네.

'해문'은 지명인데 지금의 강소성 해문시이다. 그러나 이는 오대(五代) 주(周) 현덕(顯德) 연간(960년경)에야 비로소 이 이름으로 명명된 것이라서 시간적으로 최치원이 귀국한 때와 70여 년의 차이가 있다. 따라서 이 지명은 시에서 말하는 '해문'이 아닐 것이다. 《독사방여기요》 권23에서는 위에서 말한 '해문'의 지명을 언급한 것 외에도 "또한 해문은 큰 강이 바다로 들어가는 것을 총괄하여 말한 이름이다(又, 海門, 大江入海之統名也)"라고 했다. 이로써 추정해 보면, 최치원의 시에서 말한 '해문'은 바로 바다로 들어가는 입구를 말하는 것이지, 강소성의 해문시가 아니다. '난야(蘭若)'는 사원이다. 최치원은 바다로 들어가는 입구의 한 절에서 버드나무를 보았고 이로 인해 잘 알고 있던 버드나무가 생각난 것인데, 아쉬운 석별의 정이 매우 생동감을 준다.

〈해문사의 버들에 적노라〉는 시로 쓴 '귀도기(歸途記)' 중 마지막 수인데, 그는 여운이 유유한 마지막 악구(樂句)로 당에서 지낸 벼슬자리의 마지막 발자취를 기록했다. 그는 이때 산동반도 해안과 고별하고 만경창파의 발해를 건너 밤낮으로 그리던 고국 신라로 돌아왔다.

1996년 4~12월 북경대학(北京大學) 중관원(中關園)에서 쓰고
1997년 1월~2월 고침.

[해제]

이 글은 위욱승(韋旭昇)의 〈孤雲先生居唐宦途時期足迹考述〉(《延邊大學學報》 1998年 第4期)이란 논문을 번역한 것이다.

위욱승(1928~) 교수는 한국 고전문학 연구가로서, 강소성(江蘇省) 남경시(南京市)에서 태어나 1953년 7월에 북경대학 동방어언문학계 조선어 전공을 졸업하고 학교에 남아 조교・강사・부교수・교수를 역임했다. 이외에도 북경대학 동어계 동방문학연구실 부주임, 북경대학 중문계 비교문학여비교문화연구소(比較文學與比較文化硏究所) 교수 및 아비연구소(亞非硏究所) 특약연구원, 중국조선문학연구회 부회장(지금은 고문), 북경어언문화대학 한어계(漢語系) 한국연구생 겸임교수 등을 겸임했다. 1990년부터 서울대학교, 고려대학교, 동국대학교, 건국대학교, 성균관대학교, 충남대학교, 전남대학교 등지에서 학술 강연을 한 바 있다. 지금은 중국사회과학원 아태연구소 조선반도문제연구중심 특약고문, 연변과학기술대학 한국학연구소《韓國學硏究》 논문심사위원회 위원, 중한문화관계연구회 회장, 중앙민족대학 겸직교수로 활동하고 있다.

주요 저작으로는 《朝鮮語實用語法》(공저, 商務印書館, 1976 ; 1986년 재판), 《朝鮮文學史》(北京大學出版社, 1986), 《抗倭演義(壬辰錄)硏究》(北岳文

藝出版社, 1989 ; 韓國 亞細亞文化社, 1990), 《中國文學在朝鮮》(花城出版社, 1990 ; 日本 硏文社, 1999), 《韓國語實用語法》(許東振과 공저, 外語教學與硏究出版社, 1995), 《韋旭昇文集(1~6)》(中央編譯出版社, 2000) 등이 있으며, 번역과 고적 정리서로 《鷺山李殷相時調選集》(中國和平出版社, 1994), 《九雲夢》(北岳文藝出版社), 《南征記》(中州古籍出版社), 《玉樓夢》(北岳文藝出版社) 등 11종이 있다.

중국에서의 최치원

위욱승(韋旭昇)

최치원(崔致遠, 857~?)은 한국 유학과 문학의 조종(祖宗)인데, 이는 한국의 수많은 문헌에서 공인한 사실이다. 그는 열두 살 때 어린 나이에 당에 건너와 스물여덟 살 때 신라로 금의환향했다. 당에서 지내던 전후 16년의 기간은 대체로 두 단계, 즉 학문 탐구 단계와 관직 생활 단계로 나눌 수 있다. 학문 탐구 단계는 대체로 열두 살부터 스무 살까지이고, 관직 생활 단계는 대체로 스무 살부터 스물여덟 살까지이다.

학문 탐구 단계의 상황에 대해서는 지금까지 근거할 만한 자료가 없다. 이 시기에 그는 장안(長安, 지금의 서안)에서 약 6년을 보냈다. 이 6년 동안 그가 소년으로서 누구에게 의지하여 생활했고 어디에서 배웠는지, 스승은 누구였는지에 대해서 모두 고찰할 수 없다. 《계원필경집(桂苑筆耕集)》의 자서(自序)에서 그는 6년간 보낸 시간에 대해 이렇게 썼다.

> 마음속의 심정을 읊조리고 사물에 기탁하여 편을 이름 지어, '부' 또는 '시'라고 이른 것이 거의 상자에 가득했습니다(諷詠性情, 寓物名篇, 曰'賦'·曰'詩', 幾溢箱篋).

이를 보면 그가 얼마나 창작에 부지런했는지 알 수 있다. 그러나 그는 초기의 작품이 너무 유치하다 생각하여 모두 폐기하고 말았다. 이러한 전하지 않는 작품의 예술적 성숙도를 지금으로서는 판단 내리기가 어렵다. 그러나 많은 작품에 틀림없이 당시의 학문 탐구, 생활과 교류 등의 상황을 반영했을 것이나, 애석하게도 이미 없어져 전하지 않으며, 《삼국사기(三國史記)》 등의 기록에서도 초기 활동과 창작의 구체적 상황에 대해서는 언급하지 않았다. 따라서 장안 시기 6년의 상황에 대하여 공백이라 할 수 있으니 고찰하고 서술할 방법이 없다.

당 희종(僖宗) 건부(乾符) 1년(874)에 최치원(18세)은 과거에 급제했고 이후 동도(東都, 낙양)로 옮겼다. 자서에서는 다음과 같이 말했다.

> 계속하여 낙양을 유랑하며 글 짓는 것을 업으로 삼아 드디어 부 5수, 시 100수, 잡시부 30수를 지어 모두 3편을 이루었습니다(尋以浪迹東都, 筆作飯囊. 遂有賦五首, 詩一百首, 雜詩賦三十首, 共成三篇).

그는 동도에서 2년(874~876) 동안 관직을 기다리는 동시에, "글 짓는 것을 업을 삼아(筆作飯囊)" 시문을 팔아 생계를 유지하면서도 많은 작품을 써서 "모두 3편을 이루었다(共成三篇)." 그러나 모두 없어져 전하지 않는다. 따라서 그가 동도인 낙양에서 지낸 상황에 대해서도 고찰하고 서술하기가 어렵다.

고찰하고 서술할 수 있는 것은 관직 생활 시기, 즉 율수현위(溧水縣尉)와 고병(高駢)의 막료 시기이다. 필자는 이를 위해서 일찍이 1996년 4월 초와 11월 초에 두 번 율수・고순(高淳)・양주(揚州) 등지에 가서 현장을 답사했다. 아울러 약간의 문헌을 참고하여 〈고운 선생의 재당 관직 임직 시기의 발자취 고찰(孤雲先生居唐宦途時期足迹考述)〉이라는 논문을 써서 그의 발자취를 서술한 바 있다. 그러나 제목과 편폭의 제한으로 인하여 그가 중국에서 한 활동에 대한 일반 상황을 그다지 많이 언급하지 못했다. 여기서는 이를 기준으로 서술하되 앞 논문에서 이미 언급한 부분은 다시 부연하지 않겠다.

종합하면, 최치원의 재당 상황에서 주로 그의 관직 생활 시기(20~28세)를 서술하는 것이다.

1. 율수에서의 생애(21~24세) : 당 희종(僖宗) 건부(乾符) 4년(877)~광명(廣明) 1년(880)

당 희종 건부 원년(874)에 최치원은 빈공과에 급제했는데 당시 나이 열여덟이었다. 약 2년 후 그는 선주(宣州) 율수현위라는 직책을 수여받았다. 청(淸) 광서(光緖) 8년에 편찬한 《율수현지(溧水縣志)》, 〈관사지(官師志)〉의 기록에 의하면, 당시의 현령(縣令)은 육해(陸亥)로 6품관이었으며, 최치원이 맡은 현위는 9품관으로 임무는 지방의 치안을 관리하는 것이었다.

최치원이 율수에서 관직을 맡은 시기에 쌓은 업적에 대해서는 확실하게 고증할 방도가 없다. 《고운집(孤雲集)》, 〈고운선생사적(孤雲先生事蹟)〉 같은 문헌에서는 그가 율수에서 쌓은 공적이 매우 뛰어났으므로 '시어사내공봉(侍御史內供奉)'의 관직을 수여받았다고 언급했지만, 이는 견강부회이다. 한낱 현급의 지방 치안을 남낭하는 하급 관리가 업적으로 이처럼 높은 관직을 받는다는 것은 믿기 어렵기 때문이다.[1] 《계원필경집》 자서에서 최치원이 이때 "녹봉도 두둑하고 관직이 한가했다(祿厚官閑)"고 말한 것으로 보아 일이 많지 않았던 것 같다. 그런데 그가 쌓은 업적이 결국 어떠했는지는 말할 수가 없다.

현존하는 문헌에 의거하면, 최치원이 율수에서 했던 일 가운데 서술할

1) '시어사내공봉'의 관직에 대해서는 이후에 다시 논하기로 한다.

수 있는 것은 세 가지가 있다. 첫째는 《중산복궤집(中山覆簣集)》을 쓴 것이고, 둘째는 쌍녀묘(雙女墳)에 가서 조문한 것이며, 셋째는 두순학(杜荀鶴, 846~904)과 교유한 일이다.

《계원필경집》의 자서 서두에서 이렇게 말했다.

회남입본국 겸 송조서 등사, 전 도통순관, 승무랑, 시어사내공봉으로 자금어대를 하사받은 신 최치원이 저작한 잡시부 및 표주집 28권을 올리는데, 그 목록은 다음과 같습니다(淮南入本國兼送詔書等使, 前都統巡官承務郎侍御史內供奉賜紫金魚袋臣崔致遠進所著雜詩賦及表奏集二十八卷具錄如後):

《사시금체부》 5수 1권(私試今體賦五首一卷)

《오언칠언금체시》 100수 1권(五言七言今體詩共一百首一卷)

《잡시부》 30수 1권(雜詩賦共三十首一卷)

《중산복궤집》 1부 5권(中山覆簣集一部五卷)

《계원필경집》 1부 20권(桂苑筆耕集一部二十卷)

상술한 작품 목록 가운데 《중산복궤집》 5권은 바로 율수에서 지은 시문집이다.

이는 한국 역사상 최초의 제목이 붙어 있는 개인 시문집이다. 최치원은 그가 이 문집을 쓰는 목적과 과정을 이렇게 서술했다.

이후 선주 율수현위로 제수되었는데 녹봉도 두둑해지고 관직이 한가하여 종일토록 배불리 먹었습니다. 벼슬살이하다가 남은 힘이 있어 배움에 짧은 시간도 헛되이 보내지는 않았습니다. 공적으로 또는 사적으로 지은 글을 책으로 엮으니 모두 5권이나 되었습니다. 그래서 '산을 만든다'는 뜻을 더욱 격려하여 그 책 이름을 '복궤'라 하고, 그 지방 이름을 '중산'이라 했기에 '복궤집' 앞에다 '중산' 두 글자를 붙였습니다(爾後調授宣州溧水縣尉, 祿厚官閑, 飽食終日. 仕優則

學, 免擲寸陰, 公私所爲, 有集五卷, 益勵爲山之志, 爰標覆簣之名, 地號中山, 遂冠其首).[2]

이 문집은 《계원필경집》과 유사하여, 그가 공무를 집행하면서 쓴 공무성의 실용문을 포함하고 있을 뿐 아니라, 공무의 여가에 사적으로 쓴 시문도 들어 있다. "그 지방 이름을 '중산'이라 하여(地號'中山')" 문집 명칭의 '중산'은 본래 율수 현성(縣城) 부근의 작은 산인데, 후에 율수의 아칭(雅稱)이 되었다.

당 《원화군현도지(元和郡縣圖志)》에서는,

중산은 율수현에서 동남쪽으로 15리 떨어져 있다. 이곳에서 토끼털 붓이 생산되는데 이를 붓으로 만들면 매우 정묘하다(中山在縣東南十五里, 出兎毫, 爲筆精妙).

라고 했다. 이것으로 만든 붓을 '중산필(中山筆)'이라 하여 자못 유명하다.

문집 명칭의 '복궤(覆簣)' 두 글자는 《논어(論語)》, 〈자한(子罕)〉편에서 따왔다.

비유컨대 평지에 흙을 쌓아 산을 만드는데, 설사 이제 막 한 삼태기의 흙을 붓더라도 만약 앞으로 나아가야 한다면, 나는 곧 나아갈 것이다(譬如平地, 雖覆一簣, 進, 吾往也).

'복궤'는 삼태기에 담은 흙을 쏟아 붓는다는 말이다. 한 삼태기의 흙일지라도 끊임없이 계속해서 쌓아올리면 언젠가는 반드시 산이 될 것이다.

---

2) 《계원필경집》 자서.

최치원은 이로써 자신을 격려하고 고되게 공부하며 게으름 피우지 않고 부지런하게 학문을 쌓아 큰 사업을 성취할 것을 표명했다.

《중산복궤집》은 바로 그가 율수에서 벼슬하고 창작하며 독학한 대성과이다. 지금 전하지 않는 것이 매우 애석할 뿐이다.

율수에 있을 때 그에게 풍류적인 일이 있었으니, 바로 쌍녀묘에 가서 조문한 일이다. 이는 중국의 관련 지방지에도 기록되어 있다. 쌍녀묘의 소재지는 원래 율수현에 속했으나, 지금은 고순현에 속한다. 《고순현지(高淳縣志)》에 기록이 있다.

> 쌍녀묘는 고순현에서 동쪽으로 30리 떨어진 화산 이씨 마을 곁에 있다. 계림 사람 최치원이 당 건부 연간에 율수현위에 임명되었다. 일찍이 시를 지어 조문했는데, 밤에 꿈속에서 두 여자가 감사를 표시하면서 다음과 같이 말했다. '우리는 본래 선성군 개화현 마양향 장 씨의 두 딸입니다. 어려서 글씨와 친숙했고 자라서는 재능을 가지고 있었는데, 부모가 소금 장수 놈에게 시집가라 했습니다. 이 때문에 울분이 나서 죽게 되어, 천보 6년에 함께 이곳에 묻히게 되었습니다.' 잔치를 베풀고 이야기하다가 새벽이 되어서야 헤어졌다(雙女墓, 縣東三十里花山李氏宅旁. 鷄林人崔致遠唐乾符中補溧水縣尉, 曾爲詩弔之, 夜夢二女稱謝曰 : '兒本宣城郡開化縣馬陽鄕張氏二女 ; 少親筆硯, 長負才情, 父母妃于鹽商小豎, 以此憤恚而死, 天寶六年同葬于此'. 宴語至曉而別).

이 밖에 송대(宋代) 장돈이(張頓頤)가 펴낸 《육조사적편류(六朝事迹編類)》와 원조(元朝) 지정(至正) 4년(1344)에 펴낸 《지정금릉신지(至正金陵新志)》 등의 책에도 모두 유사한 기록이 있다. 심지어 이때와 천 년이나 떨어진 청대 광서(光緖) 연간(1875~1908)에도 고순현 고성진(固城鎭)의 늠생(廩生) 공소운(孔昭雲, 1809~?)이 시를 지어 이 일을 언급했다.

烈烈雙魂李氏旁,	열렬한 두 영혼이 이씨 마을 곁에 잠들어 있는데
精英氣節懍冰霜.	빼어난 절개는 얼음과 서리보다 차갑구나.
心雖匪石生難轉,	가슴은 비록 돌이 아니지만 태생이라 바꾸기 어렵고
性本如松死亦剛.	성품은 본래 소나무 같아 죽음도 강직하네.
三尺孤墳靈佑護,	세 자 되는 외로운 무덤은 영혼이 보호해 주고
一人知己感深長.	한 친구의 느낌이란 의미심장하도다.
自經崔尉留題後,	최 현위가 시제(詩題)를 남긴 뒤부터
終古花山照夕陽.	영원히 화산에 석양이 비추네.

세월이 흘러 10세기가 지났는데도 당지 사람들은 '최 현위(崔縣尉)'가 일찍이 여기에 와서 조문하고 시제를 남긴 일을 아직도 기억하고 있다.

한국의 지괴(志怪) · 전기집(傳奇集) 《신라수이전(新羅殊異傳)》에 〈선녀홍대(仙女紅袋)〉가 있다. 여기서 이 일에 대하여 문학적으로 과장하고 예술적 허구를 덧붙여 최치원과 두 여성(혼령)이 시를 읊조리고 연회를 베풀고 희롱하다 동침하고 이별하는 과정을 묘사했다. 사람과 귀신이 연애하기란 실제로 불가능한 일이다. 비록 황당한 이야기이지만 중국의 여러 지방지에서 이를 증언하고 있으니 '일'이 일어난 데는 반드시 원인이 있다. 최치원이 율수현위를 맡을 때는 스무 살 남짓으로 한창 젊었을 때였다. 또 "녹봉도 두둑하고 관직이 한가하여 종일토록 배불리 먹었으며(祿厚官閑, 飽食終日)" 한가한 심정과 안일한 정취에 이끌려 여자 혼령에게 조문한 일은 중 · 한 문화 관계에서 미담이 되었다.

문인 최치원이 율수에서 중국 당지의 문사들과 교류한 것은 당연했을 것이다. 그러나 《중산복궤집》은 이미 없어져 정확하게 고증할 수 없다. 근년에 율수현 문화재위원 오대림(吳大林)이 《고금도서집성(古今圖書集成)》, 〈명륜회편(明倫滙編)〉에서 당인 두순학의 〈율수 최 소부에게 드리노라(贈溧水崔少府)〉라는 시를 발견했다. 이는 최치원이 당시 중국 문인과 교류했던 사실을 보여주는데, 이에 대해서는 '4. 교유와 시 작품' 부분에서 서술하기로 한다.

2. 관직을 구하다

최치원은 율수현위의 임기가 만료된 뒤 잠시 관직이 없어서 생계조차도 문제가 되었다. 생계를 도모하고 벼슬길에 들어서기 위하여 그는 여러 방면에서 방법을 찾아야 했다. 회남도(淮南道)의 소재지는 양주(揚州)였는데, 강남의 율수와는 장강(長江)을 사이에 두고 있었지만 거리는 그다지 멀지 않았다. 회남절도사(淮南節度使) 고병은 문학적 재주가 매우 뛰어나고 권세가 혁혁한 인물이었다. 최치원은 양주의 번영과 경제·정치적 지위의 중요성, 고병이 현인을 모집하는 태도와 혁혁한 명망을 지켜보고 마음에 들어 그에게 의탁했다. 〈처음으로 태위께 올리는 계문(初投獻太尉啓)〉에 이러한 상황이 충분히 반영되었다.

이 문장에서 지극히 경모하는 심정으로 고병의 지략과 널리 인재를 모집하는 넓은 도량을 크게 칭송했고, 그가 "오랫동안 중국의 정치를 집정했다(永能執大邦之政)"고 찬양했다. 또 고병이 "조그만 나라의 손님을 내치지는 않을 것(豈欲遺小國之賓)"이라고 여겨, 신라 문사인 그를 거두어 주기를 희망했다.

그는 고병에게 자신을 이렇게 소개했다.

> 저는 신라 사람입니다. …… 열두 살에 계림을 떠나, 스무 살에 이르러 위치가 바뀌었습니다. 이제 학문하는 벗을 만나려 하고 곧 황색 인끈의 낮은 벼슬아치가 되려 합니다. 지금 잠시 한 현위 직책을 내놓고 박학굉사과로 다시 나아가기를 바랐습니다(某, 新羅人也, …… 自十二歲則別鷄林, 至二十多遷鶯谷.

今者乍離一尉, 欲應三篇, 更願進修).

고병의 인정을 받기 위하여 "평소에 지은 잡편장 다섯 축과 감정을 진술한 칠언 장구 시 백 수를 목욕재계하고 삼가 바쳤다(謹錄所業雜篇章五軸兼陳情七言長句詩一百篇, 齋沐上獻)." 이처럼 그는 고병에게 많은 작품을 올렸다.

최치원의 성의, 재주와 학문은 고병의 주의를 끌었다. 이에 한 달도 안 되는 시간에 그는 또 고병에게 〈다시 올리는 계문(再獻啓)〉을 써서 올렸다. 이 문장 속에서 그는 스스로 "사도 상공께 입은 은혜가 자애로운 해보다 낫고, 따스함이 차가운 재까지 미쳤다(蒙司徒相公光逾愛日, 煦及寒灰)"라고 했다. 이렇게 고병의 보살핌에 대하여 충심의 감격을 표시했다.

그는 경력과 처지를 서술한 뒤 고병에게 매우 겸손하게 자신의 희망을 제기했다.

감히 고루한 바탕과 속된 모습으로 상공의 맑고 엄격한 덕을 뵈올 수도 없고, 감히 몇 글자로 상공께서 임용해 주실 은혜를 바랄 수도 없습니다. 다만 바라건대 만 리나 먼 땅에서 와서 10여 년 고생을 하였으니 부디 불쌍히 여기시어 곤궁함을 면하게 하여주시기를 바랍니다(不敢以陋質凡姿, 覲相公淸嚴之德, 不敢以片言隻字, 希相公採錄之恩. 所望者, 或以具萬里地遠來, 十餘年苦學, 稍垂惻憫, 得濟困窮).

또 만일 임용해 주면 반드시 온 힘을 다해서 충성하겠다고 표명했다.

배수의 진을 친 것과 같은 마음으로 반드시 끝내 용감한 병사가 될 것이요, 산을 옮기려는 뜻을 세워 우공에게 양보하지 않겠습니다(堅背水之心, 終爲勇士決, 移山之志, 不讓愚公).

〈다시 올리는 계문〉의 가장 큰 의의는 자신의 인생관에 대한 서술과 당시 처지에 대한 묘사이다. 그는 고병에서 속마음을 밝혀서 자기의 뜻은 학문 하는 데 있지, 벼슬하는 데 있지 않다고 말했다.

> 더욱이 저는 마치 실새삼이 어디에 얽히기 어렵고 거미줄이 스스로 짜는 것과 같은지라, 만 가지로 생각해 본들 배우는 것만 같지 못합니다(某也免絲難絡, 蛛網自營, 萬計尋思, 不如學也).

그는 학문하기란 매우 간고하다고 느끼고 의지와 노력이 필요함을 알았다. 따라서 "백 년 동안 노력하여 행여 잃어버릴까 두려워했다(百年勤苦, 猶恐失之)." 그래서 그는 "벼슬길에 나서지 않고 다만 유도를 좇아서(未競宦途, 但遵儒道)" 벼슬에는 냉담한 반응을 보이고 학문에 온 힘을 다했다. 이 글 속의 두 구는 그의 인생 태도를 가장 잘 대표한다.

> 인간의 요로와 통진에는 눈을 둘 곳이 없고 물외의 청산과 녹수로 돌아갈 꿈만 꾸게 되었다(人間之要路通津, 眼無開處, 物外之青山綠水, 夢有歸時).

최치원은 신라로 돌아온 뒤 두 마디 말을 실천했다. 그는 신라 말기의 부패하고 몰락한 조정에 불만을 품고 벼슬살이의 꿈을 접고 한반도를 떠돌아다녔다. 깊은 산림과 강과 시냇가에 발자취를 남겼다. 이를 보면 그가 고병에게 한 이 말이 투정이나 헛된 말이 아니라, 확실히 내심에서 나온 생각임을 알 수 있다. "저는 이미 지사의 부지런함을 품고 그 수인의 근심을 가졌기에 붓과 종이를 빌려 감히 간절한 마음을 적습니다(某既懷志士之勤, 又抱愁人之苦, 聊憑毫牘, 敢述肺肝)"라고 고병에게 한 말은 확실히 그의 폐부에서 나왔다.

〈다시 올리는 글〉에서는 부지런히 힘쓰는 모습을 이렇게 묘사했다.

자리는 차고 창밖 바람은 눈을 흩치며 붓은 마르고 벼루의 물은 얼음이 되었습니다. …… 언 베개에 마음이 상하고 외로운 등불에 그림자를 짝하여 찬 누수는 이별의 눈물을 터트리고 먼 곳의 다듬이 소리는 나그네의 마음을 두근거리게 합니다(席冷而窓風擺雪, 筆乾而硯水成冰 …… 及其凍枕傷神, 孤燈伴影, 寒漏則滴殘別淚, 遙碪則搗破羈心).

필자는 강소 남경 사람이다. "벼루물이 얼음이 되다(硯水成冰)"라는 표현은 확실히 고향 일대 민가에서 겨울이면 늘 볼 수 있는 정경인데, 난방 설비를 갖추어 놓은 화북(華北)·동북(東北) 일대의 사람들이 이를 체험하기는 어려울 것이다. 율수와 양주는 남경과 거리가 아주 가깝기 때문에 최치원의 이곳 겨울 정경에 대한 묘사는 완전히 진실하다.

이 단락에서 최치원은 자신이 처한 어려운 환경, 발분하여 학문에 매진하는 태도와 객지의 향수를 묘사했다.

3. 고병의 막부에서

회남도의 소재지는 양주인데, 최치원은 회남절도사 고병에게 임용된 뒤 벼슬살이의 새로운 장을 시작했다. 고병의 막료가 된 그는 양주에서 거의 4년 동안(880~884) 생활했다.

《계원필경집》에는 공무로 쓴 공문류의 실용문 외에도 그 개인의 감정을 표현한 문장을 수집했다. 이러한 문장은 대부분 그와 고병의 관계를 반영한 것으로 이해해도 좋다. 그는 고병의 인정을 받았을 뿐 아니라, 또 그의 막부에 의탁하여 여러 방면에서 보살핌을 받아 공사를 막론하고 지인이자 상사인 고병과 밀접한 관계를 가졌다. 고병에게 글을 보내 인정을 받았을 때부터 4년 후 양주를 고별하고 귀로에 오를 때까지 늘 그의 생활 곳곳에 고병의 그림자가 있었다.

《계원필경집》에 수록된, 그가 직접 고병에게 쓴 시문은 모두 67편인데, 그중 시가 33편이고 서신이 34편이다. 시문의 내용은 몇 가지로 나눌 수 있다.

첫째는 감사를 표시하는 내용이다. 이러한 서신에서 최치원은 의식주 등 기본 생활 문제에서 받은 관심과 보살핌을 반영했다. 예를 들면 〈날 음식 재료를 준 것에 감사드리는 장문(謝生料狀)〉에서 다음과 같이 말했다.

> 인자하신 상공께서 두 번째 날 음식을 내려주심을 입었으니 뜻밖에 은혜를 주시어 근심 가운데 기쁨이 넘칩니다(伏蒙仁慈再賜生料, 恩垂望外, 喜集愁中).

마침 입을 것과 먹을 것 때문에 근심할 때 고병이 도와주었다. 고병이 그를 임용하기로 결정하는 데 시간이 그리 오래 걸리지 않았다.

> 어찌 사공 상공께서 외국 사람을 오래도록 속세의 관리로 생각하시고, 특히 기억에 남기시고 계속 먹을 것을 주실 줄 알았겠습니까?(豈料司空相公俯念海人. 久爲塵吏, 特垂記錄, 斷賜沾濡).

고병은 이후에도 한 번에 그치지 않고 계속 최치원에게 물품과 돈을 보태 주었다. 〈월급을 올려준 데 대한 감사의 장문(謝加料錢狀)〉에서도 고병이 월급을 올려 매월 그에게 20관(貫)씩 주었음을 알 수 있다. 최치원은 이 돈을 "누항의 식사를 제공할 것만 남기고(除供陋巷之食)" "먼 고향의 친척들에게 나누어 주도록(分濟遠鄕之親)" 했다.

명절 때마다 고병은 또한 그에게 돈과 물품을 보내 주었다. 〈의복과 포목을 하사하신 데 감사드리는 장문(謝衣段狀)〉, 〈한식 때 생필품을 하사한 데 대한 감사의 장문(謝寒食節料狀)〉에서 이러한 상황을 말했다.

최치원이 귀국하기 위하여 행장을 꾸릴 때 고병은 또 특별히 행장을 꾸리는 데 들어갈 돈을 보내 주었다. 〈행장을 꾸리는 돈을 주신 데 감사드리는 장문(謝行裝錢狀)〉에서 말했다.

엎드려 어진 은혜를 입어, 특별히 돈 2백 관을 주시었고 또 행장을 마련하게 하셨습니다(伏蒙仁恩, 特賜錢二百貫, 又令辦行裝).

뿐만 아니라 고병은 또한 그에게 8월의 특별 상여금을 주었다. 최치원은 매우 미안함을 느끼고 받지 않으려고 사양했으나 고병은 또 친필 편지를 써서 그로 하여금 받도록 했다. 그는 "삼가 존비 간에 예가 다르니 사양할 길이 없어(伏以尊卑禮隔, 辭讓無由)"[3] 명을 받들어 받아 두었다.

최치원의 사촌 동생 최서원(崔栖遠)은 '신라국입회남사 녹사(新羅國入淮南使錄事)'의 직명으로 회남에 왔는데, 오는 길에 집안의 편지를 가져와서 그의 귀국을 맞이하고자 했다. 고병은 이를 알고 최치원에게 30관의 돈을 주었다.[4]

고병은 돈을 보내 주었을 뿐만 아니라 그에게 의복과 먹을 것을 보내 주기도 했다. 〈의복과 포목을 하사하신 데 감사드리는 장문〉에서 "삼가 총애를 입어 내려 주신 옷감 열 필을 받았습니다(伏蒙恩慈, 賜及生衣段一十匹者)"라고 했는데, 열거한 옷감으로는 "비라(緋羅)·자릉(紫綾)·사천정사(紫天淨紗)·자평사(紫平紗)·황평사(黃平紗)·황릉(黃綾)·숙면릉(熟綿綾)" 등이 있다.

옷감을 볼 때 이는 그가 입을 것과 먹을 것이 부족해 빈곤을 구제해주기 위하여 내린 것이 아니라 관직이 승진했을 때 받는 물건들이다. 《계원

3) 《계원필경집》 권20, 〈월급을 다시 보내준 데 감사드리는 장문(謝再送月料錢狀)〉.
4) 《계원필경집》 권20, 〈사촌동생 서원에게 돈을 하사한 데 감사드리는 장문(謝賜弟栖遠錢狀)〉.

필경집》 권18의 맨 마지막에 있는 감사의 글[5]을 보면, 그가 아마도 '승무랑(承務郎)'·'시어사내공봉(侍御史內供奉)'이라는 비교적 높은 관직을 얻었을 때 옷차림이 신분에 걸맞도록 하기 위해 고병이 옷감을 하사한 것으로 보인다. 이 감사의 글의 다음과 같은 말이 이를 방증해 준다.

> 노을빛은 등잔의 채색 심지에 깔리고 눈은 인어가 짠 비단에 쌓여 있습니다. 외람되게도 붉은 휘장을 나누어 받아 갈포의 꾸밈을 바꾸게 되었습니다(霞舒鳳縷, 雪疊鮫綃, 猥分絳帳之餘, 俾換褐袍之飾).

이러한 관직은 고병이 그를 위하여 얻어준 것이다.[6] 그뿐만 아니라, 그로 하여금 관직에 걸맞은 관복을 입을 수 있도록 했으니 관심이 매우 세밀했다.

최치원이 귀로의 여정에 올라 산양(山陽, 淮安)에 이르렀을 때 고병은 또 사람을 보내 옷감을 보태 주었다. 《계원필경》 권20의 한 시제(詩題)의 시서(詩序)에서 이 점을 설명했다. 그 시의 제목이 〈산양에 행차했다가 태위께서 부쳐준 의복과 옷감을 계속 받았고, 귀국 인사차 들렀다가 또 증표를 주어 축수하기에 삼가 시를 지어 감사드립니다(行次山陽, 續蒙大尉寄賜衣段, 令充歸覲續壽信物, 謹以詩謝)〉이다.

이를 보면 고병은 최치원이 이미 양주를 떠난 뒤에도 그의 부모를 생각했으니 정말로 극진하게 보살펴 주었다고 말할 수 있다.

고병은 또 최치원을 위해서 찻잎과 앵두 등 먹을 것을 보내주기도 했다. 〈햇차를 보내준 데 감사드리는 장문(謝新茶狀)〉, 〈앵두를 보내준 데 감사드리는 장문(謝櫻桃狀)〉이 이러한 상황을 반영한다.

뿐만 아니라 최치원의 주택 상황이 좋지 않자 고병은 관사를 마련해

---

5) 《계원필경집》 권18, 〈비단을 보내준 데 감사드리는 장문(謝疋段狀)〉.

6) 이 점에 대해서는 뒤에서 다시 서술하겠다.

주었다. 최치원이 수로로 출발하고자 할 때 고병은 또 배를 빌려 주었다. 〈관사를 빌려준 데 감사드리는 장문(謝借宅狀)〉, 〈배를 빌려준 데 감사드리는 장문(謝借舫子狀)〉에서 이야기한 것이 바로 이것이다. 이러한 것을 받을 때마다 그는 감개무량하여 온갖 생각이 떠올라 고병에게 감사의 뜻을 표시했고 또 그 소감을 말했다.

관사를 빌렸을 때 그는 다음과 같이 말했다.

> 동향의 집을 바라보아 길이 어진 이에게 의지할 것을 맹세하고 북향의 창문 앞에 앉아 오직 공부만 하기로 기약했습니다. …… 지금 다행히 좋은 땅에 우거하고 또 고요한 땅에 거처하고 있습니다. …… 하룻날 성공은 유표(劉表)에 의탁하는 뜻을 만족시키기 위함입니다(望東開之閣, 永誓依仁；坐北面之窓, 唯期肄業. …… 今者幸寓樂郊, 況棲靜室 …… 一日成功 願滿依劉之志).

배를 빌렸을 때 그는 다음과 같이 말했다.

> 스스로 티끌 속에 묻힌 관리의 행색이 부끄럽더니 갑자기 물 위의 신선 된 것이 놀랍습니다. …… 영광스럽게 덕이 있는 가문에 의지하고 또 신선 배를 띄워서 풍파에도 처소를 잃어버릴까 염려가 없고 운무에 싸인 달에 시를 읊을 여가가 있습니다(自慙跡在塵吏, 忽訝身爲水仙 …… 榮棲德宇, 又泛仙舟. 風波無失所之憂, 烟月有搜吟之暇).

금전과 물질상의 관심 이외에도 고병은 일부 희귀한 문헌, 예를 들면 〈법운사천왕기(法雲寺天王記)〉, 〈연화각기비(延和閣記碑)〉 등을 보여주기도 했다.

가장 중요한 것은 고병이 그를 임용한 뒤 한 번에 그치지 않고 계속해서 선발하고 보살펴 준 점이다. 이에 대하여 최치원은 베풀어 준 은덕에 감사했고 여러 차례 글을 써서 감사의 뜻을 표시했다. 예를 들면 〈직위를 내려준 데 감사드리는 장문(謝職狀)〉,[7] 〈종군하게 된 데 감사드리는 장문(謝令從軍狀)〉,[8] 〈주천을 허락하신 데 감사드리는 장문(謝許奏薦狀)〉,[9] 〈직위를 고쳐준 데 감사드리는 장문(謝改職狀)〉[10] 등이 그렇다. 그중 편폭이 가장 길고 주의할 만한 내용은 《계원필경집》 권18의 〈직위를 사양하는 장계문(謝職狀啓)〉에 붙은 〈길게 올리는 계문(長啓)〉이다.

이 〈길게 올리는 계문〉은 거의 천 자에 달하는데, 그가 고병에게 임용된 여러 상황을 서술했으며 882년, 즉 그가 스물여섯 살 때 썼다. 글 속에서 그가 율수현위의 임기가 찬 뒤 고병의 인정을 받아 임용된 상황을 회고했다.

> 저는 동해의 벼슬 없는 사람입니다. 앞서 집을 떠나 만 리 이국에 와서 10년 동안 나라를 구경하면서 본디 희망은 과거에 맨 끝으로라도 합격하여 강회 지방의 현령이라도 되는 것입니다. 지난겨울에 말단의 현위 직책을 그만두고 박학굉사과에 응시하고 싶어서 산에 은거하려는 결심으로 잠시 은퇴하여, 학문이 바다에 이를 것을 기약하고 다시 연마했습니다. 이에 녹봉이 남아 있지 않고 또 공부에 필요한 양식이 모자라서 문득 발의 빗자루를 들고 이승의 문에 와서 쓸었으니, 어찌 태위 상공께서 멀리 어여쁘게 추천해 주셔서 곧 직질에 넣어 주실 줄 알았겠습니까?(某東海一布衣也. 頃者萬里辭家, 十年觀國, 本望止於榜尾科第, 江淮一縣令耳. 前年冬, 罷離末尉, 望應宏詞, 計決居山, 暫爲隱退. 學期至海, 更自琢磨, 俱緣祿俸無餘, 書糧不濟, 輒携勃箒, 來掃膺門. 豈料太尉相公過垂獎憐, 便署職秩).

---

7) 《계원필경집》 권17.
8) 《계원필경집》 권17.
9) 《계원필경집》 권17.
10) 《계원필경집》 권18.

연후에 고병이 그를 중용하여 군대를 따라 종군하게 한 일을 언급했다.

작년 여름에 출사하게 되었는데, 홀연히 불러 주시오니 외람되게 임무를 받아서 용깃발을 따르는 것이 허락되었습니다(去年中夏, 伏遇出師, 忽賜招呼, 猥加驅策, 許隨龍旆).

가장 감격한 것은 고병이 조정에 주청하여 그에게 높은 관직을 준 일이다.

갑자기 선을 사모하여 인에 의지함을 생각하시고 특별히 주천해 주시어 중한 말을 천자께서 응해 주셔서 외람되게 관직의 승진을 입었습니다(遽蒙念以慕善依仁, 特賜奏薦, 重言天應, 忝獲超昇).

어떤 관직으로 승진했는지는 아래의 겸손하고 진지한 사양을 보면 곧 알 수 있다.

장강 밖의 상현의 현위로부터 곧 내전의 어사를 받고 또 관작을 겸했습니다(一上縣尉, 便授內殿憲秩, 又兼章紱).

최치원의 '시어사내공봉' 관직은 바로 여기서 얻은 것이다. '시어사'는 봉건 왕조 중앙 정부에서 감찰과 탄핵을 관장하는 관직인데, 여기에 '내공봉'을 덧붙이면 황제의 곁에서 임직한다는 것이다. 최치원이 '자금어대'의 상을 받았다는 것은 마땅히 3품관이어야만 얻을 수 있는 대우이다. 이러한 관직에 올라야만 비로소 이 상을 받을 수 있는 것이다. 그의 진술이 이러한 점을 설명해 준다.

또 성조에 벼슬하는 빛나는 젊은 사람들을 보더라도 출신 입사한지 20, 30년에도 오직 남색 도포를 입고 연막에 나아가지 못하는 자가 많았거늘, 하물며 저와 같은 이역의 선비는 어떻겠습니까?(且見聖朝簪裾, 烜赫子弟出身入仕二三十年, 猶掛藍袍, 未趨蓮幕者多矣. 況如某異域之士乎?).

이러한 비약적인 승진은 그로 하여금 두렵고 불안하게 만들고, 감격하여 눈물을 흘리게 했다. "매번 밤마다 차가운 등잔을 대하고 새벽에 맑은 거울을 엿보니 감격해서 턱에 눈물이 비 오듯 뿌리고 근심스럽고 황송하여 등에 땀방울이 솟았다(每當夜對寒釭, 曉窺淸鏡, 感激而頤橫涕雨, 憂惶而背浹汗漿)." 사실 이 '시어사내공봉'이란 관직은 그에게는 단지 이름뿐인 관직일 뿐이고 일종의 명예직의 호칭이다. '시어사내공봉'은 황제의 곁에 가서 임무를 집행해야 하지만, 《계원필경집》과 관련 자료를 두루 찾아보아도 그가 이러한 직책을 집행했다는 기록과 관련 문헌을 발견하지 못했다. 공간적으로 보면 회남을 떠나 황제 곁으로 가지 않았고 시간적으로 보아도 고병을 떠나 이 직무를 집행할 시간을 낼 수 없었다. 그의 문집을 보아도 이 공무를 집행하기 위해서 쓴 문장이 한 편도 수록되어 있지 않다. 그가 회남에서 쓴 공무성의 문장은 모두 《계원필경집》에 있다.

필자는 〈고운 선생의 재당 관직 임직 시기의 발자취 고찰〉이라는 논문에서 「'승무랑'·'시어사내공봉' 관직을 수행한 곳에 관한 문제」라는 논제로 이에 대하여 고찰했으므로 여기서는 부연하지 않겠다.

최치원이 귀국을 희망할 때 고병은 찬동의 뜻을 표시했다. 그는 〈귀성을 허락하신 데 감사드리는 계문(謝許歸覲啓)〉에서 다음과 같이 썼다.

삼가 자애로운 은혜를 입어 제가 오랫동안 부모 곁을 떠나 있었으므로 귀성할 것을 허락해 주셨습니다. …… 머물자니 까마귀의 정을 상하게 할 것이고, 떠나자니 견마의 그리움을 품게 합니다(伏蒙恩慈, 念以某久別庭闈, 許令歸覲

…… 往傷烏鳥之情, 去懷犬馬之戀).

고병과 이별할 시각이 가까워질수록 그는 더욱더 석별을 아쉬워하는 정과 은덕에 감사하는 뜻을 가졌다. 아래의 시 두 수는 이러한 감정을 표현한다.

〈심정을 토로하며 태위께 올립니다(陳情上太尉詩)〉

海內誰憐海外人,	해내에서 누가 해외 사람을 어여삐 여기리?
問津何處是通津.	나루터가 어디냐고 물으니 예가 나루로 통하는 길이라네.
本求食祿非求利,	본래는 식록을 구함이지 명리를 구함이 아니니,
只爲榮親不爲身.	단지 어버이를 영화롭게 하기 위함일 뿐, 제 몸 위함 아니로다.
客路離愁江上雨,	강 위에 비 내리니 나그네 시름겹고,
故園歸夢日邊春.	고향에 돌아갈 날 꿈에도 아득하구나.
濟川幸遇恩波廣,	내 건너다 다행히 은혜로운 물결 만나,
願濯凡纓十載塵.	10년 동안 세속에 찌든 갓끈을 씻고자 하노라.

〈「귀연음」을 지어 태위께 드리며(歸燕吟獻太尉)〉

秋去春來能守信,	가을 가고 봄이 와도 믿음을 지킬 수 있으니
暖風涼雨飽相諳.	따스한 바람과 차가운 비를 실컷 맞았네.
再依大厦雖知許,	다시 큰집에 기댄 지 얼마던가!
久汚雕梁却自慚.	오래도록 들보 더럽힘이 부끄러워라.
深避鷹鸇投海島,	사나운 매를 피해 섬으로 돌아갈 때
羨他鴛鷺戲江潭.	강가에 노니는 다른 물새가 부러웠네.
只將名品齊黃鳥,	명색은 꾀꼬리와 다름없는데
獨讓銜環意未甘.	구슬을 물어 드리지 못해 섭섭하네.

최치원은 귀국 도중에 전후로 편지 다섯 통을 써서 고병에게 귀국 상황을 보고했다. 일종의 '안부 편지' 성격인데, 그가 고병에 대하여 얼마나 깊은 정을 품고 있었는지 알 수 있다.

이 밖에 최치원은 양주에 있을 때 고병에게 〈시를 올리는 계문(獻詩啓)〉, 〈관직을 제수받은 고 사마에게 축하하는 장문(賀高司馬除官狀)〉, 〈회구의 도적을 격파함을 축하하는 격문(賀破淮口賊狀)〉, 〈생일 선물을 올리는 장문(獻生日物狀)〉, 〈단오절에 선물을 보내는 장문(端午節送物狀)〉 등 공덕을 노래하거나 축하하고 선물하는 편지를 썼다.

동료 고운(顧雲)은 일찍이 고병에게 장계(長啓) 1수와 단가(短歌) 10편을 올렸는데, 최치원도 이를 보고 칠언시 30수, 예를 들면 〈병법(兵機)〉, 〈필법(筆法)〉, 〈수리 사냥(射雕)〉, 〈채찍을 쏘다(射鞭)〉, 〈오랑캐를 평정하고(平蠻)〉, 〈조운(漕運)〉 등을 써서 고병의 모략, 재지, 무예, 서예, 정치 업적, 군사 공훈을 노래했다.

〈병법(兵機)〉

惟將志業練春秋, 오로지 뜻과 사업을 《춘추》로 단련하여
早蓄雄心剗國讎. 일찍부터 큰 뜻을 길러 나라의 원수를 무찔렀네.
二十年來天下事, 20여 년 동안 천하의 일은
漢皇高枕倚留侯. 유방이 장량의 높은 베개를 의지함과 같았네.

여기서는 고병을 한대의 대공신인 장량(張良)에 견주었다. 또 〈안남을 평정하고(安南)〉에서는 고병의 지난날의 공적을 노래했다.

西戎始定南蠻起, 서쪽 오랑캐가 평정되자 남쪽 오랑캐 일어나니
都護能摧驃信威. 도호가 능히 오랑캐의 위세 꺾었네.
萬里封疆萬戶口, 만 리 변방 국경 만호구에

一麾風雨盡收歸. 한 번 휘둘러 바람과 비를 모두 거두었네.

최치원은 〈시를 올리는 계문〉에서 30수의 기덕시(紀德詩)를 쓴 목적이 "소원은 어진 교화를 강북에 펼치고 미담을 해동에 전하려는 것입니다(所冀趨仁化於江北, 終得傳美譚於海東)"라고 하여, 고병의 공훈과 명성이 외국에 전해져서 신라에서도 알 수 있기를 희망하기 때문이라 했다. 기덕시의 마지막 수 〈심정을 토로하며(陳情)〉에서는 장기간 고병에게 의탁하여 벼슬길에 나아갈 수 있기를 표시했다.

俗眼難窺冰雪姿, 속된 눈으로 깨끗한 자태 엿보기 어려워
終朝共詠小山詞. 아침 내내 〈소산사〉를 읊조렸네.
此身依托同鷄犬, 이 몸의 의탁함이 개와 닭 같으니
他日昇天莫棄遺. 다른 날 하늘에 오르거든 버리지 마옵소서.

최치원은 일찍이 고병에게 약간의 선물을 바친 적이 있는데, 예를 들어 〈생일 선물을 올리는 장문〉과 〈또 올리는 장문(又狀)〉[11]에서 열거한 것으로 해동인형삼(海東人形蔘), 해동실심금(海東實心琴), 봉래산도(蓬萊山圖), 천마(天麻), 안복(鞍幞) 등이 있다.

《계원필경집》에는 그와 다른 사람 간의 교류를 반영한 자료로 수로 서신과 시가 있는데 모두 112편이다. 그중 고병에 관한 것은 67편으로 60퍼센트를 차지한다. 이를 보면 그와 고병의 관계가 밀접한 정도를 알 수 있다.

최치원은 박학하고 재주가 많았지만 매우 겸손했다. 고병도 재주와 학식이 출중한 사람이었고 자못 인재를 아끼는 마음이 있었다. 게다가 그가

11) 《계원필경》 권18.

인정하고 발탁한 외국 사람이 그를 배반하지 않음을 깊이 느껴 최치원에 대한 보살핌과 관심이 더욱 세밀했다. 관직의 승진과 의식주 문제, 심지어 고향에 돌아가 어버이를 뵙는 일 등에서 그를 극진히 배려했다.

최치원은 외국 거류민으로 율수현위의 임기가 끝난 뒤 생활이 곤란하여 전도가 아득했다. 이때 갑자기 권세가 혁혁하고 인재를 아끼는 고병의 인정을 얻게 되어 누차 은혜를 입어 탄탄대로를 걷게 되자, 이에 대하여 확실히 감격해 마지않았다. 최치원이 신라로 돌아온 뒤 학계의 존경과 정계의 중시를 받고 비교적 높은 관직을 얻은 까닭도 중국에서 얻은 성취와 불가분의 관계에 있다. 이러한 성취는 두 가지인데, 하나는 재주와 학식이고 또 하나는 관직의 지위이다. 그는 '시어사내공봉'이라는 직함을 가지고 당에서 신라로 파견하는 '송조사(送詔史)'의 신분으로 신라로 돌아왔다. 곧 금의환향하여 소년 시기 고향을 떠나 출국할 때의 아버지의 기대와 부탁을 저버리지 않았다. 최치원이 얻은 모든 것은 뜻을 세워 쓸모 있는 사람이 되려고 각고하여 공부하고 신중하게 처세하고 매우 겸허했던 결과이다. 여기서 고병의 인정과 발탁은 빠질 수 없는 중요한 조건이다.

최치원은 당에 있을 때 많은 시문을 썼지만 문집에 수록된 작품 이외의 더욱 많은 작품이 눈에 차지 않았다. 그가 작품을 선택한 기준은 매우 엄격했다. "마음속의 심정을 읊조리고 사물에 기탁하여 편을 이름 지어 '부' 또는 '시'라고 이름 한 것이 거의 상자에 가득했습니다. 그러나 어린 아이들이 꾸민 것으로 장부가 부끄러워하는 바라서 …… 모두 폐기해 버렸습니다(諷詠情性, 寓物名篇, 曰賦曰詩, 幾溢箱篋, 但以童子篆刻, 壯夫所慙 …… 皆爲棄物)",[12] "4년 동안 마음 써 이룬 것이 무려 만여 수나 되었습니다. 불필요한 부분을 거듭 버리고 보니 십분의 일, 이도 남지 않았습니다(四年用心, 萬有餘首. 然淘之汰之, 十無一二)"[13]라고 하여, 그가 불

12) 《계원필경집》 자서.
13) 《계원필경집》 자서.

만스러워 버린 것이 거의 전체 작품의 90퍼센트를 차지한다. 그러나《계원필경집》에서는 그와 고병 간에 왕래한 유관 시문을 대량으로 수록했으니, 그가 고병과의 관계를 얼마나 중시했는지 알 수 있다.

고병을 일생 동안 당 왕조에 공적도 있고 과실도 있었으나 뒤에는 과실이 공적보다 컸다. 만년에 절조(節操)가 좋지 않아 미신에 빠지고 지나치게 사치를 부려 타락하고 부패하여 회남 정국이 혼란에 빠지게 했으며 최후에는 옛 부하에게 살해당했다.《당서(唐書)》에서는 그를 '반신(叛臣)' 속에 열거했다. 최치원의 재능과 예지로 고병 만년의 부패와 폐단을 발견하는 것은 어렵지 않았으나 이미 다방면에서 큰 은혜를 입은데다가 또 외국 사람이었기 때문에 그를 질책할 방도가 없었고, 더욱이 곤란한 순간에 선뜻 나설 수도 없었다. 회피하는 것, 즉 신라로 돌아오는 것이 바로 가장 좋은 방법이었던 것이다.

최치원에게 매우 농후한 유가 사상은 상대방이 나를 인으로 대하면 나도 의리로서 보답하는 것이었는데, 고병에 대하여 이러한 태도를 지녔다.

4. 교유와 시 작품

최치원은 당나라에서 지낸 16년 동안 공무의 필요나 일반 사교성의 교제 외에도 친구들을 사귀어 친근하게 지냈다. 그가 과거에 합격하고 관직을 맡기 이전(즉 장안과 낙양 시기)에 사귄 친구들에 대해서는 고찰할 수가 없다. 관직을 맡은 이후의 교유 중 율수 시기에 대해서는《중산복궤집》이 전하지 않기 때문에 알 수 있는 것이 거의 없다. 회남 시기에 대해서는《계원필경집》에 의거하여 이해할 수 있는 바가 있다. 이 두 시기의 상황에 대하여 대략적으로 서술하고자 한다.

덧붙여 언급해야 할 것은 교유 활동이 왕왕 시에 반영되었는지라, 이곳에서도 그의 일부 시를 언급했다.

이 밖에 그의 심경을 충분히 표현한 시 가운데 중국에서의 활동을 반영할 수 있는 것이면 모두 언급할 것이고, 반영할 수 없는 것이면 여기서 부연하지 않을 것이다.

《율수풍정(溧水風情)》[14]에 실린 오대림(吳大林)의 〈조선 국적 율수현위 최치원(朝鮮籍溧水縣尉崔致遠)〉이라는 글에 의하면, 최치원은 일찍이 시인 두순학(杜荀鶴, 846~904)과 왕래한 바 있다고 한다. 두순학은 당대의 명신 두우(杜佑, 735~812)의 증손이고, 두목(杜牧, 803~852)의 막내아들이며 최치원보다 열한 살 많다. 최치원이 율수현위를 맡을 때 두순학은 서른 살이 넘었다. 나이로 보나 명망으로 보나 두목이 최치원보다 높았지만, 두순학은 그렇다고 해서 최치원을 얕보지 않았다. 그의 시 〈율수 최 소부에게 드리노라(贈溧水崔少府)〉가 그들의 우정을 반영한다.

庭戶蕭條燕雀喧,	뜰 안은 소슬한데 제비, 참새 소리 시끄럽고
日高窓下枕書眠.	해가 중천에 높은데 창 아래에서 책을 베개 삼아 잠자네.
祗聞留客敎沽酒,	손님이 왔다는 말을 듣고는 술을 사오게 하면서
未省逢人說料錢.	미처 손님에게 인사할 새도 없이 급사에게 보수를 지급하겠다 말하네.
洞口禮星披鶴氅,	서재 앞에서 학창의를 걸친 두순학을 칙사처럼 예우하고
溪頭吟月上漁船.	시냇가에 이르러 달을 읊으며 고기잡이배에 오르네.
九華山叟心相許,	구화산의 늙은이 마음이 서로 맞으니
不計官卑贈一篇.	관직이 낮음을 따지지 않고 시 한 수를 바치네.

두순학은 지주(池州)에 살고 있었고 최치원이 거주한 율수는 선주(宣

14) 강소사자료(江蘇史資料) 편집부 출판, 1993년

州)에 속했는데 두 주는 서로 이웃했다. 최치원의 재주와 학식, 청고하고 우아한 풍격은 두목의 호감을 샀다. 때문에 "관직이 낮다(官卑)"고 해서 그와 교유하지 않으려 하지 않고 서재 앞에서 칙사처럼 예우하고 시냇가에서 달을 읊으며 산수에서 함께 노닐었으니, 그야말로 시인의 풍류적인 미담이다. 구순학은 일찍이 구화산(九華山)에 거주한 적이 있기 때문에 자신을 '구화산인(九華山人)'으로 불렀는데, 시에서 '인(人)'을 '수(叟)'로 바꾸어서 비록 익살기를 띠나 도리어 최치원을 어린 동생으로 간주하는 말투라서 매우 친근한 감을 준다.

두 사람의 관계상 최치원도 틀림없이 창화하거나 화답한 시가 있을 터인데, 애석하게도 《중산복궤집》이 이미 전하지 않기 때문에 그 시를 찾아 볼 수 없다.

구화산은 신라 왕족 김교각(金喬覺)이 개척한 불교 성지이다. 김교각은 여기서 원적(圓寂)했고 아울러 지장보살(地藏菩薩)로 존경받았다. 최치원은 김교각보다 한 세기가량 늦게 태어난 사람인데, 김교각이 구화산에 와서 두순학과 만나볼 기회가 있었는지 여부에 대해서 말하기 어려우나 가능성이 있음을 배제할 수는 없다.

최치원은 시인 나은(羅隱, 833~909)과도 비교적 깊은 우의를 가지고 있었다. 《고운집》에서 인용한 《삼국사기》 본전(本傳)에서 다음과 기록했다.

> 그가 처음 당나라에 유학할 때 중국 강동의 시인 나은과 서로 알게 되었다. 나은은 자기의 재주를 믿고 스스로 높은 체하여 좀처럼 다른 사람을 인정해 주지 않았다. 다른 사람이 공이 지은 노래와 시 다섯 편을 보여주자 나은은 이에 찬탄했다(始西遊時, 與江東詩人羅隱相知. 隱負才自高, 不輕許可人. 人示公所制歌詩五軸, 隱乃歎賞).

나은(羅隱, 833~909)은 본명이 나횡(羅橫)인데, 일찍이 열 번이나 과거에 응시했으나 모두 낙방하여 이에 이름을 '나은'으로 개명했다. 광계(光啓) 연간(886~887)에 그는 진해군절도사(鎭海軍節度使) 막부에서 임직했다. 저작으로 시집 《갑을집(甲乙集)》이 있는데 문필이 첨예하고 생기가 있다. 그가 지은 〈참서(讖書)〉는 항쟁과 분노의 문사로 충만한데, 항상 구어를 시 속에 집어넣었다. 따라서 《삼국사기》에서 그가 "자기의 재주를 믿고 스스로 높은 체하다(負才自高)"라고 말한 원인이 없는 것이 아니다. 그는 최치원보다 스물네 살이나 많은데, 이러한 연령 차이에도 재능과 성격으로 인정해 주고 아울러 그와 사귀었으니 최치원에게 확실히 나은에게 호감을 사게 한 곳이 있었음을 알 수 있다.

고운과 최치원은 서로 알았고 또 함께 고병의 막료로 지냈기 때문에 공무 이외에 사적인 교류도 매우 돈독했다. 《삼국사기》 본전에서 그는 "과거급제 동기생 고운과 친하게 잘 지냈다(同年顧雲友善)"고 말했다. 최치원은 고병에게 쓴 〈시를 올리는 계문〉에서 자신이 고병에게 칠언 기덕시 30수를 올린 까닭은 바로 고운에게 계시를 받았기 때문이라고 말했고, 아울러 고운이 지은 시를 칭찬했다.

> 제가 가만히 동년 고운 교서의 〈상공께 길게 올리는 계문〉 1수와 단가 10편을 보니, 학문의 물결은 고래가 바다 물결을 내뿜는 듯하고 문장의 날카로움은 칼날이 은하수에 기댄 듯하니, 찬송으로 갖추어 영원히 유전할 것입니다(某竊覽同年顧雲校書獻相公長啓一首, 短歌十篇. 學派則鯨噴海濤, 詞鋒則劍倚雲漢, 備爲贊頌, 永可流傳).

고운은 최치원의 시 짓는 재주에 대해서 흠모를 표시했다. 최치원이 회남을 떠나 신라로 귀국하려 할 때, 고운은 송별시 한 수를 지어 최치원의 시 짓는 재주를 열정적으로 칭찬했다.

我聞海上三金鰲,	내 들으니 동해에 세 마리 금 자라가
金鰲頭戴山高高.	머리로 산을 이고 있는데 높디높다네.
山之上兮, 珠宮貝闕黃金殿,	산 위는 구슬과 보배로 꾸민 황금 궁전이요
山之下兮, 千里萬里之洪濤.	산 아래는 천 리 만 리 큰 물결이라네.
傍邊一點鷄林碧,	그 곁에 한 점 계림이 푸른데
鰲山孕秀生奇特.	자라산의 빼어난 정기를 머금어 특출한 인재를 낳았네.
十二乘船渡海來,	열두 살에 배를 타고 바다를 건너와
文章撼動中華國.	문장으로 중국을 감동시켰네.
十八橫行戰詞苑,	열여덟 살에 문단을 휩쓸어
一箭射破金門策.	단번에 과거에 급제했다네.

최치원은 일찍이 〈늦은 봄에 즉흥으로 동료 사자인 고운에게 화답하며(暮春卽事, 和顧雲友使)〉라는 시제(詩題)로 칠언 율시를 지어 그들의 우정을 반영했다.

東風遍閱百般香,	봄바람에 온갖 꽃향내를 두루 맡으니
意緖偏饒柳帶長.	마음만은 유독 길게 드리운 버들처럼 풍요롭네.
蘇武書回深塞盡,	소무의 글월은 깊은 요새를 놓아 전해지고
莊周夢逐落花忙.	장주의 꿈은 지는 꽃을 좇아 바쁘네.
好凭殘景朝朝醉,	남은 경치 빙자하여 아침마다 취하노니
難把離心寸寸量.	이별의 마음은 일일이 헤아리기 어렵네.
正是浴沂時節日,	때는 바로 기수에 멱 감는 시절이요
歸遊魂斷白雲鄕.	옛날에 놀던 곳은 애끊는 백운향이라네.

《당서》의 〈고병전〉에서 언급한 고운의 평판은 좋지 않고 이 밖에 고

운에 관한 자료 역시 찾아보기 어렵다. 그러나 최치원의 친구로서 고운은 무시할 수 없는 인물이다.

또 양섬(楊贍)이라 불리는 수재가 있었는데, 그도 최치원에 대한 감정이 매우 깊었다. 최치원이 양주를 떠나 귀국할 때 그는 최치원을 따라 함께 신라로 가고 싶어 했다. 시 〈수재 양섬과 송별하며(酬楊贍秀才送別)〉에서는 "골짜기의 꾀꼬리는 벌써 높이 날았으련만"이라는 구절로 그를 칭찬하고, 자신이 다시 양주에 와서 상봉할 수 있기를 표현했다. 이는 비록 위로하는 말이지만, 양섬이 최치원을 그리는 정과 최치원이 양섬을 애호하는 마음을 설명한다. 시의 전문은 다음과 같다.

海槎雖定隔年廻, 바다에 뗏목 배는 이태마다 돌아오는데
衣錦還鄉愧不才. 재주가 없어 금의환향 못함이 부끄러워라.
暫別蕪城當葉落, 잠시 무성에서 이별할 때는 낙엽 지더니
遠尋蓬島趁花開. 멀리 봉래섬을 찾아가니 꽃피는 시절이라.
谷鶯遙想高飛去, 골짜기의 꾀꼬리는 벌써 높이 날았으련만
遼豕寧慙再獻來. 요동의 흰 돼지 또 바치려니 부끄러워라.
好把壯心謀後會, 부디 장한 마음으로 뒤에 다시 만나서
廣陵風月待銜杯. 광릉의 풍월에 술과 마주하길 바라네.

최치원이 떠날 때 양섬이 아쉬워하는 정서가 더욱 강렬했다. 최치원은 다시 〈진사 양섬과 송별하며(酬進士楊贍送別)〉를 썼다.

海山遙望曉煙濃, 멀리 바다의 산은 새벽 연기에 싸이고
百幅帆張萬里風. 백 폭 돛은 만 리 바람에 펼쳤네.
悲莫悲兮兒女事, 슬퍼도 슬퍼하지 마오, 아녀자처럼
不須怊悵別離中. 이별이라도 너무 슬퍼하지 마시오.

이 시는 앞 시보다 더 진솔하게 아예 양섬에게 아녀자처럼 굴지 말라고 권유하고 있으니, 이를 보면 양섬이 당시 최치원과 헤어지기를 아쉬워하는 정도를 알 수 있다. 양섬에게 주는 이 두 시는 최치원의 평이하고도 친근한 측면을 반영하여 호감을 준다.

오(吳)씨 성을 가진 한 유생도 최치원과 우정이 매우 두터웠다. 《고운집》 권1에 수록된 〈강남으로 돌아가는 진사 오만을 전송하며(送吳進士巒歸江南)〉는 이 점을 반영했다.

自識君來幾度別, 그대와 알고 나서 몇 번째 헤어지는가,
此回相別恨重重. 이번에 서로 헤어지면서 시름이 더욱 겹친다오.
干戈到處方多事, 가는 곳마다 전쟁터라서 바야흐로 어수선한데,
詩酒何時得重逢? 어느 때 다시 만나서 시와 술을 즐기려나?
遠樹參差江畔路, 멀리 강가의 길을 따라서 나무들이 줄지어 섰는데,
寒雲零落馬前峰. 차가운 구름은 떨어져 길 앞 봉우리에 걸렸네.
行行遇景傳新作, 가는 길에 좋은 경치 만나거든 새로운 시를 지어 보내 주게,
莫學嵇康盡放慵. 혜강처럼 편지도 안 보내는 버릇일랑 부디 배우지 말게나.

이 시를 언제 썼는지 고증할 수 없다. 이를 보면 그와 오만은 이미 상당히 오랜 기간 동안 왕래했고, 이별한 뒤 여러 번 상봉했음을 알 수 있다. 함께 술을 마시며 시를 읊조리는 것 자체가 시인이 친밀하게 교유하는 데 필연적인 일이다. 그러나 전란이 빈번하게 일어나는 와중에 이번에 이별하면 다시 만나기 어렵다는 느낌을 가졌을 것이다. 시의 끝부분에서는 오만에게 이별한 뒤에도 계속해서 좋은 작품을 부쳐 달라고 바랐는데 시우(詩友) 간의 석별을 아쉬워하는 감정이 그대로 드러난다.

그와 오만은 뒤에 만났다가 다시 이별했는데, 최치원이 귀국하려고 할 때였다. 이때의 이별은 각별했다. 칠언 절구 〈수재 오만과 석별하며(酬吳

戀秀才惜別)〉 두 수에다 쓴 것은 바로 최치원의 이때 심정이다.

1

榮祿危時未及親, 높은 자리 오르면 친하기도 어려울 것이니
莫嗟岐路暫勞身. 갈림길에 잠시 괴롭다고 슬퍼 마시오.
今朝遠別無他語, 오늘 아침 멀리 이별하는데 다른 말 없으니
一片心須不愧人. 오로지 이 마음만은 남에게 부끄럽지 않으리라.

이별하기 전에 그는 중국 지우에게 자신의 인생철학과 폐부에서 나오는 말을 이야기했다.

2

殘日塞鴻高的的, 석양에 변방 기러기 높이 날고
暮煙汀樹遠依依. 멀리 물가 나무에는 저녁연기 어렸네.
此時回首情何限, 고개 돌려 바라보니 정은 끝이 없는데
天際孤帆窣浪飛. 하늘가 외로운 배만 물결 가르며 가네.

배가 이미 강 언덕을 멀리 떠났는데도 오히려 머리를 돌려 전송하는 사람을 바라본다. 이백(李白)의 시구 "외로운 배의 아득한 그림자는 푸른 허공 속에 사라지고, 오직 하늘가로 흐르는 장강이 보이네(孤帆遠影碧空盡, 惟見長江天際流)"[15]는 전송하는 사람의 심정이고 최치원의 시구는 멀리 가는 사람의 심정이나, 모두 똑같은 석별이다. 최치원의 시는 비록 비교적 함축성이 적으나 그 정경은 자못 흡사한 데가 있다.

이 밖에 최치원은 또 장교(張喬)와 '장 상서(張尙書)', '이 장관(李長官)'

15) 〈황학루에서 광릉으로 가는 맹호연을 전송하며(黃鶴樓送孟浩然之廣陵)〉.

과도 왕래했는데, 뒤의 두 사람은 그 이름을 알 수가 없다. 이를 보면 그 친한 정도가 앞에서 언급한 몇 사람보다 못함을 알 수 있다.

〈진사 장교가 마을에 살면서 병중에 부친 시에 화답하며(和張進士喬村居病中見寄)〉

一種詩名四海傳, 시의 명성 사해에 떨치니
浪仙爭得似松年. 가도(賈島)와 장교는 어떠한가?
不惟騷雅標新格, 시가 신격을 드러내어
能把行裝繼古賢. 출처를 갖고 옛 어진 이를 이었도다.
藜杖夜携孤嶠月, 교교한 달 아래 명아주 지팡이 짚고
葦簾朝卷遠村烟. 갈대 주렴에는 먼 마을 연기 걷히며
病來吟得漳濱句, 병이 들자 〈장빈(漳濱)〉 글귀를 읊어
因付漁翁入郭船. 성에 들어가는 어부의 배편에 부치노라.

이 장관에게 주는 시제는 〈가을날 우이현을 다시 지나며 이 장관께 부칩니다(秋日再經盱眙縣寄李長官)〉이다. 비록 그와 이 장관 사이에 매우 깊은 우정이 있었는지 알 수 없지만, 당시 환경 속에서 시인이 가진 절실한 느낌과 집을 그리고 고국을 생각하는 심정이 가득하다.

孤蓬再此接恩輝, 외로운 나그네가 오늘 또다시 그대에게 따뜻한 은혜를 입으니,
吟對秋風恨有違. 가을바람 맞으며 시구를 읊을수록 다시 헤어질 일이 한스럽네.
門柳已凋新歲葉, 새파랗던 문 앞의 버들은 벌써 시들었지만
旅人猶着去年衣. 나그네는 여전히 지난해의 옷을 걸치고 있네.
路迷霄漢愁中老, 길은 하늘 끝까지 멀고 몸은 시름 속에서 늙어 가는데
家隔煙波夢裏歸. 내 집은 바다 건너 있으니 꿈속에서나 돌아갈까.
自笑身如春社鷰, 우습구나, 이내 몸은 봄철 사일(社日)의 제비인가.

畫梁高處又來飛. 단청 높이 그린 집에 올해도 날아오네.

최치원은 귀국 도중 초주(楚州)에 이르러 장 상서의 환영을 받고 이에 시를 지어 감사의 뜻을 표시했다.16)

《계원필경집》 권20에는 또 칠언 절구 〈친구가 섣달 그믐날 밤에 부쳐 준 시를 보고 화답하노라(和友人除夜見寄)〉가 수록되어 있다.

與君相見且歌吟, 그대를 만나 더불어 노래 부르고 시를 읊조리며
莫恨流年挫壯心. 한 해의 포부가 좌절되었다고 한탄하지 말게나.
幸得東風已迎路, 다행이 봄바람이 길을 맞이하고 있으니,
好花時節到鷄林. 꽃피는 좋은 시절에는 계림에 도착했으리라.

문집의 배열 순서와 내용 면에서 보면 이 시는 틀림없이 그가 산동(山東) 해안 일대에서 날씨가 좋아지길 기다려 돛을 올리어 바다를 건너 귀국하려고 준비할 때 쓴 것이다.

최치원과 같은 배를 타고 신라로 간 사람으로 또 김인규(金仁圭)가 있다. 그는 '신라국입회남사(新羅國入淮南使)'의 신분으로 중국에 왔는데, 임무를 마치고 최치원과 동반하여 귀국했다. 도중에 두 사람은 함께 글을 지어 참산(巉山)의 신에게 제사를 지내면서 평안하게 바다를 건너게 보호해 달라고 빌었다. 이 밖에 두 사람은 시를 지어 화답했고 함께 사원을 방문하기도 했다. 〈김 원외에게 화답하며 참산의 청 상인에게 주노라(和金員外贈巉山淸上人)〉는 그들이 승려와도 접촉했음을 알려 준다.

海畔雲庵倚碧螺, 바닷가 구름 속 암자는 푸른 바위에 기대어 있고

16) 《계원필경집》 권20에 수록.

遠離塵土稱僧家. 티끌세상을 멀리 떠나니 스님 사는 곳과 어울리누나.
勸君休問芭蕉喩. 그대에게 권하노니, 파초 비유만 묻지 말고
看取春風撼浪花. 봄바람에 물거품 흔들리는 것도 좀 보시게나.

최치원과 함께 배를 타고 귀국한 사람으로는 또 사촌동생 최서원(崔栖遠)이 있다. 최서원은 '신라국입회남사 녹사(新羅國入淮南使錄事)'의 신분으로 집의 편지를 가지고 와서 최치원을 만났으나, 형제간에 화답한 시는 없다.

이국땅에서 고향 친구를 만나면 친근함을 배로 느낄 것이다. 〈산양에서 고향 친구와 이별하며(山陽與鄕友話別)〉는 그가 중국에서 동포와 이별할 때 쓴 시이다.

相逢暫樂楚山春, 서로 만나 초산의 봄을 잠시나마 즐기다가
又欲分離淚滿巾. 다시금 헤어지려니 눈물이 수건을 가득 적시네.
莫怪臨風偏悵望, 바람 맞으며 슬피 바라다봄을 이상하게 생각지 마오.
異鄕難遇故鄕人. 타향에서 고향 사람 만나기 어려우니.

그가 친구와 이별하는 '슬픔[悲]' 속에서 중국에서 고향 친구와 만나서 함께 지내는 '기쁨[喜]'을 볼 수 있다. 최치원은 중국에서 지낸 16년 동안 중국에 있는 수많은 동포 신라인과 만나고 왕래했을 것이다. 위에서 말한 작품은 단지 그 왕래 가운데 일부에 불과할 뿐이다. 앞에서 인용한 〈친구가 섣달 그믐날 밤에 부쳐준 시를 보고 화답하노라〉의 친구도 신라 사람일 것이다.

최치원은 중국에서 인생에서 가장 아름다운 청춘 시절을 보냈다. 사람들은 이렇게 물을지도 모른다. 그가 중국에서 많은 교류를 했고 또 쌍녀묘에 가서 조문하고 시를 읊은 풍류적인 미담이 있으니, 그렇다면 중국에

서 연애를 한 적이 있는가, 결혼한 적이 있는가?

결혼에 관한 사료가 전혀 없고 단편적인 자료조차 없다. 그가 여러 번 고병에게 올린 상서에는 의복과 식량 또는 가까운 친척의 방문 등 생활 방면의 자질구레한 여러 일들을 언급했으나, 중국에서 연애했다거나 결혼해서 가정을 꾸렸다는 등의 일에 관해서는 한마디도 찾아볼 수 없다.

그러나 그에게 연애사가 있었다. 《계원필경집》 권20에는 사람들이 거의 주의를 기울이지 않거나 언급하지 않는 시 한 수가 있는데, 은연중 재주가 넘치는 청년 시인의 개인적 감정의 비밀을 털어놓았다.

〈여도사와 이별하며(留別女道士)〉

每恨塵中厄宦途, 매번 속세의 벼슬로 고생함을 한탄하다가
數年深喜識麻姑. 마고 선녀 알면서 수년 동안 기뻐했네.
臨行與爲眞心說, 길을 떠나면서 당신에게 진심으로 묻노니
海水何時得盡枯. 바닷물은 언제 모두 마를까요?

이 시는 귀국 도중에 지은 일련의 시문 가운데 있다. 이 시의 앞에는 〈산양에 행차했다가 태위께서 부쳐준 의복과 옷감을 계속 받았고, 귀국 인사차 들렀다가 또 증표를 주어 축수하기에 삼가 시를 지어 감사드립니다〉가 있고, 그 뒤에는 〈진사 양섬과 송별하며〉와 〈초주 장 상서가 수곽에서 맞이하기에 시를 지어 감사드리노라(楚州張尙書, 水郭相迎, 因以詩謝)〉가 있다. 이를 보면 〈여도사와 이별하며〉는 바로 귀국 도중 산양·초주 일대, 다시 말하면 지금의 회안(淮安) 일대에서 지은 것임을 알 수 있다.

최치원은 시문을 문집에 수록하는 조건에 매우 엄격했다. "불필요한 부분을 거듭 버리고 보니 십분의 일, 이도 남지 못하여(淘之汰之, 十無一二)" 그는 일찍이 일고의 가치도 없다고 생각되는 수많은 작품을 없애 버

렀다. 그러나 이름을 알 수 없는 여도사에게 주는 시는 도리어 이별의 감정을 토로한 작품 속에 들어갔으니, 사랑에 빠지지 않았다면 이 시를 이처럼 소중하게 여기지 않았을 것이다.

"매번 티끌세상 벼슬로 고생함을 한탄한다", 이는 그가 외국 땅에서 지내며 남에게 얹혀사는 심정과 느낌이다. 다른 많은 문장에서는 벼슬살이에서 오는 말할 수 없는 내심의 불우한 감정이 언제나 감추어지기 마련이었다. 특히 고병에게 주는 수많은 시문 속에서 고민과 번뇌를 찾아볼 수 없다. 그런데 다년간 이러한 심정을 이해했던 사람은 단지 이 여도사뿐이었다. "마고 선녀 알면서 수년 동안 기뻐했네", 이를 보면 중국에서 다년간 이성 친구는 거의 없었던 최치원에게 이 여도사가 유일한 이성이다. 그가 충분히 속마음을 토로하고 고뇌를 발설할 수 있는 유일한 이성이었을지도 모른다. 그러나 이렇게 이별하게 되었으니 "길을 떠나면서 당신에게 진심으로 묻는다." 이때 '진심'은 최치원이 아마도 부득이하게 억지로 벼슬살이할 때 생긴 우울하고 고민스런 심정(이 점에 대해서 일찍이 그와 사귄 '수년' 동안 하소연했을 것이다)이 아니다. 출발할 때의 '진심'은 대체로 일종의 애모·애정과 헤어지기 아쉬워하는 정이다. "바닷물은 언제 모두 마를까요?" 이는 바로 애정을 맹세할 때 자주 쓰는 '바닷물이 마르고 돌이 썩다(海枯石爛)'의 복제판이 아닌가? 최치원이 친구에게 준 많은 시 중 어느 시에서 이러한 어휘를 사용하여 이처럼 몹시 슬프고 괴로운 감정을 나타낸 적이 있었는가?

당대 여도사 가운데 어떤 사람들은 시문을 잘 지었고 감정이 풍부하여 생활도 적지 않게 낭만적 색채를 띠었다. 양귀비(楊貴妃)는 일찍이 한 차례 도관(道觀)에 의탁한 적이 있으며, 명기 설도(薛濤)는 시적 재주가 매우 높고 도사가 입는 의복을 즐겨 착용했다. 시인 어현기(魚玄機)·이야(李冶)도 모두 여도사였다. 최치원의 시의 여도사도 이러한 인물이었을 것으로 생각한다. 그는 젊고 몸은 이국 타향 땅에 있었을 뿐 아니라 때때로 근신하고 경계하며 관직 생활의 풍파를 꺼렸으니 자신의 뜻을 펼치기가 어려웠을 것이다. 이러한 심정을 품고 있던 최치원이 그녀를 친구로 대한 것은 매우 자연스러운 일이었다.

이 시를 여도사가 배를 따라 회안까지 가서 작별을 고할 때 쓴 것인지, 아니면 그녀가 회안에 거주하다 부두에 올라 전송할 때 쓴 것인지, 혹은 그녀가 본래 다른 곳에 거주하다가 소식을 듣고 급히 회안으로 와서 송별할 때 쓴 것인지 모두 고증하기가 어렵다. 그러나 복잡하게 뒤섞이고 구슬프고 처량한 연애사를 암암리에 내포하고 있는 시가 도리어 최치원이 정선한 문집 속에 분명 있으니, 그가 중국에서 생활한 기간의 분홍빛 미담을 남겨주었다.

최치원은 공무나 유람하는 기간 혹은 그 도중에 여러 곳을 지나다녔다. 예를 들면 윤주(潤州, 지금의 강소성 진강)도 그중 하나인데, 여기서 그는 일찍이 칠언 절구 〈윤주 자화사 절간에 올라(登潤州慈和寺上房)〉[17] 한 수를 쓴 바 있다.

登臨暫隔路岐塵, 산에 올라 속세의 갈림길과 잠시 멀어졌는데,
吟想興亡恨益新. 흥망을 되씹으니 한은 더욱 새로워라.
畵角聲中朝暮浪, 화각 소리 울리는 가운데 아침저녁 물결 일고
青山影裏古今人. 청산 그림자 속에 고금 인물 몇 명이나 지나갔나.
霜摧玉樹花無主, 서리 맞아 꺾인 옥수화는 임자도 없는데
風暖金陵草自春. 바람 따뜻한 금릉에는 풀만 절로 봄이로다.
賴有謝家餘景在, 사씨 집안의 남은 경지 아직도 있어
長叫詞客爽精神. 길이 시인의 정신을 상쾌하게 하네.

17) 《고운집》 권1.

진강은 양주에서 멀지 않은데, 양주에서 남쪽으로 가 장강을 건너면 그곳이다. 이 시도 최치원이 양주에 정착한 뒤 진강에 갔을 때 지었거나, 혹은 율수에서 고병에게 의탁하고자 양주로 가는 도중 진강을 경유할 때 썼을 것이다.

그는 또 강서(江西) 요주(饒州, 소재지는 지금의 강서성 파양현)에도 간 적이 있다. 칠언 절구 〈요주 파양정(饒州鄱陽亭)〉이 이를 증명해 준다.

夕陽吟立思無窮, 저녁노을에 시 읊조리고 있노라니 생각은 그지없고
萬古江山一望中. 만고강산이 한눈에 다 들어오는구나.
太守憂民疏宴樂, 태수가 백성 살림 걱정하여 잔치 놀음에 마음 두지 않으니
滿江風月屬漁翁. 강에 가득한 저 바람과 달빛은 모두 어부에게 맡겨졌네.

파양(波陽)은 진강과 비교할 수 없이 양주에서 멀리 떨어져 있는데, 최치원이 무슨 일로 언제 갔는지 기록이 없다. 이 칠언 절구는 정경을 묘사하고 감정을 서술하는 가운데 당지의 태수를 칭찬하고 있으니 그곳 태수와 왕래한 결과물인 것 같다.

이 밖에 그는 귀국 도중 여러 곳을 경유했는데, 이미 다른 논문에서 서술했으므로 여기서 상세히 이야기하지는 않겠다. 그러나 다시 언급할 만한 가치가 있는 것은 그가 "배를 대주산 아래에 댈(泊舟於大珠山下)" 때 집중적으로 풍경을 묘사한 〈돌산(石峰)〉, 〈파도(潮浪)〉, 〈모래밭(沙汀)〉 등의 칠언 절구 10수이다.

최치원이 중국에서 쓴 시 가운데 풍경을 묘사한 시는 거의 없는데, 이 10수만 예외로 대주산 일대의 경치를 묘사했다. 대주산은 지금의 산동성 교남시(膠南市, 王哥莊) 연해에 있는데, 최치원이 배를 타고 이르렀을 때는 이미 10월이었다. 그는 이곳에서 발해를 횡단하기에 적합한 날씨를 기다렸다. 시에서 묘사한 것은 늦가을·초겨울의 대주산 일대의 경물이

다. 〈돌 위의 작은 소나무(石上矮松)〉를 예로 들어보자.

不材終得老烟霞, 쓸모없는 나무가 늙도록 자연을 누렸는데
澗底何如在天涯. 산골 냇가가 어찌 바닷가만 하겠는가.
日引暮陰齊島樹, 저문 해는 그림자를 끌어 섬 나무만큼 크게 하고
風敲夜子落潮沙. 밤바람은 솔방울을 흔들어 밀물 모래밭에 떨어뜨리네.
自能盤石根長固, 반석에 내린 뿌리 깊고 단단하니
豈恨凌雲路尙賖? 어찌 구름 능가할 길 멀다고 한탄하리오.
莫訝低頭無所愧, 키 작은 것은 부끄러워할 바가 아니니
棟梁堪入晏嬰家. 안영의 집 들보감으로는 넉넉하다네.

〈단풍나무(紅葉樹)〉
白雲巖畔立仙姝, 흰 구름 바위 가에 선녀가 선 듯
一簇烟蘿倚畫圖. 한 떨기 우거진 덩굴 그림 같구나.
麗色也知於世有, 어여쁜 모습 세상에 있음을 알지만
閒情長得似君無. 한가한 정취 그대 같은 이 없네.
宿粧含露疑垂泣, 이슬 머금어 깨끗한 단장 눈물이 아롱진 듯
醉態迎風欲待扶, 바람 맞아 흔들리는 자태 붙들어 주길 바라는 듯.
吟對寒林却惆悵, 쓸쓸한 숲에서 읊조리니 문득 서글퍼져
山中猶自辨榮枯. 산중에도 오히려 흥망이 있음을 알겠네.

앞 시의 "반석에 내린 뿌리 깊고 단단하니, 어찌 구름 능가할 길 멀다고 한탄하리오?"는 바로 자신의 인생관의 묘사이고, 그가 조국에 돌아가길 바라면서도 중국에 다시 올 수 있기를 희망하는 데서 생긴 감상이기도 하다. 뒤의 시의 "쓸쓸한 숲에서 읊조리니 문득 서글퍼져, 산중에도 오히려 흥망이 있음을 알겠네" 두 구는 모종의 감개를 토로했다. 시를 쓴

뒤 “고 원외에게 부쳤는데(寄高員外)” 이를 보면 마음에 든 작품임을 알 수 있다.

최치원은 중국에서 일부 서정시를 썼다. 이러한 시의 창작은 명령을 받들어 화답 또는 응수하거나 관리 사회의 필요에 의한 것이 아니라, 순전히 그의 감정의 요구, 마음에서 나온 소리에 속한다. 따라서 그의 성정을 엿볼 수 있는데, 비교적 진솔하며 이국 타향에서 사는 나그네의 심정을 반영했다.

〈우정에 밤비가 내리고(郵亭夜雨)〉

旅館窮秋夜, 여관에는 늦가을 스산한 비
寒窗靜夜燈. 차가운 창가 고요한 등불.
自憐愁裏坐, 가엾다, 시름 속에 앉았노라니
眞個定中僧. 내 정녕 참선하는 중이로구나.

〈가을밤에 비가 내리고(秋夜雨中)〉

秋風惟苦吟, 가을바람에 애달프게 노래 부르고,
世路少知音. 세상에 나를 알아주는 이 없네.
窗外三更雨, 깊은 밤 창밖에는 비가 내리고,
燈前萬里心. 등불 앞에 아늑히 외로운 마음.

〈도중에 지음(途中作)〉

東飄西轉路岐塵, 이리저리 떠돌며 풍진 세상을 헤매면서
獨策羸驂幾苦辛. 야윈 말 몰고 다니며 고생 또 얼마였던가!
不是不知歸去好, 고향에 돌아감 좋은 줄 모르는 것은 아니지만
只緣歸去又家貧. 돌아간댔자 집이 가난하니 어쩔 것인가?

이러한 시들은 관직을 구하기 위하여 사방을 돌아다니는 도중에 쓴 것 같다. 시를 쓸 때는 역경에 처해 있을수록 훌륭한 작품이 나오기 마련이다. 만일 그가 고병의 문하에 의탁하여 관직에 부지런히 종사하고 근신하며 맡은 바 직무를 다하고, 또 이 때문에 깊이 보살핌을 받고 의식주 때문에 걱정하지 않을 때, 특히 그가 '시어사내공봉'이라는 높은 관직을 얻은 뒤에는 아마도 이러한 정서의 시를 쓰지 못했을 것이다.

물론 세속에 물들지 않고 순결을 지키며 뜻을 학문에 둔 최치원의 사상 정취와 비교적 청고한 성정으로 보면, 난세의 관직 사회에 발을 들여놓고 상사의 비위를 맞추고 동료 관계를 꺼리며 설사 관리를 지냈다 하더라도 그의 심정 또한 진정으로 홀가분하고 유쾌하지 않을 것이다. 이러한 상황이 이따금 드러난다. "매번 속세의 벼슬로 고생함을 한탄하다가(每恨塵中厄宦途)",[18] "길은 하늘 끝까지 멀고 몸은 시름 속에서 늙어 가는데(路迷霄漢愁中老)"[19] 등의 시구에는 은연중 이러한 정서가 언뜻 나타난다.

그밖에 귀국 도중에 지은 일련의 유쾌하고 즐거운 시는 또한 그에게 일종의 "곤경을 벗어난(擺脫困境)" 홀가분함이 있음을 의미하거나, 다른 면에서 회남 체류 시기에 결코 고민이 없었던 것이 아님을 설명한다. 〈바닷가에서 한가롭게 거닐며(海邊閑步)〉, 〈해동으로 돌아가면서 참산의 봄 경치를 바라보며(將歸海東巉山春望)〉, 〈친구가 섣달 그믐날 밤에 부쳐준 시를 보고 화답하노라(和友人除夜見寄)〉, 〈봄바람(東風)〉 등은 모두 이러한 암시를 한다. 예를 들어 "나그네 시름도 이젠 그만 그치고, 행색도 웬만큼 웃음 띠게 되었네(旅愁從此休凋鬢, 行色偏能助破顔)"[20]에서 '나그네 시름'에는 사실 위에서 말한 고민이 은연중 들어 있다.

---

18) 〈여도사와 이별하며(留別女道士)〉.
19) 〈가을날 우이현을 다시 지나며 이 장관께 부칩니다(秋日再經盱眙縣寄李長官)〉.
20) 〈해동으로 돌아가면서 참산의 봄 경치를 바라보며(將歸海東巉山春望)〉.

5. 결어

최치원이 스스로 편집한 《중산복궤집》과 《계원필경집》 중 대부분의 문장은 공무를 집행하기 위해 쓴 것이다. 그는 일찍이 《중산복궤집》은 "공적으로 또는 사적으로 지은 글을 책으로 엮으니 모두 5권이나 되었습니다(公私所爲, 有集五卷)"[21]라고 한 바 있고, 《계원필경집》도 "시중 고병의 문서 일을 도맡게 되어, 그 몰려드는 군사 문서 등을 힘껏 담당하였습니다. 4년 동안 마음 써 이룬 것이 무려 만여 수나 되었습니다.(蒙高侍中專委筆硯, 軍書輻至, 竭力抵當, 四年用心, 萬有餘首)"[22]라고 똑같이 말한 바 있다. 《계원필경집》은 모두 20권인데 그중 앞의 16권은 공무의 산물이라 남을 위해 대필한 것이다. 자신의 사상 감정을 표현하기에는 부족하고 더욱이 내심과 생활의 표출도 없을 뿐만 아니라, 또한 문체 면에서도 실용 문체에 속하는지라 현재적 관점에서 '문학'면의 의의는 크지 않다. 하지만 그중 드러난 최치원의 문자 재능과 학식 수양은 주의할 만한 가치가 있다. 기존의 '문학'에 대한 관점으로 이야기하자면, 그의 탁월한 문필을 볼 때 그는 우수한 문학가 혹은 문장가이다.

최치원이 중국에서 종사한 활동은 두 가지, 즉 공무 활동과 개인적 활동이다. 공무 활동은 그와 관련된 전기 사료에 쓰여 있고 또 《계원필경집》 앞부분 16권에 나타나 있으므로 달리 상세하게 서술할 것은 없다. 중국에서 이국의 시인이자 타향의 문인으로서 살았던 그의 개인적 상황은 도리어 서술할 만한 가치가 있다.

최치원 본인에 대해서 말하자면 그는 공무성 작품을 더욱 중시한 것 같다. 그러나 오늘날의 사람들에게는 일부 개인 편지와 감정을 토로하고 풍경을 묘사한 시들이 그의 생활 처지, 경력, 사상, 성격, 감정, 심령 등

---

21) 〈계원필경서(桂苑筆耕序)〉.
22) 〈계원필경서〉.

을 이해하는 데 중요한 의의를 가진다. 여기서도 이러한 의미에서 중국에 머물 때의 그의 정황을 서술했다. 그 목적은 장기간 중국에 거주한 이웃 나라 청년 시인·학자의 생활, 사상과 감정 세계를 독자들에게 소개하는 데 있다.

1997년 7월 23일 서울 동국대학교 객좌교수 숙사에서
혹서 중에 땀을 비 오듯 흘리면서 완성하다.

[해제]

이 글의 원제는 위욱승(韋旭升)의 〈崔致遠在中國〉이다. 원문은《위욱승 문집(韋旭昇文集)》(中央編譯出版社, 2000) 제3권에 실려 있다.

고운 선생의 재당(在唐) 발자취를 찾아서

— 제2차 최치원 사적(事跡) 학술고찰기 —

조성환(趙誠煥)

저는 나이 열두 살에 집을 떠나 서쪽으로 바다를 건넜습니다. 배를 탈 때 돌아가신 아버지께서 "네가 10년 안에 진사에 급제하지 못하면 내 아들이라 하지 말라. 나도 아들을 두었다고 말하지 않겠다. 가서 부지런히 공부하거라! 게으름 피우지 말고 힘을 다하라!"고 훈계하셨습니다. 저는 엄중한 훈계를 가슴에 새겨 조금도 잊지 않고 쉴 새 없이 정진하여 오로지 부친의 뜻을 받든다는 마음으로 남이 백 번 노력하면 저는 천 번 노력하여 유람한 지 6년 만에 이름을 방 끄트머리에 걸게 되었습니다(臣自年十二, 離家西泛, 當乘桴之際, 亡父誡之曰 : "十年不第進士, 則勿謂吾兒, 吾亦不謂有兒, 往矣, 勤哉! 無惰乃力." 臣佩服嚴訓, 不敢弭忘, 懸刺無遑, 冀諧養志, 實得人百之, 已千之. 觀光六年, 金名榜尾).

— 〈계원필경서(桂苑筆耕序)〉에서

1. 그간의 경과에 대해서

경주가 낳은 대문호 최치원(崔致遠, 857～?)의 재당(在唐) 유적 답사에 관하여 학계에서 간간이 논의가 되었다. 1996년,2월 12일 경주 서라

벌문화회관에서 거행된 최치원 학술대회에서 당시의 성균관장 최근덕(崔根德, 1936~) 교수는 〈최치원의 문학사상〉이라는 주제로 강연하면서 최치원의 재당 유적지를 이미 답사한 바 있다고 말했다. 그보다 앞서 1985년에 경상대학교 한문학과 허권수(許捲洙, 1952~) 교수는 〈최치원의 재당생애(在唐生涯)에 대한 소고〉[1]라는 논문을, 중국문화대학 중문연구소의 김영화(金榮華, 1936~) 교수는 〈최치원의 재당 사적 고찰(崔致遠在唐事跡考)〉[2]를 발표하여, 최치원의 재당 생애를 조금 더 구체적으로 살펴볼 수 있었다. 이러한 관심의 고조에 편승하여 최치원의 재당 사적 답사를 현실화시킨 장본인은 바로 남경대학 중한연구중심(中韓硏究中心)의 주임 고국번(高國藩, 1933~) 교수이다. 그는 몇 년 전에 직접 경주의 사적 서악서원(西岳書院), 상서장(上書莊), 독서당(讀書堂), 경주향교(慶州鄕校), 경주최씨대종회관(慶州崔氏大宗會館) 등지를 직접 답사했다. 또 안동대학교 중어중문학과에 1년간 객원교수로 재임할 때 꾸준히 최치원 관련 논문을 썼는데, 주요 내용들이 최치원의 시에 나타나는 지명을 역추적하여 중국의 최치원 사적지를 발굴하는 것이었다. 이러한 노력은 지금도 계속되고 있어, 그동안 발표된 논문을 묶어 《최치원고론(崔致遠考論)》(가칭)이란 책자를 출간하고자 준비 중이다.

급기야 1999년 10월 13일 최치원 탄생 1143주년을 기념하기 위하여 한림대학교 중국학과 마중가(馬仲可) 교수, 곽승훈(郭丞勳) 박사, 경주 동국대학교 역사철학부의 김복순(金福順, 1954~) 교수, 경주최씨대종회의 최현익(崔鉉益) 부회장 등으로 제1차 최치원 사적 학술고찰단을 구성하여 3박 4일의 짧은 일정으로 회음(淮陰)과 우이(盱眙) 일대를 답사했다.

1) 영남중국어문학회(嶺南中國語文學會), 《중국어문학(中國語文學)》 제10집, 1985에 발표.

2) 김영화(金榮華), 《중한교통사논총(中韓交通史事論叢)》, 福記文化圖書有限公司, 1985, 3~45쪽 참조.

우이현에서 '최치원과 회음·우이 학술보고회(崔致遠與淮陰·盱眙學術報告會)'를 열어 마중가 교수가 〈최치원과 나말여초(羅末麗初)의 정치〉, 김복순 교수가 〈최치원의 경세관(經世觀)〉, 곽승훈 박사가 〈최치원의 중국사관(中國史觀)〉, 고국번 교수가 〈최치원과 회남·우이(崔致遠與淮陰盱眙)〉라는 논제로 논문을 발표했다.[3] 이때 경주에서 필자와 대종회의 간부 등 10여 명도 참가하고자 했으나 비행기표를 구하지 못해 성사되지 못했다. 그러던 중 다시 연락이 왔다. 인적 구성원을 좀 더 확대하고 답사 범위도 늘려 제2차 고찰단을 구성한다는 것이다. 이 자리를 빌려 필자에게도 답사의 기회를 준 우리 측 단장 마중가 교수와 고국번 교수에게 진심으로 감사드린다. 눈으로 보고 남겨진 사진만으로 답사를 끝낼 것이 아니라, 그에 대한 소회나 느낌을 좀 더 구체적으로 글로 남겨두면 다음 사람이 답사할 때 다소간 도움이 되리라 믿기에 두서없지만 이를 답사 일정의 순서에 맞추어 적어 보겠다.

2. 율수(溧水)와 율수현아(溧水縣衙)

1999년 12월 18일 오후 2시 15분에 일행 22명이 MU 5042편으로 상해(上海) 홍교(虹橋) 국제공항에 도착하니 남경대학 고국번 교수와 상해 총영사관의 박종선(朴鍾先) 총영사가 반갑게 맞이해 주었다. 미리 예약해 둔 전세 버스를 타고 곧바로 율수현(溧水縣)으로 직행했다. 율수현의 숙소 천생대주점(天生大酒店)에 도착하자마자 여장도 풀지 않은 채 2층 식당에서 저녁 식사를 했다.

---

3) 이에 대한 자세한 내용은 남경대학 중한문화연구중심에서 간행한 《중한문화연구간신-최치원과 회음·우이 특간(中韓文化研究簡訊 : 崔致遠與淮陰盱眙特刊)》(1999) 참조.

12월 19일 8시 반에는 '최치원과 남경 율수 학술연토회(崔致遠與南京溧水學術硏討會)'라는 주제로 고국번 교수의 사회로 학술대회가 진행되었고 현위서기(縣委書記) 손장송(孫長松)이 〈최치원의 율수 사적에 관한 몇 가지 고찰－환영사를 대신하여(關於崔致遠在溧水史迹的幾點考述：代歡迎詞)〉라는 논제로 발표했으며 이어서 우리 측 최영희(崔永禧, 1926～) 고문이 〈한·중 문화교류의 과거와 미래〉라는 논제로, 최현익 경주최씨 대종회 부회장이 인사말을, 마중가 교수가 〈왜 최치원인가?〉라는 논제로, 군산대학교 김종렬(金重烈, 1938～) 교수가 〈최치원의 시와 문학사적 위치〉라는 논제로, 이구의(李九義, 1958～) 박사가 〈최고운 문(文)의 특질과 그의 문학관〉이라는 논제로, 고국번 교수가 〈최치원과 한·중 문화 교류(崔致遠與中韓文化交流)〉라는 논제로 논문 발표가 있었다. 발표하는 동안 남경의 세 방송사의 기자들이 와서 녹화해 갔다. 발표를 마친 이후에는 중국 측 대표로 율수현문련(溧水縣文聯) 주석이자 유명한 서예가인 운건신(惲建新) 선생이 최치원의 시를 휘호했고, 우리 측에서는 대종회의 서예가 남령(南領) 최병익(崔炳翼, 1959～) 선생이 역시 최치원의 시를 휘호하여 상호 교환했다. 회의를 마치고 지금의 율수현 인민정부 청사에 도착했다. 벌써 기념사진을 찍을 수 있도록 의자를 배치해 놓았고 공안들이 도로의 차를 통제하고 있었다. 길 가던 현지 사람들은 아무 영문도 모른 채 우두커니 서서 바라보았다. 서둘러 율수현 인민정부의 관리들과 기념사진을 찍고는 최치원이 현위로 재직했다는 현아(縣衙)의 옛터[지금의 통제가(通濟街)]를 참관했다.

이곳을 현아의 터로 확정한 근거는 다음과 같다. 청(淸) 광서(光緖) 연간의 《율수현지(溧水縣志)》 권8, 〈전사지(典祀志)〉에 "성황묘는 소동문 밖 통제가에 있는데, 당 현령 백계강[4]의 신위를 모셨다. (백계강이) 보력

4) 백계강(白季康)은 백거이(白居易)의 숙부이다. 백거이는 대화(大和) 8년(834)에 〈당고 율수현령 태원 백부군 묘지명 및 서(唐故溧水縣令太原白府君墓志銘幷序)〉를 썼

2년(824)에 관사에서 사망했는데, 선정을 베풀었기 때문에 고을 사람들이 그를 제사지낸 것이다. …… 회창 4년(844)에 현아에 성황묘를 세우고, 통제가의 서쪽 양조장 부근으로 옮겼다(城隍廟, 在小東門外通濟街. 神爲唐縣令白季康. 以寶歷二年卒于官, 有善政, 邑人祀之. …… 會昌四年, 即縣治立廟, 移治于街西酒坊)"라고 했다. 이를 다시 정리하면 현아 앞에 오늘날의 통제가가 있었고, 844년에 현아를 성황묘로 개조하고 통제가 서쪽에 있는 양조장 부근으로 옮겼다는 것이다. 양조장이 어디에 있었는지 《현지》에서는 기록을 찾아볼 수 없지만, 1950년대에 지하에서 탄화미(彈火米)가 발견되었고, 1987년 9월 이곳에 상점을 지을 때 지하 2.5미터 지점에서 여러 그릇과 단지가 발굴되었다. 조사 결과 술을 담는 용기로 판정되어 이곳을 고대의 양조장 터로 확정했다는 것이다.[5] 최치원은 건부(乾符) 2년에 율수현위로 부임했으니 율수현아를 통제가 서쪽 양조장 일대로 옮긴 지 30여 년 이후의 일이다. 이곳에서 기념 정자와 기념비를 세우자는 논의를 한 다음 너도나도 뒤질세라 기념사진을 찍었다.

최치원은 율수에서 당시의 많은 명사와 교류했을 것으로 생각하나 자료가 부족하여 구체적으로 고증할 길이 없다. 단지 여기서는 당대의 저명한 시인 두순학(杜荀鶴, 846~904)이 최치원에게 준 시 〈율수 최 소부에게 드리노라(贈溧水崔少府)〉[《전당시(全唐詩)》 권692]라는 시 한 수를 소개하고자 한다.

> 庭戶蕭條燕雀喧, 뜰 안에는 소슬한데 제비 참새 소리 시끄럽고
> 日高窓下枕書眠. 해가 중천에 높은데 창 아래에서 책을 베개 삼아 잠자네.

는데 《백향산집(白香山集)》에 수록되어 있다. 주금성(朱金城) 전교(箋校), 《백거이집전교(白居易集箋校)》(六), 上海古籍出版社, 1988, 3754~3755쪽 참조.

5) 손장송(孫長松), 〈최치원의 율수 사적에 관한 몇 가지 고찰(關於崔致遠在溧水史迹的幾點考述)〉, 4~5쪽 참조.

祇聞留客教沽酒, 손님이 왔다는 말을 듣고는 술을 사오게 하면서
未省逢人說料錢. 미처 손님에게 인사할 새도 없이 급사에게 보수를 지급 하겠다 말하네.
洞口禮星披鶴氅, 서재 앞에서 학창의를 걸친 두순학을 칙사처럼 예우하고
溪頭吟月上漁船. 시냇가에 이르러 달을 읊으며 고기잡이배에 오르네.
九華山叟心相許, 구화산의 늙은이[6] 마음이 서로 맞으니
不計官卑贈一篇. 관직이 낮음을 따지지 않고 시 한 수를 바치네.

이 시에서 우리는 두 사람의 각별한 우정을 엿볼 수 있다. 위의 시 제목에서 소부(少府)는 현위의 별칭이다. 섭삼괴(葉森槐)는 최 소부가 누구인지 알 수 없다고 했으나,[7] 고국번 교수와 손장송 서기는 최 소부를 최치원으로 단정 짓고 위의 시를 풀이했다.

또 최치원은 이곳에서 지은 시문을 5권으로 엮어 《중산복궤집(中山覆簣集)》이라 했는데, 여기에서 중산(中山)은 바로 율수현의 아칭(雅稱)이다. 최치원은 〈계원필경서〉에서 "그 후 선주 율수현위로 제수되었는데 녹봉도 두둑해지고 관직이 한가하여 종일토록 배불리 먹었습니다. 벼슬살이하다가 남은 힘이 있어 배움에 짧은 시간도 헛되이 보내지는 않았습니다. 공적으로 또는 사적으로 지은 글을 책으로 엮으니 모두 5권이나 되었습니다. 그래서 '산을 만든다'는 뜻을 더욱 격려하여 그 책 이름을 '복궤'라 하고, 그 지방 이름을 '중산'이라 했기에 '복궤집' 앞에다 '중산' 두 글자를 붙였습니다(爾後調授宣州溧水縣尉, 祿厚官閑, 飽食終日. 仕優則學, 免擲寸陰, 公私所爲, 有集五卷, 益勵爲山之志, 爰標覆簣之名, 地號中山, 遂冠其首)"라고 한 바 있다. 위의 문구에서 '산을 만든다(爲山)'와 '복궤(覆

6) 구화산의 늙은이, 두순학은 구화산(九華山)에서 장기간 은거한 적이 있기 때문에 자칭 '구화산인(九華山人)'·'구화산수(九華山叟)'라고 불렀다.
7) 섭삼괴(葉森槐) 주(注), 《두순학시선(杜荀鶴詩選)》, 黃山書社, 1988, 104쪽.

簣)'는 모두 《논어(論語)》, 〈자한(子罕)〉편에 나오는 구절이다.[8)]

이곳 율수는 총면적이 1,048평방킬로미터, 인구가 약 40만 6천 명이며 수나라 개황(開皇) 11년(591)에 현을 설치했으니 약 1,400여 년의 역사를 가지고 있다. 또 남경까지는 50킬로미터, 녹구(祿口) 국제공항까지는 18킬로미터, 남경 신생우(新生圩) 항구까지는 60킬로미터 떨어져 있는데, 남경의 남대문이라 할 수 있다. 이곳의 명승유적으로 감동적인 전설이 서려 있다는 연지하(胭脂河), '소산협(小山峽)'으로 불리는 천생교(天生橋), 율수의 '제일승경(第一勝景)'으로 명성이 자자한 무상사(無想寺), 그리고 심령신등(深嶺神燈)・구호어가(臼湖漁歌)・지산석연(芝山石燕)・관봉용취(觀峰聳翠)・금정용천(金井涌泉)・용담연우(龍潭煙雨)・동벽금은(洞壁琴音)・동로첩헌(東蘆疊巘) 등 중산팔경(中山八景)이 있다. 이 가운데 당나라 때의 사찰 무상사는 삼면이 산으로 둘러싸여 있다 하여 '산사(山寺)'라고도 부르는데, 당시 최치원은 이곳에서 〈이전 장관이 겨울날 산사에 노닐었던 것에 화답하여(和李展長官冬日遊山寺)〉[《고운선생속집(孤雲先生續集)》]를 썼다기에 이곳도 원래의 답사 계획에 들어 있었으나 시간적 여유가 없어 들르지 못한 것이 아쉽기만 하다.

暫遊禪室思依依, 잠시 선방에 놀러 왔다가 차마 떠나지 못하니
爲愛溪山似此稀. 이만한 산수가 드문 것을 애호하기 때문이네.
勝境唯愁無計住, 좋은 경치에 눌러 앉을 수 없음을 걱정하지만
閑吟不覺有家歸. 한가히 시 읊으며 집에 돌아갈 줄도 모르네.
僧尋泉脈敲冰汲, 스님은 샘 줄기 찾아 얼음 깨고 물 길으며
鶴起松梢擺雪飛. 학은 솔가지 끄트머리에서 눈을 흩뿌리며 날아가네.
曾接陶公詩酒興, 일찍이 도연명(陶淵明)이 시와 술로 즐기던 홍취를 접했

8) "譬如爲山, 未成一簣, 止, 吾止也. 譬如平地, 雖覆一簣, 進, 吾往也."

더라면
世途名利已忘機. 속세의 명리를 벌써 잊었을 텐데.

위의 시는 이전의 시에 화답한 것인데, 이전이 누구인지는 알 수가 없다. 한편 서북대학(西北大學)의 염기(閻琦, 1943～) 교수는 시의 전체 분위기와 “한가히 시 읊으며 집에 돌아갈 줄도 모르네”라는 시구에 비추어 보아 신라에 있을 때 지은 작품이라고 했는데,[9] 혹 가야산(伽倻山) 해인사(海印寺)에 은거할 때 지은 것은 아닐까? 그러나 이전 장관이 〈가을날 우이현을 다시 지나며 이 장관께 부칩니다(秋日再經盱眙縣寄李長官)〉의 ‘이 장관(李長官)’과 같은 사람이라면 중국에서 지은 것이 틀림없다. 그러나 ‘산사(山寺)’를 지명이 아닌 일반 명사 ‘산 속에 있는 절’로 볼 수는 없을까? 맹호연(孟浩然, 689～740)의 〈밤에 녹문산으로 돌아가며 부르는 노래(夜歸鹿門山歌)〉,[10] 고적(高適, 706～765)의 〈적석사 불탑에 올라(登積石浮圖)〉,[11] 두보(杜甫, 712～770)의 〈다섯째 동생 풍이 혼자 강좌에 있어(第五弟豐獨在江左)〉,[12] 황보증(皇甫曾, ?～785?)의 〈차를 따러 가는 육우[13] 산인을 전송하며(送陸鴻漸山人採茶回)〉,[14] 백거이(白居易, 772～846)의 〈강남을 그리며(憶江南詞)〉[15] 등에 출현하는 시구 ‘산사’처럼.

그리고 또 최치원의 시 〈조어정(釣魚亭)〉의 무대라는 조어정의 옛터도 참관하지 못했다.

---

9) 염기(閻琦), 〈최치원 일시 전증(崔致遠佚詩箋證)〉, 《문학유산(文學遺産)》, 1993년 제6기, 57쪽.

10) 《전당시(全唐詩)》 권159, 北京 中華書局, 1992, 1630쪽. 〈산사에 종이 울리니 날은 이미 저물고(山寺鐘鳴晝已昏)〉.

11) 《전당시》 권212, 2207쪽. 〈원문이 산사를 마주하네(轅門對山寺)〉.

12) 《전당시》 권231, 2541쪽. 〈네가 산사에 의탁했다는 말을 듣고(聞汝依山寺)〉.

13) 육우(陸羽, 733～?)의 자는 홍점(鴻漸)이고 복주(復州) 경릉[竟陵, 지금의 호북성 천문(天門)] 사람이다.

14) 《전당시》 권210, 2181쪽. 〈그윽하게 먼 산사를 만나(幽期山寺遠)〉.

15) 《전당시》 권457, 5196쪽. 〈산사의 달 속에서 계수나무를 찾네(山寺月中尋桂子)〉.

숙소로 돌아와 율수현의 관리들과 오찬을 하며 당지의 화가 왕금옥(王金玉)이 쌍녀묘를 주제로 그린 그림을 감상했다. 오찬 중에 운건신(惲建新) 선생과 한・중 교류에 관한 대화를 나누는 가운데 두 사람을 소개받았다. 즉 율수 조산(鳥山) 사람 단복효문(端木孝文)・단목효사(端木孝思) 형제가 전후로 명대 영락(永樂) 연간에 조선으로 사신을 나갔는데, 당시 조선에서 청렴하다는 명성이 자자하여 조선 정부에서 '쌍청관(雙淸館)'을 세워 표창했다는 미담이 전해진다고 했다.

3. 고순현(高淳縣)과 쌍녀묘(雙女墳)

오후에는 고순현 고성진(固城鎭) 이가촌(李家村)에 소재한 쌍녀묘로 직행했다. 고순현 현장을 지낸 바 있고 집이 고순현에 있다는 손 서기의 차가 앞서고 그 뒤에 공안차가 호위했다. 상식적으로는 공안차가 앞서고 손 서기의 전용차가 뒤따라야겠으나 공안들이 길을 모르는 것 같았다. 이가촌에 못 미처 오른쪽으로 난 길로 접어드니 길 주변에는 목화가 베어져 있었다. 옛날에는 이 길이 안휘성(安徽省) 선성(宣城)으로 통하는 역도(驛道)였는데, 선성까지는 불과 3리 떨어져 있고, 이 역도 옆에 물길이 있었다고 한다. 가다보니 재신묘(財神廟)에는 쌍녀묘를 주제로 한 시구가 대련으로 걸려 있었는데 이가촌의 한 주민이 써놓았다고 한다.

面對金山招財二女成仙家,	금산을 마주하니 재산을 모아 두 여성이 신선이 되고
背靠龍脈進寶五路財神廟.	용맥을 등지니 오복신(五福神)을 모신 사당으로 보배가 굴러 들어오네.

《삼국사기(三國史記)》, 〈신라본기 제1(新羅本紀第一)〉, 「탈해이사금(脫解尼師今)」조를 보면, 신라 건국 초기에 석탈해(昔脫解, ?~80)가 풍수지리를 잘 알았다고 한다.[16] 풍수지리를 중시하는 사상은 신라 말엽, 즉 승려 도선(道詵, 玉龍子, 827~898)의 《돈선비기(道詵秘記)》가 나오면서 성행했다. 중국에서는 후한 청오자(青烏子)에서 비롯하여 진(晋)나라 때의 도간(陶侃, 259~334)·곽박(郭璞, 276~324) 등에 의해 성행했다고 한다. 최치원도 당 말에 성행했던 풍수지리설을 익혀 일가견을 가지고 있었는데, 〈기부금을 모집하여 대운사를 중수하려는 소문(求化修大雲寺疏)〉(《계원필경집》 권16)이 뒷받침해 준다.

> (본 대운사는) 성 동쪽의 선지사(禪智寺)와 두 어깨처럼 바로 솟아 있고 두 날개처럼 가지런히 펼쳐 있습니다. 수양제의 유궁을 끼고 있고 회남왕의 선택을 안았으니 장한 이 낙토는 저 복전에 의지하고 있습니다(則與城東禪智寺, 雙肩對聳, 兩耳齊張夾煬帝之遺宮, 擁淮王之仙宅, 壯玆樂土, 依彼福田).

이곳의 쌍녀묘도 풍수지리를 고려한 탓인지 묘의 문이 동쪽으로 향했다. 쌍녀묘 옆에는 신라의 김교각(金喬覺)이 지나갔다 해서 금산(金山)으로 불린다는 산이 있었는데, 고국번 교수의 설명이지만 도무지 믿어지지 않았다. 여기서 고순문물연구소(高淳文物硏究所) 소장이 자세하게 쌍녀묘의 역사에 대해서 소개해 주었다. 그는 송대 장돈이(張敦頤)의 《육조사적편류(六朝史迹編類)》 권13, 〈쌍녀묘〉, 《건륭고순현지(乾隆高淳縣志)》 권15, 〈고적(古迹)〉, 《광서고순현지(光緖高淳縣志)》, 《민국고순현지(民國高淳縣志)》 등의 역사 전적을 참고하여 "초현관 앞 언덕에 무덤이 있는데 쌍녀분이라 부른다(前岡有塚, 號曰雙女墳)", "쌍녀묘는 고순현에

---

16) "專精學問, 兼知地理. 望楊山下瓠公宅, 以爲吉地, 設詭計, 以取而居之."

서 동쪽으로 30리 떨어진 화산 이씨 마을 곁에 있다(雙女墓, 縣東三十里花山李氏宅旁)" 등의 기록에 의거하여 이곳을 쌍녀분으로 확정짓고 기념비를 세웠다고 한다. 이 기념비는 1997년 7월에 세운 것인데, 뒷면에는 손 서기가 쓴 〈쌍녀분간개(雙女墳簡介)〉가 있었고, 아울러 고순현문물보호단위로 지정되었다고 한다.

최치원이 지었다는 〈최치원전(崔致遠傳)〉, 일명 〈선녀홍대(仙女紅袋)〉 또는 〈쌍녀분(雙女墳)〉에 대해서는 국내에서도 많은 논의가 진척되었다. 이구의 박사는 최치원이 율수현위로 재직 중에 지은 것이라 했다.[17] 고국번 교수는 청 옹정(雍正) 연간 고순현의 공생(貢生) 형맹린(邢孟麟)이 지은 〈쌍녀묘에 조상하며(弔雙女墓)〉의 시구, "그윽한 원한이 역사에 의해 전해졌네(幽恨惟憑驛使傳)"에 의거하여 역리(驛使)를 최치원으로 보면, 건부 6년(879)에 회남절도사(淮南節度使) 고병(高騈)이 최치원을 관역순관(館驛巡官)으로 임명했으므로 최치원이 율수현위로 있을 때 쌍녀분을 방문한 것이 아니라 관역순관으로 지낼 때 쌍녀분을 방문하고 〈선녀홍대〉를 썼다는 형맹린의 새로운 설에 손을 들어 주었다.[18] 그러나 청 가경(嘉慶) 연간 고순현의 늠생(廩生) 공소운(孔昭雲, 1809~?)[19]은 율수현위로 재직할 때 지었다고 했다. 그는 〈쌍녀분(雙女墳)〉 5수를 지었는데 그중 한 수는 다음과 같다.[20]

> 烈烈雙魂李氏旁, 열렬한 두 영혼이 이씨 마을 곁에 잠들어 있는데
> 精英氣節懍冰霜. 빼어난 절개는 얼음과 서리보다 차갑구나.

---

17) 이구의, 《崔孤雲의 삶과 文學》, 國學資料院, 1995, 156쪽.
18) 고국번(高國藩), 〈최치원의 「선녀홍대」와 고순현 초현관(崔致遠「仙女紅袋」與高淳縣招賢館)〉, 《광동민속(廣東民俗)》, 1997년 제4기, 28쪽 참조.
19) 공소운(孔昭雲)은 자가 승해(升諧)이고 고순 고성(固城) 사람이다. 가경 14년(1809)에 태어났고 졸년은 알 수 없는데, 저작으로는 《고성일수시고(固城逸叟詩稿)》가 있다.
20) 고국번, 〈최치원의 「선녀홍대」와 고순현 초현관〉, 《광동민속》, 1997년 제4기, 29쪽 재인용.

心雖匪石生難轉, 가슴은 비록 돌이 아니지만 태생이라 바꾸기 어렵고
性本如松死亦剛. 성품은 본래 소나무 같아 죽음도 강직하네.
三尺孤墳靈佑護, 세 자 되는 외로운 무덤은 영혼이 보호해 주고
一人知己感深長. 한 친구의 느낌이란 의미심장하도다.
自經崔尉留題後, 최 현위가 시제(詩題)를 남긴 뒤부터
終古花山照夕陽. 영원히 화산에 석양이 비추네.

위의 시를 살펴보면 〈최치원전〉은 최치원이 율수현위로 재직할 때 쌍녀분을 발견하고 지었음을 암시한다. 이처럼 천여 년이 지난 만청(晩淸) 사람들도 쌍녀분의 이야기를 소상하게 알고 있을 정도이니, 이제 우리에게 남은 몫은 이러한 미담을 끊임없이 발굴해 내고 보존하는 것이다. 언제 시간을 내어 이곳 주민들에게 쌍녀분 관련 설화를 채집하자는 고 교수의 말을 되새기며 아쉬운 발걸음을 뒤로 돌렸다.

4. 우이(盱眙)와 회산(淮山)

다음 일정은 우이현(盱眙縣)이다. 먼저 숙소인 금곡원반점(金穀園飯店)에 도착하여 방을 배정받고 역시 우이현의 관리들과 석찬을 나누었으나 휴일에 쉬지 못하고 나와서인지 표정이 떨떠름했다. 12월 20일 아침에 회하(淮河)가 내려다보이는 회산(淮山)에 당도했다. 앞 광장에서는 초등학생과 성인들의 공연이 있었다. 마카오의 중국 귀속을 경축하는 행사인 듯했다. 회산 입구에는 돌기둥이 널브러져 있었는데 '회산승경(淮山勝境)'이라는 네 글자가 시야에 들어왔다. 알고 보니 최치원의 시에서 따왔다고 한다. 회산의 다른 이름으로는 '제일산(第一山)'이 있는데, 송대의 유명한 서예가 미불(米芾, 1051~1107)의 '제일산회고(第一山懷古)'에서 따왔다

고 한다. 제일산의 원명은 도량산(都梁山)인데 회수의 남쪽에 있기 때문에 '남산(南山)'이라고도 부른다. 북송 1097년에 서화가인 미불이 변경(汴京, 지금의 하남성 개봉)에서 배를 타고 변하(汴河)를 거쳐 취임했는데, 처음으로 남산을 보고 경탄한 나머지 '제일산'이라는 세 글자를 써서 돌에 새겼고 아울러 〈제일산(第一山)〉이란[21] 시를 지었다.

京洛風沙千里還, 경사(京師)에서 바람에 날리는 모래가 천 리까지 날아오는데
船頭出汴翠屛間. 뱃머리에 서서 변하를 빠져 나와 비취색 병풍 사이에 정박하네.
莫論衡霍衝星斗, 형산(衡山)이 별을 찌른다 말하지 마라,
且是東南第一山. 또한 동남의 제일산이 예 있으니.

이때부터 남산이라는 이름 대신에 제일산으로 불리게 되었다. 북송 이래로 역대 정부 관리와 문인학사들이 분분히 답지하여 찬탄한 나머지 수많은 시사(詩詞)를 남겼다고 한다. 회안(淮安) 산양(山陽, 지금의 강소성 회안현) 출신의 명대 소설가 오승은(吳承恩, 1500?~1582?)은 그의 명저 《서유기(西遊記)》 제66회, 〈여러 신들이 독수에 걸리고 미륵은 요괴를 잡아서 묶다(諸神遭毒手, 彌勒縛妖魔)〉에서 제일산을 다음과 같이 생동감 있게 묘사했다.

산정에는 누각들이 우뚝우뚝 서 있고 산골짜기에는 샘물이 솟구쳐 오른다. 괴석들이 높이 솟았고 무성한 소나무들이 하늘로 우뚝 치솟아 있는데, 온갖 과일들이 철따라 새롭고 뭇 꽃들이 햇볕 아래 만발해 있다. 사람들은 개미떼마냥 수없이 오가고 배는 기러기 떼처럼 줄지어 떠간다. 산 위에 서암관・동악관・오현사・귀산사가 있어 종소리 은은하고 향불 연기 자욱하다. 또 파리천・오탑

21) 《전송시(全宋詩)》 제18책, 권1075, 〈미불 1(米芾一)〉, 北京大學出版社, 1995, 12254쪽.

욕・팔선대・행화원이 있어 수풀이 우거진 산의 경치가 빈성을 한결 더 아름답게 장식하는데, 흰 구름 감돌고 새소리 또한 조화롭다. 태산・숭산・형산・화산만 아름답다고 말하지만 이곳 선경 봉래와 영주에 못지않도다(山頂上有樓觀峥嶸, 山凹里有澗泉浩涌, 嵯峨怪石, 槃秀喬松. 百般果品應時新, 千様花枝迎日放. 人如蟻陣往來多, 船似雁行歸去廣. 上邊有瑞岩觀・東岳觀・五顯祠・龜山寺. 鐘韻香煙冲碧漢 ; 又有玻璃泉・五塔峪・八仙臺・杏花園, 山光樹色映蠙城. 白雲横不度, 幽鳥倦還鳴. 說甚泰嵩衡華秀, 此間仙景若蓬瀛).[22]

우이십경(盱眙十景)인 제일산회고(第一山懷古), 파리천침월(玻璃泉浸月), 행화원춘주(杏花園春晝), 회경정진적(會景亭陳迹), 단암암청조(瑞巖庵淸眺), 귀산사만종(龜山寺晩鐘), 청풍산문적(淸風山聞笛), 오탑사귀운(五塔寺歸雲), 보접산낙조(寶接山落照), 팔선대초은(八仙臺招隱)[23] 중에 6경이 모두 제일산에 있다. 여기에서 특기할 만한 점은 고려 박인량(朴寅亮, 1010~1096)이 문종 때 예부시랑(禮部侍郎)의 자격으로 송나라에 사신으로 가다가 사주(泗州)[24] 귀산사(龜山寺)를 지나면서 시를 남겼다는 것이다. 그의 〈송나라에 사신으로 가다가 사주 귀산사를 지나며(使宋過泗州龜山寺)〉[25]를 보자.

---

22) 오승은(吳承恩), 《서유기(西遊記)》 하, 北京 人民文學出版社, 1997, 798~799쪽.

23) 미불(米芾)에게 〈도량십경시(都梁十景詩)〉가 전한다. 《전송시》 제18책, 권1077, 〈미불 3(米芾三)〉, 12277~12278쪽 참조.

24) 사주(泗州)는 북주(北周) 때 설치된 이래 여러 차례 관할이 바뀌었다가 청대에 직례주(直隸州)로 승격되고 안휘성에 예속되어 우이(盱眙)・천장(天長)・오하(五河) 등 세 현을 관할했고 민국에 들어서 주에서 현으로 바뀌었다. 지금의 우이현은 강소성에 속해 있다.

25) 이 시는 《전송시》 제15책, 10443쪽에도 실려 있는데, 원래 송 왕상지(王象之)의 《여지기승(輿地紀勝)》 권44, 〈회남동로(淮南東路)〉, 「우이군(盱眙郡)」에 수록되어 있다고 한다. 시제와 시구가 약간 달라 참고로 적어둔다.

〈過龜山〉, "巖巖峻石疊成山, 下着珠蠙一水環. 塔影倒垂淮浪底, 鐘聲搖落碧雲間. 門前客棹洪濤急, 竹下僧棋白日閑. 一奉勝遊堪惜景, 故留詩句約重還."

巉巖怪石疊成山, 우뚝한 바위와 괴이한 돌이 쌓여 산을 이루고
山有蓮坊水四環. 산 위에 절이 있고 강물이 사방을 감도네.
塔影倒江翻浪底, 탑의 그림자는 물결을 뒤엎는 강 밑으로 거꾸러지고
磬聲搖月落雲間. 풍경 소리는 달을 흔들고는 구름 사이로 사라지네.
門前客棹洪濤疾, 문 앞의 나그네가 노 젓는데 큰 물결이 거세고
竹下僧碁白日閑. 대숲 밑의 스님이 바둑을 두는데 대낮이 한가하도다.
一奉皇華堪惜別, 황화[26] 받들어 차마 떠나기가 아쉬워
更留詩句約重攀. 다시 오르길 기약하고자 시를 남기네.

위 시구 중 "풍경 소리는 달을 흔들고는 구름 사이로 사라지네"는 아마도 우이십경 중의 '귀산사만종'을 읊은 것일 것이다.

이곳에는 172개에 달하는 석각(石刻)이 있는데, 역대의 서화가, 즉 송대의 소식(蘇軾, 1037~1101), 미불, 하주(賀鑄, 1052~1125), 채원장(蔡元長), 양만리(楊萬里, 1127~1206), 원대의 장겸(張謙), 명대의 장유서(張惟恕), 오백명(吳伯明), 청대의 장붕핵(張鵬翮, 1649~1725), 도주(陶澍, 1778~1839) 등의 시사(詩詞)가 정(正)·초(草)·예(隸)·전(篆)·행(行) 등 다양한 서체로 돌에 새겨져 있다. 오른쪽 회산당(淮山堂)에는 인근 초등학교 학생들이 썼다는 서예 작품을 전시하고 있었고, 앞 건물에는 역대 우이고시사선(盱眙古詩詞選, 之一~之十)이 걸려 있었으며, 아래에는 백거이의 '목란당(木蘭堂)'이라는 글자도 보였다. 그 위로 올라가니 전망이 트인 곳에 '제일산'이라는 석비가 우뚝 서 있었고 앞에는 회하가 도도하게 흐르고 있었다. 이 부근에 기념 정자와 시비를 세우자고 논의했다. 왼쪽으로 접어들어 조금 내려가니 서역사(西域寺)가 있었는데 이곳에

26) 천자의 사신, 칙사. 《시경(詩經)》, 〈소아(小雅)〉, 「황황자화(皇皇者華)」 서(序)의 "임금이 사신을 파견할 때 예악으로 전송했는데, 멀리 가서 빛나는 성과가 있기를 말한 것이다(君遣使臣也, 送之以禮樂, 言遠而有光華也)"에서 나왔다.

는 백룡신(白龍神)과 이발사 조사(祖師)의 두 신위를 모시고 있었다.

최치원에게 〈가을날 우이현을 다시 지나며 이 장관께 부칩니다〉(《고운선생문집》)라는 시가 있다.

孤蓬再此接恩輝, 외로운 나그네가 오늘 또다시 그대에게 따뜻한 은혜를 입으니,
吟對秋風恨有違. 가을바람 맞으며 시구를 읊을수록 다시 헤어질 일이 한스럽네.
門柳已凋新歲葉, 새파랗던 문 앞의 버들은 벌써 시들었지만
旅人猶着去年衣. 나그네는 여전히 지난해의 옷을 걸치고 있네.
路迷霄漢愁中老, 길은 하늘 끝까지 멀고 몸은 시름 속에서 늙어 가는데
家隔煙波夢裏歸. 내 집은 바다 건너 있으니 꿈속에서나 돌아갈까.
自笑身如春社鷰, 우습구나, 이내 몸은 봄철 사일(社日)[27]의 제비인가.
畵梁高處又來飛. 단청 높이 그린 집에 올해도 날아오네.

이 장관이 누구인지는 알 수 없으나, 최치원이 두 번째로 우이현을 지나면서 그에게 써 준 시이다. 염기 교수는 '관광육년(觀光六年)'의 시기에 지은 것이라고 추정했다.[28] 숙소로 돌아와서 우이현 인민정부의 상무부현장 주견(朱堅), 건설국장 안욱(顔旭), 제일산 책임관리자 최(崔) 선생 등과 제일산에 기념 정자와 시비를 세우는 방법·절차·시기 등에 관하여 다각도로 토론했다. 우이현 정부 관리들은 올 가을 단풍 드는 시점에 맞추어 세우자고 서둘렀다.

27) 입춘과 입추 후 다섯 번째의 무일(戊日)을 말한다.
28) 염기, 〈최치원 일시 전증〉, 《문학유산》, 1993년 제6기, 56쪽.

5. 회음(淮陰)과 수곽(水廓)

다음은 회음시로 이동하여 귀빈루(貴賓樓)에서 식사를 했다. 이날 오찬에도 역시 회음현 인민정부의 관리들과 리셉션을 가졌고, 수곽으로 가는 도중에 운하 청량호를 잠시 보았다. 다리 입구에 쓰여 있는 '남선북마(南船北馬)'라는 말이 실감날 만큼 강남은 역시 운하가 발달된 곳이다. 그리고 수곽으로 직행했다. 이곳은 명청 시대 조하총독서(漕河總督署)의 서쪽 화원으로 청안원(淸晏園)이라 불리는 곳이다. 이곳 갑표당(甲表堂) 앞에서 시비와 정자를 세울 만한 곳을 검토하며 당 좌우에 쓰여 있는 대련을 감상했다. 이 대련의 글씨는 1991년 8월에 이정해(李定海)가 썼다고 한다. 이곳은 회음시정협(淮陰市政協) 문사위원회(文史委員會)의 마초준(馬超駿) 주임이 자세하게 안내해 주었다.

尙書官舍河總漕督建公衛, 상서의 관사이니 하총조독이 관아를 세웠고
淸游勝地花木泉石甲表浦. 고상하게 놀기 좋은 명승지이니 갑표포에 꽃·나무·샘물·돌이 즐비하네.

회음은 당나라 때 초주(楚州)로 불렸다. 이곳에서 최치원은 〈초주 장상서가 수곽에서 맞이하기에 시를 지어 감사드리노라(楚州張尙書, 水郭相迎, 因以詩謝)〉(《桂苑筆耕集》 권20)라는 시를 남겼다.

楚天蕭瑟碧雲秋, 초주의 하늘이 소슬하고 푸른 구름 가을인데
旟隼高飛訪葉舟. 여준[29]은 높이 날아 조각배를 찾아드네.
萬里乘槎從此去, 만 리 길을 뗏목을 타고 이곳을 떠나가면

29) 《주례(周禮)》에 나오는 말로, 송골매의 모양을 그린 깃발이다. 행군할 때 사용했다고 한다.

預愁魂斷謝公樓. 벌써부터 혼이 사공루와 단절될까 근심하네.

장 상서가 최치원을 맞아 연회를 성대하게 베풀었음직한 사공루에도 올라가 보았으나, 지금은 하망각(荷望閣)으로 이름이 바뀌어 있었고, 입구에는 마초준 선생이 지은 대련이 걸려 있었다. 중국에서 '사공(謝公)'으로 불리는 사람으로는 진(晋)의 사안(謝安), 남조 송의 사령운(謝靈運), 남제(南齊)의 사조(謝朓), 삼국 오(吳)의 사경(謝景) 등이 있는데, 위의 시에서 사공루는 누구에 얽힌 이야기를 담고 있는 것일까?

6. 회안(淮安)과 신라방(新羅坊)

곧바로 회안의 신라방 터를 관람했다. 고대의 회안은 바다에서 가깝고 고회하(古淮河)와 고운하(古運河)가 교차하는 지점에 위치해 있었다. 신라 시대에 가장 크고 중요한 신라인 거주지였다고 한다. 여기서 주로 항해·조선(造船)·상업·무역 등의 업무에 종사했다고 한다. 지금은 그 터에 있던 건물을 모두 철거하고 현재 인민폐 1억 원을 투자하여 한국 고대 건축 양식을 본떠 상업·오락·관광 등의 명소를 만들 예정이라고 한다. 이곳은 예전에 산양(山陽)이라 불렀는데, 최치원에게 〈산양에서 고향 친구와 작별을 나누며(山陽與鄕友話別)〉(《고운선생문집》)라는 시가 있다.

相逢暫樂楚山春, 서로 만나 초산의 봄을 잠시나마 즐기다가
又欲分離淚滿巾. 다시금 헤어지려니 눈물이 수건을 가득 적시네.
莫怪臨風偏悵望, 바람 맞으며 슬피 바라다봄을 이상하게 생각지 마오.
異鄕難遇故鄕人. 타향에서 고향 사람 만나기 어려우니.

위의 시는 최치원이 고병의 막부에 있을 때, 산양에 이르러 신라의 고향 친구와 작별하며 지은 시이다. 당나라 때는 신라인이 입당할 때 대부분 해로를 통하여 들어왔다. 잠중면(岑仲勉, 1885~1961)은 "신라 상인이 이를 때 북쪽으로는 등주·내주로, 남쪽으로는 초주·사주로 왔다. 등주성에는 신라관(적산원)이 있었고 문등현 동쪽 경계에는 신라소가 있었으며 초주·사주 두 주에는 신라방이 있었다. 이는 모두 개성·회창 연간에 일본 승려 엔닌이 목격한 바이다[新羅商賈所至, 北起登·萊, 南達楚·泗, 登州城有新羅館(赤山院), 文登縣東界有新羅所, 楚·泗二州有新羅坊, 均開成·會昌間日僧圓仁所目擊]"라고 했는데,[30] 최치원은 초주의 신라방에서 고향 친구를 만난 것이다. 위의 시에서 최치원이 객지에서 얼마나 외롭게 지냈는지 알 수 있는데, 그가 고국 친구를 만나 서로 부여잡고 엉엉 우는 정경이 주마등처럼 지나간다.

또 태위 고병에게 지어준 시 〈산양에 행차했다가 태위께서 부쳐준 의복과 옷감을 계속 받았고, 귀국 인사차 들렀다가 또 증표를 주어 축수하기에 삼가 시를 지어 감사드립니다(行次山陽, 續蒙太尉寄賜衣段, 令充歸覲, 續壽信物, 謹以詩謝)〉(《계원필경집》 권20)는 다음과 같다.

自古雖誇晝錦行,	옛날부터 비록 아름다운 비단옷 걸치고 다니는 것을 자랑했지만
長卿翁子占虛名.	사마상여(司馬相如)·주매신(朱買臣) 노인은 헛된 이름만 차지하고 있네.
旣傳國信兼家信,	이미 국신을 전하고 또 가신을 얻었으니
不獨家榮亦國榮.	집안의 영광일 뿐 아니라 나라의 영광이로다.
萬里始成歸去計,	만 리에서 처음으로 이름을 이루고 돌아갈 계획을 세우나

30) 잠중면(岑仲勉), 《수당사(隋唐史)》 상, 北京 中華書局, 1982, 134쪽.

一心先筭却來程. 한마음으로 먼저 돌아올 여정을 헤아리네.

望中遙[31]想深恩處, 옛 은사들이 멀리서 와주길 바라며 깊은 은혜를 상념하니

三朶仙山目畔橫. 삼신산(三神山)이 눈가에 비껴 있네.

이때 최치원은 이미 귀국 결심을 하고 금의환향을 기대했던 것 같다. 〈사촌동생 서원에게 돈을 하사한 데 감사드리는 장문(謝賜弟棲遠錢狀)〉(《계원필경집》 권20)을 보면 최치원에게 종제 최서원(崔棲遠)이 있는데, 그는 종형 최치원이 당에서 돌아올 때 '신라국입회해사 녹사(新羅國入淮海使錄事)'의 직명을 띠고 중국으로 건너와 집안의 편지를 전하고 최치원의 귀국을 마중 나갔다고 한다.

일본인 구법승 엔닌(圓仁, 794~864)의 순례기 《입당구법순례행기(入唐求法巡禮行記)》를 읽어 보면 839년 2월, 845년 7월, 847년 6월에 초주 신라방에 이르러 신라방의 총관(總管)인 설전(薛詮)과 통역원 유신언(劉愼言)의 수많은 도움을 받았다고 한다.[32]

7. 양주(揚州)와 당성(唐城)

날씨가 매우 세찬데다가 전세 버스가 난방이 되지 않아 벌벌 떨었다. 이후 강음대교(江陰大橋, 길이 2.4킬로미터) 중간 지점인 언교(堰橋) 휴게소에서 점심을 때웠다. 저녁 8시 반에 양주의 서호산장(西湖山莊)에 여장을 풀었다. 저녁 식사 후에는 문창각(文昌閣)과 미술가(美術街)를 둘러

31) '望中遙'는 '望古遙'의 잘못인 듯하다. 안연지(顔延之)의 〈도징사뢰(陶徵士誄)〉[《문선(文選)》 권57, 〈뢰(誄)〉]에 "望古遙集"이란 구절이 있다.

32) 자세한 내용은 엔닌(圓仁), 신복룡 역, 《입당구법순례행기》, 정신세계사, 1991과 E. O. Reischauer, 조성을 옮김, 《중국 중세사회로의 여행(Ennin's Diary : The Record of a Pilgrimage to China in Search of the Law)》, 한울, 1991을 참조할 것.

보았으나 너무 늦은데다가 날씨마저 추워 얼마 돌아다니지 못하고 술집에서 술로 몸을 덥히고 돌아왔다. 당대 시인 왕건(王建, 766~832)의 〈양주의 야시장을 보고(夜看揚州市)〉(《전당시》 권301)의 현장 분위기를 한껏 누려 보려고 했다.

夜市千燈照碧雲, 야시장에 온갖 등불이 푸른 하늘을 비추고
高樓紅袖客紛紛. 술집과 기생집에는 손님이 북적거리네.
如今不似時平日, 지금은 결코 태평한 시대가 아닌데도
猶自笙歌徹曉聞. 이곳에서는 오히려 가무 소리가 밤새도록 들리네.

두목(杜牧, 803~852?)의 시 〈회포를 풀며(遣懷)〉(《전당시》 권524)를 보자.

落魄江湖載酒行, 강호에 영락하여 술을 싣고 다닐 때
楚腰纖細掌中輕. 미인의 허리는 가늘어 손바닥 위에서 춤 출 만큼 가벼웠네.
十年一覺揚州夢, 십 년 만에 한 번 양주의 꿈에서 깨어 보니
贏得青樓薄倖名. 기생집에 드나든다는 경박한 이름만 얻었네.

위의 왕건과 두목의 시에서 감지하다시피 양주는 당내 세일의 환락가였다. "허리춤에 십만 관을 싸매고, 학을 타고 양주로 날아간다(腰纏十萬貫, 騎鶴上揚州)"[33]라는 말이 있을 정도로 명성을 구가한 당대 3대 상업도시 중 하나이다.[34] 숙소에 돌아와서는 이구의 선생과 새벽 2시까지 이

33) 남조 양나라의 문학가 은운(殷芸, 471~529)의 일사소설집 《소설(小說)》에 보인다. 조선의 호곡(壺谷) 남용익(南龍翼, 1628~1692)의 〈두보의 「추흥팔수」에 차운하여(次杜工部秋興八首)〉 제3수[《호곡집(壺谷集)》 권11]에도 "언제 학을 타고 양주로 날아갈까(幾時乘鶴上揚州)"라는 시구가 있다.

34) 하나는 남쪽 항구도시 번우(番禺, 지금의 광주)이고, 하나는 장강과 운하의 교차 지

런저런 이야기를 나누다가 양주몽(揚州夢)을 꾸었다.

12월 21일 아침에 서호산장 뒤에 있는 수서호(瘦西湖)와 당성(唐城)을 둘러보았다. 항주(杭州)에 있는 서호(西湖)보다는 규모가 작다고 하여 '서호' 앞에 '수(瘦)' 자를 붙였다고 한다. 도로를 따라 위로 올라가니 당성유지(唐城遺址)가 보인다. 양주의 당성유지는 중국에서 가장 완정하게 보존된 고대의 성 가운데 하나이다. 기원전 486년 오왕 부차(夫差, ?~기원전 473)가 촉강(蜀岡) 위에 한성(邗城)을 쌓았으며, 한나라 초에 성터를 촉강 아래까지 확장시켰다고 하는데, 성 둘레는 20킬로미터이다. 성터는 자성(子城)과 나성(羅城)으로 나뉘며, 촉강 위에 있던 자성은 일명 아성(牙城) 또는 아성(衙城)이라고 부른다. 당대 양주 대도독부(大都督府)·회남절도사사(淮南節度使司) 등의 관아들이 밀집한 곳이며, 수 양제(楊廣, 568~618)의 궁성(宮城)이기도 하다. 나성은 촉강 아래, 자성의 동남쪽에 있으며 대성(大城)이라고도 부르는데, 주택가와 상가가 위치해 있었다. 현존하는 성터는 바로 자성인데, 왕건의 시구 "야시장에 온갖 등불이 푸른 하늘을 비추고"의 무대는 바로 이 일대이다. 서남쪽에 자리한 성상원(成象苑)에는 천성문(天星門)·연화각(延和閣) 등 당대(唐代) 양식의 대형 건축물이 들어섰는데, 연화각에서는 양주에서 출토된 당대의 유물을 전시하고 있었다.

최치원은 이곳에서 제목이 무척이나 긴 〈당성에 놀러갔더니 선왕 때의 악관이 있었다. 장차 서쪽으로 돌아가려고 할 때 밤중에 여러 곡을 연주하면서 선왕의 은혜를 그리워하며 슬피 울기에 이 시를 지어 주었다(旅遊唐城, 有先王樂官. 將西歸, 夜吹數曲, 戀恩悲泣, 以詩贈之)〉[35][《동문

점에 있는 강도 광릉(江都 廣陵, 지금의 양주)이며, 또 하나는 운하와 황하의 운송 중심지인 변주(汴州, 지금의 하남성 개봉)이다.

35) 《고운선생문집》에는 시제가 〈당성에 놀러 갔다가 선왕의 악관에게 주노라(旅遊唐城贈先王樂官)〉로 되어 있다.

선(東文選)》]라는 시를 남겼다.

人事盛還衰, 사람의 일이란 성했다가 쇠하는 것이니,
浮生實可悲. 떠도는 인생살이 참으로 서글퍼라.
誰知天上曲, 그 누가 알았으랴, 하늘 위의 노랫가락을
來向海邊吹. 이 바닷가에 와서 불게 될 줄이야
水殿看花處, 물가 전각에서 꽃구경도 하고
風欞對月時. 바람 부는 서늘한 난간에서 달을 마주한 때도 있었지.
攀髯今已矣, 옛 임금[36]을 이제는 뵐 수 없으니
與爾淚雙垂. 그대와 함께 두 눈에서 눈물만 흐르네.

한국의 지명사전을 찾아보면 당성은 경기도 화성군 서신면・송산면・마도면의 경계에 있는 구봉산에 있는 성이라고 한다.[37] 최영성(崔英成, 1960～) 교수는 당성이 지금의 경기도 화성군 남양만 일대의 고을로, 이곳에 당은포(唐恩浦)가 있어 통일신라 때에는 당나라에 가는 사절들이 대부분 이 당은포를 경유하여 입당했다고 했다.[38] 염기 교수는 '선왕(先王)'이 신라 헌강왕(憲康王)이며 평양성(平壤城)을 건축할 때 장안성(長安城)을 모방했으므로 '당성'은 '평양'이 아닐까 추정하는데,[39] 고국번 교수는 이 시의 무대가 양주의 당성이라고 주장했다. 그렇다면 시제 중의 '서귀(西歸)'를 어떻게 풀이해야 좋을까?

그 다음에는 천왕전(天王殿)・원통보전(圓通寶殿)・장경루(藏經樓)・사복당(賜福堂)・미방(美房)・선당(禪堂)・감루(鑒樓)・자죽림(紫竹

36) 옛 임금(攀髯)은 《사기(史記)》 권12, 〈효무본기(孝武本紀)〉에 보인다.
37) 전용신(田溶新) 편, 《한국고지명사전》, 고려대학교 민족문화연구소, 1995, 67쪽.
38) 최영성 역주, 《최치원전집② : 고운문집》, 아세아문화사, 1999, 65쪽 주 23 참조.
39) 염기, 〈최치원 일시 전증〉, 《문학유산》, 1993년 제6기, 55쪽.

林)・경화원(瓊花園)・천지(天池)・소재관(素齋館) 등으로 이루어진 관음사선사(觀音山禪寺)와 대웅보전(大雄寶殿)・평원루(平遠樓)・평산당(平山堂)・어원(御園)・감진기념당(鑒眞紀念堂)・서령탑(棲靈塔)・천하제오천(天下第五泉) 등으로 구성된 대명사(大明寺)[40]를 서둘러 보고 소주(蘇州)로 떠났다.

8. 소주(蘇州)와 우정(郵亭)

소주에 도착하자마자 먼저 상징이랄 수 있는 호구(虎丘)[41]에 도착했다. 송대 시인 소동파(蘇東坡)가 "소주까지 와서 호구를 유람하지 않으면 유감스러운 일이다(到蘇州而不遊虎丘, 乃是憾事)"라고 말할 만한 명승지이다. 이곳의 원명은 해용산(海涌山)인데, 춘추 시대 오왕 부차가 아버지 합려(闔閭, ?~기원전 496)를 묻은 곳이다. 동진 시대에는 왕순(王珣)・왕민(王珉) 형제가 이곳에 별장을 지었는데, 뒤에 그 별장을 절집으로 개조했다고 한다. 이곳은 명승고적이 많고 신화 전설도 분분하여 '오중제일명승(吳中第一名勝)'이라는 명예를 누리고 있다. 운암사탑(雲岩寺塔, 虎丘塔)은 송대에 세운 것이고 단량전(斷梁殿, 二山門)은 원대에 세운 것이다. 두산문(頭山門)・해용교(海涌橋)・단량전(斷梁殿)・감감천(憨憨泉)・시검석(試劍石)・침두석(枕頭石)을 지나 조금 올라서니 진랑(眞娘)의 묘가 보인다.

---

40) 대명사는 남조 유송(劉宋) '대명(大明)' 연간(457~464)에 세웠기 때문에 그렇게 이름했으며, 당대 시인 이백・백거이・유우석(劉禹錫) 등이 일찍이 이곳에 와서 명시를 남긴 바 있다.

41) 동한(東漢) 조엽(趙曄)의 《오월춘추(吳越春秋)》의 기록에 의하면, 이곳에 오왕 합려를 장사지낸 지 3일 되던 날 백호(白虎)가 그 위에 웅크리고 앉아 있어 '호구'라고 불렀다고 한다.

진랑은 당나라 때 소주의 명기인데, 원명은 호서진(胡瑞珍)이다. 원래 양가집 자녀였으나 부모가 연이어 사망하는 바람에 의탁할 곳이 없어 끝내 기루에 들어가 소주 창문(閶門) 밖에 있는 낙운루(樂雲樓)에서 손님을 접대하게 되었다. 그녀는 용모가 뛰어난데다 가무·거문고·바둑·서화에도 재주가 있었다. 그녀는 재주만 보여주고 결코 몸을 팔지 않았는데, 끝내 당지의 서생 왕음상(王蔭祥)을 만나 풍채에 반하여 사랑을 불태웠다. 왕음상이 진랑에게 청혼했으나 완곡하게 거절당했다. 이유는 진랑에게 어릴 때 짝 지워 준 결혼 상대자가 있었기 때문이다. 그러나 왕음상은 이에 굴하지 않고 기생 어미에게 은 3천 량을 주고 진랑의 방에 머물 수 있도록 해 달라고 간청했다. 진랑은 돈에 눈이 먼 기생 어미의 강요를 거스를 힘이 없어 끝내 들보에 목을 매달아 자살했다. 왕음상은 애통한 나머지 호구에 묘지를 쓰고 위에 꽃을 심고는 '화총(花塚)'이라 이름했다. 이후 왕음상은 평생 장가가지 않고 여생을 마쳤다고 한다.[42)]

이러한 감동적인 연애사는 당대 이래로 수많은 시인 묵객들을 감동시켜 시를 남기게 했다. 당대의 이신(李紳)[43)]·백거이[44)]·유우석[45)]·이상은(李商隱)[46)]·담수(譚銖)[47)] 등의 시가 전하고 있으며, 송대 미불의 시 〈진랑묘가(眞娘墓歌)〉도 전한다.[48)] 이어 손무정(孫武亭)·천인석(千人石)·백련지(白蓮池)·이선정(二仙亭)·검지(劍池)·대웅보전(大雄寶殿)·오현당(五賢堂)·망소대(望蘇臺)·소오헌(小吳軒)·호구탑(虎丘塔)·어비정(御碑亭)·치상각(致爽閣)·영향각(令香閣)·제삼천(第三泉)

---

42) 동수기(董壽琪), 《호구(虎丘)》, 古吳軒出版社, 1998, 26~28쪽 참조.
43) 《전당시》 권482, 5484쪽.
44) 《전당시》 권435, 4816쪽.
45) 《전당시》 권360, 4068쪽.
46) 《전당시》 권541, 6230쪽.
47) 《전당시》 권557, 6465쪽.
48) 《전송시》 제18책, 12279쪽.

등지를 서둘러 둘러보고, 출구를 찾으니 입구와는 달리 비단옷 · 서화 작품 · 부채 · 벼루 등 관광 기념품을 파는 상가로 나왔다. 시간이 넉넉하면 《홍루몽(紅樓夢)》[49] 제67회에 나오는, 설반(薛蟠)이 소주 호구에서 가져왔다는 '자행인(自行人)' · '주령아(酒令兒)' · '사자등(沙子燈)' 등의 장난감 등을 파는지 알고 싶었는데 상당히 아쉽다. 필자는 이번에도 꼴찌로 차에 올랐다.

이어서 풍교진(楓橋鎭)에 자리한 한산사(寒山寺)를 찾았다. 이 절집은 양대(梁代) 천감(天監) 연간(502~519)에 창건되었고 원명은 묘리보명탑원(妙利普明塔院)이었다. 전하는 말에 당 정관(貞觀) 연간에 시승(詩僧) 한산자(寒山子)가 이곳의 주지를 지낸 바 있어 한산사로 개명했다고 한다. 송 태평흥국(太平興國) 초년에 절도사 손승우(孫承佑)가 7층의 탑을 세웠으나 원 말에 모두 파괴되었고, 명대 홍무(洪武) 연간에 중건하고 정통(正統) 연간에 소주지부(蘇州知府) 황종(況鐘, 1383~1443)이 재차 중창했다. 청대 함풍(咸豐) 10년에 온 절이 파괴되어 선통(宣統) 2년(1910)에 강소순무(江蘇巡撫) 정덕전(程德全, 1860~1930)이 수복하고 '고한산사(古寒山寺)'라는 편액을 걸었다고 한다. 1911년에 중국으로 건너가 반일 활동에 종사했던 애국투사 예관(睨觀) 신규식(申奎植, 1879~1922)도 소주를 지나면서 한산사를 보지 못하는 아쉬움을 토로한 적이 있다. 그의 시 〈소주를 지나며(過蘇州)〉는 아래와 같다.

申江歸客下蘇州, 이 몸이 귀로에 소주를 지나매
漂泊兵塵不暫休. 전장을 떠다니는 포연은 잠시도 멎지 않네.
城外風光難管領, 성 밖 경치도 헤아리기 어려우니

---

49) 조설근(曹雪芹) · 고악(高鶚), 《홍루몽(紅樓夢)》 중, 人民文學出版社, 1992, 949쪽. "外有虎丘帶來的自行人 · 酒令兒, 水銀灌的打筋斗小小子, 沙子燈, 一出一出的泥人兒的戲, 用青紗罩的匣子裝着 ; 又有在虎丘山上泥捏薛蟠的小像, 與薛蟠毫無相差."

寒鐘不到鐵車軀. 한산사의 종소리가 어이 철창차 속의 나에게까지 들릴까?

이곳은 절집보다 당대 시인 장계(張繼)의 시 〈밤에 풍교에서 묵으며(楓橋夜泊)〉(《전당시》 권242)로 더 유명하다.

月落烏啼霜滿天, 달 지고 까마귀 우는데 하늘 가득 서리가 내리네.
江楓漁火對愁眠. 강가 단풍잎도 고깃배 등불도 시름에 겨워 잠 못 이루는 나그네 마주하네.
姑蘇城外寒山寺, 고소성 밖 한산사
夜半鐘聲到客船. 한밤중 종소리가 객선까지 들려오네.

최치원도 한번쯤 유람했음직한 절집이다. 그 증거는 1926년 고운의 후손 최국술(崔國述) 등이 편집한 《고운선생문집》에 실려 있는 〈고소대(姑蘇臺)〉 연구(聯句)가 증명해 준다.

荒臺麋鹿遊秋草, 황폐한 고소대에서 사슴들이 가을 풀 위에서 노닐고
廢院牛羊下夕陽. 버려진 정원에서는 소와 양들이 석양에 내려가네.

고소대는 오왕 부차가 월나라를 격파하고 얻은 미인 서시(西施)를 위하여 쌓은 누대이다. 그래서 '서시대(西施臺)'라고도 부르는데 범중엄(范仲淹, 989~1052)의 〈소주십영(蘇州十詠)·남원(南園)〉[50]에 "서시대 아래에 명원이 보이네(西施臺下見名園)"라는 시구가 있다. 고국번 교수는 일찍이 이신(772~846), 허혼(許渾, 788~858), 교연(皎然, 720~800?) 등의 시 〈고소대〉를 분석하고, 최치원의 시 〈고소대〉는 두 구에 불과하

50) 《전송시》 제3책, 1896쪽.

나 당시(唐詩) 중에서 칠언시 〈고소대〉의 정수를 모아 창신(創新)했다고 말한 바 있다.[51] 이처럼 〈고소대〉를 시제로 삼아 창작하는 기풍은 고려에서도 지속되었는데, 이제현(李齊賢, 1287~1367)의 〈고소대에서 이태백의 운을 써서 권일재에게 화답하노라(姑蘇臺和權一齋用李太白韻)〉,[52] 정몽주(鄭夢周, 1337~1392)의 〈고소대〉[53] 등이 전한다.

이어서 우정(郵亭)을 어렵사리 찾아갔다. 우정으로 가는 길을 몰라 마중가 교수와 고국번 교수가 택시를 잡아 앞세우고 뒤를 따라갔는데, 엉뚱하게도 석호(石湖)에 잘못 내려 주었다. 다시 돌아와 석호풍경구(石湖風景區) 입구에서 하차하여 왼쪽 다리 밑으로 난 조그만 길로 가다보니 진원교(晋源橋)가 보였고 시내 쪽으로 보니 정자교(亭子橋)가 보이는데, 그 위로 조그만 채운교(彩雲橋)와 건물 한 채가 보였다. 이 건물이 바로 최치원이 한산사를 관람하고 하룻밤 묵었다는 우정이다. 고국번 교수에 의하면 역참은 대형이고 우정은 소형이라 하는데, 요즘으로 환산하면 역참은 특급 호텔이요, 우정은 여관이라고나 할까. 이곳은 소주에서 유일하게 보존되고 있는 고적이다. 좌우 돌기둥에는 동치(同治) 13년(1874) 6월에 우정을 중수할 때 썼다는 대련 한 폭이 걸려 있었다.

> 客到烹茶旅舍權當東道, 손님이 이르니 차를 끓이는 여관이 임시로 동도를 지키고
> 燈懸待日郵亭遠映胥江. 등이 걸리니 낮을 기다리는 우정이 멀리 서강에 비치네.

최치원의 〈우정에 밤비가 내리고(郵亭夜雨)〉(《고운선생문집》)에서,

---

51) 자세한 내용은 고국번, 〈최치원의 시를 논함(論崔致遠的詩)〉, 《국제중국학연구(國際中國學硏究)》 창간호, 1998, 55~59쪽 참조.

52) 《익재난고(益齋亂藁)》 권1.

53) 《포은집(圃隱集)》.

旅館窮秋雨, 여관집에는 가을비가 끊임없이 내리고
寒窓靜夜燈. 차가운 창에 등불이 고요하게 켜져 있네.
自憐愁裏坐, 시름 속에 앉아서 스스로 가여워하노니
眞箇定中僧. 참으로 선정에 든 중일세.

라고 했다. 이곳 횡당(橫塘)은 최치원의 시대에도 유명했던 곳인데 당대 최호(崔顥, 704?~754)의 명시 〈장각곡(長干曲)〉 첫 수(《전당시》 권130)에서,

君家何處住, 그대의 집은 어디느뇨?
妾住在橫塘. 저는 횡당에 살고 있지요.
停船暫借問, 배를 멈추세요, 잠시 물어볼 말이 있으니.
或恐是同鄕. 혹시 동향 사람이 아닌지요?

라 했고, 송대 오현(吳縣, 지금의 소주시) 출신의 범성대(范成大, 1126~1193)는 시 〈횡당(橫塘)〉에서,

南浦春來綠一川, 남포에 봄이 오니 냇물은 푸르게 비치고
石橋朱塔兩依然. 돌다리와 붉은 탑은 여전하네.
年年送客橫塘路, 해마다 나그네를 전송하는 횡당 길에는
細雨垂楊繫畫船. 가랑비와 수양버들이 화선을 붙들어 매네.

라고 했다. 위의 시를 읽노라니 '해동(海東)의 양관삼첩(陽關三疊)'으로 명성을 누리고 있는 고려 시인 정지상(鄭知常, ?~1135)의 〈대동강(大洞江)〉[54]이 연상된다. 횡당은 소주에서 서남쪽으로 10리 정도 떨어진 곳에 있는데, 만남과 이별의 장소로 유명하다.

이후 숙소인 화교반점(華僑飯店)에 돌아와 저녁 식사 겸 총평회를 가진 뒤 다시 시내로 나와 소주대학과 문화 거리라고 할 수 있는 십전가(十全街)를 둘러보았다. 다니다가 너무 추워 이구의 선생과 커피숍에 들어가 커피 한 잔을 마시고 곧바로 숙소로 돌아왔다. 한편 고국번 선생은 최치원의 시 〈강남의 여인(江南女)〉(《고운선생문집》)의 무대가 소주일 것이라고 추정했다. 이 시에서는 바느질하는 일보다 화장하는 데 더 신경을 쓰는 강남의 여인을 묘사했다.

이 밖에도 소주에는 수많은 정원과 정자 등이 즐비해 있다. 졸정원(拙政園)·유원(留園)·망사원(网師園)·사자림(獅子林)·예포(藝圃)·우원(耦園)·이원(怡園)·곡원(曲園)·북반원(北半園)·청풍원(聽楓園)·오봉원(五峰園)·계원(啓園) …… 그중 소주의 4대 정원 가운데 하나로 손꼽히는 창랑정(滄浪亭)은 소순흠(蘇舜欽, 1008~1048)이 면직당하고 소주에 거주할 때(1045) 세운 것인데, 그의 시 〈처음으로 날이 개어 창랑정에 노닐며(初晴遊滄浪亭)〉(《전송시》 제6책)가 전한다.

夜雨連明春水生, 밤비 끝에 날이 밝자 봄물이 불었고
嬌雲濃暖弄微晴. 아름다운 구름은 짙고 따스한데 하늘이 갑자기 조금씩 개이네.
簾虛日薄花竹靜, 빈 주렴에 햇살은 엷고 꽃과 대나무는 고요한데
時有乳鳩相對鳴. 때때로 새끼 비둘기들이 서로 마주하고 운다네.

정치적 실의에 빠져 있을 당시, 즉 경력 6년(1046) 봄에 날이 개어 창랑정을 소요하며 봄날의 풍경을 읊은 시인데, 그윽한 정취가 뛰어나다. 여하튼 겨울에 왔을망정 이곳을 둘러보지 못함이 아쉽다.

---

54) 雨歇長堤草色多, 비가 그치니 긴 둑에는 풀빛이 많고 / 送君南浦動悲歌. 그대를 전송하는 남포에는 슬픈 노래 울리네. / 大洞江水何時盡, 대동강 물은 언제 마를 것인가! / 別淚年年添綠波. 이별의 눈물이 해마다 푸른 물결을 더하네.

또 소주는 장강 삼각주의 한 가운데 위치해 있고 수로가 종횡으로 나 있어서 '삼횡사직(三橫四直)'이라는 말이 있다. 만당 시인 두순학은 〈오지방으로 유람 가는 사람을 전송하며(送人遊吳)〉[55]에서 "민가는 모두 강을 베개 삼고 있네(人家盡枕河)"라고 묘사했으며, 이탈리아 여행가 마르코 폴로(Marco Polo, 1254~1324)가 소주를 자신의 고향 베니스에 비유한 이래 사람들은 소주를 '동방의 베니스'라고 했다. 또 '수향택국(水鄕澤國)'이라고도 부른다. 수로가 많으니 그만큼 다리도 많기 마련인데, 《평강도(平江圖)》[56]에는 359개의 교량이 보이고, 《송평강성방고(宋平江城坊考)》의 기록에 의하면 송 말에 398개의 교량이 있었다고 한다. 마르코 폴로는 《동방견문록(東方見聞錄)》에서 6천 개의 교량이 있다고 과장했을 정도였다.

9. 여정을 마치며

12월 22일 우리 일행은 소주에서 상해행 T15次 기차를 타고 상해역에 도착했다. 이어서 상해역에서 가까운 원동불야성대주점(遠東不夜城大酒店)에 여장을 풀었다. 이로써 최치원의 유적지 방문은 일단 마감한 셈이다. 지유 시간에 먼저 복단대학(復旦大學) 중문과 박사 과정에 재학 중인 이종무 군과 복주로(福州路)에 자리한 상해서성(上海書城)의 맞은편에 있는 고적서점(古籍書店) 앞에서 12시에 만나자고 약속하고는, 숙소 앞에 있는 서점에 들러 책 몇 권을 샀다. 그리고 행화루(杏花樓)에서 김중열 교

55) 《전당시》 권691, 7925쪽.

56) 오늘날까지 보존되어 온 《평강도》는 남송 소정(紹定) 2년(1229)에 새긴 석비(石碑)로 중국에서 가장 오래되고 가장 상세하며 정확한 도시 평면도이다. 동감홍(董鑒泓) 주편, 성주탁(成周鐸) 역주, 《중국도성발달사(中國都城發達史)》, 學研文化社, 1993, 116쪽.

수, 이구의 박사 등과 함께 식사를 하고 상해서성 및 고적서점에 들러 책을 구입했다. 고적서점 뒤에 있는 상해고서점(上海古書店)에 가니 《계원필경집》을 10원에 팔고 있었다. 모두들 기념으로 한 권씩 구입했다. 이곳 상해에서 《계원필경집》을 만나니 고운 선생의 숨결을 느낄 것만 같았다.

최치원은 〈바다에 배를 띄우고(泛海)〉(《고운선생문집》)에서,

> 掛席浮滄海, 돛을 달고 푸른 바다에 배를 띄우니
> 長風萬里通. 장풍에 만 리까지 흘러가네.
> 乘槎思漢使, 뗏목 탔던 한나라 사신 장건(張騫)이 생각나고
> 採藥憶秦童. 불사약 구하던 진나라 동자(童子)들이 떠오르네.
> 日月無何外, 해와 달은 허공 밖에 있고
> 乾坤太極中. 하늘과 땅은 태극의 가운데 있네.
> 蓬萊看咫尺, 봉래산이 지척에 보이는 듯하니
> 吾且訪仙翁. 나도 신선을 찾아보리라.

라고 했는데, 귀국하는 도중 배 안에서 지은 것으로 추정된다. 최치원의 중국 문우(文友)들 중 고운(顧雲)[57]·장교(張喬)·두순학 등이 구화산(九華山)에 은거한지라 최치원도 이들의 영향을 받아 해인사에 은거했다고 하는데,[58] 위의 시구 "나도 신선을 찾아보리라(吾且訪仙翁)"에서 알 수 있듯이 귀국하면서 일찌감치 은거할 결심은 한 것은 아닐까 하는 생각을 되뇌며 상해발 서울행 동방항공 비행기에 올랐다.

이번의 답사는 필자로서는 비교적 만족스러운 여정이었으나 윤주(潤

57) 송 계유공(計有功), 《당시기사(唐詩紀事)》 권67, 上海古籍出版社, 1987, 1012쪽. "風韻詳整, 與杜荀鶴·殷文圭友善, 同隸業九華."

58) 이에 대한 자세한 내용은 김중열 교수의 《최치원 문학 연구》, 고려대학교 대학원 박사논문, 1983, 51~52쪽 참조.

州, 지금의 鎭江)의 자화사(慈和寺)를 포함한 몇 곳을 스쳐 지나온 것이 내내 마음에 걸린다. 기회가 닿는다면 지리적 상황 등을 좀 더 철저히 조사하여 답사에 임하고자 한다. 아울러 이를 계기로 좀 더 신선하고 다양한 접근 방법으로 최치원 문학 연구에 활기를 불어넣기를 기대해 마지않는다.

[해제]

이 답사기는 편자가 《경주문화》(경주문화원, 2000년 제6호)에 발표했던 것을 손보아 실은 것이다.

편역자 후기

최근 몇 년 사이에 중국 대륙에 분 한류 열풍과 더불어 중국 학계에서도 한국학 바람이 서서히 일고 있다. 쌍수를 들고 환영할 일이다. 중국 대학에 한국학 관련 학과 및 관련 연구소가 점차 신설되는가 하면, 한국학 관련 책, 예를 들어 사병구(查屏球)가 정리한《협주명현십초시(夾注名賢十抄詩)》[고려 석자산(釋子山) 협주(夾注), 상해고적출판사, 2005], 진포청(陳蒲清)과 권석환(權錫煥)의《한국고전문학정화(韓國古典文學精華)》[악록서사(岳麓書社), 2006], 당은평(黨銀平)의《계원필경집교주(桂苑筆耕集校注)》(상・하, 중화서국, 2007), 방효위(方曉偉)의《최치원 사상과 작품 연구(崔致遠思想和作品研究)》[광릉서사(廣陵書社), 2007], 진포청과 권석환 공역의《삼국유사》(악록서사, 2009),《금오신화》(악록서사, 2009) 등이 나왔고, 또한 이시인(李時人)이 주편한《최치원전집(崔致遠全集)》이 곧 나올 예정이다. 이는 바람직한 현상이며 앞으로도 한국학이 더 활발하게 중국 전역에 소개될 것이다.

고운 최치원은 한국 최초의 성공한 조기 유학생, 한국 최초의 개인 문집 집필자로 불리곤 한다. 그럼에도 불구하고 국내 학계에서 차지하는 그의 명성과 연구 성과는 정비례하지 않는 것이 사실이다. 이유야 많겠지만 그의 문체가 순수한 고문이 아니라 변려문체인 것과 수많은 전고 사용도 그 이유 가운데 하나일 것이다. 그렇지만 근래에 들어서 이구의, 최영성 같은 교수들의 연구 성과물이 집적되면서 국내 학계에서도 다양한 시각의 연구 방법과 성과물이 나오리라고 기대한다.

편역자는 원래 중국문학도이다. 그것도 전공이 중국 현대 문학이다. 그러나 경주에서 16년을 살다보니 시야에 최치원이 자연스럽게 들어왔다. 그 연결 고리가 중국의 고국번(高國藩) 교수이다. 우연한 기회에 고 선생과 연락이 되어 편지로 서신을 주고받다가 결국 고 선생이 안동대 교환교수로 오게 되었다. 이때부터 고 선생은 안동, 경주, 대구 등지를 오가면서 편역자와 친하게 지냈다. 경주의 유적지 상서장, 독서당, 향교, 서악서원 등을 안내하였고, 편역자의 주선으로 그의 시집 《홍종마(紅鬃馬)》가 대구의 중문출판사에서 간행되기도 했다. 그러니까 편역자는 최치원의 고향 '경주'라는 지역과 고 선생을 통하여 관심을 갖게 되었다. 그때가 1990년대 후반이다. 그때부터 중국 학자들이 쓴 최치원 관련 논문과 글을 수집하기 시작하였고 관련 학회에도 참석했으며, 중국의 관련 유적지 답사에도 적극 참여했다. 그렇게 해서 어느새 '아마추어 최치원 마니아'가 되었다. 아울러 국내의 유적지를 답사하기도 하고 지방의 문화 관련 행사에도 참여하였으며, 이 과정에서 바람직하지 못한 최치원 관련 필화사건을 목격하기도 하였다.

편역자는 중국의 최치원 연구 성과물을 국내에 소개하기 위해 경주문화원에서 간행하는 잡지 《경주문화》에 연재하게 되었고, 그것이 어느 정도 쌓이면서 아예 단행본으로 내고자 방학 때마다 시간을 쪼개어 몇 편씩 번역하기 시작하였다. 번역에서 출간까지 거의 10년을 넘긴 셈이니, 편역자의 게으름을 탓할 뿐이다.

번역하다 보니 중국 학자의 혜안과 고증, 분석력에 혀를 내두르기도 했는가 하면, 한국의 연구 성과가 전혀 반영이 되지 않아서 단순한 착오를 불러오기도 하였다. 몇 가지 예를 들어보자. 모 교수는 최치원의 부친이 최충(崔沖, 984～1068)이라 하였으며 최치원이 예부시랑의 관직을 맡았다고 하는가 하면, 어떤 이는 율수(溧水)를 '표수(漂水)'로, 혹은 '진강

(鎭江)'으로 잘못 알기도 하였다. 심지어는 중국의 과거제 실시 시기를 788년으로 보는 견해도 있다. 이러한 착오는 마땅히 수정해서 번역해야 하겠으나, 이는 당시 이들의 연구 여건이 제한적이었음을 설명하므로 오탈자를 포함한 몇몇은 수정했지만 일부는 그대로 두었다. 독자들의 감식안을 믿기 때문이다. 그렇지만 그 밖의 잘못은 전적으로 편역자의 몫일 것이다. 전공자의 질정을 바란다.

여기에 실린 글의 저자 가운데 한글을 읽고 쓰실 수 있는 분이 몇 되지 않는다. 그분들은 연길대학이나 북경대학, 혹은 북한의 대학에서 한국학을 전공한 중국 학자이거나 동포 학자이고 대부분은 한글을 전혀 모르고 중국 고전 문학을 전공하다가 최치원 관련 글을 쓰신 분들이다. 그 가운데 당은평은 중국에서 최초로 최치원 연구로 문학 박사 학위를 받은 분이며 지금도 계속해서 성과물을 내고 있다. 애석한 점은 이분 역시 한글을 몰라 한국의 연구 성과를 시의 적절하게 반영하지 못한다는 것이다. 그러므로 한국학 연구물의 중국어(다른 외국어를 포함하여) 번역이 절실하게 요구되고 있다.

번역하는 도중에 우여곡절도 많았다. 미숙한 컴퓨터 작동으로 초벌 번역 원고를 날리기도 했으며, 작년 겨울에는 수정이 거의 끝나 가는 원고를 날려버려 한때 정신적 공황 상태를 맛보기도 했다. 그래도 이를 포기하지 않은 이유는 나 자신과의 약속도 있으려니와 이 책의 번역에 도움을 주신 분들에게 미안함을 느꼈기 때문이다.

이 책을 번역하는 과정에서 무수한 사람의 도움을 받았다. 중국에 있으면서 국내로 논문을 복사하거나 보내준 하남대학 문학원의 장생한(張生漢), 내몽고자치구 적봉민족사범고등전과학교(赤峰民族師範高等專科學校) 교장 석영걸, 이미 고인이 되신 진량운, 내몽고 포두(包頭)의 장복훈, 남경의 고국번, 당은평 교수 등과 그리고 당시 복단대학 박사생으로 있으면서 관련 논문을 복사하여 보내준 이종무 동학에게도 감사의 말씀을 전한다. 국내의 김중렬, 마중가, 이구의, 곽승훈, 장일규, 최영기, 최환 교수의 도움과 배려 또한 잊을 수 없다. 아울러 상명대 권석환 교수는 편역자 대신 진포청 선생의 원고를 받아 전해주며 거듭 격려해 주었으며, 한국전통문화학교 최영성 교수는 출판사 알선과 더불어 서문까지 얹어 주었다. 이는 모두 내가 더욱 정진하라는 뜻으로 준 격려이면서 앞으로 갚아 나가야 할 빚이라 생각한다.

한 가지 더 설명드릴 것은 저작권 문제이다. 여기에 실린 논문의 저자들에게 번역 출판 동의를 구하는 서신을 일일이 보냈다. 거의 모든 분들이 동의하였으나 몇 분에게서는 아무 연락이 없었으며, 주소 이전으로 반송되는 경우도 있었다. 이 문제는 사후에 계속 연락을 취하여 해결하고자 한다. 번역 출판 허락해 준 모둔 분께 다시 한 번 감사의 말씀을 드린다. 이 책을 계기로 국내외의 최치원 연구에 조금이라도 도움이 되면 다행이겠다.

끝으로 시장성이 없는 책의 출판을 선뜻 허락해 준 심산의 최원필 사장님과 난삽한 원고 뭉치를 부드럽게 다듬어 준 김미량, 윤태욱 선생님께 머리 숙여 감사드린다.

2009년 9월 25일 천안 안서동 태조산 자락에서 조성환.